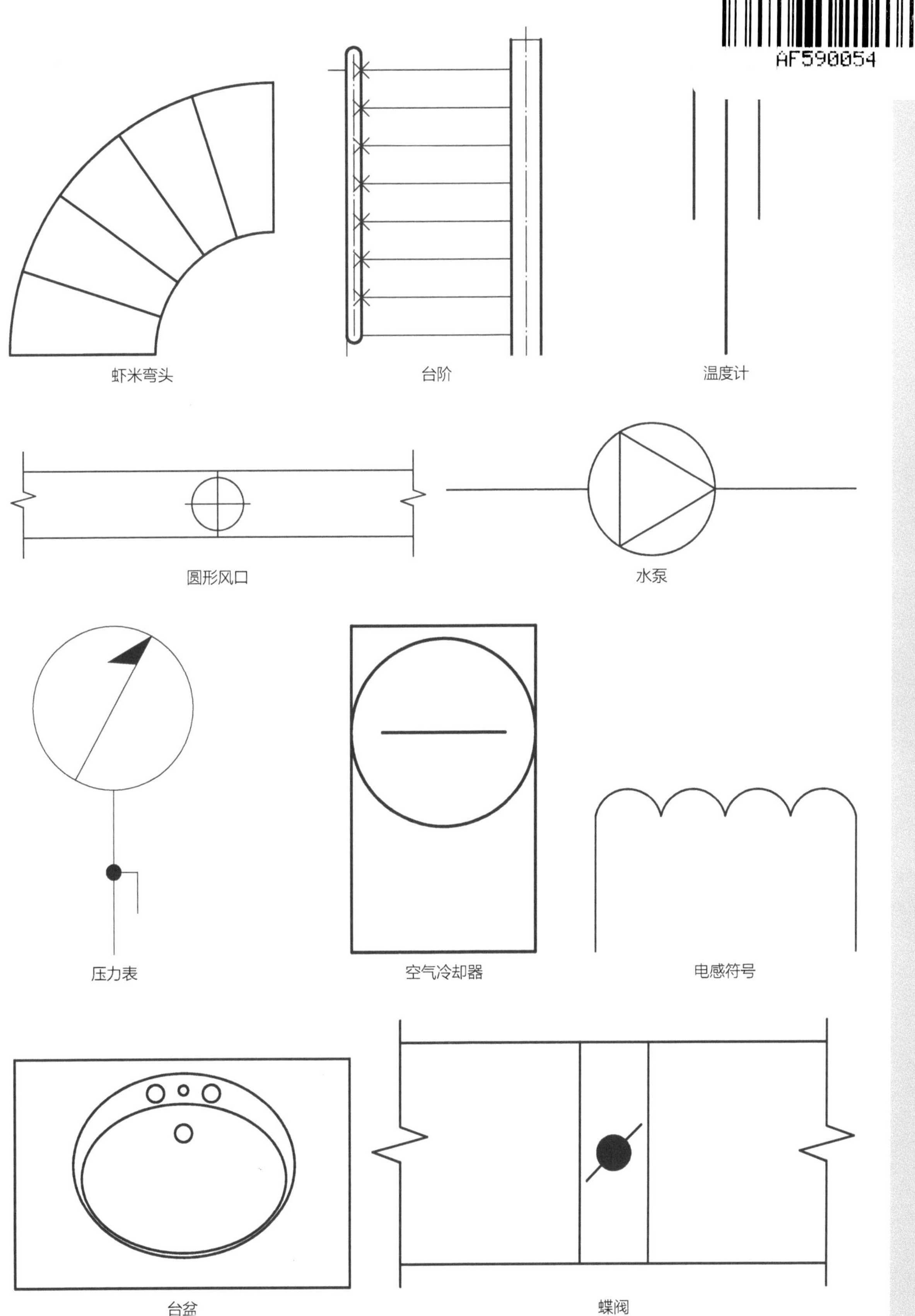

虾米弯头
台阶
温度计
圆形风口
水泵
压力表
空气冷却器
电感符号
台盆
蝶阀

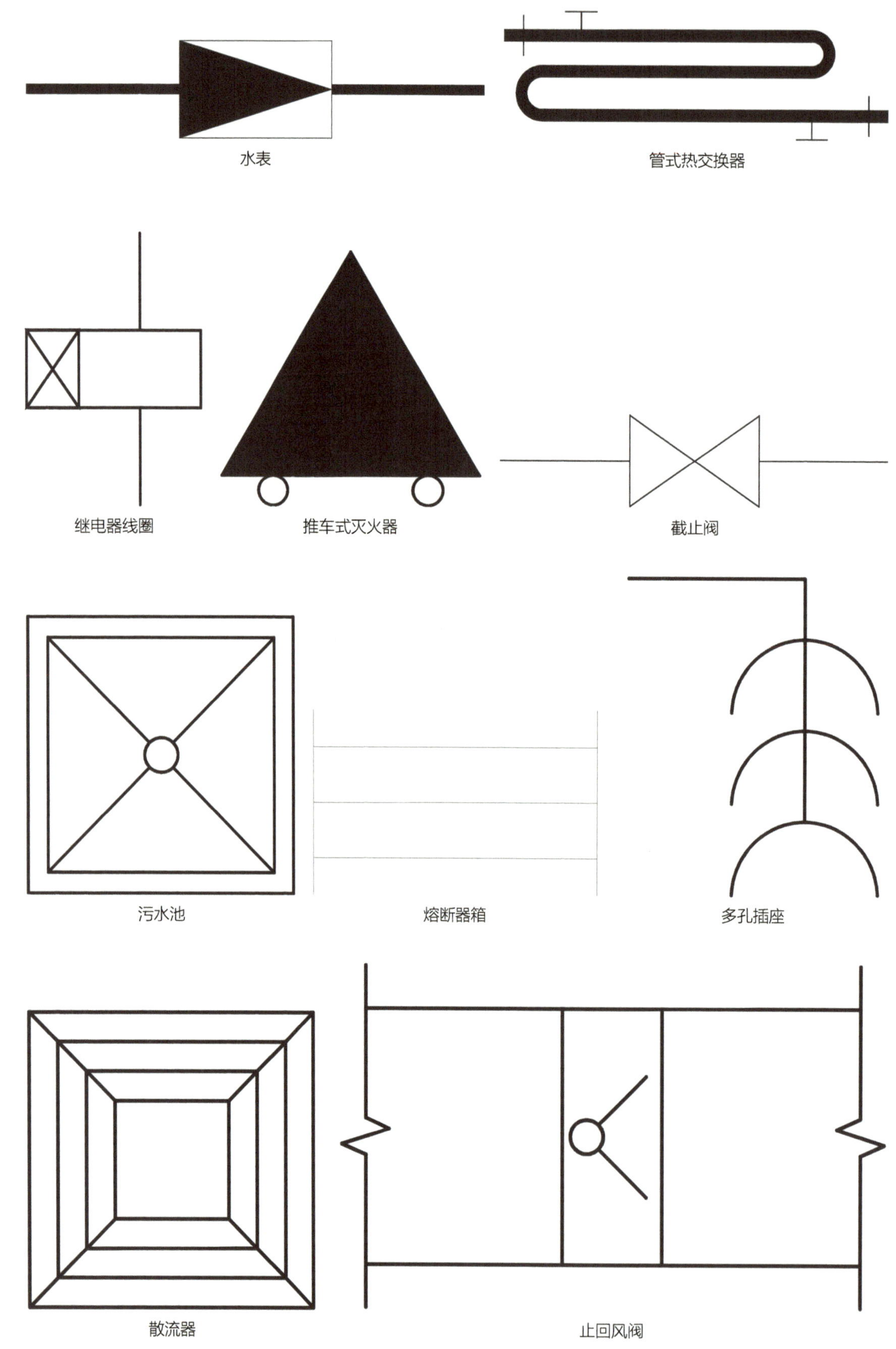
水表
管式热交换器
继电器线圈
推车式灭火器
截止阀
污水池
熔断器箱
多孔插座
散流器
止回风阀

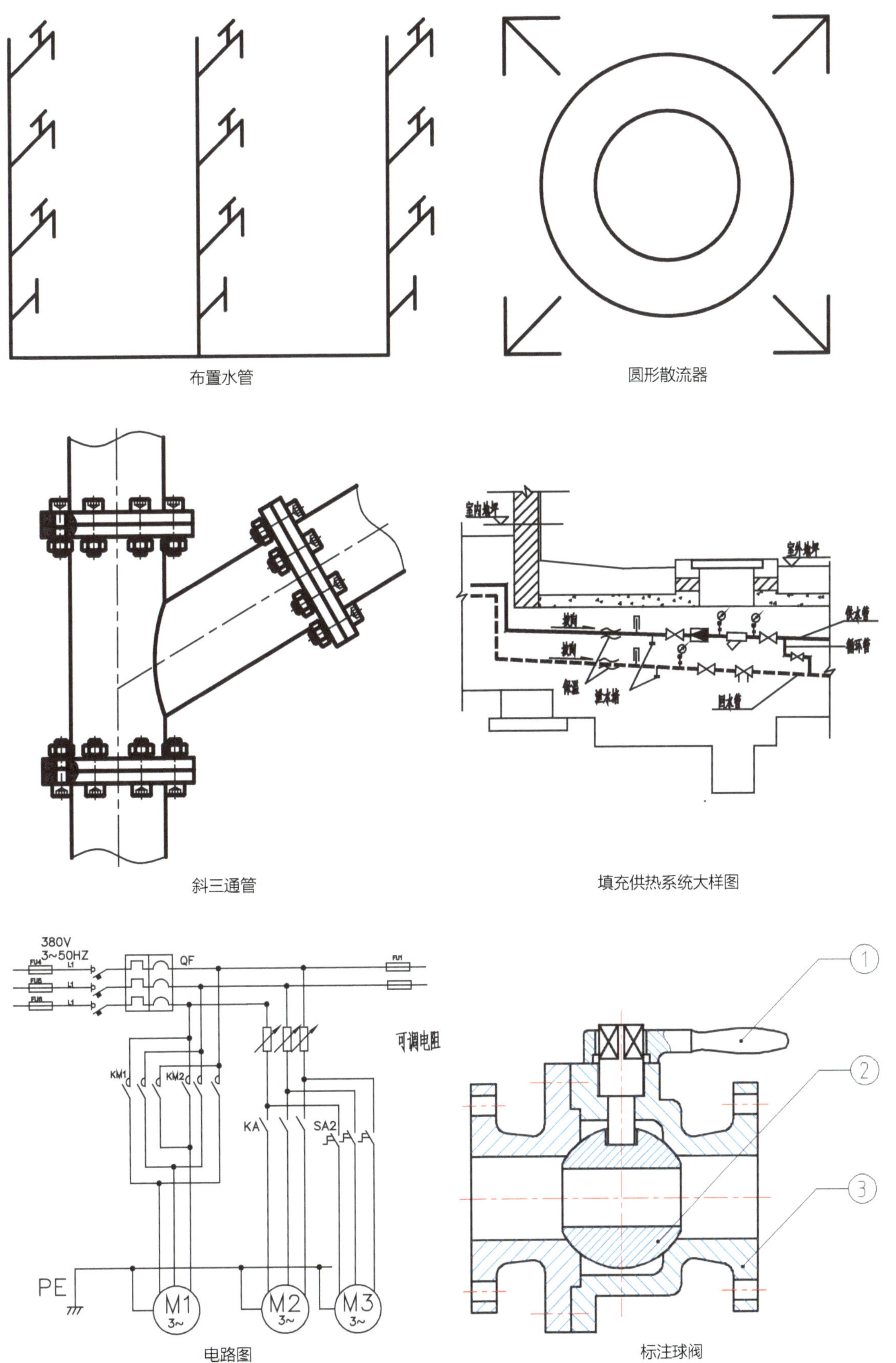

布置水管

圆形散流器

斜三通管

填充供热系统大样图

电路图

标注球阀

- CS ——	冷冻水供水管
- CR ——	冷冻水回水管
- HS ——	热供水管
- HR ——	热回水管

创建单行文字

保温安装通则
(1) 给排水管道选用阻燃型闭式结构橡塑海绵保温材料。
(2) 所用保温材料要具备出厂合格证明书或质量鉴定文件。
(3) 使用的保温材料应符合招标文件设计参数的要求和消防防火规范要求。
(4) 管道保温应在防腐及水压试验合格后方可进行，不能颠倒工序。

创建多行文字

创建弧形文字

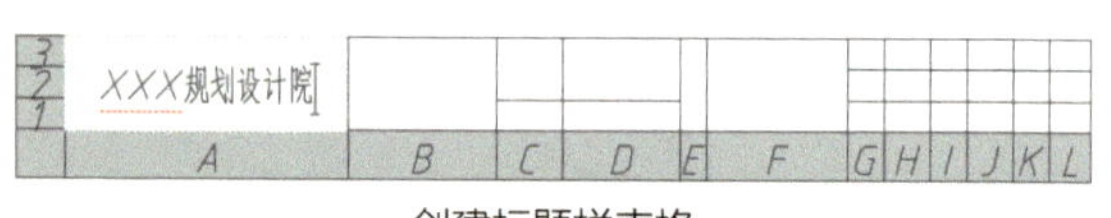

创建标题栏表格

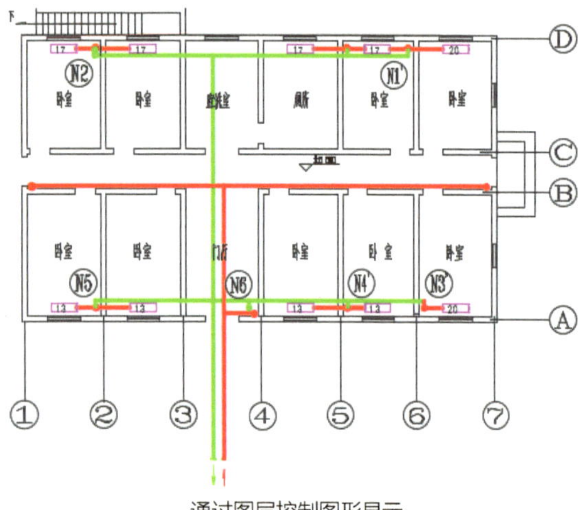

通过图层控制图形显示

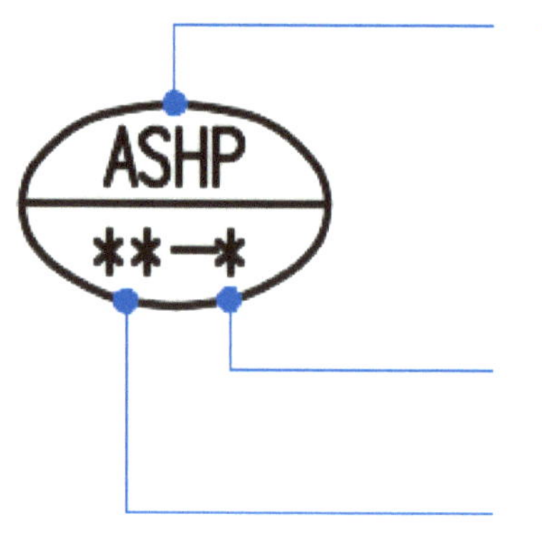

切换图形至指定层

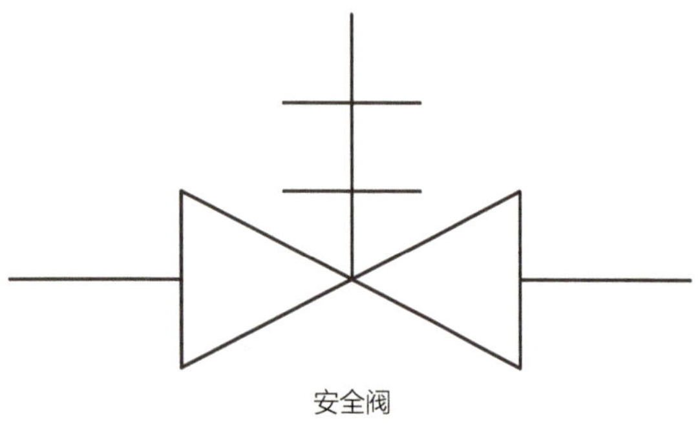

安全阀

标高

标高属性块

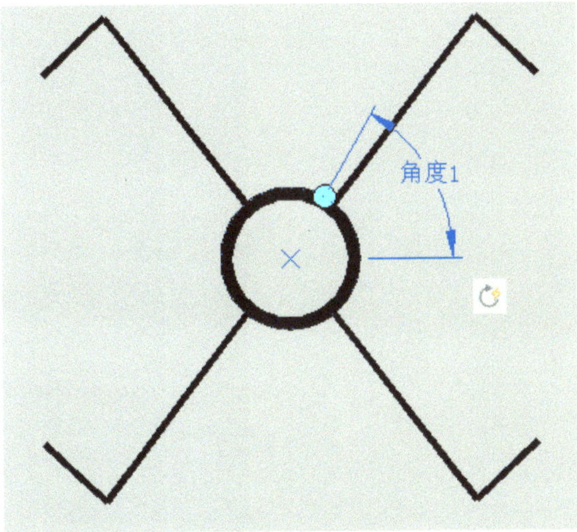

中间开关动态图块

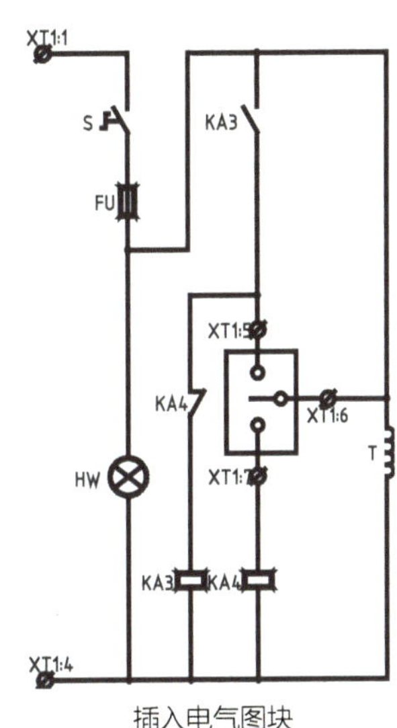

插入电气图块

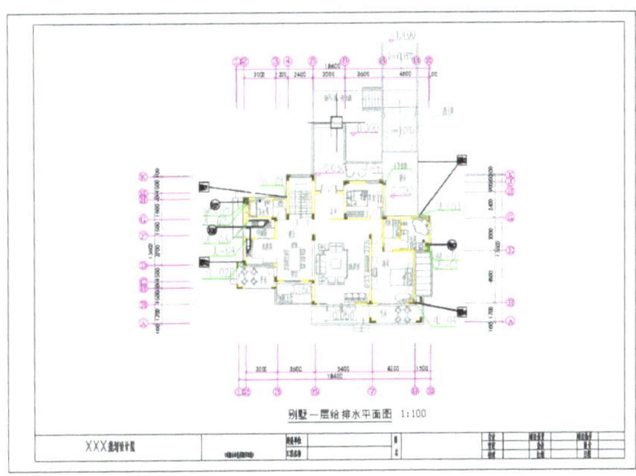

别墅地下一层给排水平面图

别墅一层给排水平面图

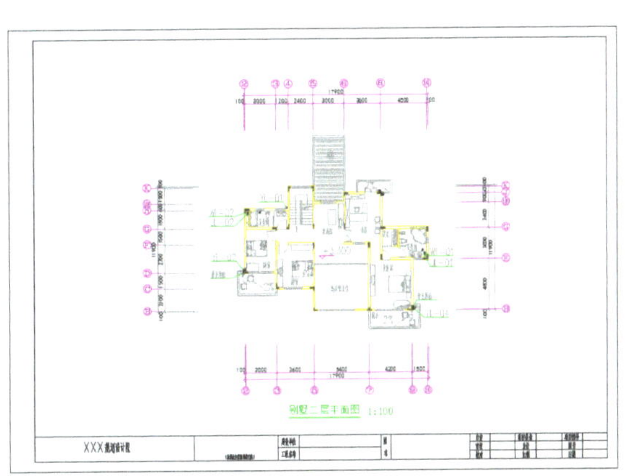

别墅二层给排水平面图

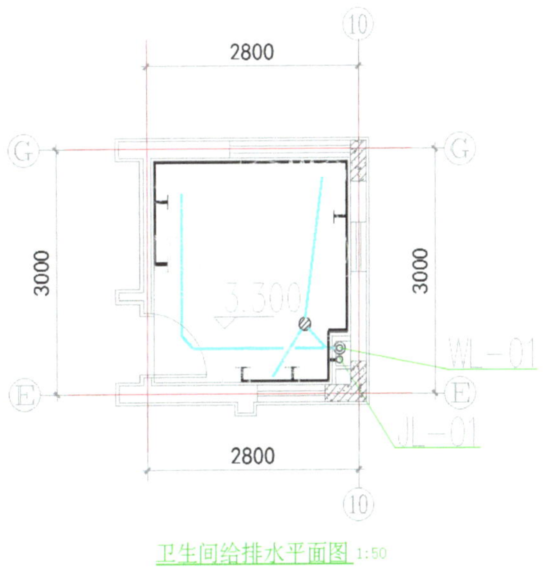

卫生间给排水平面图

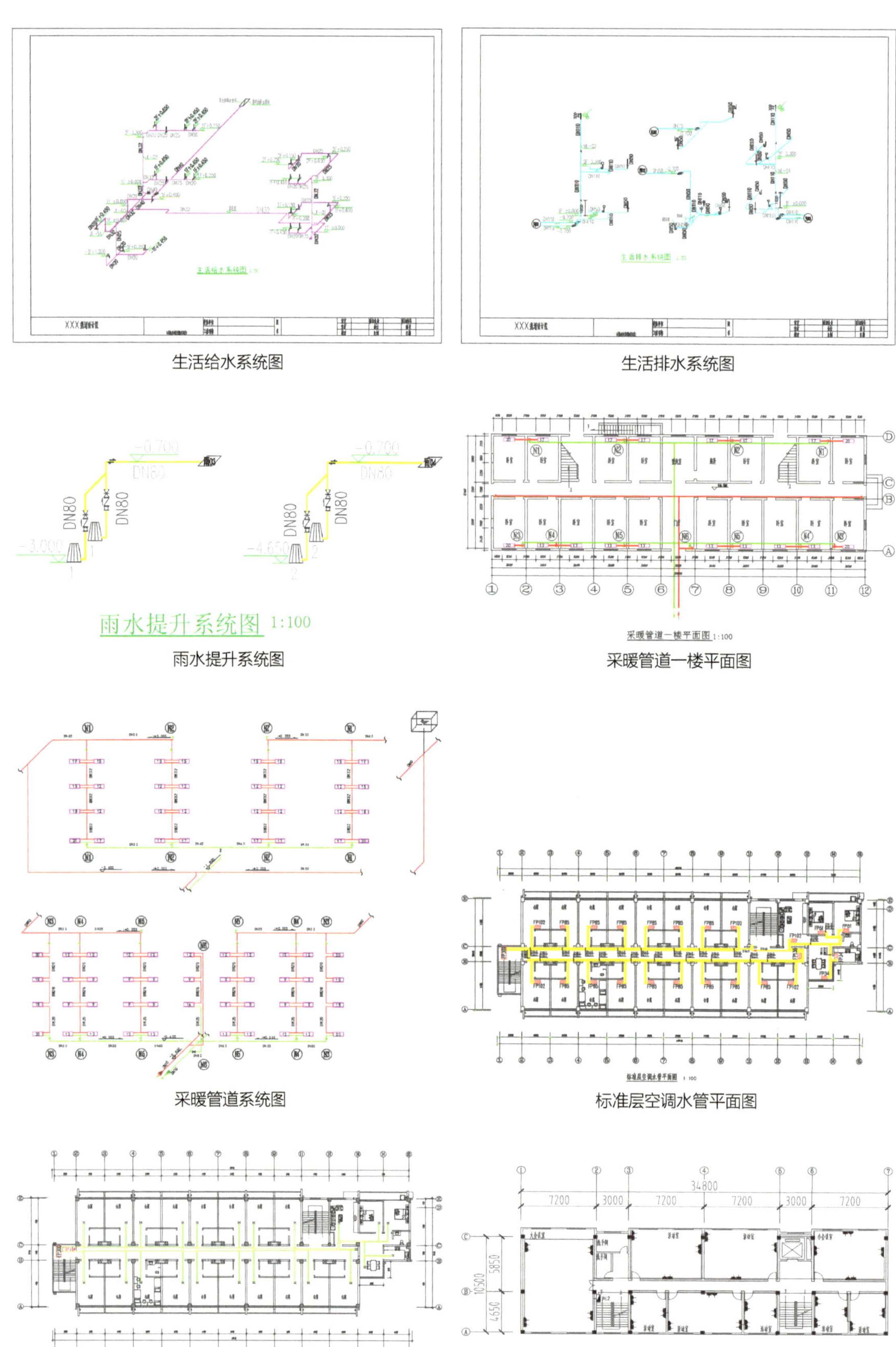

生活给水系统图

生活排水系统图

雨水提升系统图

采暖管道一楼平面图

采暖管道系统图

标准层空调水管平面图

标准层空调风管平面图

标准层插座平面图

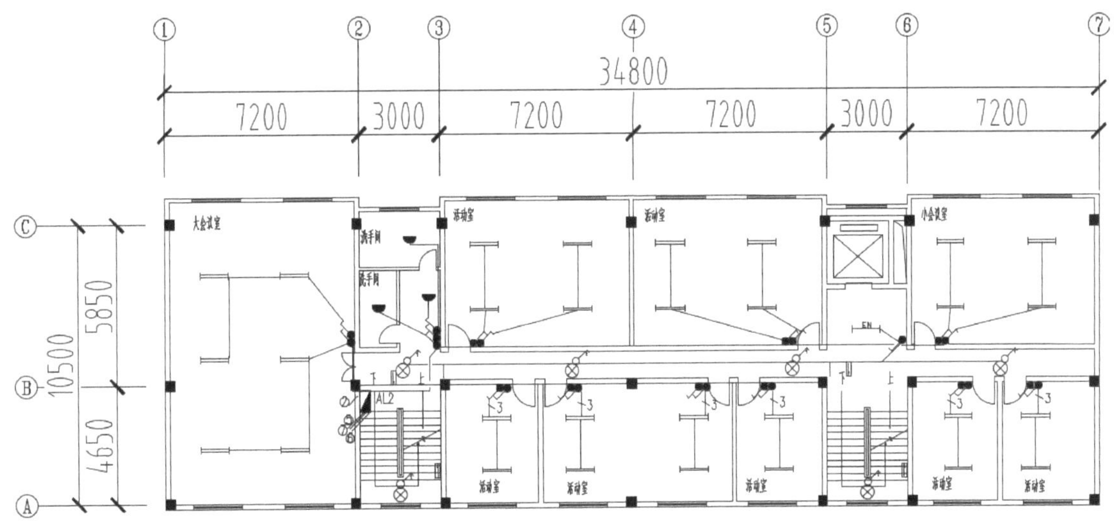

综合楼标准层照明平面图 1:100

标准层照明平面图

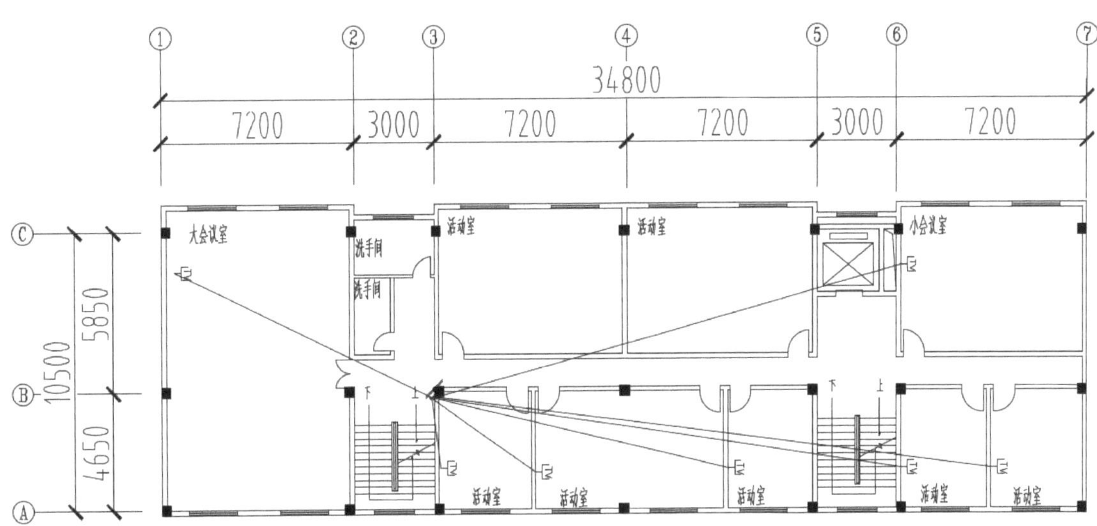

综合楼标准层弱电平面图 1:100

标准层弱电平面图

资源内容说明

配套高清视频精讲（共 130 集）

6-1 【点样式】创建比例尺
6-2 【定数等分】绘制虾米弯头
6-3 【定距等分】绘制楼梯
6-4 绘制温度计
6-5 绘制与水平方向呈30°和75°夹角的射线
6-6 绘制水平和倾斜构造线
6-7 完善圆形风口
6-8 完善压力表
6-9 绘制水泵图例
6-10 绘制空气冷却器
6-11 绘制电感符号
6-12 绘制葫芦形体
6-13 绘制台盆
6-14 绘制蝶阀图例
6-15 绘制水表图
6-16 绘制管式热交换器
6-17 创建墙体多线样式
6-18 绘制墙体
6-19 编辑墙体
6-20 绘制继电器线圈图例
6-21 绘制推车式灭火器图例
6-22 填充供热系统大样图
6-23 创建无边界的填充
6-24 修改图案填充

配套全书例题素材

6-1 【点样式】创建比例尺
6-1 【点样式】创建比例尺-OK
6-2 【定数等分】绘制虾米弯头
6-2 【定数等分】绘制虾米弯头-OK
6-3 【定距等分】绘制楼梯
6-3 【定距等分】绘制楼梯-OK
6-4 绘制温度计
6-4 绘制温度计-OK
6-5 绘制与水平方向呈30°和75°夹角的射线-OK
6-6 绘制水平和倾斜构造线-OK
6-7 完善圆形风口
6-7 完善圆形风口-OK
6-8 完善压力表
6-8 完善压力表-OK
6-9 绘制水泵图例
6-9 绘制水泵图例-OK
6-10 绘制空气冷却器
6-10 绘制空气冷却器-OK
6-11 绘制电感符号
6-11 绘制电感符号-OK
6-12 绘制葫芦形体
6-12 绘制葫芦形体-OK
6-13 绘制台盆
6-13 绘制台盆-OK
6-14 绘制蝶阀图例
6-14 绘制蝶阀图例-OK
6-15 绘制水表图例-OK
6-16 绘制管式热交换器-OK
6-18 绘制墙体
6-18 绘制墙体-OK
6-19 编辑墙体-OK
6-20 绘制继电器线圈图例-OK
6-22 填充供热系统大样图
6-22 填充供热系统大样图-OK
6-23 创建无边界的填充-OK
6-24 修改图案填充-OK

附录与工具软件（共 5 个）

autodeskdwf-v7.msi

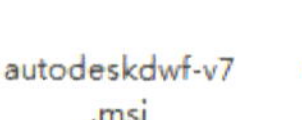

COINSTranslate.exe

附录1——AutoCAD常见问题索引.doc

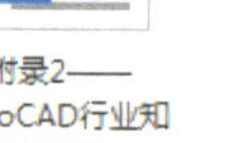

附录2——AutoCAD行业知识索引.doc

附录3——AutoCAD命令索引.doc

超值电子书（共 9 本）

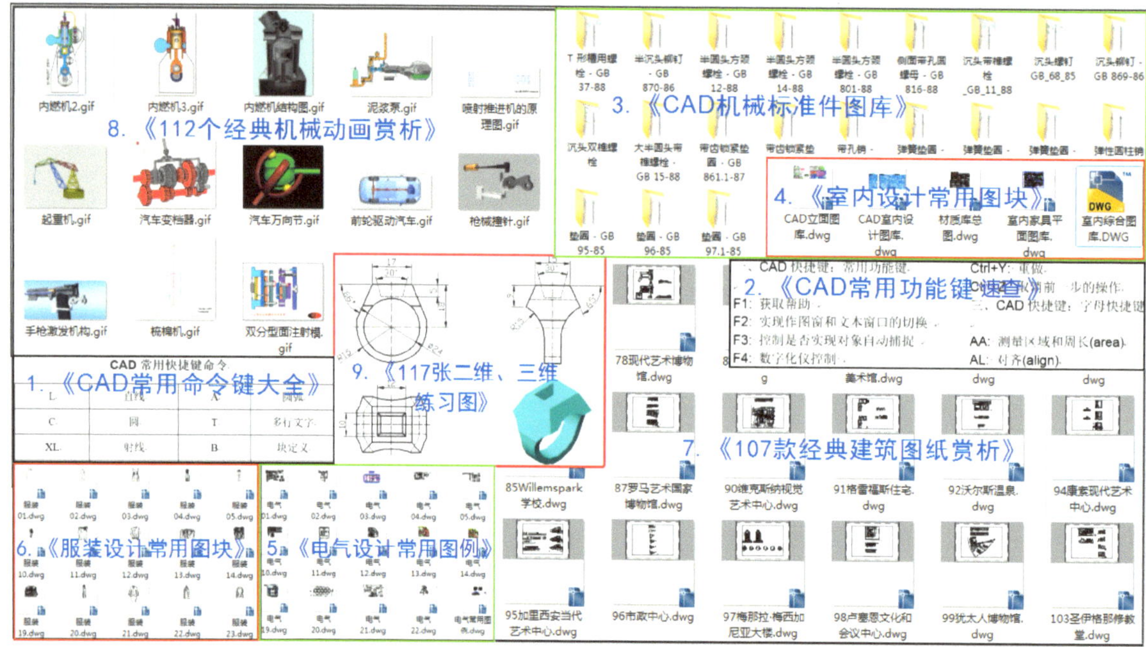

中文版

AutoCAD 2016 水暖电设计从入门到精通

CAD辅助设计教育研究室　编著

人 民 邮 电 出 版 社
北 京

图书在版编目（CIP）数据

中文版AutoCAD 2016水暖电设计从入门到精通 / CAD辅助设计教育研究室编著. -- 北京 : 人民邮电出版社, 2017.5
ISBN 978-7-115-44212-3

Ⅰ. ①中… Ⅱ. ①C… Ⅲ. ①给排水系统－建筑设计－计算机辅助设计－AutoCAD软件②采暖设备－建筑设计－计算机辅助设计－AutoCAD软件③电气设备－建筑设计－计算机辅助设计－AutoCAD软件 Ⅳ. ①TU821-39 ②TU83-39

中国版本图书馆CIP数据核字(2017)第007538号

内容提要

本书是一本帮助水暖电设计相关专业的读者实现 AutoCAD 2016 软件从入门到精通的自学教程，全书采用“基础＋手册＋案例”的写作方法，一本书相当于三本书。

本书内容分为 3 篇共 22 章。第 1 篇为基础篇，主要介绍水暖电行业与 AutoCAD 的基本知识，包括规章制度、软件界面、参数设置等，内容涵盖软件入门、文件管理、绘图环境设置、图形坐标系、图形的绘制与编辑等；第 2 篇为精通篇，内容包括图形标注、 文字和表格、图层、图块、图形信息查询、打印设置等 AutoCAD 高级功能；第 3 篇为行业应用篇，主要对电气、给排水和暖通 3 类主要的设计领域来进行详细的实战讲解，具有极强的实用性。

本书配套资源丰富，不仅有生动详细的高清讲解视频，还有各类习题训练，以及诸多超值的电子书。可以大大增强读者的学习兴趣，提高学习效率。

本书适合 AutoCAD 初、中级读者学习，可作为广大 AutoCAD 初学者和爱好者学习 AutoCAD 的专业指导教材。对各专业技术人员来说也是一本不可多得的参考书和速查手册。

◆ 编　　著　CAD 辅助设计教育研究室
责任编辑　张丹阳
责任印制　陈　犇

◆ 人民邮电出版社出版发行　　北京市丰台区成寿寺路 11 号
邮编　100164　　电子邮件　315@ptpress.com.cn
网址　http://www.ptpress.com.cn

◆ 开本：787×1092　1/16
印张：26　　彩插：4
字数：747 千字　　2017 年 5 月第 1 版
2017 年 5 月北京第 1 次印刷

定价：69.00 元

读者服务热线：(010) 81055410　印装质量热线：(010) 81055316
反盗版热线：(010) 81055315
广告经营许可证：京东工商广字第 8052 号

Foreword 前言

在当今的计算机工程界，恐怕没有一款软件比AutoCAD更具有知名度和普适性了。AutoCAD是美国Autodesk公司推出的集二维绘图、三维设计、参数化设计、协同设计及通用数据库管理和互联网通信功能为一体的计算机辅助绘图软件包。AutoCAD自1982年推出以来，从初期的1.0版本，经多次版本更新和性能完善，现已发展到AutoCAD 2016。AutoCAD不仅在机械、电子、建筑、室内装潢、家具、园林和市政工程等工程设计领域得到了广泛的应用，而且在地理、气象、航海等特殊图形的绘制，甚至乐谱、灯光和广告等领域也得到了广泛的应用，目前已成为计算机CAD系统中应用最为广泛的图形软件之一。

同时，AutoCAD也是一个最具有开放性的工程设计开发平台，其开放性的源代码可以供各个行业进行广泛的二次开发，目前国内一些著名的二次开发软件，比如适用于机械的CAXA、PCCAD系列，适用于建筑的天正系列，适用于服装设计的富怡CAD系列……这些无不是在AutoCAD基础上进行本土化开发的产品。

编写目的

鉴于AutoCAD强大的功能和深厚的工程应用底蕴，我们力图编写一套全方位介绍AutoCAD在各个工程行业应用实际情况的丛书。具体就每本书而言，我们都将以AutoCAD命令为脉络，以操作实例为阶梯，供读者逐步掌握使用AutoCAD进行本行业工程设计的基本技能和技巧。

本书内容安排

本书是一本介绍利用AutoCAD 2016进行给排水、暖通、电气等方面设计的应用教程，主要讲解AutoCAD在建筑给水排水、电气线路和暖通工程设计行业中的具体应用。

为了让读者更好地学习本书的知识，在编写时特地对本书采取了疏导分流的措施，将内容划分为了3大篇22章，具体编排如下表所示。

篇 名	内 容 安 排
第1篇 基础篇 （第1章~第7章）	本篇内容主讲一些行业基础知识与AutoCAD的基本使用方法，具体章节介绍如下： 第1章：介绍给排水、暖通、电气设计的基础知识； 第2章：介绍AutoCAD基本界面的组成与执行命令的方法等基础知识； 第3章：介绍AutoCAD文件的打开、保存、关闭以及与其他软件的交互； 第4章：介绍AutoCAD工作界面的构成，以及一些辅助绘图工具的用法； 第5章：介绍AutoCAD各项参数的设置方法与其含义； 第6章：介绍AutoCAD中各种绘图工具的使用方法； 第7章：介绍AutoCAD中各种图形编辑工具的使用方法
第2篇 精通篇 （第8章~第13章）	本篇内容相对于第1篇内容来说有所提高，且更为实用。学习之后能让读者从“会画图”上升到“能解决问题”的层次： 第8章：介绍AutoCAD中各种标注、注释工具的使用方法； 第9章：介绍AutoCAD文字与表格工具的使用方法； 第10章：介绍图层的概念以及AutoCAD中图层的使用与控制方法； 第11章：介绍图块的概念以及AutoCAD中图块的创建和使用方法； 第12章：介绍AutoCAD中查询等附加小工具的使用方法； 第13章：介绍AutoCAD各种打印设置与控制打印输出的方法

第3篇 行业应用篇（第14章~第22章）	本篇针对给排水、暖通、电气这3个主要设计内容，并通过若干综合性的实例来讲解具体的绘制方法与设计思路： 第14章：介绍建筑给水排水工程图的基本知识； 第15章：通过实例介绍建筑给排水平面图的绘制方法； 第16章：通过实例介绍建筑给排水系统图的绘制方法； 第17章：介绍建筑暖通施工图的基本知识； 第18章：通过实例介绍建筑采暖系统图的绘制方法； 第19章：通过实例介绍建筑空调平面图的绘制方法； 第20章：介绍建筑电气工程图的基本知识； 第21章：通过实例介绍建筑电气平面图的绘制方法； 第22章：通过实例介绍建筑电气系统图的绘制方法

本书写作特色

为了让读者更好地学习与翻阅，本书在具体的写法上也暗藏玄机，具体总结如下。

■ 6大解说板块 全方位解读命令

书中各命令均配有6大解说板块："执行方式""操作步骤""选项说明""初学解答""熟能生巧""精益求精"，在讲解前还会有命令的功能概述。各板块的含义说明如下。

- **执行方式：** AutoCAD中各命令的执行方式不止一种，因此该板块主要介绍命令的各执行方法。
- **操作步骤：** 介绍命令执行之后该如何进行下一步操作，该板块中还给出了命令行中的内容做参考。
- **选项说明：** AutoCAD中许多命令都具有丰富的子选项，因此该板块主要针对这些子选项进行介绍。
- **初学解答：** 有些命令在初学时难以理解，容易犯错，因此本板块便结合过往经验，对容易引起歧义、误解的知识点进行解惑。
- **熟能生巧：** AutoCAD的命令颇具机巧，读者也许已经熟练掌握了各种绘图命令，但有些图形仍是难明个中究竟，因此本板块便对各种匠心独运的技法进行总结，让读者茅塞顿开。
- **精益求精：** 本板块在"熟能生巧"上更进一步，所含内容均为与工作实际相关的经典经验总结。

■ 3大索引功能速查 可作案头辞典用

本书不仅能作为业界初学者入门与进阶的学习书籍，也能作为一位老设计师的案头速查手册。书中提供了"AutoCAD常见问题""AutoCAD行业知识""AutoCAD命令索引"等3大索引附录，可供读者快速定位至所需的内容。

- **AutoCAD常见问题索引**：读者可以通过该索引在书中快速准确地查找到各疑难杂症的解决办法。
- **AutoCAD行业知识索引**：通过该索引，读者可以快速定位至自己所需的行业知识。
- **AutoCAD命令索引**：按字母顺序将AutoCAD中的命令快捷键进行排列，方便读者查找。

■ 难易安排有节奏 轻松学习乐无忧

本书的编写特别考虑了初学人员的感受，因此对于内容有所区分。

- ★进阶★：带有★进阶★的章节为进阶内容，有一定的难度，适合学有余力的读者深入钻研。
- ★重点★：带有★重点★的为重点内容，是AutoCAD实际应用中使用极为频繁的命令，需重点掌握。

其余章节则为基本内容，只要熟加掌握，即可应付绝大多数的工作需要。

■ 全方位上机实训 全面提升绘图技能

读书破得万卷，下笔才能如出神入化。AutoCAD也是一样，只有多加练习，方能真正掌握它的绘图技法。我们深知AutoCAD是一款操作性的软件，因此在书中精心准备了105个操作【练习】，内容均通过层层筛选，既可作为命令介绍的补充，也符合各行各业实际工作的需要。因此从这个角度来说，本书还是一本不可多得的、能全面提升读者绘图技能的练习手册。

■ 软件与行业相结合 大小知识点一网打尽

除了基本内容的讲解，在书中还分布有89个“操作技巧”“设计点拨”与“知识链接”等小提示，不放过任何知识点。各项提示含义介绍如下。

- **操作技巧**：介绍相应命令比较隐晦的操作技巧。
- **设计点拨**：介绍行业应用中比较实用的设计技巧、思路，以及各种需引起注意的设计误区。
- **知识链接**：第一次介绍陌生命令时，会给出该命令在本书中的对应章节，供读者翻阅。

◎ 本书的配套资源

本书物超所值，除了书本之外，还附赠以下资源。扫描“资源下载”二维码即可获得下载方式。

资源下载

■ 配套教学视频

针对本书各大小实例，专门制作了130集共459分钟的高清教学视频，读者可以先看视频，像看电影一样轻松愉悦地学习本书内容，然后对照课本加以实践和练习，可以大大提高学习效率。

■ 全书实例的源文件与完成素材

本书附带了很多实例，包含行业综合实例和普通练习实例的源文件和素材，读者可以安装AutoCAD 2016软件，打开并使用它们。

■ 超值电子书

除了与本书配套的附录之外，在随书资源中还提供了以下9本电子书。

1.**《CAD常用命令键大全》**：AutoCAD各种命令的快捷键大全。

2.**《CAD常用功能键速查》**：键盘上各功能键在AutoCAD中的作用汇总。

3.**《CAD机械标准件图库》**：AutoCAD在机械设计上的各种常用标准件图块。

4.**《室内设计常用图块》**：AutoCAD在室内设计上的常用图块。

5.**《电气设计常用图例》**：电气设计上的常用图例。

6.**《服装设计常用图块》**：服装设计上的常用图块。

7.**《107款经典建筑图纸赏析》**：只有见过好的，才能做出好的，因此特别附赠该赏析，供读者学习。

8.**《112个经典机械动画赏析》**：经典的机械原理动态示意图，供读者寻找设计灵感。

9.**《117张二维、三维混合练习图》**：AutoCAD为操作性的软件，只有勤加练习才能融会贯通。

◎ 本书创作团队

本书由CAD辅助设计教育研究室组织编写，具体参与编写的有陈志民、江凡、张洁、马梅桂、戴京京、骆天、胡丹、陈运炳、申玉秀、李红萍、李红艺、李红术、陈云香、陈文香、陈军云、彭斌全、林小群、刘清平、钟睦、刘里锋、朱海涛、廖博、喻文明、易盛、陈晶、张绍华、陈文轶、杨少波、杨芳、刘有良、刘珊、赵祖欣、毛琼健、江涛、张范、田燕等。

由于编者水平有限，书中不足之处在所难免。在感谢读者选择本书的同时，也希望读者能够把对本书的意见和建议告诉我们。

联系信箱：lushanbook@qq.com

读者QQ群：327209040

编者

2017年2月

目录 Contents

■ 基础篇 ■

第4章 坐标系与辅助绘图工具

视频讲解：24分钟

第5章 绘图环境的设置

视频讲解：9分钟

第6章 图形绘制

视频讲解：44分钟

第7章 图形编辑

视频讲解：21分钟

■ 精通篇 ■

第8章 创建图形标注

视频讲解：30分钟

第12章 图形信息查询

视频讲解：1分钟

第13章 图形打印和输出

视频讲解：30分钟

■ 行业应用篇 ■

第14章 建筑给排水工程图基本知识

第15章 别墅给排水平面图设计

视频讲解：53分钟

第16章 别墅给排水系统图设计

视频讲解：27分钟

第17章 暖通空调工程图基本知识

第18章 住宅楼采暖系统图设计

视频讲解：33分钟

第19章 办公楼空调平面图设计

视频讲解：27分钟

第20章 建筑电气工程基础

第21章 建筑电气平面图设计

视频讲解：53分钟

第22章 建筑电气系统图设计

视频讲解：17分钟

附录A——AutoCAD 常见问题索引

附录B——AutoCAD 行业知识索引

附录C——AutoCAD 命令索引

第 1 章 建筑水暖电制图基础

■ 基础篇 ■

建筑水暖电工程制图涉及给水排水工程、消防与暖通施工、采暖施工、空调施工、电气施工等多方面的内容，包括了基本的工程制图方法、建筑施工图制图方法及建筑施工制图方法等，在识图及绘制上述工程制图前，读者应对一些制图标准与方法有所了解。

在本章中，首先介绍制图标准中的主要内容，包括图线、比例、标高、管径、系统编号和图例等，最后介绍施工图中常见的各种图例。

1.1 水暖电制图相关标准

水暖电制图要遵循《房屋建筑施工制图统一标准》（GB/T50001 - 2010）、《建筑给水排水制图标准》（GB/T50106 - 2010）、《暖通空调制图标准》（GB/T 50114 - 2010）以及《电气工程 CAD 制图规则》（GB/T18135 - 2008）中的专业制图规定。

1.1.1 图线

绘图时的图形宽度 b 应根据图纸的类别、比例和复杂程度来定，宜为 0.7mm 或 1.0mm。为方便读者翻阅，特将给排水、暖通、电气等专业制图中对于图线的运用规范进行总结，如表 1-1 所示。

表1-1 水暖电制图中的常用线型

名称		线型	线宽	一般用途
实线	粗		b	新设计的各种排水和其他重力流管线，以及电气图中主要内容用线
	中		$0.75b$	新设计的各种排水和其他重力流管线；原有的各种排水和其他重力流管线；电气图中门窗的外轮廓线
	细		$0.25b$	建筑的可见轮廓线；总图中原有的建筑物和构筑物的可见轮廓线；制图中的各种标准线
虚线	粗		b	新设计的各种排水、其他重力流管线、电气图中被屏蔽的不可见轮廓线
	中		$0.75b$	新设计的各种排水、其他重力流管线及原有的各种排水和其他重力流管线的不可见轮廓线
	细		$0.25b$	建筑的不可见轮廓线；总图中原有的建筑物和构筑物的不可见轮廓线；电气图中计划扩展内容用线，地下管道，屏蔽线
折断线			$0.25b$	断开界线
波浪线			$0.25b$	平面图中水面线；局部构造层次范围线；保温范围示意线等
单点画线			$0.25b$	中心线、定位轴线

1.1.2 比例

对于水暖电图形的制图比例，在《房屋建筑施工制图统一标准》（GB/T50001 - 2010）中有如下规定。

◆ 图样的比例是指图形与实物相对应的线性尺寸之比。比例的大小，是指其比值的大小，如1 ： 50大于1 ： 100。

◆ 比例的符号为“ : ”，比例应以阿拉伯数字表示，如1 ： 1、1 ： 2、1 ： 100 等；

◆ 建筑制图的比例宜写在图名的右侧，如图 1-1 所示。比例的字高宜比图名小一号，但字的基准线应取平。

图 1-1　建筑制图的比例标注

住宅给水排水施工图中常用的比例较多，泵房平面图、剖面图、给水排水系统图等多采用 1:50、1:30 的比例绘制，管道纵断面图采用 1:500 或 1:100 的比例绘制，而部件、零件详图等多采用 1:2、1:1 或 2:1 的比例绘制。

在《暖通空调制图标准》（GB/T50114 - 2010）中，对比例的规定还有：总平面图、平面图的比例宜与工程项目设计的主导专业一致，其余可以参考表 1-2。

表1-2 暖通绘图选用比例

图纸类型	常用比例	可用比例
平、立、剖图	1:100、1:200、1:300	1:3 、1:4、1:6、1:15 、1:25 、1:30 1:40、1:60、1:80、1:250、1:400、1:600
总平面图	1:500、1:1000、1:2000	
大样图	1:1、1:5、1:10、1:20、1:50	

电气图是采用图形符号和连线绘制的，并且大部分电气线路图或者电路图都是不按比例来绘制的。但是电气平面布置图等一般需要按照比例来绘制，方便在平面图上测出两点距离，就可按比例值来计算两者间的实际距离，如线的长度、设备间距等，方便导线的放线、设备机座、控制设备等的安装，其绘图比例见表 1-3。

表1-3 电气绘图比例

类别	推荐比例		
放大比例	50∶1 5∶1	20∶1 2∶1	10∶1
原比例	——	——	——
缩小比例	1∶2 1∶20 1∶200 1∶2000	1∶5 1∶50 1∶500 1∶5000	1∶10 1∶100 1∶1000 1∶10000

1.1.3 标高

水暖施工图中标高以米（m）为单位，一般需要标注到小数点后的第三位。住宅室内管道应标注相对标高，而室外管道没有绝对标高资料时，可标注相对标高，但应与总图一致。常见的标高标注方法如图1-2所示。

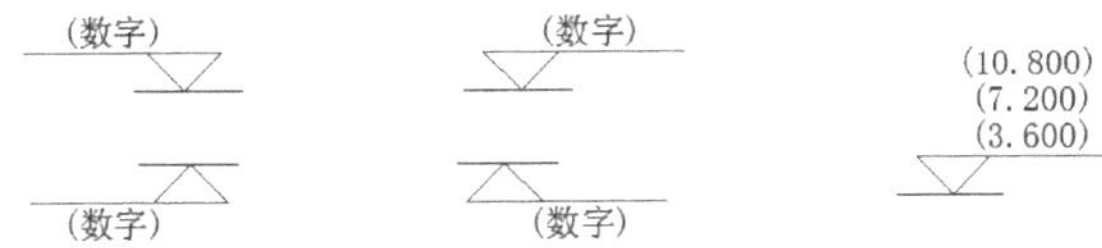

图1-2 标高数字注写格式

水暖工程图中在下列部位应标注标高。

◆ 沟渠和重力流管道的起止点、转角点、连接点、变坡点、变尺寸（管径）点及交叉点。

◆ 压力流管道中的标高控制点。

◆ 管道穿外墙、剪力墙和构筑物的壁及底板等处。

◆ 不同水位线处。

◆ 构筑物和土建部分的相关标高。

如果要标注管道的相对标高，需注意以下几点。

◆ 在无法标注垂直尺寸的图样中，应标注标高。标高应以m为单位，并应精确到cm或mm。

◆ 标高符号应以直角等腰三角形表示。当面标准层较多时，可只标注与本层楼（地）板面的相对标高。

◆ 水、汽管道标高未予说明时，应表示为管中心标高。

◆ 水、汽管道标注管道外底或顶标高时，应在数字前加“底”或“顶”字样。

◆ 矩形风管所注标高应表示管底标高；圆形风管所注标高应表示管中心标高。当不采用此方法标注时，应进行说明。

◆ 平面图中无坡度要求的管道标高可标注在管道截面尺寸后的括号内。必要时，应在标高数字前加“底”或“顶”字样。

1.1.4 管径

给水排水施工图中的管径尺寸应以毫米（mm）为单位。镀锌钢管、铸铁管、PVC管等应以公称直径“*DN*”表示，如*DN*28表示公称直径为28mm，如图1-3所示。

图1-3 铸铁管等的管径表示法

输送流体用无缝钢管、螺旋缝或直缝焊接钢管、铜管、不锈钢管，当需要注明外径和壁厚时，应用“*D*（或*Φ*）外径×壁厚”表示，如图1-4所示。在不致引起误解时，也可采用公称通径表示。

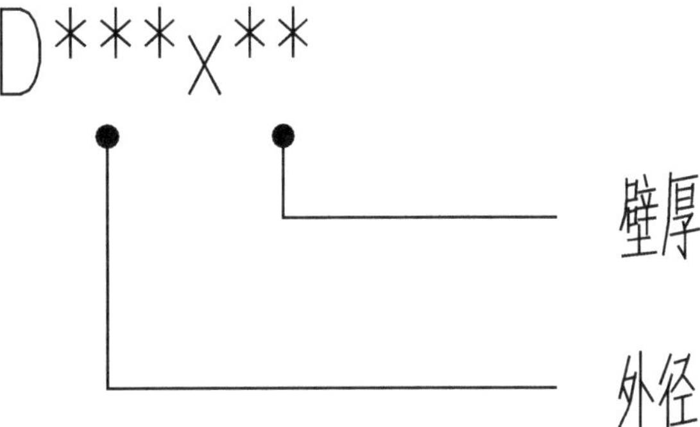

图1-4 无缝钢管的管径表示法

而陶瓷管、混凝土管等则采用内径*d*表示，如*d*230表示内径为230mm。各类型管道截面的尺寸标注示例如图1-5所示。

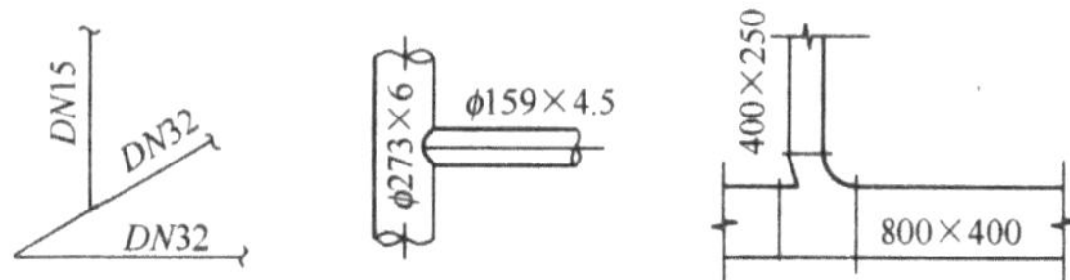

图1-5 管道截面尺寸的标注

同一管径的管道较多时，可在附注中统一说明管径尺寸，而不用在图上标注，如图1-6所示。

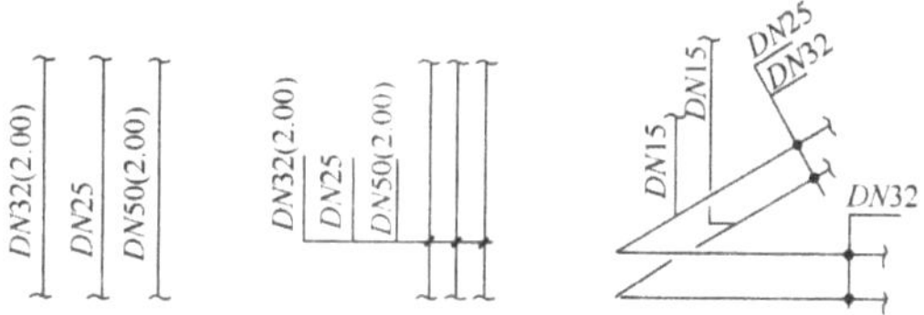

图1-6 多条管线规格的标注

圆形风管的截面定型尺寸应以直径“φ”表示，单位应为 mm；矩形风管（风道）的截面定型尺寸应以“A×B”表示。“A”应为该视图投影面的边长尺寸，“B”应为另一边尺寸，A、B 单位均为 mm。

水平管道的规格宜标注在管道的上方；竖向管道的规格宜标注在管道的左侧。双线表示的管道，其规格可标注在管道轮廓线内。

管径在图样上一般标注在管径变径处，水平管道标注在管道上方、斜管道标注在管道的斜上方、立管道标注在管道的左侧。

1.1.5 系统编号

水暖电各施工图中如果某种设备或管道数目较多时，可用汉语拼音字头的类别代号 + 阿拉伯数字编号标注。如 JL-1 表示编号为 1 的给水立管，PL-3 表示编号为 3 的排水立管。其他附属设施如阀门井、检查井、水表井、化粪池等也应该按照顺序编号，供水设施可以按照“从水源到用水设备、先干管、后支管”，排水设施则应按照“从上游到下游，先干管、后支管”的顺序编号。

当建筑物的给水引入管或排水排出管的数量超过一根时，应进行编号，如图 1-7 所示。

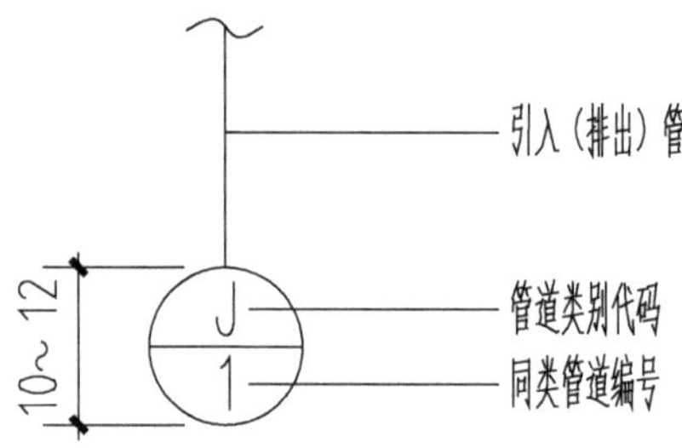

图 1-7　给水引入（排水引出）管道编号表示

当建筑物内穿越楼层的立管数量超过一根时，应进行编号，如图 1-8 所示。

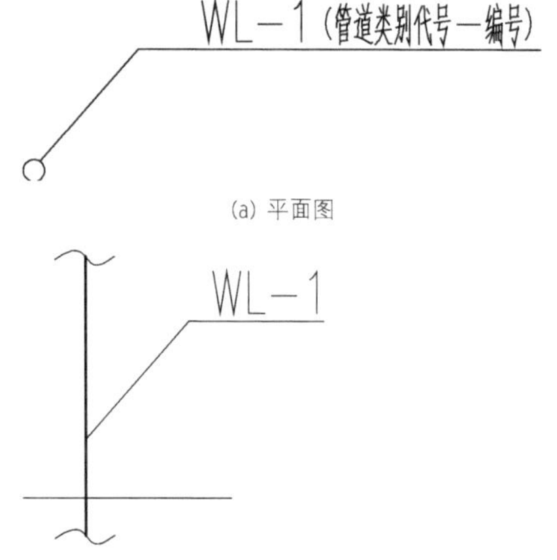

图 1-8　立管编号表示

当一个系统出现分支时，可采用如表1-4所示的画法。

表1-4　各系统的字母代号

序号	字母代号	系统名称	序号	字母代号	系统名称
1	N	（室内）供暖系统	9	H	回风系统
2	L	制冷系统	10	P	排风系统
3	R	热力系统	11	XP	新风换气系统
4	K	空调系统	12	JY	加压送风系统
5	J	净化系统	13	PY	排烟系统
6	C	除尘系统	14	P（PY）	排风兼排烟系统
7	S	送风系统	15	RS	人防送风系统
8	X	新风系统	16	RP	人防排风系统

1.1.6 画法与尺寸标注方法

水暖电设计牵涉众多图例，而设计图纸又分为平面图、剖面图等多种类型，不同类型的图纸，对象的画法也有不同，因此本节便对此做简单介绍，主要集中于管道的画法。

1 管道和设备布置的平面图、剖面图画法

管道和设备布置平面图应按假象除去上层板后俯视规则绘制，其相应的垂直剖面图应在平面图中表明剖切符号。平面图和剖面图的效果分别见图 1-9 和图 1-10。

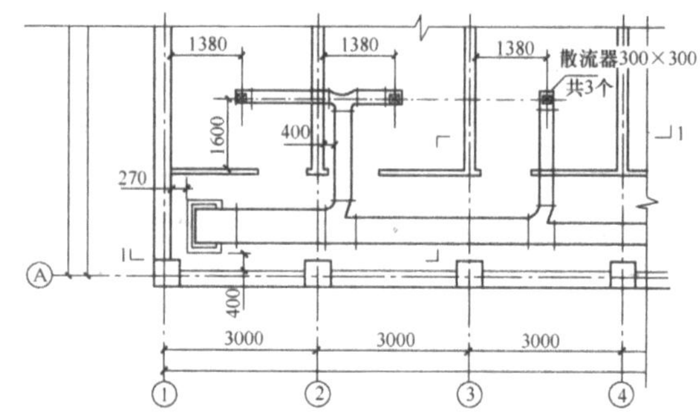

图 1-9　平面图画法

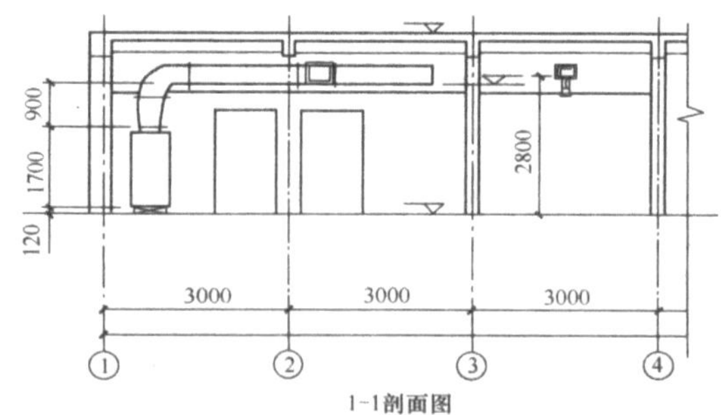

图 1-10　剖面图画法

2 管道截面尺寸的标注符号及画法

管道截面尺寸的标注符号及画法应符合以下原则。

◆低压流体输送用焊接管道规格应标注公称通径或压力。公称通径的标记应由字母"*DN*"后跟一个以毫米表示的数值组成；公称压力的代号应为"*PN*"。

◆输送流体用无缝钢管、螺旋缝或直缝焊接钢管、铜管、不锈钢管，当需要注明外径和壁厚时，应用"*D*（或 *Φ*）外径 × 壁厚"表示。在不致引起误解时，也可采用公称通径表示。

◆塑料管外径应用"*de*"表示。

◆圆形风管的截面定型尺寸应以直径"*Φ*"表示，单位应为 mm。

◆矩形风管（风道）的截面定型尺寸应以"*A*×*B*"表示。"*A*"应为该视图投影面的边长尺寸，"*B*"应为另一边尺寸。*A*、*B* 单位均应为 mm。

◆水平管道的规格宜标注在管道的上方；竖向管道的规格宜标注在管道的左侧。双线表示的管道，其规格可标注在管道轮廓线内。

3 风口、散流器的表示方法

风口、散流器的表示方法如图 1-11 所示，应写明风口尺寸、数量与风量。

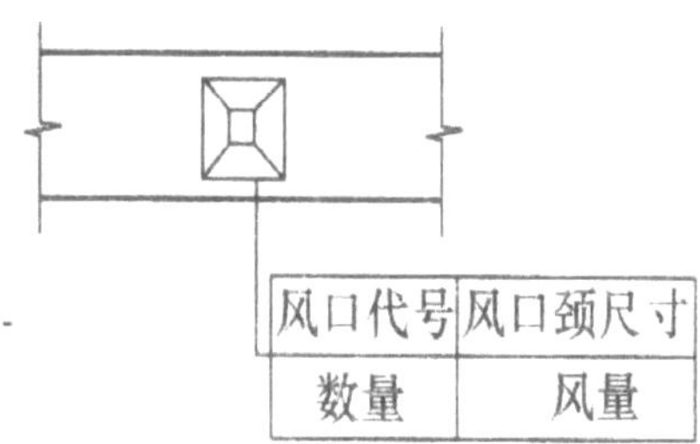

图 1-11 风口、散流器的表示方法

如果图形复杂，则可以只写尺寸与数量。全写效果与省略效果示例如图 1-12 所示。

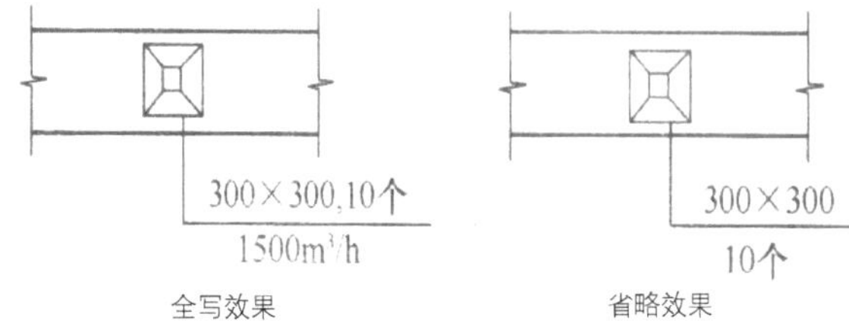

图 1-12 风口、散流器的画法示例

4 管道转向的画法

根据投影积聚原理可知，一根直管积聚后的投影用双线图的形式表示就是一个圆，而用单线图的形式表示则为一个点。弯管是由直管段和弯头两部分组成的，直管段积聚后的投影是个小圆，与直管段相连接的弯头，在拐弯前的投影也积聚成小圆，并且同直管段积聚成的小圆的投影重合。因此管道在转向处的画法分别如图 1-13 和图 1-14 所示。

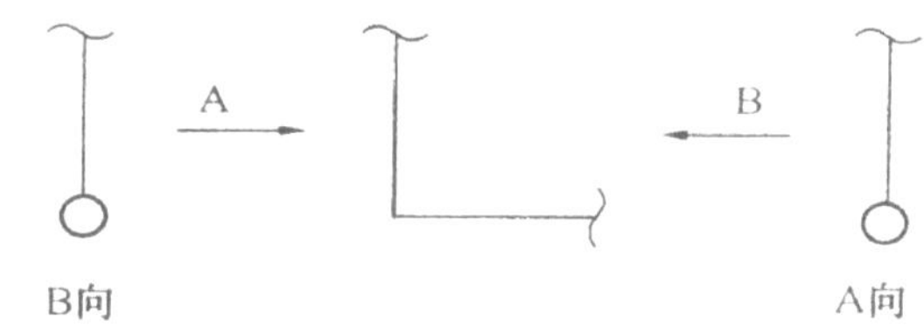

图 1-13 单线管道转向的画法

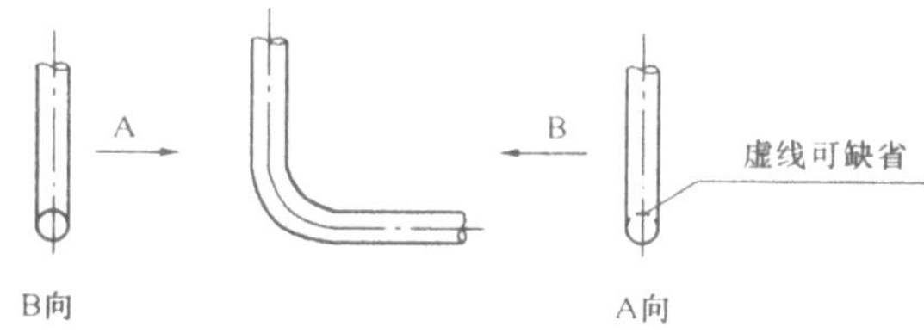

图 1-14 双线管道转向的画法

5 管道分支的画法

管道分支的画法与转向类似，同样要受投影积聚原理限制。具体的画法示例如图 1-15 和图 1-16 所示。

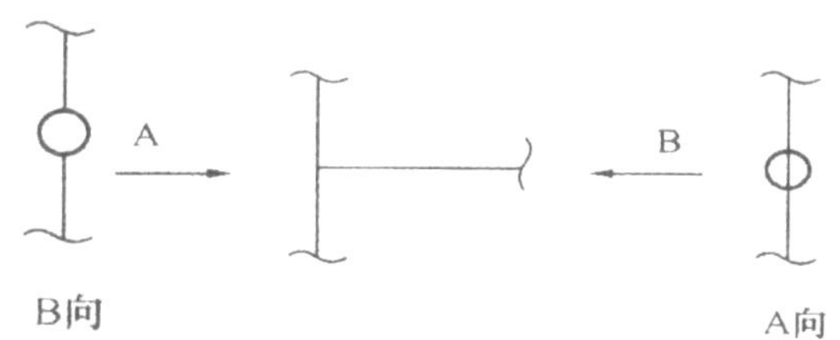

图 1-15 单线管道分支的画法

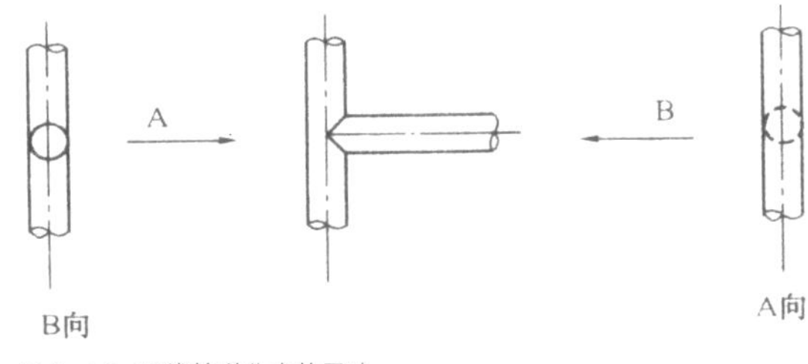

图 1-16 双线管道分支的画法

6 管道交叉的画法

管道交叉的画法与转向类似，同样要受投影积聚原理限制。具体的画法示例如图 1-17所示。

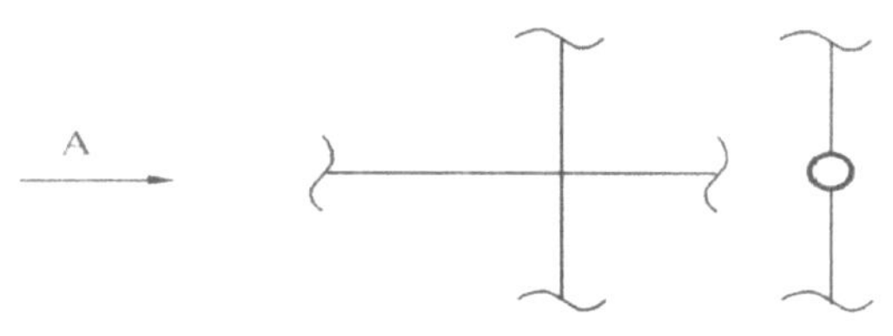

图 1-17 管道交叉的画法

7 管道跨越的画法

管道跨越表示管道空间交叉但互不相通，因此不受投影积聚原理的限制，但在具体绘图时，仍应该绘制圆形表示；画法示例如图 1-18 所示。

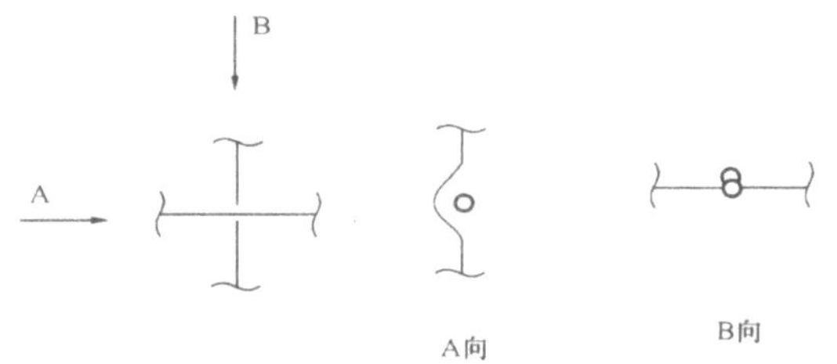

图 1-18 管道跨越的画法

8 管道在本图中断的画法

管道在本图中断，转至其他图面表示（或由其他图面引来）时，应注明转至（或来自的）的图纸编号，如图 1-19 所示。

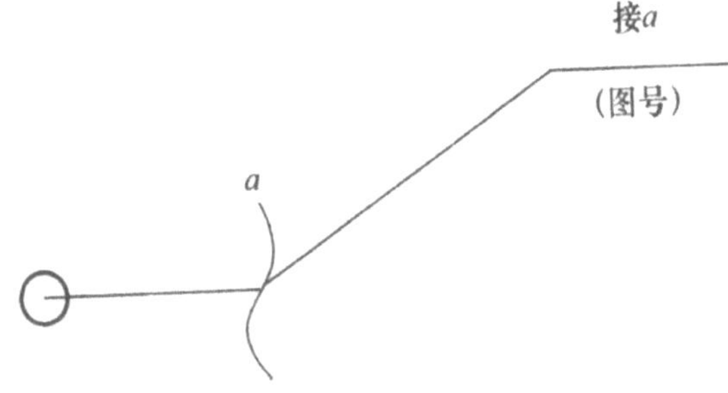

图 1-19 管道在本图中断的画法

9 定位尺寸的表示方法

水暖电绘图的标注方法与机械制图的标注类似，都应避免封闭的尺寸链，宜留出一段作为补偿环或自由段，如图 1-20 所示。

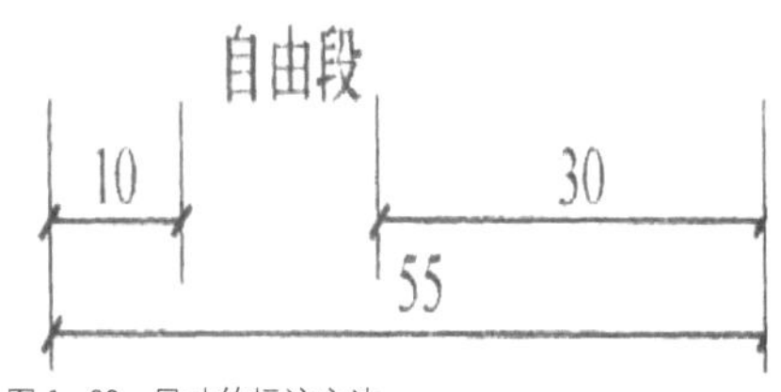

图 1-20 尺寸的标注方法

如果补偿环或自由段的尺寸同样重要，则可以将总长尺寸用括号包括，以示为参考尺寸，如图 1-21 所示。

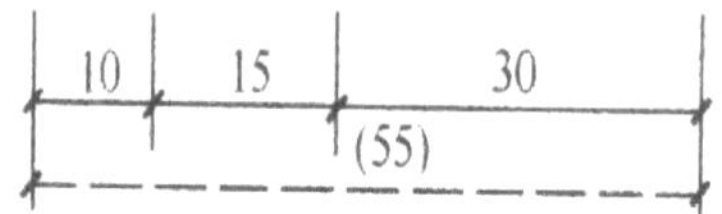

图 1-21 封闭尺寸链的标注方法

10 电气图的布局方式

电气图的布局要从对图的理解及方便使用出发，力图做到突出图的本意、布局结构合理、排列均匀、图面清晰，以方便读图。

图线布局

电气图中用来表示导线、信号通路、连接线等的图线应为直线，即常说的横平竖直，并尽可能减少交叉和弯折。

• 水平布局

水平布局的方式是将设备和元件按行布置，使得其连接线一般成水平布置，如图 1-22 所示。其中各元件、二进制逻辑单元按行排列，从而使得各连接线基本上都是水平线。

• 垂直布局

垂直布局的方式是将元件和设备按列来排列，连接线成垂直布局，使其连接线处于竖立在垂直布局的图中，如图 1-23 所示。元件、图线在图纸上的布置也可按图幅分区的列的代号来表示。

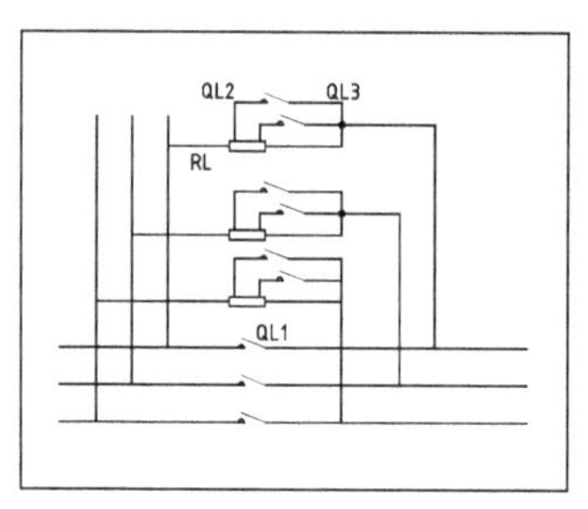

图 1-22 水平布局

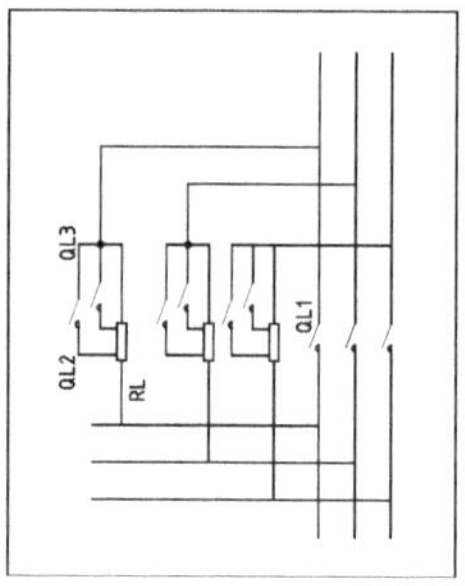

图 1-23 垂直布局

• 交叉布局

为把相应的元件连接成对称的布局，也可采用斜的交叉线方式来布置，如图 1-24 所示。

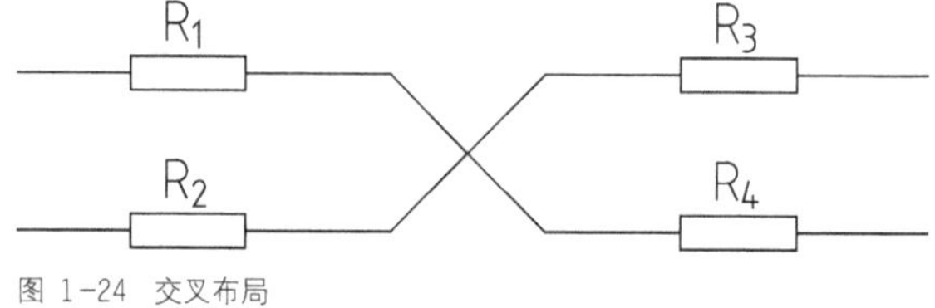

图 1-24 交叉布局

电路或元件布局

电路或元件布局的方法有两种，一种是功能布局法，另一种是位置布局法。

• 功能布局法

着重强调项目功能和工作原理的电气图，应该采用功能布局法。在功能布局法中，电路尽可能按工作顺序布局，功能相关的符号应分组并靠近，从而使信息流向和电路功能清晰，并方便留出注释位置。

图 1-25 所示为水平布局，从左至右分析，SB_1、FR、KM 都处于常闭状态，KT 线圈才能得电。经延时后，KT 的常开触合点闭合，KM 得电。

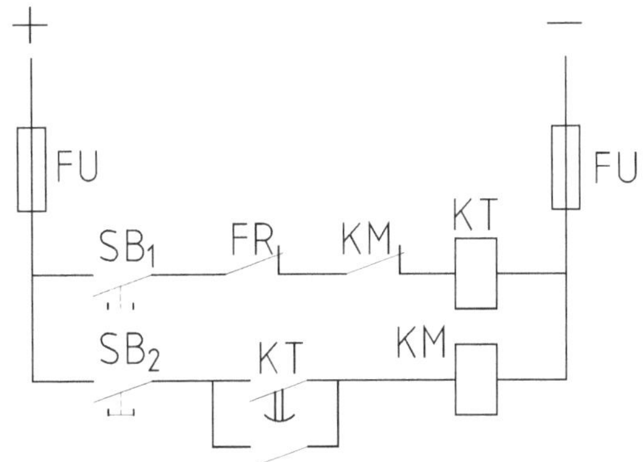

图 1-25 功能布局法示意图

• 位置布局法

着重强调项目实际位置的电气图，应采用位置布局法。符号应分组，其布局按实际位置来排列。位置布局法指电气图中元件符号的布置对应于该元件实际位置的布局方法。

图 1-26 所示为采用位置布局法绘制的电缆图，提供了有关电缆的信息，如导线识别标记、两端位置以及特性、路径等。

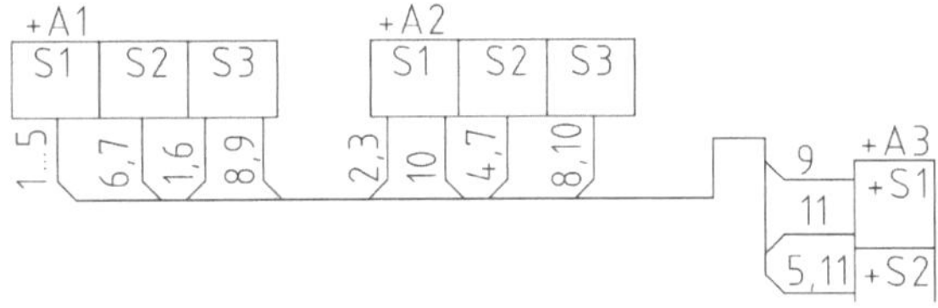

图 1-26 位置布局法示意图

1.2 图例

室内给水排水安装、暖通施工、电气施工图中规定的图例符号表示各种设备、管道的类型及安装位置。这些图例符号只是示意性的表示相应的器具和设备，其大小可以适当的按比例放大或缩小。各符号图例应按 GB/T50106－2010 中规定的图例符号执行。

1.2.1 水、汽管道代号

常用的水、汽管道代号如表1-5所示。

表1-5 水、汽管道代号表

序号	代号	管道名称	备注
1	RG	采暖热水供水管	可附加1/2/3等表示一个代号、不同参数的多种管道
2	RH	采暖热水回水管	可通过实线、虚线表示供、回关系，省略字母G、H
3	LG	空调冷水供水管	
4	LH	空调冷水回水管	
5	KRG	空调热水供水管	
6	KRH	空调热水回水管	
7	LRG	空调冷、热水供水管	
8	LRH	空调冷、热水回水管	
9	LQG	冷却水供水管	
10	LQH	冷却水回水管	
11	n	空调冷凝水管	
12	PZ	膨胀水管	
13	BS	补水管	
14	X	循环管	
15	LM	冷媒管	
16	YG	乙二醇供水管	
17	YH	乙二醇回水管	
18	BG	冰水供水管	
19	BH	冰水回水管	
20	ZG	过热蒸汽管	
21	ZB	饱和蒸汽管	可附加1/2/3等表示一个代号、不同参数的多种管道
22	Z2	二次蒸汽管	
23	N	凝结水管	
24	J	给水管	
25	SR	软化水管	
26	CY	除氧水管	
27	GG	锅炉进水管	
28	JY	加药管	
29	YS	盐溶液管	
30	XI	连续排污管	
31	XD	定期排污管	
32	XS	泄水管	
33	YS	溢水（油）管	
34	R1G	一次热水供水管	
35	R1H	一次热水回水管	
36	F	放空管	
37	FAQ	安全阀放空管	
38	O1	柴油供油管	
39	O2	柴油回水管	

（续表）

序号	代号	管道名称	备注
40	OZ1	重油供油管	
41	OZ2	重油回油管	
42	OP	排油管	

1.2.2 管道阀门和附件图例

管道阀门和常见的附件图例如表1-6所示。

表1-6 管道阀门和附件图例

序号	名称	图例	备注
1	截止阀		
2	闸阀		
3	球阀		
4	柱塞阀		
5	快开阀		
6	蝶阀		
7	旋塞阀		
8	止回阀		
9	浮球阀		
10	三通阀		
11	平衡阀		
12	定流量阀		
13	定压差阀		
14	自动排气阀		
15	集气罐、放气阀		
16	节流阀		
17	调节止回断阀		水泵出口用
18	膨胀阀		
19	安全阀		
20	角阀		
21	底阀		

（续表）

序号	名称	图例	备注
22	漏斗		
23	地漏		
24	明沟排水		
25	向上弯头		
26	向下弯头		
27	法兰封头或密封		
28	上出三通		
29	下出三通		
30	变径管		
31	活接头或法兰连接		
32	固定支架		
33	导向支架		
34	活动支架		
35	金属软管		
36	可屈挠橡胶软接头		
37	Y形过滤器		
38	疏水器		
39	减压阀		左高右低
40	直通型（或反冲型）除污器		
41	除垢器		
42	补偿器		
43	矩形补偿器		
44	套管补偿器		
45	波纹管补偿器		
46	弧形补偿器		
47	球形补偿器		
48	伴热器		
49	保护套管		

（续表）

序号	名称	图例	备注
50	爆破膜		
51	阻火器		
52	节流孔板、减压孔板		
53	快速接头		
54	介质流向	或	在管道断开处；流向符号宜标注在管道中心线上，其余可同管径标注位置
55	坡度及坡向	i=0.003 或 i=0.003	坡度数值不宜与管道起、止点标高同时标注。标注位置同管径标注位置

1.2.3 风道代号

风道的代号及其所代表的管道名称见表 1-7。

表1-7 风道代号及其所代表的管道名称

序号	代号	管道名称	备注
1	SF	送风管	— — — —
2	HF	回风管	一、二次回风可附加1、2区别
3	PF	排风管	— — — —
4	XF	新风管	— — — —
5	PY	消防排烟风管	— — — —
6	ZY	加压送风管	— — — —
7	P（Y）	排风排烟兼用风管	— — — —
8	XB	消防补风风管	— — — —
9	S（B）	送风兼消防补风风管	— — — —

1.2.4 风道、阀门及附件图例

风道、阀门和常见的附件图例如表 1-8所示。

表1-8 风道、阀门和常见的附件图例

序号	名称	图例	备注
1	矩形风管	***X***	宽×高（mm）
2	圆形风管	Ø***	直径（mm）
3	风管向上		

（续表）

序号	名称	图例	备注
4	风管向下		
5	风管上升摇手弯		
6	风管下降摇手弯		
7	天圆地方		左接矩形风
8	软风管		
9	圆弧形弯头		
10	带导流片的矩形弯头		
11	消声器		
12	消声弯头		
13	消声静压箱		
14	风管软接头		
15	对开多叶调节风阀	V.D V.D	
16	调节蝶阀	B.D B.D	
17	插板阀		
18	止回风阀		
19	余压阀	DPV DPV	
20	三通调节阀		
21	方形风口		
22	条形风口		
23	矩形风口		
24	圆形风口		
25	侧面风口		
26	防雨百叶		

1.2.5 风口和附件代号

风口代号和其表示的风口名称与其他附件代号含义见表1-9。

表1-9 风口和附件代号

序号	代号	风口名称	备注
1	AV	单层格栅风口，叶片垂直	— — — —

（续表）

序号	代号	风口名称	备注
2	AH	单层格栅风口，叶片水平	— — — —
3	BV	双层格栅风口，前组叶片垂直	— — — —
4	BH	双层格栅风口，前组叶片水平	— — — —
5	C*	矩形散流器，*为出风面数量	— — — —
6	DF	圆形平面散流器	— — — —
7	DS	圆形凸面散流器	— — — —
8	DP	圆盘形散流器	— — — —
9	DX*	圆形斜片散流器，*为出风面数量	— — — —
10	DH	圆环形散流器	— — — —
11	E*	条缝形风口，*为条缝数	— — — —
12	F*	细叶形斜出风散流器，*为出风面数量	— — — —
13	FH	门铰形细叶回风口	— — — —
14	G	扁叶形直出风散流器	— — — —
15	H	百叶回风口	— — — —
16	HH	门铰形百叶回风口	— — — —
17	J	喷口	— — — —
18	SD	旋流风口	— — — —
19	K	蛋格形风口	— — — —
20	KH	门铰形蛋格式回风口	— — — —
21	L	花板回风口	— — — —
22	CB	自垂百叶	— — — —
23	N	防结露送风口	冠于所用类型风口代号前
24	T	低温送风口	冠于所用类型风口代号前
25	W	防雨百叶	— — — —
26	B	带风口风箱	— — — —
27	D	带风阀	— — — —
28	F	带过滤网	— — — —

1.2.6 暖通空调设备图例

暖通空调设备图例与含义如表1-10所示。

表1-10 暖通空调设备图例

序号	名称	图例	备注
1	散热器及手动放气阀		左为平面图画法，中为剖面图画法，右为系统图（y轴侧）画法
2	散热器及温控阀		

（续表）

序号	名称	图例	备注
3	轴流风机		
4	轴（混）流失管道风机		
5	离心式管道风机		
6	吊顶式排气扇		
7	水泵		
8	手摇泵		
9	变风量末端		
10	空调机组加热、冷却盘管		从左到右分别为加热、冷却及双功能盘管
11	空气过滤器		从左至右分别为粗效、中效及高效过滤器
12	挡水板		
13	电加热器		
14	板式换热器		
15	立式明装风机盘管		
16	立式暗装风机盘管		
17	卧式明装风机盘管		
18	卧式暗装风机盘管		
19	窗式空调器		
20	分体空调器	室内机 室外机	
21	射流诱导风机		
22	减振器		左为平面图画法，右为剖面图画法

1.2.7 调控装置及仪表图例

常见的调控装置及仪表图例见表 1-11。

表1-11 调控装置及仪表图例

序号	名称	图例
1	温度传感器	T
2	湿度传感器	H
3	压力传感器	P
4	压差传感器	ΔP
5	流量传感器	F
6	烟感器	S
7	流量开关	FS
8	控制器	C
9	吸顶式温度传感器	T
10	温度计	
11	压力表	
12	流量计	F.M
13	能量计	E.M
14	弹簧执行机构	
15	重力执行机构	
16	记录仪	
17	电磁（双位）执行机构	
18	电动（双位）执行机构	
19	电动（调节）执行机构	
20	气动执行机构	
21	浮力执行机构	
22	数字输入量	DI
23	数字输出量	DO
24	模拟输入量	AI
25	模拟输出量	AO

1.2.8 电子接线端子和导线线端的识别标记

与特定导线直接或通过中间电器相连的电子接线端子按表 1-12 中所列的字母来进行标记。

表 1-12 识别标记

导体名称	标记符号				
	导线线端	旧符号	电器端子	旧符号	
交流系统电源	导体1相	L_1	A	U	D_1
	导体2相	L_2	B	V	D_2
	导体3相	L_3	C	W	D_3
	中性线	N	N	N	0
直流系统电源	导体正极	L+		C	
	导体负极	L-	+	D	
	中间线	M	-	M	
保护接地（保护导体）	PE			PE	
不接地保护导体	PU		PU		
保护中性导体（保护接地线和中性线共用）	PEN		—		
接地导体（接地线）	E		E		
低噪声（防干扰）接地导体	TE		TE		
接机壳或接机架	MM(1)		MM(1)		
等电位联结	CC(1)		CC(1)		

只有当这些接线端子或导体与保护导体或接地导体的电位不等时，才采用这些识别标记。

第 2 章 AutoCAD 2016入门

AutoCAD 是由美国 Autodesk 公司开发的通用计算机辅助设计软件。在深入学习 AutoCAD 绘图软件之前，本章首先介绍 AutoCAD 2016 的启动与退出、操作界面、视图的控制和工作空间等基本知识，使读者对 AutoCAD 及其操作方式有一个全面的了解和认识，为熟练掌握该软件打下坚实的基础。

2.1 AutoCAD的启动与退出

要使用 AutoCAD 进行绘图，首先必须启动该软件。在完成绘制之后，应保存文件并退出该软件，以节省系统资源。

1 启动 AutoCAD 2016

安装好 AutoCAD 后，启动 AutoCAD 的方法有以下几种。

◆【开始】菜单：单击【开始】按钮，在菜单中选择“所有程序 |Autodesk| AutoCAD 2016- 简体中文（Simplified Chinese）| AutoCAD 2016- 简体中文（Simplified Chinese）”选项，如图 2-1 所示。

◆与 AutoCAD 相关联格式文件：双击打开与 AutoCAD 相关格式的文件 (*.dwg、*.dwt 等)，如图 2-2 所示。

◆快捷方式：双击桌面上的快捷图标，或者 AutoCAD 图形文件。

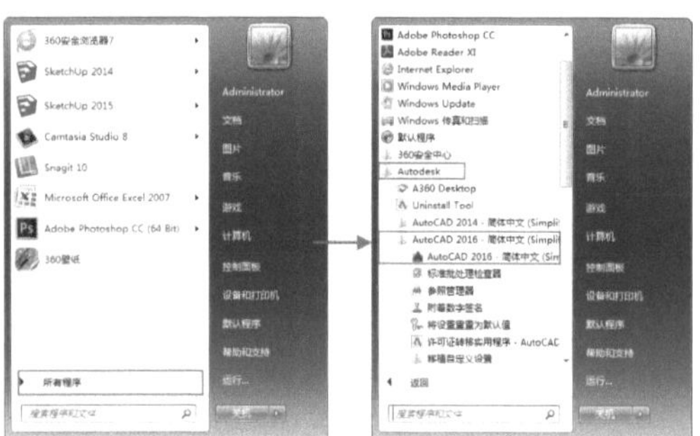

图 2-1 【开始】菜单打开 AutoCAD 2016

图 2-2 CAD 图形文件

AutoCAD 2016 启动后的界面如图 2-3 所示，主要由【快速入门】、【最近使用的文档】和【连接】3 个区域组成。

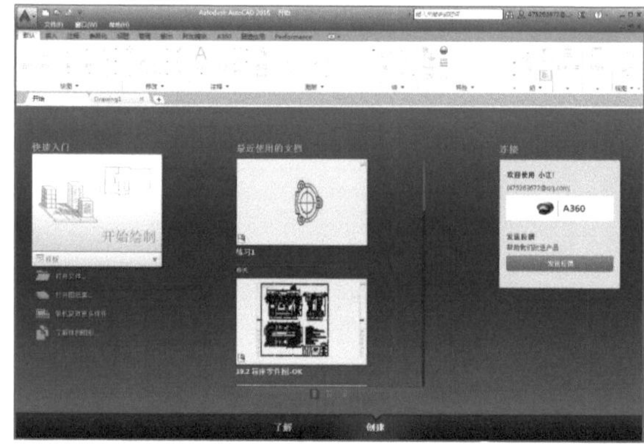

图 2-3 AutoCAD 2016 的开始界面

◆【快速入门】：单击其中的【开始绘制】区域即可创建新的空白文档进行绘制，也可以单击【样板】下拉列表选择合适的样板文件进行创建。

◆【最近使用的图档】：该区域主要显示最近用户使用过的图形，相当于“历史记录”。

◆【连接】：在【连接】区域中，用户可以登录 A360 账户或向 AutoCAD 技术中心发送反馈。如果有产品更新的消息，将显示【通知】区域，在【通知】区域可以收到产品更新的信息。

2 退出 AutoCAD 2016

在完成图形的绘制和编辑后，退出 AutoCAD 的方法有以下几种。

◆应用程序按钮：单击应用程序按钮，选择【关闭】选项，如图 2-4 所示。

◆菜单栏：选择【文件】|【退出】命令，如图 2-5 所示。

◆标题栏：单击标题栏右上角的【关闭】按钮，如图 2-6 所示。

◆快捷键：按【Alt】+【F4】或【Ctrl】+【Q】快捷键。

◆命令行：输入“QUIT”或“EXIT”命令，如图 2-7 所示。命令行中输入的字符不分大小写。

图 2-4 【应用程序】菜单关闭软件

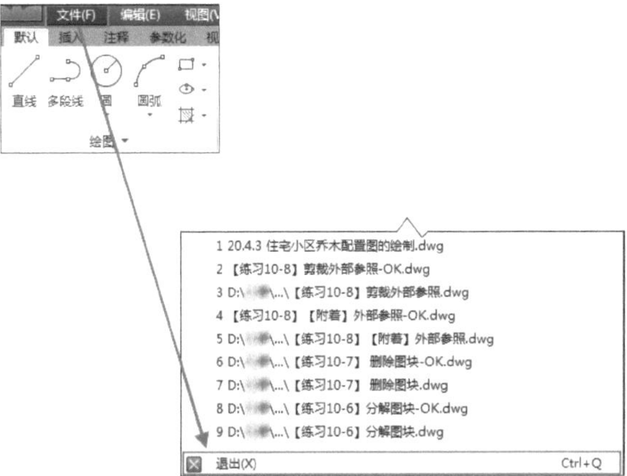

图 2-5 菜单栏调用【关闭】命令

图 2-6 标题栏【关闭】按钮关闭软件

图 2-7 命令行输入【关闭】命令

若在退出AutoCAD 2016之前未进行文件的保存，系统会弹出如图 2-8 所示的提示对话框。提示用户在退出软件之前是否保存当前绘图文件。单击【是】按钮，可以进行文件的保存；单击【否】按钮，将不对之前的操作进行保存而退出；单击【取消】按钮，将返回操作界面，不执行退出软件的操作。

图 2-8 退出提示对话框

2.2 AutoCAD 2016操作界面

AutoCAD 的操作界面是 AutoCAD 显示、编辑图形的区域。AutoCAD 的操作界面具有很强的灵活性，用户可以根据自己的绘图习惯来设置个人专用的操作界面。

2.2.1 AutoCAD 的操作界面简介

AutoCAD 的默认界面为【草图与注释】工作空间的界面，关于【草图与注释】工作空间及其他信息在本章的 2.5 节中有详细介绍，此处仅简单介绍界面中的主要元素。该工作空间界面包括应用程序按钮、快速访问工具栏、菜单栏、标题栏、交互信息工具栏、功能区、标签栏、十字光标、绘图区、坐标系、命令行、状态栏及文本窗口等，如图 2-9 所示。

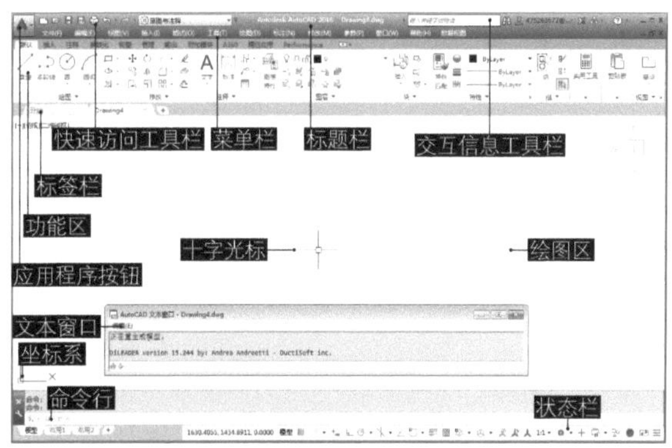

图 2-9 AutoCAD 2016 默认的工作界面

2.2.2 应用程序按钮

应用程序按钮▲位于窗口的左上角，单击该按钮，系统将弹出用于管理 AutoCAD 图形文件的菜单，包含【新建】、【打开】、【保存】、【另存为】、【输出】及【打印】等命令，右侧区域则是【最近使用文档】列表，如图 2-10 所示。

此外，在应用程序【搜索】按钮左侧的空白区域输入命令名称，即会弹出与之相关的各种命令的列表，选择其中对应的命令即可执行，效果如图 2-11 所示。

图 2-10 应用程序菜单　　图 2-11 搜索功能

2.2.3 快速访问工具栏

快速访问工具栏位于标题栏的左侧，它包含文档操作常用的 7 个快捷按钮，依次为【新建】、【打开】、【保存】、【另存为】、【打印】、【放弃】和【重做】，如图 2-12 所示。

可以通过相应的操作为快速访问工具栏增加或删除所需的工具按钮，有以下几种方法。

单击快速访问工具栏右侧下拉按钮▾，在菜单栏中选择【更多命令】选项，在弹出的【自定义用户界面】对话框选择将要添加的命令，然后按住鼠标左键，将其拖动至快速访问工具栏上即可。

在【功能区】的任意工具图标上单击鼠标右键，选择其中的【添加到快速访问工具栏】命令。

而如果要删除已经存在的快捷键按钮，只需要在该按钮上单击鼠标右键，然后选择【从快速访问工具栏中删除】命令，即可完成删除按钮操作。

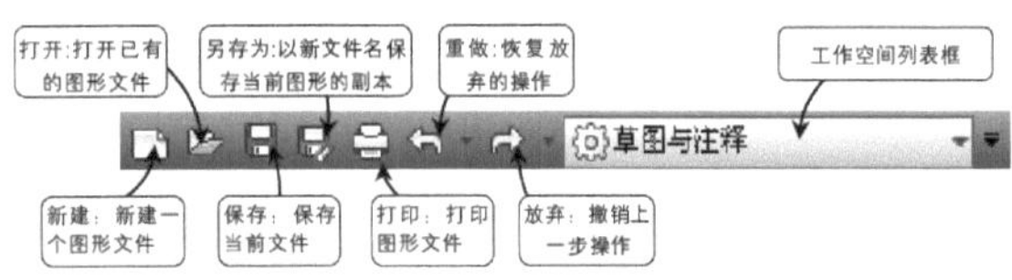

图 2-12 快速访问工具栏

2.2.4 菜单栏

与之前版本的 AutoCAD 不同，在 AutoCAD 2016 中，菜单栏在任何工作空间都默认为不显示。只有在快速访问工具栏中单击下拉按钮▾，并在弹出的下拉菜单中选择【显示菜单栏】选项，才可将菜单栏显示出来，如图 2-13 所示。

菜单栏位于标题栏的下方，包括12个菜单:【文件】、【编辑】、【视图】、【插入】、【格式】、【工具】、【绘图】、【标注】、【修改】、【参数】、【窗口】、【帮助】，几乎包含了所有绘图命令和编辑命令，如图 2-14 所示。

图 2-13 显示菜单栏

图 2-14 菜单栏

这 12 个菜单栏的主要作用介绍如下。

◆【文件】：用于管理图形文件，如新建、打开、保存、另存为、输出、打印和发布等。

◆【编辑】：用于对文件图形进行常规编辑，如剪切、复制、粘贴、清除、链接、查找等。

◆【视图】：用于管理 AutoCAD 的操作界面，如缩放、平移、动态观察、相机、视口、三维视图、消隐和渲染等。

◆【插入】：用于在当前 AutoCAD 绘图状态下，插入所需的图块或其他格式的文件，如 PDF 参考底图、字段等。

◆【格式】：用于设置与绘图环境有关的参数，如图层、颜色、线型、线宽、文字样式、标注样式、表格样式、点样式、厚度和图形界限等。

◆【工具】：用于设置一些绘图的辅助工具，如：选项板、工具栏、命令行、查询和向导等。

◆【绘图】：提供绘制二维图形和三维模型的所有命令，如直线、圆、矩形、正多边形、圆环、边界和面域等。

◆【标注】：提供对图形进行尺寸标注时所需的命令，如线性标注、半径标注、直径标注、角度标注等。

◆【修改】：提供修改图形时所需的命令，如删除、复制、镜像、偏移、阵列、修剪、倒角和圆角等。

◆【参数】：提供对图形约束时所需的命令，如几何约束、动态约束、标注约束和删除约束等。

◆【窗口】：用于在多文档状态时设置各个文档的屏幕，如层叠、水平平铺和垂直平铺等。

◆【帮助】：提供使用 AutoCAD 2016 所需的帮助信息。

2.2.5 标题栏

标题栏位于 AutoCAD 窗口的最上方，如图 2-15 所示，标题栏显示了当前软件名称，以及显示当前新建或打开的文件的名称等。标题栏最右侧提供了用于【最小化】按钮▬、【最大化】按钮□/【恢复窗口大小】按钮和【关闭】按钮✕。

图 2-15 标题栏

练习 2-1 在标题栏中显示出图形的保存路径

一般情况下，在标题栏中不会显示出图形文件的保存路径，如图 2-16 所示；但为了方便工作，用户可以自行将其调出，以便能在第一时间得知图形的保存地址，效果如图 2-17 所示。

Autodesk AutoCAD 2016　练习1.dwg

图 2-16　标题栏中不显示文件保存路径

Autodesk AutoCAD 2016　F:\CAD2016综合\素材\02章\练习1.dwg

图 2-17　标题栏中显示完整的文件保存路径

操作步骤如下。

Step 01 在命令行中输入“OP”或“OPTIONS”命令并按【Enter】键，如图2-18所示；或在绘图区空白处单击鼠标右键，在弹出的快捷菜单中选择【选项】，如图2-19所示，系统即弹出【选项】对话框。

图 2-18　在命令行中输入字符

Step 02 在【选项】对话框中切换至【打开和保存】选项卡，在【文件打开】选项组中勾选【在标题中显示完整路径】复选框，单击【确定】按钮，如图2-20所示。设置完成后即可在标题栏显示出完整的文件路径，如图2-17所示。

图 2-19 在快捷菜单中选择【选项】

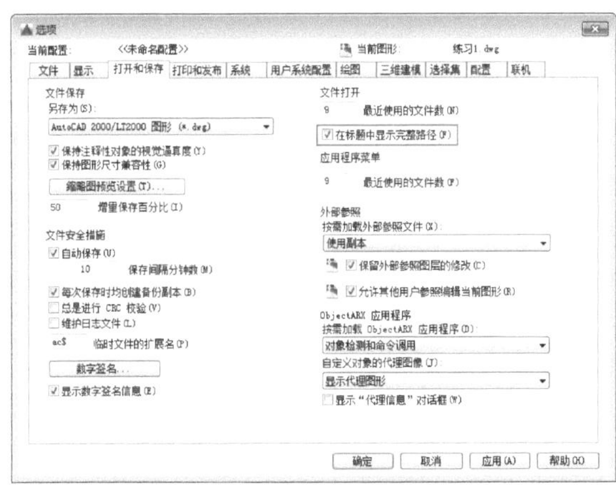

图 2-20　【选项】对话框中的【打开和保存】选项卡

2.2.6 交互信息工具栏 ★进阶★

交互信息工具栏主要由搜索框、A360 登录栏、Autodesk 应用程序、外部连接等 4 个部分组成，具体作用说明如下。

◎ 搜索框

如果用户在使用 AutoCAD 的过程中，对某个命令不熟悉，可以在搜索框中输入该命令，打开帮助窗口来获得详细的命令信息。

◎ A360 登录栏

“云技术”的应用越来越多，AutoCAD 也日渐重视这一新兴的技术，并有效将其和传统的图形管理连接起来。A360 即是基于云的平台，可用于访问从基本编辑到强大的渲染功能等一系列云服务。除此之外，还有一个更为强大的功能，那就是如果将图形文件上传至用户的 A360 账户，即可随时随地访问该图纸，实现云共享，无论是电脑还是手机等移动端，均可以快速查看图形文件，分别如图 2-21 和图 2-22 所示，这无疑极大地提高了技术人员在对外交流工作中的灵活性。

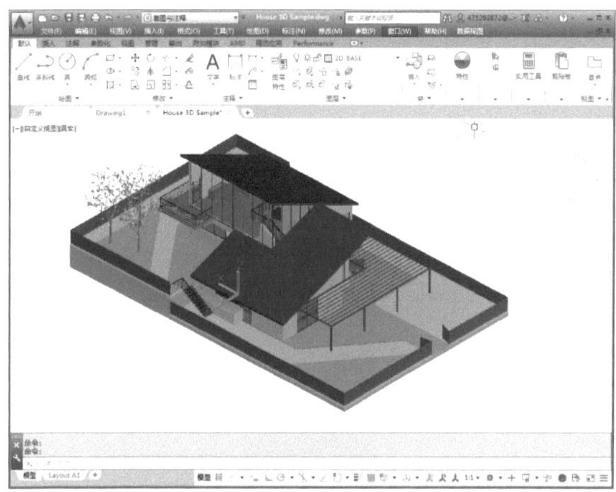

图 2-21　在电脑上用 AutoCAD 软件打开图形

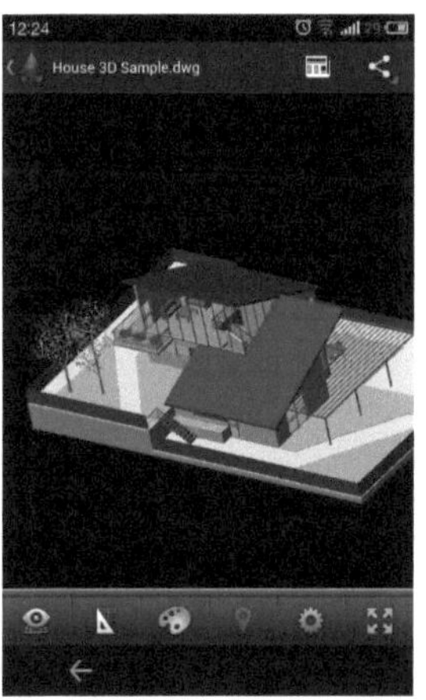

图 2-22　在手机上用 AutoCAD 360 APP 打开图形

而要体验 A360 云技术的便捷，只需单击登录按钮登录，在下拉列表中选择【登录到 A360】对话框，即弹出【Autodesk-登录】对话框，在其中输入账号、密码即可，如图 2-23 所示。如果没有账号，可以单击【注册】按钮，打开【Autodesk- 创建账户】对话框，按要求填写即可注册，如图 2-24 所示。下面便通过一个简单的例题来进行讲解。

图 2-23 【Autodesk- 登录】对话框

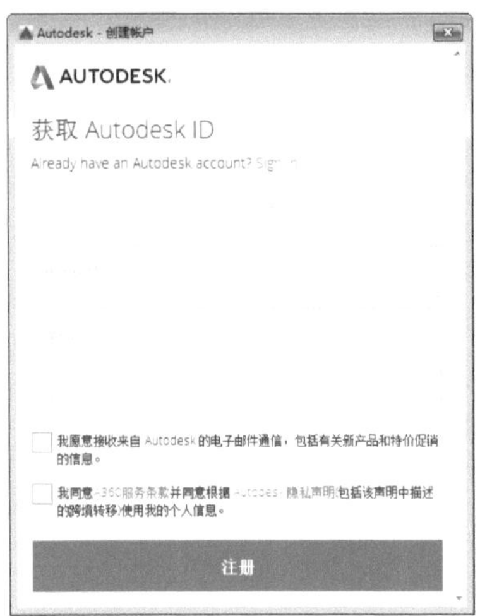

图 2-24 【Autodesk- 创建账户】对话框

练习 2-2 用手机 APP 实现电脑 AutoCAD 图纸的云共享

现在智能手机的普及率很高，其中大量的APP 应用也给人们生活带来了前所未有的便捷。Autodesk 也与时俱进推出了 AutoCAD 360 这款免费图形和草图手机应用程序，允许用户随时查看、编辑和共享 AutoCAD 图形。

Step 01 在计算机端注册并登录A360，登录完成后，单击其中的【A360】选项，如图2-25所示。

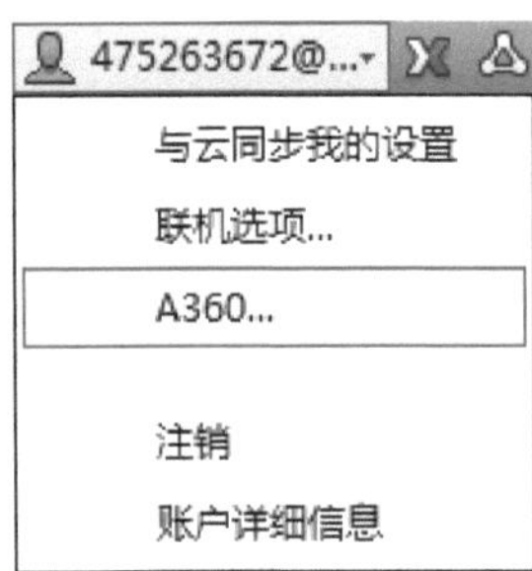

图 2-25 登录后单击【A360】选项

Step 02 浏览器自动打开A360 DRIVE网页，第一次打开页面如图2-26所示。

图 2-26 A360 DRIVE 页面

Step 03 单击其中的【上载文档】，打开【上载文档】对话框，按提示上传要用手机查看的图形文件，如图2-27所示。

Step 04 用手机下载AutoCAD 360这款APP（又名AutoCAD WS），如图2-28所示。

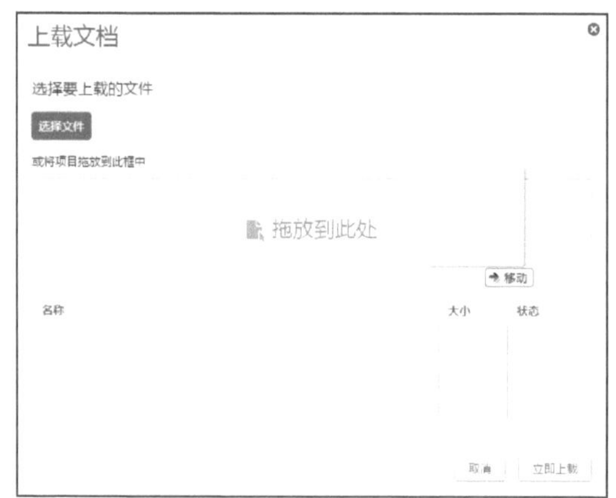

图 2-27 【上载文档】对话框

图 2-28 使用手机下载 AutoCAD 360 的 APP

Step 05 在手机上启动AutoCAD 360，输入A360的账号、密码，即可登录，如图2-29所示。

Step 06 登录后在手机界面选择要打开的图形文件，如图2-30所示。

Step 07 使用手机打开后的效果如图2-31所示，即完成文件共享。

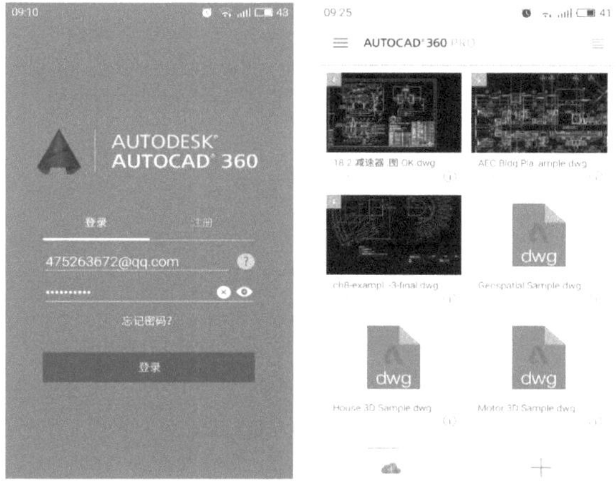

图 2-29 在手机端登录 AutoCAD 360 图 2-30 在 AutoCAD 360 中选择要打开的文件

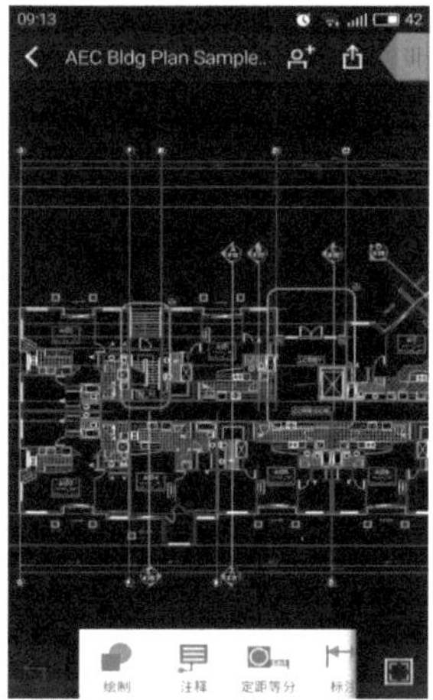

图 2-31 使用手机打开 AutoCAD 图形

◎ Autodesk 应用程序

单击【Autodesk 应用程序】按钮可以打开Autodesk应用程序网站，如图2-32所示。其中可以下载许多与AutoCAD相关的各类应用程序与插件。

图 2-32 Autodesk 应用程序网站

关于Autodesk应用程序的下载与具体应用请看本章的【练习2-3】：下载Autodesk应用程序实现AutoCAD的文本翻译。

◎ 外部连接

外部连接按钮的下拉列表中提供了各种快速分享窗口，如优酷、微博，单击即可快速打开各网站内的有关信息。

2.2.7 功能区 ★重点★

【功能区】是各命令选项卡的合称，它用于显示与绘图任务相关的按钮和控件，存在于【草图与注释】、【三维基础】和【三维建模】空间中。【草图与注释】工作空间的【功能区】包含【默认】、【插入】、【注释】、【参数化】、【视图】、【管理】、【输出】、【附加模块】、【A360】、【精选应用】、【Performance】等11个选项卡，如图2-33所示。每个选项卡包含有若干个面板，每个面板又包含许多由图标表示的命令按钮。

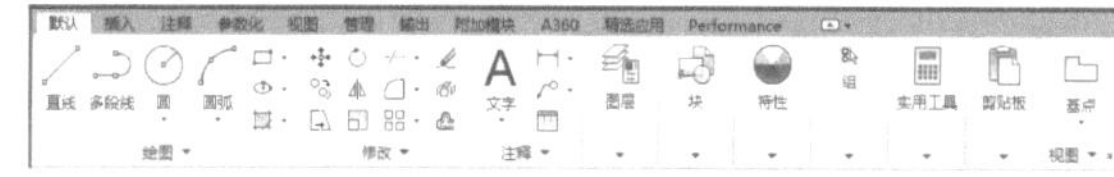

图 2-33 【功能区】选项卡

用户创建或打开图形时，功能区将自动显示。如果没有显示功能区，那么用户可以执行以下操作来手动显示功能区。

◆菜单栏：选择【工具】|【选项板】|【功能区】命令。

◆命令行：输入“RIBBON”命令。如果要关闭功能区，则输入“RIBBONCLOSE”命令。

■ 切换功能区显示方式

功能区可以以水平或垂直的方式显示，也可以显示为浮动选项板。另外，功能区可以以最小化状态显示，其方法是在功能区选项卡右侧单击下拉按钮，在弹出的列表中选择以下4种中一种最小化功能区状态选项。而单击切换按钮，则可以在默认和最小化功能区状态之间切换。

◆【最小化为选项卡】：最小化功能区，以便仅显示选项卡标题，如图2-34所示。

图 2-34 【最小化为选项卡】时的功能区显示

◆【最小化为面板标题】：最小化功能区，以便仅显示选项卡和面板标题，如图2-35所示。

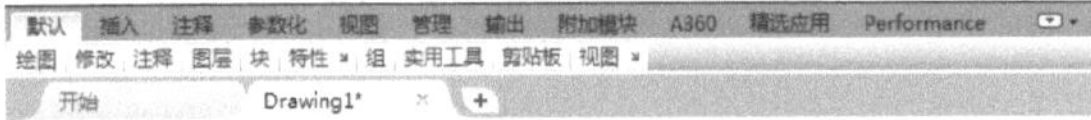

图 2-35 【最小化为面板标题】时的功能区显示

◆【最小化为面板按钮】：最小化功能区，以便仅显示选项卡标题和面板按钮，如图 2-36 所示。

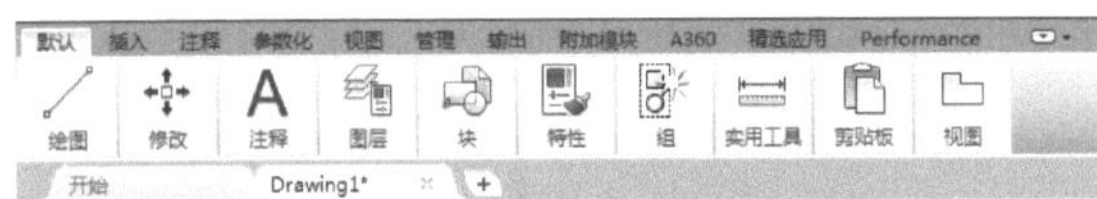

图 2-36 【最小化为面板按钮】时的功能区显示

◆【循环浏览所有项】：按以下顺序切换所有 4 种功能区状态：完整功能区、最小化为面板按钮、最小化为面板标题、最小化为选项卡。

2 自定义选项卡及面板的构成

用鼠标右键单击面板按钮，弹出显示控制快捷菜单，如图 2-37 与图 2-38 所示，可以分别调整【选项卡】与【面板】的显示内容，名称前被勾选则内容显示，反之则隐藏。

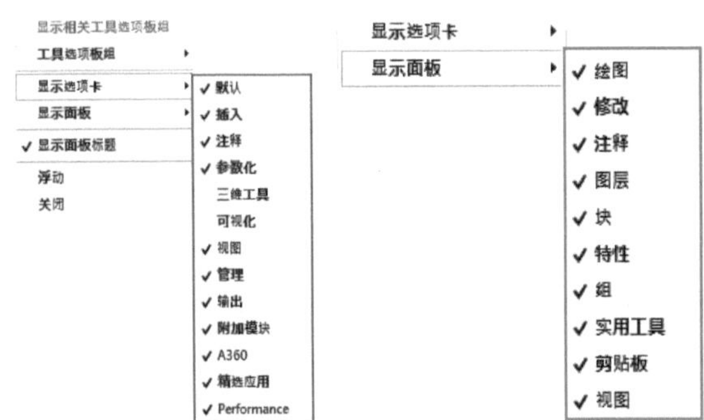

图 2-37 调整功能选项卡显示　图 2-38 调整选项卡内面板显示

> **操作技巧**
>
> 显示面板子菜单会根据不同的选项卡进行变换，面板子菜单为当前打开选项卡的所有面板名称列表。

3 调整功能区位置

在【选项卡】名称上单击鼠标右键，将弹出如图 2-39 所示的菜单，选择其中的【浮动】命令，可使【功能区】浮动在【绘图区】上方，此时用鼠标左键按住【功能区】左侧灰色边框拖动，可以自由调整其位置。

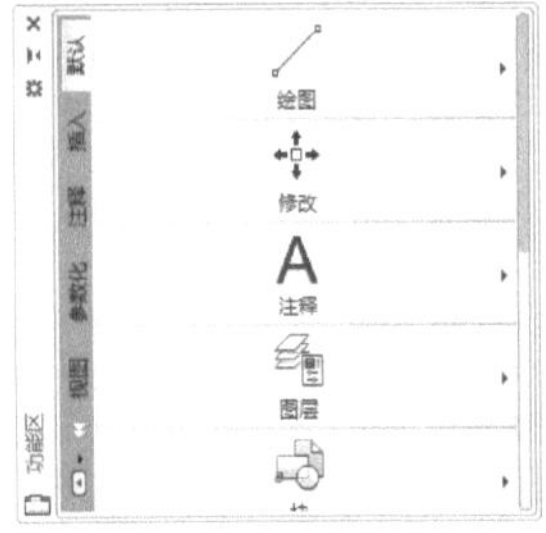

图 2-39 浮动功能区

> **操作技巧**
>
> 如果选择菜单中的【关闭】命令，则将整体隐藏功能区，进一步扩大绘图区区域，如图2-40所示。
>
> 
>
> 图 2-40 关闭【功能区】

4 功能区选项卡的组成

因【草图与注释】工作空间最为常用，因此只介绍其中的 10 个选项卡。

◎【默认】选项卡

【默认】选项卡从左至右依次为【绘图】、【修改】、【注释】、【图层】、【块】、【特性】、【组】、【实用工具】、【剪贴板】和【视图】10 大功能面板，如图 2-41 所示。【默认】选项卡集中了 AutoCAD 中常用的命令，涵盖绘图、标注、编辑、修改、图层、图块等各个方面，是最主要的选项卡。

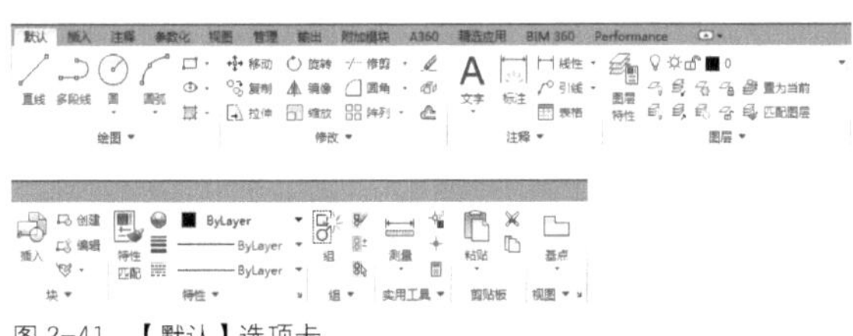

图 2-41 【默认】选项卡

◎【插入】选项卡

【插入】选项卡从左至右依次为【块】、【块定义】、【参照】、【点云】、【输入】、【数据】、【链接和提取】和【位置】8 大功能面板，如图 2-42 所示。【插入】选项卡主要用于图块、外部参照等外在图形的调用。

图 2-42 【插入】选项卡

◎【注释】选项卡

【注释】选项卡从左至右依次为【文字】、【标注】、【引线】、【表格】、【标记】和【注释缩放】6 大功能面板，如图 2-43 所示。【注释】选项卡提供了详尽的标注命令，包括引线、公差、云线等。

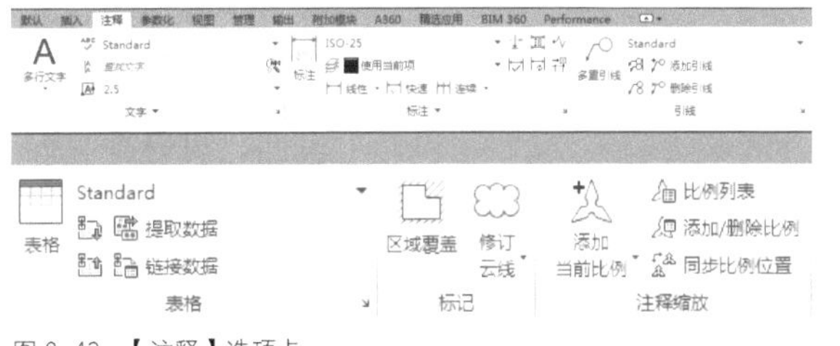

图 2-43 【注释】选项卡

◎【参数化】选项卡

【参数化】选项卡从左至右依次为【几何】、【标注】、【管理】3 大功能面板，如图 2-44 所示。【参数化】选项卡主要用于管理图形约束方面的命令。

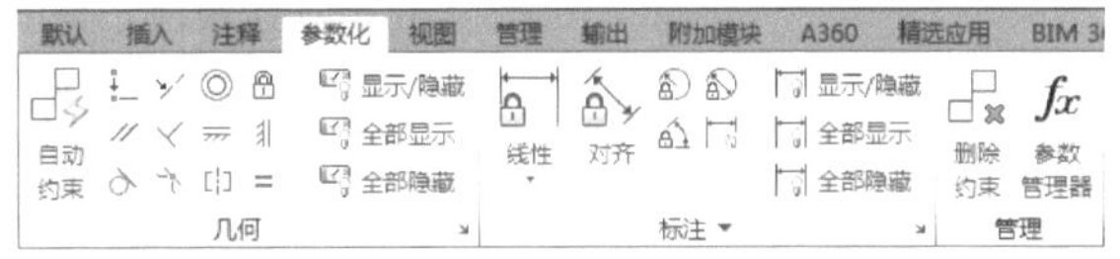

图 2-44 【参数化】选项卡

◎【视图】选项卡

【视图】选项卡从左至右依次为【视口工具】、【视图】、【模型视口】、【选项板】、【界面】、【导航】6 大功能面板，如图 2-45 所示。【视图】选项卡提供了大量用于控制显示视图的命令，包括 UCS 的显现、绘图区上 ViewCube 和【文件】、【布局】等标签的显示与隐藏。

图 2-45 【视图】选项卡

◎【管理】选项卡

【管理】选项卡从左至右依次为【动作录制器】、【自定义设置】、【应用程序】、【CAD 标准】4 大功能面板，如图 2-46 所示。【管理】选项卡可以用来加载 AutoCAD 的各种插件与应用程序。

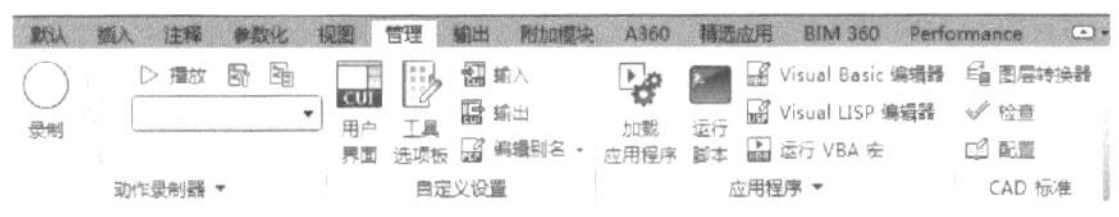

图 2-46 【管理】选项卡

◎【输出】选项卡

【输出】选项卡从左至右依次为【打印】、【输出为 DWF/PDF】2 大功能面板，如图 2-47 所示。【输出】选项卡集中了图形输出的相关命令，包含打印、输出 PDF 等。在功能区选项卡中，有些面板按钮右下角有箭头，表示有扩展菜单，单击箭头，扩展菜单会列出更多的操作命令，如图 2-48 所示的【绘图】扩展菜单。

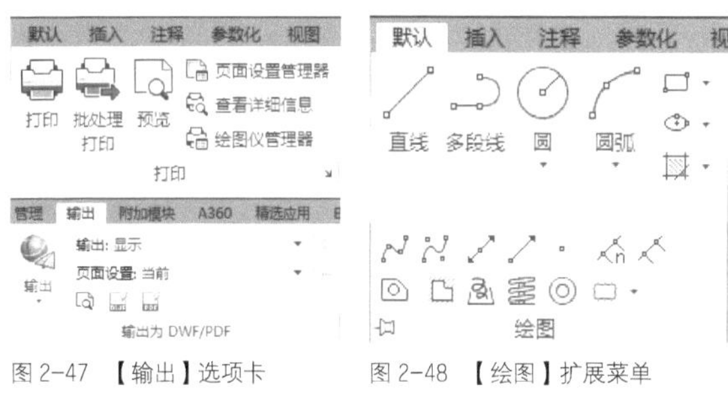

图 2-47 【输出】选项卡　　图 2-48 【绘图】扩展菜单

◎【附加模块】选项卡

【附加模块】选项卡如图 2-49 所示，在 Autodesk 应用程序网站中下载的各类应用程序和插件都会集中在该选项卡。

图 2-49 【附加模块】选项卡

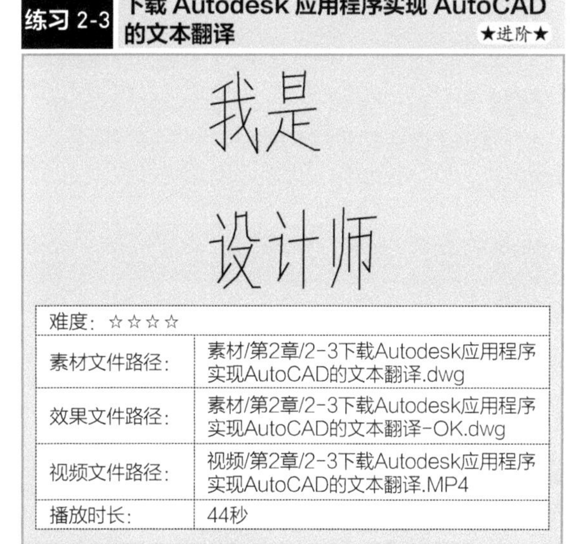

练习 2-3 下载 Autodesk 应用程序实现 AutoCAD 的文本翻译 ★进阶★

难度：☆☆☆☆	
素材文件路径：	素材/第2章/2-3下载Autodesk应用程序实现AutoCAD的文本翻译.dwg
效果文件路径：	素材/第2章/2-3下载Autodesk应用程序实现AutoCAD的文本翻译-OK.dwg
视频文件路径：	视频/第2章/2-3下载Autodesk应用程序实现AutoCAD的文本翻译.MP4
播放时长：	44秒

2.2.6 小节中介绍过 Autodesk 应用程序按钮，单击之后便可以打开 Autodesk 应用程序网站，在其中可以下载许多有用的各类 AutoCAD 插件，其中就包括 COINS Translate 这款翻译插件。使用该插件只需单击鼠标，即可直接将 AutoCAD 中的单行、多行文字、尺寸标注、引线标注等各种文本对象转换为所需的外文，如图 2-50 所示，十分高效。

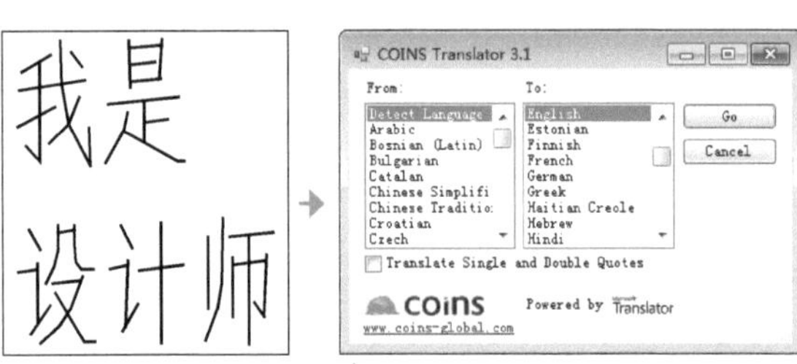

图 2-50 使用插件快速翻译文本

Step 01 打开素材文件，素材文件中已经创建好了“我是设计师”的多行文字；然后单击交互信息工具栏中的【Autodesk应用程序】按钮，打开Autodesk应用程序网站。

Step 02 在网页的搜索框中输入“coins”，搜索 COINS Translate应用程序，如图2-51所示。

图 2-51 搜索到 COINS Translate 应用程序

Step 03 单击该应用程序图标，转到“项目详细信息”页面，单击页面右侧的下载按钮，进行下载，如图2-52所示。

图 2-52 下载 COINS Translate 应用程序

Step 04 下载完成后，直接双击COINS Translate.exe文件（或者双击本书附件中提供的COINS Translate.exe文件），进行安装，安装过程略。安装完成后会在AutoCAD界面右上角出现如图2-53所示的提示。

图 2-53 COINS Translate 成功加载的提示信息

Step 05 在AutoCAD功能区中转到【附加模块】选项卡，可以发现COINS Translate应用程序已被添加进来，如图2-54所示。

图 2-54 COINS Translate 添加进【附加模块】选项卡

Step 06 单击【附加模块】选项卡中的COINS Translate按钮，然后选择要翻译文本对象，如图2-55所示。

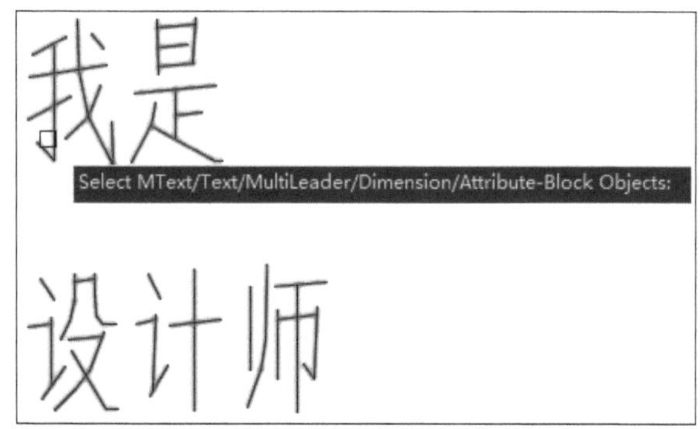

图 2-55 选择要翻译的对象

Step 07 选择之后单击【Enter】键，弹出【COINS Translator】对话框，在对话框中可以选择要翻译成的语言种类（如英语），单击【GO】按钮即可实现翻译，如图2-56所示。

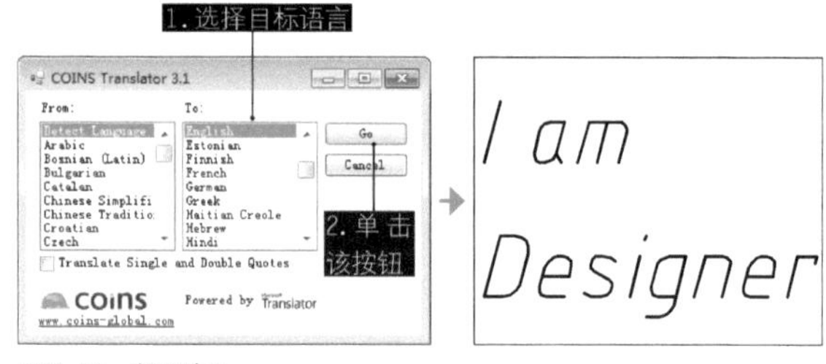

图 2-56 翻译效果

【A360】选项卡

【A360】选项卡如图 2-57 所示，可以看做是 2.2.6 小节所介绍的交互信息工具栏的扩展，主要用于 A360 的文档共享。

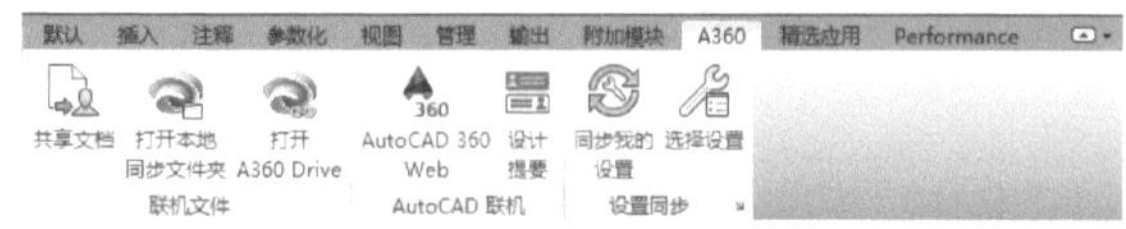

图 2-57 【A360】选项卡

【精选应用】选项卡

在本书 2.2.6 小节的【Autodesk 应用程序】中，已经介绍过了 Autodesk 应用程序网站，并在【练习

2-3】中详细介绍了如何下载并使用这些应用程序来辅助 AutoCAD 进行工作。通过这些章节的学习，用户可以知道 Autodesk 其实提供了海量的 AutoCAD 应用程序与插件，本书所介绍的仅是沧海一粟。

因此在 AutoCAD 的【精选应用】选项卡中，就提供了许多最新、最热门的应用程序，供用户试用，如图 2-58 所示。这些应用种类各异，功能强大，本书无法尽述，有待用户去自行探索。

图 2-58 【精选应用】选项卡

2.2.8 标签栏

文件标签栏位于绘图窗口上方，每个打开的图形文件都会在标签栏显示一个标签，单击文件标签即可快速切换至相应的图形文件窗口，如图 2-59 所示。

将 AutoCAD 2016 的标签栏中【新建选项卡】图形文件选项卡重命名为【开始】，并在创建和打开其他图形时保持显示。单击标签上的按钮，可以快速关闭文件；单击标签栏右侧的按钮，可以快速新建文件；用鼠标右键单击标签栏的空白处，会弹出快捷菜单，如图 2-60 所示，利用该快捷菜单可以选择【新建】、【打开】、【全部保存】、【全部关闭】命令。

图 2-59 标签栏

图 2-60 快捷菜单

此外，在光标经过图形文件选项卡时，将显示模型的预览图像和布局。如果光标经过某个预览图像，相应的模型或布局将临时显示在绘图区域中，并且可以在预览图像中访问【打印】和【发布】工具，如图 2-61 所示。

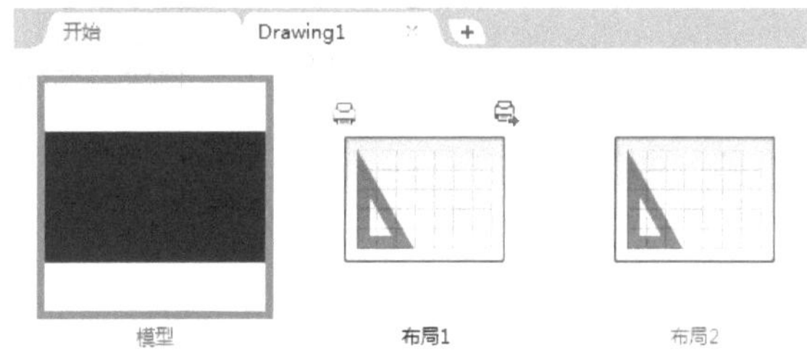

图 2-61 文件选项卡的预览功能

2.2.9 绘图区

【绘图窗口】常被称为【绘图区域】，它是绘图的焦点区域，绘图的核心操作和图形显示都在该区域中。在绘图窗口中有 4 个工具需注意，分别是光标、坐标系图标、ViewCube 工具和视口控件，如图 2-62 所示。其中视口控件显示在每个视口的左上角，提供更改视图、视觉样式和其他设置的便捷操作方式，视口控件的 3 个标签将显示当前视口的相关设置。注意，当前文件选项卡决定了当前绘图窗口显示的内容。

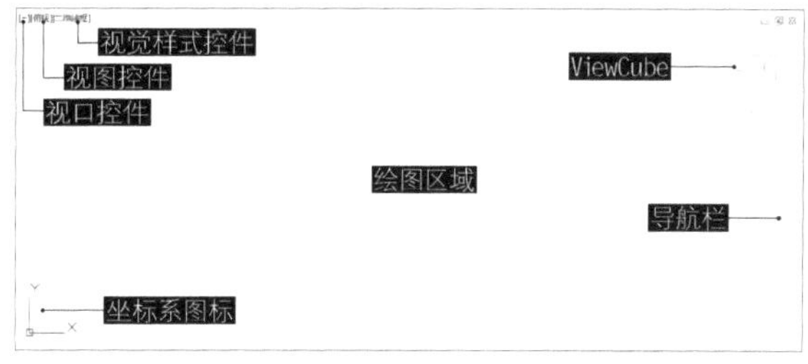

图 2-62 绘图区

图形窗口左上角有 3 个快捷功能控件，可以快速地修改图形的视图方向和视觉样式，如图 2-63 所示。

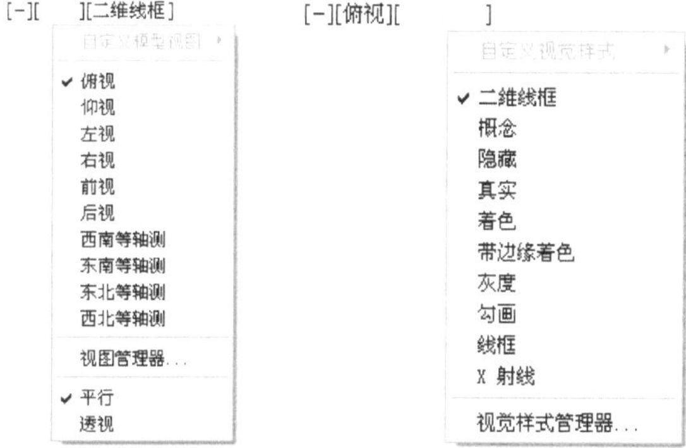

图 2-63 快捷功能控件菜单

2.2.10 命令行与文本窗口

命令行是输入命令名和显示命令提示的区域，默认的命令行窗口布置在绘图区下方，由若干文本行组成，如图 2-64 所示。命令窗口中间有一条水平分界线，它将命令窗口分成两个部分：命令行和命令历史窗口。位于水平线下方为【命令行】，它用于接收用户输入命令，并显示 AutoCAD 提示信息；位于水平线上方的为【命令历史窗口】，它含有 AutoCAD 启动后所用过的全部命令及提示信息，该窗口有垂直滚动条，可以上下滚动，查看以前用过的命令。

图 2-64 命令行

AutoCAD 文本窗口的作用和命令窗口的作用一样，它记录了对文档进行的所有操作。文本窗口在默认界面中没有直接显示，需要通过命令调取。调用文本窗口有以下几种方法。

◆菜单栏：选择【视图】|【显示】|【文本窗口】命令。

◆快捷键：按【Ctrl】+【F2】快捷键。

◆命令行：输入“TEXTSCR”命令。

执行上述命令后，系统弹出如图 2-65 所示的文本窗口，记录了文档进行的所有编辑操作。

将光标移至命令历史窗口的上边缘，当光标呈现≑形状时，按住鼠标左键向上拖动即可增加命令窗口的高度。在工作中，通常除了可以调整命令行的大小与位置外，在其窗口内单击鼠标右键，选择【选项】命令，单击弹出的【选项】对话框中的【字体】按钮，还可以调整【命令行】内文字字体、字形和字号，如图 2-66 所示。

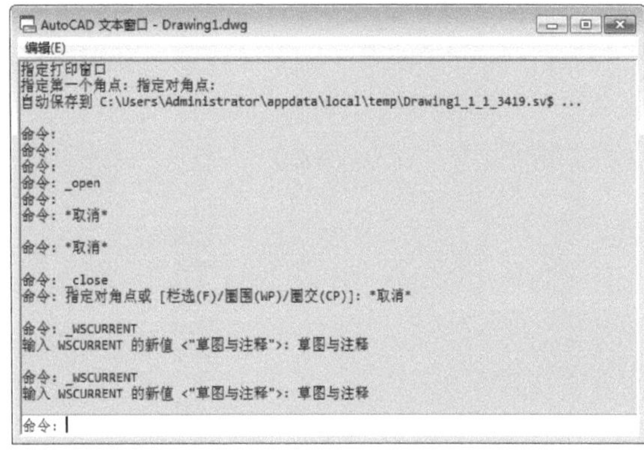

图 2-65 AutoCAD 文本窗口

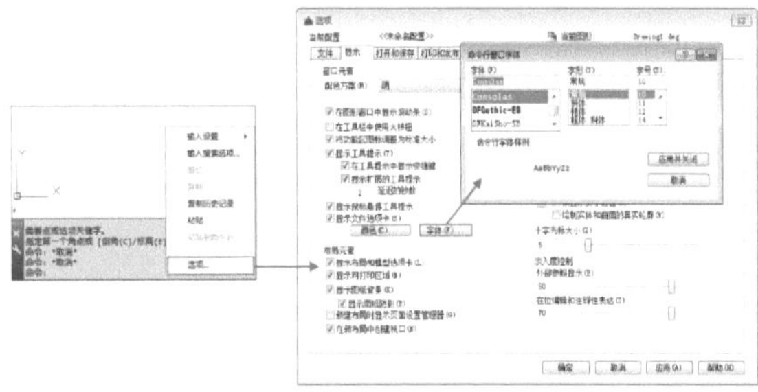
图 2-66 调整命令行字体

2.2.11 状态栏

状态栏位于屏幕的底部，用来显示 AutoCAD 当前的状态，如对象捕捉、极轴追踪等命令的工作状态。主要由 5 部分组成，如图 2-67 所示。同时 AutoCAD 2016 将之前的模型布局标签栏和状态栏合并在一起，并且取消显示当前光标位置。

图 2-67 状态栏

1 快速查看工具

使用其中的工具可以快速地预览打开的图形，打开图形的模型空间与布局，以及在其中切换图形，使之以缩略图的形式显示在应用程序窗口的底部。

2 坐标值

坐标值一栏会以直角坐标系的形式（x，y，z）实时显示十字光标所处位置的坐标。在二维制图模式下，只会显示 x、y 轴坐标，只有在三维建模模式下，才会显示第三个 z 轴的坐标。

3 绘图辅助工具

主要用于控制绘图的性能，其中包括【推断约束】、【捕捉模式】、【栅格显示】、【正交模式】、【极轴追踪】、【对象捕捉】、【三维对象捕捉】、【对象捕捉追踪】、【允许/禁止动态 UCS】、【动态输入】、【显示/隐藏线宽】、【显示/隐藏透明度】、【快捷特性】、【选择循环】、【注释监视器】和【模型】等工具。各工具按钮具体说明如表 2-1 所示。

表2-1 绘图辅助工具按钮一览

名称	按钮	功能说明
推断约束		单击该按钮，打开推断约束功能，可设置约束的限制效果，比如限制两条直线垂直、相交、共线、圆与直线相切等
捕捉模式		单击该按钮，开启或者关闭捕捉。捕捉模式可以使光标能够很容易地抓取到每一个栅格上的点
栅格显示		单击该按钮，打开栅格显示，此时屏幕上将布满小点。其中，栅格的 x 轴和 y 轴间距也可以通过【草图设置】对话框的【捕捉和栅格】选项卡进行设置
正交模式		该按钮用于开启或者关闭正交模式。正交即光标只能走 x 轴或者 y 轴方向，不能画斜线
极轴追踪		该按钮用于开启或关闭极轴追踪模式。在绘制图形时，系统将根据设置显示一条追踪线，可以在追踪线上根据提示精确移动光标，从而精确绘图
对象捕捉		该按钮用于开启或者关闭对象捕捉。对象捕捉能使光标在接近某些特殊点的时候能够自动指引到那些特殊的点，如端点、圆心、象限点
三维对象捕捉		该按钮用于开启或者关闭三维对象捕捉。对象捕捉能使光标在接近三维对象某些特殊点的时候能够自动指引到那些特殊的点
对象捕捉追踪		单击该按钮，打开对象捕捉模式，可以通过捕捉对象上的关键点，并沿着正交方向或极轴方向拖曳光标，此时可以显示光标当前位置与捕捉点之间的相对关系。若找到符合要求的点，直接单击即可

（续表）

名称	按钮	功能说明
允许/禁止动态UCS		该按钮用于切换允许和禁止UCS（用户坐标系）
动态输入		单击该按钮，将在绘制图形时自动显示动态输入文本框，方便绘图时设置精确数值
显示/隐藏线宽		单击该按钮，开启线宽显示。在绘图时，如果为图层或所绘图形定义了不同的线宽（至少大于0.3mm），那单击该按钮就可以显示出线宽，以标识各种具有不同线宽的对象
显示/隐藏透明度		单击该按钮，开始透明度显示。在绘图时，如果为图层和所绘图形设置了不同的透明度，那单击该按钮就可以显示透明效果，以区别不同的对象
快捷特性		单击该按钮，显示对象的快捷特性选项板，能帮助用户快捷的编辑对象的一般特性。通过【草图设置】对话框的【快捷特性】选项卡可以设置快捷特性选项板的位置模式和大小
选择循环		开启该按钮可以在重叠对象上显示选择对象
注释监视器	+	开启该按钮后，一旦发生模型文档编辑或更新事件，注释监视器会自动显示
模型	模型	用于模型与图纸之间的转换

4 注释工具

用于显示缩放注释的若干工具。对于不同的模型空间和图纸空间，将显示相应的工具。当图形状态栏打开后，将显示在绘图区域的底部；当图形状态栏关闭时，将移至应用程序状态栏。

◆注释比例 1:1▾：可通过此按钮调整注释对象的缩放比例。

◆注释可见性：单击该按钮，可选择仅显示当前比例的注释或是显示所有比例的注释。

5 工作空间工具

用于切换 AutoCAD 2016 的工作空间，以及进行自定义设置工作空间等操作。

◆切换工作空间：切换绘图空间，可通过此按钮切换 AutoCAD 2016 的工作空间。

◆硬件加速：用于在绘制图形时通过硬件的支持提高绘图性能，如刷新频率。

◆隔离对象：当需要对大型图形的个别区域进行重点操作，并需要显示或临时隐藏和显示选定的对象时使用。

◆全屏显示：单击即可控制 AutoCAD 2016 的全屏显示或者退出。

◆自定义≡：单击该按钮，可以对当前状态栏中的按钮进行添加或是删除，方便管理。

2.3 AutoCAD 2016执行命令的方式

命令是 AutoCAD 用户与软件交换信息的重要方式，本小节将介绍执行命令的方式，以及如何终止当前命令、退出命令、重复执行命令等。

2.3.1 命令调用的 5 种方式

AutoCAD 中调用命令的方式有很多种，这里仅介绍最常用的 5 种。本书在后面的命令介绍章节中，将专门以【执行方式】的形式介绍各命令的调用方法，并按常用顺序依次排列。

1 使用功能区调用

3 个工作空间都是以功能区作为调用命令的主要方式。相比其他调用命令的方法，功能区调用命令更为直观，非常适合不能熟记绘图命令的 AutoCAD 初学者。

功能区使绘图界面无需显示多个工具栏，系统会自动显示与当前绘图操作相应的面板，从而使应用程序窗口更加整洁。因此，可以将进行操作的区域最大化，使用单个界面来加快和简化工作，如图 2-68 所示。

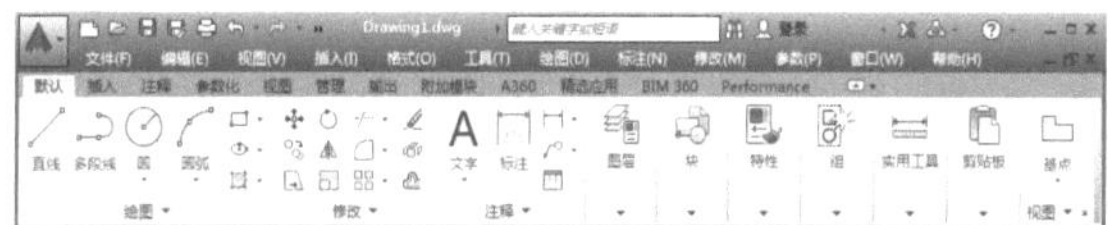

图 2-68　功能区面板

2 使用命令行调用

使用命令行输入命令是 AutoCAD 的一大特色功能，同时也是最快捷的绘图方式。这就要求用户熟记各种绘图命令，一般对 AutoCAD 比较熟悉的用户都用此方式绘制图形，因为这样可以大大提高绘图的速度和效率。

AutoCAD 绝大多数命令都有其相应的简写方式。如【直线】命令 LINE 的简写方式是 L，【矩形】命令 RECTANGLE 的简写方式是 REC。对于常用的命令，用简写方式输入将大大减少键盘输入的工作量，提高工作效率。另外，AutoCAD 对命令或参数输入不区分大小写，因此操作者不必考虑输入的大小写。

在命令行输入命令后，可以使用以下的方法响应其他任何提示和选项。

◆要接受显示在方括号“[ ]”中的默认选项，则按【Enter】键。

◆要响应提示，则输入值或单击图形中的某个位置。

◆要指定提示选项，可以在提示列表（命令行）中输入所需提示选项对应的亮显字母，然后按【Enter】键。也可以使用鼠标单击选择所需要的选项，如在命令行中单击选择“倒角（C）”选项，等同于在此命令行提示下输入“C”并按【Enter】键，如图 2-69 所示。

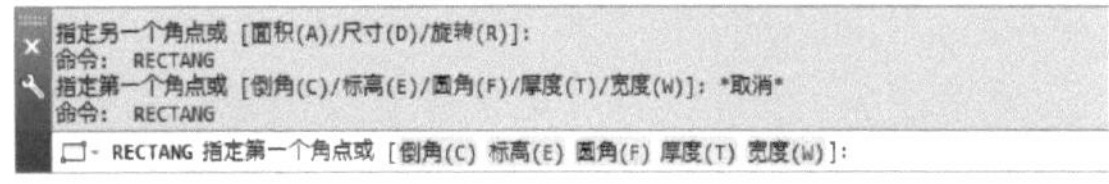

图 2-69　指定提示选项

3 使用菜单栏调用

菜单栏调用是 AutoCAD 2016 提供的功能最全、最强大的命令调用方法。AutoCAD 绝大多数常用命令都分门别类的放置在菜单栏中。若需要在菜单栏中调用【多段线】命令，选择【绘图】|【多段线】菜单命令即可，如图 2-70 所示。

4 使用快捷菜单调用

使用快捷菜单调用命令，即单击鼠标右键，在弹出的菜单中选择命令，如图 2-71 所示。

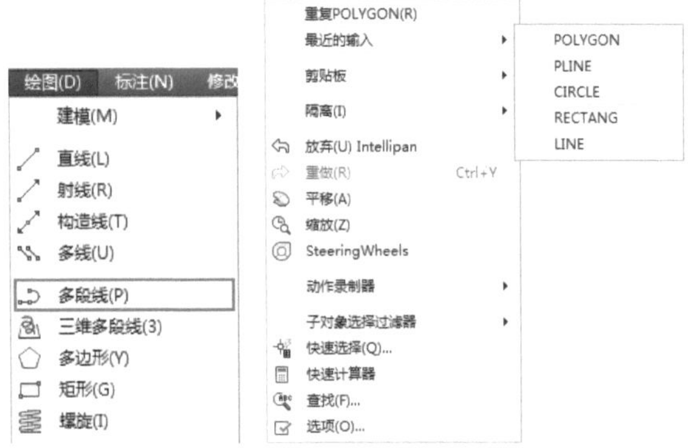

图 2-70　菜单栏调用【多段线】命令　图 2-71　右键快捷菜单

5 使用工具栏调用

工具栏调用命令是 AutoCAD 的经典执行方式，如图 2-72 所示，也是旧版本 AutoCAD 最主要的执行方法。但随着时代进步，该种方式也日渐不适合人们的使用需求，因此与菜单栏一样，工具栏也不显示在 3 个工作空间中，需要通过【工具】|【工具栏】|【AutoCAD】命令调出。单击工具栏中的按钮，即可执行相应的命令。用户可以在其他工作空间绘图，也可以根据实际需要调出工具栏，如 UCS、【三维导航】、【建模】、【视图】、【视口】等。

为了获取更多的绘图空间，可以按住快捷键【Ctrl】+【0】隐藏工具栏，再按一次即可重新显示。

图 2-72　通过 AutoCAD 工具栏执行命令

2.3.2 命令的重复、撤销与重做

在使用 AutoCAD 绘图的过程中，难免会需要重复用到某一命令或对某命令进行了误操作，因此有必要了解命令的重复、撤销与重做方面的知识。

1 重复执行命令

在绘图过程中，有时需要重复执行同一个命令，如果每次都重复输入，会使绘图效率大大降低。执行【重复执行】命令有以下几种方法。

◆快捷键：按【Enter】键或空格键。

◆快捷菜单：单击鼠标右键，在系统弹出的快捷菜单中选择【最近的输入】子菜单，选择需要重复的命令。

◆命令行：输入“MULTIPLE”或“MUL”命令。

如果用户对绘图效率要求很高，那可以将鼠标右键自定义为重复执行命令的方式。在绘图区的空白处右击，在弹出的快捷菜单中选择【选项】，打开【选项】对话框，然后切换至【用户系统配置】选项卡，单击其中的【自定义右键单击（I）】按钮，打开【自定义右键单击】对话框，勾选两个【重复上一个命令】选项，即可将右键设置为重复执行命令，如图 2-73 所示。

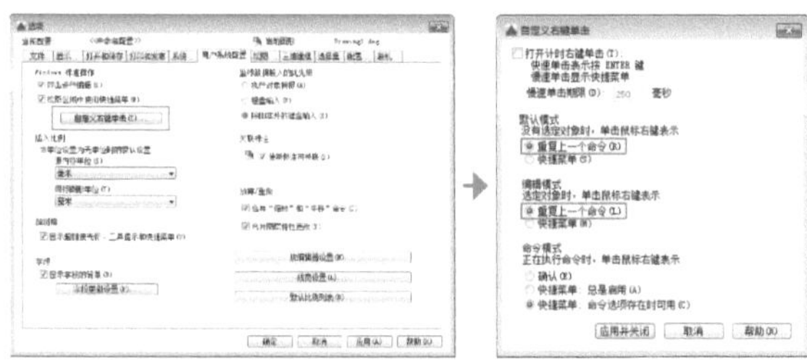

图 2-73　将右键设置为重复执行命令

2 放弃命令

在绘图过程中，如果执行了错误的操作，此时就需要放弃操作。执行【放弃】命令有以下几种方法。

◆菜单栏：选择【编辑】|【放弃】命令。

◆工具栏：单击快速访问工具栏中的【放弃】按钮。

◆命令行：输入“Undo”或“U”。

◆快捷键：按【Ctrl】+【Z】快捷键。

3 重做命令

通过重做命令，可以恢复前一次或者前几次已经放弃执行的操作，重做命令与撤销命令是一对相对的命令。执行【重做】命令有以下几种方法。

◆菜单栏：选择【编辑】|【重做】命令。

◆工具栏：单击快速访问工具栏中的【重做】按钮。

◆命令行：输入“REDO”。

◆快捷键：按【Ctrl】+【Y】快捷键。

操作技巧

如果要一次性撤销之前的多个操作，可以单击【放弃】按钮后的展开按钮，展开操作的历史记录，如图

2-74所示。该记录按照操作的先后，由下往上排列，移动指针选择要撤销的最近几个操作，如图2-75所示，单击即可撤销这些操作。

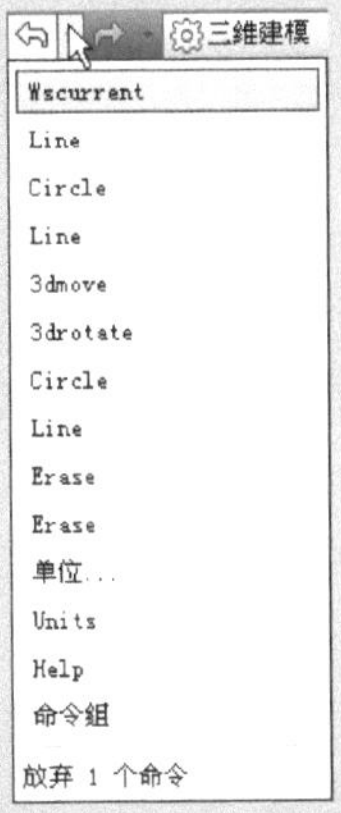

三维建模
Wscurrent
Line
Circle
Line
3dmove
3drotate
Circle
Line
Erase
Erase
单位...
Units
Help
命令组
放弃 1 个命令

图 2-74 命令操作历史记录

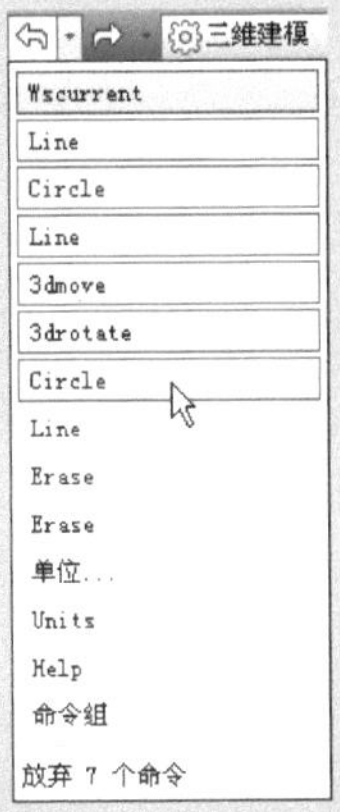

三维建模
Wscurrent
Line
Circle
Line
3dmove
3drotate
Circle
Line
Erase
Erase
单位...
Units
Help
命令组
放弃 7 个命令

图 2-75 选择要撤销的最近几个命令

2.3.3 透明命令

★进阶★

在 AutoCAD 2016 中，有部分命令可以在执行其他命令的过程中嵌套执行，而不必退出其他命令单独执行，这种嵌套的命令就称为透明命令。例如，在执行【圆】命令的过程中，是不可以再去另外执行【矩形】命令的，但却可以执行【捕捉】命令来指定圆心，因此【捕捉】就可以看做是透明命令。透明命令通常是一些可以查询、改变图形设置或绘图工具的命令，如【GRID】(栅格)、【SNAP】(捕捉)、【OSNAP】(对象捕捉)、【ZOOM】(缩放)等命令。

执行完透明命令后，AutoCAD 自动恢复原来执行的命令。工具栏和状态栏上有些按钮本身就定义成透明使用的，便于在执行其他命令时调用，如【对象捕捉】、【栅格显示】和【动态输入】等。执行【透明】命令有以下几种方法。

◆ 在执行某一命令的过程中，直接通过菜单栏或工具按钮调用该命令。

◆ 在执行某一命令的过程中，在命令行输入单引号，然后输入该命令字符并按【Enter】键执行该命令。

2.3.4 自定义快捷键

丰富的快捷键功能是 AutoCAD 的一大特点，用户可以修改系统默认的快捷键，或者创建自定义的快捷键。如【重做】命令默认的快捷键是【Ctrl】+【Y】，在键盘上这两个键因距离太远而操作不方便，此时可以将其设置为【Ctrl】+【2】。

选择【工具】|【自定义】|【界面】命令，系统弹出【自定义用户界面】对话框，如图 2-76 所示。在左上角的列表框中选择【键盘快捷键】选项，然后在右上角【快捷方式】列表中找到要定义的命令，双击其对应的主键值并进行修改，如图2-77所示。需要注意的是，按键定义不能与其他命令重复，否则系统弹出提示信息对话框，如图 2-78 所示。

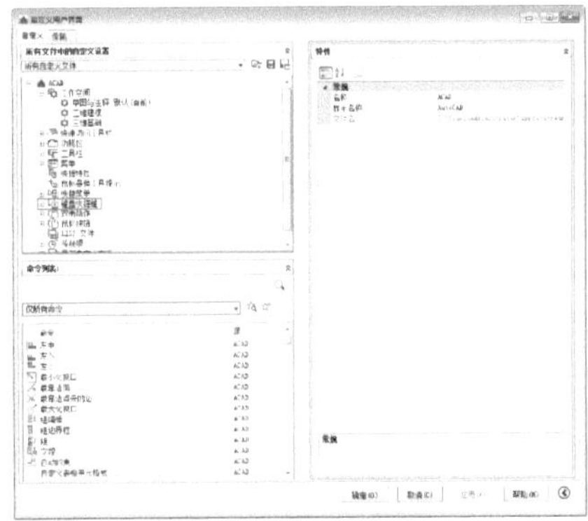

图 2-76 【自定义用户界面】对话框

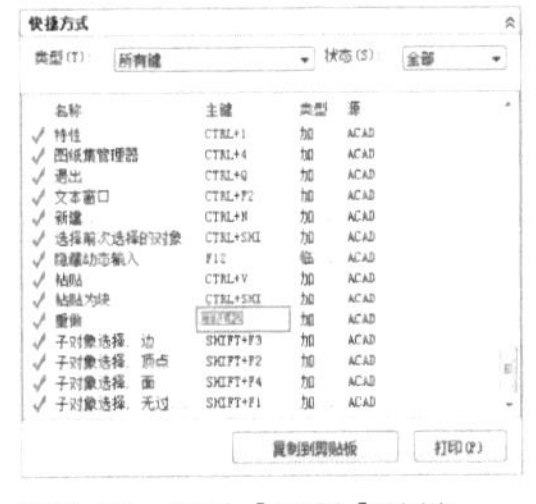

图 2-77 修改【重做】按键

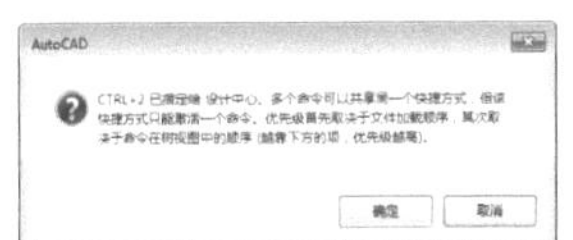

图 2-78 提示对话框

练习 2-4 向功能区面板中添加【多线】按钮

AutoCAD 的功能区面板中并没有显示出所有的可用命令按钮，如绘制墙体的【多线】(MLine)命令在功能区中就没有相应的按钮，这给习惯使用面板按钮的用户带来了不便。因此学会根据需要添加、删除和更改功能区中的命令按钮，就会大大提高绘图效率。

下面以添加【多线】(MLine)命令按钮进行介绍。

Step 01 单击功能区【管理】选项卡【自定义设置】组面板中【用户界面】按钮，系统弹出【自定义用户界面】对话框，如图2-79所示。

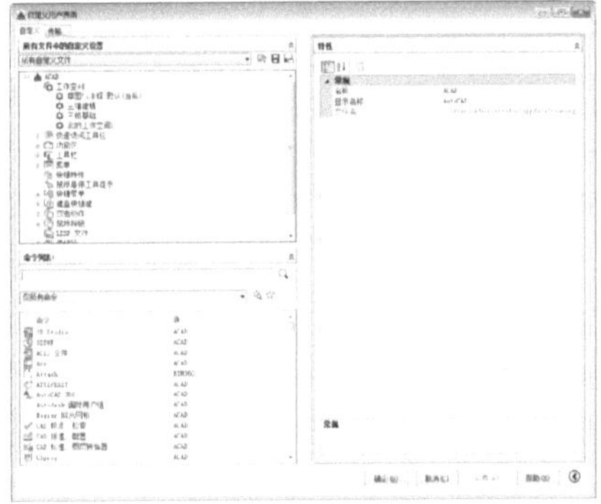

图 2-79 【自定义用户界面】对话框

Step 02 在【所有文件中的自定义设置】选项框中选择【所有自定义文件】下拉选项，依次展开其下的【功能区】|【面板】|【二维常用选项卡-绘图】树列表，如图2-80所示。

Step 03 在【命令列表】选项框中选择【绘图】下拉选项，在绘图命令列表中找到【多线】选项，如图2-81所示。

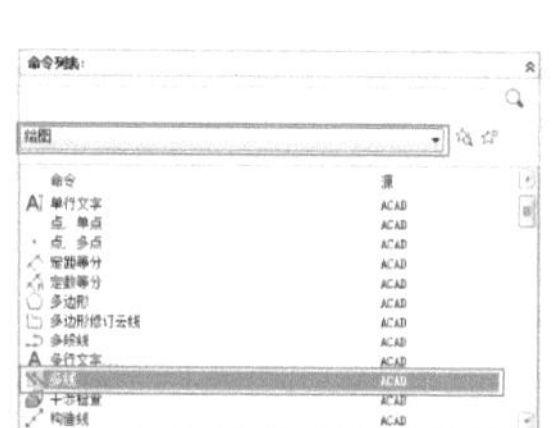

图 2-80 选择要放置命令按钮的位置　图 2-81 选择要放置的命令按钮

Step 04 单击【二维常用选项卡-绘图】树列表，显示其下的子选项，并展开【第3行】树列表，在对话框右侧的【面板预览】中可以预览到该面板的命令按钮布置，可见第3行中仍留有空位，可将【多线】按钮放置在此，如图2-82所示。

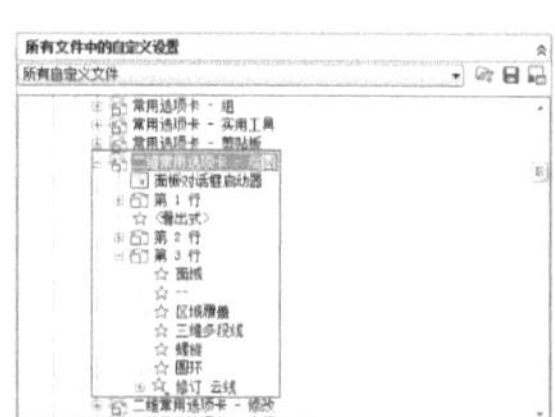

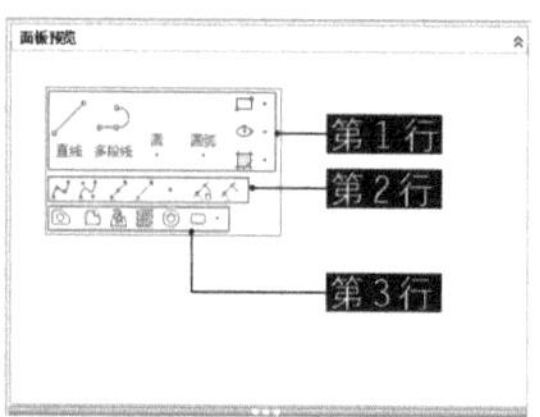

图 2-82 【二维常用选项卡－绘图】中的命令按钮布置

Step 05 点选【多线】选项并向上拖动至【二维常用选项卡-绘图】树列表下【第3行】树列表中，放置在【修订-云线】命令之下，拖动成功后在【面板预览】的第3行位置处出现【多线】按钮，如图2-83所示。

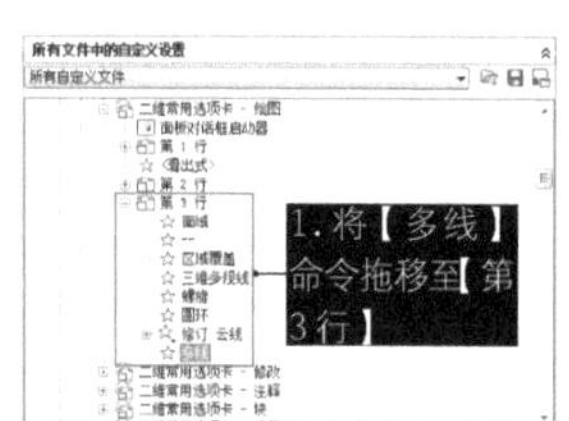

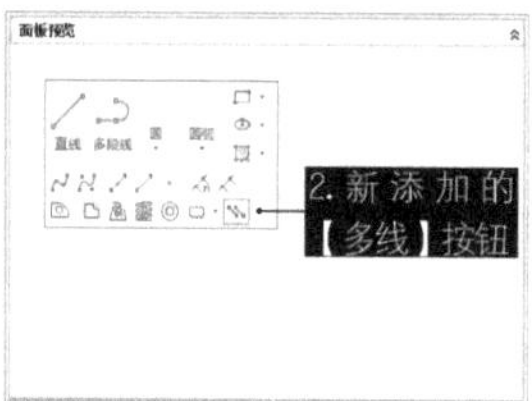

图 2-83 在【第 3 行】中添加【多线】按钮

Step 06 在对话框中单击【确定】按钮，完成设置。这时【多线】按钮便被添加进了【默认】选项卡下的【绘图】面板中，只需单击便可进行调用，如图2-84所示。

图 2-84 添加至【绘图】面板中的【多线】按钮

2.4 AutoCAD视图的控制

在绘图过程中，为了更好地观察和绘制图形，通常需要对视图进行平移、缩放、重生成等操作。本节将详细介绍 AutoCAD 视图的控制方法。

2.4.1 视图缩放

视图缩放命令可以调整当前视图大小，既能观察较大的图形范围，又能观察图形的细部而不改变图形的实际大小。视图缩放只是改变视图的比例，并不改变图形中对象的绝对大小，打印出来的图形仍是设置的大小。执行【视图缩放】命令有以下几种方法。

◆ 功能区：在【视图】选项卡中，单击【导航】面板选择视图缩放工具，如图 2-85 所示。

◆ 菜单栏：选择【视图】|【缩放】命令。

◆ 工具栏：单击【缩放】工具栏中的按钮。

◆ 命令行：输入“ZOOM”或“Z”命令。

◆ 快捷操作：滚动鼠标滚轮。

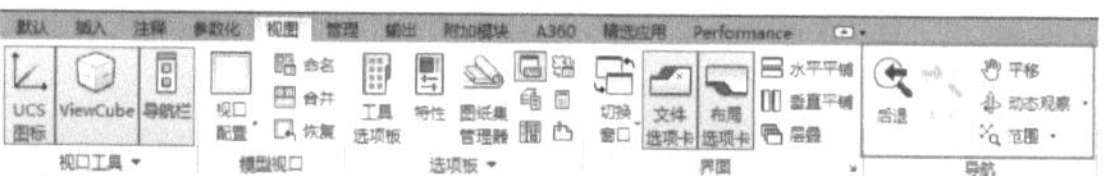

图 2-85 【视图】选项卡中的【导航】面板

执行缩放命令后，命令行提示如下。

```
命令: Z↙        ZOOM        //调用【缩放】命令
指定窗口的角点，输入比例因子 (nX 或 nXP)，或者
[全部(A)/中心(C)/动态(D)/范围(E)/上一个(P)/比例(S)/窗口(W)/对象(O)] <实时>:
```

命令行中各个选项的含义如下。

1 全部缩放

全部缩放用于在当前视口中显示整个模型空间界限范围内的所有图形对象（包括绘图界限范围内和范围外的所有对象）和视图辅助工具（例如，栅格），也包含坐标系原点，缩放前后对比效果如图 2-86 所示。

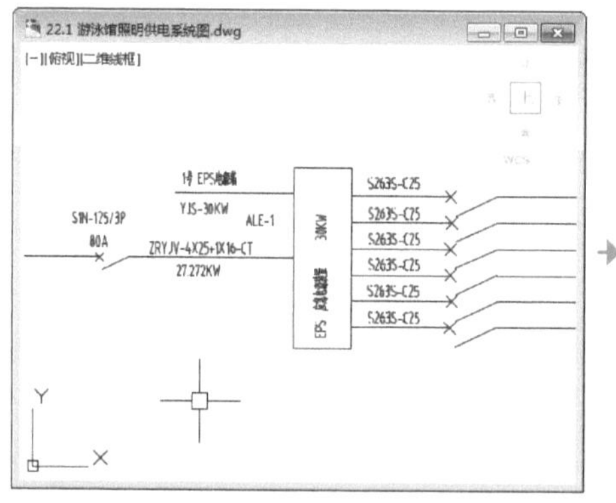

图 2-86 全部缩放图形

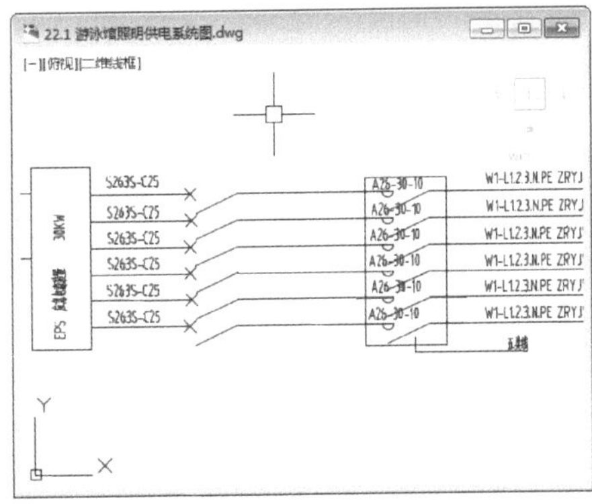

图 2-86 全部缩放效果（续）

2 中心缩放

中心缩放以指定点为中心点，整个图形按照指定的缩放比例缩放，缩放点成为新视图的中心点。使用中心缩放命令行提示如下。

```
指定中心点:
                    //指定一点作为新视图的显示中心点
输入比例或高度<当前值>:
                    //输入比例或高度
```

【当前值】为当前视图的纵向高度。若输入的高度值比当前值小，则视图将放大；若输入的高度值比当前值大，则视图将缩小。其缩放系数等于“当前窗口高度 / 输入高度”的比值。也可以直接输入缩放系数，或缩放系数后附加字符 X 或 XP。在数值后加 X，表示相对于当前视图进行缩放；在数值后加 XP，表示相对于图纸空间单位进行缩放。

3 动态缩放

动态缩放用于对图形进行动态缩放。选择该选项后，绘图区将显示几个不同颜色的方框，拖动鼠标移动方框到要缩放的位置，单击鼠标左键调整大小，最后按【Enter】键即可将方框内的图形最大化显示，如图 2-87 所示。

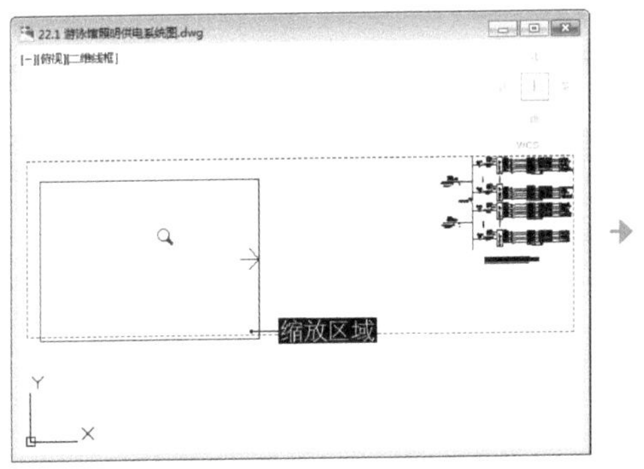

图 2-87 动态缩放效果

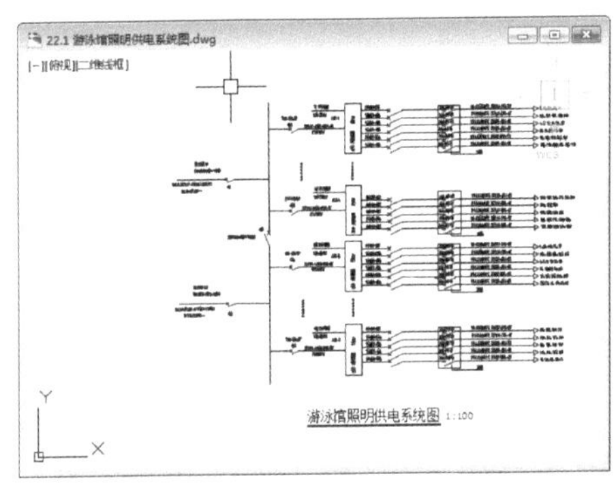

图 2-87 动态缩放效果（续）

4 范围缩放

范围缩放使所有图形对象最大化显示，充满整个视口。视图包含已关闭图层上的对象，但不包含冻结图层上的对象。范围缩放仅与图形有关，会使得图形充满整个视口，而不会像全部缩放一样将坐标原点同样计算在内，因此是使用最为频繁的缩放命令。而双击鼠标中键可以快速进行视图范围缩放。

5 缩放上一个

恢复到前一个视图显示的图形状态。

6 比例缩放

比例缩放是指按输入的比例值进行缩放，有 3 种输入方法。

◆ 直接输入数值，表示相对于图形界限进行缩放，如输入“2”，则将以界限原来尺寸的 2 倍进行显示，如图 2-88 所示（栅格为界限）。

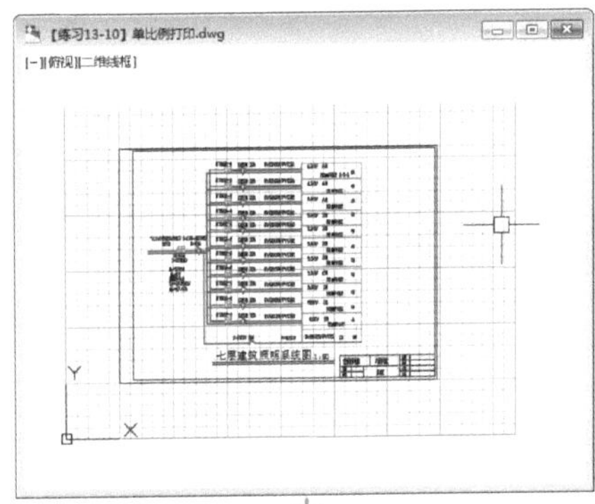

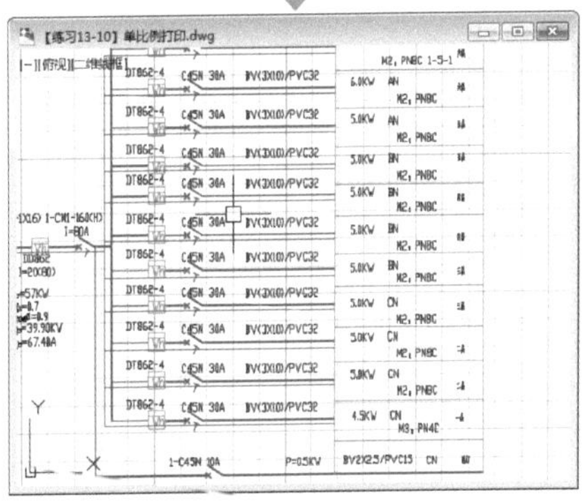

图 2-88 比例缩放输入“2”效果

◆在数值后加 X，表示相对于当前视图进行缩放，如输入“2X”，使屏幕上的每个对象显示为原大小的 2 倍，效果如图 2-89 所示。

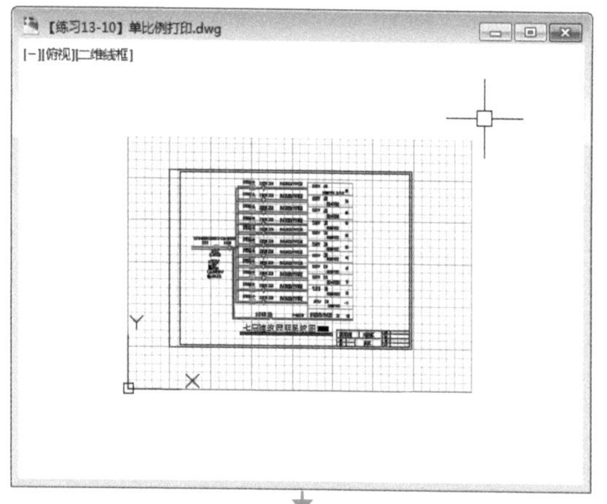

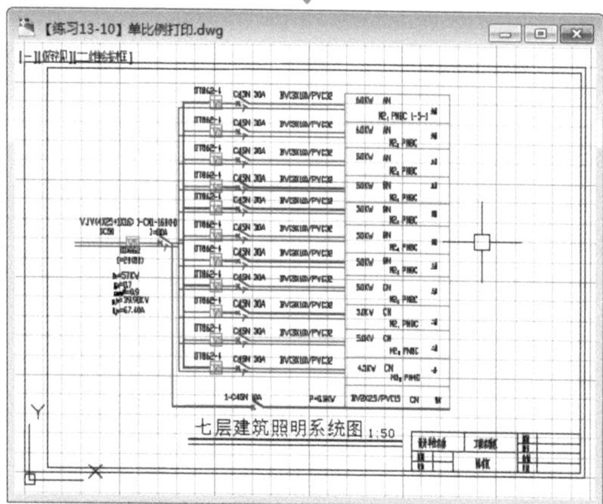

图 2-89　比例缩放输入“2X”效果

◆在数值后加 XP，表示相对于图纸空间单位进行缩放，如输入“2XP”，则以图纸空间单位的 2 倍显示模型空间，效果如图 2-90 所示，在创建视口时适合输入不同的比例来显示对象的布局。

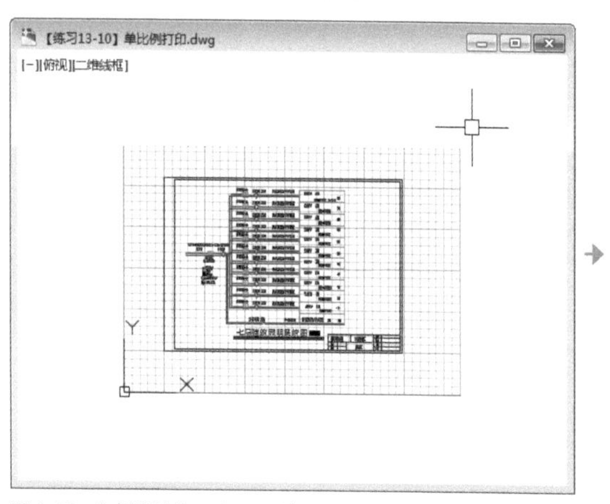

图 2-90　比例缩放输入“2XP”效果

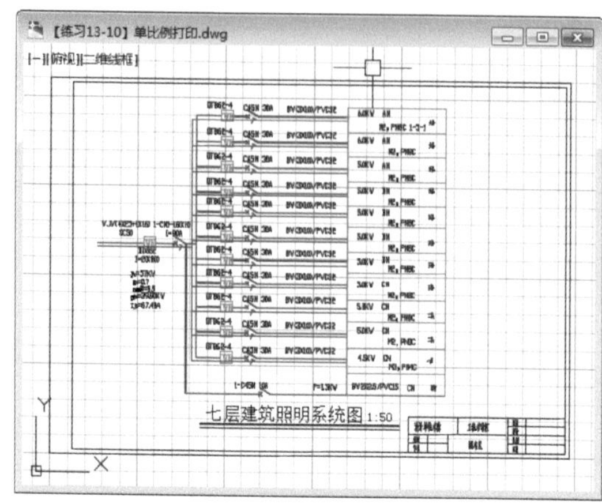

图 2-90　比例缩放输入“2XP”效果（续）

7 窗口缩放

窗口缩放可以将矩形窗口内选择的图形充满当前视窗。

执行完操作后，用光标确定窗口对角点，这两个角点确定了一个矩形框窗口，系统将矩形框窗口内的图形放大至整个屏幕，如图 2-91 所示。

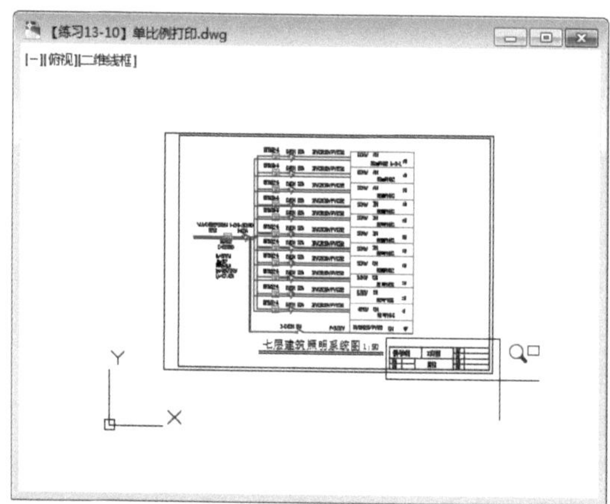

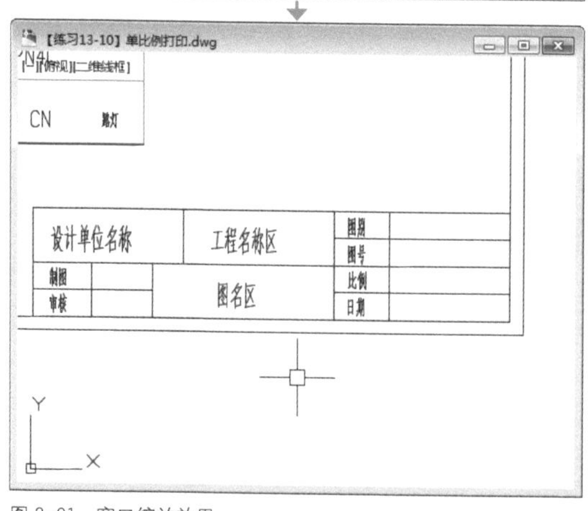

图 2-91　窗口缩放效果

8 缩放对象

该缩放将选择的图形对象最大限度地显示在屏幕上。图 2-92 所示为选择对象缩放前后对比效果。

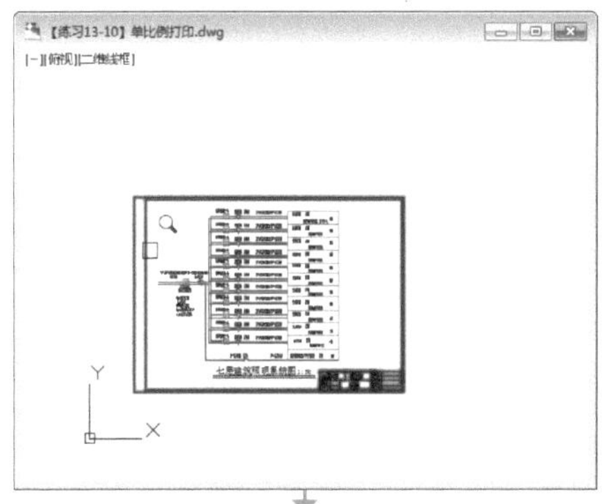

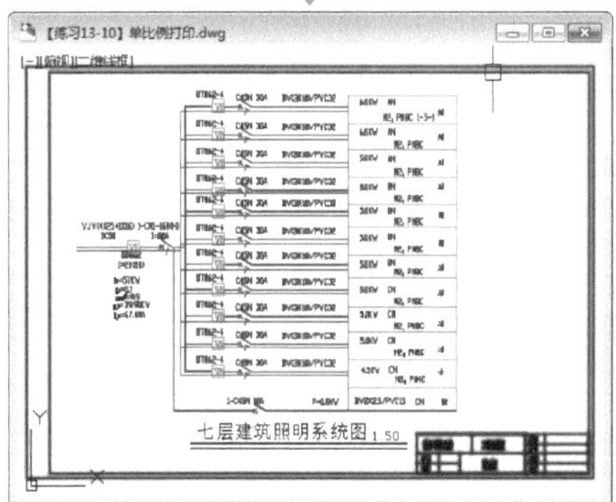

图 2-92　缩放对象效果

9 实时缩放

实时缩放为默认选项。执行缩放命令后直接按【Enter】键即可使用该选项。在屏幕上会出现一个形状的光标，按住鼠标左键不放向上或向下移动，即可实现图形的放大或缩小。

10 放大

单击该按钮一次，视图中的实体显示比当前视图大1倍。

11 缩小

单击该按钮一次，视图中的实体显示是当前视图50%。

2.4.2 视图平移

视图平移不改变视图的大小和角度，只改变其位置，以便观察图形其他的组成部分，如图 2-93 所示。图形显示不完全，且部分区域不可见时，即可使用视图平移，很好地观察图形。

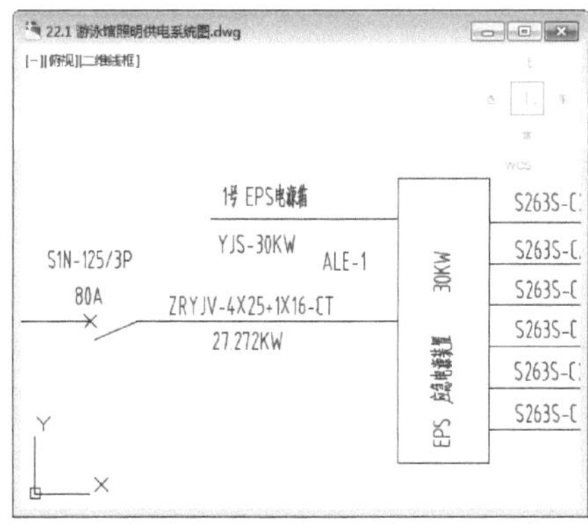

图 2-93　视图平移效果

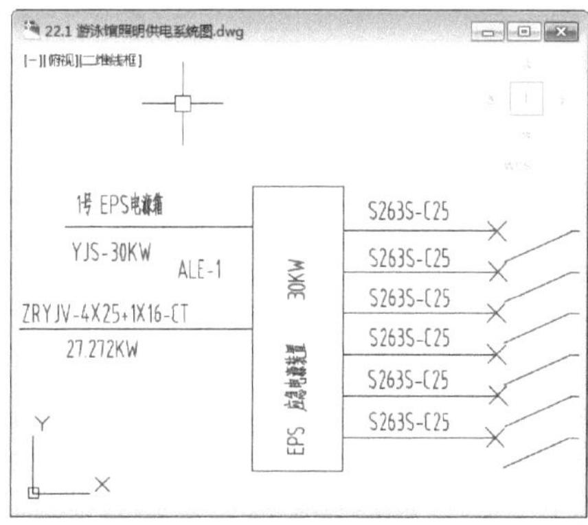

图 2-93　视图平移效果（续）

执行【平移】命令有以下几种方法。

◆功能区：单击【视图】选项卡中【导航】面板的【平移】按钮。

◆菜单栏：选择【视图】|【平移】命令。

◆工具栏：单击【标准】工具栏上的【实时平移】按钮。

◆命令行：输入“PAN”或“P”命令。

◆快捷操作：按住鼠标滚轮拖动，可以快速进行视图平移。

视图平移可以分为实时平移和定点平移两种，其含义如下。

◆实时平移：光标形状变为手形，按住鼠标左键拖曳可以使图形的显示位置随鼠标向同一方向移动。

◆定点平移：通过指定平移起始点和目标点的方式进行平移。

在【平移】子菜单中，【左】、【右】、【上】、【下】分别表示将视图向左、右、上、下4个方向移动。必须注意的是，该命令并不是真的移动图形对象，也不是真正改变图形，而是通过位移图形进行平移。

2.4.3 使用导航栏

导航栏是一种用户界面元素，是一个视图控制集成工具，用户可以从中访问通用导航工具和特定于产品的导航工具。单击视口左上角的“[-]”标签，在弹出的菜单中选择【导航栏】选项，可以控制导航栏是否在视口中显示，如图 2-94 所示。

导航栏中有以下通用导航工具。

◆ViewCube：指示模型的当前方向，并用于重定向模型的当前视图。

◆SteeringWheels：用于在专用导航工具之间快速切换的控制盘集合。

导航栏中有以下特定于产品的导航工具，如图 2-95 所示。

◆平移：沿屏幕平移视图。

◆缩放工具：用于增大或减小模型的当前视图比例的导航工具集。

◆动态观察工具：用于旋转模型当前视图的导航工具集。

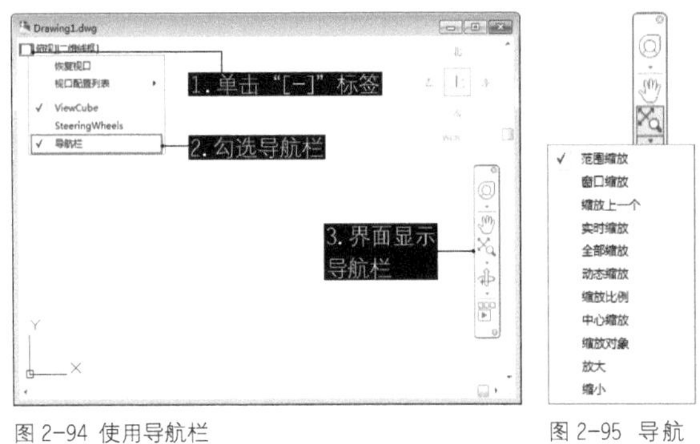

图 2-94 使用导航栏

图 2-95 导航工具

2.4.4 命名视图 ★进阶★

命名视图是指将某些视图命名并保存，供以后随时调用，一般在三维建模中使用。执行【命名视图】命令有以下几种方法。

◆功能区：单击【视图】面板中的【视图管理器】按钮。

◆菜单栏：选择【视图】|【命名视图】命令。

◆工具栏：单击【视图】工具栏中的【命名视图】按钮。

◆命令行：输入“VIEW”或“V”命令。

执行该命令后，系统弹出【视图管理器】对话框，如图 2-96 所示，可以在其中进行视图的命名和保存。

图 2-96 【视图管理器】对话框

2.4.5 重画与重生成视图

在 AutoCAD 中，某些操作完成后，其效果往往不会立即显示出来，或者在屏幕上留下绘图的痕迹与标记。因此，需要通过刷新视图重新生成当前图形，以观察到最新的编辑效果。

视图刷新的命令主要有两个：【重画】命令和【重生成】命令。这两个命令都是自动完成的，不需要输入任何参数，也没有可选选项。

1 重画视图

AutoCAD 常用数据库以浮点数据的形式储存图形对象的信息，浮点格式精度高，但计算时间长。AutoCAD 重生成对象时，需要把浮点数值转换为适当的屏幕坐标。因此对于复杂图形，重新生成需要花很长的时间。为此软件提供了【重画】这种速度较快的刷新命令。重画只刷新屏幕显示，因而生成图形的速度更快。执行【重画】命令有以下几种方法。

◆菜单栏：选择【视图】|【重画】命令。

◆命令行：输入“REDRAWALL”“RADRAW”或“RA”命令。

在命令行中输入“REDRAW”命令并按【Enter】键，将从当前视口中删除编辑命令留下来的点标记；而输入“REDRAWWALL”命令并按【Enter】键，将从所有视口中删除编辑命令留下来的点标记。

2 重生成视图

AutoCAD 使用时间太久或者图纸中内容太多，有时就会影响图形的显示效果，让图形变得很粗糙，这时就可以用到【重生成】命令来恢复。【重生成】命令不仅重新计算当前视图中所有对象的屏幕坐标，并重新生成整个图形，还重新建立图形数据库索引，从而优化显示和对象选择的性能。执行【重生成】命令有以下几种方法。

◆菜单栏：选择【视图】|【重生成】命令。

◆命令行：输入“REGEN”或“RE”命令。

【重生成】命令仅对当前视图范围内的图形执行重生成，如果要对整个图形执行重生成，可选择【视图】|【全部重生成】命令。重生成的效果如图 2-97 所示。

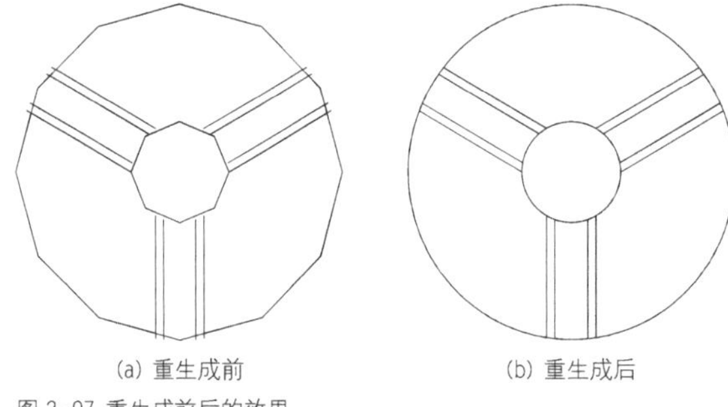

(a) 重生成前　(b) 重生成后

图 2-97 重生成前后的效果

2.5 AutoCAD 2016工作空间

中文版 AutoCAD 2016 为用户提供了【草图与注释】、【三维基础】以及【三维建模】3 种工作空间。选择不同的空间可以进行不同的操作，例如，在【三维建模】工作空间下，可以方便地进行更复杂的以三维建模为主的绘图操作。

2.5.1【草图与注释】工作空间 ★重点★

AutoCAD 2016 默认的工作空间为【草图与注释】空间，也是水暖电设计中的主要工作空间。其界面主要由【应用程序】按钮、功能区选项板、快速访问工具栏、绘图区、命令行窗口和状态栏等元素组成。在该空间中，可以方便地使用【默认】选项卡中的【绘图】、【修改】、【图层】、【注释】、【块】和【特性】等面板绘制和编辑二维图形，如图 2-98 所示。

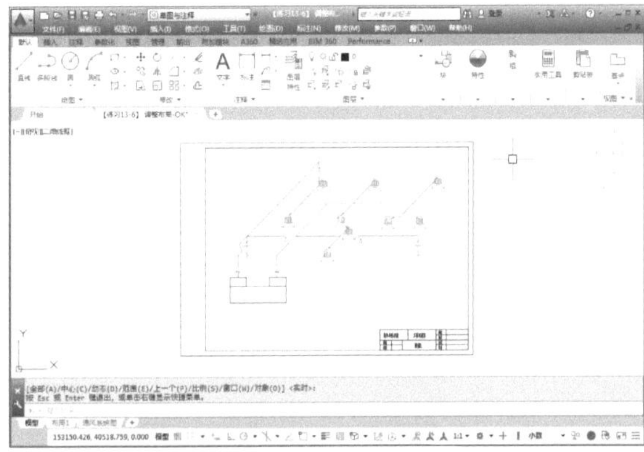

图 2-98 【草图与注释】工作空间

2.5.2【三维基础】工作空间

【三维基础】空间与【草图与注释】工作空间类似，但【三维基础】空间功能区包含的是基本的三维建模工具，如各种常用的三维建模、布尔运算以及三维编辑工具按钮，能够非常方便地创建简单的基本三维模型，如图 2-99 所示。

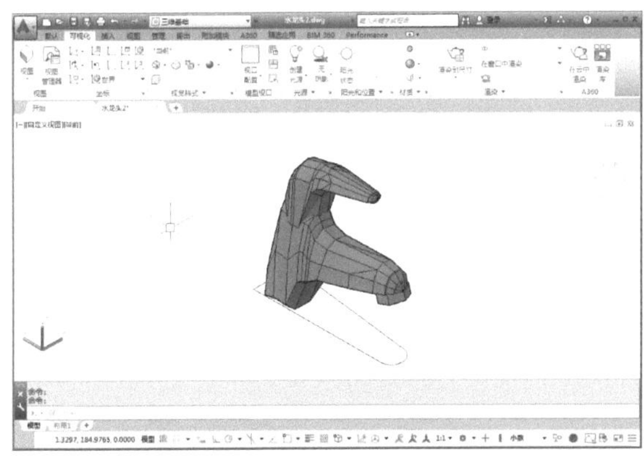

图 2-99【三维基础】工作空间

2.5.3【三维建模】工作空间

【三维建模】空间界面与【三维基础】空间界面较相似，但功能区包含的工具有较大差异。其功能区选项卡中集中了实体、曲面和网格的多种建模和编辑命令，以及视觉样式、渲染等模型显示工具，为绘制和观察三维图形、附加材质、创建动画、设置光源等操作提供了非常便利的环境，如图 2-100 所示。

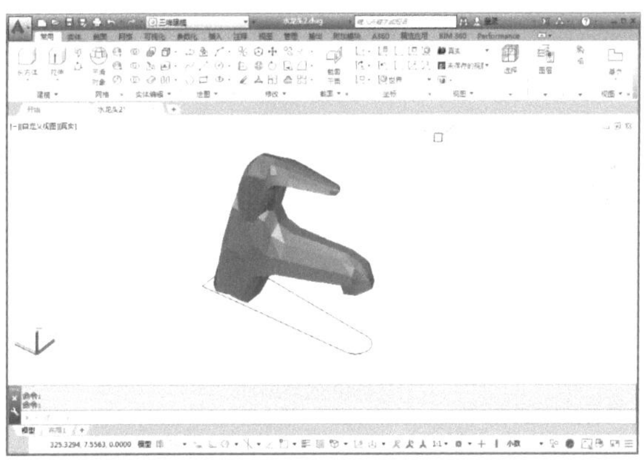

图 2-100【三维建模】工作空间

2.5.4 切换工作空间

在【草图与注释】空间中绘制出二维草图，然后转换至【三维基础】工作空间进行建模操作，再转换至【三维建模】工作空间赋予材质、布置灯光进行渲染，此即 AutoCAD 建模的大致流程，因此可见这 3 个工作空间是互为补充的。而切换工作空间则有以下几种方法。

◆快速访问工具栏：单击快速访问工具栏中的【切换工作空间】下拉按钮 草图与注释，在弹出的下拉列表中进行切换，如图 2-101 所示。

◆菜单栏：选择【工具】|【工作空间】命令，在子菜单中进行切换，如图 2-102 所示。

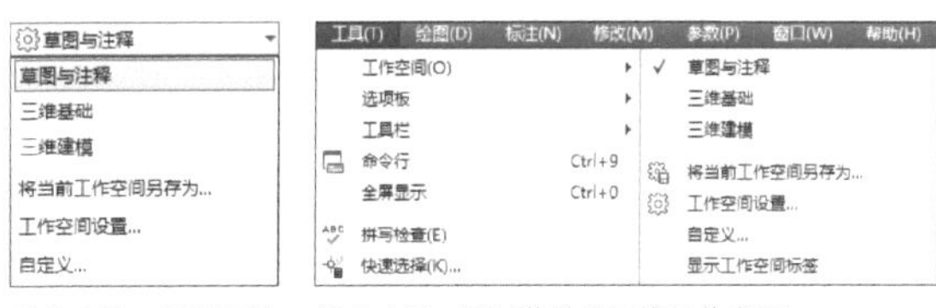

图 2-101 通过下拉列表切换工作空间 图 2-102 通过菜单栏切换工作空间

◆工具栏：在【工作空间】工具栏的【工作空间控制】下拉列表框中进行切换，如图 2-103 所示。

◆状态栏：单击状态栏右侧的【切换工作空间】按钮，在弹出的下拉菜单中进行切换，如图 2-104 所示。

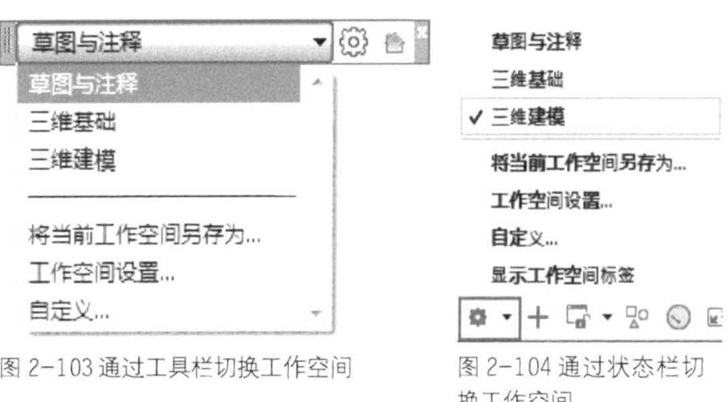

图 2-103 通过工具栏切换工作空间 图 2-104 通过状态栏切换工作空间

练习 2-5 创建个性化的工作空间

除以上提到的 3 个基本工作空间外，根据水暖电设计绘图的需要，用户可以自定义自己的个性空间（如【练习2-4】中含有【多线】按钮的工作空间），并将其保存在工作空间列表中，以备工作时随时调用。下面便通过一个具体练习来详见说明。

Step 01 启动AutoCAD 2016，将工作界面按自己的偏好进行设置，如在【绘图】面板中增加【多线】按钮，如图2-105所示。

Step 02 选择快速访问工具栏工作空间列表框中的【将当前空间另存为】选项，如图2-106所示。

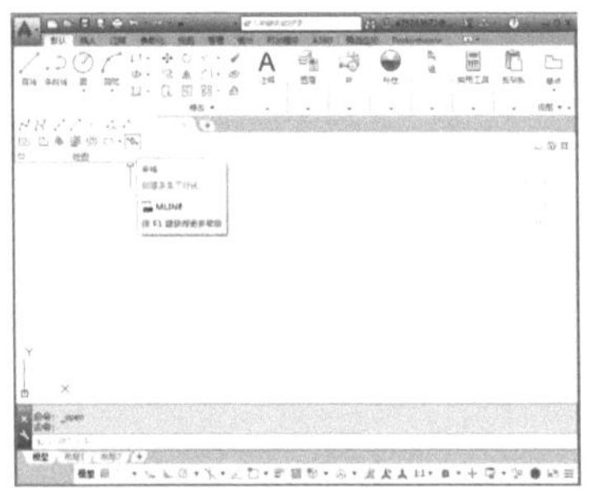
图 2-105　自定义的工作空间

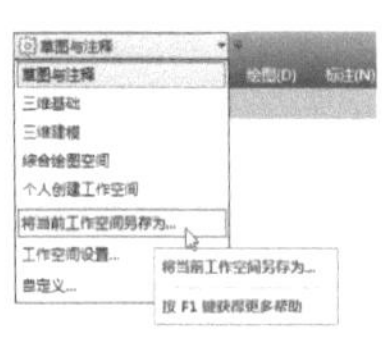
图 2-106　工作空间列表框

Step 03 系统弹出【保存工作空间】对话框，输入新工作空间的名称，如图2-107所示。

Step 04 单击【保存】按钮，自定义的工作空间即创建完成，如图2-108所示。在以后的工作中，可以随时通过选择该工作空间，快速将工作界面切换为相应的状态。

图 2-107【保存工作空间】对话框

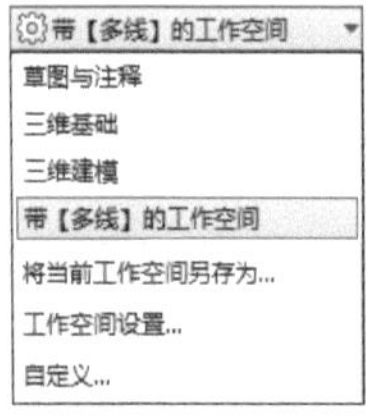

图 2-108　工作空间列表框

2.5.5 工作空间的设置

通过【工作空间设置】可以修改AutoCAD默认的工作空间。这样做的好处就是能将用户自定义的工作空间设为默认，这样在启动AutoCAD后即可快速工作，无需再进行切换。

执行【工作空间设置】的方法与切换工作空间一致，只需在列表框中选择【工作空间设置】选项即可。选择之后弹出【工作空间设置】对话框，如图2-109所示。在【我的工作空间（M）=】下拉列表中选择要设置为默认的工作空间，即可将该空间设置为AutoCAD启动后的初始空间。

不需要的工作空间，可以将其在工作空间列表中删除。选择工作空间列表框中的【自定义】选项，打开【自定义用户界面】对话框，在不需要的工作空间名称上单击鼠标右键，在弹出的快捷菜单中选择【删除】选项，即可删除不需要的工作空间，如图2-110所示。

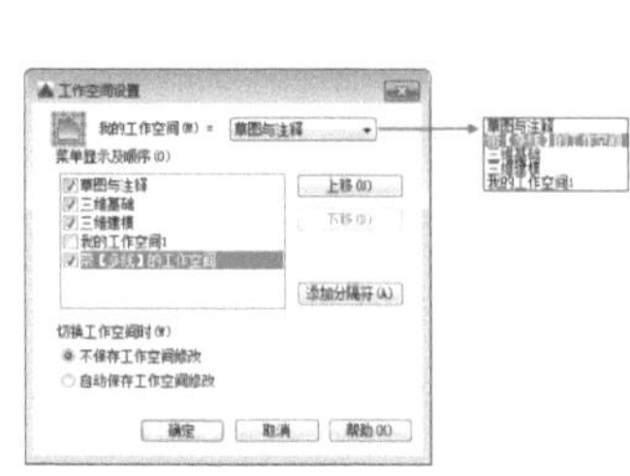
图 2-109【工作空间设置】对话框

图 2-110　删除不需要的工作空间

练习 2-6 创建带【工具栏】的经典工作空间

从2015版本开始，AutoCAD取消了【经典工作空间】的界面设置，结束了长达十余年之久的通过工具栏来调用命令的操作方式。但对于一些有基础的水暖电设计师来说，相较于2016版，他们习惯于使用工具栏来调用命令，也更习惯于2005、2008、2012等经典版本的工作界面，如图2-111所示。

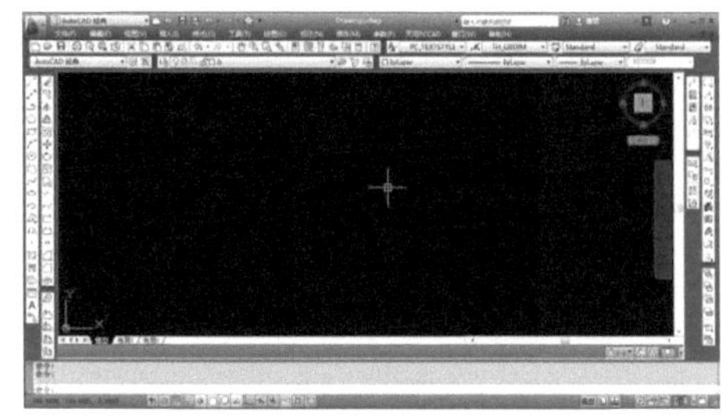
图 2-111　旧版本AutoCAD的经典空间

在AutoCAD 2016中，仍然可以通过设置工作空间的方式，创建出符合自己操作习惯的经典界面，方法如下。

Step 01 单击快速访问工具栏中的【切换工作空间】下拉按钮，在弹出的下拉列表中选择【自定义】选项，如图2-112所示。

Step 02 系统自动打开【自定义用户界面】对话框，然后选择【工作空间】一栏，单击右键，在弹出的快捷菜单中选择【新建工作空间】选项，如图2-113所示。

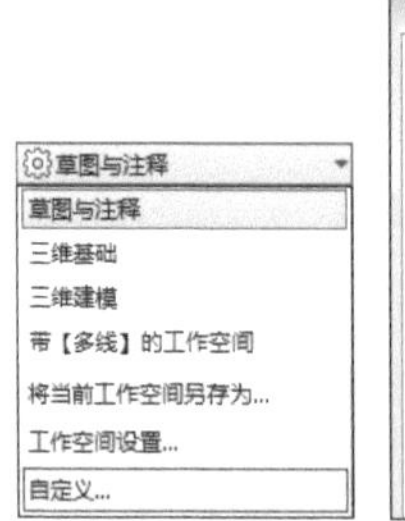

图 2-112　选择【自定义】选项

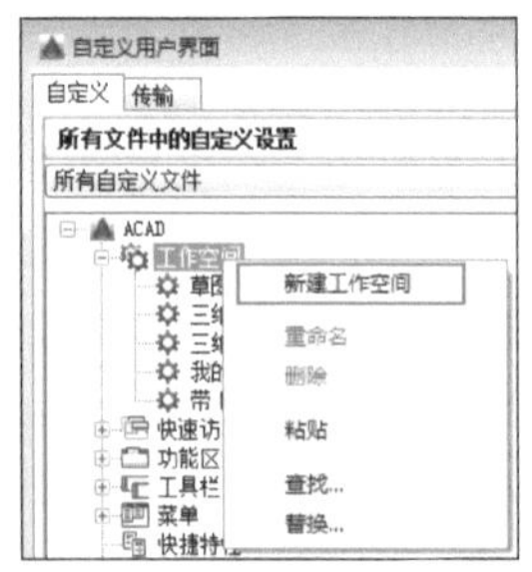

图 2-113　选择【新建工作空间】选项

Step 03 在【工作空间】树列表中新添加了一工作空间，将其命名为【经典工作空间】，然后单击对话框右侧【工作空间内容】区域中的【自定义工作空间】按钮，如图2-114所示。

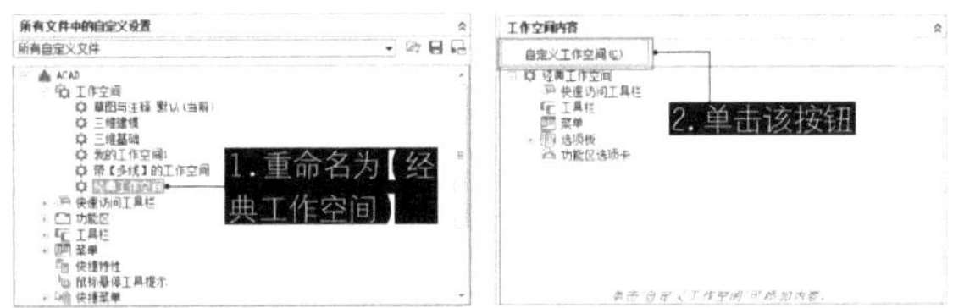

图 2-114 命名经典工作空间

Step 04 返回对话框左侧【所有自定义文件】区域，单击⊞按钮展开【工具栏】树列表，依次勾选其中的【标注】、【绘图】、【修改】、【标准】、【样式】、【图层】、【特性】等7个工具栏，即旧版本AutoCAD中的经典工具栏，如图2-115所示。

Step 05 再返回勾选上一级的整个【菜单】栏与【快速访问工具栏】下的【快速访问工具栏1】，如图2-116所示。

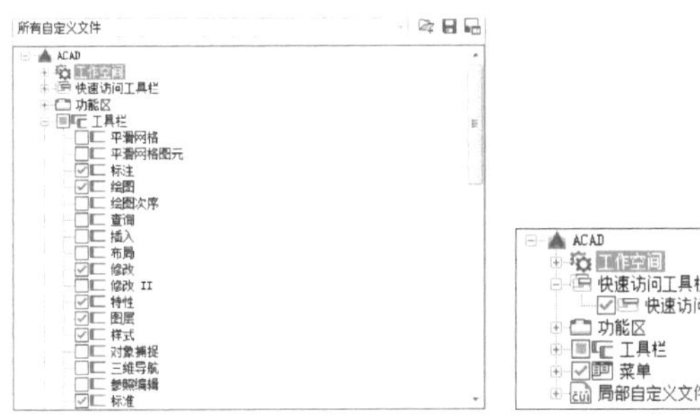

图 2-115 勾选 7 个经典工具栏

图 2-116 勾选【菜单栏】与【快速访问工具栏】

Step 06 在对话框右侧的【工作空间内容】区域中已经可以预览到该工作空间的结构，确定无误后单击其上方的【完成】按钮，如图2-117所示。

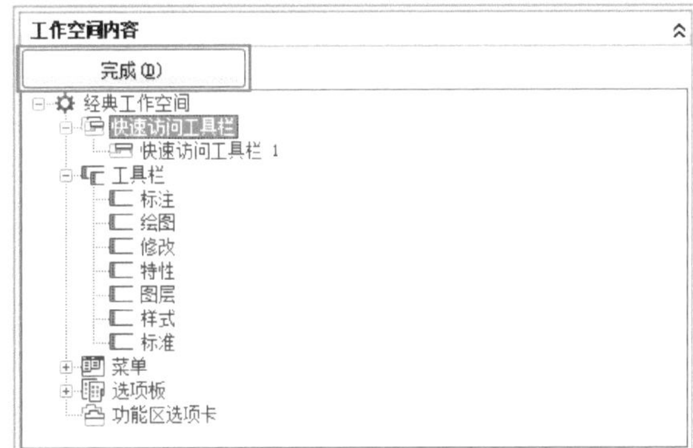

图 2-117 完成经典工作空间的设置

Step 07 在【自定义用户界面】对话框中先单击【应用】按钮，再单击【确定】按钮，退出该对话框。

Step 08 将工作空间切换至刚刚创建的【经典工作空间】，效果如图2-118所示。

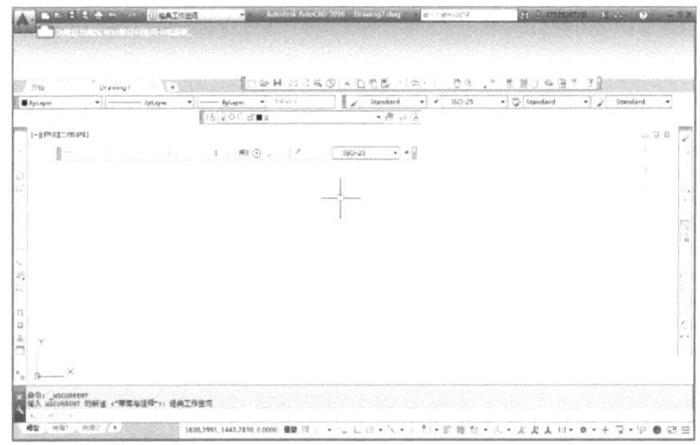

图 2-118 创建的经典工作空间

Step 09 可见原来的【功能区】区域已经消失，但仍空出了一大块，影响界面效果。可以在该处右击，在弹出的快捷菜单中选择【关闭】选项，即可关闭【功能区】显示，如图2-119所示。

图 2-119 关闭【功能区】显示

Step 10 将各工具栏拖移到合适的位置，最终效果如图2-120所示。保存该工作空间后，即可随时启用。

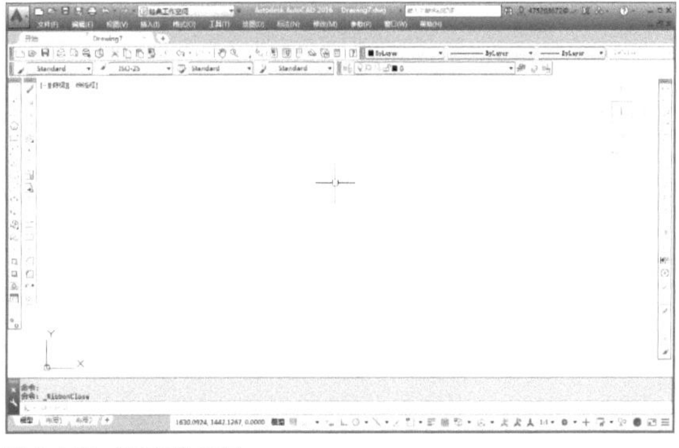

图 2-120 经典工作空间

第 3 章 文件管理

文件管理是管理 AutoCAD 文件。在深入学习 AutoCAD 绘图之前，本章首先介绍 AutoCAD 文件的管理、样板文件、文件的输出及文件的备份与修复等基本知识，使读者对 AutoCAD 文件的管理有一个全面的了解和认识，为快速运用该软件打下坚实的基础。

3.1 AutoCAD文件的管理

文件管理是软件操作的基础，在 AutoCAD 2016 中，图形文件的基本操作包括新建文件、打开文件、保存文件、关闭文件等。

3.1.1 AutoCAD 文件的主要格式

AutoCAD 能直接保存和打开的主要有以下 4 种格式：【.dwg】、【.dws】、【.dwt】和【.dxf】，分别介绍如下。

◆【.dwg】：dwg 文件是 AutoCAD 的默认图形文件，是二维或三维图形档案。如果另一个应用程序需要 使用该文件信息，则可以通过输出将其转换为其他的特定格式，详见本章的“3.3 文件的输出”一节。

◆【.dws】：dws 文件被称为标准文件，里面保存了图层、标注样式、线型、文字样式。当设计单位要实行图纸标准化，对图纸的图层、标注、文字、线型有非常明确的要求时就可以使用 dws 标准文件。此外，为了保护自己的文档，可以将图形用 dws 的格式保存，dws 格式的文档，只能查看，不能修改。

◆【.dwt】：dwt 是 AutoCAD 模板文件，保存了一些图形设置和常用对象（如标题框和文本），详见本章的“3.4 样板文件”。

◆【.dxf】：dxf 文件是包含图形信息的文本文件，其他的 CAD 系统（如 UG、Creo、Solidworks）可以读取文件中的信息。因此可以用 dxf 格式保存 AutoCAD 图形，使其在其他绘图软件中打开。

其他几种与 AutoCAD 有关的格式介绍如下。

◆【.dwl】：dwl 是与 AutoCAD 文档 dwg 相关的一种格式，意为被锁文档（其中 L=Lock）。其实这是早期 AutoCAD 版本软件的一种生成文件，当 AutoCAD 非法退出的时候容易自动生成与 dwg 文件名同名但扩展名为 dwl 的被锁文件。一旦生成这个文件，则原来的 dwg 文件将无法打开，必须手动删除该文件，才可以恢复打开 dwg 文件。

◆【.sat】：即 ACIS 文件，可以将某些对象类型输出到 ASCII（SAT）格式的 ACIS 文件中。可将代表剪过的 NURBS 曲面、面域和实体的 ShapeManager 对象输出到 ASCII(SAT) 格式的 ACIS 文件中。

◆【.3ds】：即 3D Studio(3DS) 的文件。3DSOUT 仅输出具有表面特征的对象，即输出的直线或圆弧的厚度不能为零。宽线或多段线的宽度或厚度不能为零。圆、多边形网格和多面始终可以输出。实体和三维面必须至少有 3 个唯一顶点。如果必要，可将几何图形在输出时网格化。在使用 3DSOUT 之前，必须将 AME（高级建模扩展）和 AutoSurf 对象装换为网格。3DSOUT 将命名视图转换为 3D Studio 相机，并将相片级光跟踪光源转换为最接近的 3D Studio 等效对象：点光源变为泛光光源，聚光灯和平行光变为 3D Studio 聚光灯。

◆【.stl】：即平板印刷文件，可以使用与平板印刷设备（SLA）兼容的文件格式写入实体对象。实体数据以三角形网格面的形式转换为 SLA。SLA 工作站使用该数据来定义代表部件的一系列图层。

◆WIMF：WIMF 文件在许多 Windows 应用程序中使用。WIMF（Windows 图文文件格式）文件包含矢量图形或光栅图形格式，但只在矢量图形中创建 WIMF 文件。矢量格式与其他格式相比，能实现更快的平移和缩放。

◆光栅文件：可以为图形中的对象创建与设备无关的光栅图像。可以使用若干命令将对象输出到与设备无关的光栅图像中，光栅图像的格式可以是位图、JPEG、TIFF 和 PNG。某些文件格式在创建时即为压缩形式，如 JPEG 格式。压缩文件占有较少的磁盘空间，但有些应用程序可能无法读取这些文件。

◆PostScript 文件：可以将图形文件转换为 PostScript 文件，很多桌面发布应用程序都使用该文件格式。将图形转换为 PostScript 格式后，也可以使用 PostScript 字体。

3.1.2 新建文件

启动 AutoCAD 2016 后，系统将自动新建一个名为“Drawing1.dwg”的图形文件，该图形文件默认以 acadiso.dwt 为样板创建。如果用户需要绘制一个新的图形，则需要使用【新建】命令。启动【新建】命令有以下几种方法。

◆应用程序按钮：单击【应用程序】按钮，在下拉菜单中选择【新建】选项，如图 3-1 所示。

◆快速访问工具栏：单击快速访问工具栏中的【新建】按钮。

◆菜单栏：执行【文件】|【新建】命令。

◆标签栏：单击标签栏上的按钮。

◆命令行：输入“NEW”或“QNEW”命令。

◆快捷键：按【Ctrl】+【N】快捷键。

用户可以根据绘图需要，在对话框中选择打开不同的绘图样板，即可以样板文件创建一个新的图形文件。单击【打开】按钮旁的下拉菜单可以选择打开样板文件的方式，共有【打开】、【无样板打开－英制（I）】、【无样板打开－公制（M）】3种方式，如图3-2所示。通常选择默认的【打开】方式。

图 3-1【应用程序】按钮新建文件

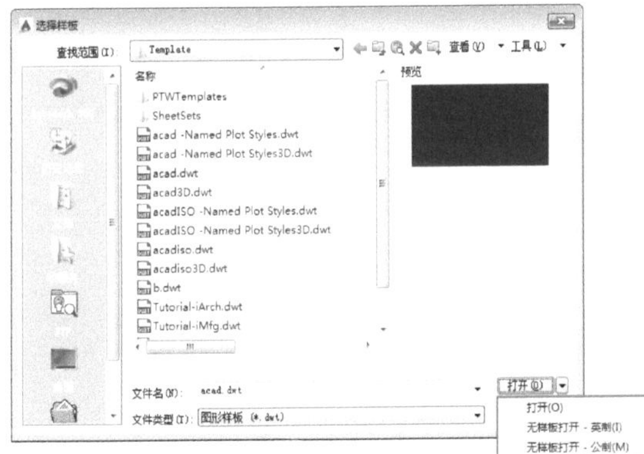

图 3-2【选择样板】对话框

3.1.3 打开文件

AutoCAD 文件的打开方式有很多种，启动【打开】命令有以下几种方法。

◆应用程序按钮：单击【应用程序】按钮，在弹出的快捷菜单中选择【打开】选项。

◆快速访问工具栏：单击快速访问工具栏【打开】按钮。

◆菜单栏：执行【文件】|【打开】命令。

◆标签栏：在标签栏空白位置单击鼠标右键，在弹出的右键快捷菜单中选择【打开】选项。

◆命令行：输入“OPEN”或“QOPEN”命令。

◆快捷键：按【Ctrl】+【O】快捷键。

◆快捷方式：直接双击要打开的 .dwg 图形文件。

执行以上操作都会弹出【选择文件】对话框，该对话框用于选择已有的 AutoCAD 图形，单击【打开】按钮后的三角下拉按钮，在弹出的下拉菜单中可以选择不同的打开方式，如图 3-3 所示。

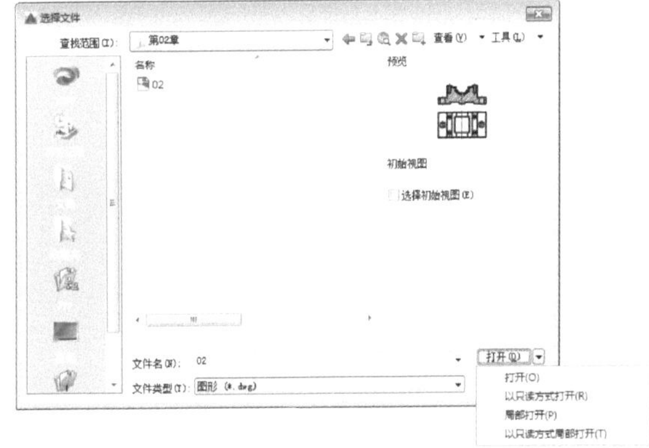

图 3-3【选择文件】对话框

对话框中各选项含义说明如下。

◆【打开】：直接打开图形，可对图形进行编辑、修改。

◆【以只读方式打开】：打开图形后仅能观察图形，无法进行修改与编辑。

◆【局部打开】：局部打开命令允许用户只处理图形的某一部分，只加载指定视图或图层的几何图形。

◆【以只读方式局部打开】：局部打开的图形无法被编辑修改，只能观察。

练习 3-1 局部打开图形

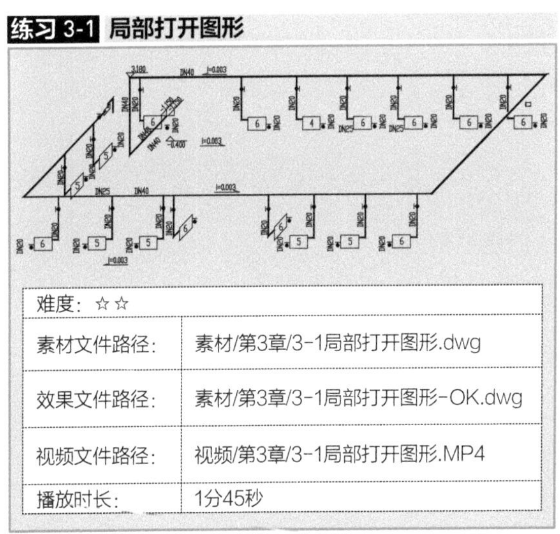

难度：☆☆	
素材文件路径：	素材/第3章/3-1局部打开图形.dwg
效果文件路径：	素材/第3章/3-1局部打开图形-OK.dwg
视频文件路径：	视频/第3章/3-1局部打开图形.MP4
播放时长：	1分45秒

素材图形完整打开的效果如图 3-4 所示。本例使用局部打开命令即只处理图形的某一部分，只加载素材文件中指定视图或图层上的几何图形。当处理大型图形文件时，可以选择在打开图形时需要加载的尽可能少的几何图形，指定的几何图形和命名对象包括：块（Block）、图层（Layer）、标注样式（DimensionStyle）、线型（Linetype）、布局（Layout）、文字样式（TextStyle）、视口配置（Viewports）、用户坐标系（UCS）及视图（View）等，操作步骤如下。

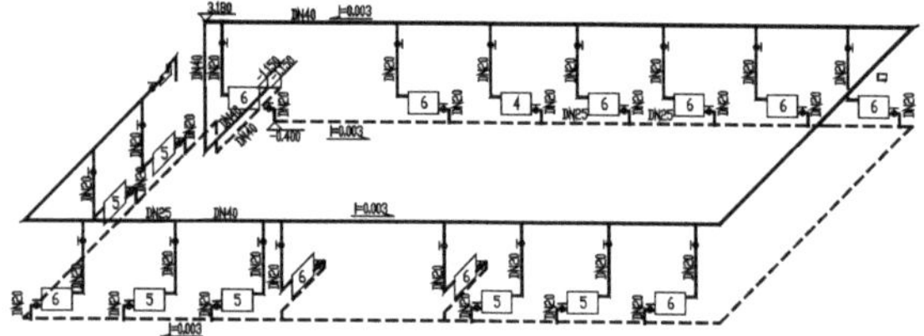
图 3-4　完整打开的素材图形

Step 01 定位至要局部打开的素材文件，然后单击【选择文件】对话框中【打开】按钮后的三角下拉按钮，在弹出的下拉菜单中，选择其中的【局部打开】选项，如图3-5所示。

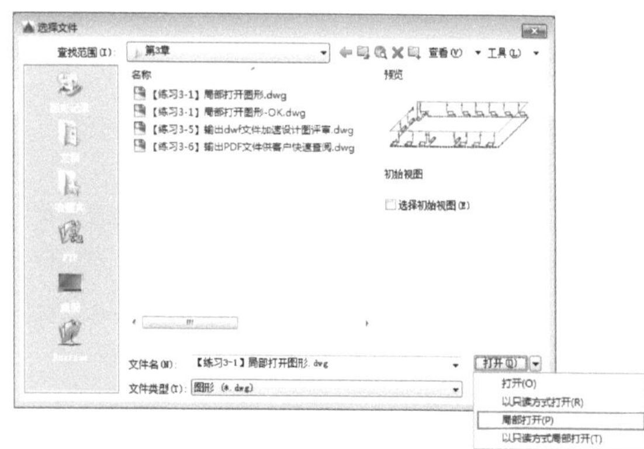

图 3-5　选择【局部打开】选项

Step 02 系统弹出【局部打开】对话框，在【要加载几何图形的图层】列表框中勾选需要局部打开的图层名，如【采暖给水管】，如图3-6所示。

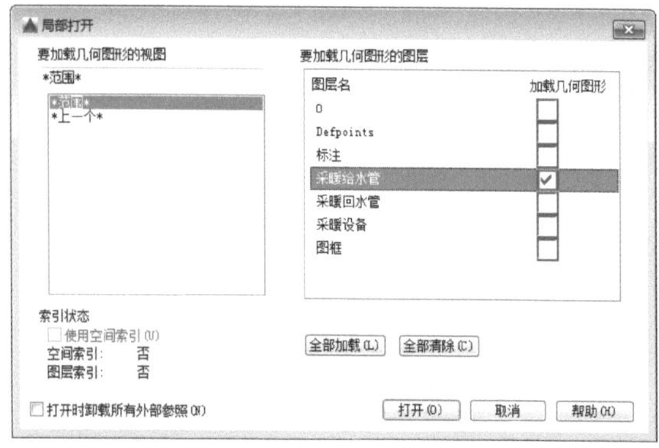

图 3-6【局部打开】对话框

Step 03 单击【打开】按钮，即可打开仅包含【采暖给水管】图层的图形对象，同时文件名后添加有“（局部加载）”文字，如图3-7所示。

Step 04 对于局部打开的图形，用户还可以通过【局部加载】将其他未载入的几何图形补充进来。在命令行输入“PartialLoad”并按【Enter】键，系统弹出【局部加载】对话框，与【局部打开】对话框主要区别是可通过【拾取窗口】按钮划定区域放置视图，如图3-8所示。

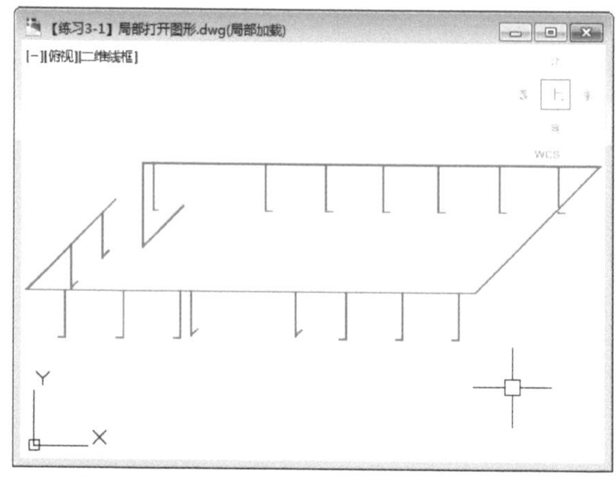

图 3-7【局部打开】效果

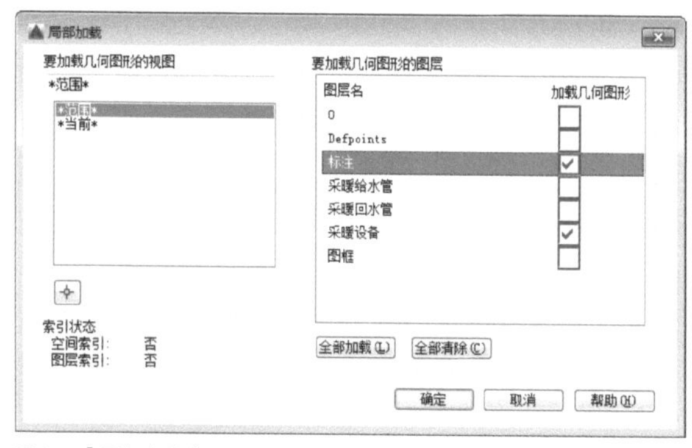

图 3-8【局部加载】对话框

Step 05 勾选需要加载的选项，如【标注】和【采暖设备】，单击【局部加载】对话框中【确定】按钮，即可得到加载效果，如图3-9所示。

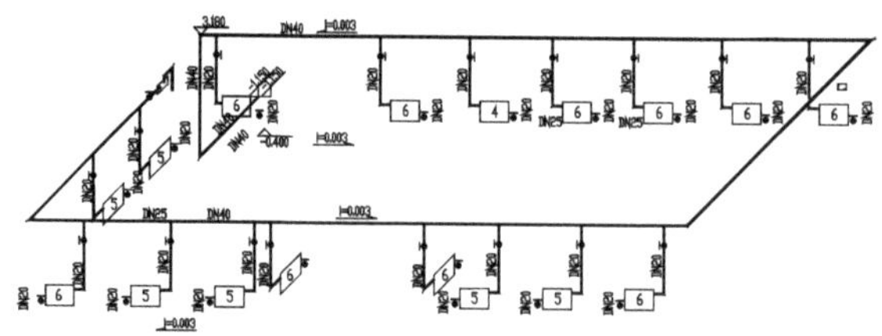
图 3-9 局部加载打开的素材图形

3.1.4 保存文件

保存文件不仅是将新绘制的或修改好的图形文件进行存盘，以便以后对图形进行查看、使用或修改、编辑等，还包括在绘制图形过程中随时对图形进行保存，以避免意外情况发生，从而导致文件丢失或不完整。

1 保存新的图形文件

保存新文件就是对新绘制还没保存过的文件进行保存。启动【保存】命令有以下几种方法。

◆应用程序按钮：单击【应用程序】按钮 ，在弹出的快捷菜单中选择【保存】选项。

◆快速访问工具栏：单击快速访问工具栏【保存】按钮 。

◆菜单栏：选择【文件】|【保存】命令。

◆快捷键：按【Ctrl】+【S】快捷键。

◆命令行：输入“SAVE”或“QSAVE”命令。

执行【保存】命令后，系统弹出如图 3-10 所示的【图形另存为】对话框。在此对话框中，可以进行如下操作。

图 3-10【图形另存为】对话框

◆设置存盘路径。单击上面【保存于】下拉列表，在展开的下拉列表内设置存盘路径。

◆设置文件名。在【文件名】文本框内输入文件名称，如我的文档等。

◆设置文件格式。单击对话框底部的【文件类型】下拉列表，在展开的下拉列表内设置文件的格式类型。

> **操作技巧**
>
> 默认的存储类型为“AutoCAD 2013图形（*.dwg）”。使用此种格式将文件存盘后，文件只能被AutoCAD 2013及以后的版本打开。如果用户需要在AutoCAD早期版本中打开此文件，必须使用低版本的文件格式进行存盘。

2 另存为其他文件

当用户在已存盘的图形基础上进行了其他修改工作，又不想覆盖原来的图形，可以使用【另存为】命令，将修改后的图形以不同图形文件进行存盘。启动【另存为】命令有以下几种方法。

◆应用程序：单击【应用程序】按钮 ，在弹出的快捷菜单中选择【另存为】选项。

◆快速访问工具栏：单击快速访问工具栏【另存为】按钮 。

◆菜单栏：选择【文件】|【另存为】命令。

◆快捷键：按【Ctrl】+【Shift】+【S】键。

◆命令行：输入“SAVE As”命令。

练习 3-2 将图形另存为低版本文件

在日常工作中，经常要与客户或同事进行图纸往来，有时就难免碰到因为彼此 AutoCAD 版本不同而打不开图纸的情况，如图 3-11 所示。原则上高版本的 AutoCAD 能打开低版本所绘制的图形，而低版本却无法打开高版本的图形。因此对于使用高版本的用户来说，可以将文件通过【另存为】的方式转存为低版本。

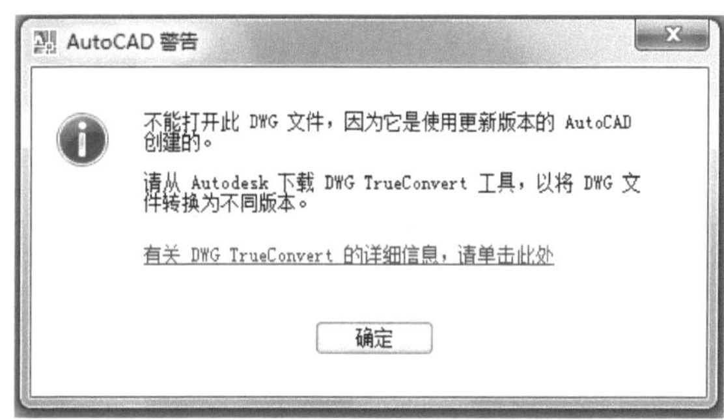

图 3-11 因版本不同出现的 AutoCAD 警告

Step 01 打开要【另存为】的图形文件。

Step 02 单击快速访问工具栏的【另存为】按钮 ，打开【图形另存为】对话框，在【文件类型】下拉列表中选择【AutoCAD2000/LT2000图形（*.dwg）】选项，如图3-12所示。

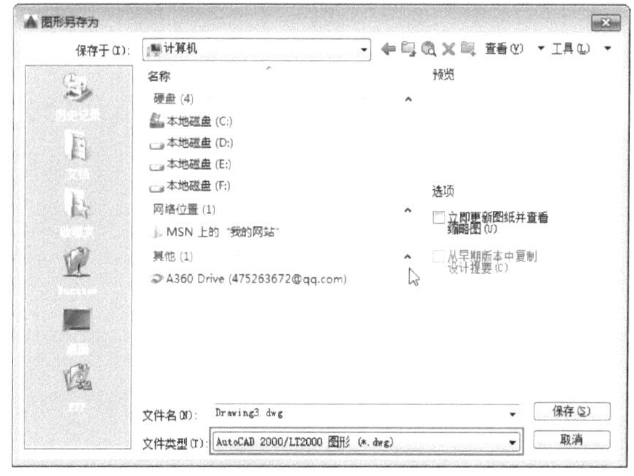

图 3-12【图形另存为】对话框

Step 03 设置完成后，AutoCAD所绘图形的保存类型均为AutoCAD 2000类型，任何高于2000的版本均可以打开，从而实现工作图纸的无障碍交流。

3 定时保存图形文件

除了手动保存外，还有一种比较好的保存文件的方法，即定时保存图形文件，可以免去随时手动保存的麻烦。设置定时保存后，系统会在一定的时间间隔内实行自动保存当前文件编辑的文件内容，自动保存的文件后缀名为 .sv$。

练习 3-3 设置定时保存

AutoCAD 在使用过程中有时会因为内存占用太多而造成崩溃，让辛苦绘制的图纸全盘付诸东流。因此除了在工作中要养成时刻保存的好习惯之外，还可以在 AutoCAD 中设置定时保存来减小意外造成的损失

Step 01 在命令行中输入“OP”命令，系统弹出【选项】对话框。

Step 02 单击选择【打开和保存】选项卡，在【文件安全措施】选项组中选中【自动保存】复选框，根据需要在文本框中输入适合的间隔时间和保存方式，如图3-13所示。

Step 03 单击【确定】按钮关闭对话框，定时保存设置即可生效。

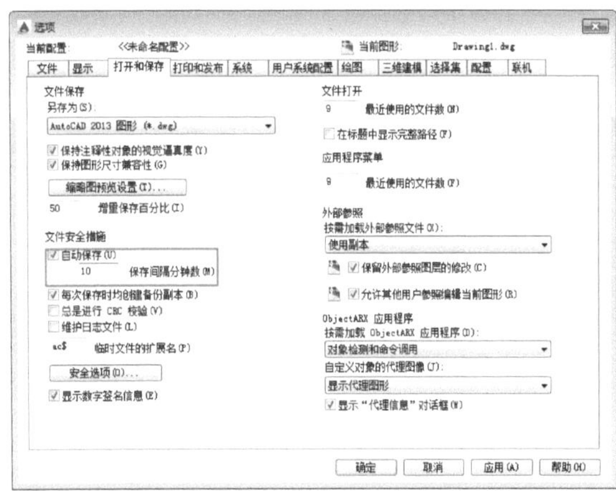

图 3-13 设置定时保存文件

> **操作技巧**
>
> 定时保存的时间间隔不宜设置过短，这样会影响软件正常使用；也不宜设置过长，这样不利于实时保存，一般设置在10分钟左右较为合适。

3.1.5 关闭文件

为了避免同时打开过多的图形文件，需要关闭不再使用的文件，选择【关闭】命令的方法如下。

◆应用程序按钮：单击【应用程序】按钮，在下拉菜单中选择【关闭】选项。

◆菜单栏：执行【文件】|【关闭】命令。

◆文件窗口：单击文件窗口右上角的【关闭】按钮，如图 3-14 所示。

◆标签栏：单击文件标签栏上的【关闭】按钮 。

◆命令行：输入“CLOSE”命令。

◆快捷键：按【Ctrl】+【F4】快捷键。

执行该命令后，如果当前图形文件没有保存，那么关闭该图形文件时系统将提示是否需要保存修改，如图 3-15 所示。

图 3-14 文件窗口右上角的【关闭】按钮　图 3-15 关闭文件时提示保存

> **操作技巧**
>
> 如单击软件窗口的【关闭】按钮，则会直接退出AutoCAD。

3.2 文件的备份、修复与清理

文件的备份、修复有助于确保图形数据的安全，使得用户在软件发生意外时可以恢复文件，减小损失；而当图形内容很多的时候，会影响到软件操作的流畅性，这时可以使用清理工具来删除无用的累赘。

3.2.1 自动备份文件 ★重点★

很多软件都将创建备份文件设置为软件默认配置，尤其是很多编程、绘图、设计软件，这样的好处是当源文件不小心被删掉、硬件故障、断电或由于软件自身的 BUG 而导致自动退出时，还可以在备份文件的基础上继续编辑，否则前面的工作将付诸东流。

在 AutoCAD 中，后缀名为 bak 的文件即是备份文件。当修改了原 dwg 文件的内容后，再保存了修改后的内容，那么修改前的内容就会自动保存为 bak 备份文件（前提是设置为保留备份）。默认情况下，备份文件将和图形文件保存在相同的位置，且和 dwg 文件具有相同的名称。例如，“site_topo.bak”即是一份备份文件，是“site_topo.dwg”文件的精确副本，是图形文件在上次保存后自动生成的，如图 3-16 所示。值得注意的是，同一文件在同一时间只会有一个备份文件，新创建的备份文件将始终替换旧的备份，并沿用相同的名称。

图 3-16 自动备份文件与图形文件

3.2.2 备份文件的恢复与取消 ★重点★

同其他衍生文件一致，bak 备份文件也可以进行恢复图形数据以及取消备份等等操作。

1 恢复备份文件

备份文件本质上是重命名的 dwg 文件，因此可以再通过重命名的方式来恢复其中保存的数据。如“site_topo.dwg”文件损坏或丢失后，可以重命名“site_topo.bak”文件，将后缀改为 .dwg，再在 AutoCAD 中打开该文件，即可得到备份数据。

2 取消文件备份

有些用户觉得在 AutoCAD 中每个文件保存时都创建一个备份文件很麻烦，而且会消耗部分硬盘内存，同时 bak 备份文件可能会影响到最终图形文件夹的整洁美观，每次手动删除也比较费时间，因此可以在 AutoCAD 中就设置好取消备份。

在命令行中输入“OP”命令并按【Enter】键，系统弹出【选项】对话框，切换到【打开和保存】选项卡，将【每次保存时均创建备份副本】复选框取消勾选即可，如图 3-17 所示。也可以用在命令行输入“ISAVEBAK”命令，将 ISAVEBAK 的系统变量修改为 0。

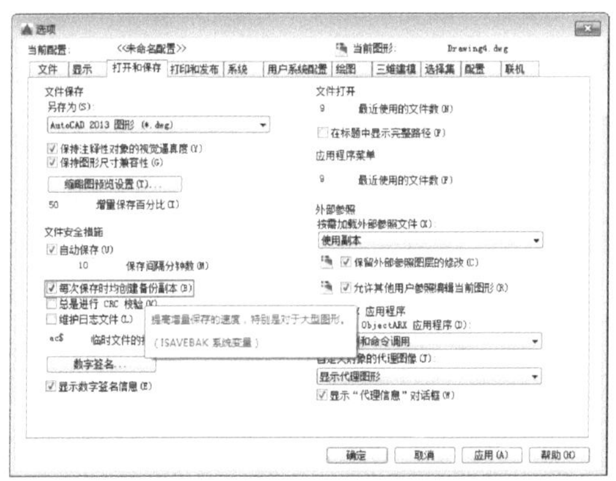

图 3-17【选项】对话框中的【打开和保存】选项卡

操作技巧

bak备份文件不同于系统定时保存的.sv$文件，备份文件只会保留用户截止至上一次保存之前的内容，而定时保存文件会根据用户指定的时间间隔进行保存，且二者的保存位置也完全不一样。当意外发生时，最好将.bak文件和.sv$文件相互比较，恢复修改时间稍晚的一个，以尽量减小损失。

3.2.3 文件的核查与修复 ★进阶★

在计算机突然断电，或者系统出现故障的时候，软件被强制性关闭。这个时候就可以使用【图形实用工具】中的命令来核查或者修复意外中止的图形。下面我们就来介绍这些工具的用法。

1 核查

使用该命令可以核查图形文件是否与标准冲突，然后再解决文件中的冲突。标准批准处理检查器一次可以核查多个文件。将标准文件和图形相关联后，可以定期检查该图形，以确保它符合其标标准，这在许多人同时更新一个文件时尤为重要。

执行【核查】命令的方式有以下几种。

◆应用程序按钮：鼠标单击【应用程序】按钮 ，在下拉列表中选择【图形实用工具】|【核查】命令，如图 3-18 所示。

◆菜单栏：执行【文件】|【图形实用工具】|【核查】命令，如图 3-19 所示。

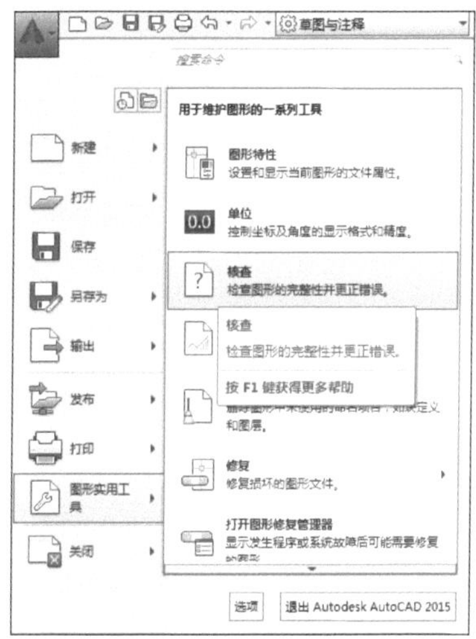

图 3-18【应用程序】按钮调用【核查】命令

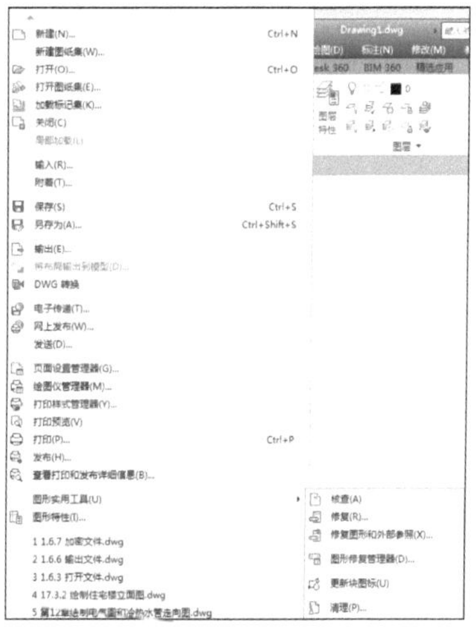

图 3-19【菜单栏】调用【核查】命令

【核查】命令可以选择修复或者忽略报告的每个标准冲突。如果忽略所报告的冲突，系统将在图形中对其进行标记。可以关闭被忽略的问题的显示，以便下次核查该图形的时候不再将它们作为冲突的情况进行报告。

如果对当前的标准冲突未进行修复，那么在【替换为】列表中将没有项目显示，【修复】按钮也不可用。如果修复了当前显示在【检查标准】对话框中的标准冲突，那么，除非单击【修复】或【下一个】按钮，否则此冲突不会在对话框中删除。

在整个图形核查完毕后，将显示【检查完成】消息。此消息总结在图形中发现的标准冲突，还显示自动修复的冲突、手动修复的冲突和被忽略的冲突。

操作技巧

如果非标准图层包含多个冲突（例如，一个是非标准图层名称冲突，另一个是非标准图形特性冲突），则将显示遇到的第一个冲突。不计算非标准图层上存在的后续冲突，因此也不会显示。用户需要再次运行命令，来检查其他冲突。

2 修复

单击【应用程序】按钮▲，在其下拉列表中选择【图形实用工具】|【修复】|【修复】命令，系统弹出【选择文件】对话框，在对话框中选择一个文件，然后单击【打开】按钮。核查后，系统弹出【打开图形 - 文件损坏】对话框，显示文件的修复信息，如图3-20所示。

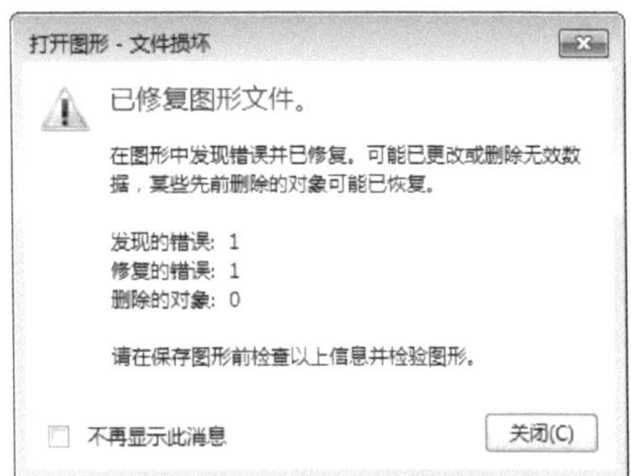

图3-20【打开图形 – 文件损坏】对话框

操作技巧

如果将AUDITCTL系统变量设置为1（开），则核查结果将写入核查日志（ADT）文件。

3.2.4 图形修复管理器

单击【应用程序】按钮▲，在其下拉列表中选择【图形实用工具】|【修复】|【打开图形修复管理器】命令，即可打开【图形修复管理器】选项板，如图3-21所示。在选项板中会显示程序或系统失败时打开的所有图形文件列表，如图3-22所示。在该对话框中可以预览并打开每个图形，也可以备份文件，以便选择要另存为DWG文件的图形文件。

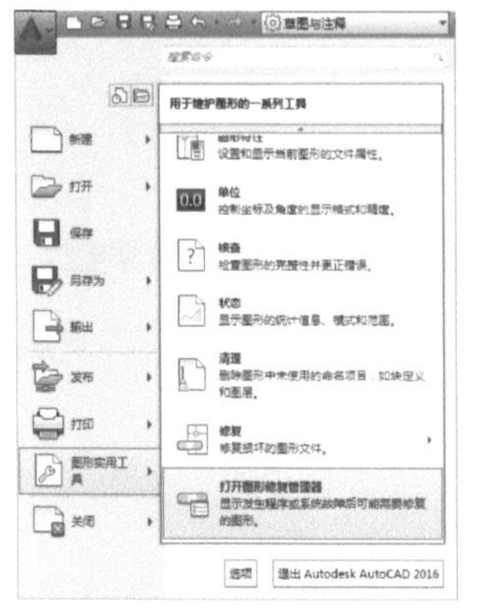

图3-21【应用程序】按钮打开【图形修复管理器】

图3-22【图形修复管理器】选项板显示文件列表

【图形修复管理器】选项板中各区域的含义介绍如下。

◆【备份文件】区域：显示在程序或者系统失败后可能需要修复的图形，顶层图形节点包含了一组与每个图形相关联的文件。如果存在，最多可显示4个文件，包含程序失败时保存的已修复的图形文件（dwg和dws）、自动保存的文件，也称为【自动保存】文件（sv$）、图形备份文件（bak）和原始图形文件（dwg和dws）。打开并保存了图形或备份文件后，将会从【备份文件】区域中删除相应的顶层图形节点。

◆【详细信息】区域：提供有关的【备份文件】区域中当前选定节点的一下信息。如果选定顶层图形的节点，将显示有关于原始图形关联的每个可用图形文件或备份文件的信息；如果选定一个图形文件或备份文件，将显示有关该文件的其他信息。

◆【预览】区域：显示当前选定的图形文件或备份文件的缩略图预览图像。

练习3-4 通过自动保存文件来修复意外中断的图形

对于很多刚刚开始学习AutoCAD的用户来说，虽然知道了自动保存文件的设置方法，但却不知道自动保存文件到底保存在哪里，也不知道如何通过自动保存文件来修复自己想要的图形。本例便从自动保存的路径开始介绍修复方法。

Step 01 查找自动保存的路径。新建空白文档，在命令行中输入“OP”命令，打开【选项】对话框。

Step 02 切换到【选项】对话框中的【文件】选项卡，在【搜索路径、文件和文件位置】列表框中找到【临时图形文件位置】选项，展开此选项，便可以看到自动保存文件的默认保存路径（C：\Users \Administrator\appdata\local \temp），其中Administrator是指系统用户名，根据用户计算机的具体情况而定，如图3-23所示。

Step 03 根据路径查找自动保存文件。在AutoCAD中自动保存的文件是具有隐藏属性的文件，因此需将隐藏的文件显示出来。单击桌面【计算机】图标，打开【计算机】对话框，选择其中的【工具】|【文件夹选项】，如图3-24所示。

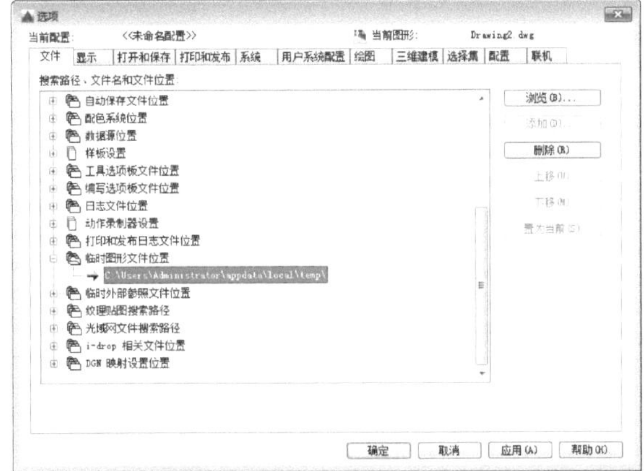

图 3-23 查找自动保存文件的保存路径

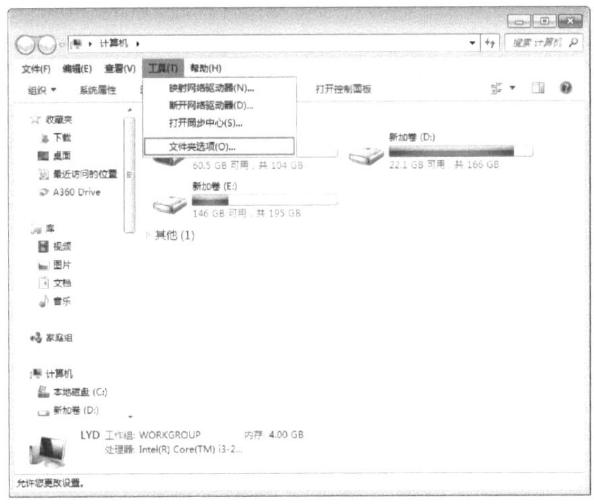

图 3-24【计算机】对话框选择【文件夹选项】

Step 04 打开【文件夹选项】对话框，切换到其中的【查看】选项卡，选中【显示隐藏的文件、文件夹和驱动器】单选项，并取消【隐藏已知文件类型的扩展名】复选框的勾选，如图3-25所示。

Step 05 单击【确定】按钮返回【计算机】对话框，根据**Step 02** 提供的路径打开对应的Temp文件夹，然后按时间排序找到丢失文件时间段的且与要修复的图形文件名一致的.sv$文件，如图3-26所示。

Step 06 通过自动保存的文件进行恢复。复制该.sv$文件至其他文件夹里，然后将扩展名.sv$改成.dwg，改完之后再双击打开该.dwg文件，即可得到自动保存的文件。

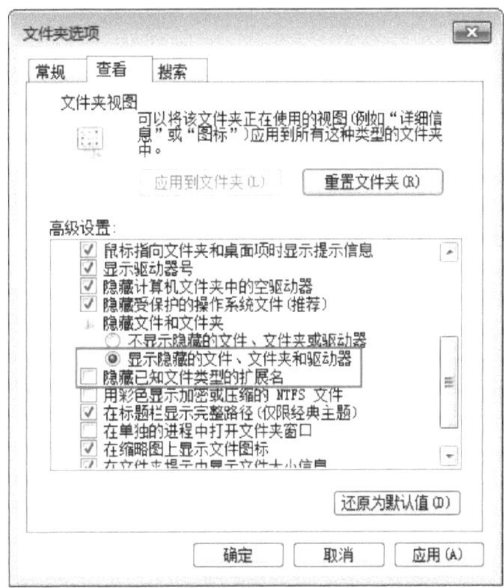

图 3-25【文件夹选项】对话框

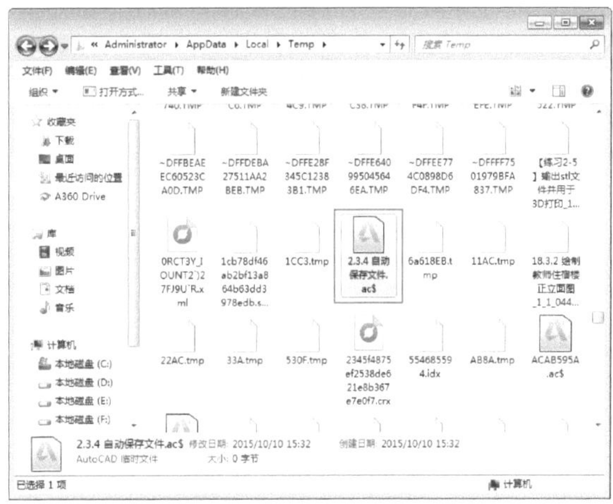

图 3-26 找到自动保存的文件

3.2.5 清理图形

绘制复杂的大型工程图纸时，AutoCAD 文档中的信息会非常巨大，这样就难免会产生无用信息。例如，许多线型样式被加载到文档，但是并没有被使用；文字、尺寸标注等大量的命名样式被创建，但并没有用这些样式进行创建任何对象；许多图块和外部参照被定义，但文档中并未添加相应的实例。久而久之，这样的信息越来越多，占用了大量的系统资源，降低了计算机的处理效率。因此，这些信息是应该删除的“垃圾信息”。

AutoCAD 提供了一个非常实用的工具——【清理】（PURGE）命令。通过执行该命令，可以将图形数据库中已经定义，但没有使用的命名对象删除。命名对象包括已经创建的样式、图块、图层、线型等对象。

启动【PURGE】命令的方式有以下几种。

◆ 应用程序按钮：鼠标单击【应用程序】按钮▲，在下拉列表中选择【图形实用工具】|【清理】命令，如图 3-27 所示。

◆菜单栏：执行【文件】|【绘图实用程序】|【清理】命令。

◆命令行：输入“PURGE”命令。

◆执行该命令后，系统弹出如图 3-28 所示的【清理】对话框，在此对话框中显示了可以被清理的项目，用户可以删除图形中未使用的项目，如块定义和图层，从而达到简化图形文件的目的。

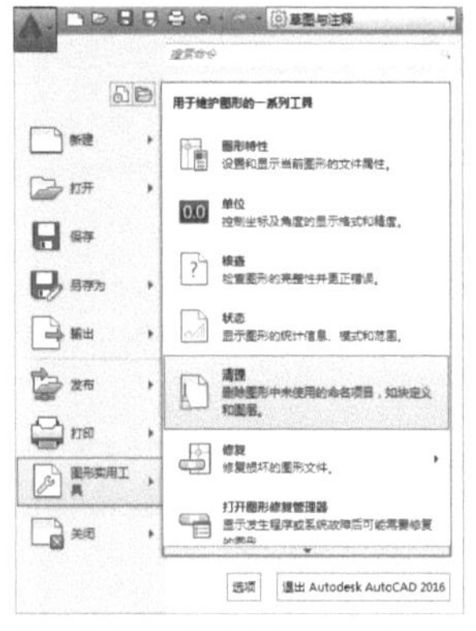

图 3-27【应用程序】按钮打开【清理】工具

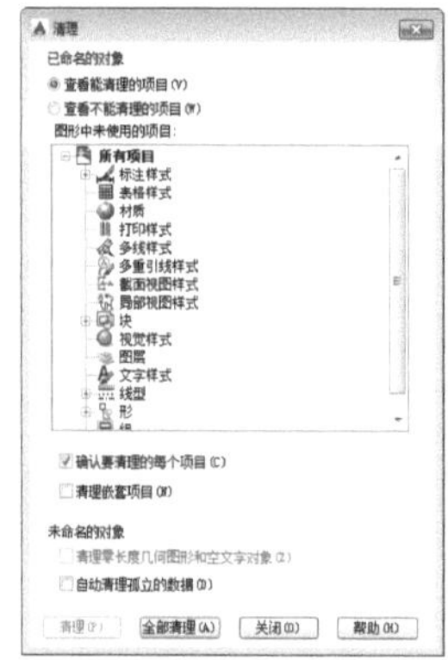

图 3-28【清理】对话框删除文件

操作技巧

【PURGE】命令不会从块或锁定图层中删除长度为零的几何图形或空文字和多行文字对象。

对话框中的一些项目及其用途介绍如下。

◆【已命名的对象】：查看能清理的项目，切换树状图形，以显示当前图形中可以清理的命名对象的概要。

◆【清理嵌套项目】：从图形中删除所有未使用的命名对象，即使这些对象包含在其他未使用的命名对象中或者是被这些对象所参照。

3.3 文件的输出

AutoCAD 拥有强大、方便的绘图能力，有时候用户利用其绘图后，需要将绘图的结果用于其他程序，在这种情况下，需要将 AutoCAD 图形输出为通用格式的图像文件，如 JPG、PDF 等。

3.3.1 输出为 dwf 文件 ★进阶★

为了能够在 Internet 上显示 AutoCAD 图形，Autodesk 采用了一种称为 dwf（Drawing Web Format）的新文件格式。dwf 文件格式支持图层、超级链接、背景颜色、距离测量、线宽、比例等图形特性。用户可以在不损失原始图形文件数据特性的前提下通过 dwf 文件格式共享其数据和文件。用户可以在 AutoCAD 中先输出 dwf 文件，然后下载 dwf Viewer 这款小程序来进行查看。

dwf 文件与 dwg 文件相比，具有如下优点。

◆dwf 占用内存小。dwf 文件可以被压缩。它的大小比原来的 dwg 图形文件小 8 倍，非常适合整理数以千计的大批量图纸库。

◆dwf 适合多方交流。对于公司的其他部门如财务、行政来说，AutoCAD 并不是一款必需的软件，因此在工作交流中查看 dwg 图纸多有不便，这时就可以输出 dwf 图纸来方便交流。而且由于 dwf 文件较小，因此在网上的传输时间更短。

◆dwf 格式更为安全。由于不显示原来的图形，其他用户无法更改原来的 dwg 文件。

当然，dwf 格式存在一些缺点。

◆dwf 文件不能显示着色或阴影图。

◆dwf 是一种二维矢量格式，不能保留 3D 数据。

◆AutoCAD 本身不能显示 dwf 文件，要显示的话，只能通过【插入】|【dwf 参考底图】方式。

◆将 dwf 文件转换回 dwg 格式需使用第三方供应商的文件转换软件。

练习 3-5 输出 dwf 文件加速设计图评审

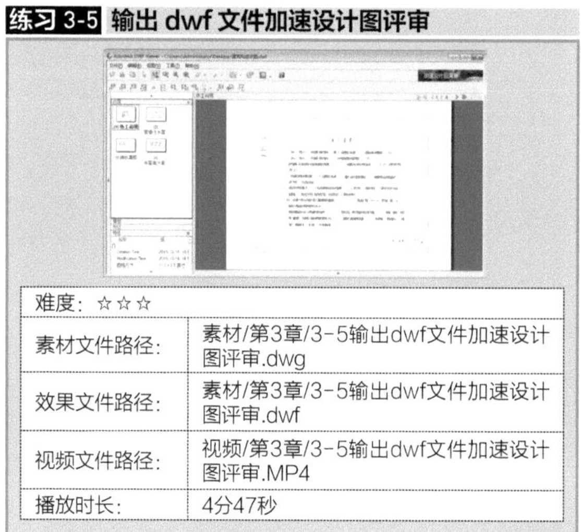

难度：☆☆☆	
素材文件路径：	素材/第3章/3-5输出dwf文件加速设计图评审.dwg
效果文件路径：	素材/第3章/3-5输出dwf文件加速设计图评审.dwf
视频文件路径：	视频/第3章/3-5输出dwf文件加速设计图评审.MP4
播放时长：	4分47秒

设计评审是对一项设计进行正式的、按文件规定的、系统的评估活动，由不直接涉及开发工作的人执行。由于 AutoCAD 不能一次性打开多张图纸，而且图纸数量一多，在 AutoCAD 中来回切换时就多有不便，在评审时经常因此耽误时间。这时就可以利用 DWF Viewer 查看 dwf 文件的方式，一次性打开所需图纸，且图纸切换极其方便。

Step 01 打开素材文件“第3章/3-5输出dwf文件加速设计图评审.dwg”，其中已经绘制好了4张图纸，如图3-29所示。

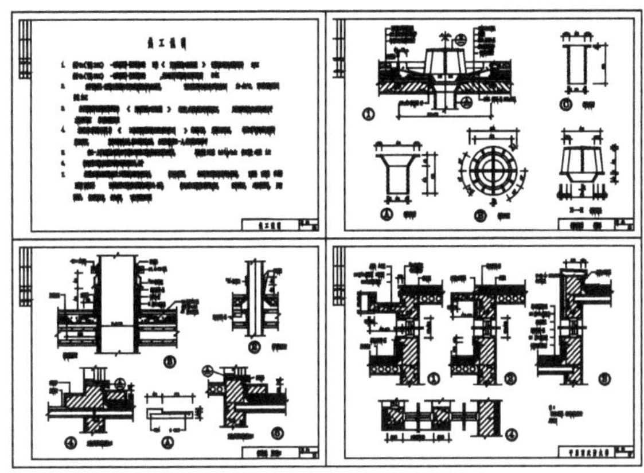

图 3-29 素材文件

Step 02 在状态栏中可以看到已经创建好了对应的4个布局，如图3-30所示，每一个布局对应一张图纸，并控制该图纸的打印（具体方法请见第13章 图形打印和输出）。

模型 热工说明 管道泛水屋面出口图 铸铁罩图 平屋面天窗大样图 +

图 3-30 创建好的布局（热工说明）

Step 03 单击【应用程序】按钮 ，在弹出的快捷菜单中选择【发布】选项，打开【发布】对话框，在【发布为】下拉列表中选择【DWF】选项，在【发布选项】中定义发布位置，如图3-31所示。

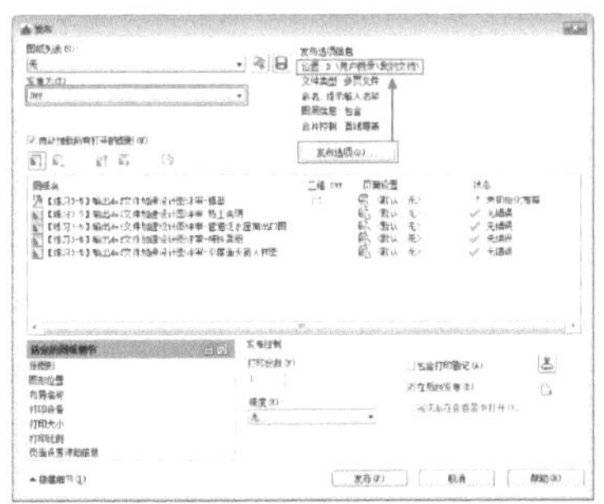

图 3-31【发布】对话框选择【DWF】选项

Step 04 在【图纸名】列表栏中可以查看到要发布为DWF的文件，用鼠标右键单击其中的任一文件，在弹出的快捷菜单选择【重命名图纸】选项，如图3-32所示，为图形输入合适的名称，最终效果如图3-33所示。

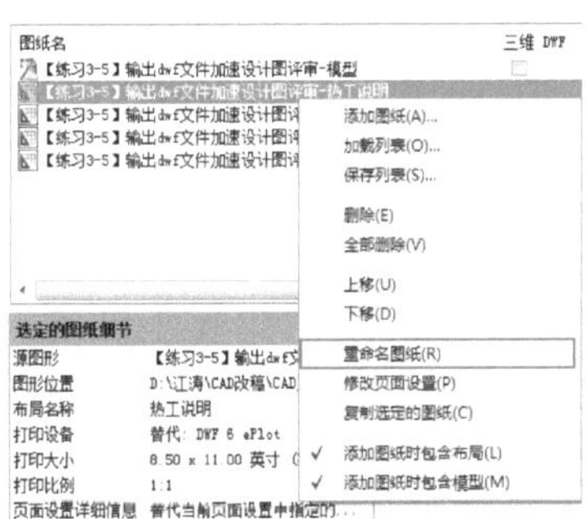

图 3-32 重命名图纸

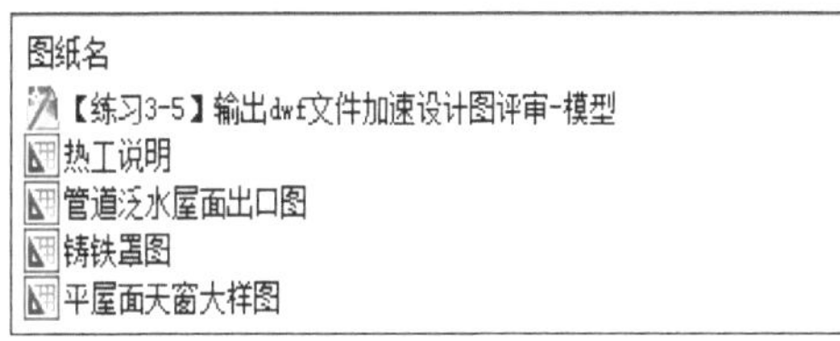

图 3-33 重命名效果

Step 05 设置无误后，单击【发布】对话框中的【发布】按钮，打开【指定DWF文件】对话框，在【文件名】文本框中输入发布后dwf文件的文件名，单击【选择】按钮即可发布，如图3-34所示。

Step 06 如果是第一次进行DWF发布，会打开【发布-保存图纸列表】对话框，如图3-35所示，单击【否】即可。

图 3-34【指定 DWF 文件】对话框输入 DWF 文件名

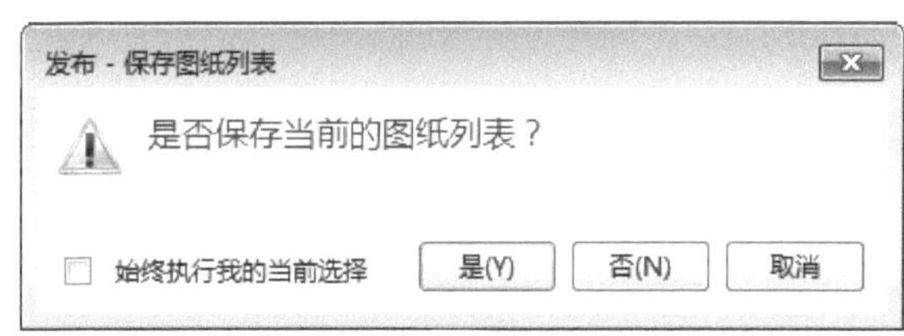

图 3-35【发布 - 保存图纸列表】对话框提示

Step 07 此时AutoCAD弹出对话框如图3-36所示，开始处理dwf文件的输出；输出完成后，在状态栏右下角出现如图3-37所示的提示，dwf文件即输出完成。

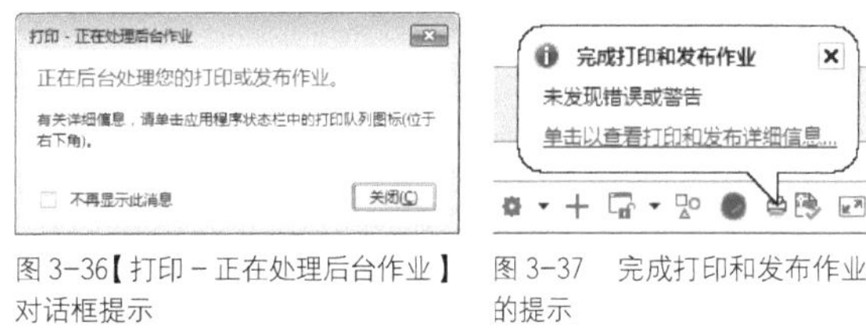

图 3-36【打印 - 正在处理后台作业】对话框提示

图 3-37 完成打印和发布作业的提示

Step 08 下载DWF Viewer软件，或者单击本书附件中提供的autodeskdwf-v7.msi文件进行安装。DWF Viewer打开后界面如图3-38所示。

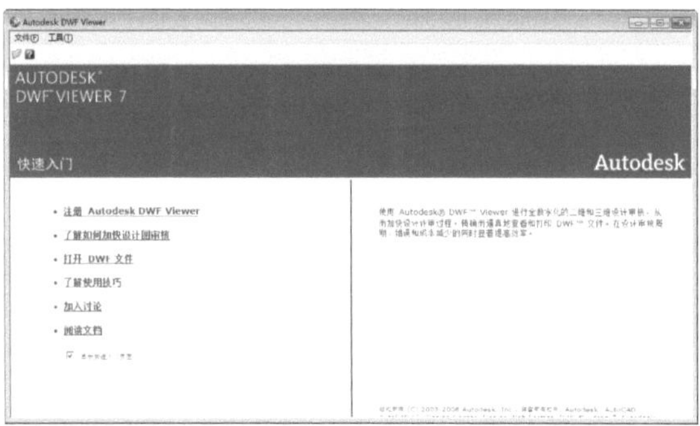
图 3-38 DWF Viewer 软件界面

Step 09 单击左侧的【打开DWF文件】链接，打开之前发布的dwf文件，效果如图3-39所示。在DWF窗口除了不能对文件进行编辑外，可以对图形进行观察、测量等各种操作；左侧列表中还可以自由切换图纸，这样一来,在进行图纸评审时就方便得多了。

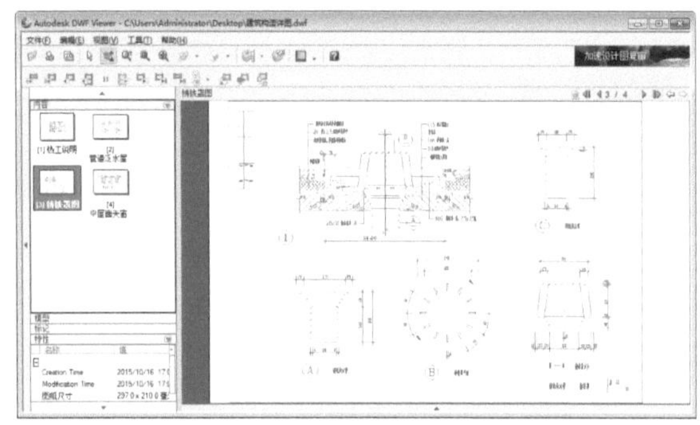
图 3-39 DWF Viewer 查看效果

3.3.2 输出为 PDF 文件 ★进阶★

PDF（Portable Document Format 的简称，意为“便携式文档格式”），是由 Adobe Systems 用于与应用程序、操作系统、硬件无关的方式进行文件交换所发展出的文件格式。PDF 文件以 PostScript 语言图像模型为基础，无论在哪种打印机上都可保证精确的颜色和准确的打印效果，即 PDF 会忠实地再现原稿的每一个字符、颜色以及图像。

PDF 这种文件格式与操作系统平台无关，也就是说，PDF 文件不管是在 Windows、Unix 还是在苹果公司的 Mac OS 操作系统中都是通用的。这一特点使它成为在 Internet 上进行电子文档发行和数字化信息传播的理想文档格式。越来越多的电子图书、产品说明、公司文告、网络资料、电子邮件开始使用PDF 格式文件。

练习 3-6 输出 PDF 文件供客户快速查阅

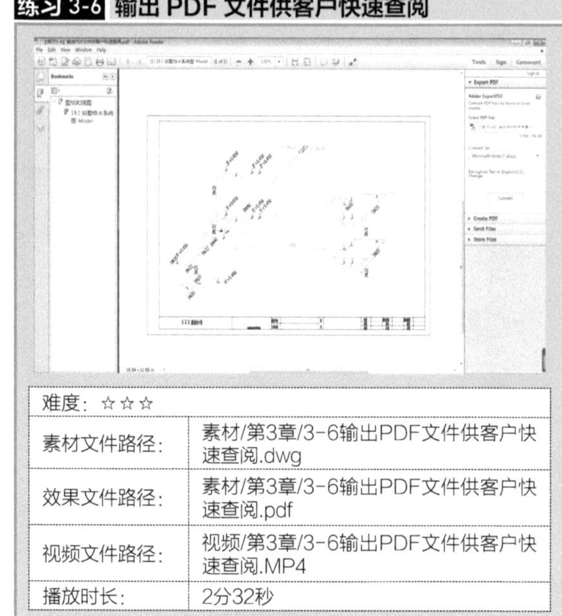

难度：☆☆☆	
素材文件路径：	素材/第3章/3-6输出PDF文件供客户快速查阅.dwg
效果文件路径：	素材/第3章/3-6输出PDF文件供客户快速查阅.pdf
视频文件路径：	视频/第3章/3-6输出PDF文件供客户快速查阅.MP4
播放时长：	2分32秒

对于 AutoCAD 用户来说，掌握 PDF 文件的输出尤为重要。因为有些客户并非设计专业，在他们的计算机中不会装有 AutoCAD 或者简易的 DWF Viewer，这样进行设计图交流的时候就会很麻烦：直接通过截图的方式交流，截图的分辨率又太低；打印成高分辨率的jpeg图形又不好添加批注等信息。这时就可以将 dwg 图形输出为 PDF，既能高清的还原 AutoCAD 图纸信息，又能添加批注，更重要的是 PDF 普及度高，任何平台、任何系统都能有效打开。

Step 01 打开素材文件“第3章/3-6输出PDF文件供客户快速查阅.dwg”，其中已经绘制好了一完整图纸，如图3-40所示。

Step 02 单击【应用程序】按钮，在弹出的快捷菜单中选择【输出】选项，在右侧的输出菜单中选择【PDF】，如图3-41所示。

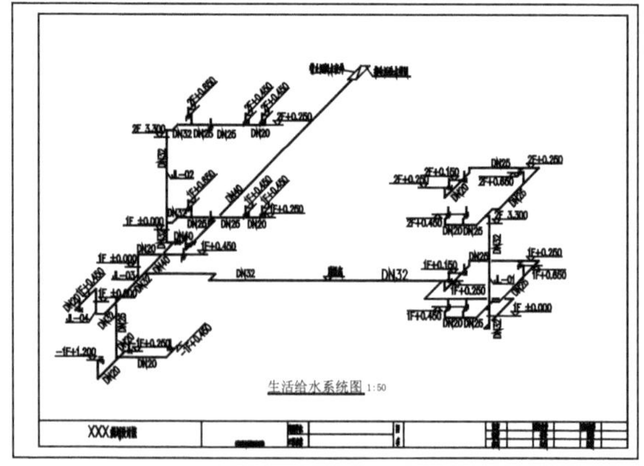

图 3-40 素材文件

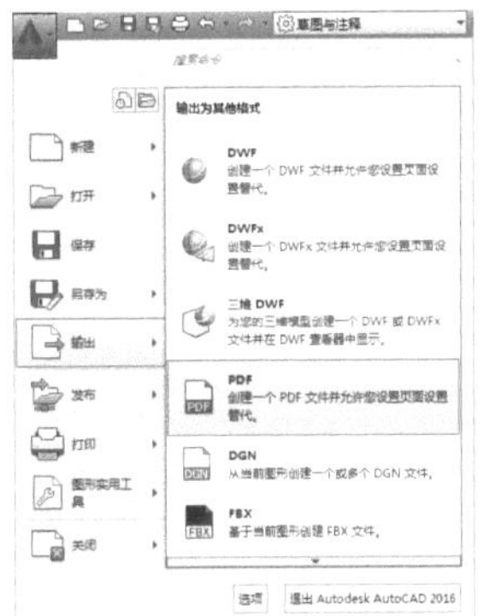

图 3-41　输出 PDF

Step 03 系统自动打开【另存为PDF】对话框，在对话框中指定输出路径、文件名，然后在【PDF预设】下拉列表框中选择【AutoCAD PDF（High Quality Print）】，即“高品质打印”，用户也可以自行选择要输出PDF的品质，如图3-42所示。

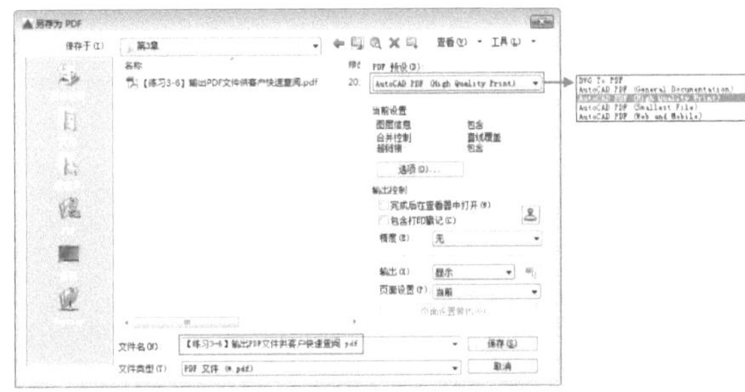
图 3-42【另存为 PDF】对话框选择输出 PDF 品质

Step 04 在对话框的【输出】下拉列表中选择【窗口】，系统返回绘图界面，然后点选素材图形的对角点即可，如图3-43所示。

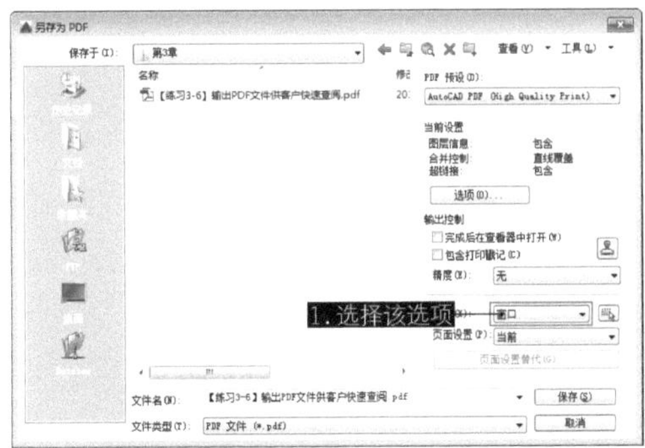

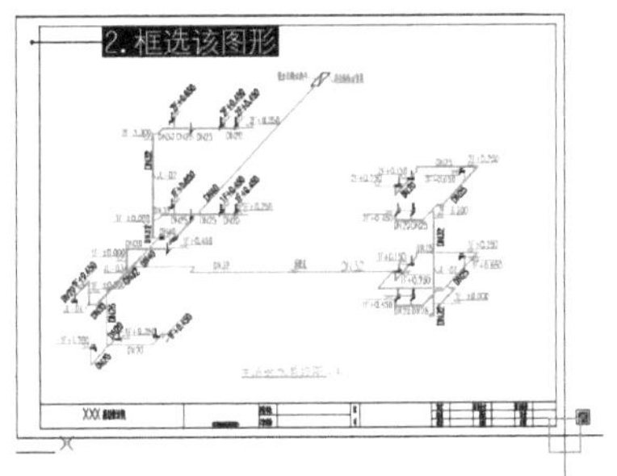

图 3-43　定义输出窗口

Step 05 在对话框的【页面设置】下拉列表中选择【替代】，再单击下方的【页面设置替代】按钮，打开【页面设置替代】对话框，在其中定义好打印样式和图纸尺寸，如图3-44所示。

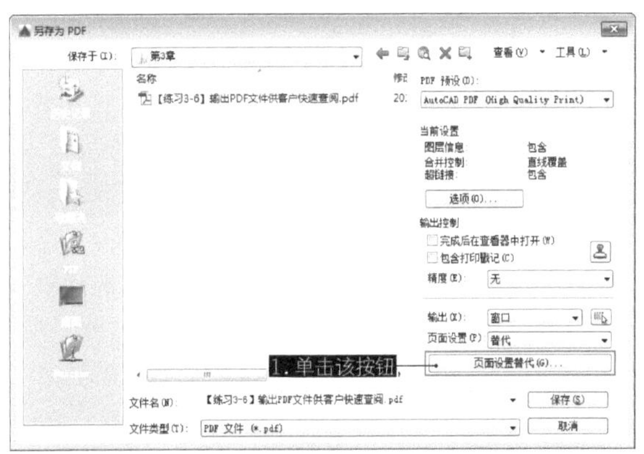

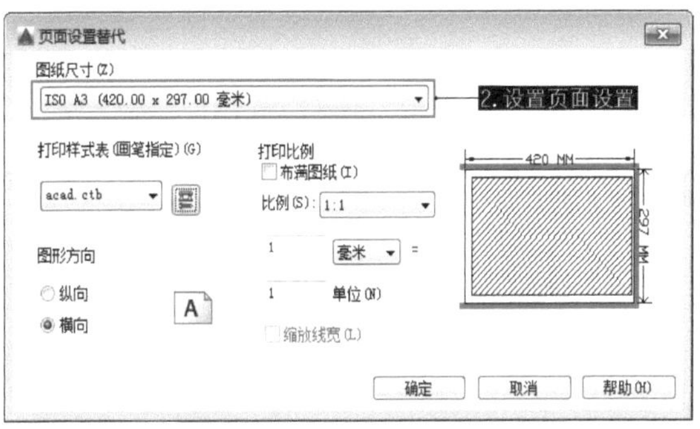

图 3-44　定义页面设置

Step 06 单击【确定】按钮返回【另存为PDF】对话框，再单击【保存】按钮，即可输出PDF，效果如图3-45所示。

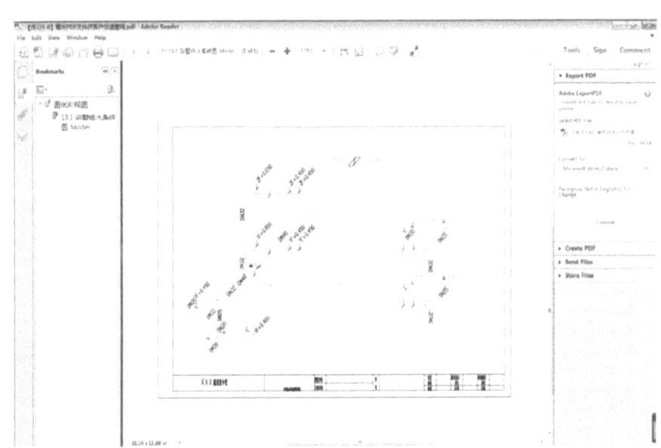
图 3-45　输出的 PDF 效果

3.3.3 其他格式文件的输出

除了上面介绍的几种常见的文件格式之外，在AutoCAD中还可以输出DGN、FBX、IGS等十余种格式。这些文件的输出方法与所介绍的4种相差无几，在此就不多加赘述，只简单介绍其余文件类型的作用与使用方法。

◎ DGN

为奔特力（Bentley）工程软件系统有限公司的 MicroStation 和 Intergraph 公司的 Interactive Graphics Design System (IGDS) CAD 程序所支持。在 2000 年之前，所有 DGN 格式都基于 Intergraph 标准文件格式 (ISFF) 定义，此格式在 20 世纪 80 年代末发布。此文件格式通常被称为 V7 DGN 或者 Intergraph DGN。于 2000 年，Bentley 创建了 DGN 的更新版本。尽管在内部数据结构上和基于 ISFF 定义的 V7 格式有所差别，但总体上说它是 V7 版本 DGN 的超集，一般来说我们称之为 V8 DGN。因此在 AutoCAD 的输出中，可以看到这两种不同 DGN 格式的输出，如图 3-46 所示。

图 3-46　V8 DGN 和 V7 DGN 的输出

尽管 DGN 在使用上不如 Autodesk 的 DWG 文件格式那样广泛，但在诸如建筑、高速路、桥梁、工厂设计、船舶制造等许多大型工程上，都发挥着重要的作用。

◎ FBX

FBX 是 FilmBoX 这套软件所使用的格式，后改称 Motionbuilder。FBX 最大的用途是用在诸如在 3DS MAX、MAYA、Softimage 等软件间进行模型、材质、动作和摄影机信息的互导，这样就可以发挥 3DS MAX 和 MAYA 等软件的优势。可以说，FBX 文件是这些软件之间最好的互导方案。

因此如需使用 AutoCAD 建模，并得到最佳的动画录制或渲染效果，可以考虑输出为 FBX 文件。

◎ EPS

EPS（Encapsulated PostScript）是处理图像工作中的最重要的格式，它在 Mac 和 PC 环境下的图形和版面设计中广泛使用，用在 PostScript 输出设备上打印。几乎每个绘画程序及大多数页面布局程序都允许保存 EPS 文档。在 Photoshop 中，通过文件菜单的放置（Place）命令（注：Place 命令仅支持 EPS 插图）转换成 EPS 格式。

如果要将一幅 AutoCAD 的 DWG 图形转入 PS、Adobe Illustrator、CorelDRAW、QuarkXPress 等软件，最好的选择是 EPS。但是，由于 EPS 格式在保存过程中图像体积过大，因此，如果仅仅是保存图像，建议不要使用 EPS 格式。如果你的文件要打印到无 PostScript 的打印机上，为避免打印问题，最好也不要使用 EPS 格式。可以用 TIFF 或 JPEG 格式来替代。

3.4 样板文件

本节主要讲解 AutoCAD 设计时所使用到的样板文件，用户可以通过创建复杂的样板来避免重复进行相同的基本设置和绘图工作。

3.4.1 什么是样板文件

如果将 AutoCAD 中的绘图工具比作设计师手中的铅笔，那么样板文件就可以看成是供铅笔涂写的纸。而纸，也有白纸、带格式的纸之分，选择合适格式的纸可以让绘图事半功倍，因此选择合适的样板文件也可以让 AutoCAD 变得更为轻松。

样板文件存储图形的所有设置，包含预定义的图层、标注样式、文字样式、表格样式和视图布局、图形界限等设置及绘制的图框和标题栏。样板文件通过扩展名【.dwt】区别于其他图形文件。它们通常保存在 AutoCAD 安装目录下的 Template 文件夹中，如图 3-47 所示。

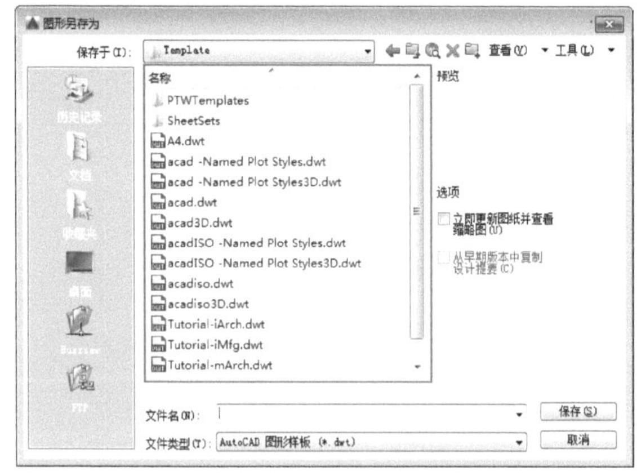

图 3-47　样板文件

在 AutoCAD 软件设计中，我们可以根据行业、企业或个人的需要定制 dwt 的模板文件，新建时即可启动自制的模板文件，节省工作时间，又可以统一图纸格式。

AutoCAD 的样板文件中自动包含有对应的布局，这里简单介绍其中使用得最多的几种。

◆Tutorial-iArch.dwt：样例建筑样板（英制），其中已绘制好了英制的建筑图纸标题栏。

◆Tutorial-mArch.dwt：样例建筑样板（公制），其中已绘制好了公制的建筑图纸标题栏。

◆Tutorial-iMfg.dwt：样例机械设计样板（英制），其中已绘制好了英制的机械图纸标题栏。

◆Tutorial-mMfg.dwt：样例机械设计样板（公制），其中已绘制好了公制的机械图纸标题栏。

3.4.2 无样板创建图形文件

有时候，可能希望创建一个不带任何设置的图形。实际上这是不可能的，但是却可以创建一个带有最少预设的图形文件。在他人的计算机上进行工作，而又不想花时间去掉大量对自己工作无用的复杂设置时，可能就会有这样的需要了。

要以最少的设置创建图形文件，可以执行【文件】|【新建】菜单命令，这时不要在【选择样板】对话框中选择样板，而是单击位于【打开】按钮右侧的下拉箭头按钮 ，然后在列表选项选择【无样板打开－英制（I）】或【无样板打开－公制（M）】，如图3-48 所示。

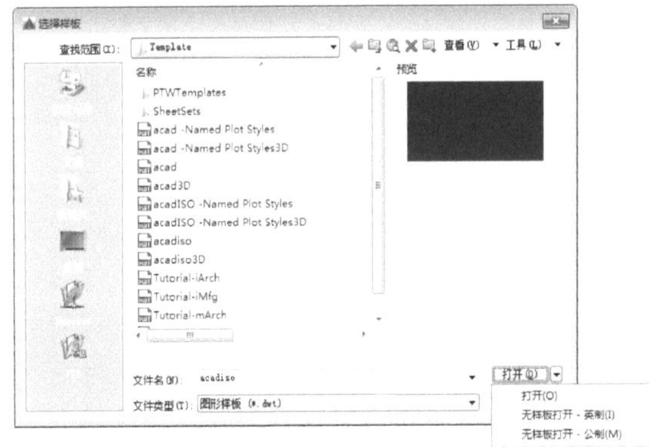

图 3-48 选择无样板打开

练习 3-7 设置默认样板

样板除了包含一些设置之外，还常常包括一些完整的标题块和样板（标准化）文字之类的内容。为了适合自己特定的需要，多数用户都会定义一个或多个自己的默认样板，有了这些个性化的样板，工作中大多数的烦琐设置就不需要再重复进行了。

Step 01 执行【工具】|【选项】菜单命令，打开【选项】对话框，如图3-49所示。

Step 02 在【文件】选项卡下双击【样板设置】选项，然后在展开的目录中双击【快速新建的默认样板文件名】选项，接着单击该选项下面列出的样板（默认情况下这里显示“无”），如图3-50所示。

图 3-49 打开【选项】对话框

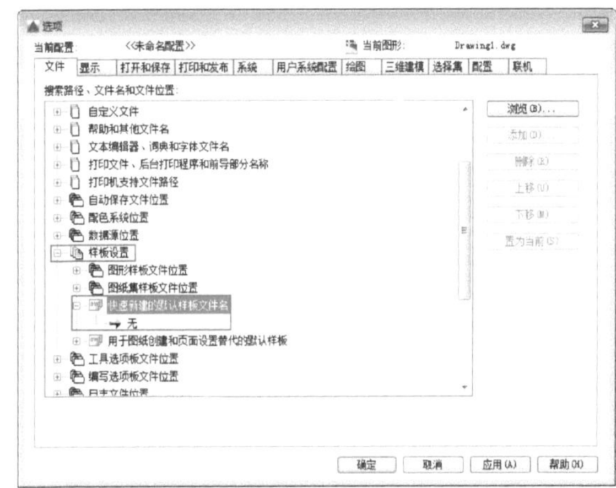

图 3-50 展开【快速新建的默认样板文件名】

Step 03 单击【浏览】按钮，打开【选择文件】对话框，如图3-51所示。

Step 04 在【选择文件】对话框内选择一个样板，然后单击【打开】按钮将其加载，最后单击【确定】按钮关闭对话框，如图3-52所示。

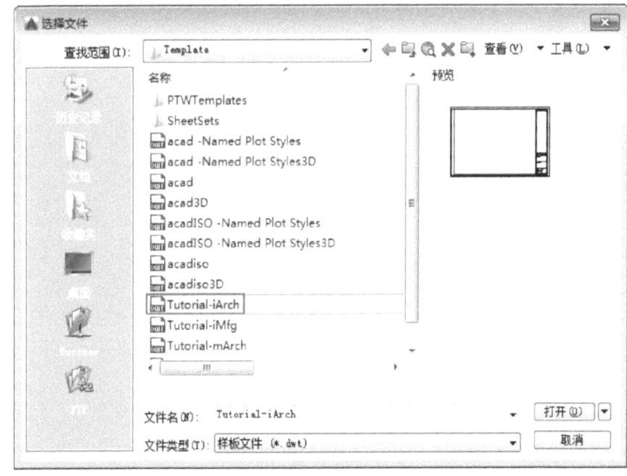

图 3-51【选择文件】对话框加载文件

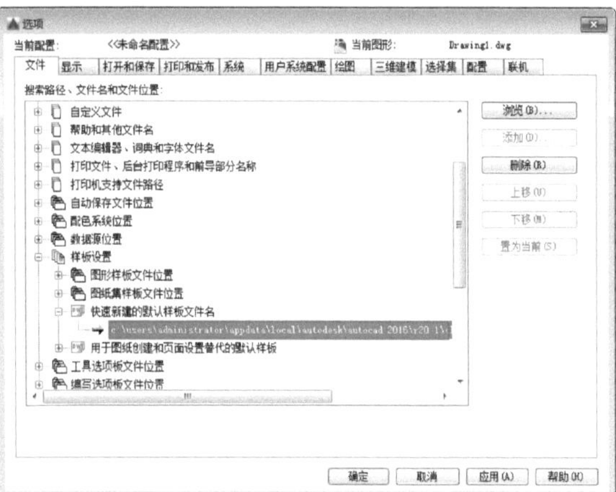

图 3-52　加载样板

Step 05 单击【标准】工具栏上的【新建】按钮，通过默认的样板创建一个新的图形文件，如图3-53所示。

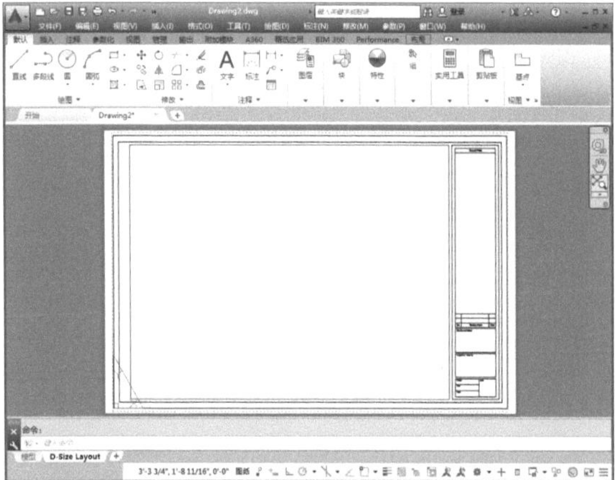
图 3-53　创建一个新的图形文件

第 4 章 坐标系与辅助绘图工具

要利用 AutoCAD 来绘制图形，首先就要了解坐标、对象选择和一些辅助绘图工具方面的内容。本章将深入阐述相关内容，并通过实例来帮助大家加深理解。

4.1 AutoCAD的坐标系

AutoCAD 的图形定位，主要是由坐标系统进行确定。要想正确、高效的绘图，必须先了解 AutoCAD 坐标系的概念和坐标输入方法。

4.1.1 认识坐标系

在 AutoCAD 2016 中，坐标系分为世界坐标系（WCS）和用户坐标系（UCS）两种。

1 世界坐标系（WCS）

世界坐标系统（World Coordinate SYstem，简称 WCS）是 AutoCAD 的基本坐标系统。它由 3 个相互垂直的坐标轴 *x*、*y* 和 *z* 组成，在绘制和编辑图形的过程中，它的坐标原点和坐标轴的方向是不变的。

如图 4-1 所示，世界坐标系统在默认情况下，*x* 轴正方向水平向右，*y* 轴正方向垂直向上，*z* 轴正方向垂直屏幕平面方向，指向用户。坐标原点在绘图区左下角，在其上有一个方框标记，表明是世界坐标系统。

2 用户坐标系（UCS）

为了更好地辅助绘图，经常需要修改坐标系的原点位置和坐标方向，这时就需要使用可变的用户坐标系统（User Coordinate SYstem，简称 USC）。在用户坐标系中，可以任意指定或移动原点和旋转坐标轴，默认情况下，用户坐标系统和世界坐标系统重合，如图 4-2 所示。

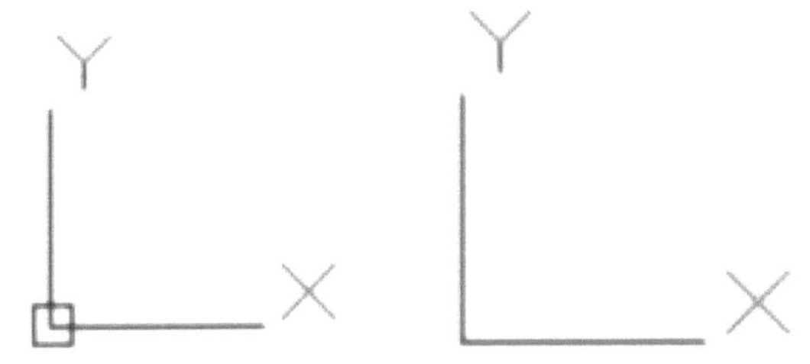

图 4-1 世界坐标系统图标（WCS） 图 4-2 用户坐标系统图标（UCS）

4.1.2 坐标的 4 种表示方法 ★重点★

在指定坐标点时，既可以使用直角坐标，也可以使用极坐标。在 AutoCAD 中，一个点的坐标有绝对直角坐标、绝对极坐标、相对直角坐标和相对极坐标 4 种方法表示。

1 绝对直角坐标

绝对直角坐标是指相对于坐标原点（0,0）的直角坐标，要使用该指定方法指定点，应输入逗号隔开的 *x*、*y* 和 *z* 值，即用（*x*,*y*,*z*）表示。当绘制二维平面图形时，其 *z* 值为 0，可省略而不必输入，仅输入 *x*、*y* 值即可，如图 4-3 所示。

2 相对直角坐标

相对直角坐标是基于上一个输入点而言，以某点相对于另一特定点的相对位置来定义该点的位置。相对特定坐标点（*x*，*y*，*z*）增加（*nx*，*ny*，*nz*）的坐标点的输入格式为（@*nx*，*ny*，*nz*）。相对坐标输入格式为（@*x*,*y*），“@”符号表示使用相对坐标输入，是指定相对于上一个点的偏移量，如图 4-4 所示。

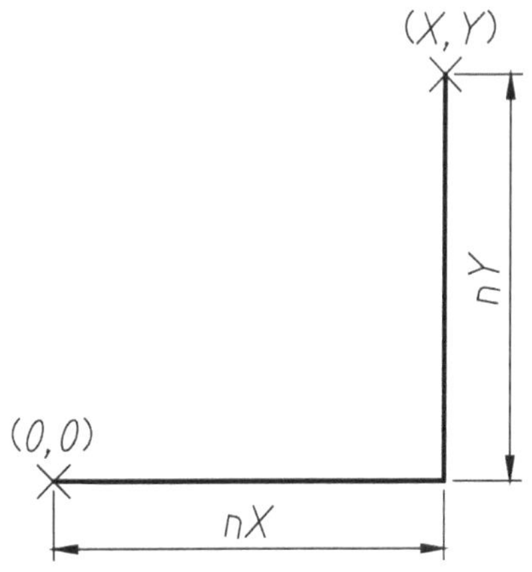

图 4-3 绝对直角坐标

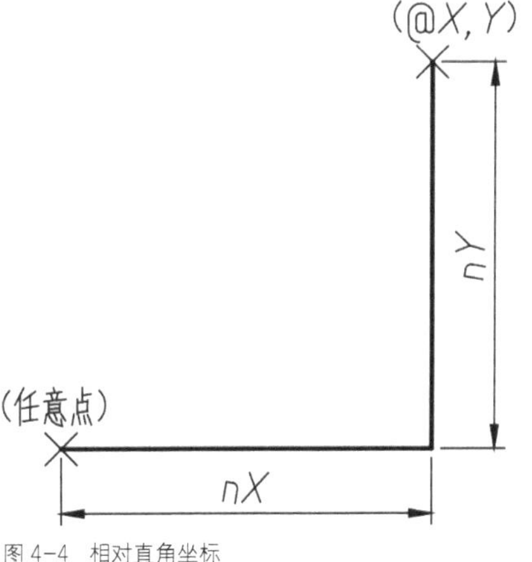

图 4-4 相对直角坐标

> **操作技巧**
>
> 坐标分割的逗号“,”和“@”符号都应是英文输入法下的字符，否则无效。

3 绝对极坐标

该坐标方式是指相对于坐标原点（0,0）的极坐标。例如，坐标（12<30）是指从 x 轴正方向逆时针旋转30°，距离原点12个图形单位的点，如图4-5所示。在实际绘图工作中，由于很难确定与坐标原点之间的绝对极轴距离，因此该方法使用较少。

4 相对极坐标

以某一特定点为参考极点，输入相对于参考极点的距离和角度来定义一个点的位置。相对极坐标输入格式为（@A< 角度），其中 A 表示指定与特定点的距离。例如，坐标（@14<45）是指相对于前一点角度为45°，距离为14个图形单位的一个点，如图4-6所示。

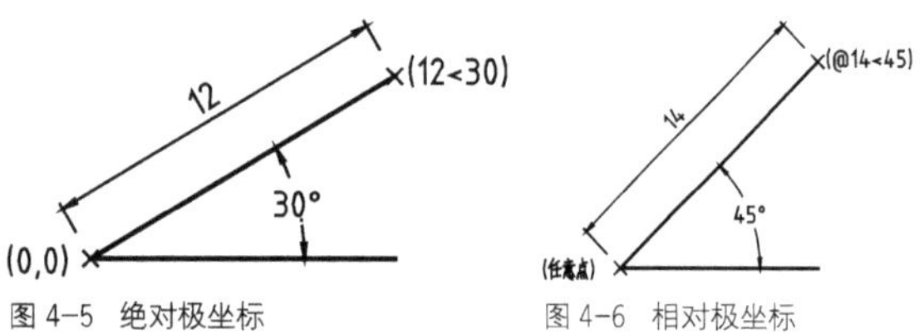

图 4-5　绝对极坐标　　图 4-6　相对极坐标

> **操作技巧**
>
> 这4种坐标的表示方法，除了绝对极坐标外，其余3种均使用较多，需重点掌握。以下便通过3个例子，分别采用不同的坐标方法绘制相同的图形，来做进一步的说明。

练习 4-1　通过绝对直角坐标绘制图形

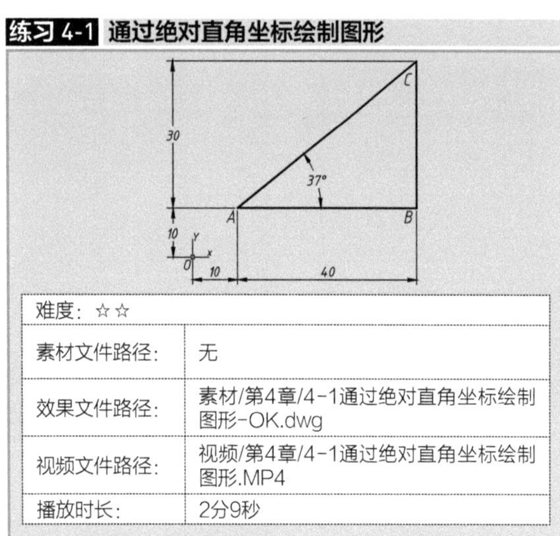

难度：☆☆	
素材文件路径：	无
效果文件路径：	素材/第4章/4-1通过绝对直角坐标绘制图形-OK.dwg
视频文件路径：	视频/第4章/4-1通过绝对直角坐标绘制图形.MP4
播放时长：	2分9秒

以绝对直角坐标输入的方法绘制如图4-7所示的图形。图中 O 点为AutoCAD的坐标原点，坐标即（0，0），因此 A 点的绝对坐标则为（10，10），B 点的绝对坐标为（50，10），C 点的绝对坐标为（50，40），因此绘制步骤如下。

Step 01 在【默认】选项卡中，单击【绘图】面板上的【直线】按钮╱，执行直线命令。

Step 02 命令行出现“指定第一点”的提示，直接在其后输入“10,10”，即第一点 A 点的坐标，如图4-8所示。

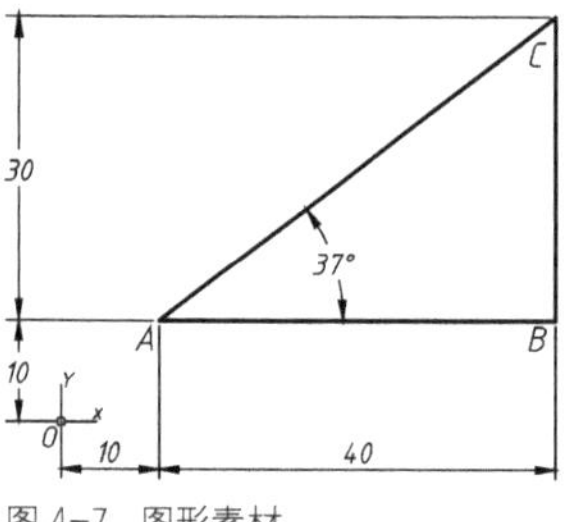

图 4-7　图形素材

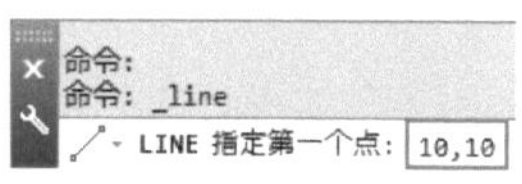

图 4-8　输入绝对坐标确定第一点

Step 03 单击【Enter】键确定第一点的输入，接着命令行提示“指定下一点”，再按相同方法输入 B、C 点的绝对坐标值，即可得到如图4-7所示的图形效果。完整的命令行操作过程如下。

```
命令: lline                                  //调用【直线】命令
指定第一个点: 10,10↙//输入A点的绝对坐标
指定下一点或 [放弃(U)]: 50,10↙//输入B点的绝对坐标
指定下一点或 [放弃(U)]: 50,40↙//输入C点的绝对坐标
指定下一点或 [闭合(C)/放弃(U)]: c↙//闭合图形
```

> **操作技巧**
>
> 本书中命令行操作文本中的“↙”符号代表按下【Enter】键；“//”符号后的文字为提示文字。

练习 4-2　通过相对直角坐标绘制图形

难度：☆☆	
素材文件路径：	无
效果文件路径：	素材/第4章/4-2通过相对直角坐标绘制图形-OK.dwg
视频文件路径：	视频/第4章/4-2通过相对直角坐标绘制图形.MP4
播放时长：	1分3秒

以相对直角坐标输入的方法绘制如图4-7所示的图形。在实际绘图工作中，大多数设计师都喜欢随意在绘图区中指定一点为第一点，这样就很难界定该点及后续图形与坐标原点（0,0）的关系，因此往往采用相对坐标的输入方法来进行绘制。相比于

绝对坐标的刻板，相对坐标显得更为灵活多变。

Step 01 在【默认】选项卡中，单击【绘图】面板上的【直线】按钮╱，执行直线命令。

Step 02 输入*A*点。可按上例中的方法输入*A*点，也可以在绘图区中任意指定一点作为*A*点。

Step 03 输入*B*点。在图4-7中，*B*点位于*A*点的正*X*轴方向、距离为40点处，*y*轴增量为0，因此相对于*A*点的坐标为（@40,0），可在命令行提示“指定下一点”时输入“@40,0”，即可确定*B*点，如图4-9所示。

Step 04 输入*C*点。由于相对直角坐标是相对于上一点进行定义的，因此在输入*C*点的相对坐标时，要考虑它和*B*点的相对关系，*C*点位于*B*点的正上方，距离为30，即输入“@0,30”，如图4-10所示。

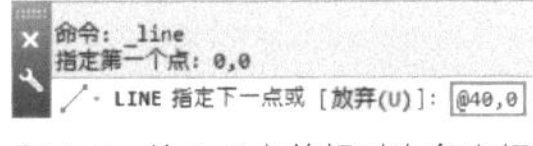

图 4-9 输入 *B* 点的相对直角坐标

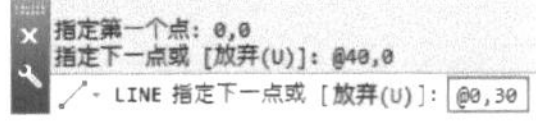

图 4-10 输入 *C* 点的相对直角坐标

Step 05 将图形封闭即绘制完成。完整的命令行操作过程如下。

```
命令: lline                                //调用【直线】命令
指定第一个点:10,10↙//输入A点的绝对坐标
指定下一点或 [放弃(U)]: @40,0↙//输入B点相对于上一个点（A点）的相对坐标
指定下一点或 [放弃(U)]: @0,30↙//输入C点相对于上一个点（B点）的相对坐标
指定下一点或 [闭合(C)/放弃(U)]: c↙//闭合图形
```

练习 4-3 通过相对极坐标绘制图形

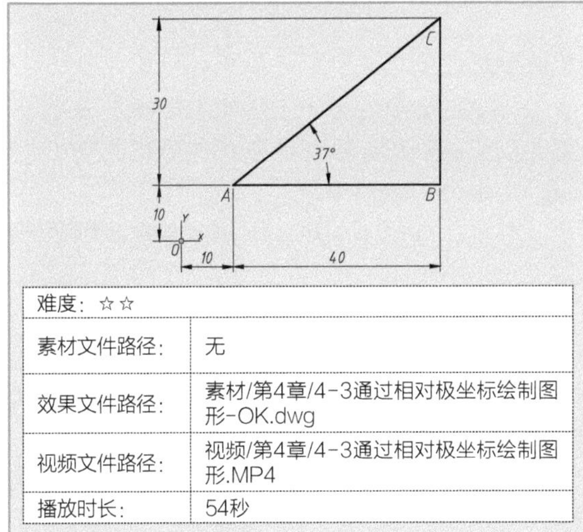

难度：☆☆	
素材文件路径：	无
效果文件路径：	素材/第4章/4-3通过相对极坐标绘制图形-OK.dwg
视频文件路径：	视频/第4章/4-3通过相对极坐标绘制图形.MP4
播放时长：	54秒

以相对极坐标输入的方法绘制如图 4-7 所示的图形。相对极坐标与相对直角坐标一样，都是以上一点为参考基点，输入增量来定义下一个点的位置。只不过相对极坐标输入的是极轴增量和角度值。

Step 01 在【默认】选项卡中，单击【绘图】面板上的【直线】按钮╱，执行直线命令。

Step 02 输入*A*点。可按【练习4-2】的方法输入*A*点，也可以在绘图区中任意指定一点作为*A*点。

Step 03 输入*C*点。*A*点确定后，就可以通过相对极坐标的方式确定*C*点。*C*点位于*A*点的37°方向，距离为50（由勾股定理可知），因此相对极坐标为（@50<37），在命令行提示“指定下一点”时输入“@50<37”，即可确定*C*点，如图4-11所示。

Step 04 输入*B*点。*B*点位于*C*点的-90°方向，距离为30，因此相对极坐标为（@30<-90），输入“@30<-90”即可确定*B*点，如图4-12所示。

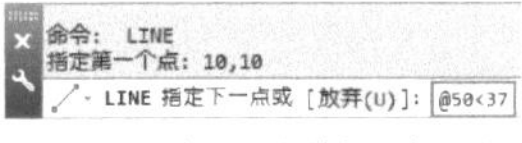

图 4-11 输入 *C* 点的相对极坐标

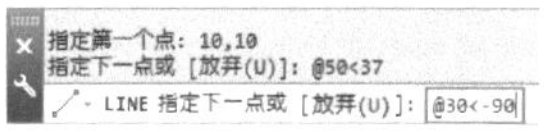

图 4-12 输入 *B* 点的相对极坐标

Step 05 将图形封闭即绘制完成，完整的命令行操作过程如下。

```
命令: _line                               //调用【直线】命令
指定第一个点: 10,10↙//输入A点的绝对坐标
指定下一点或 [放弃(U)]: @50<37↙//输入C点相对于上一个点（A点）的相对极坐标
指定下一点或 [放弃(U)]: @30<-90↙//输入B点相对于上一个点（C点）的相对极坐标
指定下一点或 [闭合(C)/放弃(U)]: c↙//闭合图形
```

4.1.3 坐标值的显示

在 AutoCAD 状态栏的左侧区域，会显示当前光标所处位置的坐标值，该坐标值有 3 种显示状态。

◆绝对直角坐标状态：显示光标所在位置的坐标（118.8822, -0.4634, 0.0000）。

◆相对极坐标状态：在相对于前一点来指定第二点时可以使用此状态（37.6469<216, 0.0000）。

◆关闭状态：颜色变为灰色，并“冻结”关闭时所显示的坐标值，如图 4-13 所示。

用户可根据需要在这 3 种状态之间相互切换。

◆按【Ctrl】+【I】快捷键可以关闭开启坐标显示。

◆当确定一个位置后，在状态栏中显示坐标值的区域，单击也可以进行切换。

◆在状态栏中显示坐标值的区域，用鼠标右键单击即可弹出快捷菜单，如图 4-14 所示，可在其中选择所需状态。

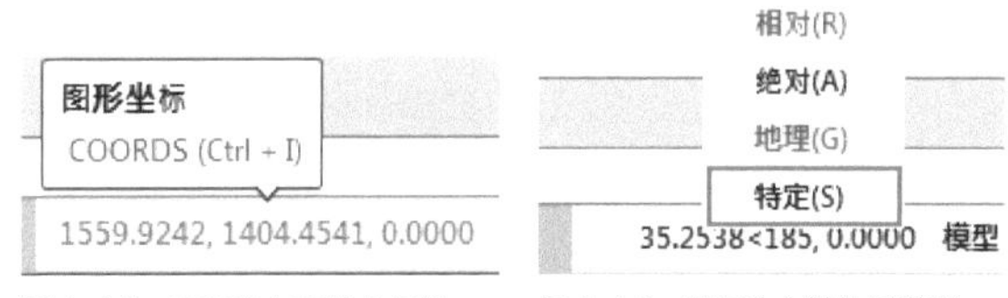

图 4-13 关闭状态下的坐标值　　图 4-14 坐标的右键快捷菜单

4.2 辅助绘图工具

本节将介绍 AutoCAD 2016 辅助工具的设置。通过对辅助功能进行适当的设置，可以提高用户制图的工作效率和绘图的准确性。在实际绘图中，用鼠标定位虽然方便快捷，但精度不够，因此为了解决快速准确定位问题，AutoCAD 提供了一些绘图辅助工具，如动态输入、栅格、栅格捕捉、正交和极轴追踪等。

【栅格】类似定位的小点，可以直观地观察到距离和位置；【栅格捕捉】用于设定鼠标光标移动的间距；【正交】控制直线在 0°、90°、180° 或 270° 等正平竖直的方向上；【极轴追踪】用以控制直线在 30°、45°、60° 等常规或用户指定角度上。

4.2.1 动态输入

在绘图的时候，有时可在光标处显示命令提示或尺寸输入框，这类设置即称作【动态输入】。在 AutoCAD 中，【动态输入】有 2 种显示状态，即指针输入和标注输入状态，如图 4-15 所示。

【动态输入】功能的开、关切换有以下两种方法。

◆ 快捷键：按【F12】键切换开、关状态。

◆ 状态栏：单击状态栏上的【动态输入】按钮，若亮显则为开启，如图 4-16 所示。

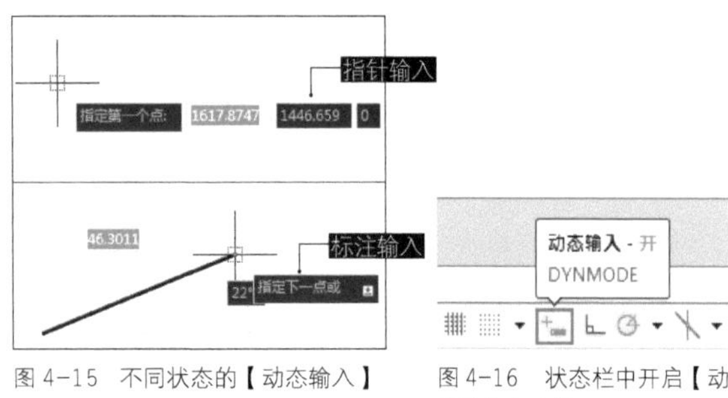

图 4-15　不同状态的【动态输入】

图 4-16　状态栏中开启【动态输入】功能

右键单击状态栏上的【动态输入】按钮，选择弹出【动态输入设置】选项，打开【草图设置】对话框中的【动态输入】选项卡，该选项卡可以控制在启用【动态输入】时每个部件所显示的内容。选项卡中包含 3 个组件，即指针输入、标注输入和动态显示，如图 4-17 所示，分别介绍如下。

1 指针输入

单击【指针输入】选项区的【设置】按钮，打开【指针输入设置】对话框，如图 4-18 所示。可以在其中设置指针的格式和可见性。在工具提示中，十字光标所在位置的坐标值将显示在光标旁边。命令提示用户输入点时，可以在工具提示框（而非命令行）中输入坐标值。

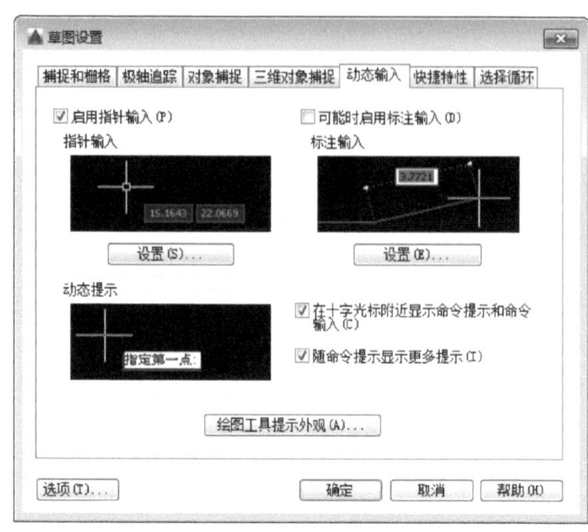

图 4-17　【动态输入】选项卡的 3 个组件

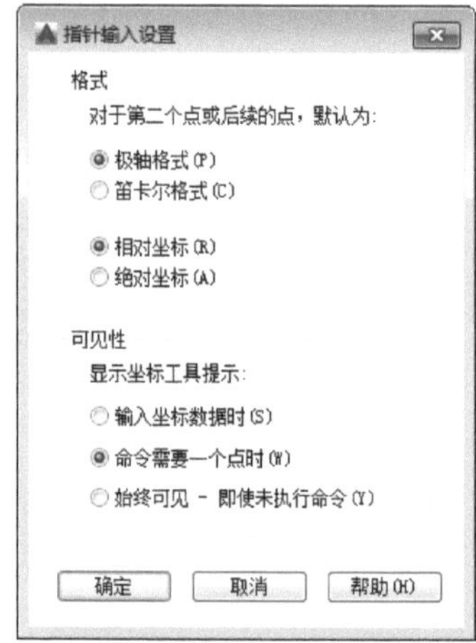

图 4-18　【指针输入设置】对话框设置指针的格式和可见性

2 标注输入

在【草图设置】对话框的【动态输入】选项卡，选择【可能时启用标注输入】复选框，启用标注输入功能。单击【标注输入】选项区域的【设置】按钮，打开如图 4-19 所示的【标注输入的设置】对话框。利用该对话框可以设置夹点拉伸时标注输入的可见性等。

3 动态提示

【动态显示】选项组中各选项按钮含义说明如下。

◆【在十字光标附近显示命令提示和命令输入】复选框：勾选该复选框，可在光标附近显示命令显示。

◆【随命令提示显示更多提示】复选框：勾选该复选框，显示使用【Shift】和【Ctrl】键进行夹点操作的提示。

◆【绘图工具提示外观】按钮：单击该按钮，弹出如图 4-20 所示的【工具提示外观】对话框，从中进行颜色、大小、透明度和应用场合的设置。

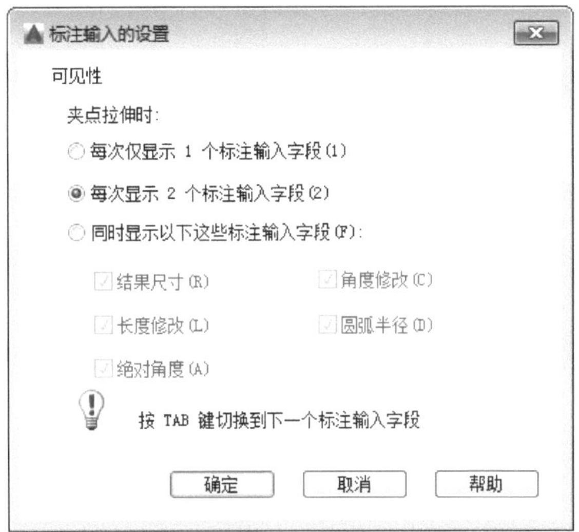

图 4-19 【标注输入的设置】对话框设置夹点拉伸时可见性

工具提示外观
模型预览
布局预览
2.34 < 4.65
2.34 < 4.65
颜色(C)...
大小(Z)
0
透明度(T)
0%
应用于:
替代所有绘图工具提示的操作系统设置(A)
仅对动态输入工具提示使用设置(D)
确定
取消
帮助

图 4-20 【工具提示外观】对话框设置颜色等选项

4.2.2 栅格

【栅格】相当于手工制图中使用的坐标纸，它按照相等的间距在屏幕上设置栅格点（或线）。使用者可以通过栅格点数目来确定距离，从而达到精确绘图的目的。【栅格】不是图形的一部分，只供用户视觉参考，打印时不会被输出。

控制【栅格】显示的方法如下。

◆ 快捷键：按【F7】键可以切换开、关状态。

◆ 状态栏：单击状态栏上的【显示图形栅格】按钮 ▦，若亮显则为开启，如图 4-21 所示。

用户可以根据实际需要自定义【栅格】的间距、大小与样式。在命令行中输入“DS”（草图设置）命令，系统自动弹出【草图设置】对话框，在【栅格间距】选项区中设置间距、大小与样式。或是调用【GRID】命令，根据命令行提示同样可以控制栅格的特性。

1 设置栅格显示样式

在 AutoCAD 2016 中，栅格有两种显示样式：点矩阵和线矩阵，默认状态下显示的是线矩阵栅格，如图 4-22 所示。

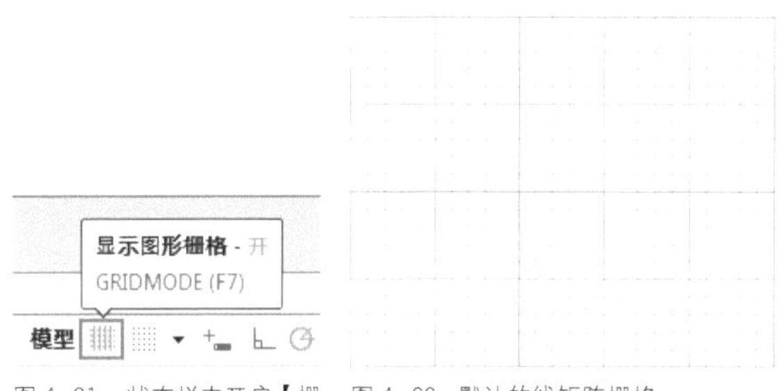

图 4-21 状态栏中开启【栅格】功能 图 4-22 默认的线矩阵栅格

右键单击状态栏上的【显示图形栅格】按钮 ▦，选择弹出的【网格设置】选项，打开【草图设置】对话框中的【捕捉和栅格】选项卡，然后选择【栅格样式】区域中的【二维模型空间】复选框，即可在二维模型空间显示点矩阵形式的栅格，如图 4-23 所示。

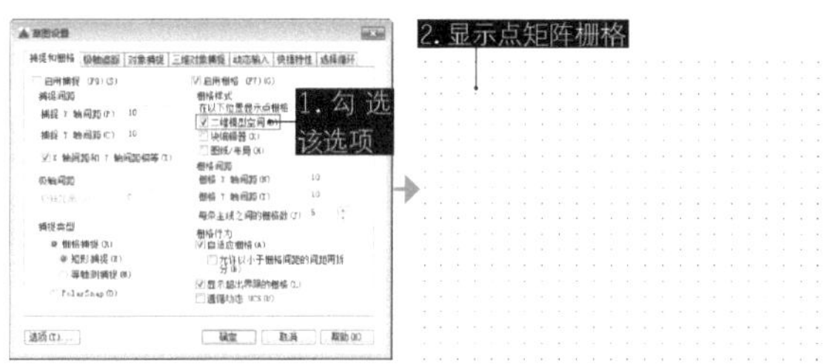

图 4-23 显示点矩阵样式的栅格

同理，勾选【块编辑器】或【图纸 / 布局】复选框，即可在对应的绘图环境中开启点矩阵的栅格样式。

2 设置栅格间距

如果栅格以线矩阵而非点矩阵显示，那么其中会有若干颜色较深的线（称为主栅格线）和颜色较浅的线（称为辅助栅格线）间隔显示，栅格的组成如图 4-24 所示。在以小数单位或英尺、英寸绘图时，主栅格线对于快速测量距离尤其有用。在【草图设置】对话框中，可以通过【栅格间距】区域来设置栅格的间距。

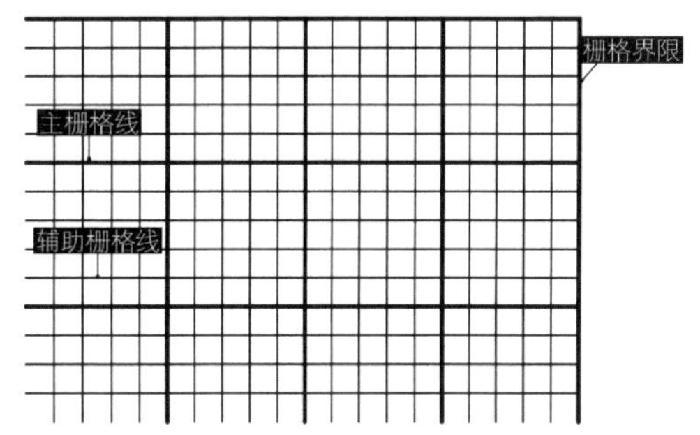

图 4-24 栅格的组成

操作技巧

【栅格界限】只有使用【Limits】命令定义了图形界限之后方能显现，详见第5章5.1.4设置图形界限小节。

【栅格间距】区域中的各命令含义说明如下。

◆【栅格 X 轴间距】文本框：输入辅助栅格线在 *x* 轴上（横向）的间距值。

◆【栅格 Y 轴间距】文本框：输入辅助栅格线在 *y* 轴上（纵向）的间距值。

◆【每条主线之间的栅格数】文本框：输入主栅格线之间的辅助栅格线的数量，因此可间接指定主栅格线的间距，即：主栅格线间距 = 辅助栅格线间接 × 数量。

默认情况下，*x* 轴间距和 *y* 轴间距值是相等的，如需分别输入不同的数值，需取消【X 轴间距和 Y 轴间距相等】复选框的勾选，方能输入。输入不同的间距与所得栅格效果如图 4-25 所示。

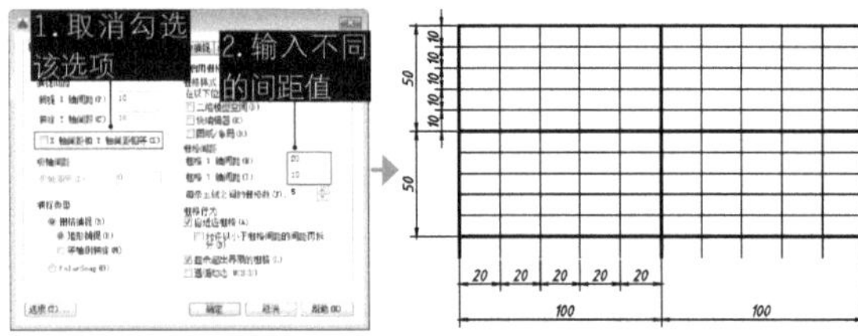

图 4-25　不同间距下的栅格效果

3 在缩放过程中动态更改栅格

如果放大或缩小图形，将会自动调整栅格间距，使其适合新的比例。例如，如果缩小图形，则显示的栅格线密度会自动减小；相反，如果放大图形，则附加的栅格线将按与主栅格线相同的比例显示。这一过程称为自适应栅格显示，如图 4-26 所示。

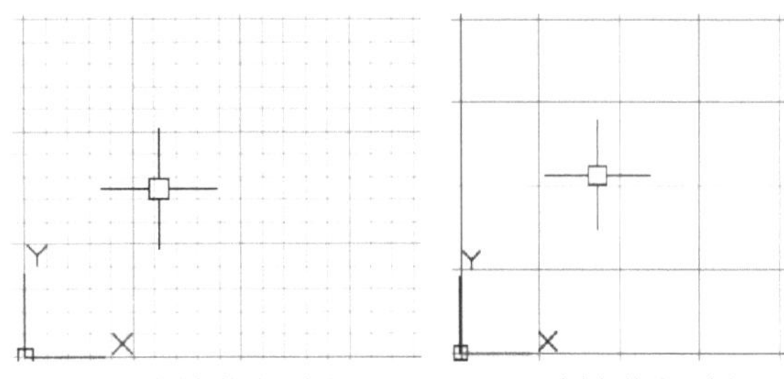

视图缩小栅格随之缩小　　视图放大栅格随之放大

图 4-26 【自适应栅格】效果

勾选【栅格行为】下的【自适应栅格】复选框，即可启用该功能。如果再勾选其下的【允许小于栅格间距的间距再拆分】复选框，则在视图放大时，会生成更多间距更小的栅格线，即以原辅助栅格线替换为主栅格线，然后再进行平分。

4 栅格与 UCS 的关系

栅格和捕捉点始终与 UCS 原点对齐。如果需要移动栅格和栅格捕捉原点，需移动 UCS。如果需要沿特定的对齐或角度绘图，可以通过旋转用户坐标系（UCS）来更改栅格和捕捉角度，如图 4-27 所示。

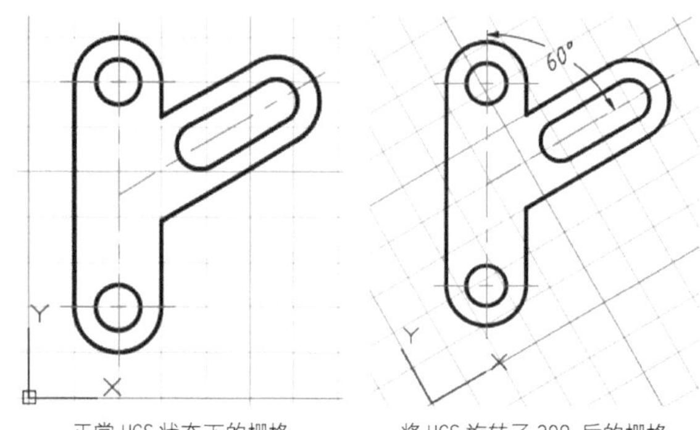

正常 UCS 状态下的栅格　　将 UCS 旋转了 30° 后的栅格

图 4-27　UCS 旋转效果与栅格

此旋转将十字光标在屏幕上重新对齐，以与新的角度匹配。在图 4-27 样例中，将 UCS 旋转 30° 以与固定支架的角度一致。

4.2.3 捕捉

【捕捉】功能可以控制光标移动的距离。它经常和【栅格】功能联用，当捕捉功能打开时，光标便能停留在栅格点上，这样就只能绘制出栅格间距整数倍的距离。

控制【捕捉】功能的方法如下。

◆快捷键：按【F9】键可以切换开、关状态。

◆状态栏：单击状态栏上的【捕捉模式】按钮 ▾，若亮显则为开启。

同样，也可以在【草图设置】对话框中的【捕捉和栅格】选项卡中控制捕捉的开关状态及其相关属性。

1 设置栅格捕捉间距

在【捕捉间距】下的【捕捉 X 轴间距】和【捕捉 Y 轴间距】文本框中可输入光标移动的间距。通常情况下，【捕捉间距】应等于【栅格间距】，这样在启动【栅格捕捉】功能后，就能将光标限制在栅格点上，如图 4-28 所示；如果【捕捉间距】不等于【栅格间距】，则会出现捕捉不到栅格点的情况，如图 4-29 所示。

在正常工作中，【捕捉间距】不需要和【栅格间距】相同。例如，可以设定较宽的【栅格间距】用作参照，但使用较小的【捕捉间距】以保证定位点时的精确性。

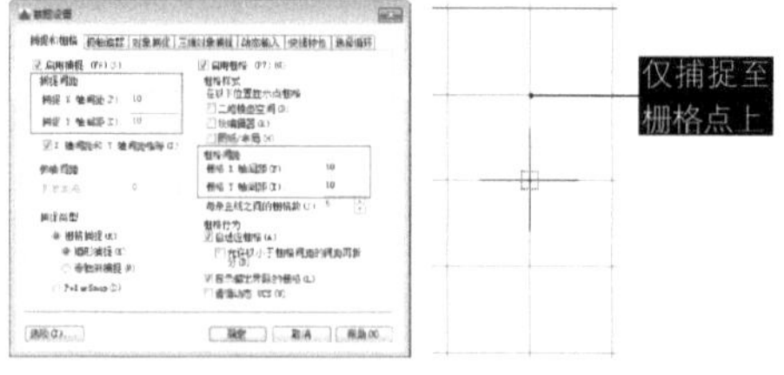

图 4-28 【捕捉间距】与【栅格间距】相等时的效果

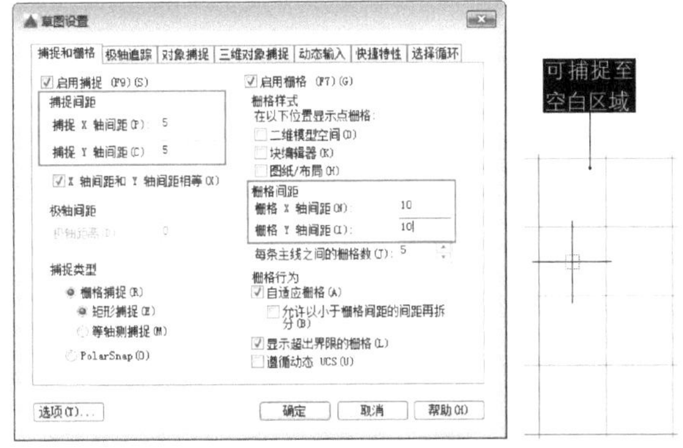

图 4-29 【捕捉间距】与【栅格间距】不相等时的效果

2 设置捕捉类型

捕捉有两种捕捉类型：栅格捕捉和极轴捕捉，两种捕捉类型分别介绍如下。

◎ 栅格捕捉

设定栅格捕捉类型。如果指定点，光标将沿垂直或水平栅格点进行捕捉。【栅格捕捉】下分两个单选按钮：【矩形捕捉】和【等轴测捕捉】，分别介绍如下。

◆【矩形捕捉】单选按钮：将捕捉样式设定为标准"矩形"捕捉模式。当捕捉类型设定为【栅格】并且打开【捕捉】模式时，光标将捕捉矩形捕捉栅格，适用于普通二维视图，如图 4-30 所示。

◆【等轴测捕捉】单选按钮：将捕捉样式设定为"等轴测"捕捉模式。当捕捉类型设定为【栅格】并且打开【捕捉】模式时，光标将捕捉等轴测捕捉栅格，适用于等轴测视图，如图 4-31 所示。

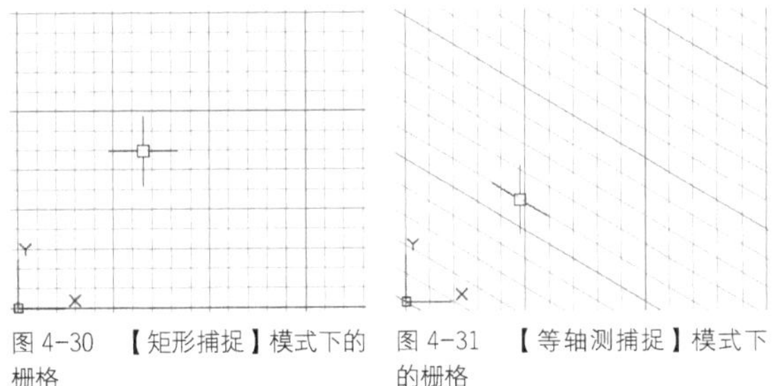

图 4-30 【矩形捕捉】模式下的栅格　　图 4-31 【等轴测捕捉】模式下的栅格

◎ PolarSnap（极轴捕捉）

将捕捉类型设定为【PolarSnap】。如果启用了【捕捉】模式并在极轴追踪打开的情况下指定点，光标将沿在【极轴追踪】选项卡上相对于极轴追踪起点设置的极轴对齐角度进行捕捉。

启用【PolarSnap】后，【捕捉间距】变为不可用，同时【极轴间距】文本框变得可用，可在该文本框中输入要进行捕捉的增量距离，如果该值为 0，则【PolarSnap】捕捉的距离采用【捕捉 X 轴间距】文本框中的值。启用【PolarSnap】后无法将光标定位至栅格点上，但在执行【极轴追踪】的时候，可将增量固定为设定的整数倍，效果如图 4-32 所示。

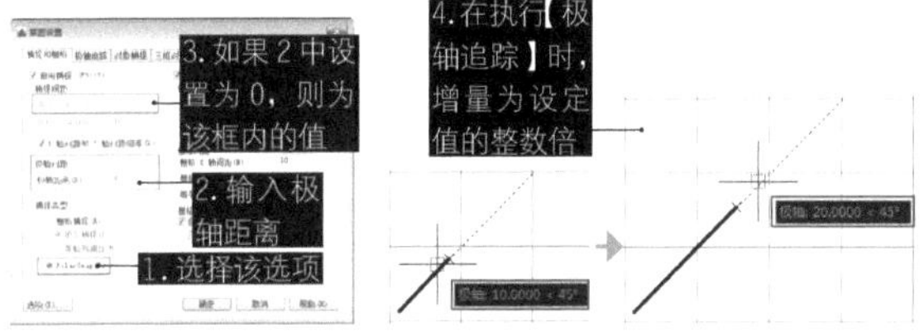

图 4-32 PolarSnap（极轴捕捉）效果

【PolarSnap】设置应与【极轴追踪】或【对象捕捉追踪】结合使用，如果两个追踪功能都未启用，则【PolarSnap】设置视为无效。

练习 4-4 通过栅格与捕捉绘制图形

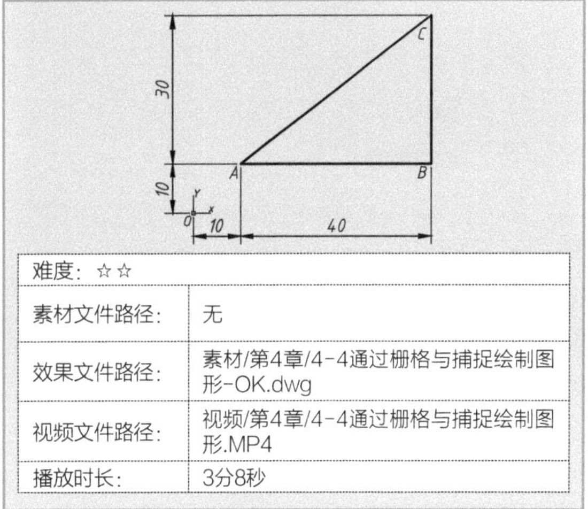

难度：☆☆	
素材文件路径：	无
效果文件路径：	素材/第4章/4-4通过栅格与捕捉绘制图形-OK.dwg
视频文件路径：	视频/第4章/4-4通过栅格与捕捉绘制图形.MP4
播放时长：	3分8秒

除了前面练习中所用到的通过输入坐标方法绘图，在 AutoCAD 中还可以借助【栅格】与【捕捉】来进行绘制。该方法适合绘制尺寸圆整、外形简单的图形，本例同样绘制如图 4-7 所示的图形，以方便用户进行对比。

Step 01 用鼠标右键单击状态栏上的【捕捉模式】按钮 ▾，选择【捕捉设置】选项，如图4-33所示，系统弹出【草图设置】对话框。

Step 02 设置栅格与捕捉间距。在图4-7中可知最小尺寸为10，因此可以设置栅格与捕捉的间距同样为10，使得十字光标以10为单位进行移动。

Step 03 勾选【启用捕捉】和【启用栅格】复选框，在【捕捉间距】选项区域中设置【捕捉X轴间距】为10，【捕捉Y轴间距】为10；在【栅格间距】选项区域，设置【栅格X轴间距】为10，【栅格Y轴间距】为10，每条主线之间的栅格数为5，如图4-34所示。

Step 04 单击【确定】按钮，完成栅格的设置。

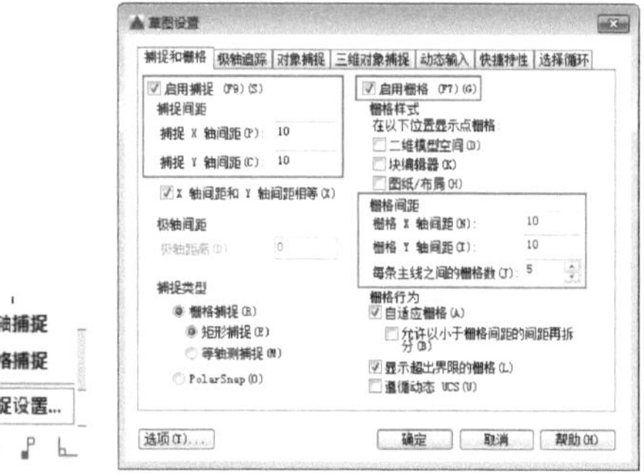

图 4-33　设置【捕捉设置】选项　图 4-34　设置栅格参数

Step 05 在命令行中输入“L”，调用【直线】命令，可见光标只能在间距为10的栅格点处进行移动，如图4-35所示。

Step 06 捕捉各栅格点，绘制最终图形，如图4-36所示。

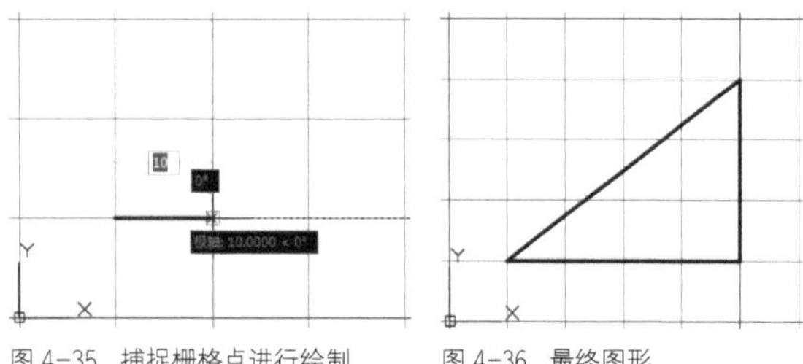

图 4-35　捕捉栅格点进行绘制　图 4-36　最终图形

4.2.4 正交 ★重点★

在绘图过程中，使用【正交】功能便可以将十字光标限制在水平或者垂直轴向上，同时也限制在当前的栅格旋转角度内。使用【正交】功能就如同使用了丁字尺绘图，可以保证绘制的直线完全呈水平或垂直状态，方便绘制水平或垂直直线。

打开或关闭【正交】功能的方法如下。

◆ 快捷键：按【F8】键可以切换正交开、关模式。

◆ 状态栏：单击【正交】按钮，若亮显则为开启，如图 4-37 所示。

因为【正交】功能限制了直线的方向，所以绘制水平或垂直直线时，指定方向后直接输入长度即可，不必再输入完整的坐标值。开启正交后，光标状态如图 4-38 所示，关闭正交后光标状态如图 4-39 所示。

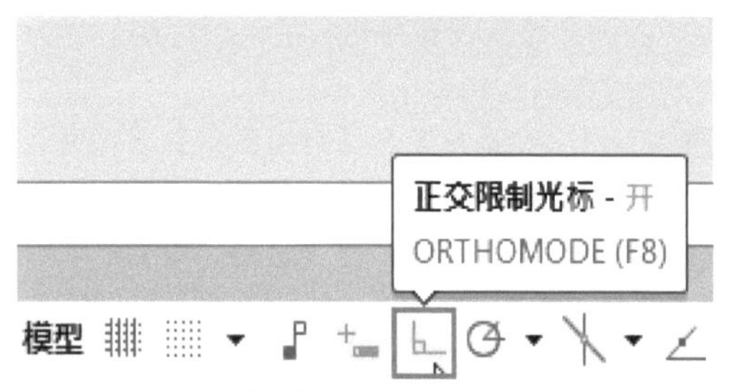

图 4-37　状态栏中开启【正交】功能

正交: 2904.4753 < 270°

图 4-38　开启【正交】效果　图 4-39　关闭【正交】效果

练习 4-5 通过【正交】功能绘制图形

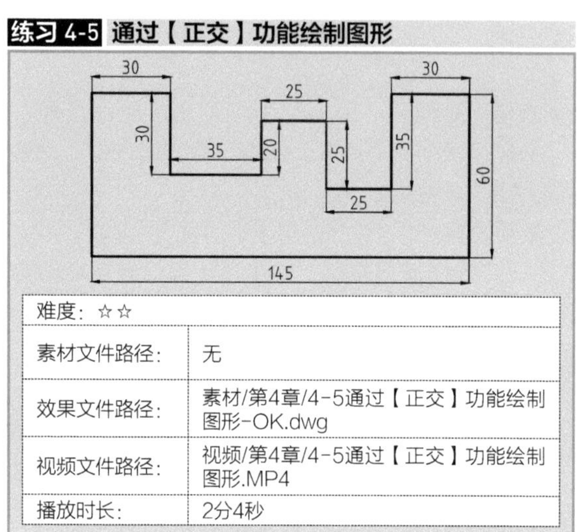

难度：☆☆	
素材文件路径：	无
效果文件路径：	素材/第4章/4-5通过【正交】功能绘制图形-OK.dwg
视频文件路径：	视频/第4章/4-5通过【正交】功能绘制图形.MP4
播放时长：	2分4秒

通过【正交】功能绘制如图 4-40 所示的图形。【正交】功能开启后，系统自动将光标强制性地定位在水平或垂直位置上，在引出的追踪线上，直接输入一个数值即可定位目标点，而不用手动输入坐标值或捕捉栅格点来进行确定。

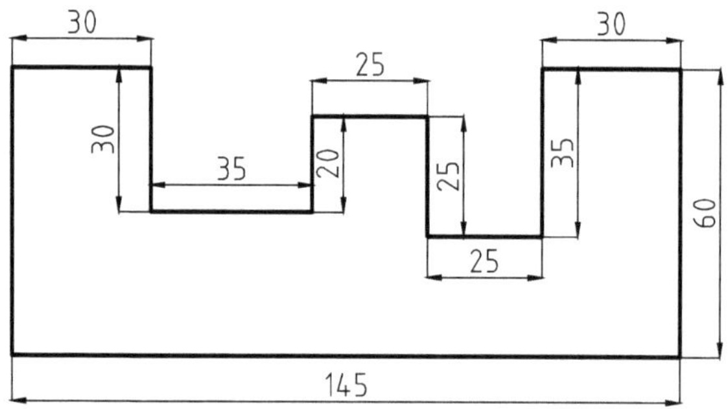

图 4-40　通过正交绘制图形

Step 01 单击状态栏中的按钮，或按【F8】功能键，激活【正交】功能。

Step 02 单击【绘图】面板中的按钮，激活【直线】命令，配合【正交】功能，绘制图形。命令行操作过程如下。

```
命令: _line
指定第一点://在绘图区任意位置单击左键，拾取一点作为起点
```

```
指定下一点或 [放弃(U)]:60↙ //向上移动光标，引出90° 正交追踪线，如图4-41所示，此时输入60，即定位第2点
指定下一点或 [放弃(U)]:30↙ //向右移动光标，引出0° 正交追踪线，如图4-42所示，输入30，定位第3点
指定下一点或 [放弃(U)]:30↙ //向下移动光标，引出270° 正交追踪线，输入30，定位第4点
指定下一点或 [放弃(U)]:35↙ //向右移动光标，引出0° 正交追踪线，输入35，定位第5点
指定下一点或 [放弃(U)]:20↙ //向上移动光标，引出90° 正交追踪线，输入20，定位第6点
指定下一点或 [放弃(U)]:25↙ //向右移动光标，引出0° 的正交追踪线，输入25，定位第7点
```

Step 03 根据以上方法，配合【正交】功能绘制其他线段，最终的结果如图4-43所示。

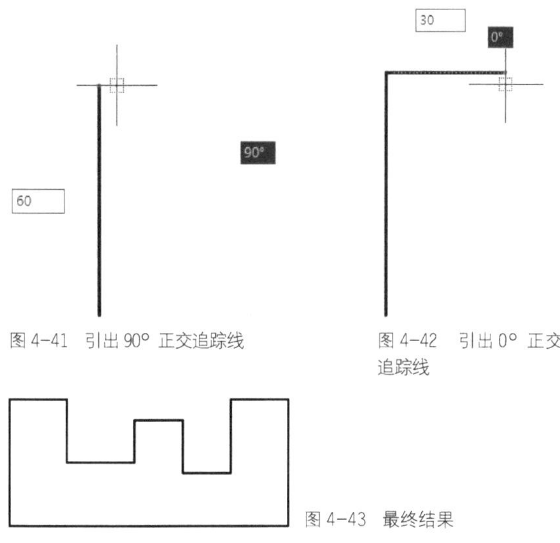

图 4-41 引出 90° 正交追踪线

图 4-42 引出 0° 正交追踪线

图 4-43 最终结果

4.2.5 极轴追踪 ★重点★

【极轴追踪】功能实际上是极坐标的一个应用。使用极轴追踪绘制直线时，捕捉到一定的极轴方向即确定了极角，然后输入直线的长度，即确定了极半径，因此和正交绘制直线一样，极轴追踪绘制直线一般使用长度输入确定直线的第二点，代替坐标输入。【极轴追踪】功能可以用来绘制带角度的直线，如图 4-44 所示。

一般来说，极轴可以绘制任意角度的直线，包括水平的 0° 、180° 与垂直的 90° 、270° 等，因此某些情况下可以代替【正交】功能使用。【极轴追踪】绘制的图形如图 4-45 所示。

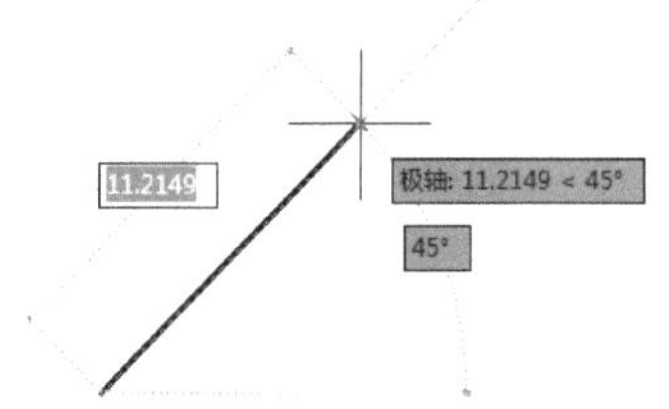

图 4-44 开启【极轴追踪】效果

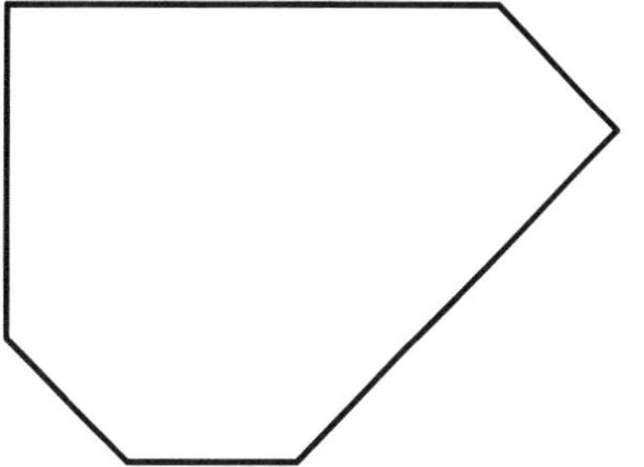

图 4-45 【极轴追踪】模式绘制的直线

在【极轴追踪】功能的开、关切换有以下两种方法。

◆ 快捷键：按【F10】键切换开、关状态。

◆ 状态栏：单击状态栏上的【极轴追踪】按钮，若亮显则为开启，如图 4-46 所示。

右键单击状态栏上的【极轴追踪】按钮，弹出追踪角度列表，如图 4-46 所示，其中的数值便为启用【极轴追踪】时的捕捉角度。然后在弹出的快捷菜单中选择【正在追踪设置】选项，则打开【草图设置】对话框，在【极轴追踪】选项卡中可设置极轴追踪的开关和其他角度值的增量角等，如图 4-47 所示。

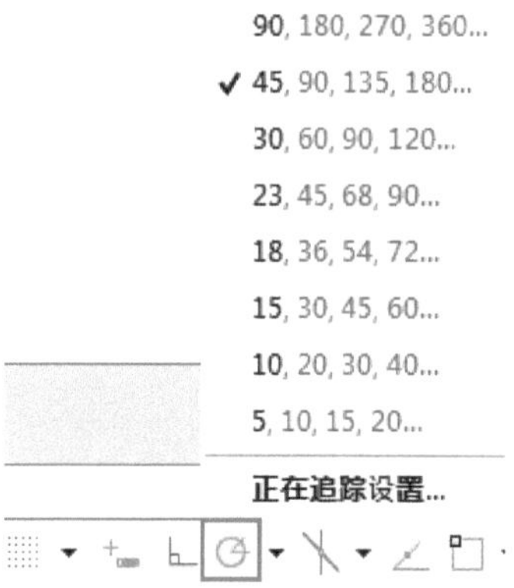

90, 180, 270, 360...
✓ 45, 90, 135, 180...
30, 60, 90, 120...
23, 45, 68, 90...
18, 36, 54, 72...
15, 30, 45, 60...
10, 20, 30, 40...
5, 10, 15, 20...
正在追踪设置...

图 4-46 选择【正在追踪设置】命令

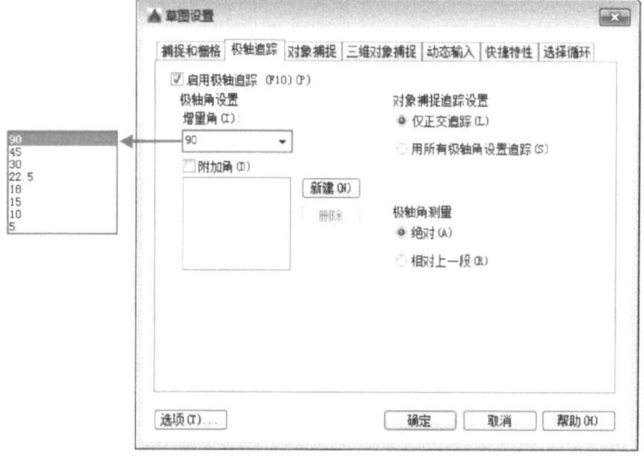

图 4-47 【极轴追踪】选项卡

【极轴追踪】选项卡中各选项的含义如下。

◆【增量角】列表框：用于设置极轴追踪角度。当光标的相对角度等于该角，或者是该角的整数倍时，

屏幕上将显示出追踪路径，如图 4-48 所示。

◆【附加角】复选框：增加任意角度值作为极轴追踪的附加角度。勾选【附加角】复选框，并单击【新建】按钮，然后输入所需追踪的角度值，即可捕捉至附加角的角度，如图 4-49 所示。

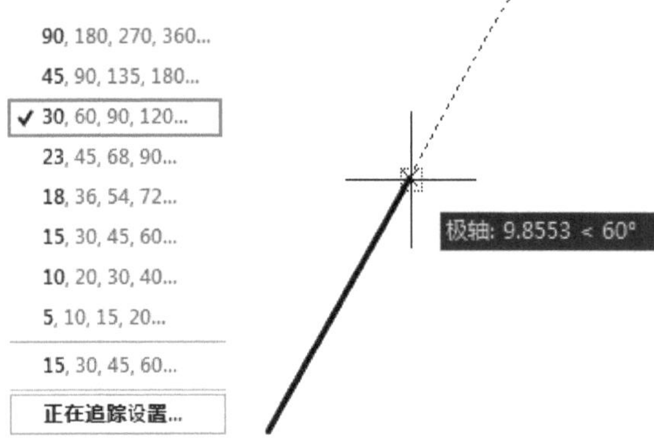

图 4-48 设置【增量角】进行捕捉

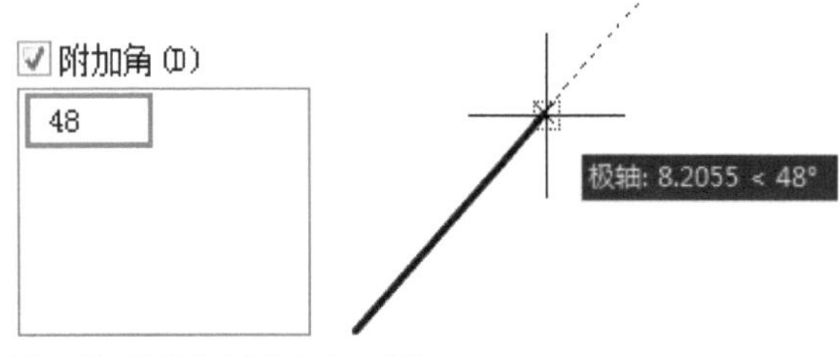

图 4-49 设置【附加角】进行捕捉

◆【仅正交追踪】单选按钮：当对象捕捉追踪打开时，仅显示已获得的对象捕捉点的正交（水平和垂直方向）对象捕捉追踪路径，如图 4-50 所示。

◆【用所有极轴角设置追踪】单选按钮：对象捕捉追踪打开时，将从对象捕捉点起沿任何极轴追踪角进行追踪，如图 4-51 所示。

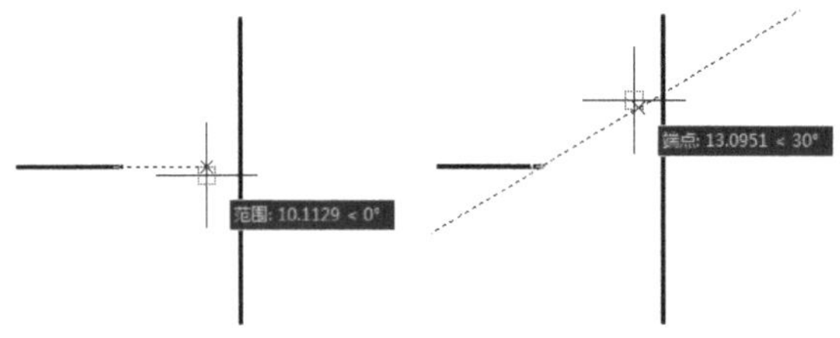

图 4-50 仅从正交方向显示对象捕捉路径　图 4-51 可从极轴追踪角度显示对象捕捉路径

◆【极轴角测量】选项组：设置极轴角的参照标准。【绝对】单选按钮表示使用绝对极坐标，以 x 轴正方向为 0°。【相对上一段】单选按钮根据上一段绘制的直线确定极轴追踪角，上一段直线所在的方向为 0°，如图 4-52 所示。

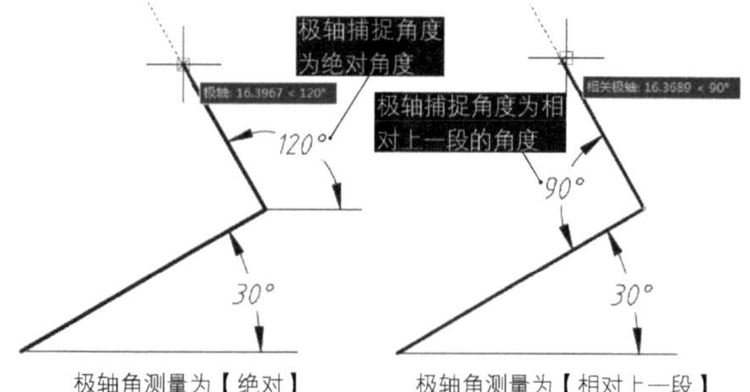

图 4-52 不同的【极轴角测量】效果

操作技巧

细心的用户可能发现，极轴追踪的增量角与后续捕捉角度都是成倍递增的，如图4-46所示；但图中唯有一个例外，那就是23°的增量角后直接跳到了45°，与后面的各角度也不成整数倍关系。这是由于AutoCAD的角度单位精度设置为整数，因此22.5°就被四舍五入为了23°。所以只需选择菜单栏【格式】|【单位】，在【图形单位】对话框中将角度精度设置为【0.0】，即可使得23°的增量角还原为22.5°，使用极轴追踪时，也能正常捕捉至22.5°，如图4-53所示。

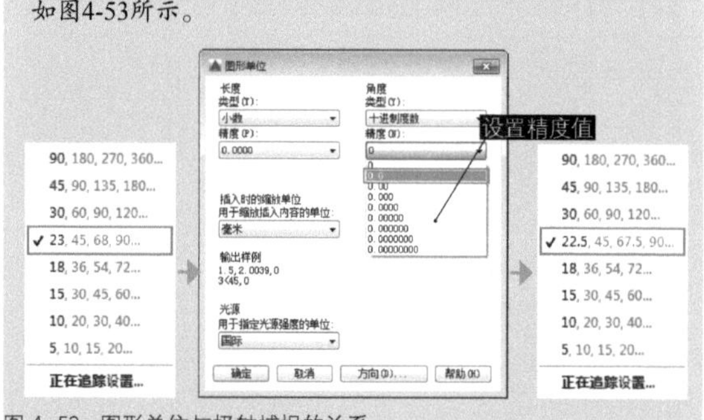

图 4-53 图形单位与极轴捕捉的关系

练习 4-6 通过【极轴追踪】功能绘制图形

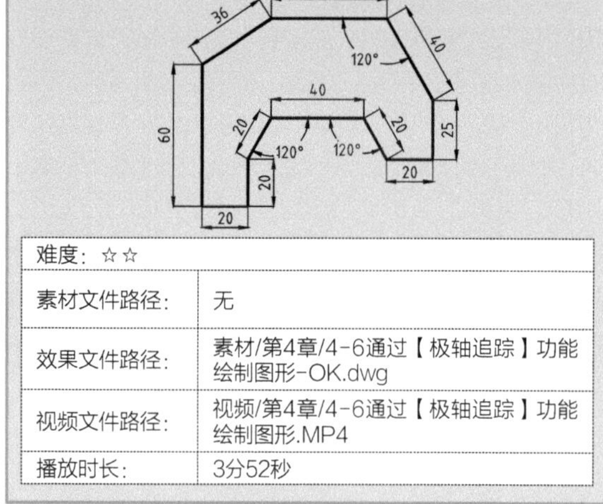

难度：☆☆	
素材文件路径：	无
效果文件路径：	素材/第4章/4-6通过【极轴追踪】功能绘制图形-OK.dwg
视频文件路径：	视频/第4章/4-6通过【极轴追踪】功能绘制图形.MP4
播放时长：	3分52秒

通过【极轴追踪】绘制如图 4-54 所示的图形。极轴追踪功能是一个非常重要的辅助工具，此工具可以在任何角度和方向上引出角度矢量，从而可以

很方便地精确定位角度方向上的任何一点。相比于坐标输入、栅格与捕捉、正交等绘图方法来说，极轴追踪更为便捷，足以绘制绝大部分图形，因此是使用最多的一种绘图方法。

Step 01 右键单击状态栏上的【极轴追踪】按钮，然后在弹出的快捷菜单中选择【正在追踪设置】选项，在打开的【草图设置】对话框中勾选【启用极轴追踪】复选框，并将当前的增量角设置为60，如图4-55所示。

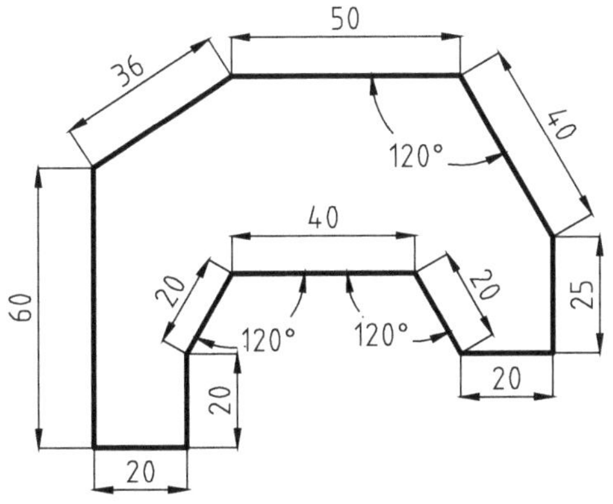

图 4-54　通过极轴追踪绘制图形

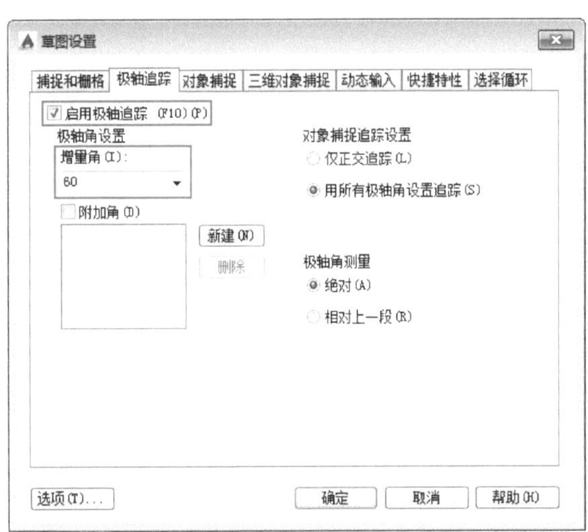

图 4-55　设置极轴追踪参数

Step 02 单击【绘图】面板中的按钮，激活【直线】命令，配合【极轴追踪】功能，绘制外框轮廓线。命令行操作过程如下。

```
命令: _line
指定第一点://在适当位置单击左键，拾取一点作为起点
指定下一点或 [放弃(U)]:60↙  //垂直向下移动光标，引出270° 的极轴追踪虚线，如图4-56所示，此时输入“60”，定位第2点
指定下一点或 [放弃(U)]:20↙  //水平向右移动光标，引出0° 的极轴追踪虚线，如图4-57所示，输入“20”，定位第3点
指定下一点或 [放弃(U)]:20↙  //垂直向上移动光标，引出90° 的极轴追踪线，如图4-58所示，输入“20”，定位第4点
指定下一点或 [放弃(U)]:20↙  //斜向上移动光标，在60° 方向上引出极轴追踪虚线，如图4-59所示，输入“20”，定位定第5点
```

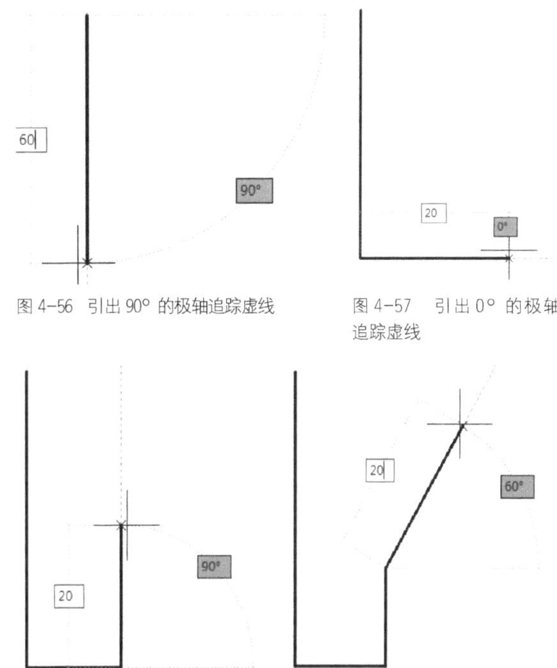

图 4-56　引出 90° 的极轴追踪虚线

图 4-57　引出 0° 的极轴追踪虚线

图 4-58　引出 90° 的极轴追踪虚线

图 4-59　60° 的极轴追踪虚线

Step 03 根据以上方法，配合【极轴追踪】功能绘制其他线段，即可绘制出如图4-54所示的图形。

4.3 对象捕捉

通过【对象捕捉】功能可以精确定位现有图形对象的特征点，如圆心、中点、端点、节点、象限点等，从而为精确绘制图形提供了有利条件。

4.3.1 对象捕捉概述

鉴于点坐标法与直接肉眼确定法的各种弊端，AutoCAD 提供了【对象捕捉】功能。在【对象捕捉】开启的情况下，系统会自动捕捉某些特征点，如圆心、中点、端点、节点、象限点等。因此，【对象捕捉】的实质是对图形对象特征点的捕捉，如图 4-60 所示。

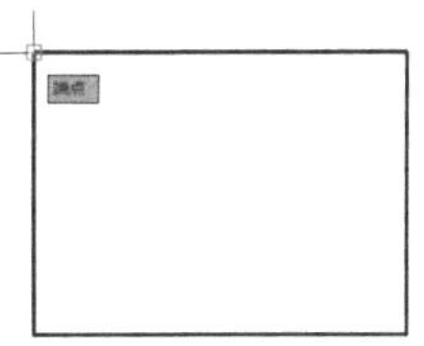

捕捉点

图 4-60　对象捕捉

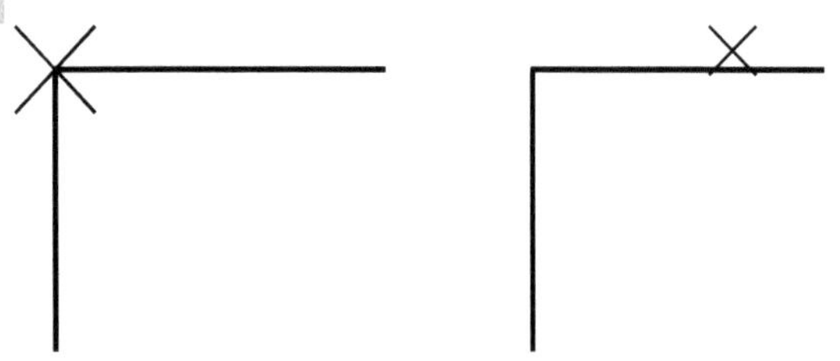

图 4-60　对象捕捉（续）

【对象捕捉】功能生效需要具备 2 个条件。

◆【对象捕捉】开关必须打开。

◆必须在命令行提示输入点位置的时候【对象捕捉】才能生效。

如果命令行没有提示输入点位置，则【对象捕捉】功能是不会生效的。因此，【对象捕捉】实际上是通过捕捉特征点的位置，来代替命令行输入特征点的坐标。

4.3.2 设置对象捕捉点 ★重点★

开启和关闭【对象捕捉】功能的方法如下。

◆菜单栏：选择【工具】|【草图设置】命令，弹出【草图设置】对话框。选择【对象捕捉】选项卡，选中或取消选中【启用对象捕捉】复选框，也可以打开或关闭对象捕捉，但这种操作太烦琐，实际中一般不使用。

◆快捷键：按【F3】键可以切换开、关状态。

◆状态栏：单击状态栏上的【对象捕捉】按钮 ，若亮显则为开启，如图 4-61 所示。

◆命令行：输入“OSNAP”命令，打开【草图设置】对话框，单击【对象捕捉】选项卡，勾选【启用对象捕捉】复选框。

在设置对象捕捉点之前，需要确定哪些特性点是需要的，哪些是不需要的。这样不仅可以提高效率，也可以避免捕捉失误。使用任何一种开启【对象捕捉】的方法之后，系统弹出【草图设置】对话框，在【对象捕捉模式】选项区域中勾选用户需要的特征点，单击【确定】按钮，退出对话框即可，如图 4-62 所示。

图 4-61　状态栏中开启【对象捕捉】功能

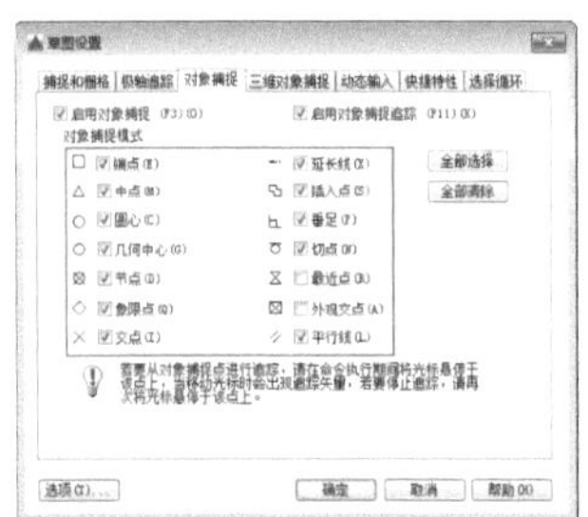

图 4-62　【草图设置】对话框

在 AutoCAD 2016 中，对话框共列出 14 种对象捕捉点和对应的捕捉标记，含义分别如下。

◆【端点】：捕捉直线或曲线的端点。

◆【中点】：捕捉直线或是弧段的中心点。

◆【圆心】：捕捉圆、椭圆或弧的中心点。

◆【几何中心】：捕捉多段线、二维多段线和二维样条曲线的几何中心点。

◆【节点】：捕捉用【点】、【多点】、【定数等分】、【定距等分】等 POINT 类命令绘制的点对象。

◆【象限点】：捕捉位于圆、椭圆或是弧段上 0°、90°、180° 和 270° 处的点。

◆【交点】：捕捉两条直线或是弧段的交点。

◆【延长线】：捕捉直线延长线路径上的点。

◆【插入点】：捕捉图块、标注对象或外部参照的插入点。

◆【垂足】：捕捉从已知点到已知直线的垂线的垂足。

◆【切点】：捕捉圆、弧段及其他曲线的切点。

◆【最近点】：捕捉处在直线、弧段、椭圆或样条曲线上，而且距离光标最近的特征点。

◆【外观交点】：在三维视图中，从某个角度观察两个对象可能相交，但实际并不一定相交，可以使用【外观交点】功能捕捉对象在外观上相交的点。

◆【平行线】：选定路径上的一点，使通过该点的直线与已知直线平行。

启用【对象捕捉】功能之后，在绘图过程中，当十字光标靠近这些被启用的捕捉特殊点后，将自动对其进行捕捉，效果如图 4-63 所示。这里需要注意的是，在【对象捕捉】选项卡中，各捕捉特殊点前面的形状符号，如□、×、○等，便是在绘图区捕捉时显示的对应形状。

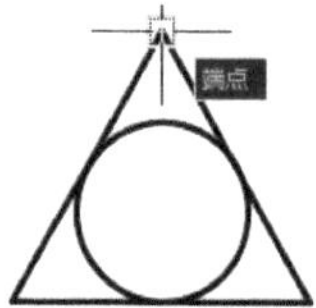

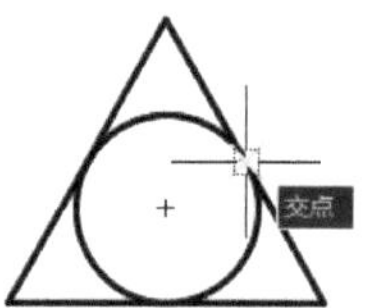

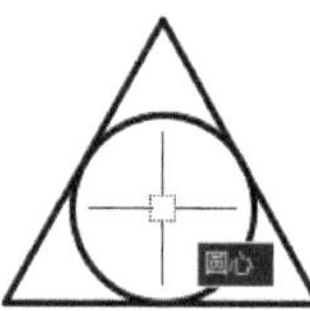

图 4-63　各捕捉效果

操作技巧

当需要捕捉一个物体上的点时，只要将鼠标靠近某个或某物体，不断地按【Tab】键，这个或这些物体的某些特殊点（如直线的端点、中间点、垂直点、与物体的交点、圆的四分圆点、中心点、切点、垂直点、交点）就会轮换显示出来，选择需要的点并左键单击之即可以捕捉这些点，如图4-64所示。

【第一次按 Tab】　【第二次按 Tab】　【第三次按 Tab】

图 4-64　按【Tab】键切换捕捉点

4.3.3 对象捕捉追踪

在绘图过程中，除了需要掌握对象捕捉的应用外，也需要掌握对象追踪的相关知识和应用的方法，从而能提高绘图的效率。

【对象捕捉追踪】功能的开、关切换有以下两种方法。

◆快捷键：按【F11】快捷键，切换开、关状态。

◆状态栏：单击状态栏上的【对象捕捉追踪】按钮 ∠。

启用【对象捕捉追踪】后，在绘图的过程中需要指定点时，光标可以沿基于其他对象捕捉点的对齐路径进行追踪，图 4-65 所示为中点捕捉追踪效果，图 4-66 所示为交点捕捉追踪效果。

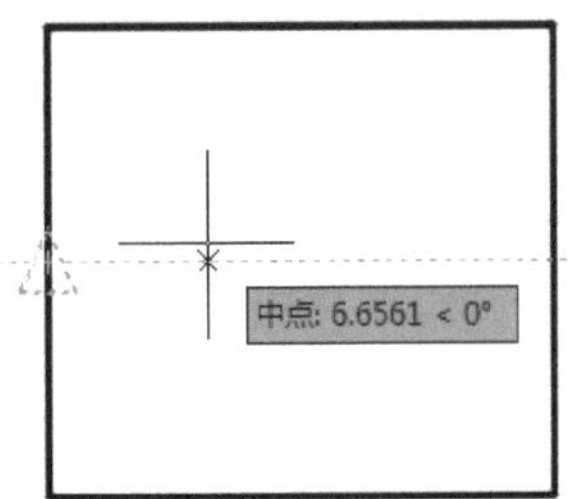

图 4-65　中点捕捉追踪

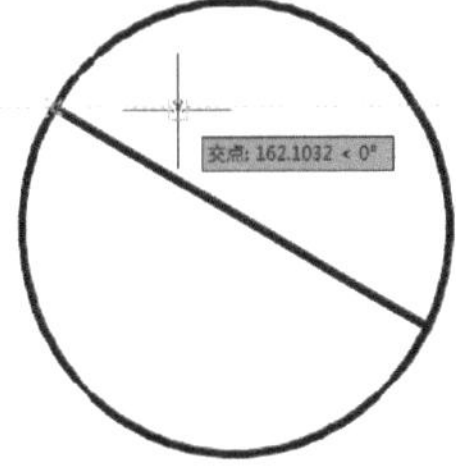

图 4-66　交点捕捉追踪

操作技巧

由于对象捕捉追踪的使用是基于对象捕捉进行操作的，因此，要使用对象捕捉追踪功能，必须先开启一个或多个对象捕捉功能。

已获取的点将显示一个小加号（+），一次最多可以获得 7 个追踪点。获取点之后，当在绘图路径上移动光标时，将显示相对于获取点的水平、垂直或指定角度的对齐路径。

例如，在如图 4-67 所示的示意图中，启用了【端点】对象捕捉，单击直线的起点【1】开始绘制直线，将光标移动到另一条直线的端点【2】处获取该点，然后沿水平对齐路径移动光标，定位要绘制的直线的端点【3】。

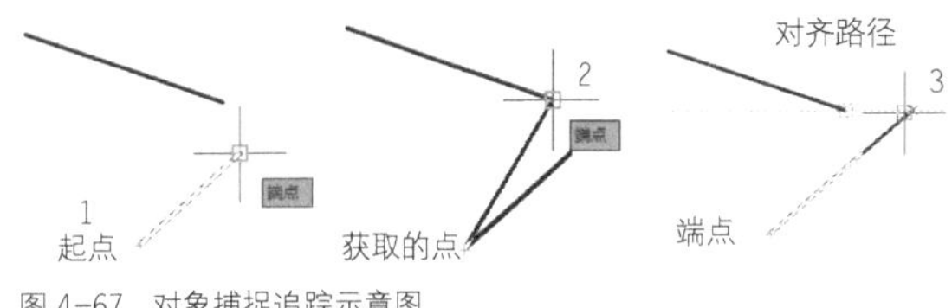

图 4-67　对象捕捉追踪示意图

4.4 临时捕捉

除了前面介绍对象捕捉之外，AutoCAD 还提供了临时捕捉功能，同样可以捕捉如圆心、中点、端点、节点、象限点等特征点。与对象捕捉不同的是，临时捕捉属于“临时”调用，无法一直生效，但在绘图过程中可随时调用。

4.4.1 临时捕捉概述

临时捕捉是一种一次性的捕捉模式，这种捕捉模式不是自动的，当用户需要临时捕捉某个特征点时，需要在捕捉之前手工设置需要捕捉的特征点，然后进行对象捕捉。这种捕捉不能反复使用，再次使用捕捉需重新选择捕捉类型。

1 临时捕捉的启用方法

执行临时捕捉有以下两种方法。

◆右键快捷菜单：在命令行提示输入点的坐标时，如果要使用临时捕捉模式，可按住【Shift】键然后单击鼠标右键，系统弹出快捷菜单，如图 4-68 所示，可以在其中选择需要的捕捉类型。

◆命令行：可以直接在命令行中输入执行捕捉对象的快捷指令来选择捕捉模式。如在绘图过程中，输入并执行【MID】快捷命令将临时捕捉图形的中点，如图 4-69 所示。AutoCAD 常用对象捕捉模式及快捷命令如表 4-1 所示。

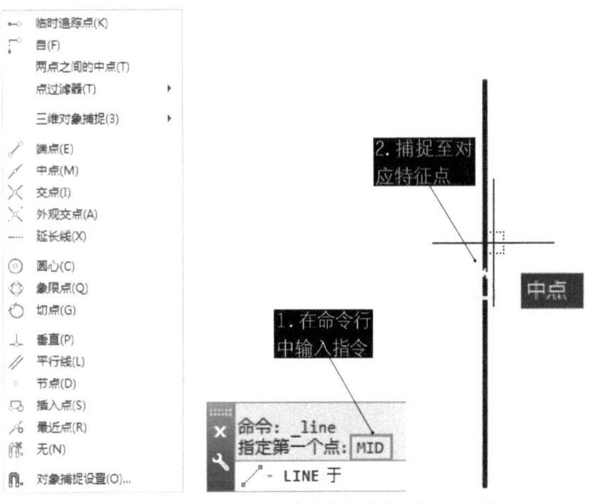

图 4-68　临时捕捉快捷菜单　图 4-69　在命令行中输入指“MID”

表 4-1 常用对象捕捉模式及其指令

捕捉模式	快捷命令	捕捉模式	快捷命令	捕捉模式	快捷命令
临时追踪点	TT	节点	NOD	切点	TAN
自	FROM	象限点	QUA	最近点	NEA
两点之间的中点	MTP	交点	INT	外观交点	APP
端点	ENDP	延长线	EXT	平行	PAR
中点	MID	插入点	INS	无	NON
圆心	CEN	垂足	PER	对象捕捉设置	OSNAP

操作技巧

这些指令即第2章所介绍的透明命令，可以在执行命令的过程中输入。

练习 4-7 使用【临时捕捉】绘制公切线

难度：☆☆	
素材文件路径：	素材/第4章/4-7使用【临时捕捉】绘制公切线.dwg
效果文件路径：	素材/第4章/4-7使用【临时捕捉】绘制公切线-OK.dwg
视频文件路径：	视频/第4章/4-7使用【临时捕捉】绘制公切线.MP4
播放时长：	1分45秒

在实际工作中，有些图形看似简单，但画起来却不甚方便（如相切线、中心线等），这时就可以借助临时捕捉将光标锁定在所需的对象点上，从而进行绘制。

Step 01 打开“第4章/4-7使用【临时捕捉】绘制公切线.dwg”素材文件，素材图形如图4-70所示。

Step 02 在【默认】选项卡中，单击【绘图】面板上的【直线】按钮／，命令行提示指定直线的起点。

Step 03 此时按住【Shift】键然后单击鼠标右键，在临时捕捉选项中选择【切点】，然后将指针移到大圆上，出现切点捕捉标记，如图4-71所示，在此位置单击确定直线第一点。

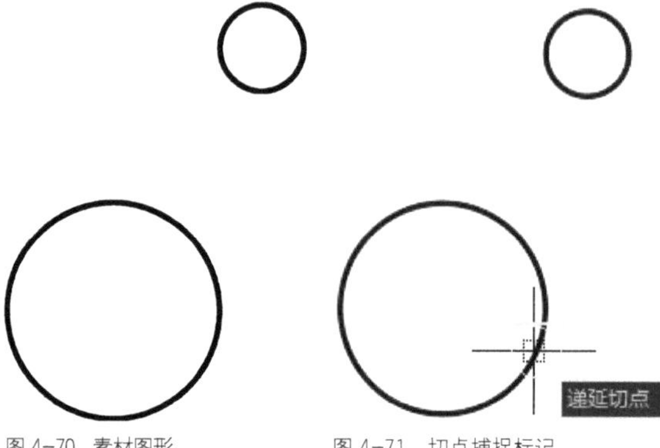

图 4-70 素材图形　　图 4-71 切点捕捉标记

Step 04 确定第一点之后，临时捕捉失效。再次选择【切点】临时捕捉，将指针移到小圆上，出现切点捕捉标记时单击，完成公切线绘制，如图4-72所示。

Step 05 重复上述操作，绘制另外一条公切线，如图4-73所示。

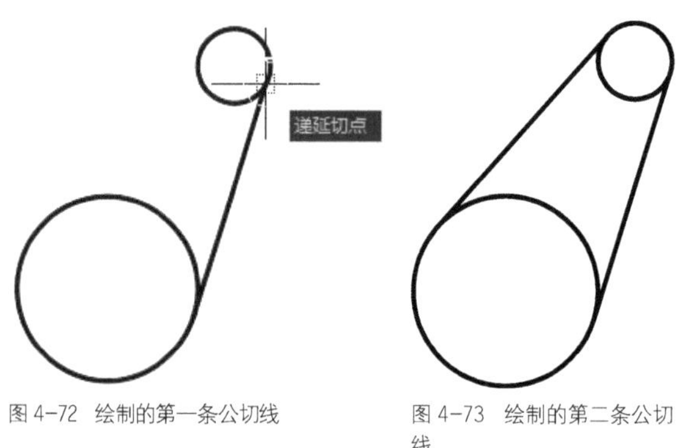

图 4-72 绘制的第一条公切线　　图 4-73 绘制的第二条公切线

2 临时捕捉的类型

通过图 4-68 的快捷菜单可知，临时捕捉比【草图设置】对话框中的对象捕捉点要多出 4 种类型，即：【临时追踪点】、【自】、【两点之间的中点】、【点过滤器】。各类型具体含义分别介绍如下。

4.4.2 临时追踪点

【临时追踪点】是在进行图像编辑前临时建立的、一个暂时的捕捉点，以供后续绘图参考。在绘图时可通过指定【临时追踪点】来快速指定起点，而无需借助辅助线。执行【临时追踪点】命令有以下几种方法。

◆快捷键：按住【Shift】键的同时单击鼠标右键，在弹出的菜单中选择【临时追踪点】选项。

◆命令行：在执行命令时输入 “tt” 命令。

执行该命令后，系统提示指定一临时追踪点，后续操作即以该点为追踪点进行绘制。

练习 4-8 使用【临时追踪点】绘制图形

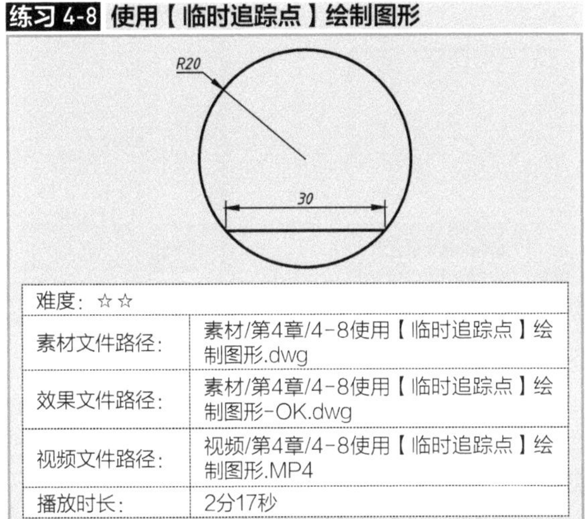

难度：☆☆	
素材文件路径：	素材/第4章/4-8使用【临时追踪点】绘制图形.dwg
效果文件路径：	素材/第4章/4-8使用【临时追踪点】绘制图形-OK.dwg
视频文件路径：	视频/第4章/4-8使用【临时追踪点】绘制图形.MP4
播放时长：	2分17秒

如果要在半径为 20 的圆中绘制一条指定长度为 30 的弦，那通常情况下，都是以圆心为起点，分别绘制 2 根辅助线，才可以得到最终图形，如图 4-74 所示。

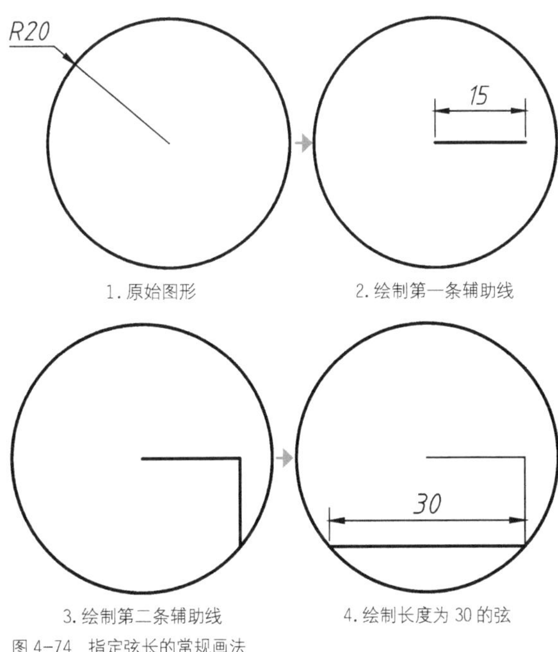

1. 原始图形　2. 绘制第一条辅助线　3. 绘制第二条辅助线　4. 绘制长度为 30 的弦

图 4-74　指定弦长的常规画法

如果使用【临时追踪点】进行绘制，则可以跳过 2、3 步辅助线的绘制，直接从第 1 步原始图形跳到第 4 步，绘制出长度为 30 的弦。该方法详细步骤如下。

Step 01 打开素材文件“第4章/4-8使用【临时追踪点】绘制图形.dwg”，其中已经绘制好了半径为20的圆，如图4-75所示。

Step 02 在【默认】选项卡中，单击【绘图】面板上的【直线】按钮╱，执行直线命令。

Step 03 执行临时追踪点。命令行出现“指定第一点”的提示时，输入“tt”，执行【临时追踪点】命令，如图4-76所示。也可以在绘图区中单击鼠标右键，在弹出的快捷菜单中选择【临时追踪点】选项。

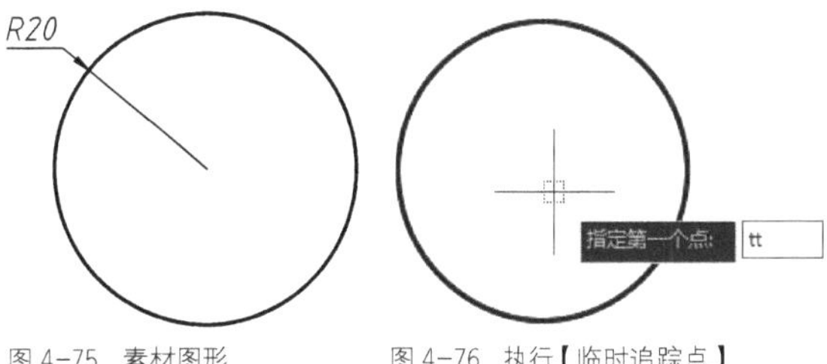

图 4-75　素材图形　　图 4-76　执行【临时追踪点】

Step 04 指定【临时追踪点】。将光标移动至圆心处，然后水平向右移动光标，引出0°的极轴追踪虚线，接着输入“15”，即将临时追踪点指定为圆心右侧距离为15的点，如图4-77所示。

Step 05 指定直线起点。垂直向下移动光标，引出270°的极轴追踪虚线，到达与圆的交点处，作为直线的起点，如图4-78所示。

Step 06 指定直线端点。水平向左移动光标，引出180°的极轴追踪虚线，到达与圆的另一交点处，作为直线的终点，该直线即为所绘制长度为30的弦，如图4-79所示。

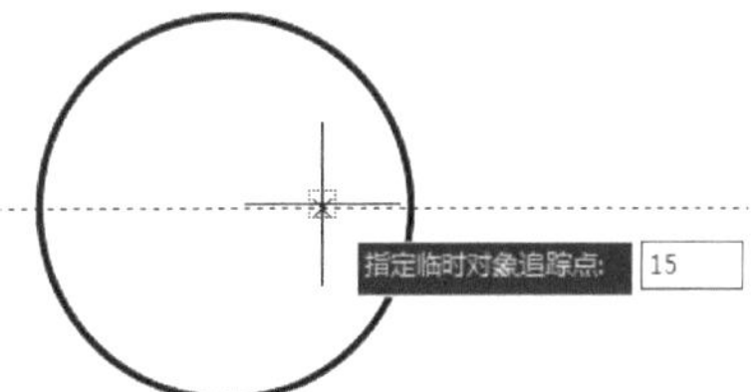

图 4-77　指定【临时追踪点】

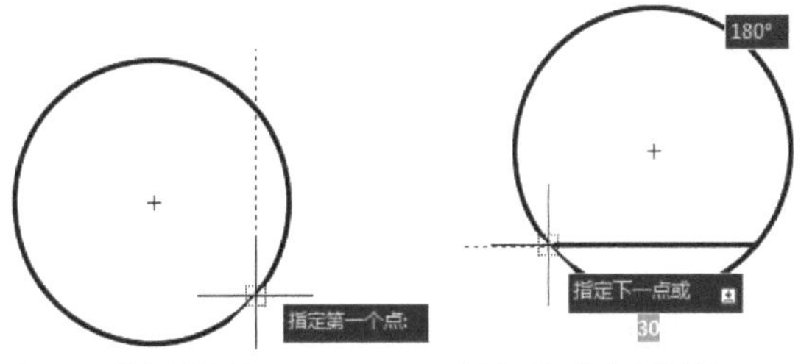

图 4-78　指定直线起点　　图 4-79　指定直线端点

4.4.3【自】功能

【自】功能可以帮助用户在正确的位置绘制新对象。当需要指定的点不在任何对象捕捉点上，但在 *x*、*y* 方向上距现有对象捕捉点的距离是已知的，就可以使用【自】功能来进行捕捉。执行【自】功能有以下几种方法。

◆ 快捷键：按住【Shift】键的同时单击鼠标右键，在弹出的菜单中选择【自】选项。

◆ 命令行：在执行命令时输入“from”命令。

执行某个命令来绘制一个对象，如【L】(直线)命令，然后启用【自】功能，此时提示需要指定一个基点，指定基点后会提示需要一个偏移点，可以使用相对坐标或者极轴坐标来指定偏移点与基点的位置关系，偏移点就将作为直线的起点。

练习 4-9 使用【自】功能绘制图形

难度：☆☆	
素材文件路径：	素材/第4章/4-9使用【自】功能绘制图形.dwg
效果文件路径：	素材/第4章/4-9使用【自】功能绘制图形-OK.dwg
视频文件路径：	视频/第4章/4-9使用【自】功能绘制图形.MP4
播放时长：	1分30秒

假如要在如图 4-80 所示的正方形中绘制一个小长方形，如图 4-81 所示。一般情况下只能借助辅助线来进行绘制，因为对象捕捉只能捕捉到正方形每个边上的端点和中点，这样即使通过对象捕捉的追踪线也无法定位至小长方形的起点（图中A 点）。这时就可以用到【自】功能进行绘制，操作步骤如下。

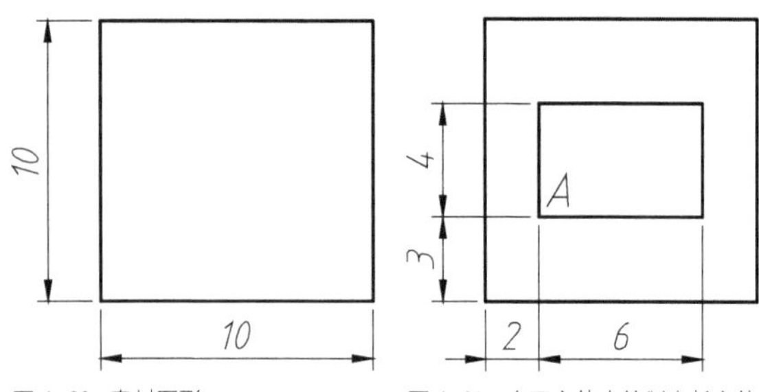

图 4-80 素材图形　　图 4-81 在正方体中绘制小长方体

Step 01 打开素材文件“第4章/4-9使用【自】功能绘制图形.dwg”，其中已经绘制好了边长为10的正方形，如图4-80所示。

Step 02 在【默认】选项卡中，单击【绘图】面板上的【直线】按钮╱，执行直线命令。

Step 03 执行【自】功能。命令行出现“指定第一点”的提示时，输入“from”，执行【自】命令，如图4-82所示。也可以在绘图区中单击鼠标右键，在弹出的快捷菜单中选择【自】选项。

Step 04 指定基点。此时提示需要指定一个基点，选择正方形的左下角点作为基点，如图4-83所示。

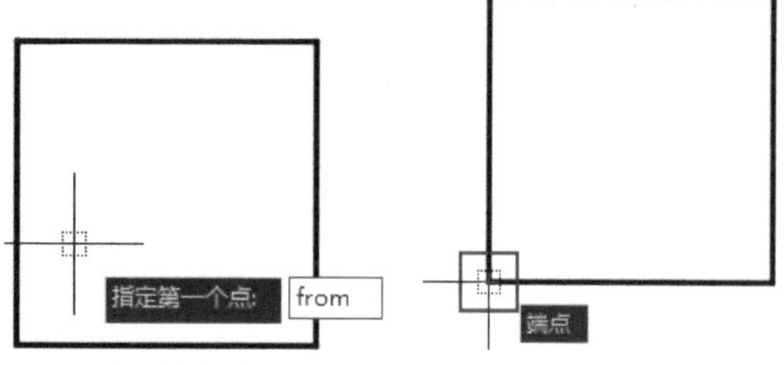

图 4-82 执行【自】功能　　图 4-83 指定基点

Step 05 输入偏移距离。指定完基点后，命令行出现“<偏移:>”提示，此时输入小长方形起点A与基点的相对坐标（@2,3），如图4-84所示。

Step 06 绘制图形。输入完毕后，即可将直线起点定位至A点处，然后按给定尺寸绘制图形即可，如图4-85所示。

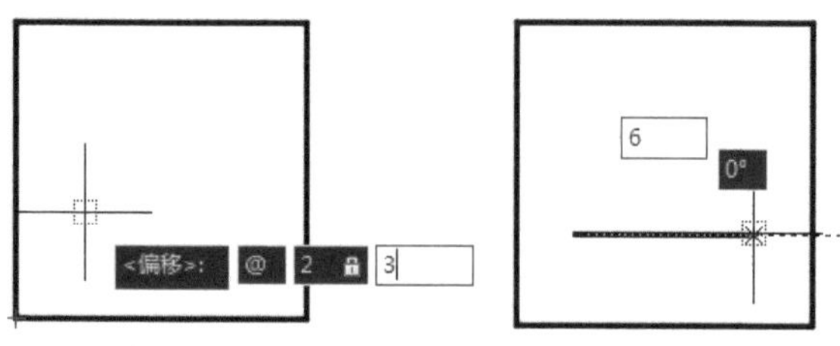

图 4-84 输入偏移距离　　图 4-85 绘制图形

操作技巧

在为【自】功能指定偏移点的时候，即使动态输入中默认的设置是相对坐标，也需要在输入时加上“@”来表明这是一个相对坐标值。动态输入的相对坐标设置仅适用于指定第2点的时候，例如，绘制一条直线时，输入的第一个坐标被当作绝对坐标，随后输入的坐标才被当作相对坐标。

练习 4-10 使用【自】功能调整门的位置 ★进阶★

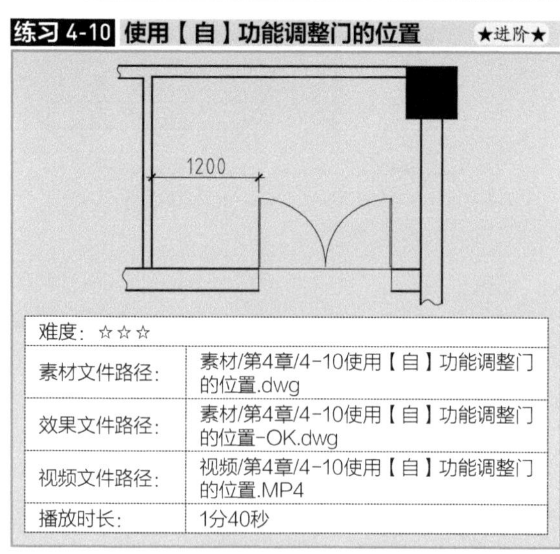

难度：☆☆☆	
素材文件路径：	素材/第4章/4-10使用【自】功能调整门的位置.dwg
效果文件路径：	素材/第4章/4-10使用【自】功能调整门的位置-OK.dwg
视频文件路径：	视频/第4章/4-10使用【自】功能调整门的位置.MP4
播放时长：	1分40秒

如果要对平面图进行修改，如调整门、窗类图形的位置，便可以通过【S】（拉伸）命令都可以完成修改。但如果碰到如图 4-86 所示的情况，仅靠【拉伸】命令

就很难成效，因为距离差值并非整数，这时就可以利用【自】功能来辅助修改，保证图形的准确性。

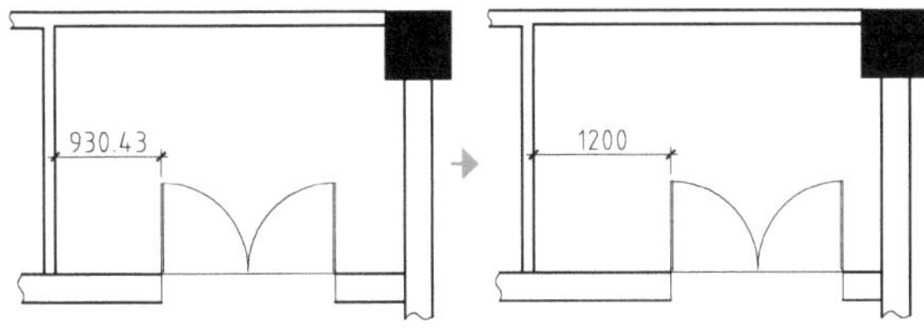

图 4-86 修改门的位置

Step 01 打开“第4章/4-10使用【自】功能调整门的位置.dwg”素材文件，素材图形如图4-87所示，为一局部室内图形，其中尺寸930.43为无理数，此处只显示两位小数。

Step 02 在命令行中输入“S”，执行【拉伸】命令，提示选择对象时按住鼠标左键不动，从右往左框选整个门图形，如图4-88所示。

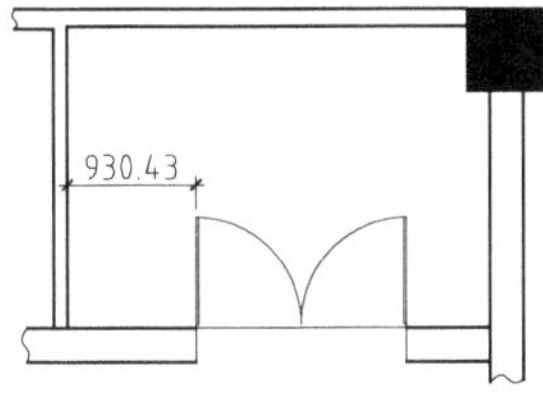

图 4-87 素材文件

图 4-88 框选门图形

Step 03 指定拉伸基点。框选完毕后单击【Enter】键确认，然后命令行提示指定拉伸基点，选择门图形左侧的端点为基点（即尺寸测量点），如图4-89所示。

Step 04 指定【自】功能基点。拉伸基点确定之后命令行便提示指定拉伸的第二个点，此时输入“from”，或在绘图区中单击鼠标右键，在弹出的快捷菜单中选择【自】选项，执行【自】命令，以左侧的墙角测量点为【自】功能的基点，如图4-90所示。

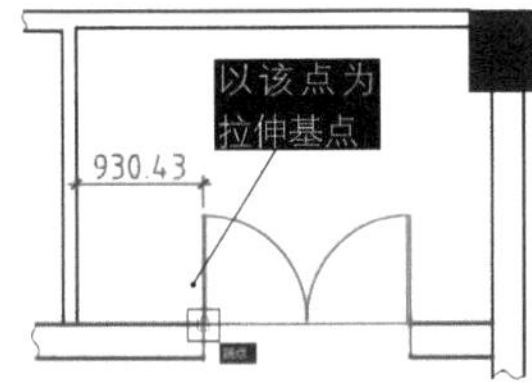

图 4-89 指定拉伸基点

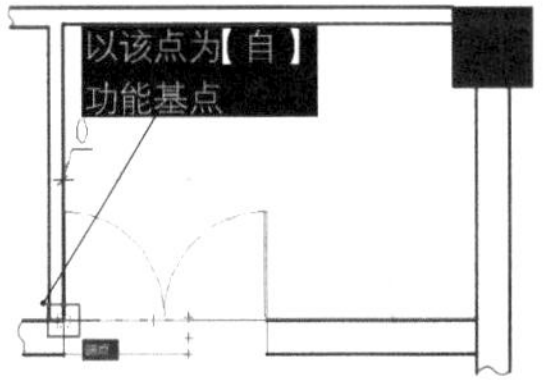

图 4-90 指定【自】功能基点

Step 05 输入拉伸距离。此时将光标向右移动，输入偏移距离“1200”，可得到最终的图形，如图4-91所示。

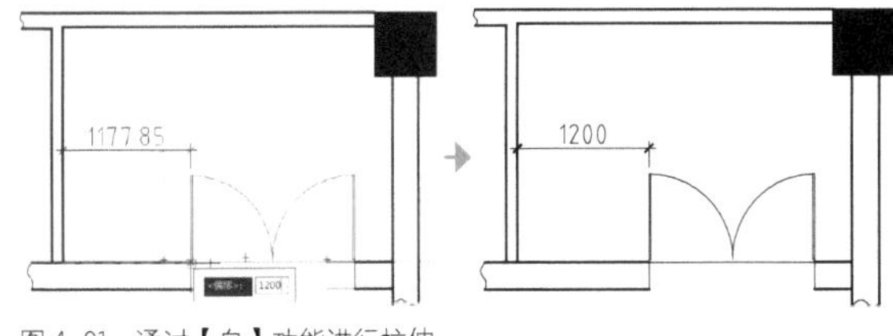

图 4-91 通过【自】功能进行拉伸

> **知识链接**
>
> 有关【拉伸】命令的详细介绍请见第7章的7.2.4节。

4.4.4 两点之间的中点

【两点之间的中点】（MTP）命令修饰符可以在执行对象捕捉或对象捕捉替代时使用，用以捕捉两定点之间连线的中点。两点之间的中点命令使用较为灵活，熟练掌握的话可以绘制快速出众多独特的图形。执行【两点之间的中点】命令有以下几种方法。

◆ 快捷键：按住【Shift】键同时单击鼠标右键，在弹出的菜单中选择【两点之间的中点】选项。

◆ 命令行：在执行命令时输入“mtp”命令。

◆ 执行该命令后，系统会提示指定中点的第一个点和第二个点，指定完毕后便自动跳转至该两点之间连线的中点上。

练习 4-11 使用【两点之间的中点】绘制图形

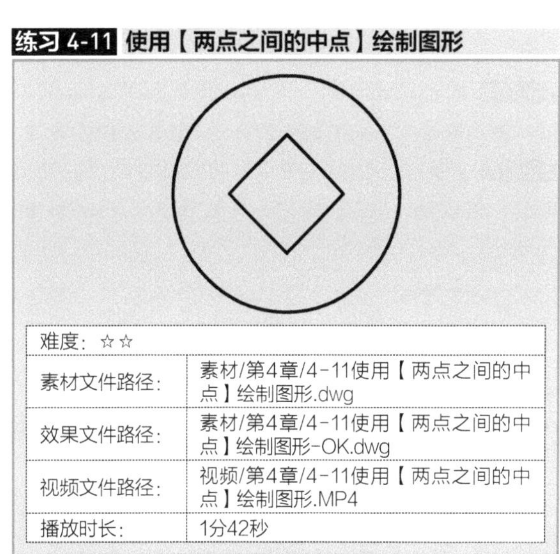

难度：☆☆	
素材文件路径：	素材/第4章/4-11使用【两点之间的中点】绘制图形.dwg
效果文件路径：	素材/第4章/4-11使用【两点之间的中点】绘制图形-OK.dwg
视频文件路径：	视频/第4章/4-11使用【两点之间的中点】绘制图形.MP4
播放时长：	1分42秒

如图4-92所示，在已知圆的情况下，要绘制出对角长为半径的正方形。通常只能借助辅助线或【移动】、【旋转】等编辑功能实现，但如果使用【两点之间的中点】命令，则可以一次性解决，详细步骤介绍如下。

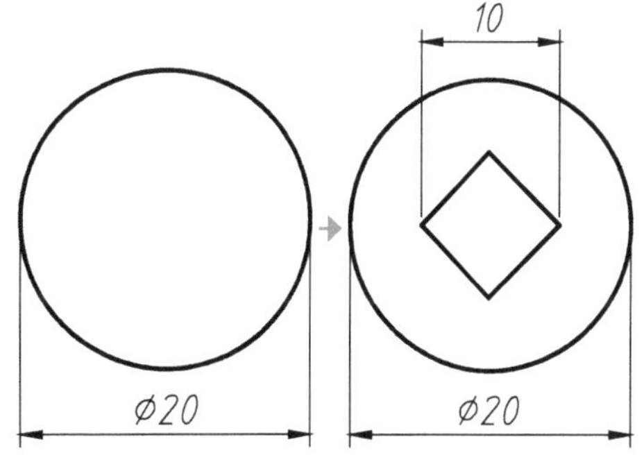

图 4-92 使用【两点之间的中点】绘制图形

Step 01 打开素材文件“第4章/4-11使用【两点之间的中点】绘制图形.dwg”，其中已经绘制好了直径为20的圆，如图4-93所示。

Step 02 在【默认】选项卡中，单击【绘图】面板上的【直线】按钮╱，执行直线命令。

Step 03 执行【两点之间的中点】。命令行出现“指定第一点”的提示时，输入“mtp”，执行【两点之间的中点】命令，如图4-94所示。也可以在绘图区中单击鼠标右键，在弹出的快捷菜单中选择【两点之间的中点】选项。

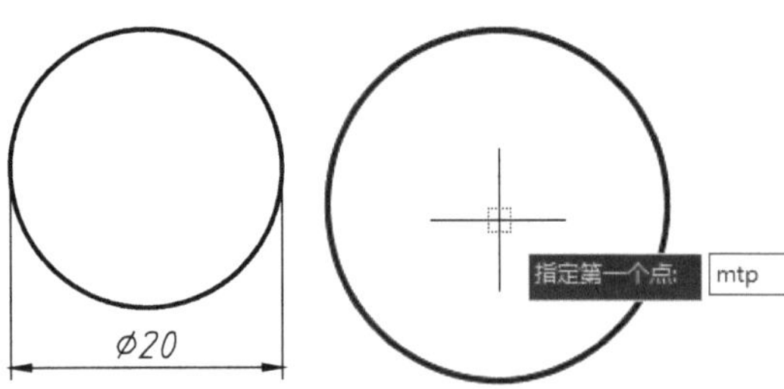

图 4-93 素材图形　　图 4-94 执行【两点之间的中点】

Step 04 指定中点的第一个点。将光标移动至圆心处，捕捉圆心为中点的第一个点，如图4-95所示。

Step 05 指定中点的第二个点。将光标移动至圆最右侧的象限点处，捕捉该象限点为第二个点，如图4-96所示。

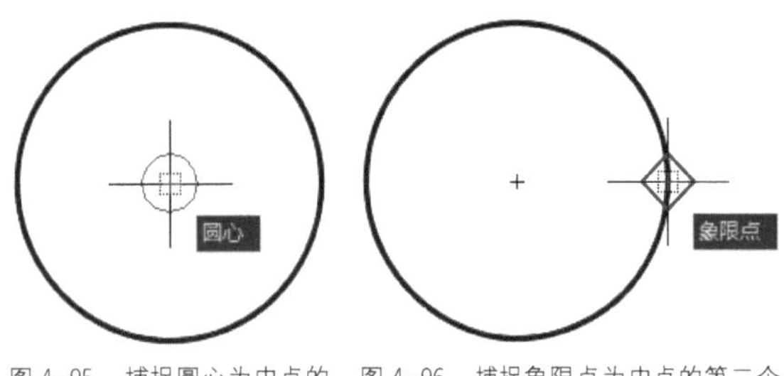

图 4-95 捕捉圆心为中点的第一个点　　图 4-96 捕捉象限点为中点的第二个点

Step 06 直线的起点自动定位至圆心与象限点之间的中点处，接着按相同方法将直线的第二点定位至圆心与上象限点的中点处，如图4-97所示。

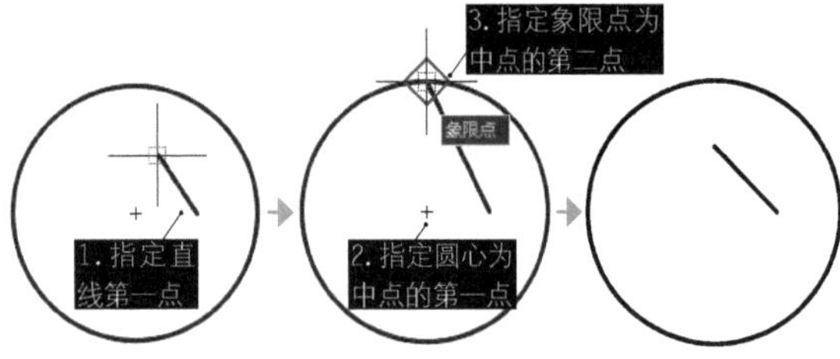

图 4-97 定位直线的第二个点

Step 07 按相同方法，绘制其余段的直线，最终效果如图4-98所示。

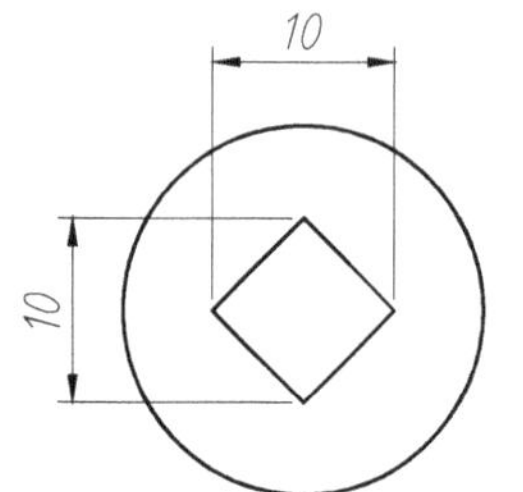

图 4-98 【两点之间的中点】绘制图形效果

4.4.5 点过滤器

点过滤器可以提取一个已有对象的 *x* 坐标值和另一个对象的 *y* 坐标值，来拼凑出一个新的（*x*，*y*）坐标位置。执行【点过滤器】命令有以下几种方法。

◆ 快捷键：按住【Shift】键同时单击鼠标右键，在弹出的菜单中选择【点过滤器】选项后的子命令。

◆ 命令行：在执行命令输入“.X”或“.Y”。

执行上述命令后，通过对象捕捉指定一点，输入另外一个坐标值，接着可以继续执行命令操作。

练习 4-12 使用【点过滤器】绘制立管

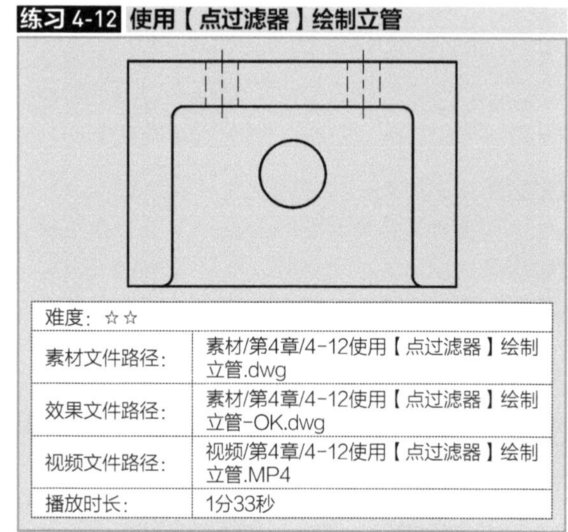

难度：☆☆	
素材文件路径：	素材/第4章/4-12使用【点过滤器】绘制立管.dwg
效果文件路径：	素材/第4章/4-12使用【点过滤器】绘制立管-OK.dwg
视频文件路径：	视频/第4章/4-12使用【点过滤器】绘制立管.MP4
播放时长：	1分33秒

如图 4-99 所示的图例中，圆形立管位于矩形的中心。要绘制这种地漏，就可以通过从定位面的水平直线段和垂直直线段的中点提取出 *x,y* 坐标来实现，即通过【点过滤器】来捕捉孔的圆心。

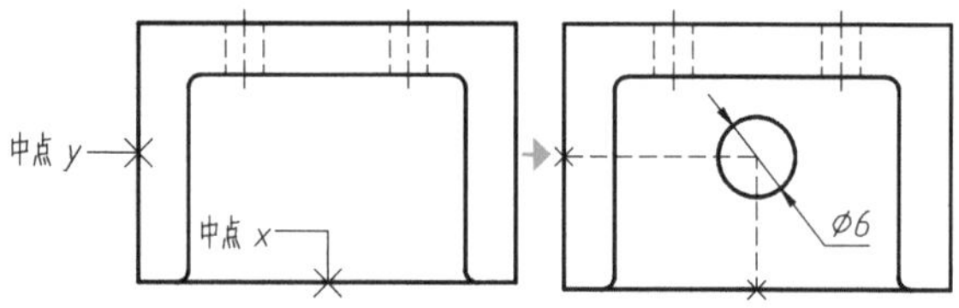

图 4-99 使用【点过滤器】绘制图形

Step 01 打开素材文件“第4章/4-12使用【点过滤器】绘制立管.dwg”，其中已经绘制好了一平面图形，如图4-100所示。

Step 02 在【默认】选项卡中，单击【绘图】面板上的【圆】按钮◎，执行圆命令。

Step 03 执执行【点过滤器】。命令行出现“指定第一点”的提示时，输入“X”，执行【点过滤器】命令，如图4-101所示。也可以在绘图区中单击鼠标右键，在弹出的快捷菜单中选择【点过滤器】中的【.X】子选项。

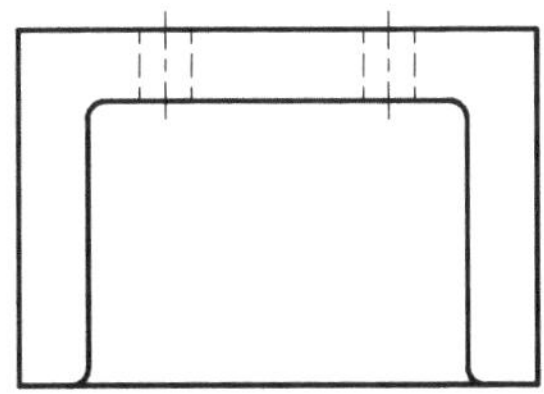

图 4-100　素材图形

指定圆的圆心或
.x

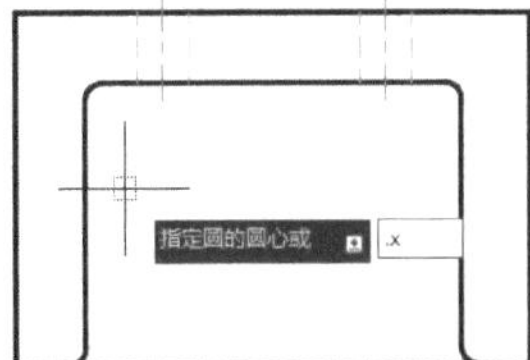

图 4-101　执行【点过滤器】

Step 04 指定要提取*X*坐标值的点。选择图形底侧边的中点，即提取该点的*X*坐标值，如图4-102所示。

Step 05 在指定要提取*Y*坐标值的点。选择图形左侧边的中点，即提取该点的*Y*坐标值，如图4-103所示。

Step 06 系统将新提取的*X*、*Y*坐标值指定为圆心，接着输入直径“6”，即可绘制如图4-104所示的图形。

中点

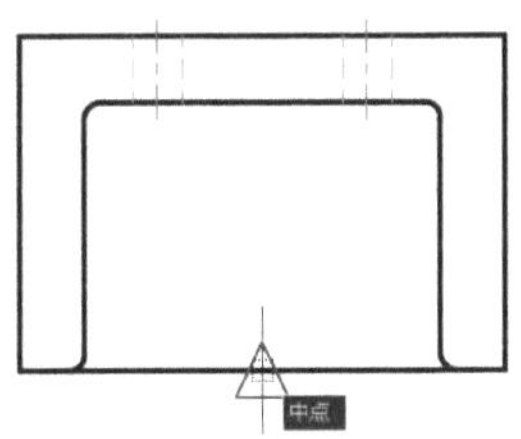

图 4-102　指定要提取 *X* 坐标值的点

中点

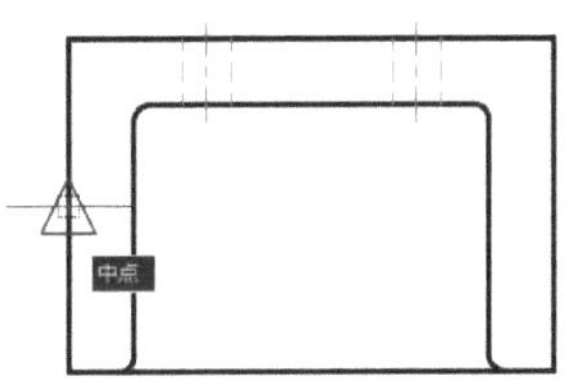

图 4-103　指定要提取 *Y* 坐标值的点

∅6

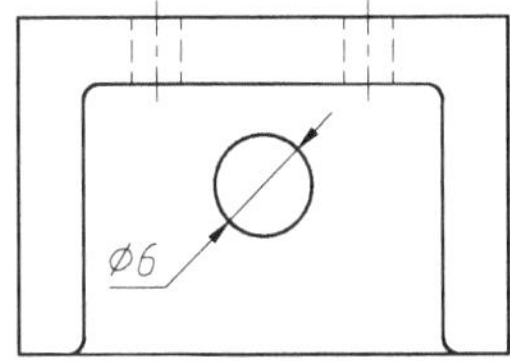

图 4-104　绘制圆

操作技巧

并不需要坐标值的*X*和*Y*部分都使用已有对象的坐标值。例如，可以使用已有的一条直线的*Y*坐标值并选取屏幕上任意一点的*X*坐标值来构建*X*、*Y*坐标值。

4.5 选择图形

对图形进行任何编辑和修改操作的时候，必须先选择图形对象。针对不同的情况，采用最佳的选择方法，能大幅提高图形的编辑效率。AutoCAD 2016 提供了多种选择对象的基本方法，如点选、框选、栏选、围选等。

4.5.1 点选

如果选择的是单个图形对象，可以使用点选的方法。直接将拾取光标移动到选择对象上方，此时该图形对象会虚线亮显表示，单击鼠标左键，即可完成单个对象的选择。点选方式一次只能选中一个对象，如图 4-105 所示。连续单击需要选择的对象，可以同时选择多个对象，如图 4-106 所示，虚线显示部分为被选中的部分。

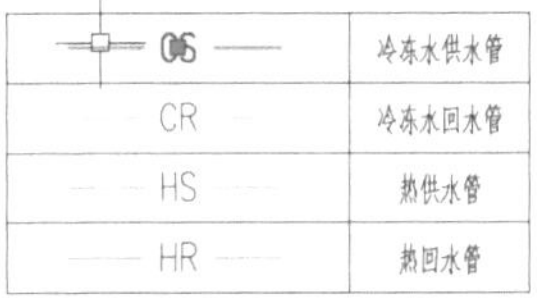

06
冷冻水供水管
CR
冷冻水回水管
HS
热供水管
HR
热回水管

图 4-105　点选单个对象

06
冷冻水供水管
CR
冷冻水回水管
HS
热供水管
HR
热回水管

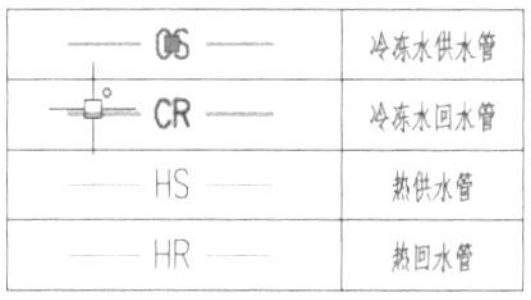

图 4-106　点选多个对象

操作技巧

按下【Shift】键并再次单击已经选中的对象，可以将这些对象从当前选择集中删除。按【Esc】键，可以取消选择对当前全部选定对象的选择。

如果需要同时选择多个或者大量的对象，再使用点选的方法不仅费时费力，而且容易出错。此时，宜使用 AutoCAD 2016 提供的窗口、窗交、栏选等选择方法。

4.5.2 窗口选择

窗口选择是一种通过定义矩形窗口选择对象的一种方法。利用该方法选择对象时，从左往右拉出矩形窗口，框住需要选择的对象，此时绘图区将出现一个实线的矩形方框，选框内颜色为蓝色，如图 4-107 所示；释放鼠标后，被方框完全包围的对象将被选中，如图 4-108 所示，虚线显示部分为被选中的部分，按【Delete】键删除选择对象，结果如图 4-109 所示。

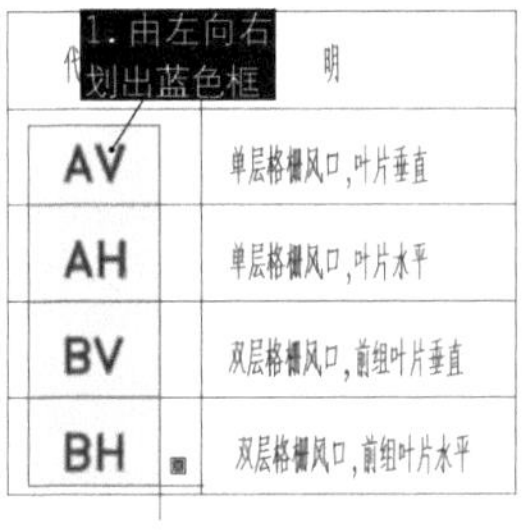

1. 由左向右
划出蓝色框
明
AV
单层格栅风口，叶片垂直
AH
单层格栅风口，叶片水平
BV
双层格栅风口，前组叶片垂直
BH
双层格栅风口，前组叶片水平

图 4-107　窗口选择

2. 窗交选择
选中的部分
明
AV
单层格栅风口，叶片垂直
AH
单层格栅风口，叶片水平
BV
双层格栅风口，前组叶片垂直
BH
双层格栅风口，前组叶片水平

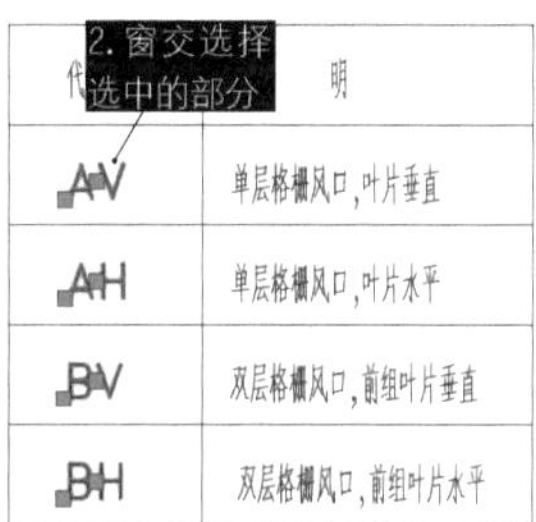

图 4-108　选择结果

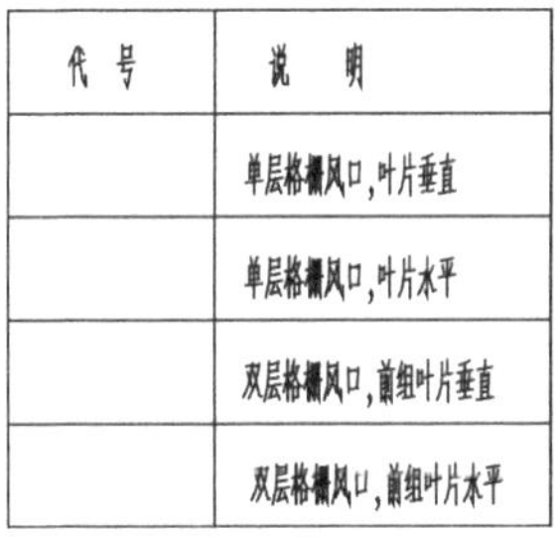

代　号
说　明
单层格栅风口，叶片垂直
单层格栅风口，叶片水平
双层格栅风口，前组叶片垂直
双层格栅风口，前组叶片水平

图 4-109　删除对象

4.5.3 窗交选择

窗交选择对象的选择方向正好与窗口选择相反，它是按住鼠标左键向左上方或左下方拖动，框住需要选择的对象，框选时绘图区将出现一个虚线的矩形方框，选框内颜色为绿色，如图 4-110 所示，释放鼠标后，与方框相交和被方框完全包围的对象都将被选中，如图 4-111 所示，虚线显示部分为被选中的部分，删除选中对象，如图 4-112 所示。

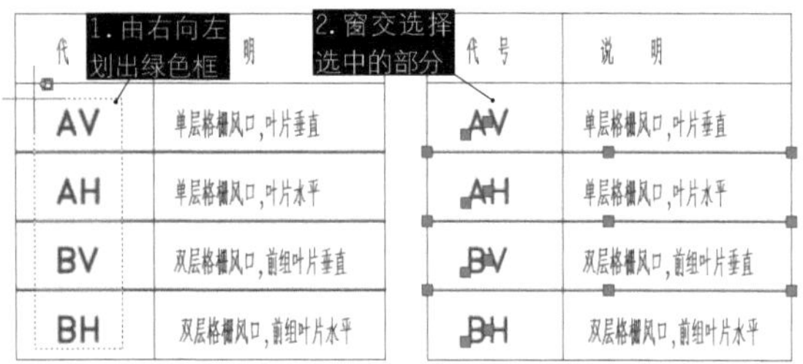

图 4-110　窗交选择　　图 4-111　选择结果

代 号	说 明
	单层格栅风口,叶片垂直
	单层格栅风口,叶片水平
	双层格栅风口,前组叶片垂直
	双层格栅风口,前组叶片水平

图 4-112　删除对象

4.5.4 栏选

栏选图形是指在选择图形时拖曳出任意折线，如图 4-113 所示，凡是与折线相交的图形对象均被选中，如图 4-114 所示，虚线显示部分为被选中的部分，删除选中对象，如图 4-115 所示。

光标空置时，在绘图区空白处单击，然后在命令行中输入“F”并按【Enter】键，即可调用栏选命令，再根据命令行提示分别指定各栏选点，命令行操作如下。

```
指定对角点或 [栏选(F)/圈围(WP)/圈交(CP)]: F↙//选择【栏选】方式
指定第一个栏选点:
指定下一个栏选点或 [放弃(U)]:
```

使用该方式选择连续性对象非常方便，但栏选线不能封闭或相交。

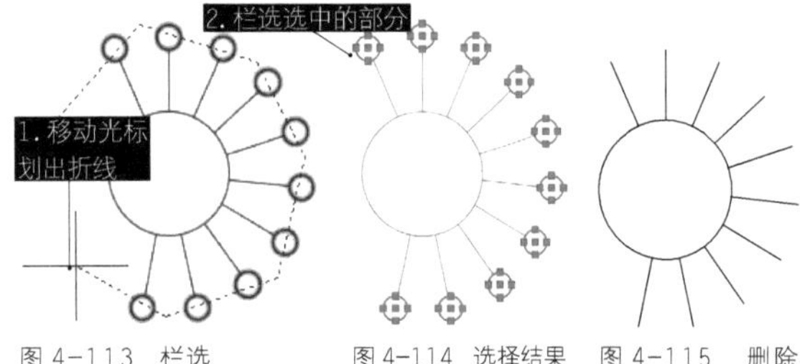

图 4-113　栏选　　图 4-114　选择结果　　图 4-115　删除对象

4.5.5 圈围

圈围是一种多边形窗口选择方式，与窗口选择对象的方法类似，不同的是圈围方法可以构造任意形状的多边形，如图 4-116 所示。被多边形选择框完全包围的对象才能被选中，如图 4-117 所示。虚线显示部分为被选中的部分，删除选中对象，如图 4-118 所示。

光标空置时，在绘图区空白处单击，然后在命令行中输入“WP”并按【Enter】键，即可调用圈围命令，命令行提示如下。

```
指定对角点或 [栏选(F)/圈围(WP)/圈交(CP)]: WP↙
                //选择【圈围】选择方式
第一圈围点:
指定直线的端点或 [放弃(U)]:
指定直线的端点或 [放弃(U)]:
```

圈围对象范围确定后，按【Enter】键或空格键确认选择。

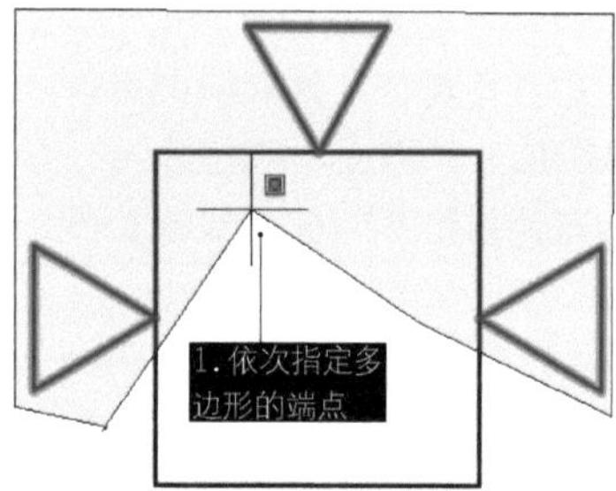

图 4-116　圈围选择

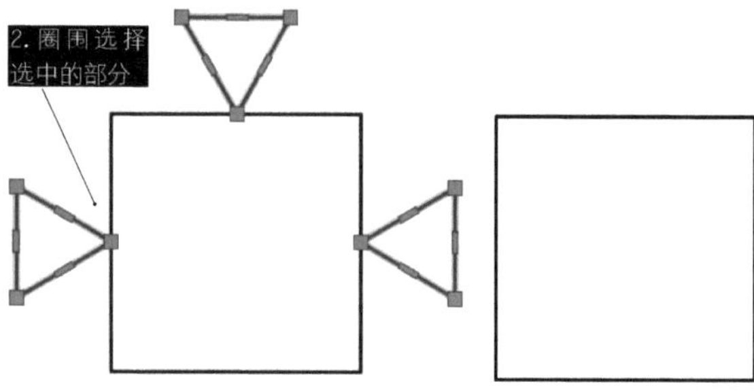

图 4-117　选择结果　　图 4-118　删除对象

4.5.6 圈交

圈交是一种多边形窗交选择方式，与窗交选择对象的方法类似，不同的是圈交方法可以构造任意形状的多边形，它可以绘制任意闭合但不能与选择框自身相交或相切的多边形，如图 4-119 所示。选择完毕后可以选择多边形中与它相交的所有对象，如图 4-120 所示。虚线显示部分为被选中的部分，删除选中对象，如图 4-121 所示。

光标空置时，在绘图区空白处单击，然后在命令行中输入“CP”并按【Enter】键，即可调用圈围命令，命令行提示如下。

```
指定对角点或 [栏选(F)/圈围(WP)/圈交(CP)]: CP↙//选择【圈交】选择方式
第一圈围点:
指定直线的端点或 [放弃(U)]:
指定直线的端点或 [放弃(U)]:
```

圈交对象范围确定后，按【Enter】键或空格键确认选择。

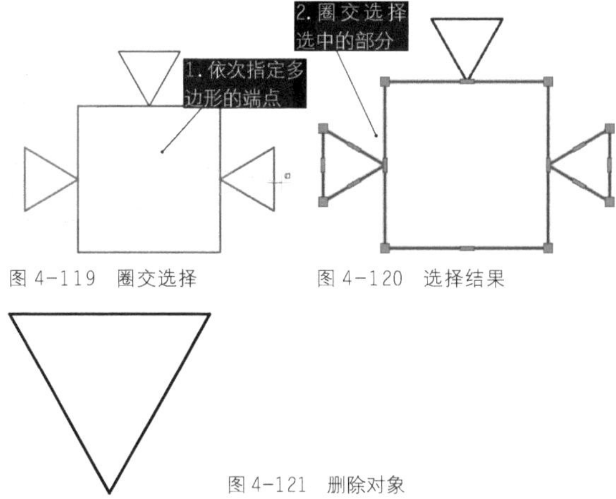

图 4-119 圈交选择　　图 4-120 选择结果

图 4-121 删除对象

4.5.7 套索选择

套索选择是 AutoCAD 2016 新增的选择方式，是框选命令的一种延伸，使用方法跟以前版本的“框选”命令类似。只是当拖动鼠标围绕对象拖动时，将生成不规则的套索选区，使用起来更加人性化。根据拖动方向的不同，套索选择分为窗口套索和窗交套索 2 种。

◆顺时针方向拖动为窗口套索选择，如图 4-122 所示。

◆逆时针拖动则为窗交套索选择，如图 4-123 所示。

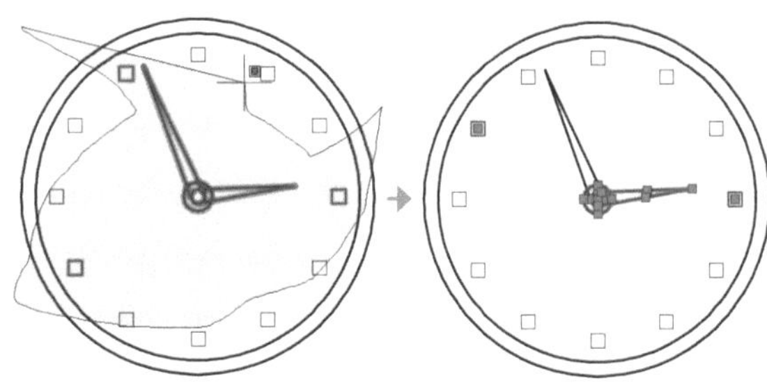

图 4-122 窗口套索选择效果

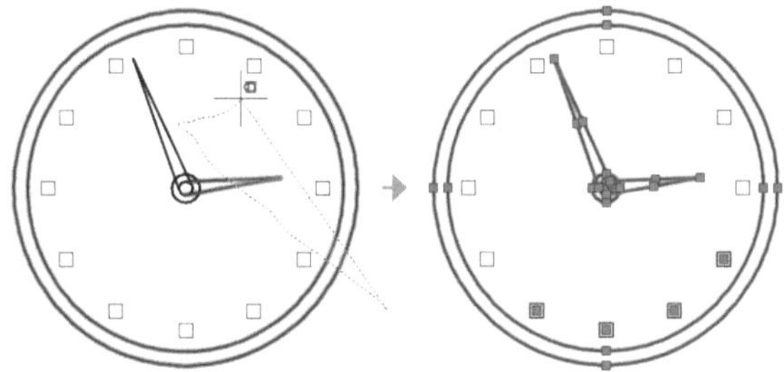

图 4-123 窗交套索选择效果

4.5.8 快速选择图形对象

快速选择可以根据对象的图层、线型、颜色、图案填充等特性选择对象，从而可以准确快速地从复杂的图形中选择满足某种特性的图形对象。

选择【工具】|【快速选择】命令，弹出【快速选择】对话框，如图 4-124 所示。用户可以根据要求设置选择范围，单击【确定】按钮，完成选择操作。

如要选择图 4-125 中的圆弧，除了手动选择的方法外，就可以利用快速选择工具来进行选取。选择【工具】|【快速选择】命令，弹出【快速选择】对话框，在【对象类型】下拉列表框中选择【圆弧】选项，单击【确定】按钮，选择结果如图 4-126 所示。

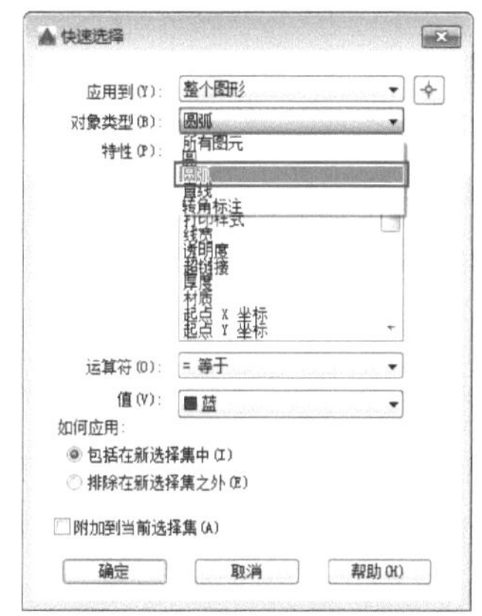

图 4-124 【快速选择】对话框

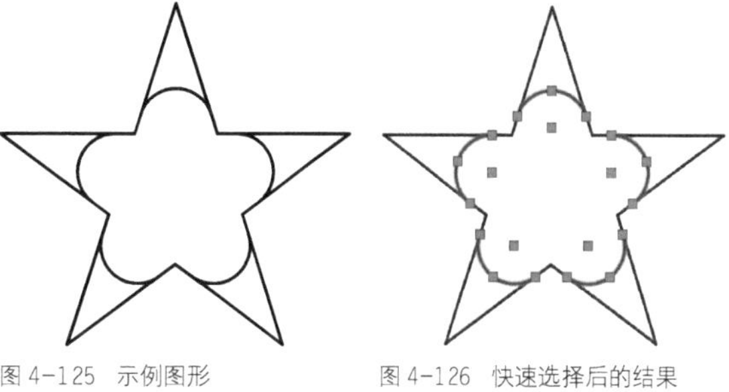

图 4-125 示例图形　　图 4-126 快速选择后的结果

4.6 使用过滤器选择对象

在绘制图形时，有时需要选择图形中的所有直线来更改颜色、查看有圆角的圆弧半径或删除短线段。这时需要用更高级的方法来选择对象，也就是使用过滤器。

4.6.1 使用快速选择功能来选取对象 ★进阶★

快速选择是指可以根据对象的图层、线型、颜色、图案填充等特性选择对象，从而可以准确快速地根据指定的过滤条件快速定义选择集。

AutoCAD 2016 中打开【快速选择】对话框的方法有如下 3 种。

◆菜单栏：选择【工具】|【快速选择】菜单命令。

◆功能区：在【默认】选项卡中，单击【实用工具】面板中的【快速选择】按钮。

◆命令行：在命令行中输入“QSELECT”命令。

执行上述命令后，系统弹出【快速选择】对话框，如图 4-127 所示。用户可以根据要求设置选择范围，单击【确定】按钮，完成选择操作。对话框中各选项的功能如下。

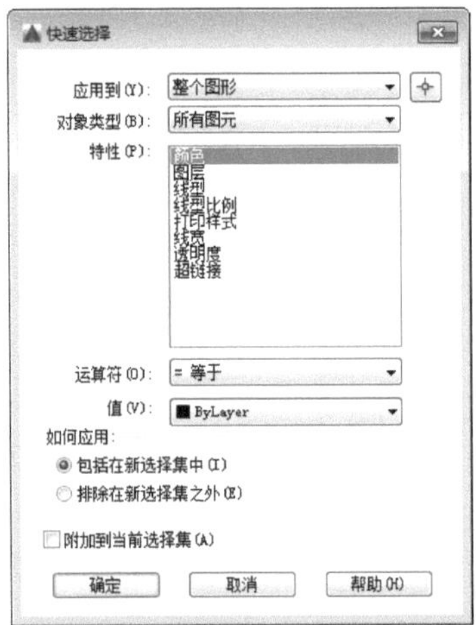

图 4-127 【快速选择】对话框

◆【应用到】：用于选择过滤条件的应用范围。

◆【对象类型】：用于指定过滤条件中的对象类型（如【直线】、【矩形】、【多段线】等）。

◆【特性】：用于列出被选中对象类型的特性（如【颜色】、【线型】、【线宽】、【图层】、【打印样式】等）。

◆【运算符】：用于控制过滤器中针对对象特性的运算，选项包括【等于】、【不等于】、【大于】、【小于】等。

◆【值】：用于指定过滤的属性值。

◆【如何应用】：用于指定选择符合过滤条件的实体还是不符合过滤条件的实体。选择【包括在新选择集中】单选按钮，选择绘图区中（关闭、锁定、冻结层上的实体除外）所有符合过滤条件的实体。选择【排除在新选择集之外】单选按钮，选择所有不符合过滤条件的实体（关闭、锁定、冻结层上的实体除外）。

◆【附加到当前选择集】：用于指定是将创建的新选择集替换还是附加到当前选择集。

4.6.2 使用 Filter 命令 ★进阶★

与快速选择命令相比，【Filter】命令的优势在于可以创建较复杂的过滤器并将其保存起来。

在命令行中输入【Filter】命令并按【Enter】键，打开如图 4-128 所示的【对象选择过滤器】对话框。如果已经设定好过滤器，那么将显示在该对话框顶部的方框中。

图 4-128 【对象选择过滤器】对话框

操作技巧

【Filter】命令属于透明命令。另外，选择过滤器只能根据指定的设置来查找对象的颜色和线型，而不是作为固定图层定义的一部分来查找。

创建单个过滤器

在【对象选择过滤器】对话框的【选择过滤器】区域内提供的参数可以指定一个过滤器。下拉列表列出了所有可选的过滤器，如图 4-129 所示。

创建单个过滤器，首先需要选择一个过滤器，如选择【直线】选项。如果选择的选项不需要做进一步的说明，直接单击【添加到列表】按钮 添加到列表(L): ，此时过滤器出现在对话框顶部的方框中，如图 4-130 所示。过滤器以【对象 = 直线】形式出现。

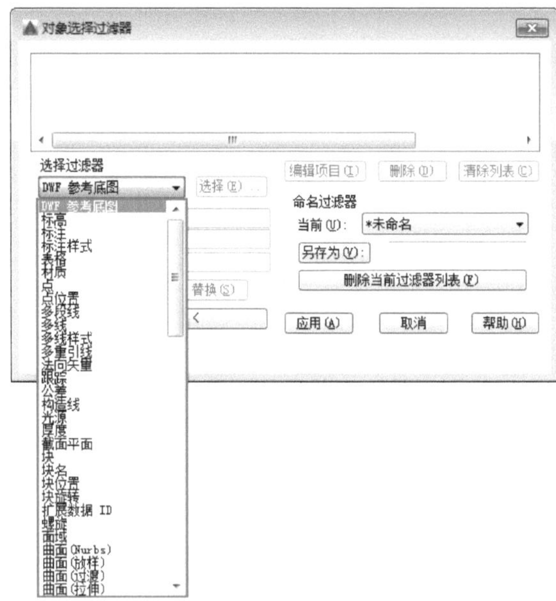

图 4-129 可以指定的过滤器选项

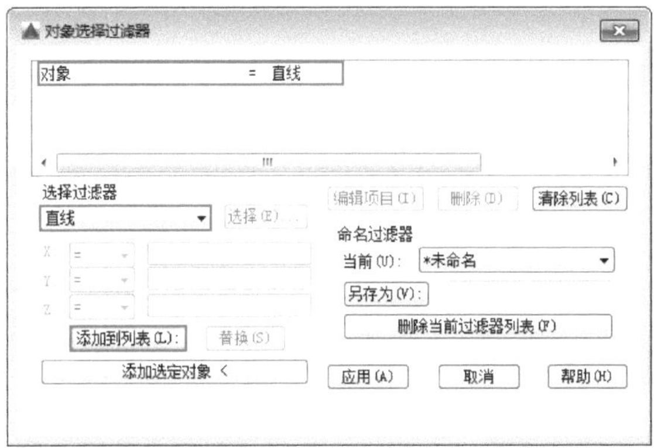

图 4-130 添加【直线】为过滤器对象

许多过滤器需要有具体值，可以用以下两种方法来输入。

◆如果选择了可以用列表表示其值的对象，则单击激活的【选择】按钮|选择(E)...|，并选择所需的值。例如，选择颜色或图层，则可以从颜色列表中选择一个值，如图 4-131 所示。

◆如果选择了可以赋予任意数值的对象，则会激活下拉下面的参数（分别为 X、Y 和 Z 参数）。其中【视口中心】是需要（X、Y 和 Z 参数）坐标的过滤器，大多数情况下，仅使用 X 参数为过滤器输入值。例如，如果选择【文字高度】，则只需在 X 参数的文本框中输入文字高度值。

在创建过滤器的时候，并非总是需要指定过滤器等于某个值。例如，创建一个选择所有半径小于 0.75mm 的圆过滤器，选择【圆半径】选项，单击激活的 X 参数下拉箭头打开关系运算符的列表，选择“<”即可，如图 4-132 所示。

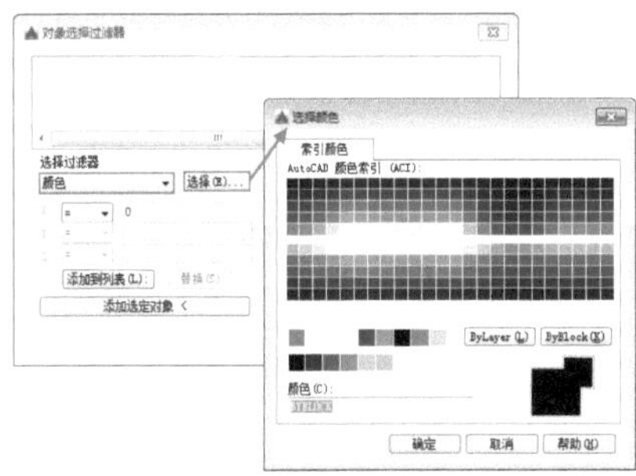

图 4-131 选中的对象

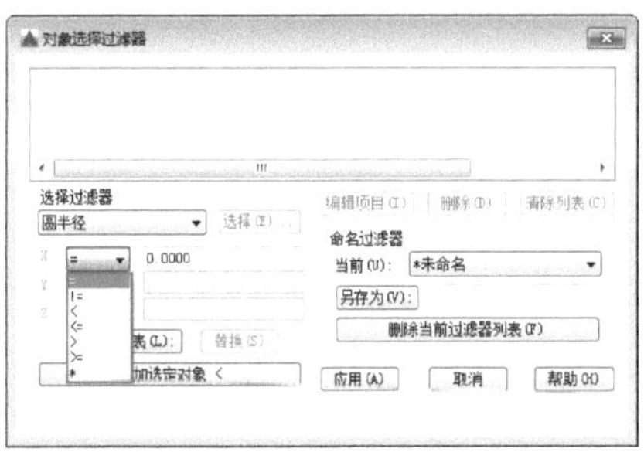

图 4-132 关系运算符

表 4-2 列出了关系运算符的含义。

表4-2 【对象选择过滤器】对话框中的关系运算符

运算符	定义	运算符	定义
=	等于	>	大于
! =	不等于	>=	大于或等于
<	小于	*	等于任意值
<=	小于或等于		

2 添加第二个过滤器

要添加第二个过滤器，首先要确定第一个过滤器和第二个过滤器之间的关系，然后为其分配一个逻辑运算符。逻辑运算符总是成对出现，也就是说，如果以某个运算符开始，那么必须以这个运算符结束。逻辑运算符列在过滤器对下下拉列表的末尾。

表 4-3 解释了 4 个逻辑运算符，也可称为组合运算符。表 4-3 中的【示例】栏说明了两个过滤器【颜色 =1- 红和对象 = 圆】组合的结果。

表4-3 用于选择过滤器的逻辑（组合）运算符

运算符	说明	示例
AND	查找满足所有条件的对象	查找红色的圆
OR	查找满足任一条件的对象	查找所有红色对象及所有圆
XOR	查找不同时满足两个条件的对象，在【开始 XOR】和【结束 XOR】之间需要两个条件	查找非圆的红色对象和非红色的圆对象
NOT	排除满足条件的对象，在【开始 NOR】和【结束 NOR】之间只有一个条件	如果NOT运算符组合了【对象=圆】过滤器，则寻找所有非圆的红色对象

操作技巧

当选择了两个或多个过滤器而没有选择逻辑运算符时，则过滤计算器默认其为And（与）运算。也就是说，只选择满足所有指定条件的对象。

单击【替换】按钮|替换(S)|并选择一个保存的过滤器，即可将该过滤器插入正在定义的过滤器中。要基于已有对象添加过滤器，可以单击【添加选定对象】按钮|添加选定对象 <|，即可将该对象的所有特性添加到过滤器定义中，不过这样有时会选取一些不需要的特性。

图 4-133 所示是选择所有直线和多段线的过滤器。因为要选择满足一个条件但不同时满足两个条件的对象，所以这里采用了 XOR 运算符。显然，不可能存在一个对象既是直线又是多段线。

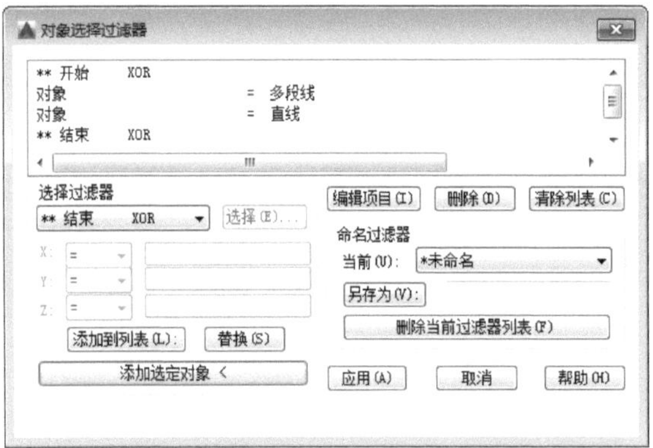

图 4-133 选择所有直线和多段线的过滤器

4.6.3 命名和编辑过滤器 ★进阶★

当完成了一个过滤器的定义后应当保存，因为即使今后不会使用，也可能在使用时产生一个图形编辑错误而需返回该过滤器。在【另存为】文本框中输入文件名，然后单击【另存为】按钮|另存为(V):|即可保存。

可以使用如下 3 个按钮来编辑过滤器。

◆【编辑项目】按钮|编辑项目(I)|：选择包含该项目的行并单击这个按钮进行编辑。该项目名会出现在下拉列表中，以便为其指定新值。

◆【删除】按钮|删除(D)|：单击该按钮即可删除过滤器中的一个项目。

◆【清除列表】按钮|清除列表(C)|：单击该按钮即可清除过滤器中所有的项目并重新开始。

> **操作技巧**
>
> 要选择一个已命名的过滤器进行编辑，从【当前】下拉列表中选取即可。

4.6.4 使用过滤器 ★进阶★

过滤器的使用方法有两种：常用的方法是先选择命令，然后选择所需的过滤器来选取对象，命令行提示如下，以执行【M】（移动）命令为例。

```
命令: M↙MOVE//调用【移动】命令
选择对象: 'filter//输入【filter】命令，并按【Enter】键，系统弹出【对象选择过滤器】对话框
```

在【对象选择过滤器】对话框中定义好过滤器，然后单击【应用】按钮|应用(A)|，将过滤器应用到选择，命令行提示如下。

```
将过滤器应用到选择。
选择对象: all↙//输入“all”表示将选择所有需要加入过滤器的对象
找到 1 个//系统自动从全部对象中筛选出符合过滤要求的对象
选择对象: ↙
退出过滤出的选择。
正在恢复执行【 MOVE 】命令
选择对象: 找到 1 个
```

第 5 章 绘图环境的设置

绘图环境指的是绘图的单位、图纸的界限、绘图区的背景颜色等。本章将介绍这些设置方法，可以将大多数设置保存在一个样板中，这样就无需每次绘制新图形时重新进行设置。

5.1 设置图形单位与界限

通常，在开始绘制一幅新的图形时，为了绘制出精确图形，首先要设置图形的尺寸和度量单位。

5.1.1 设置图形单位

设置绘图环境的第一步就是设定图形的度量单位的类型。单位规定了图形对象的度量方式，可以将设定的度量单位保存在样板中，如表 5-1所示。

表5-1 度量单位

度量单位	度量示例	描述
分数	32 1/2	整数位加分数
工程	2′ -8.50″	英尺和英寸、英寸部分含小数
建筑	2′ -8 1/2″	英尺和英寸、英寸部分含分数
科学	3.25E＋01	基数加幂指数
小数	32.50	十进制整数位加小数位

为了便于不同领域的设计人员进行设计创作，AutoCAD 允许灵活更改绘图单位，以适应不同的工作需求。AutoCAD 2016 在【图形单位】对话框中设置图形单位。

打开【图形单位】对话框有如下 3 种方法。

◆应用程序按钮：单击【应用程序】按钮，在弹出的快捷菜单中选择【图形实用工具】|【单位】选项，如图 5-1 所示。

◆菜单栏：选择【格式】|【单位】命令。

◆命令行：输入“UNITS”或“UN”命令。

执行以上任一种操作后，将打开【图形单位】对话框，如图 5-2 所示。在该对话框中，通过【长度】区域内【类型】下拉列表选择需要使用的度量单位类型，默认的度量单位为【小数】；在【精度】下拉列表中可以选择所需的精度；以及从 AutoCAD 设计中心中插入图块或外部参照时的缩放单位。

操作技巧

毫米（mm）是国内工程绘图领域最常用的绘图单位，AutoCAD默认的绘图单位也是毫米（mm），所以有时候可以省略绘图单位设置这一步骤。

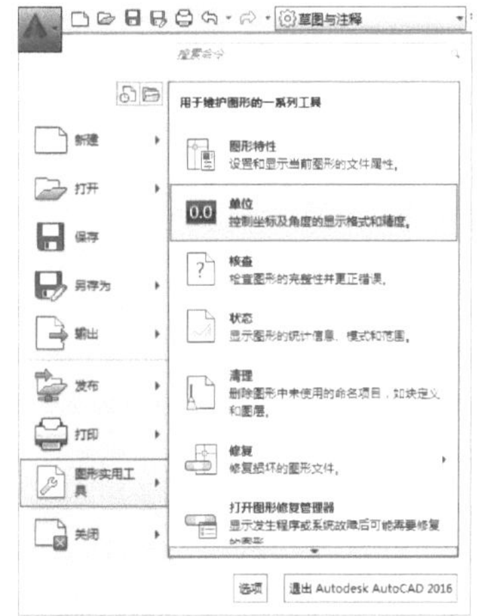

图 5-1 【应用程序】按钮调用【单位】命令

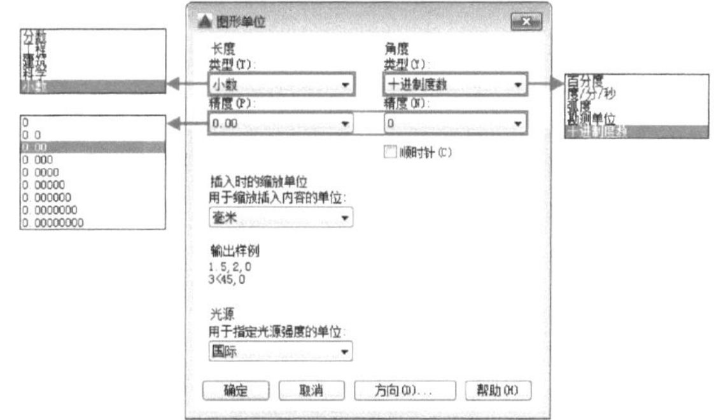

图 5-2 【图形单位】对话框选择度量单位

5.1.2 设置角度的类型

与度量单位一样，在不同的专业领域和工作环境中，用来表示角度的方法也是不同的，如表 5-2 所示。默认设置是十进制角度。

表5-2 角度类型

角度类型名称	度量示例	描述
十进制度数	32.5′	整数角度和小数部分角度
度/分/秒	32° 30′ 0″	度、分、秒
百分度	36.1111g	百分度数
弧度	0.5672r	弧度数
勘测单位	N 57d30′ E	勘测（方位）单位

在图 5-2 所示的【图形单位】对话框中，通过

【角度】区域内【类型】下拉列表选择需要使用的度量单位类型，默认的度量单位为【十进制度数】；在【精度】下拉列表中可以选择所需的精度。

要注意的是，角度中的1′是1°的1/60，而1″是1′的1/60。百分度和弧度都只是另外一种表示角度的方法，公制角度的一百分度相当于直角的1/100，弧度用弧长与圆弧半径的比值来度量角度。弧度的范围从0到2π，相当于通常角度中的0°到360°，其中1弧度大约等于57.3°。勘测单位则是以方位角来表示角度的，先以北或南作为起点，然后加上特定的角（度、分、秒）来表示该角相对于正南或正北方向的偏移角，以及偏向哪个方向（东或西）。

另外，在这里更改角度类型的设置并不能自动更改标注中角度类型，需要通过【标注样式管理器】来更改标注。

5.1.3 设置角度的测量方法与方向

按照惯例，角度都是按逆时针方向递增的，以向右的方向为0°，也称为东方。可以通过勾选【图形单位】对话框中的【顺时针】选项来改变角度的度量方向，如图5-3所示。

要改变0°的方向，可以单击【图形单位】对话框中的【方向】按钮 方向(D)... ，打开如图5-4所示的【方向控制】对话框，用以控制角度的起点和测量方向。默认的起点角度为0°，方向正东。在其中可以设置基准角度，即设置0°角。如：将基准角度设为“北”，则绘图时的0°实际上在90°方向上。如果选择【其他】单选按钮，则可以单击【拾取角度】按钮，切换到图形窗口中，通过拾取两个点来确定基准角度0°的方向。

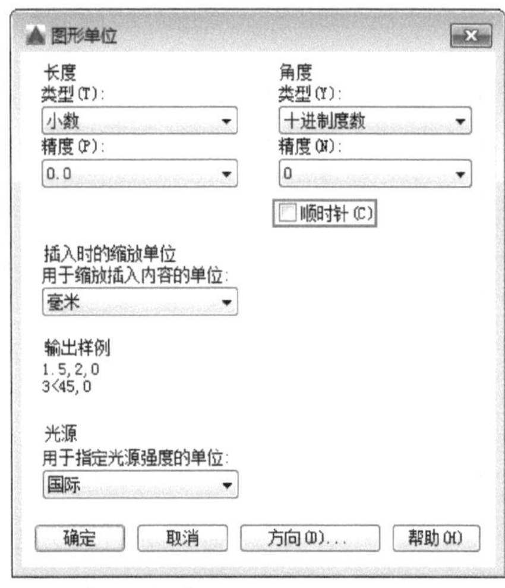

图5-3【图形单位】对话框

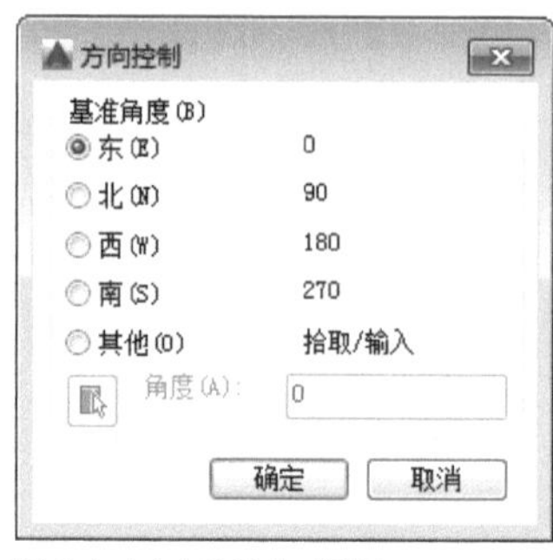

图5-4【方向控制】对话框

> **操作技巧**
>
> 对角度方向的更改会对输入角度以及显示坐标值产生影响，但这不会改变用户坐标系（UCS）设置的绝对坐标值。如果使用动态输入功能，会发现动态输入工具栏提示中显示出来的角度值从来不会超过180°，这个介于0°~180°的值代表的是当前点与0°角水平线之间在顺时针和逆时针方向上的夹角。

5.1.4 设置图形界限

AutoCAD的绘图区域是无限大的，用户可以绘制任意大小的图形，但由于现实中使用的图纸均有特定的尺寸（如常见的A4纸大小为297mm×210mm），为了使绘制的图形符合纸张大小，需要设置一定的图形界限。执行【设置绘图界限】命令操作有以下几种方法。

- ◆菜单栏：选择【格式】|【图形界限】命令。
- ◆命令行：输入“LIMITS”命令。

通过以上任一种方法执行图形界限命令后，在命令行输入图形界限的两个角点坐标，即可定义图形界限。而在执行图形界限操作之前，需要激活状态栏中的【栅格】按钮，只有启用该功能才能，查看图限的设置效果。它确定的区域是可见栅格指示的区域。

练习5-1 设置A4（297 mm×210 mm）纸的图形界限

Step 01 单击快速访问工具栏中的【新建】按钮，新建文件。

Step 02 选择【格式】|【图形界限】命令，设置图形界限，命令行提示如下。此时若选择【ON】选项，则绘图时图形不能超出图形界限，若超出系统不予显示，选择【OFF】选项时准予超出界限图形。

```
命令: _limits✓//调用【图形界限】命令
重新设置模型空间界限:
指定左下角点或 [开(ON)/关(OFF)] <0.0,0.0>: 0,0✓
//指定坐标原点为图形界限左下角点
指定右上角点<420.0,297.0>: 297,210✓//指定右上角点
```

Step 03 右击状态栏上的【栅格】按钮，在弹出的快捷

菜单中选择【网格设置】命令，或在命令行输入“SE”并按【Enter】键，系统弹出【草图设置】对话框，在【捕捉和栅格】选项卡中，取消选中【显示超出界限的栅格】复选框，如图5-5所示。

Step 04 单击【确定】按钮，设置的图形界限以栅格的范围显示，如图5-6所示。

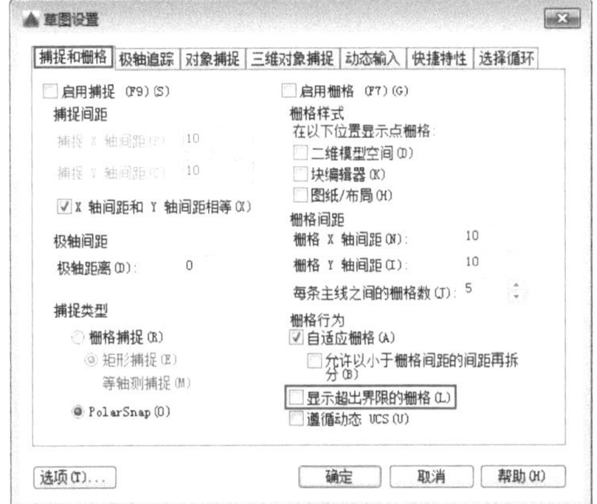

图 5-5 【草图设置】对话框

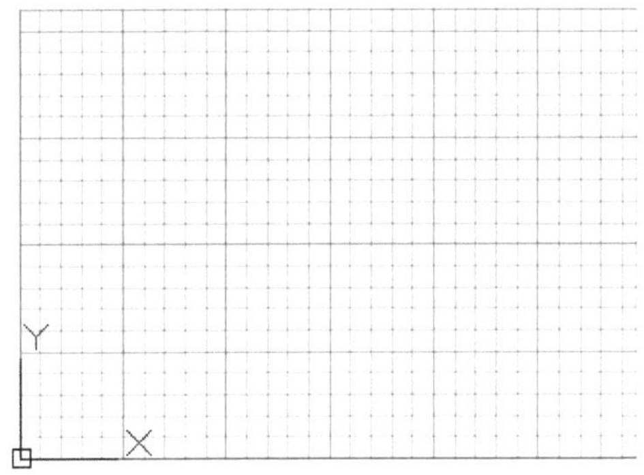

图 5-6 以栅格范围显示绘图界限

Step 05 将设置的图形界限(A4图纸范围)放大至全屏显示，如图5-7所示，命令行操作如下。

```
命令: zoom↙//调用视图缩放命令
指定窗口的角点，输入比例因子 (nX或nXP)，或者
[全部(A)/中心(C)/动态(D)/范围(E)/上一个(P)/比例(S)/窗口(W)/对象(O)] <实时>: A↙
//激活【全部】选项，正在重生成模型。
```

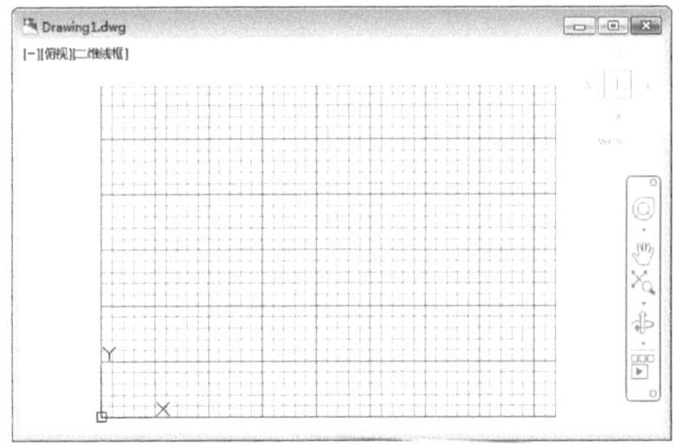

图 5-7 布满整个窗口的栅格

5.2 设置系统环境

设置一个合理且适合用户所需的系统环境，是绘图前的重要工作，这对绘图的速度和质量起着至关重要的作用。系统环境包括绘图区的背景颜色、鼠标按键的定义、图形的显示精度以及各种与用户操作习惯有关的参数设置。

AutoCAD 2016 提供了【选项】对话框用于设置系统环境，打开该对话框方法如下。

◆菜单栏：执行【工具】|【选项】命令，如图 5-8 所示。

◆命令行：输入“OPTIONS”或“OP”命令。

◆应用程序：单击【应用程序】按钮，在下拉菜单中选择【选项】命令，如图 5-9 所示。

◆快捷操作：在绘图区空白处单击右键，在弹出的快捷菜单中选择【选项】，如图 5-10 所示。

图 5-8 【菜单栏】调用【选项】命令　图 5-9 【应用程序】按钮菜单调用【选项】命令

图 5-10 右键菜单调用【选项】

执行上述任一命令后，系统弹出【选项】对话框，如图 5-11 所示。接下来便按对话框中选项卡的顺序依次讲解各类型的绘图环境设置。

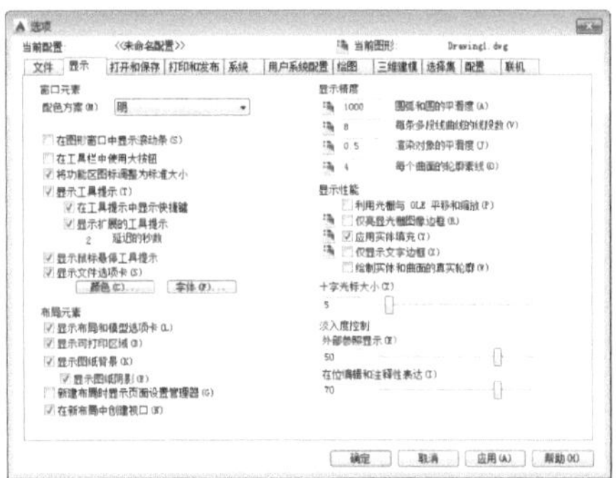
图 5-11 【选项】对话框

5.2.1 设置文件保存路径

【选项】对话框的第一个选项卡是【文件】选项卡，该选项卡用于确定系统搜索支持文件、驱动程序文件、菜单文件和其他文件的路径，以及用户定义的一些设置，如图 5-12 所示。该选项卡主要用来设置自动保存文件（.sv$）与临时图形文件（.ac$）的位置，这两种文件及路径含义介绍如下。

1 自动保存文件（.sv$）

如果 AutoCAD 发生崩溃或以其他方式在执行任务时异常终止，则可以自动将部分数据保存在路径中的 .sv$ 文件。用户通过查找自动保存路径，将保存的 .sv$ 文件重命名为 .dwg 文件，然后在 AutoCAD 中打开该文件即可获得恢复。自动保存的文件将包含所有图形信息作为最后一次运行自动保存。当 AutoCAD 正常关闭时 .sv$ 文件将被删除。单击【文件】选项卡中的【自动保存文件位置】可对其进行浏览与重定义，默认自动保存文件的路径如图 5-12 所示。

2 临时图形文件（.ac$）

AutoCAD 的临时文件的扩展名为 .ac$，一般地，当 AutoCAD 正常退出时，临时文件也将被自动删除，但是如果 AutoCAD 出现错误或计算机出现故障，ac.$ 文件被保留，重要的是它保存的是最近一次自动保存的文件信息，所以我们可以通过打开 ac.$ 文件来最大限度地挽回损失。单击【文件】选项卡中的【临时图形文件位置】可对其进行浏览与重定义，默认自动保存文件的路径如图 5-13 所示。

图 5-12 自动保存文件位置

图 5-13 临时图形文件位置

5.2.2 设置 AutoCAD 界面颜色

【选项】对话框的第二个选项卡为【显示】选项卡，如图 5-14 所示。在【显示】选项卡中，可以设置 AutoCAD 工作界面的一些显示选项，如界窗口元素、布局元素、显示精度、显示性能、十字光标大小和参照编辑的褪色度等显示属性。

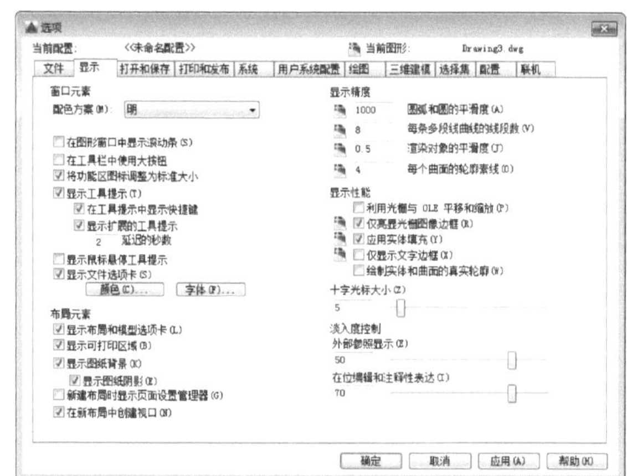
图 5-14 【显示】选项卡

在 AutoCAD 中，提供了 2 种配色方案：明、暗，可以用来控制 AutoCAD 界面的颜色。在【显示】选项卡中选择【配色方案】下拉列表中的两种选项即可，效果分别如图 5-15 和图 5-16 所示。

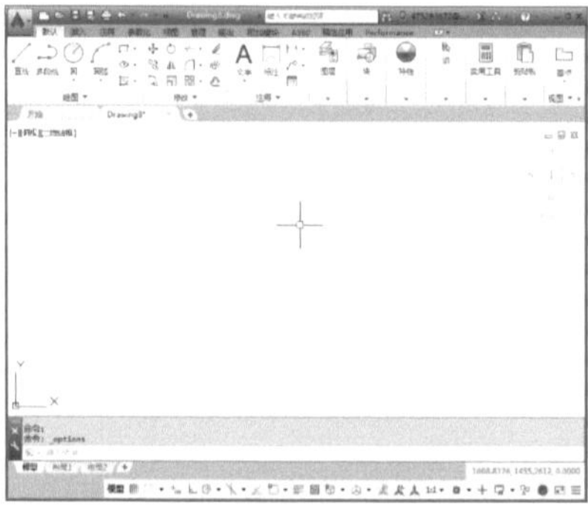
图 5-15 配色方案为【明】

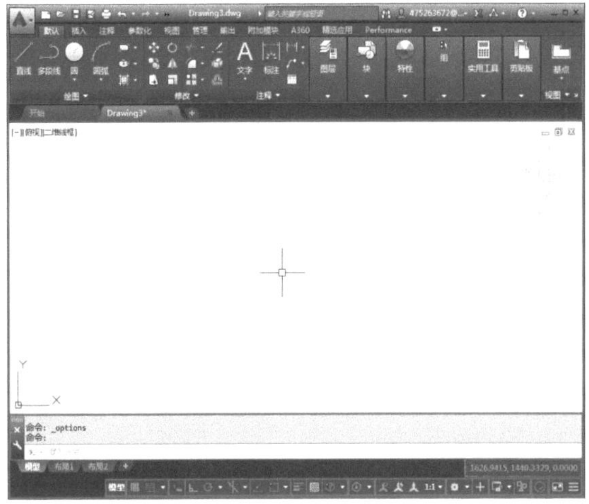

图 5-16 配色方案为【暗】

5.2.3 设置工具按钮提示

AutoCAD 2016 中有一项很人性化的设置，那就是将鼠标悬停至功能区的命令按钮上时，可以出现命令的含义介绍，悬停时间稍长还会出现相关的操作提示，如图 5-17 所示，这有利于对初学者熟悉相应的命令。

该提示的出现与否可以在【显示】选项卡的【显示工具提示】复选框进行控制，如图 5-18 所示。取消勾选即不会再出现命令提示。

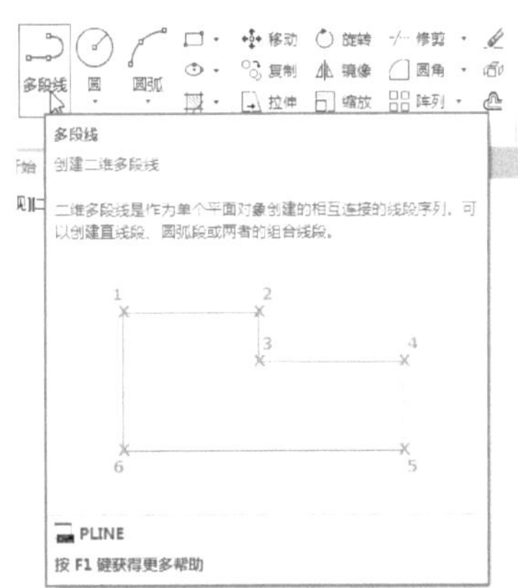

图 5-17 光标置于命令按钮上出现提示

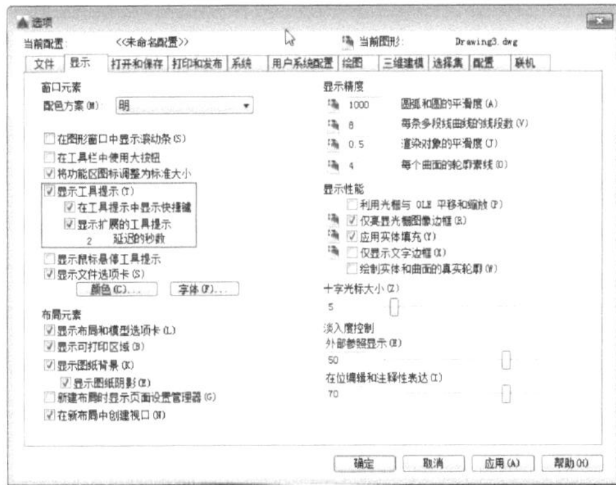

图 5-18 【显示工具提示】复选框

5.2.4 设置 AutoCAD 可打开文件的数量

AutoCAD 2016 为方便用户工作，可支持用户同时打开多个图形，并在其中来回切换。这种设置虽然方便了用户操作，但也有一定的操作隐患：如果图形过多、修改时间一长，就很容易让用户遗忘哪些图纸被修改过，哪些没有。

这时就可以限制 AutoCAD 打开文件的数量，使得当用软件打开一个图形文件后，再打开另一个图形文件时，软件自动将之前的图形文件关闭退出，即在【窗口】下拉菜单中，始终只显示一个文件名称。只需取消勾选【显现】选项卡中的【显示文件选项卡】复选框即可，如图 5-19 所示。

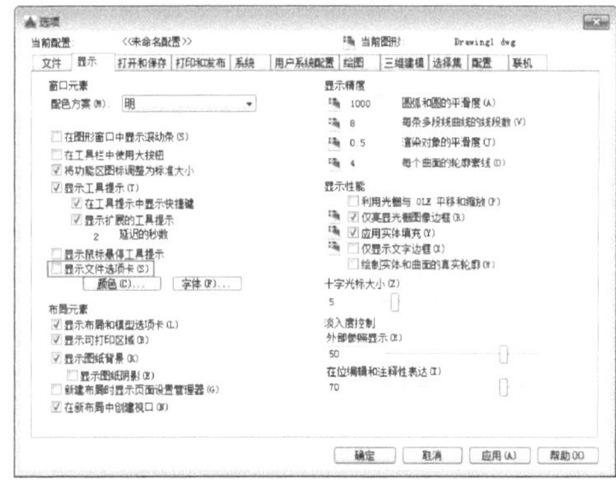

图 5-19 取消勾选【显示文件选项卡】复选框

5.2.5 设置绘图区背景颜色

在 AutoCAD 中可以按用户喜好自定义绘图区的背景颜色。在旧版本的 AutoCAD 中，绘图区默认背景颜色为黑，而在 AutoCAD 2016 中默认背景颜色为白。

单击【显示】选项卡中的【颜色】按钮，打开【图形窗口颜色】对话框，在该对话框可设置各类背景颜色，如二维模型空间、三维平行投影、命令行等，如图 5-20 所示。

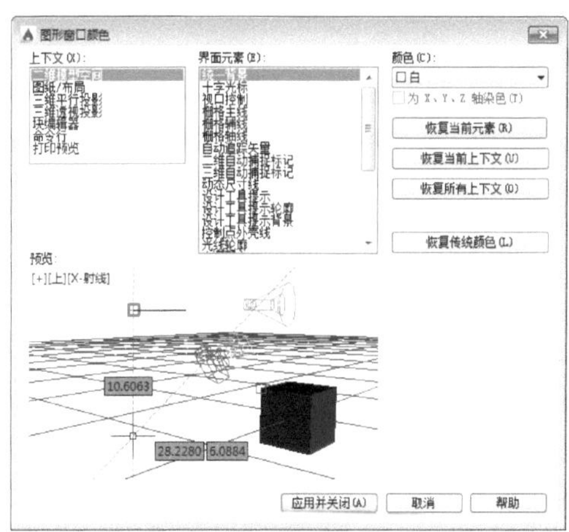

图 5-20 【图形窗口颜色】对话框

5.2.6 设置布局显示效果

在【显示】选项卡左下方的【布局元素】区域，可以设置有布局显示有关的一系列设定，包括模型与布局选项卡、布局中的可打印区域、布局中的图纸背景等。

1 设置模型与布局选项卡

在 AutoCAD 2016 状态栏的左下角，有【模型】和【布局】选项卡，用于切换模型与布局空间。有时由于误操作，会造成该选项卡的消失。此时就可以在【显示】选项卡中勾选【显示布局和模型选项卡】复选框进行调出，如图 5-21 所示。

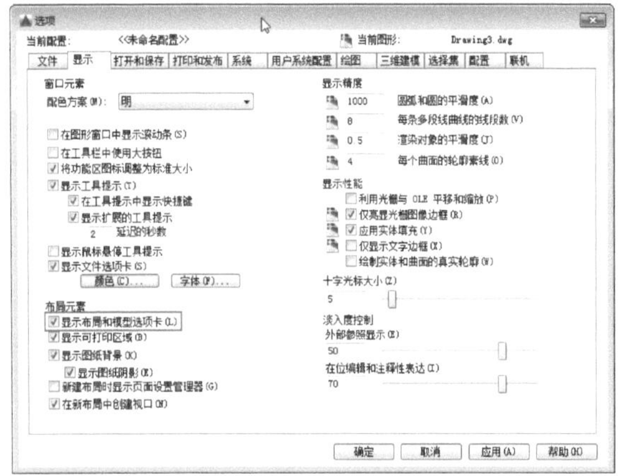

图 5-21 【显示布局和模型选项卡】复选框

模型、布局选项卡的消隐效果如图 5-22 所示。

图 5-22 模型、布局选项卡的消隐

2 隐藏布局中的可打印区域

单击状态栏中的【布局】选项卡，将界面切换至布局空间，该空间的界面组成如图 5-23 所示。最外层的是纸张边界，是在【纸张设置】中的纸张类型和打印方向确定的。靠里面的是一个虚线线框打印边界，其作用就好像 Word 文档中的页边距一样，只有位于打印边界内部的图形才会被打印出来。位于图形四周的实线线框为视口边界，边界内部的图形就是模型空间中的模型，视口边界的大小和位置是可调的。

如果取消【显示可打印区域】复选框的勾选，将不会在布局空间中显示打印边界，效果如图 5-24 所示。

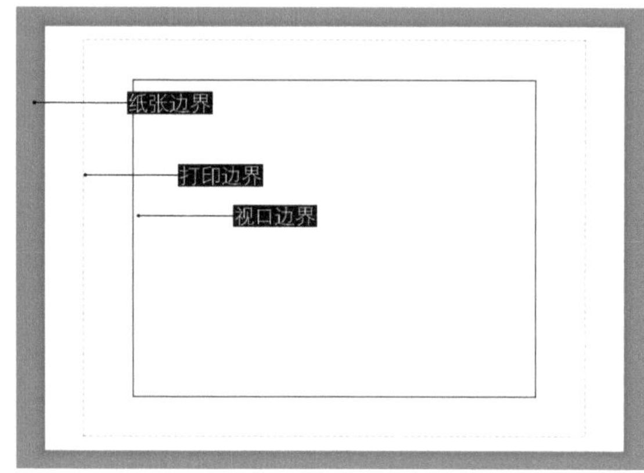

图 5-23 布局空间

图 5-24 打印边界被隐藏

3 隐藏布局中的图纸背景

布局空间中纸张边界外侧的大片灰色区域即是图纸背景，取消勾选【显示图纸背景】复选框可将该区域完全隐藏，效果如图 5-25 所示。另外其下的【显示图纸阴影】复选框可以控制纸张边界处的阴影显示效果。

4 取消布局中的自动视口

在新建布局时，系统会自动创建一个视口，用以显示模型空间中的图形。但在通常情况下，用户会根据需要自主创建视口，而不使用由系统自动创建的视口，因此可以通过取消勾选【在新布局中创建视口】复选框来取消自动视口的创建，如图 5-26 所示。

图 5-25 隐藏布局中的图纸背景

图 5-26 取消布局中的自动视口

5.2.7 设置图形显示精度

在 AutoCAD 2016 中，为了加快图形的显示与刷新速度，圆弧、圆以及椭圆都是以高平滑度的多边形进行显示。

在命令行中输入“OP”(选项)命令，系统弹出【选项】对话框，选择【显示】选项卡，如图 5-27 所示，根据绘图需要调整【显示精度】下的参数，以取得显示效果与绘图效率的平衡。

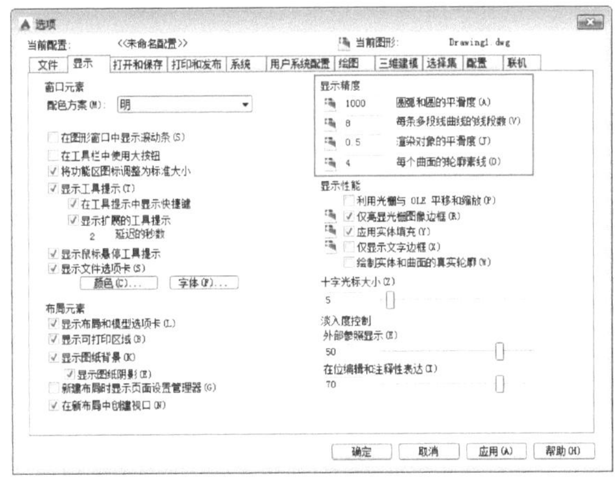

图 5-27 【选项】对话框

【显示精度】常用项参数选项的具体功能如下。

1 圆弧和圆的平滑度

对于圆弧、圆和其他曲线对象，平滑度会直接影响其显示效果，数值过低会显示锯齿状，过高会影响软件的运行速度。因此，应根据计算机硬件的配置情况进行设定，一般默认为 1000。执行该命令有以下几种方法。

◆【选项】对话框：在【显示】选项卡显示精度列表中设置圆弧和圆的平滑度，如图 5-28 所示。

◆命令行：输入“VIEWRES”命令。

执行上述命令后，命令行提示如下。

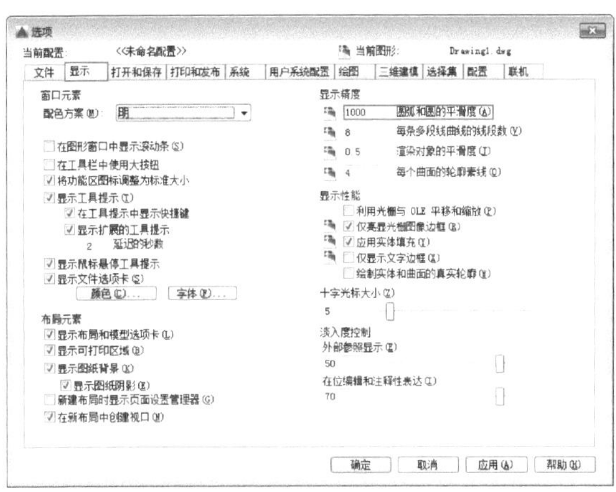

图 5-28 设置圆弧和圆的平滑度

```
命令: viewres↙//调用【弧形对象分辨率】命令
是否需要快速缩放? [是(Y)/否(N)] <Y>:↙//激活“是(Y)”选项
输入圆的缩放百分比 (1-20000) <1000>:↙          //输入圆的缩放百分比
正在重生成模型//完成操作，结果如图5-29所示
```

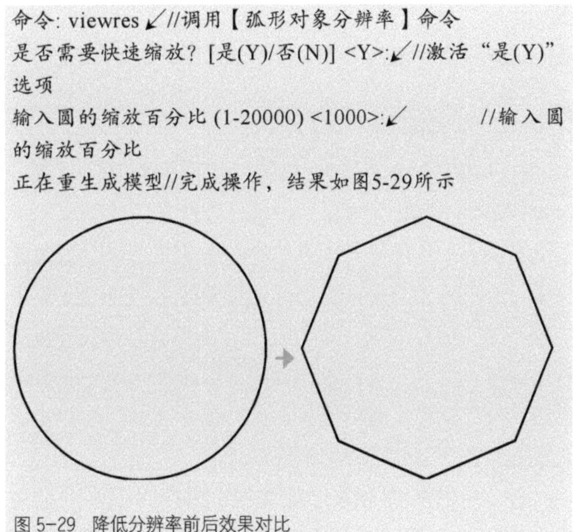

图 5-29 降低分辨率前后效果对比

2 每条多段线曲线的线段数

该参数用于控制多段线转换为样条曲线时的线段数(多段线通过【Pedit】命令的“样条曲线”选项生成)。同样数值越大，生成的对象越平滑，所需要的刷新时间也越长，通常保持其默认数值为 8。

5.2.8 设置十字光标大小

部分用户可能习惯于较大的十字光标，这样的好处就是能直接将十字光标作为水平、垂直方向上的参考。

在【显示】选项卡的【十字光标大小】区域中，用户可以根据自己的操作习惯，调整十字光标的大小，十字光标可以延伸到屏幕边缘。拖动右下方【十字光标大小】区域的滑动钮▯，如图 5-30 所示，即可调整光标长度，调整效果如图 5-31 所示。十字光标预设尺寸为 5，其大小的取值范围为 1~100，数值越大，十字光标越长，100 表示全屏显示。

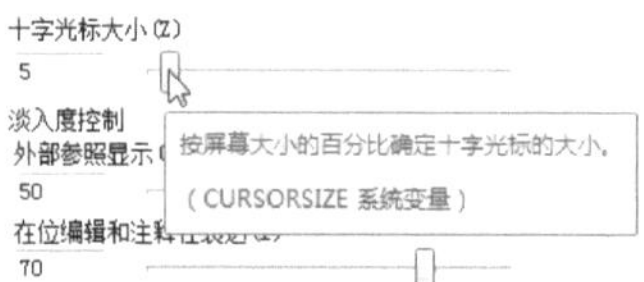

图 5-30 拖动滑动钮

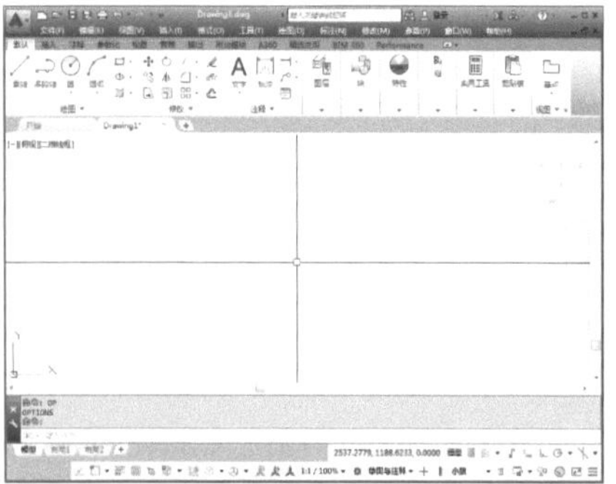

图 5-31 较大的十字光标

5.2.9 设置默认保存类型

在日常工作中，经常要与客户或同事进行图纸往来，有时就难免碰到因为彼此 AutoCAD 版本不同而打不开图纸的情况。虽然按照【练习 3-2】的方法可以解决该问题，但仅限于当前图形。而通过修改【打开与保存】选项卡中的保存类型，就可以让以后的图形都以低版本进行保存，达到一劳永逸的目的。该选项卡用于设置是否自动保存文件、是否维护日志、是否加载外部参照，以及指定保存文件的时间间隔等。

在【打开和保存】选项卡的【另存为】下拉列表中选择要默认保存的文件类型，如【AutoCAD2000/LT2000 图形（*.dwg）】选项，如图 5-32 所示。则以后所有新建的图形在进行保存时，都会保存为低版本的 AutoCAD 2000 类型，实现无障碍打开。

5.2.10 设置 dwg 文件的缩略图效果

AutoCAD 的图形文件通常都以 .dwg 的格式保存在硬盘中，除了通过文件名来区分图形，还可以根据文件的缩略图效果来进行分辨，如图 5-33 所示。

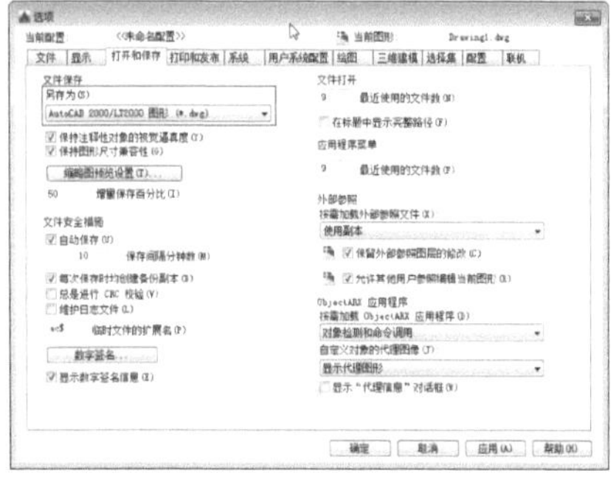

图 5-32 设置默认保存类型

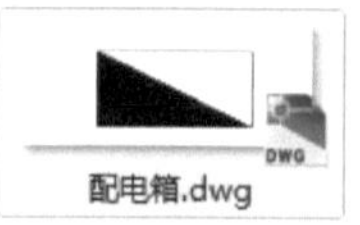

图 5-33 dwg 文件的缩略图与普通效果

单击【打开与保存】选项卡中的【缩略图预览设置】按钮，打开【缩略图预览设置】对话框，勾选其中的【保存缩略图预览图像】复选框，即可使得保存后的 AutoCAD 图形文件在文件夹中以缩略图形式保存，如图 5-34 所示。

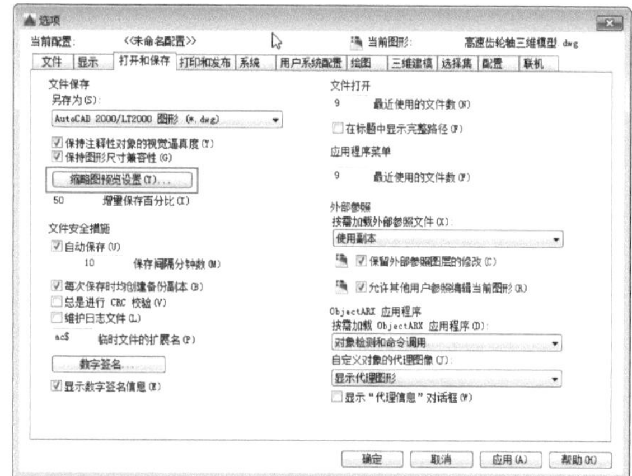

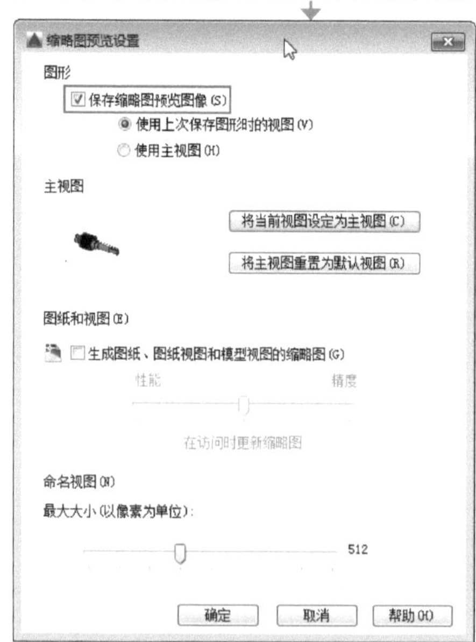

图 5-34 缩略图预览设置

5.2.11 设置自动保存措施

为了防止 AutoCAD 在使用过程中出现崩溃，而造成工作文件损坏或遗失，因此需要在【打开和保存】选项卡设置好文件的自动保存措施，方法见第 3 章的【练习 3-2】，在此不多加赘述。

【每次保存时均创建备份副本】可以控制 .bak 备份文件的生成，同样在第 3 章中的 3.2.2 小节中有详细介绍。

5.2.12 设置默认打印设备

在【打印和发布】选项卡中，可设置默认的打印输出设备、发布与打印戳记等有关参数。用户可以根据自己的需要在下拉列表中选择专门的绘图仪，如图 5-35 所示。如果下拉列表中的绘图仪不符要求，用户可以单击下方的【添加或配置绘图仪】按钮来添加绘图仪，具体方法详见第 13 章。

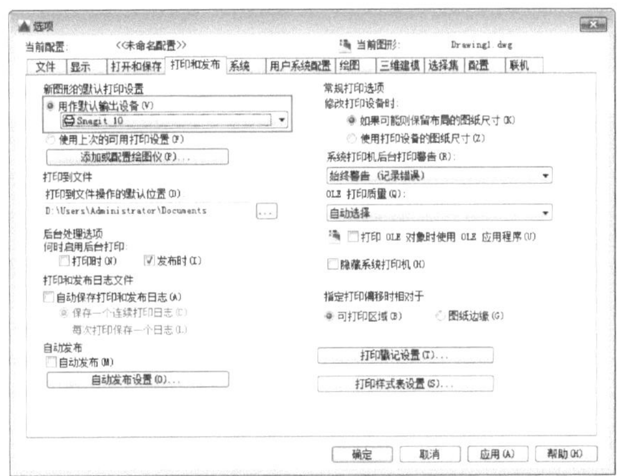

图 5-35 选择默认的输出设备

练习 5-2 设置打印戳记 ★进阶★

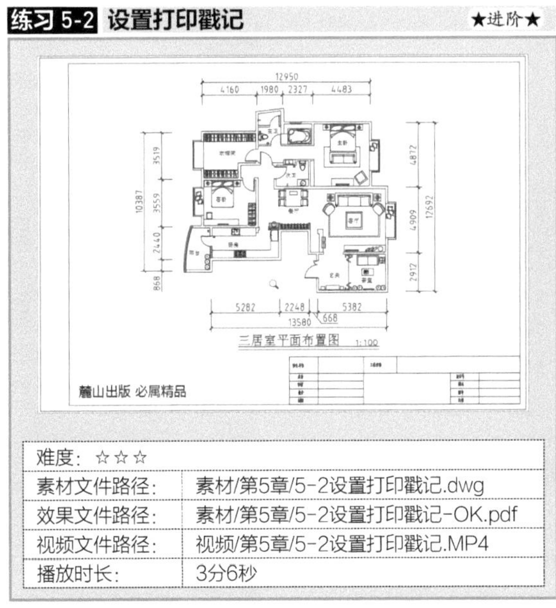

难度：☆☆☆	
素材文件路径：	素材/第5章/5-2设置打印戳记.dwg
效果文件路径：	素材/第5章/5-2设置打印戳记-OK.pdf
视频文件路径：	视频/第5章/5-2设置打印戳记.MP4
播放时长：	3分6秒

有时绘制好图形之后，需要将该图形打印出来，并且要加上一个私人或公司的打印戳记。打印戳记类似于水印，可以起到文件真伪鉴别、版权保护等功能。嵌入的打印戳记信息隐藏于宿主文件中，不影响原始文件的可观性和完整性。在 AutoCAD 中这类戳记可通过在【打印和发布】选项卡中的设置，一次性设定好所需的标记，然后在打印图纸时直接启用即可。

Step 01 打开素材文件“第5章/5-2 设置打印戳记.dwg”，其中已经绘制好了一幅样例图形，如图5-36所示。

Step 02 在图形空白处单击右键，在弹出的快捷菜单中选择【选项】，打开【选项】对话框，切换到【打印和发布】选项卡，单击其中的【打印戳记设置】按钮，如图5-37所示。

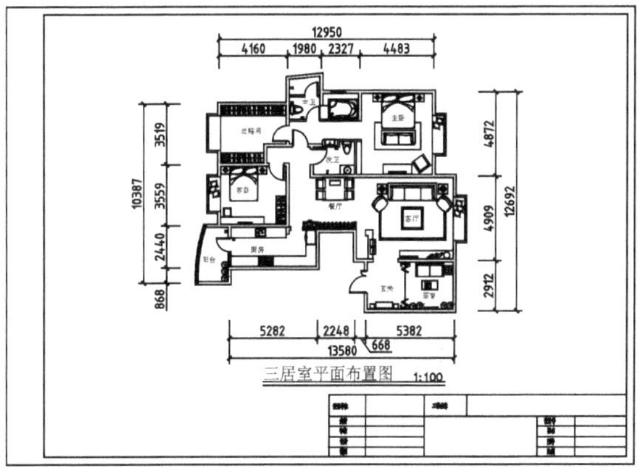

图 5-36 素材图形

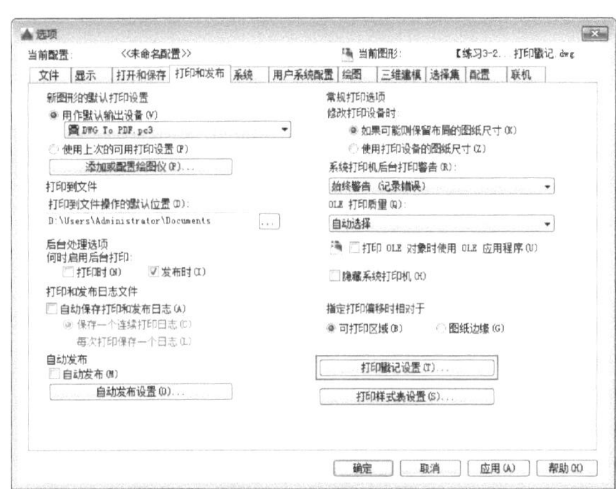

图 5-37 【打印和发布】选项卡

Step 03 系统弹出【打印戳记】对话框，对话框中自动提供有图形名、设备名、布局名称、图纸尺寸、日期和时间、打印比例、登录名等7类标记选项，勾选任一选项即可在戳记中添加相关信息。

Step 04 输入戳记文字。而本例中需创建自定义的戳记标签，所以可不勾选以上信息。直接单击对话框中的

【添加/编辑】按钮，打开【用户自定义的字段】对话框，再单击【添加】按钮，即可在左侧输入所需的戳记文字，如图5-38所示。

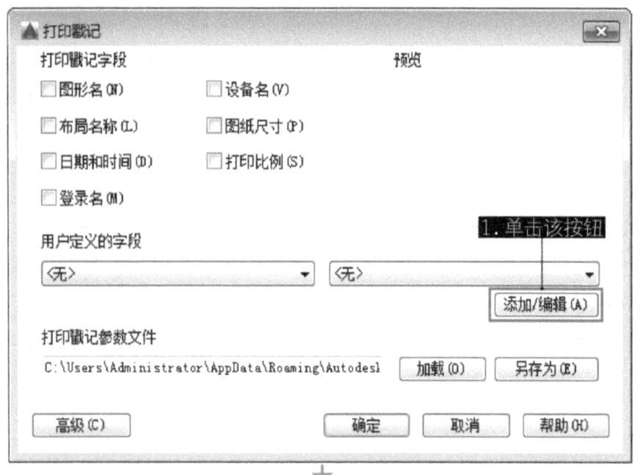

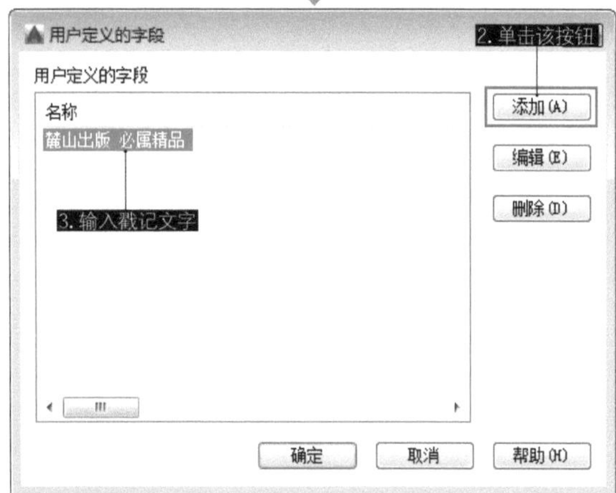

图 5-38 输入戳记文字

Step 05 定义戳记文字大小与位置。单击【确定】按钮返回【打印戳记】对话框，然后在【用户定义的字段】下拉列表选择创建的文本，接着单击对话框左下角的【高级】按钮，打开【高级选项】对话框，设置戳记文本的大小与位置，如图5-39所示。

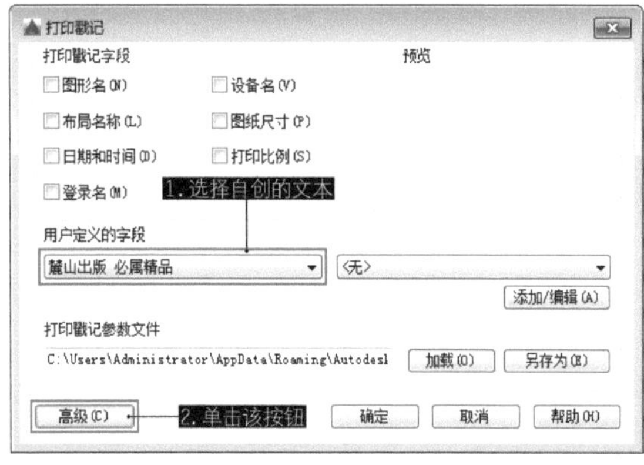

图 5-39 定义戳记文本的大小与位置

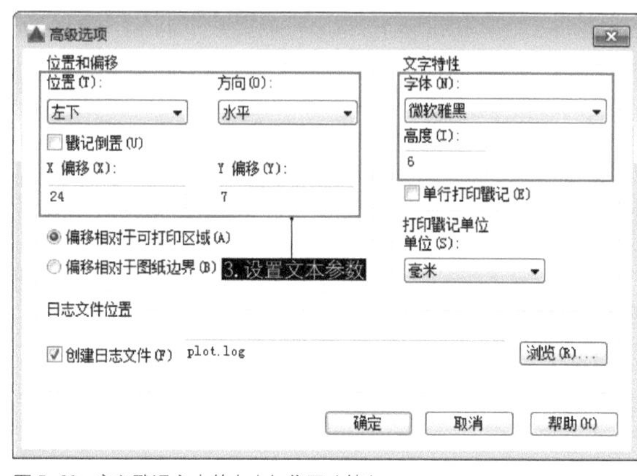

图 5-39 定义戳记文本的大小与位置（续）

Step 06 设置完成后单击【确定】按钮返回图形，然后按快捷键Ctrl+P执行【打印】命令，在【打印-模型】对话框中勾选【打开打印戳记】复选框，如图5-40所示。

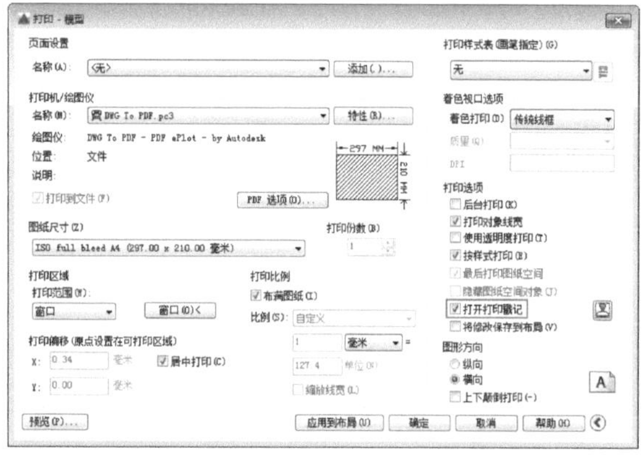

图 5-40 【打印】对话框

Step 07 单击【打印】对话框左下角的【预览】按钮，即可预览到打印戳记在打印图纸上的效果，如图5-41所示。

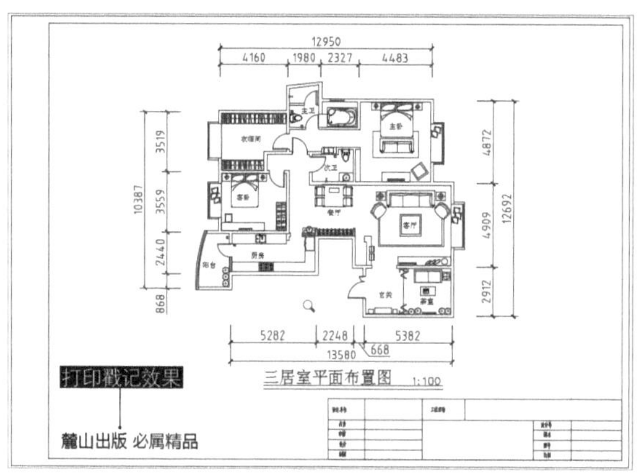

图 5-41 带戳记的打印效果

5.2.13 硬件加速与图形性能

设置图形性能有关的参数都集中在【系统】选项卡里。该选项卡用来设置图形的显示特性，设置定点设备、【OLE 文字大小】对话框的显示控制、警告信息的显示控制、网络链接检查、启动选项面板的显示控制以及是否允许长符号名称等，如图 5-42 所示。

单击【硬件加速】区域中的【图形性能】按钮，可以打开【图形性能】对话框，在其中即可以启用与【硬件加速】有关的一些的设置。由于 AutoCAD 2016 对电脑的配置要求比较高，因此部分低配电脑在运行时就可能会出现很卡的情况。这时就可以在对话框中关闭【硬件加速】，降低 AutoCAD 的运行性能，来达到提高运行速度的目的，如图 5-43 所示。

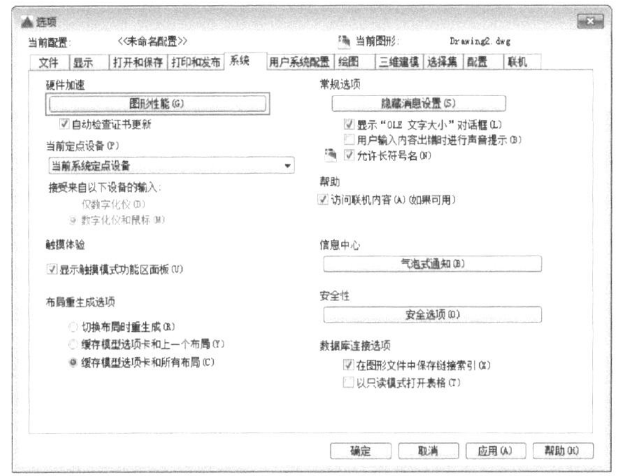

图 5-42 【系统】选项卡

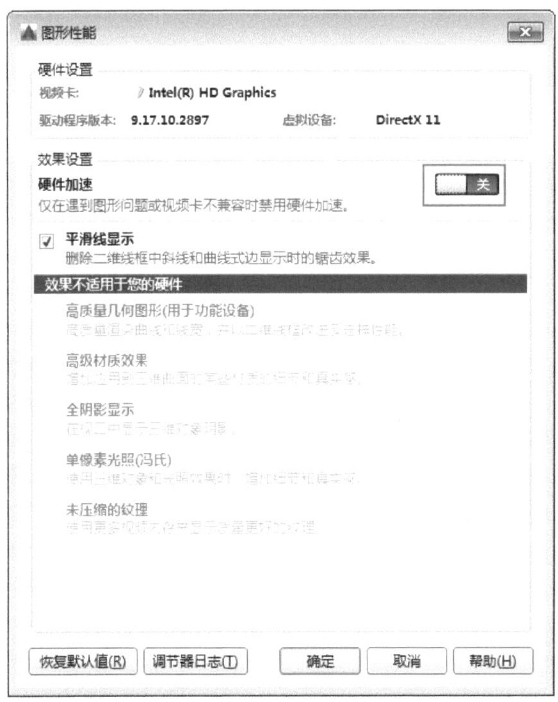

图 5-43 【图形性能】对话框

在【图形性能】对话框上处的【硬件设置】栏中显示出了当前电脑的显卡配置，而在【效果设置】栏中则显示出了与硬件加速有关的主要 6 个选项，具体介绍如下。

1 平滑线显示

该选项为 AutoCAD 图形性能的必选选项，无论是否开启硬件加速，都会被启用。在旧版本的 AutoCAD 中，二维的斜线和曲线都会带有一定的锯齿效果，如图 5-44 所示，这是因为图形都是由细小的锯齿状线条相连而成的，因此无论如何调节分辨率均只能得到一定的改善，不能根除。

而在 AutoCAD 2016 中新加入了【平滑线显示】功能，以更平滑的曲线和圆弧来取代锯齿状线条，这样就可以消除以前版本中的锯齿效果，如图 5-45 所示。

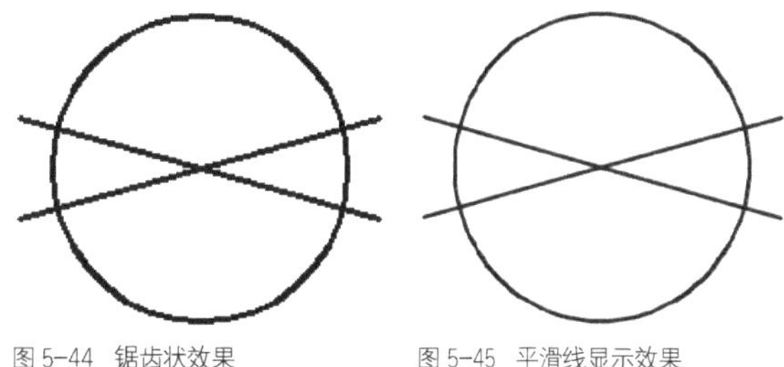
图 5-44 锯齿状效果　　图 5-45 平滑线显示效果

2 高质量几何图形（用于功能设备）

开启【硬件加速】后可用。该选项可创建高质量曲线和线宽，并自动启用【平滑线显示】选项。要注意的是，此选项仅适用于 DirectX 11（或更高版本）虚拟设备。

3 全阴影显示

开启【硬件加速】后可用。该选项可在视口中显示出三维模型的阴影。视口中的着色对象可以显示阴影。地面阴影是对象投射到地面上的阴影。映射对象阴影是对象投射到其他对象上的阴影。若要显示映射对象阴影，视口中的光照必须来源于用户创建的光源或者阳光。阴影重叠的地方，显示较深的颜色。

4 单像素光照（冯氏）

开启【硬件加速】后可用。为各个像素启用颜色计算，此选项打开时，三维对象和光照效果将更为平滑地显示在视口中，增强细节和真实感。

5 未压缩的纹理

开启【硬件加速】后可用。使用更多视频内存量，以在包含带图像的材质或具有附着图像的图形中显示质量更好的纹理。

5.2.14 设置鼠标右键功能模式

【选项】对话框中的【用户系统配置】选项卡，

为用户提供了可以自行定义的选项。这些设置不会改变 AutoCAD 系统配置，但是可以满足各种用户使用上的偏好。

在 AutoCAD 中，鼠标动作有特定的含义，如左键双击对象将执行编辑，单击鼠标右键将展开快捷菜单。用户可以自主设置鼠标动作的含义。打开【选项】对话框，切换到【用户系统配置】选项卡，在【Windows 标准操作】选项组中设置鼠标动作，如图 5-46 所示。单击【自定义右键单击】按钮，系统弹出【自定义右键单击】对话框，如图 5-47 所示，可根据需要设置右键单击的含义。

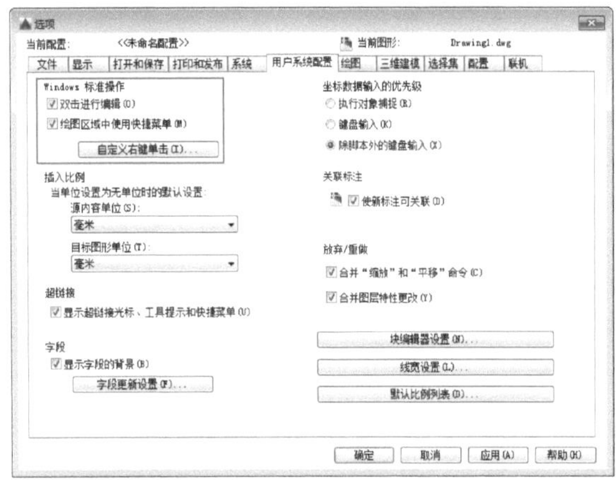

图 5-46 【用户系统配置】选项卡

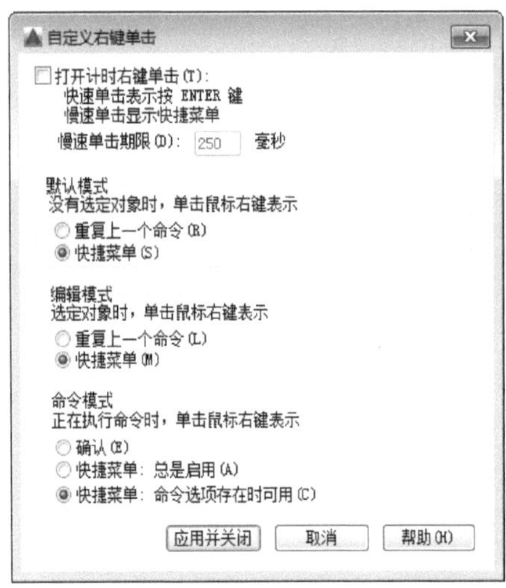

图 5-47 【自定义右键单击】对话框

5.2.15 设置自动捕捉标记效果

【选项】对话框中的【绘图】选项卡可用于对象捕捉、自动追踪等定形和定位功能的设置，包括自动捕捉和自动追踪时特征点标记的颜色、大小和显示特征等，如图 5-48 所示。

自动捕捉设置与颜色

单击【绘图】选项卡中的【颜色】按钮，打开【图形窗口颜色】对话框，在其中可以设置各绘图环境中捕捉标记的颜色，如图 5-49 所示。

图 5-48 【绘图】选项卡

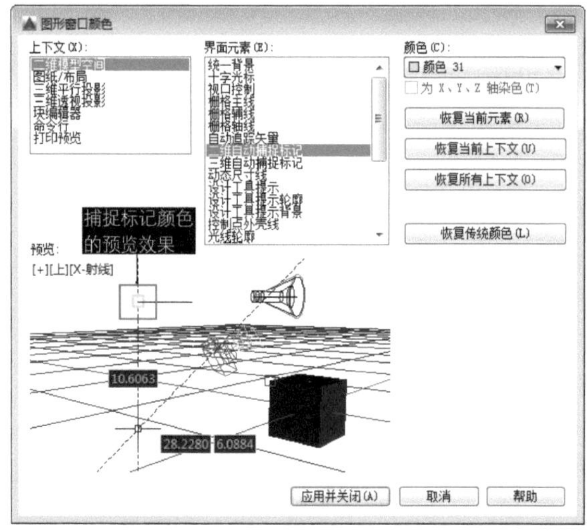

图 5-49 【图形窗口颜色】对话框

在【绘图】选项卡的【自动捕捉设置】区域，可以设定与自动捕捉有关的一些特性，各选项含义说明如下。

◆标记：控制自动捕捉标记的显示。该标记是当十字光标移动至捕捉点上时显示的几何符号，如图 5-50 所示。

◆磁吸：打开或关闭自动捕捉磁吸。磁吸是指十字光标自动移动并锁定到最近的捕捉点上，如图 5-51 所示。

◆显示自动捕捉提示：控制自动捕捉工具提示的显示。工具提示是一个标签，用来描述捕捉到的对象部分，如图 5-52 所示。

◆显示自动捕捉靶框：打开或关闭自动捕捉靶框的显示，如图 5-53 所示。

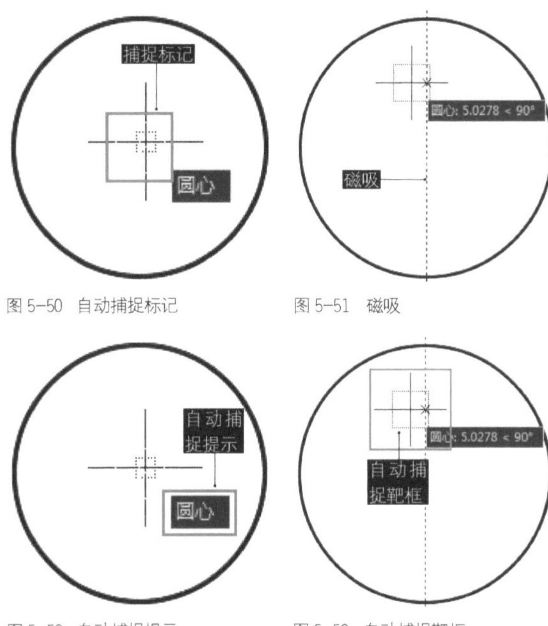

图 5-50 自动捕捉标记　　图 5-51 磁吸

图 5-52 自动捕捉提示　　图 5-53 自动捕捉靶框

2 设置自动捕捉标记大小

在【绘图】选项卡拖动【自动捕捉标记大小】区域的滑动钮▯，即可调整捕捉标记大小，如图 5-54 所示。图 5-55 所示为较大的圆心捕捉标记的样式。

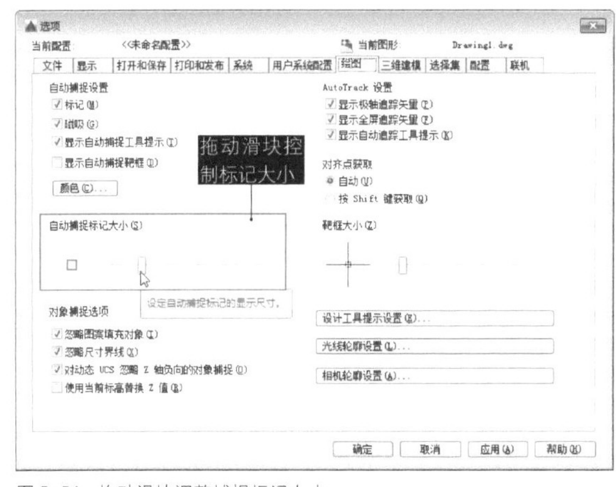

图 5-54 拖动滑块调整捕捉标记大小

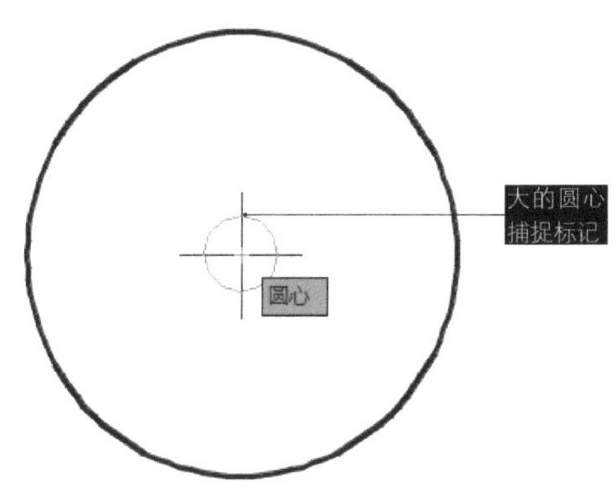

图 5-55 较大的圆心捕捉标记

3 设置捕捉靶框大小

在【绘图】选项卡拖动【自动捕捉标记大小】区域的滑块▯，即可调整捕捉靶框大小，如图 5-56 所示。常规捕捉靶框和大的捕捉靶框对边如图 5-57 所示。

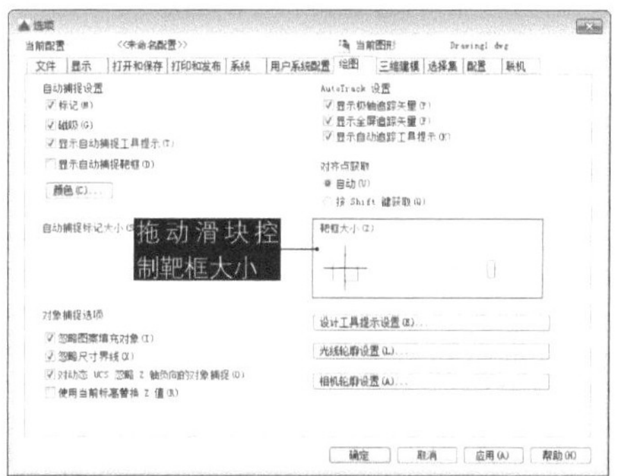

图 5-56 拖动滑块调整捕捉靶框大小

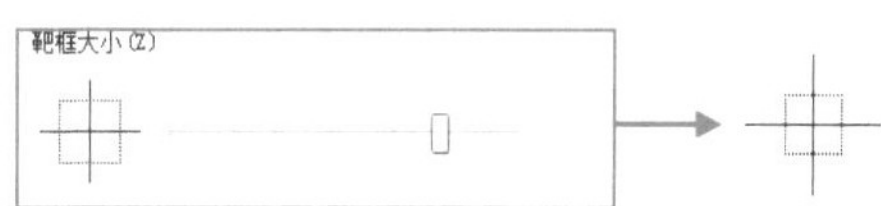

图 5-57 靶框大小示例

此处要注意的是，只有在【绘图】选项卡中勾选【显示自动捕捉靶框】复选框，再去拖动靶框大小滑块，这样在绘图区进行捕捉的时候才能观察到效果。

5.2.16 设置十字光标拾取框大小

【选项】对话框的【选择集】选项卡用于设置与对象选择有关的特性，如选择集模式、拾取框及夹点等，如图 5-58 所示。

在 5.2.8 小节中介绍了十字光标大小的调整，但仅限于水平、竖直两轴线的延伸，中间的拾取框大小并没有得到调整。要调整拾取框的大小，可在【选择集】选项卡中拖动【拾取框大小】区域的滑块，常规的拾取框与放大的拾取框对比如图 5-59 所示。

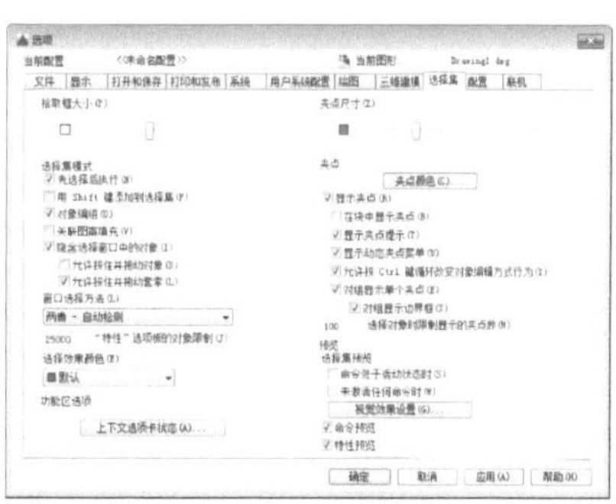

图 5-58 【选择集】选项卡

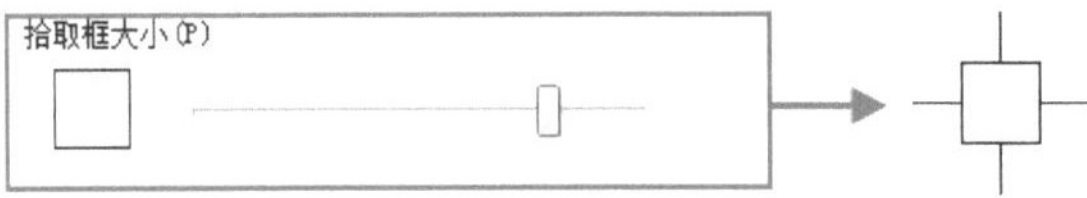

图 5-59 拾取框大小示例

操作技巧

5.2.8小节与本节所设置的十字光标大小是指【选择拾取框】，是用于选择的，只在选择的时候起作用；而5.2.15第3部分中拖动的靶框大小滑块，是指【捕捉靶框】，只有在捕捉的时候起作用。当没有执行命令或命令提示选择对象时，十字光标中心的方框是选择拾取框，当命令行提示定位点时，十字光标中心显示的是捕捉靶框。AutoCAD高版本默认不显示捕捉靶框，一旦提示定位点时，比如你输入一个“L”命令并按【Enter】键后，你会看到十字光标中心的小方框消失。

5.2.17 设置图形的选择效果和颜色

如果【硬件加速】为“关”，则图形被选中后呈虚线状显示，如图 5-60 所示，与旧版本 AutoCAD 无异；而当【硬件加速】为“开”，则图形被选中后会出现带有光晕亮显的效果，如图 5-61 所示。

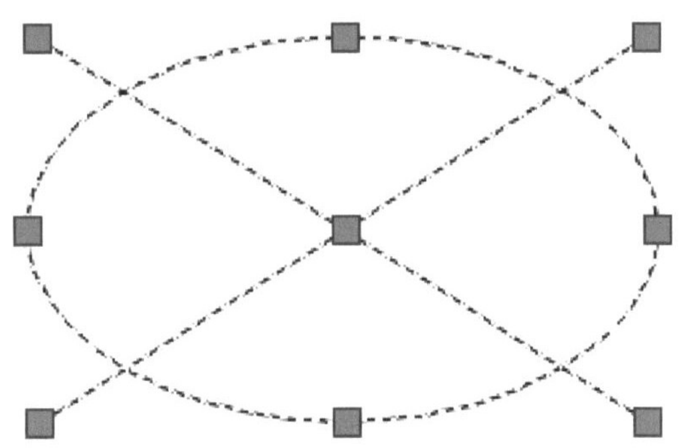

图 5-60 【硬件加速】关闭时选取对象效果

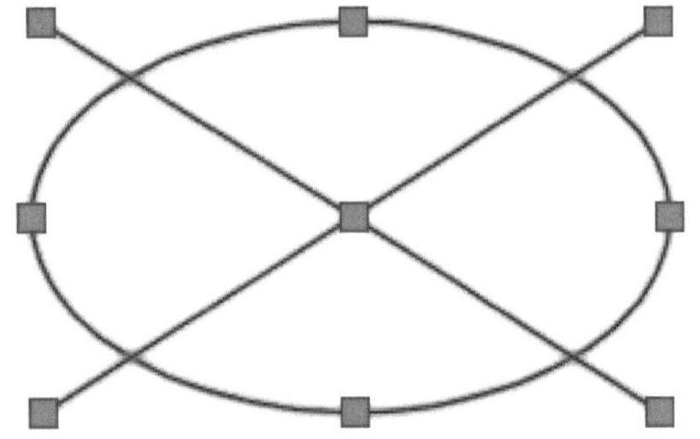

图 5-61 【硬件加速】开启时选取对象效果

光晕亮显效果的颜色可以通过【选择集】选项卡中的【选择效果颜色】下拉列表进行设置，不同颜色的显示效果如图 5-63 所示。默认的颜色为 AutoCAD 索引颜色编号 150 的蓝色，其 RGB 为：0，127，255。

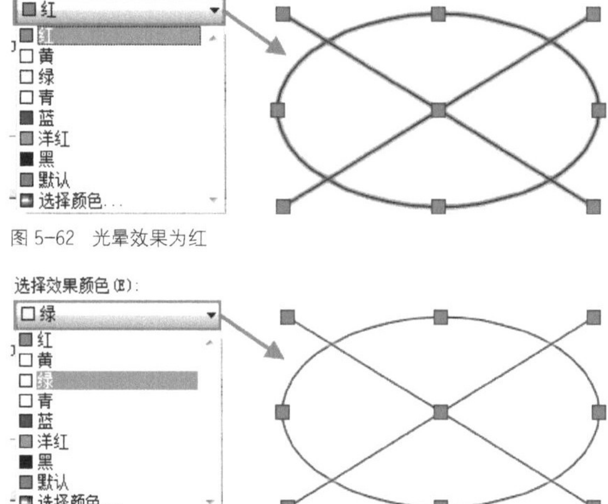

图 5-62 光晕效果为红

图 5-63 光晕效果为绿

5.2.18 设置夹点的大小和颜色

除了拾取框和捕捉靶框的大小可以调节之外，还可以通过滑块的形式来调节夹点的显示大小。

夹点（Grips），是指选中图形物体后所显示的特征点，比如直线的特征点是两个端点，一个中点；圆形是 4 个象限点和圆心点等，如图 5-64 所示。

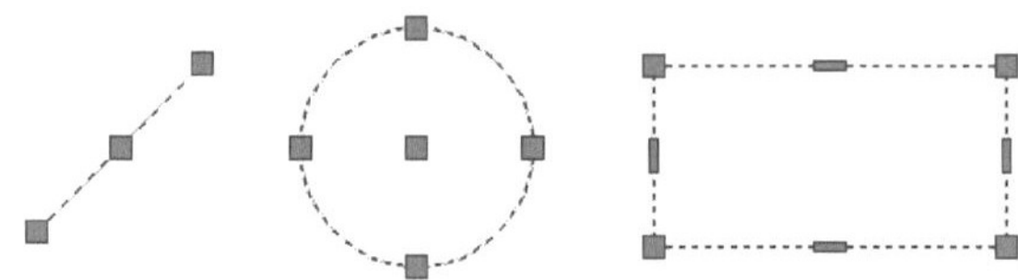

图 5-64 夹点

操作技巧

通常情况下夹点显示为蓝色，被称作“冷夹点”；如果在该对象上选中一个夹点，这个夹点就变成了红色，称作“热夹点”。通过热夹点可以对图形进行编辑，详见第7章的7.6节。

早期版本中这些夹点只是方形的，但在 AutoCAD 的高版本中又增加了一些其他形式的夹点，例如，多段线中点处夹点是长方形的，椭圆弧两端的夹点是三角形的加方形的小框，动态块不同参数和动作的夹点形式也不一样，有方形、三角形、圆形、箭头等各种不同形状，如图 5-65 所示。

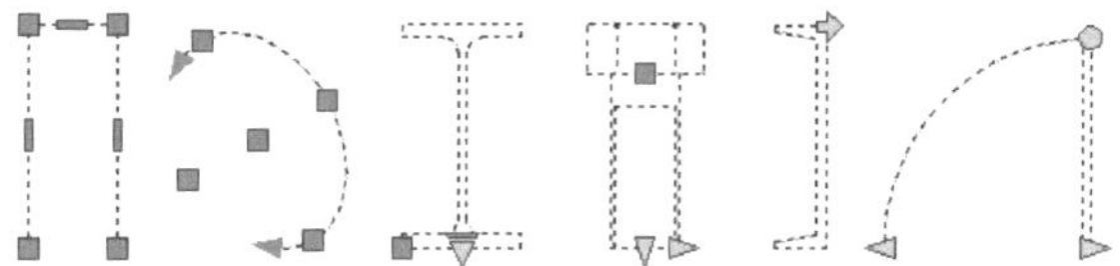

图 5-65　不同的夹点形状

夹点的种类繁多，其表达的意义及操作后的结果也不尽相同，详见表 5-3。

表5-3　夹点类型及使用方法

夹点类型	夹点形状	夹点移动或结果	参数：关联的动作
标准		平面内的任意方向	基点（无点）：移动、拉伸 极轴：移动、缩放、拉伸、极轴拉伸、阵列 XY：移动、缩放、拉伸、阵列
线性		按规定方向或沿某一条轴往返移动	线性：移动、缩放、拉伸、阵列
旋转		围绕某一条轴	旋转：旋转
翻转		切换到块几何图形的镜像	翻转：翻转
对齐		平面内的任意方向；如果在某个对象上移动，则使块参照与该对象对齐	对齐：无（隐含动作）
查寻		显示值列表	可见性：无（隐含动作） 查寻：查寻

1 修改夹点大小

要调整夹点的大小，可在【选择集】选项卡中拖动【夹点尺寸】区域的滑块，放大夹点后的图形效果如图 5-66 所示。

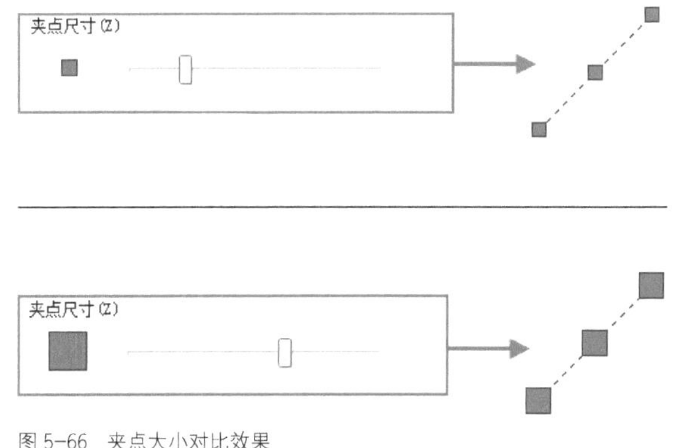

图 5-66　夹点大小对比效果

2 修改夹点颜色

单击【夹点】区域中的【夹点颜色】按钮，打开【夹点颜色】对话框，如图 5-67 所示。在对话框中即可设置 3 种状态下的夹点颜色和夹点的外围轮廓颜色。

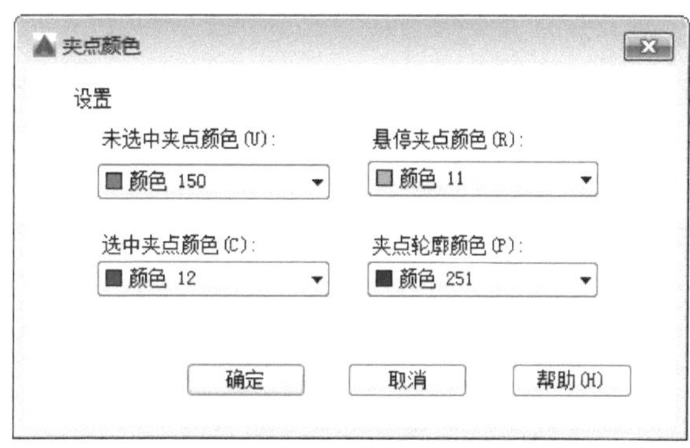

图 5-67　【夹点颜色】对话框

5.2.19　设置夹点的选择效果

在框选图形对象的时候，有时会显示出夹点，有时又不会显示，如图 5-68 所示。

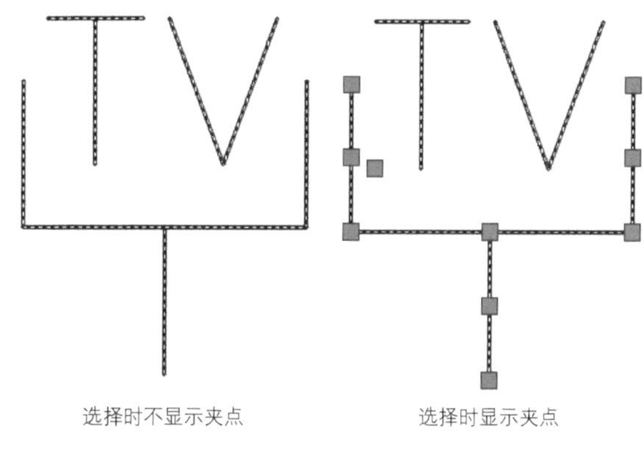

图 5-68　选择对象时的夹点显示效果

这是由于限制了选择时的夹点数量所致。只需在【选择集】选项卡中，重新指定【选择对象时限制的夹点数】文本框中的值即可，如图 5-69 所示。如果所选择的对象数量大于该值，则不会显示出夹点，反之显示。

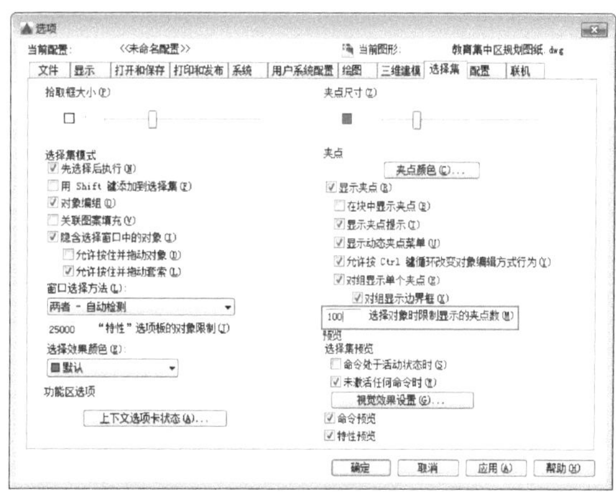

图 5-69　【选择对象时限制的夹点数】文本框

5.3 AutoCAD的配置文件

在 AutoCAD 的使用过程中，用户会根据自己的需要调整 AutoCAD 的各项参数，如界面设置、工具栏位置、图层、打印配置等，因此不同的用户，所使用的 AutoCAD 在“外观”和“操作感觉”上也都不同。而这些不同，都可以输出为配置文件，将自己在 AutoCAD 中独有的个性化操作风格以电子文档的形式保存。同理，如果再输入配置文件即可得到所保存的设置。

配置文件可保存以下设置。

- ◆默认的搜索路径和工程文件路径。
- ◆样板文件位置。
- ◆在文件导航对话框中指定的初始文件夹。
- ◆默认的线型文件和填充图案文件。
- ◆打印机默认设置。
- ◆工具选项板显示设置。

配置信息存储在系统注册表中，在 AutoCAD 中，可通过【选项】对话框中的【配置】选项卡输出为【.arg】文本文件。【选项】对话框中将显示当前配置的名称和当前图形的名称，默认情况下，当前选项将以“未命名配置”存储。

对于普通用户来说，配置文件的好处就是可以在重装 AutoCAD、或重装电脑系统后，将 AutoCAD 界面及各种设置快速恢复原样。下面通过一个例子来进行讲解。

练习 5-3 自定义配置的输出与输入 ★进阶★

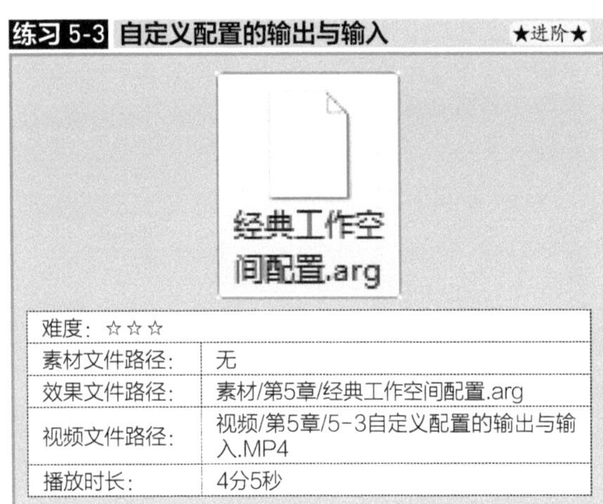

难度：☆☆☆	
素材文件路径：	无
效果文件路径：	素材/第5章/经典工作空间配置.arg
视频文件路径：	视频/第5章/5-3自定义配置的输出与输入.MP4
播放时长：	4分5秒

如果用户自定义了工作空间，如第 2 章中【练习 2-6】所创建的带工具栏的经典空间。万一电脑出现故障需要重装系统或重装 AutoCAD，这样就会遗失创建好的工作空间和一系列设置，此时就可以通过输出、输入配置文件来将恢复用户所熟悉的 AutoCAD。

Step 01 创建经典工作空间。按【练习2-6】的方法创建带工具栏的经典工作空间，此处略。

Step 02 选择菜单栏【工具】|【选项】，打开【选项】对话框，选择其中的【配置】选项卡，如图5-70所示。

Step 03 添加配置。单击其中的【添加到列表】按钮，打开【添加配置】对话框，在其中输入配置名称为“经典工作空间配置”，在【说明】文本框中可以输入该配置的一些说明文字，如图5-71所示。

图 5-70 选择【配置】选项卡

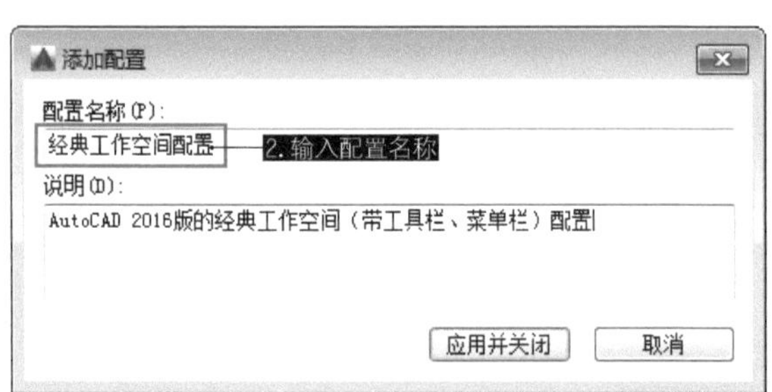

图 5-71 【添加配置】对话框

Step 04 单击【应用并关闭】按钮，返回【选项】对话框，在【可用配置】列表中多了刚刚所创建的配置名称，如图5-72所示。

Step 05 输出配置。单击右侧的【输出】按钮，打开【输出配置】对话框，然后选择一个保存位置，输入之前编辑的名称并单击【保存】按钮，如图5-73所示。

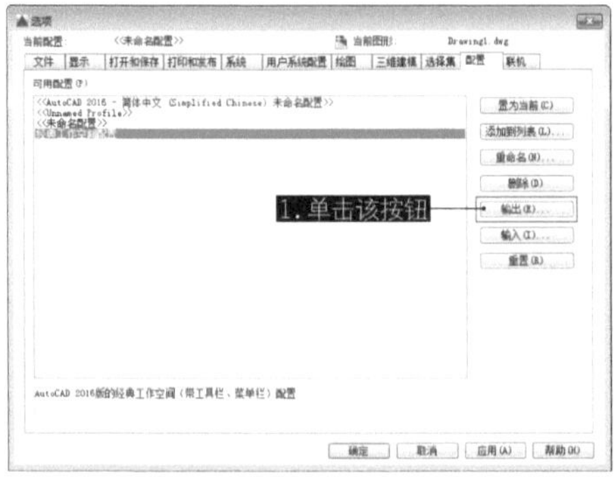

图 5-72 新添加的配置

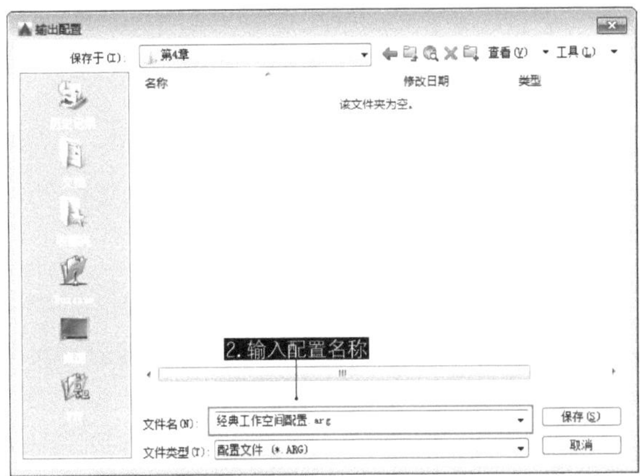

图 5-73 【输出配置】对话框

Step 06 单击【确定】按钮，完成配置文件的输出。

Step 07 此时打开任意非该配置的AutoCAD文件，或直接单击【配置】选项卡中的【重置】按钮，将原有设置全部恢复为默认状态，此时界面如图5-74所示。

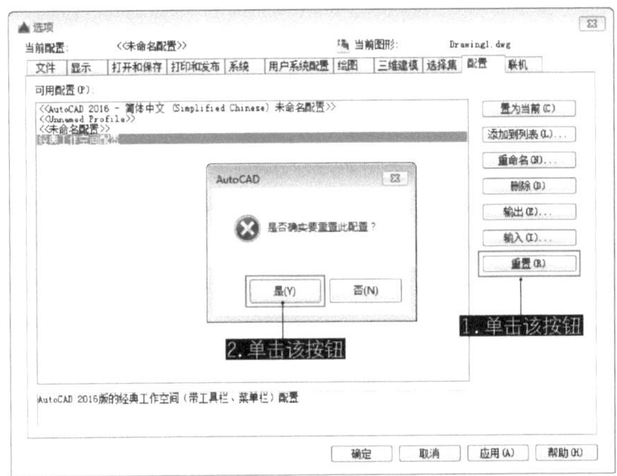

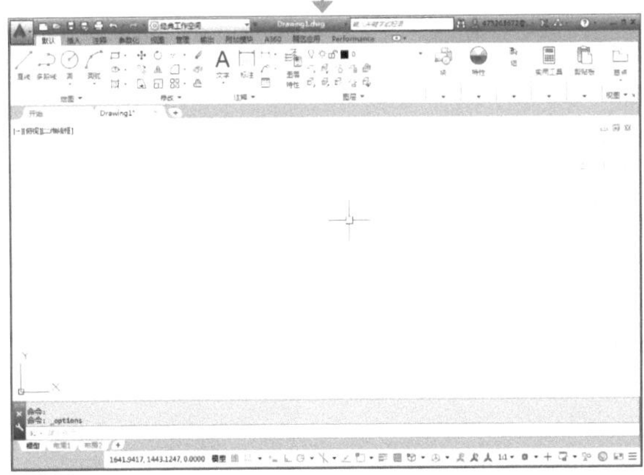

图 5-74 重置当前配置

Step 08 输入配置。单击【配置】选项卡中的【输入】按钮，打开【输入配置】对话框，定位至之前所保存的配置文件，单击【打开】按钮，如图5-75所示。

Step 09 在【输入配置】窗口中单击【应用并关闭】按钮，如图5-76所示。

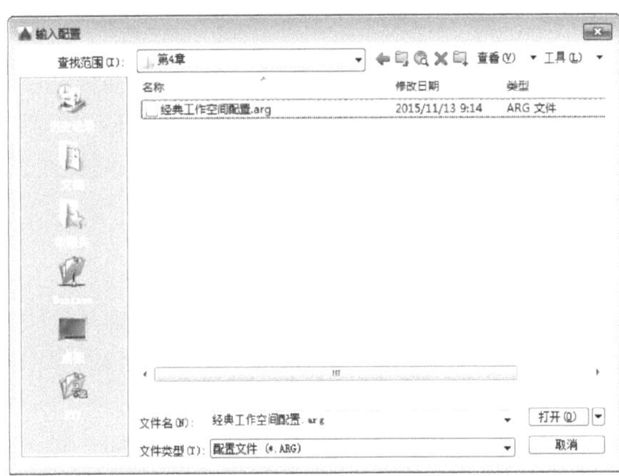

图 5-75 【输入配置】对话框

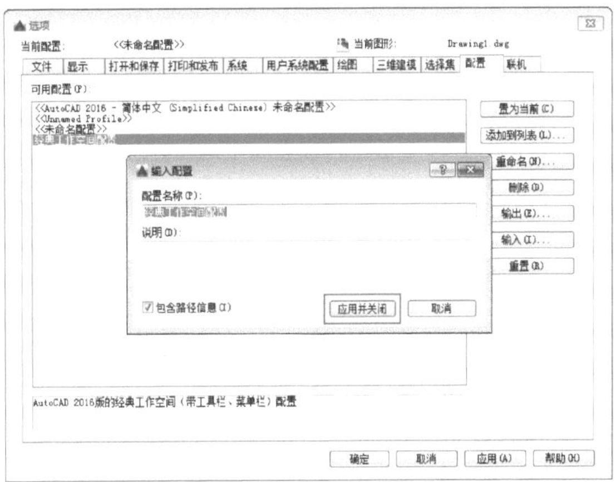

图 5-76 【输入配置】窗口

Step 10 选中输入的配置，单击【置为当前】按钮，然后单击【确定】，即可将界面恢复为经典工作空间，如图5-77所示。

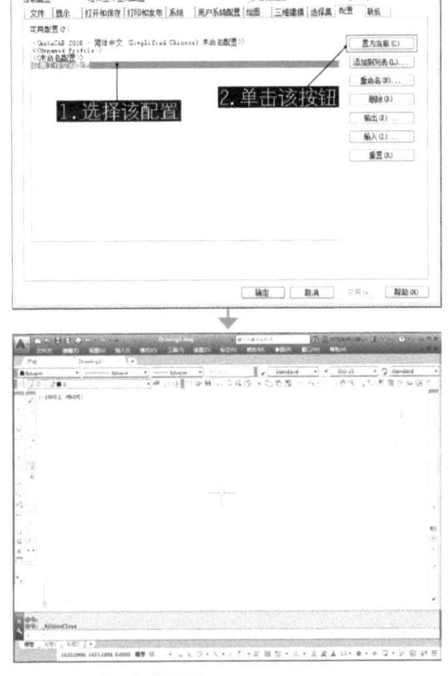

图 5-77 重置当前配置

第 6 章 图形绘制

任何复杂的图形都可以分解成多个基本的二维图形，这些图形包括点、直线、圆、多边形、圆弧和样条曲线等，AutoCAD 2016 为用户提供了丰富的绘图功能，用户可以非常轻松地绘制这些图形。通过本章的学习，用户将会对 AutoCAD 平面图形的绘制方法有一个全面的了解和认识，并能熟练掌握常用的绘图命令。

6.1 绘制点

点是所有图形中最基本的图形对象，可以用来作为捕捉和偏移对象的参考点。在 AutoCAD 2016 中，可以通过单点、多点、定数等分和定距等分 4 种方法创建点对象。

6.1.1 点样式

从理论上来讲，点是没有长度和大小的图形对象。在 AutoCAD 中，系统默认情况下绘制的点显示为一个小圆点，在屏幕中很难看清，因此可以使用【点样式】设置，调整点的外观形状，也可以调整点的尺寸大小，以便根据需要，让点显示在图形中。在绘制单点、多点、定数等分点或定距等分点之后，我们经常需要调整点的显示方式，以方便对象捕捉，绘制图形。

• 执行方式

执行【点样式】命令的方法有以下几种。

◆ 功能区：单击【默认】选项卡【实用工具】面板中的【点样式】按钮 点样式...，如图 6-1 所示。

◆ 菜单栏：选择【格式】|【点样式】命令。

◆ 命令行：输入“DDPTYPE”命令。

• 操作步骤

执行该命令后，将弹出如图 6-2 所示的【点样式】对话框，可以在其中设置共计 20 种点的显示样式和大小。

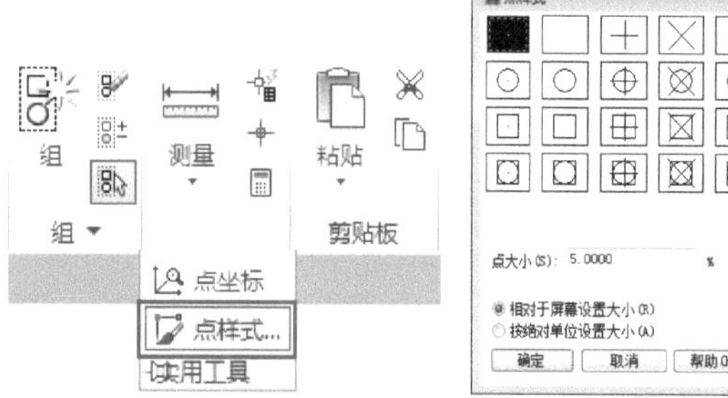

图 6-1 面板中的【点样式】按钮　　图 6-2 【点样式】对话框

• 选项说明

对话框中各选项的含义说明如下。

◆【点大小（S）】文本框：用于设置点的显示大小，与下面的两个选项有关。

◆【相对于屏幕设置大小（R）】单选框：用于按 AutoCAD 绘图屏幕尺寸的百分比设置点的显示大小，在进行视图缩放操作时，点的显示大小并不改变，在命令行输入“RE”命令即可重生成，始终保持与屏幕的相对比例，如图 6-3 所示。

◆【按绝对单位设置大小（A）】单选框：使用实际单位设置点的大小，同其他的图形元素（如直线、圆），当进行视图缩放操作时，点的显示大小也会随之改变，如图 6-4 所示。

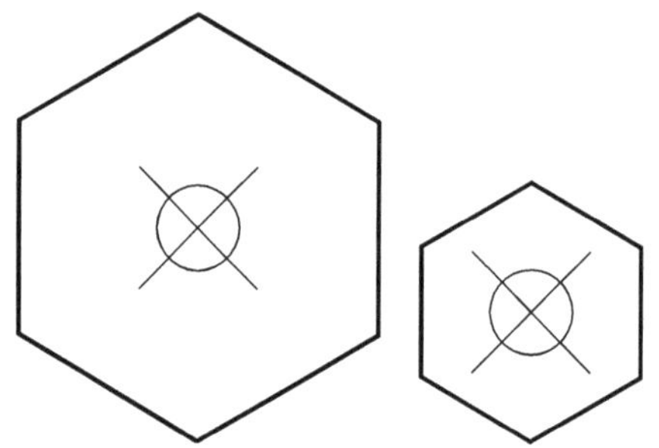

图 6-3 视图缩放时点大小相对于屏幕不变

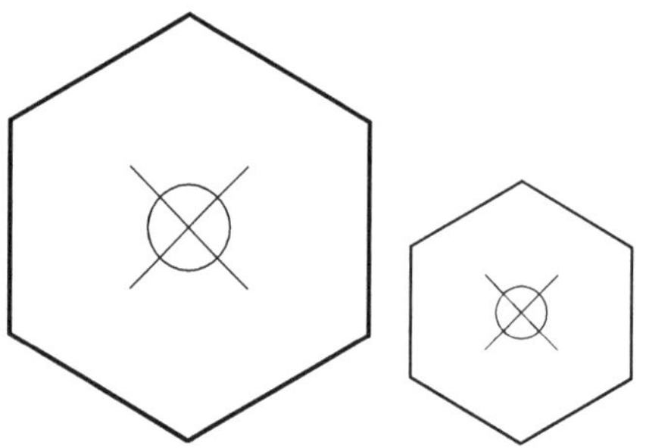

图 6-4 视图缩放时点大小相对于图形不变

练习 6-1 【点样式】创建比例尺

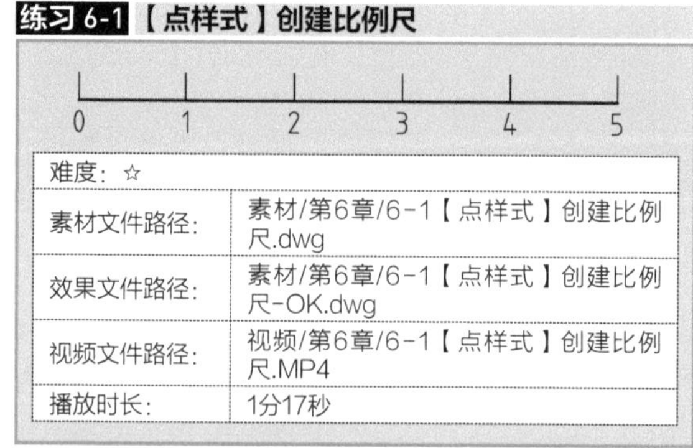

难度：☆	
素材文件路径：	素材/第6章/6-1【点样式】创建比例尺.dwg
效果文件路径：	素材/第6章/6-1【点样式】创建比例尺-OK.dwg
视频文件路径：	视频/第6章/6-1【点样式】创建比例尺.MP4
播放时长：	1分17秒

通过图 6-2 所示的【点样式】对话框中可知，点样式的种类很多，使用情况也各不一样。通过指定合适

的点样式，就可以快速获得所需的图形，如矢量线上的刻度，操作步骤如下。

Step 01 单击快速访问工具栏中的【打开】按钮，打开“第6章/6-1【点样式】创建比例尺.dwg”素材文件，图形在各数值上已经创建好了点，但并没有设置点样式，如图6-5所示。

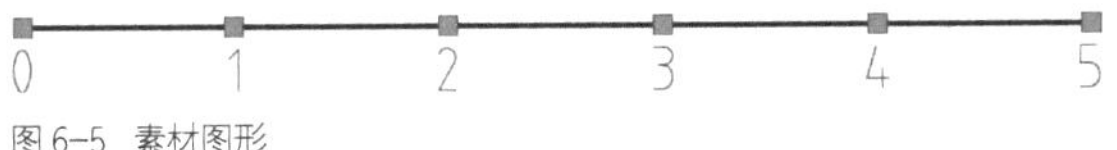

图 6-5 素材图形

Step 02 在命令行中输入“DDPTYPE”命令，调用【点样式】命令，系统弹出【点样式】对话框，根据需要，在对话框中选择第一排最右侧的形状，然后点选【按绝对单位设置大小】单选框，输入点大小为5，如图6-6所示。

Step 03 单击【确定】按钮，关闭对话框，完成【点样式】的设置，最终结果如图6-7所示。

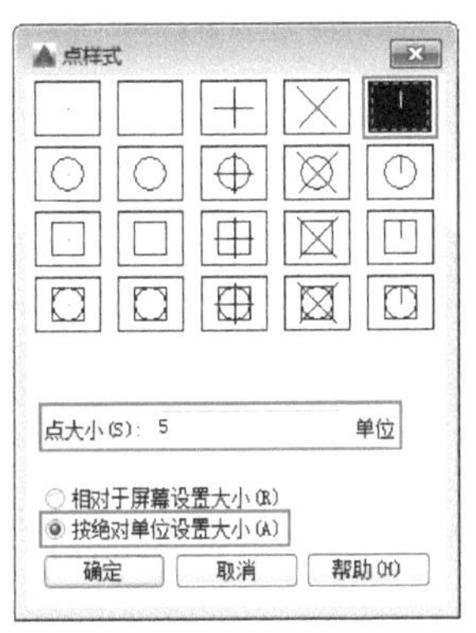

图 6-6 设置点样式

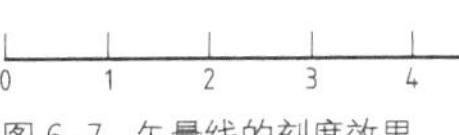

图 6-7 矢量线的刻度效果

•初学解答 点样式的特性

【点样式】与【文字样式】、【标注样式】等不同，在同一个dwg文件中有且仅有一种点样式，而文字样式、标注样式可以“设置”出多种不同的样式。要想设置点视觉效果不同，唯一能做的便是在【特性】中选择不同的颜色。

•熟能生巧 【点尺寸】与【点数值】

除了可以在【点样式】对话框中设置点的显示形状和大小外，还可以使用【PDSIZE】（点尺寸）和【PDMODE】（点数值）命令来进行设置。这 2 项参数指令含义说明如下。

◆【PDSIZE】（点尺寸）命令： 在命令行中输入该指令，将提示输入点的尺寸。输入的尺寸为正值时按“绝对单位设置大小” 处理；而当输入尺寸为负值时则按“相对于屏幕设置大小”处理。

◆【PDMODE】（点数值）： 在命令行中输入该指令，将提示输入“pdmode”的新值，可以输入从0~4、32~36、64~68、96~100 的整数，每个值所对应的点形状如图 6-8 所示。

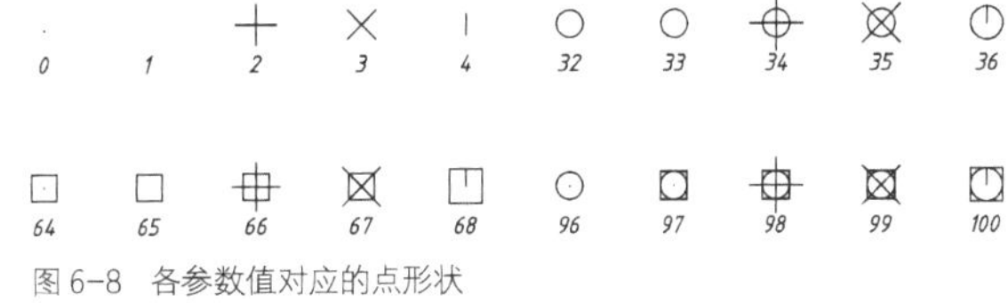

图 6-8 各参数值对应的点形状

6.1.2 单点和多点

在 AutoCAD 2016 中，点的绘制通常使用【多点】命令来完成，【单点】命令已不太常用。

1 单点

绘制单点就是执行一次命令只能指定一个点，指定完后自动结束命令。

•执行方式

执行【单点】命令有以下几种方法。

◆菜单栏：选择【绘图】|【点】|【单点】命令，如图 6-9 所示。

◆命令行：输入“PONIT”或“PO”命令。

•操作步骤

设置好点样式之后，选择【绘图】|【点】|【单点】命令，根据命令行提示，在绘图区任意位置单击，即完成单点的绘制，结果如图 6-10 所示。命令行操作如下。

```
命令: _point
当前点模式: PDMODE=33 PDSIZE=0.0000指定点://在任意位置单击放置点，放置后便自动结束【单点】命令
```

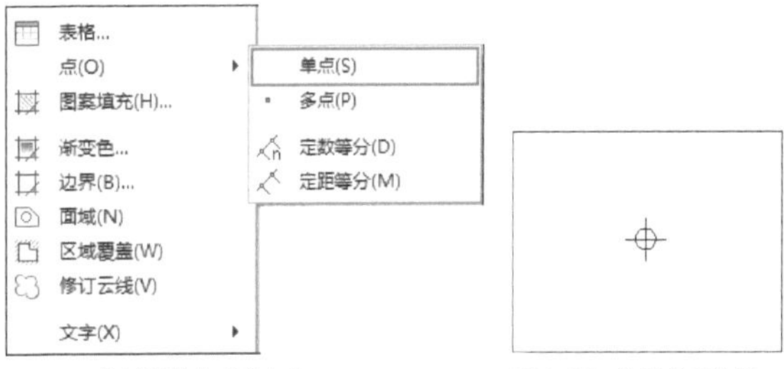

图 6-9 菜单栏中的【单点】

图 6-10 绘制单点效果

2 多点

绘制多点就是指执行一次命令后可以连续指定多个点，直到按【Esc】键结束命令。

•执行方式

执行【多点】命令有以下几种方法。

◆标功能区：单击【绘图】面板中的【多点】按钮，如图 6-11 所示。

◆菜单栏：选择【绘图】|【点】|【多点】命令。

•操作步骤

设置好点样式之后，单击【绘图】面板中的【多点】按钮，根据命令行提示，在绘图区任意 6 个位置单击，按【Esc】键退出，即可完成多点的绘制，结果如图 6-12 所示。命令行操作如下。

```
命令: _point
当前点模式: PDMODE=33 PDSIZE=0.0000//在任意位置单击放置点
指定点: *取消*//按【Esc】键完成多点绘制
```

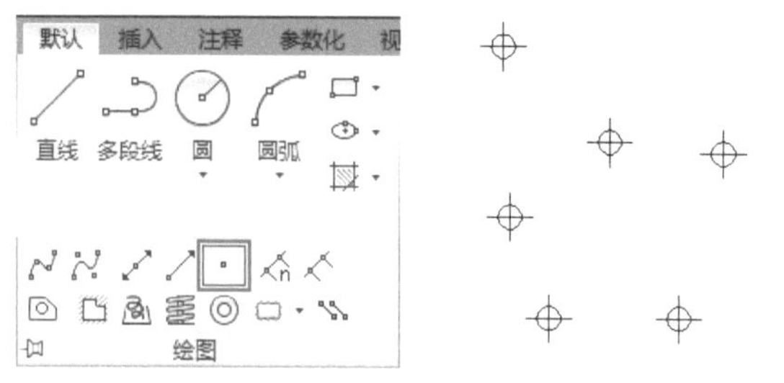

图6-11 【绘图】面板中的【多点】 图6-12 绘制多点效果

6.1.3 定数等分

【定数等分】是将对象按指定的数量分为等长的多段，并在各等分位置生成点。

•执行方式

执行【定数等分】命令的方法有以下几种。

◆功能区：单击【绘图】面板中的【定数等分】按钮，如图6-13所示。

◆菜单栏：选择【绘图】|【点】|【定数等分】命令。

◆命令行：输入“DIVIDE”或“DIV”命令。

•操作步骤

执行上述命令，命令线行提示如下。

```
命令: _divide//执行【定数等分】命令
选择要定数等分的对象://选择要等分的对象，可以是直线、圆、圆弧、样条曲线、多段线
输入线段数目或 [块(B)]: //输入要等分的段数
```

•选项说明

命令行中各选项含义如下。

“输入线段数目”：该选项为默认选项，输入数字即可将被选中的图形进行平分，如图6-14所示。

“块（B）”：该命令可以在等分点处生成用户指定的块，如图6-15所示。

图6-13 【绘图】面板中的【定数等分】按钮 图6-14 以点定数等分 图6-15 以块定数等分

操作技巧

在命令操作过程中，命令行有时会出现“输入线段数目或[块(B)]:”这样的提示，其中的英文字母如“块（B）”等，是执行各选项命令的输入字符。如果我们要执行“块（B）”选项，那只需在该命令行中输入“B”即可。

练习 6-2 【定数等分】绘制虾米弯头

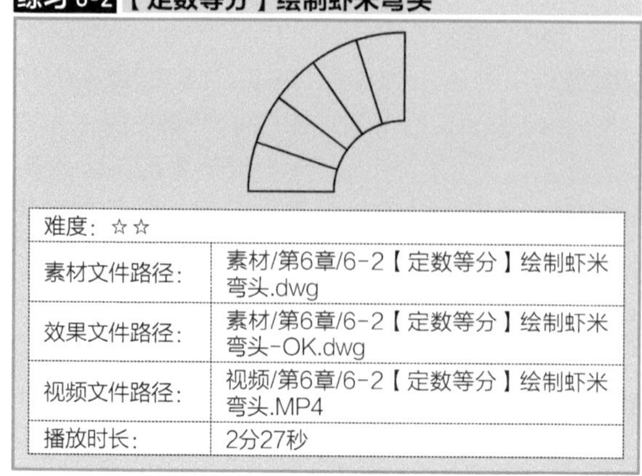

难度：☆☆	
素材文件路径：	素材/第6章/6-2【定数等分】绘制虾米弯头.dwg
效果文件路径：	素材/第6章/6-2【定数等分】绘制虾米弯头-OK.dwg
视频文件路径：	视频/第6章/6-2【定数等分】绘制虾米弯头.MP4
播放时长：	2分27秒

虾米弯头是水暖安装中常用的一种连接用管件，用于管道拐弯处的连接，用来改变管道的方向。由若干段直管（包括卷成管子），在其两端（末节只一端）切成一定角度，然后逐节拼接成一个弯头，其形状像虾米，故称虾米弯头，如图6-16所示。

Step 01 打开“第6章/6-2【定数等分】绘制虾米弯头.dwg”素材文件，如图6-17所示。

Step 02 设置点样式。在命令行中输入“DDPTYPE”，调用【点样式】命令，系统弹出【点样式】对话框，根据需要选择需要的点样式，如图6-18所示。

图6-16 虾米弯头实物 图6-17 素材图形

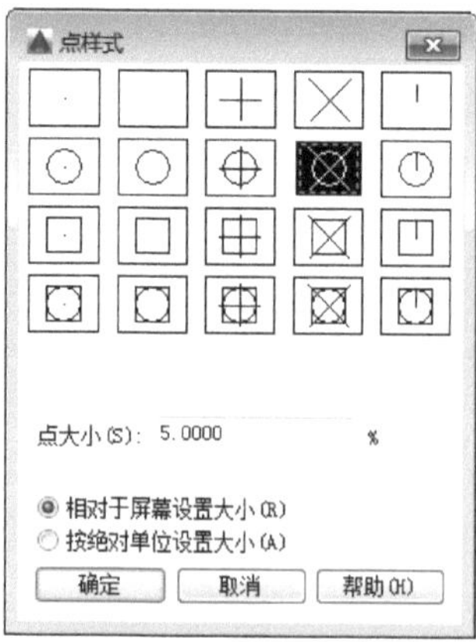

图6-18 设置点样式并按相对于屏幕设置大小

Step 03 在命令行中输入“DIV”，调用【定数等分】命令，依次选择两条圆弧，输入项目数、“20”，按【Enter】键完成定数等分，如图6-19所示。

Step 04 在【默认】选项卡中，单击【绘图】面板中的

【直线】按钮╱，绘制连接直线。再在命令行中输入“DDPTYPE”，调用【点样式】命令，将点样式设置为初始点样式，最终效果图6-20所示。

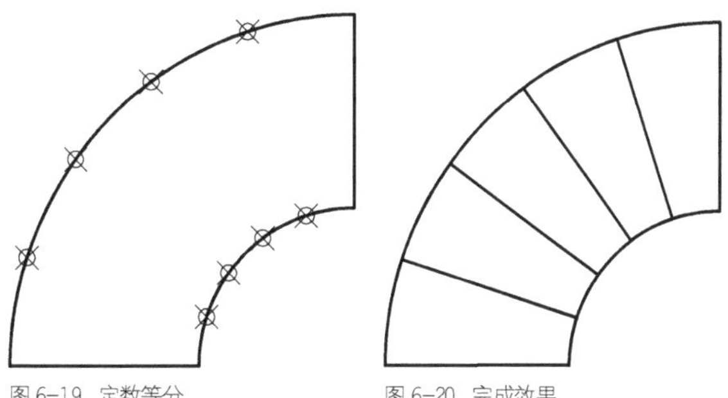

图 6-19 定数等分　　图 6-20 完成效果

> **知识链接**
>
> 此类图形还可以通过【阵列】命令进行绘制，详见第7章的7.4节。

•熟能生巧 “块（B）”等分

在命令操作过程中，命令行有时会出现类似“输入线段数目或 [块 (B)]:”这样的提示，其中的英文字母如“块（B）”等，是执行各选项命令的输入字符。如果用户要执行“块(B)”选项，只需在该命令行中输入“B”即可。

执行等分点命令时，选择“块（B）”选项，表示在等分点处插入指定的块，操作效果如图 6-21 所示，命令行操作如下。相比于【阵列】操作，该方法有一定的灵活性。

```
命令: _divide//执行【定数等分】命令
选择要定数等分的对象://选择要等分的对象，如图6-21中的样条曲线
输入线段数目或 [块(B)]: B↙//执行“块（B）”选项
输入要插入的块名: 1↙//输入要插入的块名称，如“1”
是否对齐块和对象? [是(Y)/否(N)] <Y>:↙//默认对齐
输入线段数目: 12↙//输入“块（B）”等分的数量
```

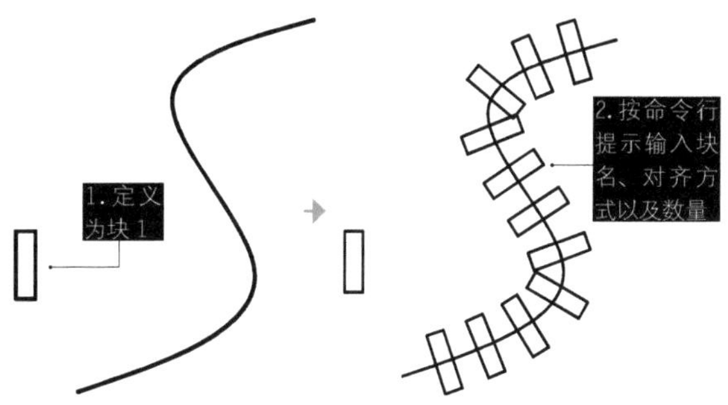

图 6-21 定数等分中的“块（B）”等分

> **知识链接**
>
> 【块】的内容详见第11章的11.1节。

6.1.4 定距等分

【定距等分】是将对象分为长度为指定值的多段，并在各等分位置生成点。

•执行方式

执行【定距等分】命令的方法有以下几种。

◆功能区：单击【绘图】面板中的【定距等分】按钮⊀，如图 6-22 所示。

◆菜单栏：选择【绘图】|【点】|【定距等分】命令。

◆命令行：输入“MEASURE”或“ME”命令。

•操作步骤

执行上述命令，命令行提示如下。

```
命令: _measure//执行【定距等分】命令
选择要定距等分的对象://选择要等分的对象，可以是直线、圆、圆弧、样条曲线、多段线
指定线段长度或 [块(B)]://输入要等分的单段长度
```

•选项说明

命令行中各选项含义如下。

“指定线段长度”：该选项为默认选项，输入的数字即为分段的长度，如图 6-23 所示。

“块（B）”：该命令可以在等分点处生成用户指定的块。

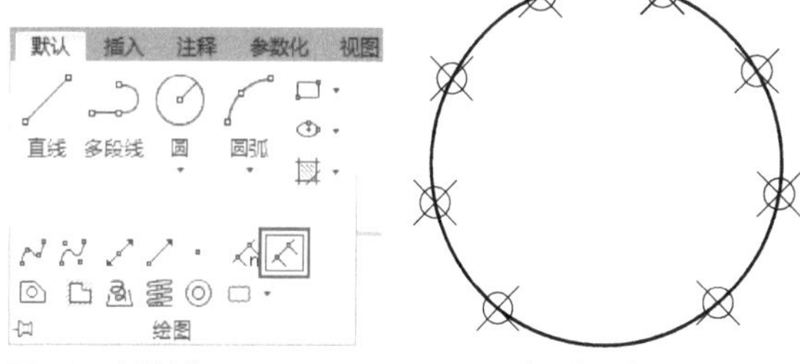

图 6-22 定距等分　　图 6-23 定距等分效果

练习 6-3【定距等分】绘制楼梯

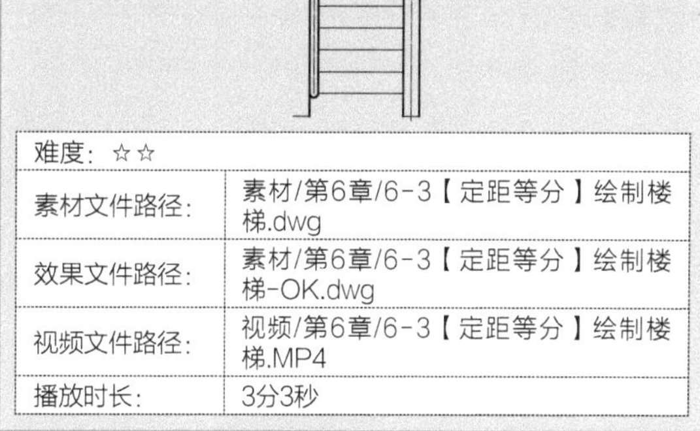

难度：☆☆	
素材文件路径：	素材/第6章/6-3【定距等分】绘制楼梯.dwg
效果文件路径：	素材/第6章/6-3【定距等分】绘制楼梯-OK.dwg
视频文件路径：	视频/第6章/6-3【定距等分】绘制楼梯.MP4
播放时长：	3分3秒

【定距等分】是将图形按指定的距离进行等分，因此适用于绘制一些具有固定间隔长度的图形，如楼梯和踏板等。

Step 01 打开素材文件“第6章/6-3【定距等分】绘制楼

梯.dwg”，其中已经绘制好了一平面图的局部图形，如图6-24所示。

Step 02 设置点样式。在命令行中输入“DDPTYPE”，调用【点样式】命令，系统弹出【点样式】对话框，根据需要选择点样式，如图6-25所示。

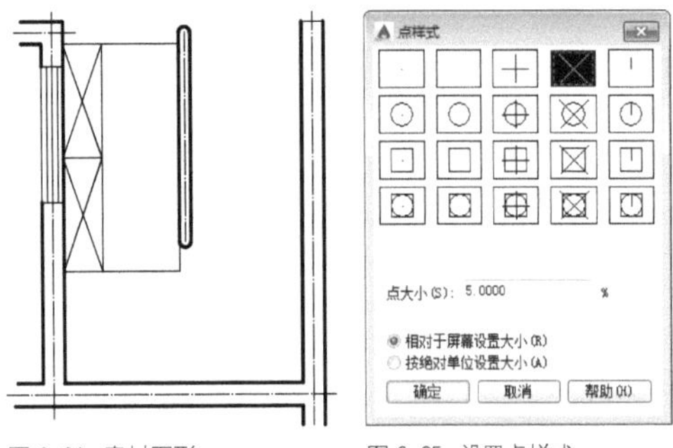

图6-24 素材图形　　图6-25 设置点样式

Step 03 执行定距等分。单击【绘图】面板中的【定距等分】按钮，将楼梯口左侧的直线段按每段250mm长进行等分，结果如图6-26所示，命令行操作如下。

```
命令: _measure//执行【定距等分】命令
选择要定距等分的对象://选择素材直线
指定线段长度或 [块(B)]: 250↙ //输入要等分的距离
//按【Esc】键退出
```

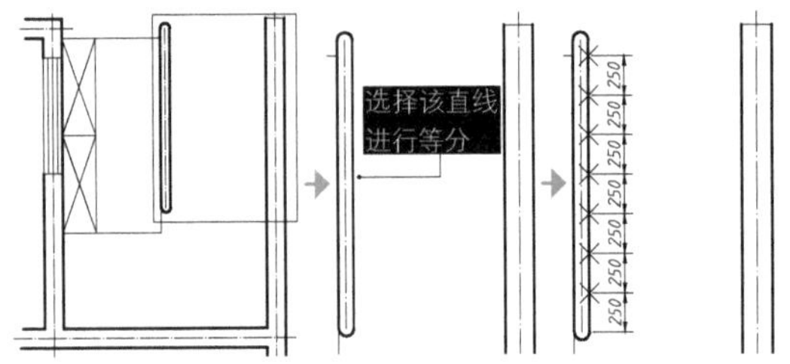

图6-26 将直线定距等分

Step 04 在【默认】选项卡中，单击【绘图】面板上的【直线】按钮，以各等分点为起点向右绘制直线，结果如图6-27所示。

Step 05 将点样式重新设置为默认状态，即可得到楼梯图形，如图6-28所示。

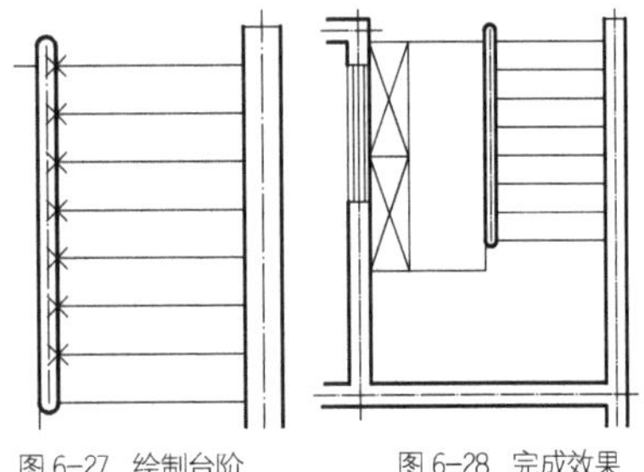

图6-27 绘制台阶　　图6-28 完成效果

知识链接

此类图形还可以通过【偏移】命令绘制，详见本书第6章。

6.2 绘制直线类图形

直线类图形是AutoCAD中最基本的图形对象，在AutoCAD中，根据用途的不同，可以将线分类为直线、射线、构造线、多线和多线段。不同的直线对象具有不同的特性，下面进行详细讲解。

6.2.1 直线 ★重点★

直线是绘图中最常用的图形对象，只要指定了起点和终点，就可绘制出一条直线。

• 执行方式

执行【直线】命令的方法有以下几种。

- ◆功能区：单击【绘图】面板中的【直线】按钮。
- ◆菜单栏：选择【绘图】|【直线】命令。
- ◆命令行：输入“LINE”或“L”命令。

• 操作步骤

执行上述命令，命令行提示如下。

```
命令: _line//执行【直线】命令
指定第一个点://输入直线段的起点，用鼠标指定点或在命令行中输入点的坐标
指定下一点或 [放弃(U)]://输入直线段的端点。也可以用鼠标指定一定角度后，直接输入直线的长度
指定下一点或 [放弃(U)]://输入下一直线段的端点。输入“U”表示放弃之前的输入
指定下一点或 [闭合(C)/放弃(U)]://输入下一直线段的端点。输入“C”使图形闭合，或按【Enter】键结束命令
```

• 选项说明

命令行中各选项含义如下。

◆“指定下一点”：当命令行提示“指定下一点”时，用户可以指定多个端点，从而绘制出多条直线段。但每一段直线又都是一个独立的对象，可以进行单独的编辑操作，如图6-29所示。

◆“闭合（C）”：绘制两条以上直线段后，命令行会出现“闭合（C）”选项。此时如果输入“C”，则系统会自动连接直线命令的起点和最后一个端点，从而绘制出封闭的图形，如图6-30所示。

◆“放弃（U）”：命令行出现“放弃（U）”选项时，如果输入“U”，则会擦除最近一次绘制的直线段，如图6-31所示。

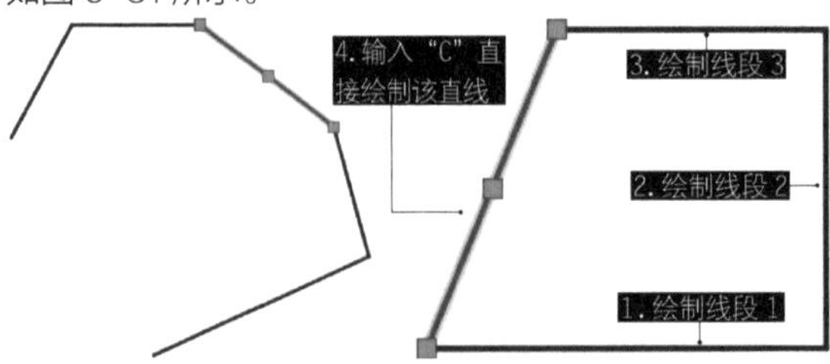

图6-29 每一段直线均可单独编辑　　图6-30 输入“C”绘制封闭图形

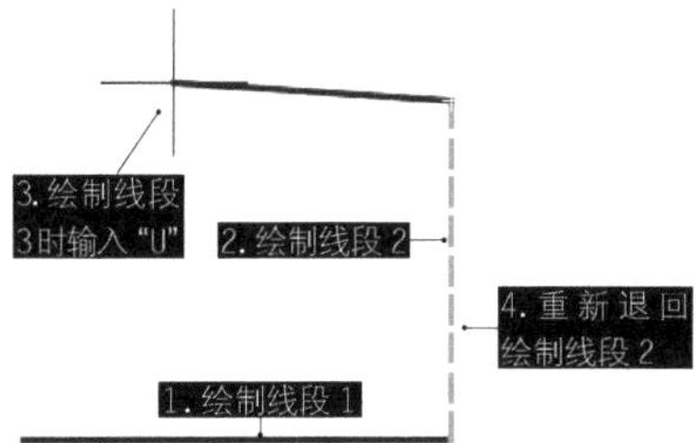

图 6-31 输入"U"重新绘制直线

练习 6-4 绘制温度计

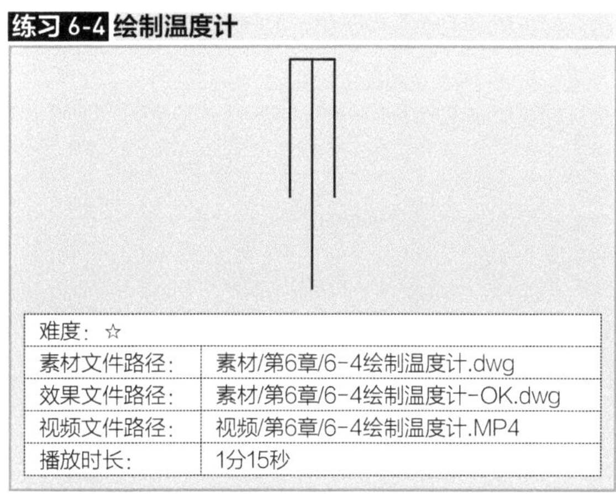

难度：☆	
素材文件路径：	素材/第6章/6-4绘制温度计.dwg
效果文件路径：	素材/第6章/6-4绘制温度计-OK.dwg
视频文件路径：	视频/第6章/6-4绘制温度计.MP4
播放时长：	1分15秒

在进行水暖设计时，低温热水地面辐射供暖系统的供暖效果，应以房间中央离地 1.5m 处黑球温度计指示的温度作为评价和考核的依据。温度计在图形中用一简单的图例表示。

Step 01 打开素材文件"第6章/6-4绘制温度计.dwg"，其中已创建好了5个点，如图6-32所示。

Step 02 单击【绘图】面板中的【直线】按钮╱，执行【直线】命令，依照命令行的提示，按顺序连接前4个点，效果如图6-33所示，命令行操作如下。

```
命令: _line//执行【直线】命令
指定第一个点://移动至点1，单击鼠标左键
指定下一点或 [放弃(U)]://移动至点2，单击鼠标左键
指定下一点或 [放弃(U)]://移动至点3，单击鼠标左键
指定下一点或 [闭合(C)/放弃(U)]:↙//移动至点4，按【Enter】键结束命令
```

Step 03 按空格或【Enter】键，重复执行【直线】命令，以点5为起点，向上绘制一竖直线，与直线2 - 3相交。

```
↙//按【Enter】键重复执行【直线】命令
命令: Line
指定第一个点://移动至点5，单击鼠标左键
指定下一点或 [闭合(C)/放弃(U)]: ↙//向上拖动与直线2 - 3相交，按【Enter】键结束操作
```

Step 04 取消点样式的显示，最终结果如图6-34所示。

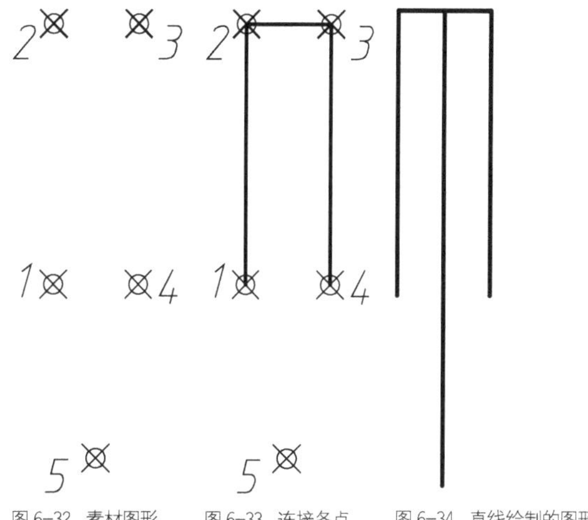

图 6-32 素材图形　图 6-33 连接各点　图 6-34 直线绘制的图形

•初学解答 直线的起始点

若命令行提示"指定第一个点"时，单击【Enter】键，系统则会自动把上次绘线（或弧）的终点作为本次直线操作的起点。特别的，如果上次操作为绘制圆弧，那单击【Enter】键后会绘出通过圆弧终点的与该圆弧相切的直线段，该线段的长度由鼠标在屏幕上指定的一点与切点之间线段的长度确定，操作效果如图 6-35 所示，命令行操作如下。

```
命令: _line
指定第一个点: 直线长度: 20//按【Enter】键确认起点，然后输入直线长度
指定下一点或 [放弃(U)]://按【Esc】键完成绘制
```

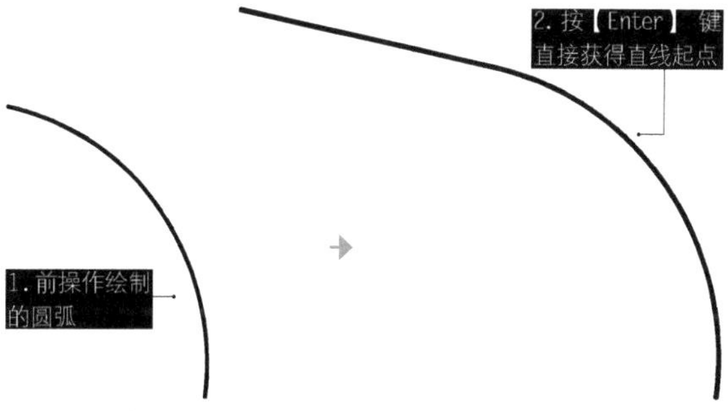

图 6-35 按【Enter】键确认直线起点

•熟能生巧 【直线】（Line）命令的操作技巧

◆绘制水平、垂直直线。可单击【状态栏】中【正交】按钮，根据正交方向提示，直接输入下一点的距离即可，如图 6-36 所示。不需要输入 @ 符号，使用临时正交模式也可按住【Shift】键不动，在此模式下不能输入命令或数值，可捕捉对象。

◆绘制斜线。可单击【状态栏】中【极轴】按钮，在【极轴】按钮上单击右键，在弹出的快捷菜单中可以选择所需的角度选项，也可以选择【正在追踪设置】选项，则系统会弹出【草图设置】对话框，在【增量角】文本输入框中可设置斜线的捕捉角度，此时，图

形即进入自动捕捉所需角度的状态，其可大大提高制图时输入直线长度的效率，效果如图 6-37 所示。

◆捕捉对象。可按【Shift】键 + 鼠标右键，在弹出的快捷菜单中选择捕捉选项，然后将光标移动至合适位置，程序会自动进行某些点的捕捉，如端点、中点、圆切点等，【捕捉对象】功能的应用可以极大提高制图速度，如图 6-38 所示。

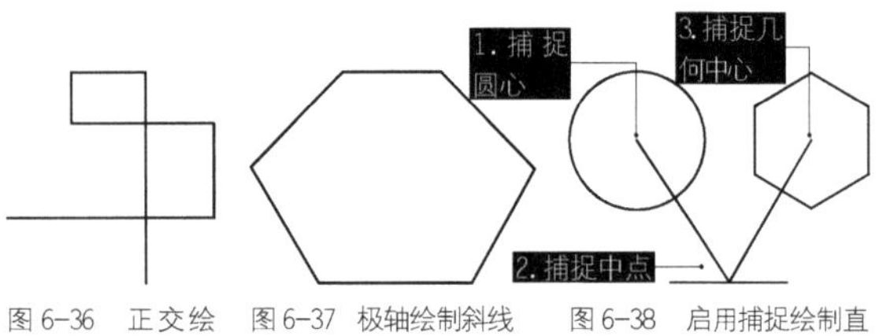

图 6-36 正交绘制水平、垂直直线　图 6-37 极轴绘制斜线　图 6-38 启用捕捉绘制直线

6.2.2 射线

★进阶★

射线是一端固定而另一端无限延伸的直线，它只有起点和方向，没有终点。射线在 AutoCAD 中使用较少，通常用来作为辅助线，尤其在机械制图中可以作为三视图的投影线使用。

执行【射线】的方法有以下几种。

◆功能区：单击【绘图】面板中的【射线】按钮，如图 6-39 所示。

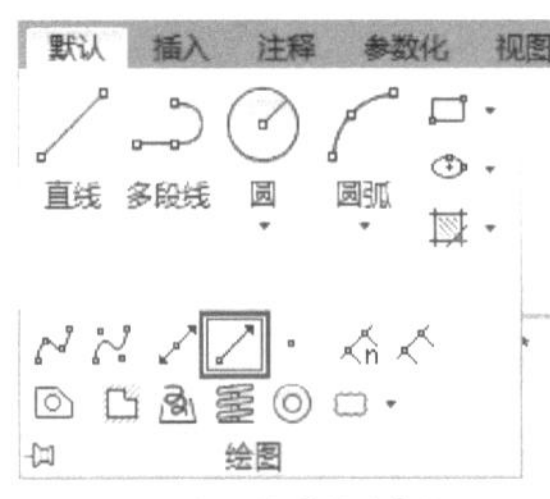

图 6-39 面板中的【射线】按钮

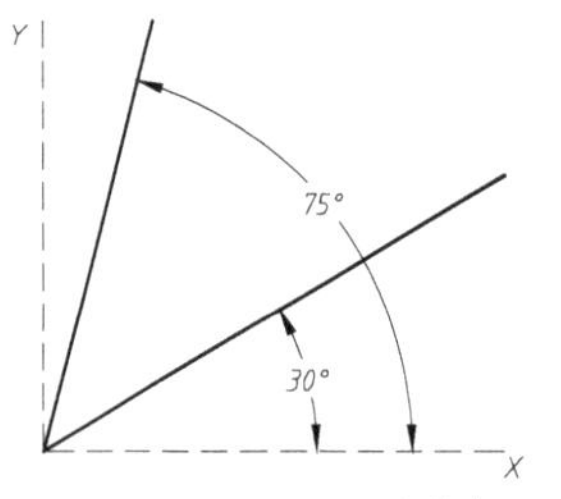

图 6-40 绘制 30° 和 75° 的射线

◆菜单栏：选择【绘图】|【射线】命令。

◆命令行：输入“RAY”命令。

练习 6-5 绘制与水平方向呈 30° 和 75° 夹角的射线

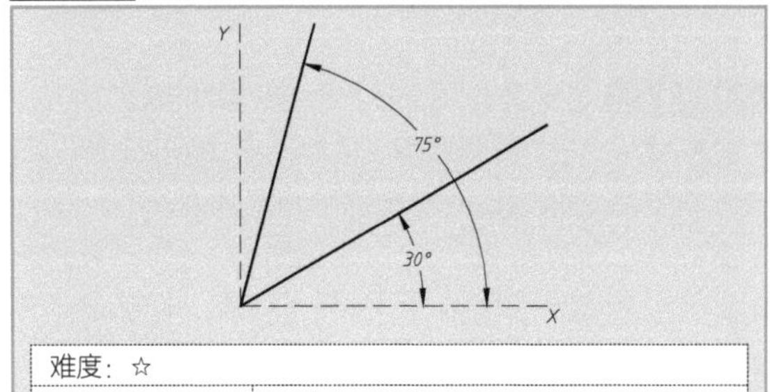

难度：☆	
素材文件路径：	无
效果文件路径：	素材/第6章/6-5绘制与水平方向呈30° 和75° 夹角的射线-OK.dwg
视频文件路径：	视频/第6章/6-5绘制与水平方向呈30° 和75° 夹角的射线.MP4
播放时长：	1分44秒

Step 01 新建空白文件，然后单击【绘图】面板中的【射线】按钮。

Step 02 执行【射线】命令，按命令行提示，在绘图区的任意位置处单击作为起点，然后在命令行中输入各通过点，结果如图6-40所示，命令行操作如下。

```
命令: _ray //执行【射线】命令
指定起点: //输入射线的起点，可以用鼠标指定点或在命令行中输入点的坐标
指定通过点: <30↙ //输入（<30）表示通过点位于与水平方向夹角为30° 的直线上
角度替代: 30//射线角度被锁定至30°
指定通过点://在任意点处单击即可绘制30° 角度线
指定通过点: <75↙ //输入（<75）表示通过点位于与水平方向夹角为75° 的直线上
角度替代: 75//射线角度被锁定至75°
指定通过点://在任意点处单击即可绘制75° 角度线
指定通过点:↙ //按【Enter】键结束命令
```

操作技巧

调用射线命令，指定射线的起点后，可以根据“指定通过点”的提示指定多个通过点，绘制经过相同起点的多条射线，直到按【Esc】键或【Enter】键退出为止。

6.2.3 构造线

构造线是两端无限延伸的直线，没有起点和终点，主要用于绘制辅助线和修剪边界，在建筑设计中常用来作为辅助线，在机械设计中也可作为轴线使用。构造线只需指定两个点即可确定位置和方向。

•执行方式

◆功能区：单击【绘图】面板中的【构造线】按钮。

◆菜单栏：选择【绘图】|【构造线】命令。

◆命令行：输入“XLINE”或“XL”命令。

•操作步骤

执行上述命令，命令行提示如下。

```
命令: _xline//执行【构造线】命令
指定点或 [水平(H)/垂直(V)/角度(A)/二等分(B)/偏移(O)]://输入第一个点
指定通过点://输入第二个点
指定通过点://继续输入点，可以继续画线，按【Enter】键结束命令
```

•选项说明

命令行中各选项含义如下。

◆“水平（H）”、“垂直（V）”：选择“水平”或“垂直”选项，可以绘制水平和垂直的构造线，如图 6-41 所示。命令行提示如下。

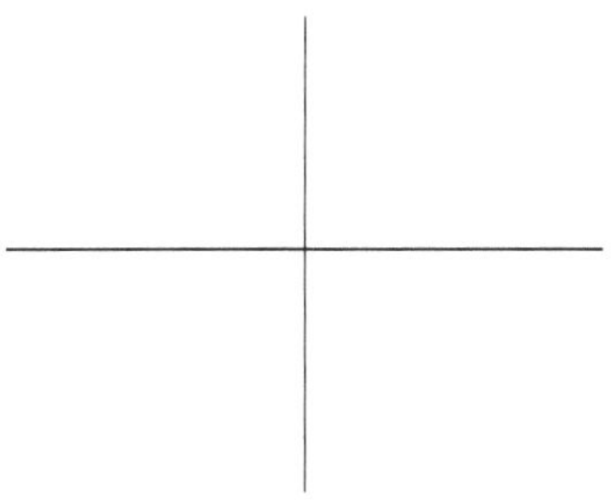

图 6-41　绘制水平或垂直构造线

```
命令: _xline
指定点或 [水平(H)/垂直(V)/角度(A)/二等分(B)/偏移(O)]: h
//输入 "h" 或 "v"
指定通过点://指定通过点，绘制水平或垂直构造线
```

◆ "角度（A）"：选择"角度"选项，可以绘制用户所输入角度的构造线，如图 6-42 所示；命令行提示如下。

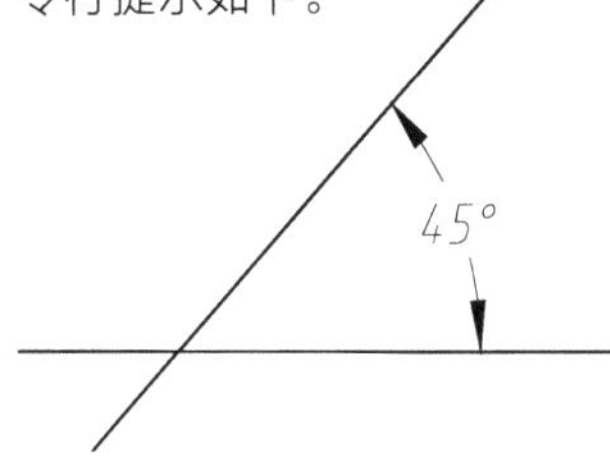

图 6-42　绘制成角度的构造线

```
命令: _xline
指定点或 [水平(H)/垂直(V)/角度(A)/二等分(B)/偏移(O)]: a
//输入 "a"，选择 "角度" 选项
输入构造线的角度 (0) 或 [参照(R)]: 45
//输入构造线的角度
指定通过点://指定通过点完成创建
```

◆ "二等分（B）"：选择"二等分"选项，可以绘制两条相交直线的角平分线，如图 6-43 所示。绘制角平分线时，使用捕捉功能依次拾取顶点 *O*、起点 *A* 和端点 *B* 即可（*A*、*B* 可为直线上除 *O* 点外的任意点）。命令行提示如下。

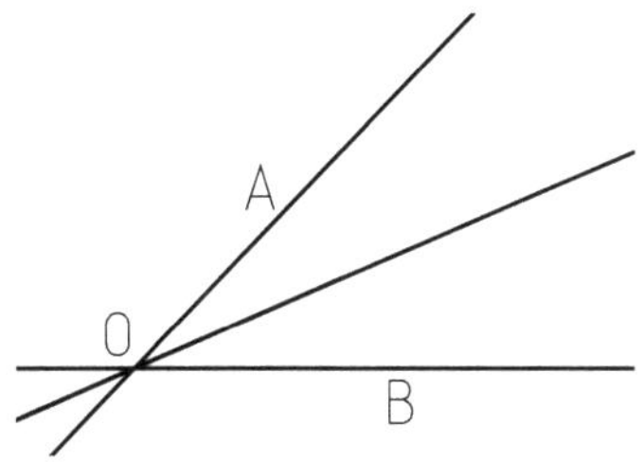

图 6-43　绘制二等分构造线

```
命令: _xline
指定点或 [水平(H)/垂直(V)/角度(A)/二等分(B)/偏移(O)]: b
//输入 "b"，选择 "二等分" 选项
指定角的顶点: //选择O点
指定角的起点: //选择A点
指定角的端点: //选择B点
```

◆ "偏移（O）"：选择【偏移】选项，可以由已有直线偏移出平行线，如图 6-44 所示。该选项的功能类似于【偏移】命令（详见第 7 章）。通过输入偏移距离和选择要偏移的直线来绘制与该直线平行的构造线。命令行提示如下。

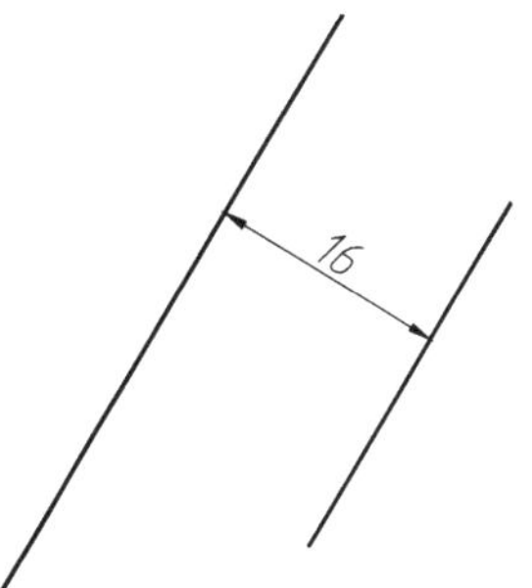

图 6-44　绘制偏移的构造线

```
命令: _xline
指定点或 [水平(H)/垂直(V)/角度(A)/二等分(B)/偏移(O)]: o
//输入 "o"，选择 "偏移" 选项
指定偏移距离或 [通过(T)] <10.0000>: 16  //输入偏移距离
选择直线对象: //选择偏移的对象
指定向哪侧偏移: //指定偏移的方向
```

练习 6-6 绘制水平和倾斜构造线

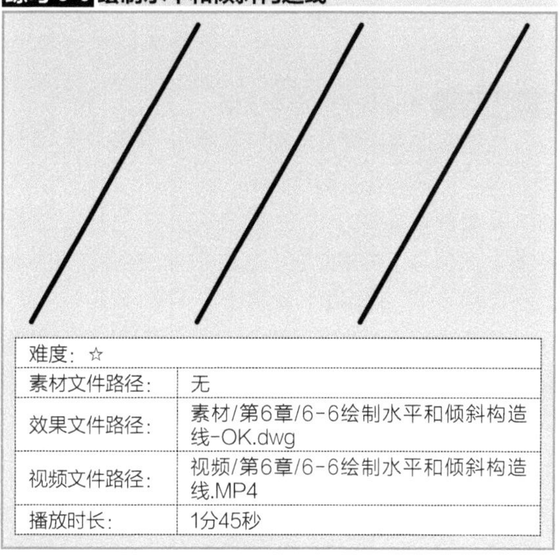

难度：☆	
素材文件路径：	无
效果文件路径：	素材/第6章/6-6绘制水平和倾斜构造线-OK.dwg
视频文件路径：	视频/第6章/6-6绘制水平和倾斜构造线.MP4
播放时长：	1分45秒

Step 01 新建空白文件，然后单击【绘图】面板中的【构造线】按钮，分别绘制3条水平构造线和垂直构造线，构造线间距为20，如图6-45所示，命令行提示如下。

```
命令: _xline                        //执行 "构造线" 命令
指定点或【水平（H）/垂直（V）/角度（A）/=等分（B）/
偏移（O）】: H↙
                    //输入 "H"，表示绘制水平构造线
指定通过点://在绘图区域合适位置任意拾取一点
指定通过点: @0,20↙
                    //输入垂直方向上的相对坐标，确定第二条
```

```
构造线要经过的点
指定通过点：@0,20↙//输入垂直方向上的相对坐标，确定第三条构造线要经过的点
指定通过点:↙//按【Enter】键结束命令
```

Step 02 单击【绘图】面板中的【构造线】按钮，绘制与水平方向呈60° 角的构造线，如图6-46所示，命令行提示如下。

```
命令: _xline//执行【构造线】命令
指定点或 [水平(H)/垂直(V)/角度(A)/二等分(B)/偏移(O)]: A↙      //输入"A"，表示绘制带角度构造线
输入构造线的角度 (0.0) 或 [参照(R)]: 60↙      //构造线与水平方向呈60° 角
指定通过点:↙//在绘图区合适位置任意拾取一点
指定通过点: @20,0↙      //输入第二条构造线要经过的点
指定通过点: @20,0↙      //输入第三条构造线要经过的点
指定通过点:↙//按【Enter】键结束命令
```

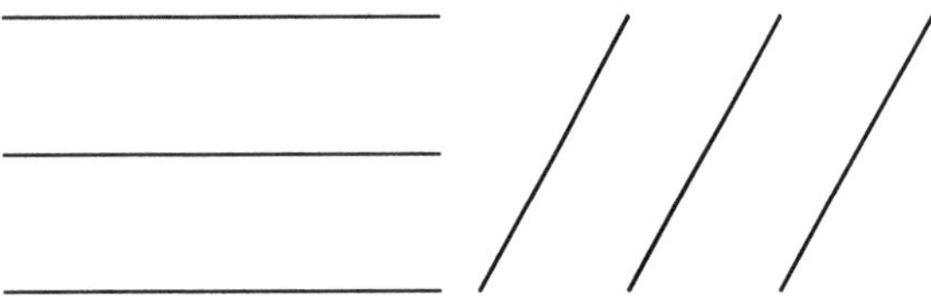

图 6-45 水平构造线　　图 6-46 绘制带角度的构造线

•初学解答 构造线的特点与应用

构造线是真正意义上的"直线"，可以向两端无限延伸。构造线在控制草图的几何关系、尺寸关系方面，有着极其重要的作用，如三视图中"长对正、高平齐、宽相等"的辅助线，如图 6-47 所示（图中细实线为构造线，粗实线为轮廓线，下同）。

构造线不会改变图形的总面积，因此，它们的无限长的特性对缩放或视点没有影响，并会被显示图形范围的命令所忽略，和其他对象一样，构造线也可以移动、旋转和复制。因此构造线常用来绘制各种绘图过程中的辅助线和基准线，如建筑给水施工图的设计过程中，第一步定位轴线的绘制就可以使用构造线命令来完成，如图 6-48 所示。

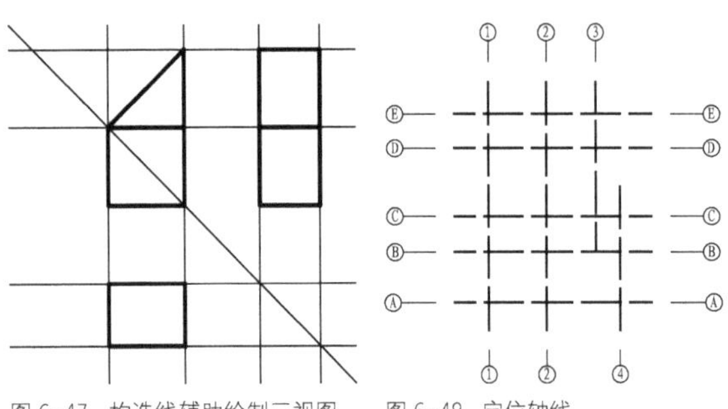

图 6-47 构造线辅助绘制三视图　　图 6-48 定位轴线

6.3 绘制圆、圆弧类图形

在 AutoCAD 中，圆、圆弧、椭圆、椭圆弧和圆环都属于圆类图形，其绘制方法相对于直线对象较复杂，下面分别对其进行讲解。

6.3.1 圆 ★重点★

圆也是绘图中最常用的图形对象，因此它的执行方式与功能选项也最为丰富。

•执行方式

执行【圆】命令的方法有以下几种。

◆功能区：单击【绘图】面板中的【圆】按钮。

◆菜单栏：选择【绘图】|【圆】命令，然后在子菜单中选择一种绘圆方法。

◆命令行：输入"CIRCLE"或"C"命令

•操作步骤

执行上述操作，命令行提示如下。

```
命令: _circle//执行【圆】命令
指定圆的圆心或 [三点(3P)/两点(2P)/切点、切点、半径(T)]: //选择圆的绘制方式
指定圆的半径或 [直径(D)]: 3↙//直接输入半径或用鼠标指定半径长度
```

•选项说明

命令行中各选项含义如下。

在【绘图】面板【圆】的下拉列表中提供了 6 种绘制圆的命令，各命令的含义如下。

◆【圆心、半径（R）】：用圆心和半径方式绘制圆，如图 6-49 所示，为默认的执行方式。命令行提示如下。

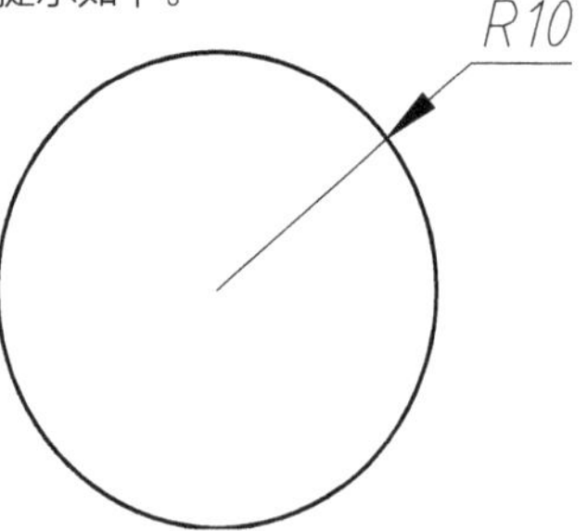

图 6-49 【圆心、半径（R）】画圆

```
命令：C↙
CIRCLE指定圆的圆心或[三点(3P)/两点(2P)/切点、切点、半径(T)]: //输入坐标或用鼠标单击确定圆心
指定圆的半径或[直径(D)]: 10↙
//输入半径值，也可以输入相对于圆心的相对坐标，确定圆周上一点
```

◆【圆心、直径（D）】：用圆心和直径方式绘制圆，如图 6-50 所示。命令行提示如下。

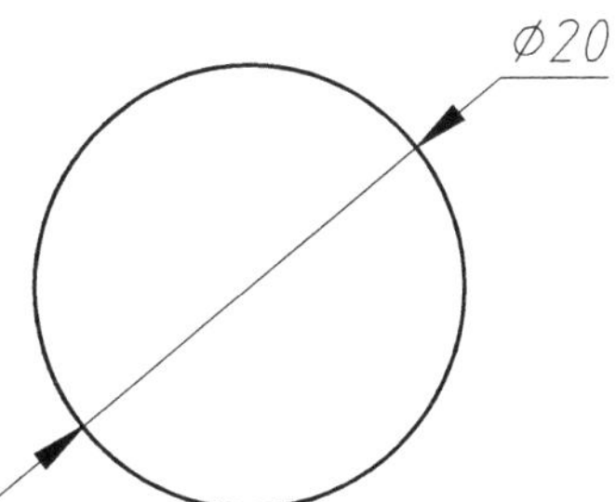

图 6-50 【圆心、直径（D）】画圆

命令：C↙
CIRCLE指定圆的圆心或[三点(3P)/两点(2P)/切点、切点、半径(T)]：//输入坐标或用鼠标单击确定圆心
指定圆的半径或[直径(D)]<80.1736>：D↙//选择直径选项
指定圆的直径<200.00>：20↙//输入直径值

◆【两点（2P）】：通过两点（2P）绘制圆，实际上是以这两点的连线为直径，以两点连线的中点为圆心画圆。系统会提示指定圆直径的第一端点和第二端点，如图 6-51 所示。命令行提示如下。

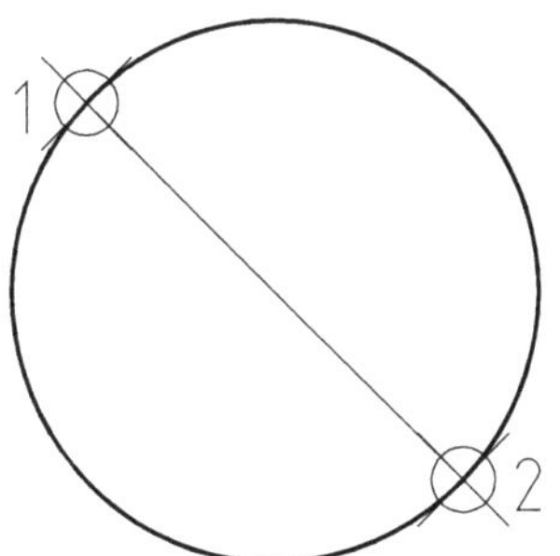

图 6-51 【两点（2P）】画圆

命令：C↙
CIRCLE指定圆的圆心或[三点(3P)/两点(2P)/切点、切点、半径(T)]：2P↙//选择"两点"选项
指定圆直径的第一个端点：//输入坐标或单击确定直径第一个端点1
指定圆直径的第二个端点：//单击确定直径第二个端点2，或输入相对于第一个端点的相对坐标

◆【三点（3P）】：通过三点（3P）绘制圆，实际上是绘制这三点确定的三角形的唯一的外接圆。系统会提示指定圆上的第一点、第二点和第三点，如图 6-52 所示。命令行提示如下。

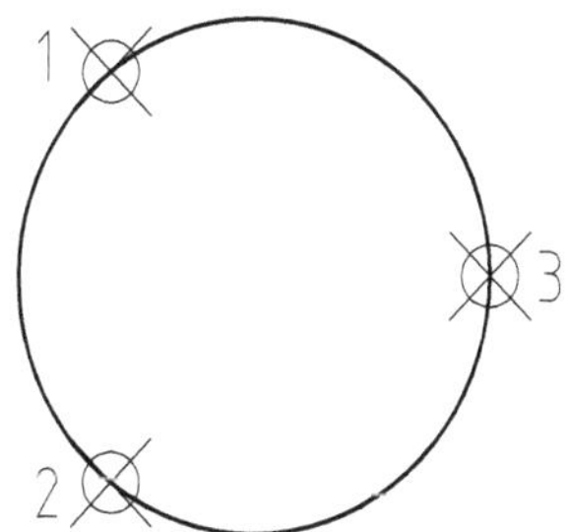

图 6-52 【三点（3P）】画圆

命令：C↙
CIRCLE指定圆的圆心或[三点(3P)/两点(2P)/切点、切点、半径(T)]：3P↙//选择"三点"选项
指定圆上的第一个点：//单击确定第1点
指定圆上的第二个点：//单击确定第2点
指定圆上的第三个点：//单击确定第3点

◆【相切、相切、半径（T）】：如果已经存在两个图形对象，再确定圆的半径值，就可以绘制出与这两个对象相切的公切圆。系统会提示指定圆的第一切点和第二切点及圆的半径，如图 6-53 所示。命令行提示如下。

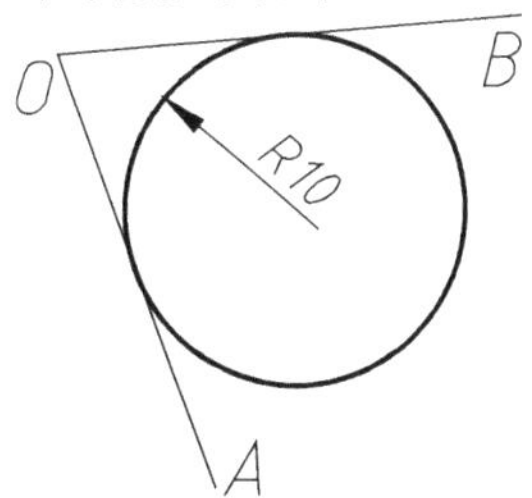

图 6-53 【相切、相切、半径（T）】画圆

命令: _circle
指定圆的圆心或 [三点(3P)/两点(2P)/切点、切点、半径(T)]: T
//选择"切点、切点、半径"选项
指定对象与圆的第一个切点:　//单击直线"OA"上任意一点
指定对象与圆的第二个切点:　//单击直线"OB"上任意一点
指定圆的半径: 10　//输入半径值

◆【相切、相切、相切（A）】：选择 3 条切线来绘制圆，可以绘制出与三个图形对象相切的公切圆，如图 6-54 所示。命令行提示如下。

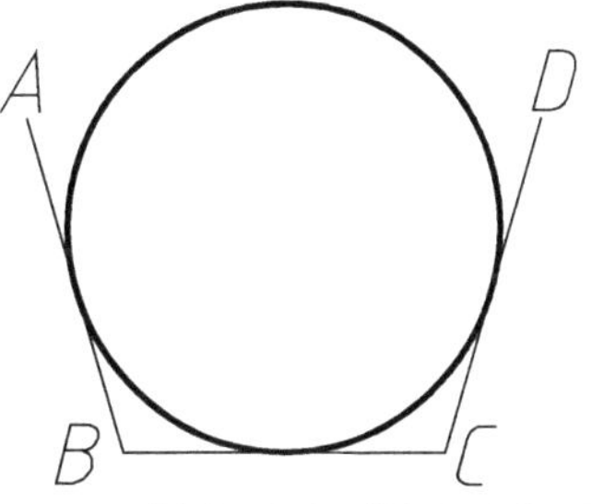

图 6-54 【相切、相切、相切（A）】画圆

命令: _circle
指定圆的圆心或 [三点(3P)/两点(2P)/切点、切点、半径(T)]: _3p
//单击面板中的"相切、相切、相切"按钮
指定圆上的第一个点: _tan 到　//单击直线*AB*上任意一点
指定圆上的第二个点: _tan 到　//单击直线*BC*上任意一点
指定圆上的第三个点: _tan 到　//单击直线*CD*上任意一点

•初学解答 绘图时不显示虚线框

用 AutoCAD 绘制矩形、圆时，通常会在鼠标光标处显示一动态虚线框，用来在视觉上帮助设计者判断图

形绘制的大小，十分方便。而有时由于新手的误操作，会使得该虚线框无法显示，如图 6-55 所示。

这是由于系统变量 DRAGMODE 的设置出现了问题。只需在命令行中输入“DRAGMODE”命令，然后根据提示，将选项修改为“自动（A）”或“开（ON）”即可（推荐设置为自动）。即可让虚线框显示恢复正常，如图 6-56 所示。

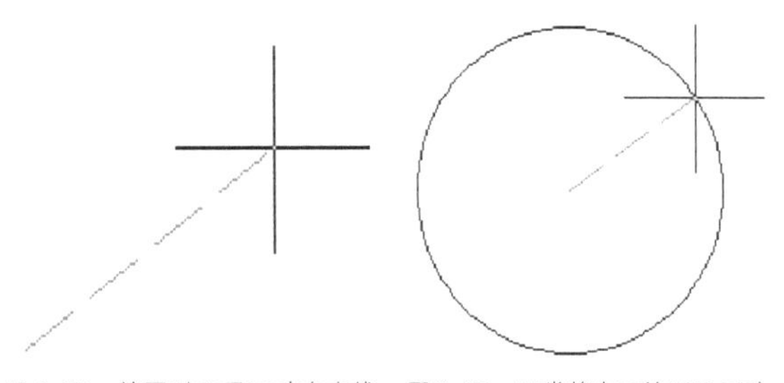

图 6-55　绘图时不显示动态虚线框　图 6-56　正常状态下绘图显示动态虚线框

圆在各种设计图形中都应用频繁，因此对应的创建方法也很多。而熟练掌握各种圆的创建方法，有助于提高绘图效率。下面便通过几个例子来对上面所介绍的方法进行总结。

练习 6-7 完善圆形风口

R20

难度：☆☆	
素材文件路径：	素材/第6章/6-7完善圆形风口.dwg
效果文件路径：	素材/第6章/6-7完善圆形风口-OK.dwg
视频文件路径：	视频/第6章/6-7完善圆形风口.MP4
播放时长：	41秒

风口是中央空调系统中用于送风和回风的末端设备，是一种空气分配设备。送风口将制冷或者加热后的空气送到室内，而回风口则将室内污浊的空气吸回去，两者形成整个空气循环，在保证室内制冷采暖效果的同时，也保证了室内空气的制冷及舒适度。风口的有矩形、圆形、球形、单层、双层等多种形式。

Step 01 打开素材文件“第6章/6-7完善圆形风口.dwg”，其中有一残缺的风口图形，如图6-57所示。

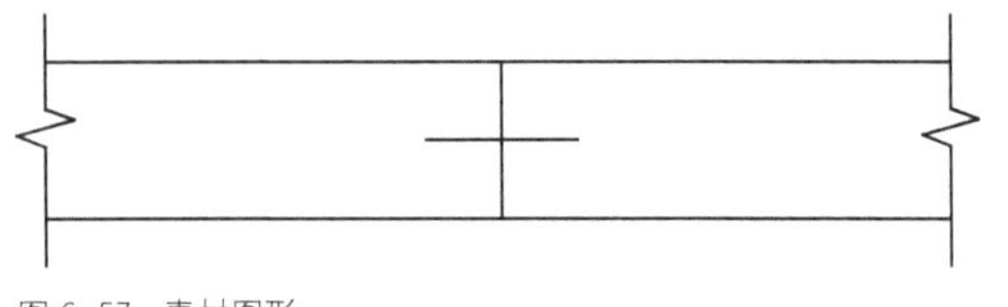

图 6-57　素材图形

Step 02 在【默认】选项卡中，单击【绘图】面板中的【圆】按钮，如图6-58所示。

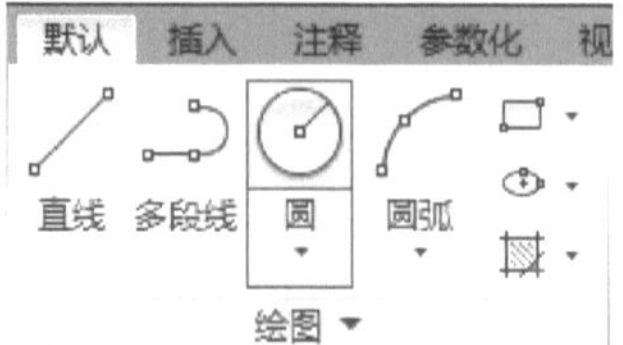

图 6-58　【绘图】面板中的【圆】按钮

Step 03 使用【圆心、半径】的方式，以中心线的交点为圆心，绘制半径为20的圆形，如图6-59所示。

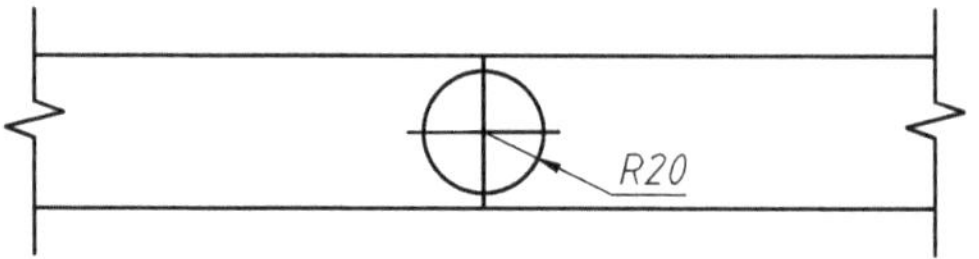

图 6-59　【圆心、半径】绘制圆

练习 6-8 完善压力表

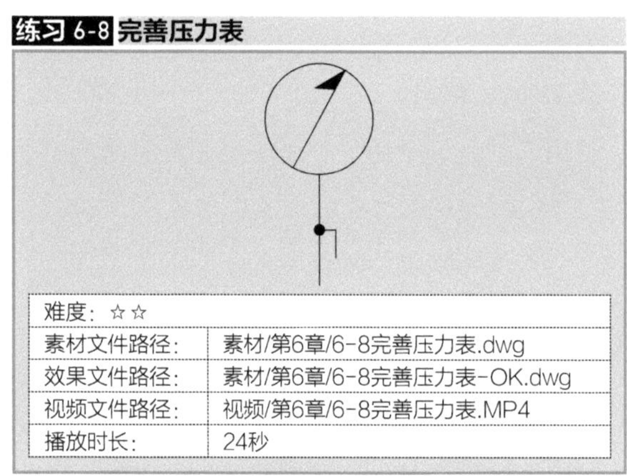

难度：☆☆	
素材文件路径：	素材/第6章/6-8完善压力表.dwg
效果文件路径：	素材/第6章/6-8完善压力表-OK.dwg
视频文件路径：	视频/第6章/6-8完善压力表.MP4
播放时长：	24秒

压力表（英文名称：pressure gauge）是指以弹性元件为敏感元件，测量并指示高于环境压力的仪表，应用极为普遍，它几乎遍及所有的工业流程和科研领域。在热力管网、供水供气系统等领域尤为常见。

Step 01 打开素材文件“第6章/6-8完善压力表.dwg”，其中有一残缺的压力表图形，如图6-60所示。

Step 02 在命令行中输入“C”，然后再输入“2p”，使用【两点】的方式绘制圆，分别以上方指针的首尾两端点为捕捉点，绘制结果如图6-61所示。

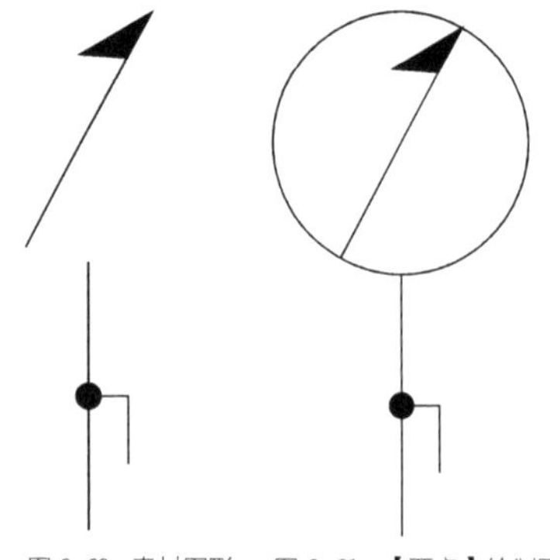

图 6-60　素材图形　图 6-61　【两点】绘制圆

练习 6-9 绘制水泵图例

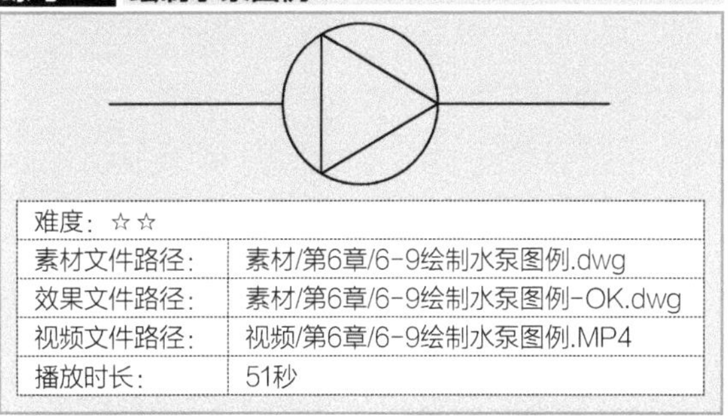

难度：☆☆	
素材文件路径：	素材/第6章/6-9绘制水泵图例.dwg
效果文件路径：	素材/第6章/6-9绘制水泵图例-OK.dwg
视频文件路径：	视频/第6章/6-9绘制水泵图例.MP4
播放时长：	51秒

在中央空调系统中，必须使用中央空调水泵配合主机工作，才能使整个系统正常运转。在中央空调内机安装时，底部有一个冷凝水集水盘，然后通过冷凝水管把冷凝水引到室外或者卫生间排掉。无冷凝水泵时，那么冷凝水只能依靠重力作用排掉，会造成着冷凝水管远离内机的一端要比内机冷凝水集水盘位置低，无形中增加了吊顶天花厚度；若有冷凝水泵，水泵可以在集水盘的位置将冷凝水沿管道抽高至内机上部后排掉，这样冷凝水管远离内机的一端位置要比内机冷凝水集水盘位置高，不需要额外增加天花厚度。

Step 01 打开素材文件“第6章/6-9绘制水泵图例.dwg”，其中有一幅三角图形，如图6-62所示。

Step 02 在命令行中输入“C”，然后再输入“3p”，使用【三点】的方式绘制圆，分别以三角形的3个端点为捕捉点，绘制结果如图6-63所示。

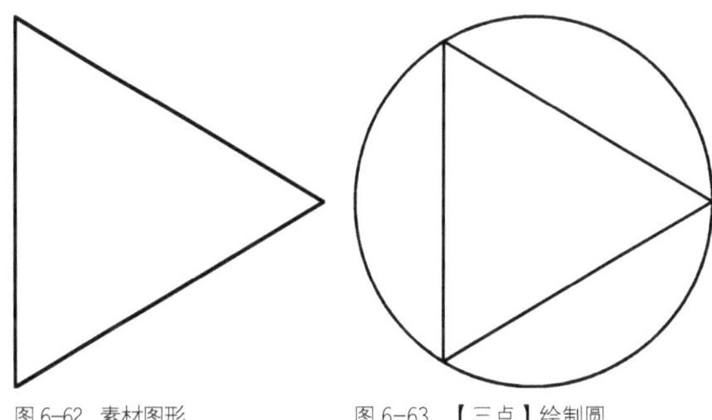

图 6-62 素材图形　　图 6-63 【三点】绘制圆

Step 03 然后执行【直线】命令，捕捉圆上左右两边的象限点，分别向外绘制一条约110mm的水平线段，从而完成水泵图例的绘制，如图6-64所示。

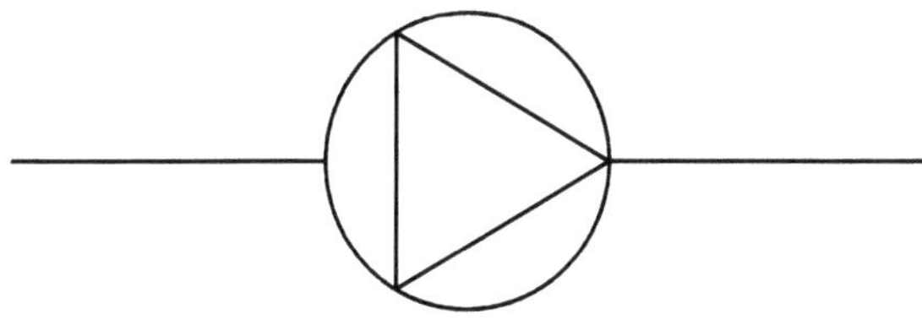

图 6-64 绘制完成的水泵图例

练习 6-10 绘制空气冷却器

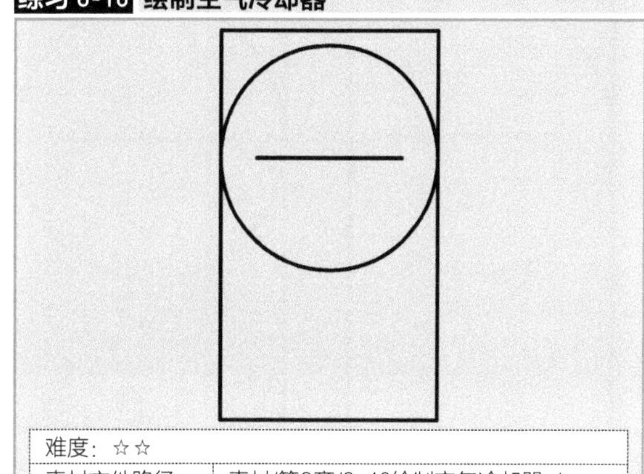

难度：☆☆	
素材文件路径：	素材/第6章/6-10绘制空气冷却器.dwg
效果文件路径：	素材/第6章/6-10绘制空气冷却器-OK.dwg
视频文件路径：	视频/第6章/6-10绘制空气冷却器.MP4
播放时长：	38秒

空气冷却器简称空冷器，以空气作为冷却剂，可用作冷却器，也可用作冷凝器。空冷器主要由管束、支架和风机组成。空气冷却器热流体在管内流动，空气在管束外吹过。采用空冷器可节省大量工业用水，减少环境污染，降低基建费用。特别在缺水地区，以空冷代替水冷，可以缓和水源不足的矛盾。

Step 01 打开素材文件“第6章/6-10绘制空气冷却器.dwg”，其中有一残缺的空气冷却器图例，如图6-65所示。

Step 02 在【默认】选项卡中，单击【绘图】面板中的【相切、相切、相切】按钮，如图6-66所示。

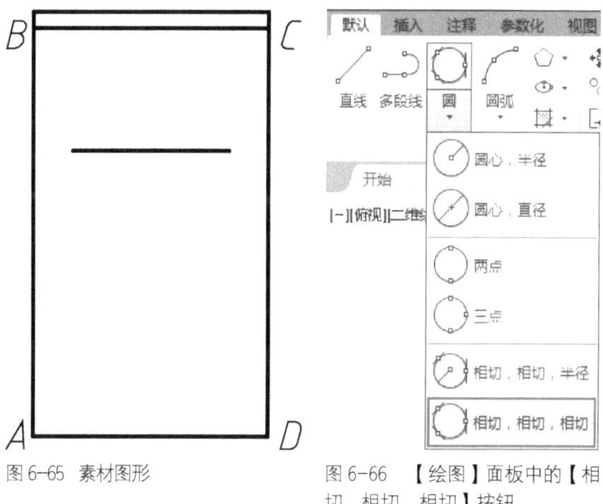

图 6-65 素材图形　　图 6-66 【绘图】面板中的【相切、相切、相切】按钮

Step 03 分别捕捉AB、BC、CD这3条边绘制圆，如图6-67所示。

Step 04 选择BC边，然后按【Delete】键，删除多余对象，最终的空气冷却器图例如图6-68所示。

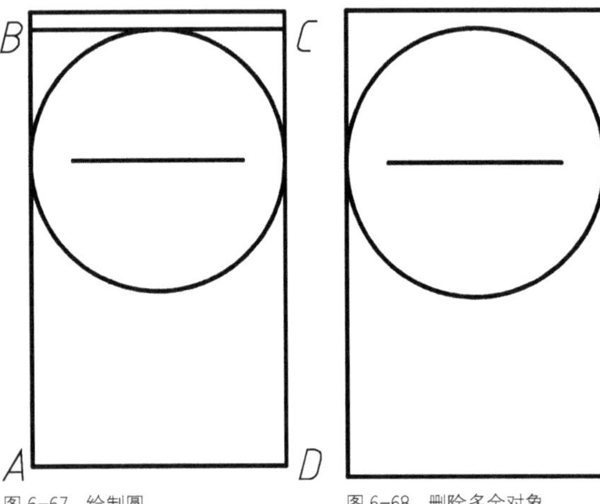

图 6-67　绘制圆　　　图 6-68　删除多余对象

6.3.2 圆弧

圆弧即圆的一部分，在技术制图中，经常需要用圆弧来光滑连接已知的直线或曲线。

•执行方式

执行【圆弧】命令的方法有以下几种。

- ◆功能区：单击【绘图】面板中的【圆弧】按钮。
- ◆菜单栏：选择【绘图】|【圆弧】命令。
- ◆命令行：输入“ARC”或“A”命令。

•操作步骤

```
命令: _arc //执行【圆弧】命令
指定圆弧的起点或 [圆心(C)]://指定圆弧的起点
指定圆弧的第二个点或 [圆心(C)/端点(E)]://指定圆弧的第二点
指定圆弧的端点://指定圆弧的端点
```

•选项说明

在【绘图】面板【圆弧】按钮的下拉列表中提供了 11 种绘制圆弧的命令，各命令的含义如下。

◆ “三点（P）”：通过指定圆弧上的 3 点绘制圆弧，需要指定圆弧的起点、通过的第二个点和端点，如图 6-69 所示。命令行提示如下。

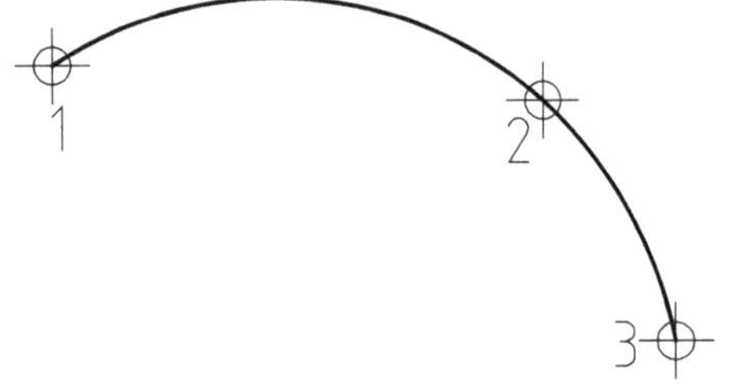

图 6-69　“三点（P）”画圆弧

```
命令: _arc
指定圆弧的起点或 [圆心(C)]://指定圆弧的起点1
指定圆弧的第二个点或 [圆心(C)/端点(E)]://指定点2
指定圆弧的端点://指定点3
```

◆ “起点、圆心、端点（S）”：通过指定圆弧的起点、圆心、端点绘制圆弧，如图 6-70 所示。命令行提示如下。

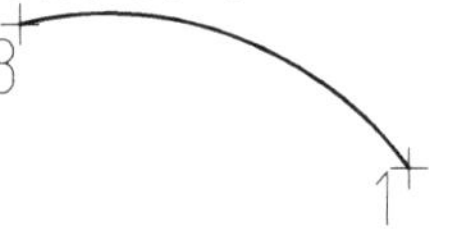

图 6-70　“起点、圆心、端点（S）”画圆弧

```
命令: _arc
指定圆弧的起点或 [圆心(C)]://指定圆弧的起点1
指定圆弧的第二个点或 [圆心(C)/端点(E)]: _c//系统自动选择
指定圆弧的圆心: //指定圆弧的圆心2
指定圆弧的端点(按住【Ctrl】键以切换方向)或 [角度(A)/弦长(L)]:
//指定圆弧的端点3
```

◆ “起点、圆心、角度（T）”：通过指定圆弧的起点、圆心、包含角度绘制圆弧，执行此命令时会出现“指定夹角”的提示，在输入角时，如果当前环境设置逆时针方向为角度正方向，且输入正的角度值，则绘制的圆弧是从起点绕圆心沿逆时针方向绘制，反之则沿顺时针方向绘制，如图 6-71 所示。命令行提示如下。

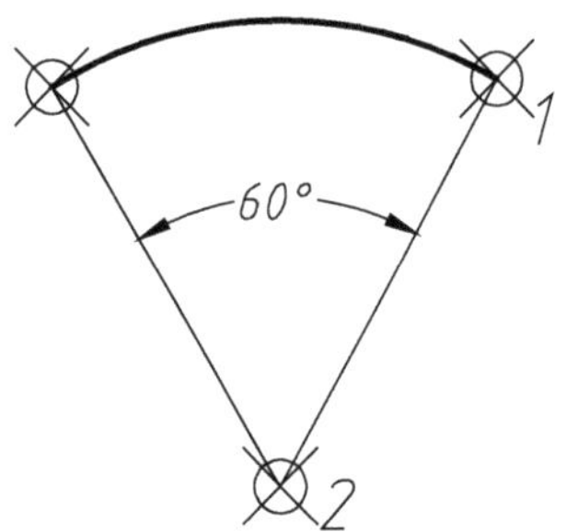

图 6-71　“起点、圆心、角度（T）”画圆弧

```
命令: _arc
指定圆弧的起点或 [圆心(C)]://指定圆弧的起点1
指定圆弧的第二个点或 [圆心(C)/端点(E)]: _c          //系统自动选择
指定圆弧的圆心://指定圆弧的圆心2
指定圆弧的端点(按住【Ctrl】键以切换方向)或 [角度(A)/弦长(L)]: _a
//系统自动选择
指定夹角(按住【Ctrl】键以切换方向): 60//输入圆弧夹角角度
```

◆ “起点、圆心、长度（A）”：通过指定圆弧的起点、圆心、弧长绘制圆弧，如图 6-72 所示。另外，在命令行提示的“指定弦长”提示信息下，如果所输入的值为负，则该值的绝对值将作为对应整圆的空缺部分的圆弧的弧长。命令行提示如下。

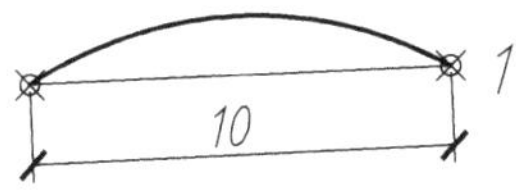

图 6-72 “起点、圆心、长度（A）”画圆弧

```
命令: _arc
指定圆弧的起点或 [圆心(C)]://指定圆弧的起点1
指定圆弧的第二个点或 [圆心(C)/端点(E)]: _c//系统自动选择
指定圆弧的圆心://指定圆弧的圆心2
 指定圆弧的端点(按住【Ctrl】键以切换方向)或 [角度(A)/弦长(L)]: _l
//系统自动选择
指定弦长(按住【Ctrl】键以切换方向): 10//输入弦长
```

◆ “起点、端点、角度（N）”：通过指定圆弧的起点、端点、包含角绘制圆弧，如图 6-73 所示。命令行提示如下。

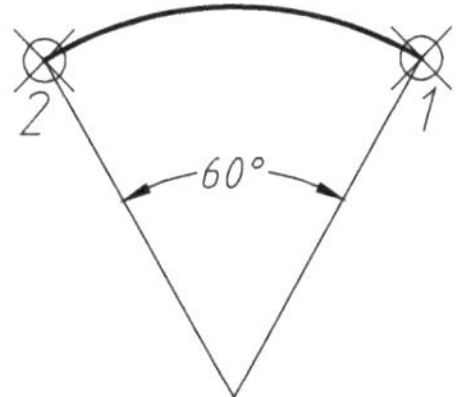

图 6-73 “起点、端点、角度（N）”画圆弧

```
命令: _arc
指定圆弧的起点或 [圆心(C)]://指定圆弧的起点1
指定圆弧的第二个点或 [圆心(C)/端点(E)]: _e//系统自动选择
指定圆弧的端点://指定圆弧的端点2
指定圆弧的中心点(按住【Ctrl】键以切换方向)或[角度(A)/方向(D)/半径(R)]: _a//系统自动选择
指定夹角(按住【Ctrl】键以切换方向): 60//输入圆弧夹角角度
```

◆ “起点、端点、方向（D）”：通过指定圆弧的起点、端点和圆弧的起点切向绘制圆弧，如图 6-74 所示。命令执行过程中会出现“指定圆弧的起点切向”提示信息，此时拖动鼠标动态地确定圆弧在起始点处的切线方向和水平方向的夹角。拖动鼠标时，AutoCAD 会在当前光标与圆弧起始点之间形成一条线，即为圆弧在起始点处的切线。确定切线方向后，单击拾取键即可得到相应的圆弧。命令行提示如下。

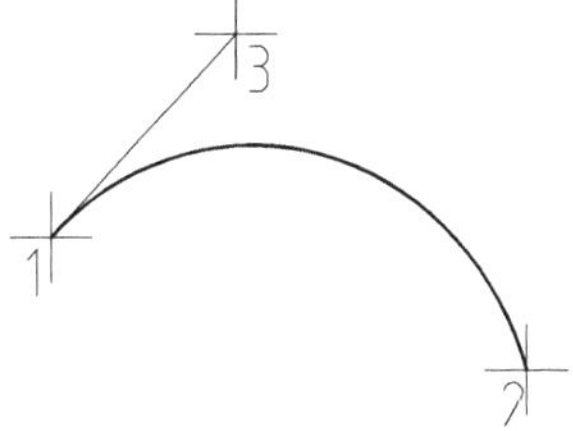

图 6-74 “起点、端点、方向（D）”画圆弧

```
命令: _arc
指定圆弧的起点或 [圆心(C)]://指定圆弧的起点1
指定圆弧的第二个点或 [圆心(C)/端点(E)]: _e//系统自动选择
指定圆弧的端点://指定圆弧的端点2
指定圆弧的中心点(按住【Ctrl】键以切换方向)或 [角度(A)/方向(D)/半径(R)]: _d//系统自动选择
指定圆弧起点的相切方向(按住【Ctrl】键以切换方向): //指定点3确定方向
```

◆ “起点、端点、半径（R）”：通过指定圆弧的起点、端点和圆弧半径绘制圆弧，如图 6-75 所示。命令行统一是如下。

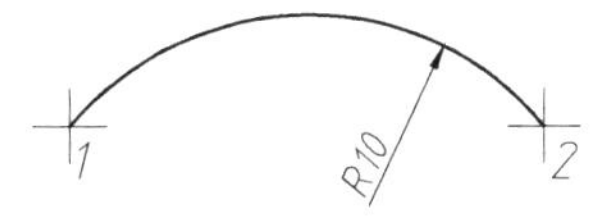

图 6-75 “起点、端点、半径（R）”画圆弧

```
命令: _arc
指定圆弧的起点或 [圆心(C)]:                //指定圆弧的起点1
指定圆弧的第二个点或 [圆心(C)/端点(E)]: _e     //系统自动选择
指定圆弧的端点:                   //指定圆弧的端点2
指定圆弧的中心点(按住【Ctrl】键以切换方向)或 [角度(A)/方向(D)/半径(R)]: _r              //系统自动选择
指定圆弧的半径(按住【Ctrl】键以切换方向): 10
                                  //输入圆弧的半径
```

提示

半径值与圆弧方向的确定请参见本节的“初学解答：圆弧的方向与大小”。

◆ “圆心、起点、端点（C）”：以圆弧的圆心、起点、端点方式绘制圆弧，如图 6 76 所示。命令行提示如下。

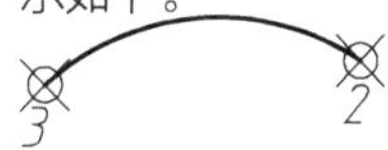

图 6-76 “圆心、起点、端点（C）”画圆弧

```
命令: _arc
指定圆弧的起点或 [圆心(C)]: _c//系统自动选择
指定圆弧的圆心://指定圆弧的圆心1
指定圆弧的起点://指定圆弧的起点2
指定圆弧的端点(按住【Ctrl】键以切换方向)或 [角度(A)/弦长(L)]://指定圆弧的端点3
```

◆ “圆心、起点、角度（E）”：以圆弧的圆心、起点、圆心角方式绘制圆弧，如图 6-77 所示。命令行提示如下。

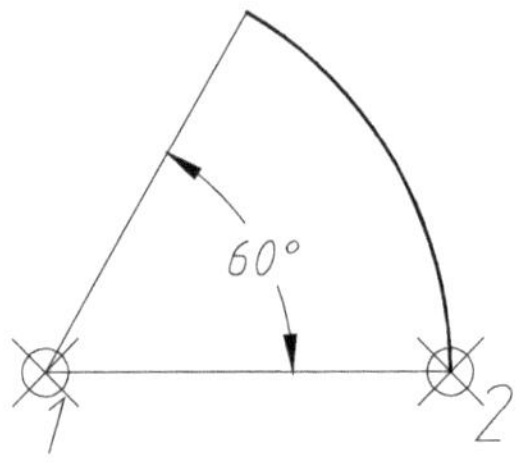

图 6-77 “圆心、起点、角度（E）”画圆弧

```
命令: _arc
指定圆弧的起点或 [圆心(C)]: _c//系统自动选择
指定圆弧的圆心://指定圆弧的圆心1
指定圆弧的起点://指定圆弧的起点2
指定圆弧的端点(按住【Ctrl】键以切换方向)或 [角度(A)/弦长(L)]: _a
//系统自动选择
指定夹角(按住【Ctrl】键以切换方向): 60//输入圆弧的夹角角度
```

◆ “圆心、起点、长度（L）”：以圆弧的圆心、起点、弧长方式绘制圆弧，如图 6-78 所示。命令行提示如下。

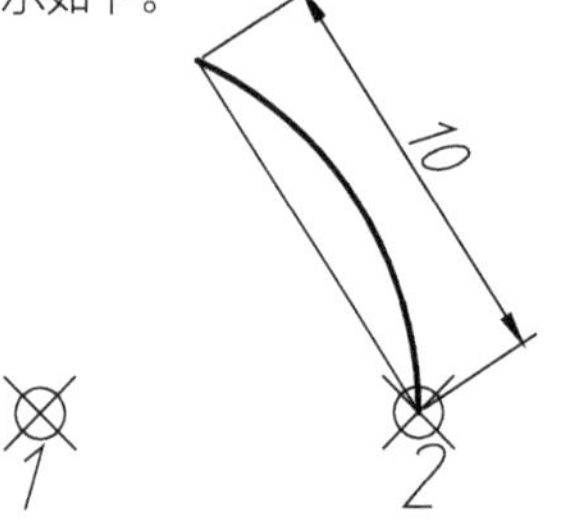

图 6-78 “圆心、起点、长度（L）”画圆弧

```
命令: _arc
指定圆弧的起点或 [圆心(C)]: _c//系统自动选择
指定圆弧的圆心://指定圆弧的圆心1
指定圆弧的起点://指定圆弧的起点2
指定圆弧的端点(按住【Ctrl】键以切换方向)或 [角度(A)/弦长(L)]: ↙
//系统自动选择
指定弦长(按住【Ctrl】键以切换方向): 10//输入弦长
```

◆ “连续（O）”：绘制其他直线与非封闭曲线后，选择【绘图】|【圆弧】|【继续】命令，系统将自动以刚才绘制的对象的终点作为即将绘制的圆弧的起点。

练习 6-11 绘制电感符号

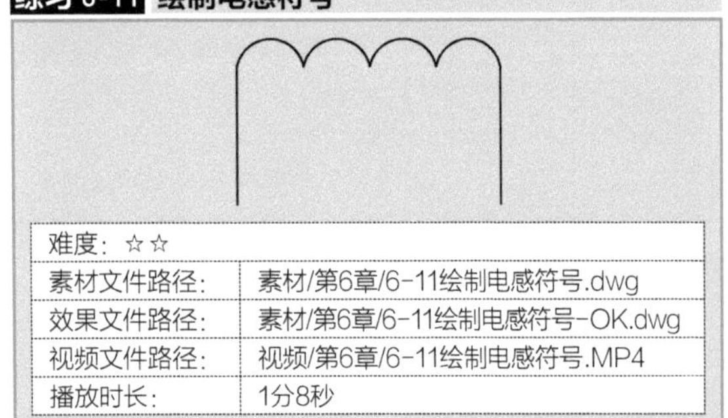

难度：☆☆	
素材文件路径：	素材/第6章/6-11绘制电感符号.dwg
效果文件路径：	素材/第6章/6-11绘制电感符号-OK.dwg
视频文件路径：	视频/第6章/6-11绘制电感符号.MP4
播放时长：	1分8秒

电感器（Inductor）又称扼流器、电抗器、动态电抗器，是能够把电能转化为磁能而存储起来的元件。电感器的结构类似于变压器，但只有一个绕组。电感器具有一定的电感，它只阻碍电流的变化。如果电感器在没有电流通过的状态下，电路接通时，它将试图阻碍电流流过它；如果电感器在有电流通过的状态下，电路断开时，它将试图维持电流不变。

Step 01 单击快速访问工具栏中的【打开】按钮，打开“第6章/6-11绘制电感符号.dwg”素材文件，如图6-79所示。

Step 02 在命令行中输入“DIV”，执行【定数等分】命令，将下方的水平线段分为等长的4段，如图6-80所示。

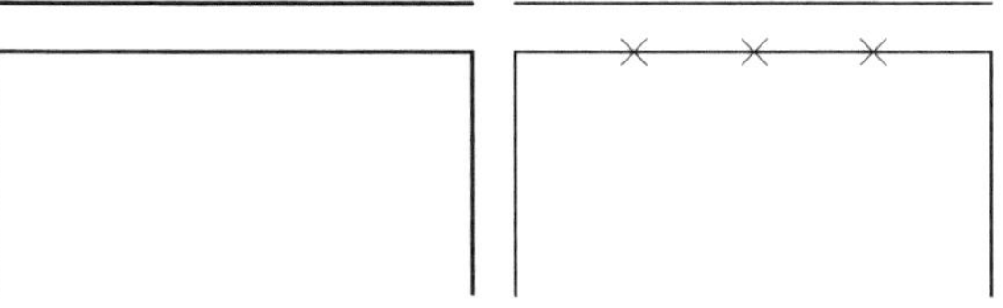

图 6-79 素材文件　图 6-80 等分第一条水平直线

Step 03 单击【Enter】键，重复执行【定数等分】命令，将上方的水平线段等分为8段，如图6-81所示。

Step 04 单击【绘图】面板中的【圆弧】按钮，如图6-82所示，执行【圆弧】命令。

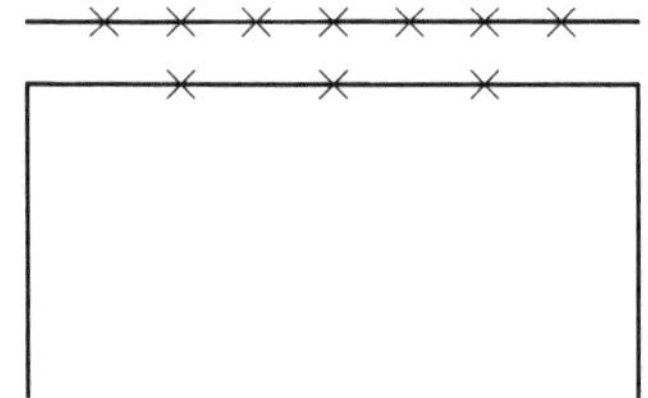

图 6-81 等分第二条水平直线

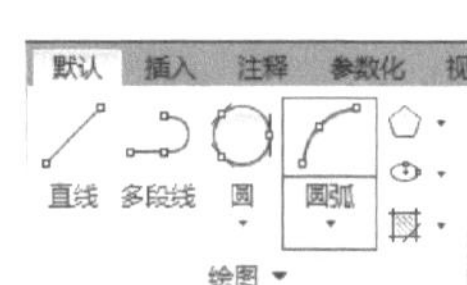

图 6-82【绘图】面板中的【圆弧】按钮

Step 05 分别捕捉两条水平线段上相应的点，绘制圆弧对象，如图6-83所示。

Step 06 将两条水平线段删除，并隐藏所创建的等分点，所绘制的电感符号如图6-84所示。

图 6-83 绘制圆弧对象

图 6-84　完成效果

练习 6-12 绘制葫芦形体 ★重点★

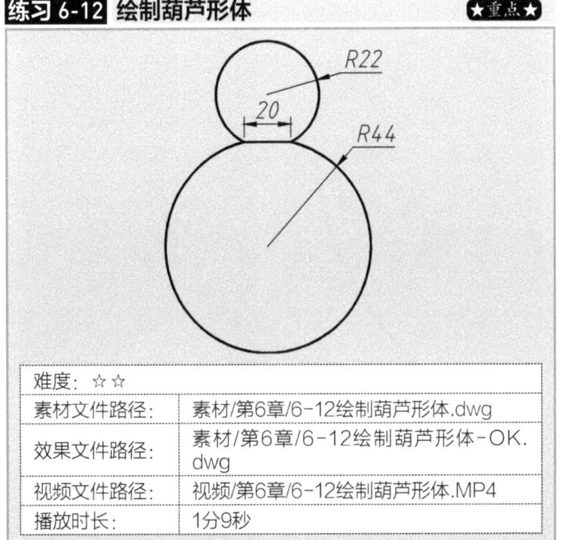

难度：☆☆	
素材文件路径：	素材/第6章/6-12绘制葫芦形体.dwg
效果文件路径：	素材/第6章/6-12绘制葫芦形体-OK.dwg
视频文件路径：	视频/第6章/6-12绘制葫芦形体.MP4
播放时长：	1分9秒

在绘制圆弧的时候，有些绘制出来的结果和用户本人所设想的不一样，这是因为没有弄清楚圆弧的大小和方向。下面通过一个经典例题来进行说明。

Step 01 打开素材文件“第6章/6-12绘制葫芦形体.dwg”，其中绘制了一长度为20的线段，如图6-85所示。

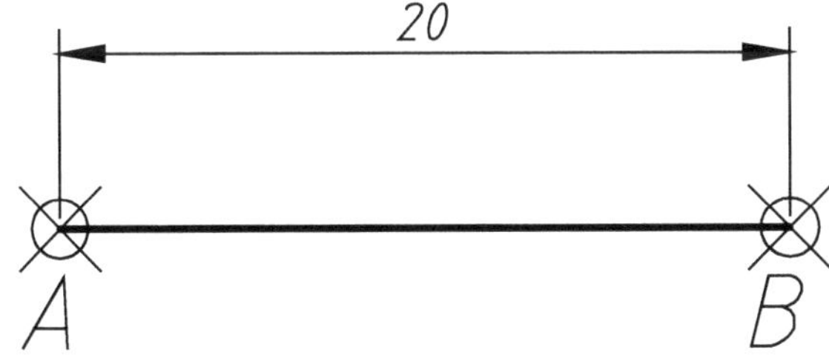

图 6-85　素材图形

Step 02 绘制上圆弧。单击【绘图】面板中【圆弧】按钮的下拉箭头，在下拉列表中选择【起点、端点、半径】选项，接着选择直线的右端点*B*作为起点、左端点*A*作为端点，然后输入半径值“-22”，即可绘制上圆弧，如图6-86所示。

Step 03 绘制下圆弧。单击【Enter】或空格键，重复执行【起点、端点、半径】绘圆弧命令，接着选择直线的左端点*A*作为起点，右端点*B*作为端点，然后输入半径值“-44”，即可绘制下圆弧，如图6-87所示。

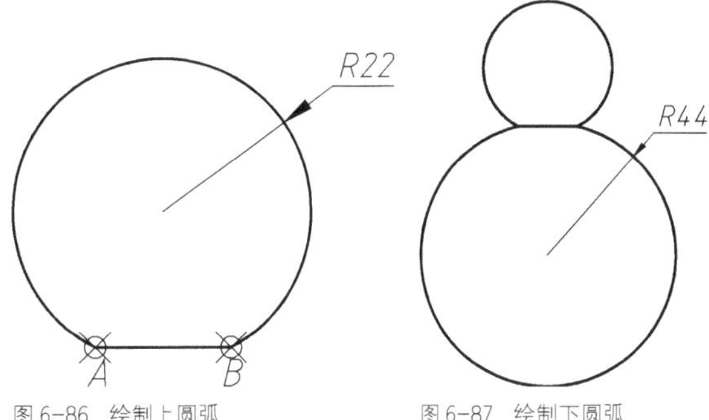

图 6-86　绘制上圆弧　　图 6-87　绘制下圆弧

•初学解答 圆弧的方向与大小

【圆弧】是新手最常犯错的命令之一。由于圆弧的绘制方法以及子选项都很丰富，因此初学者在掌握【圆弧】命令的时候容易对概念理解不清楚。如在上例子绘制葫芦形体时，就有两处非常规的地方。

◆ 为什么绘制上、下圆弧时，起点和端点是互相颠倒的?

◆ 为什么输入的半径值是负数?

只需弄懂这两个问题，就可以理解大多数的圆弧命令，解释如下。

◆ AutoCAD 中圆弧绘制的默认方向是逆时针方向，因此在绘制上圆弧的时候，如果我们以“*A*”点为起点，*B* 点为端点，则会绘制出如图 6-88 所示的圆弧（命令行虽然提示按【Ctrl】键反向，但只能从外观发现，实际绘制时还是会按原方向处理）。圆弧的默认方向也可以自行修改。

◆ 根据几何学的知识我们可知，在半径已知的情况下，弦长对应着两段圆弧：优弧（弧长较长的一段）和劣弧（弧长短的一段）。而在 AutoCAD 中只有输入负值才能绘制出优弧，具体关系如图 6-89 所示。

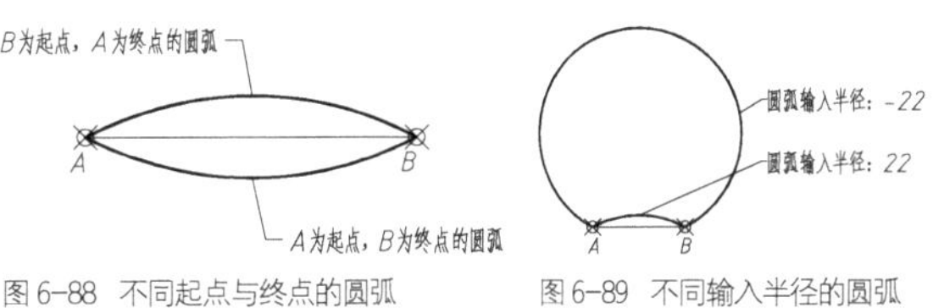

图 6-88　不同起点与终点的圆弧　　图 6-89　不同输入半径的圆弧

6.3.3 椭圆

椭圆是到两定点（焦点）的距离之和为定值的所有点的集合，与圆相比，椭圆的半径长度不一，形状由定义其长度和宽度的两条轴决定，较长的称为长轴，较短的称为短轴，如图 6-90 所示。在建筑绘图中，很多图形都是椭圆形的，比如地面拼花、室内吊顶造型等，在机械制图中一般用椭圆来绘制轴测图上的圆。

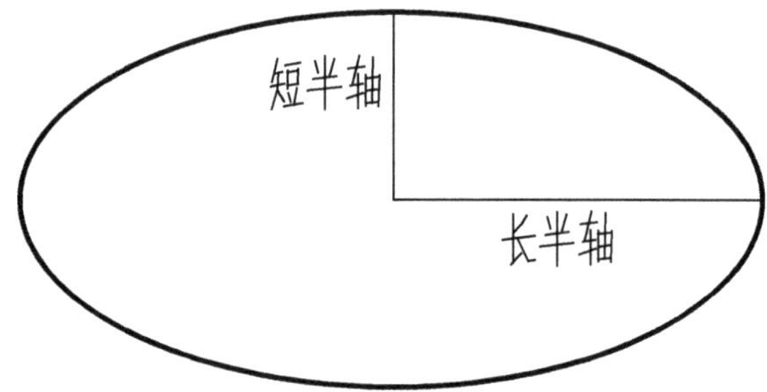

图 6-90　椭圆的长轴和短轴

• 执行方式

在 AutoCAD 2016 中启动绘制【椭圆】命令有以下几种常用方法。

◆ 功能区：单击【绘图】面板中的【椭圆】按钮，即【圆心】或【轴，端点】按钮，如图 6-91 所示。

◆ 菜单栏：执行【绘图】|【椭圆】命令，如图 6-92 所示。

◆ 命令行：输入“ELLIPSE”或“EL”命令。

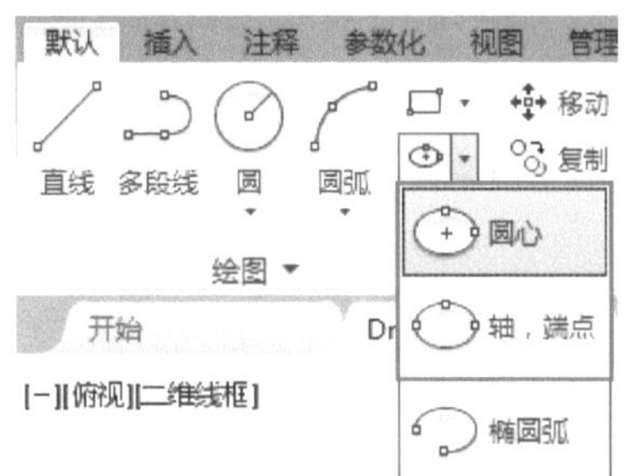

图 6-91　【绘图】面板中的【椭圆】按钮

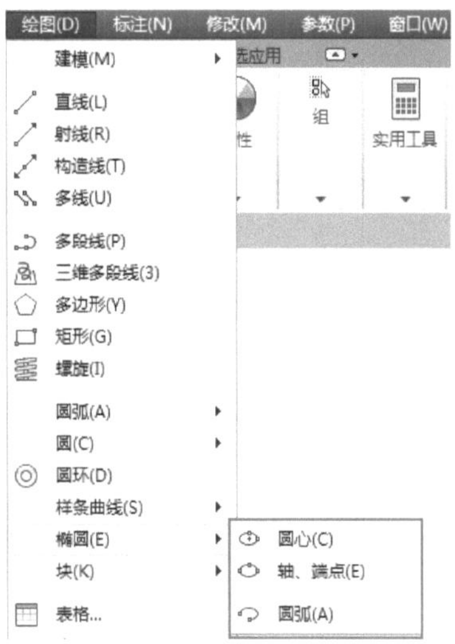

图 6-92　不同输入半径的圆弧

• 操作步骤

执行上述命令，命令行提示如下。

```
命令: _ellipse//执行【椭圆】命令
指定椭圆的轴端点或 [圆弧(A)/中心点(C)]: _c//系统自动选择绘制对象为椭圆
指定椭圆的中心点: //在绘图区中指定椭圆的中心点
指定轴的端点://在绘图区中指定一点
指定另一条半轴长度或 [旋转(R)]://在绘图区中指定一点或输入数值
```

• 选项说明

在【绘图】面板【椭圆】按钮的下拉列表中有【圆心】和【轴，端点】2 种方法，各方法含义介绍如下。

◆【圆心】：通过指定椭圆的中心点、一条轴的一个端点及另一条轴的半轴长度来绘制椭圆，如图 6-93 所示。即命令行中的“中心点（C）”选项。命令行提示如下。

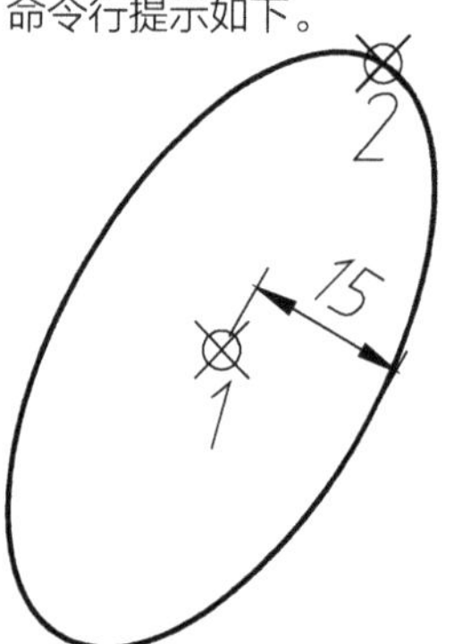

图 6-93　【圆心】画椭圆

```
命令: _ellipse//执行【椭圆】命令
指定椭圆的轴端点或 [圆弧(A)/中心点(C)]: _c//系统自动选择椭圆的绘制方法
指定椭圆的中心点: //指定中心点1
指定轴的端点://指定轴端点2
指定另一条半轴长度或 [旋转(R)]:15↙//输入另一半轴长度
```

◆【轴，端点】：通过指定椭圆一条轴的两个端点及另一条轴的半轴长度来绘制椭圆，如图 6-94 所示。即命令行中的“圆弧（A）”选项。命令行提示如下。

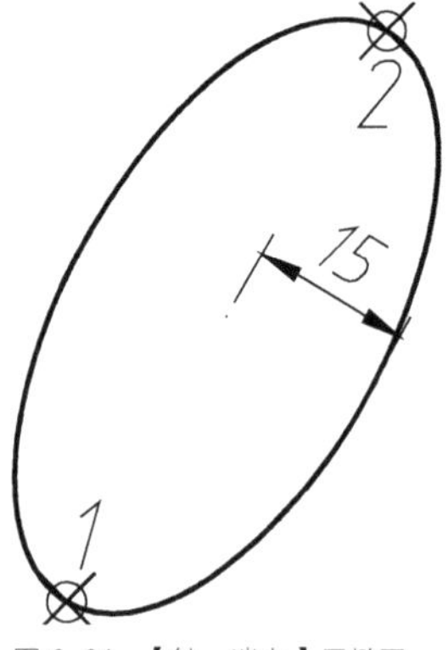

图 6-94　【轴，端点】画椭圆

```
命令: _ellipse//执行【椭圆】命令
指定椭圆的轴端点或 [圆弧(A)/中心点(C)]://指定点1
指定轴的另一个端点://指定点2
指定另一条半轴长度或 [旋转(R)]: 15↙//输入另一半轴的长度
```

练习 6-13 绘制台盆

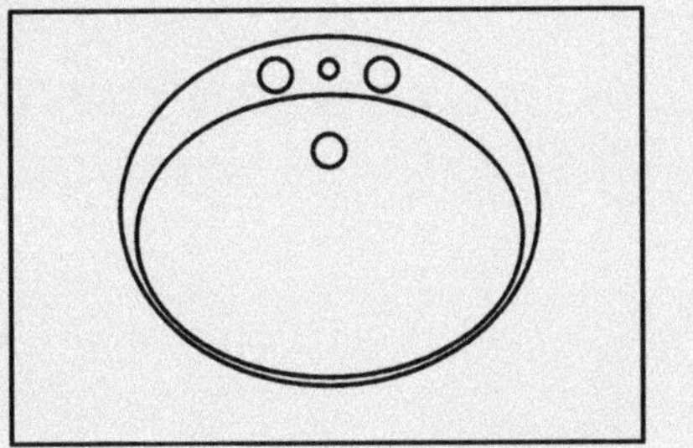

难度：☆☆☆	
素材文件路径：	素材/第6章/6-13绘制台盆.dwg
效果文件路径：	素材/第6章/6-13绘制台盆-OK.dwg
视频文件路径：	视频/第6章/6-13绘制台盆.MP4
播放时长：	2分48秒

台盆是一种洁具，即卫生间内用于洗脸、洗手的瓷盆，如图 6-95 所示。台盆又分为台上盆和台下盆两种，这并非台盆本身的区别，而是安装上的差异。台盆突出台面的叫做台上盆，台盆完全凹陷于台面以下的叫做台下盆。台上盆的安装比较简单，只需按安装图纸在台面预定位置开孔，后将盆放置于孔中，用玻璃胶将缝隙填实即可，使用时台面的水不会顺缝隙下流，又因台上盆可以在造型上做出比较多的变化，所以在风格的选择上余地较大，且装修效果比较理想，所以在家庭中使用得比较多。

台盆的材质多为陶瓷、搪瓷生铁、搪瓷钢板、水磨石等，本例通过【椭圆】命令绘制一款室内设计常见的台盆图形。

Step 01 单击快速访问工具栏中的【打开】按钮，打开“第6章/6-13绘制台盆.dwg”素材文件，已经绘制好了中心线，如图6-96所示。

Step 02 在命令行中输入“EL”（椭圆）命令，绘制洗面台外轮廓，如图6-97所示。命令行提示如下。

```
命令: EL↙    ELLIPSE//调用【椭圆】命令
指定椭圆的轴端点或 [圆弧(A)/中心点(C)]: C↙//以中心点的方式绘制椭圆
指定椭圆的中心点://指定中心线交点为椭圆中心点
指定轴的端点://指定水平中心线端点为轴的端点
指定另一条半轴长度或 [旋转(R)]://指定垂直中心线端点来定义另一条半轴的长度
```

图 6-95 台盆

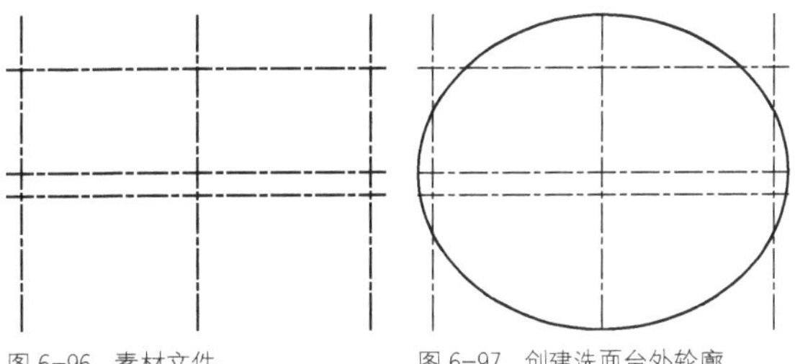

图 6-96 素材文件　　图 6-97 创建洗面台外轮廓

Step 03 按空格键重复执行【EL】（椭圆）命令，细化洗漱台，如图6-98所示。命令行提示如下。

```
命令: ellipse//调用【椭圆】命令
指定椭圆的轴端点或 [圆弧(A)/中心点(C)]://指定中心线右侧交点为轴端点
指定轴的另一个端点://指定中心线左侧交点为轴另一个端点
指定另一条半轴长度或 [旋转(R)]: //指定中心线交点为另一条半轴长度
```

Step 04 在【默认】选项卡中，单击【绘图】面板中的【圆】按钮，绘制半径为11的圆，如图6-99所示。

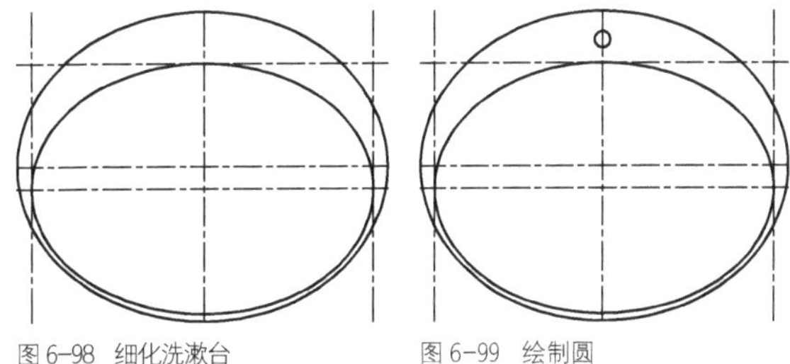

图 6-98 细化洗漱台　　图 6-99 绘制圆

Step 05 重复该命令操作，绘制3个半径为20mm的圆，结果如图6-100所示。

Step 06 绘制台面。在命令行中输入“REC”（矩形）命令，绘制尺寸为784mm×521mm的矩形，并删除辅助线，结果如图6-101所示。

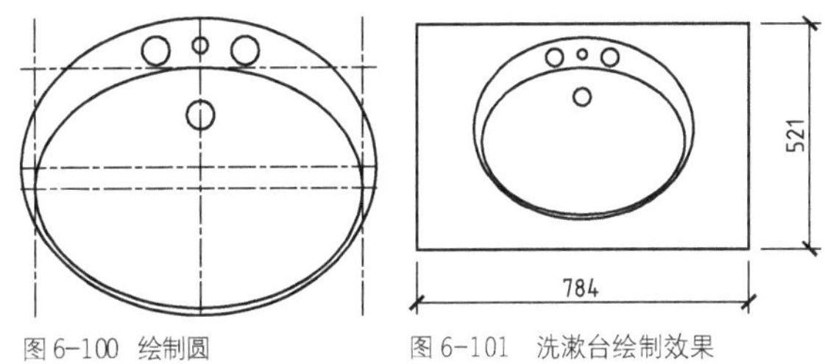

图 6-100 绘制圆　　图 6-101 洗漱台绘制效果

6.3.4 椭圆弧

椭圆弧是椭圆的一部分。绘制椭圆弧需要确定的参数有：椭圆弧所在椭圆的两条轴及椭圆弧的起点和终点的角度。

• 执行方式

执行【椭圆弧】命令的方法有以下 2 种。

- ◆面板：单击【绘图】面板中的【椭圆弧】按钮。
- ◆菜单栏：选择【绘图】|【椭圆】|【椭圆弧】命令。

•操作步骤

执行上述命令，命令行提示如下。

```
命令: _ellipse//执行【椭圆弧】命令
指定椭圆的轴端点或 [圆弧(A)/中心点(C)]: _a
//系统自动选择绘制对象为椭圆弧
指定椭圆弧的轴端点或 [中心点(C)]: //在绘图区指定椭圆一轴的端点
指定轴的另一个端点: //在绘图区指定该轴的另一端点
指定另一条半轴长度或 [旋转(R)]: //在绘图区中指定一点或输入数值
指定起点角度或 [参数(P)]: //在绘图区中指定一点或输入椭圆弧的起始角度
指定端点角度或 [参数(P)/夹角(I)]: //在绘图区中指定一点或输入椭圆弧的终止角度
```

•选项说明

【椭圆弧】中各选项含义与【椭圆】一致，唯有在指定另一半轴长度后，会提示指定起点角度与端点角度来确定椭圆弧的大小，这时有两种指定方法，即“角度（A）”和“参数（P）”，分别介绍如下。

◆“圆弧（A）”：输入起点与端点角度来确定椭圆弧，角度以椭圆轴中较长的一条来为基准进行确定，如图 6-102 所示。命令行提示如下。

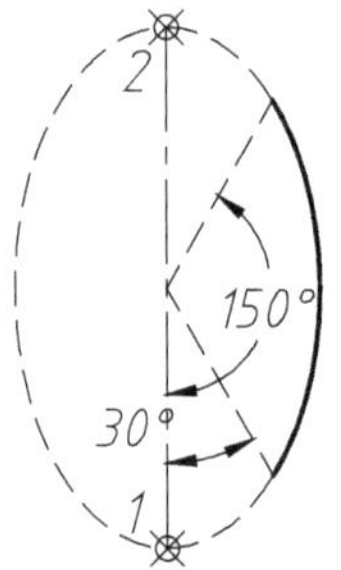

图 6-102 “圆弧（A）”绘制椭圆弧

```
命令: _ellipse//执行【椭圆】命令
指定椭圆的轴端点或 [圆弧(A)/中心点(C)]: _a//系统自动选择绘制椭圆弧
指定椭圆弧的轴端点或 [中心点(C)]: //指定轴端点1
指定轴的另一个端点://指定轴端点2
指定另一条半轴长度或 [旋转(R)]: 6↙//输入另一半轴长度
指定起点角度或 [参数(P)]: 30↙//输入起始角度
指定端点角度或 [参数(P)/夹角(I)]: 150↙//输入终止角度
```

◆“参数（P）”：用参数化矢量方程式（$p(n)=c+a\cos(n)+b\sin(n)$，式中，n 为用户输入的参数；c 为椭圆弧的半焦距；a、b 分别为椭圆长轴与短轴的半轴长。）定义椭圆弧的端点角度。使用“起点参数”选项可以从角度模式切换到参数模式。模式用于控制计算椭圆的方法。

◆“夹角（I）”：指定椭圆弧的起点角度后，可选择该选项，然后输入夹角角度来确定圆弧，如图 6-103 所示。值得注意的是，89.4°～90.6° 之间的夹角值无效，因为此时椭圆将显示为一条直线，如图 6-104 所示。这些角度值的倍数将每隔 90° 产生一次镜像效果。

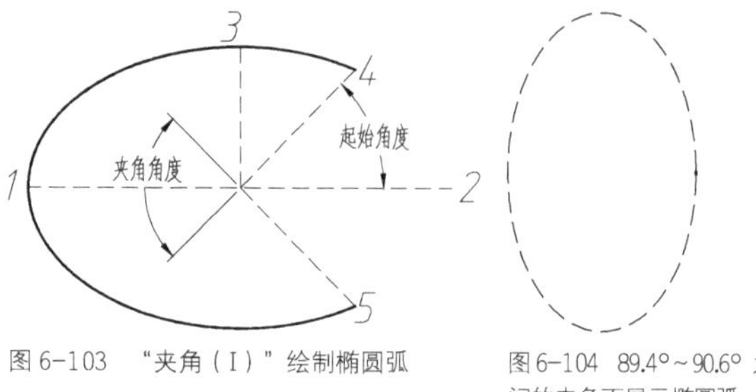

图 6-103 “夹角（I）”绘制椭圆弧

图 6-104 89.4°～90.6° 之间的夹角不显示椭圆弧

操作技巧

椭圆弧的起始角度从长轴开始计算。

6.3.5 圆环 ★进阶★

圆环是由同一圆心、不同直径的两个同心圆组成的，控制圆环的参数是圆心、内直径和外直径。圆环可分为“填充环”（两个圆形中间的面积填充，可用于绘制电路图中的各接点）和“实体填充圆”（圆环的内直径为 0，可用于绘制各种标识）。圆环的典型示例如图 6-105 所示。

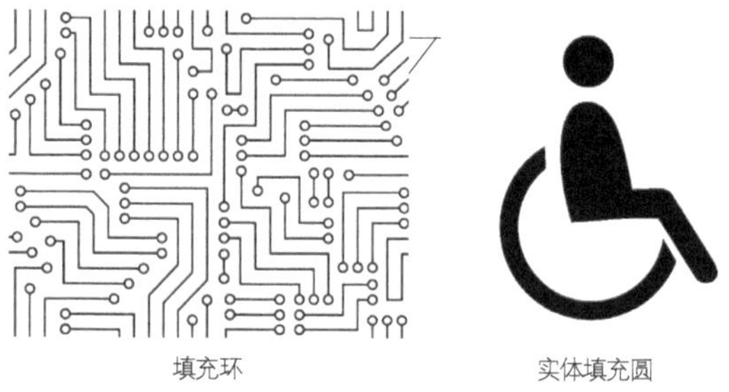

图 6-105 圆环的典型示例

•执行方式

执行【圆环】命令的方法有以下 3 种。

◆功能区：在【默认】选项卡中，单击【绘图】面板中的【圆环】按钮◎。

◆菜单栏：选择【绘图】|【圆环】菜单命令。

◆命令行：输入“DONUT”或“DO”命令。

•操作步骤

执行上述命令，命令行提示如下。

```
命令: _donut//执行【圆环】命令
指定圆环的内径 <0.5000>:10↙//指定圆环内径
指定圆环的外径 <1.0000>:20↙//指定圆环外径
指定圆环的中心点或 <退出>://在绘图区中指定一点放置圆环，放置位置为圆心
指定圆环的中心点或 <退出>: *取消*//按【Esc】键退出圆环命令
```

•选项说明

在绘制圆环时，命令行提示指定圆环的内径和外径，正常圆环的内径小于外径，且内径不为零，则效果如图 6-106 所示；若圆环的内径为 0，则圆环为一黑色实心圆，如图 6-107 所示；如果圆环的内径与外径相等，则圆环就是一个普通圆，如图 6-108 所示。

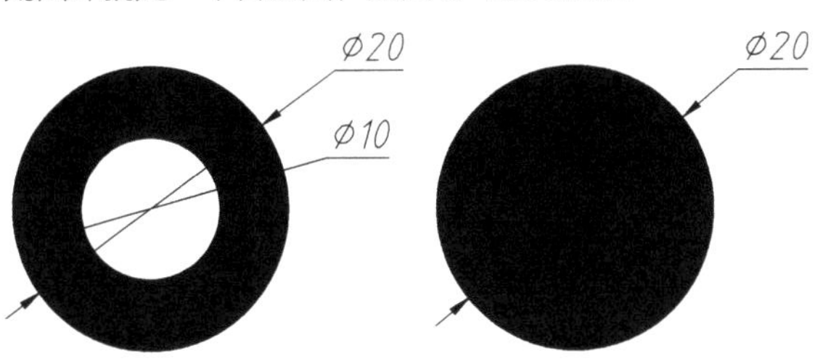

图 6-106 内、外径不相等　　图 6-107 内径为 0，外径为 20

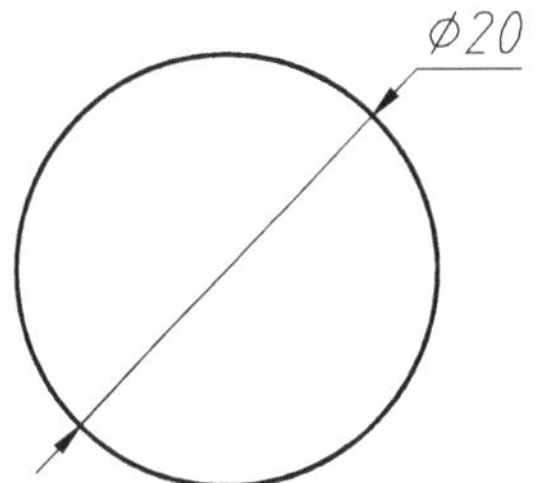

图 6-108 内径与外径均为 20

•初学解答 圆环的显示效果

AutoCAD 默认情况下，所绘制的圆环为填充的实心图形。如果在绘制圆环之前在命令行中输入“FILL”，则可以控制圆环和圆的填充可见性。执行【FILL】命令后，命令行提示如下。

```
命令：FILL↙
输入模式[开(ON)]|[关(OFF)]<开>：//输入“ON”或者“OFF”来选择填充效果的开、关
```

选择【开(ON)】模式，表示绘制的圆环和圆都会填充，如图 6-109 所示；而选择【关(OFF)】模式，表示绘制的圆环和圆不予填充，如图 6-110 所示。

图 6-109 填充效果为【开(ON)】

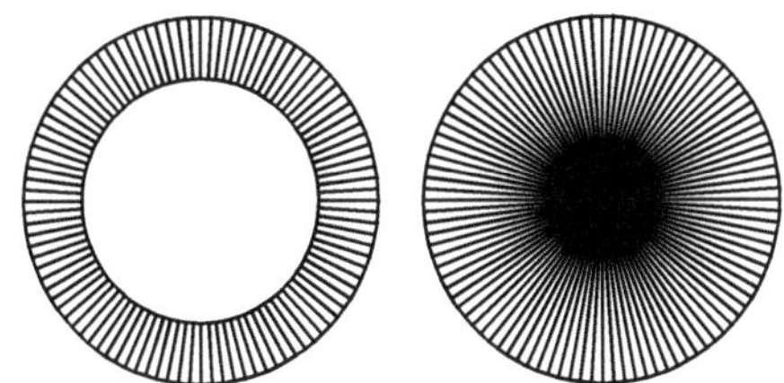

图 6-110 填充效果为【关(OFF)】

此外，执行【直径】标注命令，可以对圆环进行标注。但标注值为外径与内径之和的一半，如图 6-111 所示。

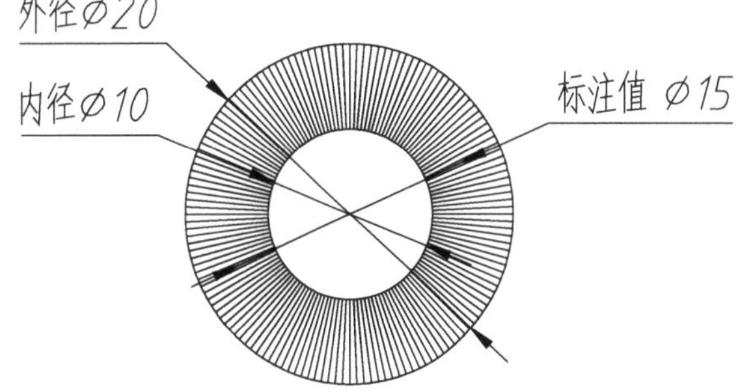

图 6-111 圆环对象的标注值

练习 6-14 绘制蝶阀图例

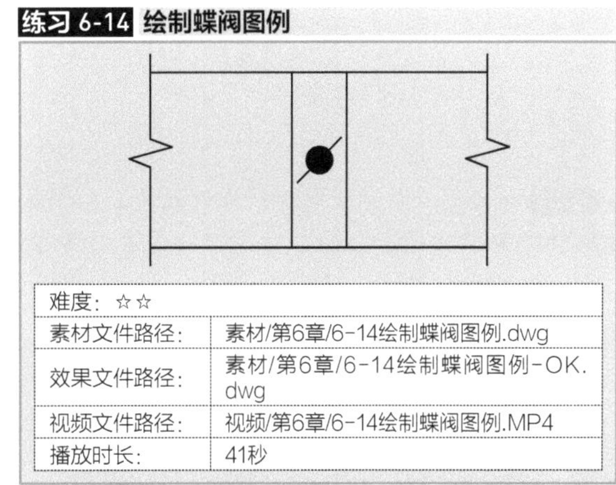

难度：☆☆	
素材文件路径：	素材/第6章/6-14绘制蝶阀图例.dwg
效果文件路径：	素材/第6章/6-14绘制蝶阀图例-OK.dwg
视频文件路径：	视频/第6章/6-14绘制蝶阀图例.MP4
播放时长：	41秒

蝶阀又叫翻板阀，是一种结构简单的调节阀，可用于低压管道介质的开关控制的蝶阀是指关闭件（阀瓣或蝶板）为圆盘，围绕阀轴旋转来达到开启与关闭的一种阀，阀门可用于控制空气、水、蒸汽、各种腐蚀性介质、泥浆、油品、液态金属和放射性介质等各种类型流体的流动。在管道上主要起切断和节流作用。蝶阀启闭件是一个圆盘形的蝶板，在阀体内绕其自身的轴线旋转，从而达到启闭或调节的目的。该圆盘形的碟板在图例中便是通过实心圆表示的。

Step 01 单击快速访问工具栏中的【打开】按钮，打开“第6章/6-14绘制蝶阀图例.dwg”素材文件，素材文件内已经绘制好了一幅简单图例，如图6-112所示。

Step 02 设置圆环参数。在【默认】选项卡中，单击【绘图】面板中的【圆环】按钮，如图6-113所示，执行【圆环】命令。

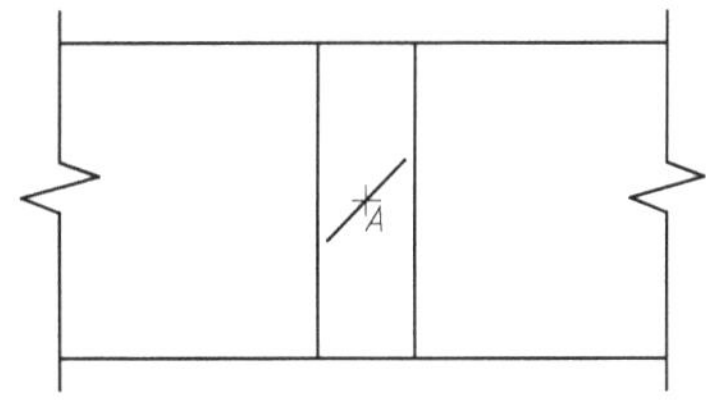

图 6-112 素材图形

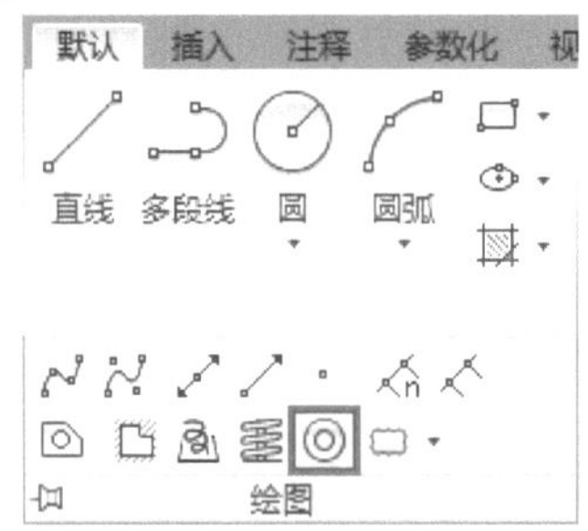

图 6-113 【绘图】面板中的【圆环】按钮

Step 03 指定圆环的内径为0，外径为12，然后在中心斜线的中点*A*处绘制一实心圆环，命令行操作如下。

```
命令: donut//执行【圆环】命令
指定圆环的内径 <0.5000>: 0↙//输入圆环的内径
指定圆环的外径 <1.0000>: 12↙//输入圆环的外径
指定圆环的中心点或 <退出>://在点A处放置圆环
指定圆环的中心点或 <退出>:↙//按【Enter】键结束放置
```

Step 04 删除多余文字，完整的蝶阀图例，结果如图6-114所示。

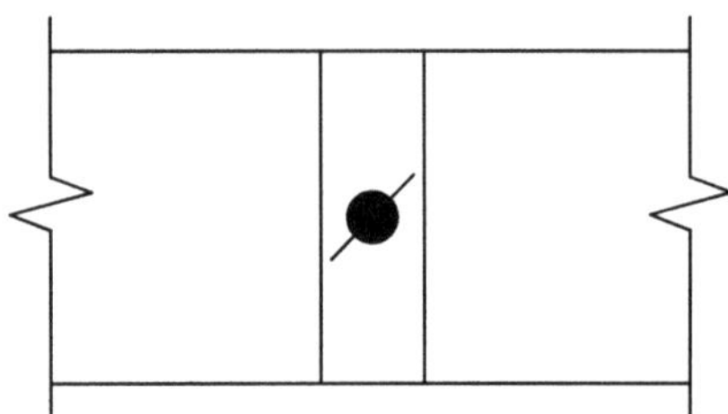

图 6-114 蝶阀图例

·熟能生巧 圆环在水暖电设计上的应用

相比于其他专业（如机械、建筑、室内等），【圆环】命令在水暖电的设计与绘图上使用要更为频繁一些。像给水排水、风道、阀门、暖通、电气符号等多种图例上都用到【圆环】命令进行绘制，其中最为典型的便是线路走向方式代号，简单收录如表 6-1 所示。

表 6-1 线路走向方式代号

序号	名称	图形符号	说 明
1	向上配线		方向不得随意旋转
2	向下配线		宜注明箱、线编号及来龙去脉
3	垂直通过		
4	由下引来		
5	由上引来		
6	由上引来向下配线		
7	由下引来向上配线		

6.4 多段线

多段线又称为多义线，是 AutoCAD 中常用的一类复合图形对象。由多段线所构成的图形是一个整体，可以统一对其进行编辑修改。

6.4.1 多段线概述

使用【多段线】命令可以生成由若干条直线和圆弧首尾连接形成的复合线实体。所谓复合对象，即是指图形的所有组成部分均为一整体，单击时会选择整个图形，不能进行选择性编辑。直线与多段线的选择效果对比如图 6-115 所示。

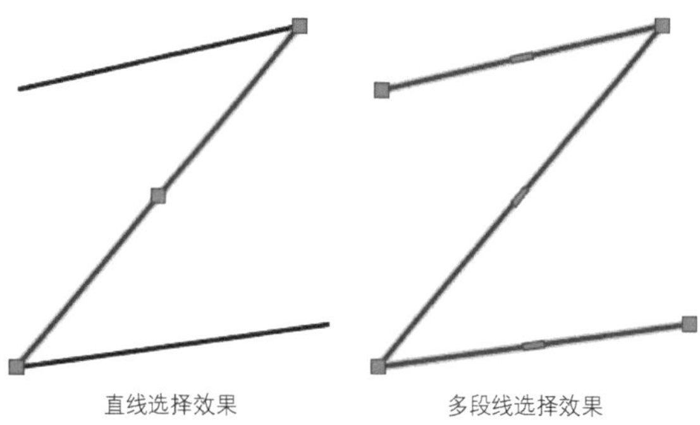

图 6-115 直线与多段线的选择效果对比

·执行方式

调用【多段线】命令的方式如下。

◆功能区：单击【绘图】面板中的【多段线】按钮 ，如图 6-116 所示。

◆菜单栏：调用【绘图】|【多段线】菜单命令，如图 6-117 所示。

◆命令行：输入“PLINE”或“PL”命令。

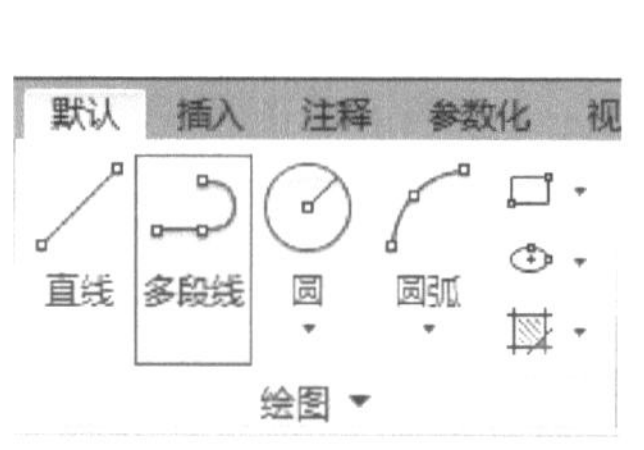

图 6-116 【绘图】面板中的【多段线】按钮

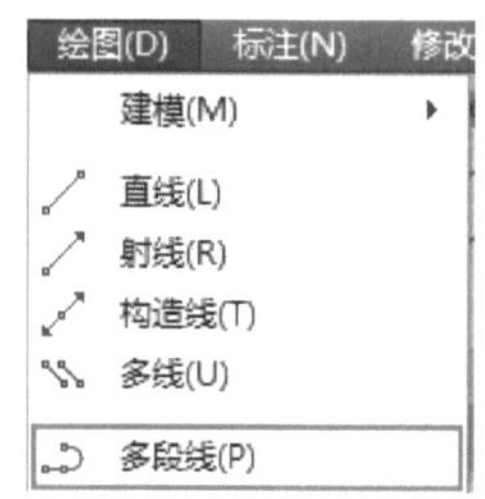

图 6-117 【多段线】菜单命令

·操作步骤

执行上述操作，命令行提示如下。

```
命令: _pline//执行【多段线】命令
指定起点://在绘图区中任意指定一点为起点，有临时的加号标记显示
当前线宽为 0.0000//显示当前线宽
指定下一个点或 [圆弧(A)/半宽(H)/长度(L)/放弃(U)/宽度(W)]://指定多段线的端点
指定下一点或 [圆弧(A)/闭合(C)/半宽(H)/长度(L)/放弃(U)/宽
```

```
度(W)]:  //指定下一段多段线的端点
指定下一点或 [圆弧(A)/闭合(C)/半宽(H)/长度(L)/放弃(U)/宽度(W)]:  //指定下一端点或按【Enter】键结束
```

由于多段线中各子选项众多，因此通过以下两个部分进行讲解：多段线 - 直线、多段线 - 圆弧。

6.4.2 多段线 - 直线

在执行多段线命令时，选择“直线（L）”子选项后便开始创建直线，是默认的选项。若要开始绘制圆弧，可选择“圆弧（A）”选项。直线状态下的多段线，除“长度（L）”子选项之外，其余皆为通用选项，其含义效果分别介绍如下。

◆“闭合（C）”：该选项含义同【直线】命令一致，可连接第一条和最后一条线段，以创建闭合的多段线。

◆“半宽（H）”：指定从宽线段的中心到一条边的宽度。选择该选项后，命令行提示用户分别输入起点与端点的半宽值，而起点宽度将成为默认的端点宽度，如图 6-118 所示。

◆“长度（L）”：按照与上一线段相同的角度、方向创建指定长度的线段。如果上一线段是圆弧，将创建与该圆弧段相切的新直线段。

◆“宽度（W）”：设置多段线起始与结束的宽度值。择该选项后，命令行提示用户分别输入起点与端点的宽度值，而起点宽度将成为默认的端点宽度，如图 6-119 所示。

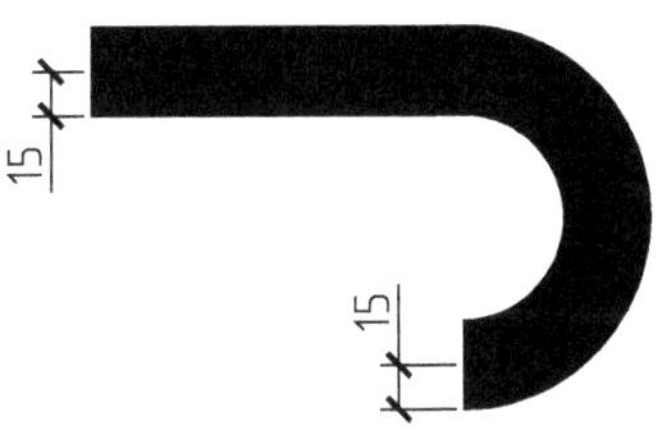

图 6-118 半宽为 15 示例

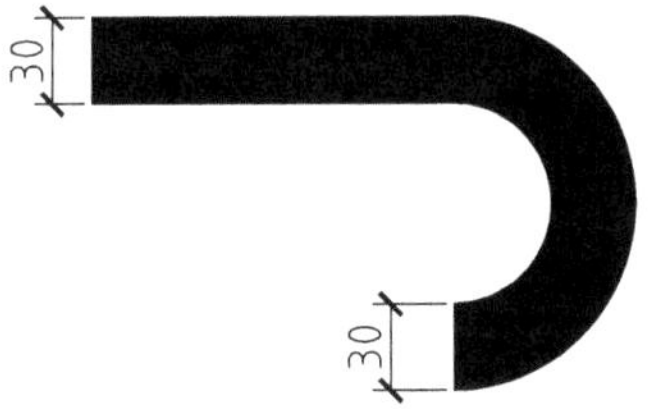

图 6-119 宽度为 30 示例

·初学解答 具有宽度的多段线

为多段线指定宽度后，有如下几点需要注意。

◆带有宽度的多段线其起点与端点仍位于中心处，如图 6-120 所示。

◆一般情况下，带有宽度的多段线在转折角处会自动相连，如图 6-121 所示；但在圆弧段互不相切、有非常尖锐的角（小于 29°）或者使用点画线线型的情况下将不倒角，如图 6-122 所示。

图 6-120 多段线位于宽度效果的中点　图 6-121 多段线在转角处自动相连　图 6-122 多段线在转角处不相连的情况

练习 6-15 绘制水表图例

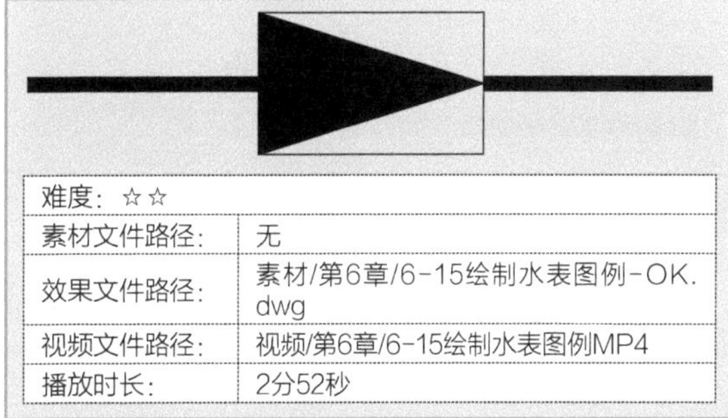

难度：☆☆	
素材文件路径：	无
效果文件路径：	素材/第6章/6-15绘制水表图例-OK.dwg
视频文件路径：	视频/第6章/6-15绘制水表图例MP4
播放时长：	2分52秒

水表是测量水流量的仪表，大多是水的累计流量测量。一般分为容积式水表和速度式水表两类。前者的准确度较后者为高，但对水质要求高，水中含杂质时易被堵塞。记录自来水用水量的仪表，装在水管上，当用户放水时，表上指针或字轮转动指出通过的水量。水表的图例便可以使用上文所学的多段线来指定宽度进行绘制。

Step 01 启动AutoCAD 2016，新建一空白文档。

Step 02 单击【绘图】面板中的【多段线】按钮，在绘图区中任意指定一点为起点，然后在命令行中输入“W”，进入“宽度”选项，指定起点宽度为30、端点宽度为30，水平向右绘制一段长度为500mm的多段线，如图6-123所示，命令行操作如下。

```
命令: _pline
指定起点:
当前线宽为 0.0000
指定下一个点或 [圆弧(A)/半宽(H)/长度(L)/放弃(U)/宽度(W)]:
w↙//选择“线宽”子选项
指定起点宽度 <30.0000>: 30↙//输入起点线宽
指定端点宽度 <30.0000>: 30↙//输入终点线宽
指定下一个点或 [圆弧(A)/半宽(H)/长度(L)/放弃(U)/宽度(W)]:
500↙//输入多段线长度
```

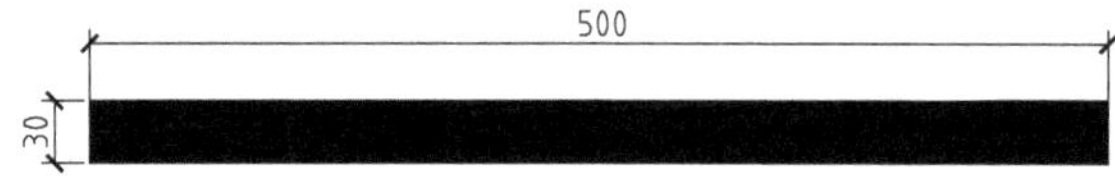

图 6-123　绘制左侧水平多段线

Step 03 从命令行中输入“W”，指定起点宽度为300、端点宽度为0，再向右绘制一段长度为500的多段线，如图6-124所示。命令行提示如下。

```
指定下一点或 [圆弧(A)/闭合(C)/半宽(H)/长度(L)/放弃(U)/宽度(W)]: w↙
指定起点宽度 <30.0000>: 300↙
指定端点宽度 <300.0000>: 0↙
指定下一点或 [圆弧(A)/闭合(C)/半宽(H)/长度(L)/放弃(U)/宽度(W)]: 500↙
```

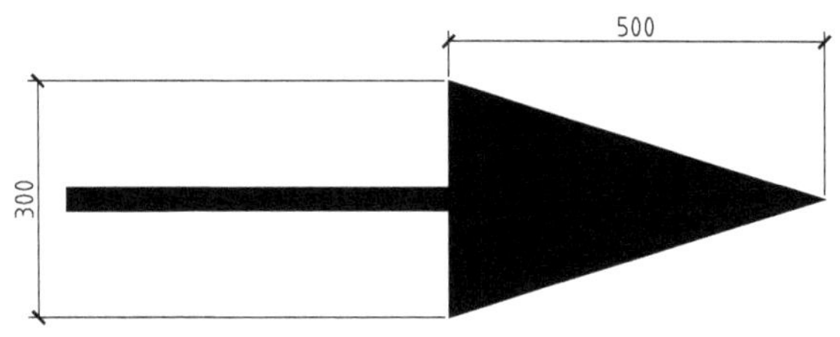

图 6-124　绘制箭头状多段线

Step 04 从命令行中输入“W”，指定起点宽度为30、端点宽度为30，再向右绘制一段长度为500的多段线，如图6-125所示。命令行操作如下。

```
指定下一点或 [圆弧(A)/闭合(C)/半宽(H)/长度(L)/放弃(U)/宽度(W)]: w↙
指定起点宽度 <0.0000>: 30↙
指定端点宽度 <30.0000>: 30↙
指定下一点或 [圆弧(A)/闭合(C)/半宽(H)/长度(L)/放弃(U)/宽度(W)]: 500↙
指定下一点或 [圆弧(A)/闭合(C)/半宽(H)/长度(L)/放弃(U)/宽度(W)]: ↙ //按【Enter】键结束操作
```

图 6-125　绘制右侧水平多段线

Step 05 在命令行中输入“L”，执行【直线】命令，连接箭头的3个顶点，绘制如图6-126所示的图形，水表图例便绘制完成。

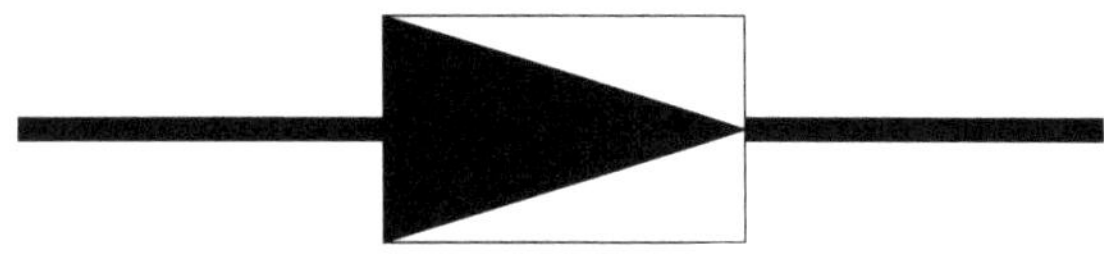

图 6-126　绘制直线

> **操作技巧**
>
> 在多段线绘制过程中，可能预览图形不会及时显示出带有宽度的转角效果，让用户误以为绘制出错。而其实只要单击【Enter】键完成多段线的绘制，便会自动为多段线添加转角处的平滑效果。

6.4.3 多段线－圆弧

在执行多段线命令时，选择“圆弧（A）”子选项后便开始创建与上一线段（或圆弧）相切的圆弧段，如图6-127所示。若要重新绘制直线，可选择“直线（L）”选项。命令行提示如下。

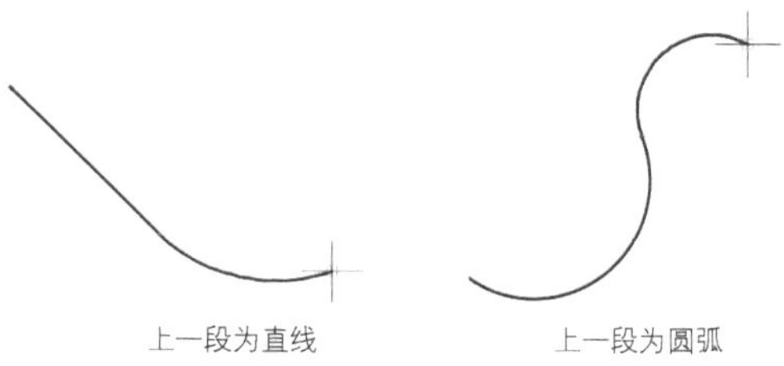

图 6-127　多段线创建圆弧时自动相切

• 操作步骤

执行上述命令，命令行提示如下。

```
命令: _pline//执行【多段线】命令
指定起点: //在绘图区中任意指定一点为起点
当前线宽为 0.0000
指定下一个点或 [圆弧(A)/半宽(H)/长度(L)/放弃(U)/宽度(W)]: A↙//选择“圆弧”子选项
指定圆弧的端点(按住【Ctrl】键以切换方向)或//指定圆弧的一个端点
[角度(A)/圆心(CE)/方向(D)/半宽(H)/直线(L)/半径(R)/第二个点(S)/放弃(U)/宽度(W)]:
指定圆弧的端点(按住【Ctrl】键以切换方向)或//指定圆弧的另一个端点
[角度(A)/圆心(CE)/闭合(CL)/方向(D)/半宽(H)/直线(L)/半径(R)/第二个点(S)/放弃(U)/宽度(W)]: *取消
```

• 选项说明

根据上面的命令行操作过程可知，在执行“圆弧（A）”子选项下的【多段线】命令时，会出现9种子选项，各选项含义部分介绍如下。

◆ “角度（A）”：指定圆弧段的从起点开始的包含角，如图6-128所示。输入正数将按逆时针方向创建圆弧段。输入负数将按顺时针方向创建圆弧段。方法类似于“起点、端点、角度”画圆弧。

◆ “圆心（CE）”：通过指定圆弧的圆心来绘制圆弧段，如图6-129所示。方法类似于“起点、圆心、端点”画圆弧。

◆ “方向（D）”：通过指定圆弧的切线来绘制圆弧段，如图6-130所示。方法类似于“起点、端点、方向”画圆弧。

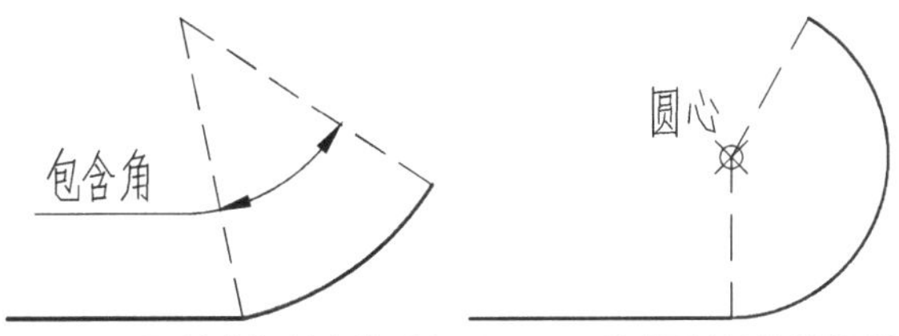

图 6-128 通过角度绘制多段线圆弧　图 6-129 通过圆心绘制多段线圆弧

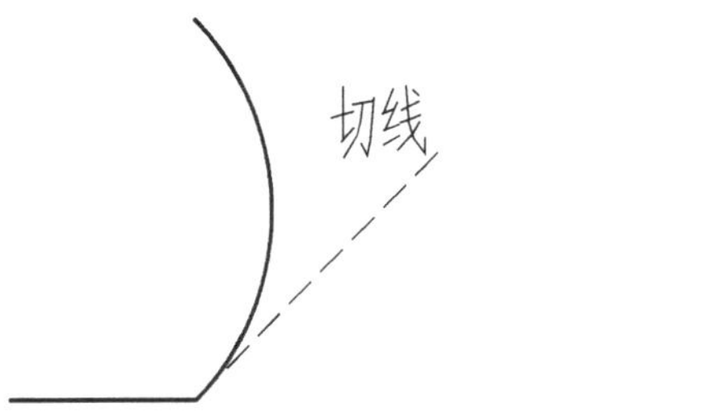

图 6-130 通过切线绘制多段线圆弧

◆ “直线（L）”：从绘制圆弧切换到绘制直线。

◆ “半径（R）”：通过指定圆弧的半径来绘制圆弧，如图 6-131 所示。方法类似于“起点、端点、半径”画圆弧。

◆ “第二个点（S）”：通过指定圆弧上的第二点和端点来进行绘制，如图 6-132 所示。方法类似于“三点”画圆弧。

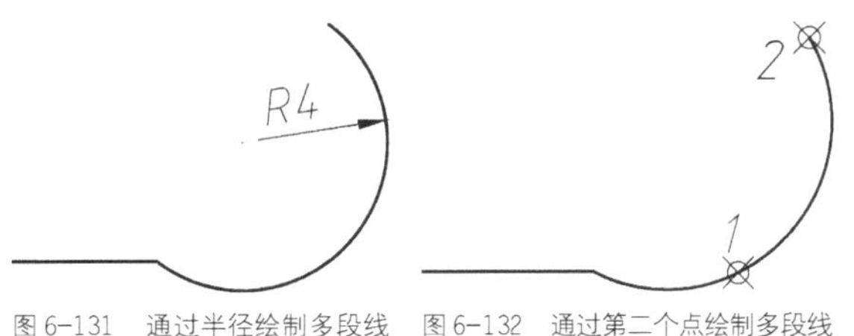

图 6-131 通过半径绘制多段线圆弧　图 6-132 通过第二个点绘制多段线圆弧

练习 6-16 绘制管式热交换器

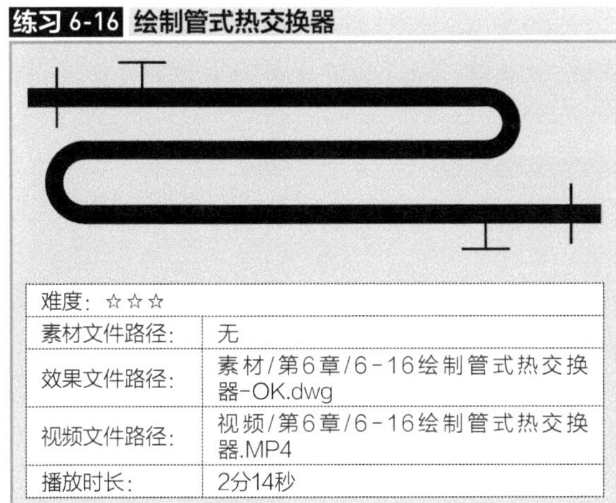

难度：☆☆☆	
素材文件路径：	无
效果文件路径：	素材/第6章/6-16绘制管式热交换器-OK.dwg
视频文件路径：	视频/第6章/6-16绘制管式热交换器.MP4
播放时长：	2分14秒

管式（又称管壳式、列管式）热交换器是最典型的间壁式换热器，它在工业上的应用有着悠久的历史，而且至今仍在所有换热器中占据主导地位。管式换热器主要由壳体、管束、管板和封头等部分组成，壳体多呈圆形，内部装有平行管束，管束两端固定于管板上。该图例图形中象征性的环绕便可以通过多段线创建圆弧来进行绘制，具体步骤介绍如下。

Step 01 启动AutoCAD 2016，新建一空白文档。

Step 02 绘制第一段直线。在默认选项卡中单击【绘图】面板上的【多段线】按钮，任意指定一点为起点，设置起点、端点线宽均为30，绘制如图6-133所示的第一段直线图形。

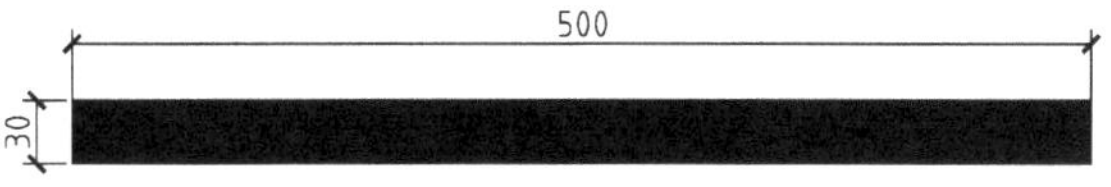

图 6-133 绘制左侧水平多段线

Step 03 创建第一段圆弧。在命令行中输入“A”，进入圆弧绘制方法，再输入“D”，选择通过“方向”来绘制圆弧。接着沿正上方指定一点为圆弧切向方向，然后竖直向下移动光标，绘制一段距离为90的圆弧，如图6-134所示。

图 6-134 绘制圆弧多段线

Step 04 创建第二段直线。在命令行中输入“L”，选择“直线”方式绘制第二段直线，水平向左移动鼠标，输入距离“700”，如图6-135所示。

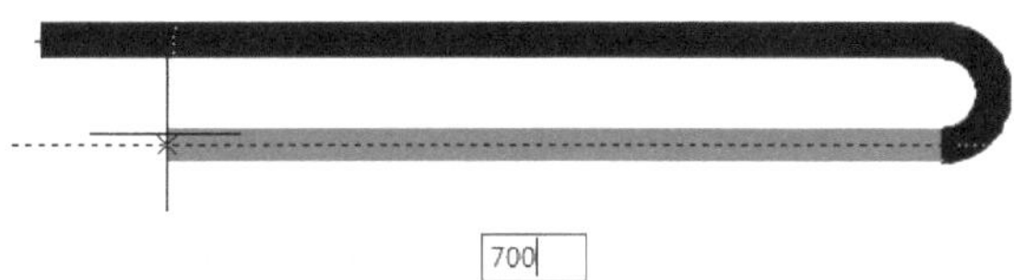

图 6-135 绘制第二段直线

Step 05 创建第二段圆弧。在命令行中输入“A”，进入“圆弧”绘制方法，向下移动鼠标，输入距离“110”，绘制第二段圆弧，如图6-136所示。

图 6-136 绘制第二段圆弧

Step 06 绘制第三段直线。在命令行中输入“L”，选择“直线”方式，水平向右移动鼠标，输入距离“900”，完成多段线的绘制，效果如图6-137所示。

图 6-137 绘制第二段圆弧

Step 07 在命令行中输入“L”，执行【直线】命令，在绘制的多段线相应位置上绘制适当长度的水平或垂直直线线段，并将绘制的线段进行复制，将其移动到图形中相应的位置，最终结果如图6-138所示。

图 6-138 绘制第二段圆弧

操作技巧

图例只是用来在图纸中表示特定设施的符号，因此对于尺寸并没有严格要求。因此本书中的所有图例尺寸均为参考尺寸，不能作为实际的绘图要求。

6.5 多线

多线是一种由多条平行线组成的组合图形对象，它可以由1~16条平行直线组成。多线在实际设计中的应用非常广泛，如平面图中绘制墙体，管道工程设计中绘制管道剖面等，均有应用。

6.5.1 多线概述

使用【多线】命令可以快速生成大量平行直线，多线同多段线一样，也是复合对象，绘制的每一条多线都是一个完整的整体，不能对其进行偏移、延伸、修剪等编辑操作，只能将其分解为多条直线后才能编辑各种多线效果。

【多线】的操作步骤与【多段线】类似，稍有不同的是，【多线】需要在绘制前设置好样式与其他参数，开始绘制后便不能再随意更改。而【多段线】在一开始并不需做任何设置，而在绘制的过程中可以根据众多的子选项随时进行调整。

6.5.2 设置多线样式

系统默认的STANDARD样式由两条平行线组成，并且平行线的间距是定值。如果要绘制不同规格和样式的多线（带封口或更多数量的平行线），就需要设置多线的样式。

•执行方式

执行【多线样式】命令的方法有以下几种。

- ◆菜单栏：选择【格式】|【多线样式】命令。
- ◆命令行：输入“MLSTYLE”命令。

•操作步骤

使用上述方法打开【多线样式】对话框，其中可以新建、修改或者加载多线样式，如图6-139所示；单击其中的【新建】按钮，可以打开【创建新的多线样式】对话框，然后定义新多线样式的名称（如平键），如图6-140所示。

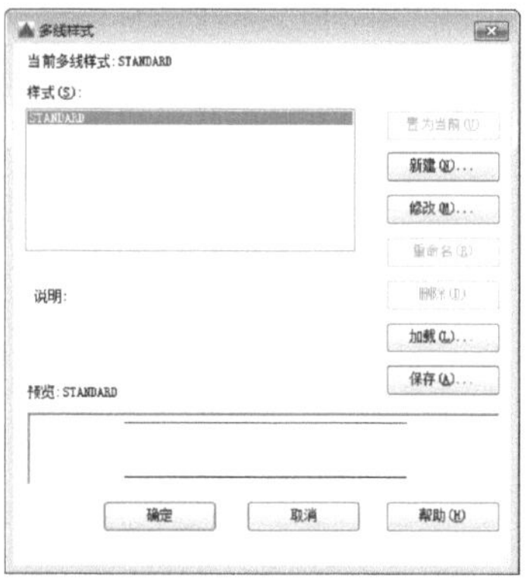

图 6-139 【多线样式】对话框

图 6-140 【创建新的多线样式】对话框

接着单击【继续】按钮，便打开【新建多线样式：平键】对话框，可以在其中设置多线的各种特性，如图6-141所示。

图 6-141 【新建多线样式：平键】对话框

•选项说明

【新建多线样式：平键】对话框中各选项的含义如下。

- ◆【封口】：设置多线的平行线段之间两端封口的

样式。当取消【封口】选项区中的复选框勾选，绘制的多段线两端将呈打开状态，图 6-142 所示为多线的各种封口形式。

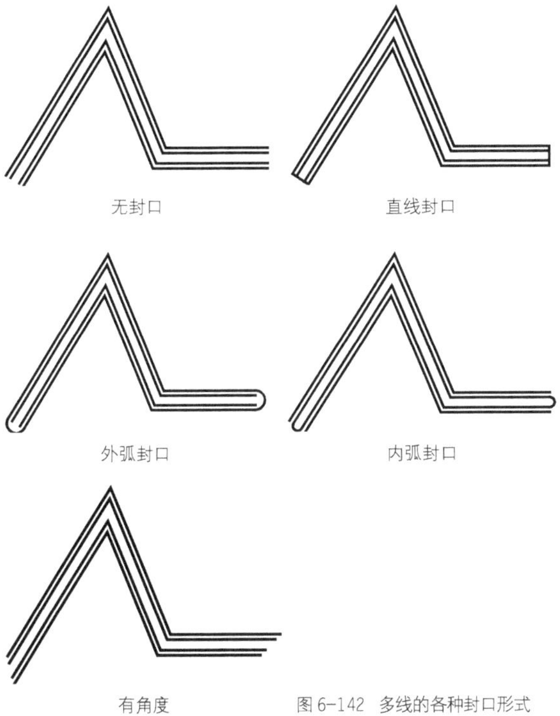

图 6-142 多线的各种封口形式

◆【填充颜色】下拉列表：设置封闭的多线内的填充颜色，选择【无】选项，表示使用透明颜色填充，如图 6-143 所示。

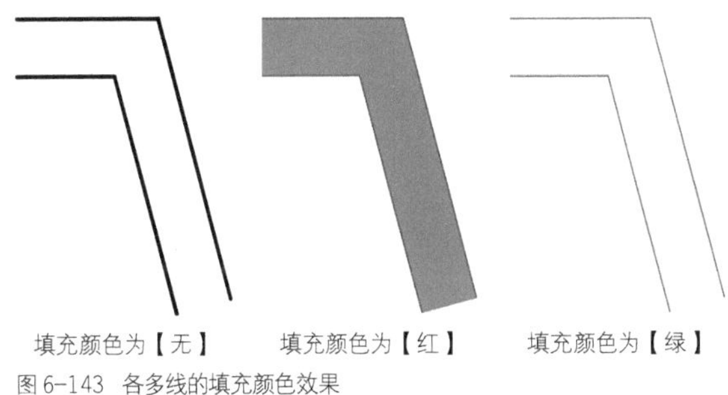

图 6-143 各多线的填充颜色效果

◆【显示连接】复选框：显示或隐藏每条多线段顶点处的连接，效果如图 6-144 所示。

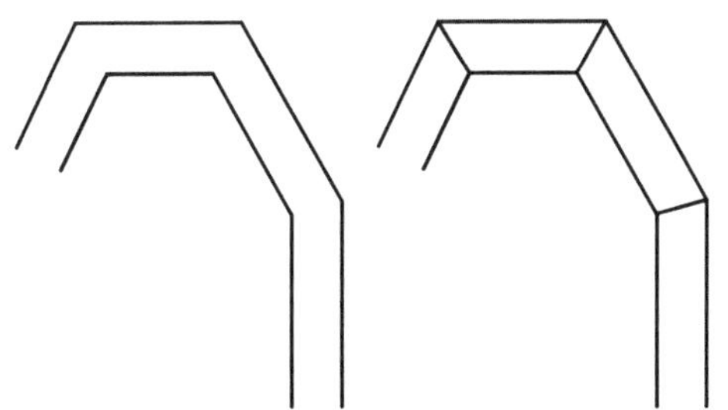

图 6-144 【显示连接】复选框效果

◆图元：构成多线的元素，通过单击【添加】按钮可以添加多线的构成元素，也可以通过单击【删除】按钮删除这些元素。

◆偏移：设置多线元素从中线的偏移值，值为正表示向上偏移，值为负表示向下偏移。

◆颜色：设置组成多线元素的直线线条颜色。

◆线型：设置组成多线元素的直线线条线型。

练习 6-17 创建墙体多线样式

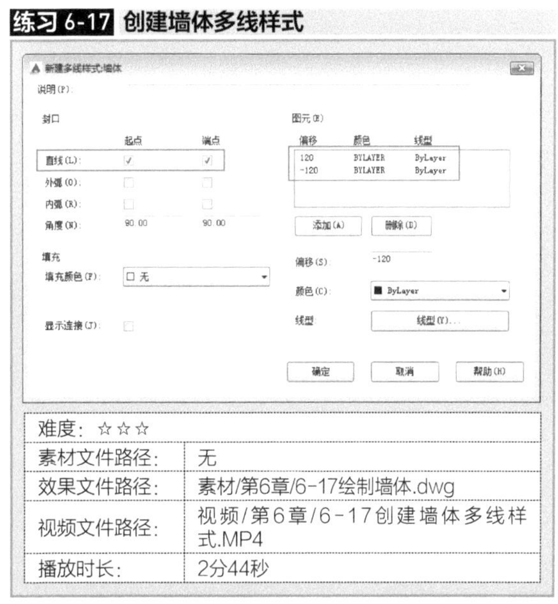

难度：☆☆☆	
素材文件路径：	无
效果文件路径：	素材/第6章/6-17绘制墙体.dwg
视频文件路径：	视频/第6章/6-17创建墙体多线样式.MP4
播放时长：	2分44秒

多线的使用虽然方便，但是默认的 STANDARD 样式过于简单，无法用来应对现实工作中所遇到的各种问题（如绘制带有封口的墙体线）。这时就可以通过创建新的多线样式来解决，具体步骤如下。

Step 01 单击快速访问工具栏中的【新建】按钮，新建空白文件。

Step 02 在命令行中输入“MLSTYLE”命令并按【Enter】键，系统弹出【多线样式】对话框，如图6-145所示。

Step 03 单击【新建】按钮 新建(N)... ，系统弹出【创建新的多线样式】对话框，新建新样式名为墙体，基础样式为“STANDARD”，单击【确定】按钮，系统弹出【新建多线样式：墙体】对话框。

Step 04 在【封口】区域勾选【直线】中的两个复选框、在【图元】选项区域中设置【偏移】为“120”与“-120”，如图6-146所示，单击【确定】按钮，系统返回【多线样式】对话框。

Step 05 单击【置为当前】按钮，单击【确定】按钮，关闭对话框，完成墙体多线样式的设置。单击快速访问工具栏中的【保存】按钮，保存文件。

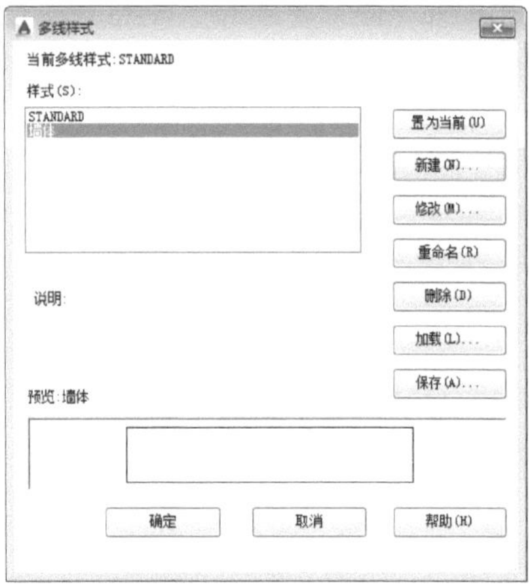

图 6-145 【多线样式】对话框

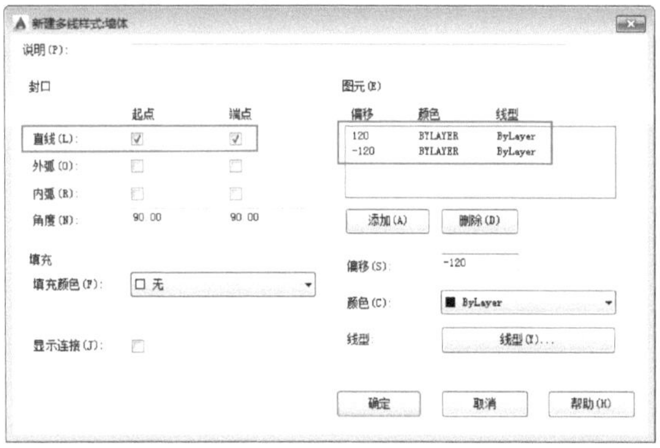

图 6-146 设置封口和偏移值

6.5.3 绘制多线

•执行方式

在 AutoCAD 中执行【多线】命令的方法不多，只有以下 2 种。不过用户也可以通过本书第 2 章的【练习 2-4】来向功能区中添加【多线】按钮。

- ◆“菜单栏：选择【绘图】|【多线】命令。
- ◆命令行：输入“MLINE”或“ML”命令。

•操作步骤

执行上述命令，命令行提示如下。

```
命令:_mline//执行【多线】命令
当前设置:对正=上，比例=20.00，样式=STANDARD
//显示当前的多线设置
指定起点或 [对正(J)/比例(S)/样式(ST)]://指定多线起点或修改
多线设置
指定下一点://指定多线的端点
指定下一点或 [放弃(U)]://指定下一段多线的端点
指定下一点或 [闭合(C)/放弃(U)]://指定下一段多线的端点或
按【Enter】键结束
```

•选项说明

执行【多线】的过程中，命令行会出现 3 种设置类型：“对正（J）”“比例（S）”“样式（ST）”，分别介绍如下。

◆“对正（J）”：设置绘制多线时相对于输入点的偏移位置。该选项有【上】、【无】和【下】3 个选项，【上】表示多线顶端的线随着光标移动；【无】表示多线的中心线随着光标移动；【下】表示多线底端的线随着光标移动，如图 6-147 所示。

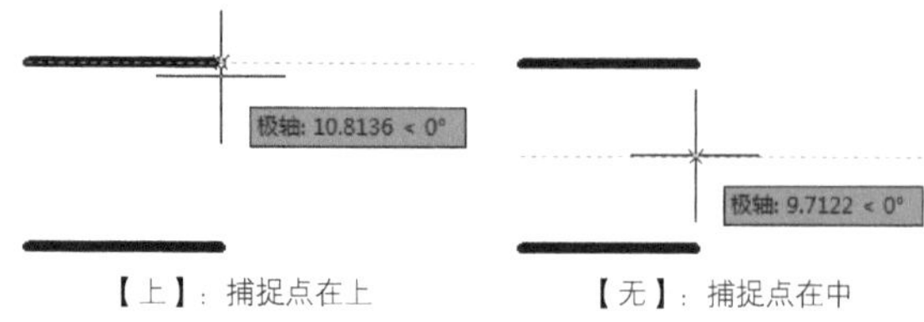

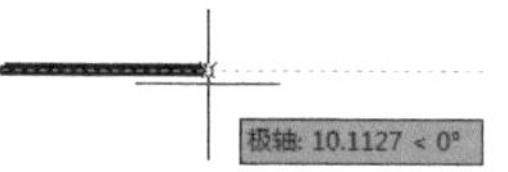

【下】：捕捉点在下　　图 6-147 多线的对正

◆“比例（S）”：设置多线样式中多线的宽度比例，可以快速定义多线的间隔宽度，如图 6-148 所示。

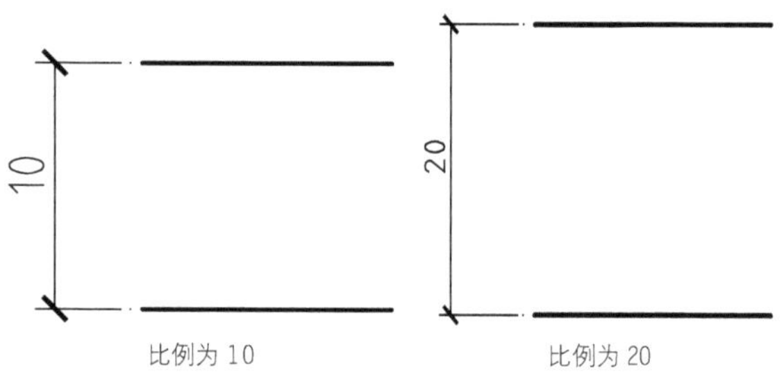

图 6-148 多线的比例

◆“样式（ST）”：设置绘制多线时使用的样式，默认的多线样式为 STANDARD，选择该选项后，可以在提示信息“输入多线样式”或“？”后面输入已定义的样式名。输入“？”则会列出当前图形中所有的多线样式。

练习 6-18 绘制墙体

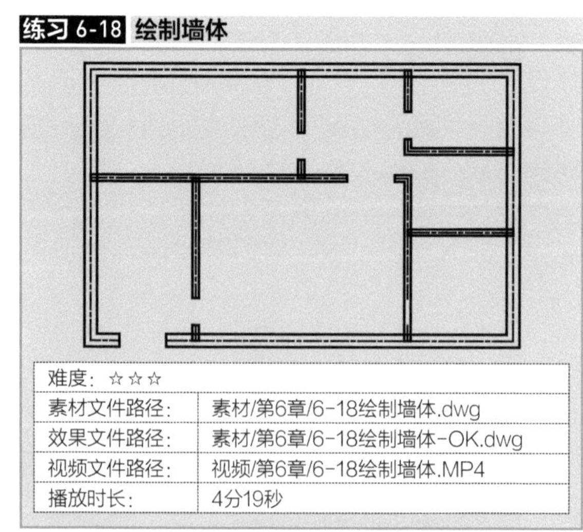

难度：☆☆☆	
素材文件路径：	素材/第6章/6-18绘制墙体.dwg
效果文件路径：	素材/第6章/6-18绘制墙体-OK.dwg
视频文件路径：	视频/第6章/6-18绘制墙体.MP4
播放时长：	4分19秒

【多线】可一次性绘制出大量平行线的特性，非常适合于用来绘制平面图中的墙体。本例根据【练习 6-17】中已经设置好的“墙体”多线样式来进行绘图。

Step 01 单击快速访问工具栏中的【打开】按钮，打开“第6章/6-18 绘制墙体.dwg”文件，如图6-149所示。

Step 02 创建“墙体”多线样式。按【练习6-17】的方法创建墙体多线样式，如图6-150所示。

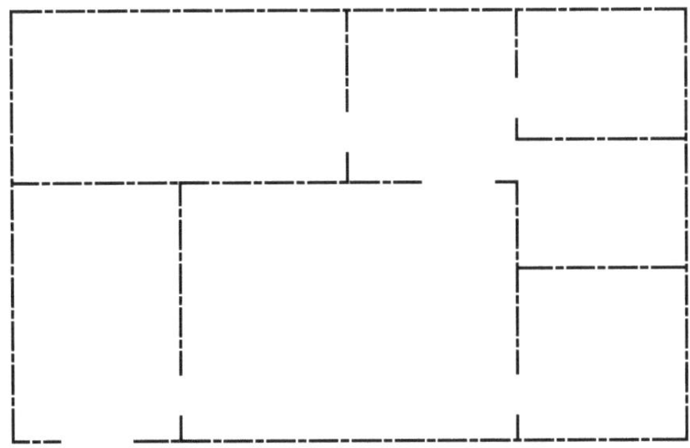

图 6-149 素材图形

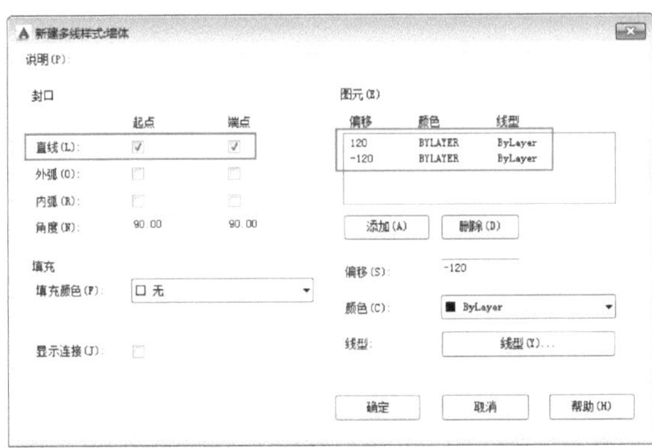

图 6-150 【新建多线样式：墙体】对话框

Step 03 在命令行中输入“ML”，调用【多线】命令，绘制如图6-151所示墙体，命令行提示如下。

```
命令：_mline↙//调用【多线】命令
当前设置：对正 = 上，比例 = 20.00，样式 = 墙体
指定起点或 [对正(J)/比例(S)/样式(ST)]： S↙//激活【比例(S)】选项
输入多线比例 <20.00>： 1↙//输入多线比例
当前设置：对正 = 上，比例 = 1.00，样式 = 墙体
指定起点或 [对正(J)/比例(S)/样式(ST)]： J↙//激活【对正(J)】选项
输入对正类型 [上 (T)/无(Z)/下(B)] <上>： Z↙//激活【无(Z)】选项
当前设置：对正 = 无，比例 = 1.00，样式 = 墙体
指定起点或 [对正(J)/比例(S)/样式(ST)]：//沿着轴线绘制墙体
指定下一点：
指定下一点或 [放弃(U)]：
指定下一点或 [闭合(C)/放弃(U)]： ↙//按【Enter】键结束绘制
```

Step 04 按空格键重复命令，绘制非承重墙，把比例设置为0.5，命令行提示如下。

```
命令：mline↙//调用【多线】命令
当前设置：对正 = 无，比例 = 1.00，样式 = 墙体
指定起点或 [对正(J)/比例(S)/样式(ST)]： S↙//激活【比例(S)】选项
输入多线比例 <1.00>： 0.5↙ //输入多线比例
当前设置：对正 = 无，比例 = 0.50，样式 = 墙体
指定起点或 [对正(J)/比例(S)/样式(ST)]： J↙//激活【对正(J)】选项
输入对正类型 [上(T)/无(Z)/下(B)] <无>： Z↙//激活【无(Z)】选项
当前设置：对正 = 无，比例 = 0.50，样式 = 墙体
指定起点或 [对正(J)/比例(S)/样式(ST)]：
指定下一点：//沿着轴线绘制墙体
指定下一点或 [放弃(U)]： ↙//按【Enter】键结束绘制
```

Step 05 最终效果如图6-152所示。

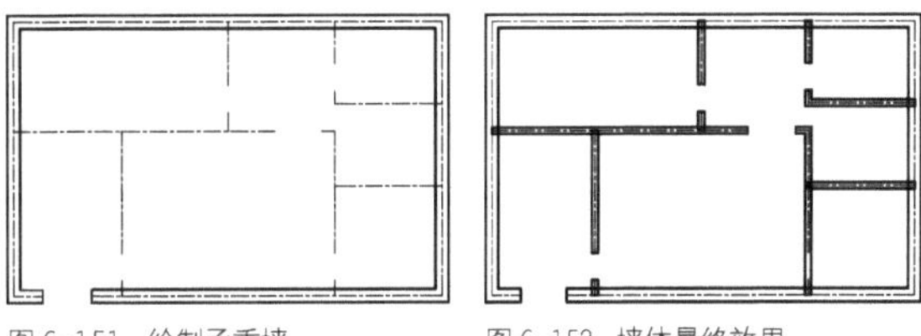

图 6-151 绘制承重墙　　图 6-152 墙体最终效果

6.5.4 编辑多线

之前介绍了多线是复合对象，只能将其分解为多条直线后才能编辑。但在 AutoCAD 中，也可以用自带的【多线编辑工具】对话框中进行编辑。

• 执行方式

打开【多线编辑工具】对话框的方法有以下 3 种。

◆ 菜单栏：执行【修改】|【对象】|【多线】命令，如图 6-153 所示。

◆ 命令行：输入“MLEDIT”命令。

◆ 快捷操作：双击绘制的多线图形。

• 操作步骤

执行上述任一命令后，系统自动弹出【多线编辑工具】对话框，如图 6-154 所示。根据图样单击选择一种适合工具图标，即可使用该工具编辑多线。

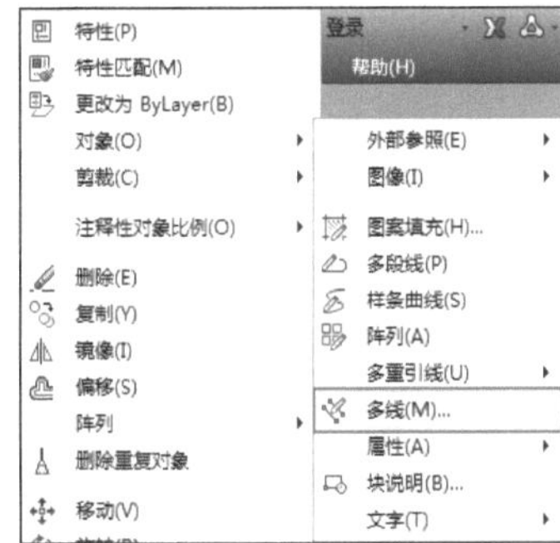

图 6-153 【菜单栏】调用【多线】编辑命令

图 6-154 【多线编辑工具】对话框

• 选项说明

【多线编辑工具】对话框中共有 4 列 12 种多线编辑工具：第一列为十字交叉编辑工具，第二列为 T 字交叉编辑工具，第三列为角点结合编辑工具，第四列为中断或接合编辑工具。具体介绍如下。

◆【十字闭合】： 可在两条多线之间创建闭合的十字交点。选择该工具后，先选择第一条多线，作为打断的隐藏多线；再选择第二条多线，即前置的多线，效果如图 6-155 所示。

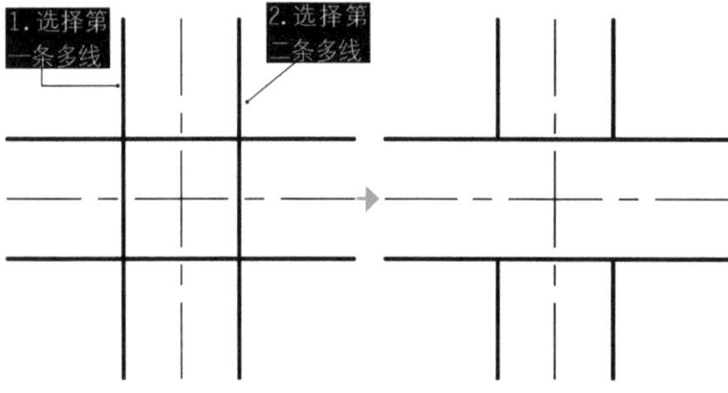

图 6-155 十字闭合

◆【十字打开】：在两条多线之间创建打开的十字交点。打断将插入第一条多线的所有元素和第二条多线的外部元素，效果如图 6-156 所示。

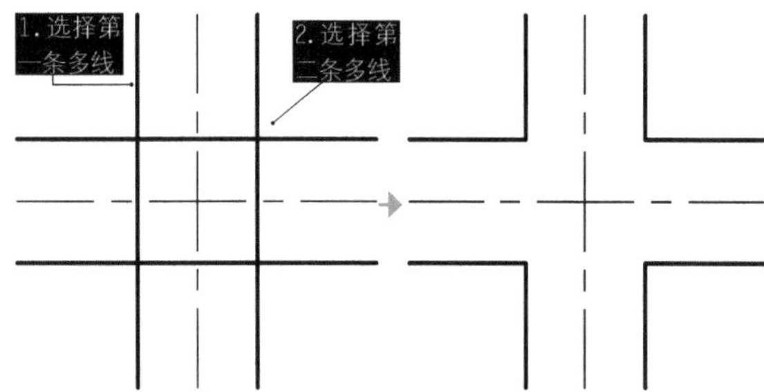

图 6-156 十字打开

◆【十字合并】：在两条多线之间创建合并的十字交点。选择多线的次序并不重要，效果如图 6-157 所示。

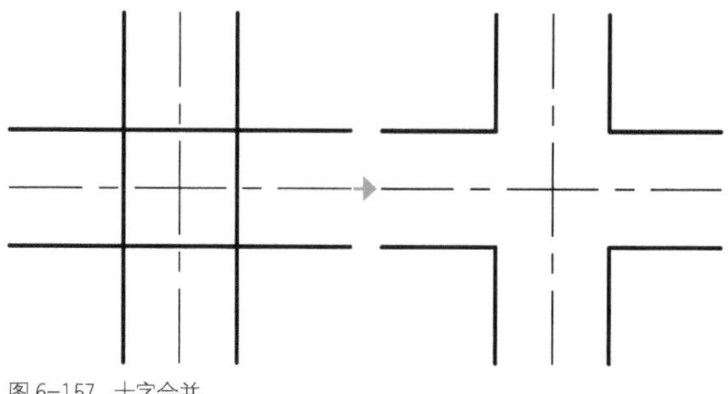

图 6-157 十字合并

操作技巧

对于双数多线来说，“十字打开”和“十字合并”结果是一样的；但对于3线，中间线的结果是不一样的，效果如图6-158所示。

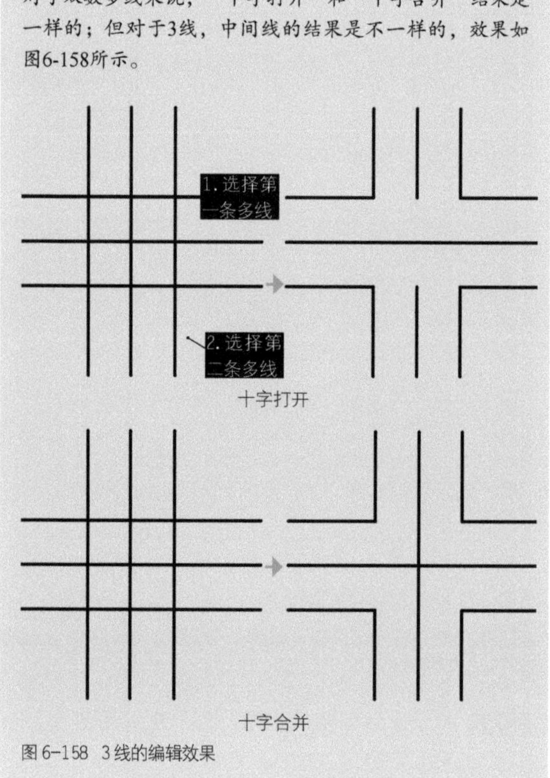

图 6-158 3 线的编辑效果

◆【T形闭合】在两条多线之间创建闭合的T形交点。将第一条多线修剪或延伸到与第二条多线的交点处，如图 6-159 所示。

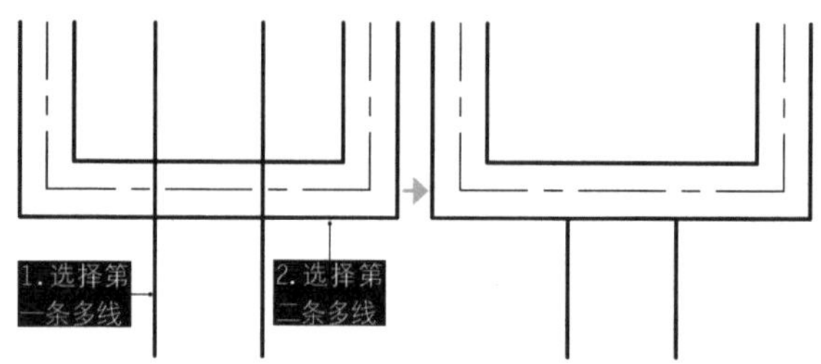

图 6-159 T 形闭合

◆【T形打开】在两条多线之间创建打开的T形交点。将第一条多线修剪或延伸到与第二条多线的交点处，如图 6-160 所示。

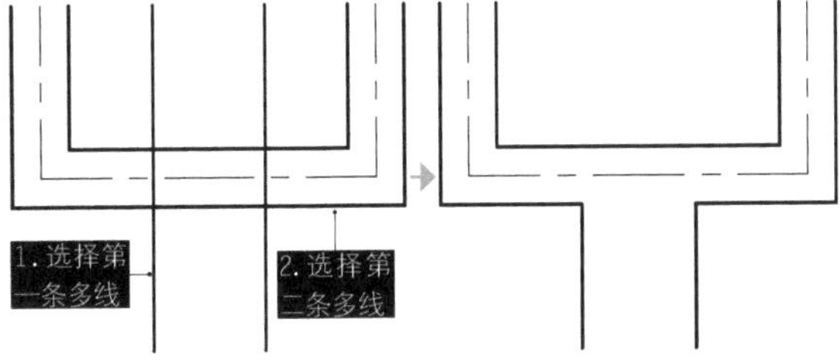

图 6-160 T形打开

◆【T形合并】：在两条多线之间创建合并的T形交点。将多线修剪或延伸到与另一条多线的交点处，如图 6-161 所示。

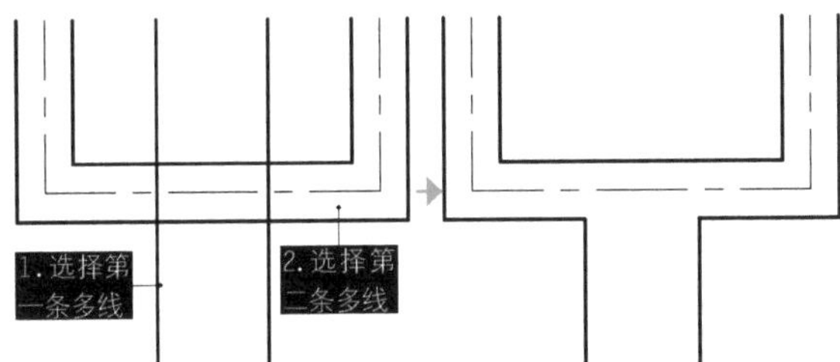

图 6-161 T形合并

操作技巧

【T形闭合】、【T形打开】和【T形合并】的选择对象顺序应先选择T字的下半部分，再选择T字的上半部分，如图6-162所示。

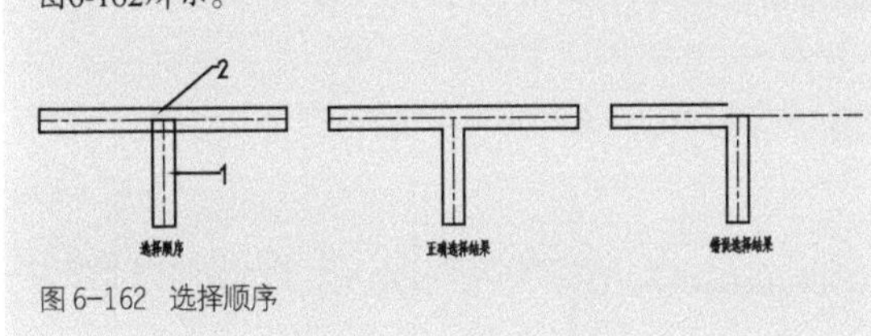

图 6-162 选择顺序

◆【角点结合】：在多线之间创建角点结合。将多线修剪或延伸到它们的交点处，效果如图 6-163 所示。

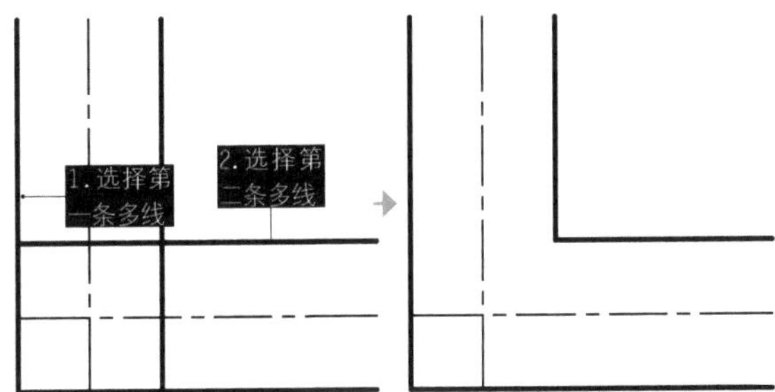

图 6-163 角点结合

◆【添加顶点】：向多线上添加一个顶点。新添加的角点就可以用于夹点编辑，效果如图 6-164 所示。

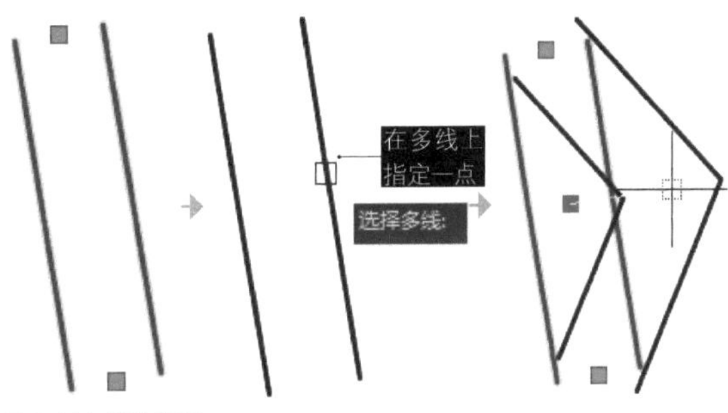

图 6-164 添加顶点

◆【删除顶点】：从多线上删除一个顶点，效果如图 6-165 所示。

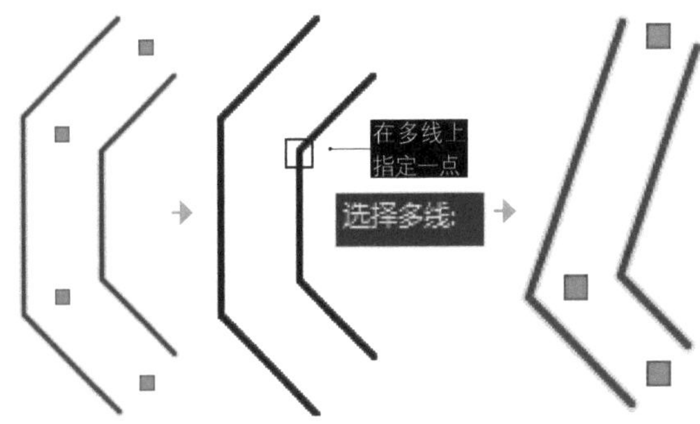

图 6-165 删除顶点

◆【单个剪切】：在选定多线元素中创建可见打断，效果如图 6-166 所示。

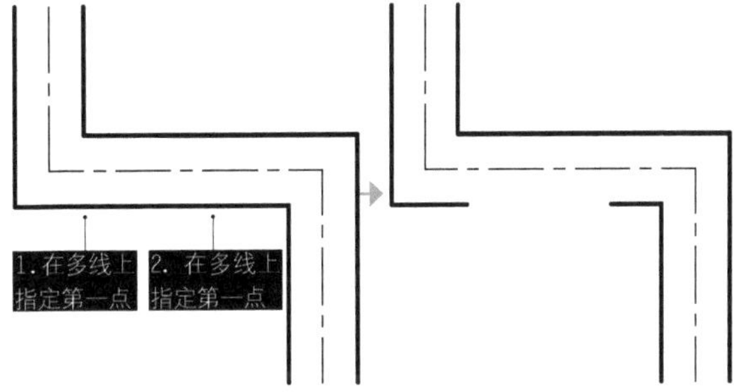

图 6-166 单个剪切

◆【全部剪切】：创建穿过整条多线的可见打断，效果如图 6-167 所示。

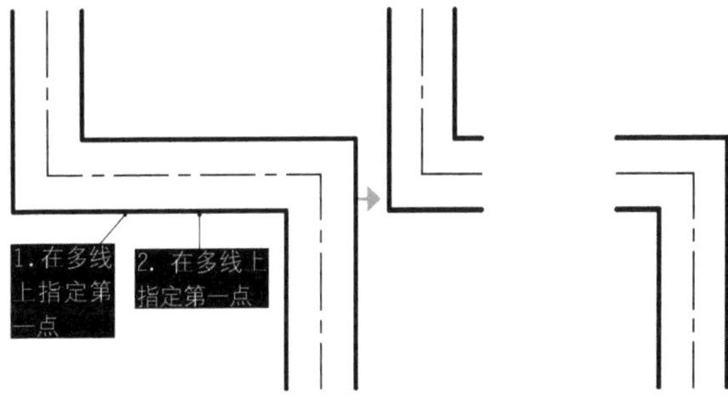

图 6-167 全部剪切

◆【全部接合】：将已被剪切的多线线段重新接合起来，如图6-168所示。

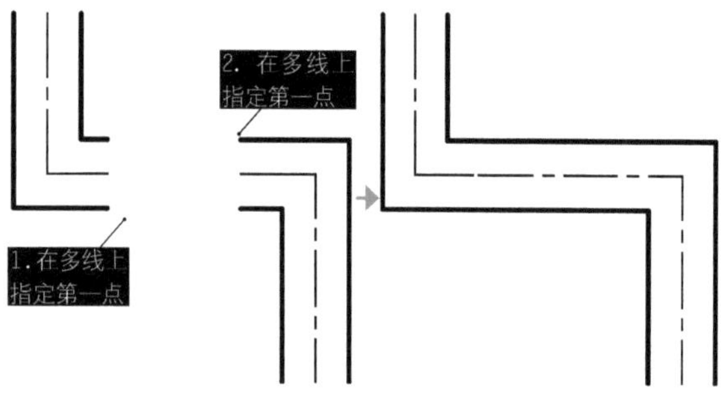

图6-168 全部接合

练习 6-19 编辑墙体

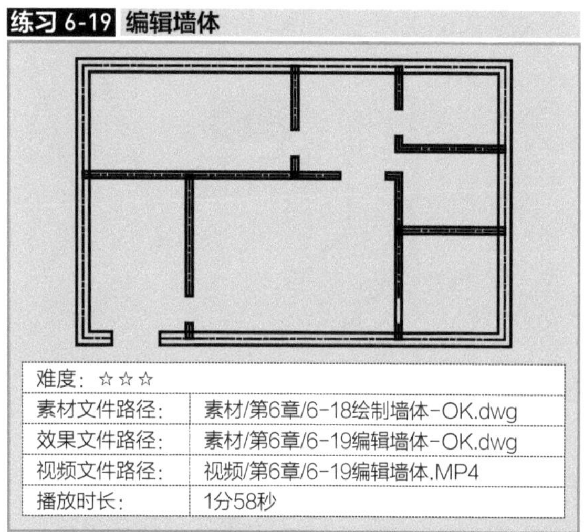

难度：☆☆☆	
素材文件路径：	素材/第6章/6-18绘制墙体-OK.dwg
效果文件路径：	素材/第6章/6-19编辑墙体-OK.dwg
视频文件路径：	视频/第6章/6-19编辑墙体.MP4
播放时长：	1分58秒

【练习6-18】中所绘制完成的墙体仍有瑕疵，因此需要通过多线编辑命令对其进行修改，从而得到最终完整的墙体图形。

Step 01 单击快速访问工具栏中的【打开】按钮，打开“第6章/6-18 绘制墙体-OK.dwg”文件，如图6-169所示。

Step 02 在命令行中输入“MLEDIT”，调用【多线编辑】命令，打开【多线编辑工具】对话框，如图6-170所示。

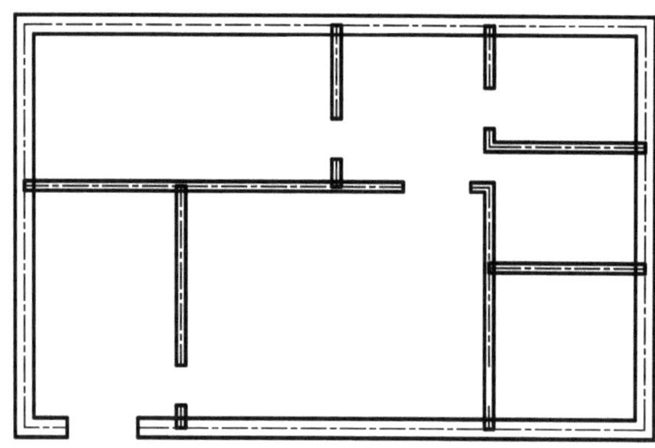

图6-169 素材图形

图6-170 【多线编辑工具】对话框

Step 03 选择对话框中的【T形合并】选项，系统自动返回绘图区域，根据命令行提示对墙体结合部进行编辑，命令行提示如下。

```
命令：mledit↙//调用【多线编辑】命令
选择第一条多线：//选择竖直墙体
选择第二条多线：//选择水平墙体
选择第一条多线 或 [放弃(U)]：↙//重复操作
```

Step 04 重复上述操作，对所有墙体进行【T形合并】命令，效果如图6-171所示。

Step 05 在命令行中输入“LA”，调用【图层特性管理器】命令，在弹出的【图层特性管理器】选项板中，隐藏【轴线】图层，最终效果如图6-172所示。

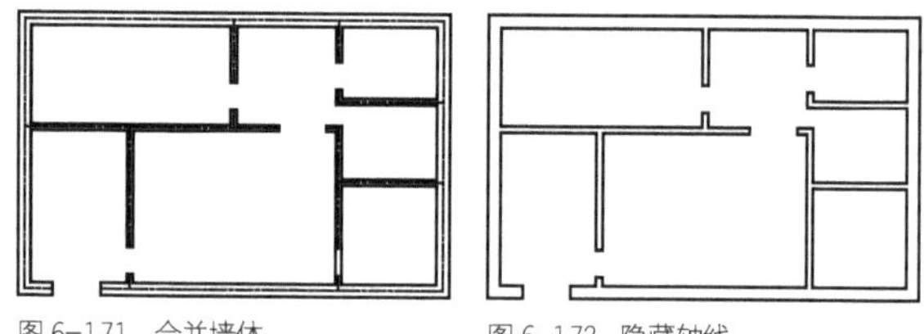

图6-171 合并墙体　　图6-172 隐藏轴线

知识链接

中间红色的轴线可以删除也可以隐藏图层，隐藏图层的操作请见本书第10章。

6.6 矩形与多边形

多边形图形包括矩形和正多边形，也是在绘图过程中使用较多的一类图形。

6.6.1 矩形

矩形就是我们通常说的长方形，是通过输入矩形的任意两个对角位置确定的，在 AutoCAD 中绘制矩形可以为其设置倒角、圆角以及宽度和厚度值，如图 6-173 所示。

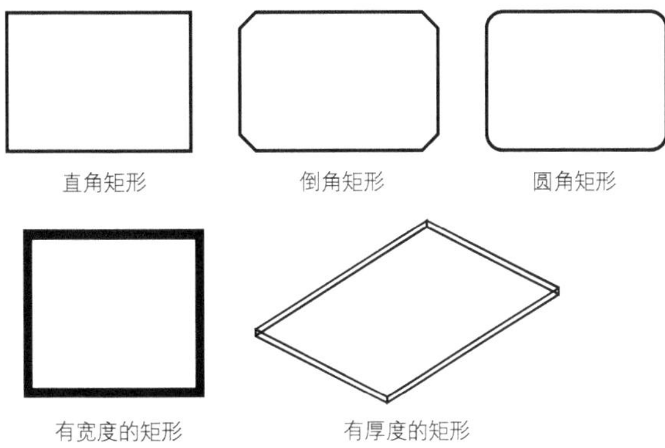

图 6-173 各种样式的矩形

• 执行方式

调用【矩形】命令的方法如下。

◆ 功能区：在【默认】选项卡中，单击【绘图】面板中的【矩形】按钮。

◆ 菜单栏：执行【绘图】|【矩形】菜单命令。

◆ 命令行：输入“RECTANG”或“REC”命令。

• 操作步骤

执行该命令后，命令行提示如下。

```
命令: _rectang//执行【矩形】命令
指定第一个角点或 [倒角(C)/标高(E)/圆角(F)/厚度(T)/宽度(W)]://指定矩形的第一个角点
指定另一个角点或 [面积(A)/尺寸(D)/旋转(R)]://指定矩形的对角点
```

• 选项说明

在指定第一个角点前，有 5 个子选项，而指定第二个对角点的时候有 3 个，各选项含义具体介绍如下。

◆ “倒角（C）”：用来绘制倒角矩形，选择该选项后可指定矩形的倒角距离，如图 6-174 所示。设置该选项后，执行矩形命令时，此值成为当前的默认值，若不需设置倒角，则要再次将其设置为 0。命令行提示如下。

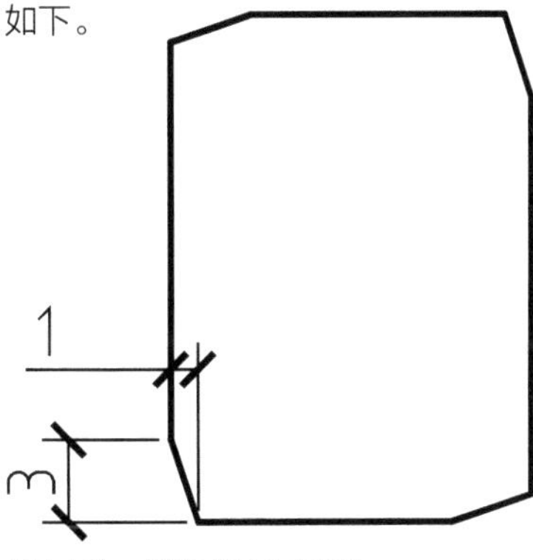

图 6-174 “倒角（C）”画矩形

```
命令: _rectang
指定第一个角点或 [倒角(C)/标高(E)/圆角(F)/厚度(T)/宽度(W)]: C↙
//选择“倒角”选项
指定矩形的第一个倒角距离 <0.0000>: 1↙ //输入第一个倒角距离
指定矩形的第二个倒角距离 <1.0000>: 3↙ //输入第二个倒角距离
指定第一个角点或 [倒角(C)/标高(E)/圆角(F)/厚度(T)/宽度(W)]:
//指定第一个角点
指定另一个角点或 [面积(A)/尺寸(D)/旋转(R)]: //指定第二个角点
```

◆ “标高（E）”：指定矩形的标高，即 z 方向上的值。选择该选项后可在高为标高值的平面上绘制矩形，如图 6-175 所示。命令行提示如下。

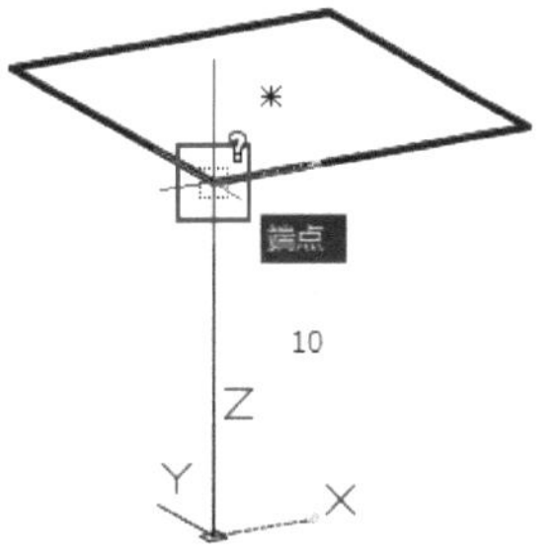

图 6-175 “标高（E）”画矩形

```
命令: _rectang
指定第一个角点或 [倒角(C)/标高(E)/圆角(F)/厚度(T)/宽度(W)]: E↙
//选择“标高”选项
指定矩形的标高 <0.0000>: 10↙//输入标高
指定第一个角点或 [倒角(C)/标高(E)/圆角(F)/厚度(T)/宽度(W)]:
//指定第一个角点
指定另一个角点或 [面积(A)/尺寸(D)/旋转(R)]: //指定第二个角点
```

◆ “圆角（F）”：用来绘制圆角矩形。选择该选项后可指定矩形的圆角半径，绘制带圆角的矩形，如图 6-176 所示。命令行提示如下。

图 6-176 “圆角（F）”画矩形

```
命令: _rectang
指定第一个角点或 [倒角(C)/标高(E)/圆角(F)/厚度(T)/宽度(W)]: F↙
//选择"圆角"选项
指定矩形的圆角半径 <0.0000>: 5↙
//输入圆角半径值
指定第一个角点或 [倒角(C)/标高(E)/圆角(F)/厚度(T)/宽度(W)]:
//指定第一个角点
指定另一个角点或 [面积(A)/尺寸(D)/旋转(R)]: //指定第二个角点
```

操作技巧

如果矩形的长度和宽度太小而无法使用当前设置创建矩形时，绘制出来的矩形将不进行圆角或倒角。

◆ "厚度（T）"：用来绘制有厚度的矩形，该选项为要绘制的矩形指定 z 轴上的厚度值，如图 6-177 所示。命令行提示如下。

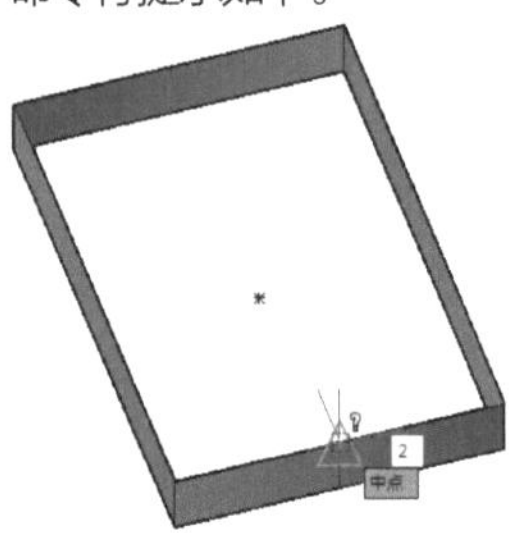

图 6-177 "厚度（T）" 画矩形

```
命令: _rectang
指定第一个角点或 [倒角(C)/标高(E)/圆角(F)/厚度(T)/宽度(W)]: T↙
//选择"厚度"选项
指定矩形的厚度 <0.0000>: 2↙//输入矩形厚度值
指定第一个角点或 [倒角(C)/标高(E)/圆角(F)/厚度(T)/宽度(W)]:
//指定第一个角点
指定另一个角点或 [面积(A)/尺寸(D)/旋转(R)]: //指定第二个角点
```

◆ "宽度（W）"：用来绘制有宽度的矩形，该选项为要绘制的矩形指定线的宽度，效果如图 6-178 所示。命令行提示如下。

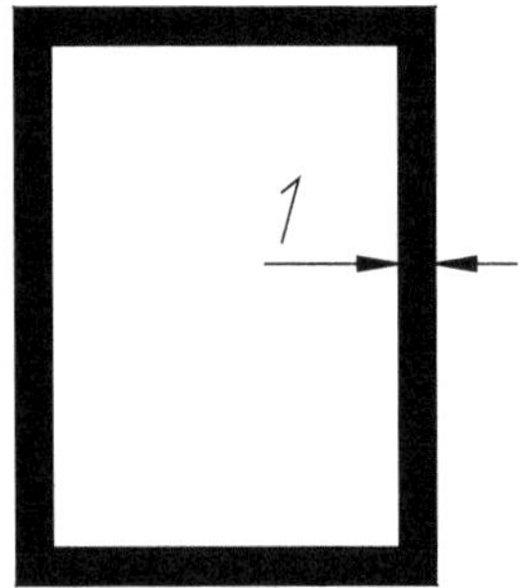

图 6-178 "宽度（W）" 画矩形

```
命令: _rectang
指定第一个角点或 [倒角(C)/标高(E)/圆角(F)/厚度(T)/宽度(W)]: W↙
//选择"宽度"选项
指定矩形的线宽 <0.0000>: 1↙//输入线宽值
指定第一个角点或 [倒角(C)/标高(E)/圆角(F)/厚度(T)/宽度(W)]:
//指定第一个角点
指定另一个角点或 [面积(A)/尺寸(D)/旋转(R)]: //指定第二个角点
```

◆ 面积：该选项提供另一种绘制矩形的方式，即通过确定矩形面积大小的方式绘制矩形。

◆ 尺寸：该选项通过输入矩形的长和宽确定矩形的大小。

◆ 旋转：选择该选项，可以指定绘制矩形的旋转角度。

练习 6-20 绘制继电器线圈图例

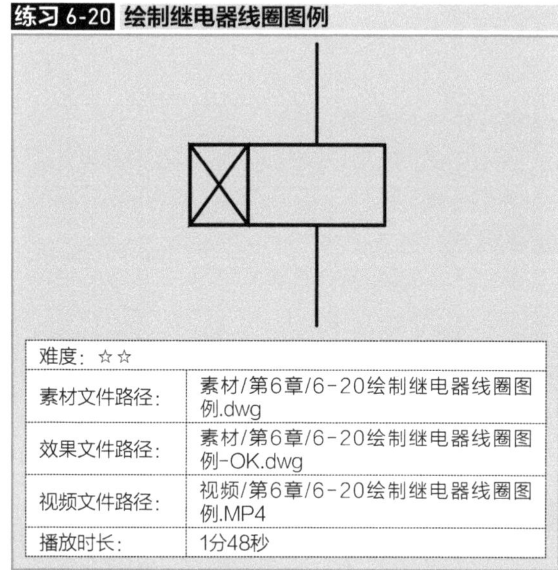

难度：☆☆	
素材文件路径：	素材/第6章/6-20绘制继电器线圈图例.dwg
效果文件路径：	素材/第6章/6-20绘制继电器线圈图例-OK.dwg
视频文件路径：	视频/第6章/6-20绘制继电器线圈图例.MP4
播放时长：	1分48秒

本例所绘制的图例全称为缓慢吸合继电器线圈，主体可由两个矩形绘制。本节便按前文所介绍的方法，分别不同的方式来进行创建。

Step 01 启动AutoCAD 2016，新建一空白文档。

Step 02 在【默认】选项卡中，单击【绘图】面板中的【矩形】按钮，在空白区任意指定一点为角点，然后在命令行中输入"D"，选择"尺寸"选项，分别输入矩形长度"100"、宽度"40"，如图6-179所示，命令行提示如下。

```
命令: _rectan//调用【矩形】命令
指定第一个角点或 [倒角(C)/标高(E)/圆角(F)/厚度(T)/宽度(W)]: //在绘图区合适位置单击一点确定矩形的第一角点
指定另一个角点或 [面积(A)/尺寸(D)/旋转(R)]: D↙//激活"尺寸"选项
指定矩形的长度 <0.0000>: 100↙//指定矩形的长度
指定矩形的宽度 <100.0000>: 40↙//指定矩形的宽度
```

```
指定另一个角点或 [面积(A)/尺寸(D)/旋转(R)]: //在任意处单击左键，完成矩形的绘制
```

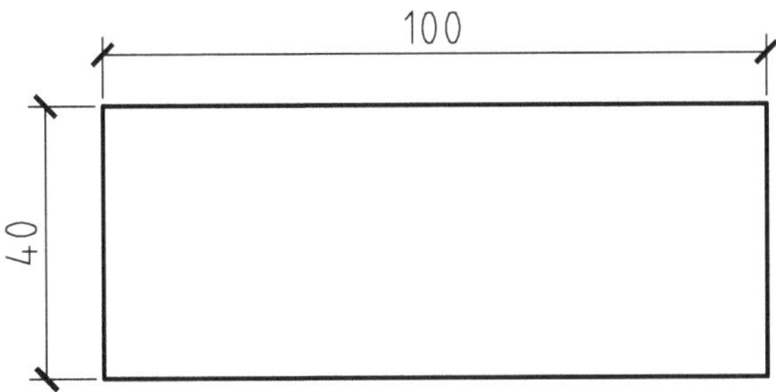

图 6-179 绘制第一个矩形

Step 03 重复调用【矩形】命令，在命令行中输入“W”，选择“宽度”选项，指定矩形的线宽为2。

Step 04 指定第一个矩形的左上角点为起点，然后在命令行中输入相对坐标“@30，-40”，得到第二个矩形，如图6-180所示，命令行提示如下。

```
命令: _rectang//调用【矩形】命令
当前矩形模式: 宽度=0.0000
指定第一个角点或 [倒角(C)/标高(E)/圆角(F)/厚度(T)/宽度(W)]: W↙//选择“宽度”选项
指定矩形的线宽 <0.0000>:1↙//输入线宽值
指定第一个角点或 [倒角(C)/标高(E)/圆角(F)/厚度(T)/宽度(W)]://指定第一个矩形的左上角点
指定另一个角点或 [面积(A)/尺寸(D)/旋转(R)]: @30,-40↙//输入第二角点的相对坐标
```

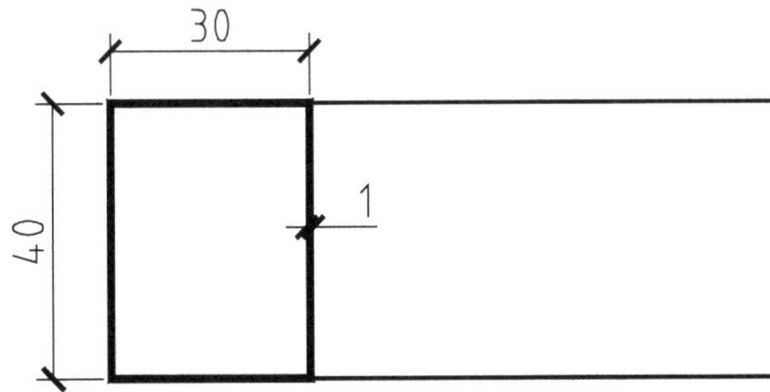

图 6-180 绘制第二个矩形

Step 05 在命令行中输入“L”，执行【直线】命令，在第二个矩形中绘制对角线，如图6-181所示。

Step 06 重复执行【直线】命令，在第一个矩形的适当位置绘制两根长50mm的垂直线，如图6-182所示。

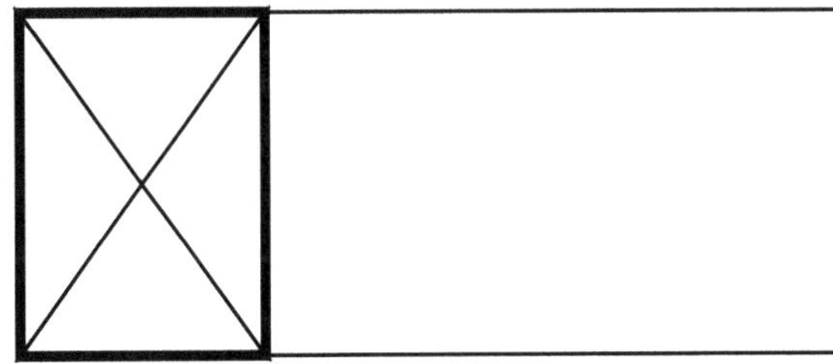

图 6-181 连接矩形的对角点

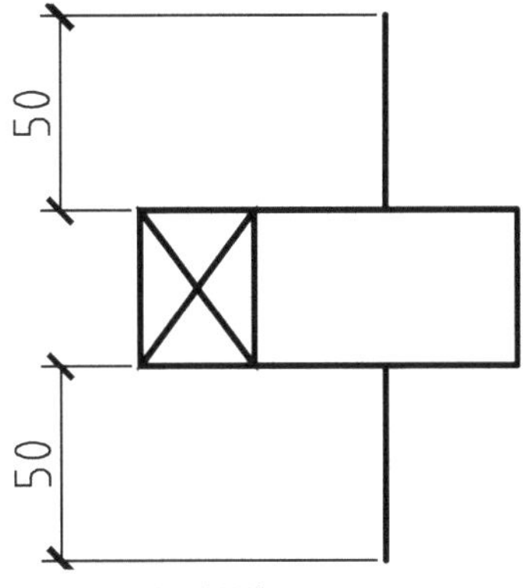

图 6-182 绘制连接线

6.6.2 多边形

正多边形是由3条或3条以上长度相等的线段首尾相接形成的闭合图形，其边数范围值在3～1024之间，图6-183所示为各种正多边形效果。

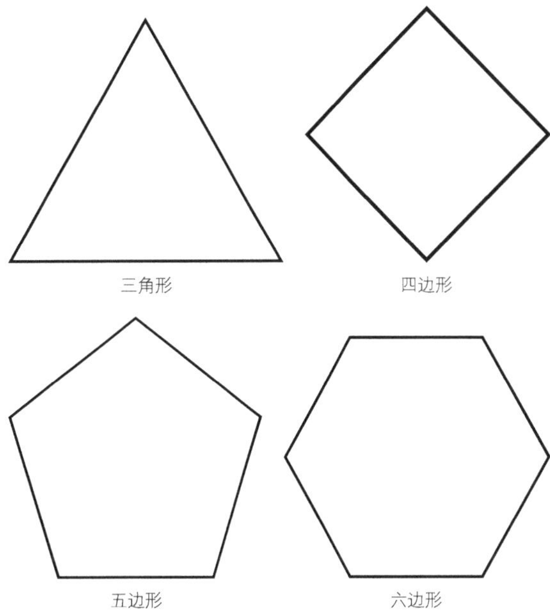

图 6-183 各种正多边形

•执行方式

启动【多边形】命令有以下3种方法。

◆功能区：在【默认】选项卡中，单击【绘图】面板中的【多边形】按钮。

◆菜单栏：选择【绘图】|【多边形】菜单命令。

◆命令行：输入“POLYGON”或“POL”命令。

•操作步骤

执行【多边形】命令后，命令行出现如下提示。

```
命令: polygon↙//执行【多边形】命令
输入侧面数 <4>://指定多边形的边数，默认状态为四边形
指定正多边形的中心点或 [边(E)]: //确定多边形的一条边来绘
```

```
制正多边形，由边数和边长确定
输入选项 [内接于圆(I)/外切于圆(C)] <I>: //选择正多边形的创建方式
指定圆的半径: //指定创建正多边形时的内接于圆或外切于圆的半径
```

•选项说明

执行【多边形】命令时，在命令行中共有 4 种绘制方法，各方法具体介绍如下。

◆中心点：通过指定正多边形中心点的方式来绘制正多边形，为默认方式，如图 6-184 所示。命令行操作如下。

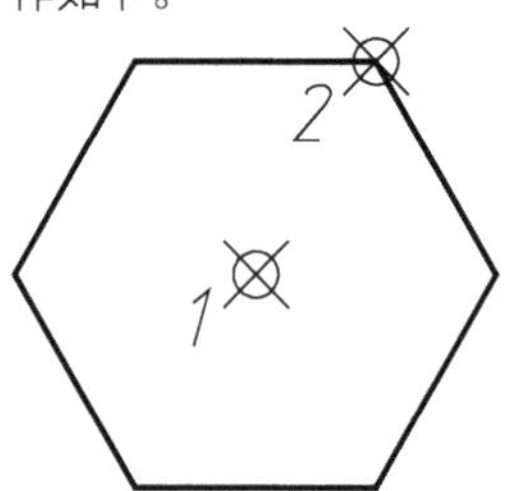

图 6-184　中心点绘制多边形

```
命令: _polygon
输入侧面数 <5>: 6//指定边数
指定正多边形的中心点或 [边(E)]://指定中心点1
输入选项 [内接于圆(I)/外切于圆(C)] <I>: //选择多边形创建方式
指定圆的半径: 100
//输入圆半径或指定端点2
```

◆"边（E）"：通过指定多边形边的方式来绘制正多边形。该方式将通过边的数量和长度确定正多边形，如图 6-185 所示。选择该方式后不可指定"内接于圆"或"外切于圆"选项。命令行操作如下。

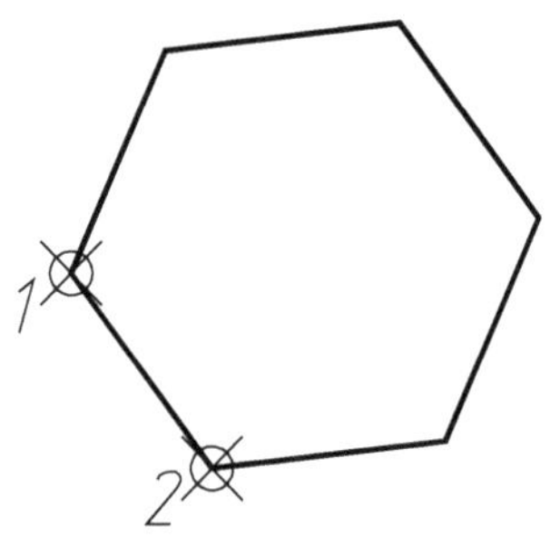

图 6-185　"边（E）"绘制多边形

```
命令: _polygon
输入侧面数 <5>: 6                //指定边数
指定正多边形的中心点或 [边(E)]: E//选择"边"选项
指定边的第一个端点://指定多边形某条边的端点1
指定边的第一个端点://指定多边形某条边的端点2
```

◆"内接于圆（I）"：该选项表示以指定正多边形内接圆半径的方式来绘制正多边形，如图 6-186 所示。命令行操作如下。

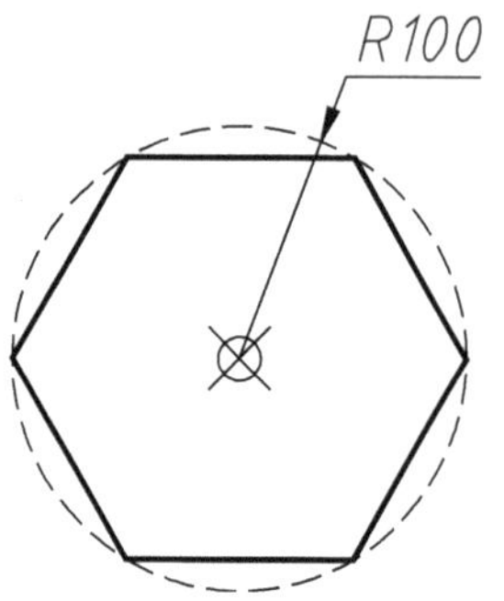

图 6-186　"内接于圆（I）"绘制多边形

```
命令: _polygon
输入侧面数 <5>: 6//指定边数
指定正多边形的中心点或 [边(E)]://指定中心点
输入选项 [内接于圆(I)/外切于圆(C)] <I>: //选择"内接于圆"方式
指定圆的半径: 100//输入圆半径
```

◆"外切于圆（C）"：内接于圆表示以指定正多边形内接圆半径的方式来绘制正多边形；外切于圆表示以指定正多边形外切圆半径的方式来绘制正多边形，如图 6-187 所示。命令行操作如下。

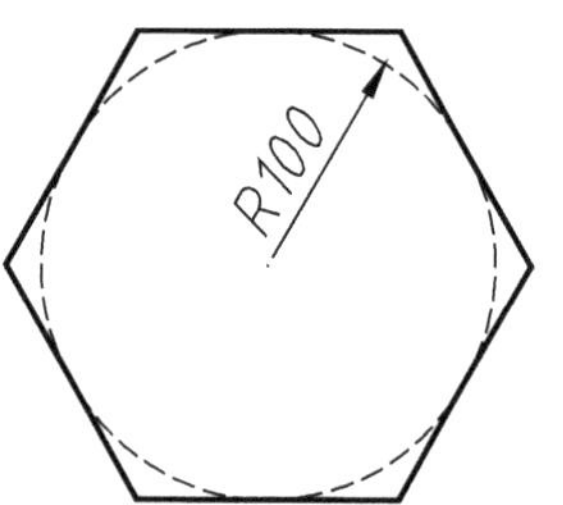

图 6-187　"外切于圆（C）"绘制多边形

```
命令: _polygon
输入侧面数 <5>: 6//指定边数
指定正多边形的中心点或 [边(E)]://指定中心点
输入选项 [内接于圆(I)/外切于圆(C)] <I>: C//选择"外切于圆"方式
指定圆的半径: 100//输入圆半径
```

练习 6-21 绘制推车式灭火器图例

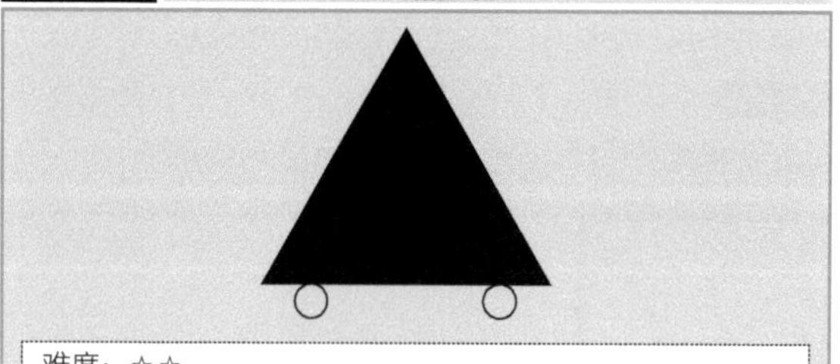

难度：☆☆	
素材文件路径：	无
效果文件路径：	素材/第6章/6-21绘制推车式灭火器图例-OK.dwg
视频文件路径：	视频/第6章/6-21绘制推车式灭火器图例.MP4
播放时长：	2分35秒

推车式灭火器一般指推车式干粉灭火器，如图 6-188 所示。其内部装有磷酸铵盐干粉灭火剂和氮气，适用于扑灭可燃固体、可燃液体、可燃气体与带电设备的初起火灾。广泛用于工厂、仓库、船舶、加油站、配电房、车辆等场所，是一种常见消防设施。其在设计图中的图例如图 6-189 所示。

图 6-188 推车式灭火器实物

图 6-189 推车式灭火器图例

Step 01 启动AutoCAD 2016，新建一空白文档。

Step 02 绘制正多边形。单击【绘图】面板中的【正多边形】按钮。选择绘制方式为内接于圆，输入内接圆的半径“200”，结果如图6-190所示。命令行操作如下。

```
命令: _polygon
输入侧面数 <4>: 3↙
指定正多边形的中心点或 [边(E)]://指定中心线交点为中心点
输入选项 [内接于圆(I)/外切于圆(C)] <C>: I↙//选择内接圆类型
指定圆的半径: 200↙//输入内接圆的半径，单击【Enter】键完成操作
```

Step 03 单击【默认】选项卡【实用工具】面板中的【点样式】按钮，设置点样式如图6-191所示。

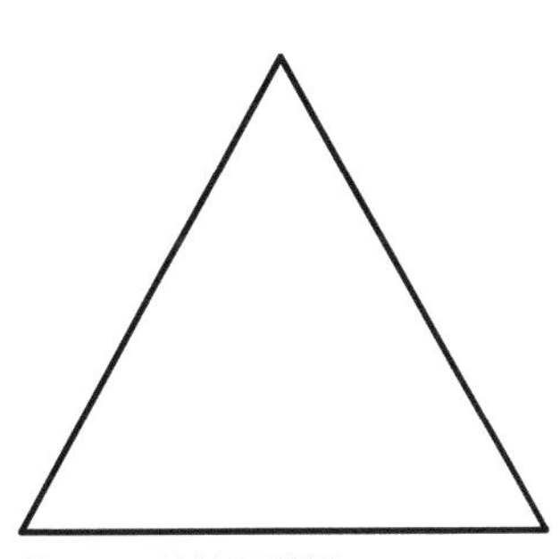

图 6-190 绘制正三边形

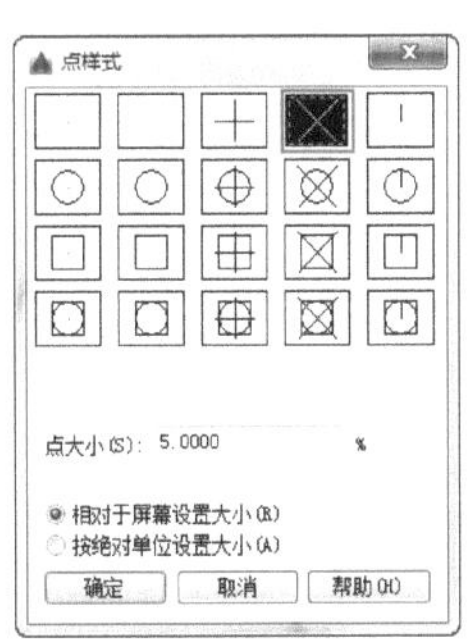

图 6-191 设置点样式

Step 04 单击【绘图】面板中的【定数等分】按钮，选择所绘制的正三边形为等分对象，输入等分段数“5”，效果如图6-192所示。

Step 05 在命令行中输入“C”，执行【圆】命令，在任意处绘制一半径为20的圆，然后将其移动至下方的等分点处，效果如图6-193所示。

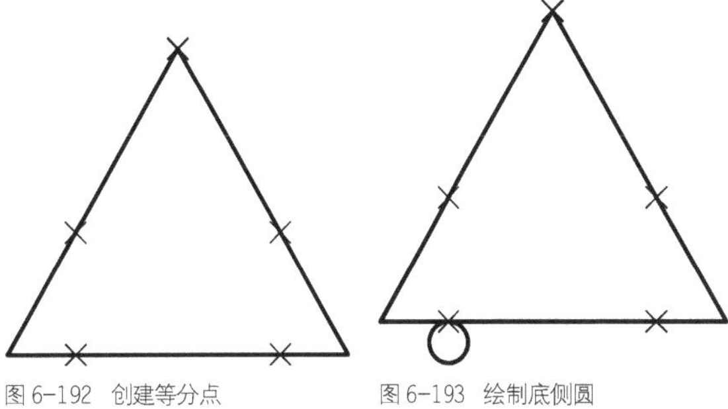

图 6-192 创建等分点　　图 6-193 绘制底侧圆

Step 06 按相同方法，创建另外一侧的小圆，如图6-194所示。

Step 07 删除所有辅助点，然后在命令行中输入“H”，对绘制的正三边形内部区域填充SOLID图案，将其填充为黑色实心，最终效果如图6-195所示。

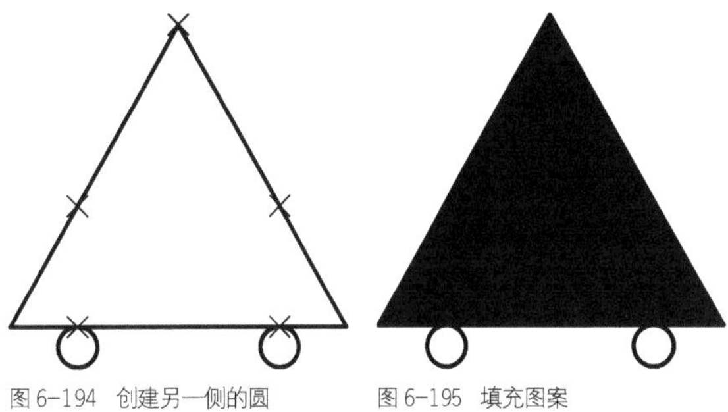

图 6-194 创建另一侧的圆　　图 6-195 填充图案

6.7 样条曲线

样条曲线是经过或接近一系列给定点的平滑曲线，它能够自由编辑，以及控制曲线与点的拟合程度。在园林、景观、机械等行业中应用较多，但对于水暖电绘图来说却极少使用，因此本节内容并不要求掌握。

6.7.1 绘制样条曲线 ★进阶★

在 AutoCAD 2016 中，样条曲线可分为“拟合点样条曲线”和“控制点样条曲线”两种，“拟合点样条曲线”的拟合点与曲线重合，如图 6-196 所示；“控制点样条曲线”是通过曲线外的控制点控制曲线的形状，如图 6-197 所示。

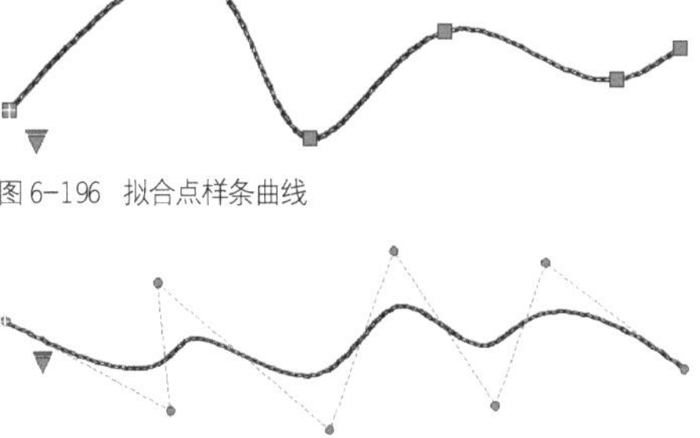

图 6-196 拟合点样条曲线

图 6-197 控制点样条曲线

•执行方式

调用【样条曲线】命令的方法如下。

◆功能区：单击【绘图】滑出面板上的【样条曲线拟合】按钮或【样条曲线控制点】按钮，如图6-198所示。

◆菜单栏：选择【绘图】|【样条曲线】命令，然后在子菜单中选择【拟合点】或【控制点】命令，如图6-199所示。

◆命令行：输入“SPLINE”或“SPL”命令。

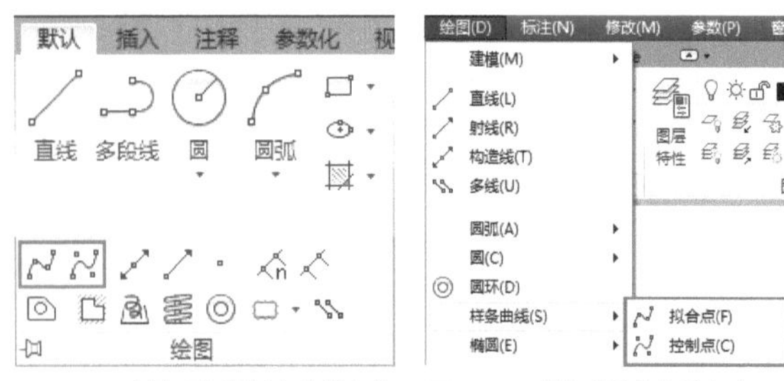

图6-198 【绘图】面板中的样条曲线按钮　图6-199 样条曲线的菜单命令

•操作步骤

执行【样条曲线拟合】命令时，命令行操如下。

```
命令: _spline//执行【样条曲线拟合】命令
当前设置: 方式=拟合 节点=弦 //显示当前样条曲线的设置
指定第一个点或 [方式(M)/节点(K)/对象(O)]: _M//系统自动选择
输入样条曲线创建方式 [拟合(F)/控制点(CV)] <拟合>: _FIT
//系统自动选择“拟合”方式
当前设置: 方式=拟合 节点=弦 //显示当前方式下的样条曲线设置
指定第一个点或 [方式(M)/节点(K)/对象(O)]://指定样条曲线起点或选择创建方式
输入下一个点或 [起点切向(T)/公差(L)]://指定样条曲线上的第2点
输入下一个点或 [端点相切(T)/公差(L)/放弃(U)/闭合(C)]:
//指定样条曲线上的第3点
//要创建样条曲线，最少需指定3个点
```

◆执行【样条曲线控制点】命令时，命令行操作介绍如下。

```
命令: _spline//执行【样条曲线控制点】命令
当前设置: 方式=控制点 阶数=3//显示当前样条曲线的设置
指定第一个点或 [方式(M)/阶数(D)/对象(O)]: _M//系统自动选择
输入样条曲线创建方式 [拟合(F)/控制点(CV)] <拟合>: _CV//系统自动选择“控制点”方式
当前设置: 方式=控制点 阶数=3//显示当前方式下的样条曲线设置
指定第一个点或 [方式(M)/阶数(D)/对象(O)]://指定样条曲线起点或选择创建方式
输入下一个点://指定样条曲线上的第2点
输入下一个点或 [闭合(C)/放弃(U)]://指定样条曲线上的第3点
```

•选项说明

虽然在AutoCAD 2016中，绘制样条曲线有【样条曲线拟合】和【样条曲线控制点】两种方式，但是操作过程却基本一致，只有少数选项有区别（“节点”与“阶数”），因此命令行中各选项统一介绍如下。

◆“拟合（F）”：即执行【样条曲线拟合】方式，通过指定样条曲线必须经过的拟合点来创建3阶（3次）B样条曲线。在公差值大于0（零）时，样条曲线必须在各个点的指定公差距离内。

◆“控制点（CV）”：即执行【样条曲线控制点】方式，通过指定控制点来创建样条曲线。使用此方法创建1阶（线性）、2阶（2次）、3阶（3次）直到最高为10阶的样条曲线。通过移动控制点调整样条曲线的形状通常可以提供比移动拟合点更好的效果。

◆“节点（K）”：指定节点参数化，是一种计算方法，用来确定样条曲线中连续拟合点之间的零部件曲线如何过渡。该选项下分3个子选项，即“弦（C）”“平方根”（S）和“统一（U）”，具体介绍请见本节的“初学解答：样条曲线的节点”。

◆“阶数（D）”：设置生成的样条曲线的多项式阶数。使用此选项可以创建1阶（线性）、2阶（二次）、3阶（3次）直到最高10阶的样条曲线。

◆“对象（O）”：执行该选项后，选择二维或三维的、2次或3次的多段线，可将其转换成等效的样条曲线，如图6-200所示。

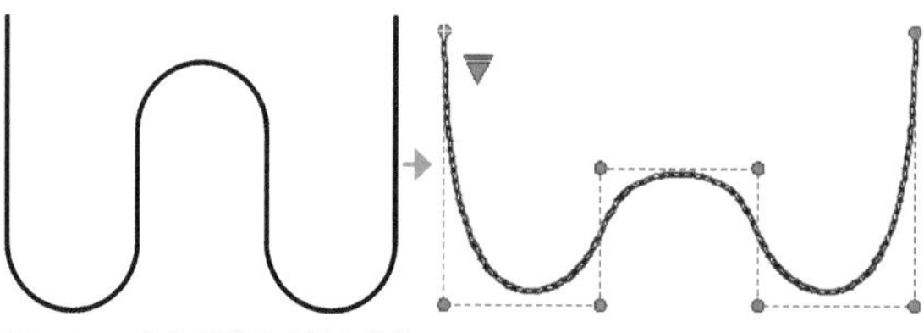

图6-200 将多段线转为样条曲线

> **操作技巧**
>
> 根据DELOBJ系统变量的设置，可设置保留或放弃原多段线。

•初学解答 样条曲线的节点

执行【样条曲线拟合】命令时，指定第一点之前命令行中会出现如下操作提示。

```
指定第一个点或 [方式(M)/节点(K)/对象(O)]:
```

如果选择“节点（K）”选项，则会出现如下提示，共3个子选项，分别介绍如下。

```
输入节点参数化 [弦(C)/平方根(S)/统一(U)] <弦>:
```

◆“弦（C）”：（弦长方法）均匀隔开连接每个部件曲线的节点，使每个关联的拟合点对之间的距离成正比，如图6-201中的实线所示。

◆“平方根（S）”：（向心方法）均匀隔开连接每个部件曲线的节点，使每个关联的拟合点对之间的距离的平方根成正比。此方法通常会产生更“柔和”的曲线，如图 6-201 中的虚线所示。

◆ “统一（U）”：（等间距分布方法）均匀隔开每个零部件曲线的节点，使其相等，而不管拟合点的间距如何。此方法通常可生成泛光化拟合点的曲线，如图 6-201 中的点画线所示。

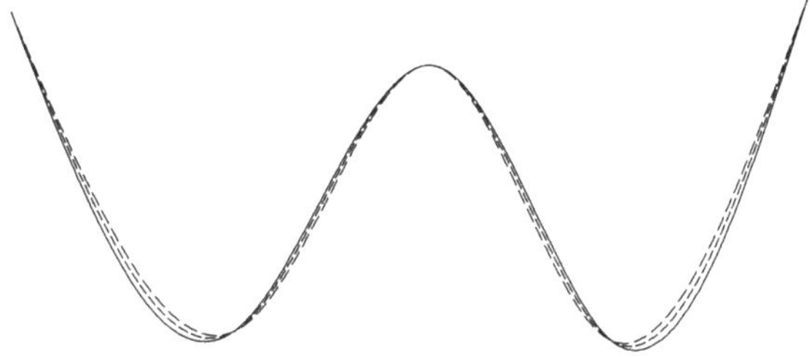

图 6-201 样条曲线中各节点选项效果

6.7.2 编辑样条曲线 ★进阶★

与【多线】一样，AutoCAD 2016 也提供了专门编辑【样条曲线】的工具。由【SPLINE】命令绘制的样条曲线具有许多特征，如数据点的数量及位置、端点特征性及切线方向等，用【SPLINEDIT】（编辑样条曲线）命令可以改变曲线的这些特征。

• 执行方式

要对样条曲线进行编辑，有以下 3 种方法。

◆ 功能区：在【默认】选项卡中，单击【修改】面板中的【编辑样条曲线】按钮，如图 6-201 所示。

◆ 菜单栏：选择【修改】|【对象】|【样条曲线】菜单命令，如图 6-203 所示。

◆ 命令行：输入“SPEDIT”命令。

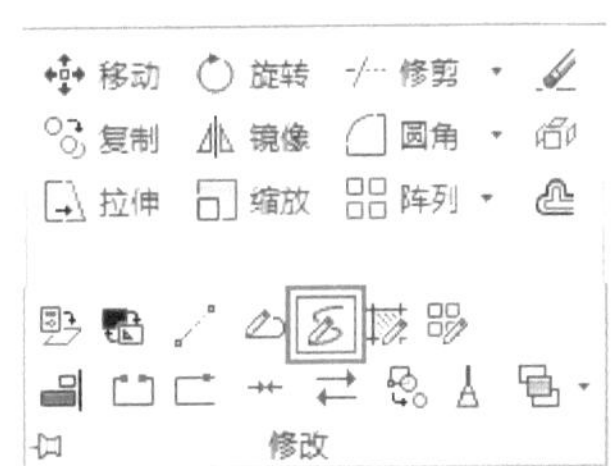

图 6-202 【绘图】面板中的样条曲线编辑按钮

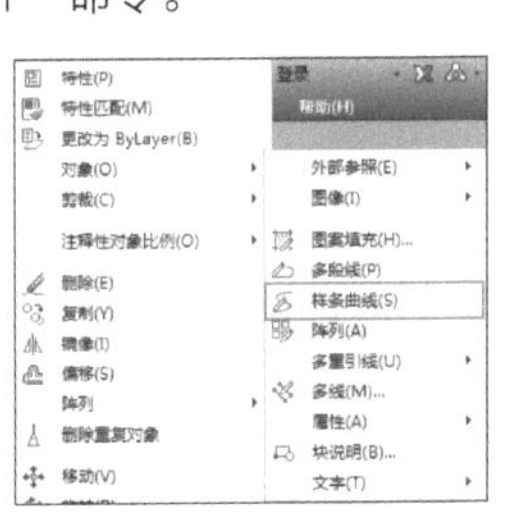

图 6-203 【菜单栏】调用【样条曲线】编辑命令

• 操作步骤

按上述方法执行【编辑样条曲线】命令后，选择要编辑的样条曲线，便会在命令行中出现如下提示。

输入选项[闭合(C)/合并(J)/拟合数据(F)/编辑顶点(E)/转换为多线段(P)/反转(R)/放弃(U)/退出(X)]:<退出>

• 选项说明

命令行中各选项的含义说明如下。

1 闭合（C）

用于闭合开放的样条曲线，执行此选项后，命令将自动变为【打开 (O)】，如果再执行【打开】命令又会切换回来，如图 6-204 所示。

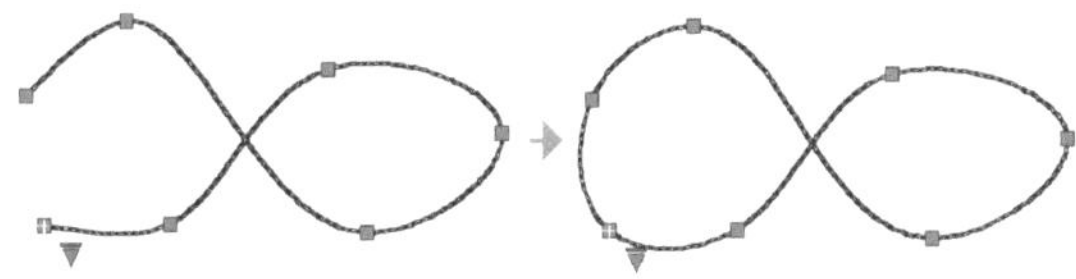

图 6-204 闭合的编辑效果

2 合并（J）

将选定的样条曲线与其他样条曲线、直线、多段线和圆弧在重合端点处合并，以形成一个较大的样条曲线。对象在连接点处使用扭折连接在一起（C0 连续性），如图 6-205 所示。

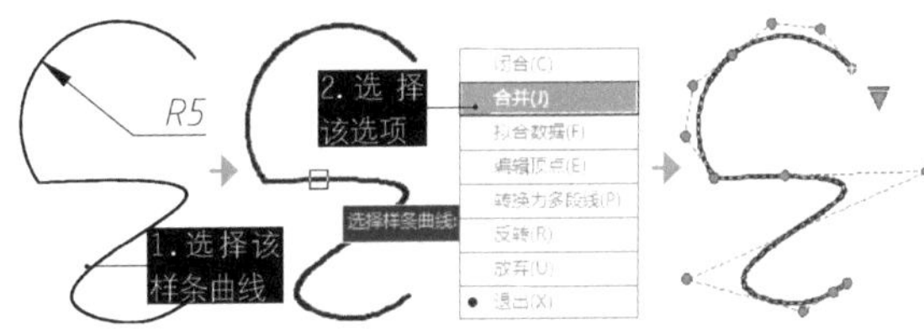

图 6-205 将其他图形合并至样条曲线

3 拟合数据（F）

用于编辑“拟合点样条曲线”的数据。拟合数据包括所有的拟合点、拟合公差及绘制样条曲线时与之相关联的切线。

选择该选项后，样条曲线上各控制点将会被激活，命令行提示如下。

输入拟合数据选项[添加(A)/闭合(C)/删除(D)/扭折(K)/移动(M)/清理(P)/切线(T)/公差(L)/退出(X)]:<退出>:

对应的选项表示各个拟合数据编辑工具，各选项的含义如下。

◆ “添加（A）”：为样条曲线添加新的控制点。选择一个拟合点后，请指定要以下一个拟合点（将自动亮显）方向添加到样条曲线的新拟合点；如果在开放的样条曲线上选择了最后一个拟合点，则新拟合点将添加到样条曲线的端点；如果在开放的样条曲线上选择第一个拟合点，则可以选择将新拟合点添加到第一个点之前或之后，效果如图 6-206 所示。

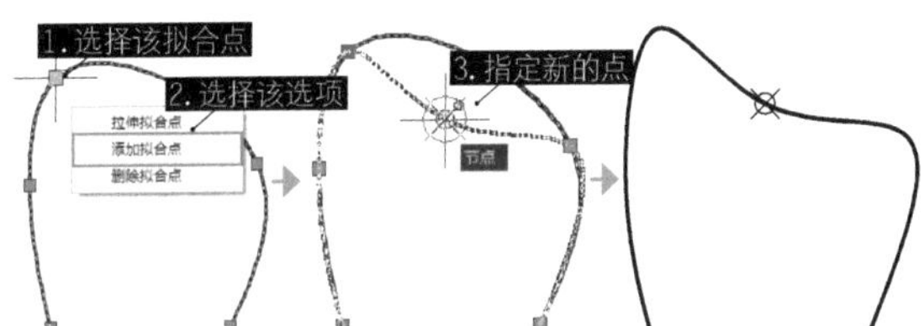

图 6-206 为样条曲线添加新的拟合点

◆ “闭合（C）”：用于闭合开放的样条曲线，效果同之前介绍的“闭合（C）”，如图6-204所示。

◆ “删除（D）”：用于删除样条曲线的拟合点，并重新用其余点拟合样条曲线，如图6-207所示。

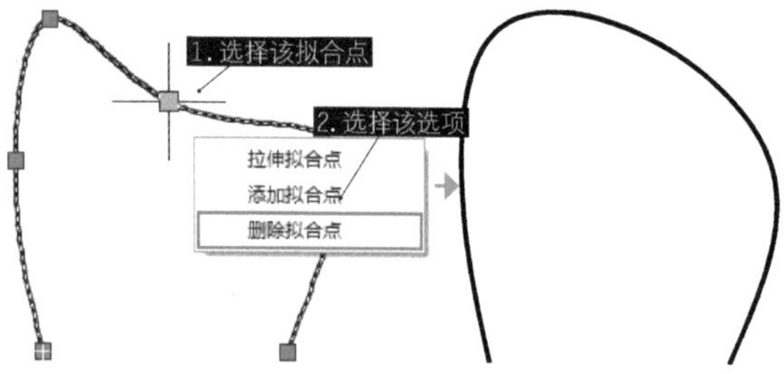

图6-207 删除样条曲线上的拟合点

◆ “扭折（K）”：凭空在样条曲线上的指定位置添加节点和拟合点，这不会保持在该点的相切或曲率连续性，效果如图6-208所示。

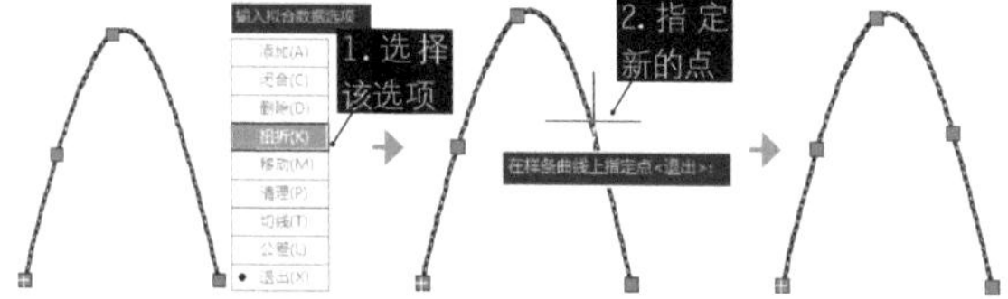

图6-208 在样条曲线上添加节点

◆ “移动（M）”：可以依次将拟合点移动到新位置。

◆ “清理（P）”：从图形数据库中删除样条曲线的拟合数据，将样条曲线从“拟合点”转换为“控制点”，如图6-209所示。

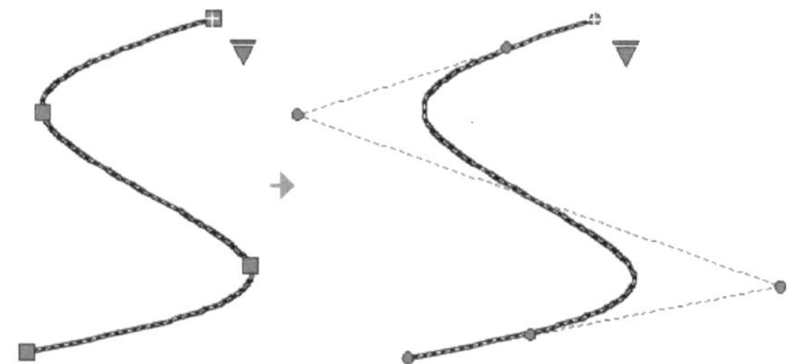
图6-209 将样条曲线从“拟合点”转换为“控制点”

◆ “切线（T）”：更改样条曲线的开始和结束切线。指定点以建立切线方向。可以使用对象捕捉，如垂直或平行，效果如图6-210所示。

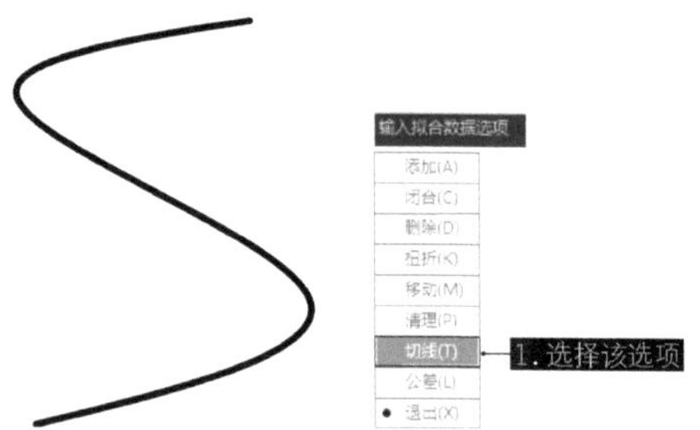

图6-210 修改样条曲线的切线方向

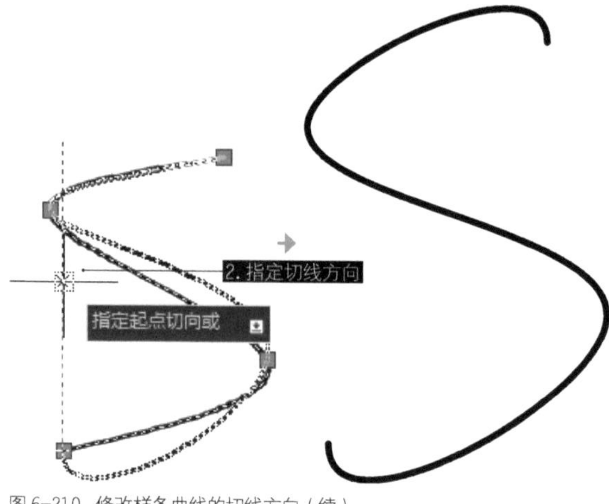

图6-210 修改样条曲线的切线方向（续）

◆ “公差（L）”：重新设置拟合公差的值。

◆ “退出（X）”：退出拟合数据编辑。

4 编辑顶点（E）

用于精密调整“控制点样条曲线”的顶点，选取该选项后，命令行提示如下。

```
输入顶点编辑选项 [添加(A)/删除(D)/提高阶数(E)/移动(M)/权值(W)/退出(X)] <退出>:
```

对应的选项表示编辑顶点的多个工具，各选项的含义如下。

◆ “添加（A）”：在位于两个现有的控制点之间的指定点处添加一个新控制点，如图6-210所示。

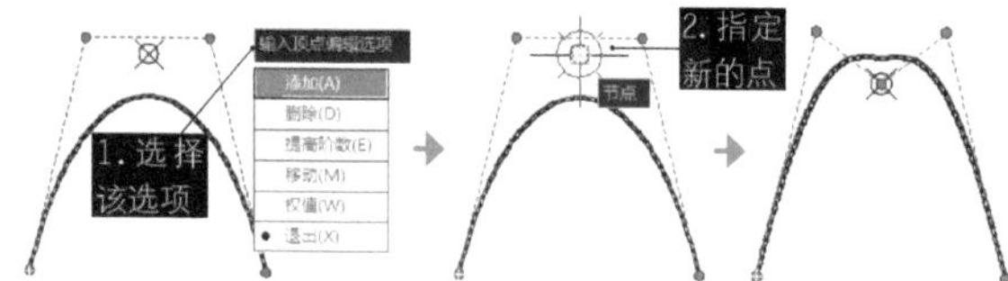

图6-211 在样条曲线上添加顶点

◆ “删除（D）”：删除样条曲线的顶点，如图6-212所示。

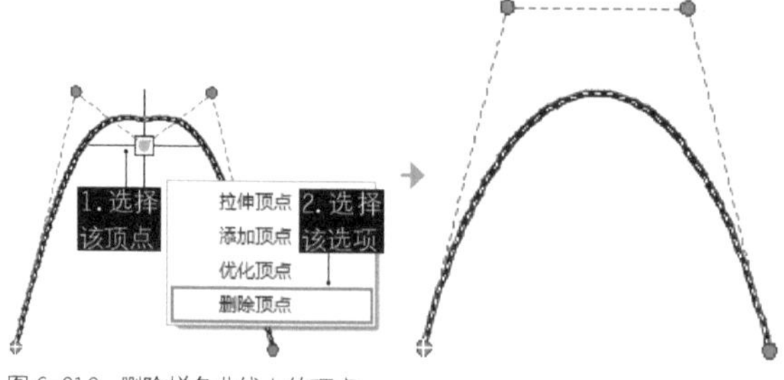

图6-212 删除样条曲线上的顶点

◆ “提高阶数（E）”：增大样条曲线的多项式阶数（阶数加1），阶数最高为26。这将增加整个样条曲线的控制点的数量，效果如图6-213所示。

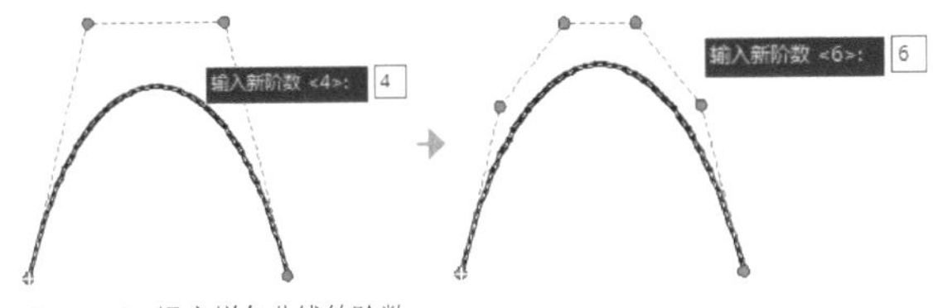

图 6-213 提高样条曲线的阶数

◆“移动（M）”：将样条曲线上的顶点移动到合适位置。

◆“权值（W）”：修改不同样条曲线控制点的权值，并根据指定控制点的新权值重新计算样条曲线。权值越大，样条曲线越接近控制点，如图 6-214 所示。

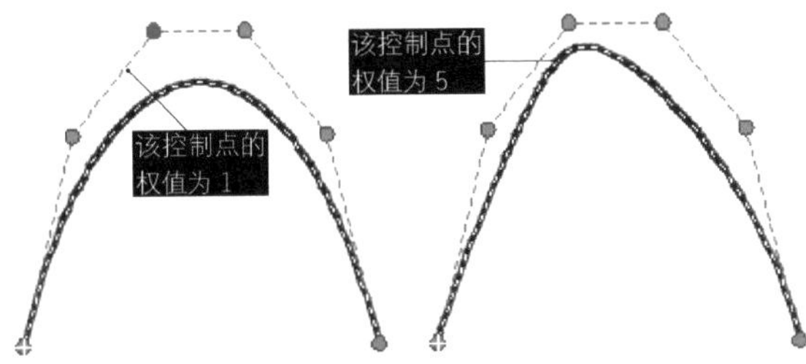

图 6-214 提高样条曲线控制点的权值

5 转换为多段线（P）

用于将样条曲线转换为多段线。精度值决定生成的多段线与样条曲线的接近程度，有效值为介于 0~99 之间的任意整数，但是较高的精度值会降低其性能。

6 反转（E）

可以反转样条曲线的方向。

6.8 其他绘图命令

AutoCAD 2016的功能较以往的版本要强大许多，因此绘图区的命令也更为丰富。除了上面介绍的传统绘图命令之外，还有【修订云线】、【徒手画】等命令。

6.8.1 修订云线 ★进阶★

修订云线是一类特殊的线条，它的形状类似于云朵，主要用于突出显示图纸中已修改的部分，在园林绘图中常用于绘制灌木，如图 6-215 所示。其组成参数包括多个控制点、最大弧长和最小弧长。

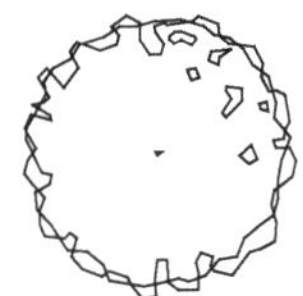

图 6-215 修订云线绘制的灌木

•执行方式

绘制修订云线的方法有以下几种。

◆功能区：单击【绘图】面板中的【矩形】按钮、【多边形】按钮、【徒手画】按钮，如图 6-216 所示。

◆菜单栏：【绘图】|【修订云线】菜单命令，如图 6-217 所示。

◆命令行：输入“REVCLOUD”命令。

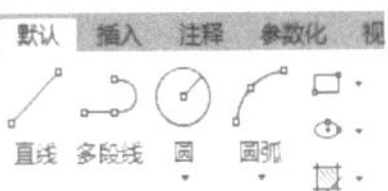

图 6-216 【绘图】面板中的修订云线

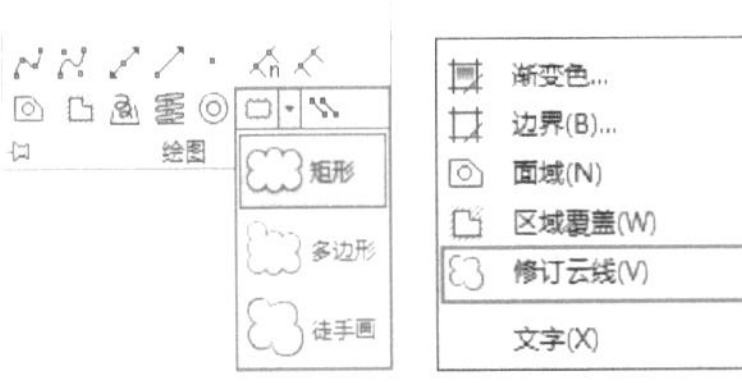

图 6-217 【菜单栏】调用【修订云线】命令

•操作步骤

使用任意方法执行该命令后，命令行都会在前几行出现如下提示。

```
命令: _revcloud//执行【修订云线】命令
最小弧长: 3  最大弧长: 5  样式: 普通  类型: 多边形
//显示当前修订云线的设置
指定起点或 [弧长(A)/对象(O)/矩形(R)/多边形(P)/徒手画(F)/样式(S)/修改(M)] <对象>: _F//选择修订云线的创建方法或修改设置
```

•选项说明

其各选项含义如下。

◆“弧长（A）”：指定修订云线的弧长，选择该选项后可指定最小与最大弧长，其中最大弧长不能超过最小弧长的 3 倍。

◆“对象（O）”：指定要转换为修订云线的单个闭合对象，如图 6-218 所示。

图 6-218 对象转换

◆“矩形（R）”：通过绘制矩形创建修订云线，如图 6-219 所示。命令行提示如下。

图 6-219 “矩形（R）”绘制修订云线

```
命令:_revcloud
最小弧长:3  最大弧长:5  样式:普通  类型:矩形
指定第一个角点或 [弧长(A)/对象(O)/矩形(R)/多边形(P)/徒手画(F)/样式(S)/修改(M)] <对象>:_R//选择“矩形”选项
指定第一个角点或 [弧长(A)/对象(O)/矩形(R)/多边形(P)/徒手画(F)/样式(S)/修改(M)] <对象>://指定矩形的一个角点1
指定对角点://指定矩形的对角点2
```

◆ “多边形(P)”：通过绘制多段线创建修订云线，如图6-220所示。命令行提示如下。

图6-220 “多边形(P)”绘制修订云线

```
命令:_revcloud
指定起点或 [弧长(A)/对象(O)/矩形(R)/多边形(P)/徒手画(F)/样式(S)/修改(M)] <对象>:_P//选择“多边形”选项
指定起点或 [弧长(A)/对象(O)/矩形(R)/多边形(P)/徒手画(F)/样式(S)/修改(M)] <对象>://指定多边形的起点1
指定下一点://指定多边形的第二点2
指定下一点或 [放弃(U)]://指定多边形的第三点3
指定下一点或 [放弃(U)]:
```

◆ “徒手画（F）”：通过绘制自由形状的多段线创建修订云线，如图6-221所示。命令行提示如下。

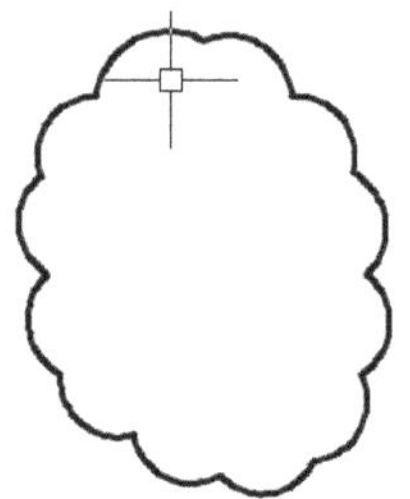
图6-221 “徒手画（F）”绘制修订云线

```
命令:_revcloud
指定起点或 [弧长(A)/对象(O)/矩形(R)/多边形(P)/徒手画(F)/样式(S)/修改(M)] <对象>:_F//选择“徒手画”选项
最小弧长:3  最大弧长:5  样式:普通  类型:徒手画
指定第一个点或 [弧长(A)/对象(O)/矩形(R)/多边形(P)/徒手画(F)/样式(S)/修改(M)] <对象>://指定多边形的起点
沿云线路径引导十字光标...指定下一点或 [放弃(U)]:
```

操作技巧

在绘制修订云线时，若不希望它自动闭合，可在绘制过程中将鼠标移动到合适的位置后，单击鼠标右键来结束修订云线的绘制。

◆ “样式（S）”：用于选择修订云线的样式，选择该选项后，命令提示行将出现“选择圆弧样式 [普通(N)/(C)]< 普通 >：”的提示信息，默认为【普通】选项，如图6-222所示。

◆ “修改（M）”：对绘制的云线进行修改。

普通

手绘

图6-222 样式效果

6.8.2 徒手画 ★进阶★

使用【徒手画】（sketch）命令可以通过模仿手绘效果创建一系列独立的线段或多段线。这种绘图方式通常适用于签名、绘制自由轮廓等不规则图形的绘制，如图6-223所示。

图6-223 徒手画效果

•执行方式

在AutoCAD 2016的初始设置中，只有从命令行中输入“Sketch”才能启用【徒手画】命令。

•操作步骤

执行【徒手画】命令后，移动光标即可绘制。命令行提示如下。

```
命令:SKETCH//执行【徒手画】命令
类型 = 直线  增量 = 1.0000  公差 = 0.5000 //当前徒手画的参数设置
指定草图或 [类型(T)/增量(I)/公差(L)]://移动光标进行绘制
```

•选项说明

在移动光标绘制之前，可以选择命令行中提供的3个子选项调整有关设置，各子选项含义如下。

◆ “类型（T）”：指定绘制徒手画的方式。其中包括“直线（L）”“多段线（P）”“样条曲线（S）”，效果如图6-224所示。

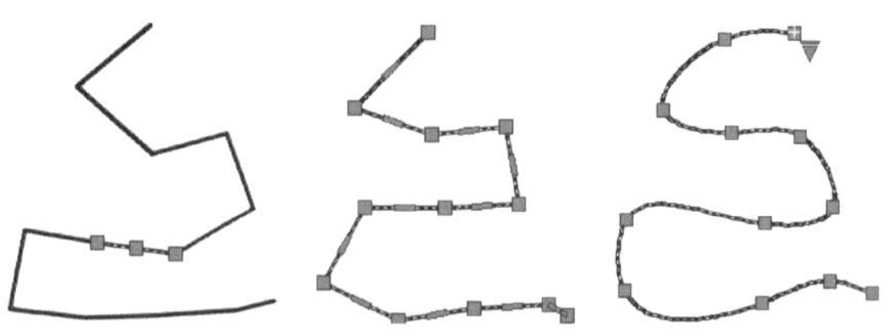

图6-224 各种徒手画圆形

◆ “增量（I）”：指定草图增量，确定的线段长度可作为徒手画的增量精度，即自动生成线段的最小长度。

◆ “公差（L）”：指定样条曲线拟合公差。

6.9 图案填充

使用 AutoCAD 的图案填充功能，可以很方便的进行图案填充，以区别不同形体的各个组成部分。

6.9.1 图案填充的使用

在图案填充过程中，用户可以根据实际需求选择不同的填充样式，也可以对已填充的图案进行编辑。

• 执行方式

执行【图案填充】命令的方法有以下常用 3 种。

◆功能区：在【默认】选项卡中，单击【绘图】面板中的【图案填充】按钮，如图 6-225 所示。

◆菜单栏：选择【绘图】|【图案填充】菜单命令，如图 6-226 所示。

◆命令行：输入“BHATCH”“CH”.“H”命令。

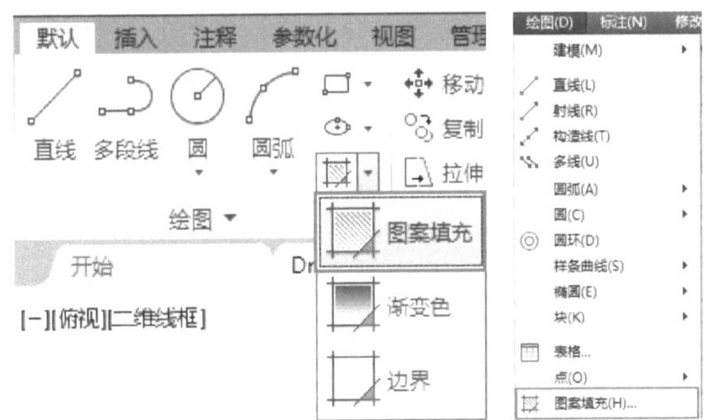

图 6-225 【修改】面板中的【图案填充】按钮

图 6-226 【图案填充】菜单命令

• 操作步骤

在 AutoCAD 中执行【图案填充】命令后，将显示【图案填充创建】选项卡，如图 6-227 所示。选择所选的填充图案，在要填充的区域中单击，生成效果预览，然后于空白处单击或单击【关闭】面板上的【关闭图案填充】按钮即可创建。

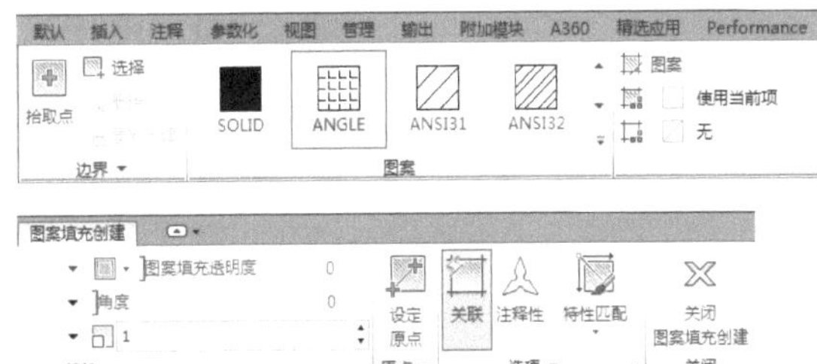

图 6-227 【图案填充创建】选项卡

• 选项说明

该选项卡由【边界】、【图案】、【特性】、【原点】、【选项】和【关闭】6 个面板组成，分别介绍如下。

◎【边界】面板

图 6-228 所示为展开【边界】面板中隐藏的选项，其面板中各选项的含义。

◆【拾取点】：单击此按钮，然后在填充区域中单击一点，AutoCAD 自动分析边界集，并从中确定包围该店的闭合边界。

◆【选择】：单击此按钮，然后根据封闭区域选择对象确定边界。可通过选择封闭对象的方法确定填充边界，但并不自动检测内部对象，如图 6-229 所示。

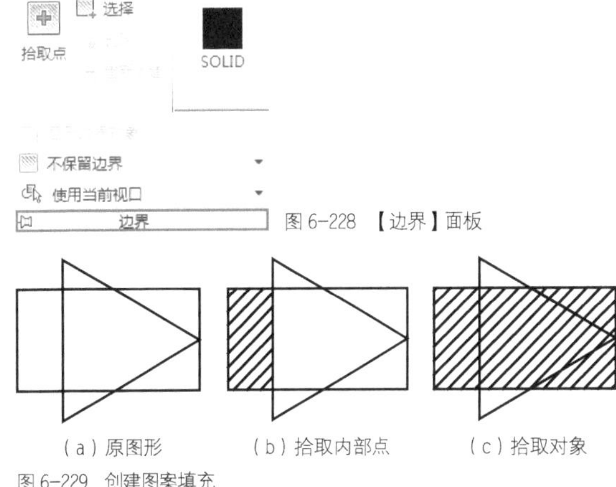

图 6-228 【边界】面板

（a）原图形　（b）拾取内部点　（c）拾取对象

图 6-229 创建图案填充

◆【删除】：用于取消边界，边界即为在一个大的封闭区域内存在的一个独立的小区域。

◆【重新创建】：编辑填充图案时，可利用此按钮生成与图案边界相同的多段线或面域。

◆【显示边界对象】：单击按钮，AutoCAD 显示当前的填充边界。使用显示的夹点可修改图案填充边界。

◆【保留边界对象】：创建图案填充时，创建多段线或面域作为图案填充的边缘，并将图案填充对象与其关联。单击下拉按钮，在下拉列表中包括【不保留边界】、【保留边界：多段线】、【保留边界：面域】。

◆【选择新边界集】：指定对象的有限集（称为边界集），以便由图案填充的拾取点进行评估。单击下拉按钮，在下拉列表中展开【使用当前视口】选项，根据当前视口范围中的所有对象定义边界集，选择此选项将放弃当前的任何边界集。

◎【图案】面板

显示所有预定义和自定义图案的预览图案。单击右侧的按钮可展开【图案】面板，拖动滚动条选择所需的填充图案，如图 6-230 所示。

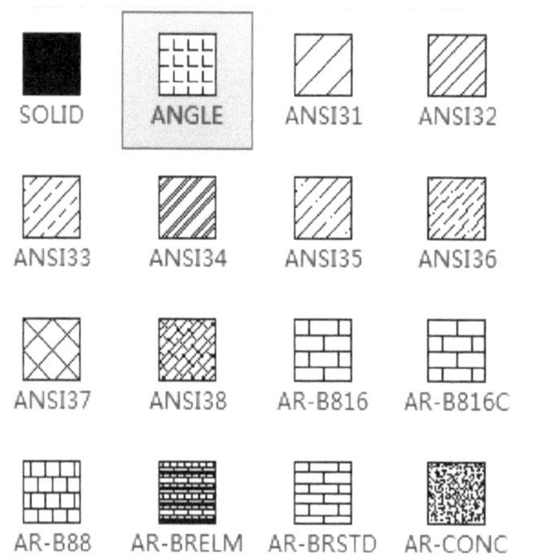

图 6-230 【图案】面板

【特性】面板

图6-231所示为展开的【特性】面板中的隐藏选项，其各选项含义如下。

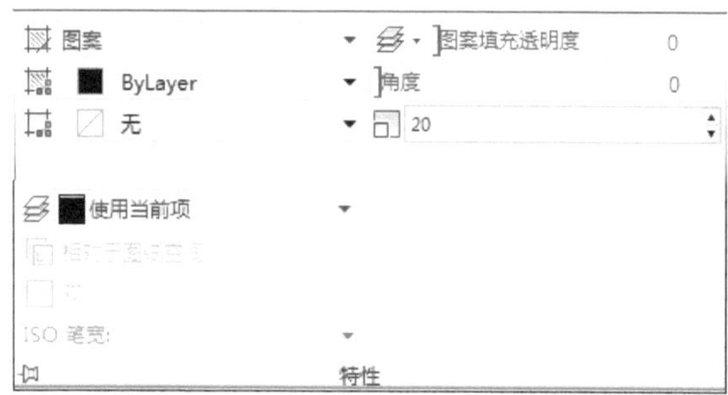

图 6-231 【特性】面板

◆【图案】：单击下拉按钮，在下拉列表中包括【实体】、【图案】、【渐变色】、【用户定义】4个选项。若选择【图案】选项，则使用AutoCAD预定义的图案，这些图案保存在“acad.pat”和“acadiso.pat”文件中。若选择【用户定义】选项，则采用用户定制的图案，这些图案保存在“.pat”类型文件中。

◆【颜色】（图案填充颜色）/（背景色）：单击下拉按钮，在弹出的下拉列表中选择需要的图案颜色和背景颜色，默认状态下为无背景颜色，如图6-232与图6-233所示。

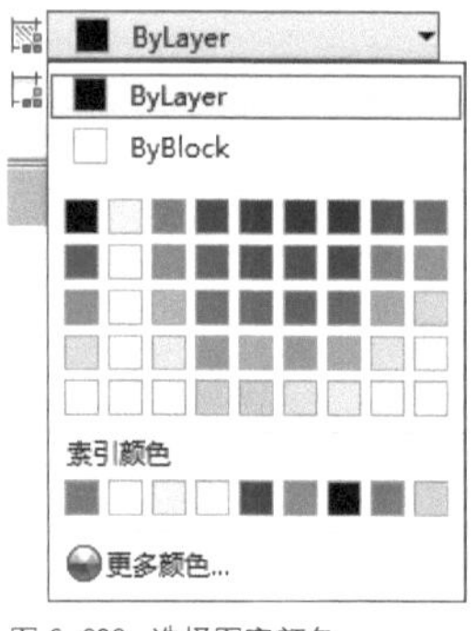

图 6-232 选择图案颜色

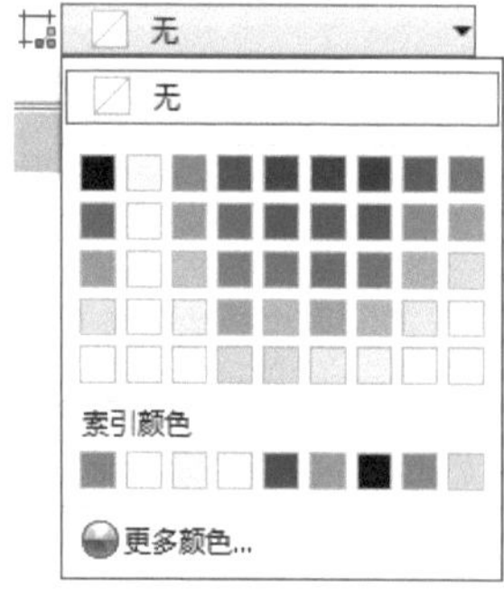

图 6-233 选择背景颜色

◆【图案填充透明度】图案填充透明度：通过拖动滑块，可以设置填充图案的透明度，如图6-234所示。设置完透明度之后，需要单击状态栏中的【显示/隐藏透明度】按钮，透明度才能显示出来。

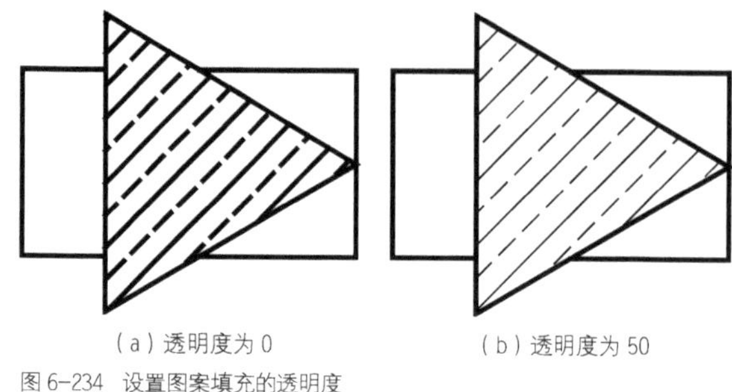

（a）透明度为 0　　（b）透明度为 50

图 6-234 设置图案填充的透明度

◆【角度】角度　2：通过拖动滑块，可以设置图案的填充角度，如图6-235所示。

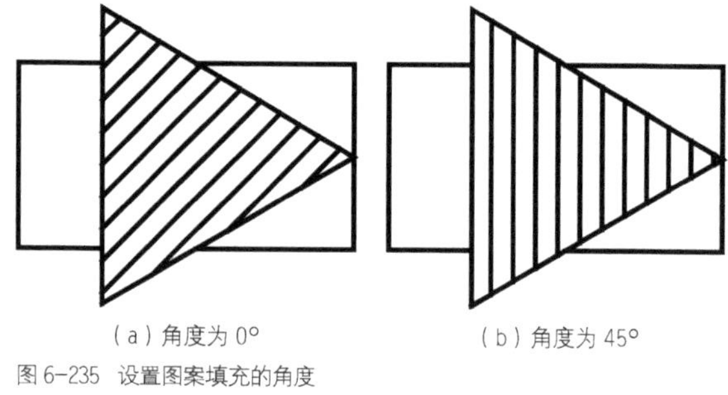

（a）角度为 0°　　（b）角度为 45°

图 6-235 设置图案填充的角度

◆【比例】1：通过在文本框中输入比例值，可以设置缩放图案的比例，如图6-236所示。

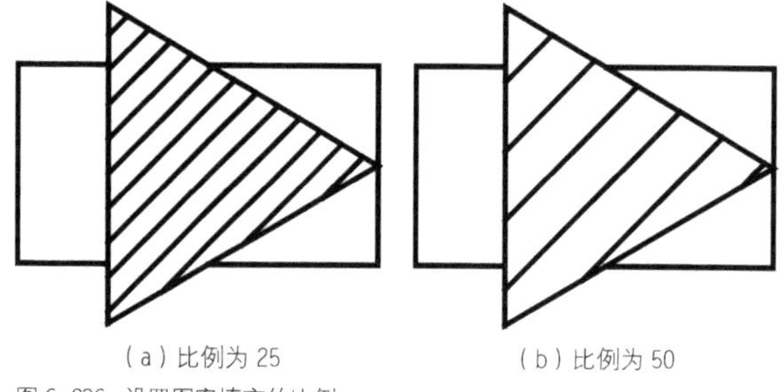

（a）比例为 25　　（b）比例为 50

图 6-236 设置图案填充的比例

◆【图层】：在右方的下拉列表中可以指定图案填充所在的图层。

◆【相对于图纸空间】：适用于布局。用于设置相对于布局空间单位缩放图案。

◆【双】：只有在【用户定义】选项时才可用。用于将绘制两组相互呈90°的直线填充图案，从而构成交叉线填充图案。

◆【ISO笔宽】：设置基于选定笔宽缩放ISO预定义图案。只有图案设置为ISO图案的一种时才可用。

【原点】面板

图 6-237 所示是【原点】展开隐藏的面板选项，指定原点的位置有【左下】、【右下】、【左上】、【右上】、【中心】、【使用当前原点】6 种方式。

◆【设定原点】：指定新的图案填充原点，如图 6-238 所示。

图 6-237 【原点】面板

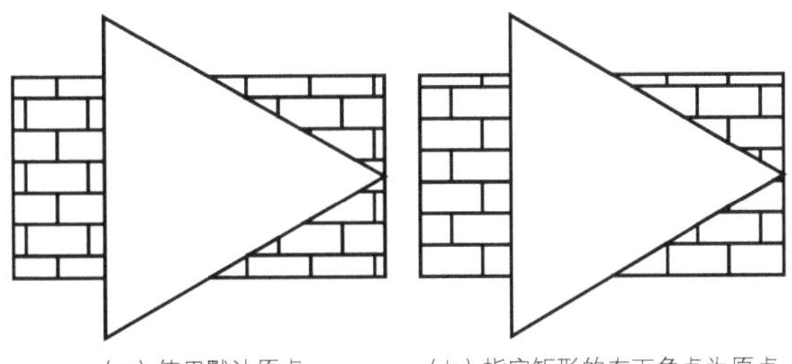

（a）使用默认原点 （b）指定矩形的左下角点为原点

图 6-238 设置图案填充的原点

【选项】面板

图6-239所示为展开的【选项】面板中的隐藏选项，其各选项含义如下。

图 6-239 【原点】面板

◆【关联】：控制当用户修改当期图案时是否自动更新图案填充。

◆【注释性】：指定图案填充为可注释特性。单击信息图标以了解有关注释性对象的更多信息。

◆【特性匹配】：使用选定图案填充对象的特性设置图案填充的特性，图案填充原点除外。单击下拉按钮，在下拉列表中包括【使用当前原点】和【使用原图案原点】。

◆【允许的间隙】：指定要在几何对象之间桥接最大的间隙，这些对象经过延伸后将闭合边界。

◆【创建独立的图案填充】：一次在多个闭合边界创建的填充图案是各自独立的。选择时，这些图案是单一对象。

◆【孤岛】：在闭合区域内的另一个闭合区域。单击下拉按钮，在下拉列表中包含【无孤岛检测】、【普通孤岛检测】、【外部孤岛检测】和【忽略孤岛检测】，如图 6-240 所示。其中各选项的含义如下。

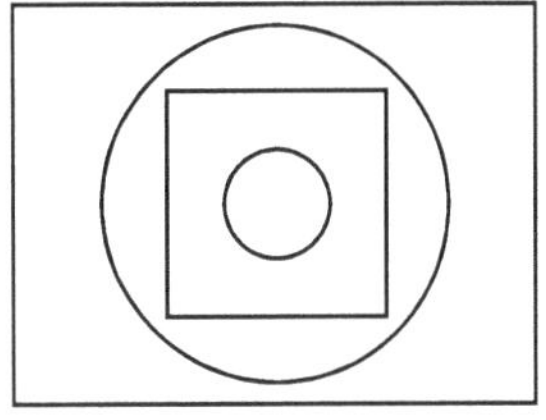

（a）无填充 （b）普通填充方式

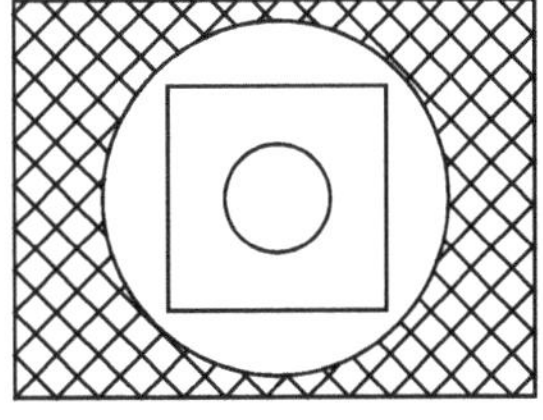

（c）外部填充方式 （d）忽略填充方式

图 6-240 孤岛的 3 种显示方式

● 无孤岛检测：关闭以使用传统孤岛检测方法。

● 普通孤岛检测：从外部边界向内填充，即第一层填充，第二层不填充。

● 外部孤岛检测：从外部边界向内填充，即只填充从最外边界向内第一边界之间的区域。

● 忽略孤岛检测：忽略最外层边界包含的其他任何边界，从最外层边界向内填充全部图形。

◆【绘图次序】：指定图案填充的创建顺序。单击下拉按钮，在下拉列表中包括【不指定】、【后置】、【前置】、【置于边界之后】、【置于边界之前】。默认情况下，图案填充绘制次序是置于边界之后。

◆【图案填充和渐变色】对话框：单击【选项】面板上的按钮，打开【图案填充与渐变色】对话框，如图 6-241 所示。其中的选项与【图案填充创建】选项卡中的选项基本相同。

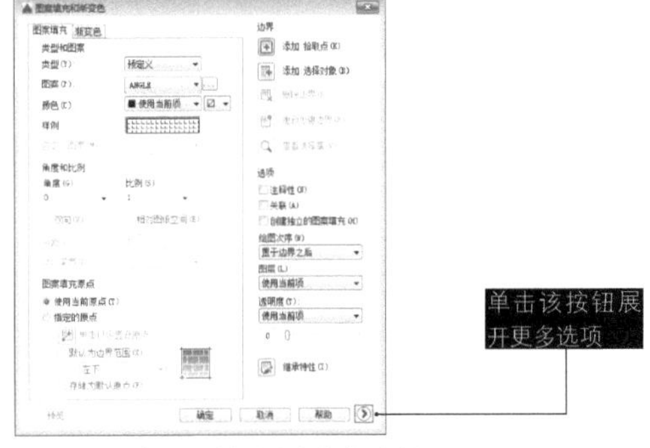

图 6-241 【图案填充和渐变色】对话框

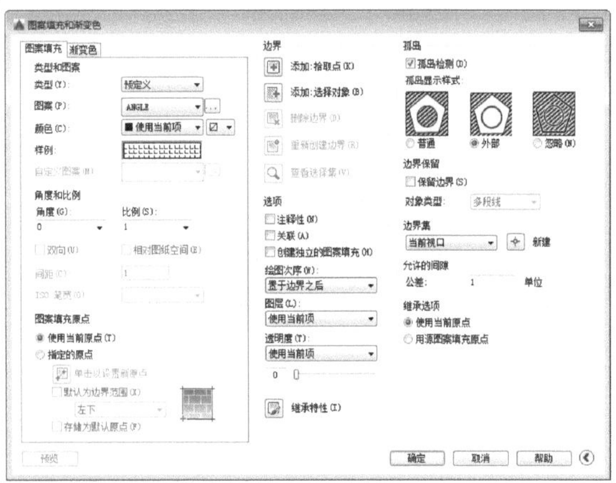

图 6-241 【图案填充和渐变色】对话框（续）

◎【关闭】面板

单击面板上的【关闭图案填充创建】按钮，可退出图案填充。也可按【Esc】键代替此按钮操作。

在弹出【图案填充创建】选项卡之后，再在命令行中输入“T”，即可进入设置界面，即打开【图案填充和渐变色】对话框。单击该对话框右下角的【更多选项】按钮⊙，展开如图 6-241 所示的对话框，显示出更多选项。对话框中的选项含义与【图案填充创建】选项卡基本相同，不再赘述。

练习 6-22 填充供热系统大样图

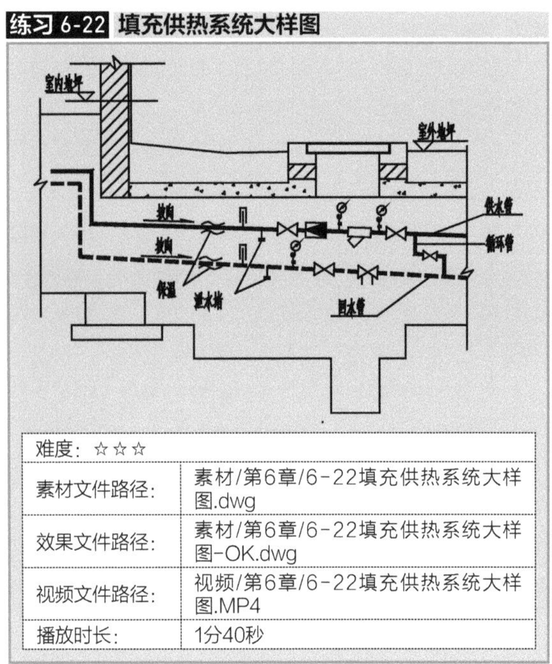

难度：☆☆☆	
素材文件路径：	素材/第6章/6-22填充供热系统大样图.dwg
效果文件路径：	素材/第6章/6-22填充供热系统大样图-OK.dwg
视频文件路径：	视频/第6章/6-22填充供热系统大样图.MP4
播放时长：	1分40秒

在整体图中不便表达清楚时，可移出另画大样图，因此大样图表现的对象多是某一特定区域进行特殊性放大标注，且较为详细的表示出来，所以需要对图形中的部分区域进行填充以示区别。

Step 01 打开“第6章/6-22填充供热系统大样图.dwg”素材文件，如图6-242所示。

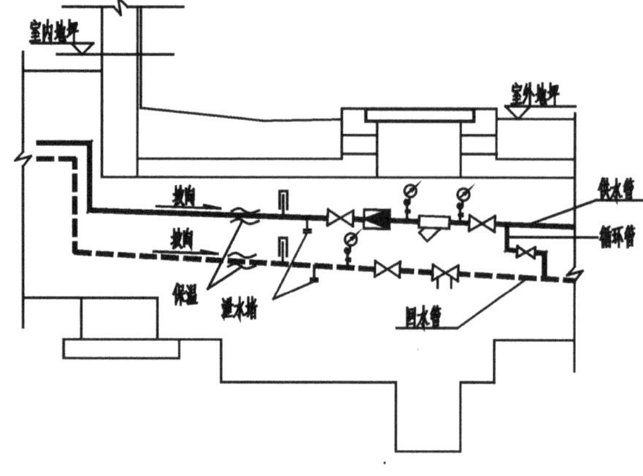

图 6-242 素材文件

Step 02 填充墙体结构图案。在命令行中输入“H”（图案填充）命令并按【Enter】键，系统在面板上弹出【图案填充创建】选项卡，在【图案】面板中设置【ANSI31】，【特性】面板中设置【填充图案颜色】为“蓝”，【填充图案比例】为80，如图6-242所示。

图 6-243 【图案填充创建】选项卡

Step 03 设置完成后，拾取墙体为内部拾取点填充，按空格键退出，填充效果如图6-243所示。

Step 04 继续填充水泥地面图案。按空格键再次调用【图案填充】命令，选择【图案】为【AR-CONC】，【填充图案颜色】为Bylayer，【填充图案比例】为3，填充效果如图6-245所示。

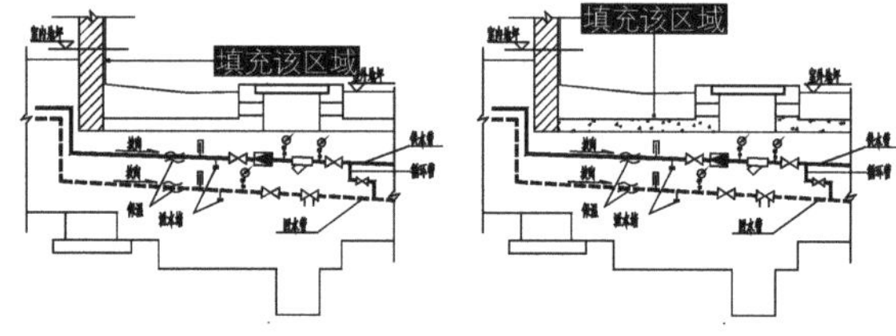

图 6-244 填充墙体截面　　图 6-245 填充地面水泥

Step 05 按空格键再次调用【图案填充】命令，选择【图案】为【ANSI31】，【填充图案颜色】为“蓝”，【填充图案比例】为80，填充效果如图6-246所示。

Step 06 按空格键再次调用【图案填充】命令，选择【图案】为【AR-SAND】，【填充图案颜色】为8，【填充图案比例】为5，填充效果如图6-247所示。

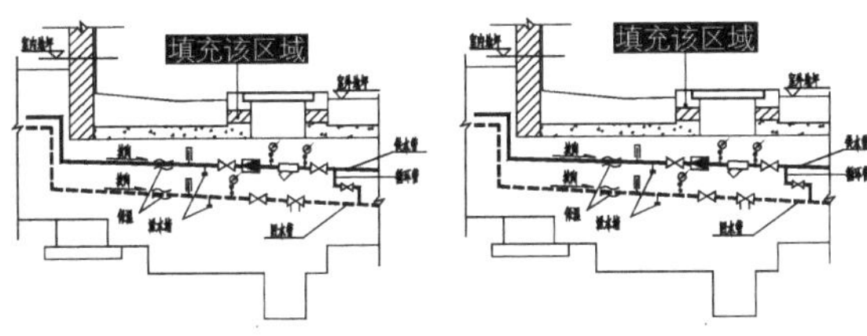

图 6-246 填充墙体截面　　图 6-247 填充其他区域

·初学解答 图案填充找不到范围

在使用【图案填充】命令时常常碰到找不到线段封闭范围的情况，尤其是文件本身比较大的时候。此时可以采用【Layiso】（图层隔离）命令让欲填充的范围线所在的层“孤立”或“冻结”，再用【图案填充】命令就可以快速找到所需填充范围。

·熟能生巧 对象不封闭时进行填充

如果图形不封闭，就会出现这种情况，弹出“边界定义错误”对话框，如图 6-248 所示；而且在图纸中会用小圆圈（红色）标示出没有封闭的区域，如图 6-249 所示。

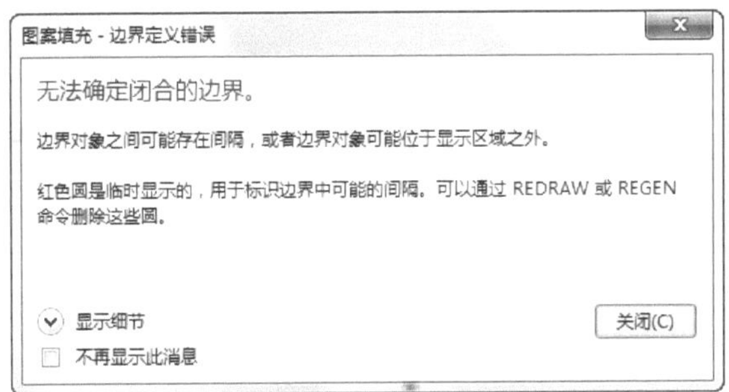

图 6-248 “边界定义错误”对话框

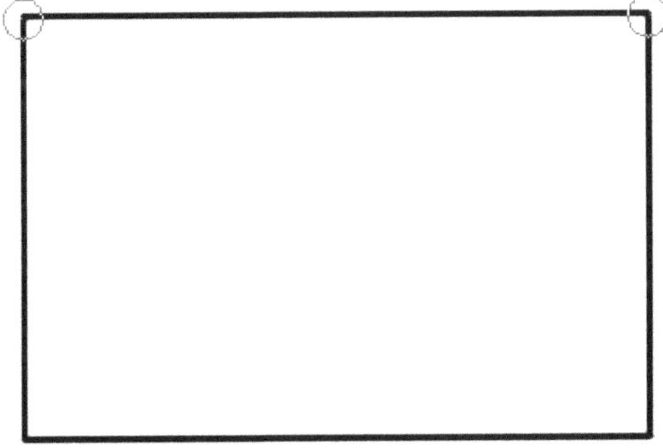

图 6-249 小圆圈圈出未封闭区域

这时可以在命令行中输入“Hpgaptol”，即可输入一个新的数值，用以指定图案填充时可忽略的最小间隙，小于输入数值的间隙都不会影响填充效果，结果如图 6-250 所示。

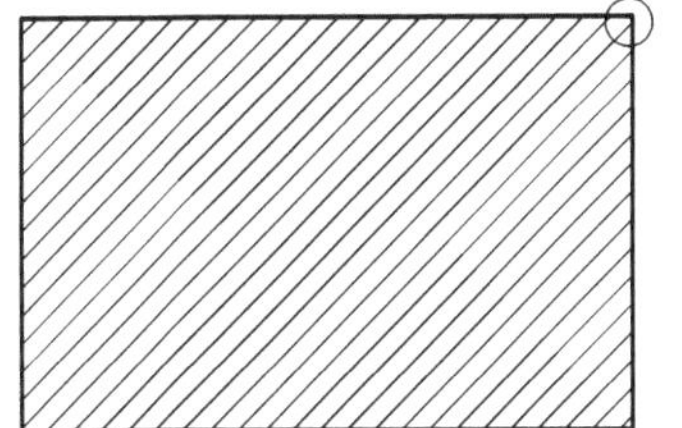

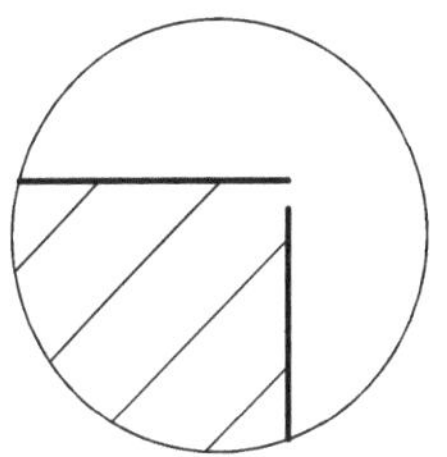

图 6-250 忽略微小间隙进行填充

·精益求精 创建无边界的图案填充

在 AutoCAD 中创建填充图案最常用方法是选择一个封闭的图形或在一个封闭的图形区域中拾取一个点。创建填充图案时，我们通常都是输入“HATCH”或“H”快捷键，打开【图案填充创建】选项卡进行填充的。

但是在【图案填充创建】选项卡中是无法创建无边界填充图案的，它要求填充区域是封闭的。有的用户会想到创建填充后删除边界线或隐藏边界线的显示来达成效果，显然这样做是可行的，不过有一种更正规的方法，下面通过一个例子来进行说明。

练习 6-23 创建无边界的填充

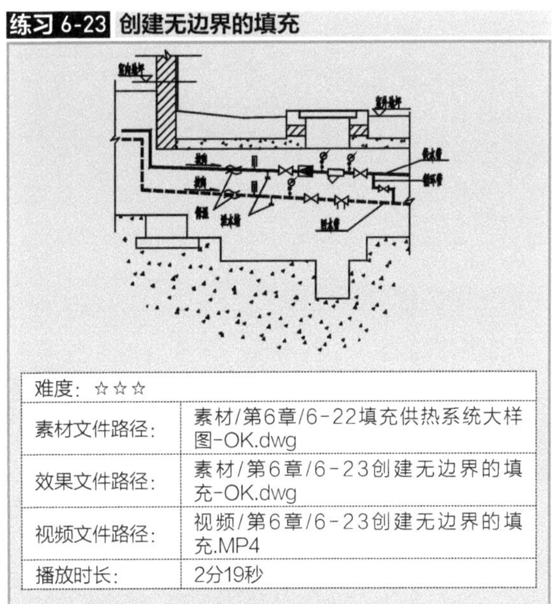

难度：☆☆☆	
素材文件路径：	素材/第6章/6-22填充供热系统大样图-OK.dwg
效果文件路径：	素材/第6章/6-23创建无边界的填充-OK.dwg
视频文件路径：	视频/第6章/6-23创建无边界的填充.MP4
播放时长：	2分19秒

延续【练习 6-22】进行操作。由于素材为一幅供热系统的入口大样图，因此会有室外地坪和地基的剖视图。地基由于可以视作无限的大地，因此一般不绘制边界。这时如果要进行填充，就可以利用前文所述的无边界创建方法。

Step 01 延续【练习6-22】进行操作，也可以打开“第6章/6-22填充供热系统大样图-OK.dwg”素材文件。

Step 02 在命令行中输入“-HATCH”命令并按【Enter】键，执行完整的【图案填充】命令，命令行操作提示如下。

命令: -hatch//执行完整的【图案填充】命令
当前填充图案: SOLID//当前的填充图案
指定内部点或 [特性(P)/选择对象(S)/绘图边界(W)/删除边界(B)/高级(A)/绘图次序(DR)/原点(O)/注释性(AN)/图案填充颜色(CO)/图层(LA)/透明度(T)]: P↙//选择“特性”命令
输入图案名称或 [?/实体(S)/用户定义(U)/渐变色(G)]: AR-CONC↙//输入混凝土填充的名称
指定图案缩放比例 <1.0000>:3↙ //输入填充的缩放比例
指定图案角度 <0>: 0↙//输入填充的角度
当前填充图案: AR-CONC
指定内部点或 [特性(P)/选择对象(S)/绘图边界(W)/删除边界(B)/高级(A)/绘图次序(DR)/原点(O)/注释性(AN)/图案填充颜色(CO)/图层(LA)/透明度(T)]: W↙//选择“绘图编辑”命令，手动绘制边界

Step 03 在绘图区依次指定点，参考位置如图6-250所示，捕捉完之后按两次【Enter】键。

Step 04 系统提示指定内部点，点选绘图区的封闭区域回车，绘制结果如图6-252所示。

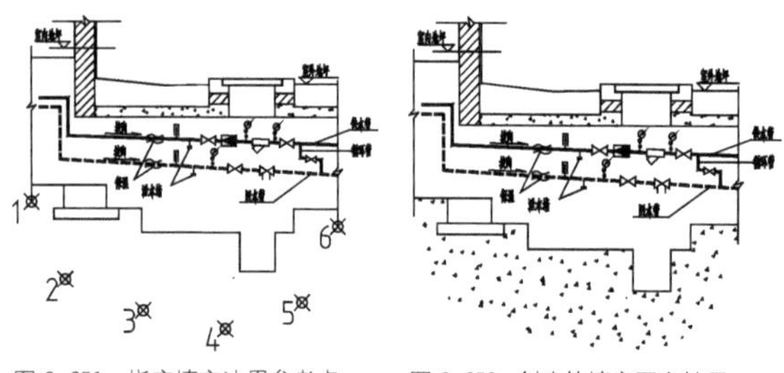

图 6-251 指定填充边界参考点　　图 6-252 创建的填充图案结果

6.9.2 编辑填充的图案 ★进阶★

在为图形填充了图案后，如果对填充效果不满意，还可以通过【编辑图案填充】命令对其进行编辑。可编辑内容包括填充比例、旋转角度和填充图案等。AutoCAD 2016 增强了图案填充的编辑功能，可以同时选择并编辑多个图案填充对象。

执行【编辑图案填充】命令的方法有以下常用的 5 种。

◆功能区：在【默认】选项卡中，单击【修改】面板中的【编辑图案填充】按钮，如图 6-253 所示。

◆菜单栏：选择【修改】|【对象】|【图案填充】菜单命令，如图 6-253 所示。

◆命令行：输入“HATCHEDIT”或“HE”命令。

◆ 快捷操作 1：在要编辑的对象上单击鼠标右键，在弹出的右键快捷菜单中选择【图案填充编辑】选项。

◆快捷操作 2：在绘图区双击要编辑的图案填充对象。

图 6-253 【修改】面板中的【编辑图案填充】按钮

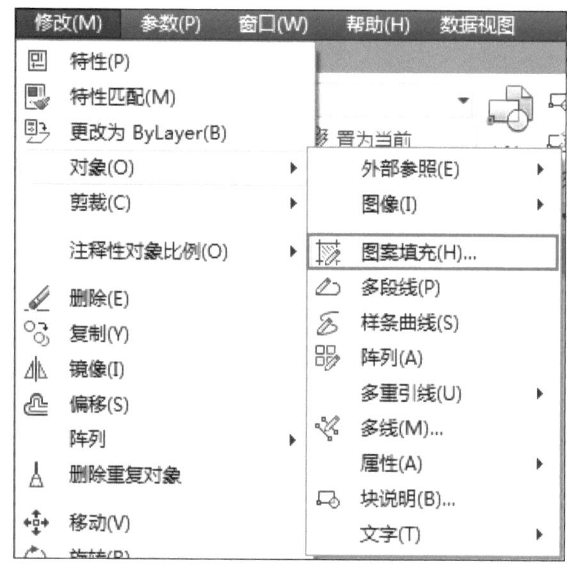

图 6-254 【图案填充】菜单命令

调用该命令后，先选择图案填充对象，系统弹出【图案填充编辑】对话框，如图 6-255 所示。该对话框中的参数与【图案填充和渐变色】对话框中的参数一致，修改参数即可修改图案填充效果。

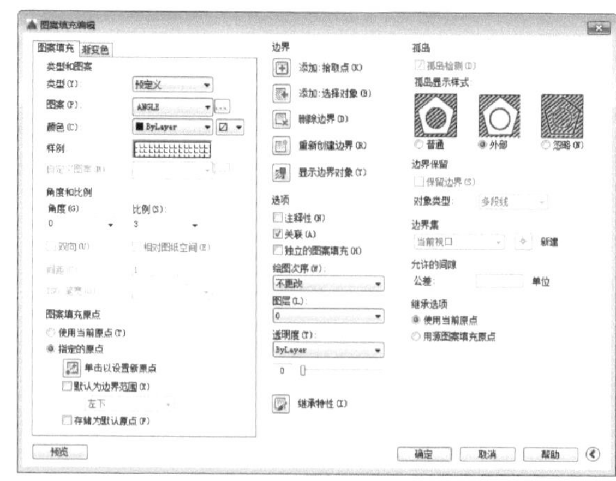

图 6-255 【图案填充编辑】对话框

练习 6-24 修改图案填充

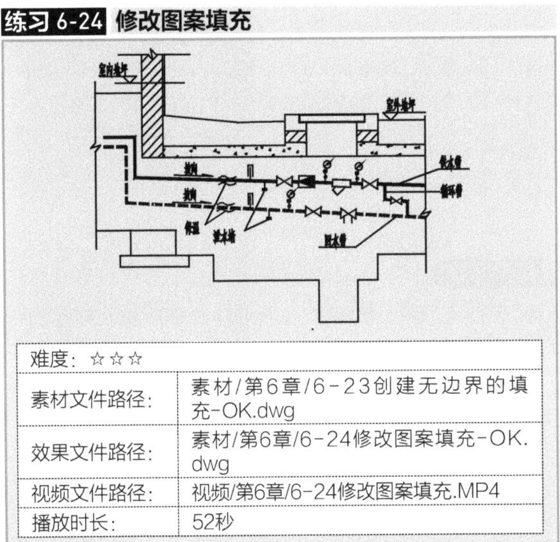

难度：☆☆☆	
素材文件路径：	素材/第6章/6-23创建无边界的填充-OK.dwg
效果文件路径：	素材/第6章/6-24修改图案填充-OK.dwg
视频文件路径：	视频/第6章/6-24修改图案填充.MP4
播放时长：	52秒

AutoCAD 2016 的图案填充编辑方法极为简单，只需单击选择要修改的填充图案，即可自动在功能区中打开【图案填充编辑器】选项卡，修改该选项卡中的参数即可修改填充图案，同创建填充的方法一致。

Step 01 延续【练习6-23】进行操作，或打开“第6章6-23创建无边界的填充-OK.dwg”素材文件。

Step 02 单击选择【练习6-23】中创建的AR-CONC填充图案，然后在打开的【图案填充编辑器】选项卡中修改填充图案为AR-SAND，填充比例为10，如图6-256所示。

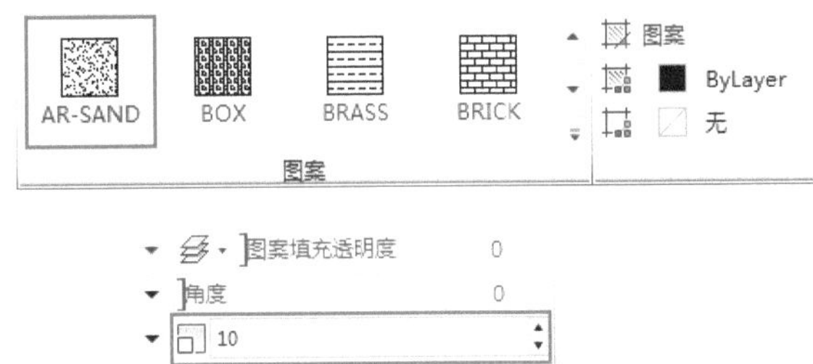

图 6-256 【图案填充编辑器】选项卡

Step 03 修改之后的填充效果如图6-257所示。

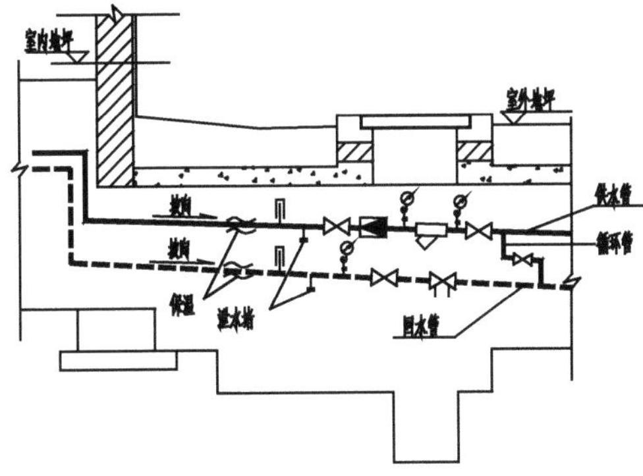

图 6-257 修改之后的图案填充效果

第 7 章 图形编辑

前面章节学习了各种图形对象的绘制方法，为了创建图形的更多细节特征以及提高绘图的效率，AutoCAD 提供了许多编辑命令，常用的有：【移动】、【复制】、【修剪】、【倒角】与【圆角】等。本章讲解这些命令的使用方法，以进一步提高读者绘制复杂图形的能力。

使用编辑命令，能够方便地改变图形的大小、位置、方向、数量及形状，从而绘制出更为复杂的图形。常用的编辑命令均集中在【默认】选项卡的【修改】面板中，如图 7-1 所示。

图 7-1【修改】面板中的编辑命令

7.1 图形修剪类

AutoCAD 绘图不可能一蹴而就，要想得到最终的完整图形，自然需要用到各种修剪命令将多余的部分剪去或删除，因此修剪类命令是 AutoCAD 编辑命令中最为常用的一类。

7.1.1 修剪 ★重点★

【修剪】命令是将超出边界的多余部分修剪删除掉，与橡皮擦的功能相似。【修剪】操作可以修剪直线、圆、弧、多段线、样条曲线和射线等。在调用命令的过程中，需要设置的参数有“修剪边界”和“修剪对象”两类。要注意的是，在选择修剪对象时光标所在的位置。需要删除哪一部分，则在该部分上单击。

•执行方式

在 AutoCAD 2016 中【修剪】命令有以下几种常用调用方法。

◆功能区：单击【修改】面板中的【修剪】按钮-/--，如图 7-2 所示。

◆菜单栏：执行【修改】|【修剪】命令，如图 7-3 所示。

◆命令行：输入“TRIM”或“TR”命令。

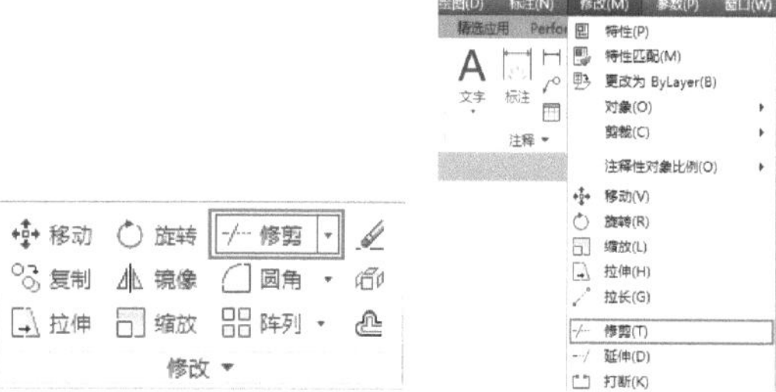

图 7-2【修改】面板中的【修剪】按钮

图 7-3【修剪】菜单命令

•操作步骤

执行上述任一命令后，选择作为剪切边的对象（可以是多个对象），命令行提示如下。

```
当前设置:投影=UCS，边=无
选择边界的边...
选择对象或 <全部选择>:
                    //鼠标选择要作为边界的对象
选择对象:            //可以继续选择对象或按【Enter】键结束选择
选择要延伸的对象，或按住【Shift】键选择要延伸的对象，
或[栏选(F)/窗交(C)/投影(P)/边(E)/放弃(U)]:
                                    //选择要修剪的对象
```

•选项说明

执行【修剪】命令，并选择对象之后，在命令行中会出现一些选择类的选项，这些选项的含义如下。

◆“栏选（F）”：用栏选的方式选择要修剪的对象，如图 7-4 所示。

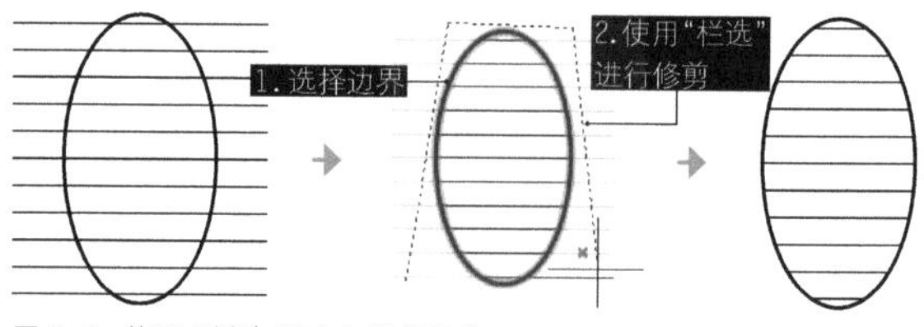

图 7-4 使用“栏选（F）”进行修剪

◆“窗交（C）”：用窗交方式选择要修剪的对象，如图 7-5 所示。

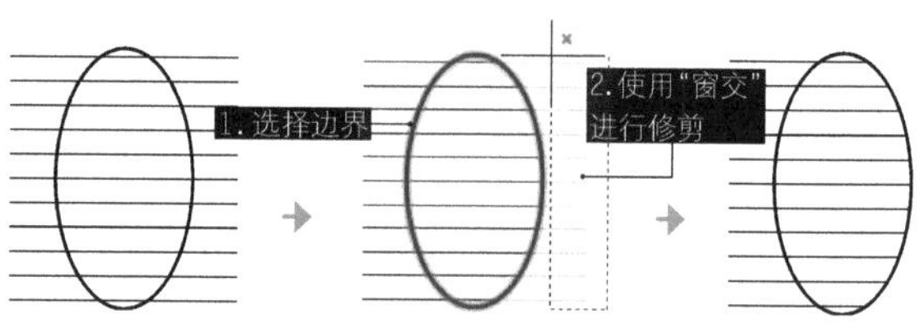

图 7-5 使用“窗交（C）”进行修剪

◆“投影（P）”：用以指定修剪对象时使用的投影方式，即选择进行修剪的空间。

◆“边（E）”：指定修剪对象时是否使用【延伸】模式，默认选项为【不延伸】模式，即修剪对象必须与修剪边界相交才能够修剪。如果选择【延伸】模式，则修剪对象与修剪边界的延伸线相交即可被修剪。如图 7-6 所示的圆弧，使用【延伸】模式才能够被修剪。

◆“放弃（U）”：放弃上一次的修剪操作。

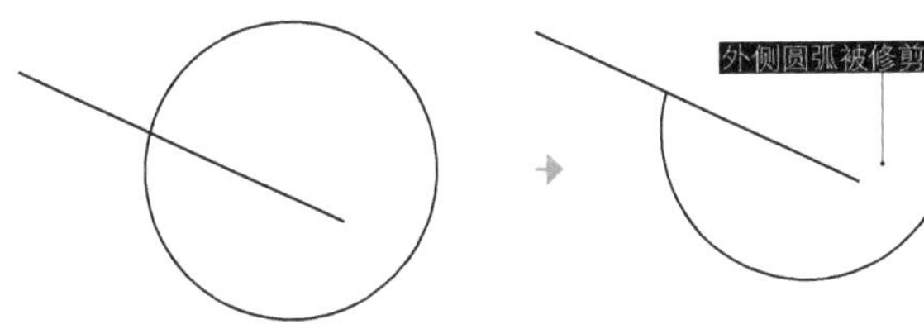

图 7-6 延伸模式修剪效果

•熟能生巧 快速修剪

剪切边也可以同时作为被剪边。默认情况下，选择要修剪的对象（即选择被剪边），系统将以剪切边为界，将被剪切对象上位于拾取点一侧的部分剪切掉。

利用【修剪】工具可以快速完成图形中多余线段的删除，如图 7-7 所示。

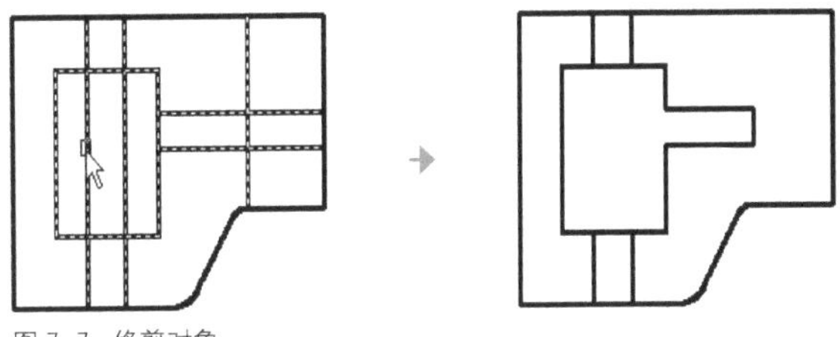

图 7-7 修剪对象

在修剪对象时，可以一次选择多个边界或修剪对象，从而实现快速修剪。例如，要将一个“井”字形路口打通，在选择修剪边界时可以使用【窗交】方式同时选择 4 条直线，如图 7-8（b）所示；然后单击【Enter】键确认，再将光标移动至要修剪的对象上，如图 7-8（c）所示；单击鼠标左键即可完成一次修剪，依次在其他段上单击，则能得到最终的修剪结果，如图 7-8（d）所示。

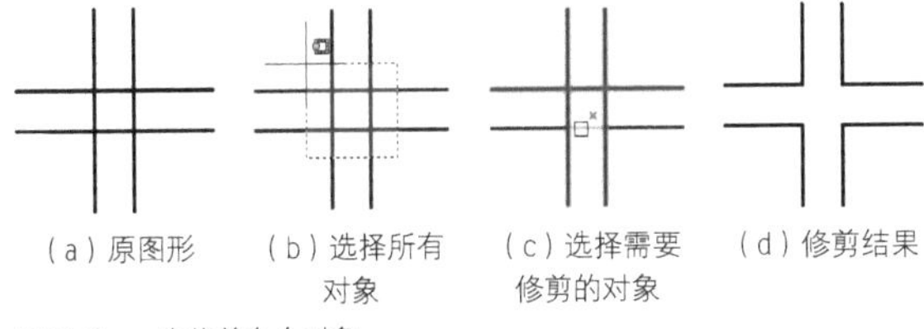

（a）原图形 （b）选择所有对象 （c）选择需要修剪的对象 （d）修剪结果

图 7-8 一次修剪多个对象

练习 7-1 【修剪】污水池图例

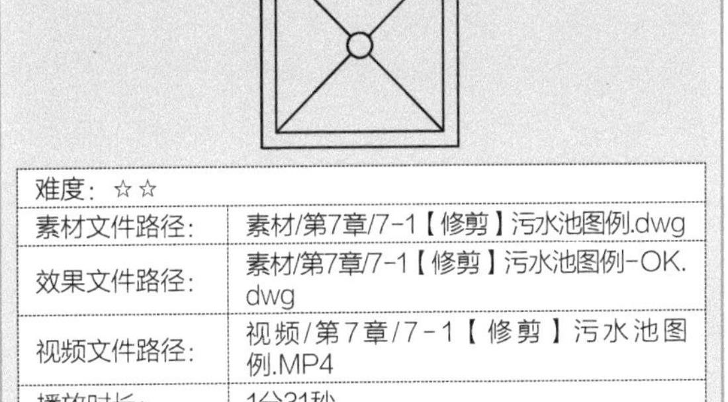

难度：☆☆	
素材文件路径：	素材/第7章/7-1【修剪】污水池图例.dwg
效果文件路径：	素材/第7章/7-1【修剪】污水池图例-OK.dwg
视频文件路径：	视频/第7章/7-1【修剪】污水池图例.MP4
播放时长：	1分31秒

城市污水主要包括生活污水和工业污水，由城市排水管网汇集并输送到污水处理厂进行处理。在绘制建筑给水排水施工图的时候，需要绘制出污水池图例。

Step 01 打开“第7章/7-1【修剪】污水池图例.dwg”素材文件，其中已经绘制好了两个正方形，如图7-9所示。

Step 02 在命令行中输入“L”，执行【直线】命令，绘制内部正方形的两条对角线，如图7-10所示。

图 7-9 素材文件

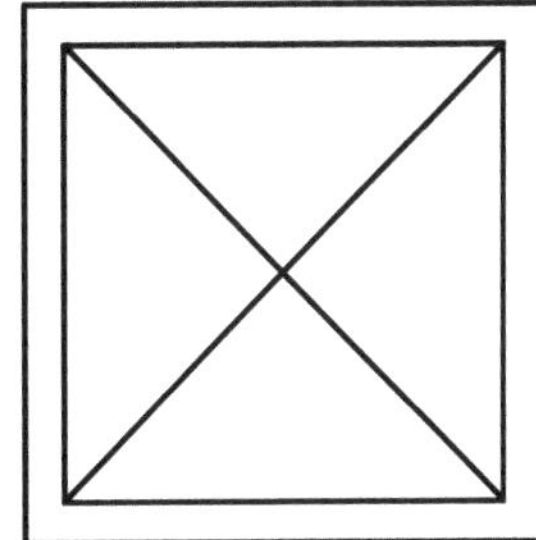

图7-10 绘制对角线

Step 03 绘制排污孔。在命令行中输入“C”，执行【圆】命令，以对角线的交点为圆心，绘制一半径为25的圆，如图7-11所示。

Step 04 修剪排污孔。在命令行中输入“TR”，执行【修剪】命令，根据命令行提示进行修剪操作，结果如图7-12所示。命令行操作如下。

```
命令: _trim                        //调用【修剪】命令
当前设置:投影=UCS，边=无
选择剪切边...
选择对象或 <全部选择>:↙
                    //选择全部对象作为修剪边界
选择要修剪的对象，或按住【Shift】键选择要延伸的对象，或
[栏选(F)/窗交(C)/投影(P)/边(E)/删除(R)/放弃(U)]:
                    //分别单击射线和两段圆弧，完成修剪
```

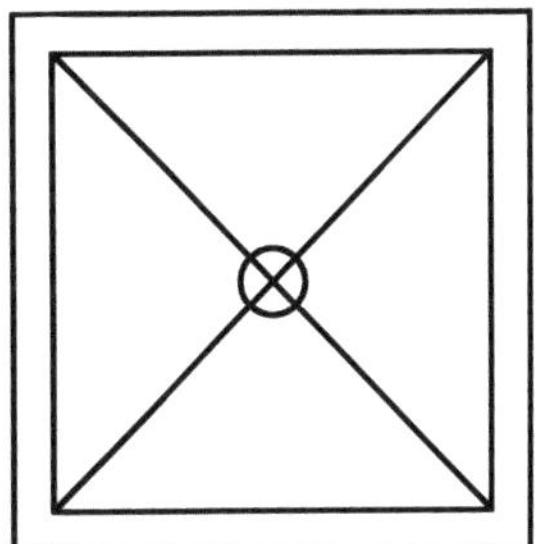

图7-11 绘制排污孔

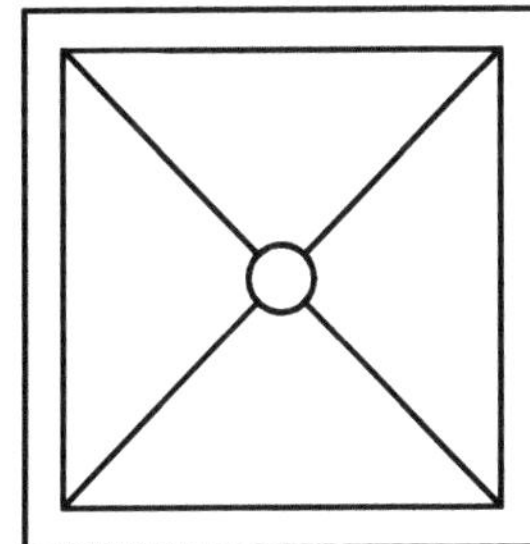

图7-12 图形修剪效果

7.1.2 延伸

【延伸】命令是将没有和边界相交的部分延伸补齐，它和【修剪】命令是一组相对的命令。在调用命令的过程中，需要设置的参数有延伸边界和延伸对象两类。【延伸】命令的使用方法与【修剪】命令的使用方法相似。在使用延伸命令时，如果在按下【Shift】键的同时选择

对象，则可以切换执行【修剪】命令。

•执行方式

在 AutoCAD 2016 中，【延伸】命令有以下几种常用调用方法。

◆功能区：单击【修改】面板中的【延伸】按钮，如图 7-13 所示。

◆菜单栏：单击【修改】|【延伸】命令，如图 7-14 所示。

◆命令行：输入“EXTEND”或“EX”命令。

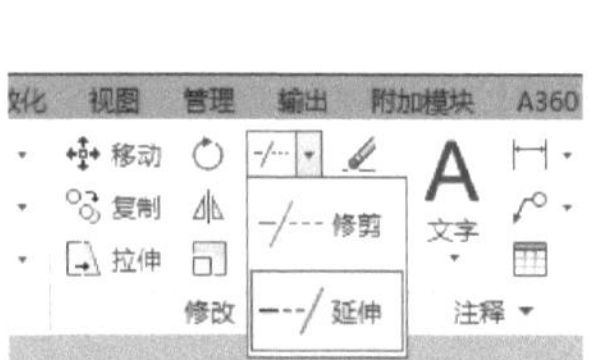

图 7-13 【修改】面板中的【延伸】按钮

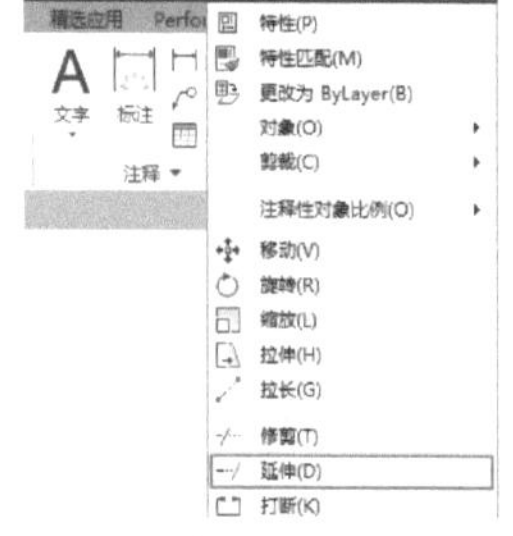

图 7-14 【延伸】菜单命令

•操作步骤

执行【延伸】命令后，选择要延伸的对象（可以是多个对象），命令行提示如下。

```
选择要修剪的对象，或按住【Shift】键选择要修剪的对象，
或[栏选(F)/窗交(C)/投影(P)/边(E)/删除(R)/放弃(U)]:
```

选择延伸对象时，需要注意延伸方向的选择。朝哪个边界延伸，则在靠近边界的那部分上单击。如图 7-15 所示，将直线 *AB* 延伸至边界直线 *M* 时，需要在 *A* 端单击直线，将直线 *AB* 延伸到直线 *N* 时，则在 *B* 端单击直线。

图 7-15 使用【延伸】命令延伸直线

提示

命令行中各选项的含义与【修剪】命令相同，在此不多加赘述。

练习 7-2 使用【延伸】完善熔断器箱图形

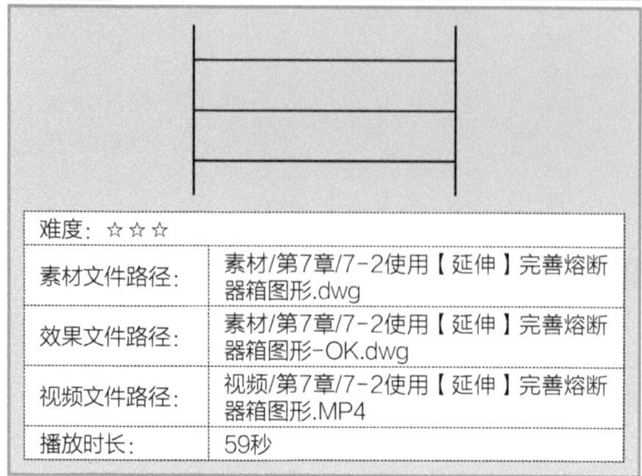

难度：☆☆☆	
素材文件路径：	素材/第7章/7-2使用【延伸】完善熔断器箱图形.dwg
效果文件路径：	素材/第7章/7-2使用【延伸】完善熔断器箱图形-OK.dwg
视频文件路径：	视频/第7章/7-2使用【延伸】完善熔断器箱图形.MP4
播放时长：	59秒

熔断器是根据电流超过规定值一定时间后，以其自身产生的热量使熔体熔化，从而使电路断开的原理制成的一种电流保护器。熔断器广泛应用于低压配电系统和控制系统及用电设备中，作为短路和过电流保护，是应用最普遍的保护器件之一。

Step 01 打开“第7章/7-2使用【延伸】完善熔断器箱图形.dwg”素材文件，如图7-16所示。

图7-16 素材图形

Step 02 调用【延伸】命令，延伸水平直线，命令行操作过程如下。

```
命令:ex↙ EXTEND                    //调用延伸命令
当前设置:投影=UCS，边=无
选择边界的边...
选择对象或 <全部选择>:
                    //选择如图7-17所示的边作为延伸边界
找到 1 个
选择对象:↙          //按【Enter】键结束选择
选择要延伸的对象，或按住【Shift】键选择要修剪的对象，
或[栏选(F)/窗交(C)/投影(P)/边(E)/放弃(U)]:
                              //选择如图7-18所示的线条
选择要延伸的对象，或按住【Shift】键选择要修剪的对象，
或[栏选(F)/窗交(C)/投影(P)/边(E)/放弃(U)]:
                              //选择第二条同样的线条
选择要延伸的对象，或按住【Shift】键选择要修剪的对象，
或[栏选(F)/窗交(C)/投影(P)/边(E)/放弃(U)]:
//使用同样的方法，延伸其他直线，如图7-19所示
```

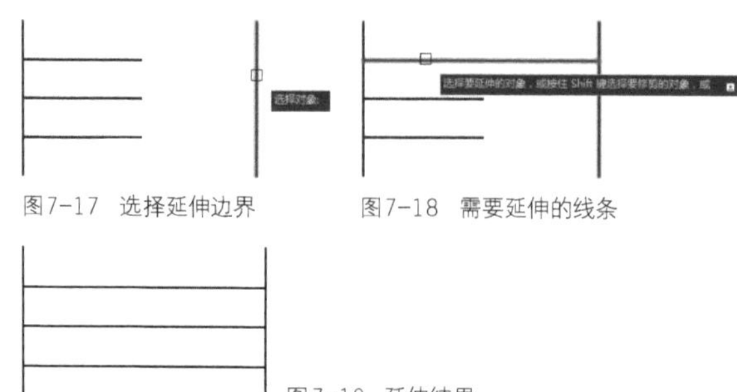

图7-17 选择延伸边界

图7-18 需要延伸的线条

图7-19 延伸结果

7.1.3 删除

【删除】命令可将多余的对象从图形中完全清除，是 AutoCAD 最为常用的命令之一，使用也最为简单。

•执行方式

在 AutoCAD 2016 中执行【删除】命令的方法有以下 4 种。

◆功能区：在【默认】选项卡中，单击【修改】面板中的【删除】按钮，如图 7-20 所示。

◆菜单栏：选择【修改】|【删除】菜单命令，如图 7-21 所示。

◆命令行：输入“ERASE”或“E”命令。

◆快捷操作：选中对象后直接按【Delete】键。

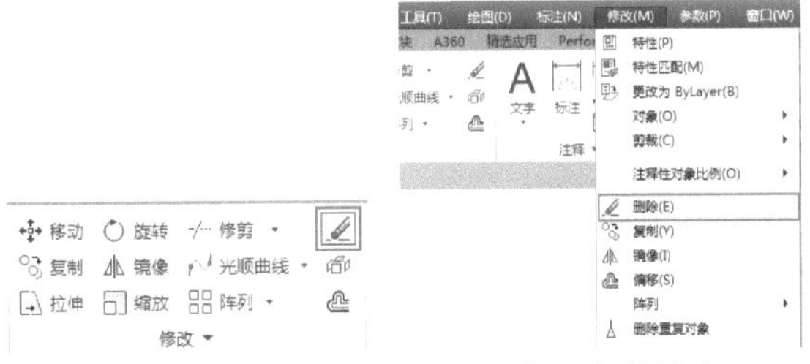

图 7-20 【修改】面板中的【删除】按钮　图 7-21 【删除】菜单命令

•操作步骤

执行上述命令后，根据命令行的提示选择需要删除的图形对象，按【Enter】键即可删除已选择的对象，如图 7-22 所示。

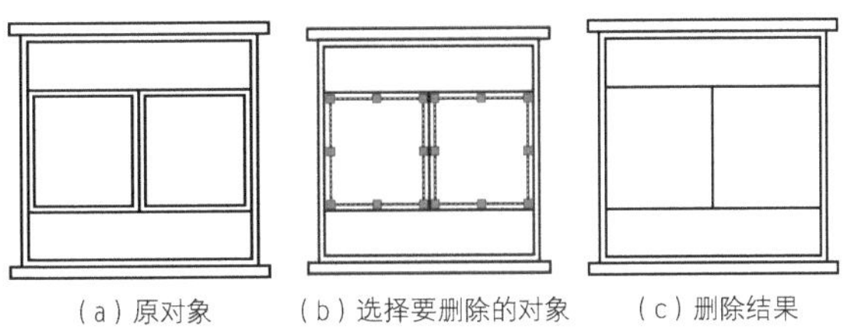

（a）原对象　（b）选择要删除的对象　（c）删除结果

图 7-22 删除图形

•初学解答 恢复删除对象

在绘图时如果意外删错了对象，可以使用【UNDO】（撤销）命令或【OOPS】（恢复删除）命令将其恢复。

◆【UNDO】（撤销）命令：即放弃上一步操作，快捷键 Ctrl+Z，对所有命令有效。

◆【OOPS】（恢复删除）命令：【OOPS】命令可恢复由上一个【ERASE】（删除）命令删除的对象，该命令对【ERASE】命令有效。

•熟能生巧 删除命令的隐藏选项

此外【删除】命令还有一些隐藏选项，在命令行提示“选择对象”时，除了用选择方法选择要删除的对象外，还可以输入特定字符，执行隐藏操作，介绍如下。

◆输入“L”：删除绘制的上一个对象。

◆输入“P”：删除上一个选择集。

◆输入“All”：从图形中删除所有对象。

◆输入“？”：查看所有选择方法列表。

7.2 图形变化类

在绘图的过程中，可能要对某一图元进行移动、旋转或拉伸等操作来辅助绘图，因此操作类命令也是使用极为频繁的一类编辑命令。

7.2.1 移动

【移动】命令是将图形从一个位置平移到另一位置，移动过程中图形的大小、形状和倾斜角度均不改变。在调用命令的过程中，需要确定的参数有：需要移动的对象、移动基点和第二点。

•执行方式

【移动】命令有以下几种调用方法。

◆功能区：单击【修改】面板中的【移动】按钮，如图 7-23 所示。

◆菜单栏：执行【修改】|【移动】命令，如图 7-24 所示。

◆命令行：输入“MOVE”或“M”命令。

图 7-23 【修改】面板中的【移动】按钮　图 7-24 【移动】菜单命令

•操作步骤

调用【移动】命令后，根据命令行提示，在绘图区中拾取需要移动的对象后按右键确定，然后拾取移动 基点，最后指定第二个点（目标点）即可完成移动操作，如图 7-25 所示。命令行操作如下。

```
命令: _move                        //执行【移动】命令
选择对象: 找到 1 个                 //选择要移动的对象
指定基点或 [位移(D)] <位移>: //选取移动的参考点
指定第二个点或 <使用第一个点作为位移>:
                                   //选取目标点，放置图形
```

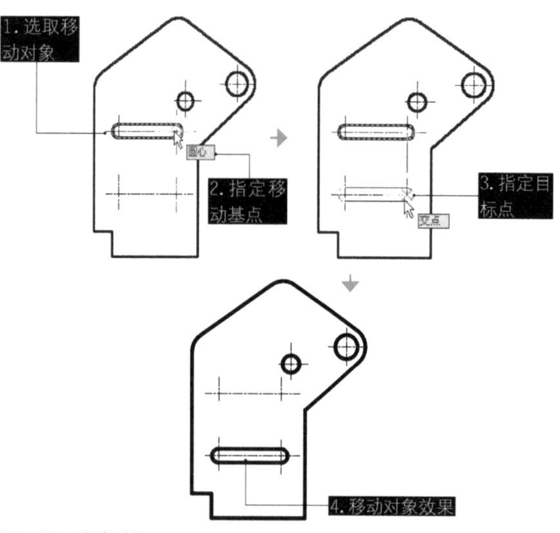

图 7-25　移动对象

• 选项说明

执行【移动】命令时，命令行中只有一个子选项："位移（D）"，该选项可以输入坐标以表示矢量。输入的坐标值将指定相对距离和方向，图 7-26 为输入坐标（150，30）的位移结果。

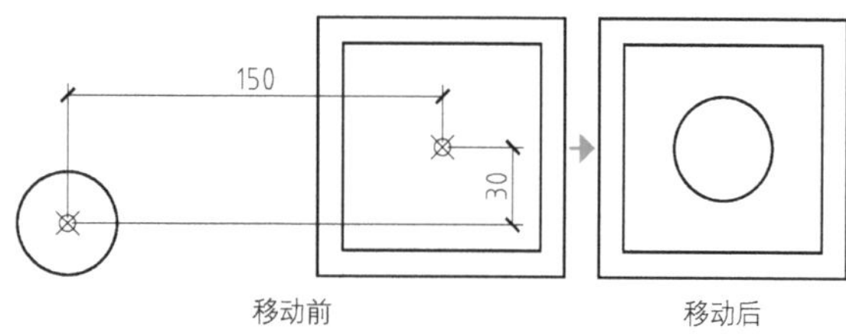

图 7-26　位移移动效果

练习 7-3　使用【移动】完善卫生间图形

难度：☆☆☆	
素材文件路径：	素材/第7章/7-3使用【移动】完善卫生间图形.dwg
效果文件路径：	素材/第7章/7-3使用【移动】完善卫生间图形-OK.dwg
视频文件路径：	视频/第7章/7-3使用【移动】完善卫生间图形.MP4
播放时长：	1分38秒

在从事室内设计时，有很多装饰图形都有现成的图块，如马桶、书桌、门等。因此在绘制室内平面图时，可以先直接插入图块，然后使用【移动】命令将其放置在图形的合适位置上。

Step 01 单击快速访问工具栏中的【打开】按钮，打开"第7章/7-3使用【移动】完善卫生间图形.dwg"素材文件，如图7-27所示。

Step 02 在【默认】选项卡中，单击【修改】面板的【移动】按钮，选择浴缸，按空格或按【Enter】键确定。

Step 03 选择浴缸的右上角作为移动基点，拖至厕所的右上角，如图7-28所示。

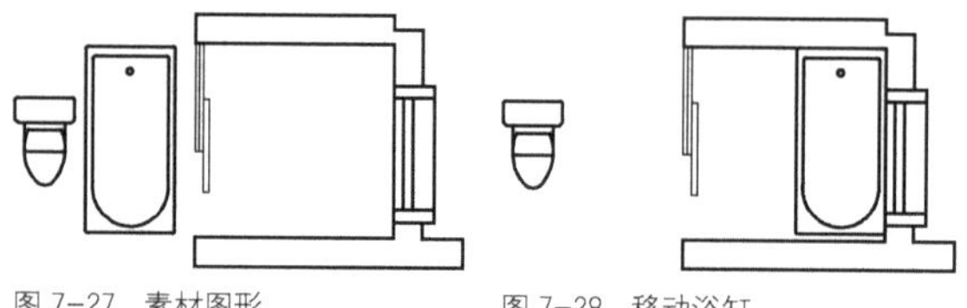

图 7-27　素材图形　　图 7-28　移动浴缸

Step 04 重复调用【移动】命令，将马桶移至厕所的上方，最终效果如图7-29所示。

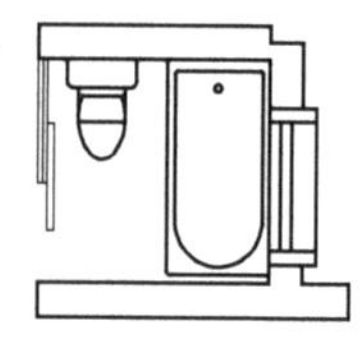

图 7-29　移动马桶

7.2.2 旋转

【旋转】命令是将图形对象绕一个固定的点（基点）旋转一定的角度。在调用命令的过程中，需要确定的参数有："旋转对象""旋转基点"和"旋转角度"。默认情况下逆时针旋转的角度为正值，顺时针旋转的角度为负值，也可以通过第 5 章 5.1.3 小节来修改。

• 执行方式

在 AutoCAD 2016 中【旋转】命令有以下几种常用调用方法。

◆功能区：单击【修改】面板中的【旋转】按钮，如图 7-30 所示。

◆菜单栏：执行【修改】|【旋转】命令，如图 7-31 所示。

◆命令行：输入"ROTATE"或"RO"命令。

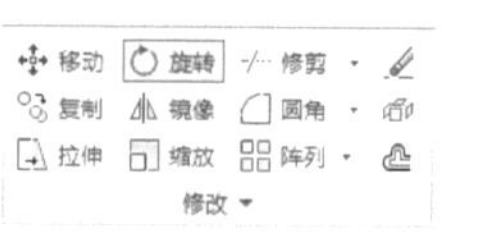

图 7-30　【修改】面板中的【旋转】按钮

图 7-31　【旋转】菜单命令

• 操作步骤

按上述方法执行【旋转】命令后，命令后提示如下。

```
命令: rotate                                  //执行【旋转】命令
UCS 当前的正角方向: ANGDIR=逆时针 ANGBASE=0
                                              //当前的角度测量方式和基准
选择对象: 找到 1 个                           //选择要旋转的对象
指定基点:                                     //指定旋转的基点
指定旋转角度, 或 [复制(C)/参照(R)] <0>: 45
                                              //输入旋转的角度
```

• 选项说明

在命令行提示“指定旋转角度”时，除了默认的旋转方法，还有“复制（C）”和“参照（R）”两种旋转，分别介绍如下。

◆默认旋转：利用该方法旋转图形时，源对象将按指定的旋转中心和旋转角度旋转至新位置，不保留对象的原始副本。执行上述任一命令后，选取旋转对象，然后指定旋转中心，根据命令行提示输入旋转角度，按【Enter】键即可完成旋转对象操作，如图 7-32 所示。

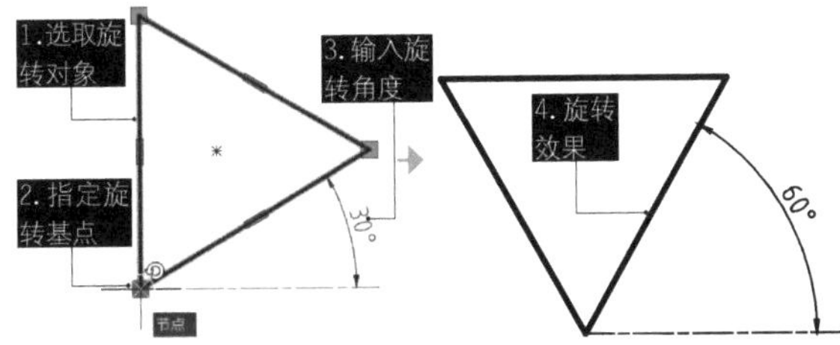

图 7-32 默认方式旋转图形

◆“复制（C）”：使用该旋转方法进行对象的旋转时，不仅可以将对象的放置方向调整一定的角度，还保留源对象。执行【旋转】命令后，选取旋转对象，然后指定旋转中心，在命令行中激活“复制 C”子选项，并指定旋转角度，按【Enter】键退出操作，如图 7-33 所示。

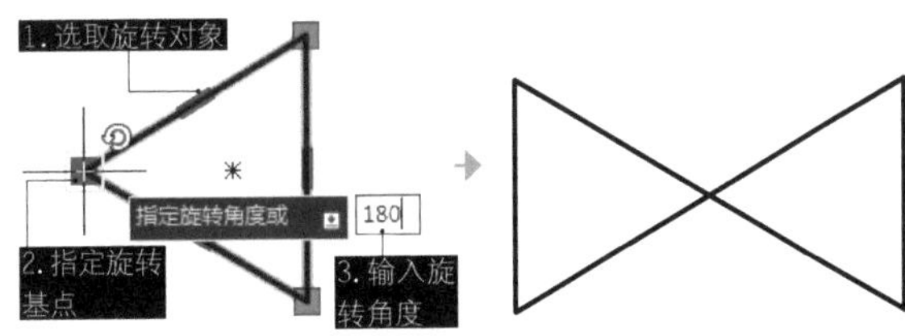

图 7-33 “复制（C）”旋转对象

◆“参照（R）”：可以将对象从指定的角度旋转到新的绝对角度，特别适合于旋转那些角度值为非整数或未知的对象。执行【旋转】命令后，选取旋转对象然后指定旋转中心，在命令行中激活参照 R 子选项，再指定参照第一点、参照第二点，这两点的连线与 x 轴的夹角即为参照角，接着移动鼠标即可指定新的旋转角度，如图 7-34 所示。

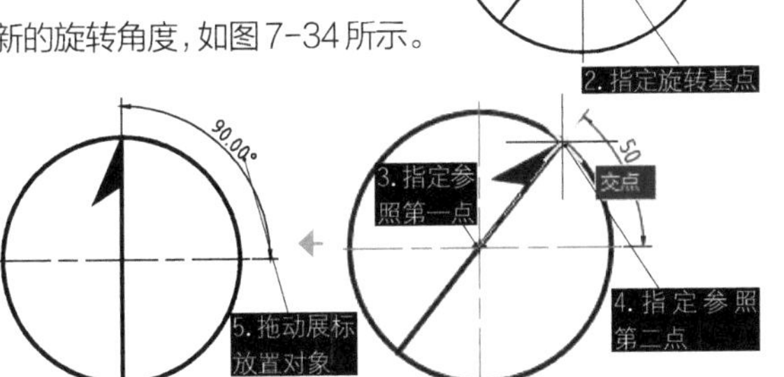

图 7-34 “参照（R）”旋转对象

练习 7-4 使用【旋转】修改门图形

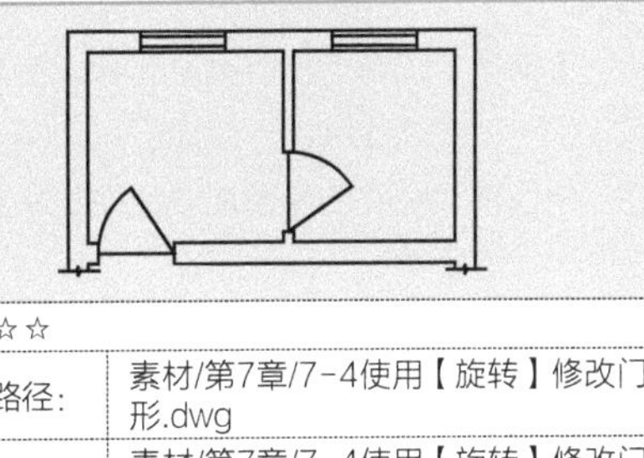

难度：☆☆☆	
素材文件路径：	素材/第7章/7-4使用【旋转】修改门图形.dwg
效果文件路径：	素材/第7章/7-4使用【旋转】修改门图形-OK.dwg
视频文件路径：	视频/第7章/7-4使用【旋转】修改门图形.MP4
播放时长：	1分26秒

建筑给排水设计图中有许多图块是相同且重复的，如门、窗等图形的图块。【移动】命令可以将这些图块放置在所设计的位置，但某些情况下却力不能及，如旋转了一定角度的位置。这时就可使用【旋转】命令来辅助绘制。

Step 01 单击快速访问工具栏中的【打开】按钮，打开“第7章/7-4使用【旋转】修改门图形.dwg”素材文件，如图7-35所示。

Step 02 在【默认】选项卡中，单击【修改】面板中的【复制】按钮，复制一个门，拖至另一个门口处，如图7-36所示。命令行的提示如下。

```
命令：co↙        COPY          //调用【复制】命令
选择对象：指定对角点：找到 3个
选择对象：                      //选择门图形
当前设置：  复制模式 = 多个
指定基点或 [位移(D)/模式(O)] <位移>:
                                //指定门右侧的基点
指定第二个点或 [阵列(A)] <使用第一个点作为位移>:
                                //指定墙体中点为目标点
指定第二个点或 [阵列(A)/退出(E)/放弃(U)] <退出>:  *取消*
                                //按【Esc】键退出
```

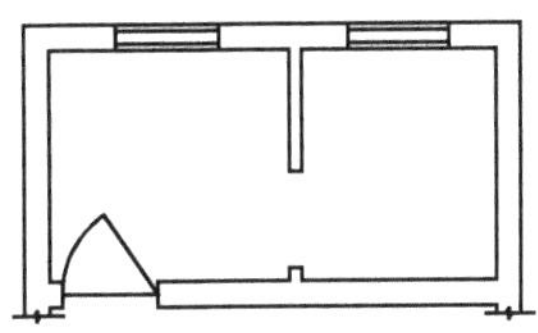
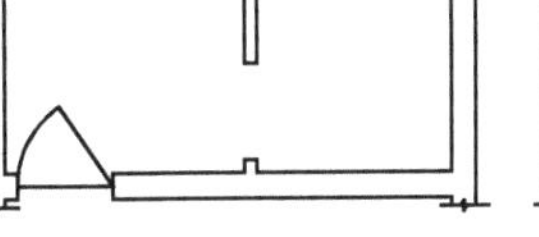

图 7-35 素材图形

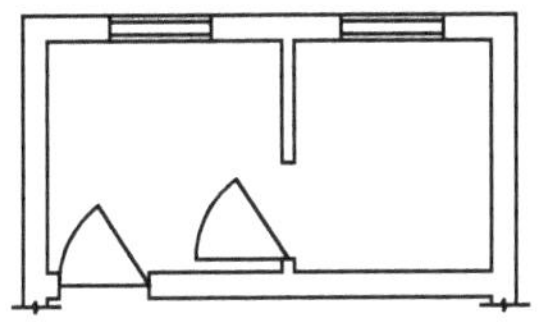

图 7-36 移动门

Step 03 在【默认】选项卡中，单击【修改】面板中的【旋转】按钮，对第二个门进行旋转，角度为-90°，如图7-37所示。

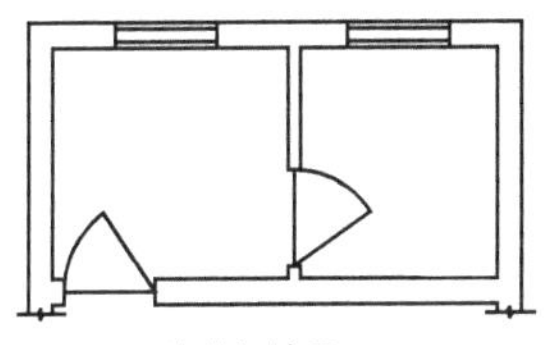

图 7-37 旋转门效果

7.2.3 缩放

利用【缩放】工具可以将图形对象以指定的缩放基点为缩放参照，放大或缩小一定比例，创建出与源对象成一定比例且形状相同的新图形对象。在命令执行过程中，需要确定的参数有“缩放对象”“基点”和“比例因子”。比例因子也就是缩小或放大的比例值，比例因子大于1时，缩放结果是使图形变大，反之则使图形变小。

•执行方式

在 AutoCAD 2016 中【缩放】命令有以下几种调用方法。

◆功能区：单击【修改】面板中的【缩放】按钮，如图 7-38 所示。

◆菜单栏：执行【修改】|【缩放】命令，如图 7-39 所示。

◆命令行：输入“SCALE”或“SC”命令。

图 7-38 【修改】面板中的【缩放】按钮　图 7-39 【缩放】菜单命令

•操作步骤

执行以上任一方式启用【缩放】命令后，命令行操作提示如下。

```
命令: _scale                                   //执行【缩放】命令
选择对象: 找到 1 个                             //选择要缩放的对象
指定基点:                                       //选取缩放的基点
指定比例因子或 [复制(C)/参照(R)]: 2             //输入比例因子
```

•选项说明

【缩放】命令与【旋转】差不多，除了默认的操作之外，同样有“复制(C)”和“参照(R)”两个子选项，介绍如下。

◆默认缩放：指定基点后直接输入比例因子进行缩放，不保留对象的原始副本，如图 7-40 所示。

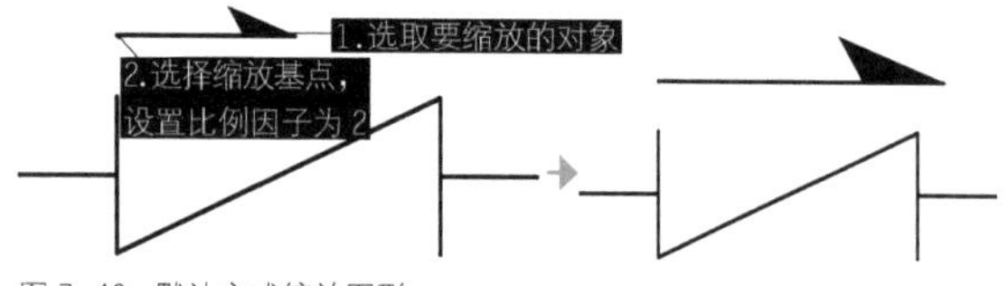

图 7-40　默认方式缩放图形

◆“复制(C)”：在命令行输入“c”，选择该选项进行缩放后可以在缩放时保留源图形，如图 7-41 所示。

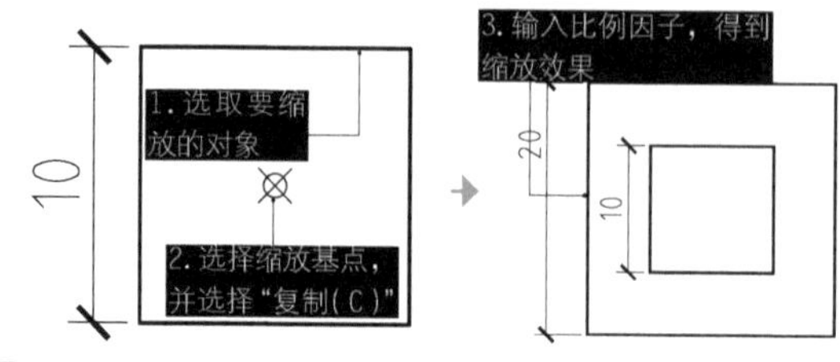

图 7-41　“复制(C)”缩放图形

◆“参照(R)”：如果选择该选项，则命令行会提示用户需要输入“参照长度”和“新长度”数值，由系统自动计算出两长度之间的比例数值，从而定义出图形的缩放因子，对图形进行缩放操作，如图 7-42 所示。

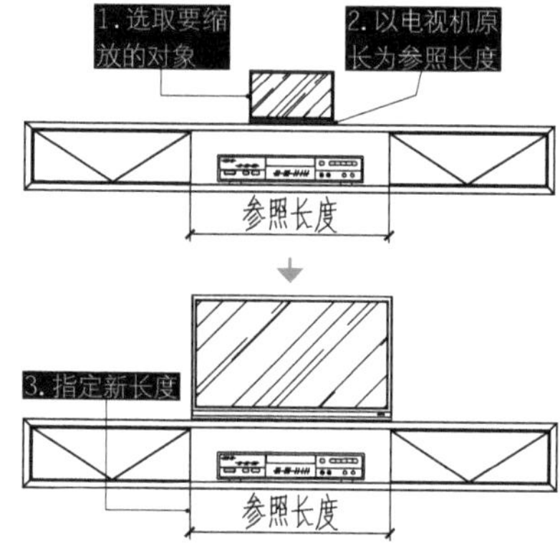

图 7-42　“参照(R)”缩放图形

7.2.4 拉伸 ★重点★

【拉伸】命令通过沿拉伸路径平移图形夹点的位置，使图形产生拉伸变形的效果。它可以对选择的对象按规定方向和角度拉伸或缩短，并且使对象的形状发生改变。

•执行方式

【拉伸】命令有以下几种常用调用方法。

◆功能区：单击【修改】面板中的【拉伸】按钮，如图 7-43 所示。

◆菜单栏：执行【修改】|【拉伸】命令，如图 7-44 所示。

◆命令行：输入“STRETCH”或“S”命令。

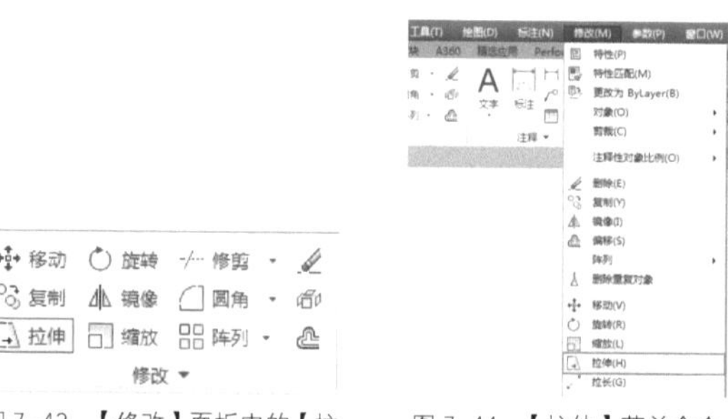

图 7-43 【修改】面板中的【拉伸】按钮　图 7-44 【拉伸】菜单命令

• 操作步骤

拉伸命令需要设置的主要参数有“拉伸对象”、“拉伸基点”和“拉伸位移”等 3 项。“拉伸位移”决定了拉伸的方向和距离，如图 7-45 所示，命令行操作如下。

```
命令: _stretch          //执行【拉伸】命令
以交叉窗口或交叉多边形选择要拉伸的对象...
选择对象: 指定对角点: 找到 1 个
选择对象:
                        //以窗交、圈围等方式选择拉伸对象
指定基点或 [位移(D)] <位移>:
                        //指定拉伸基点
指定第二个点或 <使用第一个点作为位移>:
                        //指定拉伸终点
```

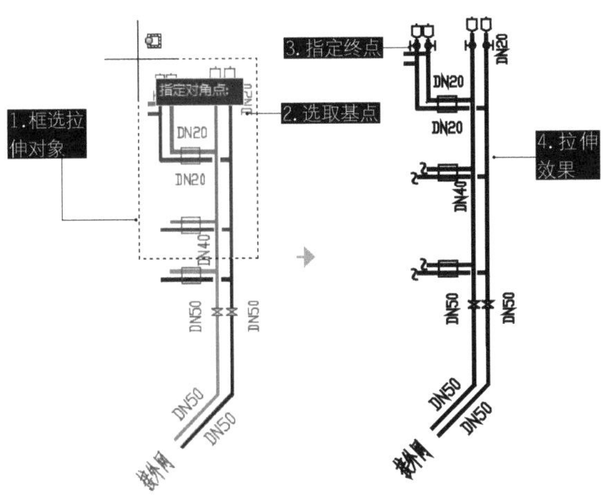

图 7-45 拉伸对象

拉伸遵循以下原则。

◆ 通过单击选择和窗口选择获得的拉伸对象将只被平移，不被拉伸。

◆ 通过框选选择获得的拉伸对象，如果所有夹点都落入选择框内，图形将发生平移，如图 7-46 所示；如果只有部分夹点落入选择框，图形将沿拉伸位移拉伸，如图 7-47 所示；如果没有夹点落入选择窗口，图形将保持不变，如图 7-48 所示。

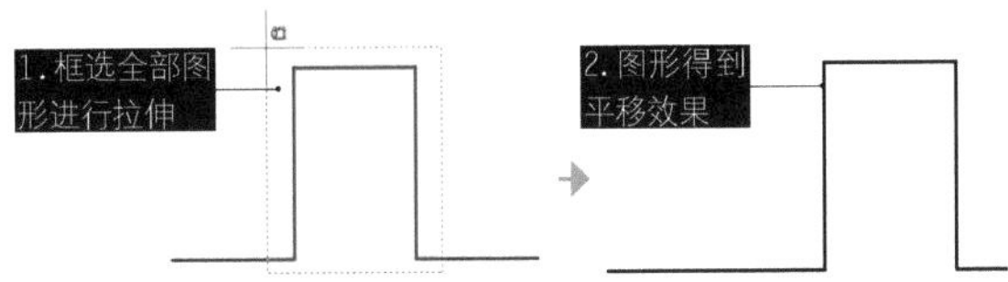

图 7-46 框选全部图形拉伸得到平移效果

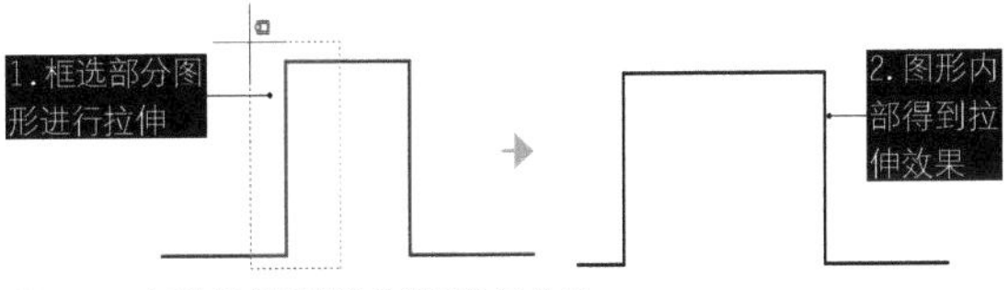

图 7-47 框选部分图形拉伸得到拉伸效果

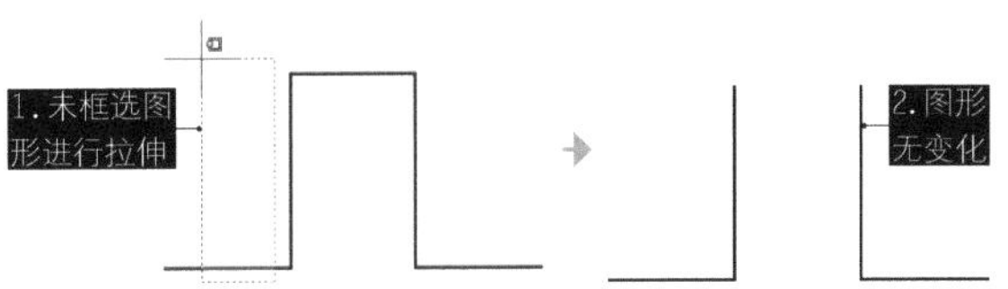

图 7-48 未框选图形拉伸无效果

练习 7-5 使用【拉伸】修改门的位置

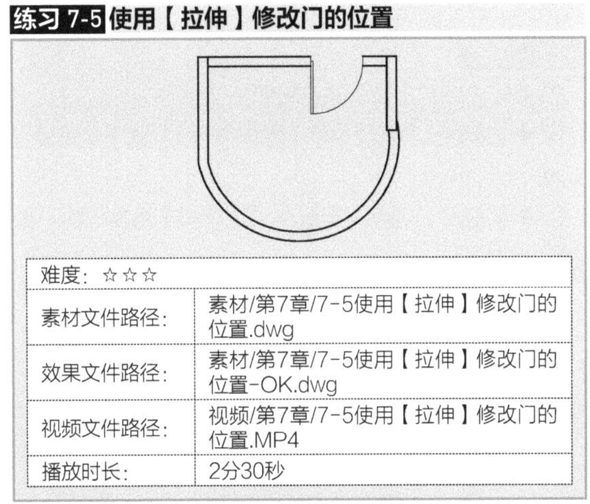

难度：☆☆☆	
素材文件路径：	素材/第7章/7-5使用【拉伸】修改门的位置.dwg
效果文件路径：	素材/第7章/7-5使用【拉伸】修改门的位置-OK.dwg
视频文件路径：	视频/第7章/7-5使用【拉伸】修改门的位置.MP4
播放时长：	2分30秒

在施工图设计中，有时需要对大门或其他图形的位置进行调整，而不能破坏原图形的结构。这时就可以使用【拉伸】命令来进行修改。

Step 01 打开“第7章\7-5使用【拉伸】修改门的位置.dwg”素材文件，如图7-49所示。

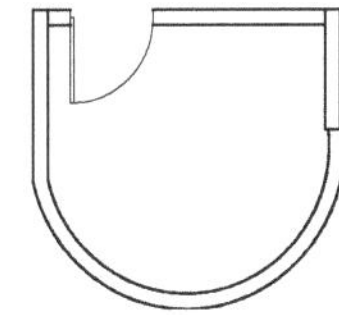

图 7-49 素材图形

Step 02 在【默认】选项卡中，单击【修改】面板上的【拉伸】按钮，将门沿水平方向拉伸1800，操作如图7-50所示，命令行提示如下。

```
命令: _stretch↙              //调用【拉伸】命令
以交叉窗口或交叉多边形选择要拉伸的对象...
选择对象: 指定对角点: 找到 11 个
                              //框选对象
选择对象:↙                    //按【Enter】键结束选择
指定基点或 [位移(D)] <位移>:
                              //选择顶边上任意一点
指定第二个点或 <使用第一个点作为位移>: <正交 开> 1800↙
                              //打开正交功能，在竖直方向
拖动指针并输入拉伸距离
```

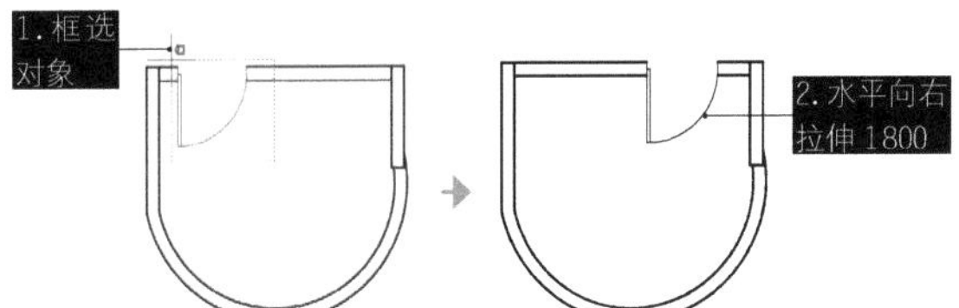

图 7-50 拉伸门图形

7.2.5 拉长

拉长图形就是改变原图形的长度，可以把原图形变长，也可以将其缩短。用户可以通过指定一个长度增量、角度增量（对于圆弧）、总长度或者相对于原长的百分比增量来改变原图形的长度，也可以通过动态拖动的方式来直接改变原图形的长度。

•执行方式

调用【拉长】命令的方法如下。

◆功能区：单击【修改】面板中的【拉长】按钮，如图 7-51 所示。

◆菜单栏：调用【修改】|【拉长】菜单命令，如图 7-52 所示。

◆命令行：输入“LENGTHEN”或“LEN”命令。

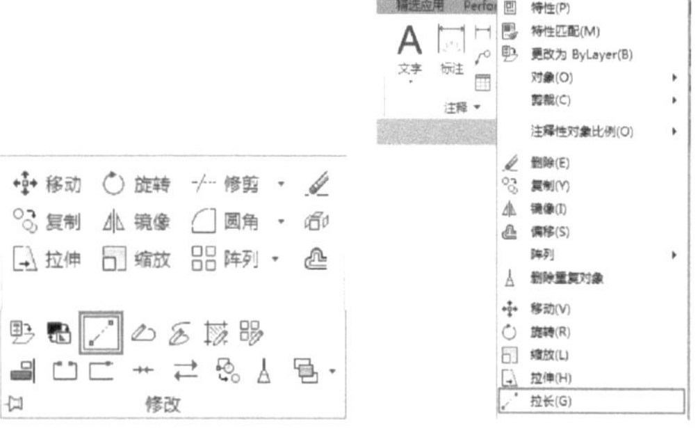

图 7-51 【修改】面板中的【拉长】按钮　图 7-52 【拉长】菜单命令

•操作步骤

调用该命令后，命令行提示如下。

```
选择要测量的对象或 [增量(DE)/百分比(P)/总计(T)/动态(DY)]
<总计(T)>:
```

只有选择了各子选项、确定了拉长方式后，才能对图形进行拉长，因此各操作需结合不同的选项进行说明。

•选项说明

命令行中各选项含义如下。

◆“增量(DE)”：表示以增量方式修改对象的长度。可以直接输入长度增量来拉长直线或者圆弧，长度增量为正时拉长对象，如图 7-53 所示，为负时缩短对象；也可以输入“A”，通过指定圆弧的长度和角增量来修改圆弧的长度，如图 7-54 所示。命令行提示如下。

```
命令: _lengthen
选择要测量的对象或 [增量(DE)/百分比(P)/总计(T)/动态(DY)]:
DE                              //输入“DE”，选择“增量”
选项
输入长度增量或 [角度(A)] <0.0000>:10    //输入增量数值
选择要修改的对象或 [放弃(U)]:
                                //按【Enter】键完成操作
```

```
命令: _lengthen
选择要测量的对象或 [增量(DE)/百分比(P)/总计(T)/动态(DY)]:
DE                      //输入“DE”，选择“增量”选项
输入长度增量或 [角度(A)] <0.0000>:“A”
                        //输入“A”执行角度方式
输入角度增量 <0>:30     //输入角度增量
选择要修改的对象或 [放弃(U)]:
                        //按【Enter】键完成操作
```

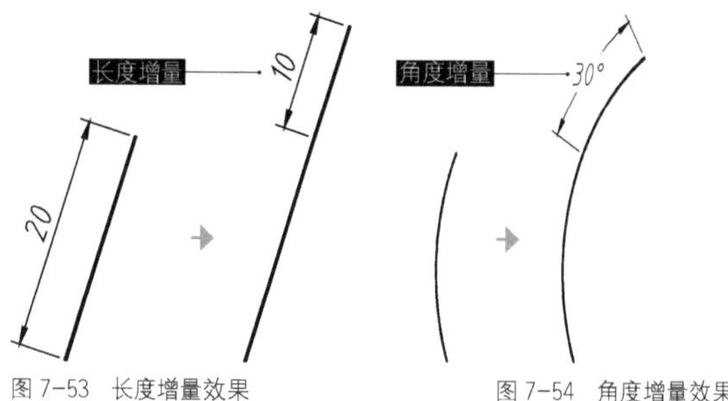

图 7-53 长度增量效果　图 7-54 角度增量效果

◆“百分比（P）”：通过输入百分比来改变对象的长度或圆心角大小，百分比的数值以原长度为参照。若输入“50”，则表示将图形缩短至原长度的 50%，如图 7-55 所示。命令行提示如下。

```
命令: _lengthen
选择要测量的对象或 [增量(DE)/百分比(P)/总计(T)/动态(DY)]: P
                    //输入“P”，选择“百分比”选项
输入长度百分数 <0.0000>:50
                    //输入百分比数值
选择要修改的对象或 [放弃(U)]:
                    //按【Enter】键完成操作
```

◆“总计（T）”：将对象从离选择点最近的端点拉长到指定值，该指定值为拉长后的总长度，因此该方法特别适合于对一些尺寸为非整数的线段（或圆弧）进行操作，如图 7-56 所示。命令行提示如下。

```
命令: _lengthen
选择要测量的对象或 [增量(DE)/百分比(P)/总计(T)/动态
(DY)]: T                //输入“T”，选择“总计”选项
指定总长度或 [角度(A)] <0.0000>: 20
                        //输入总长数值
选择要修改的对象或 [放弃(U)]:
                        //按【Enter】键完成操作
```

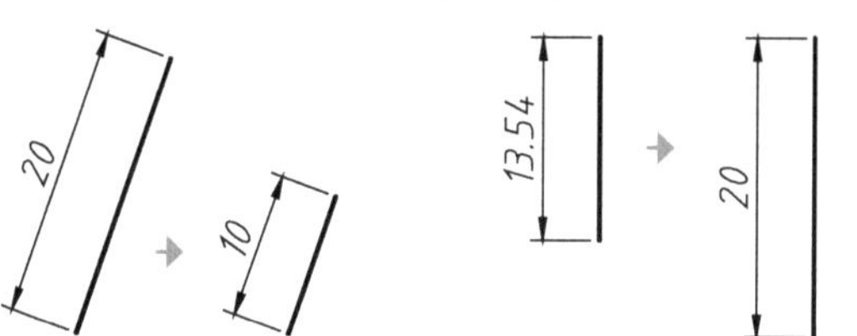

图 7-55 “百分比（P）”增量效果　图 7-56 “总计（T）”增量效果

◆“动态（DY）”：用动态模式拖动对象的一个端点来改变对象的长度或角度，如图 7-57 所示。命令行提示如下。

```
命令: _lengthen
选择要测量的对象或 [增量(DE)/百分比(P)/总计(T)/动态(DY)]:
DY                    //输入"DY"，选择"动态"选项
选择要修改的对象或 [放弃(U)]:
                             //选择要拉长的对象
指定新端点:                   //指定新的端点
选择要修改的对象或 [放弃(U)]:
                             //按【Enter】键完成操作
```

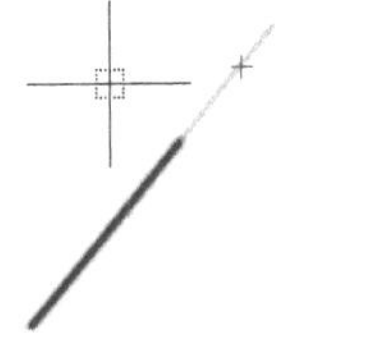

图 7-57 "动态（DY）" 增量效果

练习 7-6 使用【拉长】修改中心线

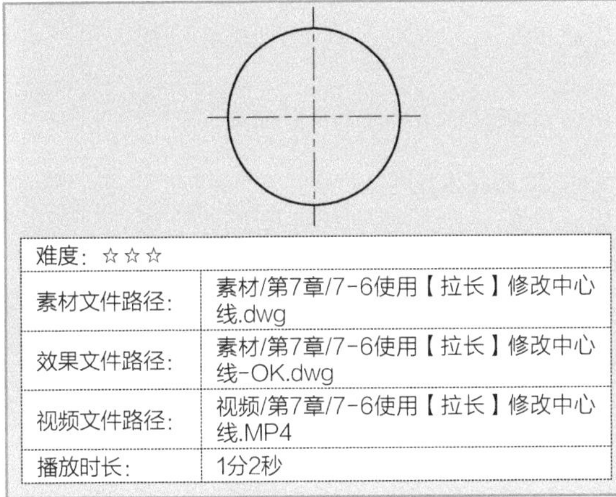

难度：☆☆☆	
素材文件路径：	素材/第7章/7-6使用【拉长】修改中心线.dwg
效果文件路径：	素材/第7章/7-6使用【拉长】修改中心线-OK.dwg
视频文件路径：	视频/第7章/7-6使用【拉长】修改中心线.MP4
播放时长：	1分2秒

大部分图形（如圆、矩形）均需要绘制中心线，而在绘制中心线的时候，通常需要将中心线延长至图形外，且伸出长度相等。如果一根根去拉伸中心线的话，就略显麻烦，这时就可以使用【拉长】命令来快速延伸中心线，使其符合设计规范。

Step 01 打开"第7章\7-6使用【拉长】修改中心线.dwg"素材文件，如图7-58所示。

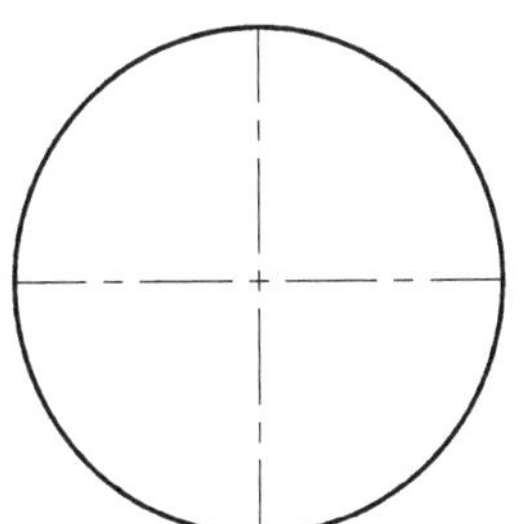

图 7-58 素材文件

Step 02 单击【修改】面板中的按钮，激活【拉长】命令，在2条中心线的各个端点处单击，向外拉长3个单位，命令行操作如下。

```
命令: _lengthen
选择对象或 [增量(DE)/百分数(P)/全部(T)/动态(DY)]:DE↙
          //选择"增量"选项
输入长度增量或 [角度(A)] <0.5000>: 3↙
          //输入每次拉长增量
选择要修改的对象或 [放弃(U)]:
选择要修改的对象或 [放弃(U)]:
选择要修改的对象或 [放弃(U)]:
选择要修改的对象或 [放弃(U)]:
          //依次在两中心线4个端点附近单击，完成拉长
选择要修改的对象或 [放弃(U)]:↙
        //按【Enter】结束拉长命令，拉长结果如图7-59所示。
```

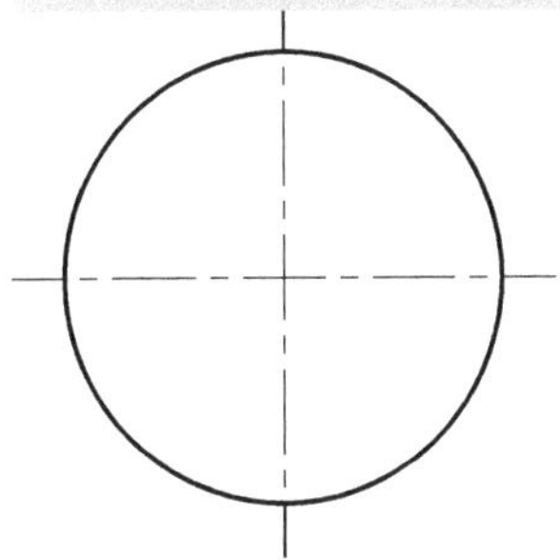

图 7-59 拉长结果

7.3 图形复制类

如果设计图中含有大量重复或相似的图形，就可以使用图形复制类命令进行快速绘制，如【复制】、【偏移】、【镜像】等。

7.3.1 复制 ★重点★

【复制】命令是指在不改变图形大小、方向的前提下，重新生成一个或多个与原对象一模一样的图形。在命令执行过程中，需要确定的参数有复制对象、基点和第二点，也需要配合坐标、对象捕捉、栅格捕捉等其他工具，以精确复制图形。

• 执行方式

在 AutoCAD 2016 中调用【复制】命令有以下几种常用方法。

◆功能区：单击【修改】面板中的【复制】按钮，如图 7-60 所示。

◆菜单栏：执行【修改】|【复制】命令，如图 7-61 所示。

◆命令行：输入"COPY""CO"或"CP"命令。

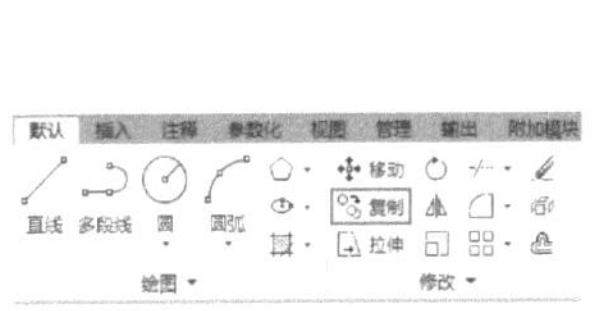

图 7-60 【修改】面板中的【复制】按钮　图 7-61 【复制】菜单命令

• 操作步骤

执行【复制】命令后，选取需要复制的对象，指定复制基点，然后拖动鼠标指定新基点即可完成复制操作，继续单击，还可以复制多个图形对象，如图7-62所示。命令行操作如下。

```
命令: _copy//执行【复制】命令
选择对象: 找到 1 个//选择要复制的图形
当前设置: 复制模式 = 多个//当前的复制设置
指定基点或 [位移(D)/模式(O)] <位移>://指定复制的基点
指定第二个点或 [阵列(A)] <使用第一个点作为位移>://指定放置点1
指定第二个点或 [阵列(A)/退出(E)/放弃(U)] <退出>:
//指定放置点2
指定第二个点或 [阵列(A)/退出(E)/放弃(U)] <退出>:
//单击【Enter】键完成操作
```

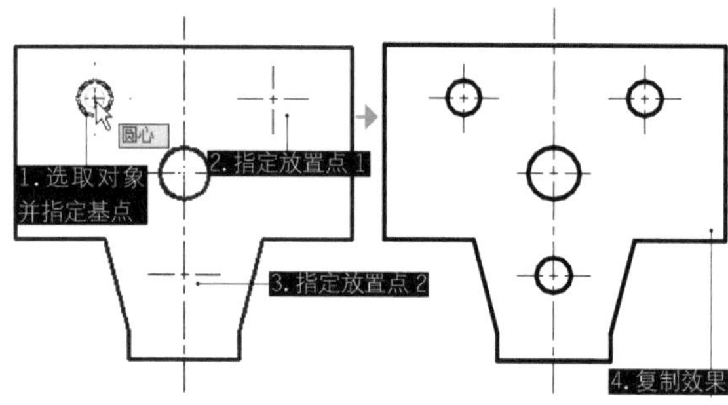

图7-62 复制对象

• 选项说明

执行【复制】命令时，命令行中各选项含义如下。

◆ “位移（D）”：使用坐标指定相对距离和方向。指定的两点定义一个矢量，指示复制对象的放置离原位置有多远以及以哪个方向放置。基本与【移动】、【拉伸】命令中的“位移（D）”选项一致，在此不多加赘述。

◆ “模式（O）”：该选项可控制【复制】命令是否自动重复。选择该选项后会有“单一（S）”、“多个（M）”两个子选项，“单一（S）”可创建选择对象的单一副本，执行一次复制后便结束命令；而“多个（M）”则可以自动重复。

◆ “阵列（A）”：选择该选项，可以以线性阵列的方式快速大量复制对象，如图7-63所示。命令行操作如下。

```
命令: _copy//执行【复制】命令
选择对象: 找到 1 个//选择复制对象
当前设置: 复制模式 = 多个
指定基点或 [位移(D)/模式(O)] <位移>://指定复制基点
指定第二个点或 [阵列(A)] <使用第一个点作为位移>:
A↙//输入“A”，选择“阵列”选项
输入要进行阵列的项目数: 4↙//输入阵列的项目数
指定第二个点或 [布满(F)]: 10↙//移动鼠标确定阵列间距
指定第二个点或 [阵列(A)/退出(E)/放弃(U)] <退出>:↙//按【Enter】键完成操作
```

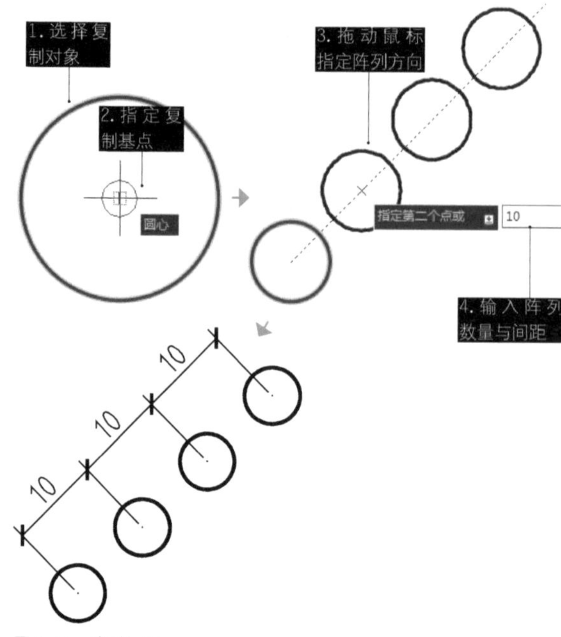

图7-63 阵列复制

练习 7-7 绘制多孔插座

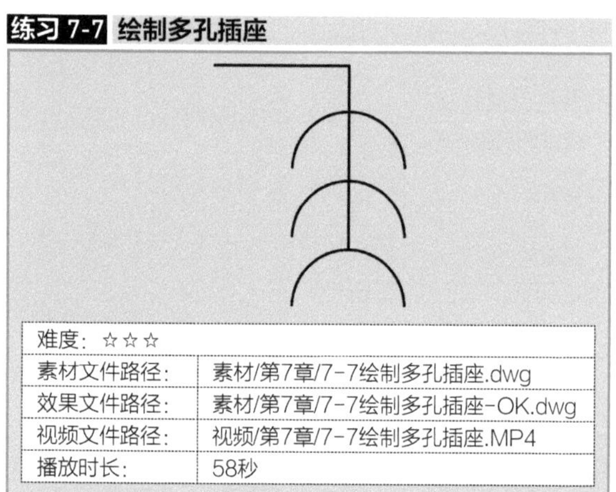

难度：☆☆☆	
素材文件路径：	素材/第7章/7-7绘制多孔插座.dwg
效果文件路径：	素材/第7章/7-7绘制多孔插座-OK.dwg
视频文件路径：	视频/第7章/7-7绘制多孔插座.MP4
播放时长：	58秒

由于现在生活水平的不断提高，家用电器的数量越来越多，因此要求室内墙壁上的插座数目也随之增多。这体现在建筑电器施工图中，便可用多孔插座符号来取代以前的简单插座符号使用。

Step 01 打开素材文件“第7章/7-7绘制多孔插座.dwg”，素材图形中已经绘制好了一插座图形，如图7-64所示。

Step 02 单击【修改】面板中的【复制】按钮，选择下方的圆弧部分，然后分别向上复制15、30，如图7-65所示。命令行操作如下。

```
命令: _copy//执行【复制】命令
选择对象: 指定对角点: 找到 2 个//选择螺纹孔内、外圆弧
选择对象://按【Enter】键结束选择
当前设置: 复制模式 = 多个
指定基点或 [位移(D)/模式(O)] <位移>://选择螺纹孔的圆心作为基点
指定第二个点或 [阵列(A)] <使用第一个点作为位移>:
```

```
15↙//输入第一个复制距离
指定第二个点或 [阵列(A)/退出(E)/放弃(U)] <退出>:30↙//输入第二个复制距离
指定第二个点或 [阵列(A)/退出(E)/放弃(U)] <退出>:*取消*//按【Esc】键退出复制
```

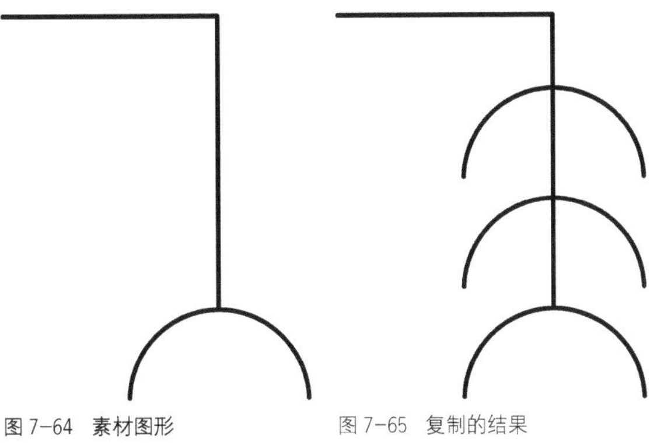

图 7-64 素材图形　　图 7-65 复制的结果

7.3.2 偏移

使用【偏移】工具可以创建与源对象成一定距离的形状相同或相似的新图形对象。可以进行偏移的图形对象包括直线、曲线、多边形、圆、圆弧等，如图 7-66 所示。

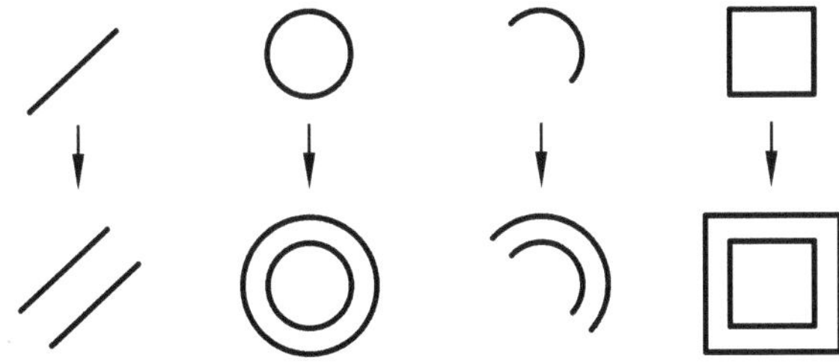

图 7-66 各图形偏移示例

• 执行方式

在 AutoCAD 2016 中调用【偏移】命令有以下几种常用方法。

◆ 功能区：单击【修改】面板中的【偏移】按钮 ，如图 7-67 所示。

◆ 菜单栏：执行【修改】|【偏移】命令，如图 7-68 所示。

◆ 命令行：输入“OFFSET”或“O”命令。

图 7-67 【修改】面板中的【偏移】按钮　　图 7-68 【偏移】菜单命令

• 操作步骤

偏移命令需要输入的参数有需要偏移的“源对象”、“偏移距离”和“偏移方向”。只要在需要偏移的一侧的任意位置单击即可确定偏移方向，也可以指定偏移对象通过已知的点。执行【偏移】命令后，命令行操作如下。

```
命令: _offset↙//调用【偏移】命令
指定偏移距离或 [通过(T)/删除(E)/图层(L)] <通过>: //输入偏移距离
选择要偏移的对象，或 [退出(E)/放弃(U)] <退出>: //选择偏移对象
指定通过点或 [退出(E)/多个(M)/放弃(U)] <退出>: //输入偏移距离或指定目标点
```

• 选项说明

命令行中各选项的含义如下。

◆ “通过（T）”：指定一个通过点定义偏移的距离和方向，如图 7-69 所示。

◆ “删除（E）”：偏移源对象后将其删除。

◆ “图层（L）”：确定将偏移对象创建在当前图层上还是源对象所在的图层上。

图 7-69 “通过（T）”偏移效果

练习 7-8 绘制散流器

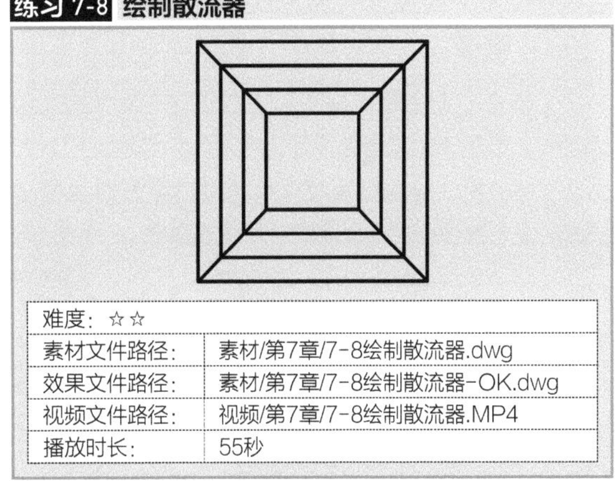

难度：☆☆	
素材文件路径：	素材/第7章/7-8绘制散流器.dwg
效果文件路径：	素材/第7章/7-8绘制散流器-OK.dwg
视频文件路径：	视频/第7章/7-8绘制散流器.MP4
播放时长：	55秒

散流器是空调或通风的送风口，就是让出风口出风方向分成多向流动，一般用在大厅等大面积地方的送风口设置，以便新风分布均匀。本例便通过【偏移】命令绘制一方形散流器图例。

Step 01 打开素材文件“第7章/7-8绘制散流器.dwg”，素材图形如图7-70所示，已经绘制好了一矩形。

Step 02 偏移图形。单击【修改】面板中的【偏移】按钮，将素材文件中的矩形分别向内偏移30mm，依次偏移3次，偏移效果如图7-71所示。

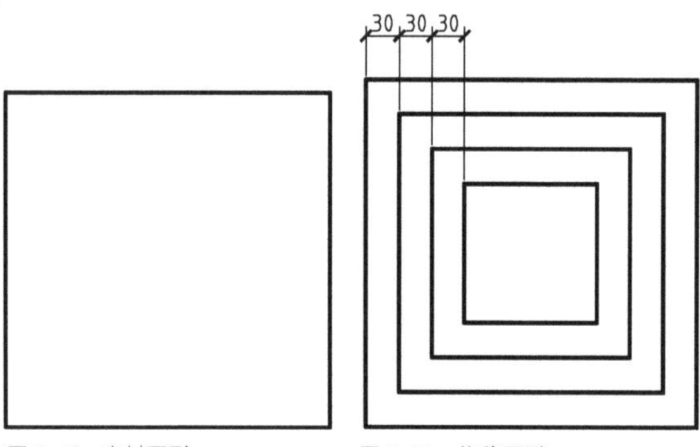

图 7-70　素材图形　　图 7-71　偏移图形

Step 03 连接对角线。在命令行中输入“L”，执行【直线】命令，捕捉矩形上相应的端点绘制对角线，如图7-72所示。

Step 04 修剪图形。单击【修改】面板中的【修剪】按钮，将最内正方形中直线的相交部分修剪，结果如图7-73所示。

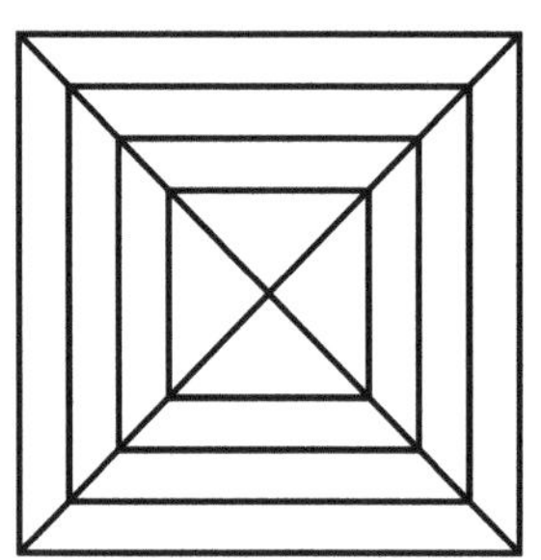

图 7-72　修剪图形

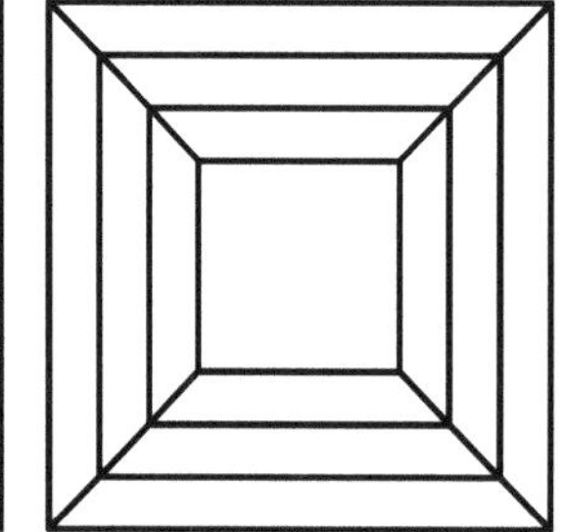

图 7-73　偏移复制

7.3.3 镜像

【镜像】命令是指将图形绕指定轴（镜像线）镜像复制，常用于绘制结构规则且有对称特点的图形，如图 7-74 所示。AutoCAD 2016 通过指定临时镜像线镜像对象，镜像时可选择删除或保留原对象。

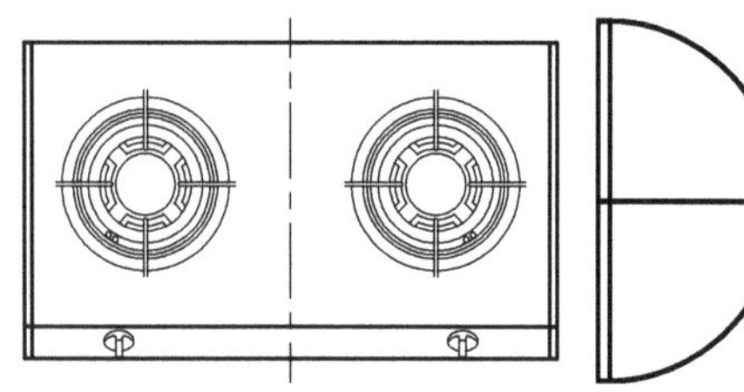

图 7-74　对称图形

• 执行方式

在AutoCAD 2016 中【镜像】命令的调用方法如下。

◆功能区：单击【修改】面板中的【镜像】按钮，如图 7-75 所示。

◆菜单栏：执行【修改】|【镜像】命令，如图 7-76 所示。

◆命令行：输入“MIRROR”或“MI”命令。

图 7-75　【功能区】调用【镜像】命令

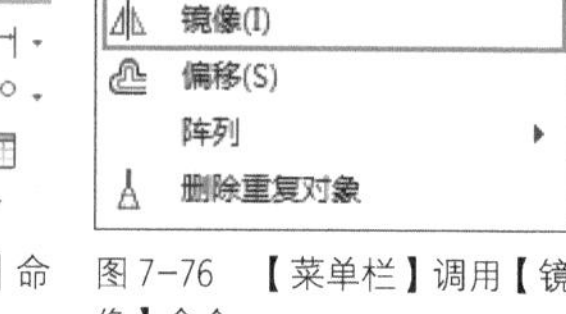

图 7-76　【菜单栏】调用【镜像】命令

• 操作步骤

在命令执行过程中，需要确定镜像复制的对象和对称轴。对称轴可以是任意方向的，所选对象将根据该轴线进行对称复制，并且可以选择删除或保留源对象。在实际工程设计中，许多对象都为对称形式，如果绘制了这些图例的一半，就可以通过【镜像】命令迅速得到另一半，如图 7-77 所示。

调用【镜像】命令，命令行提示如下。

```
命令：_mirror↙//调用【镜像】命令
选择对象：指定对角点：找到 14 个
//选择镜像对象
指定镜像线的第一点：//指定镜像线第一点A
指定镜像线的第二点：//指定镜像线第二点B
要删除源对象吗？[是(Y)/否(N)] <N>：↙
//选择是否删除源对象，或按【Enter】键结束命令
```

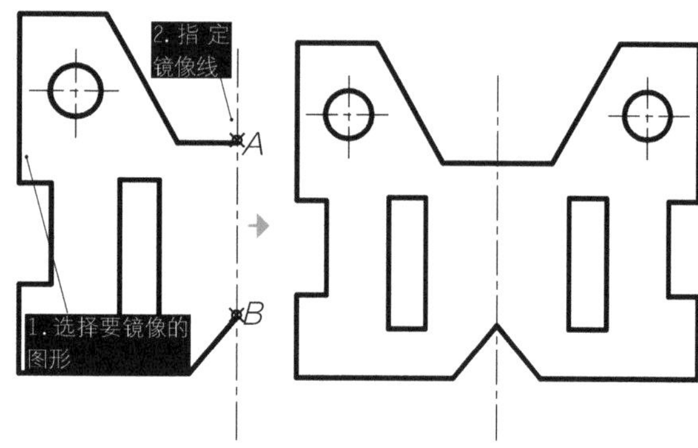

图 7-77　镜像图形

> **操作技巧**
>
> 如果是水平或者竖直方向镜像图形，可以使用【正交】功能快速指定镜像轴。

• 选项说明

【镜像】操作十分简单，命令行中的子选项不多，只有在结束命令前可选择是否删除源对象。如果选择“是”，则删除选择的镜像图形，效果如图 7-78 所示。

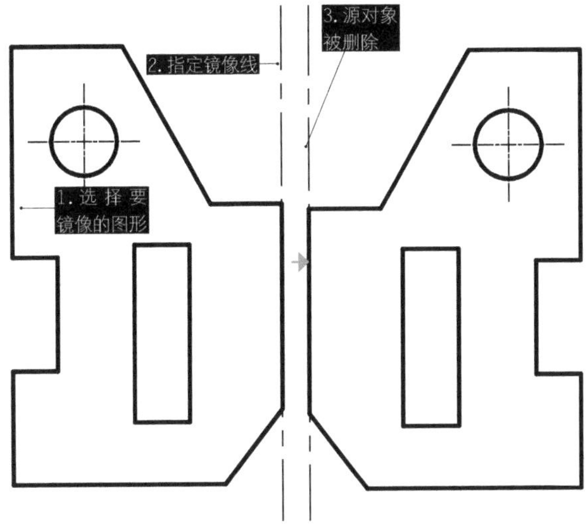

图 7-78 删除源对象的镜像

•初学解答 文字对象的镜像效果

在 AutoCAD 中，除了能镜像图形对象外，还可以对文字进行镜像，但文字的镜像效果可能会出现颠倒，这时就可以通过控制系统变量 MIRRTEXT 的值来控制文字对象的镜像方向。

在命令行中输入“MIRRTEXT”命令，设置 MIRRTEXT 变量值，不同值效果如图 7-79 所示。

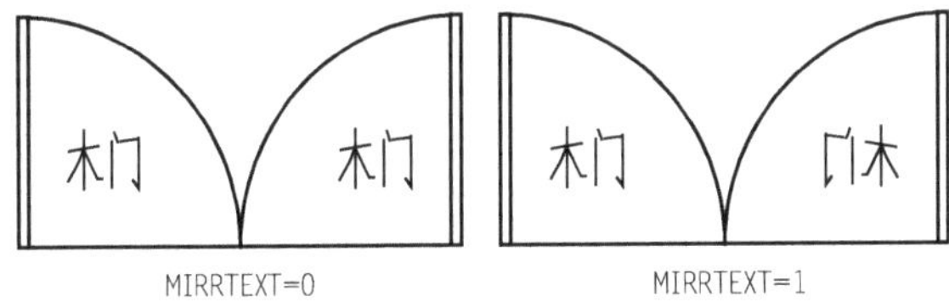

图 7-79 不同 MIRRTEXT 变量值镜像效果

练习 7-9 绘制止回风阀

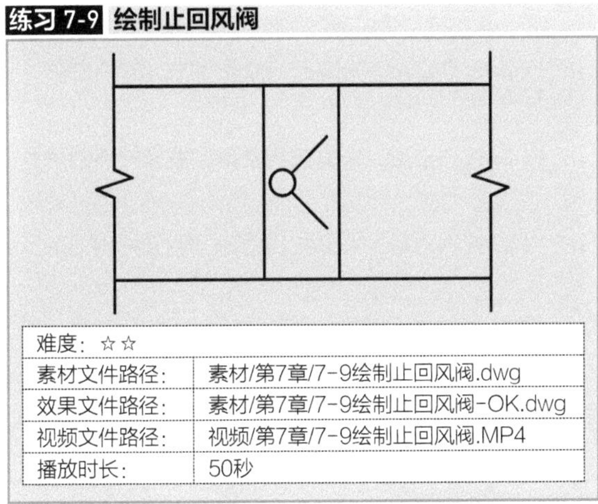

难度：☆☆	
素材文件路径：	素材/第7章/7-9绘制止回风阀.dwg
效果文件路径：	素材/第7章/7-9绘制止回风阀-OK.dwg
视频文件路径：	视频/第7章/7-9绘制止回风阀.MP4
播放时长：	50秒

止回风阀又叫单向阀。在通风、空调系统中，特别在空气洁净系统中，为防止通风机停止运转后气流倒流，常用止回风阀。在正常条件下，通风机开动后，止回风阀阀板在风压作用下会自动打开；而通风机停止运转后，阀板自动关闭。

Step 01 打开“第7章/7-9绘制止回风阀.dwg”素材文件，其中已经绘制好了一残缺的止回风阀图形，如图7-80所示，本例使用【镜像】命令将其补全。

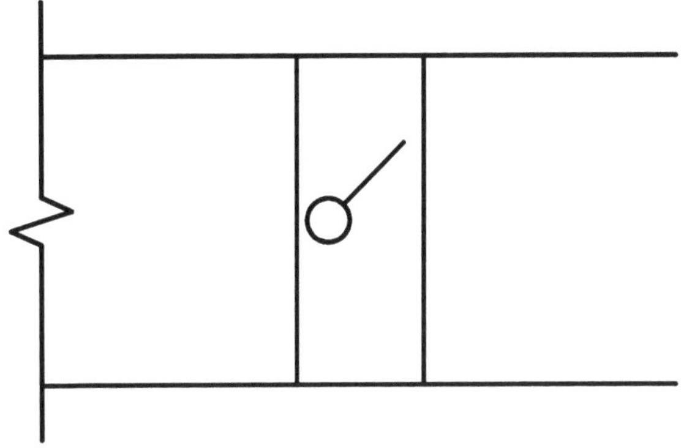

图 7-80 素材图形

Step 02 镜像左侧线段。在【默认】选项卡中，单击【修改】面板中的【镜像】按钮，以两条水平直线的中点连线为镜像线，进行镜像复制，操作如图7-81所示，命令行提示如下。

```
命令: _mirror//执行【镜像】命令
选择对象: 指定对角点: 找到 11 个//框选左侧线段图形
选择对象: ✓//按【Enter】键完成选择
指定镜像线的第一点://捕捉确定对称轴第一点A
指定镜像线的第二点://捕捉确定对称轴第二点B
要删除源对象吗? [是(Y)/否(N)] <N>:N✓//选择不删除源对象，按【Enter】键确定完成镜像
```

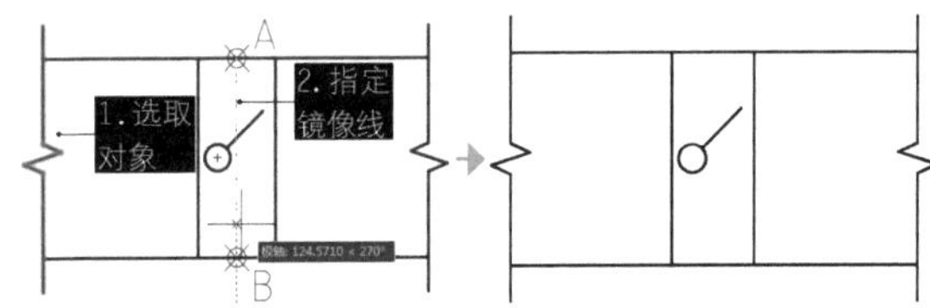

图 7-81 镜像绘制右侧线段

Step 03 按相同方法，镜像中间圆孔处的阀板图形，最终效果如图7-82所示。

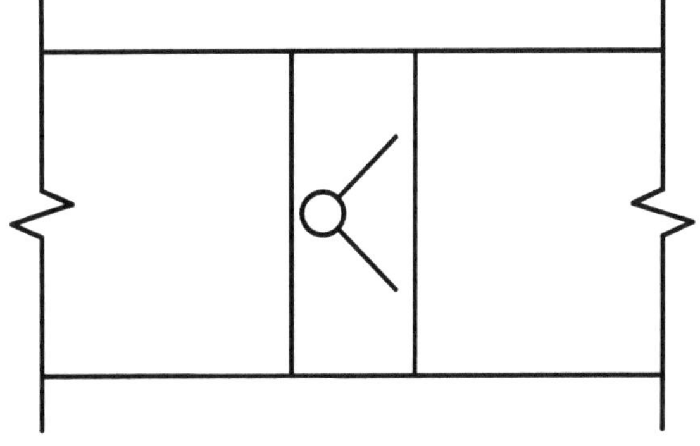

图 7-82 止风回阀图例

7.4 图形阵列类

复制、镜像和偏移等命令，一次只能复制得到一个对象副本。如果想要按照一定规律大量复制图形，可以使用 AutoCAD 2016 提供的【阵列】命令。【阵列】是一个功能强大的多重复制命令，它可以一次将选择的对象复制多个并按指定的规律进行排列。

在 AutoCAD 2016 中，提供了 3 种【阵列】方式：矩形阵列、极轴（即环形）阵列、路径阵列，可以按照矩形、环形（极轴）和路径的方式，以定义的距离、角度和路径复制出源对象的多个对象副本，如图 7-83 所示。

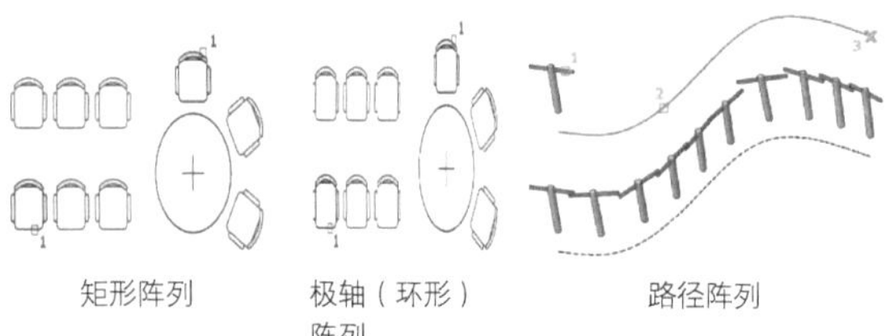

图 7-83　阵列的 3 种方式

7.4.1 矩形阵列 ★进阶★

矩形阵列就是将图形呈行列类进行排列，如园林平面图中的道路绿化、建筑立面图的窗格、规律摆放的桌椅等。

•执行方式

调用【阵列】命令的方法如下。

◆功能区：在【默认】选项卡中，单击【修改】面板中的【矩形阵列】按钮，如图 7-84 所示。

◆菜单栏：执行【修改】|【阵列】|【矩形阵列】命令，如图 7-85 所示。

◆命令行：输入“ARRAYRECT”命令。

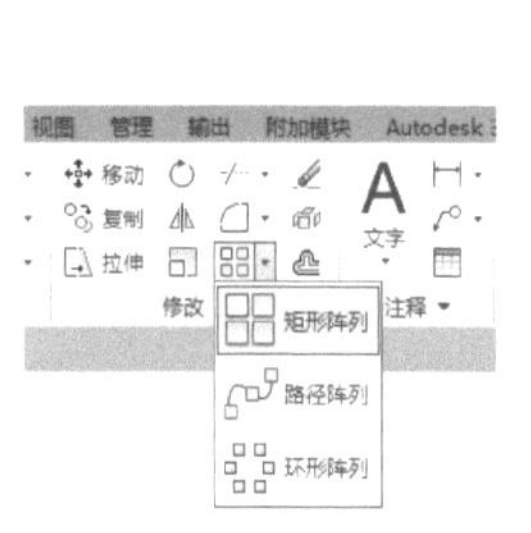

图 7-84　【功能区】调用【矩形阵列】命令

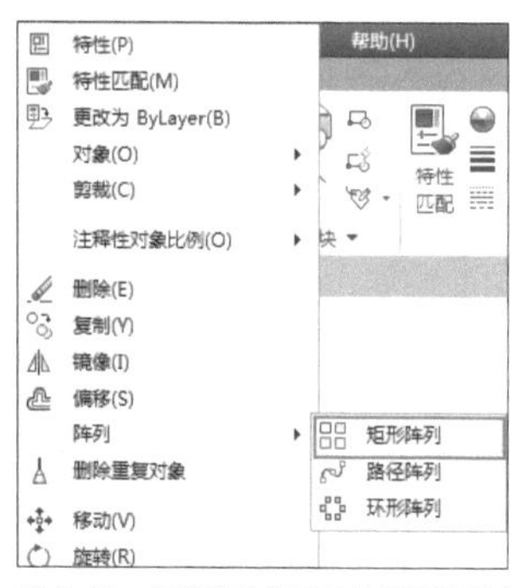

图 7-85　【菜单栏】调用【矩形阵列】命令

•操作步骤

使用矩形阵列需要设置的参数有阵列的“源对象”、“行”和“列”的数目、“行距”和“列距”。行和列的数目决定了需要复制的图形对象有多少个。

调用【阵列】命令，功能区显示矩形方式下的【阵列创建】选项卡，如图 7-86 所示，命令行提示如下。

```
命令: _arrayrect//调用【矩形阵列】命令
选择对象: 找到 1 个//选择要阵列的对象
类型 = 矩形  关联 = //显示当前的阵列设置
选择夹点以编辑阵列或 [关联(AS)/基点(B)/计数(COU)/间距(S)/列数(COL)/行数(R)/层数(L)/退出(X)]: ↙
//设置阵列参数，按【Enter】键退出
```

图 7-86　【阵列创建】选项卡

•选项说明

命令行中主要选项含义如下。

◆“关联（AS）”：指定阵列中的对象是关联的还是独立的。选择“是”，则单个阵列对象中的所有阵列项目皆关联，类似于块，更改源对象则所有项目都会更改；选择“否”，则创建的阵列项目均作为独立对象，更改一个项目不影响其他项目，如图 7-87 所示。图 7-86【阵列创建】选项卡中的【关联】按钮亮显则为“是”，反之为“否”。

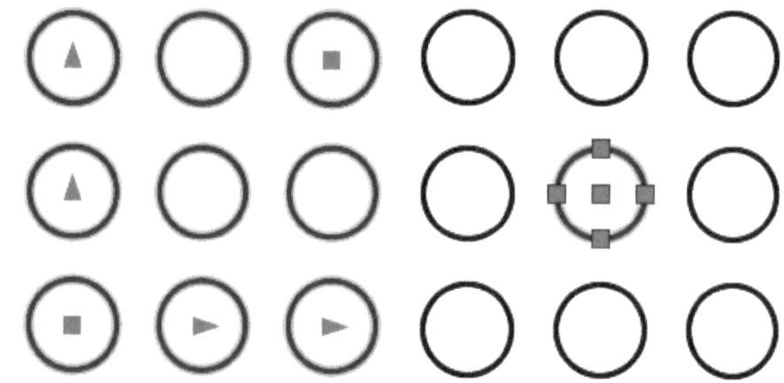

选择“是”：所有对象关联　　选择“否”：所有对象独立

图 7-87　阵列的关联效果

◆“基点（B）”：定义阵列基点和基点夹点的位置，默认为质心，如图 7-88 所示。该选项只有在启用“关联”时才有效。效果同【阵列创建】选项卡中的【基点】按钮。

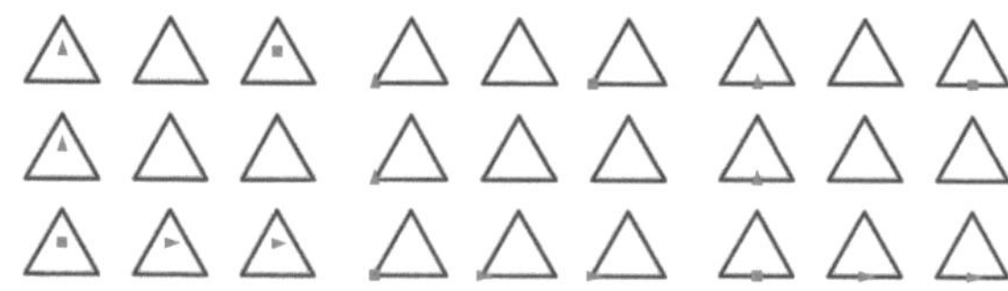

默认为质心处　　其余位置

图 7-88　不同的基点效果

◆“计数（COU）”：可指定行数和列数，并使用户在移动光标时可以动态观察阵列结果，如图 7-89 所示。效果同【阵列创建】选项卡中的【列数】、【行数】文本框。

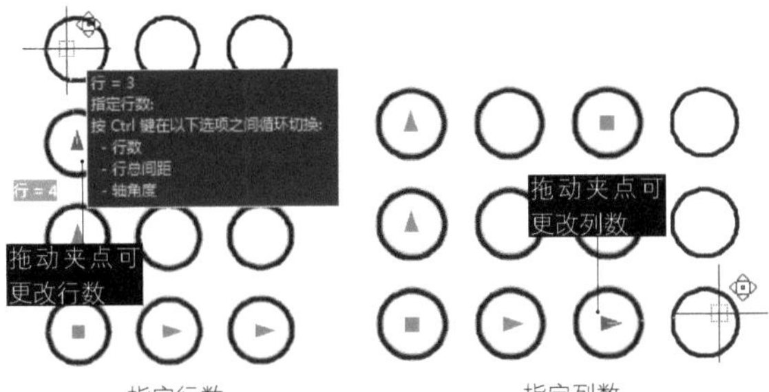

图 7-89　更改阵列的行数与列数

操作技巧

在矩形阵列的过程中，如果希望阵列的图形往相反的方向复制时，在列数或行数前面加“-”符号即可，也可以向反方向拖动夹点。

◆ “间距（S）”：指定行间距和列间距，并使用户在移动光标时可以动态观察结果，如图 7-90 所示。效果同【阵列创建】选项卡中的两个【介于】文本框。

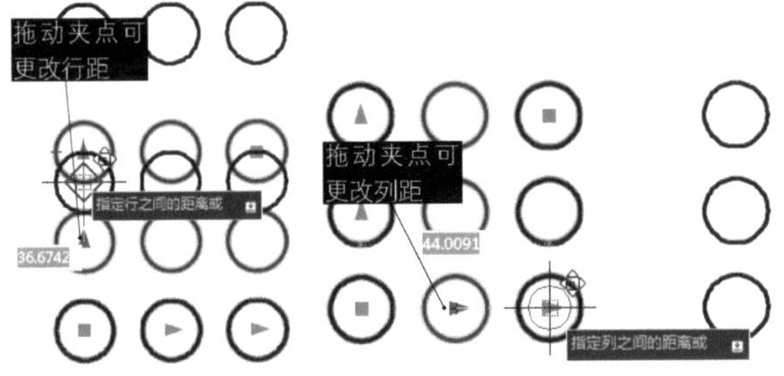

图 7-90　更改阵列的行距与列距

◆ “列数（COL）”：依次编辑列数和列间距，效果同【阵列创建】选项卡中的【列】面板。

◆ “行数（R）”：依次指定阵列中的行数、行间距以及行之间的增量标高。“增量标高”即相当于本书第 6 章 6.6.1 矩形章节中的“标高”选项，指三维效果中 Z 方向上的增量，图 7-91 所示为“增量标高”为 10 的效果。

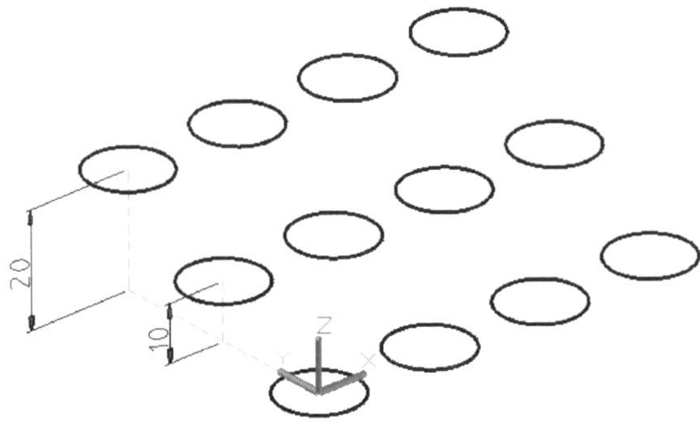

图 7-91　阵列的增量标高效果

◆ “层数（L）”：指定三维阵列的层数和层间距，效果同【阵列创建】选项卡中的【层级】面板，二维情况下无需设置。

练习 7-10 【矩形阵列】布置水管

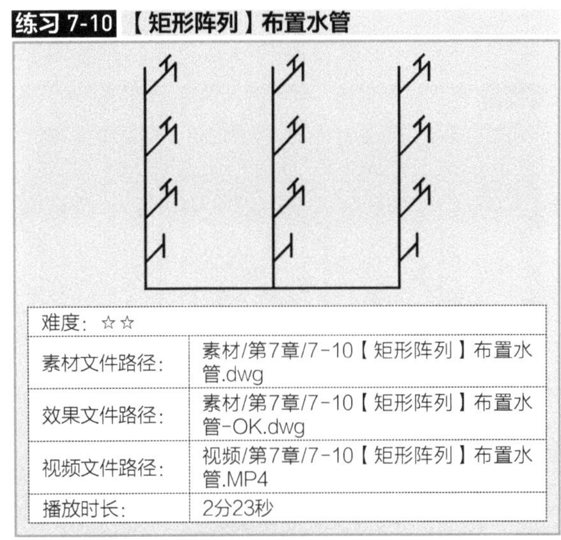

难度：☆☆	
素材文件路径：	素材/第7章/7-10【矩形阵列】布置水管.dwg
效果文件路径：	素材/第7章/7-10【矩形阵列】布置水管-OK.dwg
视频文件路径：	视频/第7章/7-10【矩形阵列】布置水管.MP4
播放时长：	2分23秒

在绘制给水管道系统图的时候，就可以使用【矩形阵列】命令来进行绘制。本例以一个局部图形进行演示，供读者参考。

Step 01 单击快速访问工具栏中的【打开】按钮，打开“第7章/7-10【矩形阵列】布置水管.dwg”文件，如图7-92所示。

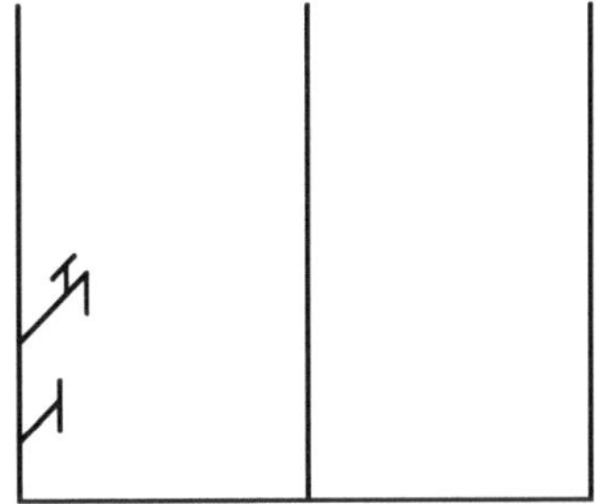

图 7-92　素材图形

Step 02 在【默认】选项卡中，单击【修改】面板中的【矩形阵列】按钮，选择水龙头图形作为第一个阵列对象，在打开的阵列选项卡中设置行数为3、行间距为70，列数为3、列间距为150，如图7-93所示。

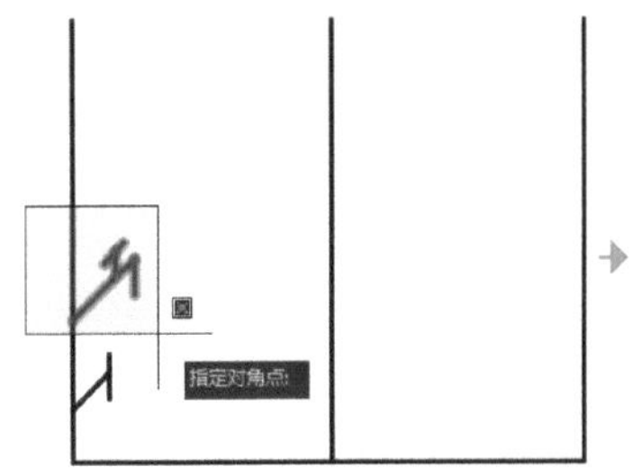

图 7-93　选择阵列对象并设置参数

列数:	3	行数:	3
介于:	150	介于:	70
总计:	300	总计:	140
列		行 ▾	

图 7-93 选择阵列对象并设置参数（续）

Step 03 阵列效果如图7-94所示，然后按相同方法，将下侧法兰管堵图形进行阵列，列数为3、列间距为150，行数设置为1，行间距为0，效果如图7-95所示。

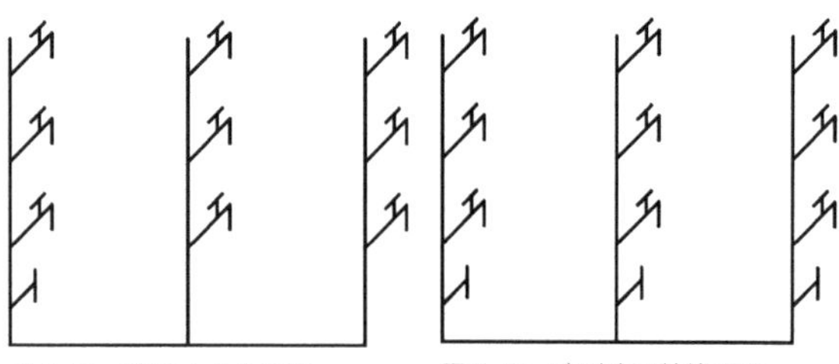

图 7-94 阵列水龙头图形　　图 7-95 阵列法兰管堵图形

7.4.2 路径阵列 ★进阶★

路径阵列可沿曲线（可以是直线、多段线、三维多段线、样条曲线、螺旋、圆弧、圆或椭圆）阵列复制图形，通过设置不同的基点，能得到不同的阵列结果。在园林设计中，使用路径阵列可快速复制园路与街道旁的树木，或者草地中的汀步图形。

• 执行方式

调用【路径阵列】命令的方法如下。

◆功能区：在【默认】选项卡中，单击【修改】面板中的【路径阵列】按钮，如图 7-96 所示。

◆菜单栏：执行【修改】|【阵列】|【路径阵列】命令，如图 7-97 所示。

◆命令行：输入“ARRAYPATH”命令。

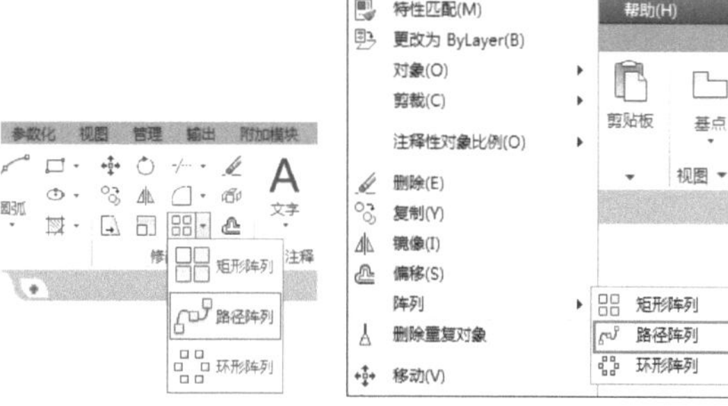

图 7-96 【功能区】调用【路径阵列】命令　　图 7-97 【菜单栏】调用【路径阵列】命令

• 操作步骤

路径阵列需要设置的参数有“阵列路径”“阵列对象”和“阵列数量”“方向”等。

调用【阵列】命令，功能区显示路径方式下的【阵列创建】选项卡，如图 7-98 所示，命令行提示如下。

```
命令: _arraypath//调用【路径阵列】命令
选择对象: 找到 1 //选择要阵列的对象
选择对象:
类型 = 路径  关联 = 是//显示当前的阵列设置
选择路径曲线: //选取阵列路径
选择夹点以编辑阵列或 [关联(AS)/方法(M)/基点(B)/切向(T)/项目(I)/行(R)/层(L)/对齐项目(A)/Z 方向(Z)/退出(X)] <退出>: ↙//设置阵列参数，按【Enter】键退出
```

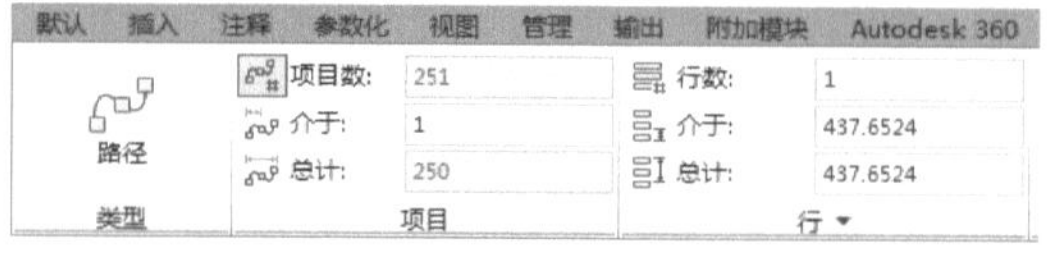

图 7-98 【阵列创建】选项卡

• 选项说明

命令行中主要选项含义如下。

◆ “关联（AS）”：与【矩形阵列】中的“关联”选项相同，这里不重复讲解。

◆ “方法（M）”：控制如何沿路径分布项目，有“定数等分（D）”和“定距等分（M）”两种方式。效果与第 6 章的 6.1.3 定数等分、6.1.4 定距等分中的“块”一致，只是阵列方法较灵活，对象不限于块，可以是任意图形。

◆ “基点（B）”：定义阵列的基点。路径阵列中的项目相对于基点放置，选择不同的基点，进行路径阵列的效果也不同，如图 7-99 所示。效果同【阵列创建】选项卡中的【基点】按钮。

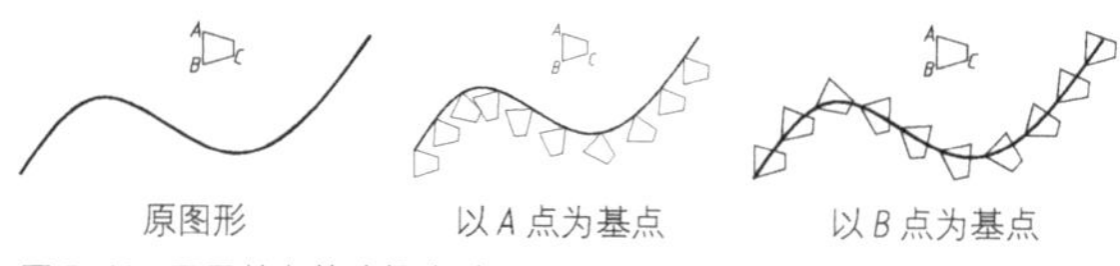

图 7-99 不同基点的路径阵列

◆ “切向（T）”：指定阵列中的项目如何相对于路径的起始方向对齐，不同基点、切向的阵列效果如图 7-100 所示。效果同【阵列创建】选项卡中的【切线方向】按钮。

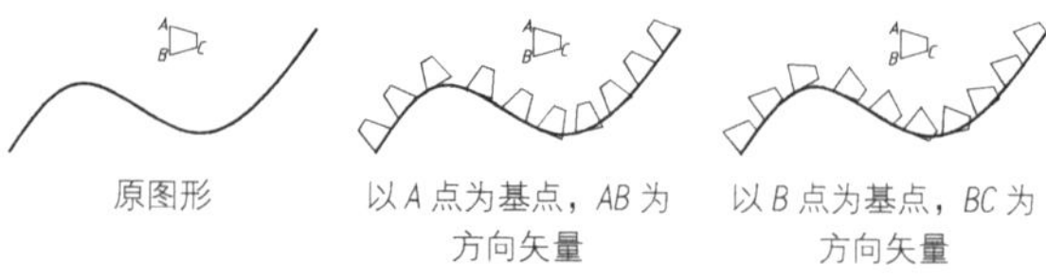

图 7-100 不同基点、切向的路径阵列

◆ “项目（I）”：根据“方法”设置，指定项目数（方法为定数等分）或项目之间的距离（方法为定距等分），

如图 7-101 所示。效果同【阵列创建】选项卡中的【项目】面板。

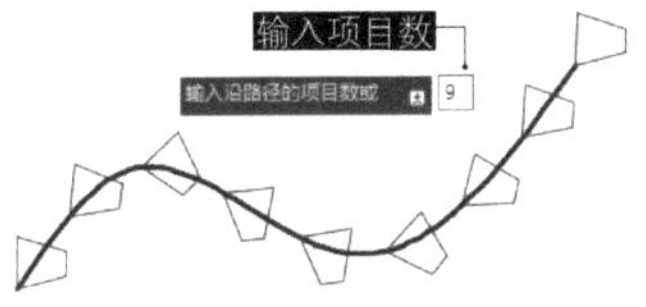

定数等分：指定项目数

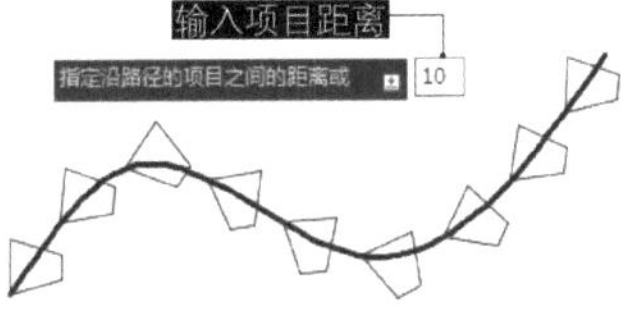

定距等分：指定项目距离

图 7-101 根据所选方法输入阵列的项目数（续）

◆ “行（R）”：指定阵列中的行数、它们之间的距离以及行之间的增量标高，如图 7-102 所示。效果同【阵列创建】选项卡中的【行】面板。

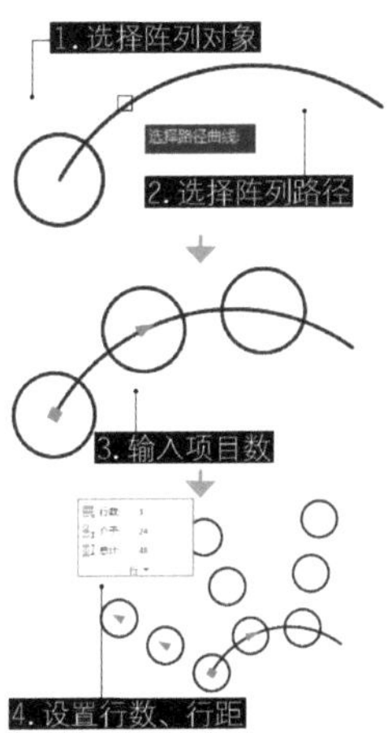

图 7-102 路径阵列的“行”效果

◆ “层（L）”：指定三维阵列的层数和层间距，效果同【阵列创建】选项卡中的【层级】面板，二维情况下无需设置。

◆ “对齐项目（A）”：指定是否对齐每个项目以与路径的方向相切，对齐相对于第一个项目的方向，效果对比如图 7-103 所示。【阵列创建】选项卡中的【对齐项目】按钮亮显则开启，反之关闭。

开启“对齐项目”效果

图 7-103 对齐项目效果

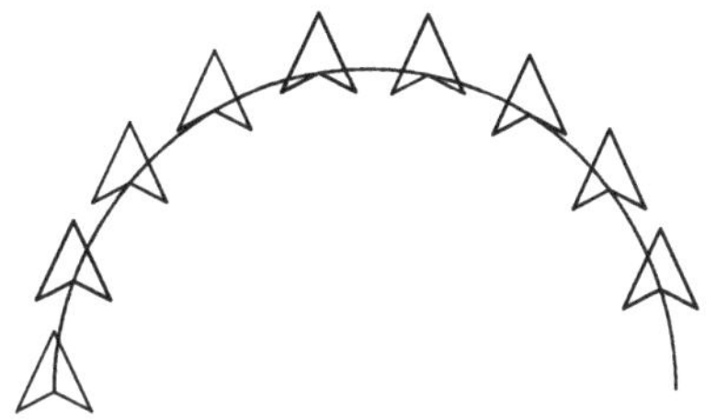
关闭“对齐项目”效果

图 7-103 对齐项目效果（续）

◆ “Z 方向”：控制是否保持项目的原始 z 方向或沿三维路径自然倾斜项目。

7.4.3 环形阵列 ★进阶★

【环形阵列】即极轴阵列，是以某一点为中心点进行环形复制，阵列结果是使阵列对象沿中心点的四周均匀排列成环形。

• 执行方式

调用【极轴阵列】命令的方法如下。

◆ 功能区：在【默认】选项卡中，单击【修改】面板中的【环形阵列】按钮，如图 7-104 所示。

◆ 菜单栏：执行【修改】|【阵列】|【环形阵列】命令，如图 7-105 所示。

◆ 命令行：输入“ARRAYPOLAR”命令。

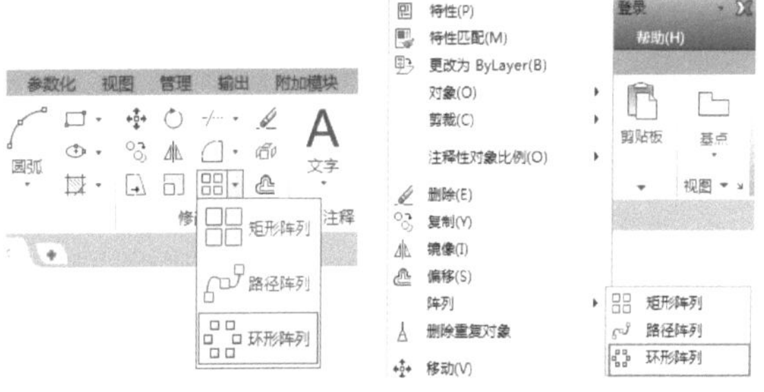

图 7-104 【功能区】调用【环形阵列】命令

图 7-105 菜单栏】调用【环形阵列】命令

• 操作步骤

【环形阵列】需要设置的参数有阵列的“源对象”“项目总数”“中心点位置”和“填充角度”。填充角度是指全部项目排成的环形所占有的角度。例如，对于 360° 填充，所有项目将排满一圈，如图 7-106 所示；对于 120° 填充，所有项目只排满三分之一圈，如图 7-107 所示。

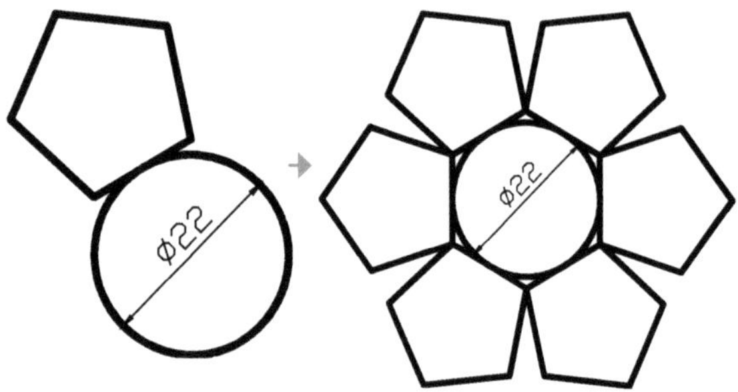

图 7-106　指定项目总数和填充角度阵列

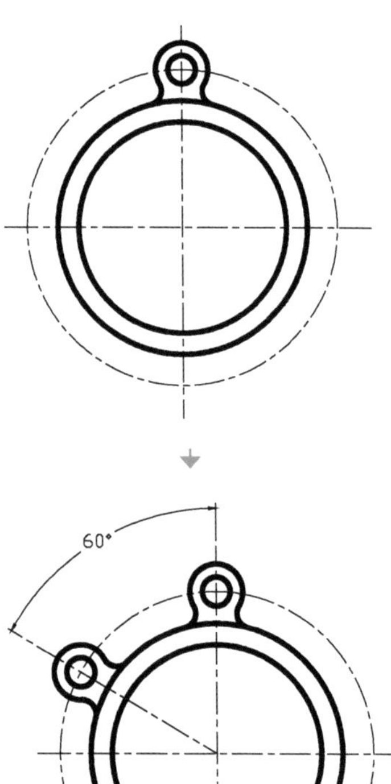

图 7-107　指定项目总数和项目间的角度阵列

调用【阵列】命令，功能区面板显示【阵列创建】选项卡，如图 7-108 所示，命令行提示如下。

```
命令：_arraypolar//调用【环形阵列】命令
选择对象：找到 1 个//选择阵列对象
选择对象：
类型 = 极轴  关联 = 是//显示当前的阵列设置
指定阵列的中心点或 [基点(B)/旋转轴(A)]：//指定阵列中心点
选择夹点以编辑阵列或 [关联(AS)/基点(B)/项目(I)/项目间角度(A)/填充角度(F)/行(ROW)/层(L)/旋转项目(ROT)/退出(X)] <退出>：↙//设置阵列参数并按【Enter】键退出
```

图 7-108　【阵列创建】选项卡

• 选项说明

命令行主要选项含义如下。

◆ “关联（AS）”：与【矩形阵列】中的“关联”选项相同，这里不重复讲解。

◆ “基点（B）”：指定阵列的基点，默认为质心，效果同【阵列创建】选项卡中的【基点】按钮。

◆ “项目（I）”：使用值或表达式指定阵列中的项目数，默认为 360° 填充下的项目数，如图 7-109 所示。

◆ “项目间角度（A）”：使用值表示项目之间的角度，如图 7-110 所示。同【阵列创建】选项卡中的【项目】面板。

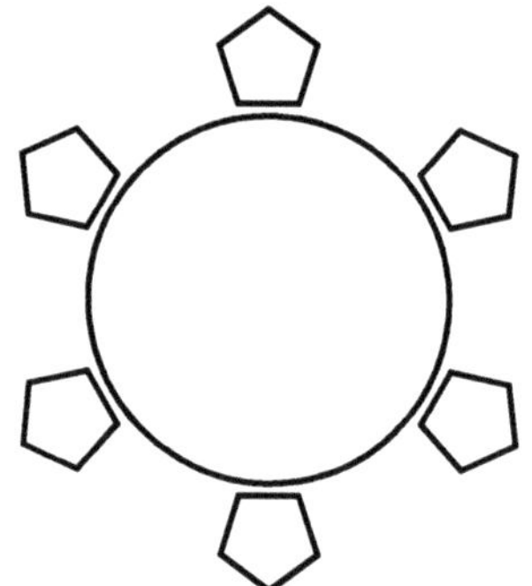

项目数为 6

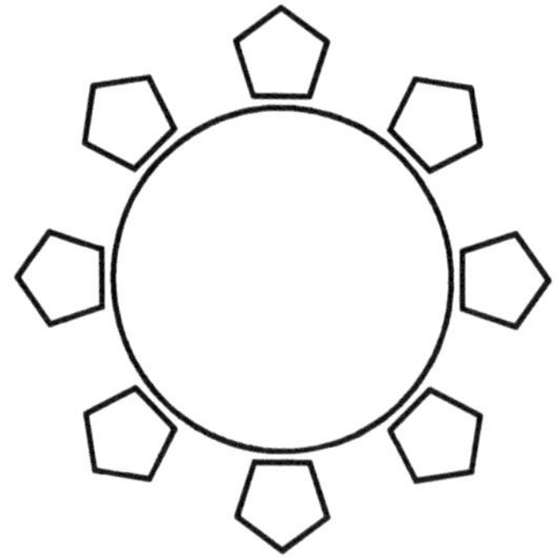

项目数为 8

图 7-109　不同的项目数效果

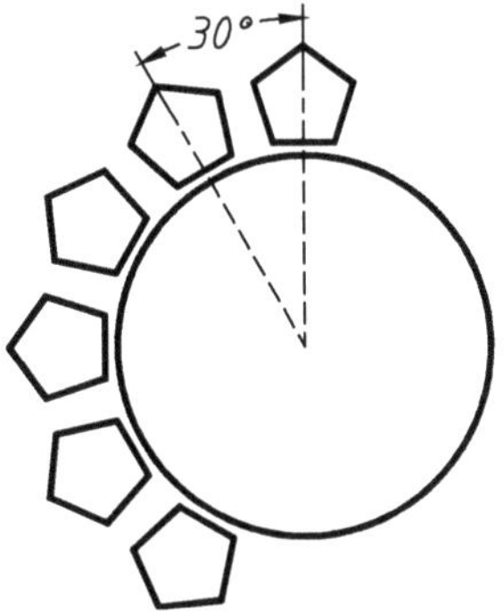

项目间角度为 30°

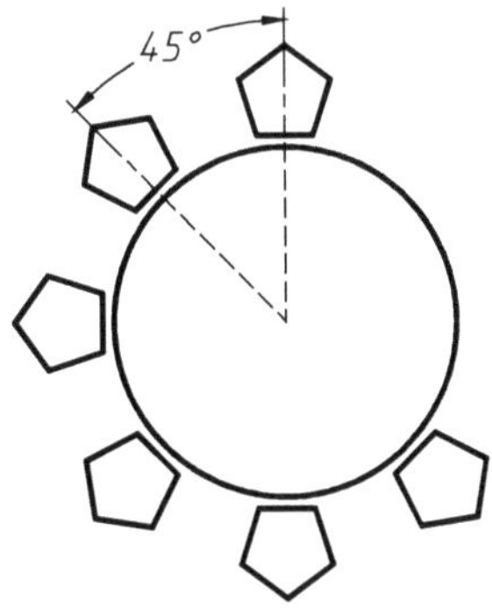

项目间角度为 45°

图 7-110　不同的项目间角度效果

◆ “填充角度（F）”：使用值或表达式指定阵列中第一个和最后一个项目之间的角度，即环形阵列的总角度。

◆ “行（ROW）”：指定阵列中的行数、它们之间的距离以及行之间的增量标高，效果与【路径阵列】中的“行（R）”选项一致，在此不重复讲解。

◆ “层（L）”：指定三维阵列的层数和层间距，效果同【阵列创建】选项卡中的【层级】面板，二维情况下无需设置。

◆ “旋转项目（ROT）”：控制在阵列项时是否旋转项，效果对比如图 7-111 所示。【阵列创建】选项卡中的【旋转项目】按钮亮显则开启，反之关闭。

开启“旋转项目”效果

图 7-111　旋转项目效果

关闭“旋转项目”效果

图 7-111　旋转项目效果（续）

练习 7-11 【环形阵列】绘制散流器

难度：☆☆	
素材文件路径：	素材/第7章/7-11【环形阵列】绘制散流器.dwg
效果文件路径：	素材/第7章/7-11【环形阵列】绘制散流器-OK.dwg
视频文件路径：	视频/第7章/7-11【环形阵列】绘制散流器.MP4
播放时长：	54秒

本例通过【环形阵列】绘制另一形式的圆形散流器。

Step 01 单击快速访问工具栏中的【打开】按钮，打开“第7章/7-11【环形阵列】绘制散流器.dwg”文件，如图7-112所示。

Step 02 在【默认】选项卡中，单击【修改】面板中的【环形阵列】按钮，启动环形阵列。

Step 03 选择图形下侧的矩形作为阵列对象，命令行操作如下。

```
类型 = 极轴  关联 = 是
指定阵列的中心点或 [基点(B)/旋转轴(A)]: //指定素材圆心作为阵列的中心点进行阵列
选择夹点以编辑阵列或 [关联(AS)/基点(B)/项目(I)/项目间角度(A)/填充角度(F)/行(ROW)/层(L)/旋转项目(ROT)/退出(X)] <退出>: I↙//选择“项目”选项，设置环形阵列参数
输入阵列中的项目数或 [表达式(E)] <6>: 4↙//输入环形阵列对象数
选择夹点以编辑阵列或 [关联(AS)/基点(B)/项目(I)/项目间角度(A)/填充角度(F)/行(ROW)/层(L)/旋转项目(ROT)/退出(X)] <退出>:
```

Step 04 环形阵列结果如图7-113所示。

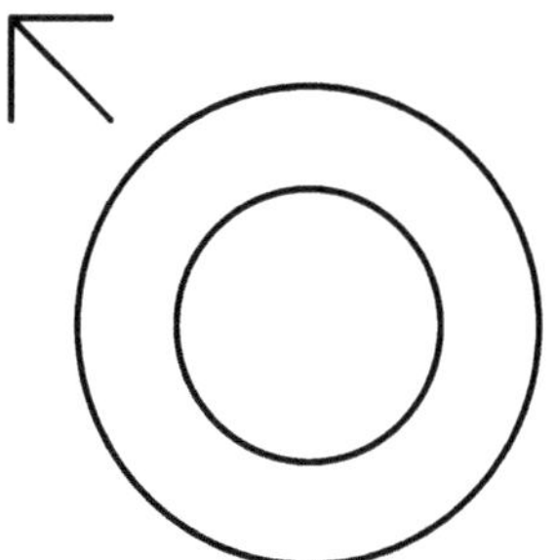

图 7-112 素材图形

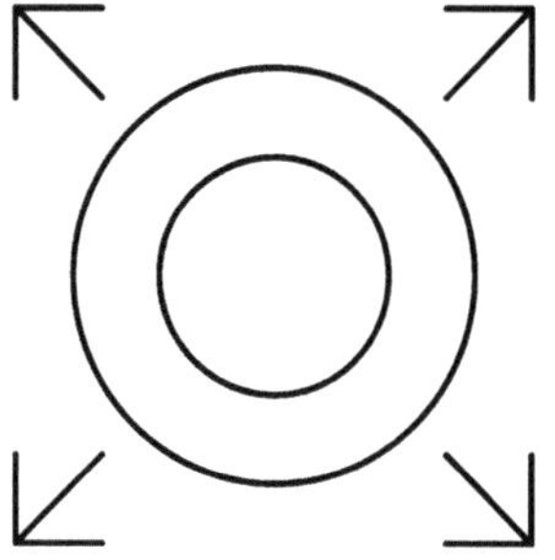

图 7-113 环形阵列结果

·熟能生巧 编辑关联阵列

要对所创建的阵列的进行编辑，可使用如下方法。

◆命令行：输入“ARRAYEDIT”命令。

◆快捷操作 1：选中阵列图形，拖动对应夹点。

◆快捷操作 2：选中阵列图形，打开如图 7-114 所示的【阵列】选项卡，选择该选项卡中的功能进行编辑。这里要引起注意的是，不同的阵列类型，对应的【阵列】选项卡中的按钮虽然不一样，但名称却是一样的。

◆快捷操作 3：按【Ctrl】键拖动阵列中的项目。

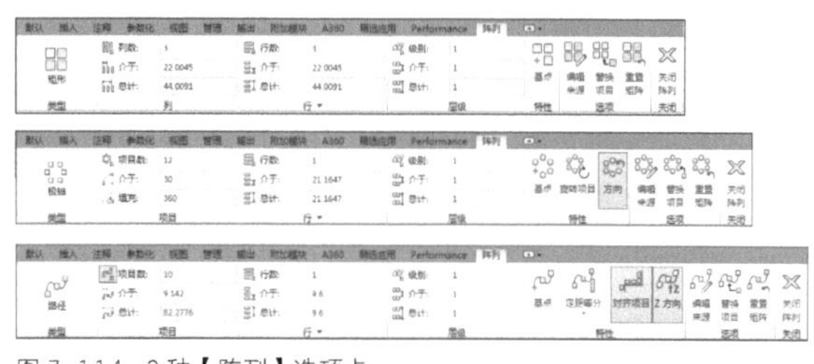

图 7-114 3 种【阵列】选项卡

单击【阵列】选项卡【选项】面板中的【替换项目】按钮，用户可以使用其他对象替换选定的项目，其他阵列项目将保持不变，如图 7-115 所示。

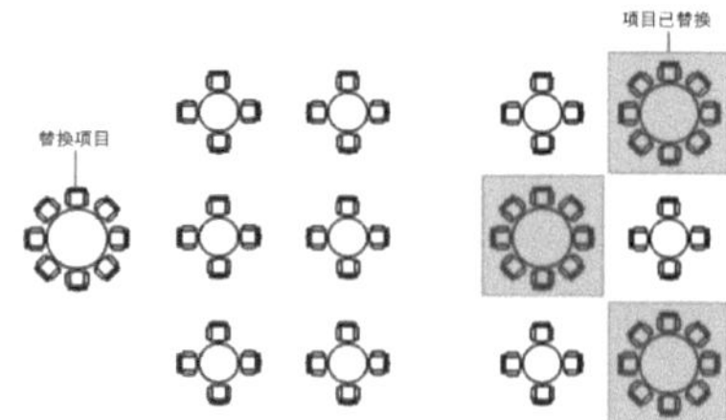

图 7-115 替换阵列项目

单击【阵列】选项卡【选项】面板中的【编辑来源】按钮，可进入阵列项目源对象编辑状态，保存更改后，所有的更改（包括创建新的对象）将立即应用于参考相同源对象的所有项目，如图 7-116 所示。

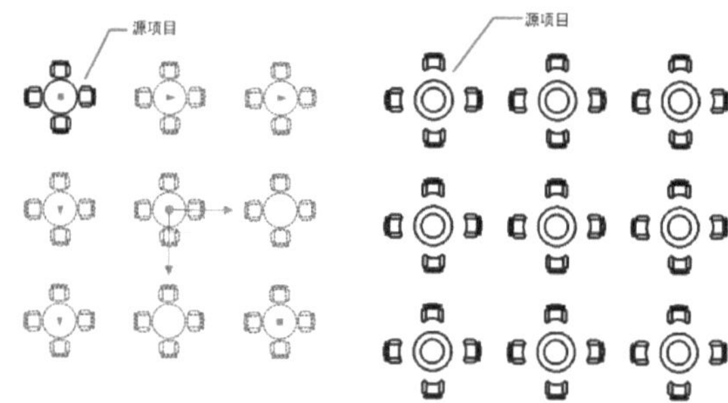

图 7-116 编辑阵列源项目

按【Ctrl】键并单击阵列中的项目，可以单独删除、移动、旋转或缩放选定的项目，而不会影响其余的阵列，如图 7-117 所示。

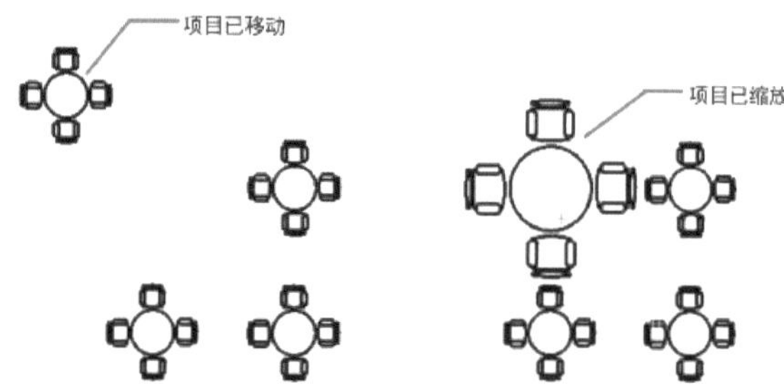

图 7-117 单独编辑阵列项目

7.5 辅助绘图类

图形绘制完成后，有时还需要对细节部分做一定的处理，这些细节处理包括倒角、倒圆、曲线及多段线的调整等；此外部分图形可能还需要分解或打断进行二次编辑，如矩形、多边形等。

7.5.1 圆角 ★进阶★

利用【圆角】命令可以将两条相交的直线通过一个圆弧连接起来，通常用来表示在机械加工中把工件的棱角切削成圆弧面，是倒钝、去毛刺的常用手段，因此多见于机械制图中，如图 7-118 所示。

·执行方式

在 AutoCAD 2016 中【圆角】命令有以下几种调用方法。

◆功能区：单击【修改】面板中的【圆角】按钮，如图 7-119 所示。

◆菜单栏：执行【修改】|【圆角】命令。

◆命令行：输入“FILLET”或“F”命令。

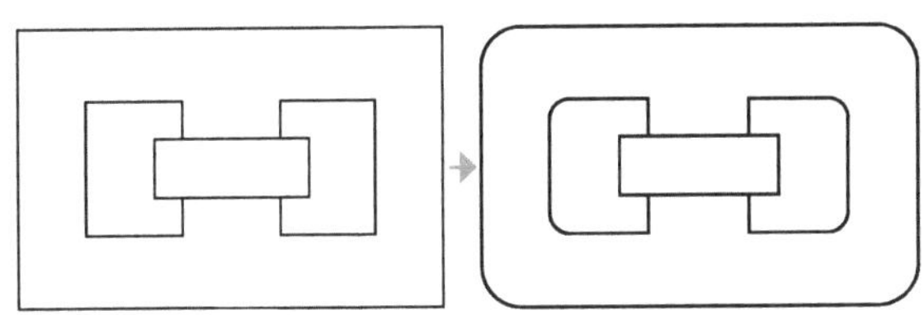

图 7-118 绘制圆角

图 7-119 【修改】面板中的【圆角】按钮

• 操作步骤

执行【圆角】命令后，命令行显示如下。

```
命令: _fillet//执行【圆角】命令
当前设置: 模式 = 修剪, 半径 = 3.0000//当前圆角设置
选择第一个对象或 [放弃(U)/多段线(P)/半径(R)/修剪(T)/多个(M)]:    //选择要倒圆的第一个对象
选择第二个对象, 或按住 【Shift】 键选择对象以应用角点或 [半径(R)]://选择要倒圆的第二个对象
```

创建的圆弧方向和长度由选择对象所拾取的点确定，始终在距离所选位置最近处创建圆角，如图 7-120 所示。

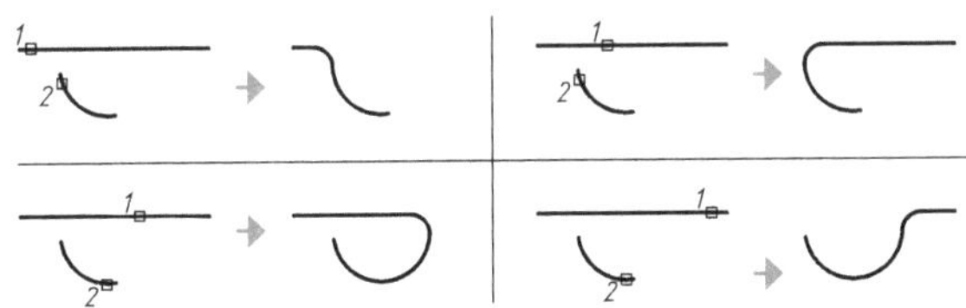

图 7-120 所选对象位置与所创建圆角的关系

重复【圆角】命令之后，圆角的半径和修剪选项无须重新设置，直接选择圆角对象即可，系统默认以上一次圆角的参数创建之后的圆角。

• 选项说明

命令行中各选项的含义如下。

◆ “放弃（U）”：放弃上一次的圆角操作。

◆ “多段线（P）”：选择该项将对多段线中每个顶点处的相交直线进行圆角，并且圆角后的圆弧线段将成为多段线的新线段（除非“修剪（T）”选项设置为“不修剪”），如图 7-121 所示。

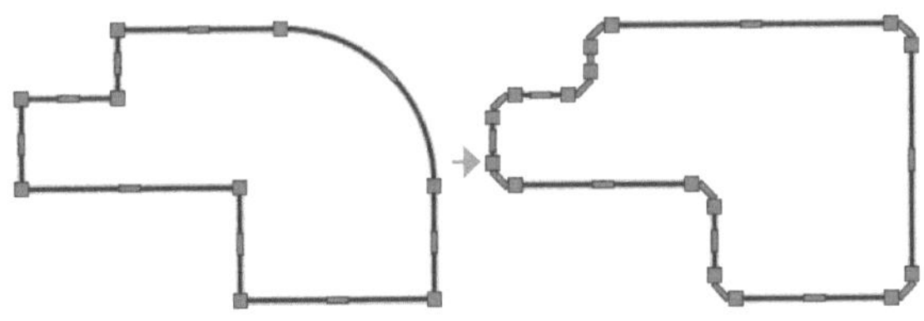

图 7-121 “多段线（P）”倒圆

◆ “半径（R）”：选择该项，可以设置圆角的半径，更改此值不会影响现有圆角。0 半径值可用于创建锐角，还原已倒圆的对象，或为两条直线、射线、构造线、二维多段线创建半径为 0 的圆角会延伸或修剪对象以使其相交，如图 7-122 所示。

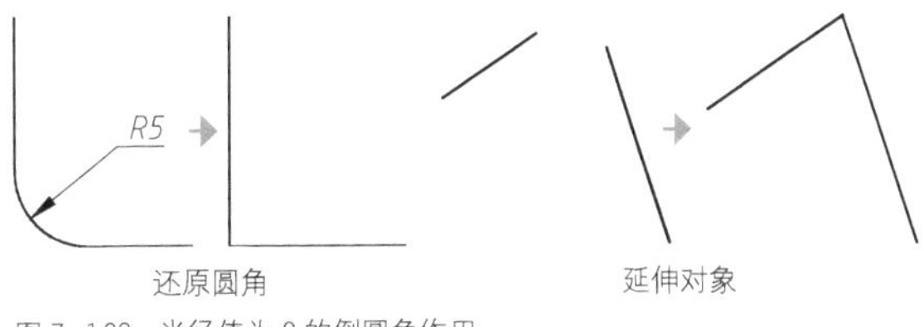

图 7-122 半径值为 0 的倒圆角作用

◆ “修剪（T）”：选择该项，设置是否修剪对象。修剪与不修剪的效果对比如图 7-123 所示。

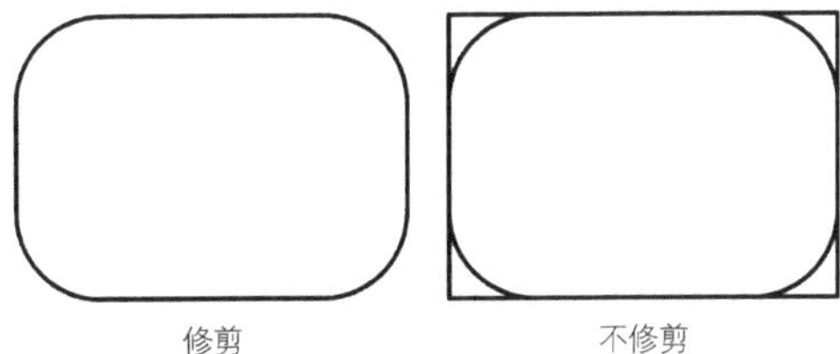

图 7-123 倒圆角的修剪效果

◆ “多个（M）”：选择该选项，可以在依次调用命令的情况下对多个对象进行圆角。

• 初学解答 平行线倒圆角

在 AutoCAD 2016 中，两条平行直线也可进行圆角，但圆角直径需为两条平行线的距离，如图 7-124 所示。

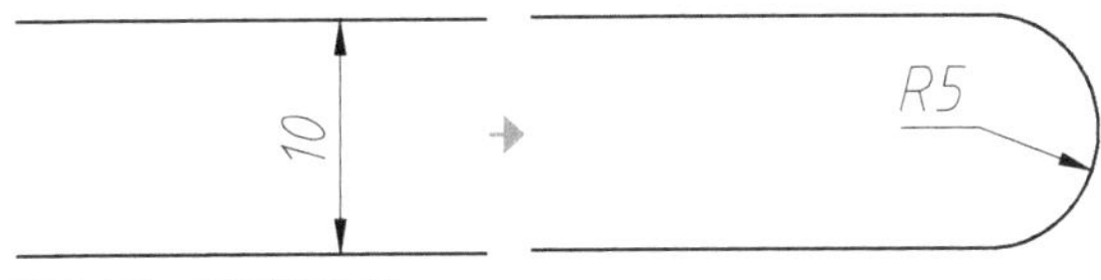

图 7-124 平行线倒圆角

• 熟能生巧 快速创建半径为 0 的圆角

创建半径为 0 的圆角在设计绘图时十分有用，不仅能还原已经倒圆的线段，还可以作为【延伸】命令让线段相交。

但如果每次创建半径为 0 的圆角，都需要选择“半径（R）”进行设置的话，则操作多有不便。这时就可以按住【Shift】键来快速创建半径为 0 的圆角，如图 7-125 所示。

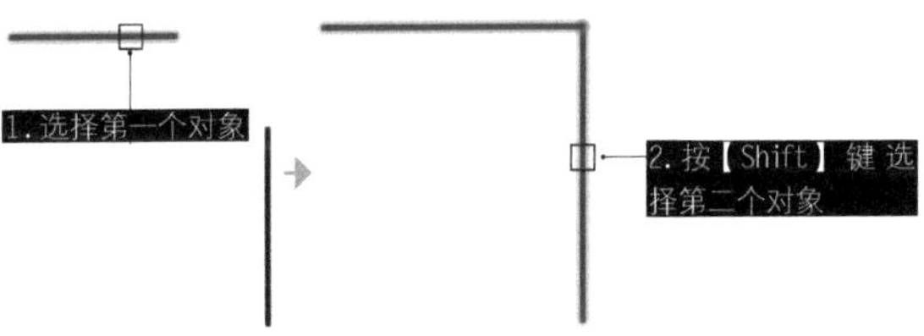

图 7-125 快速创建半径为 0 的圆角

7.5.2 倒角

★进阶★

【倒角】命令用于将两条非平行直线或多段线以一斜线相连，在机械、家具、室内等设计图中均有应用。默认情况下，需要选择进行倒角的两条相邻的直线，然后按当前的倒角大小对这两条直线倒角。如图 7-126 所示，为绘制倒角的图形。

•执行方式

在 AutoCAD 2016 中，【倒角】命令有以下几种调用方法。

◆ 功能区：单击【修改】面板中的【倒角】按钮，如图 7-127 所示。

◆ 菜单栏：执行【修改】|【倒角】命令。

◆ 命令行：输入“CHAMFER”或“CHA”命令。

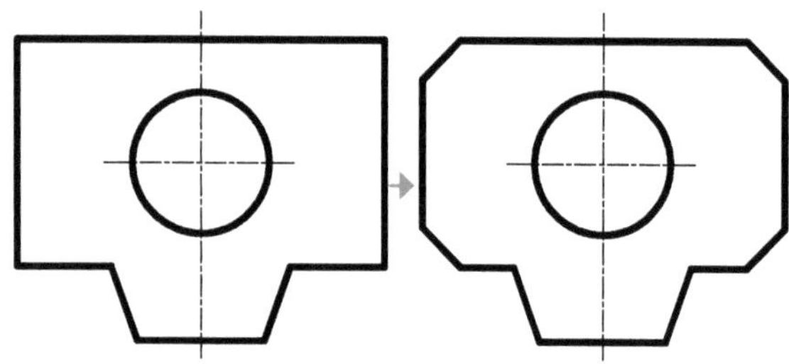

图 7-126 【修改】面板中的【倒角】按钮

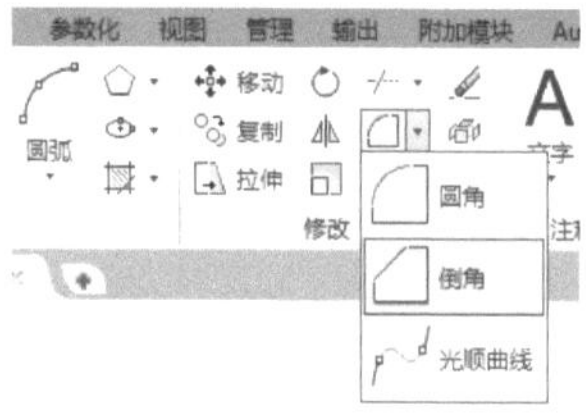

图 7-127 绘制倒角

•操作步骤

倒角命令使用分个两个步骤：第一步确定倒角的大小，通过命令行里的【距离】选项实现；第二步是选择需要倒角的两条边。调用【倒角】命令，命令行提示如下。

```
命令：_chamfer//调用【倒角】命令
（“修剪”模式）当前倒角距离 1 = 0.0000，距离 2 = 0.0000
选择第一条直线或 [放弃(U)/多段线(P)/距离(D)/角度(A)/修剪(T)/方式(E)/多个(M)]:
//选择倒角的方式，或选择第一条倒角边
选择第二条直线，或按住【Shift】键选择直线以应用角点或 [距离(D)/角度(A)/方法(M)]:
//选择第二条倒角边
```

•选项说明

命令行中各选项含义如下。

◆ “放弃（U）”：放弃上一次的倒角操作。

◆ “多段线（P）”：对整个多段线每个顶点处的相交直线进行倒角，并且倒角后的线段将成为多段线的新线段。如果多段线包含的线段过短以至于无法容纳倒角距离，则不对这些线段倒角，如图 7-128 所示（倒角距离为 3）。

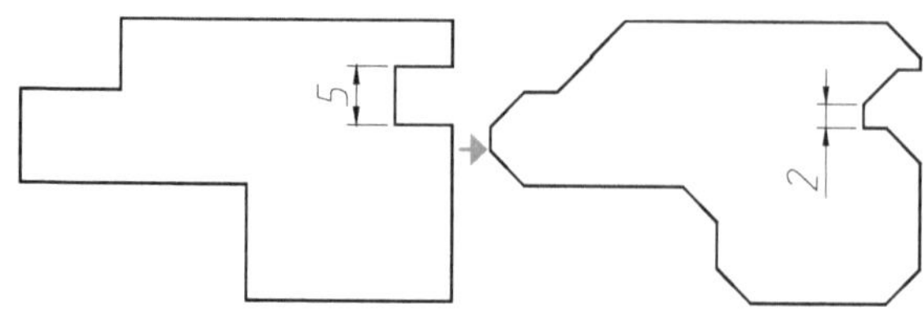

图 7-128 “多段线（P）”倒角

◆ “距离（D）”：通过设置两个倒角边的倒角距离来进行倒角操作，第二个距离默认与第一个距离相同。如果将两个距离均设定为零，CHAMFER 将延伸或修剪两条直线，以使它们终止于同一点，同半径为 0 的倒圆角，如图 7-129 所示。

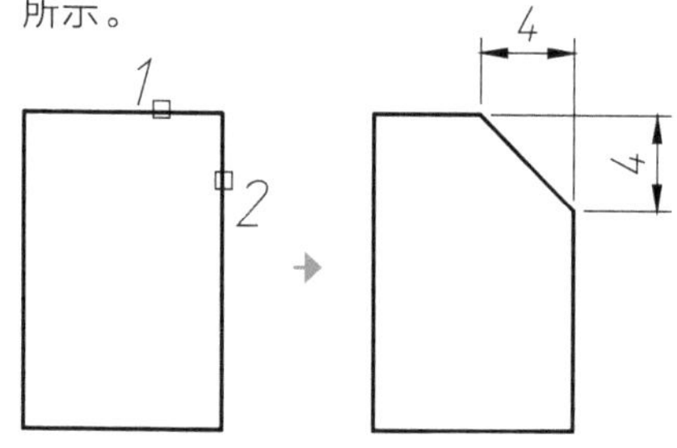

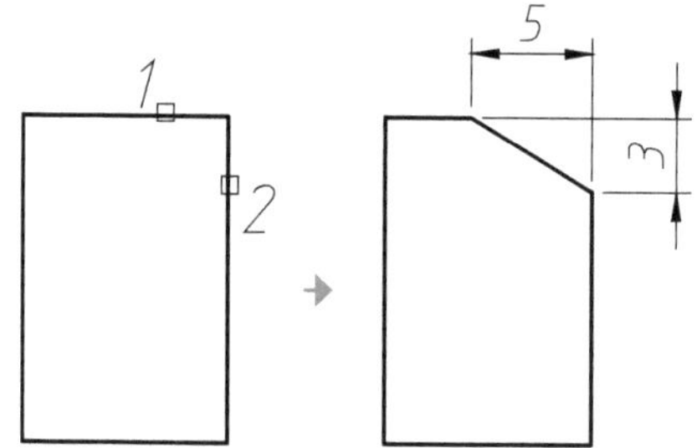

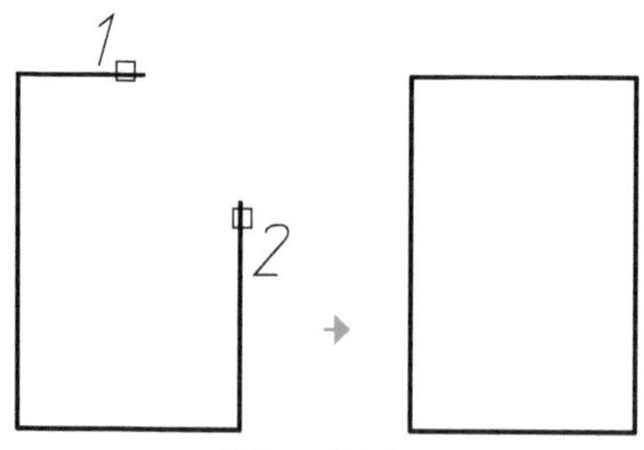

图 7-129 不同“距离（D）”的倒角

◆ “角度（A）”：用第一条线的倒角距离和第二条线的角度设定倒角距离，如图 7-130 所示。

◆ “修剪（T）”：设定是否对倒角进行修剪，如图 7-131 所示。

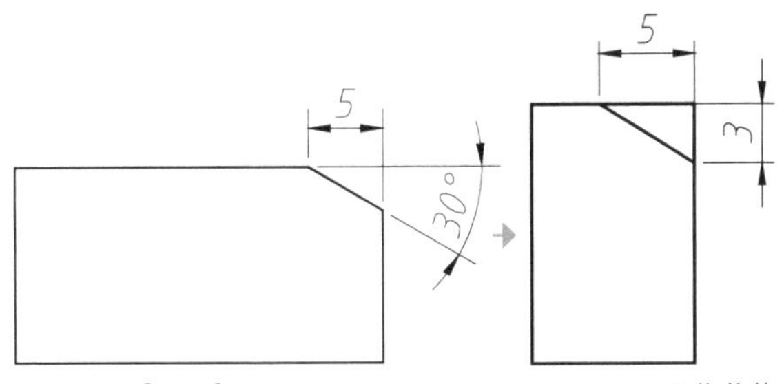

图 7-130 【角度】倒角方式

图 7-131 不修剪的倒角效果

◆ “方式（E）”：选择倒角方式，与选择【距离 (D)】或【角度 (A)】的作用相同。

◆ “多个（M）”：选择该项，可以对多组对象进行倒角。

7.5.3 光顺曲线

【光顺曲线】命令是指在两条开放曲线的端点之间，创建相切或平滑的样条曲线，有效对象包括：直线、圆弧、椭圆弧、螺线、没闭合的多段线和没闭合的样条曲线。

• 执行方式

执行【光顺曲线】命令的方法有以下 3 种方法。

◆ 功能区：在【默认】选项卡中，单击【修改】面板中的【光顺曲线】按钮，如图 7-132 所示。

◆ 菜单栏：选择【修改】|【光顺曲线】菜单命令。

◆ 命令行：输入“BLEND”命令。

• 操作步骤

光顺曲线的操作方法与倒角类似，依次选择要光顺的 2 个对象即可，效果如图 7-133 所示。

图 7-132 【修改】面板中的【光顺曲线】按钮

图 7-133 光顺曲线

执行上述命令后，命令行提示如下。

```
命令: _blend↙//调用【光顺曲线】命令
连续性 = 相切
选择第一个对象或 [连续性(CON)]: //要光顺的对象
选择第二个点: CON↙//激活【连续性】选项
输入连续性 [相切(T)/平滑(S)] <相切>: S↙//激活【平滑】选项
选择第二个点://单击第二点完成命令操作
```

• 选项说明

其各选项的含义如下。

◆ “连续性（CON）”：设置连接曲线的过渡类型，有“相切”“平滑”两个子选项，含义说明如下。

◆ “相切（T）”：创建一条 3 阶样条曲线，在选定对象的端点处具有相切连续性。

◆ “平滑（S）”：创建一条 5 阶样条曲线，在选定对象的端点处具有曲率连续性。

7.5.4 编辑多段线 ★重点★

【编辑多段线】命令专用于编辑修改已存在的多段线，以及将直线或曲线转化为多段线。在水暖电设计中，由于系统图多是由【多段线】进行绘制，因此掌握它的编辑方法将有效提高绘图效率。

• 执行方式

调用【多段线】命令的方式有以下两种。

◆ 功能区：单击【修改】面板中的【编辑多段线】按钮，如图 7-134 所示。

◆ 菜单栏：调用【修改】|【对象】|【多段线】菜单命令，如图 7-135 所示。

◆ 命令行：输入“PEDIT”或“PE”命令。

图 7-134 【修改】面板中的【编辑多段线】按钮

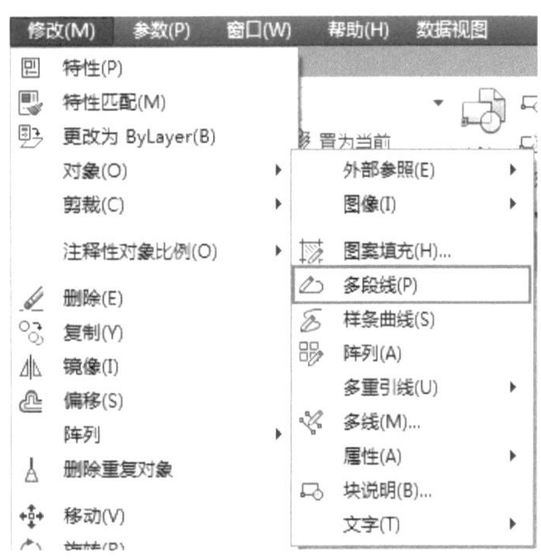

图 7-135 【编辑多段线】菜单命令

• 操作步骤

启动命令后，选择需要编辑的多段线。然后命令行提示各备选项，选择其中的一项来对多段线进行编辑。命令行提示如下。

```
命令: PE↙//启动命令
PEDIT 选择多段线或 [多条(M)]//选择一条或多条多段线
输入选项 [闭合(C)/合并(J)/宽度(W)/编辑顶点(E)/拟合(F)/样条曲线(S)/非曲线化(D)/线型生成(L)/反转(R)/放弃(U)]://提示选择备选项
```

• 选项说明

下面介绍常用的备选项用法。

合并（J）

“合并（J）”备选项是【PEDIT】命令中最常用的一种编辑操作，可以将首尾相连的不同多段线合并成一个多段线。

更具实用意义的是，它能够将首尾相连的非多段线（如直线、圆弧等）连接起来，并转化成一个单独的多段线，如图7-136所示。这个功能在三维建模中经常用到，用以创建封闭的多段线，从而生成面域。

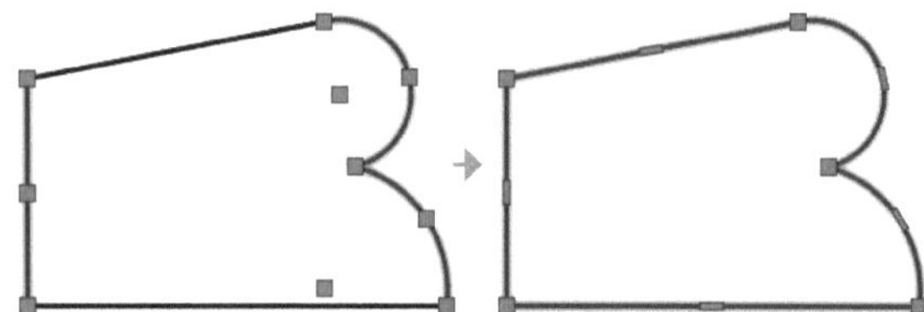

图7-136　将非多段线合并为一条多段线

打开（O）/闭合（C）

对于首尾相连的闭合多段线，可以选择“打开（O）”备选项，删除多段线的最后一段线段；对于非闭合的多段线，可以选择“闭合（C）”备选项，连接多段线的起点和终点，形成闭合多段线，如图7-137所示。

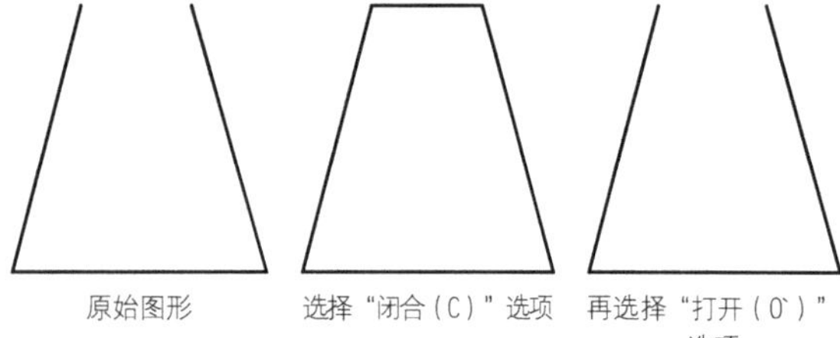

图7-137　不同基点、切向的路径阵列

拟和（F）/还原多段线

多段线和平滑曲线之间可以相互转换，相关操作的备选项如下。

◆“拟和（F）”：用曲线拟和方式将已存在的多段线转化为平滑曲线。曲线经过多段线的所有顶点并成切线方向，如图7-138所示。

◆“样条曲线（S）”：用样条拟和方式将已存在的多段线转化为平滑曲线。曲线经过第一个和最后一个顶点，如图7-139所示。

◆“非曲线化（D）”：将平滑曲线还原成为多段线，并删除所有拟和曲线，如图7-140所示。

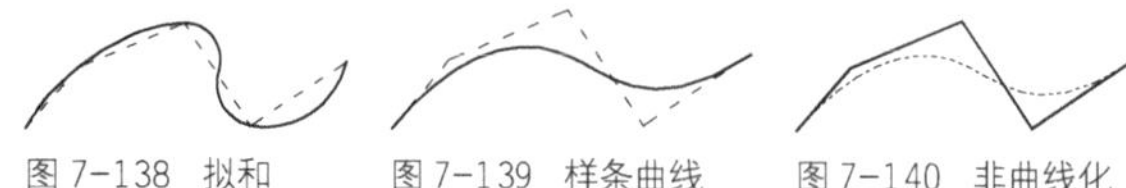

图7-138　拟和　　图7-139　样条曲线　　图7-140　非曲线化

编辑顶点（E）

选择“编辑顶点（E）”备选项，可以对多段线的顶点进行增加、删除、移动等操作，从而修改整个多段线的形状。选择该备选项后，命令行进入顶点编辑模式。

```
输入顶点编辑选项[下一个(N)/上一个(P)/打断(B)/插入(I)/移动(M)/重生成(R)/拉直(S)/切向(T)/宽度(W)/退出(X)]<N>:
```

各备选项功能的说明如下。

◆“下一个（N）”/“上一个（P）”：用于选择编辑顶点。选择相应的备选项后，屏幕上的“×”形光标将移到下一顶点或上一顶点，以便选择并编辑其他选项。

◆“打断（B）”：将“×”标记移到任何其他顶点时，保存已标记的顶点位置，并在该点处打断多段线，如图7-141所示。如果指定的一个顶点在多段线的端点上，得到的将是一条被截断的多段线。如果指定的两个顶点都在多段线端点上，或者只指定了一个顶点并且也在端点上，则不能使用“打断”选项。

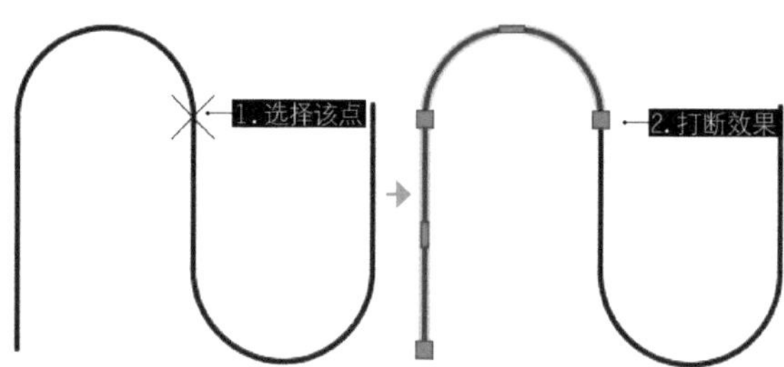

图7-141　多段线的打断效果

◆“插入（I）”：在所选的编辑顶点后增加新顶点，从而增加多段线的线段数目，如图7-142所示。

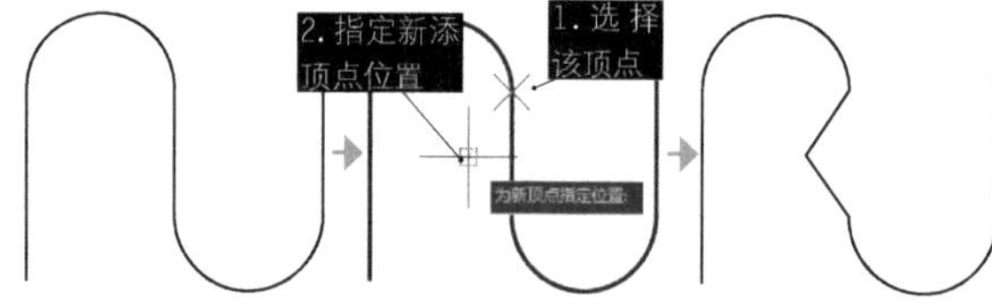

图7-142　多段线添加顶点

◆“移动（M）”：移动编辑顶点的位置，从而改变整个多段线形状，如图7-143所示。效果不会改变多段线上圆弧与直线的关系，这是“移动”选项与夹点编辑拉伸最主要的区别。

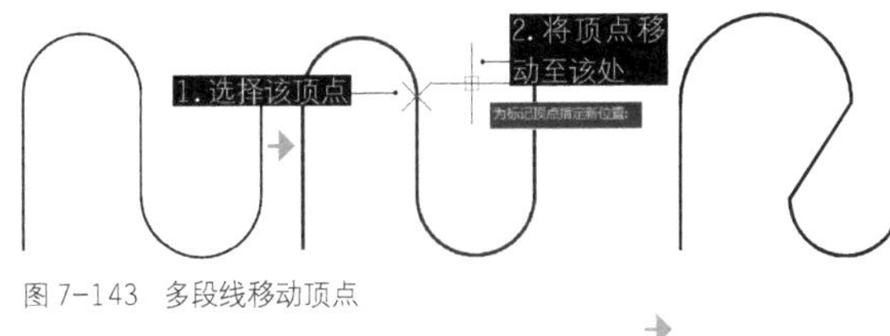

图 7-143　多段线移动顶点

◆“重生成（R）”：重画多段线，编辑多段线后，刷新屏幕，显示编辑后的效果。

◆“拉直（S）”：删除顶点并拉直多段线。选择该备选项后，以多段线端点为起点，通过“下一个”备选项中移动“×”标记，起点与该标记点之间的所有顶点将被删除从而拉直多段线，如图 7-144 所示。

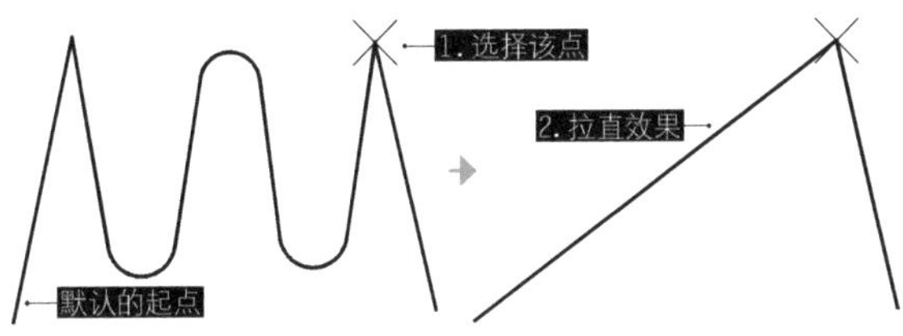

图 7-144　多段线的拉直效果

◆“切向（T）”：为编辑顶点增加一个切线方向。将多段线拟和成曲线时，该切线方向将会被用到。该选项对现有的多段线形状不会有影响。

◆“退出（X）”：退出顶点编辑模式。

其他备选项

◆“宽度（W）”：修改多段线线宽。这个选项只能使多段线各段具有统一的线宽值。如果要设置各段不同的线宽值或渐变线宽，可到顶点编辑模式下选择“宽度”编辑选项。

“线型生成（L）

“线型生成（L）”用于生成经过多段线顶点的连续图案线型。关闭此选项，将在每个顶点处以点画线开始和结束生成线型。“线型生成”不能用于带变宽线段的多段线。

7.5.5 对齐

【对齐】命令可以使当前的对象与其他对象对齐，既适用于二维对象，也适用于三维对象。在对齐二维对象时，可以指定1对或2对对齐点（源点和目标点），在对其三维对象时则需要指定 3 对对齐点。

•执行方式

在 AutoCAD 2016 中【对齐】命令有以下几种常用调用方法。

◆功能区：单击【修改】面板中的【对齐】按钮 ，如图 7-145 所示。

◆菜单栏：执行【修改】|【三维操作】|【对齐】命令，如图 7-146 所示。

◆命令行：输入“ALIGN”或“AL”命令。

图 7-145　【修改】面板中的【对齐】按钮　　图 7-146　【对齐】菜单命令

•操作步骤

执行上述任一命令后，根据命令行提示，依次选择源点和目标点，按【Enter】键结束操作，如图 7-147 所示。命令行提示如下。

```
命令: _align//执行【对齐】命令
选择对象: 找到 1 个//选择要对齐的对象
指定第一个源点://指定源对象上的一点
指定第一个目标点://指定目标对象上的对应点
指定第二个源点://指定源对象上的一点
指定第二个目标点://指定目标对象上的对应点
指定第三个源点或 <继续>:↙//按【Enter】键完成选择
是否基于对齐点缩放对象? [是(Y)/否(N)] <否>:↙//按【Enter】键结束命令
```

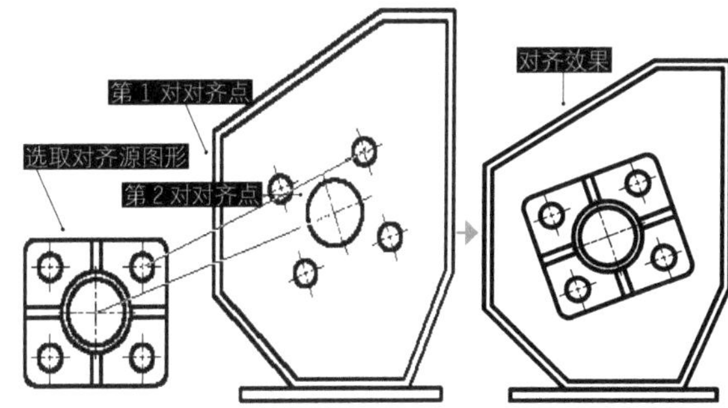

图 7-147　对齐对象

•选项说明

执行【对齐】命令后，根据命令行提示选择要对齐的对象，并按【Enter】键结束命令。在这个过程中，可以指定一对、两对或 3 对对齐点（一个源点和一个目标点合称为一对“对齐点”）来对齐选定对象。对齐点的对数不同，操作结果也不同，具体介绍如下。

一对对齐点（一个源点、一个目标点）

当只选择一对源点和目标点时，所选的对象将在二维或三维空间从源点 1 移动到目标点 2，类似于【移动】操作，如图 7-148 所示。

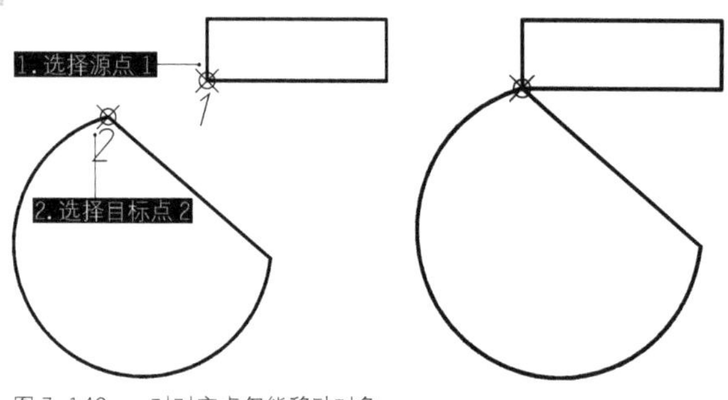

图 7-148　一对对齐点仅能移动对象

该对齐方法的命令行操作如下。

```
命令: ALIGN//执行【对齐】命令
选择对象: 找到 1 个//选择图中的矩形
指定第一个源点://选择点1
指定第一个目标点://选择点2
指定第二个源点: ↙//按【Enter】键结束操作，矩形移动至对象上
```

◎ 两对对齐点（两个源点、两个目标点）

当选择两对点时，可以移动、旋转和缩放选定对象，以便与其他对象对齐。第一对源点和目标点定义对齐的基点（点1、2），第二对对齐点定义旋转的角度（点3、4），效果如图 7-149 所示。

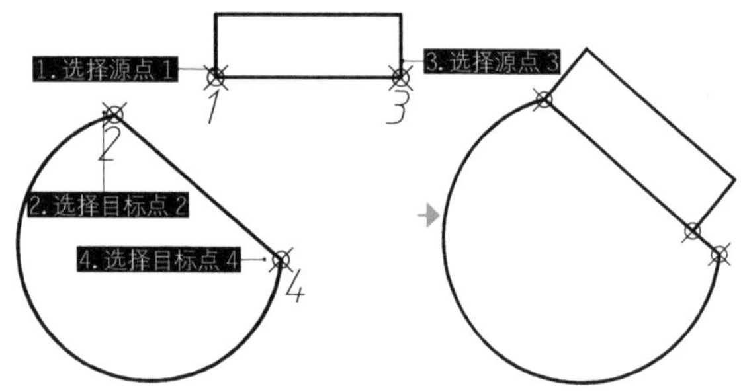

图 7-149　两对对齐点可将对象移动并对齐

该对齐方法的命令行操作如下。

```
命令: ALIGN//执行【对齐】命令
选择对象: 找到 1 个//选择图中的矩形
指定第一个源点://选择点1
指定第一个目标点://选择点2
指定第二个源点://选择点3
指定第二个目标点://选择点4
指定第三个源点或 <继续>:↙//按【Enter】键完成选择
是否基于对齐点缩放对象? [是(Y)/否(N)] <否>:↙//按【Enter】键结束操作
```

在输入了第二对点后，系统会给出【缩放对象】的提示。如果选择“是（Y）”，则源对象将进行缩放，使得其上的源点 3 与目标点 4 重合，效果如图 7-150 所示；如果选择“否（N）”，则源对象大小保持不变，源点 3 落在目标点 2、4 的连线上，如图 7-149 所示。

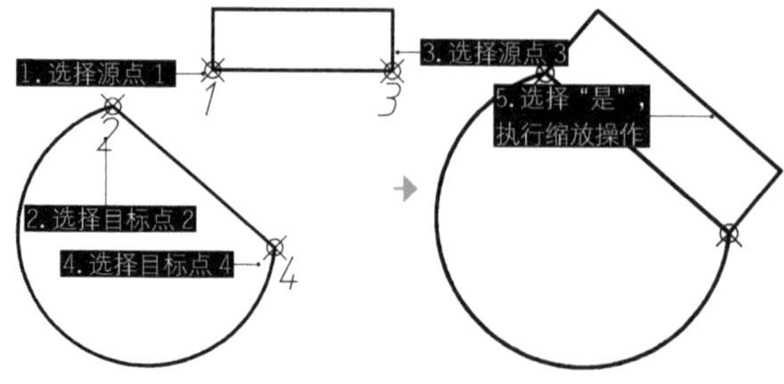

图 7-150　对齐时的缩放效果

操作技巧

只有使用两对点对齐对象时才能使用缩放。

练习 7-12【对齐】三通管　★重点★

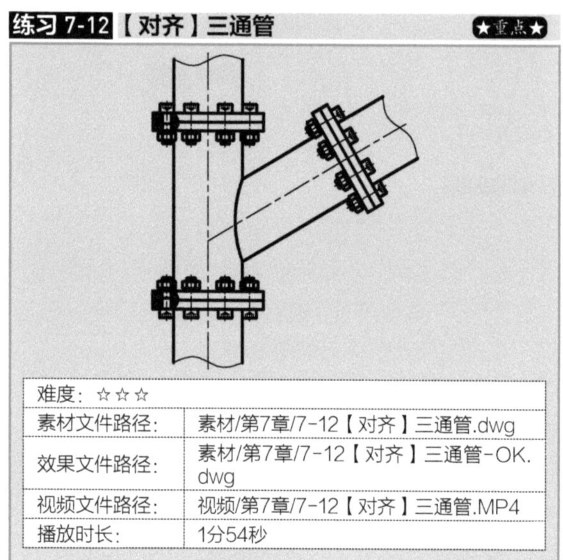

难度：☆☆☆	
素材文件路径：	素材/第7章/7-12【对齐】三通管.dwg
效果文件路径：	素材/第7章/7-12【对齐】三通管-OK.dwg
视频文件路径：	视频/第7章/7-12【对齐】三通管.MP4
播放时长：	1分54秒

本例通过【对齐】命令来绘制三通管的实际图形。

Step 01 打开“第7章/7-12【对齐】三通管.dwg”素材文件，其中已经绘制好了一三通管和装配管，但图形比例不一致，如图7-151所示。

Step 02 单击【修改】面板中的【对齐】按钮，执行【对齐】命令，选择整个装配管图形，然后根据三通管和装配管的对接方式，按图7-152所示选择对应的两对对齐点（1对应2、3对应4）。

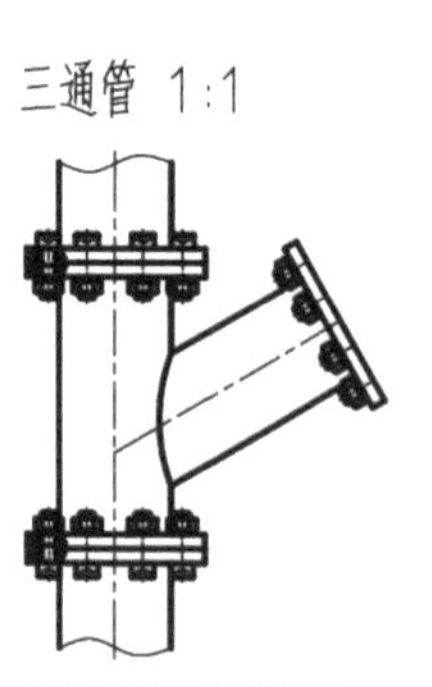

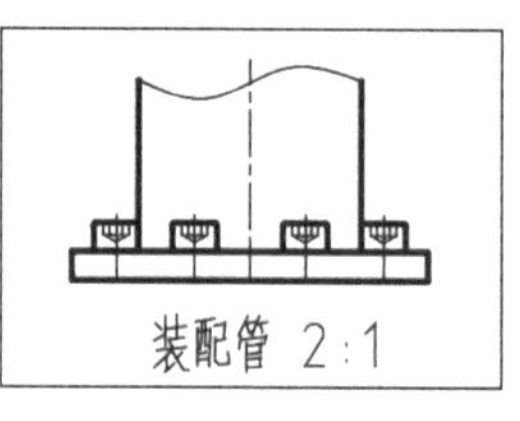

图 7-151　素材图形

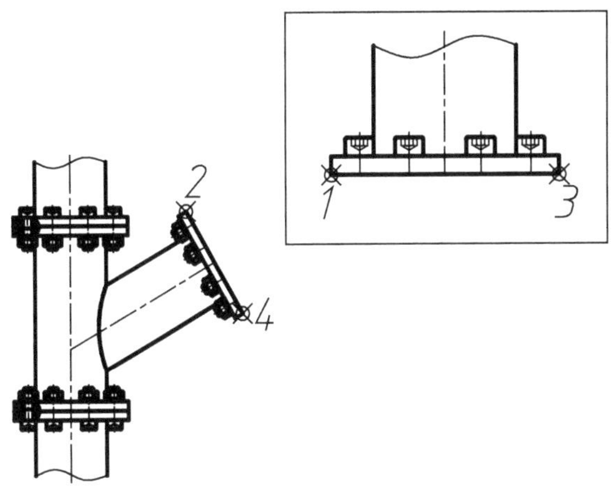

图 7-152 选择对齐点

Step 03 两对对齐点指定完毕后，单击【Enter】键，命令行提示“是否基于对齐点缩放对象”，输入“Y”，选择“是”，再单击【Enter】键，即可将装配管对齐至三通管中，效果如图7-153所示。

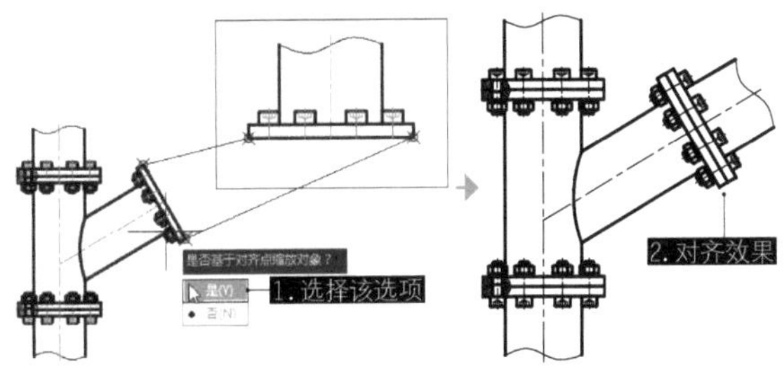

图 7-153 3 对对齐点的对齐效果

7.5.6 分解

【分解】命令是将某些特殊的对象，分解成多个独立的部分，以便于更具体的编辑。主要用于将复合对象，如矩形、多段线、块、填充等，还原为一般的图形对象。分解后的对象，其颜色、线型和线宽都可能发生改变。

•执行方式

在 AutoCAD 2016 中【分解】命令有以下几种调用方法。

◆功能区：单击【修改】面板中的【分解】按钮，如图 7-154 所示。

◆菜单栏：选择【修改】|【分解】命令，如图 7-155 所示。

◆命令行：输入“EXPLODE”或“X”命令。

图 7-154 【修改】面板中的【分解】按钮

图 7-155 【分解】菜单命令

•操作步骤

执行上述任一命令后，选择要分解的图形对象，按【Enter】键，即可完成分解操作，操作方法与【删除】一致。如图 7-156 所示的微波炉图块被分解后，可以单独选择到其中的任一条边。

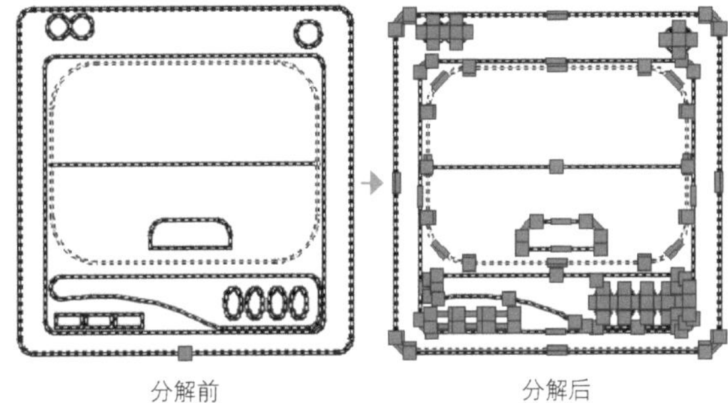

图 7-156 图形分解前后对比

•初学解答 各 AutoCAD 对象的分解效果

根据前面的介绍可知，【分解】命令可用于各复合对象，如矩形、多段线、块等，除此之外，该命令还能对三维对象以及文字进行分解，这些对象的分解效果总结如下。

◆二维多段线：将放弃所有关联的宽度或切线信息。对于宽多段线将沿多段线中心放置直线和圆弧，如图 7-157 所示。

◆三维多段线：将分解成直线段。分解后的直线段线型、颜色等特性将按原三维多段线，如图 7-158 所示。

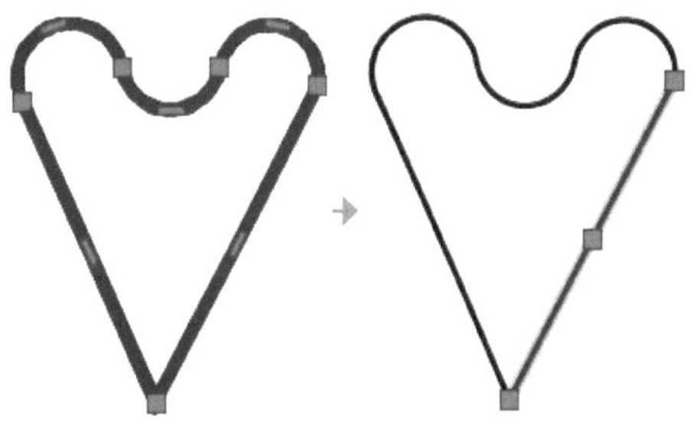

图 7-157 二维多段线分解为单独的线

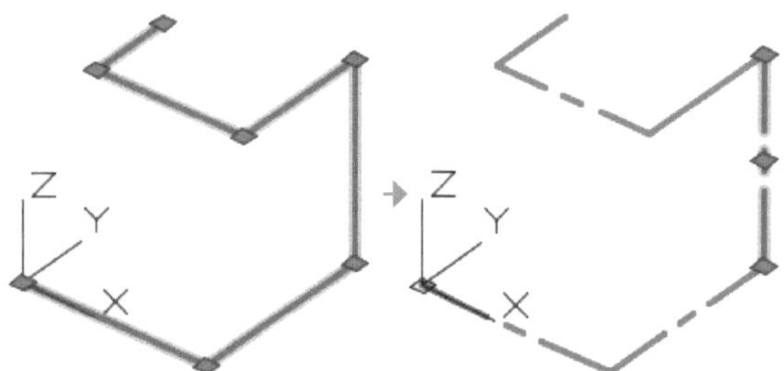

图 7-158 三维多段线分解为单独的线

◆阵列对象：将阵列图形分解为原始对象的副本，相对于复制出来的图形，如图 7-159 所示。

◆填充图案：将填充图案分解为直线、圆弧、点等基本图形，如图 7-160 所示。SOLID 实体填充图形除外。

图 7-159 阵列对象分解为原始对象

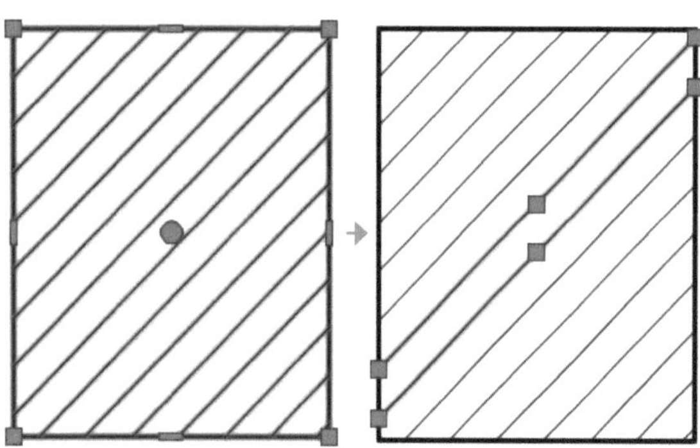
图 7-160 填充图案分解为基本图形

◆引线：根据引线的不同，可分解成直线、样条曲线、实体（箭头）、块插入（箭头、注释块）、多行文字或公差对象，如图 7-161 所示。

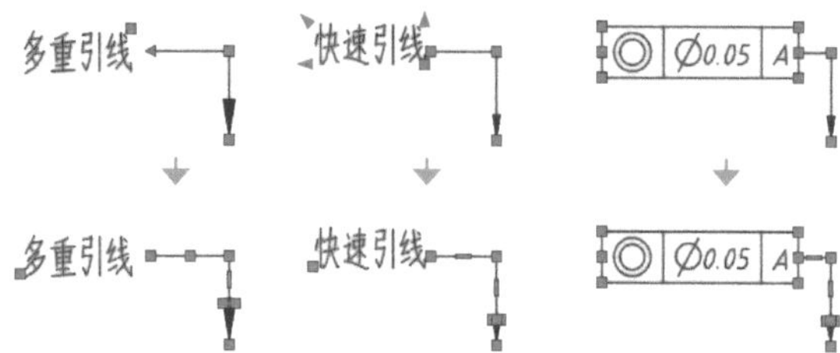

图 7-161 引线分解为单行文字和多段线

◆多行文字：将分解成单行文字。如果要将文字彻底分解至直线等图元对象，需使用【TXTEXP】（文字分解）命令，效果如图 7-162 所示。

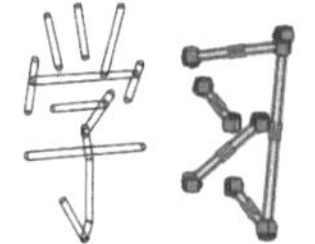

原始图形（多行文字） 【分解】效果（单行文字） TXTEXP 效果（普通线条）

图 7-162 多行的文字的分解效果

•精益求精 不能被分解的图块

在 AutoCAD 中，有 3 类图块是无法被使用【分解】命令分解的，即【MINSERT】（阵列插入图块）、外部参照、外部参照的依赖块等 3 类图块。而分解一个包含属性的块将删除属性值并重新显示属性定义。

◆【MINSERT】（阵列插入图块）命令：用【MINSERT】命令多重引用插入的块，如果行列数目设置不为 1 的话，插入的块将不能被分解，如图 7-163 所示。该命令在插入块的时候，可以通过命令行指定行数、列数以及间距，类似于矩形阵列。

◆【XATTACH】（附着外部 DWG 参照）命令：使用外部 DWG 参照插入的图形，会在绘图区中淡化显示，只能用作参考，不能编辑与分解，如图 7-164 所示。

◆外部参照的依赖块：即外部参照图形中所包含的块。

图 7-163 【MINSERT】命令插入并阵列的图块无法分解

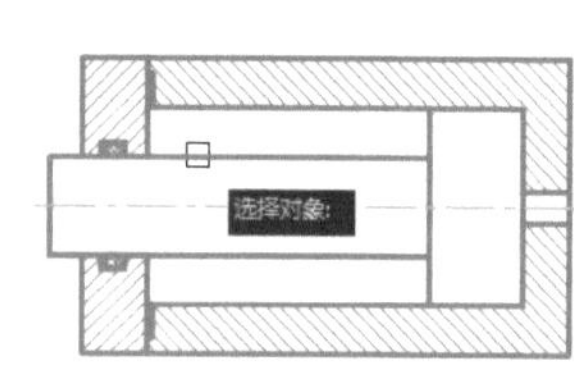

图 7-164 外部参照插入的图形无法分解

练习 7-13 绘制截止阀

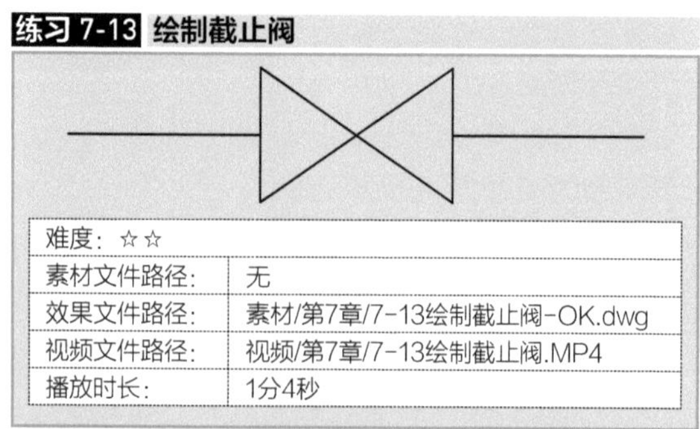

难度：☆☆	
素材文件路径：	无
效果文件路径：	素材/第7章/7-13绘制截止阀-OK.dwg
视频文件路径：	视频/第7章/7-13绘制截止阀.MP4
播放时长：	1分4秒

截止阀（Stop Valve,Globe Valve）的启闭件是塞形的阀瓣，密封上面呈平面或海锥面，阀瓣沿阀座的中心线做直线运动。阀杆（通用名称：暗杆）的运动形式，也有升降旋转杆式，可用于控制空气、水、蒸汽、各种腐蚀性介质、泥浆、油品、液态金属和放射性介质等各种类型流体的流动。因此，这种类型的截流截止阀阀门非常适合作为切断或调节以及节流用。由于该类阀门的阀杆开启或关闭行程相对较短，而且具有非常可靠的切断功能，又由于阀座通口的变化与阀瓣的行程成正比例关系，非常适合于对流量的调节。本例通过所学【分解】命令来绘制截止阀的图例。

Step 01 启动AutoCAD 2016，新建一个空白文档。

Step 02 在【默认】选项卡中，单击【绘图】面板中的【矩形】按钮，在空白区域绘制一个300mm×200mm的矩形，如图7-165所示。

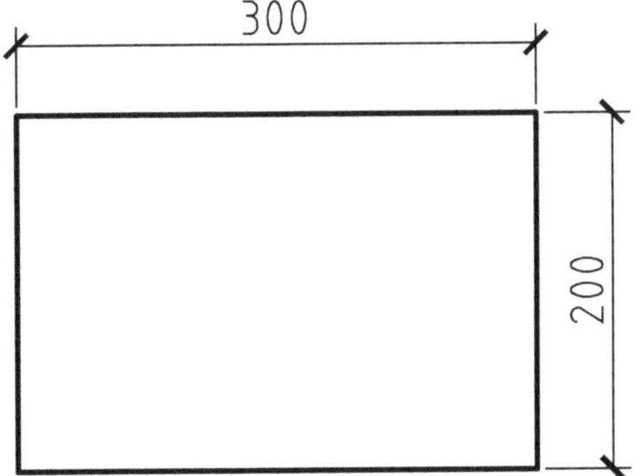

图 7-165　绘制矩形

Step 03 在命令行中输入“L”，执行【直线】命令，分别以矩形竖边的中点为起点，分别向外侧绘制一长度为300的线段，如图7-166所示。

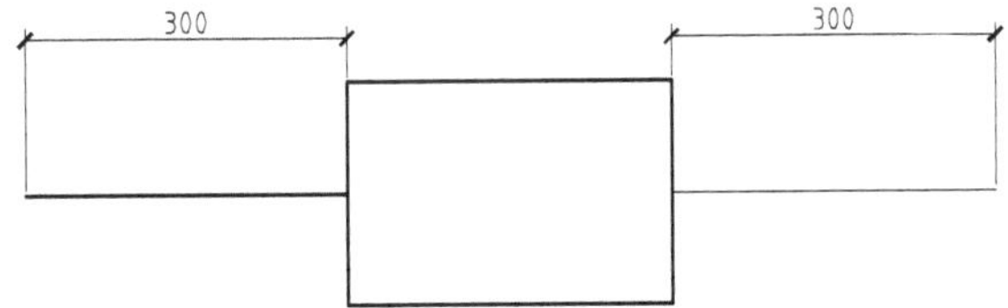

图 7-166　绘制两侧线段

Step 04 按【Enter】键重复【直线】命令，捕捉矩形上相应的角点绘制对角线，如图7-167所示。

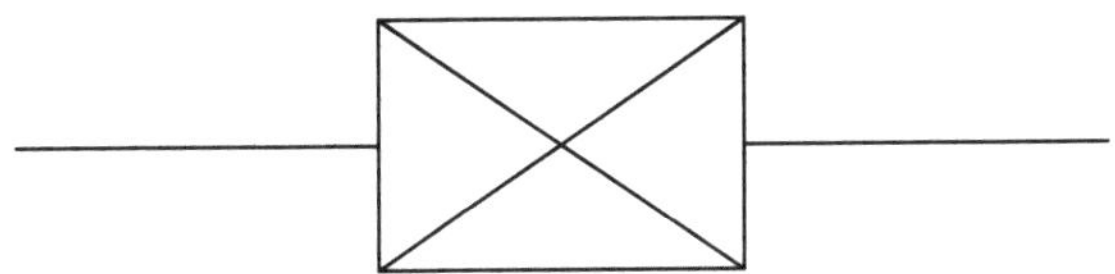

图 7-167　绘制对角线

Step 05 单击【修改】面板中的【分解】按钮，将所绘制的矩形分解，然后删除矩形上下两端的水平线，如图7-168所示。截止阀图例绘制完毕。

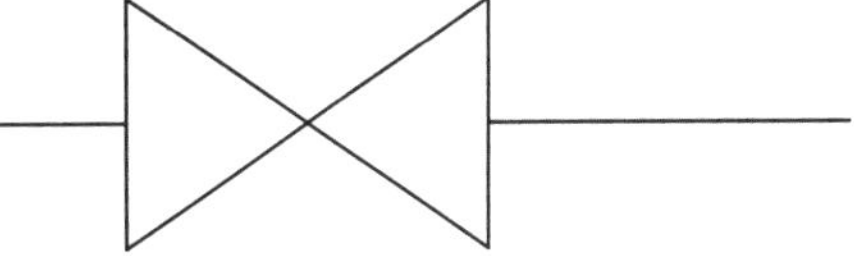

图 7-168　分解矩形并删除水平线段

7.5.7 打断

在AutoCAD2016中，根据打断点数量的不同，【打断】命令可以分为【打断】和【打断于点】两种，分别介绍如下。

打断

执行【打断】命令可以在对象上指定两点，然后两点之间的部分会被删除。被打断的对象不能是组合形体，如图块等，只能是单独的线条，如直线、圆弧、圆、多段线、椭圆、样条曲线、圆环等。

•执行方式

在 AutoCAD 2016 中【打断】命令有以下几种调用方法。

◆功能区：单击【修改】面板上的【打断】按钮，如图 7-169 所示。

◆菜单栏：执行【修改】|【打断】命令，如图 7-170 所示。

◆命令行：输入“BREAK”或“BR”命令。

图 7-169　【修改】面板中的【打断】按钮

图 7-170　【打断】菜单命令

•操作步骤

【打断】命令可以在选择的线条上创建两个打断点，从而将线条断开。如果在对象之外指定一点为第二个打断点，系统将以该点到被打断对象的垂直点位置为第二个打断点，除去两点间的线段。图 7-171 所示为打断对象的过程，可以看到利用【打断】命令能快速完成图形效果的调整。对应的命令行操作如下。

```
命令: _break//执行【打断】命令
选择对象://选择要打断的图形
指定第二个打断点 或 [第一点(F)]: F↙//选择"第一点"选项，指定打断的第一点
指定第一个打断点://选择A点
指定第二个打断点://选择B点
```

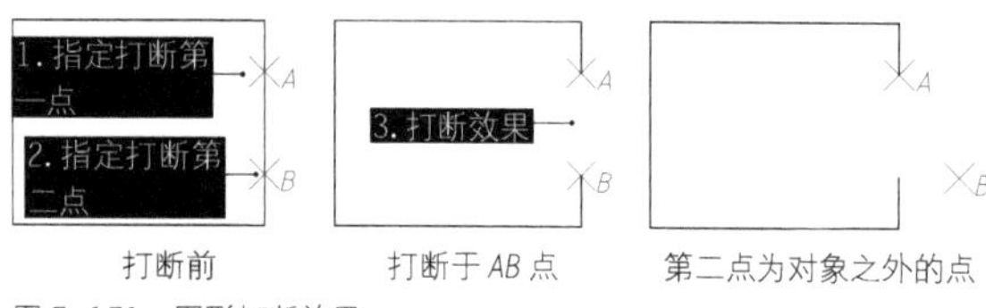

图 7-171 图形打断效果

•选项说明

默认情况下，系统会以选择对象时的拾取点作为第一个打断点。若此时直接在对象上选取另一点，即可去除两点之间的图形线段，但这样的打断效果往往不符要求，因此可在命令行中输入字母“F”，执行“第一点（F）”选项，通过指定第一点来获取准确的打断效果。

2 打断于点

【打断于点】是从【打断】命令派生出来的，【打断于点】是指通过指定一个打断点，将对象从该点处断开成两个对象。

•执行方式

在 AutoCAD 2016 中【打断于点】命令不能通过命令行输入和菜单调用，因此只有以下 2 种调用方法。

◆功能区：【修改】面板中的【打断于点】按钮，如图 7-172 所示。

图 7-172 【修改】面板中的【打断于点】按钮

◆工具栏：调出【修改】工具栏，单击其中的【打断于点】按钮。

•操作步骤

◆【打断于点】命令在执行过程中，需要输入的参数只有“打断对象”和一个“打断点”。打断之后的对象外观无变化，没有间隙，但选择时可见已在打断点处分成两个对象，如图7-173所示。对应命令行操作如下。

```
命令: _break//执行【打断于点】命令
选择对象://选择要打断的图形
指定第二个打断点 或 [第一点(F)]: _f//系统自动选择"第一点"选项
指定第一个打断点://指定打断点
指定第二个打断点: @//系统自动输入@结束命令
```

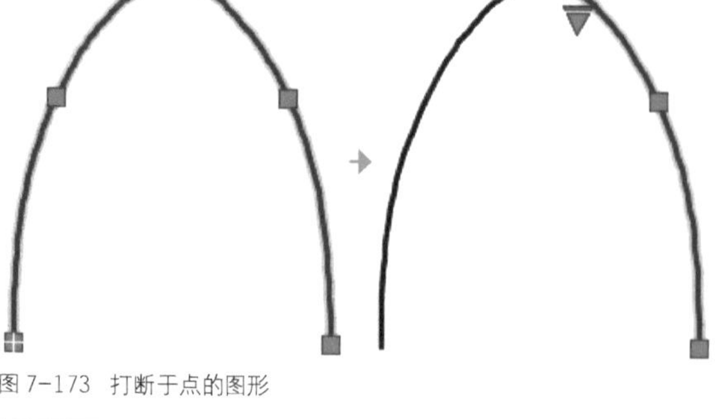

图 7-173 打断于点的图形

操作技巧

不能在一点打断闭合对象（如圆）。

•初学解答 【打断于点】与【打断】命令的区别

用户可以发现【打断于点】与【打断】的命令行操作相差无几，甚至在命令行中的代码都是“_break”。这是由于【打断于点】可以理解为【打断】命令的一种特殊情况，即第二点与第一点重合。因此，如果在执行【打断】命令时，要想让输入的第二个点和第一个点相同，那在指定第二点时在命令行输入“@”字符即可——此操作即相当于【打断于点】。

练习 7-14 使用【打断】修改电路图

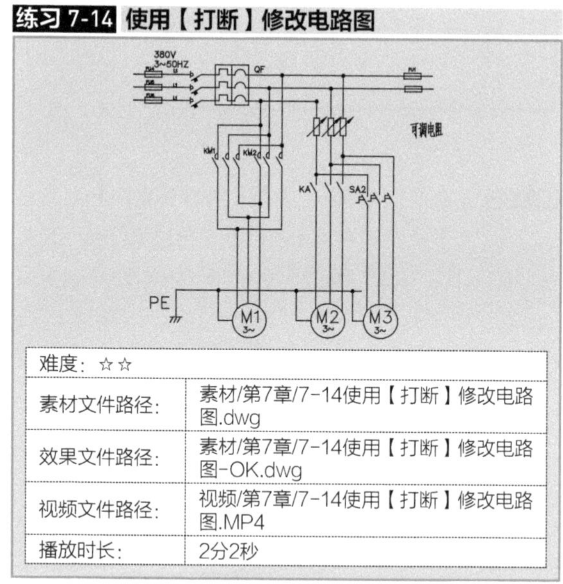

难度：	☆☆
素材文件路径：	素材/第7章/7-14使用【打断】修改电路图.dwg
效果文件路径：	素材/第7章/7-14使用【打断】修改电路图-OK.dwg
视频文件路径：	视频/第7章/7-14使用【打断】修改电路图.MP4
播放时长：	2分2秒

【打断】命令除了为文字、标注等创建注释空间外，还可以用来修改、编辑图形，尤其适用于修改由大量直线、多段线等线性对象构成的电路图。本例便通过【打断】命令的灵活使用，为某电路图添加电器元件。

Step 01 打开“第7章/7-14使用【打断】修改电路图.dwg”素材文件，其中绘制好了一简单电路图和一孤悬在外的电气元件（可调电阻），如图7-174所示。

Step 02 在【默认】选项卡中，单击【修改】面板中的

【打断】按钮，选择可调电阻左侧的线路作为打断对象，可调电阻的上、下两个端点作为打断点，打断效果如图7-175所示。

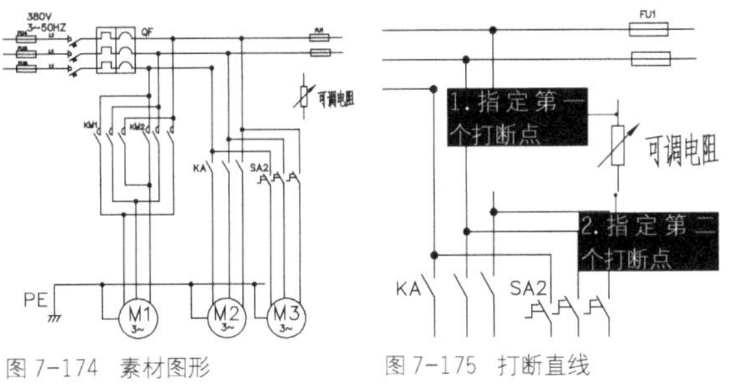

图 7-174　素材图形　　图 7-175　打断直线

Step 03 按相同方法打断剩下的两条线路，效果如图7-176所示。

Step 04 单击【修改】面板中的【复制】按钮，将可调电阻复制到打断的3条线路上，如图7-177所示。

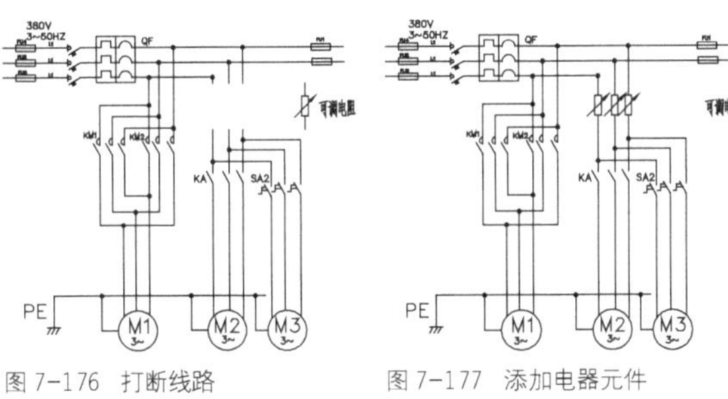

图 7-176　打断线路　　图 7-177　添加电器元件

7.5.8 合并

【合并】命令用于将独立的图形对象合并为一个整体。它可以将多个对象进行合并，对象包括直线、多段线、三维多段线、圆弧、椭圆弧、螺旋线和样条曲线等。

•执行方式

在 AutoCAD 2016 中【合并】命令有以下几种调用方法。

◆功能区：单击【修改】面板中的【合并】按钮，如图 7-178 所示。

◆菜单栏：执行【修改】|【合并】命令，如图 7-179 所示。

◆命令行：输入“JOIN”或“J”命令。

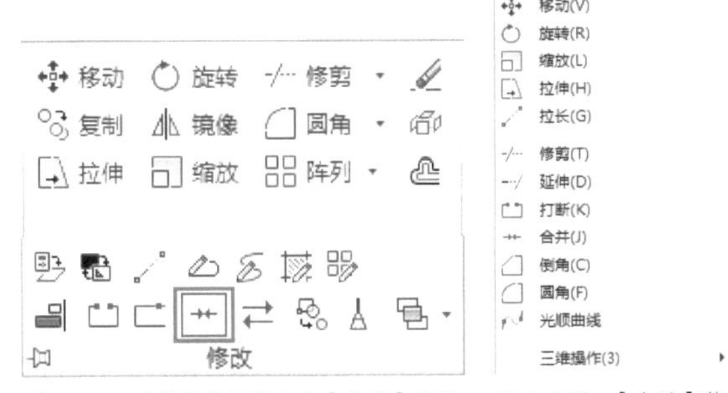

图 7-178　【修改】面板中的【合并】按钮　　图 7-179　【合并】菜单命令

•操作步骤

执行以上任一命令后，选择要合并的对象并按【Enter】键退出，如图 7-180 所示。命令行操作如下。

```
命令: _join//执行【合并】命令
选择源对象或要一次合并的多个对象: 找到 1 个
//选择源对象
选择要合并的对象: 找到 1 个, 总计 2 个    //选择要合并的对象
选择要合并的对象: ↙    //按【Enter】键完成操作
```

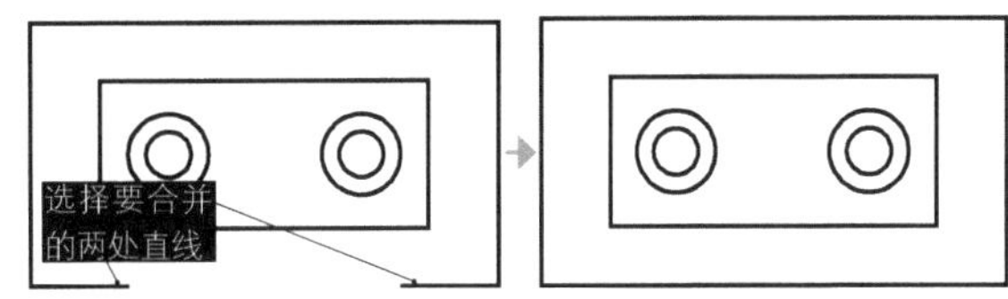

图 7-180　合并图形

•选项说明

【合并】命令产生的对象类型取决于所选定的对象类型、首先选定的对象类型以及对象是否共线(或共面)。因此【合并】操作的结果与所选对象及选择顺序有关，因此本书将不同对象的合并效果总结如下。

◆直线：两直线对象必须共线才能合并，它们之间可以有间隙，如图 7-181 所示；如果选择源对象为直线，再选择圆弧，合并之后将生成多段线，如图 7-182 所示。

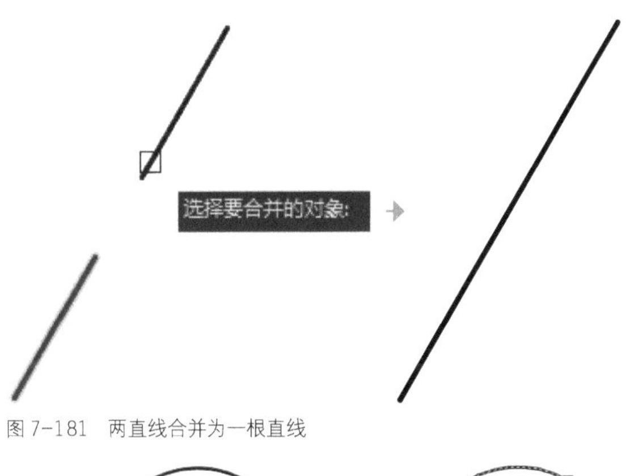

图 7-181　两直线合并为一根直线

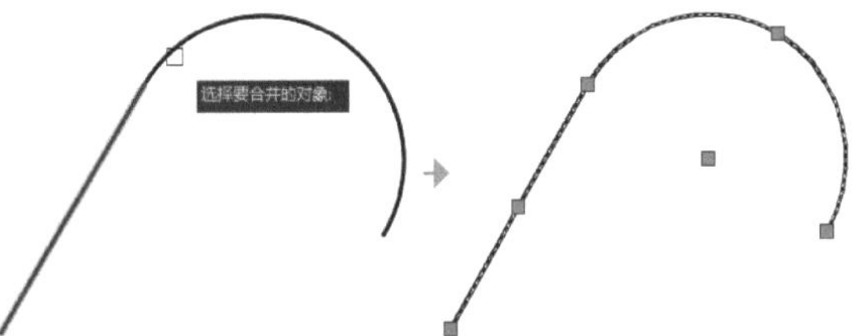

图 7-182　直线、圆弧合并为多段线

◆多段线：直线、多段线和圆弧可以合并到源多段线。所有对象必须连续且共面，生成的对象是单条多段线，如图 7-183 所示。

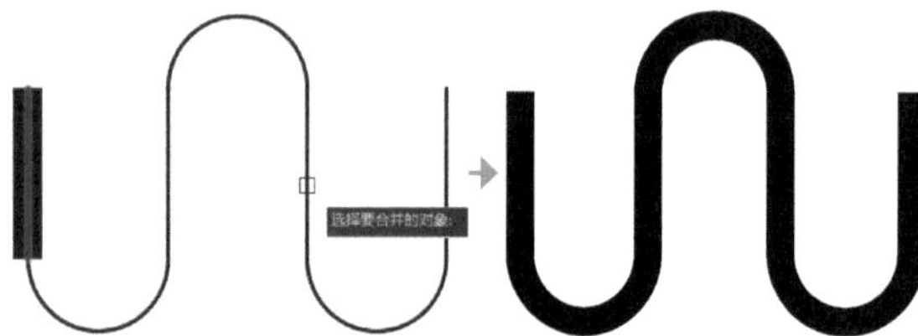

图 7-183　多段线与其他对象合并仍为多段线

◆三维多段线：所有线性或弯曲对象都可以合并到源三维多段线。所选对象必须是连续的，可以不共面。产生的对象是单条三维多段线或单条样条曲线，分别取决于用户连接到线性对象还是弯曲的对象，如图 7-184 和图 7-185 所示。

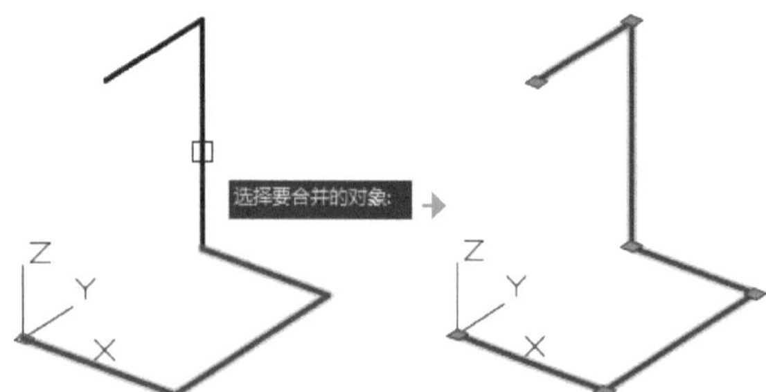

图 7-184　线性的三维多段线合并为单条多段线

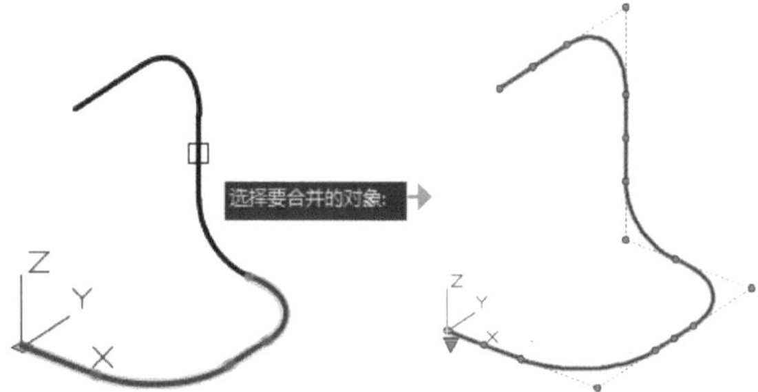

图 7-185　弯曲的三维多段线合并为样条曲线

◆圆弧：只有圆弧可以合并到源圆弧。所有的圆弧对象必须同心、同半径，之间可以有间隙。合并圆弧时，源圆弧按逆时针方向进行合并，因此不同的选择顺序，所生成的圆弧也有优弧、劣弧之分，如图 7-186 和图 7-187 所示；如果两圆弧相邻，之间没有间隙，则合并时命令行会提示是否转换为圆，选择“是（Y）”，则生成一整圆，如图 7-188 所示，选择“否（N）”，则无效果；如果选择单独的一段圆弧，则可以在命令行提示中选择“闭合（L）”，来生成该圆弧的整圆，如图 7-189 所示。

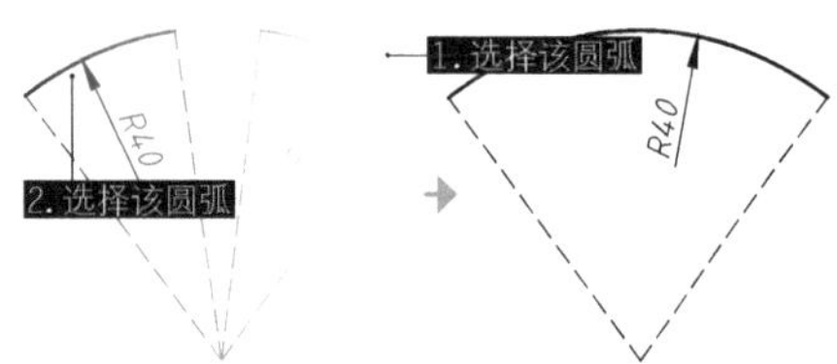

图 7-186　按逆时针顺序选择圆弧合并生成劣弧

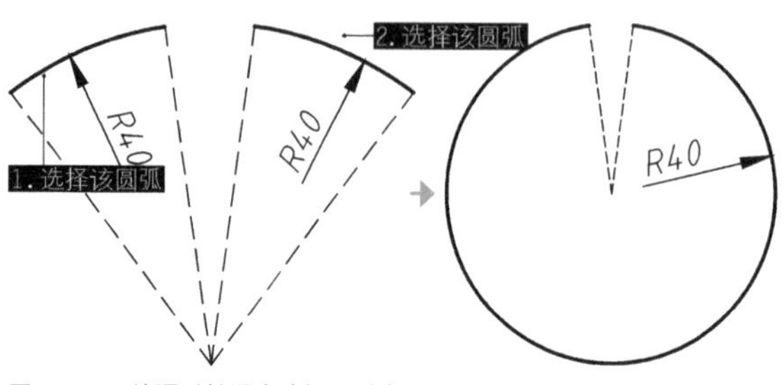

图 7-187　按顺时针顺序选择圆弧合并生成优弧

图 7-188　圆弧相邻时可合并生成整圆

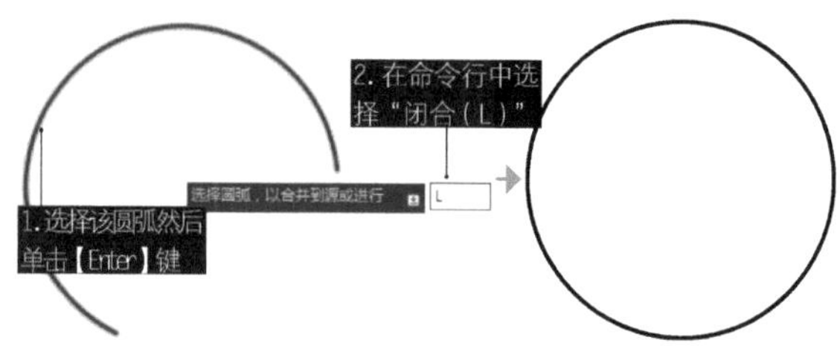

图 7-189　单段圆弧合并可生成整圆

◆椭圆弧：仅椭圆弧可以合并到源椭圆弧。椭圆弧必须共面且具有相同的主轴和次轴，它们之间可以有间隙。从源椭圆弧按逆时针方向合并椭圆弧。操作基本与圆弧一致，在此不重复介绍。

◆螺旋线：所有线性或弯曲对象可以合并到源螺旋线。要合并的对象必须是相连的，可以不共面。结果对象是单个样条曲线，如图 7-190 所示。

◆样条曲线：所有线性或弯曲对象可以合并到源样条曲线。要合并的对象必须是相连的，可以不共面。结果对象是单个样条曲线，如图 7-191 所示。

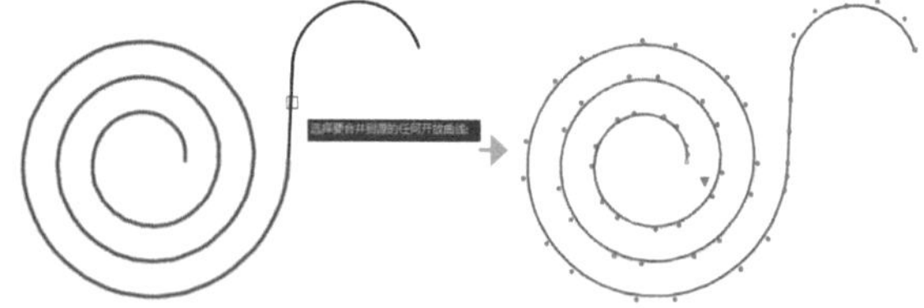
图 7-190　螺旋线的合并效果

图 7-191　样条曲线的合并效果

练习 7-15 使用【合并】修改电路图

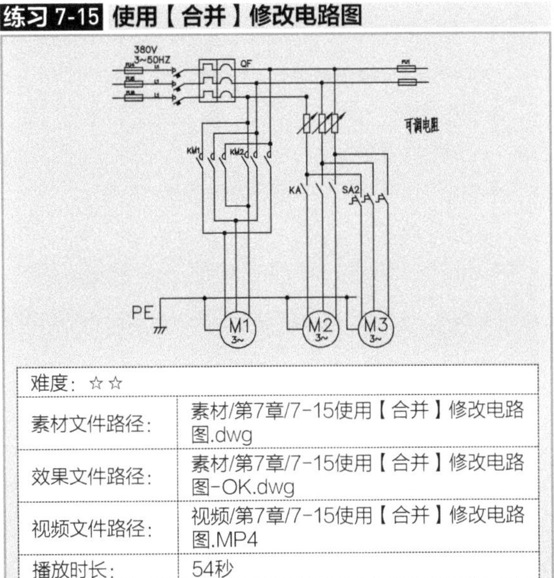

难度：☆☆	
素材文件路径：	素材/第7章/7-15使用【合并】修改电路图.dwg
效果文件路径：	素材/第7章/7-15使用【合并】修改电路图-OK.dwg
视频文件路径：	视频/第7章/7-15使用【合并】修改电路图.MP4
播放时长：	54秒

在【练习 7-14】中，使用了【打断】命令为电路图中添加了元器件，而如果反过来需要删除元器件，则可以通过本节所学的【合并】命令来完成，具体操作方法如下。

Step 01 打开“第7章/7-15使用【合并】修改电路图.dwg”素材文件，其中已经绘制好了一完整电路图，如图7-192所示。

Step 02 删除元器件。在【默认】选项卡中单击【修改】面板中的【删除】按钮，删除在【练习7-14】中添加的3个可调电阻，如图7-193所示。

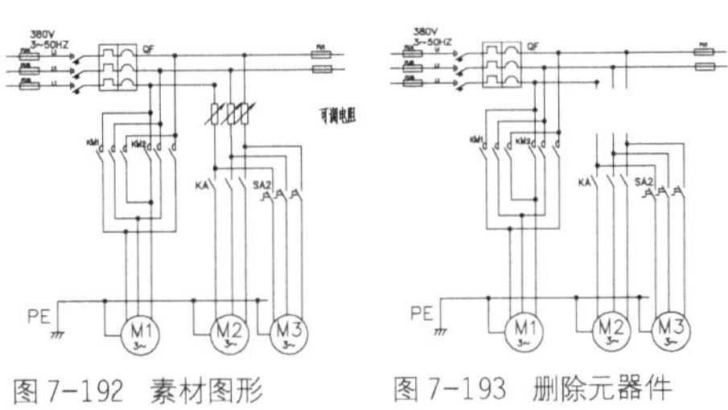

图 7-192 素材图形　图 7-193 删除元器件

Step 03 单击【修改】面板中的【合并】按钮，分别单击打断线路的两端，将直线合并，如图7-194所示。

Step 04 按相同方法合并剩下的两条线路，最终效果如图7-195所示。

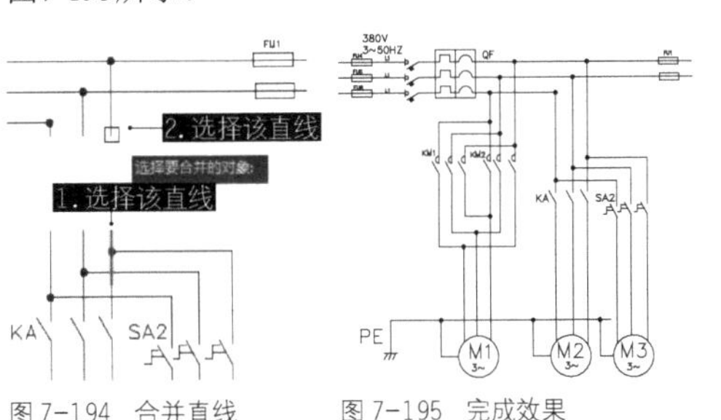

图 7-194 合并直线　图 7-195 完成效果

7.6 通过夹点编辑图形

所谓“夹点”，是指的是图形对象上的一些特征点，如端点、顶点、中点、中心点等，图形的位置和形状通常是由夹点的位置决定的。在 AutoCAD 中，夹点是一种集成的编辑模式，利用夹点可以编辑图形的大小、位置、方向以及对图形进行镜像复制操作等。

7.6.1 夹点模式概述

在夹点模式下，图形对象以虚线显示，图形上的特征点（如端点、圆心、象限点等）将显示为蓝色的小方框，如图 7-196 所示，这样的小方框称为夹点。

夹点有未激活和被激活两种状态。蓝色小方框显示的夹点处于未激活状态，单击某个未激活夹点，该夹点以红色小方框显示，处于被激活状态，被称为热夹点。以热夹点为基点，可以对图形对象进行拉伸、平移、复制、缩放和镜像等操作。同时按【Shift】键可以选择激活多个热夹点。

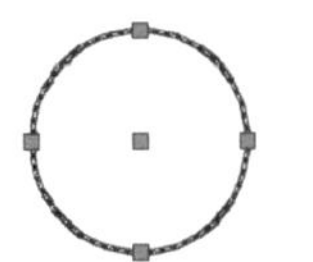

图 7-196 不同对象的夹点

知识链接

夹点的大小、颜色等特征的修改请见第5章的5.2.18小节。

7.6.2 利用夹点拉伸对象

如需利用夹点来拉伸图形，则操作方法如下。

◆快捷操作：在不执行任何命令的情况下选择对象，然后单击其中的一个夹点，系统自动将其作为拉伸的基点，即进入“拉伸”编辑模式。通过移动夹点，就可以将图形对象拉伸至新位置。夹点编辑中的【拉伸】与【STRETCH】（拉伸）命令一致，效果如图 7-197 所示。

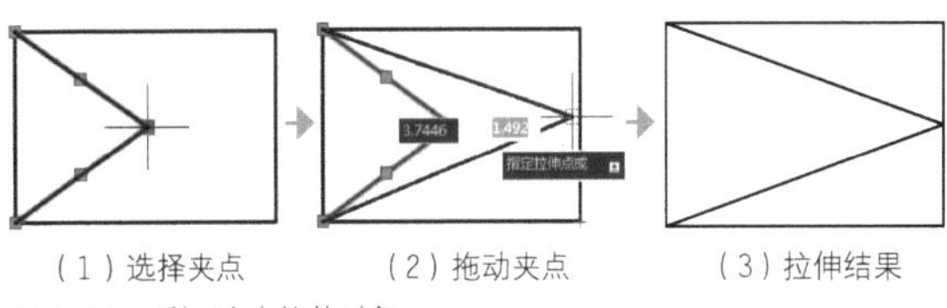

（1）选择夹点　（2）拖动夹点　（3）拉伸结果

图 7-197 利用夹点拉伸对象

操作技巧

对于某些夹点，拖动时只能移动而不能拉伸，如文字、块、直线中点、圆心、椭圆中心和点对象上的夹点。

7.6.3 利用夹点移动对象

如需利用夹点来移动图形，则操作方法如下。

◆快捷操作：选中一个夹点，单击1次【Enter】键，即进入【移动】模式。

◆命令行：在夹点编辑模式下确定基点后，输入“MO”进入【移动】模式，选中的夹点即为基点。

◆通过夹点进入【移动】模式后，命令行提示如下。

```
** MOVE **
指定移动点或 [基点(B)/复制(C)/放弃(U)/退出(X)]:
```

使用夹点移动对象，可以将对象从当前位置移动到新位置，同【MOVE】（移动）命令，如图 7-198 所示。

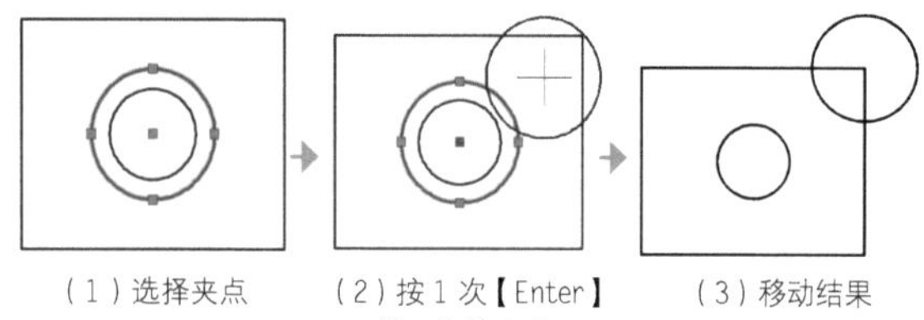
（1）选择夹点　（2）按 1 次【Enter】键，拖动夹点　（3）移动结果

图 7-198　利用夹点移动对象

7.6.4 利用夹点旋转对象

如需利用夹点来移动图形，则操作方法如下。

◆快捷操作：选中一个夹点，单击2次【Enter】键，即进入【旋转】模式。

◆命令行：在夹点编辑模式下确定基点后，输入“RO”进入【旋转】模式，选中的夹点即为基点。

◆通过夹点进入【移动】模式后，命令行提示如下。

```
** 旋转 **
指定旋转角度或 [基点(B)/复制(C)/放弃(U)/参照(R)/退出(X)]:
```

默认情况下，输入旋转角度值或通过拖动方式确定旋转角度后，即可将对象绕基点旋转指定的角度。也可以选择【参照】选项，以参照方式旋转对象。操作方法同【ROTATE】（旋转）命令，利用夹点旋转对象，如图 7-199 所示。

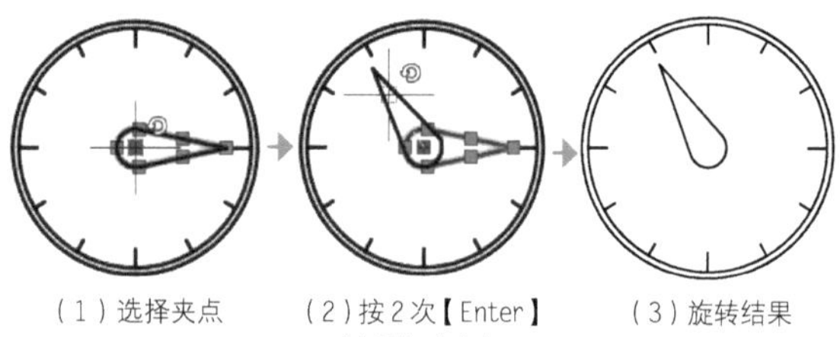
（1）选择夹点　（2）按 2 次【Enter】键后拖动夹点　（3）旋转结果

图 7-199　利用夹点旋转对象

7.6.5 利用夹点缩放对象

如需利用夹点来移动图形，则操作方法如下。

◆快捷操作：选中一个夹点，单击3次【Enter】键，即进入【缩放】模式。

◆命令行：选中的夹点即为缩放基点，输入“SC”进入【缩放】模式。

◆通过夹点进入【缩放】模式后，命令行提示如下。

```
** 比例缩放 **
指定比例因子或 [基点(B)/复制(C)/放弃(U)/参照(R)/退出(X)]:
```

默认情况下，当确定了缩放的比例因子后，AutoCAD 将相对于基点进行缩放对象操作。当比例因子大于 1 时放大对象；当比例因子大于 0 而小于 1 时缩小对象，操作同【SCALE】（缩放）命令，如图 7-200 所示。

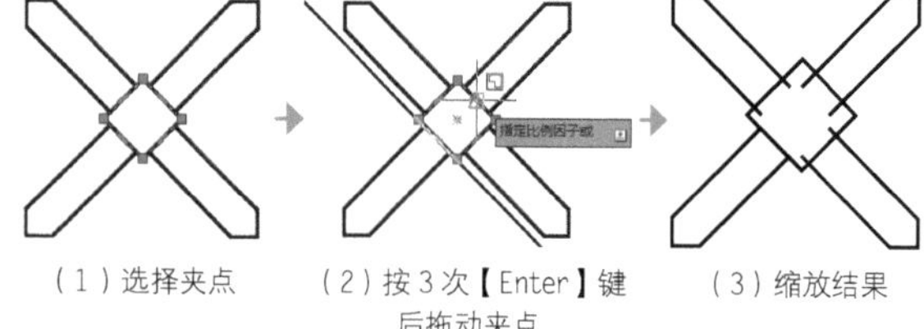
（1）选择夹点　（2）按 3 次【Enter】键后拖动夹点　（3）缩放结果

图 7-200　利用夹点缩放对象

7.6.6 利用夹点镜像对象

如需利用夹点来镜像图形，则操作方法如下。

◆快捷操作：选中一个夹点，单击4次【Enter】键，即进入【镜像】模式。

◆命令行：输入“MI”进入【镜像】模式，选中的夹点即为镜像线第一点。

◆通过夹点进入【镜像】模式后，命令行提示如下。

```
** 镜像 **
指定第二点或 [基点(B)/复制(C)/放弃(U)/退出(X)]:
```

指定镜像线上的第 2 点后，AutoCAD 将以基点作为镜像线上的第 1 点，将对象进行镜像操作并删除源对象。利用夹点镜像对象如图 7-201 所示。

（1）选择夹点

图 7-201　利用夹点镜像对象

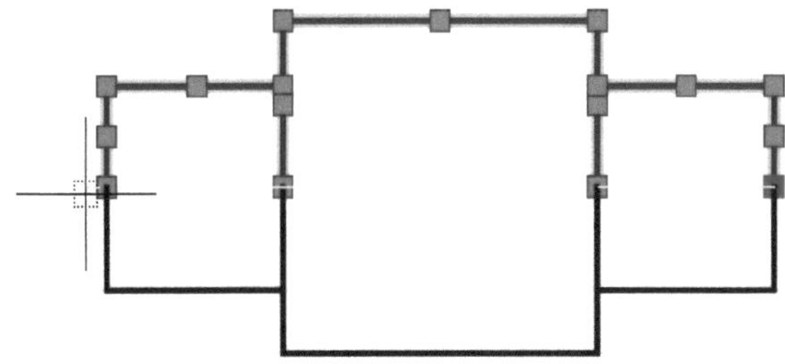

（2）按 4 次【Enter】键后拖动夹点

图 7-201　利用夹点镜像对象（续）

7.6.7 利用夹点复制对象

如需利用夹点来复制图形，则操作方法如下。

◆命令行：选中夹点后进入【移动】模式，然后在命令行中输入“C”，调用“复制（C）”选项即可，命令行操作如下。

```
** MOVE **//进入【移动】模式
指定移动点 或 [基点(B)/复制(C)/放弃(U)/退出(X)]:C↙//选择“复制”选项

** MOVE (多个) **//进入【复制】模式
指定移动点 或 [基点(B)/复制(C)/放弃(U)/退出(X)]: ↙
//指定放置点，并按【Enter】键完成操作
```

◆使用夹点复制功能，选定中心夹点进行拖动时需按住【Ctrl】键，复制效果如图 7-202 所示。

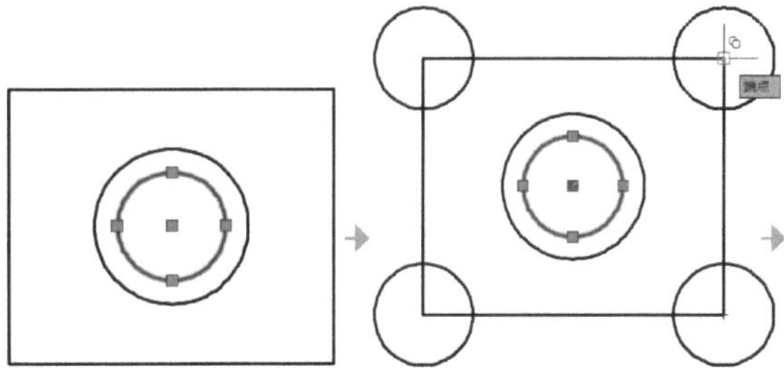

（1）选择夹点　　（2）进入复制模式，指定放置点

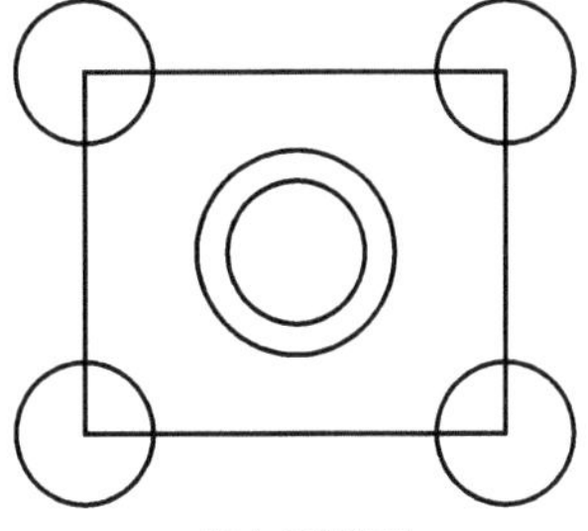

（3）复制结果

图 7-202　夹点复制

第 8 章 创建图形标注

■ 精通篇 ■

使用 AutoCAD 进行设计绘图时，首先要明确的一点就是：图形中的线条长度，并不代表物体的真实尺寸，一切数值应按标注为准。无论是零件加工，还是建筑施工，所依据的是标注的尺寸值，因而尺寸标注是绘图中最为重要的部分。像一些成熟的设计师，在现场或无法使用 AutoCAD 的场合，会直接用笔在纸上手绘出一张草图，图不一定要画得好看，但记录的数据却力求准确。由此可见，图形仅是标注的辅助而已。

对于不同的对象，其定位所需的尺寸类型也不同。AutoCAD 2016 包含了一套完整的尺寸标注的命令，可以标注直径、半径、角度、直线及圆心位置等对象，还可以标注引线、形位公差等辅助说明。

8.1 尺寸标注的组成与原则

尺寸标注在 AutoCAD 中是一个复合体，以块的形式存储在图形中。在标注尺寸时需要遵循一定的规则，以避免标注混乱或引起歧义。

8.1.1 尺寸标注的组成

在 AutoCAD 中，一个完整的尺寸标注由“尺寸界线”“尺寸线”“尺寸箭头”和“尺寸文字”4 个要素构成，如图 8-1 所示。AutoCAD 的尺寸标注命令和样式设置，都是围绕着这 4 个要素进行的。

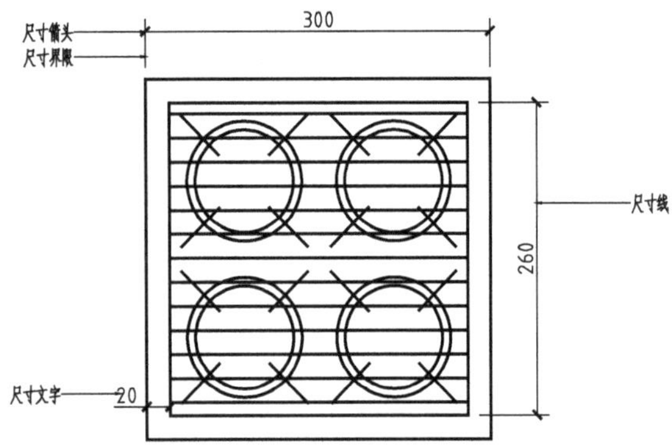

图 8-1 尺寸标注的组成要素

各组成部分的作用与含义分别如下。

◆ “尺寸界线”： 也称为投影线，用于标注尺寸的界限，由图样中的轮廓线、轴线或对称中心线引出。标注时，延伸线从所标注的对象上自动延伸出来，它的端点与所标注的对象接近但并未相连。

◆ “尺寸箭头”： 也称为标注符号。标注符号显示在尺寸线的两端，用于指定标注的起始位置。AutoCAD 默认使用闭合的填充箭头作为标注符号。此外，AutoCAD 还提供了多种箭头符号，以满足不同行业的需要，如建筑制图的箭头以 45° 的粗短斜线表示，而机械制图的箭头以实心三角形箭头表示等。

◆ “尺寸线”： 用于表明标注的方向和范围。通常与所标注对象平行，放在两延伸线之间，一般情况下为直线，但在角度标注时，尺寸线呈圆弧形。

◆ “尺寸文字”： 表明标注图形的实际尺寸大小，通常位于尺寸线上方或中断处。在进行尺寸标注时，AutoCAD 会生动生成所标注对象的尺寸数值，用户也可以对标注的文字进行修改、添加等编辑操作。

8.1.2 尺寸标注的原则

尺寸标注要求对标注对象进行完整、准确、清晰的标注，标注的尺寸数值真实地反映标注对象的大小。国家标准对尺寸标注做了详细的规定，要求尺寸标注必须遵守以下基本原则。

◆物体的真实大小应以图形上所标注的尺寸数值为依据，与图形的显示大小和绘图的精确度无关。

◆图形中的尺寸为图形所表示的物体的最终尺寸，如果是绘制过程中的尺寸（如在涂镀前的尺寸等），则必须另加说明。

◆物体的每一尺寸，一般只标注一次，并应标注在最能清晰反映该结构的视图上。

对水暖电等图形进行尺寸标注时，应遵守如下规定:

◆当图形中的尺寸以毫米为单位时，不需要标注计量单位。否则须注明所采用的单位代号或名称，如 mm（毫米）和 m（米）。

◆图形的真实大小应以图样上标注的尺寸数值为依据，与所绘制图形的大小比例及准确性无关。

◆尺寸数字一般写在尺寸线上方，也可以写在尺寸线中断处。尺寸数字的字高必须相同。

◆标注文字中的字体必须按照国家标准规定进行书写，汉字必须使用仿宋体，数字使用阿拉伯数字或罗马数字，字母使用希腊字母或拉丁字母。各种字体的具体大小可以从 2.5、3.5、5、7、10、14 以及 20 等 7 种规格中选取。

◆图形中每一部分的尺寸应只标注一次并且标注在最能反映其形体特征的视图上。

◆图形中所标注的尺寸应为该构件在完工后的标准尺寸，否则须另加说明。

8.2 尺寸标注样式

【标注样式】用来控制标注的外观，如箭头样式、文字位置和尺寸公差等。在同一个 AutoCAD 文档中，可以同时定义多个不同的命名样式。修改某个样式后，就可以自动修改所有用该样式创建的对象。

绘制不同的工程图纸，需要设置不同的尺寸标注样式，要系统地了解尺寸设计和制图的知识，请参考有关机械或建筑等有关行业制图的国家规范和标准，以及其他的相关资料。

8.2.1 新建标注样式

同之前介绍过的【多线】命令一样，尺寸标注在 AutoCAD 中也需要指定特定的样式来进行下一步操作。但尺寸标注样式的内容相当丰富，涵盖了标注从箭头形状到尺寸线的消隐、伸出距离、文字对齐方式等诸多方面。因此可以通过在 AutoCAD 中设置不同的标注样式，使其适应不同的绘图环境。

•执行方式

如果要新建标注样式，可以通过【标注样式和管理器】对话框来完成。在 AutoCAD 2016 中调用【标注样式和管理器】有以下几种常用方法。

◆功能区：在【默认】选项卡中单击【注释】面板下拉列表中的【标注样式】按钮，如图 8-2 所示。

◆菜单栏：执行【格式】|【标注样式】命令，如图 8-3 所示。

◆命令行：输入“DIMSTYLE”或“D”命令。

图 8-2 【注释】面板中的【标注样式】按钮

图 8-3 【标注样式】菜单命令

•操作步骤

执行上述任一命令后，系统弹出【标注样式管理器】对话框，如图 8-4 所示。

单击【新建】按钮，系统弹出【创建新标注样式】对话框，如图 8-5 所示。然后在【新样式名】文本框中输入新样式的名称，单击【继续】按钮，即可打开【新建标注样式】对话框进行新建。

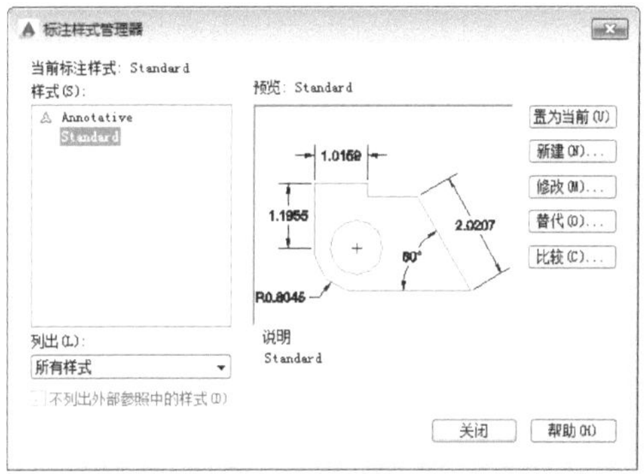

图 8-4 【标注样式管理器】对话框

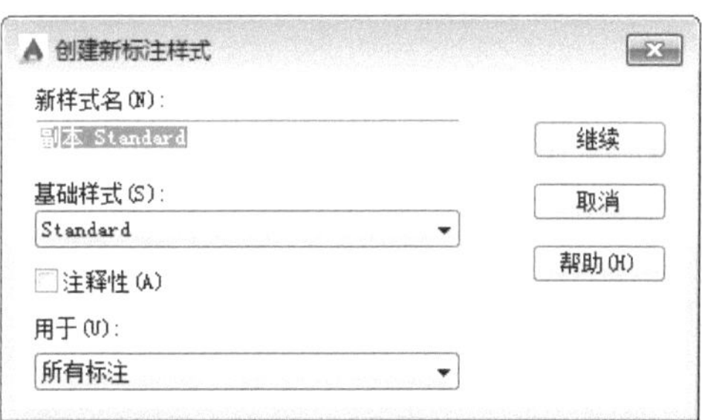

图 8-5 【创建新标注样式】对话框

•选项说明

【标注样式管理器】对话框中各按钮的含义如下。

◆【置为当前】：将在左边【样式】列表框中选定的标注样式设定为当前标注样式。当前样式将应用于所创建的标注。

◆【新建】：单击该按钮，打开【创建新标注样式】对话框，输入名称后可打开【新建标注样式】对话框，从中可以定义新的标注样式。

◆【修改】：单击该按钮，打开【修改标注样式】对话框，从中可以修改现有的标注样式。该对话框各选项均与【新建标注样式】对话框一致。

◆【替代】：单击该按钮，打开【替代当前样式】对话框，从中可以设定标注样式的临时替代值。该对话框各选项与【新建标注样式】对话框一致。替代将作为未保存的更改结果显示在“样式”列表中的标注样式下，如图 8-6 所示。

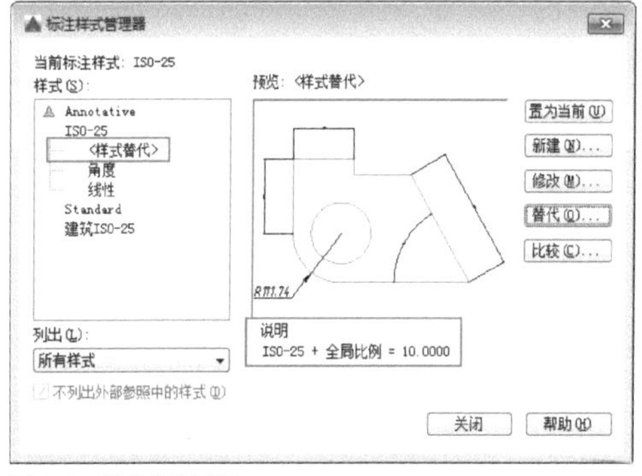

图 8-6 样式替代效果

◆【比较】：单击该按钮，打开【比较标注样式】对话框，如图 8-7 所示。从中可以比较所选定的两个标注样式（选择相同的标注样式进行比较，则会列出该样式的所有特性）。

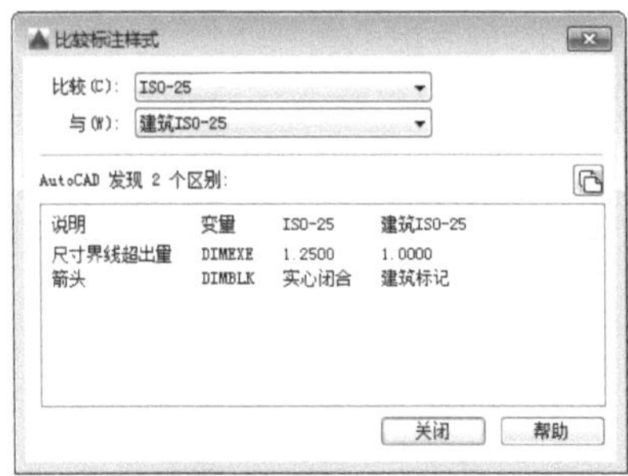

图 8-7 【比较标注样式】对话框

【创建新标注样式】对话框中各按钮的含义如下。

◆【基础样式】：在该下拉列表框中选择一种基础样式，新样式将在该基础样式的基础上进行修改。

◆【注释性】：勾选该【注释性】复选框，可将标注定义成可注释对象。

◆【用于】下拉列表：选择其中的一种标注，即可创建一种仅适用于该标注类型（如仅用于直径标注、线性标注等）的标注子样式，如图 8-8 所示。

设置了新样式的名称、基础样式和适用范围后，单击该对话框中的【继续】按钮，系统弹出【新建标注样式】对话框，在上方 7 个选项卡中可以设置标注中的直线、符号和箭头、文字、单位等内容，如图 8-9 所示。

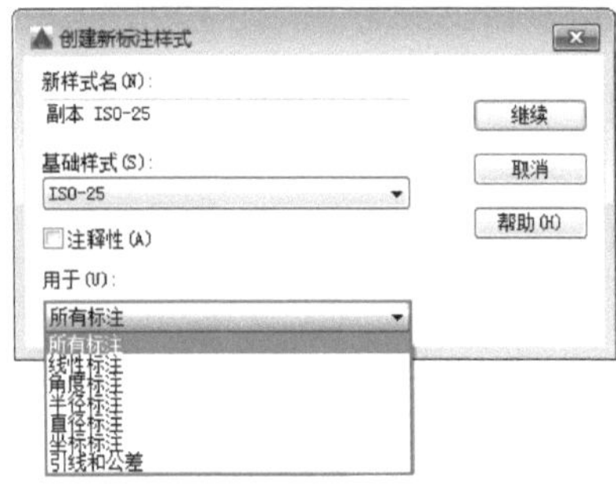

图 8-8 用于选定的标注

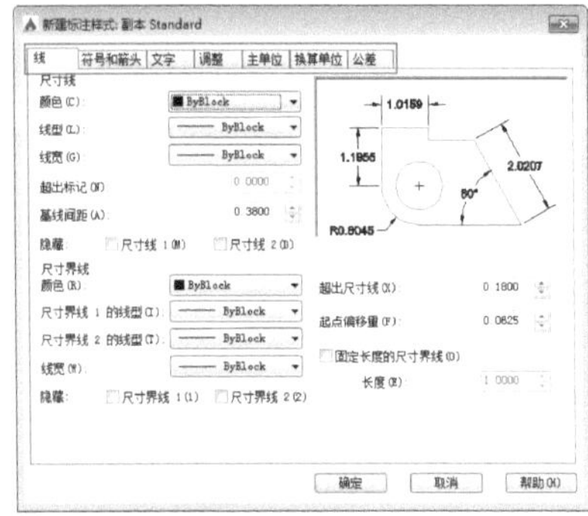

图 8-9 【新建标注样式】对话框

> **操作技巧**
>
> AutoCAD 2016中的标注按类型分的话，只有“线性标注”“角度标注”“半径标注”“直径标注”“坐标标注”“引线标注”等6个类型。

8.2.2 设置标注样式 ★重点★

在上文新建标注样式的介绍中，打开【新建标注样式】对话框之后的操作是最重要的，这也是本小节所要着重讲解的。在【新建标注样式】对话框中可以设置尺寸标注的各种特性，对话框中有【线】、【符号和箭头】、【文字】、【调整】、【主单位】、【换算单位】和【公差】共 7 个选项卡，如图 8-9 所示，每一个选项卡对应一种特性的设置，分别介绍如下。

1 【线】选项卡

切换到【新建标注样式】对话框中的【线】选项卡，如图 8-9 所示，可见【线】选项卡中包括【尺寸线】和【尺寸界线】两个选项组。在该选项卡中可以设置尺寸线、尺寸界线的格式和特性。

【尺寸线】选项组

◆【颜色】：用于设置尺寸线的颜色，一般保持默认值“Byblock”（随块）即可。也可以使用变量 DIMCLRD 设置。

◆【线型】：用于设置尺寸线的线型，一般保持默认值“Byblock”（随块）即可。

◆【线宽】：用于设置尺寸线的线宽，一般保持默认值“Byblock”（随块）即可。也可以使用变量 DIMLWD 设置。

◆【超出标记】：用于设置尺寸线超出量。若尺寸线两端是箭头，则此框无效；若在对话框的【符号和箭头】选项卡中设置了箭头的形式是“倾斜”和“建筑标记”时，可以设置尺寸线超过尺寸界线外的距离，如图 8-10 所示。

◆【基线间距】：用于设置基线标注中尺寸线之间的间距。

◆【隐藏】：【尺寸线 1】和【尺寸线 2】分别控制了第一条和第二条尺寸线的可见性，如图 8-11 所示。

图 8-10 【超出标记】设置为 5 时的示例

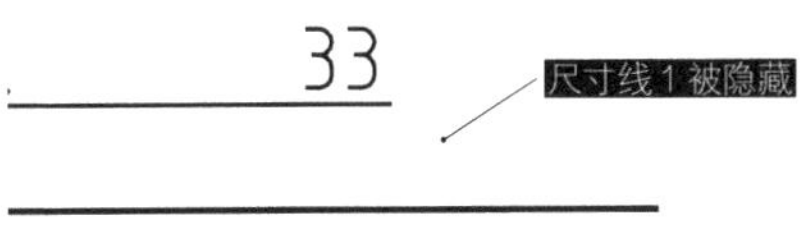

33

尺寸线 1 被隐藏

图 8-11 【隐藏尺寸线 1】效果图

◎【尺寸界线】选项组

◆【颜色】：用于设置延伸线的颜色，一般保持默认值“Byblock”（随块）即可。也可以使用变量 DIMCLRD 设置。

◆【线型】：分别用于设置【尺寸界线 1】和【尺寸界线 2】的线型，一般保持默认值“Byblock”（随块）即可。

◆【线宽】：用于设置延伸线的宽度，一般保持默认值“Byblock”（随块）即可。也可以使用变量 DIMLWD 设置。

◆【隐藏】：【尺寸界线 1】和【尺寸界线 2】分别控制了第一条和第二条尺寸界线的可见性。

◆【超出尺寸线】：控制尺寸界线超出尺寸线的距离，如图 8-12 所示。

◆【起点偏移量】：控制尺寸界线起点与标注对象端点的距离，如图 8-13 所示。

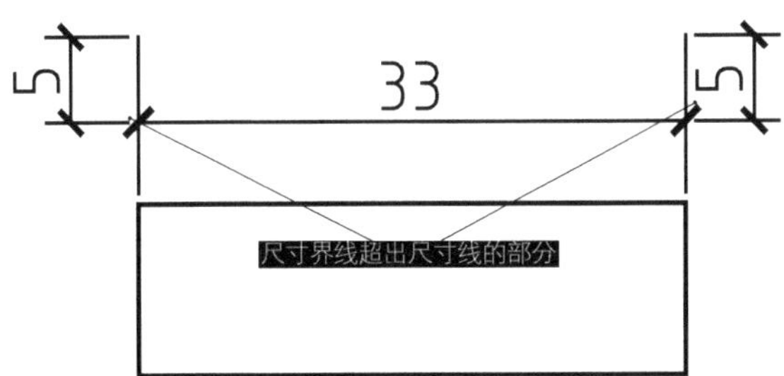

图 8-12 【超出尺寸线】设置为 5 时的示例

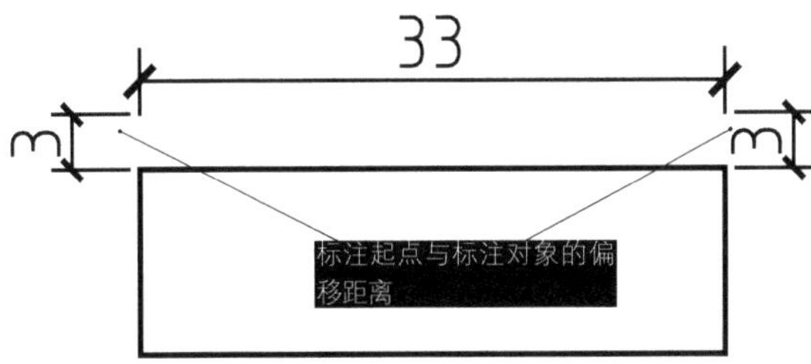

图 8-13 【起点偏移量】设置为 3 时的示例

设计点拨

如果是在机械制图的标注中，为了区分尺寸标注和被标注对象，用户应使尺寸界线与标注对象不接触，因此尺寸界线的【起点偏移量】一般设置为2～3mm。

2 【符号和箭头】选项卡

【符号和箭头】选项卡中包括【箭头】、【圆心标记】、【折断标注】、【弧长符号】、【半径折弯标注】和【线性折弯标注】共 6 个选项组，如图 8-14 所示。

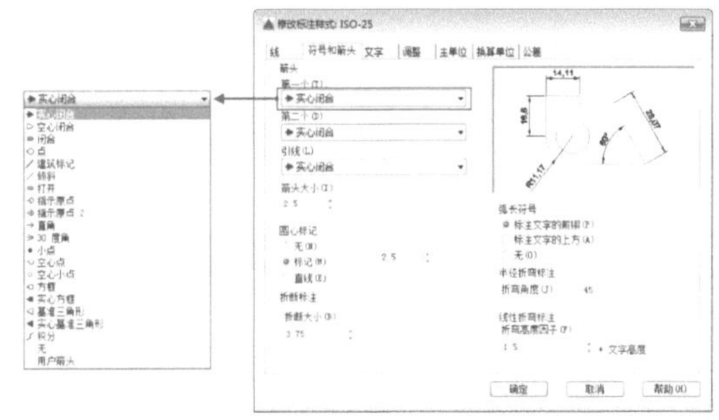

图 8-14 【符号和箭头】选项卡

◎【箭头】选项组

◆【第一个】以及【第二个】：用于选择尺寸线两端的箭头样式。在水暖绘图中通常设为“建筑标注”或“倾斜”样式，如图 8-15 所示；机械制图中通常设为“箭头”样式，如图 8-16 所示。

◆【引线】：用于设置快速引线标注（命令：LE）中的箭头样式，如图 8-17 所示。

◆【箭头大小】：用于设置箭头的大小。

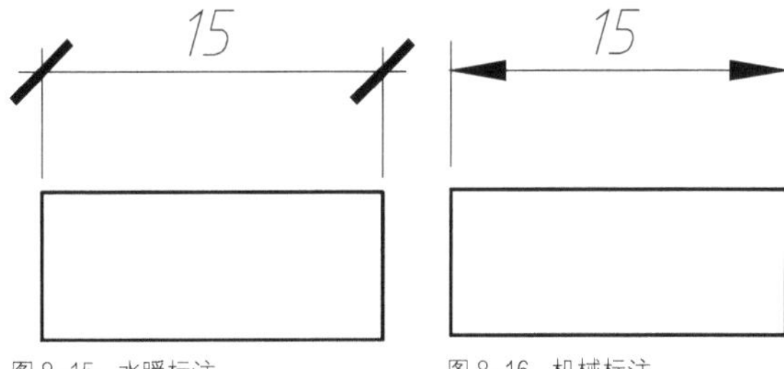

图 8-15 水暖标注　　图 8-16 机械标注

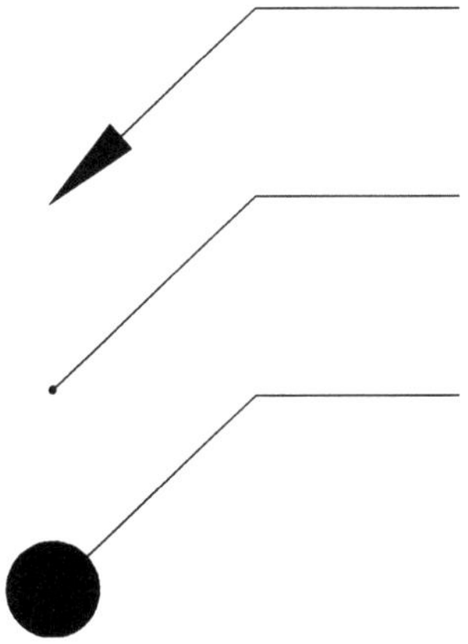

图 8-17 引线样式

操作技巧

Auto CAD中提供了19种箭头，如果选择了第一个箭头的样式，第二个箭头会自动选择和第一个箭头一样的样式。也可

> 以在第二个箭头下拉列表中选择不同的样式。本书水暖电的标注箭头宜与建筑标注相同，采用建筑标记。

【圆心标记】选项组

圆心标记是一种特殊的标注类型，在使用【圆心标记】(命令：DIMCENTER，见本章第8.3.13小节)时，可以在圆弧中心生成一个标注符号，【圆心标记】选项组用于设置圆心标记的样式。各选项的含义如下。

◆【无】：使用【圆心标记】命令时，无圆心标记，如图8-18所示。

◆【标记】：创建圆心标记。在圆心位置将会出现小十字架，如图8-19所示。

◆【直线】创建中心线。在使用【圆心标记】命令时，十字架线将会延伸到圆或圆弧外边，如图8-20所示。

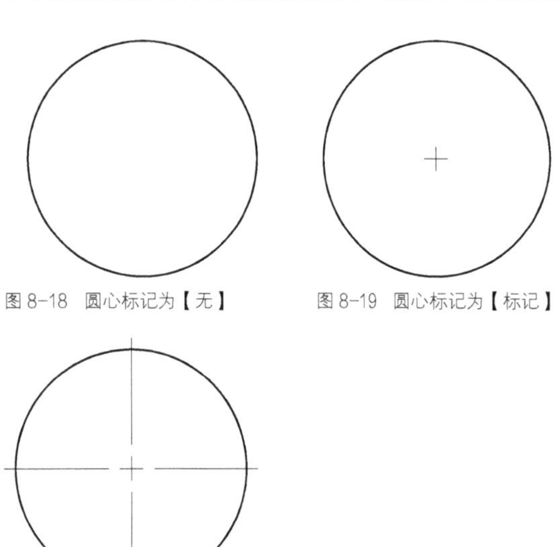

图8-18 圆心标记为【无】

图8-19 圆心标记为【标记】

图8-20 圆心标记为【直线】

> **操作技巧**
>
> 可以取消选中【调整】选项卡中的【在尺寸界线之间绘制尺寸线】复选框，这样就能在标注直径或半径尺寸时，同时创建圆心标记，如图8-21所示。
>
>
>
> 图8-21 标注时同时创建尺寸与圆心标记

【折断标注】选项组

其中的【折断大小】文本框可以设置在执行【DIMBREAK】(标注打断)命令时标注线的打断长度。

【弧长符号】选项组

在该选项组中可以设置弧长符号的显示位置，包括【标注文字的前缀】、【标注文字的上方】和【无】3种方式，如图8-22所示。

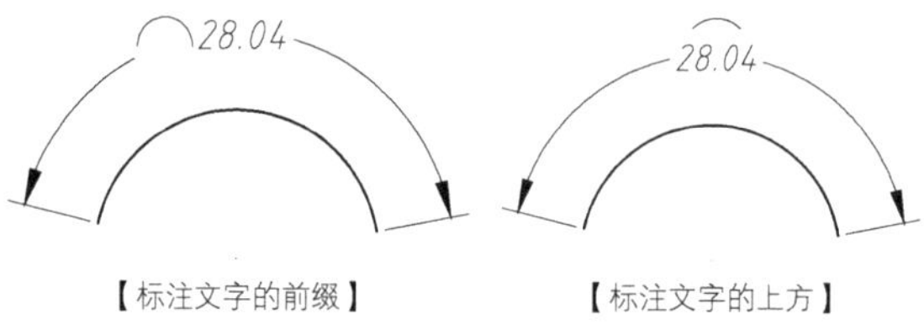

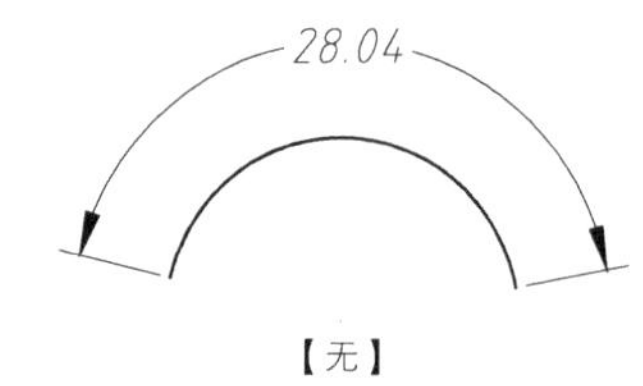

图8-22 弧长标注的类型

【半径折弯标注】选项组

其中的【折弯角度】文本框可以确定折弯半径标注中，尺寸线的横向角度，其值不能大于90°。

【线性折弯标注】选项组

其中的【折弯高度因子】文本框可以设置折弯标注打断时折弯线的高度。

3 【文字】选项卡

【文字】选项卡包括【文字外观】、【文字位置】和【文字对齐】3个选项组，如图8-23所示。

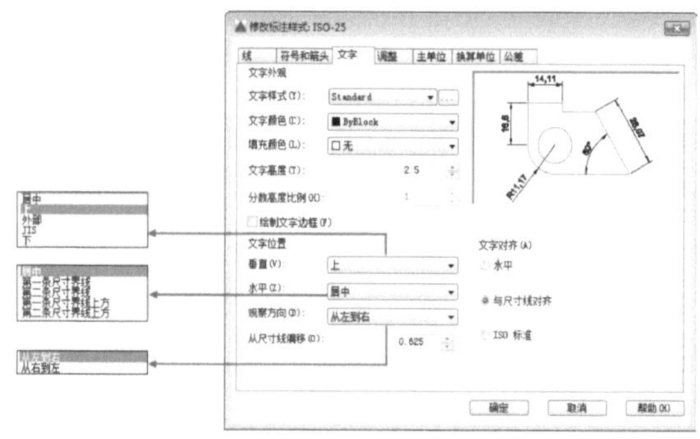

图8-23 【文字】选项卡

【文字外观】选项组

◆【文字样式】：用于选择标注的文字样式。也可以单击其后的[...]按钮，系统弹出【文字样式】对话框，选择文字样式或新建文字样式。

◆【文字颜色】：用于设置文字的颜色，一般保持默认值“Byblock”（随块）即可。也可以使用变量“DIMCLRT”设置。

◆【填充颜色】：用于设置标注文字的背景色。默认为“无”，如果图纸中尺寸标注很多，就会出现图形轮廓线、中心线、尺寸线与标注文字相重叠的情况，这时若将【填充颜色】设置为“背景”，即可有效改善图形。

◆【文字高度】：设置文字的高度，也可以使用变量“DIMCTXT”设置。

◆【分数高度比例】：设置标注文字的分数相对于其他标注文字的比例，AutoCAD 将该比例值与标注文字高度的乘积作为分数的高度。

◆【绘制文字边框】：设置是否给标注文字加边框。

【文字位置】选项组

◆【垂直】：用于设置标注文字相对于尺寸线在垂直方向的位置。【垂直】下拉列表中有【居中】、【上】、【外部】和【JIS】等选项。选择【居中】选项可以把标注文字放在尺寸线中间；选择【上】选项将把标注文字放在尺寸线的上方；选择【外部】选项可以把标注文字放在远离第一定义点的尺寸线一侧；选择【JIS】选项则按 JIS 规则（日本工业标准）放置标注文字。各种效果如图 8-24 所示。

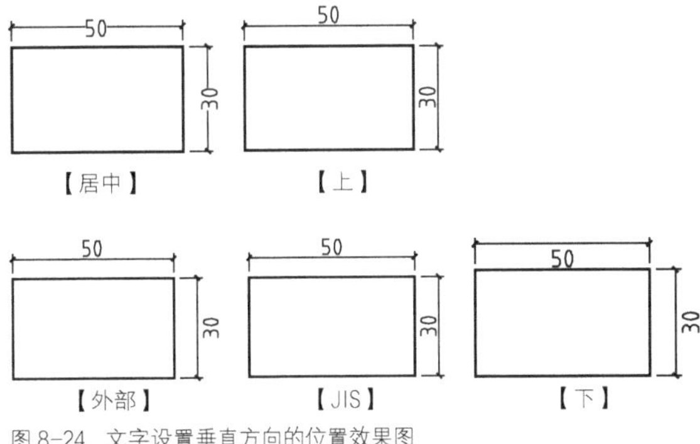

图 8-24 文字设置垂直方向的位置效果图

◆【水平】：用于设置标注文字相对于尺寸线和延伸线在水平方向的位置。其中水平放置位置有【居中】、【第一条尺寸界限】、【第二条尺寸界线】、【第一条尺寸界线上方】、【第二条尺寸界线上方】，各种效果如图 8-25 所示。

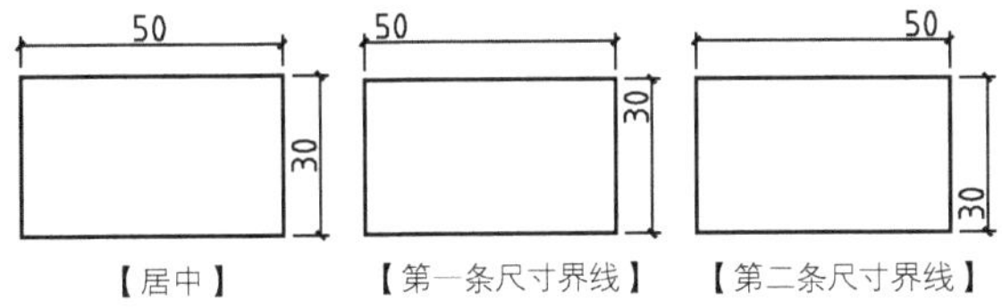

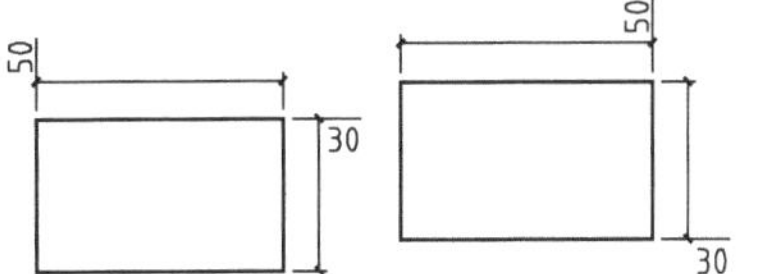

【第一条尺寸界线上方】【第二条尺寸界线上方】

图 8-25 尺寸文字在水平方向上的相对位置

◆【从尺寸线偏移】：设置标注文字与尺寸线之间的距离，如图 8-26 所示。

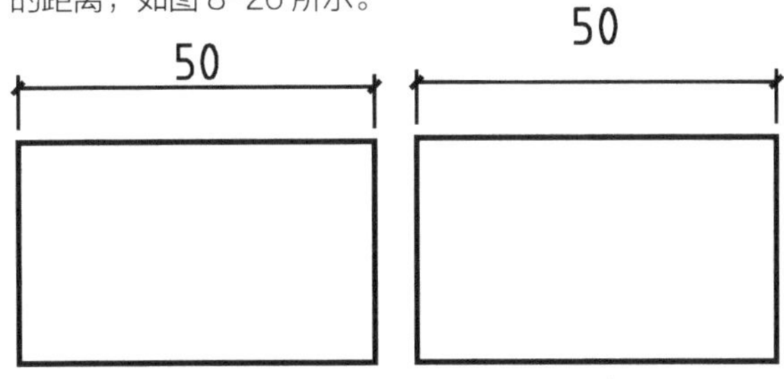

图 8-26 文字偏移量设置

【文字对齐】选项组

在【文字对齐】选项组中，可以设置标注文字的对齐方式，如图 8-27 所示。各选项的含义如下。

◆【水平】单选按钮：无论尺寸线的方向如何，文字始终水平放置。

◆【与尺寸线对齐】单选按钮：文字的方向与尺寸线平行。

◆【ISO 标准】单选按钮：按照 ISO 标准对齐文字。当文字在尺寸界线内时，文字与尺寸线对齐。当文字在尺寸界线外时，文字水平排列。

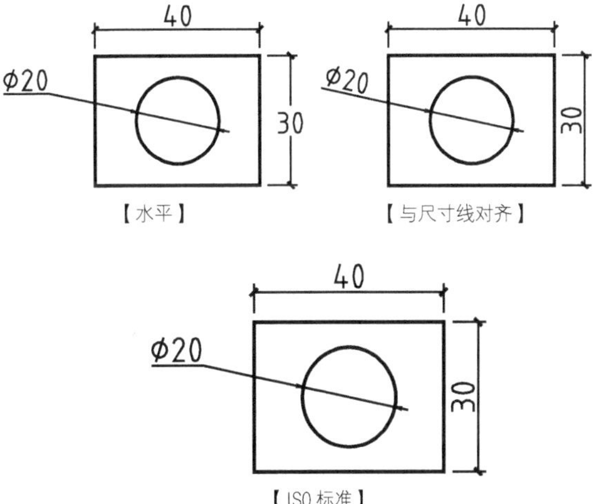

图 8-27 尺寸文字对齐方式

4 【调整】选项卡

【调整】选项卡包括【调整选项】、【文字位置】、【标注特征比例】和【优化】4 个选项组，可以设置标注文字、尺寸线、尺寸箭头的位置，如图 8-28 所示。

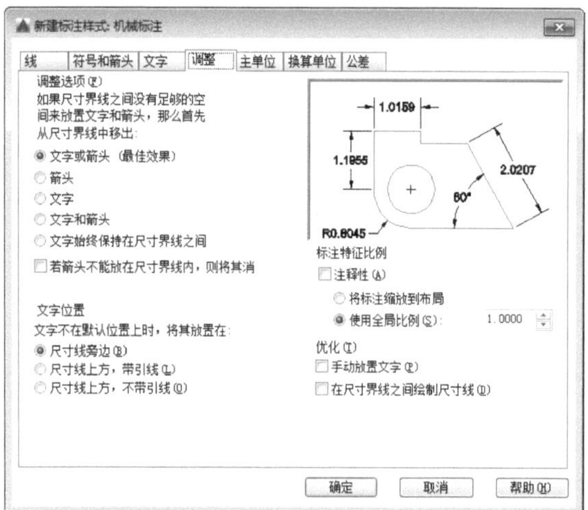
图 8-28 【调整】选项卡

【调整选项】选项组

在【调整选项】选项组中，可以设置当尺寸界线之间没有足够的空间同时放置标注文字和箭头时，应从尺寸界线之间移出的对象，如图 8-29 所示。各选项的含义如下。

◆【文字或箭头（最佳效果）】单选按钮：表示由系统选择一种最佳方式来安排尺寸文字和尺寸箭头的位置。

◆【箭头】单选按钮：表示将尺寸箭头放在尺寸界线外侧。

◆【文字】单选按钮：表示将标注文字放在尺寸界线外侧。

◆【文字和箭头】单选按钮：表示将标注文字和尺寸线都放在尺寸界线外侧。

◆【文字始终保持在尺寸界线之间】单选按钮：表示标注文字始终放在尺寸界线之间。

◆【若箭头不能放在尺寸界线内，则将其消除】单选按钮：表示当尺寸界线之间不能放置箭头时，不显示标注箭头。

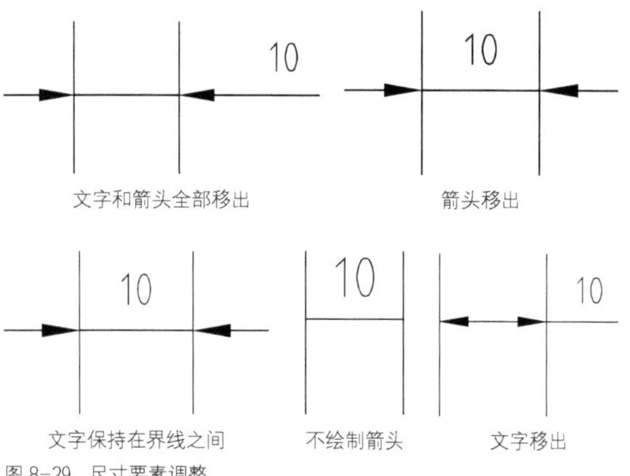

图 8-29 尺寸要素调整

【文字位置】选项组

在【文字位置】选项组中，可以设置当标注文字不在默认位置时应放置的位置，如图 8-30 所示。各选项的含义如下。

◆【尺寸线旁边】单选按钮：表示当标注文字在尺寸界线外部时，将文字放置在尺寸线旁边。

◆【尺寸线上方，带引线】单选按钮：表示当标注文字在尺寸界线外部时，将文字放置在尺寸线上方并加一条引线相连。

◆【尺寸线上方，不带引线】单选按钮：表示当标注文字在尺寸界线外部时，将文字放置在尺寸线上方，不加引线。

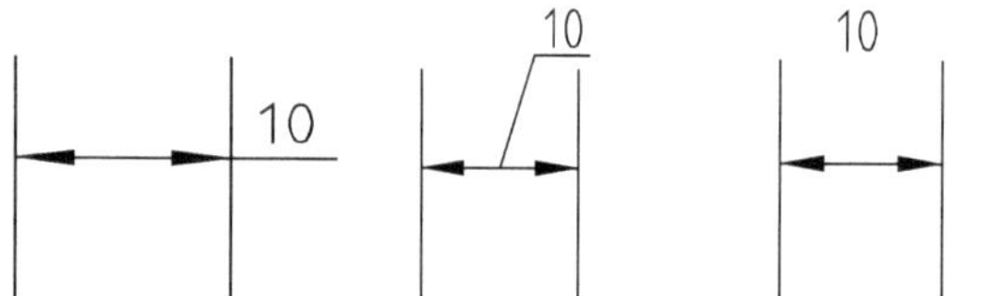

图 8-30 文字位置调整

【标注特征比例】选项组

在【标注特征比例】选项组中，可以设置标注尺寸的特征比例以便通过设置全局比例来调整标注的大小。各选项的含义如下。

◆【注释性】复选框：选择该复选框，可以将标注定义成可注释性对象。

◆【将标注缩放到布局】单选按钮：选中该单选按钮，可以根据当前模型空间视口与图纸之间的缩放关系设置比例。

◆【使用全局比例】单选按钮：选择该单选按钮，可以对全部尺寸标注设置缩放比例，该比例不改变尺寸的测量值，效果如图 8-31 所示。

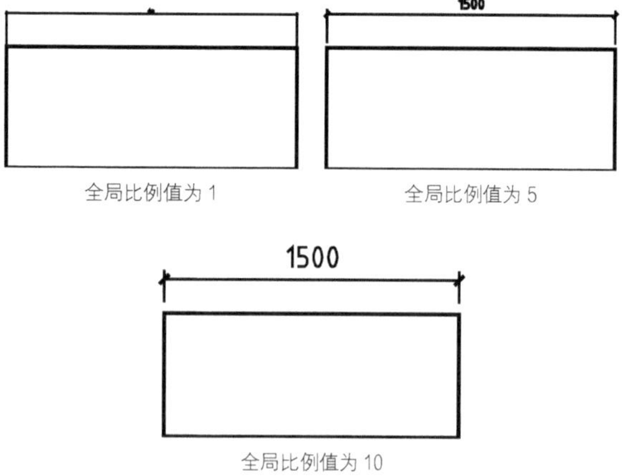

图 8-31 设置全局比例值

◎【优化】选项组

在【优化】选项组中，可以对标注文字和尺寸线进行细微调整。该选项区域包括以下两个复选框。

◆【手动放置文字】：表示忽略所有水平对正设置，并将文字手动放置在“尺寸线位置”的相应位置。

◆【在尺寸界线之间绘制尺寸线】：表示在标注对象时，始终在尺寸界线间绘制尺寸线。

5 【主单位】选项卡

【主单位】选项卡包括【线性标注】、【测量单位比例】、【消零】、【角度标注】和【消零】5 个选项组，如图 8-32 所示。

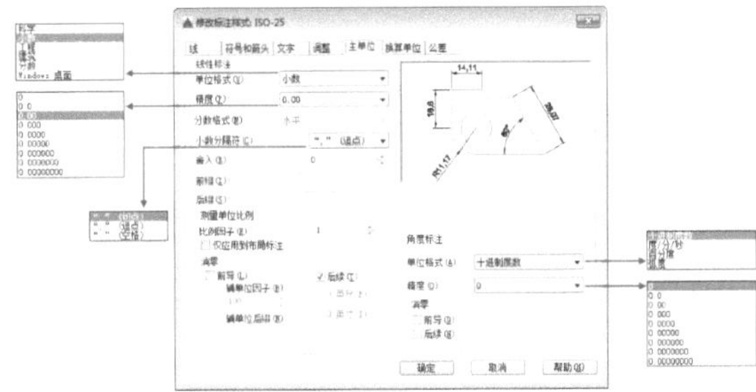

图 8-32 【主单位】选项卡

【主单位】选项卡可以对标注尺寸的精度进行设置，并能给标注文本加入前缀或者后缀等。

◎【线性标注】选项组

◆【单位格式】：设置除角度标注之外的其余各标注类型的尺寸单位，包括【科学】、【小数】、【工程】、【建筑】、【分数】等选项。

◆【精度】：设置除角度标注之外的其他标注的尺寸精度。

◆【分数格式】：当单位格式是分数时，可以设置分数的格式，包括【水平】、【对角】和【非堆叠】3 种方式。

◆【小数分隔符】：设置小数的分隔符，包括【逗点】、【句点】和【空格】3 种方式。

◆【舍入】：用于设置除角度标注外的尺寸测量值的舍入值。

◆【前缀】和【后缀】：设置标注文字的前缀和后缀，在相应的文本框中输入字符即可。

◎【测量单位比例】选项组

使用【比例因子】文本框可以设置测量尺寸的缩放比例，AutoCAD 的实际标注值为测量值与该比例的积。选中【仅应用到布局标注】复选框，可以设置该比例关系仅适用于布局。

◎【消零】选项组

该选项组中包括【前导】和【后续】两个复选框。设置是否消除角度尺寸的前导和后续零，如图 8-33 所示。

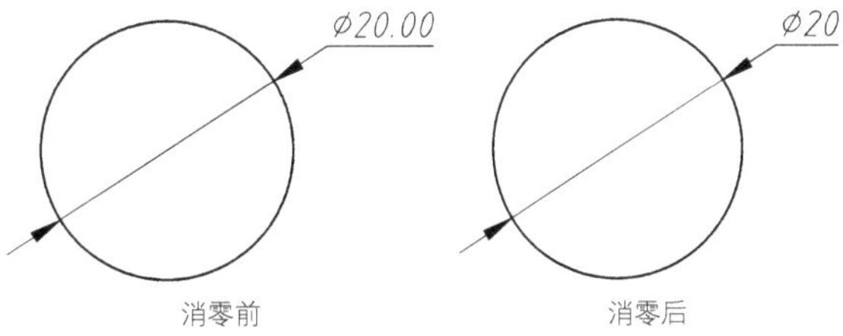

图 8-33 【后续】消零示例

◎【角度标注】选项组

◆【单位格式】：在此下拉列表框中设置标注角度时的单位。

◆【精度】：在此下拉列表框的设置标注角度的尺寸精度。

6 【换算单位】选项卡

【换算单位】选项卡包括【换算单位】、【消零】和【位置】3 个选项组，如图 8-34 所示。

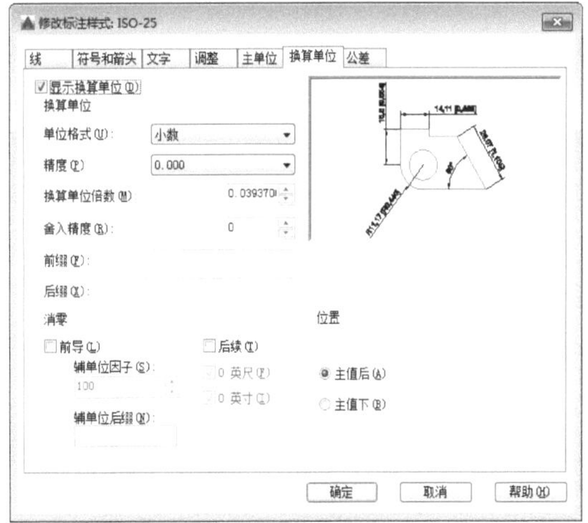

图 8-34 【换算单位】选项卡

【换算单位】可以方便地改变标注的单位，通常我们用的就是公制单位与英制单位的互换。

选中【显示换算单位】复选框后，对话框的其他选项才可用，可以在【换算单位】选项组中设置换算单位的【单位格式】、【精度】、【换算单位倍数】、【舍入精度】、【前缀】及【后缀】等，方法与设置主单位的方法相同，在此不一一讲解。

7 【公差】选项卡

【公差】选项卡包括【公差格式】、【公差对齐】、【消零】、【换算单位公差】和【消零】5 个选项组，如图 8-35 所示。

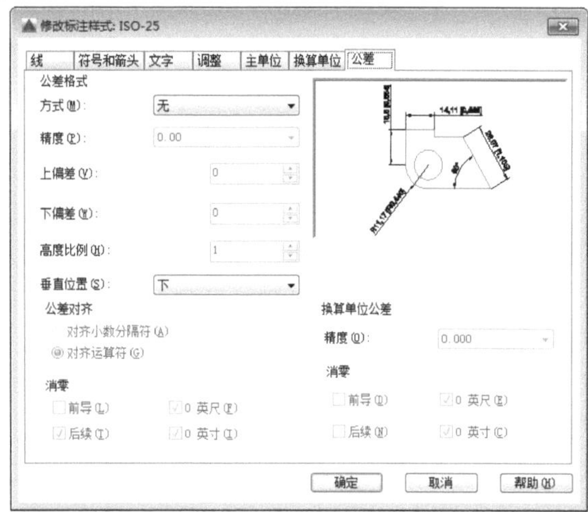

图 8-35 【公差】选项卡

【公差】选项卡可以设置公差的标注格式，其中常用功能含义如下。

◆【方式】：在此下拉列表框中有表示标注公差的几种方式。

◆【上偏差和下偏差】设置尺寸上偏差、下偏差值。

◆【高度比例】：确定公差文字的高度比例因子。确定后，AutoCAD 将该比例因子与尺寸文字高度之积作为公差文字的高度。

◆【垂直位置】：控制公差文字相对于尺寸文字的位置，包括【上】、【中】和【下】3 种方式。

◆【换算单位公差】：当标注换算单位时，可以设置换算单位精度和是否消零。

练习 8-1 创建制图标注样式

难度：☆☆☆	
素材文件路径：	无
效果文件路径：	素材/第8章/8-1创建制图标注样式-OK.dwg
视频文件路径：	视频/第8章/8-1创建制图标注样式.MP4
播放时长：	8分47秒

给排水、暖通等制图标注样式可按《房屋建筑制图统一标准》（GB/T50001 2001）来进行设置。需要注意的是，标注样式中的线性标注箭头为斜线的建筑标记，而半径、直径、角度标注则仍为实心箭头，因此在新建标注样式时要注意分开设置。

Step 01 新建空白文档，单击【注释】面板中的【标注样式】按钮，打开【标注样式管理器】对话框，如图8-36所示。

Step 02 设置通用参数。单击【标注样式管理器】对话框中的【新建】按钮，打开【创建新标注样式】对话框，在其中输入【制图标注】样式名，如图8-37所示。

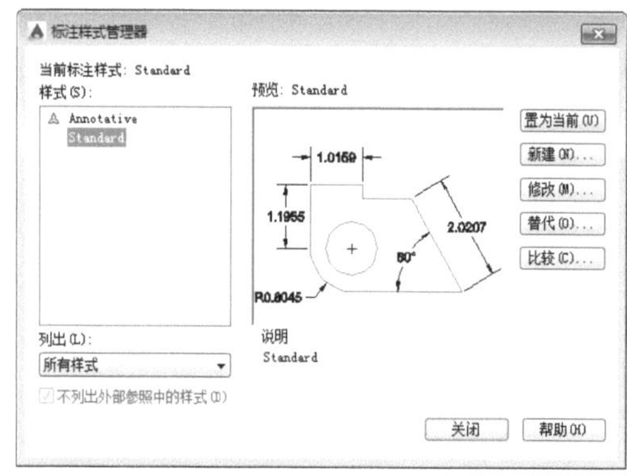

图 8-36 【标注样式管理器】对话框

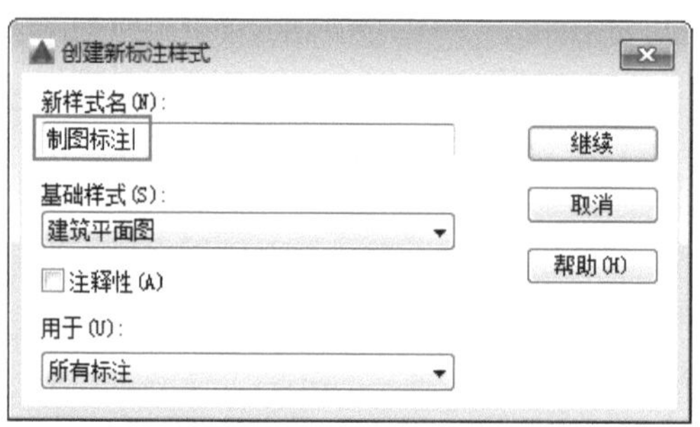

图 8-37 【创建新标注样式】对话框输入“制图标注”

Step 03 单击【创建新标注样式】对话框中的【继续】按钮，打开【新建标注样式：建筑标注】对话框，选择【线】选项卡，设置【基线间距】为7，【超出尺寸线】为2，【起点偏移量】为3，如图8-38所示。

Step 04 选择【符号和箭头】选项卡，在【箭头】参数栏的【第一个】、【第二个】下拉列表中选择【建筑标记】；在【引线】下拉列表中保持默认，最后设置箭头大小为2，如图8-39所示。

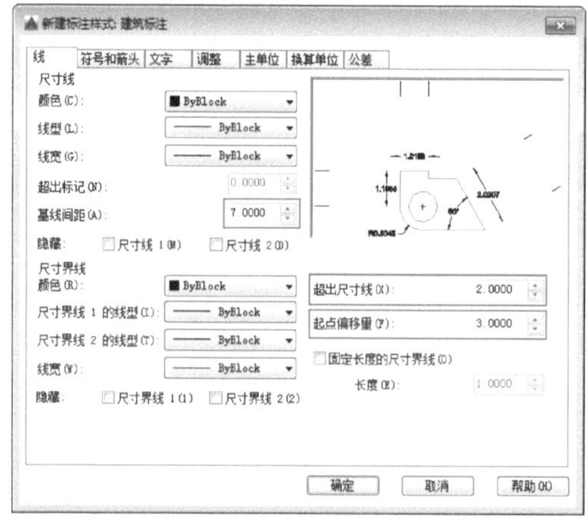

图 8-38 设置【线】选项卡中的参数

图 8-39 设置【箭头和文字】选项卡中的参数

Step 05 选择【文字】选项卡，设置【文字高度】为3.5，然后在文字位置区域中选择【上】，文字对齐方式选择【与尺寸线对齐】，如图8-40所示。

Step 06 选择【调整】选项卡，因为建筑图往往尺寸都非常巨大，因此设置全局比例为100，如图8-41所示。

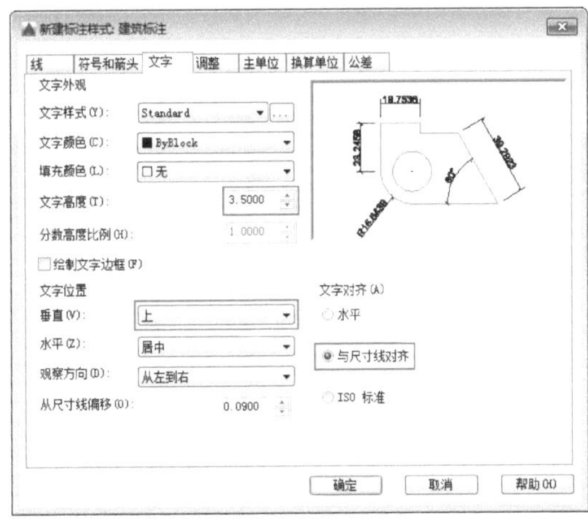

图 8-40 设置【文字】选项卡中的参数

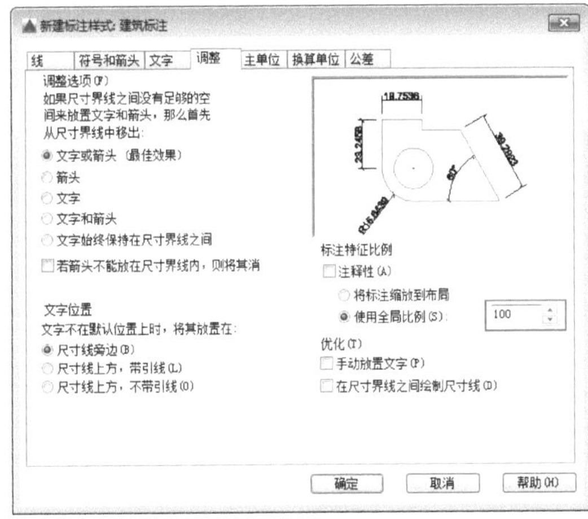

图 8-41 设置【调整】选项卡中的参数

Step 07 其余选项卡参数保持默认，单击【确定】按钮，返回【标注样式管理器】对话框。以上为建筑标注的常规设置，接着再有针对性地设置半径、直径、角度等标注样式。

Step 08 设置半径标注样式。在【标注样式管理器】对话框中选择创建好的【建筑标注】，然后单击【新建】按钮，打开【创建新标注样式】对话框，输入新样式名为“半径”，在【用于】下拉列表中选择【半径标注】选项，如图8-42所示。

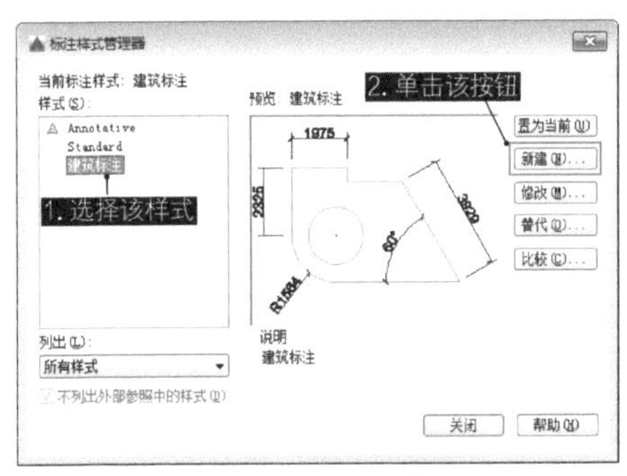

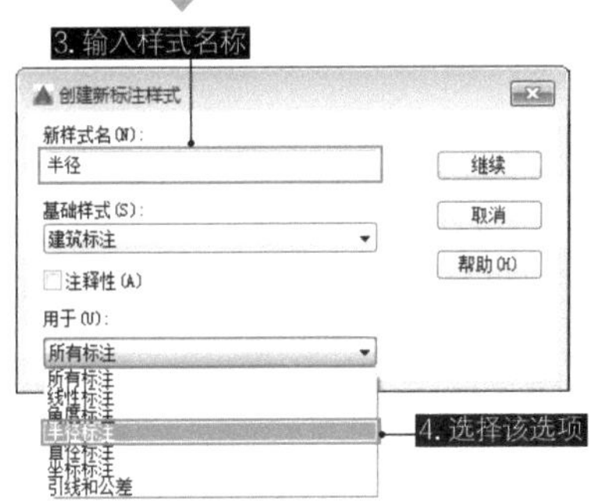

图 8-42 创建仅用于半径标注的样式

Step 09 单击【继续】按钮，打开【新建标注样式：建筑标注：半径】对话框，设置其中的箭头符号为【实心闭合】，文字对齐方式为【ISO标准】，其余选项卡参数不变，如图8-43所示。

图 8-43 设置半径标注的参数

图 8-43 设置半径标注的参数（续）

Step 10 单击【确定】按钮，返回【标注样式管理器】对话框，可在左侧的【样式】列表框中发现在【建筑标注】下多出了一个【半径】分支，如图8-44所示。

Step 11 设置直径标注样式。按相同方法，设置仅用于直径的标注样式，结果如图8-45所示。

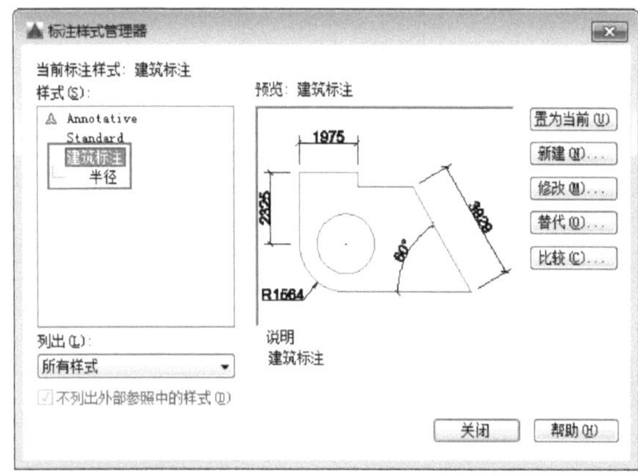
图 8-44 新创建的半径标注

图 8-45 设置直径标注的参数

Step 12 设置角度标注样式。按相同方法，设置仅用于角度的标注样式，结果如图8-46所示。

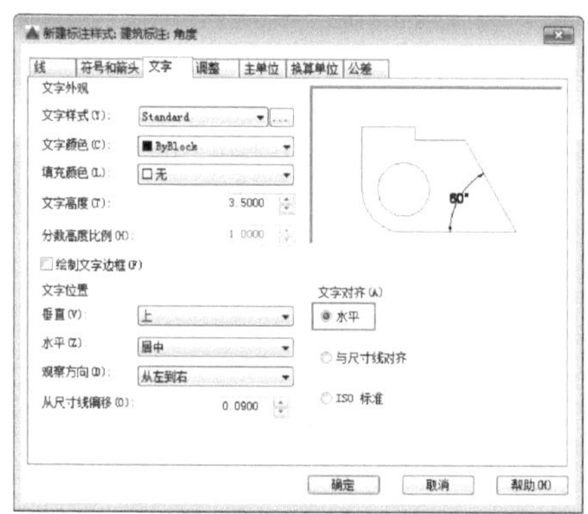
图 8-46 设置角度标注的参数

Step 13 设置完成之后的建筑标注样式在【标注样式管理器】中如图8-47所示，典型的标注示例如图8-48所示。

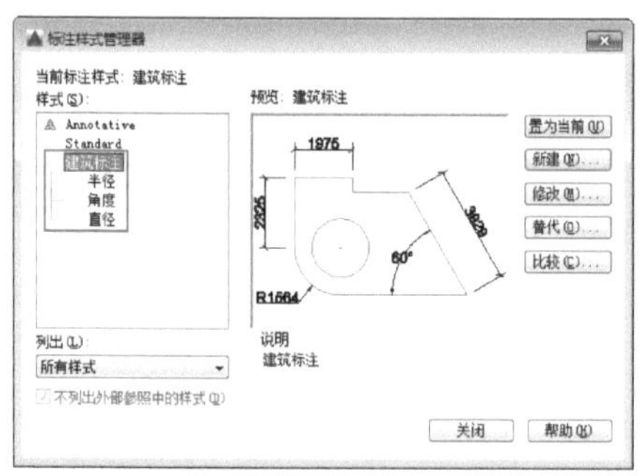
图 8-47 新创建的直径和角度标注

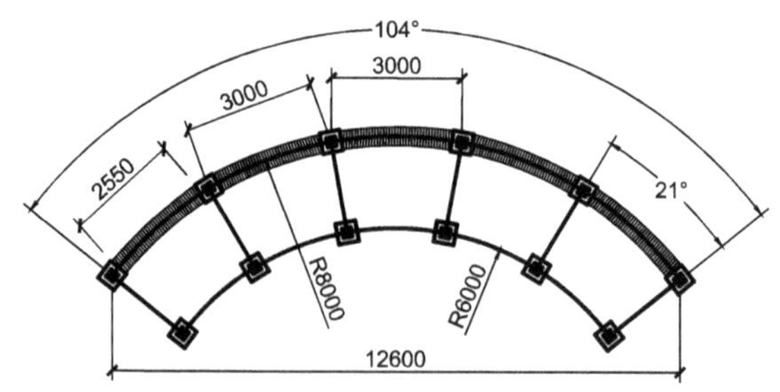

图 8-48 制图标注样例

8.3 标注的创建

为了更方便、快捷地标注图纸中的各个方向和形式的尺寸，AutoCAD 2016 提供了智能标注、线性标注、对齐标注、直径标注和多重引线标注等多种标注类型。掌握这些标注方法可以为各种图形灵活添加尺寸标注，使其成为生产制造或施工的依据。

8.3.1 智能标注 ★重点★

【智能标注】命令为 AutoCAD 2016 的新增功能，可以根据选定的对象类型自动创建相应的标注，例如，选择一条线段，则创建线性标注；选择一段圆弧，则创建半径标注。可以看做是以前【快速标注】命令的加强版。

•执行方式

执行【智能标注】命令有以下几种方式。

◆功能区：在【默认】选项卡中，单击【注释】面板中的【标注】按钮。

◆命令行：输入“DIM”命令。

•操作步骤

使用上面任一种方式启动【智能标注】命令，将鼠标置于对应的图形对象上，就会自动创建出相应的标注，如图 8-49 所示。如果需要，可以使用命令行选项更改标注类型。具体操作命令行提示如下。

```
选择对象或指定第一个尺寸界线原点或 [角度(A)/基线(B)/连续(C)/坐标(O)/对齐(G)/分发(D)/图层(L)/放弃(U)]:
                                        //选择图形或标注对象
```

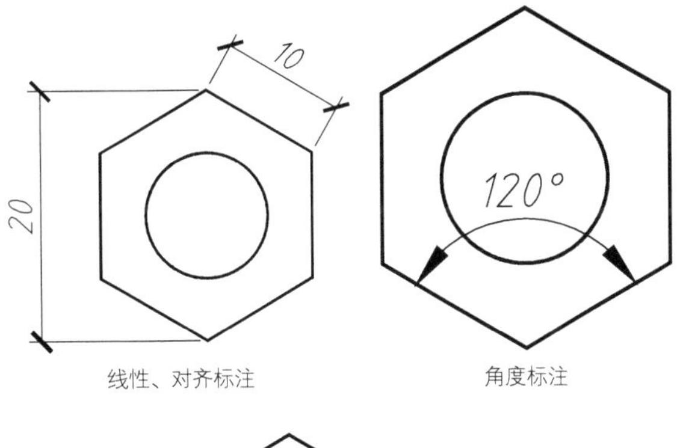

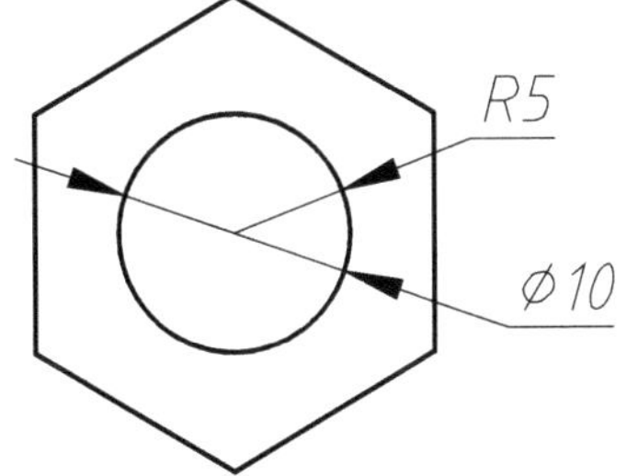

图 8-49 智能标注

•选项说明

命令行中各选项的含义说明如下。

◆“角度（A）”：创建一个角度标注来显示 3 个点或两条直线之间的角度，操作方法同【角度标注】，如图 8-50 所示。命令行提示如下。

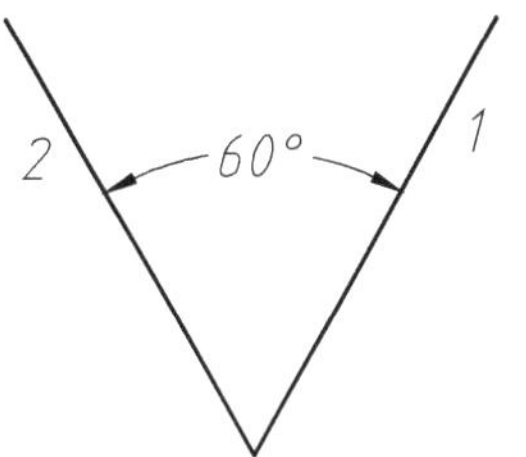

图 8-50 “角度（A）”标注尺寸

```
命令: _dim                               //执行【智能标注】命令
选择对象或指定第一个尺寸界线原点或 [角度(A)/基线(B)/连续(C)/坐标(O)/对齐(G)/分发(D)/图层(L)/放弃(U)]: A↙
                                        //选择“角度”选项
选择圆弧、圆、直线或 [顶点(V)]:            //选择第1个对象
选择直线以指定角度的第二条边:              //选择第2个对象
指定角度标注位置或 [多行文字(M)/文字(T)/文字角度(N)/放弃(U)]:
                                        //放置角度
```

◆“基线（B）”：从上一个或选定标准的第一条界线创建线性、角度或坐标标注，操作方法同【基线标注】，如图 8-51 所示。命令行提示如下。

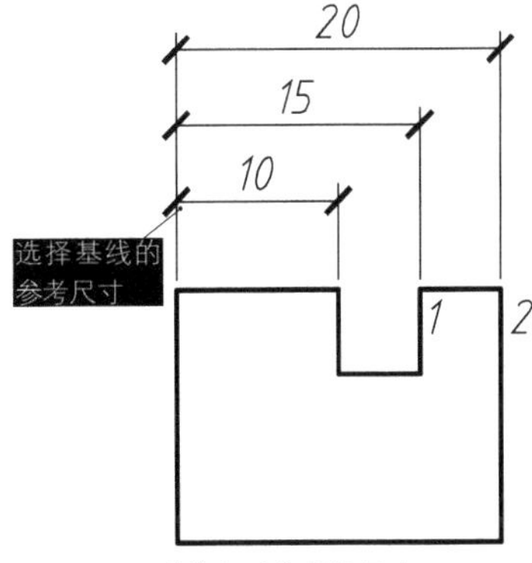

图 8-51 “基线（B）”标注尺寸

```
命令: _dim                               //执行【智能标注】命令
选择对象或指定第一个尺寸界线原点或 [角度(A)/基线(B)/连续(C)/坐标(O)/对齐(G)/分发(D)/图层(L)/放弃(U)]: B↙
                                        //选择“基线”选项
当前设置: 偏移 (DIMDLI) = 3.750000        //当前的基线标注参数
指定作为基线的第一个尺寸界线原点或 [偏移(O)]:  //选择基线的参考尺寸
指定第二个尺寸界线原点或 [选择(S)/偏移(O)/放弃(U)] <选择>:
标注文字 = 15                             //选择基线标注的下一点1
指定第二个尺寸界线原点或 [选择(S)/偏移(O)/放弃(U)] <选择>:
标注文字 = 20
            //选择基线标注的下一点2，按【Enter】键结束命令
```

◆ “连续（C）”：从选定标注的第二条尺寸界线创建线性、角度或坐标标注，操作方法同【连续标注】，如图 8-52 所示。命令行提示如下。

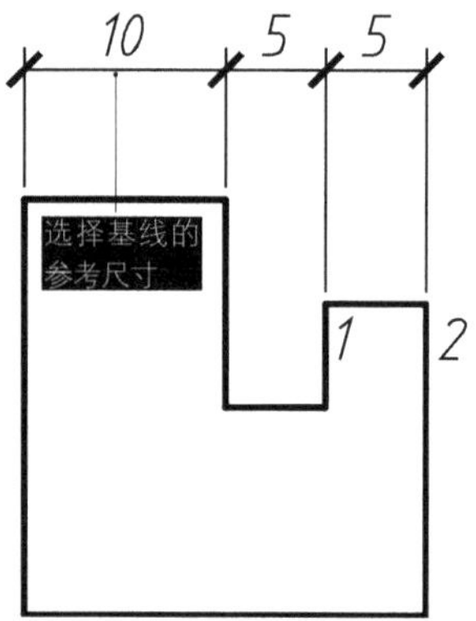

图 8-52 “连续（C）”标注尺寸

```
命令: _dim                                          //执行【智能标注】命令
选择对象或指定第一个尺寸界线原点或 [角度(A)/基线(B)/连续(C)/坐标(O)/对齐(G)/分发(D)/图层(L)/放弃(U)]:  C↙
                                                    //选择“连续”选项
指定第一个尺寸界线原点以继续:                       //选择标注的参考尺寸
指定第二个尺寸界线原点或 [选择(S)/放弃(U)] <选择>:
标注文字 = 5                                        //选择连续标注的下一点1
指定第二个尺寸界线原点或 [选择(S)/放弃(U)] <选择>:
标注文字 = 5
                       //选择连续标注的下一点2，按【Enter】键结束命令
```

◆ “坐标（O）”：创建坐标标注，提示选取部件上的点，如端点、交点或对象中心点，如图 8-53 所示。命令行提示如下。

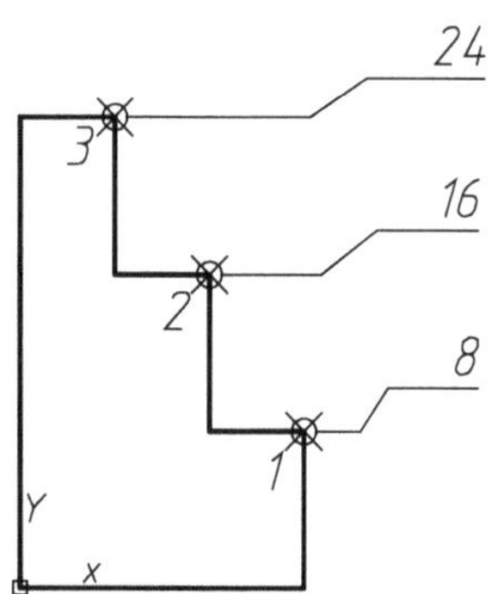

图 8-53 “坐标（O）”标注尺寸

```
命令: _dim                                          //执行【智能标注】命令
选择对象或指定第一个尺寸界线原点或[角度(A)/基线(B)/连续(C)/坐标(O)/对齐(G)/分发(D)/图层(L)/放弃(U)]:  O↙
                                                    //选择“坐标”选项
指定点坐标或 [放弃(U)]:                             //选择点1
指定引线端点或 [X基准(X)/Y基准(Y)/多行文字(M)/文字(T)/角度(A)/放弃(U)]:
标注文字 = 8
指定点坐标或 [放弃(U)]:                             //选择点2
指定引线端点或[X基准(X)/Y基准(Y)/多行文字(M)/文字(T)/角度(A)/放弃(U)]:
标注文字 = 16
指定点坐标或 [放弃(U)]: ↙                           //按【Enter】键结束命令
```

◆ “对齐（G）”：将多个平行、同心或同基准的标注对齐到选定的基准标注，用于调整标注，让图形看起来工整、简洁，如图 8-54 所示，命令行操作如下。

```
命令: _dim                                          //执行【智能标注】命令
选择对象或指定第一个尺寸界线原点或 [角度(A)/基线(B)/连续(C)/对齐(G)/分发(D)/图层(L)/放弃(U)]:G↙
                                                    //选择“对齐”选项
选择基准标注:                                       //选择基准标注10
选择要对齐的标注:找到 1 个                          //选择要对齐的标注12
选择要对齐的标注:找到 1 个，总计 2 个               //选择要对齐的标注15
选择要对齐的标注: ↙                                 //按【Enter】键结束命令
```

1. 选择基准标注
2. 选择要对齐的标注
3. 选择要对齐的标注

图 8-54 “对齐（G）”选项修改标注

知识链接

该操作也可以通过【DIMSPACE】（调整间距）命令来完成。详见本章第8.4.2小节。

◆ “分发（D）”：指定可用于分发一组选定的孤立线性标注或坐标标注的方法，可将标注按一定间距隔开，如图 8-55 所示。命令行操作如下。

```
命令: _dim                                          //执行【智能标注】命令
选择对象或指定第一个尺寸界线原点或 [角度(A)/基线(B)/连续(C)/对齐(G)/分发(D)/图层(L)/放弃(U)]:D↙
                                                    //选择“分发”选项
当前设置: 偏移 (DIMDLI) = 6.000000
              //当前“分发”选项的参数设置，偏移值即为间距值
指定用于分发标注的方法 [相等(E)/偏移(O)] <相等>:O
                                                    //选择“偏移”选项
选择基准标注或 [偏移(O)]:                           //选择基准标注10
选择要分发的标注或 [偏移(O)]:找到 1 个
                                                    //选择要隔开的标注12
选择要分发的标注或 [偏移(O)]:找到 1 个，总计 2 个
                                                    //选择要隔开的标注15
选择要分发的标注或 [偏移(O)]: ↙   //按【Enter】键结束命令
```

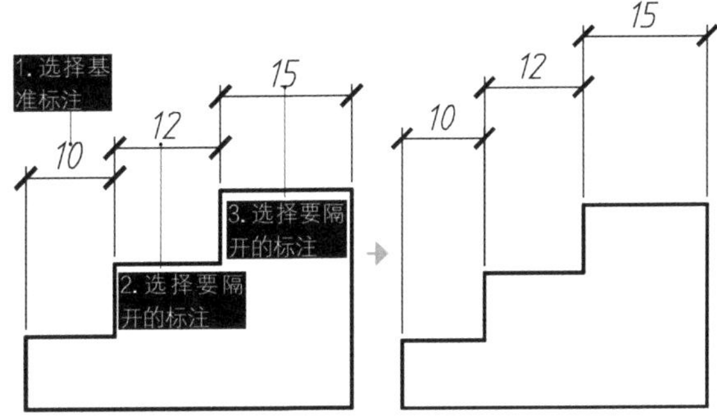

图 8-55 “分发（D）”选项修改标注

知识链接

该操作也可以通过【DIMSPACE】（调整间距）命令来完成。详见本章第8.4.2小节。

◆ “图层（L）”：为指定的图层指定新标注，以替代当前图层。输入“Use Current”或“.”，以使用当前图层。

练习 8-2 使用智能标注注释图形 ★重点★

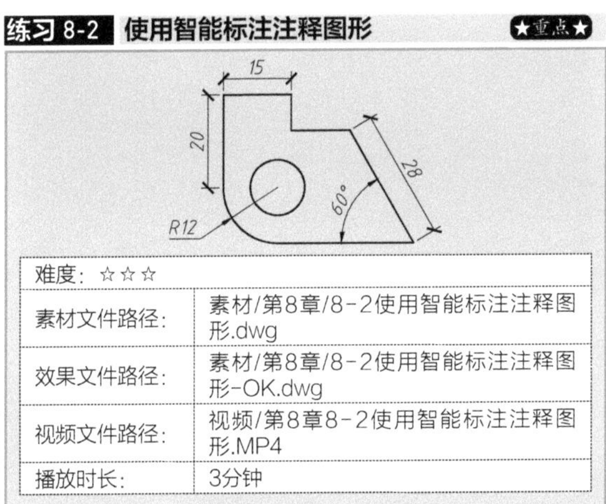

难度：☆☆☆	
素材文件路径：	素材/第8章/8-2使用智能标注注释图形.dwg
效果文件路径：	素材/第8章/8-2使用智能标注注释图形-OK.dwg
视频文件路径：	视频/第8章8-2使用智能标注注释图形.MP4
播放时长：	3分钟

如果用户在使用 AutoCAD 2016 之前，有用过 SU、天正 CAD 等设计软件的话，那对【智能标注】命令的操作肯定不会感到陌生。传统的 AutoCAD 标注方法需要根据对象的类型来选择不同的标注命令，这种方式效率低下，已不合时宜。因此，快速选择对象，实现无差别标注的方法就应运而生，本例通过【智能标注】对图形添加标注，用户也可以使用传统方法进行标注，以此来比较二者之间的差异。

Step 01 打开“第8章/8-2 使用智能标注注释图形.dwg”素材文件，其中已绘制好一示例图形，如图8-56所示。

Step 02 标注水平尺寸。在【默认】选项卡中，单击【注释】面板上的【标注】按钮，然后移动光标至图形上方的水平线段，系统自动生成线性标注，如图8-57所示。

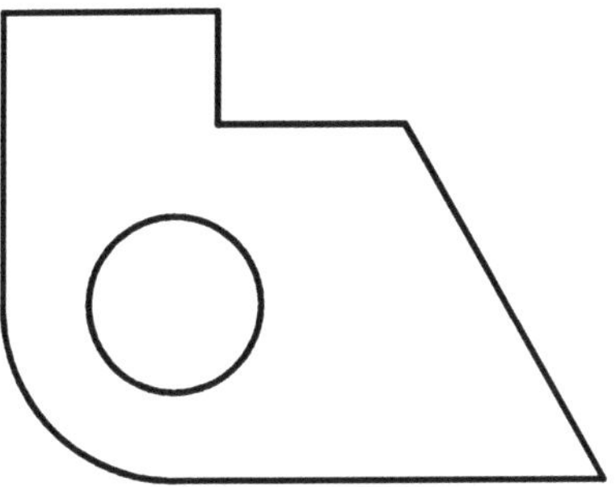

图 8-56 素材文件

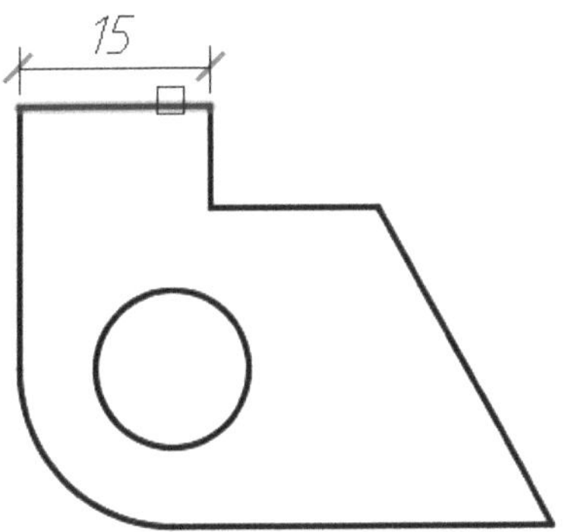

图 8-57 标注水平尺寸

Step 03 标注竖直尺寸。放置好 **Step 02** 创建的尺寸，即可继续执行【智能标注】命令。接着选择图形左侧的竖直线段，即可得到如图8-58所示的竖直尺寸。

Step 04 标注半径尺寸。放置好竖直尺寸，接着选择左下角的圆弧段，即可创建半径标注，如图8-59所示。

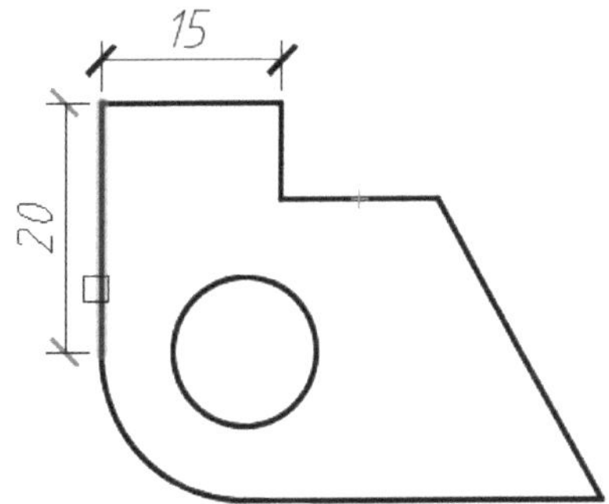

图 8-58 标注竖直尺寸

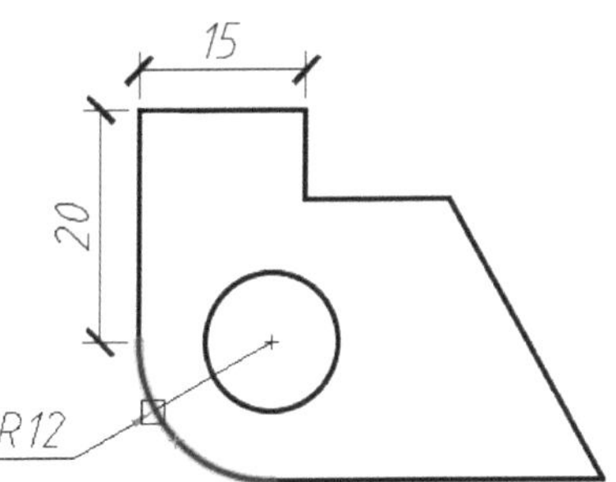

图 8-59 标注半径尺寸

Step 05 标注角度尺寸。放置好半径尺寸，继续执行【智能标注】命令。选择图形底边的水平线，然后不要放置标注，直径选择右侧的斜线，即可创建角度标注，如图8-60所示。

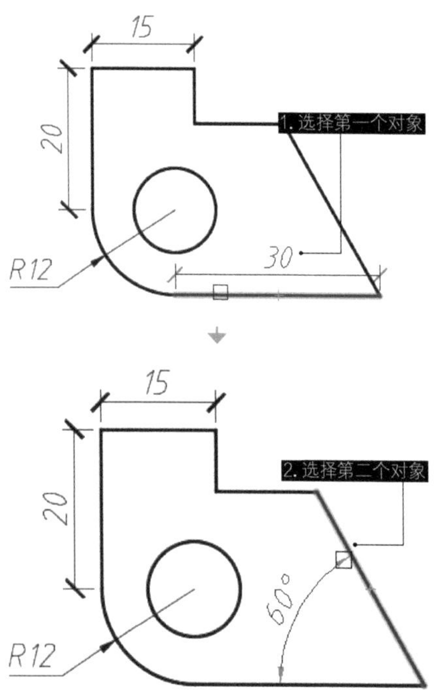

图 8-60 标注角度尺寸

Step 06 创建对齐标注。放置角度标注之后，移动光标至右侧的斜线，得到如图8-61所示的对齐标注。

Step 07 单击【Enter】键结束【智能标注】命令，最终标注结果如图8-62所示。用户也可自行使用【线性】、【半径】等传统命令进行标注，以比较两种方法之间的异同，来选择自己所习惯的一种。

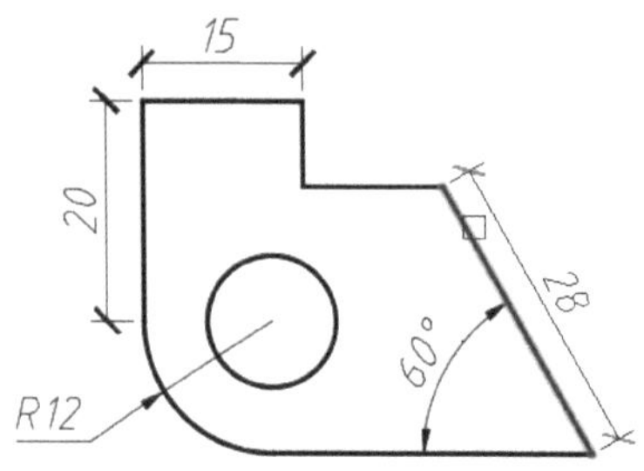

图 8-61 标注对齐尺寸

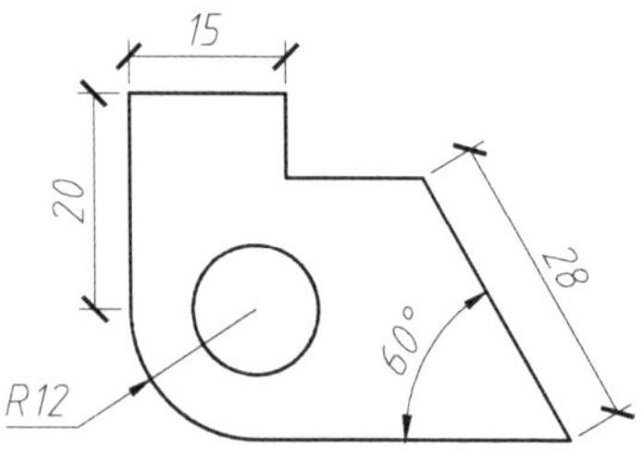

图 8-62 最终效果

8.3.2 线性标注 ★重点★

使用水平、竖直或旋转的尺寸线创建线性的标注尺寸。【线性标注】仅用于标注任意两点之间的水平或竖直方向的距离。

• 执行方式

执行【线性标注】命令的方法有以下几种。

◆ 功能区：在【默认】选项卡中，单击【注释】面板中的【线性】按钮⊢, 如图 8-63 所示。

◆ 菜单栏：选择【标注】|【线性】命令，如图 8-64 所示。

◆ 命令行：输入“DIMLINEAR”或“DLI”命令。

图 8-63 【注释】面板中的【线性】按钮

图 8-64 【线性】菜单命令

• 操作步骤

执行【线性标注】命令后，依次指定要测量的两点，即可得到线性标注尺寸。命令行操作提示如下。

```
命令: _dimlinear                          //执行【线性标注】命令
指定第一个尺寸界线原点或 <选择对象>:
                                          //指定测量的起点
指定第二条尺寸界线原点:                   //指定测量的终点
指定尺寸线位置或                          //放置标注尺寸，结束操作
```

• 选项说明

执行【线性标注】命令后，有两种标注方式，即【指定原点】和【选择对象】。这两种方式的操作方法与区别介绍如下。

1 指定原点

默认情况下，在命令行提示下指定第一条尺寸界线的原点，并在“指定第二条尺寸界线原点”提示下指定第二条尺寸界线原点后，命令提示行如下。

```
指定尺寸线位置或[多行文字(M)/文字(T)/角度(A)/水平(H)/垂直(V)/旋转(R)]:
```

因为线性标注有水平和竖直方向两种可能，因此指定尺寸线的位置后，尺寸值才能够完全确定。以上命令行中其他选项的功能说明如下。

◆ “多行文字（M）”：选择该选项将进入多行文字编辑模式，可以使用【多行文字编辑器】对话框输入并设置标注文字。其中，文字输入窗口中的尖括号（<>）表示系统测量值。

◆ “文字（T）”：以单行文字形式输入尺寸文字。

◆ “角度（A）”：设置标注文字的旋转角度，效果如图 8-65 所示。

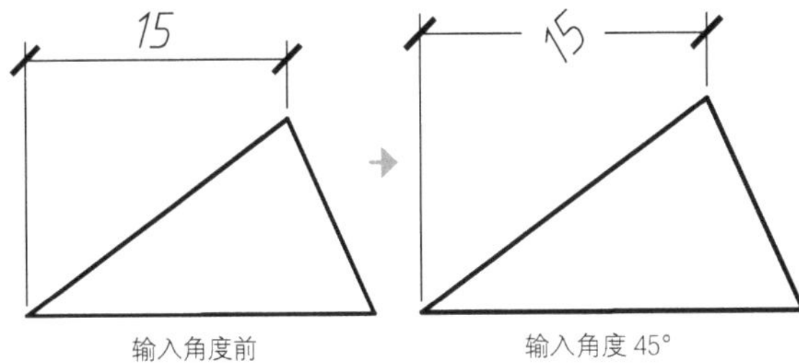

图 8-65　线性标注时输入角度效果

◆ “水平（H）和垂直（V）”：标注水平尺寸和垂直尺寸。可以直接确定尺寸线的位置，也可以选择其他选项来指定标注的标注文字内容或标注文字的旋转角度。

◆ “旋转（R）”：旋转标注对象的尺寸线，测量值也会随之调整，相当于【对齐标注】。

指定原点标注的操作方法如图 8-66 所示，命令行的操作过程如下。

```
命令: _dimlinear                        //执行【线性标注】命令
指定第一个尺寸界线原点或 <选择对象>:
                                        //选择矩形一个顶点
指定第二条尺寸界线原点:                   //选择矩形另一侧边的顶点
指定尺寸线位置或
[多行文字(M)/文字(T)/角度(A)/水平(H)/垂直(V)/旋转(R)]:
                  //向上拖动指针，在合适位置单击放置尺寸线
标注文字 = 50                            //生成尺寸标注
```

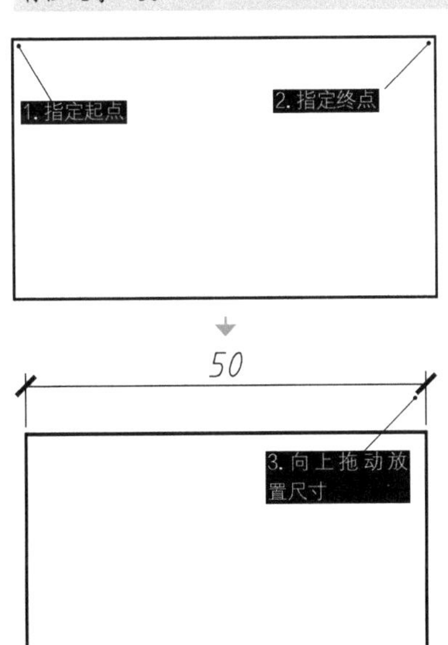

图 8-66　线性标注之【指定原点】

2 选择对象

执行【线性标注】命令之后，直接按【Enter】键，则要求选择标注尺寸的对象。选择对象之后，系统便以对象的两个端点作为两条尺寸界线的起点。

该标注的操作方法如图 8-67 所示，命令行的操作如下。

```
命令: _dimlinear                        //执行【线性标注】命令
指定第一个尺寸界线原点或 <选择对象>:↙
                     //按【Enter】键选择“选择对象”选项
选择标注对象:                             //单击直线AB
指定尺寸线位置或
[多行文字(M)/文字(T)/角度(A)/水平(H)/垂直(V)/旋转(R)]:
//水平向右拖动指针，在合适位置放置尺寸线（若上下拖动，
则生成水平尺寸）
标注文字 = 30
```

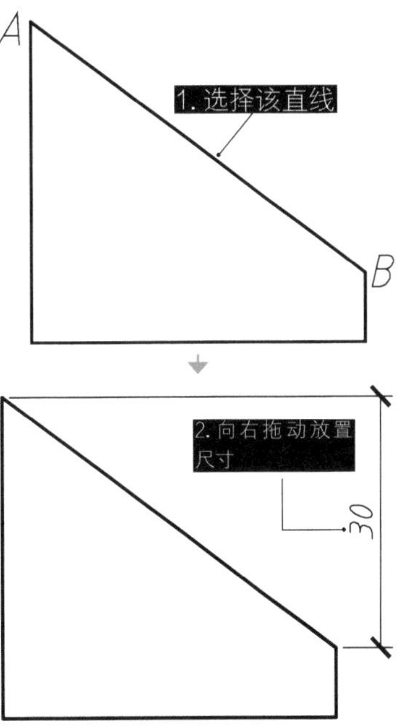

图 8-67　线性标注之【选择对象】

练习 8-3 标注线性尺寸

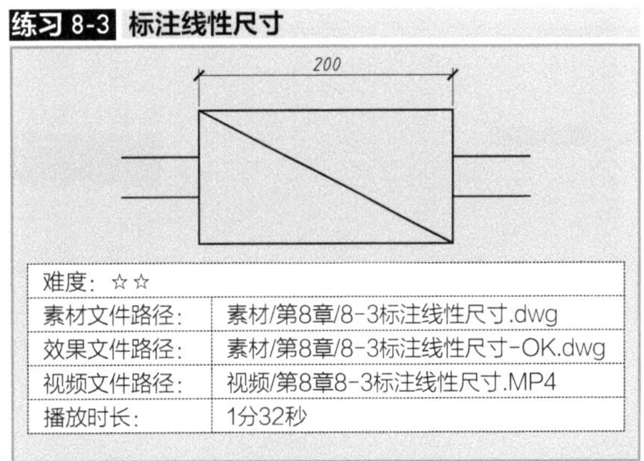

难度：☆☆	
素材文件路径：	素材/第8章/8-3标注线性尺寸.dwg
效果文件路径：	素材/第8章/8-3标注线性尺寸-OK.dwg
视频文件路径：	视频/第8章8-3标注线性尺寸.MP4
播放时长：	1分32秒

一张设计图通常具有多种结构特征，需灵活使用 AutoCAD 中提供的各种标注命令才能为其添加完整的

注释。本例为图形添加最基本的线性尺寸。

Step 01 打开“第8章/8-3 标注线性尺寸.dwg”素材文件，其中已绘制好一简单图形，如图8-68所示。

Step 02 单击【注释】面板中的【线性】按钮，执行【线性标注】命令，命令行具体操作如下。

```
命令: _dimlinear
指定第一个尺寸界线原点或 <选择对象>:
                              //指定上端水平线左端点为标注对象起点
指定第二条尺寸界线原点:         //指定上端水平线右端点为标注对象终点
指定尺寸线位置或
[多行文字(M)/文字(T)/角度(A)/水平(H)/垂直(V)/旋转(R)]:
标注文字 = 20                  //单击左键，确定尺寸线放置位置，完成操作
```

Step 03 用同样的方法标注其他水平或垂直方向的尺寸，标注完成后，其效果如图8-69所示。

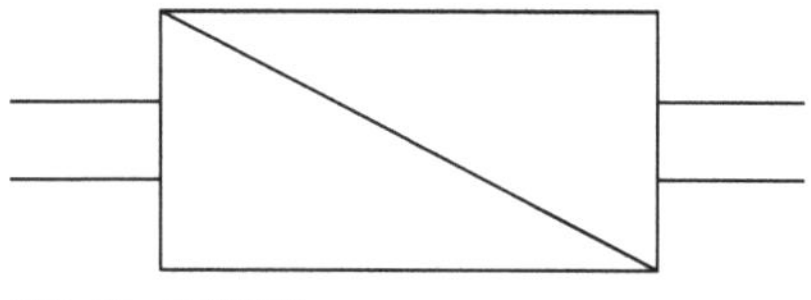

图 8-68　素材图形

图 8-69　线性标注结果

8.3.3 对齐标注 ★重点★

在对直线段进行标注时，如果该直线的倾斜角度未知，那么使用【线性标注】的方法将无法得到准确的测量结果，这时可以使用【对齐标注】完成如图 8-70 所示的标注效果。

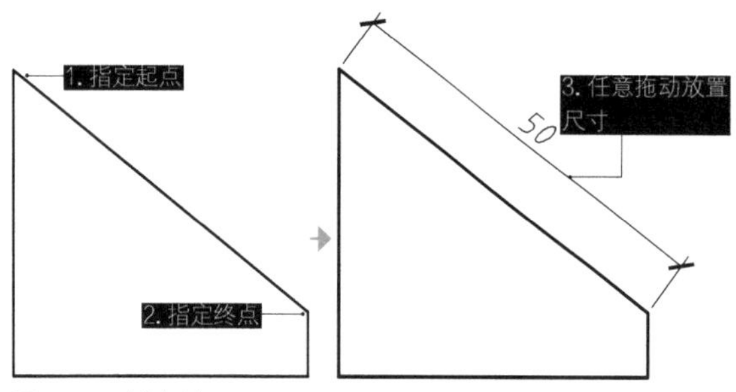

图 8-70　对齐标注

• 执行方式

在 AutoCAD 中调用【对齐标注】有以下几种常用方法。

◆功能区：在【默认】选项卡中，单击【注释】面板中的【对齐】按钮，如图 8-71 所示。

◆菜单栏：执行【标注】|【对齐】命令，如图 8-72 所示。

◆命令行：输入“DIMALIGNED”或“DAL”命令。

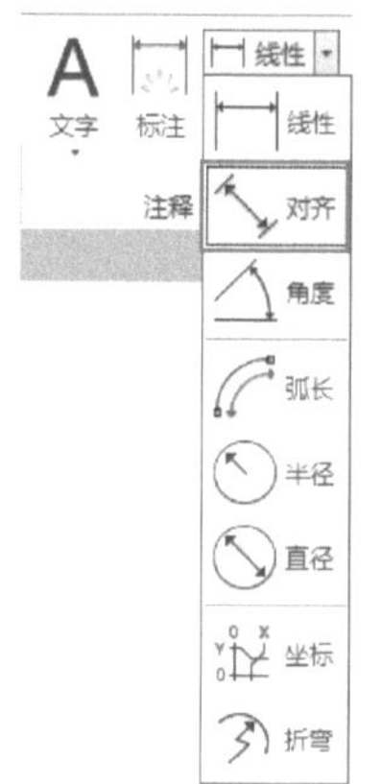

图 8-71　【注释】面板中的【对齐】按钮

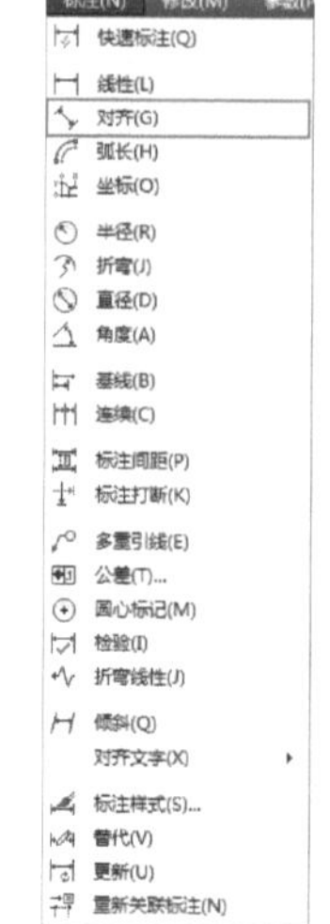

图 8-72　【对齐】菜单命令

• 操作步骤

【对齐标注】的使用方法与【线性标注】相同，指定两目标点后就可以创建尺寸标注，命令行操作如下。

```
命令: _dimaligned
指定第一个尺寸界线原点或 <选择对象>:   //指定测量的起点
指定第二条尺寸界线原点:               //指定测量的终点
指定尺寸线位置或                      //放置标注尺寸，结束操作
[多行文字(M)/文字(T)/角度(A)]:
标注文字 = 50
```

• 选项说明

命令行中各选项含义与【线性标注】中的一致，这里不再赘述。

练习 8-4 标注对齐尺寸

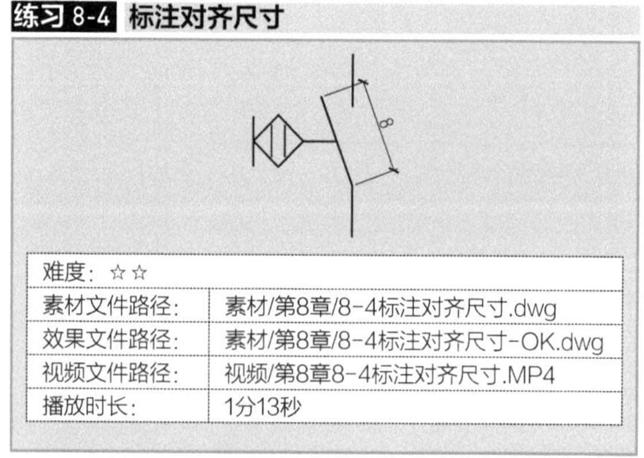

难度：☆☆	
素材文件路径：	素材/第8章/8-4标注对齐尺寸.dwg
效果文件路径：	素材/第8章/8-4标注对齐尺寸-OK.dwg
视频文件路径：	视频/第8章8-4标注对齐尺寸.MP4
播放时长：	1分13秒

在实际制图工作中，有许多非水平、垂直的平行轮廓，这类尺寸的标注就需要用到【对齐】命令。

Step 01 单击快速访问工具栏中的【打开】按钮，打开“第8章/8-4 标注对齐尺寸.dwg”素材文件，如图8-67所示。

Step 02 在【默认】选项卡中，单击【注释】面板中的【对齐】按钮，执行【对齐标注】命令，命令行操作如下。

```
命令: _dimaligned
指定第一个尺寸界线原点或 <选择对象>:
                                  //指定横槽的圆心为起点
指定第二条尺寸界线原点:        //指定横槽的另一圆心为终点
指定尺寸线位置或
[多行文字(M)/文字(T)/角度(A)]:
标注文字 = 8                    //单击左键，确定尺寸线放置
位置，完成操作
```

Step 03 操作完成后，其效果如图 8-73所示。

Step 04 用同样的方法标注其他非水平、竖直的线性尺寸，对齐标注完成后，其效果如图 8-74所示。

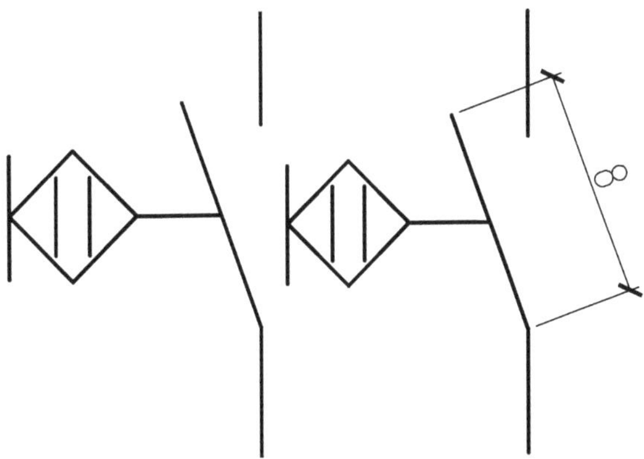

图 8-73 标注第一个对齐尺寸 30　　图 8-74 对齐标注结果

8.3.4 角度标注

利用【角度】标注命令不仅可以标注两条呈一定角度的直线或 3 个点之间的夹角，选择圆弧的话，还可以标注圆弧的圆心角。

• 执行方式

在 AutoCAD 中调用【角度】标注有以下几种方法。

◆ 功能区：在【默认】选项卡中，单击【注释】面板中的【角度】按钮，如图 8-75 所示。

◆ 菜单栏：执行【标注】|【角度】命令，如图 8-76 所示。

◆ 命令行：输入“DIMANGULAR”或“DAN”命令。

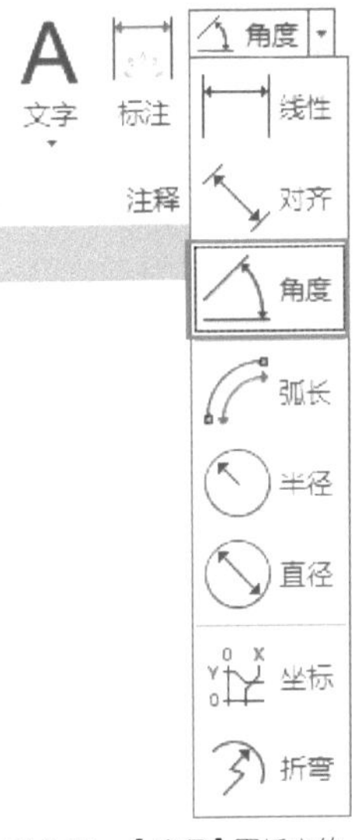

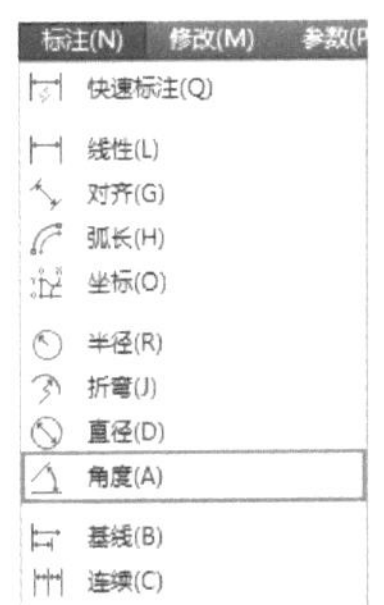

图 8-75 【注释】面板中的【角度】按钮　　图 8-76 【角度】菜单命令

• 操作步骤

通过以上任意一种方法执行该命令后，选择图形上要标注角度尺寸的对象，即可进行标注。操作示例如图 8-77 所示，命令行操作如下。

```
命令: _dimangular
选择圆弧、圆、直线或 <指定顶点>:               //选择直线CO
选择第二条直线:                                //选择直线AO
指定标注弧线位置或 [多行文字(M)/文字(T)/角度(A)/象限点
(Q)]:                          //在锐角内放置圆弧线，结束命令
标注文字 = 45↙
                      //单击【Enter】键，重复【角度标注】命令
命令: _dimangular                      //执行【角度标注】命令
选择圆弧、圆、直线或 <指定顶点>:               //选择圆弧AB
指定标注弧线位置或 [多行文字(M)/文字(T)/角度(A)/象限点
(Q)]:                        //在合适位置放置圆弧线，结束命令
标注文字 = 50
```

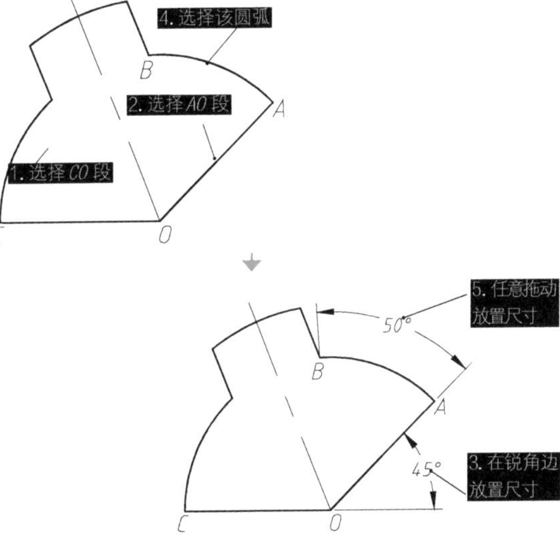

图 8-77 角度标注

知识链接

【角度标注】的计数仍默认从逆时针开始算起。也可以参考第5章的5.1.3小节进行修改。

• 选项说明

【角度标注】同【线性标注】一样，也可以选择具体的对象来进行标注，其他选项含义均一样，在此不重复介绍。

练习 8-5 标注角度尺寸

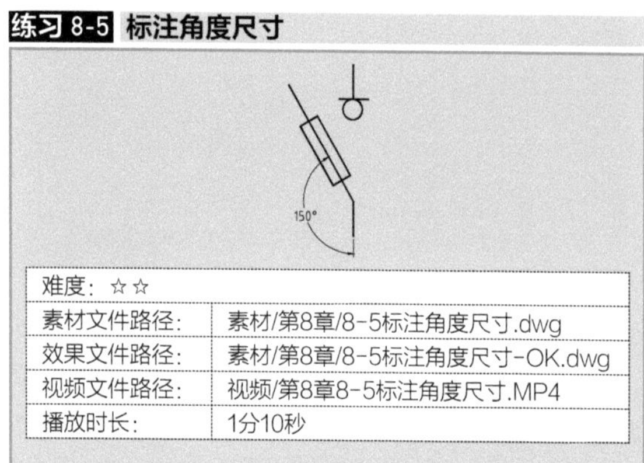

难度：☆☆	
素材文件路径：	素材/第8章/8-5标注角度尺寸.dwg
效果文件路径：	素材/第8章/8-5标注角度尺寸-OK.dwg
视频文件路径：	视频/第8章8-5标注角度尺寸.MP4
播放时长：	1分10秒

在实际绘图工作中，有时会出现一些转角、拐角之类的特征，这部分特征可以通过角度标注并结合剖面图来进行表达。

Step 01 单击快速访问工具栏中的【打开】按钮，打开“第8章/8-5 标注角度尺寸.dwg”素材文件，如图8-78所示。

Step 02 在【默认】选项卡中，单击【注释】面板上的【角度】按钮，标注角度，其具体步骤如下。

```
命令: _dimangular
选择圆弧、圆、直线或 <指定顶点>:            //选择第一条直线
选择第二条直线:                            //选择第二条直线
指定标注弧线位置或 [多行文字(M)/文字(T)/角度(A)/象限点(Q)]:   //指定尺寸线位置
标注文字 = 150
```

Step 03 标注完成后，其效果如图8-79所示。

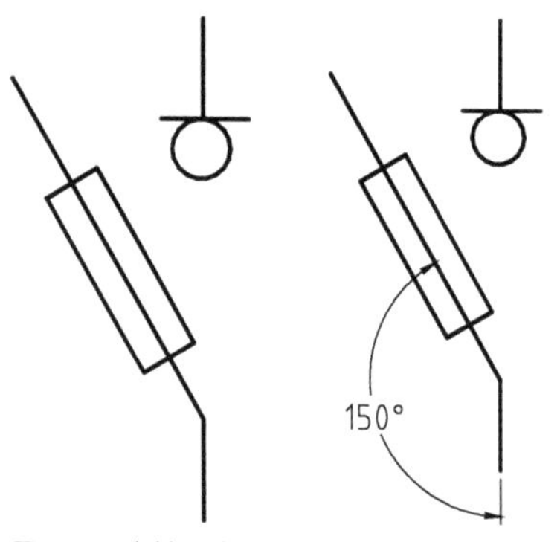

图 8-78　素材图形　　图 8-79　角度标注结果

8.3.5 半径标注 ★重点★

利用【半径标注】可以快速标注圆或圆弧的半径大小，系统自动在标注值前添加半径符号“*R*”。

• 执行方式

执行【半径标注】命令的方法有以下几种。

◆ 功能区：在【默认】选项卡中，单击【注释】面板中的【半径】按钮，如图 8-80 所示。

◆ 菜单栏：执行【标注】|【半径】命令，如图 8-81 所示。

◆ 命令行：输入“DIMRADIUS”或“DRA”命令。

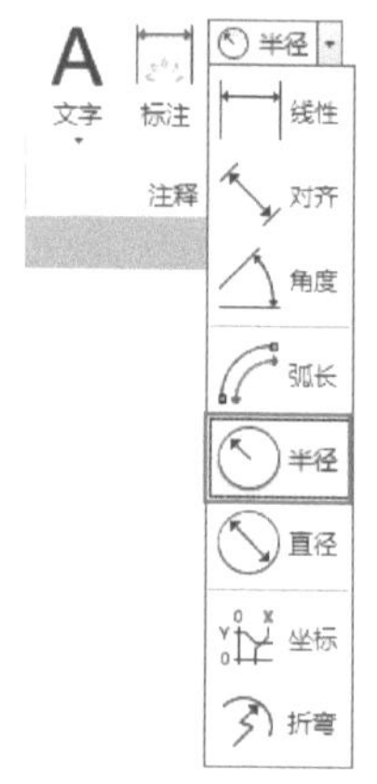

图 8-80 【注释】面板中的【半径】按钮

图 8-81 【半径】菜单命令

• 操作步骤

执行任一命令后，命令行提示选择需要标注的对象，单击圆或圆弧即可生成半径标注，拖动指针在合适的位置放置尺寸线。该标注方法的操作示例如图 8-82 所示，命令行操作如下。

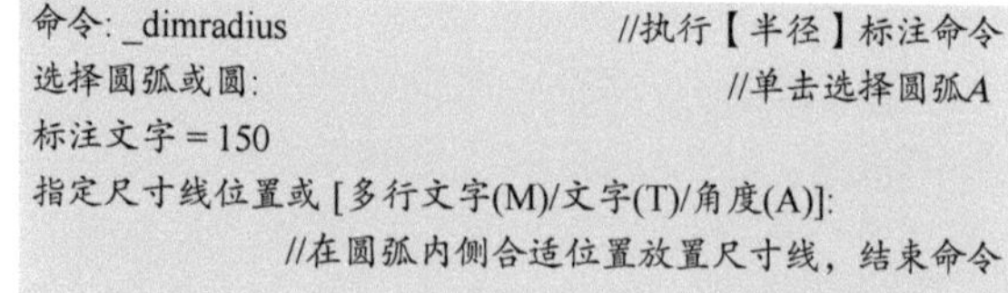

```
命令: _dimradius                        //执行【半径】标注命令
选择圆弧或圆:                            //单击选择圆弧A
标注文字 = 150
指定尺寸线位置或 [多行文字(M)/文字(T)/角度(A)]:
                          //在圆弧内侧合适位置放置尺寸线，结束命令
```

单击【Enter】键可重复上一命令，按此方法重复【半径】标注命令，即可标注圆弧 *B* 的半径。

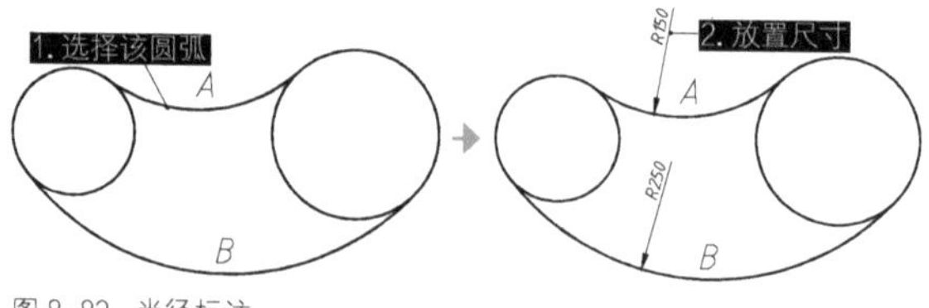

图 8-82　半径标注

• 选项说明

【半径标注】中命令行各选项含义与之前所介绍的

一致，在此不重复介绍。唯独半径标记“*R*”需引起注意。

在系统默认情况下，系统自动加注半径符号“*R*”。但如果在命令行中选择【多行文字】和【文字】选项重新确定尺寸文字时，只有在输入的尺寸文字加前缀，才能使标注出的半径尺寸有半径符号“*R*”，否则没有该符号。

练习 8-6 标注半径尺寸

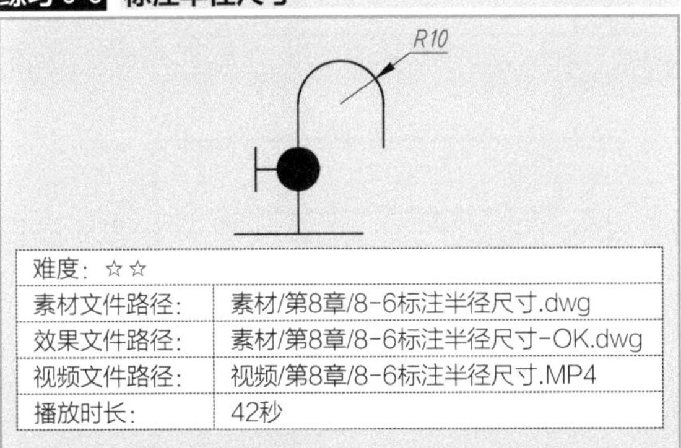

难度：☆☆	
素材文件路径：	素材/第8章/8-6标注半径尺寸.dwg
效果文件路径：	素材/第8章/8-6标注半径尺寸-OK.dwg
视频文件路径：	视频/第8章/8-6标注半径尺寸.MP4
播放时长：	42秒

【半径标注】适用于标注图纸上一些未画成整圆的圆弧和圆角。如果为一个整圆，宜使用【直径标注】；而如果对象的半径值过大，则应使用【折弯标注】。

Step 01 单击快速访问工具栏中的【打开】按钮，打开“第8章/8-6标注半径尺寸.dwg”素材文件，如图8-83所示。

Step 02 单击【注释】面板中的【半径】按钮，选择右侧的圆弧为对象，标注半径如图8-84所示，命令行操作如下。

```
命令: _dimradius
选择圆弧或圆:                                   //选择右侧圆弧
标注文字 = 10
指定尺寸线位置或 [多行文字(M)/文字(T)/角度(A)]:
                          //在合适位置放置尺寸线，结束命令
```

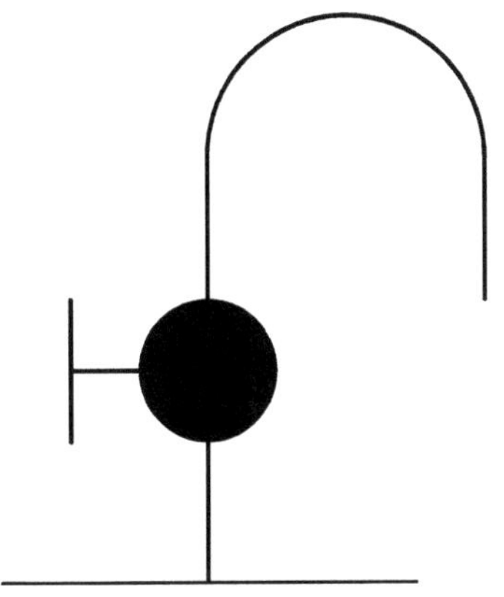

图 8-83 素材文件

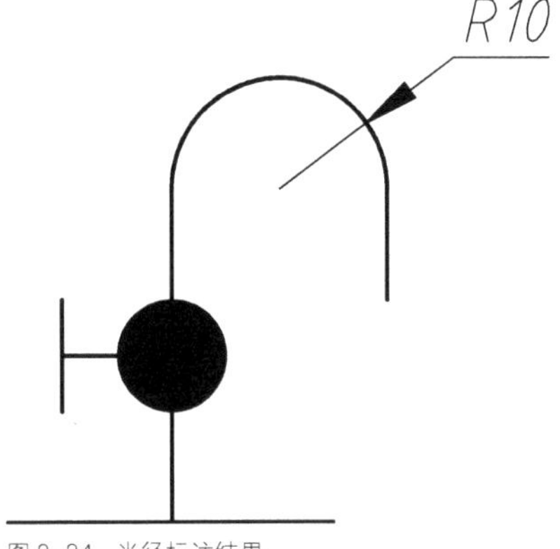

图 8-84 半径标注结果

8.3.6 直径标注 ★重点★

利用直径标注可以标注圆或圆弧的直径大小，系统自动在标注值前添加直径符号“*Φ*”。

• 执行方式

执行【直径标注】命令的方法有以下几种。

◆ 功能区：在【默认】选项卡中，单击【注释】面板中的【直径】按钮，如图 8-85 所示。

◆ 菜单栏：执行【标注】|【角度】命令，如图 8-86 所示。

◆ 命令行：输入“DIMDIAMETER”或“DDI”命令。

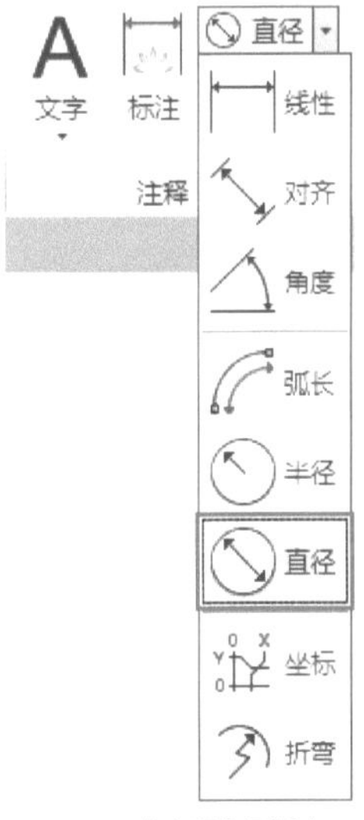

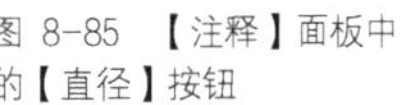

图 8-85 【注释】面板中的【直径】按钮

图 8-86 【直径】菜单命令

• 操作步骤

【直径】标注的方法与【半径】标注的方法相同，执行【直径标注】命令之后，选择要标注的圆弧或圆，然后指定尺寸线的位置即可，如图 8-87 所示，命令行操作如下。

```
命令: _dimdiameter                     //执行【直径】标注命令
选择圆弧或圆:                                 //单击选择圆
```

```
标注文字 = 160
指定尺寸线位置或 [多行文字(M)/文字(T)/角度(A)]:
                              //在合适位置放置尺寸线，结束命令
```

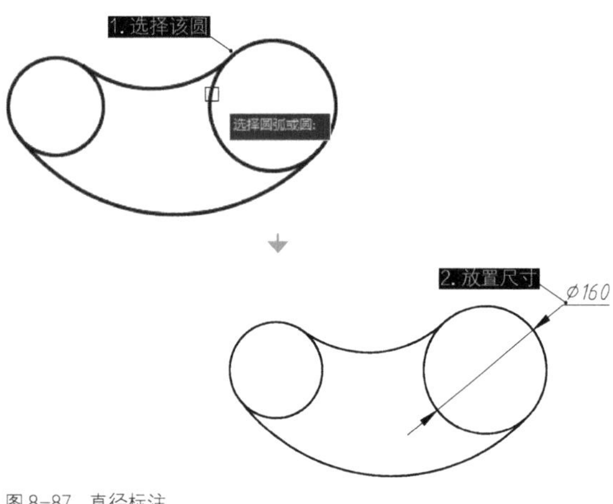

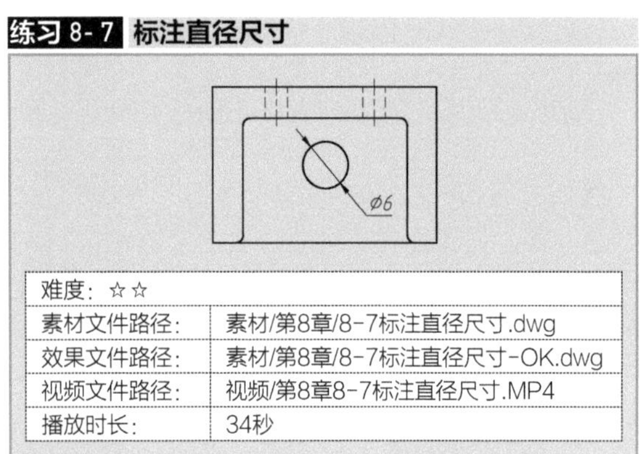

图 8-87　直径标注

• 选项说明

【直径标注】中命令行各选项含义与【半径标注】一致，在此不重复介绍。

练习 8-7 标注直径尺寸

难度：☆☆	
素材文件路径：	素材/第8章/8-7标注直径尺寸.dwg
效果文件路径：	素材/第8章/8-7标注直径尺寸-OK.dwg
视频文件路径：	视频/第8章8-7标注直径尺寸.MP4
播放时长：	34秒

图纸中的整圆一般直径用【直径标注】命令标注，而不用【半径标注】。

Step 01 单击快速访问工具栏中的【打开】按钮，打开“第8章/8-7 标注直径尺寸.dwg”素材文件，如图8-88所示。

Step 02 单击【注释】面板中的【直径】按钮，选择中心的圆为对象，标注直径如图8-89所示，命令行操作如下。

```
命令: _dimdiameter
选择圆弧或圆:                                    //选择中心圆
标注文字 =6
指定尺寸线位置或 [多行文字(M)/文字(T)/角度(A)]:
                              //在合适位置放置尺寸线，结束命令
```

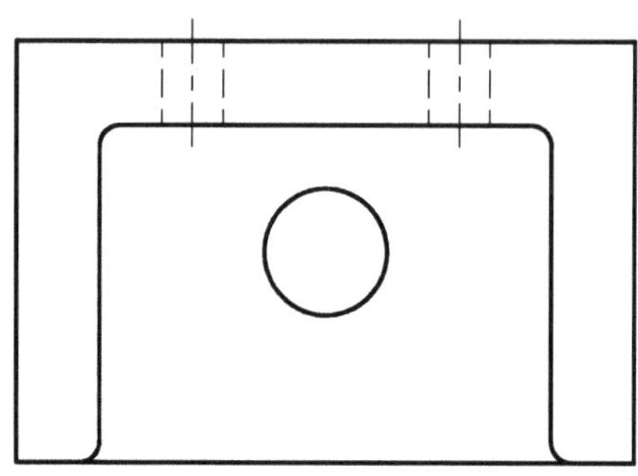

图 8-88　素材文件

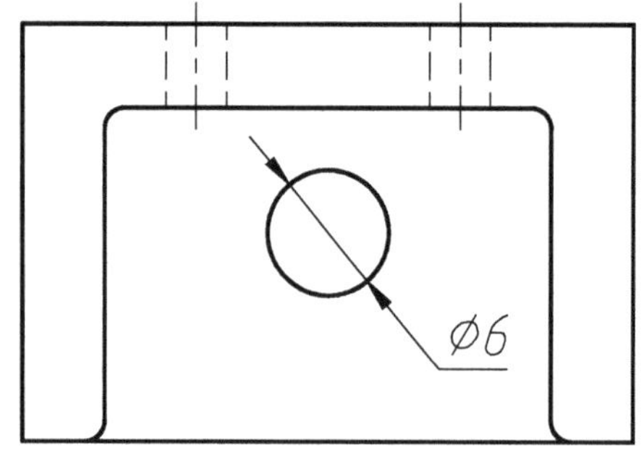

图 8-89　直径标注结果

8.3.7 折弯标注 ★进阶★

当圆弧半径相对于图形尺寸较大时，半径标注的尺寸线相对于图形显得过长，这时可以使用【折弯标注】。该标注方式与【半径】、【直径】标注方式基本相同，但需要指定一个位置代替圆或圆弧的圆心。

• 执行方式

执行【折弯标注】命令的方法有以下几种。

◆ 功能区：在【默认】选项卡中，单击【注释】面板中的【折弯】按钮，如图 8-90 所示。

◆ 菜单栏：选择【标注】|【折弯】命令，如图 8-91 所示。

◆ 命令行：输入“DIMJOGGED”命令。

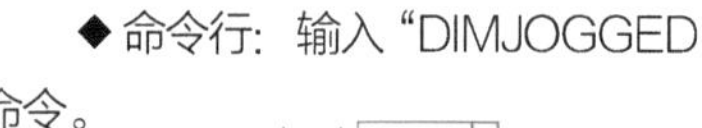
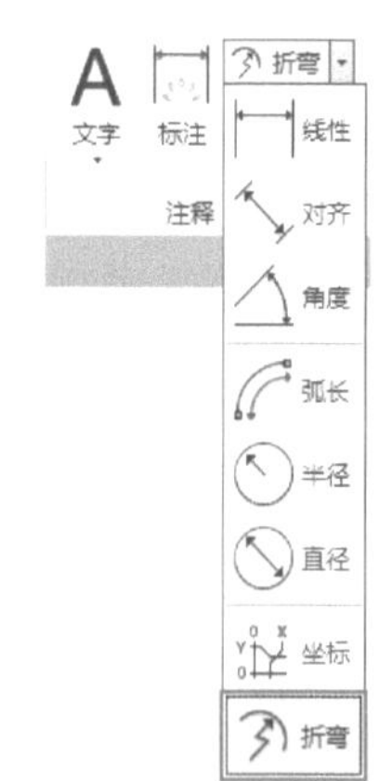

图 8-90 【注释】面板中的【折弯】按钮

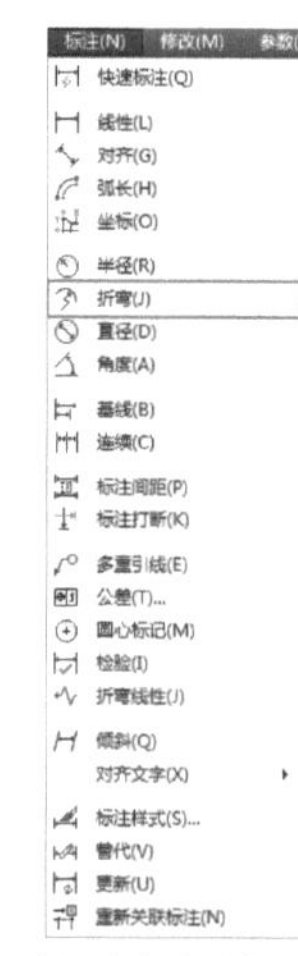

图 8-91 【折弯】菜单命令

•操作步骤

【折弯标注】与【半径标注】的使用方法基本相同，但需要指定一个位置代替圆或圆弧的圆心，操作示例如图 8-92 所示。命令行操作如下。

```
命令: _dimjogged                              //执行【折弯】标注命令
选择圆弧或圆:                                 //单击选择圆弧
指定图示中心位置:                             //指定A点
标注文字 = 250
指定尺寸线位置或 [多行文字(M)/文字(T)/角度(A)]:
指定折弯位置:                                 //指定折弯位置，结束命令
```

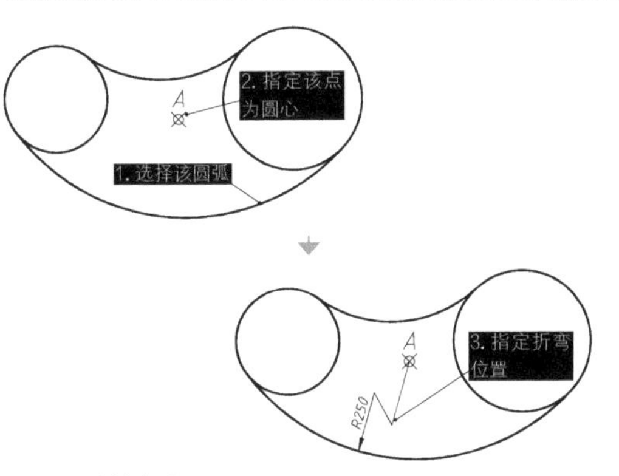

图 8-92　折弯标注

•选项说明

【折弯标注】中命令行各选项含义与【半径标注】一致，在此不重复介绍。

8.3.8 弧长标注

弧长标注用于标注圆弧、椭圆弧或者其他弧线的长度。

•执行方式

在 AutoCAD 中调用【弧长标注】有以下几种常用方法。

◆功能区：在【默认】选项卡中，单击【注释】面板中的【弧长】按钮，如图 8-93 所示。

◆菜单栏：执行【标注】|【弧长】命令，如图 8-94 所示。

◆命令行：输入“DIMARC”命令。

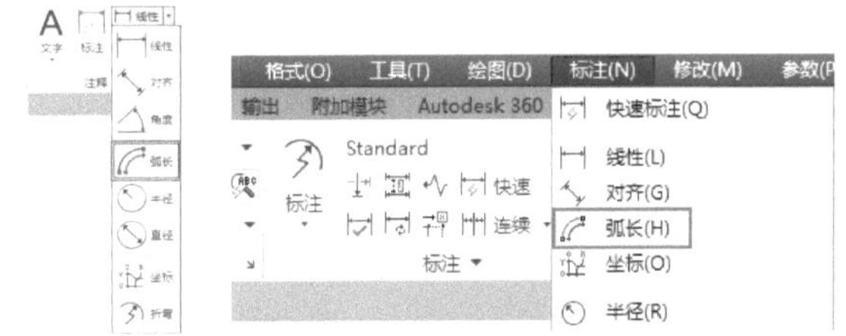

图 8-93　【注释】面板中的【弧长】按钮　　图 8-94　【弧长】菜单命令

•操作步骤

【弧长】标注的操作与【半径】、【直径】标注相同，直接选择要标注的圆弧即可。该标注的操作方法示例如图 8-95 所示，命令行的操作如下。

```
命令: _dimarc                                 //执行【弧长标注】命令
选择弧线段或多段线圆弧段:                     //单击选择要标注的圆弧
指定弧长标注位置或 [多行文字(M)/文字(T)/角度(A)/部分(P)/
引线(L)]:
标注文字 = 67                                 //在合适的位置放置标注
```

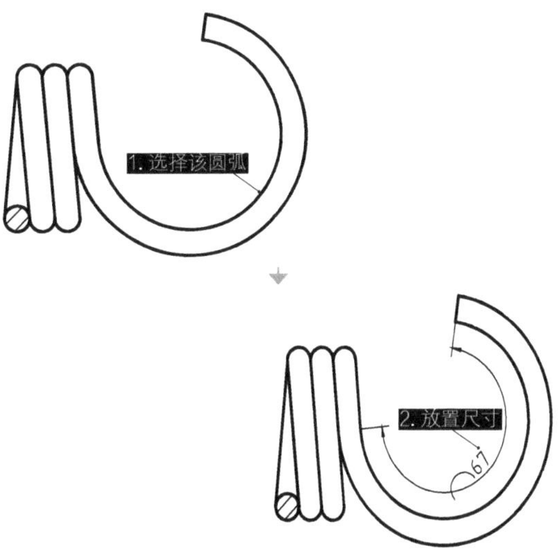

图 8-95　弧长标注

8.3.9 连续标注 ★重点★

【连续标注】是以指定的尺寸界线（必须以【线性】、【坐标】或【角度】标注界限）为基线进行标注，但【连续标注】所指定的基线仅作为与该尺寸标注相邻的连续标注尺寸的基线，依此类推，下一个尺寸标注都以前一个标注与其相邻的尺寸界线为基线进行标注。

•执行方式

在 AutoCAD 2016 中调用【连续】标注有以下几种常用方法。

◆功能区：在【注释】选项卡中，单击【标注】面板中的【连续】按钮，如图 8-96 所示。

◆菜单栏：执行【标注】|【连续】命令，如图 8-97 所示。

◆命令行：输入“DIMCONTINUE”或“DCO”命令。

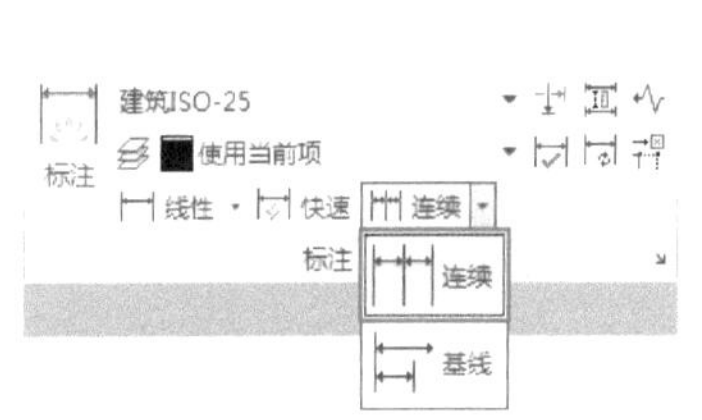

图 8-96　【标注】面板上的【连续】按钮　　图 8-97　【连续】菜单命令

•操作步骤

标注连续尺寸前，必须存在一个尺寸界线起点。进行连续标注时，系统默认将上一个尺寸界线终点作为连续标注的起点，提示用户选择第二条延伸线起点，重复指定第二条延伸线起点，则创建出连续标。【连续】标注在进行墙体标注时极为方便，其效果如图8-98所示，命令行操作如下。

```
命令: _dimcontinue                         //执行【连续标注】命令
选择连续标注:                               //选择作为基准的标注
指定第二个尺寸界线原点或 [选择(S)/放弃(U)] <选择>:
                         //指定标注的下一点，系统自动放置尺寸
标注文字 = 2400
指定第二个尺寸界线原点或 [选择(S)/放弃(U)] <选择>:
                         //指定标注的下一点，系统自动放置尺寸
标注文字 = 1400
指定第二个尺寸界线原点或 [选择(S)/放弃(U)] <选择>:
                         //指定标注的下一点，系统自动放置尺寸
标注文字 = 1600
指定第二个尺寸界线原点或 [选择(S)/放弃(U)] <选择>:
                         //指定标注的下一点，系统自动放置尺寸
标注文字 = 820
指定第二个尺寸界线原点或 [选择(S)/放弃(U)] <选择>:↙
                                       //按【Enter键】完成标注
选择连续标注: *取消*↙                    //按【Enter】键结束命令
```

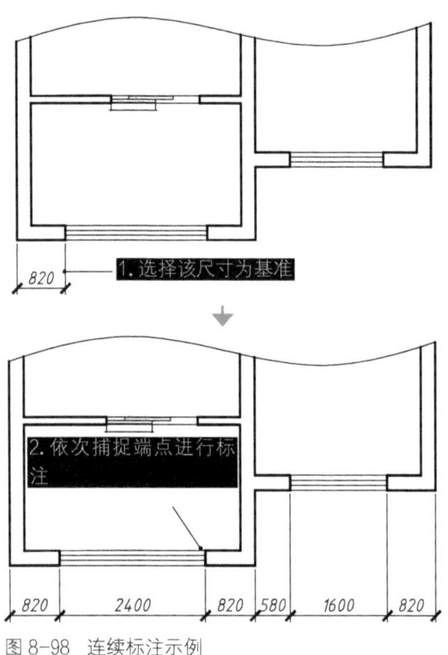

图 8-98　连续标注示例

•选项说明

在执行【连续标注】时，可随时执行命令行中的“选择（S）”选项进行重新选取，也可以执行“放弃（U）”命令回退到上一步进行操作。

练习 8-8　连续标注墙体轴线尺寸

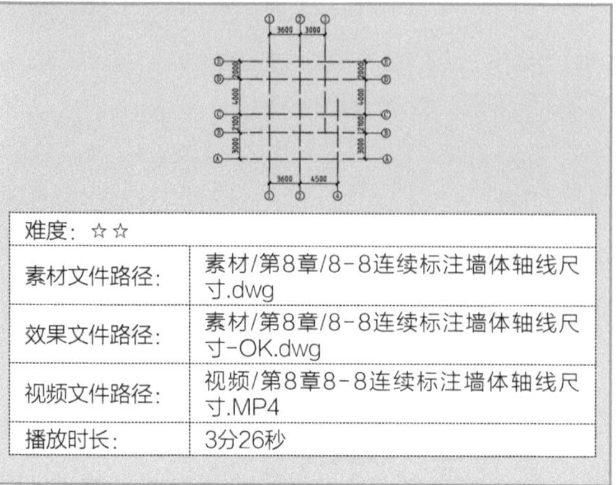

难度：☆☆	
素材文件路径：	素材/第8章/8-8连续标注墙体轴线尺寸.dwg
效果文件路径：	素材/第8章/8-8连续标注墙体轴线尺寸-OK.dwg
视频文件路径：	视频/第8章8-8连续标注墙体轴线尺寸.MP4
播放时长：	3分26秒

建筑轴线是人为地在建筑图纸中为了标示构件的详细尺寸，按照一般的习惯或标准虚设的一道线（在图纸上），习惯上标注在对称界面或截面构件的中心线上，如基础、梁、柱等结构上。这类图形的尺寸标注基本采用【连续标注】，这样标注出来的图形尺寸完整、外形美观工整。

Step 01 按【Ctrl】+【O】快捷键，打开“第8章/8-8连续标注墙体轴线尺寸.dwg”素材文件，如图8-99所示。

Step 02 标注第一个竖直尺寸。在命令行中输入“DLI”，执行【线性标注】命令，为轴线添加第一个尺寸标注，如图8-100所示。

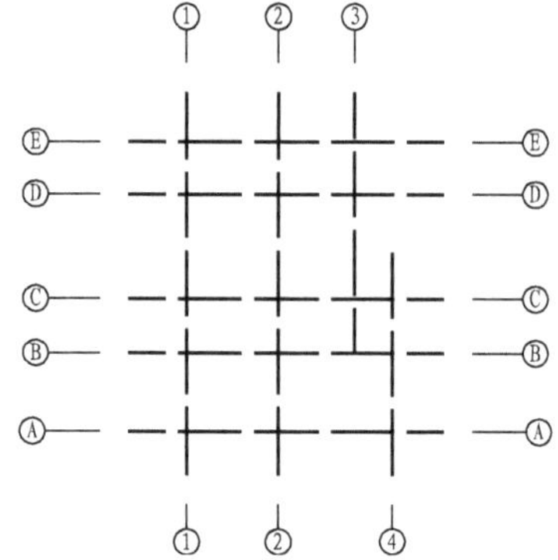

图 8-99　素材图形

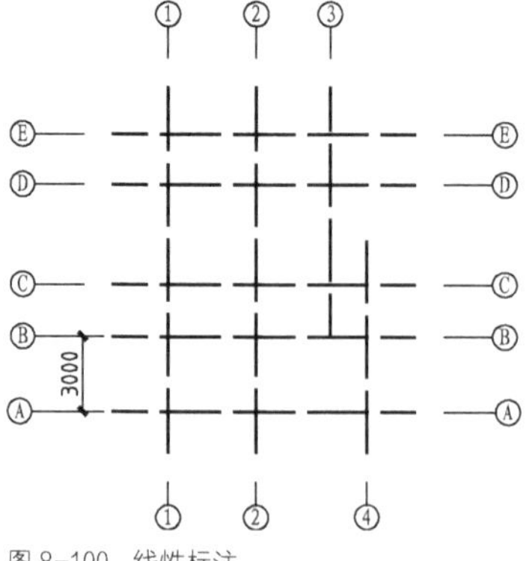

图 8-100　线性标注

Step 03 在【注释】选项卡中，单击【标注】面板中的【连续】按钮，执行【连续标注】命令，命令行提示如下。

```
命令: dco↙  dimcontinue            //调用【连续标注】命令
选择连续标注:                                //选择标注
指定第二条尺寸界线原点或 [放弃(U)/选择(S)] <选择>:
                                //指定第二条尺寸界线原点
标注文字 = 2100
指定第二条尺寸界线原点或 [放弃(U)/选择(S)] <选择>:
标注文字 = 4000    //按【Esc】键退出绘制，完成连续标注的结果如图8-101所示。
```

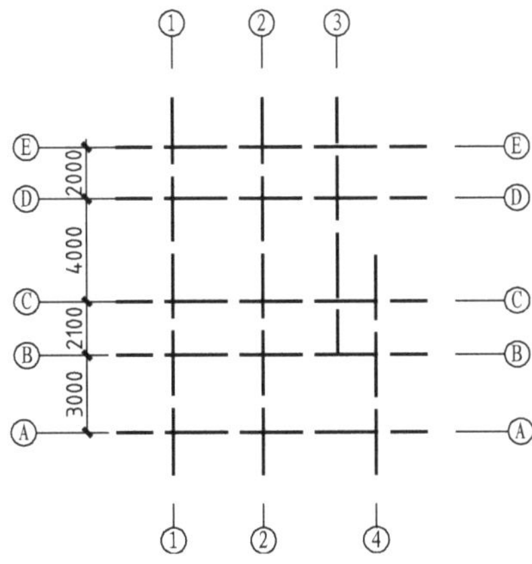

图 8-101 连续标注

Step 04 用上述相同的方法继续标注轴线，结果如图8-102所示。

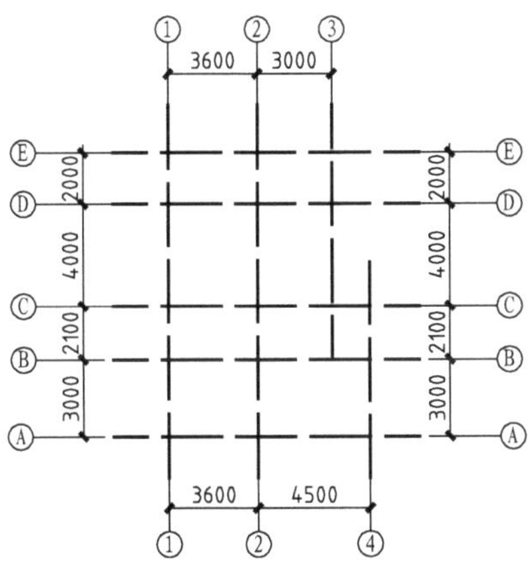

图 8-102 标注结果

8.3.10 基线标注

【基线标注】用于以同一尺寸界线为基准的一系列尺寸标注，即从某一点引出的尺寸界线作为第一条尺寸界线，依次进行多个对象的尺寸标注。

• 执行方式

在 AutoCAD 2016 中调用【基线】标注有以下几种常用方法。

◆ 功能区：在【注释】选项卡中，单击【标注】面板中的【基线】按钮，如图 8-103 所示。

◆ 菜单栏：【标注】|【基线】命令，如图 8-104 所示。

◆ 命令行：输入“DIMBASELINE”或“DBA”命令。

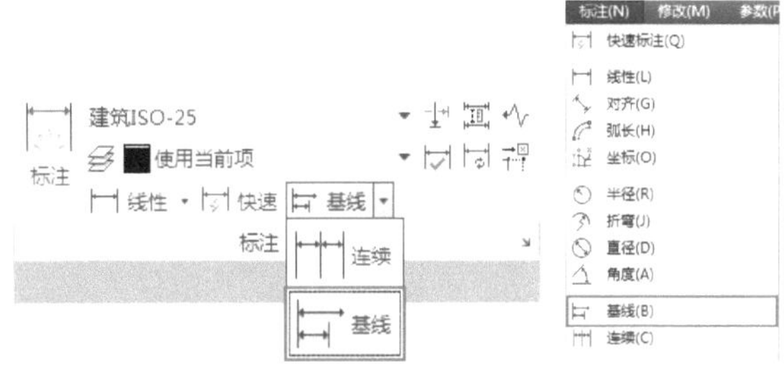

图 8-103 【标注】面板上的【基线】按钮

图 8-104 【基线】菜单命令

• 操作步骤

按上述方式执行【基线标注】命令后，将光标移动到第一条尺寸界线起点，单击鼠标左键，即完成一个尺寸标注。重复拾取第二条尺寸界线的终点即可以完成一系列基线尺寸的标注，如图 8-105 所示，命令行操作如下。

```
命令: _dimbaseline                 //执行【基线标注】命令
选择基准标注:                      //选择作为基准的标注
指定第二个尺寸界线原点或 [选择(S)/放弃(U)] <选择>:
//指定标注的下一点，系统自动放置尺寸
标注文字 = 20
指定第二个尺寸界线原点或 [选择(S)/放弃(U)] <选择>:
                    //指定标注的下一点，系统自动放置尺寸
标注文字 = 30
指定第二个尺寸界线原点或 [选择(S)/放弃(U)] <选择>:↙
                            //按【Enter】键完成标注
选择基准标注:↙              //按【Enter】键结束命令
```

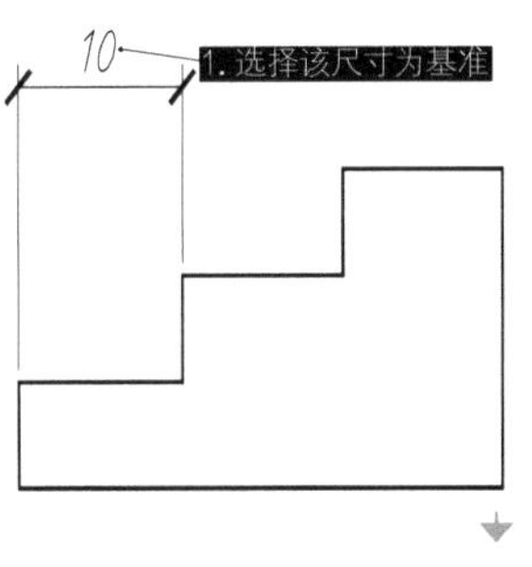

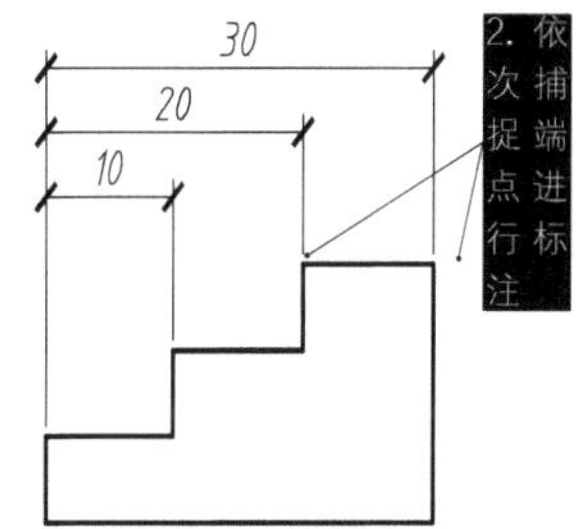

图 8-105 基线标注示例

•选项说明

【基线标注】的各命令行选项与【连续标注】相同，在此不重复介绍。

8.3.11 多重引线标注 ★重点★

使用【多重引线】工具添加和管理所需的引出线，不仅能够快速标注装配图的件号和引出公差，而且能够更清楚地标识制图的标准、说明等内容。此外，还可以通过修改【多重引线样式】对引线的格式、类型以及内容进行编辑。因此本节便按“创建多重引线标注”和“管理多重引线样式”两部分来进行介绍。

1 创建多重引线标注

本小节介绍多重引线的标注方法。

•执行方式

在 AutoCAD 2016 中启用【多重引线】标注有以下几种常用方法。

◆功能区：在【默认】选项卡中，单击【注释】面板上的【引线】按钮，如图 8-106 所示。

◆菜单栏：执行【标注】|【多重引线】命令，如图 8-107 所示。

◆命令行：输入“MLEADER”或“MLD”命令。

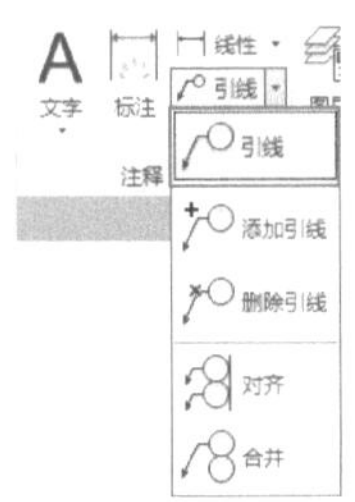

图 8-106 【注释】面板上的【引线】按钮

图 8-107 【多重引线】标注菜单命令

•操作步骤

执行上述任一命令后，在图形中单击确定引线箭头位置；然后在打开的文字出入窗口中输入注释内容即可，如图 8-108 所示，命令行提示如下。

```
命令: _mleader    //执行【多重引线】命令
指定引线箭头的位置或 [引线基线优先(L)/内容优先(C)/选项(O)] <选项>:    //指定引线箭头位置
指定引线基线的位置:    //指定基线位置，并输入注释文字，空白处单击即可结束命令
```

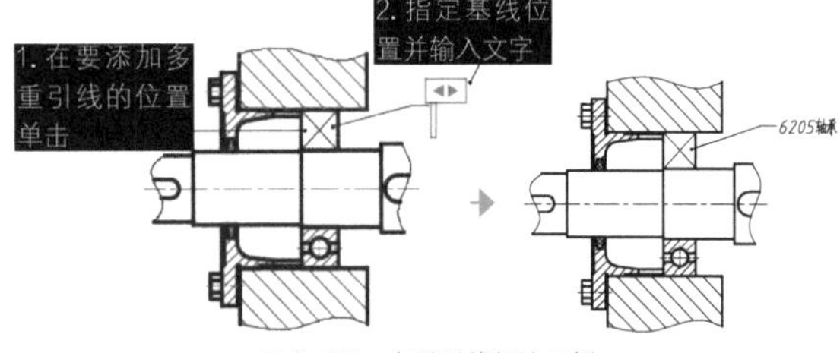

图 8-108 多重引线标注示例

•选项说明

命令行中各选项含义说明如下。

◆“引线基线优先（L）”：选择该选项，可以颠倒多重引线的创建顺序，即先创建基线位置（即文字输入的位置），再指定箭头位置，如图 8-109 所示。

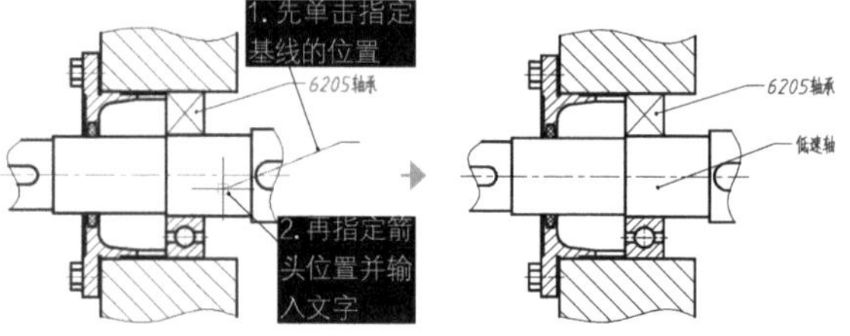

图 8-109 “引线基线优先（L）”标注多重引线

◆“引线箭头优先（H）”：即默认先指定箭头、再指定基线位置的方式。

◆“内容优先（C）”：选择该选项，可以先创建标注文字，再指定引线箭头来进行标注，如图 8-110 所示。该方式下的基线位置可以自动调整，随鼠标移动方向而定。

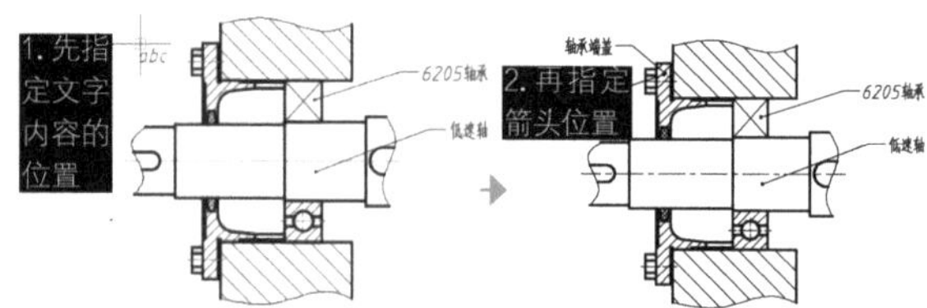

图 8-110 “内容优先（C）”标注多重引线

◆“选项（O）”：该选项含义请见本节的“熟能生巧”。

•熟能生巧 多重引线的类型与设置

如果执行【多重引线】中的“选项（O）”命令，则命令行出现如下提示。

```
输入选项 [引线类型(L)/引线基线(A)/内容类型(C)/最大节点数(M)/第一个角度(F)/第二个角度(S)/退出选项(X)] <退出选项>:
```

“引线类型（L）”可以设置多重引线的处理方法，其下还分有 3 个子选项，介绍如下。

◆“直线（S）”：将多重引线设置为直线形式，如图 8-111 所示，为默认的显示状态。

◆“样条曲线（P）”：将多重引线设置为样条曲线形式，如图 8-112 所示，适合在一些凌乱、复杂的图形环境中进行标注。

◆“无（N）”：创建无引线的多重引线，效果就相当于【多行文字】，如图 8-113 所示。

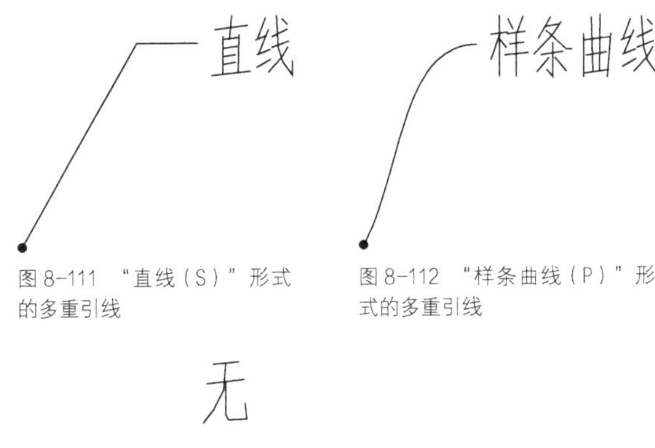

图 8-111 “直线（S）”形式的多重引线

图 8-112 “样条曲线（P）”形式的多重引线

无

图 8-113 “无（N）”形式的多重引线

“引线基线（A）”选项可以指定是否添加水平基线。如果输入“是”，将提示设置基线的长度，效果同【多重引线样式管理器】中的【设置基线距离】文本框。

“内容类型（C）”选项可以指定要用于多重引线的内容类型，其下同样有 3 个子选项，介绍如下。

◆ “块（B）”：将多重引线后面的内容设置为指定图形中的块，如图 8-114 所示。

◆ “多行文字（M）”：将多重引线后面的内容设置为多行文字，如图 8-115 所示，为默认设置。

◆ “无（N）”：指定没有内容显示在引线的末端，显示效果为一纯引线，如图 8-116 所示。

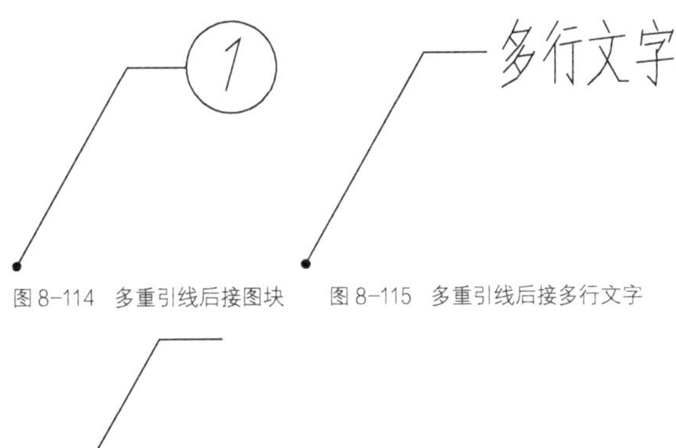

图 8-114 多重引线后接图块　图 8-115 多重引线后接多行文字

图 8-116 多重引线后不接内容

“最大节点数（M）”选项可以指定新引线的最大点数或线段数。选择该选项后命令行出现如下提示。

```
输入引线的最大节点数 <2>:                //输入【多行引线】的节点数，默认为2，即由2条线段构成
```

所谓节点，可简单理解为在创建【多重引线】时鼠标的单击点（指定的起点即为第 1 点）。在不同的节点数显示效果如图 8-117 所示；而当选择“样条曲线（P）”形式的多重引线时，节点数即相当于样条曲线的控制点数，效果如图 8-118 所示。

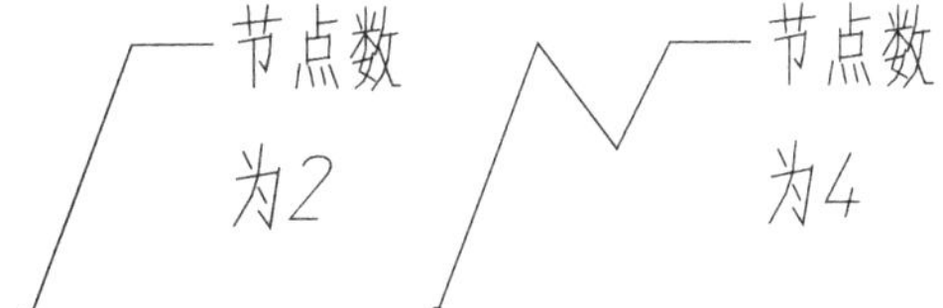

图 8-117 不同节点数的多重引线

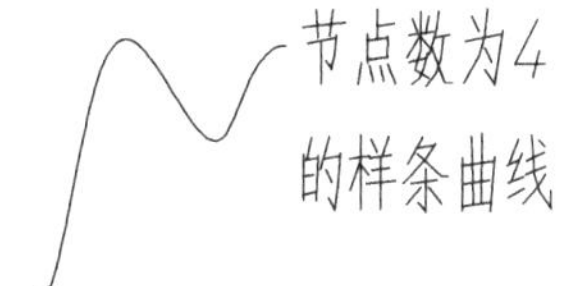

图 8-118 样条曲线形式下的多节点引线

“第一个角度（F）”选项可以约束新引线中的第一个点的角度；“第二个角度（S）”选项则可以约束新引线中的第二个角度。这两个选项联用可以创建外形工整的多重引线，效果如图 8-119 所示。

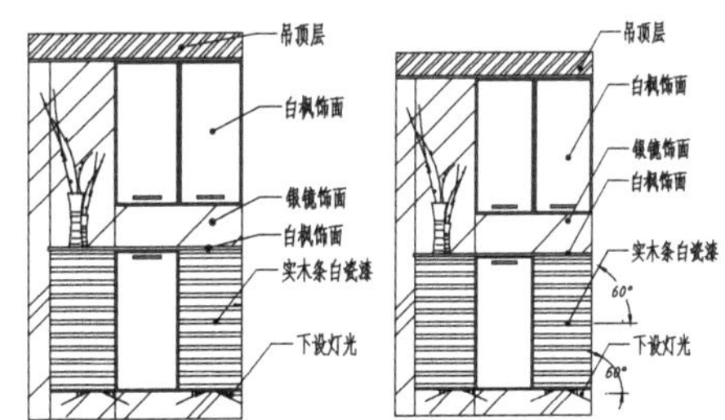

未指定引线角度，效果凌乱　指定引线角度 60°，效果工整

图 8-119 设置多重引线的角度效果

设计点拨

机械装配图中对引线的规范、整齐有严格的要求，因此设置合适的引线角度，可以让机械装配图的引线标注达到事半功倍的效果，且外观工整，彰显专业。

练习 8-9 多重引线标注球阀 ★进阶★

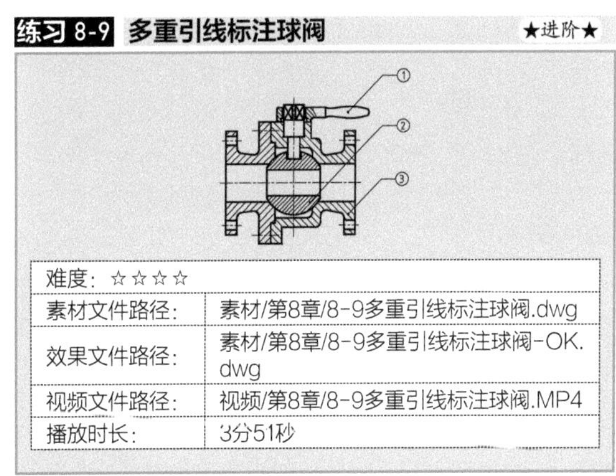

难度：☆☆☆☆	
素材文件路径：	素材/第8章/8-9多重引线标注球阀.dwg
效果文件路径：	素材/第8章/8-9多重引线标注球阀-OK.dwg
视频文件路径：	视频/第8章/8-9多重引线标注球阀.MP4
播放时长：	3分51秒

不同类型的编号在外观上自然也不能一样（如外围带圈、带方块），因此就需要灵活使用【多重引线】命令中的“块（B）”选项来进行标注。此外，还需要指定【多重引线】的角度，让引线在装配图中达到工整、整齐的效果。

Step 01 打开“第8章/8-9多重引线标注球阀.dwg”素材文件，其中已绘制好一球阀的装配图，和一名称为“1”的属性图块，如图8-120所示。

Step 02 绘制辅助线。单击【修改】面板中的【偏移】按钮，将图形中的竖直中心线向右偏移50，如图8-121所示，用作多重引线的对齐线。

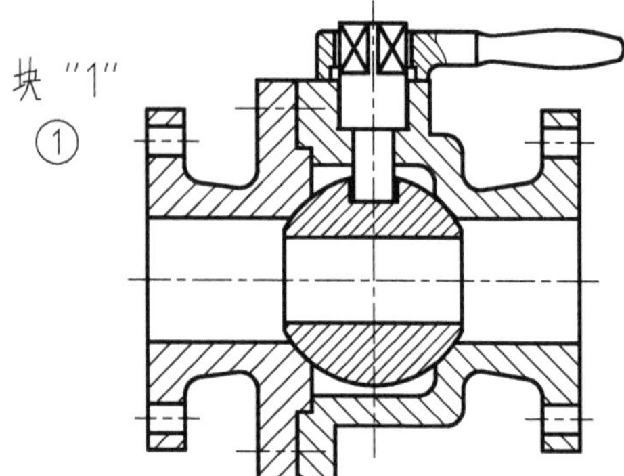

图 8-120　素材图形

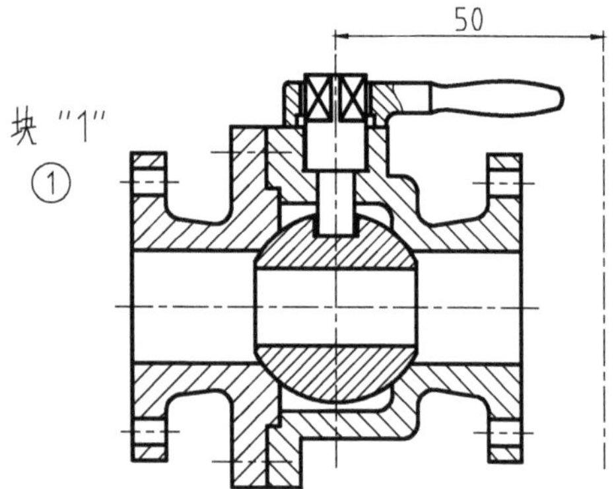

图 8-121　多重引线标注菜单命令

Step 03 在【默认】选项卡中，单击【注释】面板上的【引线】按钮，执行【多重引线】命令，并选择命令行中的“选项（O）”命令，设置内容类型为“块”，指定块“1”；然后选择“第一个角度（F）”选项，设置角度为60°，再设置“第二个角度（F）”为180°，在手柄处添加引线标注，如图8-122所示，命令行操作如下。

```
命令: _mleader
指定引线箭头的位置或 [引线基线优先(L)/内容优先(C)/选项(O)] <选项>:
输入选项 [引线类型(L)/引线基线(A)/内容类型(C)/最大节点数(M)/第一个角度(F)/第二个角度(S)/退出选项(X)] <退出选项>:
C↙                                    //选择"内容类型"选项
选择内容类型 [块(B)/多行文字(M)/无(N)] <多行文字>: B↙
                                      //选择"块"选项
输入块名称 <1>: 1                      //输入要调用的块名称
输入选项 [引线类型(L)/引线基线(A)/内容类型(C)/最大节点数(M)/第一个角度(F)/第二个角度(S)/退出选项(X)] <内容类型>:
F↙                                    //选择"第一个角度"选项
输入第一个角度约束 <0>: 60             //输入引线箭头的角度
输入选项 [引线类型(L)/引线基线(A)/内容类型(C)/最大节点数(M)/第一个角度(F)/第二个角度(S)/退出选项(X)] <第一个角度>: S↙
                                      //选择"第二个角度"选项
输入第二个角度约束 <0>: 180            //输入基线的角度
输入选项 [引线类型(L)/引线基线(A)/内容类型(C)/最大节点数(M)/第一个角度(F)/第二个角度(S)/退出选项(X)] <第二个角度>: X↙
                                      //退出"选项"
指定引线箭头的位置或 [引线基线优先(L)/内容优先(C)/选项(O)] <选项>:   //在手柄处单击放置引线箭头
指定引线基线的位置:                    //在辅助线上单击放置，结束命令
```

Step 04 按相同方法，标注球阀中的阀芯和阀体，分别标注序号2、3，如图8-123所示。

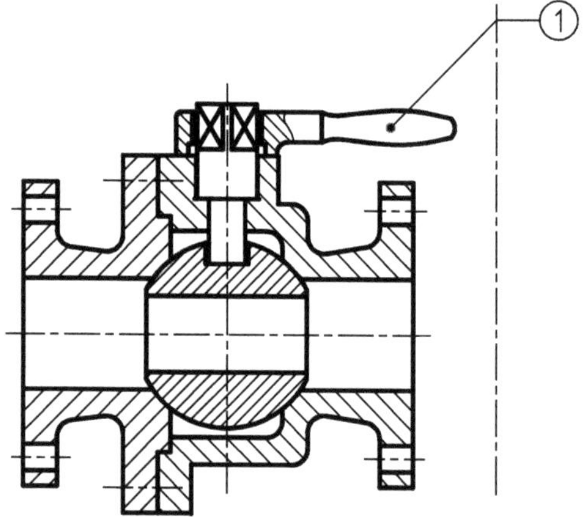

图 8-122　添加第一个多重引线标注

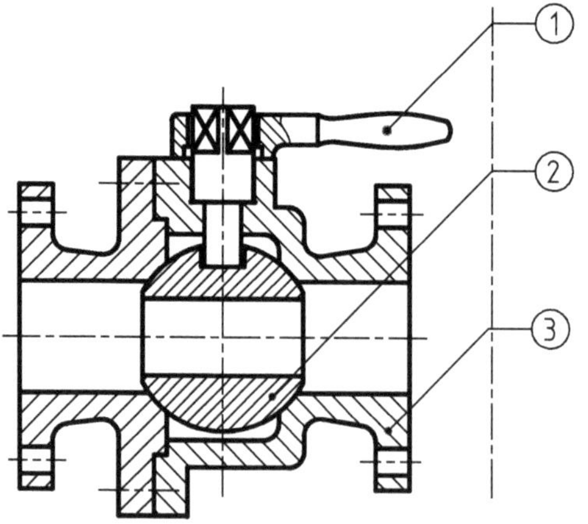

图 8-123　添加其余多重引线标注

2 设置多重引线样

与标注一样，多重引线也可以设置“多重引线样式”来指定引线的默认效果，如箭头、引线、文字等特征。创建不同样式的多重引线，可以使其适用于不同的使用环境。

• 执行方式

在 AutoCAD 2016 中打开【多重引线样式管理器】有以下几种常用方法。

◆功能区：在【默认】选项卡中单击【注释】面板下拉列表中的【多重引线样式】按钮，如图 8-124 所示。

◆菜单栏：执行【格式】|【多重引线样式】命令，如图 8-125 所示。

◆命令行：输入“MLEADERSTYLE”或“MLS”命令。

图 8-124 【注释】面板中的【多重引线样式】按钮

图 8-125 【多重引线样式】菜单命令

• 操作步骤

执行以上任意方法，系统均将打开【多重引线样式管理器】对话框，如图 8-126 所示。

该对话框和【标注样式管理器】对话框功能类似，可以设置多重引线的格式和内容。单击【新建】按钮，系统弹出【创建新多重引线样式】对话框，如图 8-127 所示。然后在【新样式名】文本框中输入新样式的名称，单击【继续】按钮，即可打开【修改多重引线样式】对话框进行修改。

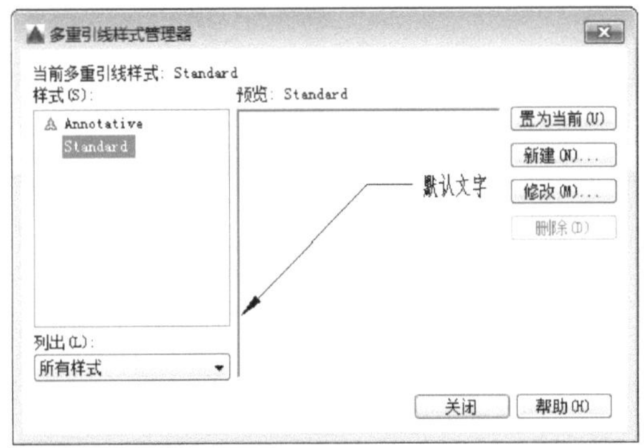

图 8-126 【多重引线样式管理器】对话框

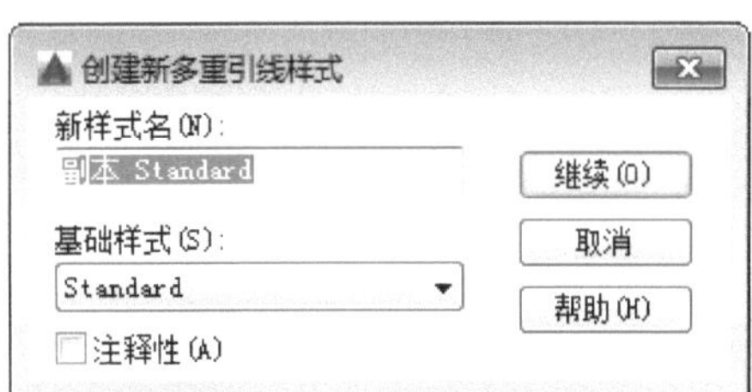

图 8-127 【创建新多重引线样式】对话框

• 选项说明

在【修改多重引线样式】对话框中可以设置多重引线标注的各种特性，对话框中有【引线格式】、【引线结构】和【内容】这 3 个选项卡，如图 8-128 所示。每一个选项卡对应一种特性的设置，分别介绍如下。

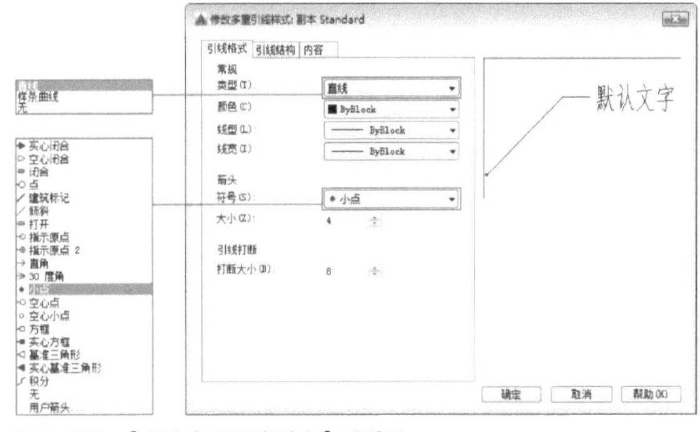

图 8-128 【修改多重引线样式】对话框

【引线格式】选项卡

该选项卡如图 8-128 所示，可以设置引线的线型、颜色和类型，具体选项含义介绍如下。

◆【类型】：用于设置引线的类型，包含【直线】、【样条曲线】和【无】3 种，效果同前文介绍过的“引线类型（L）”命令行选项，见图 8-111~ 图 8-112。

◆【颜色】：用于设置引线的颜色，一般保持默认值“Byblock”（随块）即可。

◆【线型】：用于设置引线的线型，一般保持默认值“Byblock”（随块）即可。

◆【线宽】：用于设置引线的线宽，一般保持默认值“Byblock”（随块）即可。

◆【符号】：可以设置多重引线的箭头符号，共 19 种。

◆【大小】：用于设置箭头的大小。

◆【打断大小】：设置多重引线在用于【DIMBREAK】（标注打断）命令时的打断大小。该值只有在对【多重引线】使用【标注打断】命令时才能观察到效果，值越大，则打断的距离越大，如图 8-129 所示。

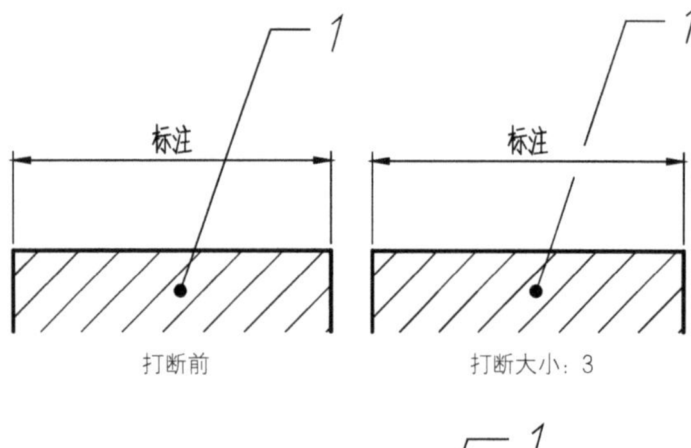

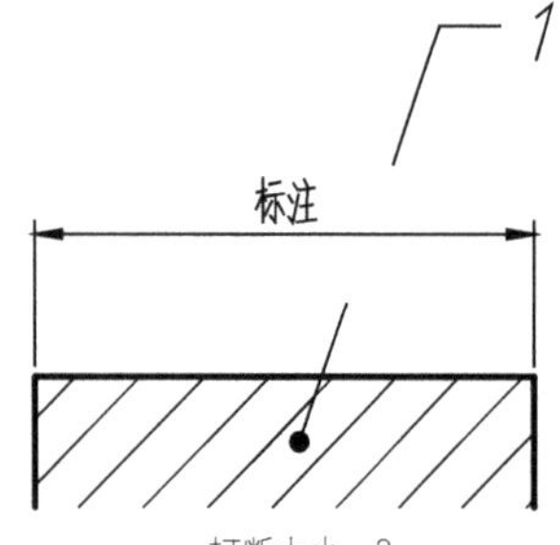

图 8-129　不同【打断大小】在执行【标注打断】后的效果

知识链接

有关【DIMBREAK】（标注打断）命令的知识请见本章第8.4.1节-标注打断。

【引线结构】选项卡

该选项卡如图 8-130 所示，可以设置【多重引线】的折点数、引线角度以及基线长度等，各选项具体含义介绍如下。

◆【最大引线点数】：可以指定新引线的最大点数或线段数，效果同前文介绍的“最大节点数（M）”命令行选项，见图 8-117。

◆【第一段角度】：该选项可以约束新引线中的第一个点的角度，效果同前文介绍的“第一个角度（F）”命令行选项。

◆【第二段角度】：该选项可以约束新引线中的第二个点的角度，效果同前文介绍的“第二个角度（S）”命令行选项。

◆【自动包含基线】：确定【多重引线】命令中是否含有水平基线。

◆【设置基线距离】：确定【多重引线】中基线的固定长度，只有勾选【自动包含基线】复选框后才可使用。

【内容】选项卡

【内容】选项卡如图 8-131 所示，在该选项卡中，可以对【多重引线】的注释内容进行设置，如文字样式、文字对齐等。

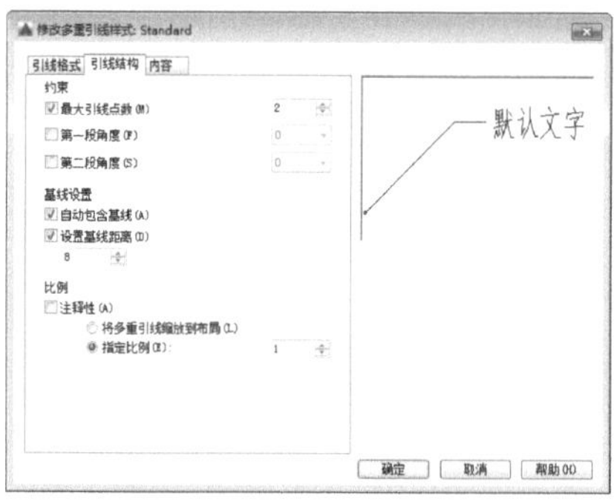

图 8-130　【引线结构】选项卡

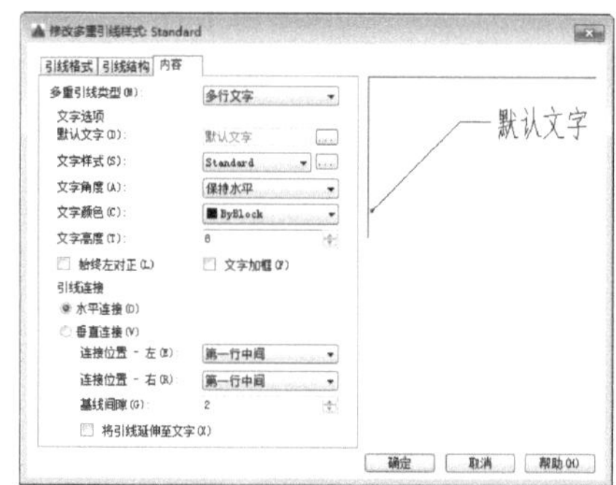

图 8-131　【内容】选项卡

◆【多重引线类型】：该下拉列表中可以选择【多重引线】的内容类型，包含【多行文字】、【块】和【无】3 个选项，效果同前文介绍过的“内容类型（C）”命令行选项，见图 8-114~ 图 8-116。

◆【文字样式】：用于选择标注的文字样式。也可以单击其后的□按钮，系统弹出【文字样式】对话框，选择文字样式或新建文字样式。

◆【文字角度】指定标注文字的旋转角度，下有【保持水平】、【按插入】、【始终正向读取】3 个选项。【保持水平】为默认选项，无论引线如何变化，文字始终保持水平位置，如图 8-132 所示；【按插入】则根据引线方向自动调整文字角度，使文字对齐至引线，如图 8-133 所示；【始终正向读取】同样可以让文字对齐至引线，但对齐时会根据引线方向自动调整文字方向，使其一直保持从右往左的正向读取方向，如图 8-134 所示。

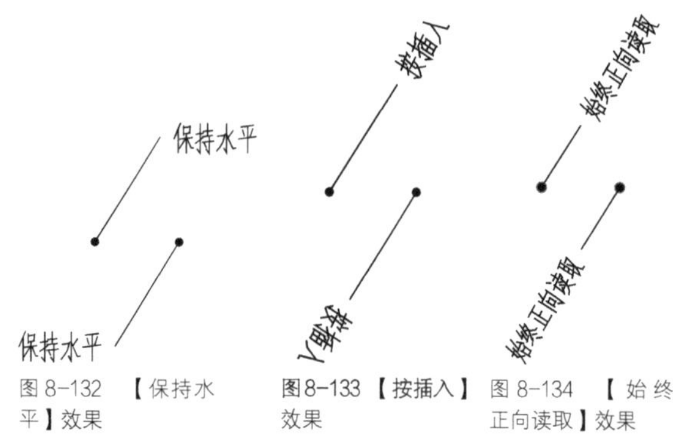

图 8-132　【保持水平】效果　图8-133　【按插入】效果　图 8-134　【始终正向读取】效果

操作技巧

【文字角度】只有在取消【自动包含基线】复选框后才会生效。

◆【文字颜色】：用于设置文字的颜色，一般保持默认值“Byblock”（随块）即可。

◆【文字高度】：设置文字的高度。

◆【始终左对正】：始终指定文字内容左对齐。

◆【文字加框】：为文字内容添加边框，如图 8-155 所示。边框始终从基线的末端开始，与文本之间的间距就相当于基线到文本的距离，因此通过修改【基线间隙】文本框中的值，就可以控制文字和边框之间的距离。

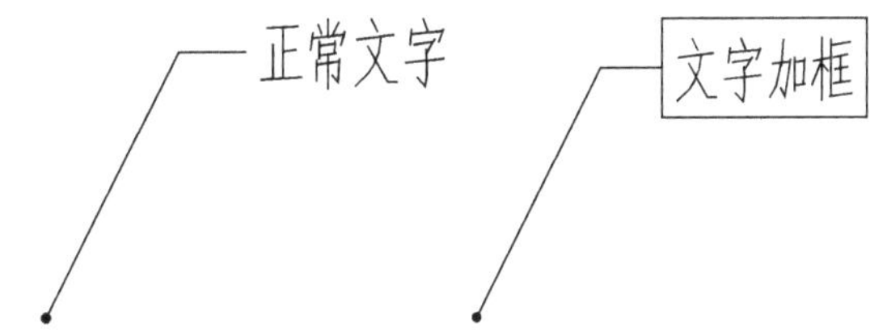

图 8-135 【文字加框】效果对比

◆【引线连接】选项下的【水平连接】：将引线插入文字内容的左侧或右侧，【水平连接】包括文字和引线之间的基线，如图 8-136 所示。为默认设置。

◆【引线连接】选项下的【垂直连接】：将引线插入文字内容的顶部或底部，【垂直连接】不包括文字和引线之间的基线，如图 8-137 所示。

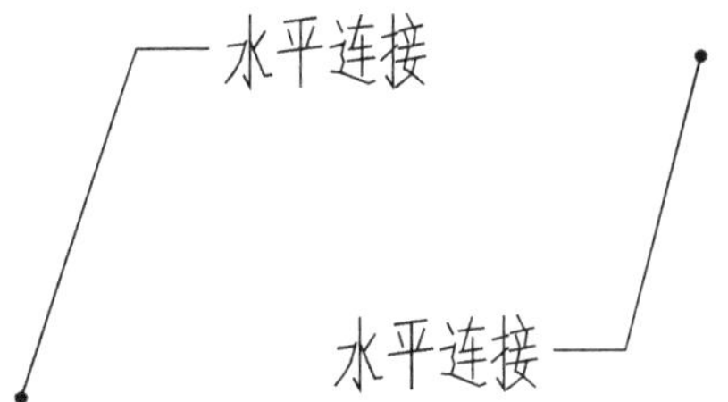

图 8-136 【水平连接】引线在文字内容左、右两侧

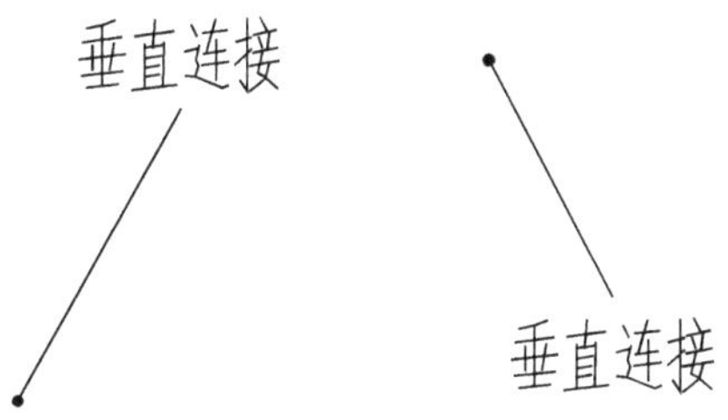

图 8-137 【垂直连接】引线在文字内容上、下两侧

操作技巧

【垂直连接】选项下不含基线效果。

◆【连接位置】：该选项控制基线连接到文字的方式，根据【引线连接】的不同有不同的选项。如果选择的是【水平连接】，则【连接位置】有左、右之分，每个下拉列表都有 9 个位置可选，如图 8-138 所示；如果选择的是【垂直连接】，则【连接位置】有上、下之分，每个下拉列表只有 2 个位置可选，如图 8-139 所示。

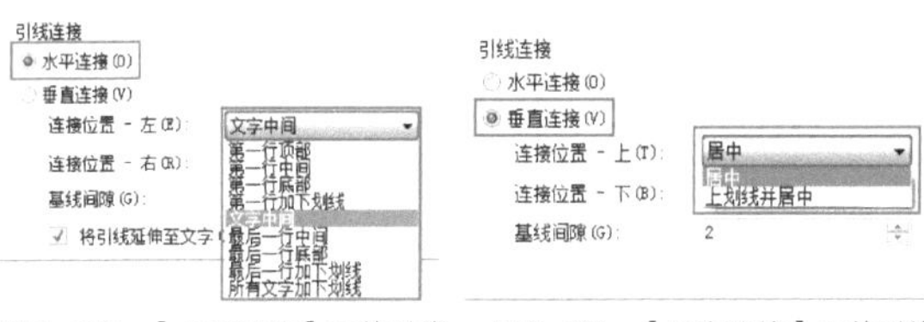

图 8-138 【水平连接】下的引线连接位置　　图 8-139 【垂直连接】下的引线连接位置

操作技巧

【水平连接】下的9种引线连接位置如图8-140所示；【垂直连接】下的2种引线连接位置如图8-141所示。通过指定合适的位置，可以创建出适用于不同行业的多重引线，有关典例请见【练习8-10】。

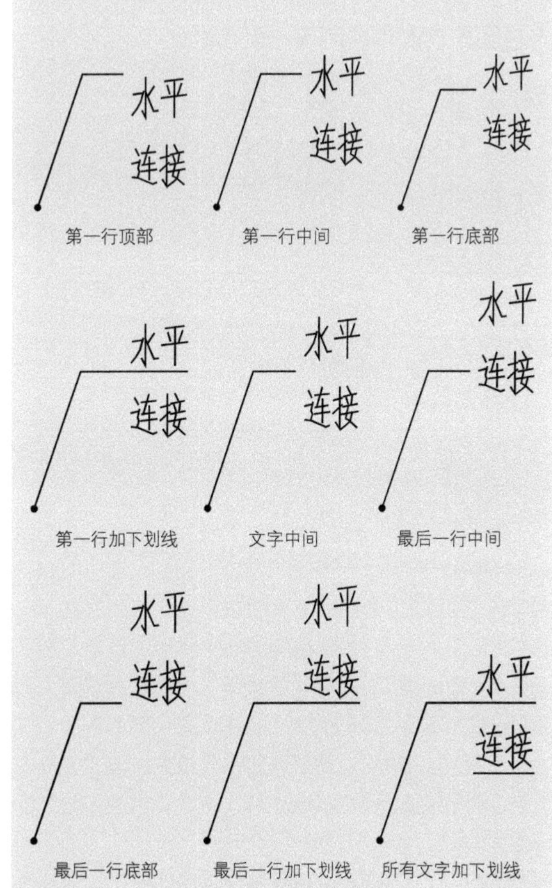

图 8-140 【水平连接】下的 9 种引线连接位置

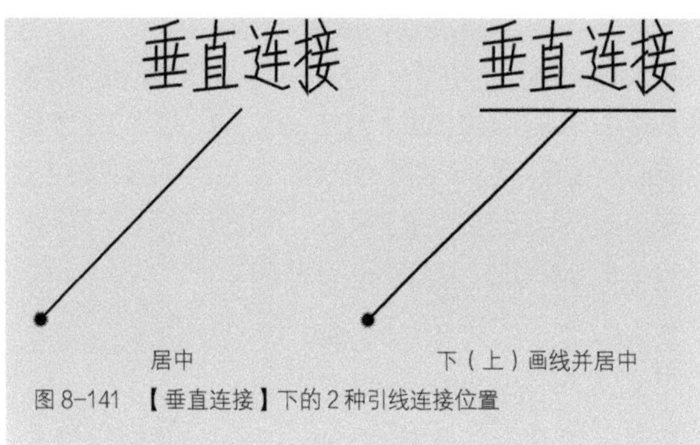

图 8-141 【垂直连接】下的2种引线连接位置

◆【基线间隙】：该文本框中可以指定基线和文本内容之间的距离，如图8-142所示。

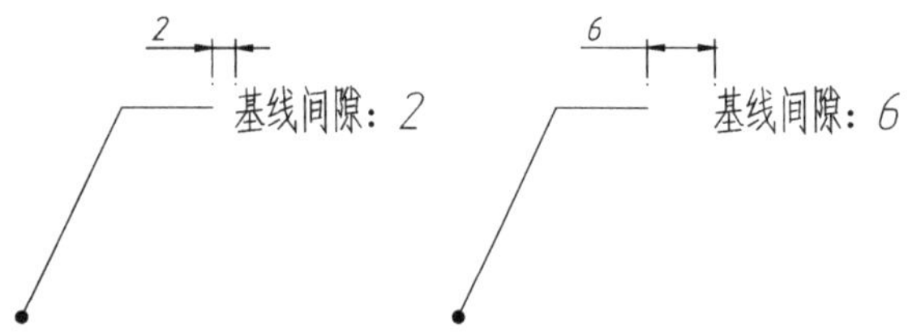

图 8-142 不同的【基线间隙】对比

练习 8-10 多重引线标注系统图标高 ★进阶★

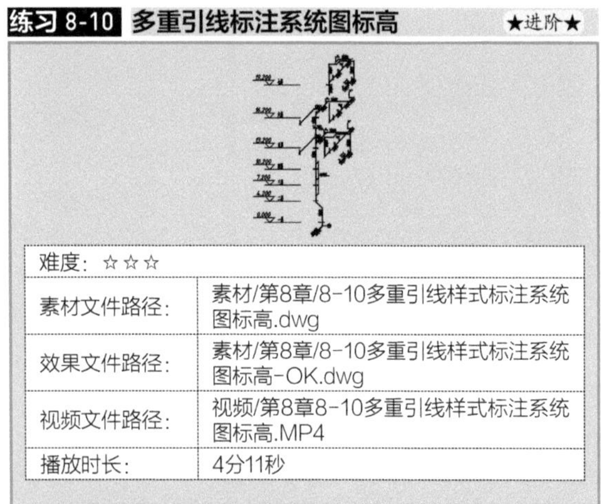

难度：☆☆☆	
素材文件路径：	素材/第8章/8-10多重引线样式标注系统图标高.dwg
效果文件路径：	素材/第8章/8-10多重引线样式标注系统图标高-OK.dwg
视频文件路径：	视频/第8章8-10多重引线样式标注系统图标高.MP4
播放时长：	4分11秒

在给排水的系统图设计中，常使用“标高”来表示建筑物各层的高度。“标高”是建筑物某一部位相对于基准面（“标高”的零点）的竖向高度，是建筑物竖向定位的依据。在施工图中经常有一个小小的直角等腰三角形，三角形的尖端或向上或向下，上面带有数值（即所指部位的高度，单位为米），这便是标高的符号。在AutoCAD中，就可以灵活设置【多重引线样式】来创建专门用于标注标高的多重引线，大大提高施工图的绘制效率。

Step 01 打开“第8章/8-10多重引线样式标注系统图标高.dwg”素材文件，其中已绘制好一幅7层建筑的给排水系统图和一名称为“标高”的属性图块，如图8-143所示。

Step 02 创建引线样式。在【默认】选项卡中单击【注释】面板下拉列表中的【多重引线样式】按钮，打开【多重引线样式管理器】对话框，单击【新建】按钮，新建一名称为“标高引线”的样式，如图8-144所示。

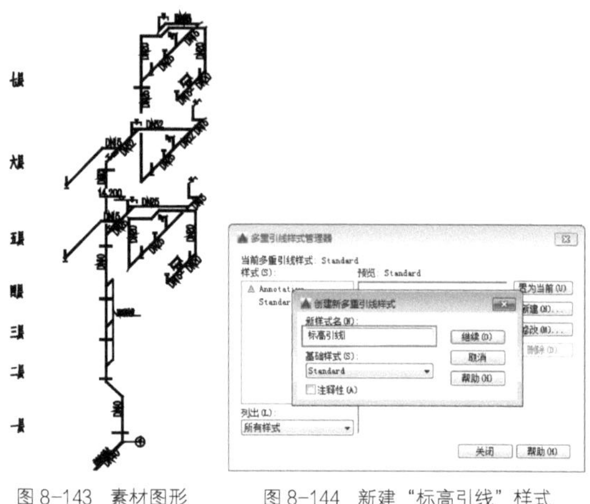
图 8-143 素材图形　　图 8-144 新建“标高引线”样式

Step 03 设置引线参数。单击【继续】按钮，打开【修改多重引线样式：标高引线】对话框，在【引线格式】选项卡中设置箭头【符号】为【无】，如图8-145所示；在【引线结构】选项卡中取消【自动包含基线】复选框的勾选，如图8-146所示。

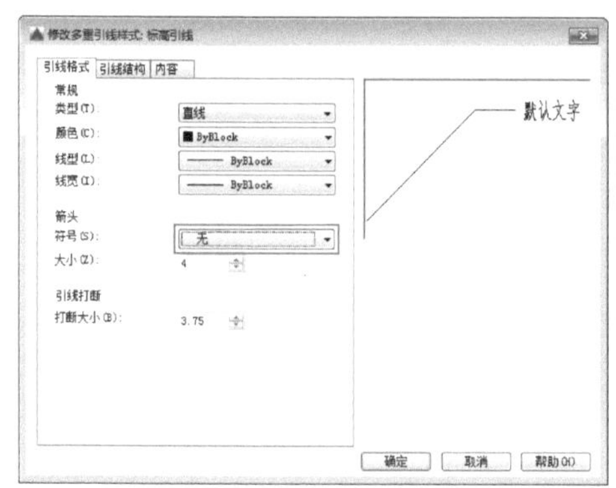

图 8-145 选择箭头【符号】为【无】

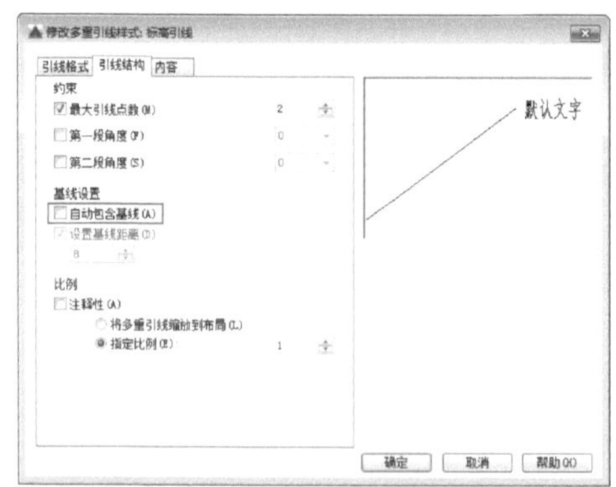

图 8-146 取消【自动包含基线】复选框的勾选

Step 04 设置引线内容。切换至【内容】选项卡，在

【多重引线类型】下拉列表中选择【块】，然后在【源块】下拉列表中选择【用户块】，即用户自己所创建的图块，如图8-147所示。

Step 05 接着系统自动打开【选择自定义内容块】对话框，在下拉列表中提供了图形中所有的图块，在其中选择素材图形中已创建好的【标高】图块即可，如图8-148所示。

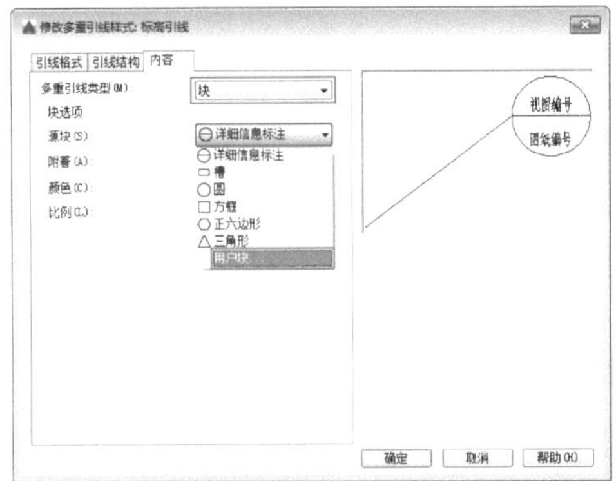

图 8-147 设置多重引线内容

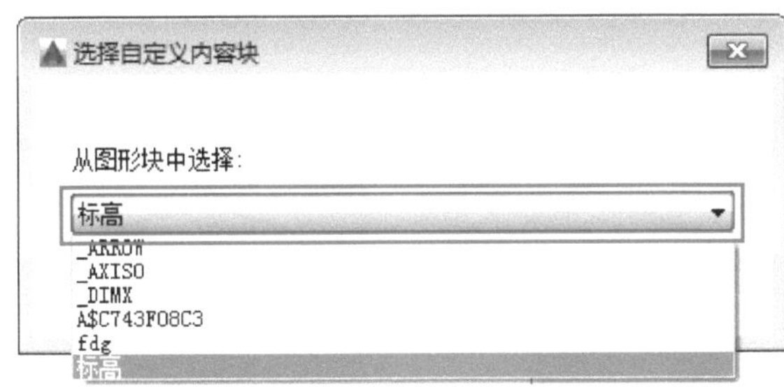

图 8-148 选择【标高】图块

Step 06 选择完毕后自动返回【修改多重引线样式：标高引线】对话框，然后在【内容】选项卡的【附着】下拉列表中选择【插入点】选项，则所有引线参数设置完成，如图8-149所示。

Step 07 单击【确定】按钮完成引线设置，返回【多重引线样式管理器】对话框，将【标高引线】置为当前，如图8-150所示。

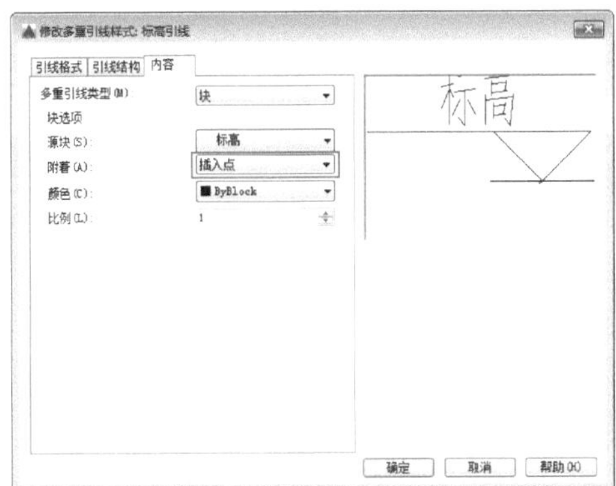

图 8-149 设置多重引线的附着点

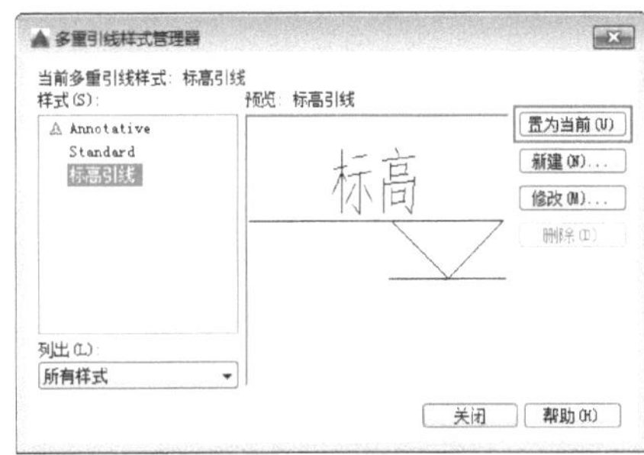

图 8-150 将【标高引线】样式置为当前

Step 08 标注标高。返回绘图区后，在【默认】选项卡中，单击【注释】面板上的【引线】按钮，执行【多重引线】命令，从左侧标注的最下方尺寸界线端点开始，水平向左引出第一条引线，然后单击鼠标左键放置，打开【编辑属性】对话框，输入标高值“0.000”，即基准标高，如图8-151所示。

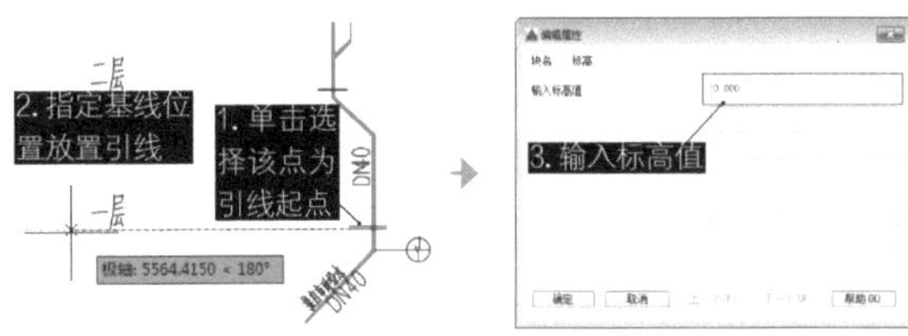

图 8-151 通过【多重引线】放置标高

Step 09 标注效果如图8-152所示。接着按相同方法，对其余位置进行标注，即可快速创建该立面图的所有标高，最终效果如图8-153所示。

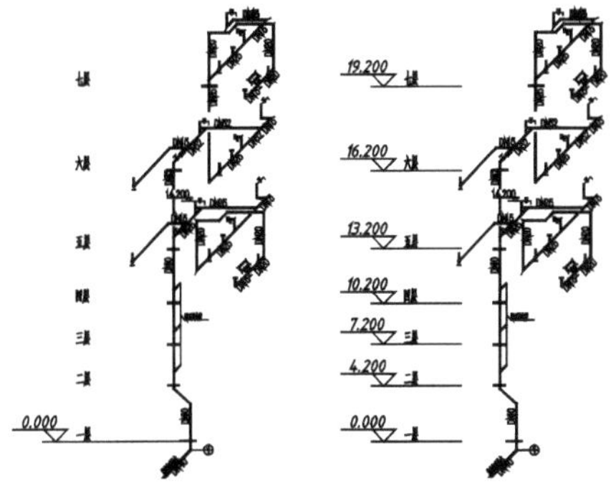

图 8-152 标注第一个标高　　图 8-153 标注其余标高

8.3.12 快速引线标注

【快线引线】标注命令是 AutoCAD 常用的引线标注命令，相较于【多重引线】来说，【快线引线】是一种形式较为自由的引线标注，其结构组成如图 8-154 所示，其中转折次数可以设置，注释内容也可设置为其他类型。

• 执行方式

【快线引线】命令只能在命令行中输入“QLEADER”或“LE”命令来执行。

•操作步骤

在命令行中输入“QLEADER”或“LE”命令，然后按【Enter】键，此时命令行提示如下。

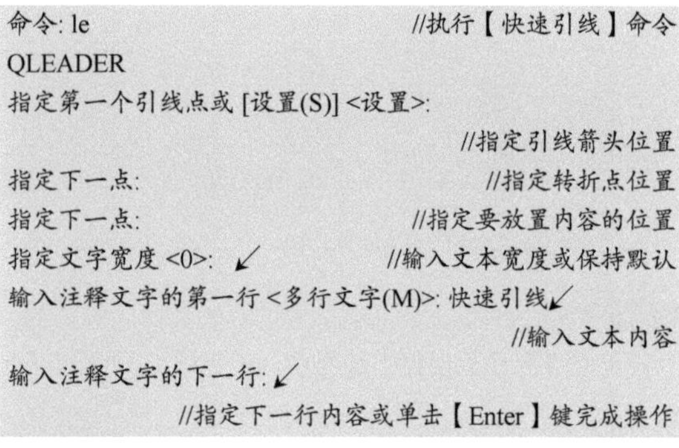

```
命令: le                                    //执行【快速引线】命令
QLEADER
指定第一个引线点或 [设置(S)] <设置>:
                                            //指定引线箭头位置
指定下一点:                                  //指定转折点位置
指定下一点:                                  //指定要放置内容的位置
指定文字宽度 <0>: ↙                          //输入文本宽度或保持默认
输入注释文字的第一行 <多行文字(M)>: 快速引线↙
                                            //输入文本内容
输入注释文字的下一行: ↙
                    //指定下一行内容或单击【Enter】键完成操作
```

•选项说明

在命令行中输入“S”命令，系统弹出【引线设置】对话框，如图8-155所示，可以在其中对引线的“注释”“引线和箭头”“附着”等参数进行设置。

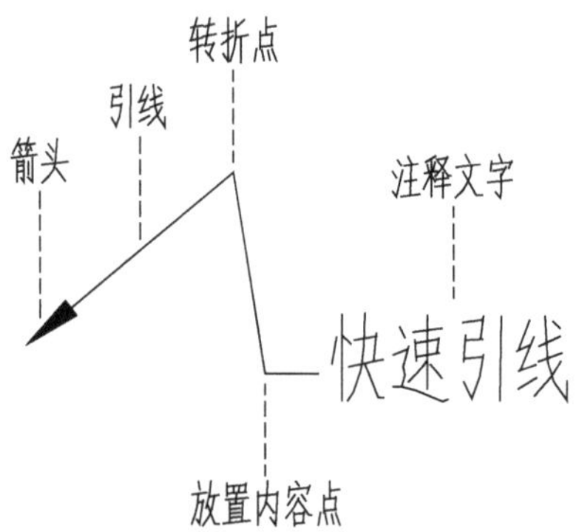

图 8-154 快速引线的结构

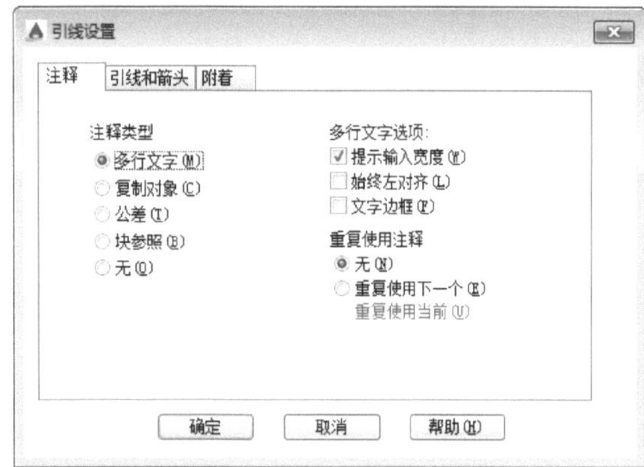

图 8-155 【引线设置】对话框

8.3.13 圆心标记

【圆心标记】可以用来标注圆和圆弧的圆心位置。

•执行方式

调用【坐标标记】命令有以下几种方法。

◆功能区：在【注释】选项卡中，单击【标注】滑出面板上的【圆心标记】按钮⊙，如图8-156所示。

◆菜单栏：选择【标注】|【圆心标记】命令，如图8-157所示。

◆命令行：输入“DIMCENTER”或“DCE”命令。

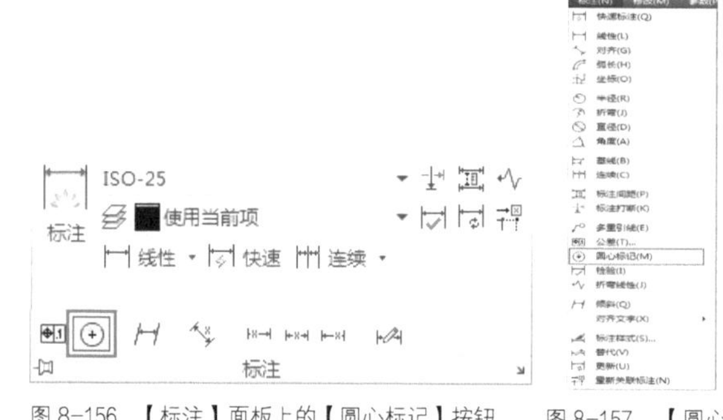

图 8-156 【标注】面板上的【圆心标记】按钮　图 8-157 【圆心标记】菜单命令

•操作步骤

【圆心标记】的操作十分简单，执行命令后选择要添加标记的圆或圆弧即可放置，如图8-158所示。命令行操作如下。

```
命令: _dimcenter↙                           //调用【圆心标记】命令
选择圆弧或圆:                                //选择圆
```

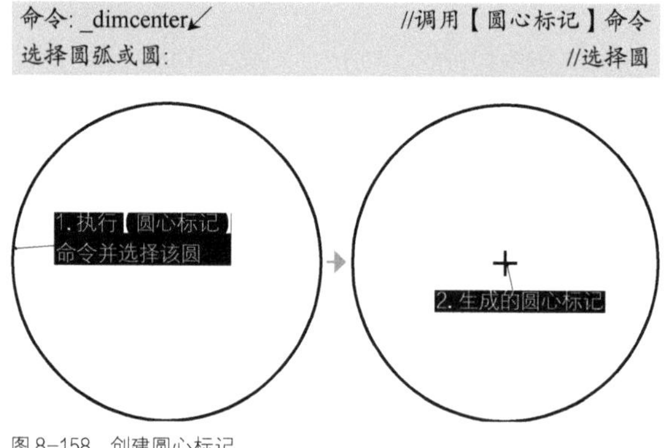

图 8-158 创建圆心标记

•选项说明

圆心标记符号由两条正交直线组成，可以在【修改标注样式】对话框的【符号和箭头】选项卡中设置圆心标记符号的大小。对符号大小的修改只对修改之后的标注起作用。详见本章8.2.2节中的第2小节【符号和箭头】选项卡，图8-18~图8-20。

8.4 标注的编辑

在创建尺寸标注后，如未能达到预期的效果，还可以对尺寸标注进行编辑，如修改尺寸标注文字的内容、编辑标注文字的位置、更新标注和关联标注等操作，而不必删除所标注的尺寸对象再重新进行标注。

8.4.1 标注打断

在图纸内容丰富、标注繁多的情况下，过于密集的标注线就会影响图纸的观察效果，甚至让用户混淆尺寸，引起疏漏，造成损失。因此为了使图纸尺寸结构清晰，就可使用【标注打断】命令在标注线交叉的位置将其打断。

•执行方式

执行【标注打断】命令的方法有以下几种。

◆功能区：在【注释】选项卡中，单击【标注】面板中的【打断】按钮，如图 8-159 所示。

◆菜单栏：选择【标注】|【标注打断】命令，如图 8-160 所示。

◆命令行：输入“DIMBREAK”命令。

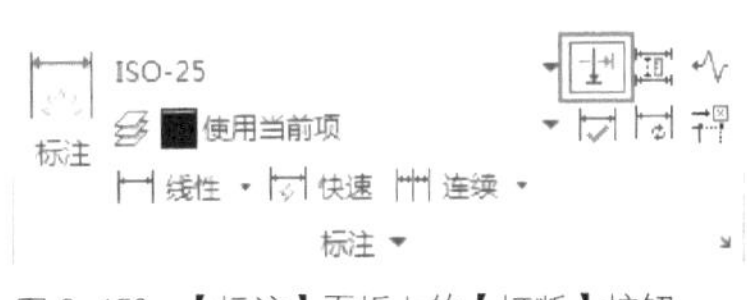

图 8-159 【标注】面板上的【打断】按钮

图 8-160 【标注打断】标注菜单命令

•操作步骤

【标注打断】的操作示例如图 8-161 所示，命令行操作如下。

```
命令: _DIMBREAK                                  //执行【标注打断】命令
选择要添加/删除折断的标注或 [多个(M)]:
                                                 //选择线性尺寸标注4640
选择要折断标注的对象或 [自动(A)/手动(M)/删除(R)] <自动
>:↙                               //选择多重引线或直接按【Enter】键
1 个对象已修改
```

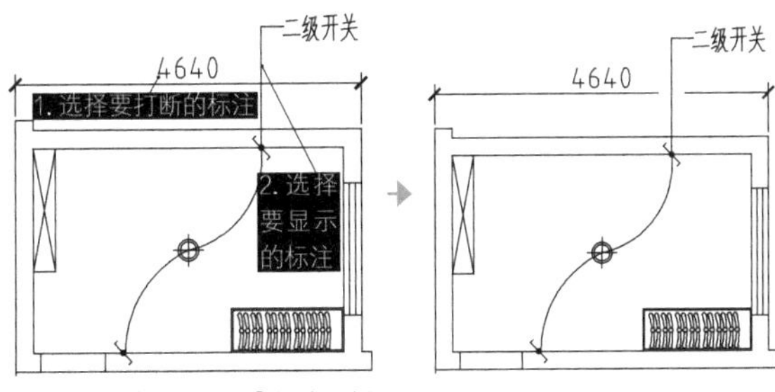

图 8-161 【标注打断】操作示例

•选项说明

命令行中各选项的含义如下。

◆ “多个（M）”：指定要向其中添加折断或要从中删除折断的多个标注。

◆ “自动（A）”：此选项是默认选项，用于在标注相交位置自动生成打断。普通标注的打断距离为【修改标注样式】对话框中【箭头和符号】选项卡下【折断大小】文本框中的值，见图 8-14；多重引线的打断距离则通过【修改多重引线样式】对话框中【引线格式】选项卡下的【打断大小】文本框中的值来控制，见本章 8.3.11 中的第 2 小节，图 8-129。

◆ “手动（M）”：选择此项，需要用户指定两个打断点，将两点之间的标注线打断。

◆ “删除（R）”：选择此项可以删除已创建的打断。

8.4.2 调整标注间距

在 AutoCAD 中进行基线标注时，如果没有设置合适的基线间距，可能使尺寸线之间的间距过大或过小，如图 8-162 所示。利用【调整间距】命令，可调整互相平行的线性尺寸或角度尺寸之间的距离。

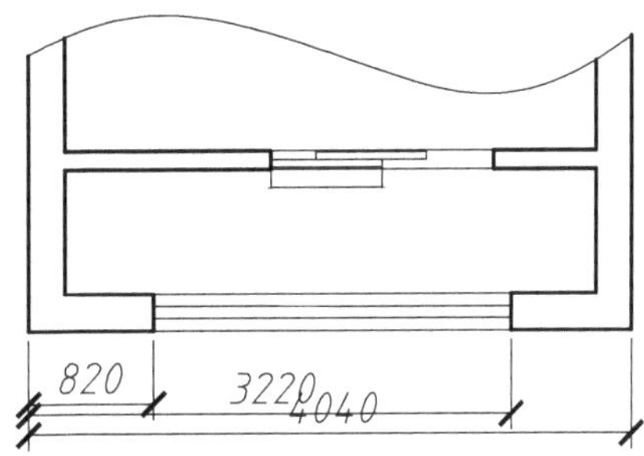

图 8-162 标注间距过小

•执行方式

◆功能区：在【注释】选项卡中，单击【标注】面板中的【调整间距】按钮，如图 8-163 所示。

◆菜单栏：选择【标注】|【调整间距】命令，如图 8-164 所示。

◆命令行：输入“DIMSPACE”命令。

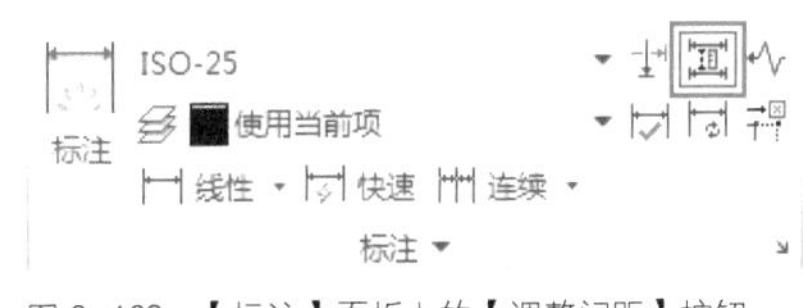

图 8-163 【标注】面板上的【调整间距】按钮

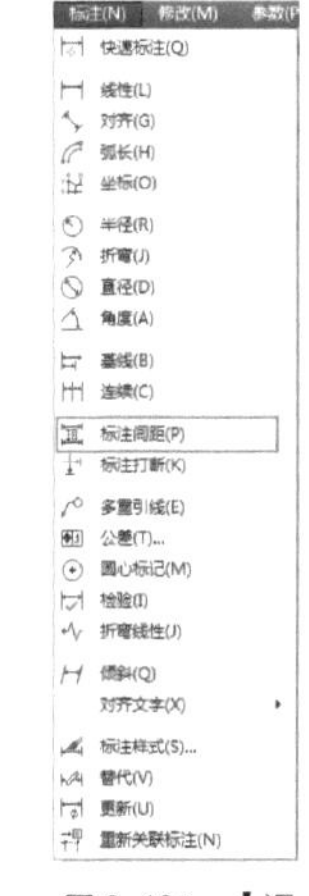

图 8-164 【调整间距】标注菜单命令

•操作步骤

【调整间距】命令的操作示例如图 8-165 所示，命令行操作如下。

```
命令: _dimspace                                      //执行【标注间距】命令
选择基准标注:                                        //选择尺寸820
选择要产生间距的标注:找到 1                          //选择尺寸3320
选择要产生间距的标注:找到 1 个，总计 2 个            //选择尺寸4040
选择要产生间距的标注:↙                 //单击【Enter】键，结束选择
输入值或 [自动(A)] <自动>: 10↙                       //输入间距值
```

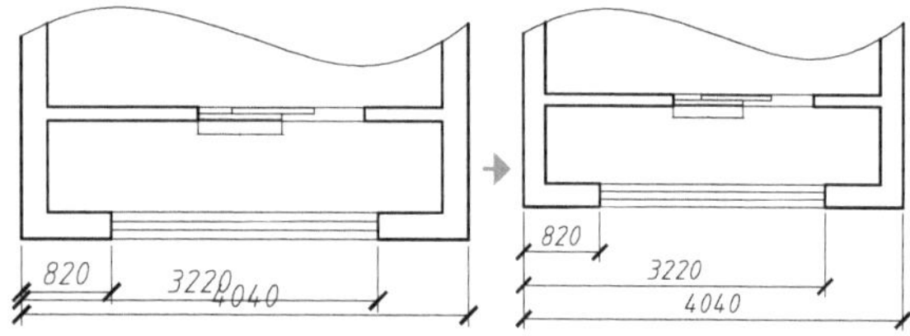

图 8-165 调整标注间距的效果

• 选项说明

【调整间距】命令可以通过“输入值”和“自动（A）”这两种方式来创建间距，两种方式的含义解释如下。

◆ “输入值”：为默认选项。可以在选定的标注间隔开所输入的间距距离。如果输入的值为 0，则可以将多个标注对齐在同一水平线上。

◆ “自动（A）”：根据所选择的基准标注的标注样式中指定的文字高度自动计算间距。所得的间距距离是标注文字高度的 2 倍。

练习 8-11 调整间距优化图形

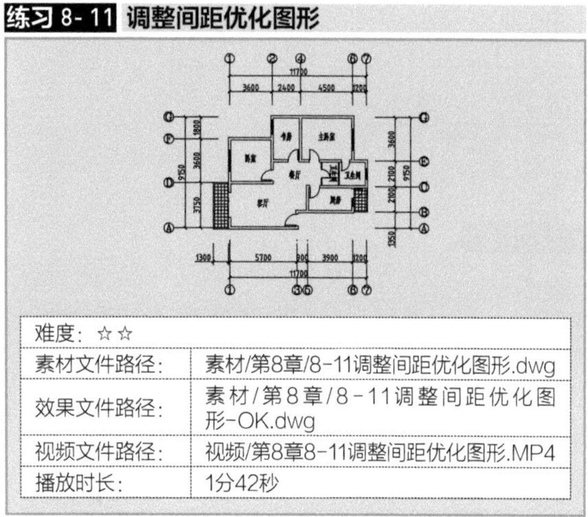

难度：☆☆	
素材文件路径：	素材/第8章/8-11调整间距优化图形.dwg
效果文件路径：	素材/第8章/8-11调整间距优化图形-OK.dwg
视频文件路径：	视频/第8章8-11调整间距优化图形.MP4
播放时长：	1分42秒

在建筑平面图图纸中，墙体及其轴线尺寸均需要整列或整排的对齐。但是，有些时候图形会因为标注关联点的设置问题，导致尺寸移位，就需要重新将尺寸一一对齐，这在打开外来图纸时尤其常见。如果用户纯手工的去一个个调整标注，那效率将十分低下，这时就可以借助【调整间距】命令来快速整理图形。

Step 01 打开素材文件“第8章/8-11调整间距优化图形.dwg”，如图8-166所示，图形中各尺寸出现了移位，并不工整。

Step 02 水平对齐底部尺寸。在【注释】选项卡中，单击【标注】面板中的【调整间距】按钮，选择左下方的阳台尺寸1300作为基准标注，然后依次选择右方的尺寸5700、900、3900、1200作为要产生间距的标注，输入间距值为0，则所选尺寸都统一水平对齐至尺寸1300处，如图8-167所示，命令行操作如下。

```
命令: _dimspace
选择基准标注: /                                       //选择尺寸1300
选择要产生间距的标注:找到 1 个                        //选择尺寸5700
选择要产生间距的标注:找到 1 个，总计 2 个
                                                      //选择尺寸900
选择要产生间距的标注:找到 1 个，总计 3 个
                                                      //选择尺寸3900
选择要产生间距的标注:找到 1 个，总计 4 个
                                                      //选择尺寸1200
选择要产生间距的标注: ↙                   //单击【Enter】，结束选择
输入值或 [自动(A)] <自动>: 0↙               //输入间距值0，得到
水平排列
```

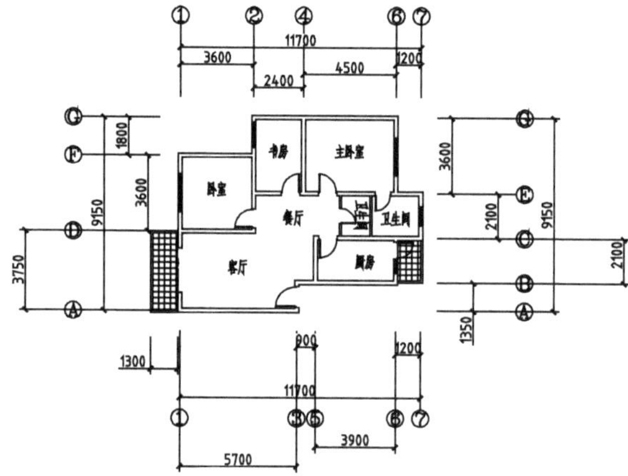

图 8-166 素材图形

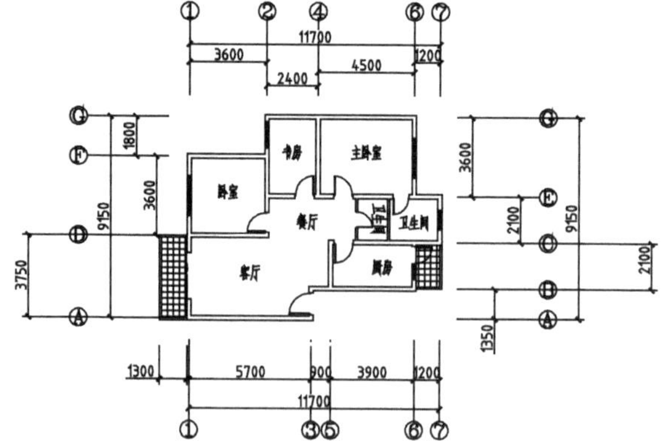

图 8-167 水平对齐尺寸

Step 03 垂直对齐右侧尺寸。选择右下方1350尺寸为基准尺寸，然后选择上方的尺寸2100、2100、3600，输入间距值为0，得到垂直对齐尺寸，如图8-168所示。

Step 04 对齐其他尺寸。按相同方法，对齐其余尺寸，最外层的总长尺寸除外，效果如图8-169所示。

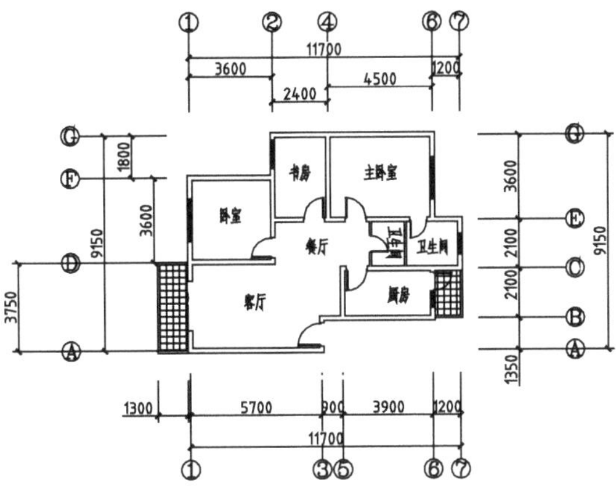

图 8-168　垂直对齐尺寸

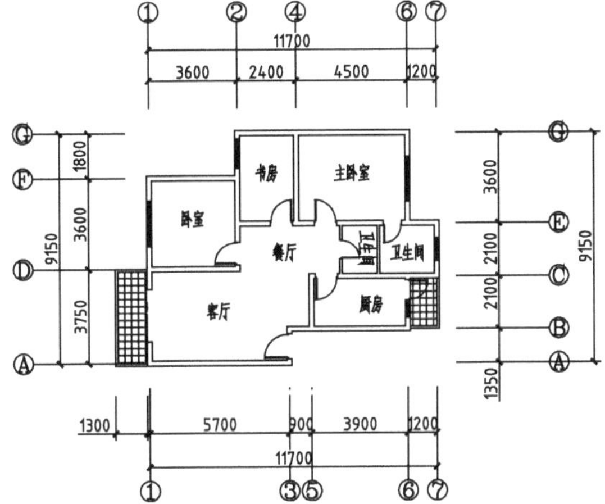

图 8-169　对齐其余尺寸

Step 05 调整外层间距。再次执行【调整间距】命令，仍选择左下方的阳台尺寸1300作为基准尺寸，然后选择下方的总长尺寸11700为要产生间距的尺寸，输入间距值为1300，效果如图8-170所示。

Step 06 按相同方法，调整所有的外层总长尺寸，最终结果如图8-171所示。

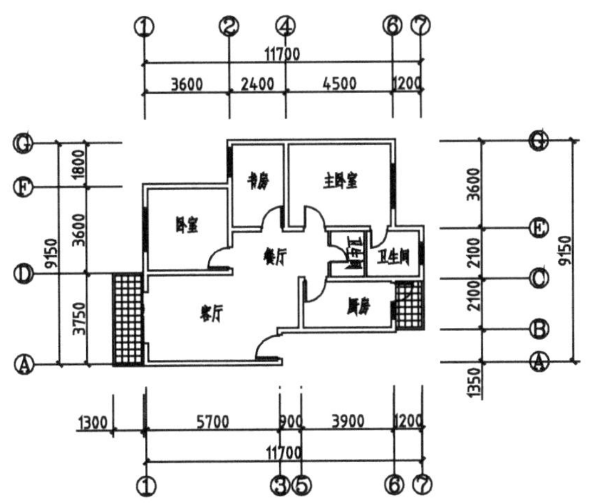

图 8-170　垂直对齐尺寸

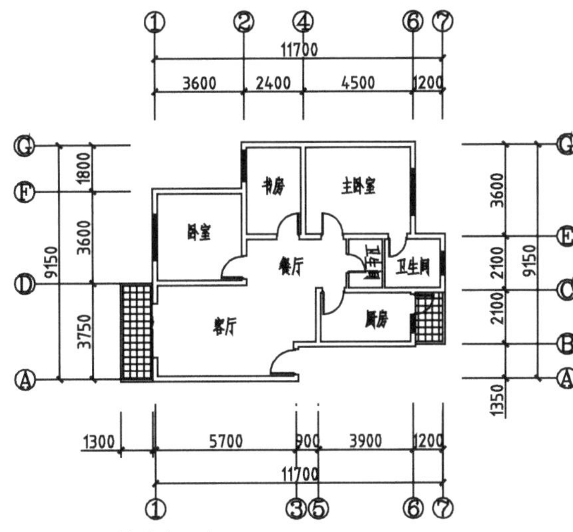

图 8-171　对齐其余尺寸

8.4.3 更新标注 ★进阶★

在创建尺寸标注过程中，若发现某个尺寸标注不符合要求，可采用替代标注样式的方法修改尺寸标注的相关变量，然后使用【标注更新】功能使要修改的尺寸标注按所设置的尺寸样式进行更新。

•执行方式

【标注更新】命令主要有以下几种调用方法。

◆功能区：在【注释】选项卡中，单击【标注】面板上的【更新】按钮，如图 8-172 所示。

◆菜单栏：选择【标注】|【更新】菜单命令，如图 8-173 所示。

◆命令行：输入“DIMSTYLE”命令。

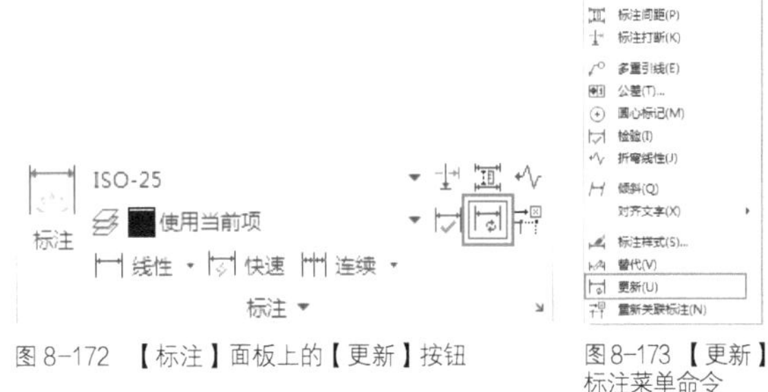

图 8-172　【标注】面板上的【更新】按钮

图 8-173　【更新】标注菜单命令

•操作步骤

执行【标注更新】命令后，命令行提示操作如下。

```
命令: _-dimstyle↙                    //调用【更新】标注命令
当前标注样式: 标注  注释性: 否
输入标注样式选项
[注释性(AN)/保存(S)/恢复(R)/状态(ST)/变量(V)/应用(A)/?] <恢复>: _apply
选择对象: 找到 1 个
```

•选项说明

命令行中各选项含义如下。

◆“注释性（AN）”：将标注更新为可注释的对象。

◆“保存（S）”：将标注系统变量的当前设置保存到标注样式。

◆“状态（ST）”：显示所有标注系统变量的当前值，并自动结束【DIMSTYLE】命令。

◆“变量（V）”：列出某个标注样式或设置选定标注的系统变量，但不能修改当前设置。

◆“应用（A）”：将当前尺寸标注系统变量设置应用到选定标注对象，永久替代应用于这些对象的任何现有标注样式。选择该选项后，系统提示选择标注对象，选择标注对象后，所选择的标注对象将自动被更新为当前标注格式。

8.4.4 尺寸关联性

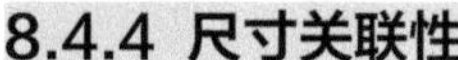

尺寸关联是指尺寸对象及其标注的对象之间建立了联系，当图形对象的位置、形状、大小等发生改变时，其尺寸对象也会随之动态更新。如一个长 50、宽 30 的矩形，使用【缩放】命令将矩形等放大两倍，不仅图形对象放大了两倍，而且尺寸标注也同时放大了两倍，尺寸值变为缩放前的两倍，如图 8-174 所示。

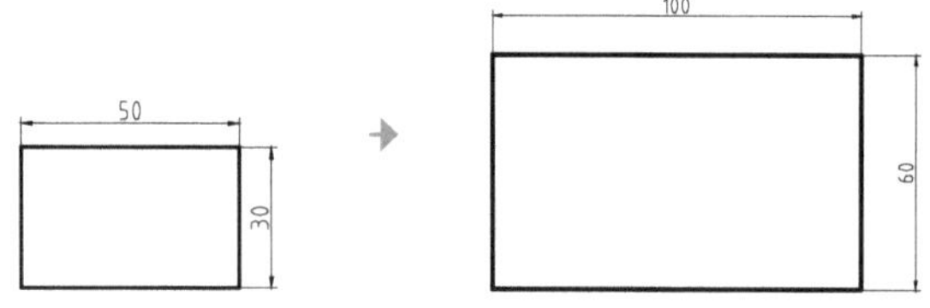

图 8-174　尺寸关联示例

1 尺寸关联

在模型窗口中标注尺寸时，尺寸是自动关联的，无须用户进行关联设置。但是，如果在输入尺寸文字时不使用系统的测量值，而是由用户手工输入尺寸值，那么尺寸文字将不会与图形对象关联。

•执行方式

对于没有关联，或已经解除了关联的尺寸对象和图形对象，重建标注关联的方法如下。

◆功能区：在【注释】选项卡中，单击【标注】面板中的【重新关联】按钮，如图 8-175 所示。

◆菜单栏：执行【标注】|【重新关联标注】命令，如图 8-176 所示。

◆命令行：输入“DIMREASSOCIATE”或“DRE”命令。

图 8-175　【标注】面板上的【重新关联】按钮

图 8-176　【重新关联标注】菜单命令

•操作步骤

执行【重新关联】命令之后，命令行提示如下。

```
命令: _dimreassociate                    //执行【重新关联】命令
选择要重新关联的标注 ...
选择对象或 [解除关联(D)]: 找到 1 个
                                        //选择要建立关联的尺寸
选择对象或 [解除关联(D)]:
指定第一个尺寸界线原点或 [选择对象(S)] <下一个>:
                                        //选择要关联的第一点
指定第二个尺寸界线原点 <下一个>:   //选择要关联的第二点
```

每个关联点提示旁边都会显示有一个标记，如果当前标注的定义点与几何对象之间没有关联，则标记将显示为蓝色的“╳”；如果定义点与几何对象之间已有了关联，则标记将显示为蓝色的“⊠”。

2 解除关联

对于已经建立了关联的尺寸对象及其图形对象，可以用【解除关联】命令解除尺寸与图形的关联性。解除标注关联后，对图形对象进行修改，尺寸对象不会发生任何变化。因为尺寸对象已经和图形对象彼此独立，没有任何关联关系了。

•执行方式

解除关联只有如下两种方法。

◆命令行：输入“DIMDISASSOCIATE”或“DDA”命令。

◆内容选项：执行【重新关联】命令时选择其中的“解除关联（D）”选项。

•操作步骤

在命令行中输入“DDA”命令并按【Enter】键，执行【解除关联】命令后，命令行提示如下。

```
命令: DDA↙
DIMDISASSOCIATE
选择要解除关联的标注 ...               //选择要解除关联的尺寸
选择对象:
```

选择要解除关联的尺寸对象，按【Enter】键即可解除关联。

8.4.5 倾斜标注 ★进阶★

【倾斜标注】命令可以旋转、修改或恢复标注文字，并更改尺寸界线的倾斜角。

•执行方式

AutoCAD 中启动【倾斜标注】命令有以下 3 种常用方法。

◆功能区：在【注释】选项卡中，单击【标注】滑出面板上的【倾斜】按钮，如图 8-177 所示。

◆菜单栏：调用【标注】|【倾斜】菜单命令，如图 8-178 所示。

◆命令行：输入“DIMEDIT”或“DED”命令。

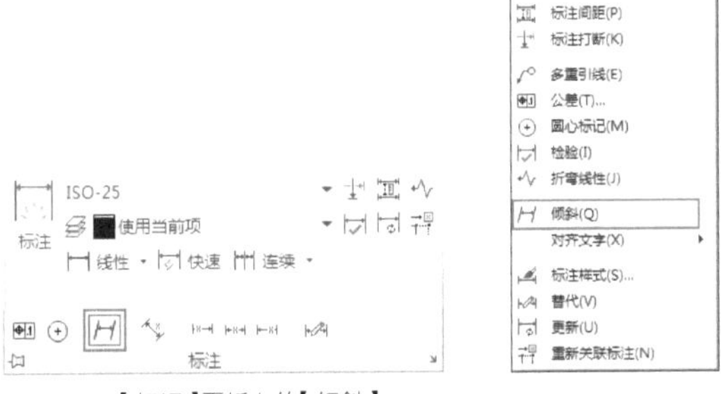

图 8-177 【标记】面板上的【倾斜】按钮

图 8-178 【倾斜】标注菜单命令

•操作步骤

在以前版本的 AutoCAD 中，【倾斜】命令归类于【DIMEDIT】（标注编辑）命令之内，而到了 AutoCAD 2016，开始作为一个独立的命令出现在面板上。但如果还是以命令行中输入“DIMEDIT”的方式调用，则可以执行其他属于【标注编辑】的命令，此时的命令行提示如下。

```
输入标注编辑类型[默认（H）/新建（N）/旋转（R）/倾斜（O）]〈默认〉:
```

•选项说明

命令行中各选项的含义如下。

◆“默认（H）”：选择该选项并选择尺寸对象，可以按默认位置和方向放置尺寸文字。

◆“新建（N）”：选择该选项后，系统将打开【文字编辑器】选项卡，选中输入框中的所有内容，然后重新输入需要的内容，单击该对话框上的【确定】按钮。返回绘图区，单击要修改的标注，如图 8-179 所示，按【Enter】键即可完成标注文字的修改，结果如图 8-180 所示。

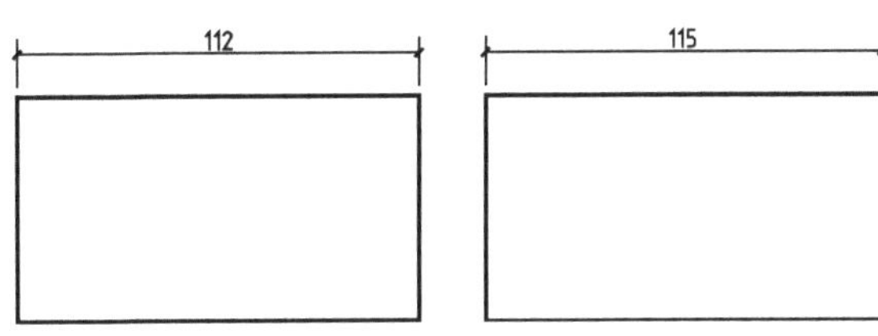

图 8-179 选择修改对象　　图 8-180 修改结果

◆“旋转（R）”：选择该项后，命令行提示“输入文字旋转角度：”，此时，输入文字旋转角度后，单击要修改的文字对象，即可完成文字的旋转。图 8-181 所示为将文字旋转 30° 后的效果对比。

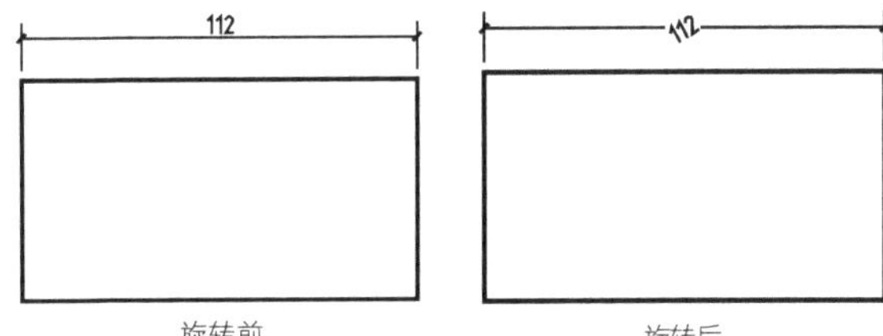

图 8-181 文字旋转效果对比

◆“倾斜（O）”：用于修改延伸线的倾斜度。选择该项后，命令行会提示选择修改对象，并要求输入倾斜角度。图 8-182 所示为延伸线倾斜 60° 后的效果对比。

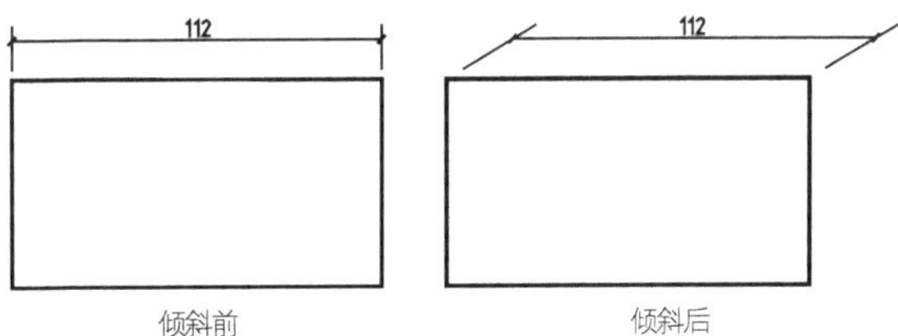

图 8-182 延伸线倾斜效果对比

> **操作技巧**
>
> 在命令行中输入“DDEDIT”或“ED”命令，也可以很方便地修改标注文字的内容。

8.4.6 对齐标注文字 ★进阶★

调用【对齐标注文字】命令可以调整标注文字在标注上的位置。

•执行方式

AutoCAD 中启动【对齐标注文字】命令有以下 3 种常用方法。

◆功能区：单击【注释】选项卡中【标注】面板下的相应按钮，【文字角度】按钮、【左对正】按钮、【居中对正】按钮、【右对正】按钮等，如图 8-183 所示。

◆菜单栏：调用【标注】|【对齐文字】菜单命令，如图 8-184 所示。

◆命令行：输入“DIMTEDIT”命令。

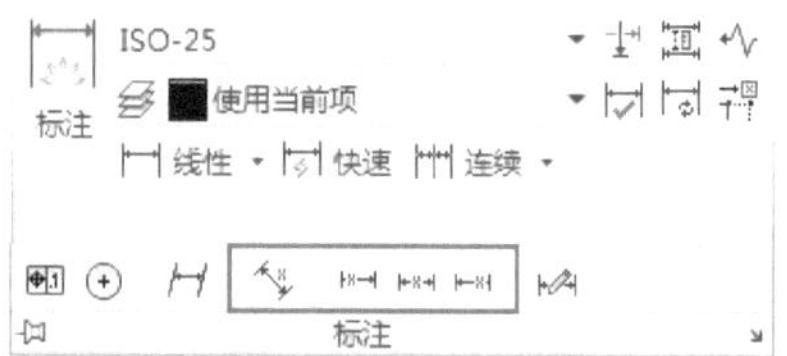

图 8-183 【标记】面板上与对齐文字有关的命令按钮

图 8-184 【对齐文字】标注菜单命令

•操作步骤

调用编辑标注文字命令后，命令行提示如下。

```
命令: _dimtedit
选择标注:                           //选择已有的标注作为编辑对象
为标注文字指定新位置或 [左对齐(L)/右对齐(R)/居中(C)/默认
(H)/角度(A)]:                       //指定编辑标注文字选项
标注已解除关联                       //显示编辑标注文字结果信息
```

•选项说明

其各选项含义如下。

◆“左对齐（L）”：将标注文字放置于尺寸线的左边，如图 8-185（a）所示。

◆“右对齐（R）”：将标注文字放置于尺寸线的右边，如图 8-185（b）所示。

◆“居中（C）”：将标注文字放置于尺寸线的中心，如图 8-185（c）所示。

◆“默认（H）”：恢复系统默认的尺寸标注位置。

◆“角度（A）”：用于修改标注文字的旋转角度，与【DIMEDIT】命令的旋转选项效果相同，如图 8-185（d）所示。

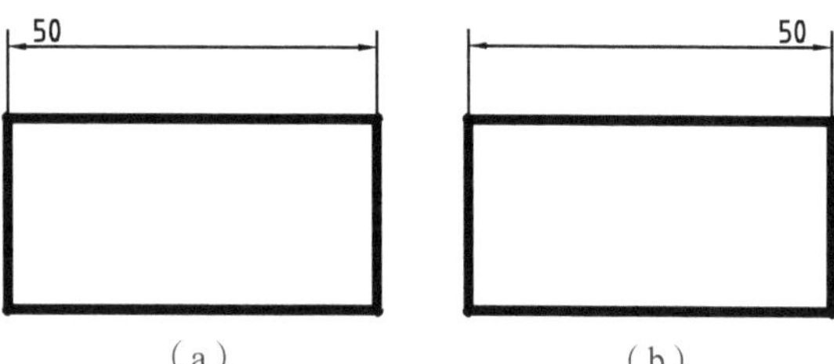

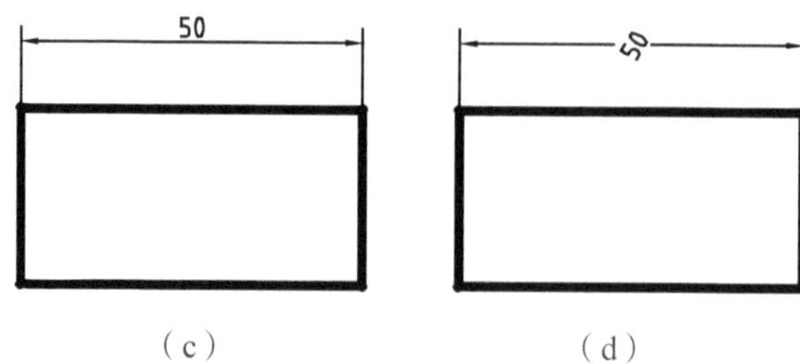

图 8-185 各种文字位置效果

8.4.7 翻转箭头

当尺寸界线内的空间狭窄时，可使用翻转箭头将尺寸箭头翻转到尺寸界线之外，使尺寸标注更清晰。选中需要翻转箭头的标注，则标注会以夹点形式显示，指针移到尺寸线夹点上，弹出快捷菜单，选择其中的【翻转箭头】命令即可翻转该侧的一个箭头。使用同样的操作翻转另一端的箭头，操作示例如图 8-186 所示。

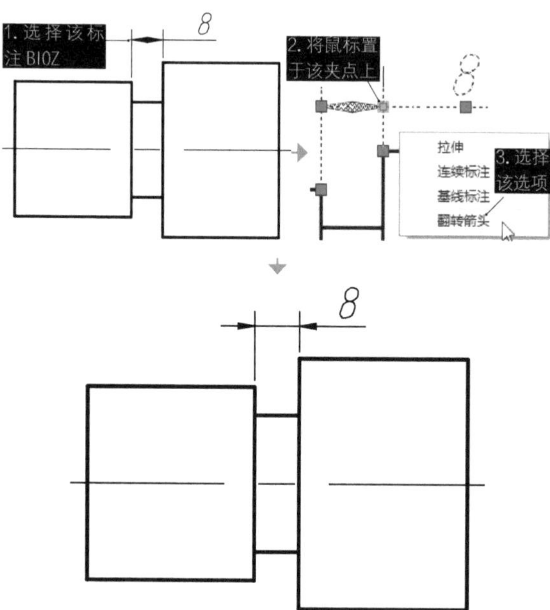

图 8-186 翻转箭头

第 9 章 文字和表格

文字和表格是图纸中的重要组成部分，用于注释和说明图形难以表达的特征，例如，平面图纸中的技术要求、明细表，施工图纸中的安装施工说明、图纸目录表等。本章便介绍 AutoCAD 中文字、表格的设置和创建方法。

9.1 创建文字

文字注释是绘图过程中很重要的内容，进行各种设计时，不仅要绘制出图形，还需要在图形中标注一些注释性的文字，这样可以对不便于表达的图形设计加以说明，使设计表达更加清晰。

9.1.1 文字样式的创建与其他操作

与【标注样式】一样，文字内容也可以设置【文字样式】来定义文字的外观，包括字体、高度、宽度比例、倾斜角度以及排列方式等，是对文字特性的一种描述。

1 新建文字样式

要创建文字样式首先要打开【文字样式】对话框。该对话框不仅显示了当前图形文件中已经创建的所有文字样式，并显示当前文字样式及其有关设置、外观预览。在该对话框中不但可以新建并设置文字样式，还可以修改或删除已有的文字样式。

•执行方式

调用【文字样式】有以下几种常用方法。

◆功能区：在【默认】选项卡中，单击【注释】滑出面板上的【文字样式】按钮，如图 9-1 所示。

◆菜单栏：选择【格式】|【文字样式】菜单命令，如图 9-2 所示。

◆命令行：输入“STYLE”或“ST”命令。

图 9-1 【注释】面板中的【文字样式】按钮

图 9-2 【文字样式】菜单命令

•操作步骤

执行该命令后，系统弹出【文字样式】对话框，如图 9-3 所示，可以在其中新建或修改当前文字样式，以指定字体、高度等参数。

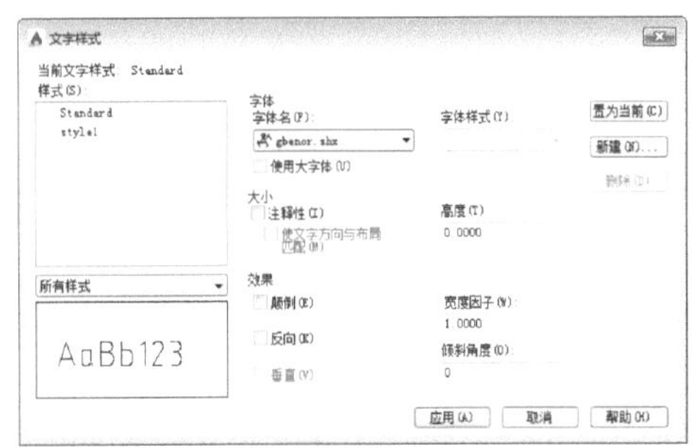

图 9-3 【文字样式】对话框

•选项说明

【文字样式】对话框中各参数的含义如下。

◆【样式】列表框：列出了当前可以使用的文字样式，默认文字样式为 Standard（标准）。

◆【字体名】下拉列表：在该下拉列表中可以选择不同的字体，如宋体、黑体和楷体等，如图 9-4 所示。

◆【使用大字体】复选框：用于指定亚洲语言的大字体文件，只有后缀名为 .SHX 的字体文件才可以创建大字体。

◆【字体样式】下拉列表：在该下拉列表中可以选择其他字体样式。

◆【置为当前】按钮：单击该按钮，可以将选择的文字样式设置成当前的文字样式。

◆【新建】按钮：单击该按钮，系统弹出【新建文字样式】对话框，如图 9-5 所示。在【样式名】文本框中输入新建样式的名称，单击【确定】按钮，新建文字样式将显示在【样式】列表框中。

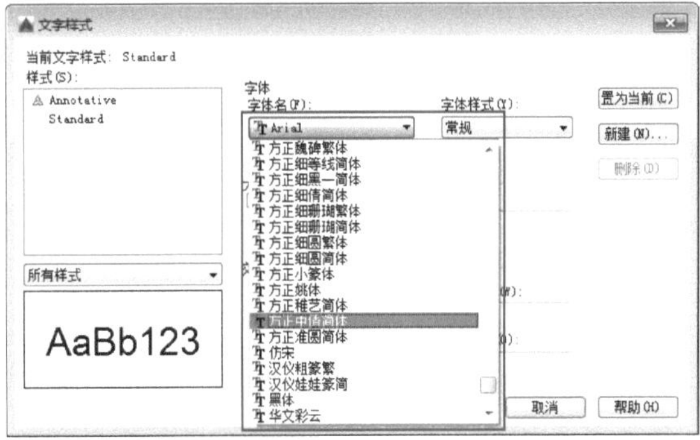

图 9-4 选择字体

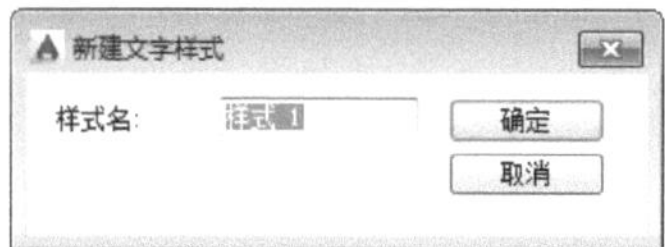

图 9-5 【新建文字样式】对话框输入“样式 1”

◆【颠倒】复选框：勾选【颠倒】复选框之后，文字方向将翻转，如图 9-6 所示。

◆【反向】复选框：勾选【反向】复选框，文字的阅读顺序将与开始时相反，如图 9-7 所示。

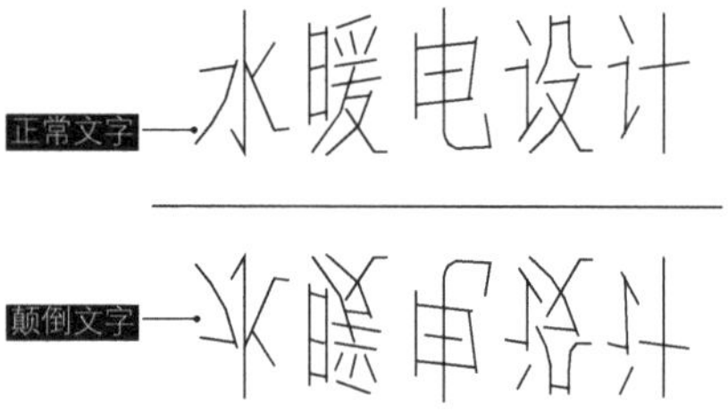

颠倒文字

图 9-6 颠倒文字效果

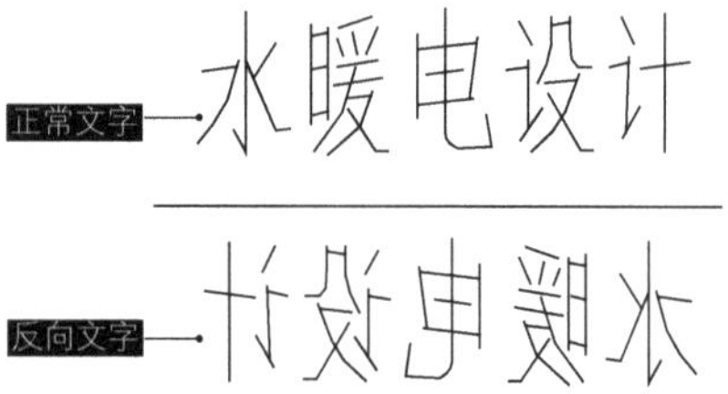

正常文字 水暖电设计

反向文字

图 9-7 反向文字效果

◆【高度】文本框：该参数可以控制文字的高度，即控制文字的大小。

◆【宽度因子】文本框：该参数控制文字的宽度，正常情况下宽度比例为 1。如果增大比例，那么文字将会变宽。图 9-8 所示为宽度因子变为 1.5 时的效果。

◆【倾斜角度】文本框：该参数控制文字的倾斜角度，正常情况下为 0。图 9-9 所示为文字倾斜 45° 后的效果。要注意的是用户只能输入 -85° ~ 85° 之间的角度值，超过这个区间的角度值将无效。

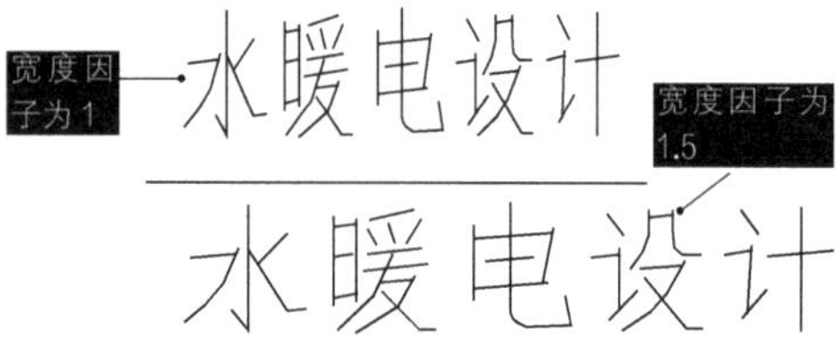

宽度因子为 1 水暖电设计

宽度因子为 1.5 水暖电设计

图 9-8 调整宽度因子

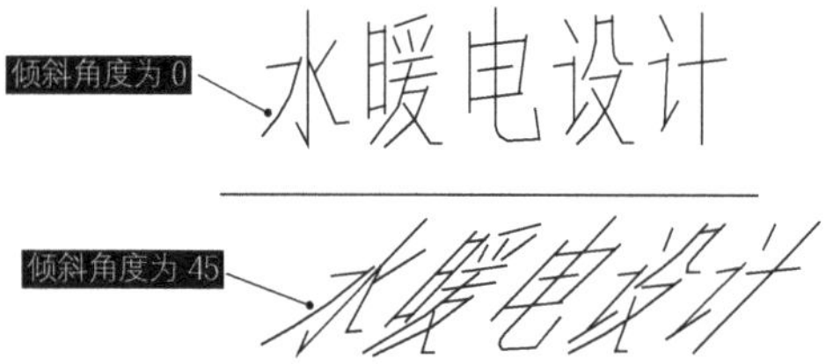

倾斜角度为 0 水暖电设计

倾斜角度为 45 水暖电设计

图 9-9 调整倾斜角度

•初学解答 修改了文字样式，却无相应变化?

在【文字样式】对话框中修改的文字效果，仅对单行文字有效果。用户如果使用的是多行文字创建的内容，则无法通过更改【文字样式】对话框中的设置来达到相应效果，如倾斜、颠倒等。

•熟能生巧 图形中的文字显示为问号?

打开文件后字体和符号变成了问号“？”，或有些字体不显示；打开文件时提示“缺少 SHX 文件”或“未找到字体”；出现上述字体无法正确显示的情况均是字体库出现了问题，可能是系统中缺少显示该文字的字体文件、指定的字体不支持全角标点符号或文字样式已被删除，有的特殊文字需要特定的字体才能正确显示。下面通过一个例子来介绍修复的方法。

练习 9-1 将“???”还原为正常文字

建筑剖面图

难度：☆☆☆	
素材文件路径：	素材/第9章/9-1将“???”还原为正常文字.dwg
效果文件路径：	素材/第9章/9-1将“???”还原为正常文字-OK.dwg
视频文件路径：	视频/第9章/9-1将“???”还原为正常文字.MP4
播放时长：	1分7秒

在进行实际的设计工作时，因为要经常与其他设计师进行图纸交流，所有会碰到许多外来图纸，这时就很容易碰到图纸中文字或标注显示不正常的情况。这一般都是样式出现了问题，因为电脑中没有样式所选用的字体，故显示问号或其他乱码。

Step 01 打开“第9章/9-1将“???”还原为正常文字.dwg”素材文件，所创建的文字显示为问号，内容不明，如图9-10所示。

Step 02 点选出现问号的文字，单击鼠标右键，在弹出的下拉列表中选择【特性】选项，系统弹出【特性】管理器。在【特性】管理器【文字】列表中，可以查看文字的【内容】、【样式】、【高度】等特性，并且能够修改。将其修改为【宋体】样式，如图9-11所示。

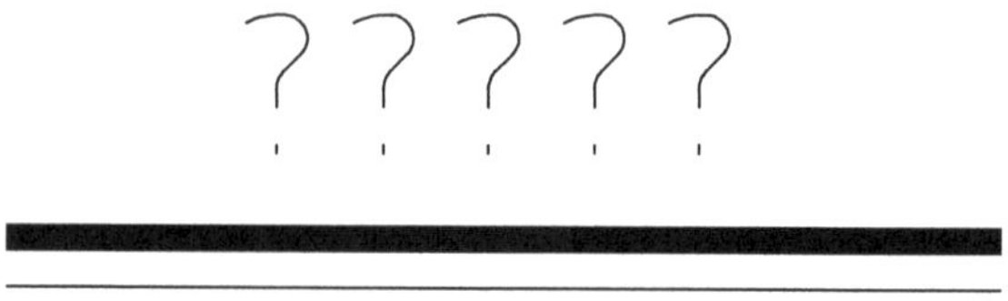

?????

图 9-10 素材文件

图 9-11 修改文字样式为“宋体”

Step 03 文字得到正确显示，如图9-12所示。

建筑剖面图

图 9-12 正常显示的文字

·精益求精 SHX 字体与 TTF 字体的区别

在 AutoCAD 2016 中存在着两种类型的字体文件：SHX 字体和 TTF（TrueType）字体。这两类字体文件都支持英文显示，但显示中、日、韩等非 ASCII 编码的亚洲文字字体时就会出现一些问题。

当选择 SHX 字体时，【使用大字体】复选框显亮，用户选中该复选框，然后在【大字体】下拉列表中选择大字体文件，一般使用 gbcbig.shx 大字体文件，如图 9-13 所示。

在【大小】选项组中可进行注释性和高度设置，如图 9-14 所示。其中，在【高度】文本框中键入数值可改变当前文字的高度不进行设置，其默认值为 0，并且每次使用该样式时，命令行都将提示指定文字高度。

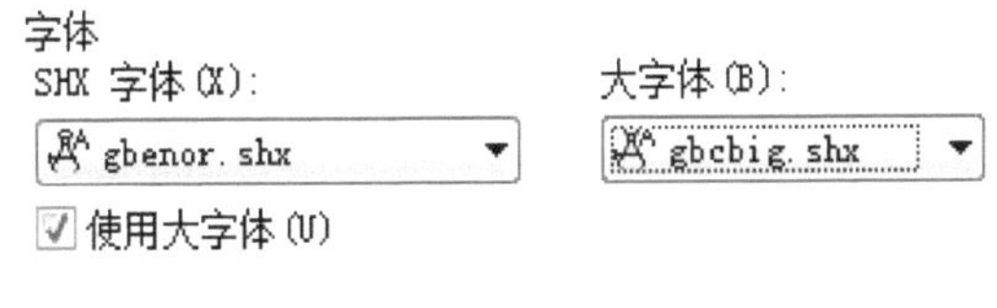

图 9-13 使用【大字体】

图 9-14 设置文字高度

这两种字体的含义分别介绍如下。

◎ SHX 字体文件

SHX 字体是 AutoCAD 自带的字体文件，符合 AutoCAD 的标准。这种字体文件的后缀名是“.shx”，存放在 AutoCAD 的文件搜索路径下。

在【文字样式】对话框中，SHX 字体前面会显示一个圆规形状的图标。AutoCAD 默认的 SHX 字体文件是“txt.shx”。AutoCAD 自带的 SHX 字体文件都不支持中文等亚洲语言字体。为了能够显示这些亚洲语言字体，一类被称作大字体文件（big font）的特殊类型的 SHX 文件被第三方开发出来。

为了在使用 SHX 字体文件时能够正常显示中文，可以将字体设置为同时使用 SHX 文件和大字体文件。或者在【SHX 字体】下拉列表框中选择需要的 SHX 文件，用于显示英文，而在【大字体】下拉列表框中选择能够支持中文显示的大字体文件。

值得注意的是，有的大字体文件仅仅支持有限的亚洲文字字体，并不一定支持中文显示。在【大字体】下拉列表框中选择的大字体文件如果不能支持中文时，中文会无法正常显示。

◎ TrueType 字体文件

TrueType 字体是 Windows 自带的字体文件，符合 Windows 标准。支持这种字体的字体文件的后缀是“.ttf”。这些文件存放在“Windonws\Fonts\”下。

在【文字样式】对话框中取消【使用大字体】复选框，可以在【字体名】下拉列表框中显示所有的 TrueType 字体和 SHX 字体列表。TrueType 字体前面会显示一个“T”形图标。

中文版的 Windows 都带有支持中文显示的 TTF 字体文件，其中包括经常使用的字体如实“宋体”“黑体”“楷体 -GB2312”等。由于中国用户的计算机几乎都安装了中文版 Windows，所以用 TTF 字体标注中文就不会出现中文显示不正常的问题。

2 应用文字样式

在创建的多种文字样式中，只能有一种文字样式作为当前的文字样式，系统默认创建的文字均按照当前文字样式。因此要应用文字样式，首先应将其设置为当前文字样式。

设置当前文字样式的方法有以下两种。

◆在【文字样式】对话框的【样式】列表框中选择要置为当前的文字样式，单击【置为当前】按钮，如图 9-15 所示。

◆在【注释】面板的【文字样式控制】下拉列表框中选择要置为当前的文字样式，如图 9-16 所示。

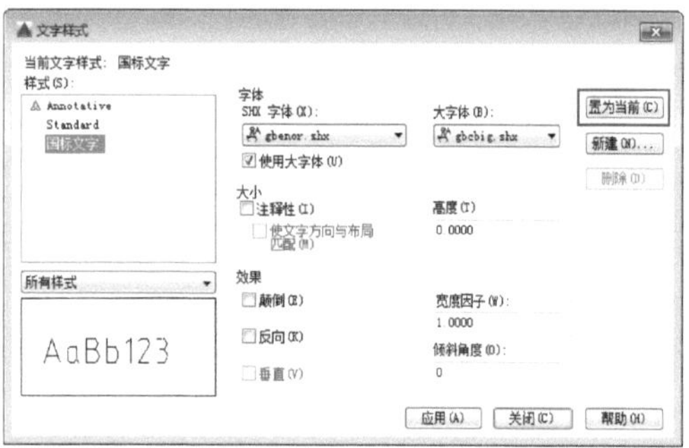

图 9-15　在【文字样式】对话框中置为当前

图 9-16　通过【注释】面板设置当前文字样式

3 重命名文字样式

有时在命名文字样式时出现错误，需对其重新进行修改，重命名文字样式的方法有以下 2 种。

◆在命令行输入“RENAME”（或“REN”）并回车，打开【重命名】对话框。在【命名对象】列表框中选择【文字样式】，然后在【项目】列表框中选择【标注】，在【重命名为】文本框中输入新的名称，如“园林景观标注”，然后单击【重命名为】按钮，最后单击【确定】按钮关闭对话框，如图 9-17 所示。

◆在【文字样式】对话框的【样式】列表框中选择要重命名的样式名，并单击鼠标右键，在弹出的快捷菜单中选择【重命名】命令，如图 9-18 所示。但采用这种方式不能重命名 STANDARD 文字样式。

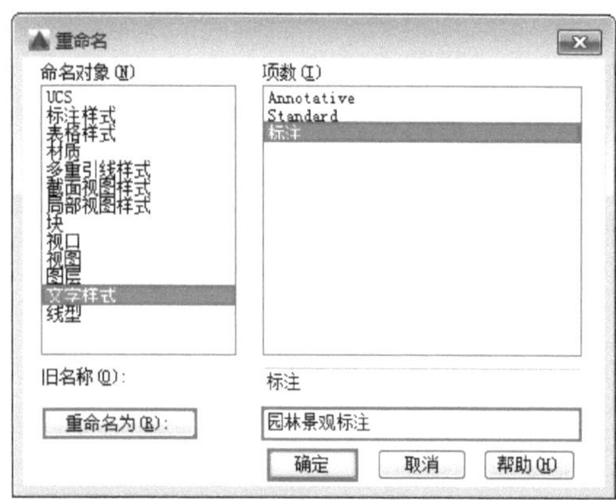

图 9-17　【重命名】对话框

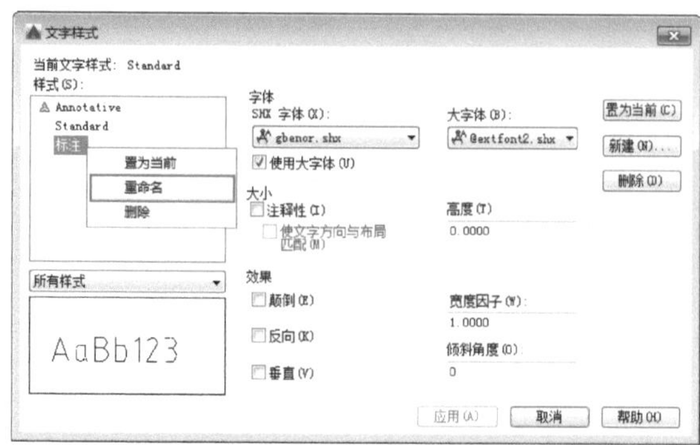

图 9-18　重命名文字样式

4 删除文字样式

文字样式会占用一定的系统存储空间，可以删除一些不需要的文字样式，以节约存储空间。删除文字样式的方法只有一种，即在【文字样式】对话框的【样式】列表框中选择要删除的样式名，并单击鼠标右键，在弹出的快捷菜单中选择【删除】命令，或单击对话框中的【删除】按钮，如图 9-19 所示。

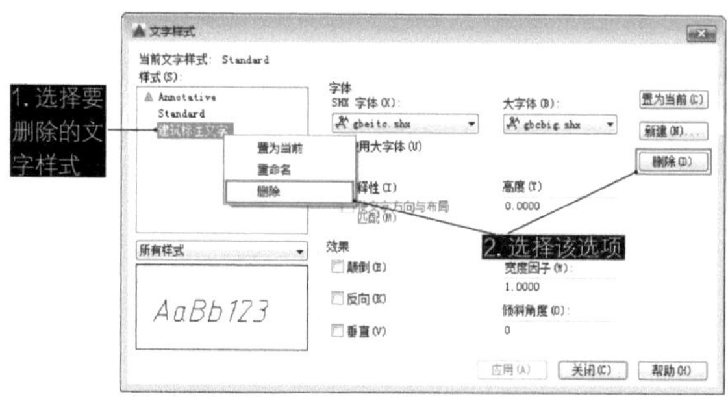

图 9-19　删除文字样式

操作技巧

当前的文字样式不能被删除。如果要删除当前文字样式，可以先将别的文字样式置为当前，然后再进行删除。

练习 9-2 创建国标文字样式

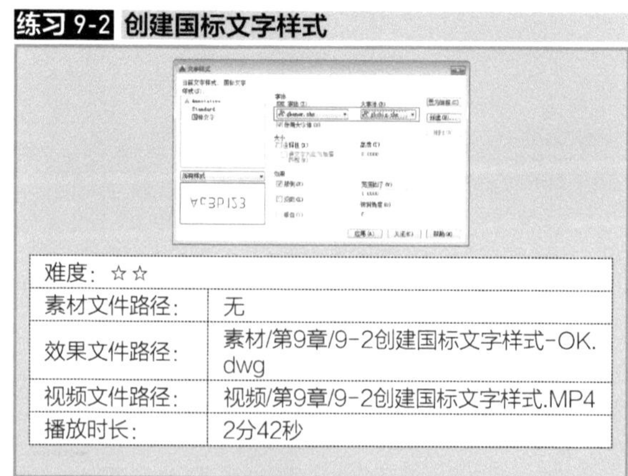

难度：☆☆	
素材文件路径：	无
效果文件路径：	素材/第9章/9-2创建国标文字样式-OK.dwg
视频文件路径：	视频/第9章/9-2创建国标文字样式.MP4
播放时长：	2分42秒

国家标准规定了工程图纸中字母、数字及汉字的书写规范（详见《技术制图字体》GB/T 14691-1993）。AutoCAD 也专门提供了 3 种符合国家标准的中文字体文件，即【gbenor.shx】、【gbeitc.shx】、【gbcbig.shx】文件。其中，【gbenor.shx】、【gbeitc.shx】用于标注直体和斜体字母和数字，【gbcbig.shx】用于标注中文（需要勾选【使用大字体】复选框）。本例便创建【gbenor.shx】字体的国标文字样式。

Step 01 单击快速访问工具栏中的【新建】按钮，新建图形文件。

Step 02 在【默认】选项卡中，单击【注释】面板中的【文字样式】按钮，系统弹出【文字样式】对话框，如图9-20所示。

Step 03 单击【新建】按钮，弹出【新建文字样式】对话框，系统默认新建【样式1】样式名，在【样式名】文本框中输入“国标文字”，如图9-21所示。

图 9-20 【文件样式】对话框

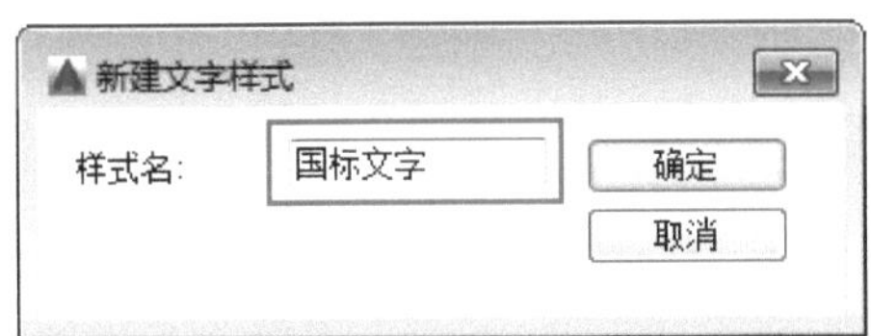

图 9-21 【新建标注样式】对话框中输入“图标文字”

Step 04 单击【确定】按钮，在样式列表框中新增【国标文字】文字样式，如图9-22所示。

Step 05 单击【字体】选项组下的【字体名】列表框中选择【gbenor.shx】字体，勾选【使用大字体】复选框，在大字体复选框中选择【gbcbig.shx】字体。其他选项保持默认，如图9-23所示。

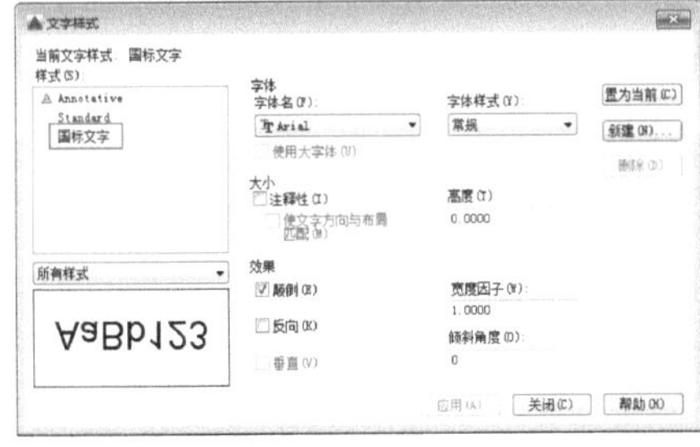

图 9-22 新建文字样式

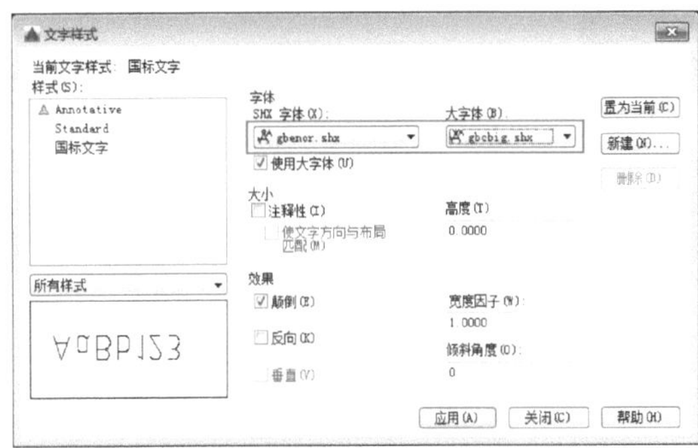

图 9-23 更改文字样式

Step 06 单击【应用】按钮，然后单击【置为当前】按钮，将【国标文字】置于当前样式。

Step 07 单击【关闭】按钮，完成【国标文字】的创建。创建完成的样式可用于【多行文字】、【单行文字】等文字创建命令，也可以用于标注、动态块中的文字。

9.1.2 创建单行文字

【单行文字】是将输入的文字以“行”为单位作为一个对象来处理。即使在单行文字中输入若干行文字，每一行文字仍是单独的对象。【单行文字】的特点就是每一行均可以独立移动、复制或编辑，因此，可以用来创建内容比较简短的文字对象，如图形标签、名称、时间等。

• 执行方式

在 AutoCAD 2015 中启动【单行文字】命令的方法有以下 3 种。

◆ 功能区：在【默认】选项卡中，单击【注释】面板上的【单行文字】按钮A，如图 9-24 所示。

◆ 菜单栏：执行【绘图】|【文字】|【单行文字】命令，如图 9-25 所示。

◆ 命令行：输入“DT”、“TEXT”或“DTEXT”命令。

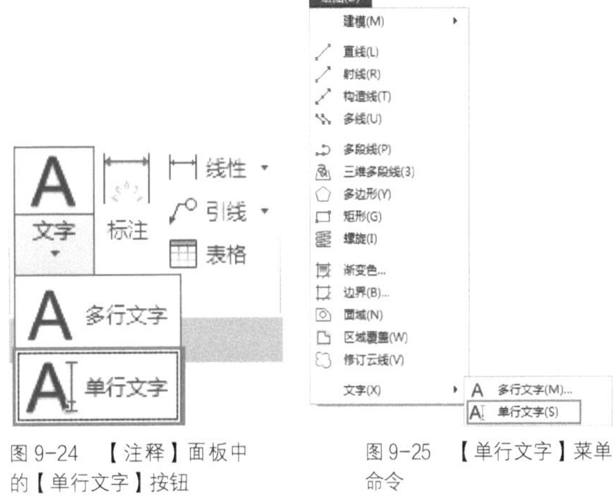

图 9-24 【注释】面板中的【单行文字】按钮

图 9-25 【单行文字】菜单命令

•操作步骤

调用【单行文字】命令后，就可以根据命令行的提示输入文字，命令行提示如下。

命令: _dtext　　//执行【单行文字】命令
当前文字样式: "Standard"　文字高度: 2.5000　注释性: 否　//显示当前文字样式
指定文字的起点或 [对正(J)/样式(S)]:　　//在绘图区域合适位置任意拾取一点
指定高度 <2.5000>: 3.5↙　　//指定文字高度
指定文字的旋转角度 <0>:↙　　//指定文字旋转角度，一般默认为0

在调用命令的过程中，需要输入的参数有文字起点、文字高度（此提示只有在当前文字样式的字高为 0 时才显示）、文字旋转角度和文字内容。文字起点用于指定文字的插入位置，是文字对象的左下角点。文字旋转角度指文字相对于水平位置的倾斜角度。

设置完成后，绘图区域将出现一个带光标的矩形框，在其中输入相关文字即可，如图 9-26 所示。

符　号	说　明
—— CS ——	冷冻水供水管
—— CR ——	冷冻水回水管
—— HS ——	热水供水管

图 9-26　输入单行文字

在输入单行文字时，按【Enter】键不会结束文字的输入，而是表示换行，且行与行之间还是互相独立存在的；在空白处单击左键则会新建另一处单行文字；只有按快捷键 Ctrl+Enter 才能结束单行文字的输入。

•选项说明

【单行文字】命令行中各选项含义说明如下。

◆ "指定文字的起点"：默认情况下，所指定的起点位置即是文字行基线的起点位置。在指定起点位置后，继续输入文字的旋转角度即可进行文字的输入。在输入完成后，按两次回车键或将鼠标移至图纸的其他任意位置并单击，然后按【Esc】键即可结束单行文字的输入。

◆ "对正（J）"：该选项可以设置文字的对正方式，共有 15 种方式，详见本节的"初学解答：单行文字的对正方式"。

◆ "样式（S）"：选择该选项可以在命令行中直接输入文字样式的名称，也可以输入"？"，便会打开【AutoCAD 文本窗口】对话框，该对话框将显示当前图形中已有的文字样式和其他信息，如图 9-27 所示。

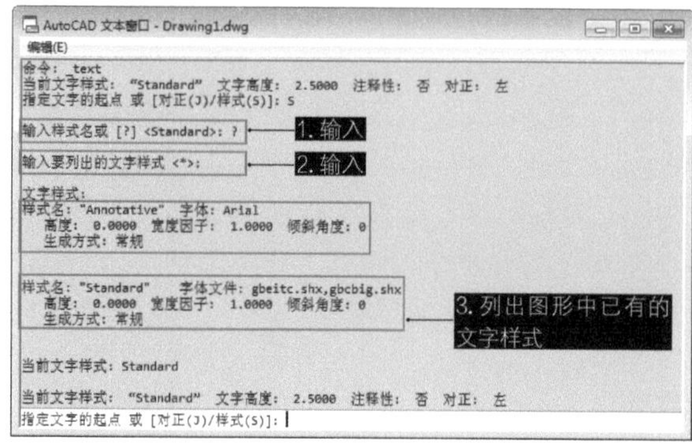

图 9-27 【AutoCAD 文本窗口】对话框

•初学解答 单行文字的对正方式

"对正（J）"备选项用于设置文字的缩排和对齐方式。选择该备选项，可以设置文字的对正点，命令行提示如下。

[左(L)/居中(C)/右(R)/对齐(A)/中间(M)/布满(F)/左上(TL)/中上(TC)/右上(TR)/左中(ML)/正中(MC)/右中(MR)/左下(BL)/中下(BC)/右下(BR)]:

命令行提示中主要选项含义说明如下。

◆ "左（L）"：可使生成的文字以插入点为基点向左对齐。

◆ "居中（C）"：可使生成的文字以插入点为中心向两边排列。

◆ "右（R）"：可使生成的文字以插入点为基点向右对齐。

◆ "中间（M）"：可使生成的文字以插入点为中心向两边排列。

◆ "左上（TL）"：可使生成的文字以插入点为字符串的左上角。

◆ "中上（TC）"：可使生成的文字以插入点为字符串顶线的中心点。

◆ "右上（TR）"：可使生成的文字以插入点为字符串的右上角。

◆ "左中（ML）"：可使生成的文字以插入点为字符串的左中点。

◆ "正中（MC）"：可使生成的文字以插入点为字符串的正中点。

◆ "右中（MR）"：可使生成的文字以插入点为字符串的右中点。

◆ "左下（BL）"：可使生成的文字以插入点为字符串的左下角。

◆ "中下（BC）"：可使生成的文字以插入点为字符串底线的中点。

◆ "右下（BR）"：可使生成的文字以插入点为字符串的右下角。

要充分理解各对齐位置与单行文字的关系，就需要先了解文字的组成结构。

AutoCAD 为【单行文字】的水平文本行规定了 4 条定位线：顶线（Top Line）、中线（Middle Line）、基线（Base Line）、底线（Bottom Line），如图 9-28 所示。顶线为大写字母顶部所对齐的线，基线为大写字母底部所对齐的线，中线处于顶线与基线的正中间，底线为长尾小字字母底部所在的线，汉字在顶线和基线之间。系统提供了如图 9-28 所示的 13 个对齐点以及 15 种对齐方式。其中，各对齐点为文本行的插入点，结合前文与该图，即可对单行文字的对齐有充分了解。

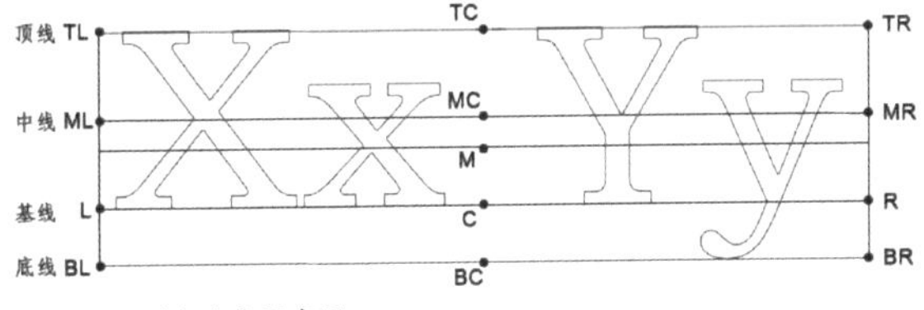

图 9-28　对齐方位示意图

图 9-28 中还有“对齐（A）”和“布满（F）”这两种方式没有示意，分别介绍如下。

◆ “对齐（A）”：指定文本行基线的两个端点确定文字的高度和方向。系统将自动调整字符高度使文字在两端点之间均匀分布，而字符的宽高比例不变，如图 9-29 所示。

◆ “布满（F）”：指定文本行基线的两个端点确定文字的方向。系统将调整字符的宽高比例，以使文字在两端点之间均匀分布，而文字高度不变，如图 9-30 所示。

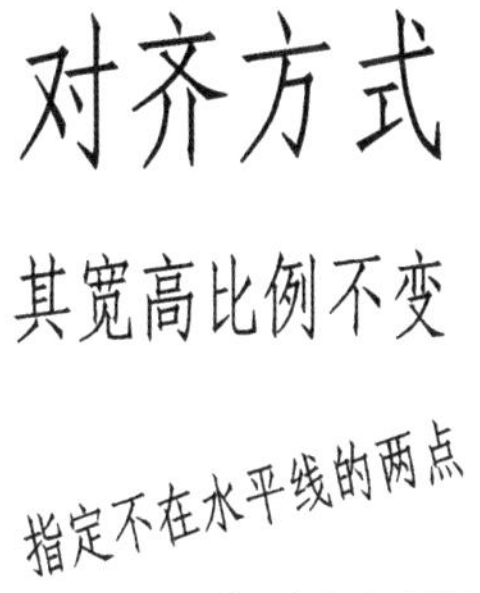

对齐方式

其宽高比例不变

指定不在水平线的两点

图 9-29　文字【对齐】方式效果

文字布满

其文字高度不变

指定不在水平上的两点

图 9-30　文字【布满】方式效果

练习 9-3　使用单行文字注释图形

图例	说明
—— CS ——	冷冻水供水管
—— CR ——	冷冻水回水管
—— HS ——	热供水管
—— HR ——	热回水管

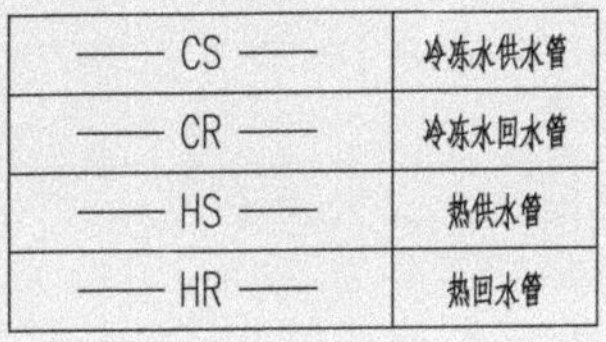

难度：☆☆	
素材文件路径：	素材/第9章/9-3使用单行文字注释图形.dwg
效果文件路径：	素材/第9章/9-3使用单行文字注释图形-OK.dwg
视频文件路径：	视频/第9章/9-3使用单行文字注释图形.MP4
播放时长：	4分钟

单行文字输入完成后，可以不退出命令，而直接在另一个要输入文字的地方单击鼠标，同样会出现文字输入框。因此在需要进行多次单行文字标注的图形中使用此方法，可以大大节省时间。因此如果要制作暖通图例，可以使用该方法。

Step 01 打开“第9章/9-3使用单行文字注释图形.dwg”素材文件，其中已绘制好了一幅暖通图例表，如图9-31所示。

Step 02 在【默认】选项卡中，单击【注释】面板中的【文字】下拉列表中的【单行文字】按钮A，然后根据命令行提示输入文字：“冷冻水供水管”，如图9-32所示，命令行提示如下。

```
命令: _DTEXT
当前文字样式: "Standard"  文字高度: 2.5000  注释性: 否
指定文字的起点或 [对正(J)/样式(S)]: J↙        //选择"对正"选项
输入选项 [左(L)/居中(C)/右(R)/对齐(A)/中间(M)/布满(F)/左上(TL)/中上(TC)/右上(TR)/左中(ML)/正中(MC)/右中(MR)/左下(BL)/中下(BC)/右下(BR)]: MC↙      //选择"正中"对正方式
指定文字的中间点:                //单击右边第一行单元格的位置中心进行放置
指定高度 <2.5000>: 400↙           //指定文字高度
指定文字的旋转角度 <0>:           //指定文字角度
        //输入文字，按【Ctrl】+【Enter】快捷键，结束命令
                //单击下一框位置中心即可继续输入单行文字
命令: _text
当前文字样式: "Standard"  文字高度: 2.5000  注释性: 否
对正: 左
指定文字的中间点:                 //选择表格的左上角点
指定高度 <2.5000>: 400↙            //输入文字高度为400
指定文字的旋转角度 <0>:↙           //文字旋转角度为0
                  //输入文字"冷冻水供水管"
```

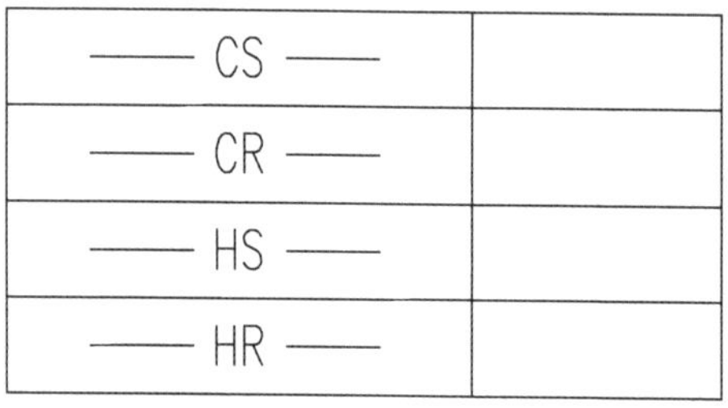
CS
CR
HS
HR

图 9-31 素材文件

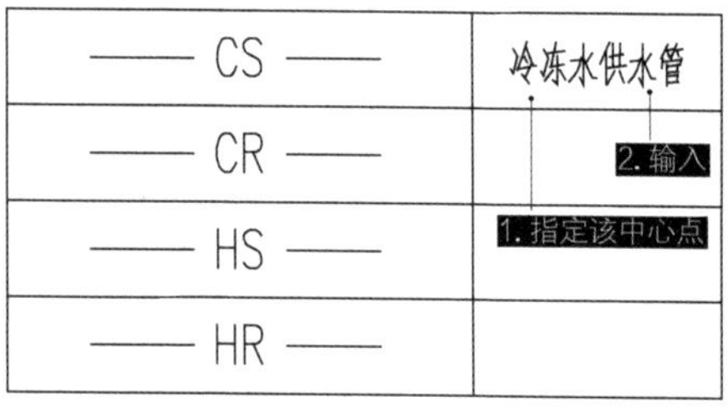
CS
冷冻水供水管
CR
2. 输入
HS
1. 指定该中心点
HR

图 9-32 创建第一个单行文字

Step 03 输入完成后，可以不退出命令，直接在右边的框格中单击鼠标，同样会出现文字输入框，输入第二个单行文字：“冷冻水回水管”，如图9-33所示。

Step 04 按相同方法，在各个框格中输入图例名称，效果如图9-34所示。

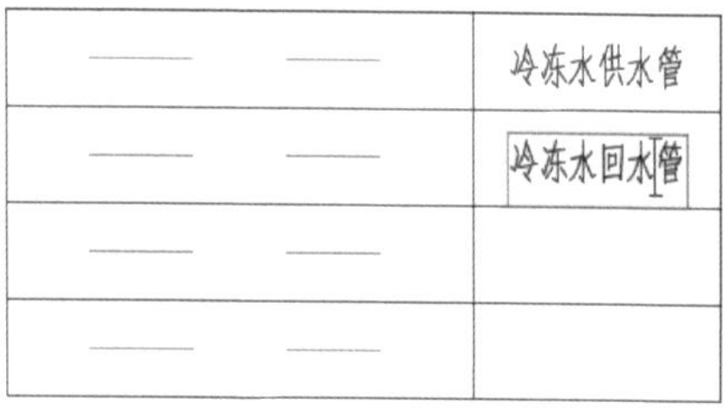
冷冻水供水管
冷冻水回水管

图 9-33 创建第二个单行文字

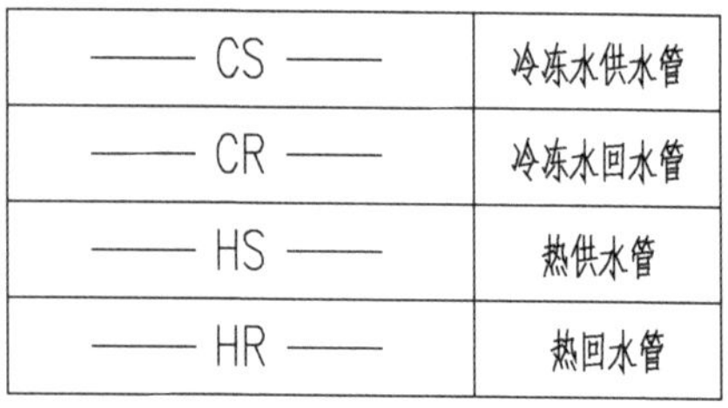
CS
冷冻水供水管
CR
冷冻水回水管
HS
热供水管
HR
热回水管

图 9-34 创建其余单行文字

Step 05 使用【移动】命令或通过夹点拖移，将各单行文字对齐，最终结果如图9-35所示。

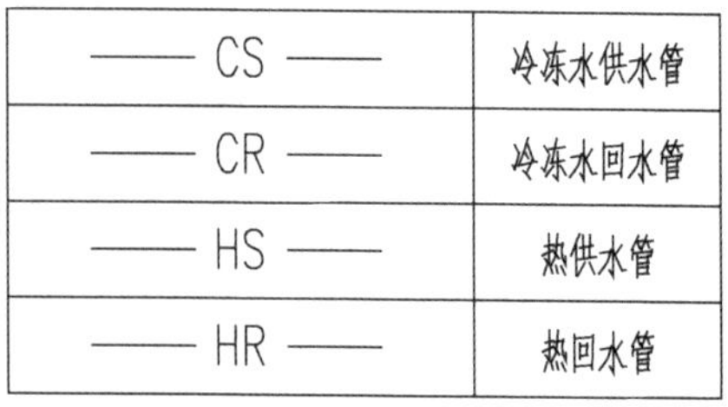
CS
冷冻水供水管
CR
冷冻水回水管
HS
热供水管
HR
热回水管

图 9-35 对齐所有单行文字

9.1.3 单行文字的编辑与其他操作

同 Word、Excel 等办公软件一样，在 AutoCAD 中，也可以对文字进行编辑和修改。本节便介绍如何在 AutoCAD 中对【单行文字】的文字特性和内容进行编辑与修改。

1 修改文字内容

修改文字内容的方法如下。

◆ 菜单栏：调用【修改】|【对象】|【文字】|【编辑】菜单命令。

◆ 命令行：输入“DDEDIT”或“ED”命令。

◆ 快捷操作：直接在要修改的文字上双击。

调用以上任意一种操作后，文字将变成可输入状态，如图 9-36 所示。此时可以重新输入需要的文字内容，然后按【Enter】键退出即可，如图 9-37 所示。

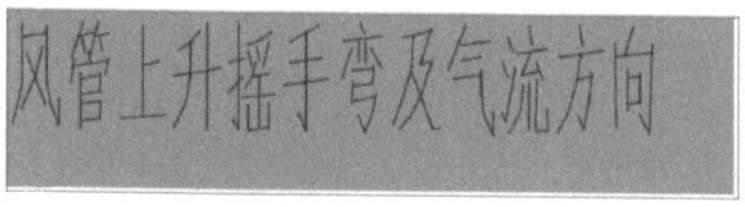
风管上升摇手弯及气流方向

图 9-36 可输入状态

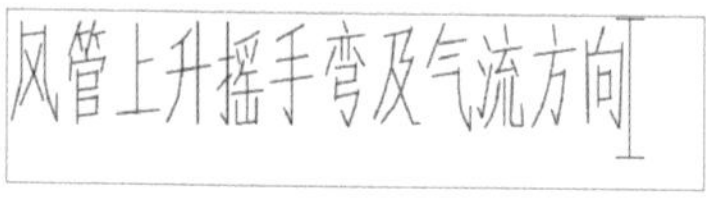
风管上升摇手弯及气流方向

图 9-37 编辑文字内容

2 修改文字特性

在标注的文字出现错输、漏输及多输入的状态下，可以运用上面的方法修改文字的内容。但是它仅仅只能够修改文字的内容，而很多时候我们还需要修改文字的高度、大小、旋转角度、对正样式等特性。

修改单行文字特性的方法有以下 3 种。

◆ 功能区：在【注释】选项卡中，单击【文字】面板中的【缩放】按钮或【对正】按钮，如图 9-38 所示。

◆ 菜单栏：调用【修改】|【对象】|【文字】/【对正】菜单命令，如图 9-39 所示。

◆ 对话框：在【文字样式】对话框中修改文字的颠倒、反向和垂直效果。

默认
插入
注释
参数化
视图
管理
A
多行文字
Standard
查找文字
2.5
缩放
文字

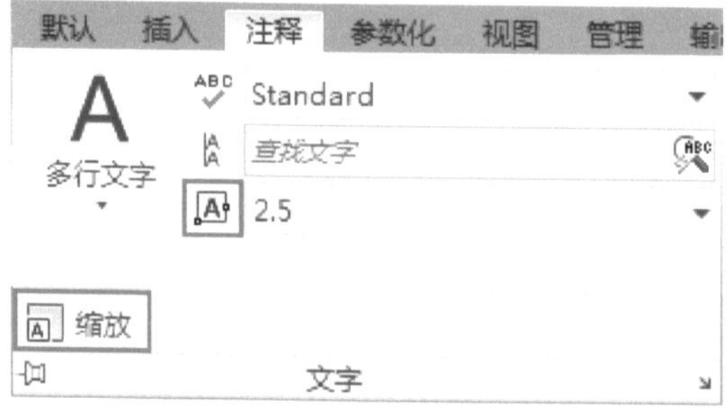

图 9-38 【文字】面板中的修改文字按钮

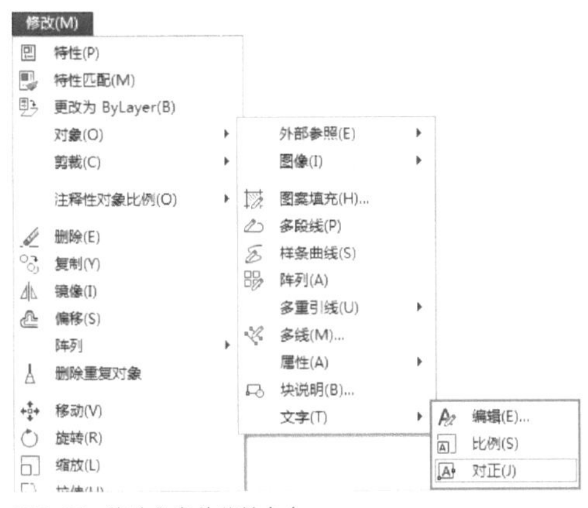

图 9-39 修改文字的菜单命令

3 单行文字中插入特殊符号

单行文字的可编辑性较弱，只能通过输入控制符的方式插入特殊符号。

AutoCAD 的特殊符号由两个百分号（%%）和一个字母构成，常用的特殊符号输入方法如表 9-1 所示。在文本编辑状态输入控制符时，这些控制符也临时显示在屏幕上。当结束文本编辑之后，这些控制符将从屏幕上消失，转换成相应的特殊符号。

表9-1 AutoCAD文字控制符

特殊符号	功 能
%%O	打开或关闭文字上画线
%%U	打开或关闭文字下画线
%%D	标注（°）符号
%%P	标注正负公差（±）符号
%%C	标注直径（Φ）符号

在 AutoCAD 的控制符中，%%O 和 %%U 分别是上画线与下画线的开关。第一次出现此符号时，可打开上画线或下画线；第二次出现此符号时，则会关掉上画线或下画线。

9.1.4 创建多行文字 ★重点★

【多行文字】又称为段落文字，是一种更易于管理的文字对象，可以由两行以上的文字组成，而且各行文字都是作为一个整体处理。在制图中常使用多行文字功能创建较为复杂的文字说明，如图样的工程说明或技术要求等。与【单行文字】相比，【多行文字】格式更工整规范，可以对文字进行更为复杂的编辑，如为文字添加下划线，设置文字段落对齐方式，为段落添加编号和项目符号等。

• 执行方式

可以通过如下 3 种方法创建多行文字。

◆ 功能区：在【默认】选项卡中，单击【注释】面板上的【多行文字】按钮A，如图 9-40 所示。

◆ 菜单栏：选择【绘图】|【文字】|【多行文字】命令，如图 9-41 所示。

◆ 命令行：输入“T”“MT”或“MTEXT”命令。

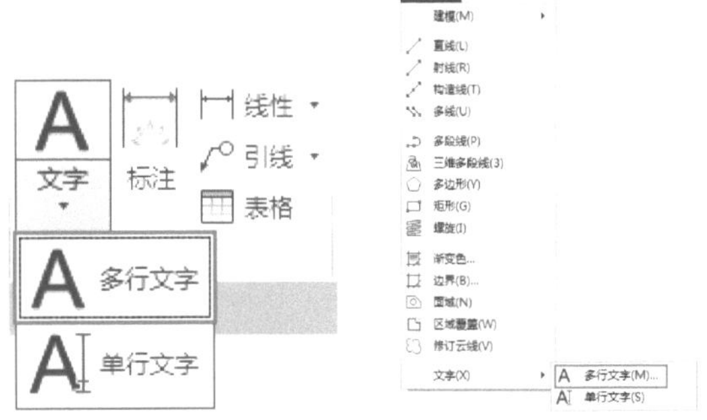

图 9-40 【注释】面板中的【多行文字】按钮　图 9-41 【多行文字】菜单命令

• 操作步骤

调用该命令后，命令行操作如下。

```
命令: MTEXT
当前文字样式: "景观设计文字样式"  文字高度: 600  注释性: 否
指定第一角点:                    //指定多行文字框的第一个角点
指定对角点或 [高度(H)/对正(J)/行距(L)/旋转(R)/样式(S)/宽度(W)/栏(C)]:   //指定多行文字框的对角点
```

在指定输入文字的对角点之后，弹出如图 9-42 所示的【文字编辑器】选项卡和编辑框，用户可以在编辑框中输入、插入文字。

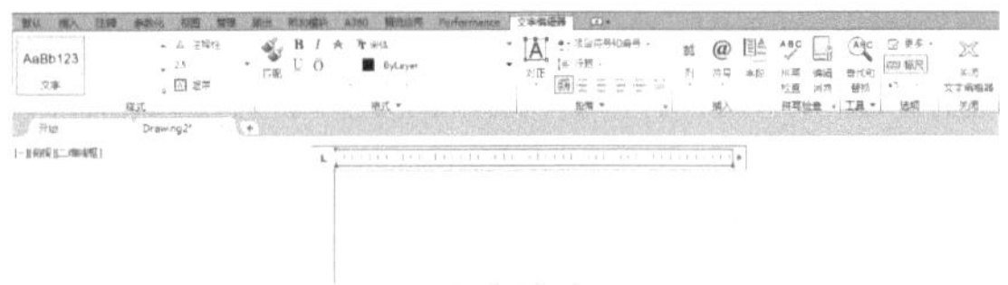
图 9-42 多行文字编辑器

• 选项说明

【多行文字编辑器】由【多行文字编辑框】和【文字编辑器】选项卡组成，它们的作用说明如下。

◆【多行文字编辑框】：包含了制表位和缩进，可以十分快捷地对所输入的文字进行调整，各部分功能如图 9-43 所示。

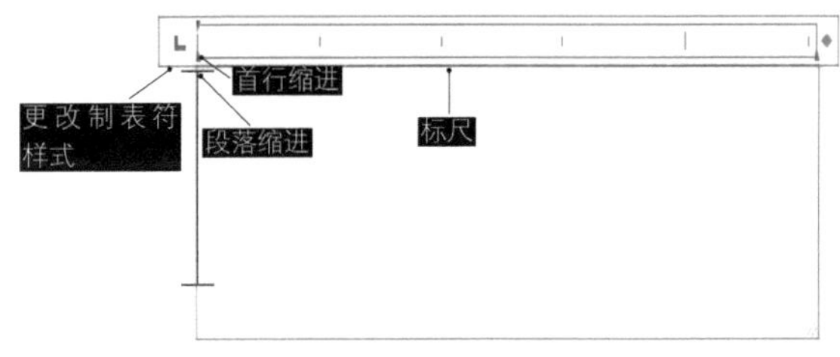

图 9-43 多行文字编辑器标尺功能

◆【文字编辑器】选项卡：包含【样式】面板、【格式】面板、【段落】面板、【插入】面板、【拼写检查】面板、【工具】面板、【选项】面板和【关闭】面板，如图9-44所示。在多行文字编辑框中，选中文字，通过【文字编辑器】选项卡中可以修改文字的大小、字体、颜色等，完成在一般文字编辑中常用的一些操作。

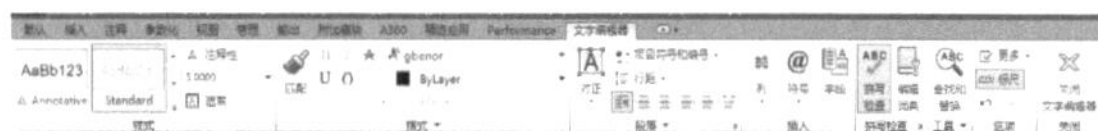
图9-44 【文字编辑器】选项卡

练习9-4 使用多行文字创建技术要求

保温安装通则
(1) 给排水管道选用阻燃型闭式结构橡塑海绵保温材料。
(2) 所用保温材料要具备出厂合格证明书或质量鉴定文件。
(3) 使用的保温材料应符合招标文件设计参数的要求和消防防火规范要求。
(4) 管道保温应在防腐及水压试验合格后方可进行，不能颠倒工序。

难度：☆☆	
素材文件路径：	素材/第9章/9-4使用多行文字创建技术要求.dwg
效果文件路径：	素材/第9章/9-4使用多行文字创建技术要求-OK.dwg
视频文件路径：	视频/第9章/9-4使用多行文字创建技术要求.MP4
播放时长：	2分10秒

保温安装标准通则旨在减少设备、管道及其附件在工作过程中的散热损失和工艺生产过程中介质 的温度降，延迟介质凝结，保持设备及管道的生产能力与安全，节约能源，提高工作效益，降低环境温度，改善劳动条件，防止操作人员烫伤。下面便通过【多行文字】来创建图纸中的保温安装标准通则。

Step 01 打开“第9章/9-4使用多行文字创建技术要求.dwg”素材文件，其中已绘制好了一幅采暖平面图，如图9-45所示。

Step 02 设置文字样式。选择【格式】|【文字样式】命令，新建名称为“文字”的文字样式。

Step 03 在【文字样式】对话框中设置【字体】为【仿宋】，【字体样式】为【常规】，高度为500，【宽度因子】为0.7，并将该字体设置为当前，如图9-46所示。

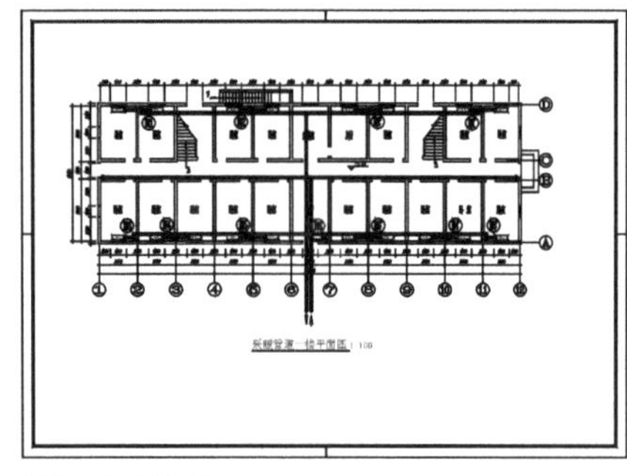
图9-45 素材图形

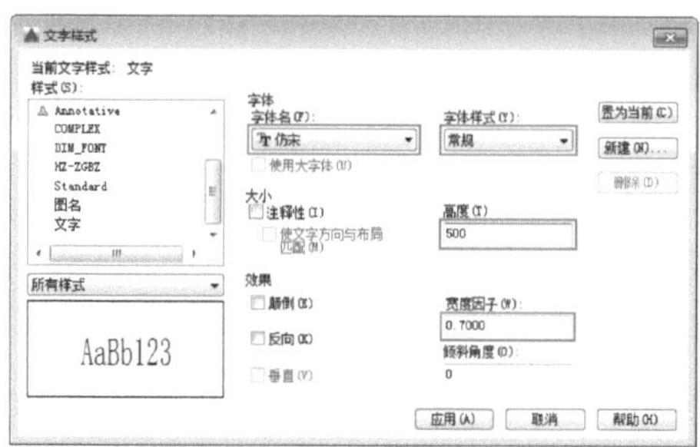
图9-46 设置文字样式

Step 04 在命令行中输入“T”并按【Enter】键，根据命令行提示在图形左下角指定一个矩形范围作为文本区域，如图9-47所示。

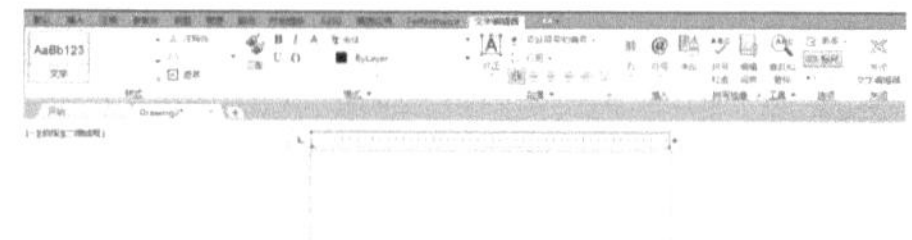
图9-47 指定文本框

Step 05 在文本框中输入如图9-48所示的多行文字，在【文字编辑器】选项卡中设置字高为500，输入一行之后，按【Enter】键换行。在文本框外任意位置单击，结束输入，结果如图9-49所示。

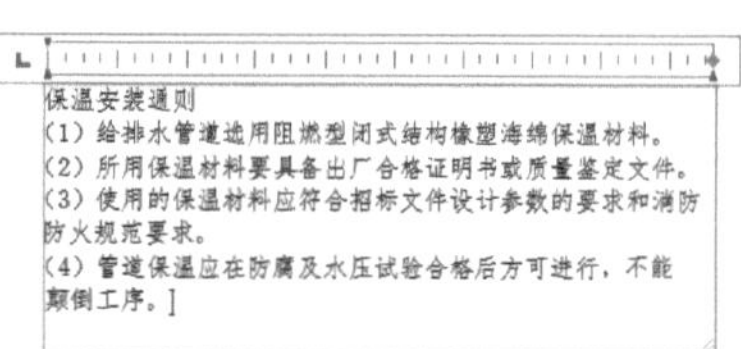

图9-48 输入多行文字

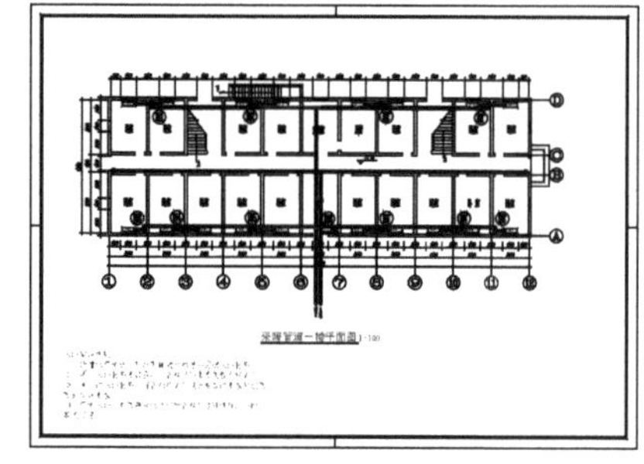
图9-49 保温安装标准通则

•熟能生巧 创建弧形文字

很多时候需要对文字进行一些特殊处理，如输入圆弧对齐文字，即所输入的文字沿指定的圆弧均匀分布。要实现这个功能可以手动输入文字后再以阵列的方式完成操作，但在AutoCAD中还有一种更为快捷有效的方法。下面通过例子来进行说明。

练习 9-5 创建弧形文字 ★进阶★

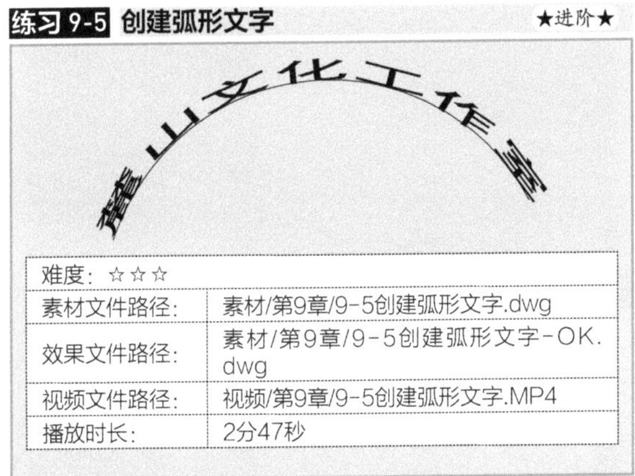

难度：☆☆☆	
素材文件路径：	素材/第9章/9-5创建弧形文字.dwg
效果文件路径：	素材/第9章/9-5创建弧形文字-OK.dwg
视频文件路径：	视频/第9章/9-5创建弧形文字.MP4
播放时长：	2分47秒

其他软件中有专门的工具可以将文字对齐至曲线，从而创建样式各异的艺术文字。在 AutoCAD 其实也提供了这样的命令。

Step 01 打开“第9章/9-5创建弧形文字.dwg”素材文件，选择创建好的圆弧，然后在命令行中输入“Arctext”，单击【Enter】键。

Step 02 单击圆弧，弹出“ArcAlignedText Workshop-Create”对话框；在对话框中设置字体样式，输入文字内容，即可在圆弧上创建弧形文字，如图9-50所示。

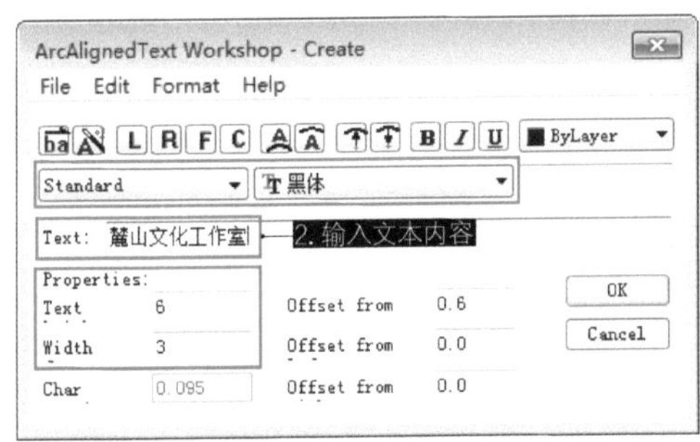

图 9-50 创建弧形文字

9.1.5 多行文字的编辑与其他操作 ★重点★

【多行文字】的编辑和【单行文字】编辑操作相同，在此不再赘述，本节只介绍与【多行文字】有关的其他操作。

1 添加多行文字背景

有时为了使文字更清晰地显示在复杂的图形中，用户可以为文字添加不透明的背景。

双击要添加背景的多行文字，打开【文字编辑器】选项卡，单击【样式】面板上的【遮罩】按钮，系统弹出【背景遮罩】对话框，如图 9-51 所示。

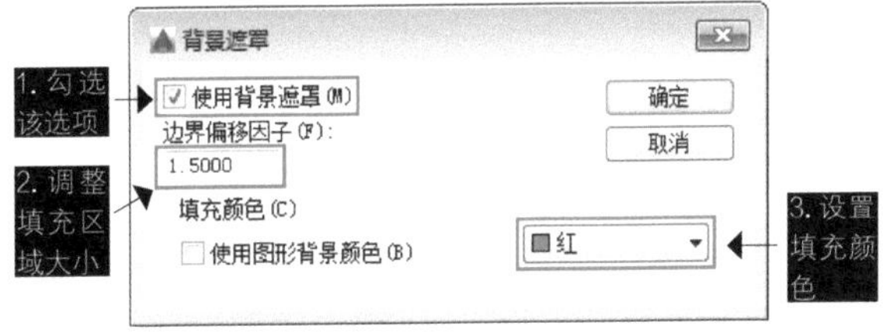

图 9-51 【背景遮罩】对话框

勾选其中的【使用背景遮盖】选项，再设置填充背景的大小和颜色即可，效果如图 9-52 所示。

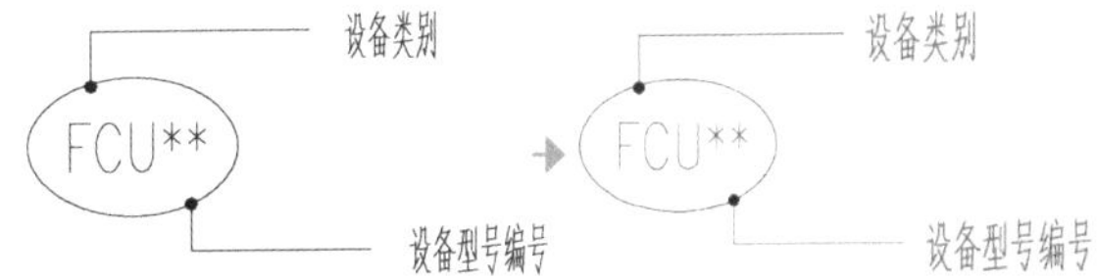

图 9-52 多行文字背景效果

2 多行文字中插入特殊符号

与单行文字相比，在多行文字中插入特殊字符的方式更灵活。除了使用控制符的方法外，还有以下两种途径。

◆ 在【文字编辑器】选项卡中，单击【插入】面板上的【符号】按钮，在弹出列表中选择所需的符号即可，如图 9-53 所示。

◆ 在编辑状态下右击，在弹出的快捷菜单中选择【符号】命令，如图 9-54 所示，其子菜单中包括了常用的各种特殊符号。

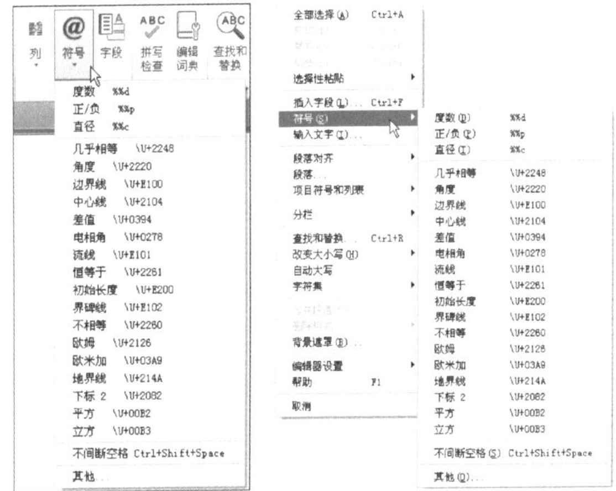

图 9-53 在【符号】下拉列表中选择符号　图 9-54 使用快捷菜单输入特殊符号

3 创建堆叠文字

如果要创建堆叠文字（一种垂直对齐的文字或分数），可先输入要堆叠的文字，然后在其间使用“/”“#”或“^”分隔，再选中要堆叠的字符，单击【文字编辑器】

选项卡中【格式】面板中的【堆叠】按钮，则文字按照要求自动堆叠。堆叠文字在机械绘图中应用很多，可以用来创建尺寸公差、分数等，如图 9-55 所示。需要注意的是，这些分割符号必须是英文格式的符号。

14 1/2　　$14\frac{1}{2}$

14 1^2 →　$14\genfrac{}{}{0pt}{}{1}{2}$

14 1#2　　$14\,{}^{1}/_{2}$

图 9-55　文字堆叠效果

9.1.6 文字的查找与替换

在一个图形文件中往往有大量的文字注释，有时需要查找某个词语，并将其替换，如替换某个拼写上的错误，这时就可以使用【查找】命令定位至特定的词语，并进行替换。

•执行方式

执行【查找】命令的方法有以下几种。

◆功能区：在【注释】选项卡中，在【文字】面板上的【查找】文本框中输入要查找的文字，如图9-56所示。

◆菜单栏：选择【编辑】|【查找】命令，如图 9-57 所示。

◆命令行：输入“FIND”命令。

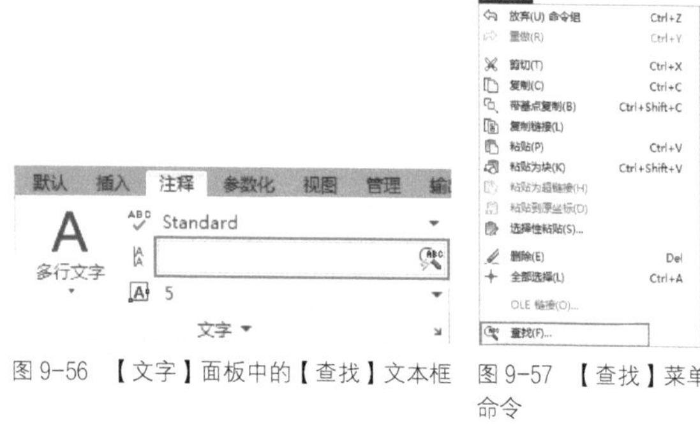

图 9-56　【文字】面板中的【查找】文本框　　图 9-57　【查找】菜单命令

•操作步骤

执行以上任一操作之后，弹出【查找和替换】对话框，如图 9-58 所示。然后在【查找内容】文本框中输入要查找的文字，或在【替换为】文本框中输入要替换的文本，单击【完成】按钮即可完成操作。该对话框的操作与 Word 等其他文本编辑软件一致。

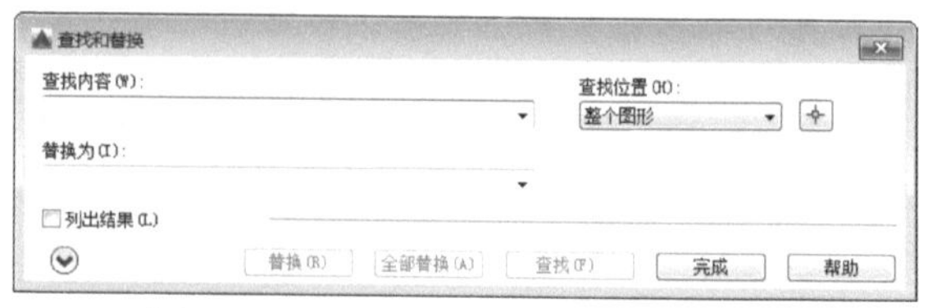

图 9-58　【查找和替换】对话框

•选项说明

该对话框中各选项的含义如下。

◆【查找内容】下拉列表框：用于指定要查找的内容。

◆【替换为】下拉列表框：用于指定替换查找内容的文字。

◆【查找位置】下拉列表框：用于指定查找范围是在整个图形中查找还是仅在当前选择中查找。

◆【搜索选项】选项组：用于指定搜索文字的范围和大小写区分等。

◆【文字类型】选项组：用于指定查找文字的类型。

◆【查找】按钮：输入查找内容之后，此按钮变为可用，单击即可查找指定内容。

◆【替换】按钮：用于将当前选中的文字替换为指定文字。

◆【全部替换】按钮：用于将图形中所有的查找结果替换为指定文字。

练习 9-6　替换文字

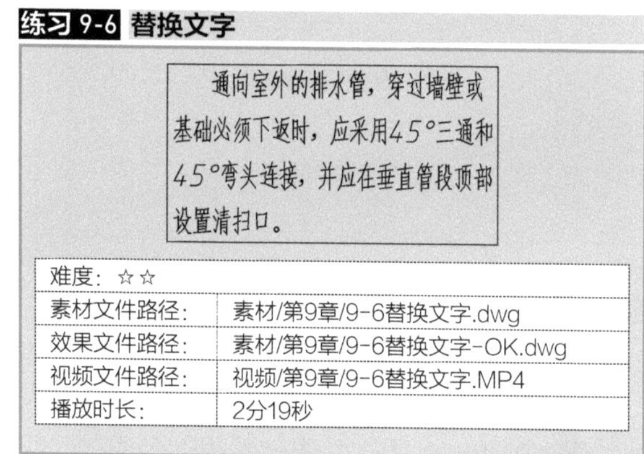

难度：☆☆	
素材文件路径：	素材/第9章/9-6替换文字.dwg
效果文件路径：	素材/第9章/9-6替换文字-OK.dwg
视频文件路径：	视频/第9章/9-6替换文字.MP4
播放时长：	2分19秒

在实际工作中经常碰到要修改文字的情况，因此灵活使用查找与替换功能就显得格外方便，下面就在本例中将文字中的“弯管”替换为“弯头”。

Step 01 打开“第9章/9-6 替换文字.dwg”文件，如图9-59所示。

Step 02 在命令行输入“FIND”命令并回车，打开【查找和替换】对话框。在【查找内容】文本框中输入“弯管”，在【替换为】文本框中输入“弯头”。

Step 03 在【查找位置】下拉列表框中选择【整个图形】选项，也可以单击该下拉列表框右侧的【选择对象】按钮，选择一个图形区域作为查找范围，如图9-60所示。

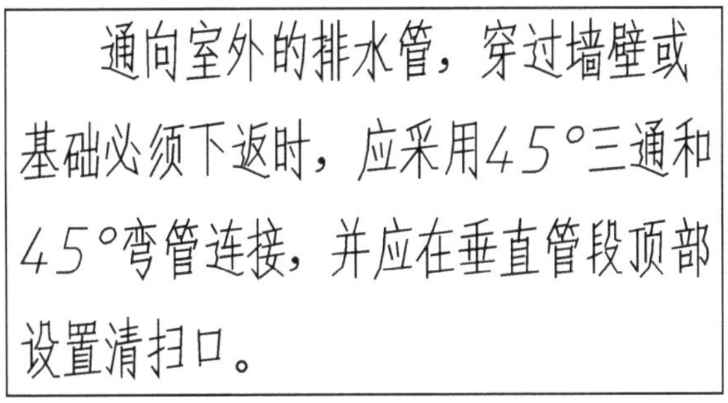

通向室外的排水管，穿过墙壁或基础必须下返时，应采用45°三通和45°弯管连接，并应在垂直管段顶部设置清扫口。

图 9-59 输入文字

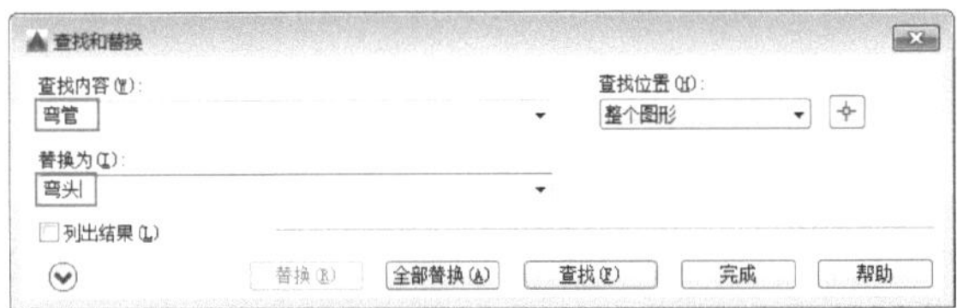

图 9-60 【查找和替换】对话框替换弯管

Step 04 单击对话框左下角的【更多选项】按钮⊙，展开折叠的对话框。在【搜索选项】区域取消【区分大小写】复选框，在【文字类型】区域取消【块属性值】复选框，如图9-61所示。

Step 05 单击【全部替换】按钮，将当前文字中所有符合查找条件的字符全部替换。在弹出的【查找和替换】对话框中单击【确定】按钮，关闭对话框，结果如图9-62所示。

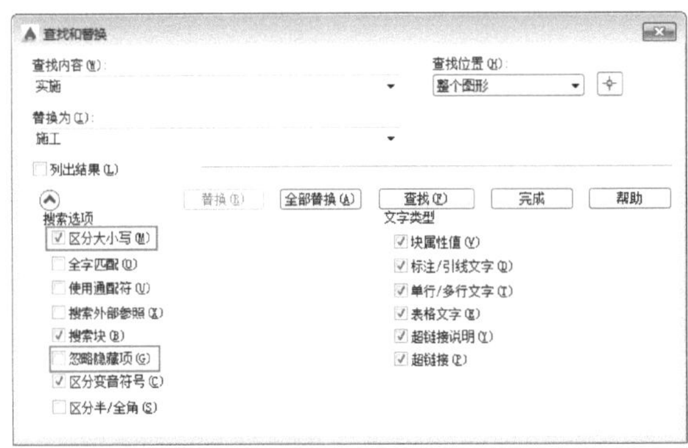

图 9-61 设置查找与替换选项

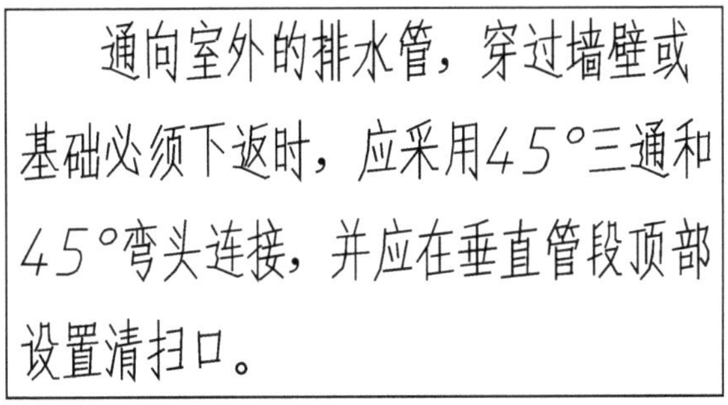

通向室外的排水管，穿过墙壁或基础必须下返时，应采用45°三通和45°弯头连接，并应在垂直管段顶部设置清扫口。

图 9-62 替换结果

9.1.7 注释性文字 ★进阶★

基于 AutoCAD 软件的特点，用户可以直接按 1：1 比例绘制图形，当通过打印机或绘图仪将图形输出到图纸时，再设置输出比例。这样，绘制图形时就不需要考虑尺寸的换算问题，而且同一幅图形可以按不同的比例多次输出。

但这种方法就存在一个问题，当以不同的比例输出图形时，图形按比例缩小或放大，这是我们所需要的。其他一些内容，如文字、尺寸文字和尺寸箭头的大小等也会按比例缩小或放大，它们就无法满足绘图标准的要求。利用 AutoCAD 2016 的注释性对象功能，则可以解决此问题。

为方便操作，用户可以专门定义注释性文字样式，用于定义注释性文字样式的命令也是 STYLE，其定义过程与前面介绍的内容相似，只需选中【注释性】复选框即可。

标注注释性文字：当用【DTEXT】命令标注【注释性】文字后，应首先将对应的【注释性】文字样式设为当前样式，然后利用状态栏上的【注释比例】列表设置比例，如图 9-63 所示，最后可以用【DTEXT】命令标注文字了。

对于已经标注的非注释性文字或对象，可以通过特性窗口将其设置为注释性文字。只要通过特性面板或选择【工具】|【选项板】|【特性】或选择【修改】|【特性】，选中该文字，则可以利用特性窗口将【注释性】设为【是】，如图 9-64 所示，通过注释比例设置比例即可。

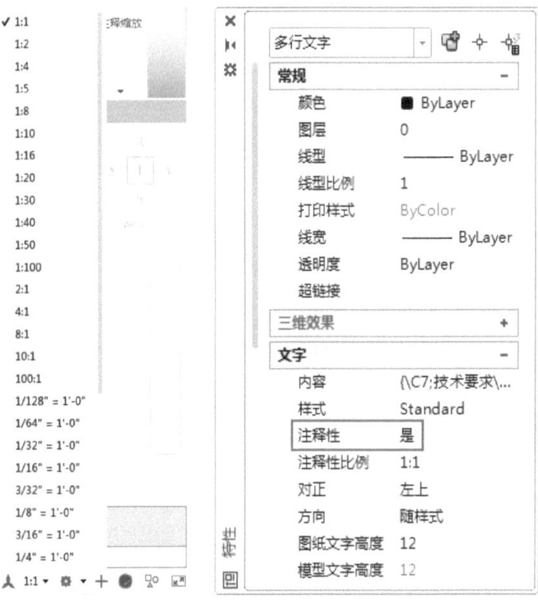

图 9-63 注释比例列表　　图 9-64 利用特性窗口设置文字注释性

9.2 创建表格

表格在各类制图中的运用非常普遍，主要用来展示于图形相关的标准、数据信息、材料和装配信息等内容。根据不同类型的图形（如机械图形、工程图形、电子的线路图形等），对应的制图标准也不相同，这就需要设置符合产品设计要求的表格样式，并利用表格功能快速、清晰、醒目地反映设计思想及创意。使用 AutoCAD 的表格功能，能够自动地创建和编辑表格，其操作方法与 Word、Excel 相似。

9.2.1 表格样式的创建

与文字类似，AutoCAD 中的表格也有一定样式，包括表格内文字的字体、颜色、高度以及表格的行高、行距等。在插入表格之前，应先创建所需的表格样式。

•执行方式

创建表格样式的方法有以下几种。

◆功能区：在【默认】选项卡中，单击【注释】滑出面板上的【表格样式】按钮，如图 9-65 所示。

◆菜单栏：选择【格式】|【表格样式】命令，如图 9-66 所示。

◆命令行：输入“TABLESTYLE”或“TS”命令。

图 9-65 【注释】面板中的【表格样式】按钮

图 9-66 【表格样式】菜单命令

•操作步骤

执行上述任一命令后，系统弹出【表格样式】对话框，如图 9-67 所示。

通过该对话框可执行将表格样式置为当前、修改、删除或新建操作。单击【新建】按钮，系统弹出【创建新的表格样式】对话框，如图 9-68 所示。

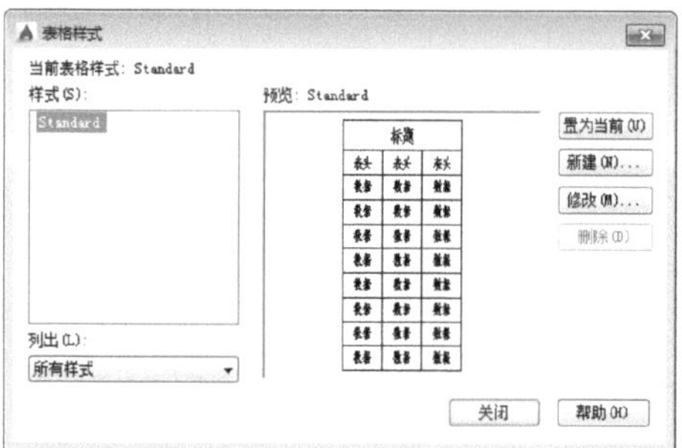

图 9-67 【表格样式】对话框

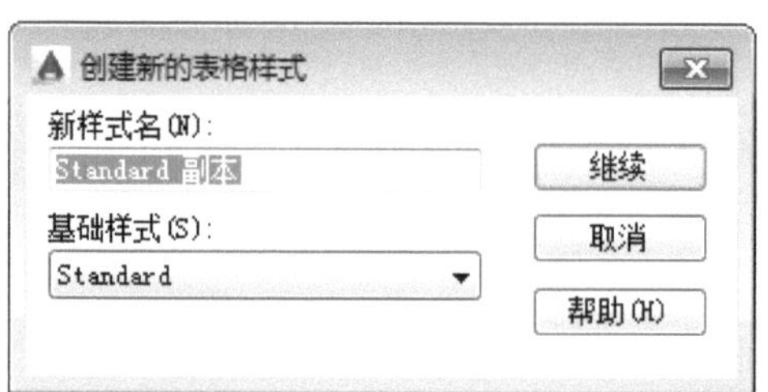

图 9-68 【创建新的表格样式】对话框

在【新样式名】文本框中输入表格样式名称，在【基础样式】下拉列表框中选择一个表格样式为新的表格样式提供默认设置，单击【继续】按钮，系统弹出【新建表格样式】对话框，如图 9-69 所示，可以对样式进行具体设置。

当单击【新建表格样式】对话框中【管理单元样式】按钮时，弹出如图 9-70 所示【管理单元格式】对话框，在该对话框里可以对单元格式进行添加、删除和重命名。

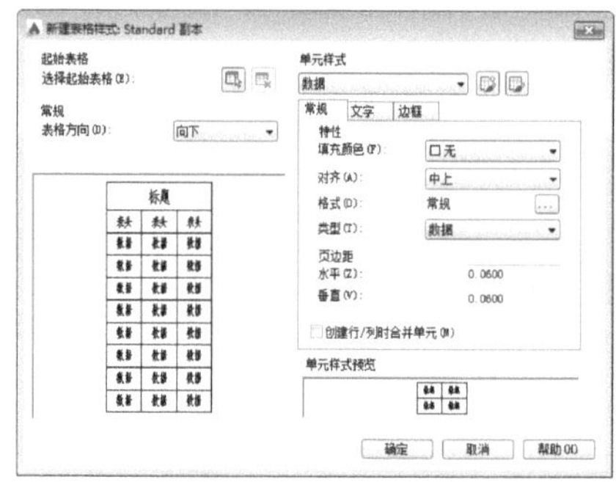

图 9-69 【新建表格样式】对话框

图 9-70 【管理单元样式】对话框

• 选项说明

【新建表格样式】对话框由【起始表格】、【常规】、【单元样式】和【单元样式预览】4 个区域组成，其各选项的含义如下。

1 【起始表格】区域

该选项允许用户在图形中制定一个表格用作样列来设置此表格样式的格式。单击【选择表格】按钮，进入绘图区，可以在绘图区选择表格录入表格。【删除表格】按钮与【选择表格】按钮作用相反。

2 【常规】区域

该选项用于更改表格方向，通过【表格方向】下拉列表框选择【向下】或【向上】来设置表格方向。

◆【向下】：创建由上而下读取的表格，标题行和列都在表格的顶部。

◆【向上】：创建由下而上读取的表格，标题行和列都在表格的底部。

◆【预览框】：显示当前表格样式设置效果的样例。

3 【单元样式】区域

该区域用于定义新的单元样式或修改现有单元样式。

【单元样式】列表：该列表中显示表格中的单元样式。系统默认提供了【数据】、【标题】和【表头】3 种单元样式，用户如需要创建新的单元样式，可以单击右侧第一个【创建新单元样式】按钮，打开【创建新单元样式】对话框，如图 9-71 所示。在对话框中输入新的单元样式名，单击【继续】按钮创建新的单元样式。

如单击右侧第二个【管理单元样式】按钮时，则弹出如图 9-72 所示【管理单元样式】对话框，在该对话框里可以对单元样式进行添加、删除和重命名。

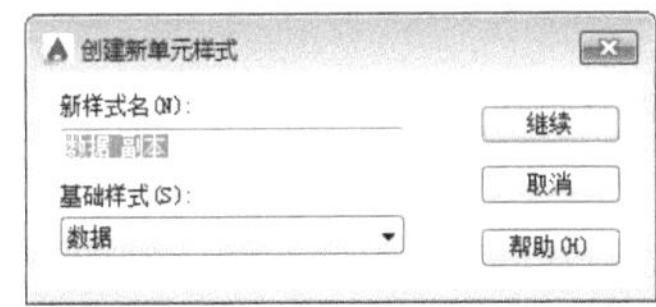

图 9-71 【创建新单元样式】对话框输入“数据副本”

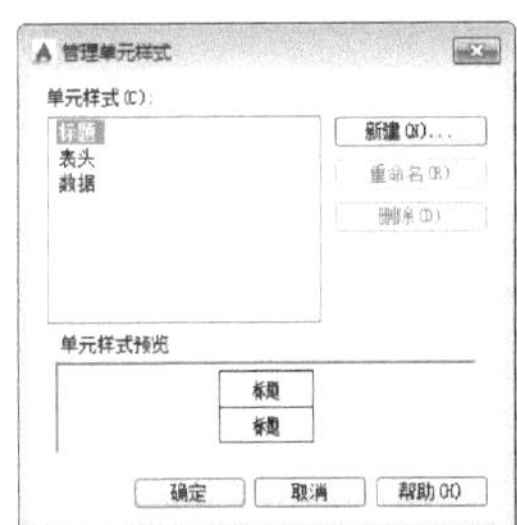

图 9-72 【管理单元样式】对话框

【单元样式】区域中还有 3 个选项卡，如图 9-73 所示，各含义分别介绍如下。

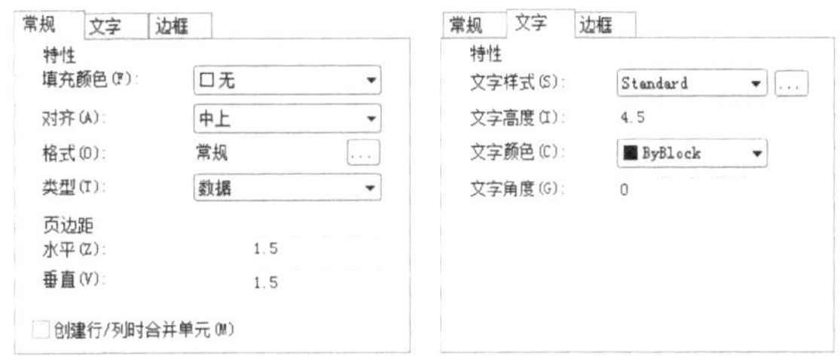

【常规】选项卡　　【文字】选项卡

【边框】选项卡

图 9-73 【单元样式】区域中的 3 个选项卡

◎【常规】选项卡

◆【填充颜色】：制定表格单元的背景颜色，默认值为【无】。

◆【对齐】：设置表格单元中文字的对齐方式。

◆【水平】：设置单元文字与左右单元边界之间的距离。

◆【垂直】：设置单元文字与上下单元边界之间的距离。

◎【文字】选项卡

◆【文字样式】选择文字样式，单击按钮，打开【文字样式】对话框，利用它可以创建新的文字样式。

◆【文字角度】：设置文字倾斜角度。逆时针为正，顺时针为负。

◎【边框】选项卡

◆【线宽】：指定表格单元的边界线宽。

◆【颜色】：指定表格单元的边界颜色。

◆按钮：将边界特性设置应用于所有单元格。

◆按钮：将边界特性设置应用于单元的外部边界。

◆按钮：将边界特性设置应用于单元的内部边界。

◆按钮：将边界特性设置应用于单元的底、左、上及下边界。

◆按钮：隐藏单元格的边界。

练习 9-7 创建标题栏表格样式

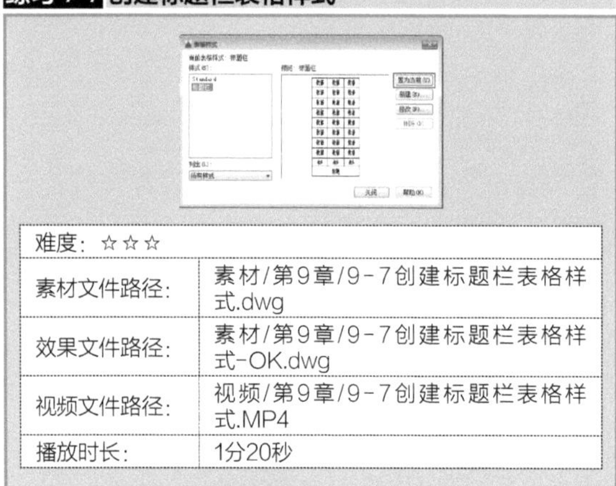

难度：☆☆☆	
素材文件路径：	素材/第9章/9-7创建标题栏表格样式.dwg
效果文件路径：	素材/第9章/9-7创建标题栏表格样式-OK.dwg
视频文件路径：	视频/第9章/9-7创建标题栏表格样式.MP4
播放时长：	1分20秒

水暖制图中的标题栏尺寸和格式已经标准化，在AutoCAD中可以使用【表格】工具创建，也可以直接使用直线进行绘制。如使用【表格】创建，则必须先创建它的表格样式。本例便创建一个简单的零件图标题栏表格样式。

Step 01 打开素材文件“第9章/9-7创建标题栏表格样式.dwg”，其中已经绘制好了一幅给水平面图，如图9-74所示。

Step 02 选择【格式】|【表格样式】命令，系统弹出【表格样式】对话框，单击【新建】按钮，系统弹出【创建新的表格样式】对话框，在【新样式名】文本框中输入“标题栏”，如图9-75所示。

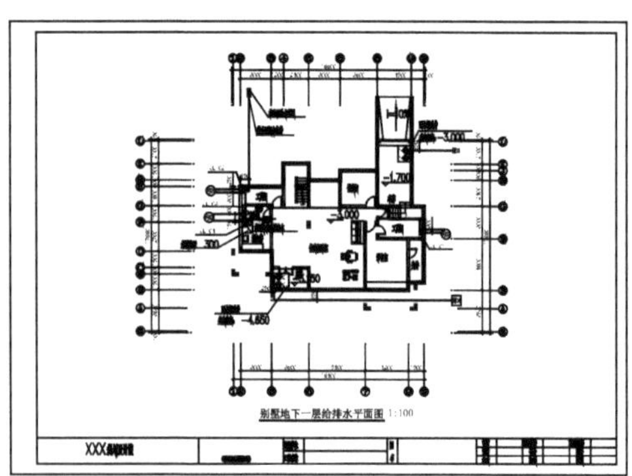

图 9-74 素材文件（9-7）

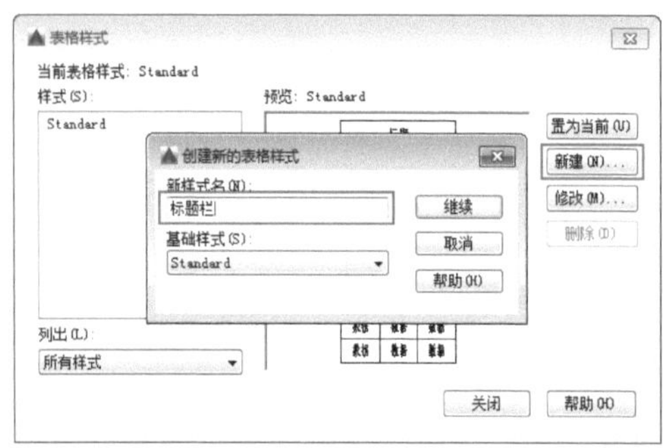

图 9-75 输入表格样式名

Step 03 设置表格样式。单击【继续】按钮，系统弹出【新建表格样式：标题栏】对话框，在【表格方向】下拉列表中选择【向上】；切换至选择【文字】选项卡，在【文字样式】下拉列表中选择【表格文字】选项，并设置【文字高度】为4，如图9-76所示。

Step 04 单击【确定】按钮，返回【表格样式】对话框，选择新创建的“标题栏”样式，然后单击【置为当前】按钮，如图9-77所示。单击【关闭】按钮，完成表格样式的创建。

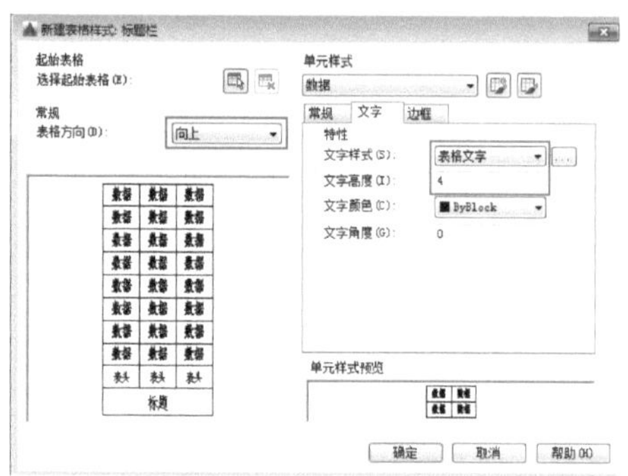

图 9-76 设置文字样式

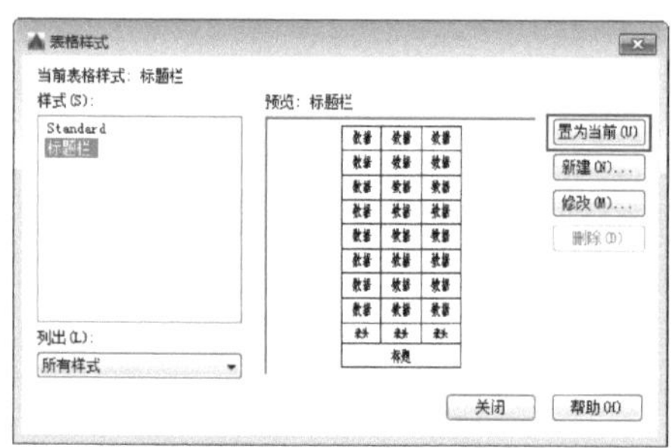

图 9-77 将“标题栏”样式置为当前

9.2.2 插入表格

表格是在行和列中包含数据的对象，在设置表格样式后便可以从空格或表格样式创建表格对象，还可以将表格链接至Microsoft Excel电子表格中的数据。

•执行方式

在AutoCAD 2016中插入表格有以下几种常用方法。

◆功能区：在【默认】选项卡中，单击【注释】面板中的【表格】按钮，如图9-78所示。

◆菜单栏：执行【绘图】|【表格】命令，如图9-79所示。

◆命令行：输入“TABLE”或“TB”命令。

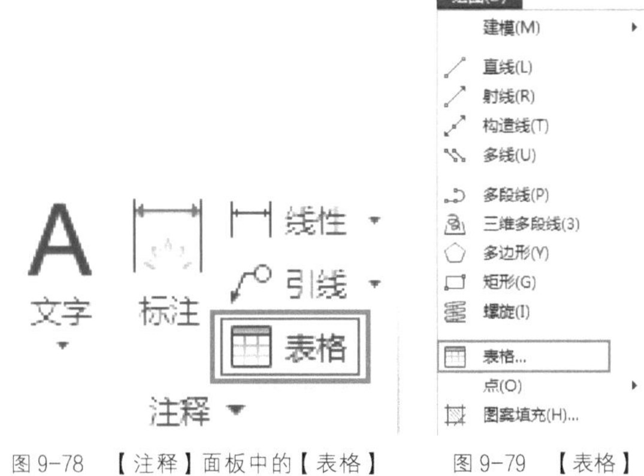

图 9-78 【注释】面板中的【表格】按钮

图 9-79 【表格】菜单命令

•操作步骤

通过以上任意一种方法执行该命令后，系统弹出【插入表格】对话框，如图 9-80 所示。在【插入表格】面板中包含多个选项组和对应选项。

设置好列数和列宽、行数和行高后，单击【确定】按钮，并在绘图区指定插入点，将会在当前位置按照表格设置插入一个表格，然后在此表格中添加相应的文本信息，即可完成表格的创建。

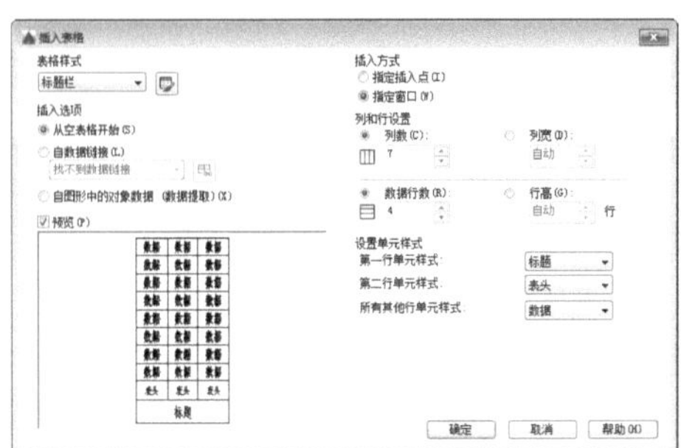

图 9-80 【插入表格】对话框

•选项说明

【插入表格】对话框中包含 5 大区域，各区域参数的含义说明如下。

◆【表格样式】区域：在该区域中不仅可以从下拉列表框中选择表格样式，也可以单击右侧的按钮后创建新表格样式。

◆【插入选项】区域：该区域中包含 3 个单选按钮，其中选中【从空表格开始】单选按钮可以创建一个空的表格；而选中【自数据连接】单选按钮可以从外部导入数据来创建表格，如 Excel；若选中【自图形中的对象数据（数据提取）】单选按钮则可以从输出到表格或外部的图形中提取数据来创建表格。

◆【插入方式】区域：该区域中包含两个单选按钮，其中选中【指定插入点】单选按钮可以在绘图窗口中的某点插入固定大小的表格；选中【指定窗口】单选按钮可以在绘图窗口中通过指定表格两对角点的方式来创建任意大小的表格。

◆【列和行设置】区域：在此选项区域中，可以通过改变【列数】、【列宽】、【数据行数】和【行高】文本框中的数值来调整表格的外观大小。

◆【设置单元样式】区域：在此选项组中可以设置【第一行单元样式】、【第二行单元样式】和【所有其他行单元样式】选项。默认情况下，系统均以【从空表格开始】方式插入表格。

练习 9-8 通过表格创建标题栏

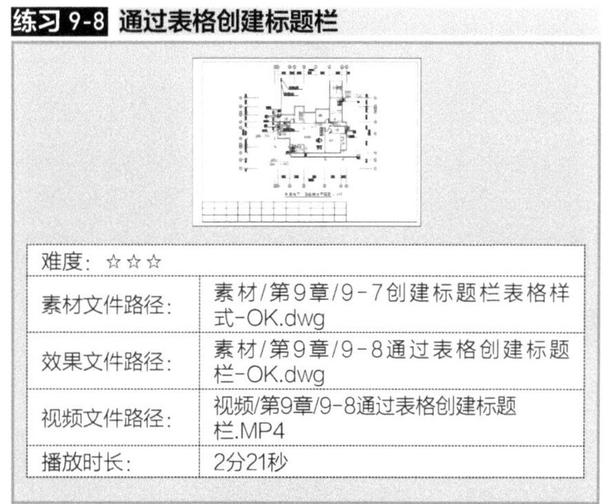

难度：☆☆☆	
素材文件路径：	素材/第9章/9-7创建标题栏表格样式-OK.dwg
效果文件路径：	素材/第9章/9-8通过表格创建标题栏-OK.dwg
视频文件路径：	视频/第9章/9-8通过表格创建标题栏.MP4
播放时长：	2分21秒

与其他技术制图类似，机械制图中的标题栏也配置在图框的右下角。本例便延续【练习 9-7】的结果，在“标题栏”表格样式下进行创建。

Step 01 打开素材文件“第9章/9-7创建标题栏表格样式-OK.dwg”，如图9-74所示，其中已经绘制好了一幅给水平面图。

Step 02 在命令行输入“TB”命令并按【Enter】键，系统弹出【插入表格】对话框。选择插入方式为【指定窗口】，然后设置【列数】为12，【行数】为1，设置所有行的单元样式均为【数据】，如图9-81所示。

Step 03 单击【插入表格】对话框上的【确定】按钮，然后在绘图区单击确定表格左下角点，向上拖动指针，在合适的位置单击确定表格左下角点。生成的表格如图9-82所示。

图 9-81 设置表格参数

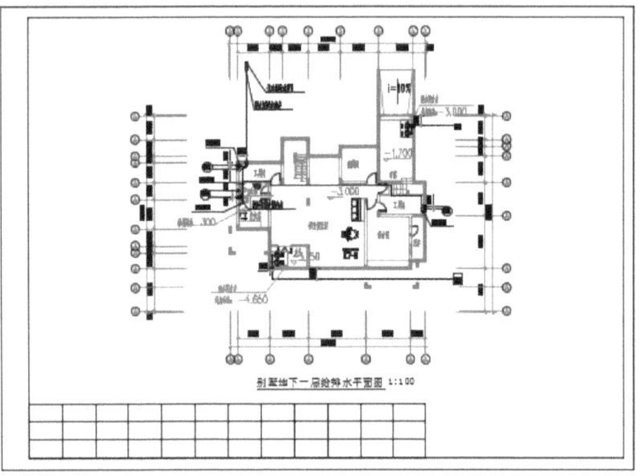

图 9-82　插入表格

操作技巧

在设置行数的时候需要看清楚对话框中输入的是【数据行数】，这里的数据行数是应该减去标题与表头的数值，即“最终行数=输入行数+2”。

•精益求精 将 Excel 输入为 AutoCAD 中的表格

AutoCAD 程序具有完善的图形绘制功能、强大的图形编辑功能。尽管还有文字与表格的处理能力，但相对于专业的数据处理、统计分析和辅助决策的 Excel 软件来说功能还是很弱。但在实际工作中，往往需要绘制各种复杂的表格，输入大量的文字，并调整表格大小和文字样式。这在 AutoCAD 程序中操作比较烦琐，速度也将慢下来。

因此如果将 Word、Excel 等文档中的表格数据选择性粘贴并插入 AutoCAD 程序中，且插入后的表格数据也会以表格的形式显示于绘图区，这样就能极大地方便用户整理。下面通过一个练习来介绍该方法。

练习 9-9 通过 Excel 创建电气设施统计表 ★重点★

难度：☆☆☆	
素材文件路径：	素材/第9章/9-9通过Excel创建电气设施统计表.xls
效果文件路径：	素材/第9章/9-9通过Excel创建电气设施统计表-OK.dwg
视频文件路径：	视频/第9章/9-9通过Excel创建电气设施统计表.MP4
播放时长：	1分58秒

如果要统计的数据过多，如电气设施的统计表，那首选使用 Excel 进行处理，然后导入 AutoCAD 中作为表格即可。在一般公司中，这类表格数据都由其他部门制作，设计人员无需自行整理。

Step 01 打开素材文件“第9章/9-01通过Excel创建电气设施统计表.xls”，如图9-83所示，用Excel创建好了一张电气设施的统计表格。

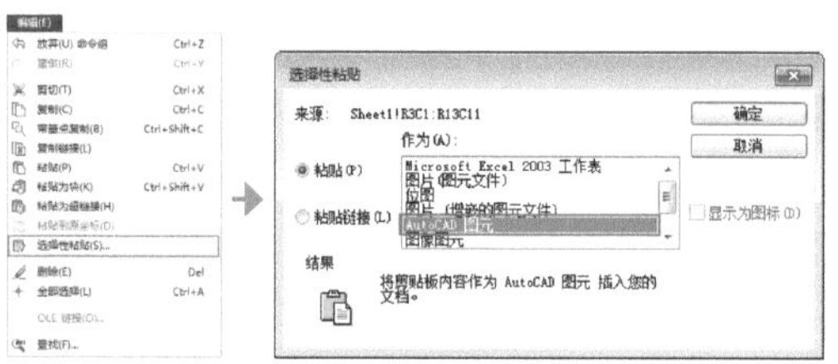

图 9-83　素材文件

Step 02 将表格主体（即行3~13、列A~K），复制到剪贴板。

Step 03 打开AutoCAD，新建一个空白文档，选择【编辑】菜单中的【选择性粘贴】选项，打开【选择性粘贴】对话框，选择其中的“AutoCAD图元”选项，如图9-84所示。

图 9-84　选择性粘贴“AutoCAD 图元”

Step 04 确定以后，表格即转化成AutoCAD 中的表格，如图9-85所示。即可编辑其中的文字，非常方便。

序号	名　称	规格型号		重量/原值（吨/万元）	制造/投用　（时间）	主体材质	操作条件	安装地点 / 使用部门	生产制造单位	备注
1.0000	吸氨泵、碳化泵、浓氨泵（TH01）	MNS	1.0000		2010.04/2010.08	镀铝锌板	交流控制（AC380V/220V）	碳化配电室/	上海德力西开关有限公司	
2.0000	离心机1#-3#主机、辅机控制（TH02）	MNS	1.0000		2010.04/2010.08	镀铝锌板	交流控制（AC380V/220V）	碳化配电室/	上海德力西开关有限公司	
3.0000	防爆控制箱	XBK-B24D24G	1.0000		2010.07	铸铁	交流控制（AC220V）	碳化值班室内/	新黎明防爆电器有限公司	
4.0000	防爆照明（动力）配电箱	CBP51-7KXXG	1.0000		2010.11	铸铁	交流控制（AC380V）	碳化二楼/	长城电器集团有限公司	
5.0000	防爆动力（电磁）启动箱	BXG	1.0000		2010.07	铸铁	交流控制（AC380V）	碳化值班室内/	新黎明防爆电器有限公司	
6.0000	防爆照明（动力）配电箱	CBP51-7KXXG	1.0000		2010.11	铸铁	交流控制（AC380V）	碳化一楼/	长城电器集团有限公司	
7.0000	碳化循环水控制柜		1.0000		2010.11	普通钢板	交流控制（AC380V）	碳化配电室内/	自配控制柜	
8.0000	碳化深水泵控制柜		1.0000		2011.04	普通钢板	交流控制（AC380V）	碳化配电室内/	自配控制柜	
9.0000	防爆控制箱	XBK-B12D12G	1.0000		2010.07	铸铁	交流控制（AC380V）	碳化二楼/	新黎明防爆电器有限公司	
10.0000	防爆控制箱	XBK-B30D30G	1.0000		2010.07	铸铁	交流控制（AC380V）	碳化二楼/	新黎明防爆电器有限公司	

图 9-85　粘贴为 AutoCAD 中的表格

9.2.3 编辑表格

在添加完成表格后，不仅可根据需要对表格整体或表格单元执行拉伸、合并或添加等编辑操作，而且可以对表格的表指示器进行所需的编辑，其中包括编辑表格形状和添加表格颜色等设置。

1 编辑表格

当选中整个表格，单击鼠标右键，弹出的快捷菜单如图 9-86 所示。可以对表格进行剪切、复制、删除、移动、缩放和旋转等简单操作，还可以均匀调整表格的行、列大小，删除所有特性替代。当选择【输出】命令时，还可以打开【输出数据】对话框，以 .csv 格式输出表格中的数据。

当选中表格后，也可以通过拖动夹点来编辑表格，其各夹点的含义，如图 9-87 所示。

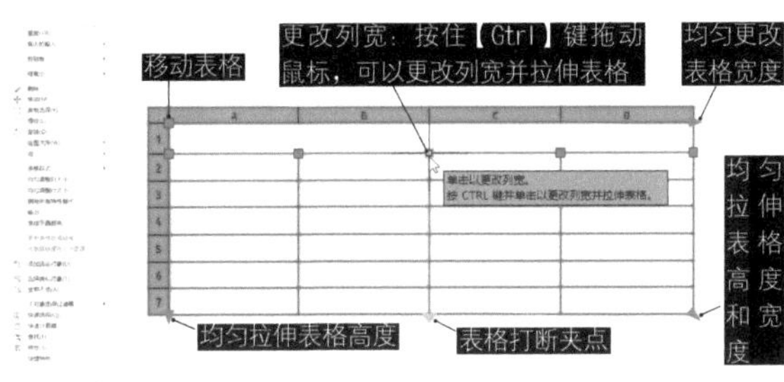

图 9-86 快捷菜单

图 9-87 选中表格时各夹点的含义

2 编辑表格单元

当选中表格单元时，其右键快捷菜单如图 9-88 所示。

当选中表格单元格后，在表格单元格周围出现夹点，也可以通过拖动这些夹点来编辑单元格，其各夹点的含义如图 9-89 所示。如果要选择多个单元，可以按鼠标左键并在与欲选择的单元上拖动；也可以按住【Shift】键并在欲选择的单元内按鼠标左键，可以同时选中这两个单元以及它们之间的所有单元。

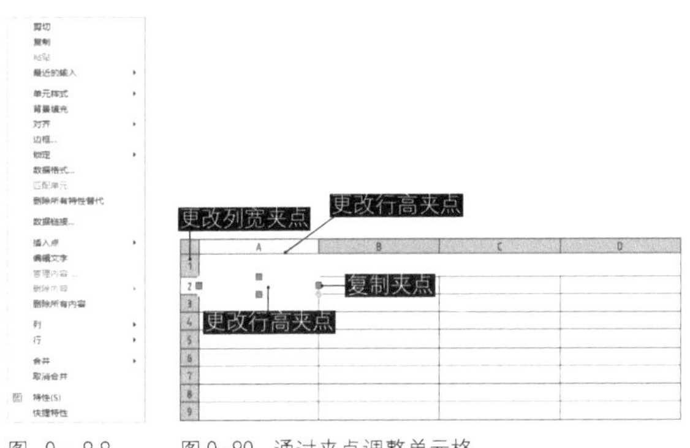

图 9-88 快捷菜单

图 9-89 通过夹点调整单元格

9.2.4 添加表格内容

在 AutoCAD 2016 中，表格的主要作用就是能够清晰、完整、系统地表现图纸中的数据。表格中的数据都是通过表格单元进行添加的，表格单元不仅可以包含文本信息，而且还可以包含多个块。此外，还可以将 AutoCAD 中的表格数据与 Microsoft Excel 电子表格中的数据进行连接。

确定表格的结构之后，最后在表格中添加文字、块、公式等内容。添加表格内容之前，必须了解单元格的选中状态和激活状态。

◆选中状态：单元格的选中状态在上一节已经介绍，如图 9-89 所示。单击单元格内部即可选中单元格，选中单元格之后系统弹出【表格单元】选项卡。

◆激活状态：在单元格的激活状态，单元格呈灰底显示，并出现闪动光标，如图 9-90 所示。双击单元格可以激活单元格，激活单元格之后系统弹出【文字编辑器】选项卡。

1 添加数据

当创建表格后，系统会自动亮显第一个表格单元，并打开【文字格式】工具栏，此时可以开始输入文字，在输入文字的过程中，单元的行高会随输入文字的高度或行数的增加而增加。要移动到下一单元，可以按【Tab】键或是用箭头键向左、向右、向上和向下移动。通过在选中的单元中按【F2】键可以快速编辑单元格文字。

2 在表格中添加块

在表格中添加块和方程式需要选中单元格。选中单元格之后，系统将弹出【表格单元】选项卡，单击【插入】面板上的【块】按钮，系统弹出【在表格单元中插入块】对话框，如图 9-91 所示，浏览到块文件然后插入块。在表格单元中插入块时，块可以自动适应单元的大小，也可以调整单元以适应块的大小，并且可以将多个块插入同一个表格单元中。

	A	B	C	D
1				
2				
3				
4				
5				

图 9-90 激活单元格

在表格单元中插入块
名称(N)：
浏览(B)...
路径：
特性
比例(S)：1
自动调整(A)
旋转角度(R)：0
全局单元对齐(C)：左上
确定 取消 帮助(H)

图 9-91 【在表格单元中插入块】对话框

3 在表格中添加方程式

在表格中添加方程式可以将某单元格的值定义为其他单元格的组合运算值。选中单元格之后，在【表格单元】选项卡中，单击【插入】面板上的【公式】按钮，弹出图 9-92 所示的选项，选择【方程式】选项，将激活单元格，进入文字编辑模式。输入与单元格标号相关的运算公式，如图 9-93 所示。该方程式的运算结果如图 9-94 所示。如果修改方程所引用的单元格，运算结果也随之更新。

图 9-92 【公式】下拉列表

	A	B	C	D
1				
2	1	2	3	=A2+B2+C2
3				
4				
5				

图 9-93 输入方程表达式

1	2	3	6

图 9-94 方程运算结果

练习 9-10 填写标题栏表格

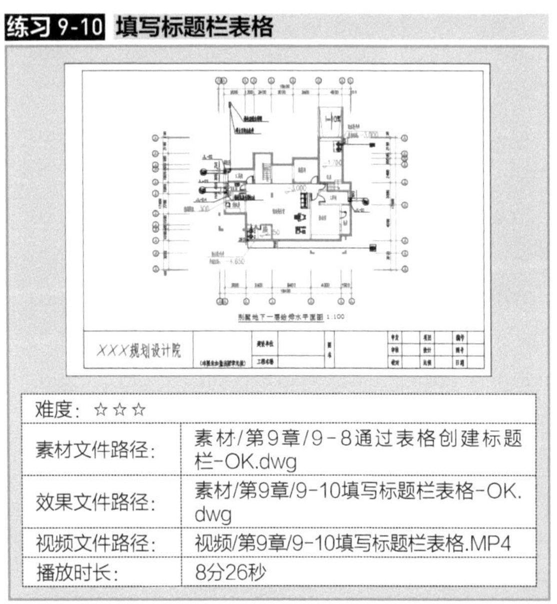

难度：☆☆☆	
素材文件路径：	素材/第9章/9-8通过表格创建标题栏-OK.dwg
效果文件路径：	素材/第9章/9-10填写标题栏表格-OK.dwg
视频文件路径：	视频/第9章/9-10填写标题栏表格.MP4
播放时长：	8分26秒

标题栏一般由更改区、签字区、其他区、名称以及代号区组成。填写的内容主要有设计单位名称、建筑单位名称、工程名称、图样代号以及设计、审核、批准者的姓名、日期等。本例延续【练习 9-8】的结果，填写已经创建完成的标题栏。

Step 01 打开素材文件“第9章/9-8通过表格创建标题栏-OK.dwg”，如图9-82所示，其中已经绘制好了零件图形和标题栏。

Step 02 选中表格，然后将其拉伸至图框的另一侧，使其覆盖整个图框下方部分，如图9-95所示。

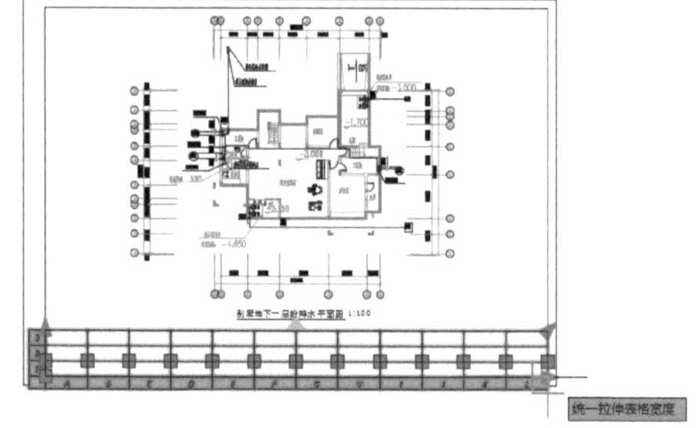

图 9-95 拉伸表格

Step 03 编辑标题栏。框选最左侧的3个单元格，然后单击【表格单元】选项卡中【合并】面板上的【合并全部】按钮，合并结果如图9-96所示。

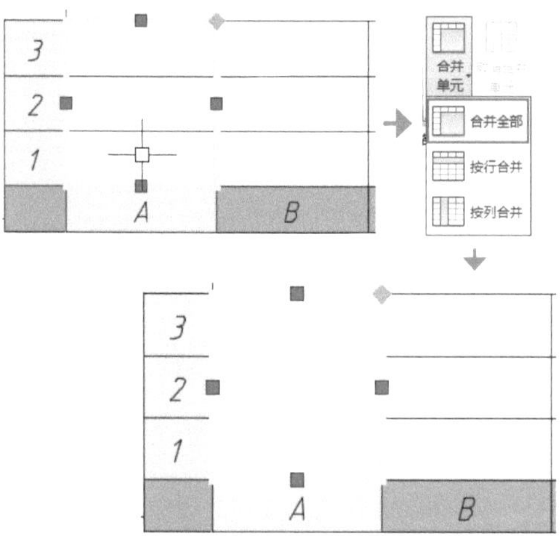

图 9-96 合并单元格

Step 04 合并其余单元格。使用相同的方法，合并其余的单元格，最终结果如图9-97所示。

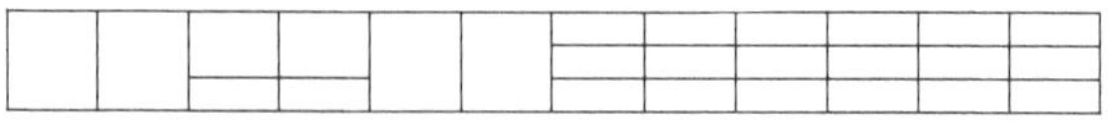

图 9-97 合并其余单元格

Step 05 输入文字。双击最左侧合并之后的大单元格，输入设计单位名称：“×××规划设计院”，同时调整单元格的宽度，如图9-98所示。此时输入的文字，其样式为“标题栏”表格样式中所设置的样式。

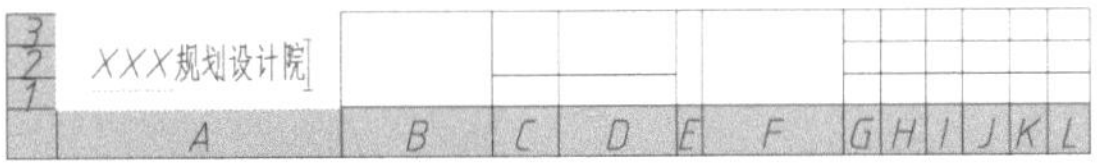

图 9-98 输入单元格文字

Step 06 按相同方法，输入其他文字，如“设计”“审核”等，如图9-99所示。

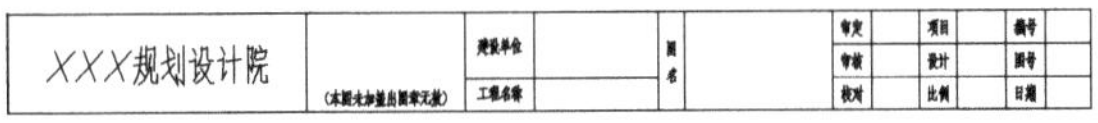

图 9-99 在其他单元格中输入文字

第 10 章 图层与图层特性

图层是 AutoCAD 提供给用户的组织图形的强有力工具。AutoCAD 的图形对象必须绘制在某个图层上，它可能是默认的图层，也可以是用户自己创建的图层。利用图层的特性，如颜色、线宽、线型等，可以非常方便地区分不同的对象。此外，AutoCAD 还提供了大量的图层管理功能（打开 / 关闭、冻结 / 解冻、加锁 / 解锁等），这些功能使用户在组织图层时非常方便。

10.1 图层概述

本节介绍图层的基本概念和分类原则，使读者对 AutoCAD 图层的含义和作用，以及一些使用的原则有一个清晰地认识。

10.1.1 图层的基本概念

AutoCAD 图层相当于传统图纸中使用的重叠图纸。它就如同一张张透明的图纸，整个 AutoCAD 文档就是由若干透明图纸上下叠加的结果，如图 10-1 所示。用户可以根据不同的特征、类别或用途，将图形对象分类组织道不同的图层中。同一个图层中的图形对象具有许多相同的外观属性，如线宽、颜色、线型等。

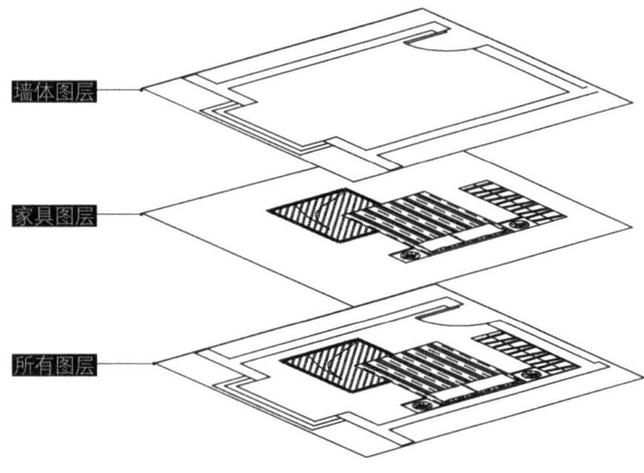

图 10-1 图层的原理

按图层组织数据有很多好处。首先，图层结构有利于设计人员对 AutoCAD 文档的绘制和阅读。不同工种的设计人员，可以将不同类型数据组织到各自的图层中，最后统一叠加。阅读文档时，可以暂时隐藏不必要的图层，减少屏幕上的图形对象数量，提高显示效率，也有利于看图。修改图纸时，可以锁定或冻结其他工种的图层，以防误删、误改他人图纸。其次，按照图层组织数据，可以减少数据冗余，压缩文件数据量，提高系统处理效率。许多图形对象都有共同的属性。如果逐个记录这些属性，那么这些共同属性将被重复记录。而按图层组织数据以后，具有共同属性的图形对象同属一个层。

10.1.2 图层分类原则

按照图层组织数据，将图形对象分类组织到不同的图层中，这是 AutoCAD 设计人员的一个良好习惯。在新建文档时，首先应该在绘图前大致设计好文档的图层结构。多人协同设计时，更应该设计好一个统一而又规范的图层结构，以便数据交换和共享。切忌将所有的图形对象全部放在同一个图层中。

图层可以按照以下的原则组织。

◆ 按照图形对象的使用性质分层。例如，在建筑设计中，可以将墙体、门窗、家具、绿化分在不同的层。

◆ 按照外观属性分层。具有不同线型或线宽的实体应当分数不同的图层，这是一个很重要的原则。例如，机械设计中，粗实线（外轮廓线）、虚线（隐藏线）和点画线（中心线）就应该分属 3 个不同的层，也方便了打印控制。

◆ 按照模型和非模型分层。AutoCAD 制图的过程实际上是建模的过程。图形对象是模型的一部分；文字标注、尺寸标注、图框、图例符号等并不属于模型本身，是设计人员为了便于设计文件的阅读而人为添加的说明性内容。所以模型和非模型应当分属不同的层。

10.2 图层的创建与设置

图层的新建、设置等操作通常在【图层特性管理器】选项板中进行。此外，用户也可以使用【图层】面板或【图层】工具栏快速管理图层。【图层特性管理器】选项板中可以控制图层的颜色、线型、线宽、透明度、是否打印等，本节仅介绍其中常用的前 3 种，后面的设置操作方法与此相同，便不再介绍。

10.2.1 新建并命名图层

在使用 AutoCAD 进行绘图工作前，用户宜先根据自身行业要求创建好对应的图层。AutoCAD 的图层创建和设置都在【图层特性管理器】选项板中进行。

•执行方式

打开【图层特性管理器】选项板有以下几种方法。

◆ 功能区：在【默认】选项卡中，单击【图层】面板中的【图层特性】按钮，如图 10-2 所示。

◆ 菜单栏：选择【格式】|【图层】命令，如图 10-3 所示。

◆ 命令行：输入“LAYER”或“LA”命令。

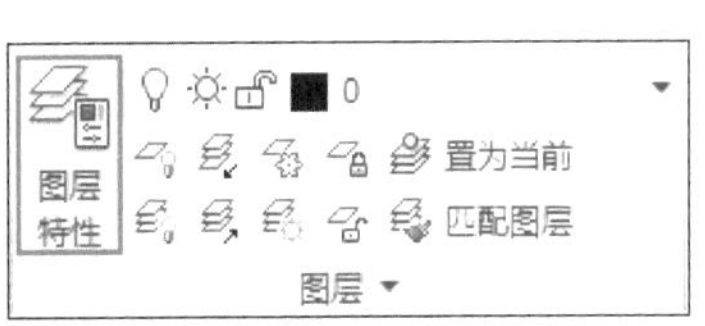

图 10-2 【图层】面板中的【图层特性】按钮

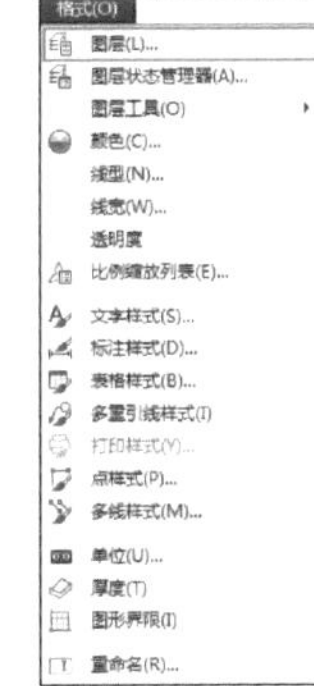

图 10-3 粗实线图层

•操作步骤

执行任一命令后，弹出【图层特性管理器】选项板，如图 10-4 所示，单击对话框上方的【新建】按钮，即可新建一个图层项目。默认情况下，创建的图层会依以“图层 1”“图层 2”等按顺序进行命名，用户也可以自行输入易辨别的名称，如“轮廓线”“中心线”等。输入图层名称之后，依次设置该图层对应的颜色、线型、线宽等特性。

设置为当前的图层项目前会出现✔符号。如图 10-5 所示为将粗实线图层置为当前图层，颜色设置为红色、线型为实线，线宽为 0.3mm 的结果。

图 10-4 【图层特性管理器】选项板

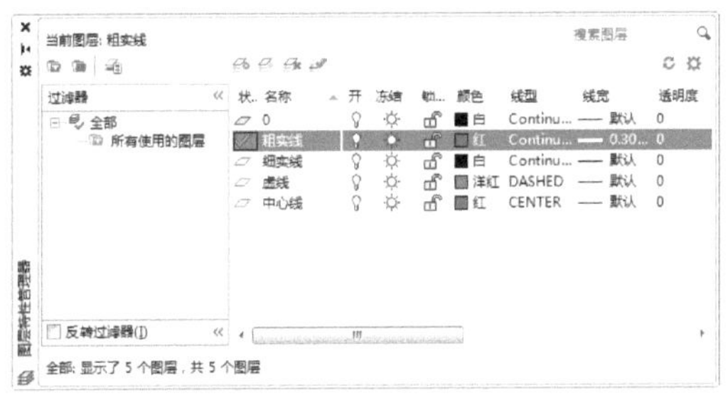
图 10-5 粗实线图层

操作技巧

图层的名称最多可以包含255个字符，并且中间可以含有空格，图层名区分大小写字母。图层名不能包含的符号有：<、>、^、“、”、;、?、*、|、,、=、’等，如果用户在命名图层时提示失败，可检查是否含有了这些非法字符。

•选项说明

【图层特性管理器】选项板主要分为【图层树状区】与【图层设置区】两部分，如图 10-6 所示。

图 10-6 图层特性管理器

1 图层树状区

【图层树状区】用于显示图形中图层和过滤器的层次结构列表，其中【全部】用于显示图形中所有的图层，而【所有使用的图层】过滤器则为只读过滤器，过滤器按字母顺序进行显示。

【图层树状区】各选项及功能按钮的作用如下。

◆【新建特性过滤器】按钮：单击该按钮将弹出如图 10-7 所示的【图层过滤器特性】对话框，此时可以根据图层的若干特性（如颜色、线宽）创建【特性过滤器】。

◆【新建组过滤器】按钮：单击该按钮可创建【组过滤器】，在【组过滤器】内可包含多个【特性过滤器】，如图 10-8 所示。

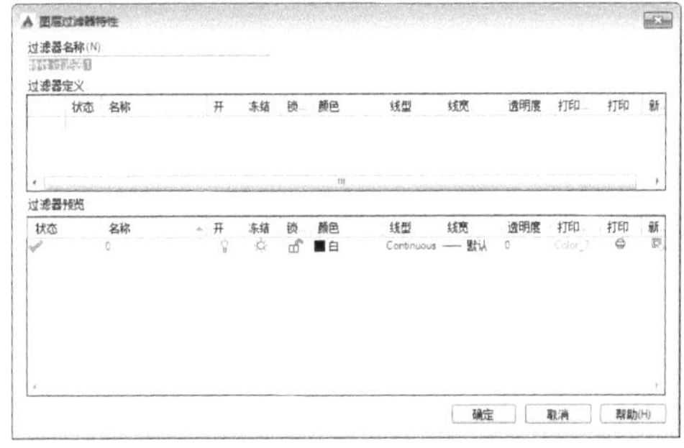
图 10-7 【图层过滤器特性】对话框

图 10-8 创建组过滤器

◆【图层状态管理器】按钮：单击该按钮将弹出如图 10-9 所示的【图层状态管理器】对话框，通过该对话框中的列表可以查看当前保存在图形中的图层状态、存在空间、图层列表是否与图形中的图层列表相同以及可选说明。

◆【反转过滤器】复选框：勾选该复选框后，将在右侧列表中显示所有与过滤性不符合的图层，如当【特性过滤器 1】中选择到所有颜色为绿色的图层时，勾选该复选框将显示所有非绿色的图层，如图 10-10 所示。

◆【状态栏】：在状态栏内罗列出了当前过滤器的名称、列表视图中显示的图层数与图形中的图层数等信息。

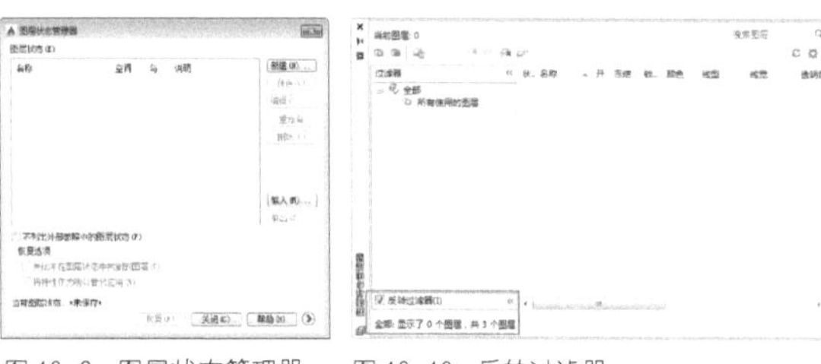

图 10-9　图层状态管理器　　图 10-10　反转过滤器

2 图层设置区

【图层设置区】具有搜索、创建、删除图层等功能，并能显示图层具体的特性与说明，【图形树状区】各选项及功能按钮的作用如下。

◆【搜索图层】文本框：通过在其左侧的文本框内输入搜索关键字符，可以按名称快速搜索至相关的图层列表。

◆【新建图层】按钮：单击该按钮可以在列表中新建一个图层。

◆【在所有视口中都被冻结的新图层视口】按钮：单击该按钮可以创建一个新图层，但在所有现有的布局视口中会将其冻结。

◆【删除图层】按钮：单击该按钮将删除当前选中的图层。

◆【置为当前】按钮：单击该按钮可以将当前选中的图层置为当前层，用户所绘制的图形将存放在该图层上。

◆【刷新】按钮：单击该按钮可以刷新图层列表中的内容。

◆【设置】按钮：单击该按钮将显示如图 10-11 所示的【图层设置】对话框，用于调整【新图层通知】、【隔离图层设置】以及【对话框设置】等内容。

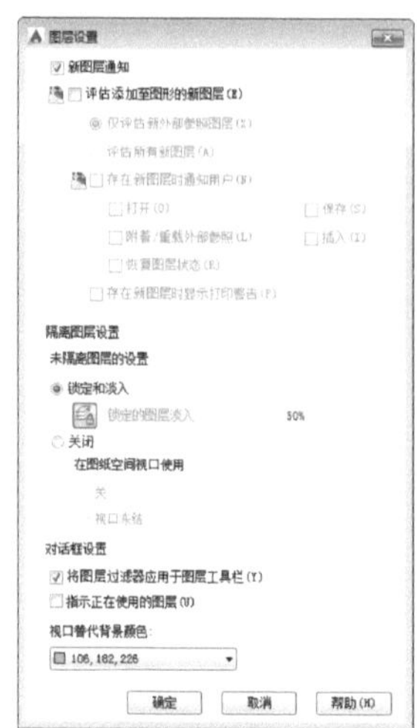

图 10-11　【图层设置】对话框

10.2.2 设置图层颜色 ★重点★

如前文所述，为了区分不同的对象，通常为不同的图层设置不同的颜色。设置图层颜色之后，该图层上的所有对象均显示为该颜色（修改了对象特性的图形除外）。

打开【图层特性管理器】选项板，单击某一图层对应的【颜色】项目，如图 10-12 所示，弹出【选择颜色】对话框，如图 10-13 所示。在调色板中选择一种颜色，单击【确定】按钮，即完成颜色设置。

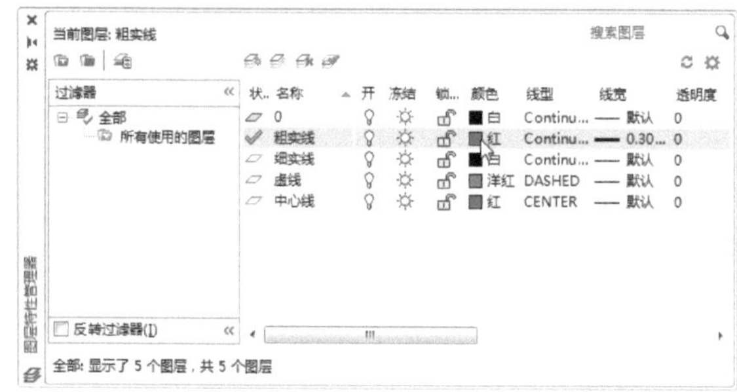

图 10-12　单击图层颜色项目

图 10-13　【选择颜色】对话框设置颜色

10.2.3 设置图层线型 ★重点★

线型是指图形基本元素中线条的组成和显示方式，如实线、中心线、点画线、虚线等。通过线型的区别，可以直观判断图形对象的类别。在 AutoCAD 中默认的线型是实线（Continuous），其他线型需要加载才能使用。

在【图层特性管理器】选项板中，单击某一图层对应的【线型】项目，弹出【选择线型】对话框，如图 10-14 所示。在默认状态下，【选择线型】对话框中只有 Continuous 一种线型。如果要使用其他线型，必须将其添加到【选择线型】对话框中。单击【加载】按钮，弹出【加载或重载线型】对话框，如图 10-15 所示，从对话框中选择要使用的线型，单击【确定】按钮，完成线型加载。

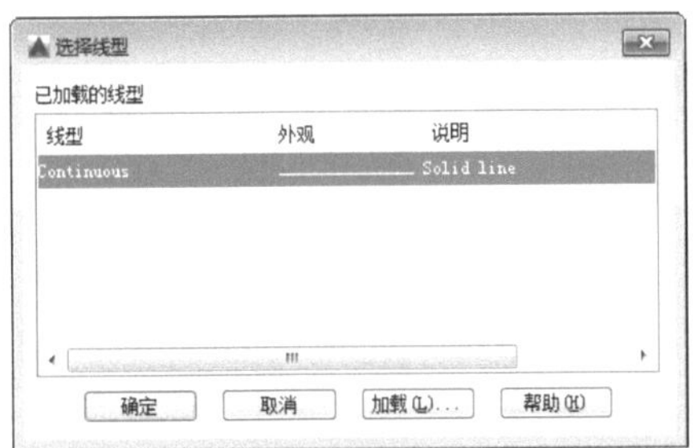

图 10-14 【选择线型】对话框

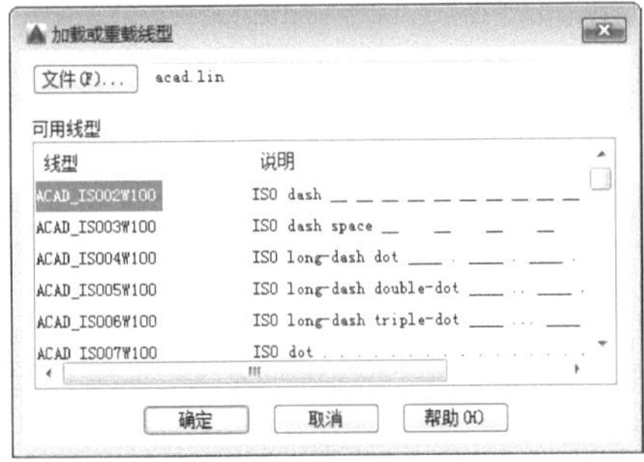

图 10-15 【加载或重载线型】对话框

练习 10-1 调整中心线线型比例

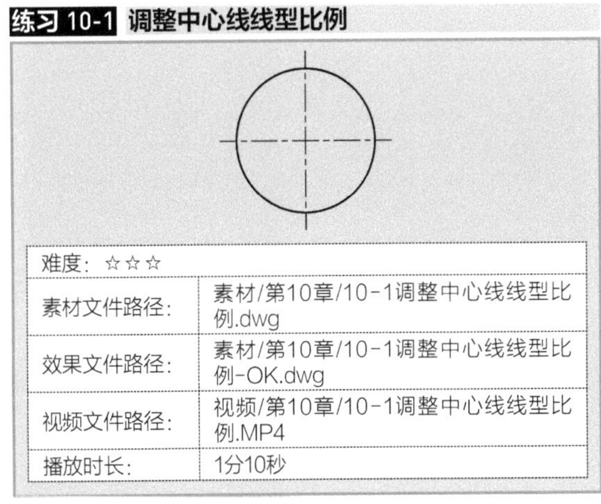

难度：☆☆☆	
素材文件路径：	素材/第10章/10-1调整中心线线型比例.dwg
效果文件路径：	素材/第10章/10-1调整中心线线型比例-OK.dwg
视频文件路径：	视频/第10章/10-1调整中心线线型比例.MP4
播放时长：	1分10秒

有时设置好了非连续线型（如虚线、中心线）的图层，但绘制时仍会显示出实线的效果。这通常是因为线型的【线型比例】值过大，修改数值即可显示出正确的线型效果，如图 10-16 所示。具体操作方法说明如下。

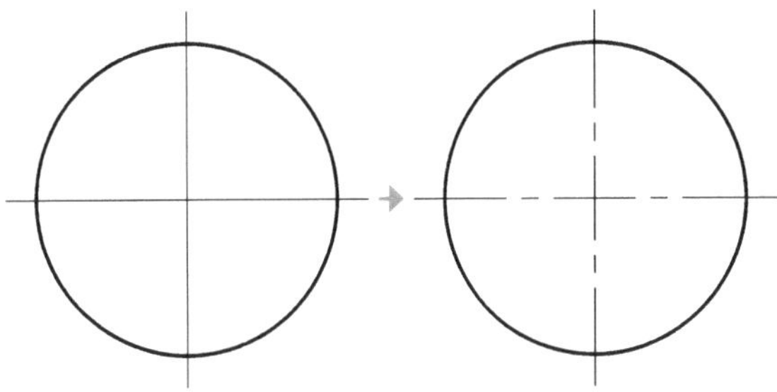

图 10-16 线型比例的变化效果

Step 01 打开"第10章/10-1调整中心线线型比例.dwg"素材文件，如图10-17所示，图形的中心线为实线显示。

Step 02 在【默认】选项卡中，单击【特性】面板中【线型】下拉列表中的【其他】按钮，如图10-18所示。

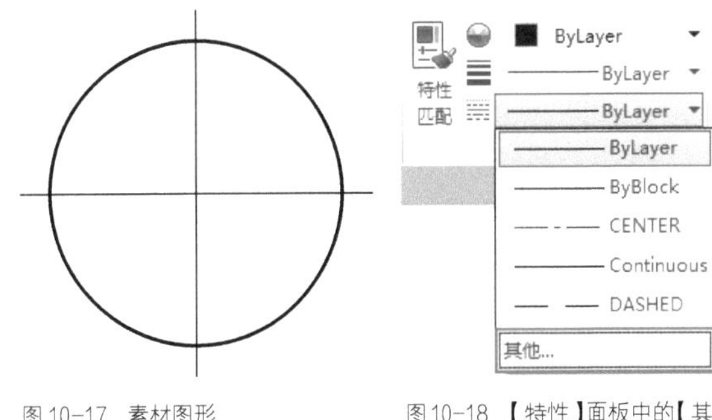

图 10-17 素材图形

图 10-18 【特性】面板中的【其他】按钮

Step 03 系统弹出【线型管理器】对话框，在中间的线型列表框中选中中心线所在的图层【CENTER】，然后在右下方的【全局比例因子】文本框中输入新值为0.25，如图10-19所示。

Step 04 设置完成之后，单击对话框中的【确定】按钮返回绘图区，可以看到中心线的效果发生了变化，为合适的点画线，如图10-20所示。

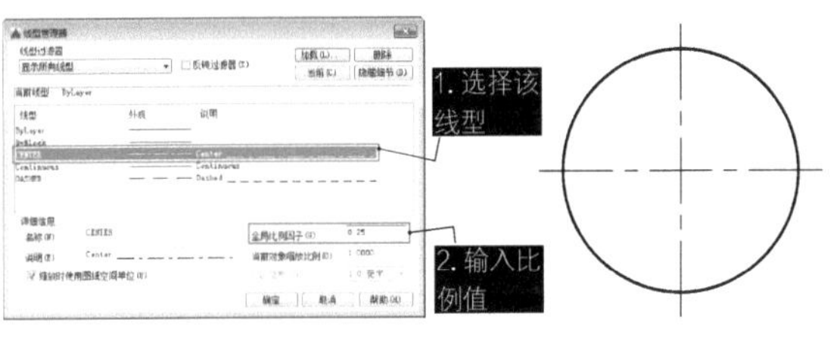

图 10-19 【线型管理器】对话框

图 10-20 修改线型比例值之后的图形

10.2.4 设置图层线宽 ★重点★

线宽即线条显示的宽度。使用不同宽度的线条表现对象的不同部分，可以提高图形的表达能力和可读性，如图 10-21 所示。

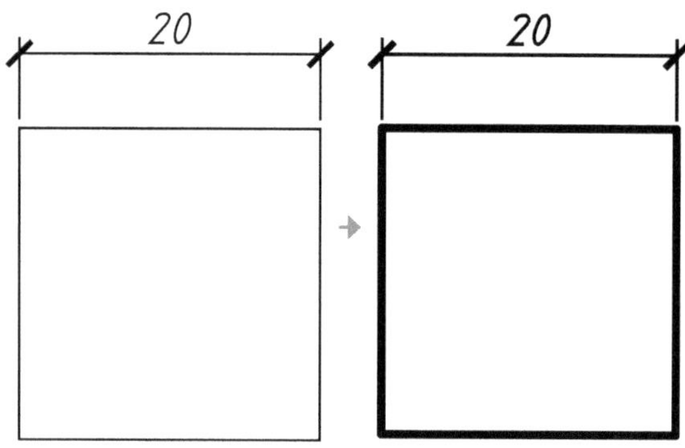

图 10-21 线宽变化

在【图层特性管理器】选项板中，单击某一图层对应的【线宽】项目，弹出【线宽】对话框，如图 10-22 所示，从中选择所需的线宽即可。

如果需要自定义线宽，在命令行中输入“LWEIG-HT”命令或“LW”命令并按【Enter】键，弹出【线宽设置】对话框，如图 10-23 所示，通过调整线宽比例，可使图形中的线宽显示得更宽或更窄。

机械、建筑制图中通常采用粗、细两种线宽，在 AutoCAD 中常设置粗细比例为 2 ：1。共有 0.25/0.13、0.35/0.18、0.5/0.25、0.7/0.35、1/0.5、1.4/0.7、2/1（单位均为 mm）这 7 种组合，同一图纸只允许采用一种组合。其余行业制图请查阅相关标准。

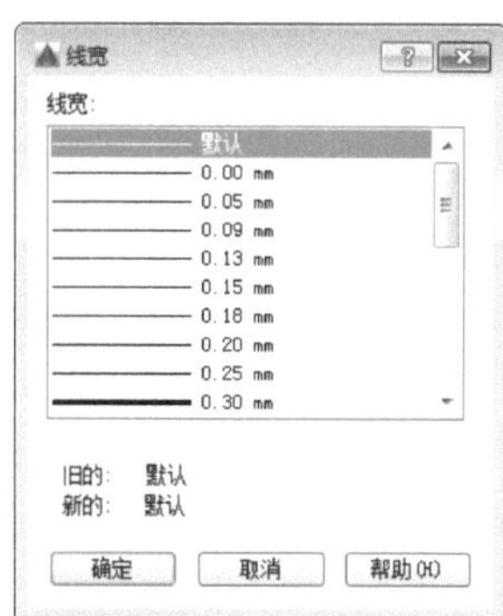

图 10-22 【线宽】对话框

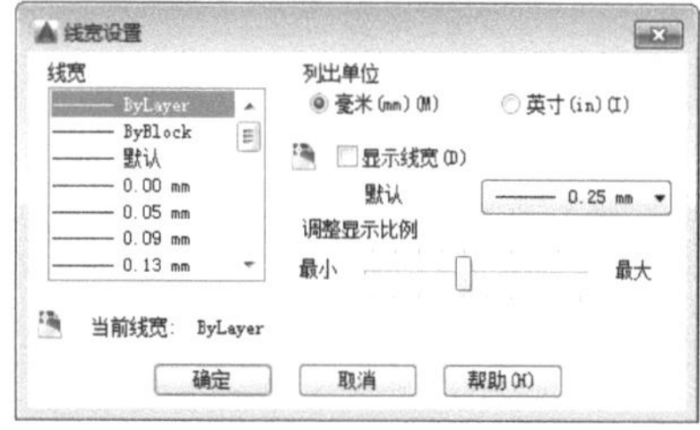

图 10-23 【线宽设置】对话框

练习 10-2 创建绘图基本图层

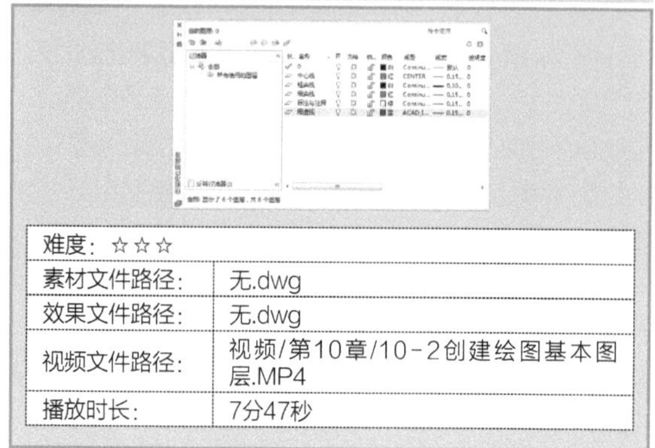

难度：☆☆☆	
素材文件路径：	无.dwg
效果文件路径：	无.dwg
视频文件路径：	视频/第10章/10-2创建绘图基本图层.MP4
播放时长：	7分47秒

本案例介绍绘图基本图层的创建，在该实例中要求分别建立【粗实线】、【中心线】、【细实线】、【标注与注释】和【细虚线】层，这些图层的主要特性如表 10-1 所示（根据《技术制图图线》（GB/T 17450-1998）所述适用于建筑、机械等工程制图）。

表 10-1 图层列表

序号	图层名	线宽/mm	线 型	颜色	打印属性
1	粗实线	0.3	CONTINUOUS	黑	打印
2	细实线	0.15	CONTINUOUS	红	打印
3	中心线	0.15	CENTER	红	打印
4	标注与注释	0.15	CONTINUOUS	绿	打印
5	细虚线	0.15	ACAD-ISO 02W100	5	打印

Step 01 单在【默认】选项卡中，单击【图层】面板中的【图层特性】按钮。系统弹出【图层特性管理器】选项板，单击【新建】按钮，新建图层。系统默认【图层1】的名称新建图层，如图10-24所示。

Step 02 此时文本框呈可编辑状态，在其中输入文字“.中心线”并按【Enter】键，完成中心线图层的创建，如图10-25所示。

图 10-24 【图层特性管理器】选项板

图 10-25 重命名图层

Step 03 单击【颜色】属性项，在弹出的【选择颜色】对话框中选择【红色】，如图10-26所示。单击【确定】按钮，返回【图层特性管理器】选项板。

Step 04 单击【线型】属性项，弹出【选择线型】对话框，如图10-27所示。

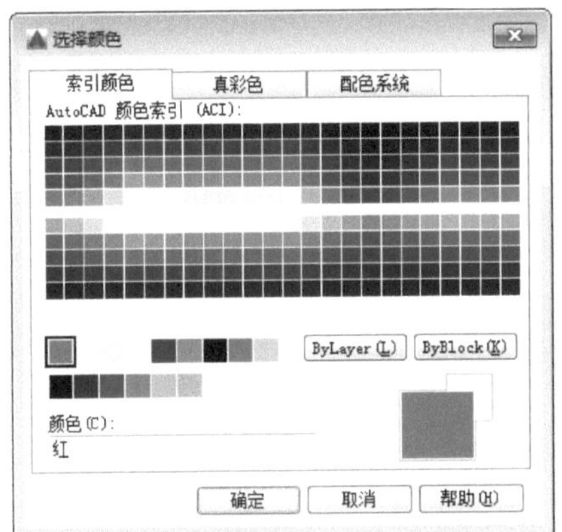

图 10-26 设置图层颜色

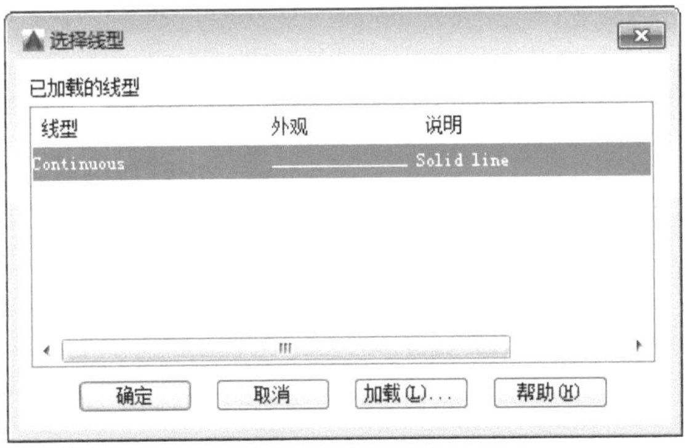

图 10-27 【选择线型】对话框

Step 05 在对话框中单击【加载】按钮，在弹出的【加载或重载线型】对话框中选择“CENTER”线型，如图10-28所示。单击【确定】按钮，返回【选择线型】对话框。再次选择“CENTER”线型，如图10-29所示。

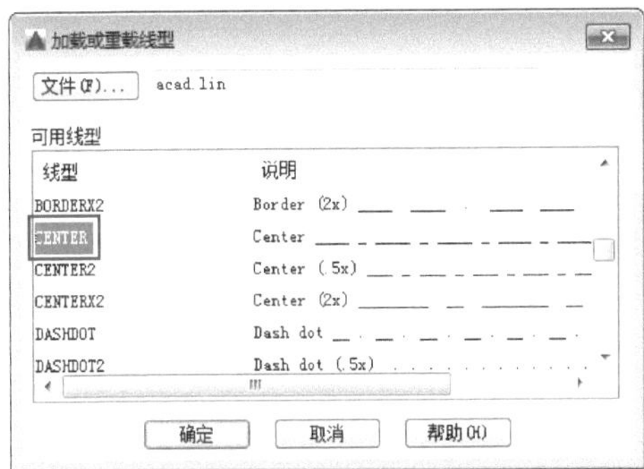

图 10-28 【加载或重载线型】对话框

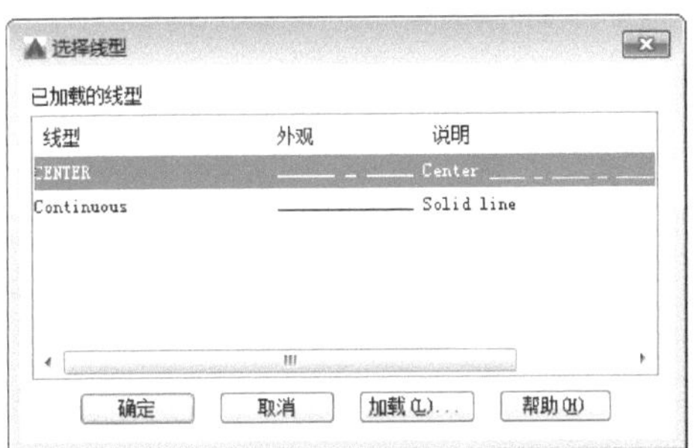

图 10-29 设置 CENTER 线型

Step 06 单击【确定】按钮，返回【图层特性管理器】选项板。单击【线宽】属性项，在弹出的【线宽】对话框，选择线宽为0.15mm，如图10-30所示。

Step 07 单击【确定】按钮，返回【图层特性管理器】选项板。设置的中心线图层如图10-31所示。

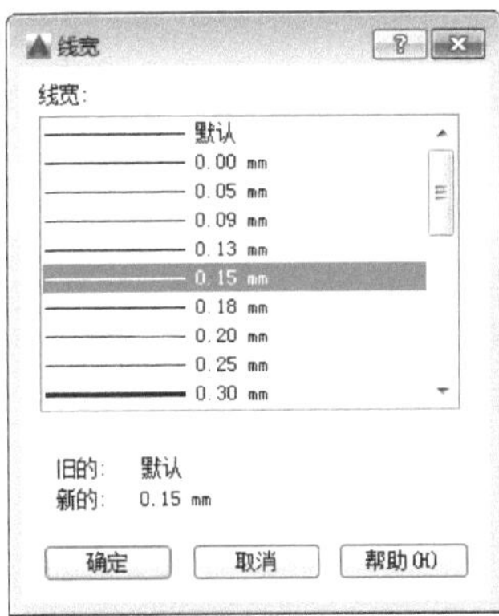

图 10-30 选择线宽

图 10-31 设置的中心线图层

Step 08 重复上述步骤，分别创建【粗实线】层、【细实线】层、【标注与注释】层和【细虚线】层，为各图层选择合适的颜色、线型和线宽特性，结果如图10-32所示。

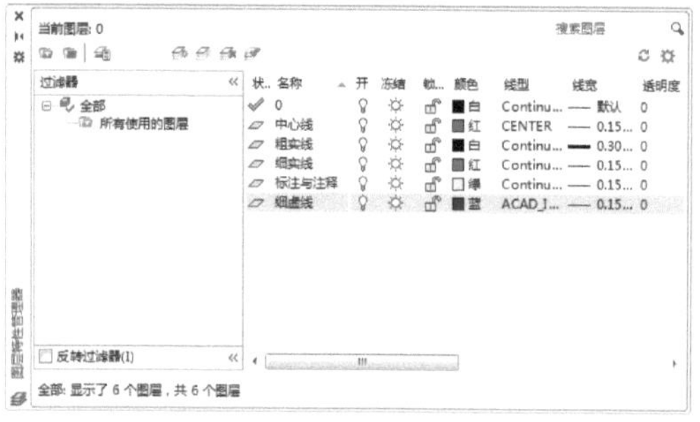

图 10-32　图层设置结果

10.3 图层的其他操作

在 AutoCAD 中，还可以对图层进行隐藏、冻结以及锁定等其他操作，这样在使用 AutoCAD 绘制复杂的图形对象时，就可以有效地降低误操作，提高绘图效率。

10.3.1 打开与关闭图层 ★重点★

在绘图的过程中可以将暂时不用的图层关闭，被关闭的图层中的图形对象将不可见，并且不能被选择、编辑、修改以及打印。在 AutoCAD 中关闭图层的常用方法有以下几种。

◆对话框：在【图层特性管理器】对话框中选中要关闭的图层，单击💡按钮即可关闭选择图层，图层被关闭后该按钮将显示为💡，表明该图层已经被关闭，如图 10-33 所示。

◆功能区：在【默认】选项卡中，打开【图层】面板中的【图层控制】下拉列表，单击目标图层💡按钮即可关闭图层，如图 10-34 所示。

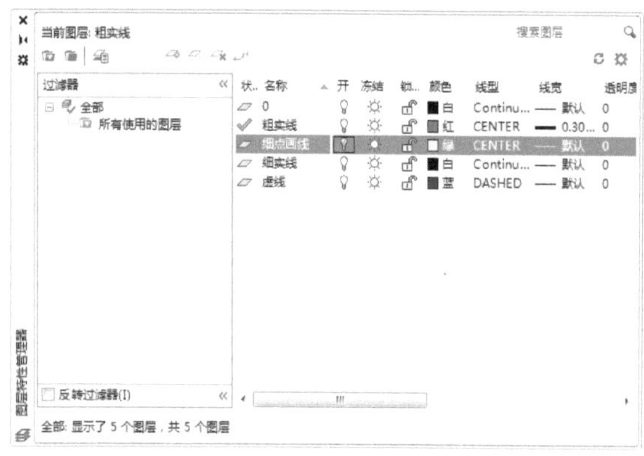

图 10-33　通过【图层特性管理器】关闭图层

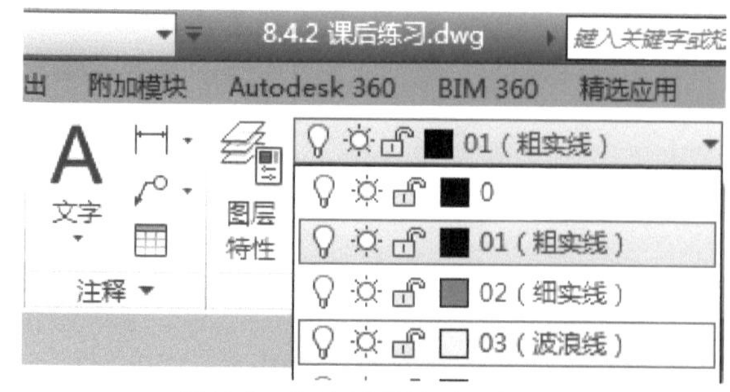

图 10-34　通过功能面板图标关闭图层

操作技巧

当关闭的图层为【当前图层】时，将弹出如图10-35所示的确认对话框，此时单击【关闭当前图层】链接即可。如果要恢复关闭的图层，重复以上操作，单击图层前的【关闭】图标💡即可打开图层。

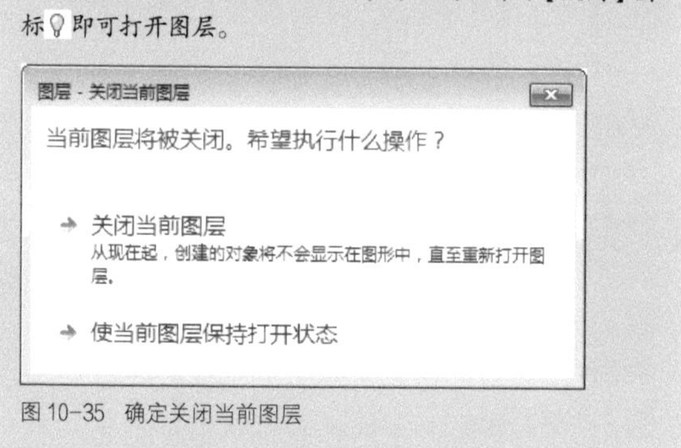

图 10-35　确定关闭当前图层

练习 10-3 通过关闭图层控制图形

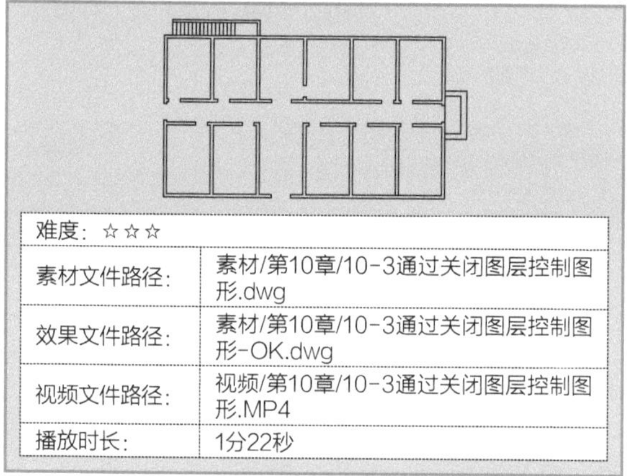

难度：☆☆☆	
素材文件路径：	素材/第10章/10-3通过关闭图层控制图形.dwg
效果文件路径：	素材/第10章/10-3通过关闭图层控制图形-OK.dwg
视频文件路径：	视频/第10章/10-3通过关闭图层控制图形.MP4
播放时长：	1分22秒

在绘制给排水或供暖平面图时，通常会将不同的对象分属于各个不同的图层，如给水管道图形属于“给水层”、排水管道属于“排水层”、轴线类图形属于“轴线层”等，这样做的好处就是可以通过打开或关闭图层来控制设计图的显示，使其快速呈现仅含某类管道或仅含轴线的图形。

Step 01 打开素材文件“第10章/10-3通过关闭图层控制图形.dwg”，其中已经绘制好了一采暖管道平面图，如图10-36所示；且图层效果全开，如图10-37所示。

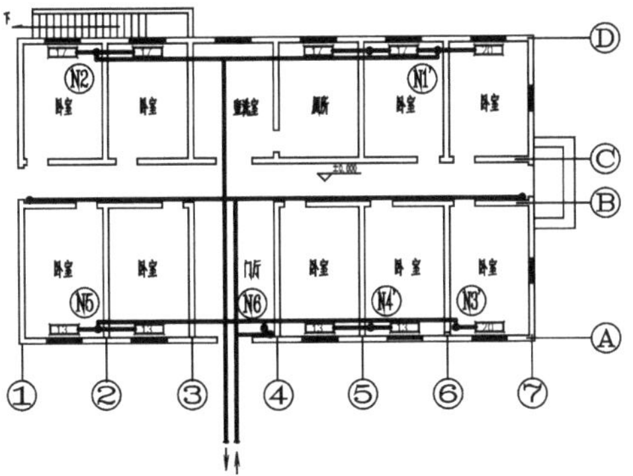

图 10-36 素材图形

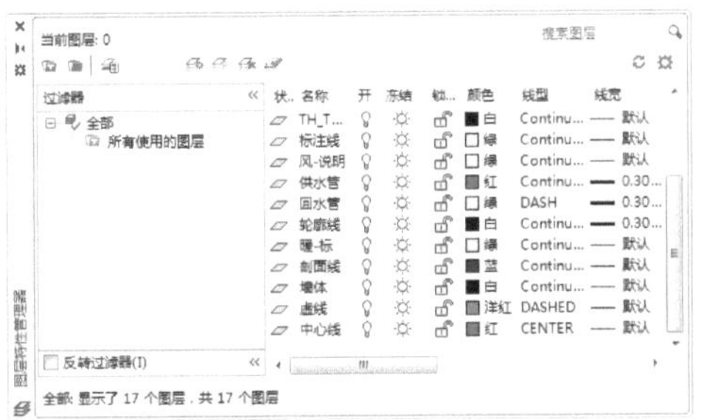

图 10-37 素材中的图层

Step 02 设置图层显示。在【默认】选项卡中，单击【图层】面板中的【图层特性】按钮，打开【图层特性管理器】选项板。在对话框内找到【供水管】层，选中该层前的打开/关闭图层按钮，单击此按钮此时按钮变成，即可关闭【供水管】层。再按此方法关闭其他图层，只保留【墙体】图层开启，如图10-38所示。

Step 03 关闭【图层特性管理器】选项板，此时图形仅包含墙体和门窗，效果如图10-39所示。

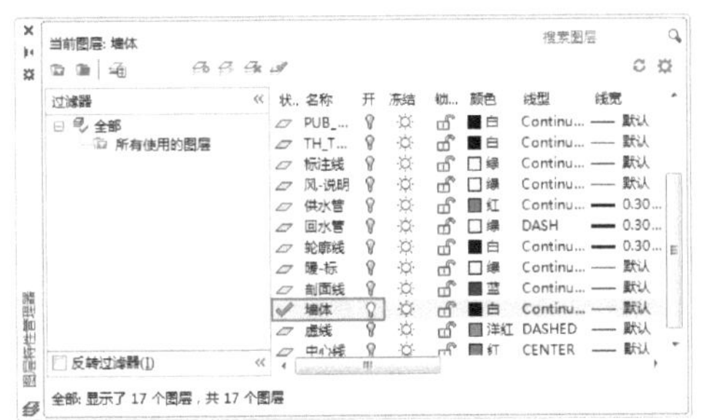

图 10-38 关闭除【墙体】之外的所有图层

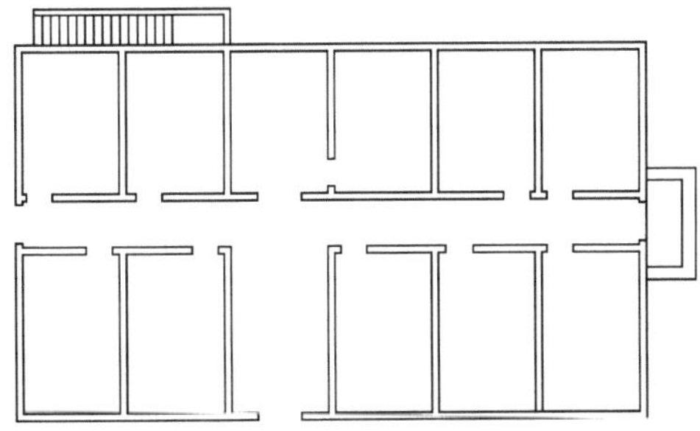

图 10-39 关闭图层效果

10.3.2 冻结与解冻图层 ★重点★

将长期不需要显示的图层冻结，可以提高系统运行速度，减少图形刷新的时间，因为这些图层将不会被加载到内存中。AutoCAD 不会在被冻结的图层上显示、打印或重生成对象。

在 AutoCAD 中关闭图层的常用方法有以下几种。

◆对话框：在【图层特性管理器】对话框中单击要冻结的图层前的【冻结】按钮☼，即可冻结该图层，图层冻结后将显示为❄，如图 10-40 所示。

◆功能区：在【默认】选项卡中，打开【图层】面板中的【图层控制】下拉列表，单击目标图层☼按钮，如图 10-41 所示。

图 10-40 通过【图层特性管理器】冻结图层

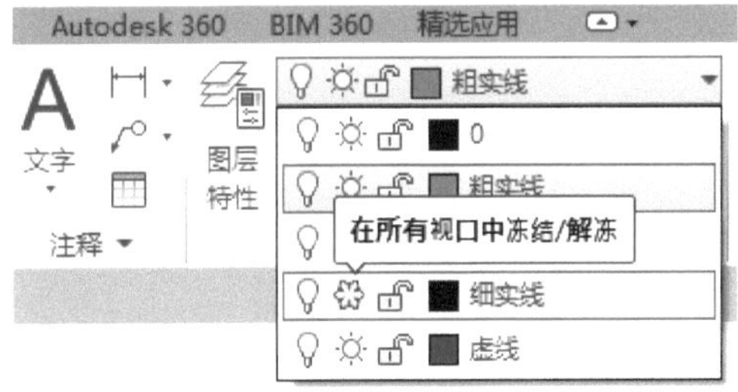

图 10-41 通过功能面板图标冻结图层

操作技巧

如果要冻结的图层为【当前图层】时，将弹出如图10-42所示的对话框，提示无法冻结【当前图层】，此时需要将其他图层设置为【当前图层】才能冻结该图层。如果要恢复冻结的图层，重复以上操作，单击图层前的【解冻】图标❄即可解冻图层。

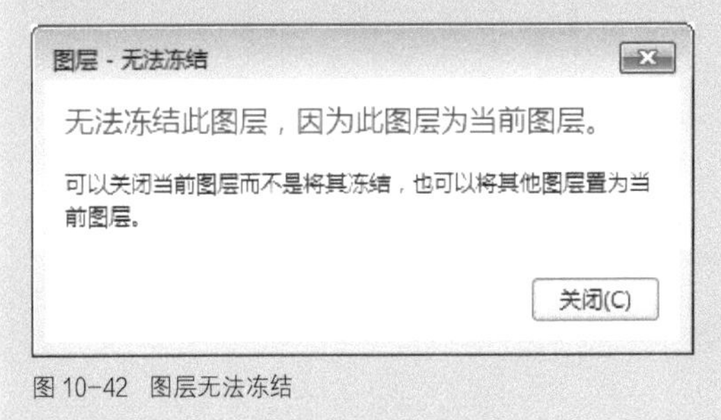

图 10-42 图层无法冻结

练习 10-4 通过冻结图层控制图形

难度：☆☆☆	
素材文件路径：	素材/第10章/10-3通过关闭图层控制图形.dwg
效果文件路径：	素材/第10章/10-4通过冻结图层控制图形-OK.dwg
视频文件路径：	视频/第10章/10-4通过冻结图层控制图形.MP4
播放时长：	1分5秒

在使用 AutoCAD 绘图时，有时会在绘图区的空白处随意绘制一些辅助图形。待图纸全部绘制完毕后，既不想让辅助图形影响整张设计图的完整性，又不想删除这些辅助图形，这时就可以使用【冻结】工具来将其隐藏。

Step 01 同样使用【练习10-3】的素材进行操作，打开素材文件“第10章/10-3通过关闭图层控制图形.dwg”，

Step 02 冻结图层。在【默认】选项卡中，打开【图层】面板中的【图层控制】下拉列表，在列表框内找到【标注线】层，单击该层前的【冻结】按钮☼，变成❄，即可冻结【标注线】层，如图10-43所示。

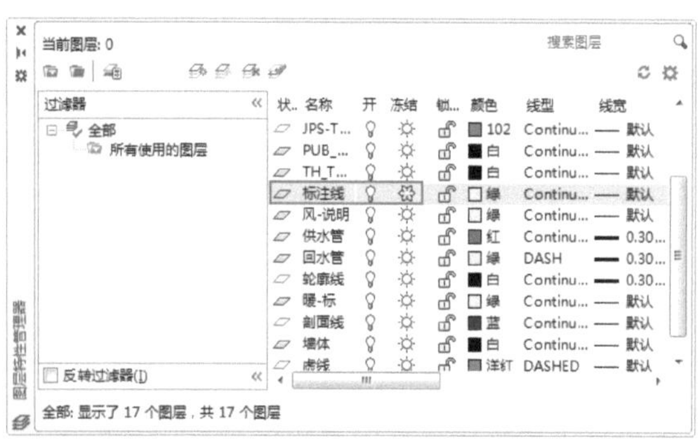

图 10-43 冻结不需要的图形图层

Step 03 冻结【Defpoints】层之后的图形如图10-44所示，可见周围的标注轴线图形被消隐。

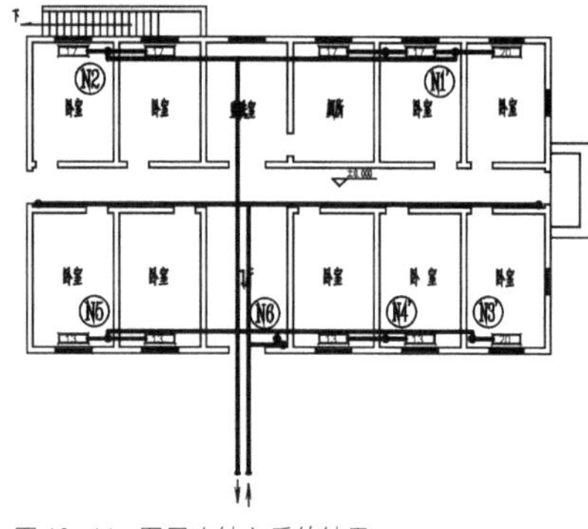

图 10-44 图层冻结之后的结果

•初学解答 图层【冻结】和【关闭】的区别

图层的【冻结】和【关闭】，都能使得该图层上的对象全部被隐藏，看似效果一致，其实仍有不同。被【关闭】的图层，不能显示、不能编辑、不能打印，但仍然存在于图形当中，图形刷新时仍会计算该层上的对象，可以近似理解为被“忽视”；而被【冻结】的图层，除了不能显示、不能编辑、不能打印之外，还不会再被认为属于图形，图形刷新时也不会再计算该层上的对象，可以理解为被“无视”。

图层【冻结】和【关闭】的一个典型区别就是视图刷新时的处理差别，以【练习 10-4】为例，如果选择关闭【Defpoints】层，那双击鼠标中键进行【范围】缩放时，则效果如图 10-45 所示，辅助图虽然已经隐藏，但图形上方仍空出了它的区域；反之【冻结】则如图 10-46 所示，相当于删除了辅助图。

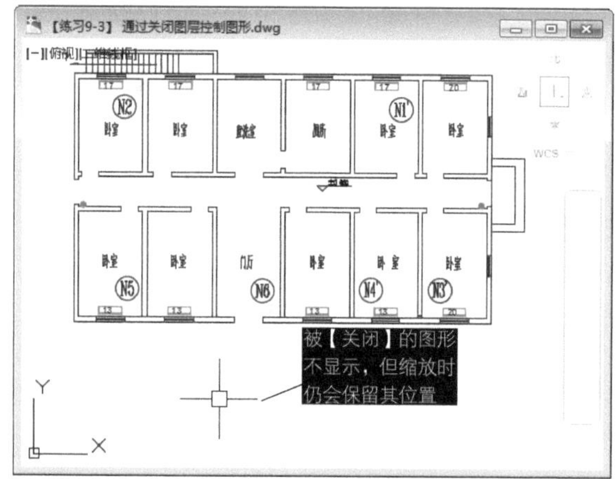

图 10-45 图层【关闭】时的视图缩放效果

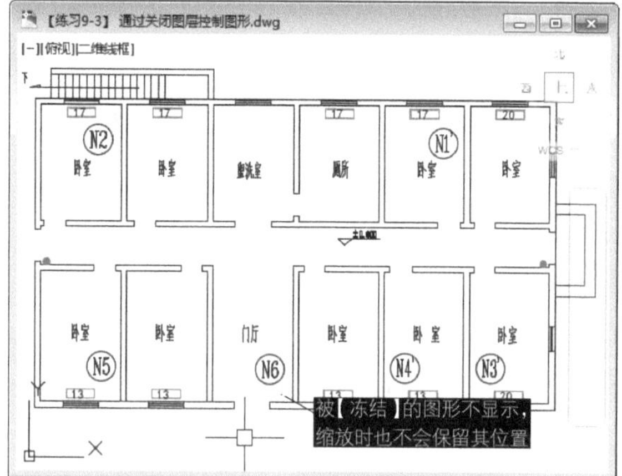

图 10-46 图层【冻结】时的视图缩放效果

10.3.3 锁定与解锁图层

如果某个图层上的对象只需要显示、不需要选择和编辑，那么可以锁定该图层。被锁定图层上的对象仍然

可见，但会淡化显示，而且可以被选择、标注和测量，但不能被编辑、修改和删除，另外还可以在该层上添加新的图形对象。因此使用 AutoCAD 绘图时，可以将中心线、辅助线等基准线条所在的图层锁定。

锁定图层的常用方法有以下几种。

◆对话框：在【图层特性管理器】对话框中单击【锁定】图标，即可锁定该图层，图层锁定后该图标将显示为，如图 10-47 所示。

◆功能区：在【默认】选项卡中，打开【图层】面板中的【图层控制】下拉列表，单击图标即可锁定该图层，如图 10-48 所示。

图 10-47　通过【图层特性管理器】锁定图层

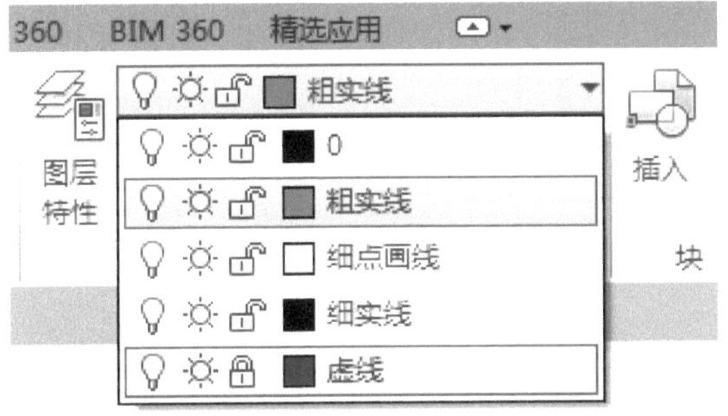

图 10-48　通过功能面板图标锁定图层

操作技巧

如果要解除图层锁定，重复以上的操作单击【解锁】按钮，即可解锁已经锁定的图层。

10.3.4 设置当前图层 ★重点★

当前图层是当前工作状态下所处的图层。设定某一图层为当前图层之后，接下来所绘制的对象都位于该图层中。如果要在其他图层中绘图，就需要更改当前图层。

在 AutoCAD 中设置当前层有以下几种常用方法。

◆对话框：在【图层特性管理器】选项板中选择目标图层，单击【置为当前】按钮，如图 10-49 所示。被置为当前的图层在项目前会出现✔符号。

◆功能区 1：在【默认】选项卡中，单击【图层】面板中【图层控制】下拉列表，在其中选择需要的图层，即可将其设置为当前图层，如图 10-50 所示。

◆功能区 2：在【默认】选项卡中，单击【图层】面板中【置为当前】按钮，即可将所选图形对象的图层置为当前，如图 10-51 所示。

◆命令行：在命令行中输入“CLAYER”命令，然后输入图层名称，即可将该图层置为当前。

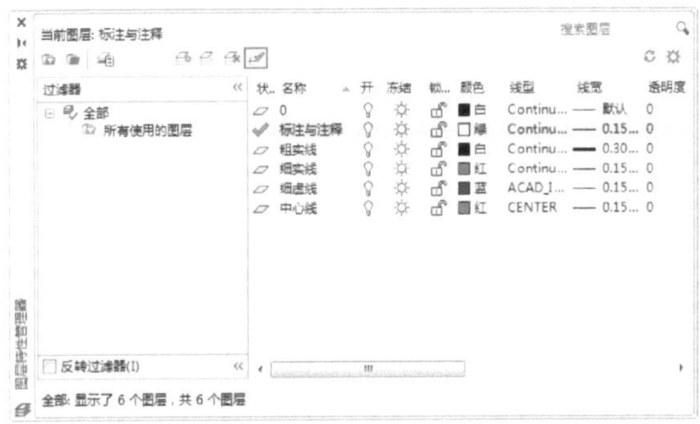

图 10-49　【图层特性管理器】中置为当前

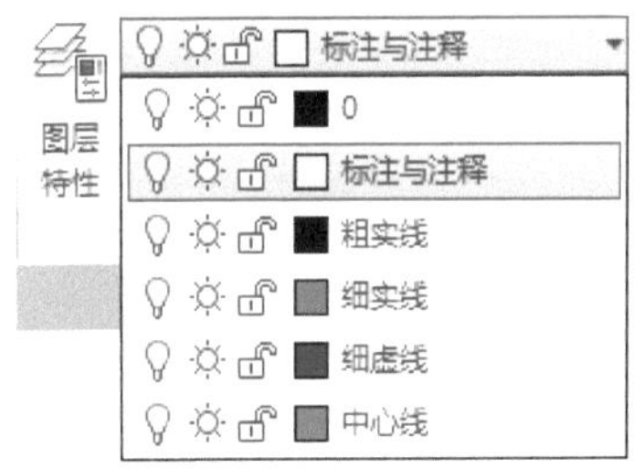

图 10-50　【图层控制】下拉列表

图 10-51　【置为当前】按钮

10.3.5 转换图形所在图层 ★重点★

在 AutoCAD 中还可以十分灵活地进行图层转换，即将某一图层内的图形转换至另一图层，同时使其颜色、线型、线宽等特性发生改变。

如果某图形对象需要转换图层，可以先选择该图形对象，然后单击【图层】面板中的【图层控制】下拉列表框，选择要转换的目标图层即可，如图 10-52 所示。

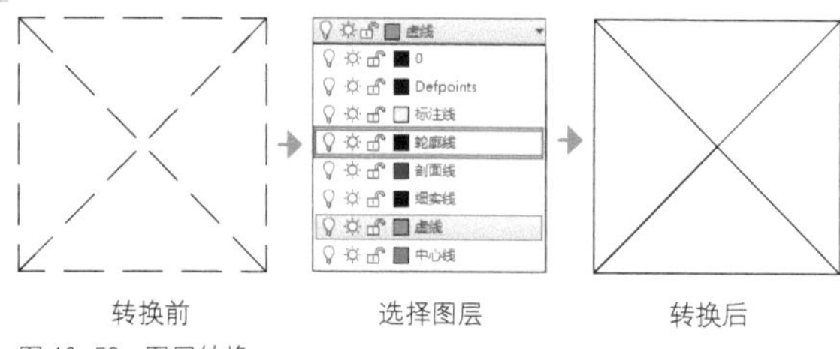

图 10-52　图层转换

绘制复杂的图形时，由于图形元素的性质不同，用户常需要将某个图层上的对象转换到其他图层上，同时使其颜色、线型、线宽等特性发生改变。除了之前所介绍的方法之外，其余在 AutoCAD 中转换图层的方法如下。

1 通过【图层控制】列表转换图层

选择图形对象后，在【图层控制】下拉列表选择所需图层。操作结束后，列表框自动关闭，被选中的图形对象转移至刚选择的图层上。

2 通过【图层】面板中的命令转换图层

在【图层】面板中，有如下命令可以帮助转换图层。

◆【匹配图层】按钮：先选择要转换图层的对象，然后单击【Enter】键确认，再选择目标图层对象，即可将原对象匹配至目标图层。

◆【更改为当前图层】按钮：选择图形对象后单击该按钮，即可将对象图层转换为当前图层。

练习 10-5 切换图形至指定层

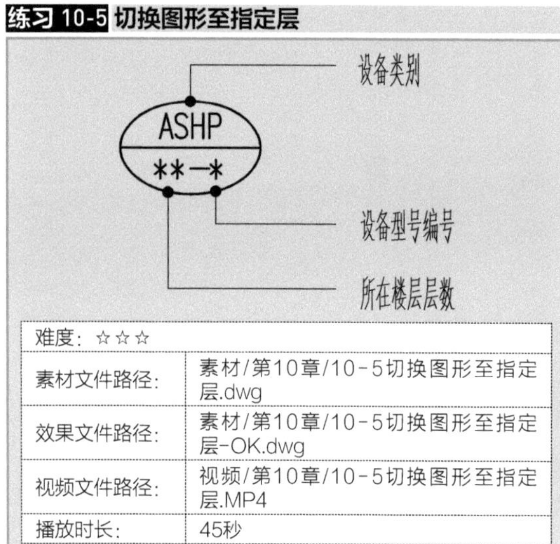

难度：☆☆☆	
素材文件路径：	素材/第10章/10-5切换图形至指定层.dwg
效果文件路径：	素材/第10章/10-5切换图形至指定层-OK.dwg
视频文件路径：	视频/第10章/10-5切换图形至指定层.MP4
播放时长：	45秒

在进行绘图时，如果不注意图层切换，那便很容易将不同类型的图形放置在同一图层上，这样绘制出来的图纸最终效果会比较粗糙，因此这时就可以使用图层转换的方法来进行调整。

Step 01 打开“第10章/10-5切换图形至指定层.dwg”素材文件，其中已经绘制好了一完整图形，但是右侧的文字说明与图形的图层一致，有碍观察，如图10-53所示。

Step 02 选择要右侧的文字与引线作为要切换图层的对象，如图10-54所示。

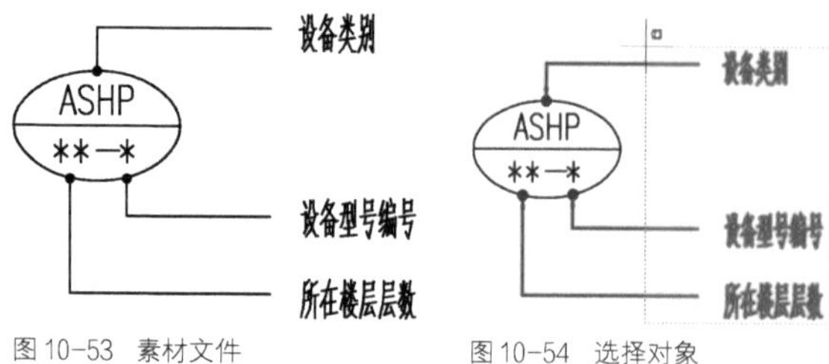

图 10-53　素材文件　　图 10-54　选择对象

Step 03 切换图层。然后在【默认】选项卡中，打开【图层】面板中的【图层控制】下拉列表，在列表框内选择【标注线】层并单击，如图10-55所示。

Step 04 此时图形对象由其他图层转换为【标注线】层，图形与注释文字能很好地区分开来，如图10-53所示。

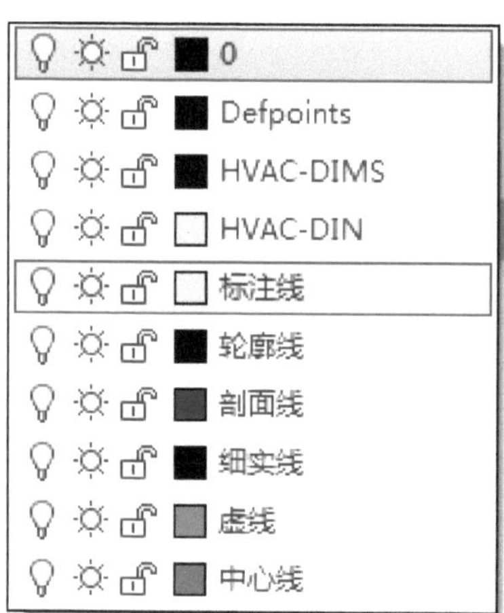

图 10-55　【图层控制】下拉列表选择“标注线”

10.3.6 排序图层、按名称搜索图层

有时即便对图层进行了过滤，得到的图层结果还是很多，这时如果想要快速定位至所需的某个图层就不是一件简单的事情。此种情况就需要应用到图层排序与搜索。

1 排序图层

在【图层特性管理器】选项板中可以对图层进行排序，以便图层的寻找。在【图形特性管理器】选项板中，单击列表框顶部的【名称】标题，图层将以字母的顺序排列出来，如果再次单击，排列的顺序将倒过来，如图 10-56 所示。

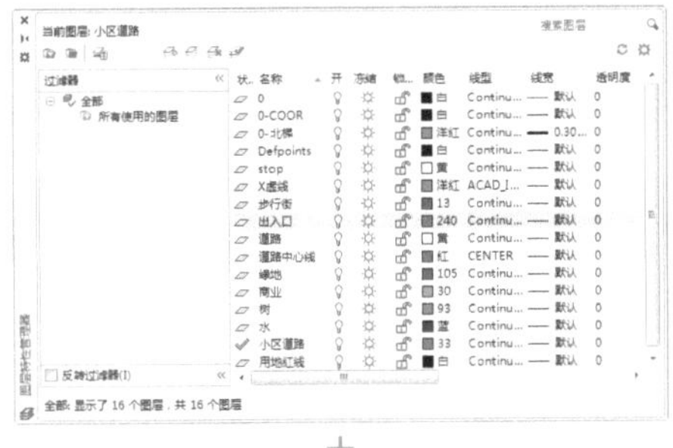

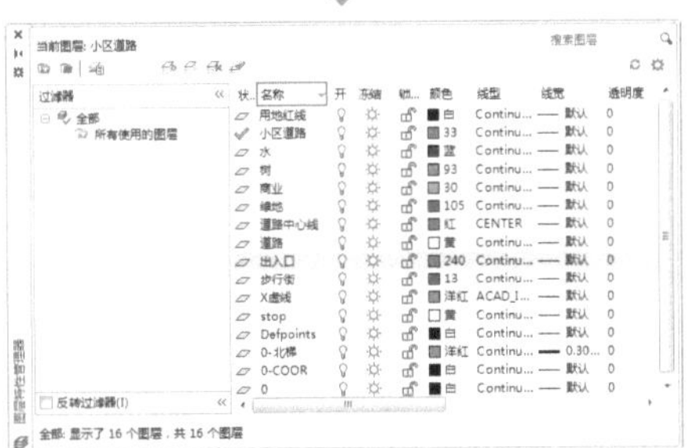

图 10-56 排序图层效果

2 按名称搜索图层

对于复杂且图层多的设计图纸而言，逐一查取某一图层很浪费时间，因此可以通过输入图层名称来快速的搜索图层，大大提高了工作效率。

打开【图层特性管理器】选项板，在右上角搜索图层中输入图层名称，系统则自动搜索到该图层，如图 10-57 所示。

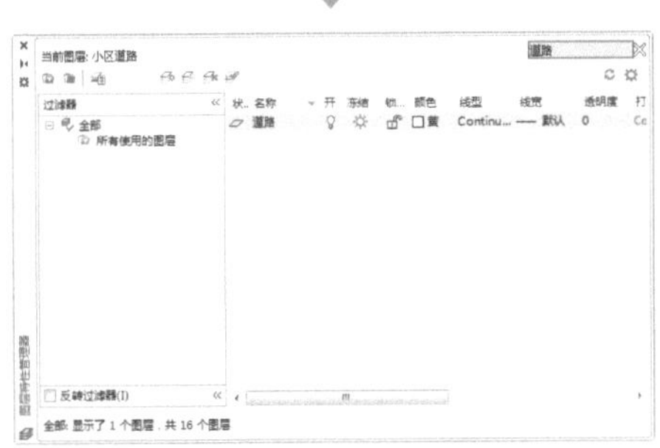

图 10-57 按名称搜索图层

10.3.7 保存和恢复图层状态 ★进阶★

通常在编辑部分对象的过程中，可以锁定其他图层以免修改这些图层上的对象；也可以在最终打印图形前将某些图层设置为不可打印，但对草图是可以打印的；还可以暂时改变图层的某些特性，如颜色、线型、线宽和打印样式等，然后再改回来。

每次调整所有这些图层状态和特性都可能要花费很长的时间。实际上，可以保存并恢复图层状态集，也就是保存并恢复某个图形的所有图层的特性和状态，保存图层状态集之后，可随时恢复其状态。还可以将图层状态设置导出到外部文件中，然后在另一个具有完全相同或类似图层的图形中使用该图层状态设置。

1 保存图层状态

要保存图层状态，可以按下面的步骤进行操作。

Step 01 创建好所需的图层并设置好它们的各项特性。

Step 02 在【图层特性管理器】中单击【图层状态管理器】按钮，打开【图层状态管理器】对话框，如图10-58所示。

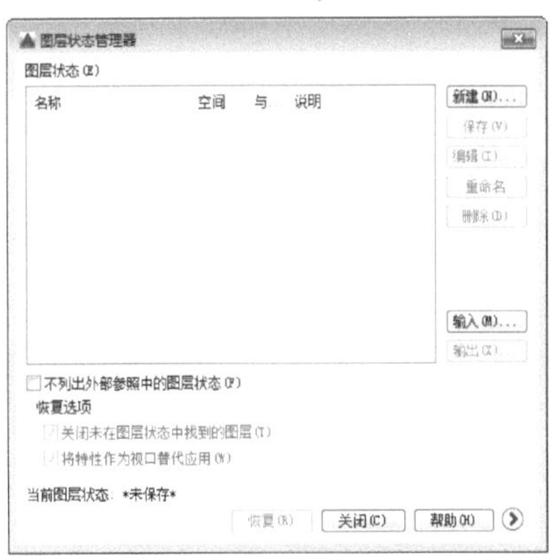

图 10-58 打开【图层状态管理器】对话框

Step 03 在对话框中单击【新建】按钮，系统弹出【要保存的新图层状态】对话框，在该对话框的【新图层状态名】文本框中输入新图层的状态名，如图10-59所示，用户也可以输入说明文字进行备忘。最后单击【确定】按钮返回。

Step 04 系统返回【图层状态管理器】对话框，这时单击对话框右下角的⊙按钮，展开其余选项，在【要恢复的图层特性】区域内选择要保存的图层状态和特性即可，如图10-60所示。

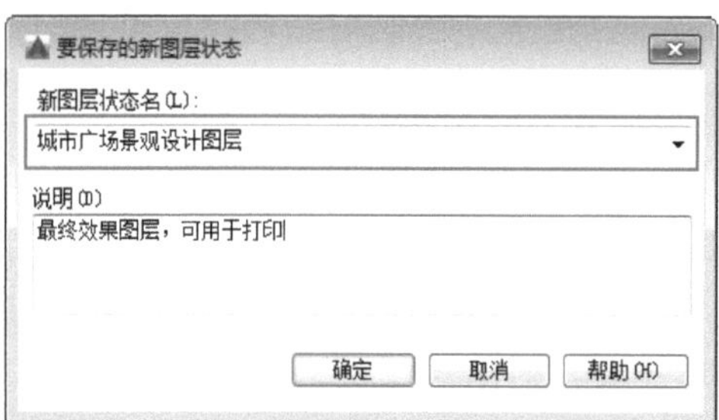

图 10-59 【要保存的新图层状态】对话框

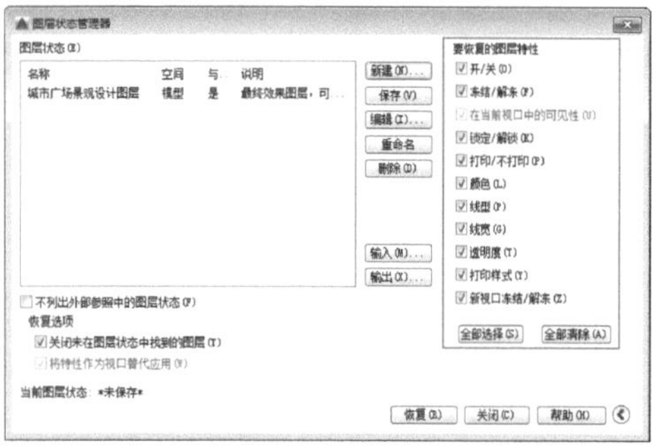

图 10-60 选择要保存的图层状态和特性

没有保存的图层状态和特性在后面进行恢复图层状态的时候就不会起作用。例如，如果仅保存图层的开/关状态，然后在绘图时修改图层的开/关状态和颜色，那恢复图层状态时，仅仅开/关状态可以被还原，而颜色仍为修改后的新颜色。如果要使得图形与保存图层状态时完全一样（就图层来说），可以勾选【关闭未在图层状态中找到的图层（T）】选项，这样，在恢复图层状态时，在图层状态已保存之后新建的所有图层都会被关闭。

2 恢复图层状态

要恢复图层状态，同样需先打开【图层状态管理器】对话框，然后选择图层状态并单击【恢复】按钮即可。利用【图层状态管理器】可以在以下几个方面管理图层状态。

◆恢复：恢复保存的图层状态。

◆删除：删除某图层状态。

◆输出：以 .las 文件形式保存某图层状态的设置。输出图层状态可以使得其他人访问用户创建的图层状态。

◆输入：输入之前作为 .las 文件输出的图层状态。输入图层状态使得可以访问其他人保存的图层状态。

10.3.8 删除多余图层

在图层创建过程中，如果新建多余的图层，此时可以在【图层特性管理器】选项板中单击【删除】按钮将其删除，但 AutoCAD 规定以下 4 类图层不能被删除。

◆图层 0 层 Defpoints。

◆当前图层。要删除当前层，可以改变当前层到其他层。

◆包含对象的图层。要删除该层，必须先删除该层中所有的图形对象。

◆依赖外部参照的图层。要删除该层，必先删除外部参照。

•精益求精 删除顽固图层

如果图形中图层太多且杂不易管理，而找到不使用的图层进行删除时，却被系统提示无法删除，如图 10-61 所示。

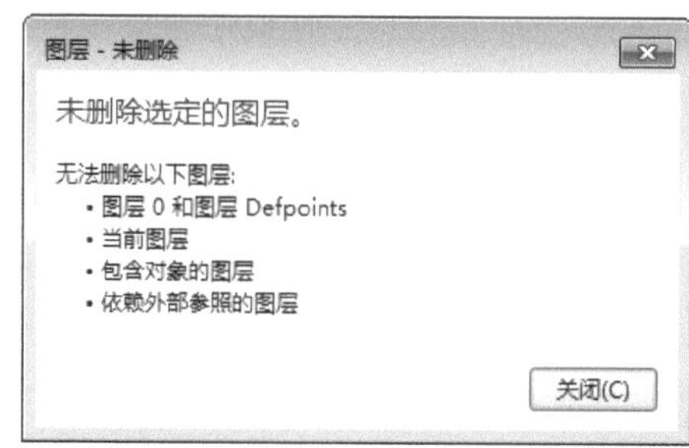

图 10-61 【图层 - 未删除】对话框

不仅如此，局部打开图形中的图层也被视为已参照并且不能删除。对于 0 图层和 Defpoints 图层是系统自己建立的，无法删除这是常识，用户应该把图形绘制在别的图层；对于当前图层无法删除，可以更改当前图层再实行删除操作；对于包含对象或依赖外部参照的图层实行移动操作比较困难，用户可以使用“图层转换”或“图层合并”的方式删除。

1 图层转换的方法

图层转换是将当前图像中的图层映射到指定图形或标准文件中的其他图层名和图层特性，然后使用这些贴图对其进行转换。下面介绍其操作步骤。

单击功能区【管理】选项卡【CAD 标准】组面板中【图层转换器】按钮，系统弹出【图层转换器】对话框，如图 10-62 所示。

图 10-62 【图层转换器】对话框

单击对话框【转换为】功能框中【新建】按钮，系统弹出【新图层】对话框，如图 10-63 所示。在【名称】文本框中输入现有的图层名称或新的图层名称，并设置线型、线宽、颜色等属性，单击【确定】按钮。

单击对话框【设置】按钮，弹出如图 10-64 所示【设置】对话框。在此对话框中可以设置转换后图层的属性状态和转换时的请求，设置完成后单击【确定】按钮。

图 10-63 【新图层】对话框

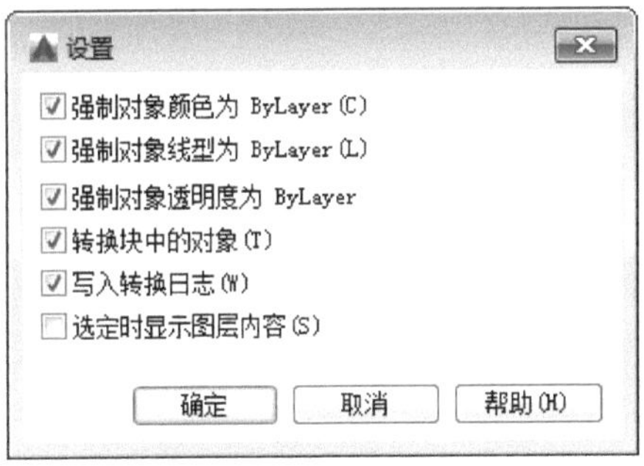

图 10-64 【设置】对话框

在【图层转换器】对话框【转换自】选项列表中选择需要转换的图层名称，在【转换为】选项列表中选择需要转换到的图层。这时激活【映射】按钮，单击此按钮，在【图层转换映射】列表中将显示图层转换映射列表，如图 10-65 所示。

映射完成后单击【转换】按钮，系统弹出【图层转换器 - 未保存更改】对话框，如图 10-66 所示，选择【仅转换】选项即可。这时打开【图层特性管理器】对话框，会发现选择的【转换自】图层不见了，这是由于转换后图层被系统自动删除，如果选择的【转换自】图层是 0 图层和 Defpoints 图层，将不会被删除。

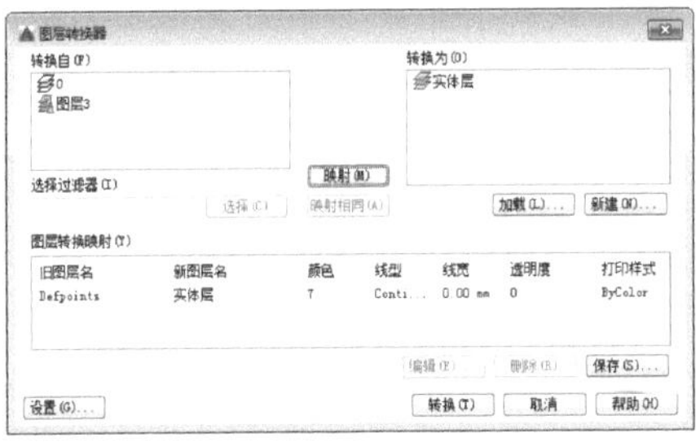

图 10-65 【图层转换器】对话框

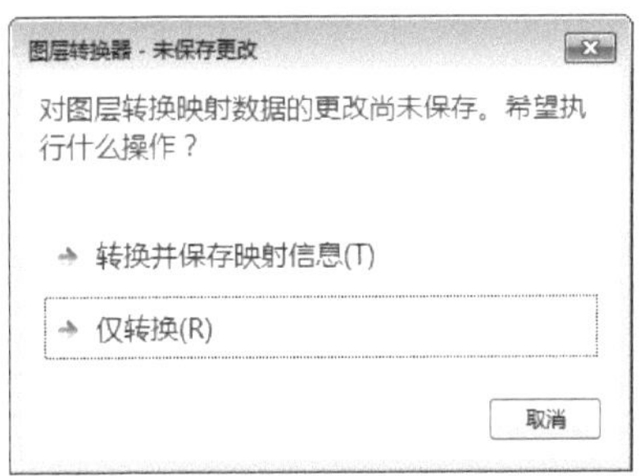

图 10-66 【图层转换器 - 未保存更改】对话框

2 图层合并的方法

可以通过合并图层来减少图形中的图层数。将所合并图层上的对象移动到目标图层，并从图形中清理原始图层。以这种方法同样可以删除顽固图层，下面介绍其操作步骤。

在命令行中输入“LAYMRG”命令并单击【Enter】键，系统提示：选择要合并的图层上的对象或［命名（N）］。可以用鼠标在绘图区框选图形对象，也可以输入“N”并单击【Enter】键。输入“N”并单击【Enter】键后弹出【合并图层】对话框，如图 10-67 所示。在【合并图层】对话框中选择要合并的图层，单击【确定】按钮。

如需继续选择合并对象，可以框选绘图区对象或输入“N”并单击【Enter】键；如果选择完毕，单击【Enter】键即可。命令行提示：选择目标图层上的对象或［名称（N）］。可以用鼠标在绘图区框选图形对象，也可以输入“N”并单击【Enter】键。输入“N”并单击【Enter】键弹出【合并图层】对话框，如图 10-68 所示。

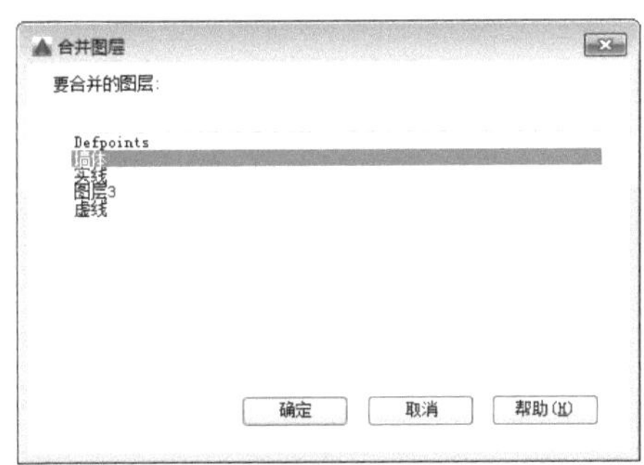

图 10-67 选择要合并的图层

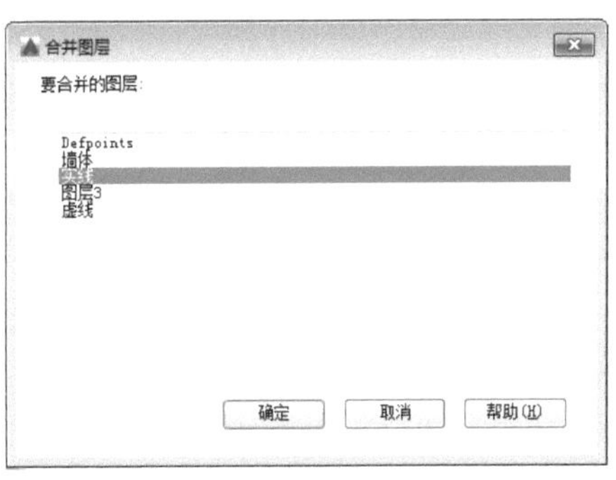

图 10-68 选择合并到的图层

在【合并图层】对话框中选择要合并的图层，单击【确定】按钮。系统弹出【合并到图层】对话框，如图10-69所示。单击【是】按钮。这时打开【图层特性管理器】对话框，图层列表中【墙体】被删除了。

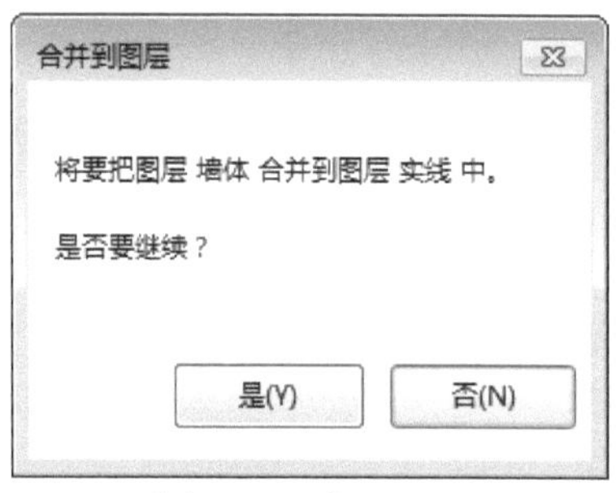

图10-69 【合并到图层】提示框

10.3.9 清理图层和线型 ★进阶★

由于图层和线型的定义都要保存在图形数据库中，所有它们会增加图形的大小。因此，清除图形中不再使用的图层和线型就非常有用。当然，也可以删除多余的图层，但有时很难确定哪个图层中没有对象。而使用【清理】（PURGE）命令就可以删除不再使用的定义，包括图层和线型。

调用【清理】命令的方法如下。

◆应用程序菜单按钮：在应用程序菜单按钮中选择【图形实用工具】，然后再选择【清理】选项，如图10-70所示。

◆命令行：输入“PURGE”命令。

执行上述命令后都会打开如图10-71所示的【清理】对话框。在对话框的顶部，可以选择查看能清理的对象或不能清理的对象。不能清理的对象可以帮助用户分析对象不能被清理的原因。

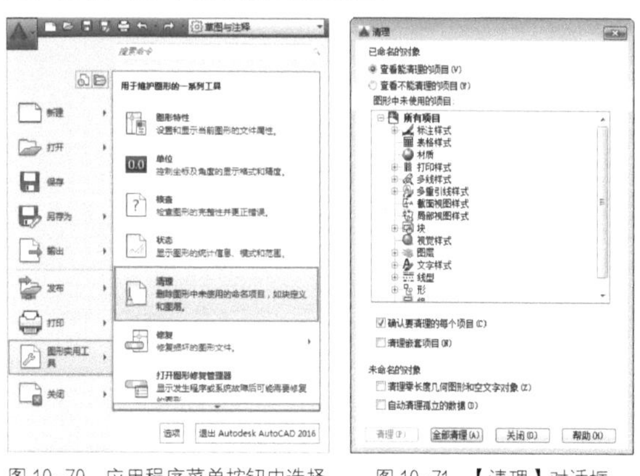

图10-70 应用程序菜单按钮中选择【清理】　图10-71 【清理】对话框

要开始进行清理操作，选择【查看能清理的项目】选项。每种对象类型前的“+”号表示它包含可清理的对象。要清理个别项目，只需选择该选项然后单击【清理】按钮；也可以单击【全部清理】按钮对所有项目进行清理。清理的过程中将会弹出如图10-72所示的对话框，提示用户是否确定清理该项目。

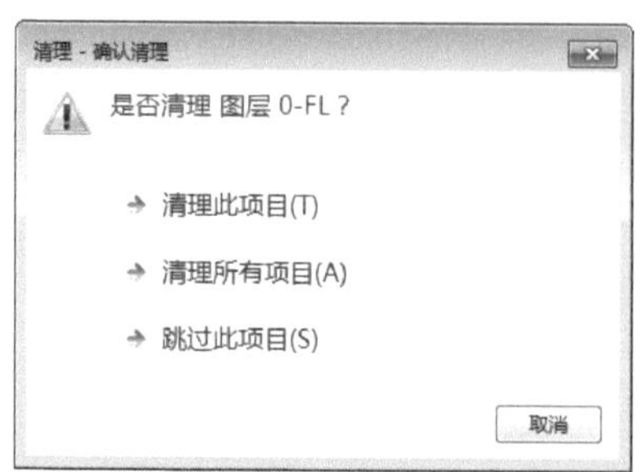

图10-72 【清理－确认清理】对话框

10.4 图形特性设置

在用户确实需要的情况下，可以通过【特性】面板或工具栏为所选择的图形对象单独设置特性，绘制出既属于当前层，又具有不同于当前层特性的图形对象。

操作技巧

频繁设置对象特性，会使图层的共同特性减少，不利于图层组织。

10.4.1 查看并修改图形特性

一般情况下，图形对象的显示特性都是【随图层】（ByLayer），表示图形对象的属性与其所在的图层特性相同；若选择【随块】（ByBlock）选项，则对象从它所在的块中继承颜色和线型。

1 通过【特性】面板编辑对象属性

•执行方式

◆功能区：在【默认】选项卡的【特性】面板中选择要编辑的属性栏，如图10-73所示。

•操作步骤

该面板分为多个选项列表框，分别控制对象的不同特性。选择一个对象，然后在对应选项列表框中选择要修改为的特性，即可修改对象的特性。

图10-73 【特性】面板

• 选项说明

默认设置下，对象颜色、线宽、线型 3 个特性为 ByLayer（随图层），即与所在图层一致，这种情况下绘制的对象将使用当前图层的特性，通过 3 种特性的下拉列表框（见图 10-74），可以修改当前绘图特性。

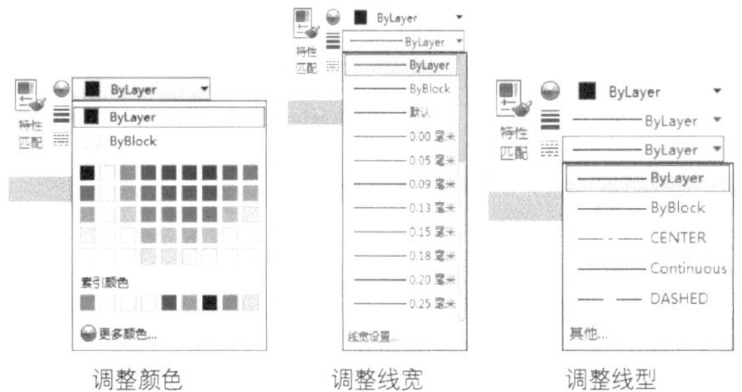

图 10-74 【特性】面板选项列表

• 初学解答 Bylayer（随层）与 Byblock（随块）的区别

图形对象有几个基本属性，即颜色、线型、线宽等，这几个属性可以控制图形的显示效果和打印效果，合理设置好对象的属性，不仅可以使图面看上去更美观、清晰，更重要的是可以获得正确的打印效果。在设置对象的颜色、线型、线宽的属性时都会看到列表中的 Bylayer（随层）、Byblock（随块）这两个选项。

Bylayer（随层）即对象属性使用它所在的图层的属性。绘图过程中通常会将同类的图形放在同一个图层中，用图层来控制图形对象的属性很方便。因此通常设置好图层的颜色、线型、线宽等，然后在所在图层绘制图形，假如图形对象属性有误，还可以调换图层。

图层特性是硬性的，不管独立的图形对象、图块、外部参照等都会分配在图层中。图块对象所属图层跟图块定义时图形所在图层和块参照插入的图层都有关系。如果图块在 0 层创建定义，图块插入哪个层，图块就属于哪个层；如果图块不在 0 层创建定义，图块无论插入到哪个层，图块仍然属于原来创建的那个图层。

Byblock（随块）即对象属性使用它所在的图块的属性。通常只有将要做成图块的图形对象才设置为这个属性。当图形对象设置为 Byblock 并被定义成图块后，我们可以直接调整图块的属性，设置成 Byblock 属性的对象属性将跟随图块设置变化而变化。

2 通过【特性】选项板编辑对象属性

【特性】选项板能查看和修改的图形特性只有颜色、线型和线宽，【特性】选项板则能查看并修改更多的对象特性。

• 执行方式

在 AutoCAD 中打开对象的【特性】选项板有以下几种常用方法。

◆ 功能区：选择要查看特性的对象，然后单击【标准】面板中的【特性】按钮。

◆ 菜单栏：选择要查看特性的对象，然后选择【修改】|【特性】命令；也可先执行菜单命令，再选择对象。

◆ 命令行：选择要查看特性的对象，然后在命令行中输入“PROPERTIES”或“PR”或“CH”命令并按【Enter】键。

◆ 快捷键：选择要查看特性的对象，然后按快捷键 Ctrl+1。

• 操作步骤

如果只选择了单个图形，执行以上任意一种操作将打开该对象的【特性】选项板，如图 10-75 所示，对其中所显示的图形信息进行修改即可。

• 选项说明

从选项板中可以看到，该选项板不但列出了颜色、线宽、线型、打印样式、透明度等图形常规属性，还增添了【三维效果】以及【几何图形】两大属性列表框，可以查看和修改其材质效果以及几何属性。

如果同时选择了多个对象，弹出的选项板则显示这些对象的共同属性，在不同特性的项目上显示“* 多种 *”，如图 10-76 所示。在【特性】选项板中包括选项列表框和文本框等项目，选择相应的选项或输入参数，即可修改对象的特性。

图 10-75 单个图形的【特性】选项板

图 10-76 多个图形的【特性】选项板

10.4.2 匹配图形属性 ★重点★

特性匹配的功能就如同 Office 软件中的“格式刷”一样，可以把一个图形对象（源对象）的特性完全“继承”给另外一个（或一组）图形对象（目标对象），是这些图形对象的部分或全部特性和源对象相同。

在 AutoCAD 中执行【特性匹配】命令有以下两种

常用方法。

◆菜单栏：执行【修改】|【特性匹配】命令。

◆功能区：单击【默认】选项卡内【特性】面板的【特性匹配】按钮，如图10-77所示。

◆命令行：输入“MATCHPROP”或“MA”命令。

特性匹配命令执行过程当中，需要选择两类对象：源对象和目标对象。操作完成后，目标对象的部分或全部特性和源对象相同。命令行提示如下。

```
命令: ma                                //调用【特性匹配】命令
MATCHPROP
选择源对象:                              //单击选择源对象
当前活动设置: 颜色 图层 线型 线型比例 线宽 透明度 厚度
打印样式 标注 文字 图案填充 多段线 视口 表格材质 阴影显
示 多重引线
选择目标对象或 [设置(S)]:                 //光标变成格式刷形状,
选择目标对象，可以立即修改其属性
选择目标对象或 [设置(S)]:                 //选择目标对象完毕后单
击【Enter】键，结束命令
```

通常，源对象可供匹配的特性很多，选择“设置”备选项，将弹出如图10-78所示的【特性设置】对话框。在该对话框中，可以设置哪些特性允许匹配，哪些特性不允许匹配。

图10-77 【特性】面板

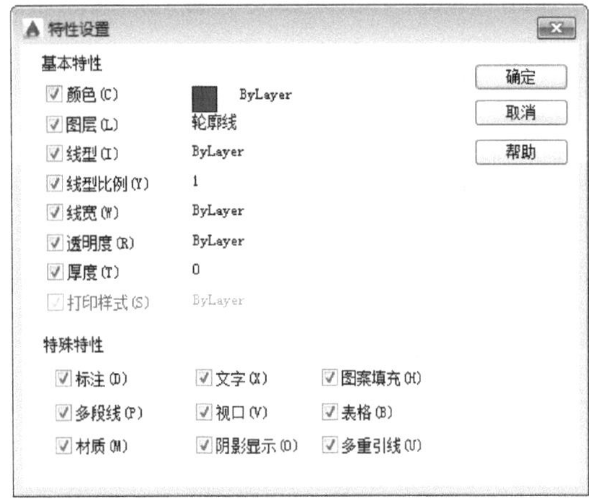

图10-78 【特性设置】对话框

练习 10-6 特性匹配图形

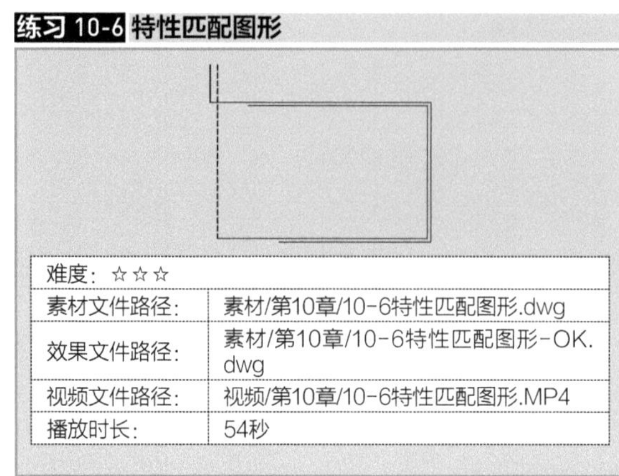

难度：☆☆☆	
素材文件路径：	素材/第10章/10-6特性匹配图形.dwg
效果文件路径：	素材/第10章/10-6特性匹配图形-OK.dwg
视频文件路径：	视频/第10章/10-6特性匹配图形.MP4
播放时长：	54秒

本例已经绘制好部分采暖给水管线（粗实线）与采暖回水管线（粗虚线），如图10-79所示，然后根据前文所学的特性匹配功能将其余部分修改为对应的图层，其最终效果如图10-80所示。

图 10-79 素材图样

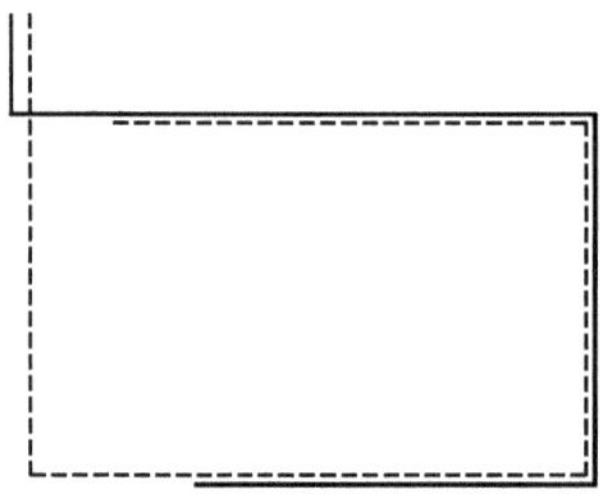
图 10-80 完成后效果

Step 01 单击快速访问栏中的打开按钮，打开“第10章/10-6特性匹配图形.dwg”素材文件，如图10-79所示。

Step 02 单击【默认】选项卡中【特性】面板中的【特性匹配】按钮，选择如图10-81所示的源对象。

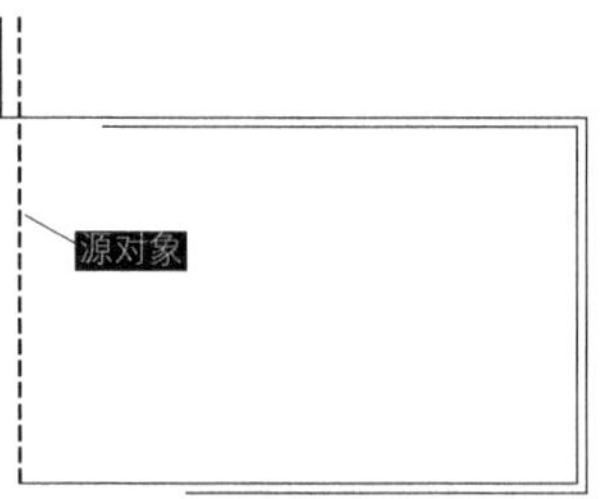

图 10-81 选择源对象

Step 03 当鼠标指针形状由方框变成刷子时，表示源对象选择完成。单击素材图样中的目标对象，此时图形效果如图 10-82所示。命令行操作如下。

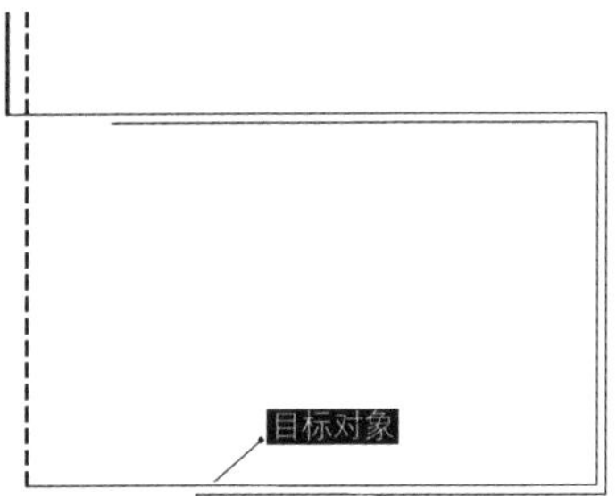

图 10-82 选择目标对象

```
命令: '_matchprop
选择源对象:        //选择如图 10-81所示的直线为源对象
当前活动设置: 颜色 图层 线型 线型比例 线宽 透明度 厚度 打印样式 标注 文字 图案填充 多段线 视口 表格材质 阴影显示 多重引线
选择目标对象或 [设置(S)]:
                        //选择如图 10-82所示的六边形目标对象
```

Step 04 重复以上操作，继续给素材图样进行特性匹配，最后完成效果如图 10-80所示。

第 11 章 图块与外部参照

在实际制图中，常常需要用到同样的图形，例如，机械设计中的粗糙度符号，室内设计中的门、床、家居、电器等。如果每次都重新绘制，不但浪费了大量的时间，同时也降低了工作效率。因此，AutoCAD 提供了图块的功能，用户可以将一些经常使用的图形对象定义为图块。当需要重新利用到这些图形时，只需要按合适的比例插入相应的图块到指定的位置即可。

在设计过程中，我们会反复调用图形文件、样式、图块、标注、线型等内容，为了提高 AutoCAD 系统的效率，AutoCAD 提供了设计中心这一资源管理工具，对这些资源进行分门别类地管理。

11.1 图块

图块是由多个对象组成的集合并具有块名。通过建立图块，用户可以将多个对象作为一个整体来操作。

在 AutoCAD 中，使用图块可以提高绘图效率、节省存储空间，同时还便于修改和重新定义图块。图块的特点具体解释如下。

◆提高绘图效率：使用 AutoCAD 进行绘图过程中，经常需绘制一些重复出现的图形，如建筑工程图中的门和窗等，如果把这些图形做成图块并以文件的形式保存在电脑中，当需要调用时再将其调入图形文件中，就可以避免大量的重复工作，从而提高工作效率。

◆节省存储空间：AutoCAD 要保存图形中的每一个相关信息，如对象的图层、线型和颜色等，都占用大量的空间，可以把这些相同的图形先定义成一个块，然后再插入所需的位置，如在绘制建筑工程图时，可将需修改的对象用图块定义，从而节省大量的存储空间。

◆为图块添加属性：AutoCAD 允许为图块创建具有文字信息的属性并可以在插入图块时指定是否显示这些属性。

11.1.1 内部图块

内部图块是存储在图形文件内部的块，只能在存储文件中使用，而不能在其他图形文件中使用。

•执行方式

调用【创建块】命令的方法如下。

◆菜单栏：执行【绘图】|【块】|【创建】命令。

◆命令行：在命令行中输入“BLOCK”或“B”命令。

◆功能区：在【默认】选项卡中，单击【块】面板中的【创建块】按钮。

•操作步骤

执行上述任一命令后，系统弹出【块定义】对话框，如图 11-1 所示。在对话框中设置好块名称、块对象、块基点这 3 个主要要素即可创建图块。

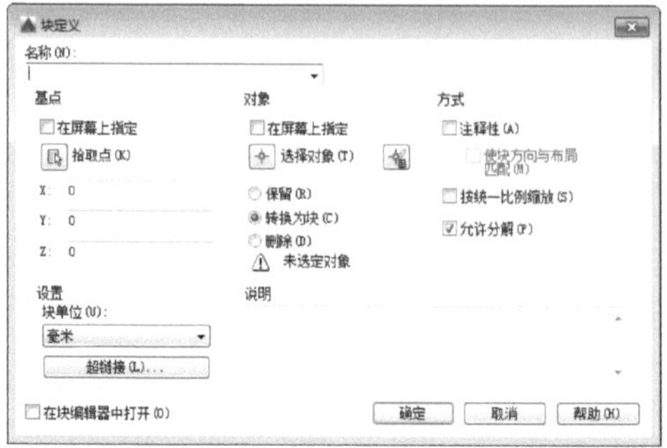

图 11-1 【块定义】对话框创建图块

•选项说明

该对话块中常用选项的功能介绍如下。

◆【名称】文本框：用于输入或选择块的名称。

◆【拾取点】按钮：单击该按钮，系统切换到绘图窗口中拾取基点。

◆【选择对象】按钮：单击该按钮，系统切换到绘图窗口中拾取创建块的对象。

◆【保留】单选按钮：创建块后保留源对象不变。

◆【转换为块】单选按钮：创建块后将源对象转换为块。

◆【删除】单选按钮：创建块后删除源对象。

◆【允许分解】复选框：勾选该选项，允许块被分解。

创建图块之前需要有源图形对象，才能使用 AutoCAD 创建为块。可以定义一个或多个图形对象为图块。

练习 11-1 创建安全阀内部图块

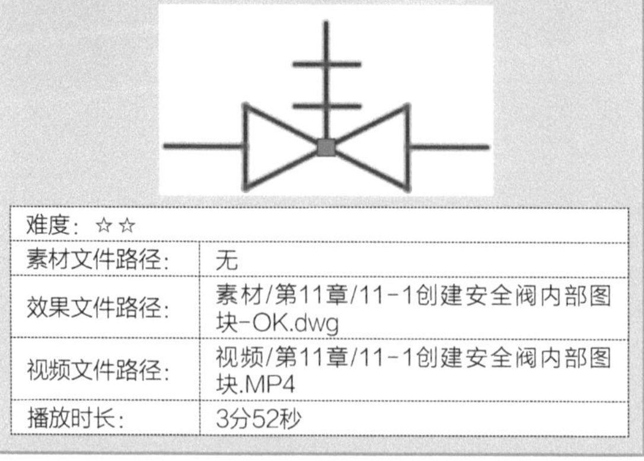

难度：☆☆	
素材文件路径：	无
效果文件路径：	素材/第11章/11-1创建安全阀内部图块-OK.dwg
视频文件路径：	视频/第11章/11-1创建安全阀内部图块.MP4
播放时长：	3分52秒

本例创建好的安全阀图块只存在于“创建安全阀内部图块 -OK.dwg”这个素材文件之中。

Step 01 单击快速访问工具栏中的【新建】按钮，新建空白文件。

Step 02 在【常用】选项卡中，单击【绘图】面板中的【矩形】按钮，绘制长150、宽100的矩形。

Step 03 在命令行中输入“L”，执行【直线】命令，绘制矩形的对角线，如图11-2所示。

Step 04 在【常用】选项卡中，单击【修改】面板中的【分解】按钮，将矩形分解，然后删除上下两侧的水平线段，如图11-3所示。

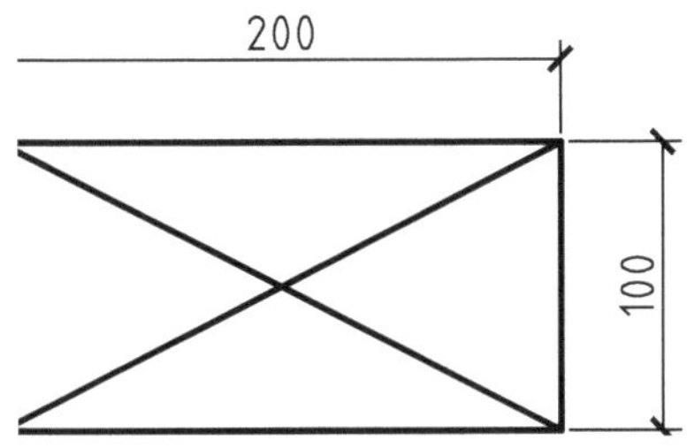

图 11-2 绘制矩形

图 11-3 选择拉伸对象

Step 05 在命令行中输入“L”，执行【直线】命令，分别以左右两侧竖直线的中点为起点，向外绘制长度为100的水平线段，结果如图11-4所示。

Step 06 按【Enter】键重复执行【直线】命令，以对角线的交点为起点，向上绘制长度为150的竖直线段，如图11-5所示。

图 11-4 矩形拉伸后效果

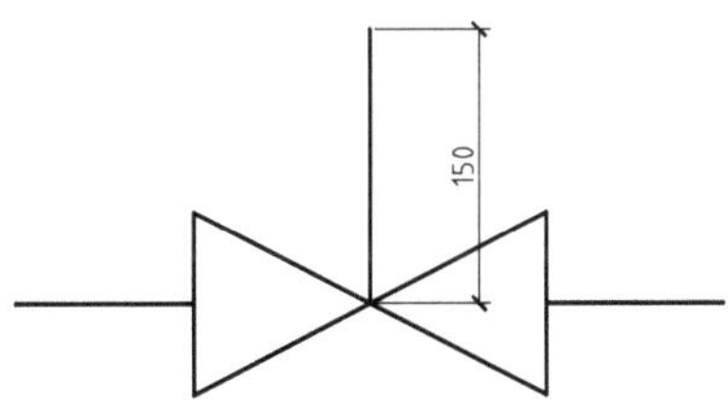

图 11-5 绘制竖直线段

Step 07 按【Enter】键重复执行【直线】命令，配合【移动】命令，在**Step 06**所绘竖直直线上绘制如图11-6所示的水平线段。

Step 08 在命令行中输入“B”，执行【块】命令，打开【块定义】对话框，在【名称】文本框中输入“安全阀”，如图11-7所示。

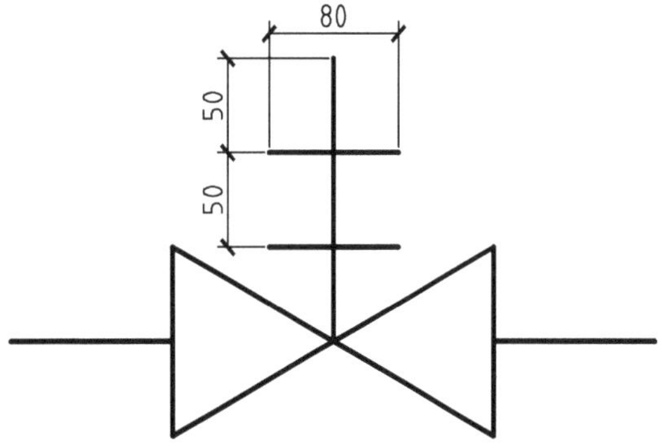

图 11-6 绘制直线

图 11-7 【块定义】对话框

Step 09 在【对象】选项区域单击【选择对象】按钮，在绘图区选择整个图形，按空格键返回对话框。

Step 10 在【基点】选项区域单击【拾取点】按钮，返回绘图区指定图形对角线交点作为块的基点，如图11-8所示。

Step 11 单击【确定】按钮，完成普通块的创建，此时图形成为一个整体，其夹点显示如图11-9所示。

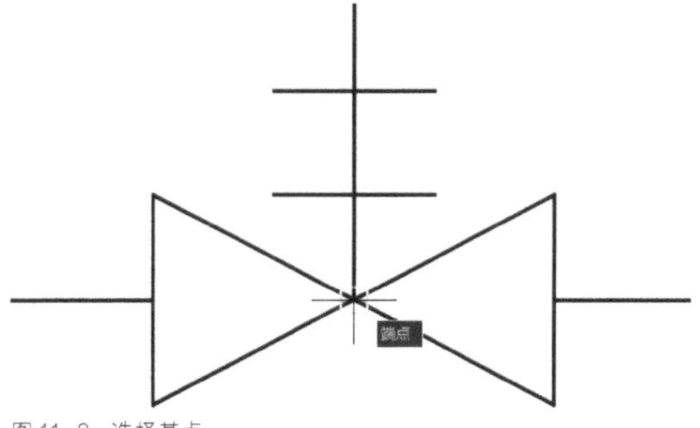

图 11-8 选择基点

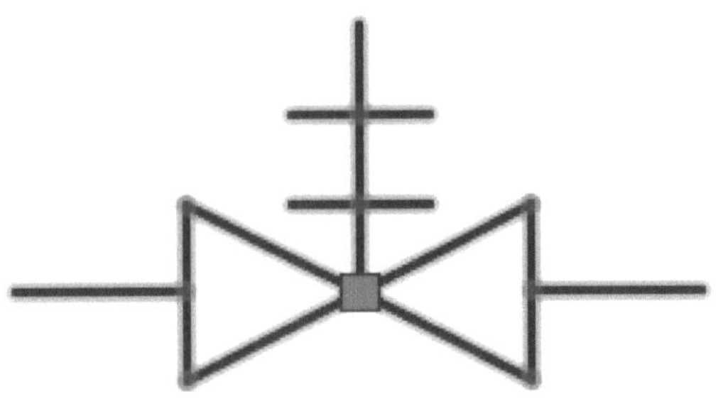

图 11-9 安全阀图块

·熟能生巧 统计文件中图块的数量

在平面图中，具有数量非常多的图块，若要人工进行统计则工作效率很低，且准确度不高。这时就可以使用第 3 章所学的快速选择命令来进行统计，下面通过一个例子来进行说明。

练习 11-2 统计平面图中的电脑数量 ★进阶★

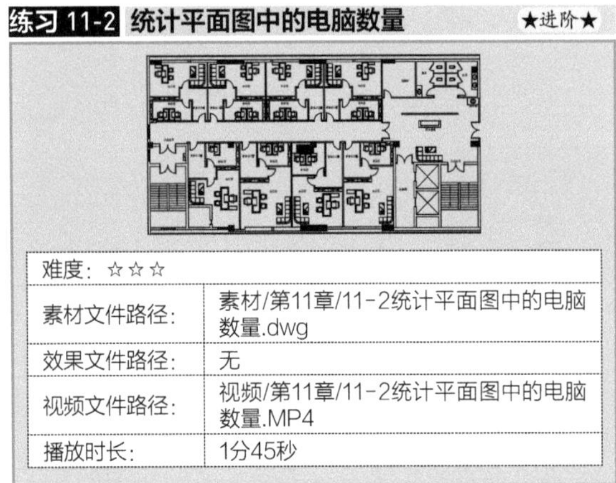

难度：☆☆☆	
素材文件路径：	素材/第11章/11-2统计平面图中的电脑数量.dwg
效果文件路径：	无
视频文件路径：	视频/第11章/11-2统计平面图中的电脑数量.MP4
播放时长：	1分45秒

创建图块不仅可以减少平面设计图所占的内存大小，还能更快地进行布置，且事后可以根据需要进行统计。本例便根据某办公室的设计平面图，来统计所用的普通办公电脑数量。

Step 01 打开“第11章/11-2统计平面图中的电脑数量.dwg”素材文件，如图11-10所示。

Step 02 查找块对象的名称。在需要统计的图块上双击鼠标，系统弹出【编辑块定义】对话框，在块列表中显示图块名称，“普通办公电脑”，如图11-11所示。

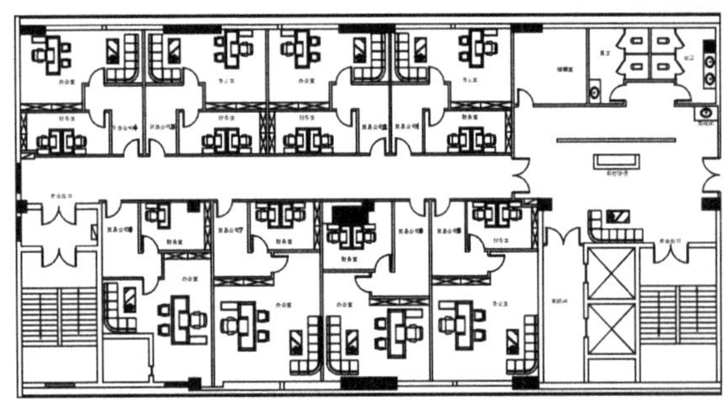

图 11-10 素材文件

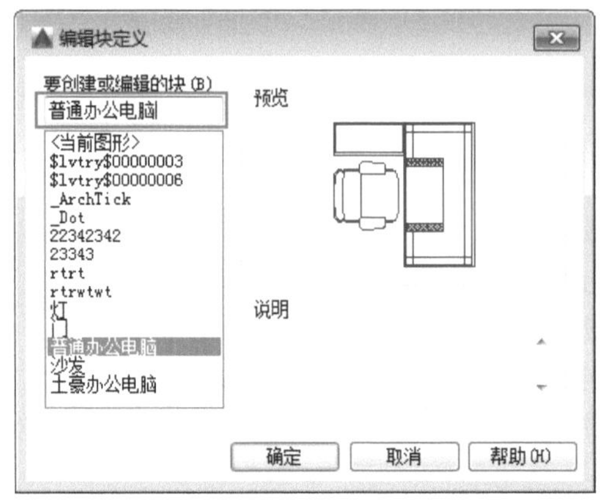

图 11-11 【编辑块定义】对话框

Step 03 在命令行中输入“QSELECT”命令并按【Enter】键，弹出【快速选择】对话框，选择应用到【整个图形】，在【对象类型】下拉列表中选择【块参照】选项，在【特性】列表框中选择【名称】选项，再在【值】下拉列表中选择【普通办公电脑】选项，指定【运算符】选项为【=等于】，如图11-12所示。

Step 04 设置完成后单击对话框中【确定】按钮，在文本信息栏里就会显示找到对象的数量，如图11-13所示，即为15台普通办公电脑。

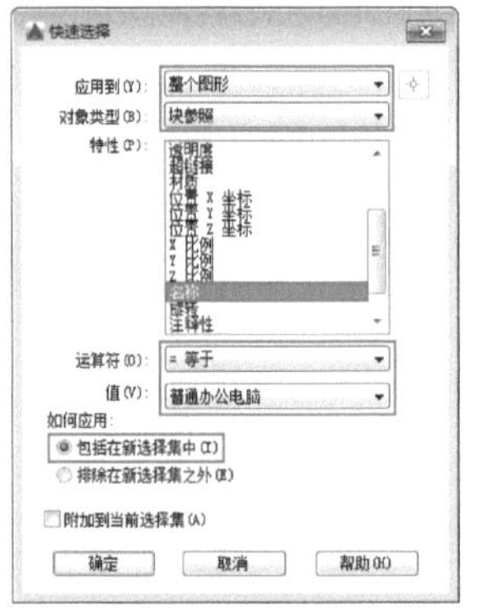

图 11-12 【快速选择】对话框

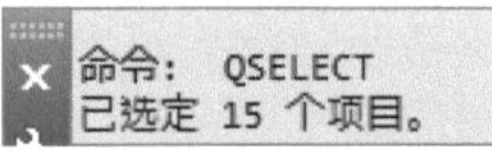

图 11-13 命令行中显示数量

11.1.2 外部图块

内部块仅限于在创建块的图形文件中使用，当其他文件中也需要使用时，则需要创建外部块，也就是永久块。外部图块不依赖于当前图形，可以在任意图形文件中调用并插入。使用【写块】命令可以创建外部块。

·执行方式

调用【写块】命令的方法如下。

◆命令行：在命令行中输入“WBLOCK”或“W”命令。

·操作步骤

执行该命令后，系统弹出【写块】对话框，如图 11-14 所示。

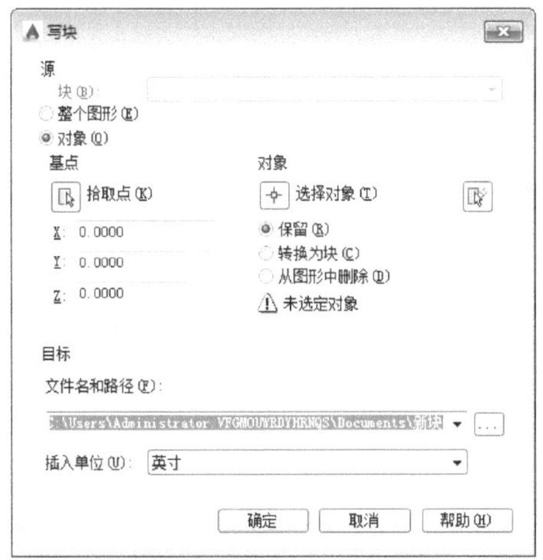

图 11-14 【写块】对话框

• 选项说明

【写块】对话框常用选项介绍如下。

◆【块】：将已定义好的块保存，可以在下拉列表中选择已有的内部块，如果当前文件中没有定义的块，该单选按钮不可用。

◆【整个图形】：将当前工作区中的全部图形保存为外部块。

◆【对象】：选择图形对象定义为外部块。该项为默认选项，一般情况下选择此项即可。

◆【拾取点】按钮：单击该按钮，系统切换到绘图窗口中拾取基点。

◆【选择对象】按钮：单击该按钮，系统切换到绘图窗口中拾取创建块的对象。

◆【保留】单选按钮：创建块后保留源对象不变。

◆【从图形中删除】：将选定对象另存为文件后，从当前图形中删除它们。

◆【目标】：用于设置块的保存路径和块名。单击该选项组【文件名和路径】文本框右边的按钮，可以在打开的对话框中选择保存路径。

练习 11-3 创建安全阀外部图块

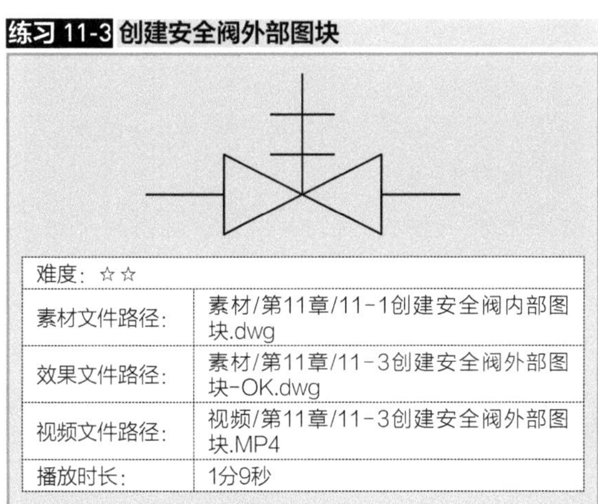

难度：☆☆	
素材文件路径：	素材/第11章/11-1创建安全阀内部图块.dwg
效果文件路径：	素材/第11章/11-3创建安全阀外部图块-OK.dwg
视频文件路径：	视频/第11章/11-3创建安全阀外部图块.MP4
播放时长：	1分9秒

本例创建好的安全阀图块，不仅存在于“10-3 创建安全阀外部图块 -OK.dwg”中，还存在于所指定的路径（桌面）上。

Step 01 单击快速访问工具栏中的【打开】按钮，打开“第11章/11-1创建安全阀内部图块.dwg”素材文件，如图11-15所示。

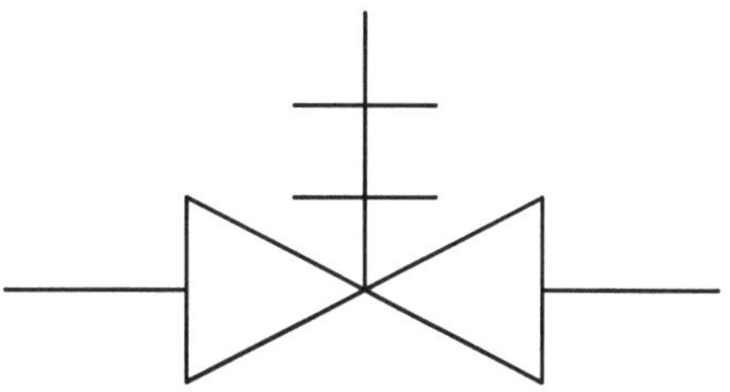

图 11-15 素材图形

Step 02 在命令行中输入“WBLOCK”命令，打开【写块】对话框，在【源】选项区域选择【块】复选框，然后在其右侧的下拉列表框中选择【安全阀】图块，如图11-16所示。

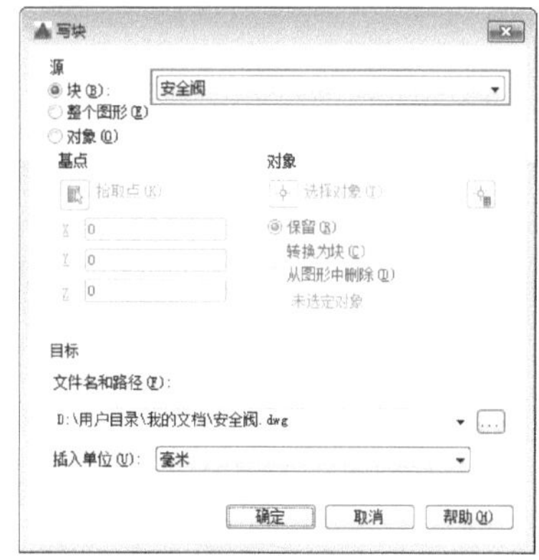

图 11-16 选择目标块

Step 03 指定保存路径。在【目标】选项区域，单击【文件和路径】文本框右侧的按钮，在弹出的对话框中选择保存路径，将其保存于桌面上，如图11-17所示。

Step 04 单击【确定】按钮，完成外部块的创建。

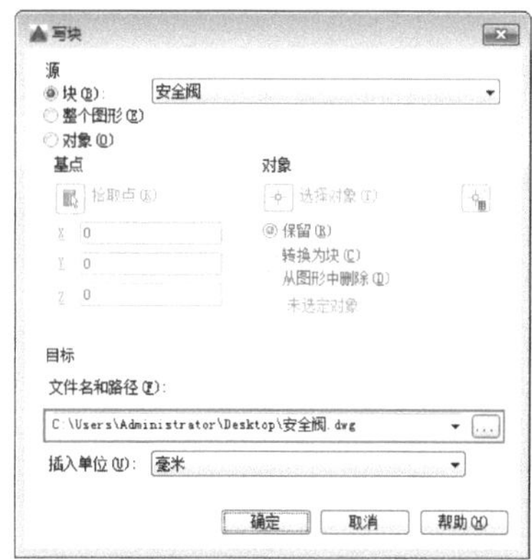

图 11-17 指定保存路径

11.1.3 属性块 ★重点★

图块包含的信息可以分为两类：图形信息和非图形信息。块属性是图块的非图形信息，如办公室工程中定义办公桌图块，每个办公桌的编号、使用者等属性。块属性必须和图块结合在一起使用，在图纸上显示为块实例的标签或说明，单独的属性是没有意义的。

1 创建块属性

在AutoCAD中添加块属性的操作主要分为3步。

Step 01 定义块属性。

Step 02 在定义图块时附加块属性。

Step 03 在插入图块时输入属性值。

•执行方式

定义块属性必须在定义块之前进行。定义块属性的命令启动方式有以下几种。

◆功能区：单击【插入】选项卡【属性】面板【定义属性】按钮，如图11-18所示。

◆菜单栏：单击【绘图】|【块】|【定义属性】命令，如图11-19所示。

◆命令行：输入“ATTDEF”或“ATT”命令。

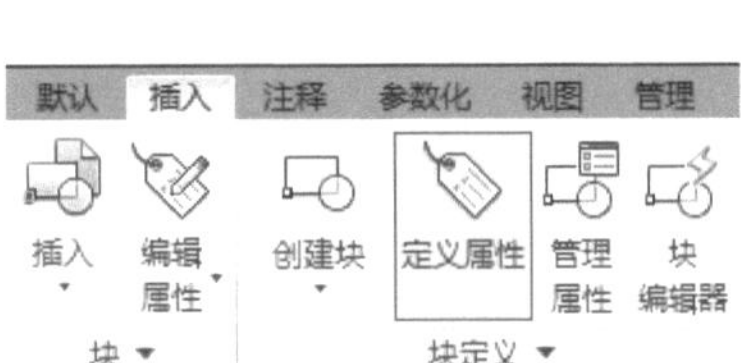

图11-18 定义块属性面板按钮

图11-19 定义块属性菜单命令

•操作步骤

执行上述任一命令后，系统弹出【属性定义】对话框，如图11-20所示。然后分别填写【标记】、【提示】与【默认值】，再设置好文字位置与对齐等属性，单击【确定】按钮，即可创建一块属性。

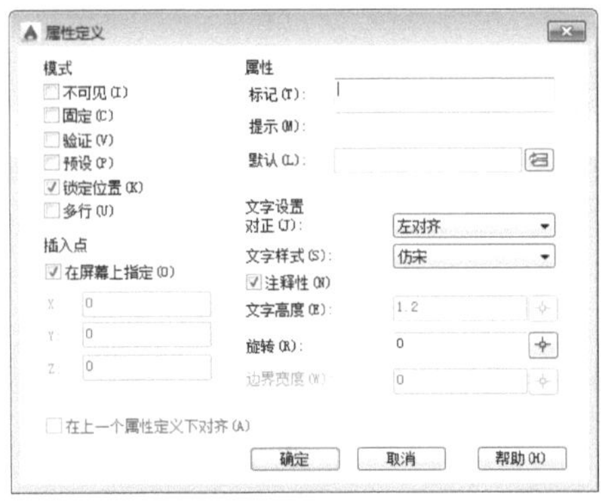

图11-20 【属性定义】对话框

•选项说明

【属性定义】对话框中常用选项的含义如下。

◆【属性】：用于设置属性数据，包括【标记】、【提示】、【默认】3个文本框。

◆【插入点】：该选项组用于指定图块属性的位置。

◆【文字设置】：该选项组用于设置属性文字的对正、样式、高度和旋转。

2 修改属性定义

直接双击块属性，系统弹出【增强属性编辑器】对话框。在【属性】选项卡的列表中选择要修改的文字属性，然后在下面的【值】文本框中输入块中定义的标记和值属性，如图11-21所示。

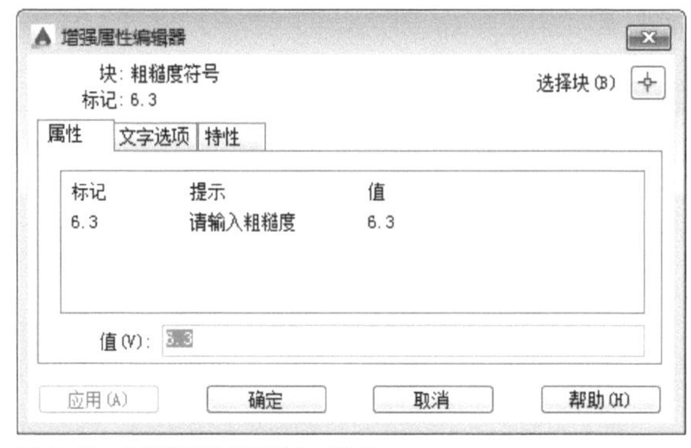

图11-21 【增强属性编辑器】对话框

在【增强属性编辑器】对话框中，各选项卡的含义如下。

◆【属性】：显示了块中每个属性的标识、提示和值。在列表框中选择某一属性后，在【值】文本框中将显示出该属性对应的属性值，可以通过它来修改属性值。

◆【文字选项】：用于修改属性文字的格式，该选项卡如图11-22所示。

◆【特性】：用于修改属性文字的图层以及其线宽、线型、颜色及打印样式等，该选项卡如图11-23所示。

图11-22 【文字选项】选项卡

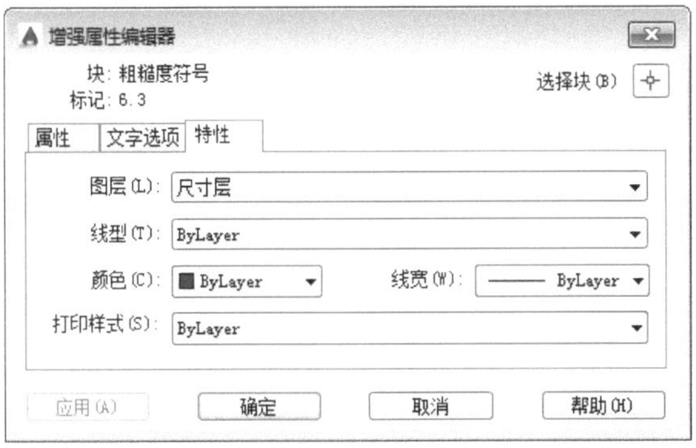

图 11-23 【特性】选项卡

下面通过一典型例子来说明属性块的作用与含义。

练习 11-4 创建标高属性块 ★重点★

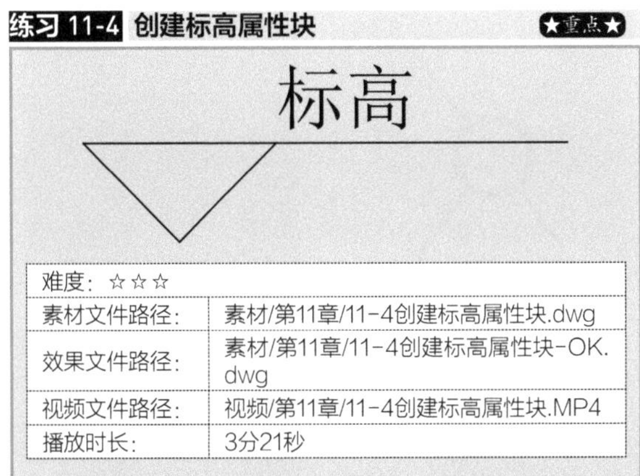

难度：☆☆☆	
素材文件路径：	素材/第11章/11-4创建标高属性块.dwg
效果文件路径：	素材/第11章/11-4创建标高属性块-OK.dwg
视频文件路径：	视频/第11章/11-4创建标高属性块.MP4
播放时长：	3分21秒

标高表示建筑物各部分的高度，是建筑物某一部位相对于基准面（标高的零点）的竖向高度，是竖向定位的依据。在施工图中经常有一个小小的直角等腰三角形，三角形的尖端或向上或向下，这是标高的符号，上面的数值则为建筑的竖向高度。标高符号在图形中形状相似，仅数值不同，因此可以创建为属性块，在绘图时直接调用即可，具体方法如下。

Step 01 打开“第11章/11-4 创建标高属性块.dwg”素材文件，如图11-24所示。

Step 02 在【默认】选项卡中，单击【块】面板上的【定义属性】按钮，系统弹出【属性定义】对话框，定义属性参数，如图11-25所示。

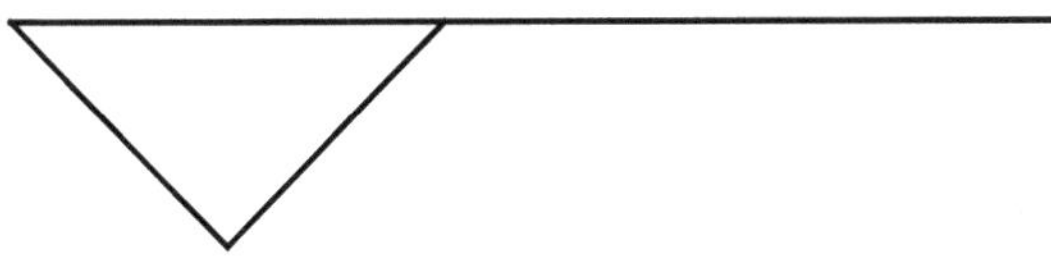

图 11-24 素材图形（11-4）

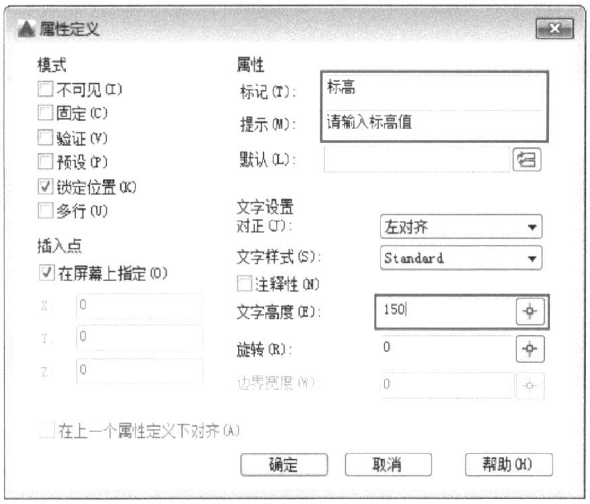

图 11-25 【属性定义】对话框

Step 03 单击【确定】按钮，在水平线上合适位置放置属性定义，如图11-26所示。

Step 04 在【默认】选项卡中，单击【块】面板上的【创建】按钮，系统弹出【块定义】对话框。在【名称】下拉列表框中输入“标高”；单击【拾取点】按钮，拾取三角形的下角点作为基点；单击【选择对象】按钮，选择符号图形和属性定义，如图11-27所示。

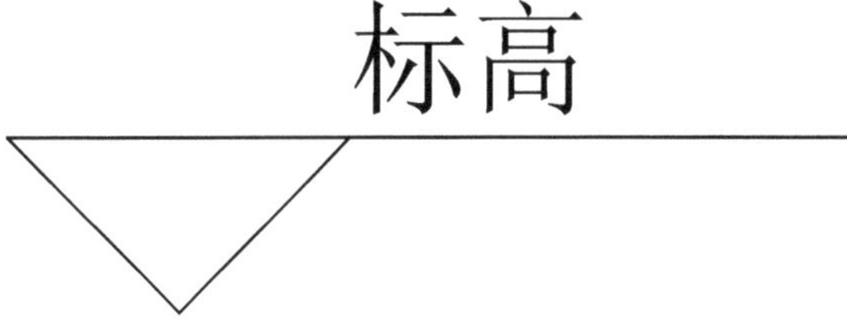

图 11-26 插入属性定义

图 11-27 【块定义】对话框

Step 05 单击【确定】按钮，系统弹出【编辑属性】对话框，更改属性值为0.000，如图11-28所示。

Step 06 单击【确定】按钮，标高符创建完成，如图11-29所示。

图 11-28 【编辑属性】对话框更改属性值

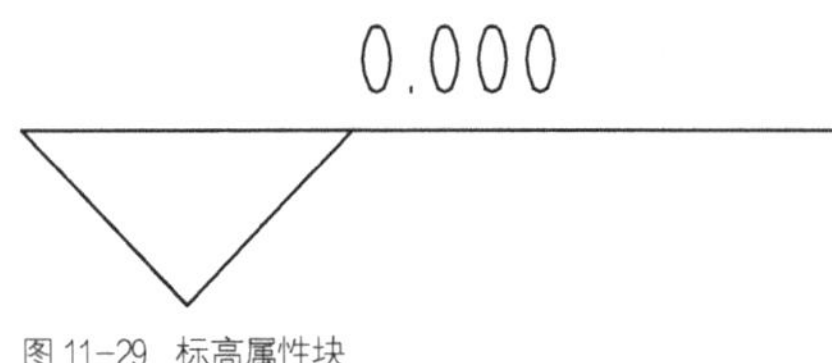

图 11-29 标高属性块

11.1.4 动态图块 ★重点★

在 AutoCAD 中，可以为普通图块添加动作，将其转换为动态图块，动态图块可以直接通过移动动态夹点来调整图块大小、角度，避免了频繁地参数输入或命令调用（如缩放、旋转、镜像命令等），使图块的操作变得更加轻松。

创建动态块的步骤有两步：一是往图块中添加参数；二是为添加的参数添加动作。动态块的创建需要使用【块编辑器】。块编辑器是一个专门的编写区域，用于添加能够使块成为动态块的元素。

调用【块编辑器】命令的方法如下。

◆菜单栏：执行【工具】|【块编辑器】命令。

◆命令行：在命令行中输入“BEDIT”或“BE”命令。

◆功能区：在【插入】选项卡中，单击【块】面板中的【块编辑器】按钮。

练习 11-5 创建中间开关动态图块 ★重点★

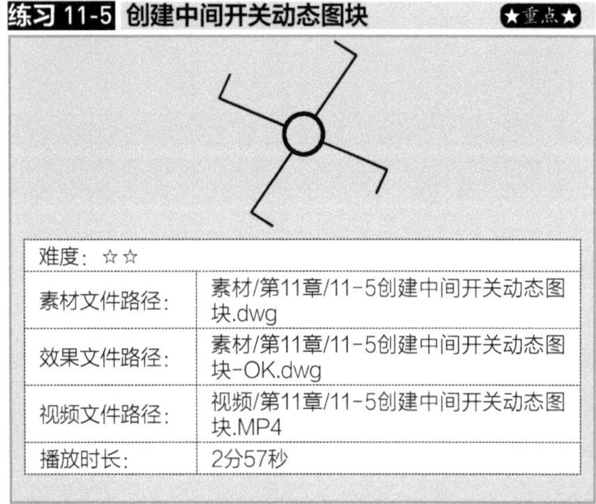

难度：☆☆	
素材文件路径：	素材/第11章/11-5创建中间开关动态图块.dwg
效果文件路径：	素材/第11章/11-5创建中间开关动态图块-OK.dwg
视频文件路径：	视频/第11章/11-5创建中间开关动态图块.MP4
播放时长：	2分57秒

一个灯在两地控制的开关叫双控开关，如果需要 3 地（或多地）控制，这中间一个（或几个都一样）即叫中间开关。中间开关的接法：L 线经双控开关后一直到最后一只双控开关，这中间 L 线都有二根，把这二根线开断就有 4 个线头，二进二出接到这“中间开关”上就可以了（很简单），中间开关相等于二个双控开关。

Step 01 单击快速访问工具栏中的【打开】按钮，打开“第11章/11-5创建中间开关动态图块.dwg”素材文件，如图11-30所示。

Step 02 单击【块】面板中的【块编辑器】按钮，打开【编辑块定义】对话框，选择【中间开关】图块，如图11-31所示。

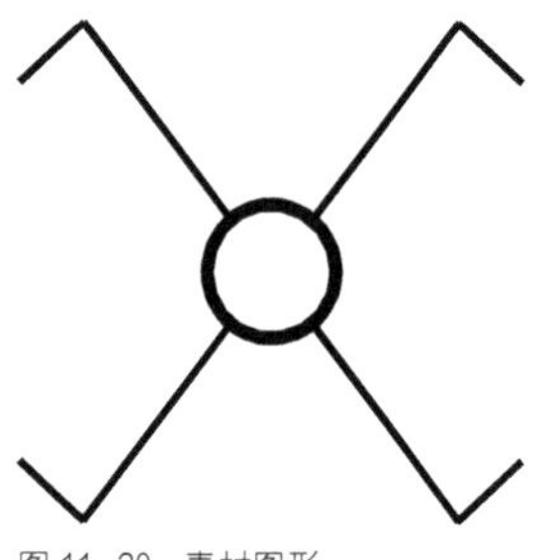

图 11-30 素材图形

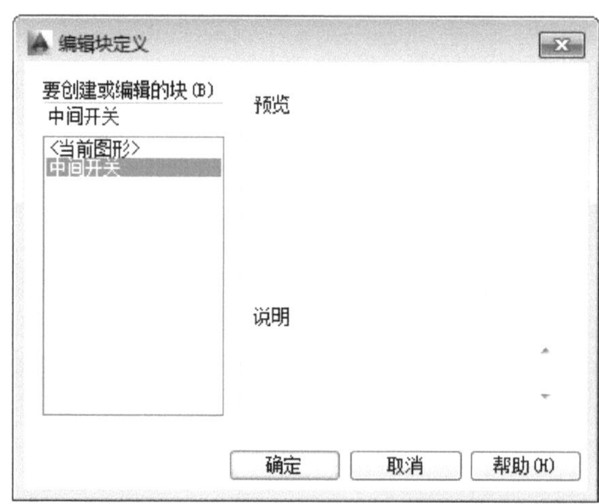

图 11-31 【编辑块定义】对话框

Step 03 单击【确定】按钮，打开【块编辑器】面板，此时绘图窗口变为浅灰色。

Step 04 在【块编写选项板】右侧单击【参数】选项卡，再单击【旋转】按钮，如图11-32所示，为块添加旋转参数，如图11-33所示，命令行提示如下。

```
命令: _bparameter 旋转                              //调用【旋转】命令
指定基点或 [名称(N)/标签(L)/链(C)/说明(D)/选项板(P)/值集(V)]:        //指定圆心点
指定参数半径: 1.25                                  //输入参数值
指定默认旋转角度或 [基准角度(B)] <0>: 60            //指定角度参数
指定标签位置:                                       //指定标签位置即可
```

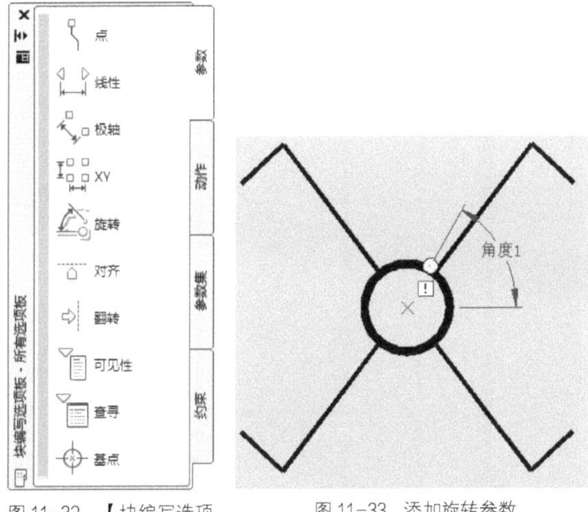

图 11-32 【块编写选项板 - 所有选项板】面板

图 11-33 添加旋转参数

Step 05 在【块编写选项板】右侧单击【动作】选项卡，再单击【旋转】按钮，根据提示为旋转参数添加旋转动作，如图11-34所示，命令行提示如下。

```
命令: _bactiontool 旋转                      //调用【旋转】命令
选择参数:                                    //选择旋转参数
指定动作的选择集
选择对象: 指定对角点: 找到 12 个              //选择所有对象，按回车键结束
```

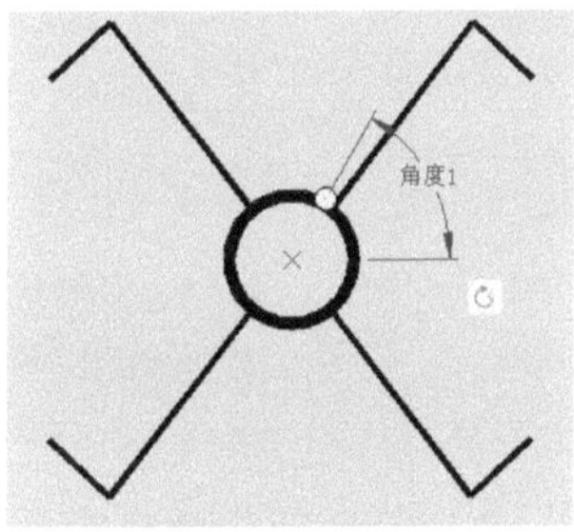

图 11-34 添加旋转动作

Step 06 在【块编辑器】选项卡中，单击【保存块】按钮，保存创建的动作块，单击【关闭块编辑器】按钮，关闭块编辑器，完成动态块的创建，并返回绘图窗口。

Step 07 为图块添加旋转动作效果，如图11-35所示。

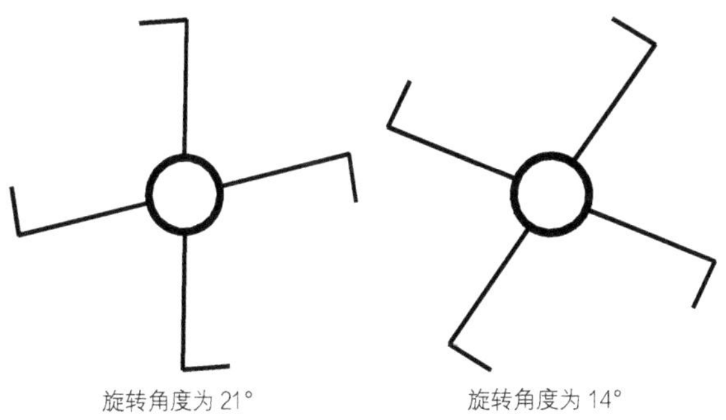

旋转角度为 21°　　旋转角度为 14°

图 11-35 中间开关动态图块

11.1.5 插入块

块定义完成后，就可以插入与块定义关联的块实例了。

• 执行方式

启动【插入块】命令的方式有以下几种。

◆功能区：单击【插入】选项卡【注释】面板【插入】按钮，如图 11-36 所示。

◆菜单栏：执行【插入】|【块】命令，如图 11-37 所示。

◆命令行：输入“INSERT”或“I”命令。

图 11-36 插入块工具按钮

图 11-37 插入块菜单命令

• 操作步骤

执行上述任一命令后，系统弹出【插入】对话框，如图 11-38 所示。在其中选择要插入的图块，再返回绘图区指定基点即可。

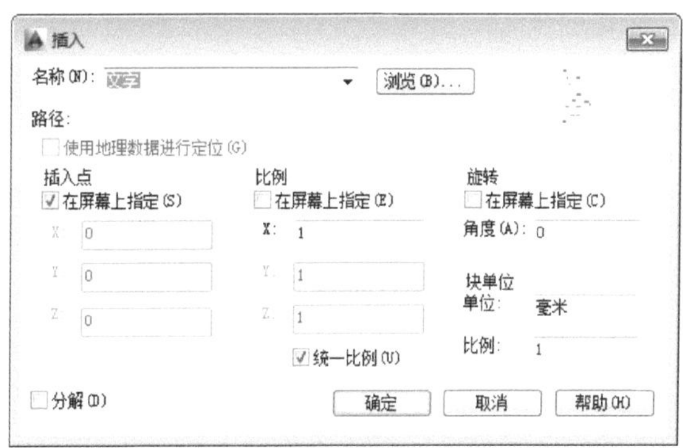

图 11-38 【插入】对话框

• 选项说明

该对话框中常用选项的含义如下。

◆【名称】下拉列表框：用于选择块或图形名称。可以单击其后的【浏览】按钮，系统弹出【打开图形文件】对话框，选择保存的块和外部图形。

◆【插入点】选项区域：设置块的插入点位置。

◆【比例】选项区域：用于设置块的插入比例。

◆【旋转】选项区域：用于设置块的旋转角度。可直接在【角度】文本框中输入角度值，也可以通过选中【在屏幕上指定】复选框，在屏幕上指定旋转角度。

◆【分解】复选框：可以将插入的块分解成块的各基本对象。

练习 11-6 插入电气图块

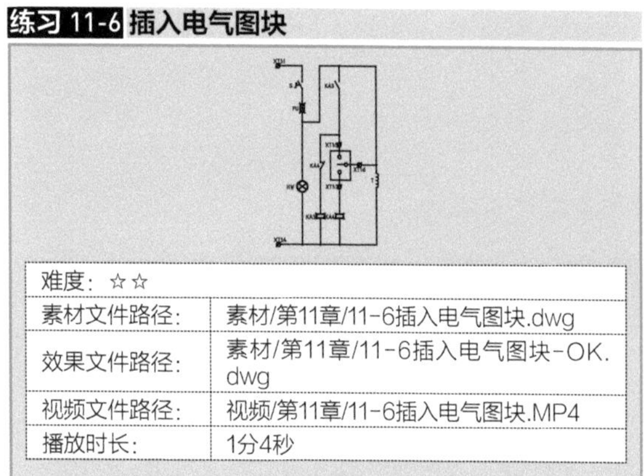

难度：☆☆	
素材文件路径：	素材/第11章/11-6插入电气图块.dwg
效果文件路径：	素材/第11章/11-6插入电气图块-OK.dwg
视频文件路径：	视频/第11章/11-6插入电气图块.MP4
播放时长：	1分4秒

在电气的系统图中，有多种用图例表示的元器件，这些元器件图例可以通过调用图块的方式进行放置。

Step 01 单击快速访问工具栏中的【打开】按钮，打开“第11章/11-6插入电气图块.dwg”素材文件，如图11-39所示。

Step 02 在【默认】选项卡中，单击【块】面板中的【创建块】按钮，打开【插入】对话框，在【名称】列表框中，选择【文字】选项，如图11-40所示。

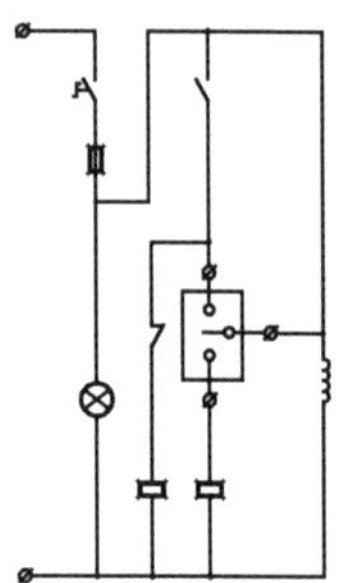

图 11-39 素材图形

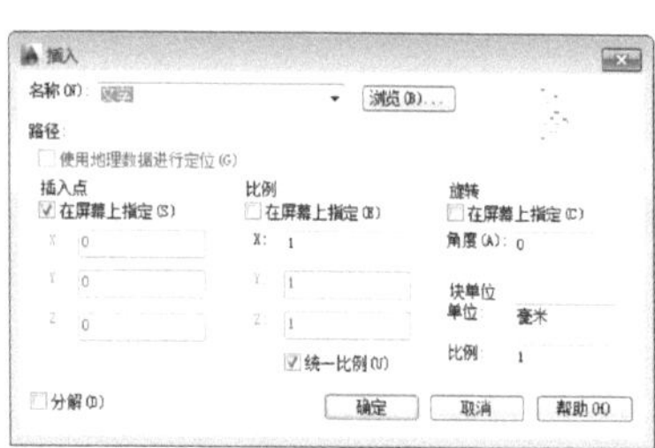

图 11-40 【插入】对话框

Step 03 单击【确定】按钮，返回绘图区域，插入文字，最终结果如图11-41所示。

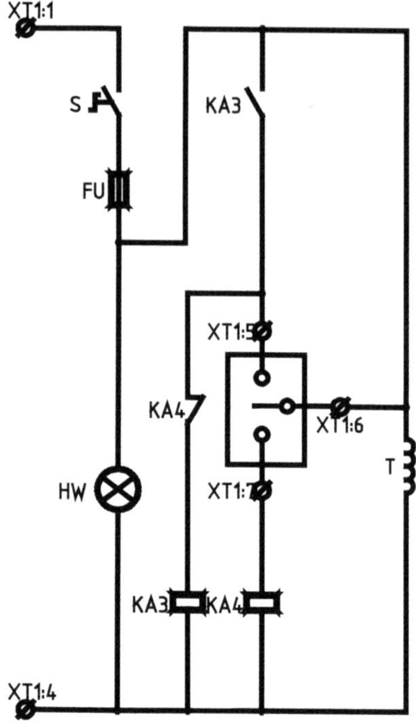

图 11-41 图形效果

11.2 编辑块

图块在创建完成后还可随时对其进行编辑，如重命名图块、分解图块、删除图块和重定义图块等操作。

11.2.1 设置插入基点

在创建图块时，可以为图块设置插入基点，这样在插入时就可以直接捕捉基点插入。但是如果创建的块事先没有指定插入基点，插入时系统默认的插入点为该图的坐标原点，这样往往会给绘图带来不便，此时可以使用【基点】命令为图形文件制定新的插入原点。

调用【基点】命令的方法如下。

◆ 菜单栏：执行【绘图】|【块】|【基点】命令。

◆ 命令行：在命令行中输入“BASE”命令。

◆ 功能区：在【默认】选项卡中，单击【块】面板中的【设置基点】按钮。

执行该命令后，可以根据命令行提示输入基点坐标或用鼠标直接在绘图窗口中指定。

11.2.2 重命名图块

创建图块后，对其进行重命名的方法有多种。如果是外部图块文件，可直接在保存目录中对该图块文件进行重命名；如果是内部图块，可使用【重命名】命令（RENAME 或 REN）来更改图块的名称。

调用【重命名图块】命令的方法如下。

◆命令行：在命令行中输入“RENAME”或“REN”命令。

◆菜单栏：执行【格式】|【重命名】命令。

练习 11-7 重命名图块

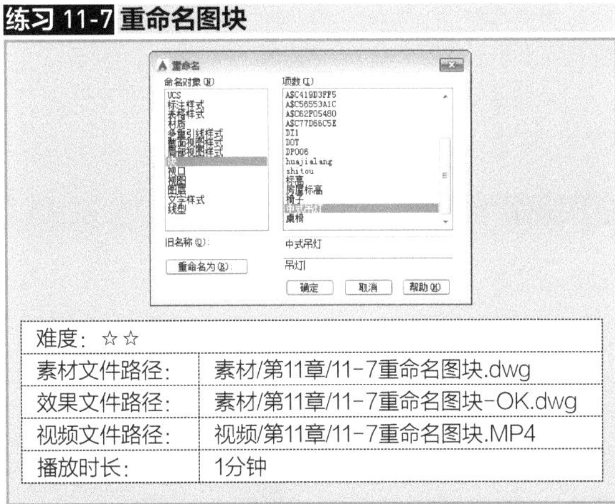

难度：☆☆	
素材文件路径：	素材/第11章/11-7重命名图块.dwg
效果文件路径：	素材/第11章/11-7重命名图块-OK.dwg
视频文件路径：	视频/第11章/11-7重命名图块.MP4
播放时长：	1分钟

如果已经定义好了图块，但最后觉得图块的名称不合适，便可以通过该方法来重新定义。

Step 01 单击快速访问工具栏中的【打开】按钮，打开“第11章/11-7重命名图块.dwg”文件。

Step 02 在命令行中输入“REN”（重命名图块）命令，系统弹出【重命名】对话框，如图 11-42所示。

Step 03 在对话框左侧的【命名对象】列表框中选择【块】选项，在右侧的【项目】列表框中选择【中式吊灯】块。

Step 04 在【旧名称】文本框中显示的是该块的旧名称，在【重命名为】按钮后面的文本框中输入新名称【吊灯】，如图 11-43所示。

Step 05 单击【重命名为】按钮确定操作，重命名图块完成，如图 11-44所示。

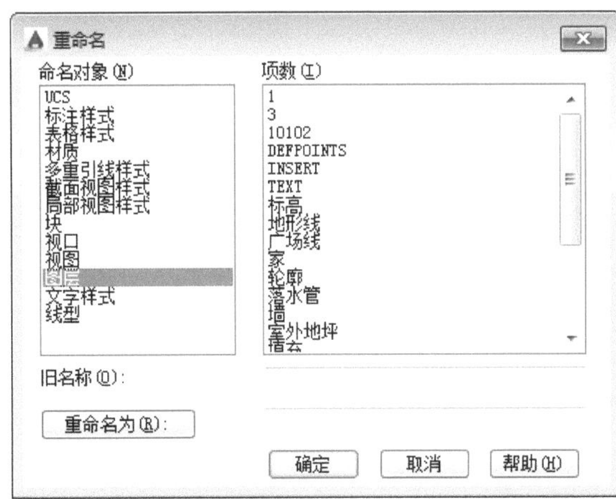

图 11-42 【重命名】对话框

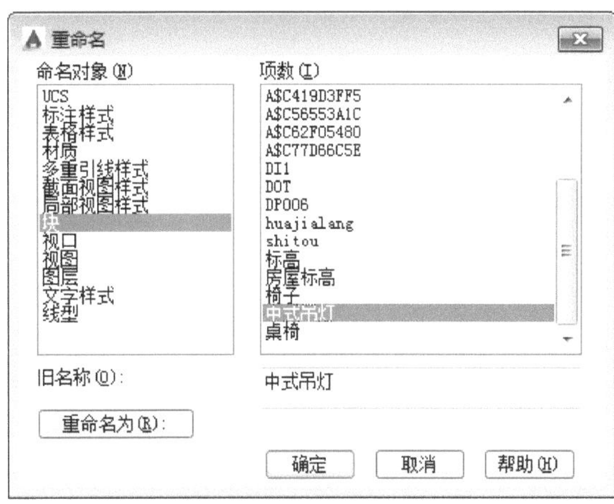

图 11-43 选择需重命名对象

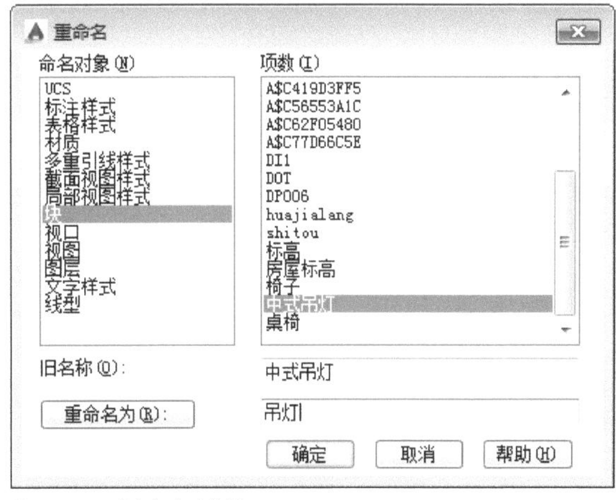

图 11-44 重命名完成效果

11.2.3 分解图块

由于插入的图块是一个整体，在需要对图块进行编辑时，必须先将其分解。

•执行方式

调用【分解图块】的命令方法如下。

◆菜单栏：执行【修改】|【分解】命令。

◆工具栏：单击【修改】工具栏中的【分解】按钮。

◆命令行：在命令行中输入“EXPLODE”或“X”命令。

◆功能区：在【默认】选项卡中，单击【修改】面板中的【分解】按钮。

•操作步骤

分解图块的操作非常简单，执行分解命令后，选择要分解的图块，再按回车键即可。图块被分解后，它的各个组成元素将变为单独的对象，之后便可以单独对各个组成元素进行编辑。

练习 11-8 分解图块

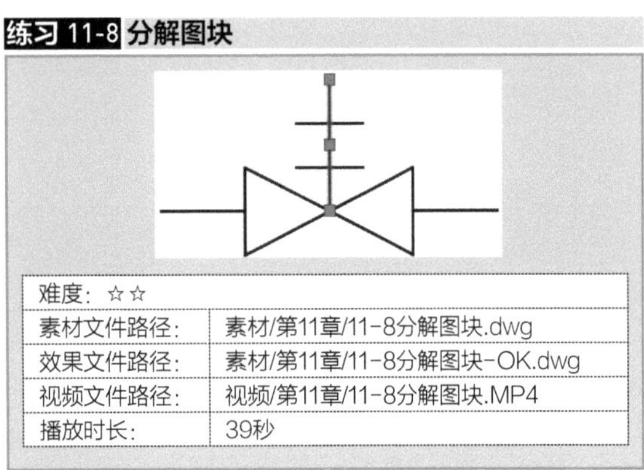

难度：☆☆	
素材文件路径：	素材/第11章/11-8分解图块.dwg
效果文件路径：	素材/第11章/11-8分解图块-OK.dwg
视频文件路径：	视频/第11章/11-8分解图块.MP4
播放时长：	39秒

Step 01 单击快速访问工具栏中的【打开】按钮，打开"第11章/11-8分解图块.dwg"文件，如图 11-45所示。

Step 02 框选图形，图块的夹点显示和属性板如图11-46所示。

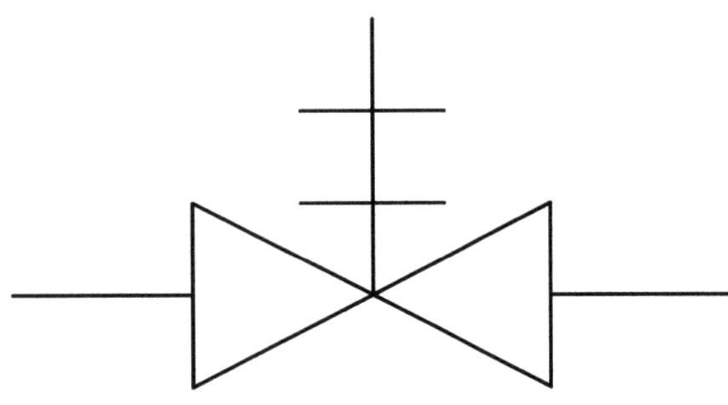

图 11-45 素材图样

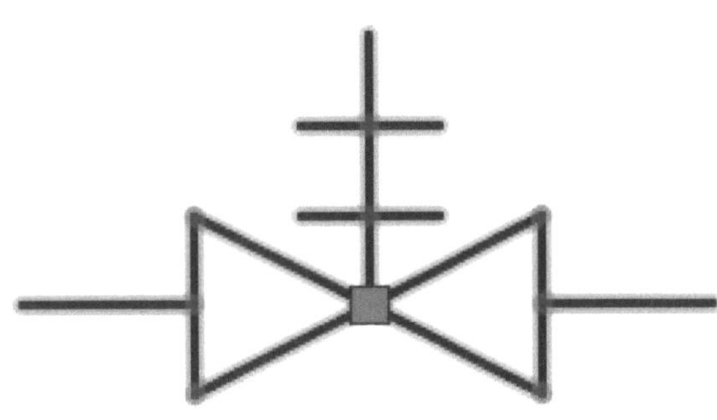

图 11-46 图块分解前效果

Step 03 在命令行中输入"X"（分解）命令，按【Enter】键确认分解，分解后框选图形效果如图 11-47所示。

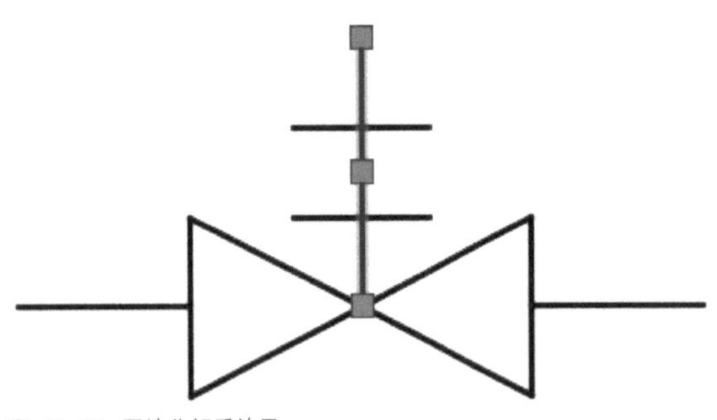

图 11-47 图块分解后效果

11.2.4 删除图块

如果图块是外部图块文件，可直接在电脑中删除；如果图块是内部图块，可使用以下删除方法删除。

◆应用程序：单击【应用程序】按钮，在下拉菜单中选择【图形实用工具】中的【清理】命令。

◆命令行：在命令行中输入"PURGE"或"PU"命令。

练习 11-9 删除图块

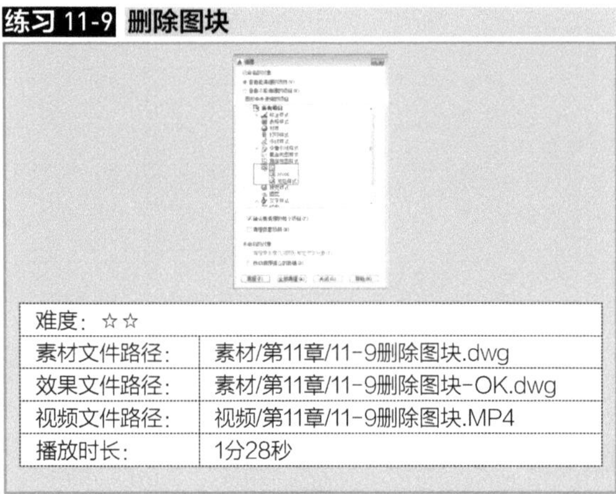

难度：☆☆	
素材文件路径：	素材/第11章/11-9删除图块.dwg
效果文件路径：	素材/第11章/11-9删除图块-OK.dwg
视频文件路径：	视频/第11章/11-9删除图块.MP4
播放时长：	1分28秒

图形中如果存在用不到的图块，最好将其清除，否则过多的图块文件会占用图形的内存，使得绘图时反应变慢。

Step 01 单击快速访问工具栏中的【打开】按钮，打开"第11章/11-9删除图块.dwg"文件。

Step 02 在命令行中输入"PU"（删除图块）命令，系统弹出【清理】对话框，如图 11-48所示。

Step 03 选择【查看能清理的项目】单选按钮，在【图形中未使用的项目】列表框中双击【块】选项，展开此项将显示当前图形文件中的所有内部块，如图11-49所示。

Step 04 选择要删除的【DP006】图块，然后单击【清理】按钮，清理后如图 11-50所示。

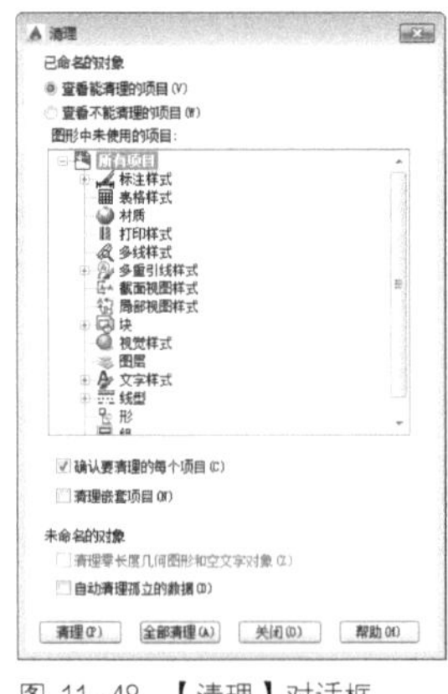

图 11-48 【清理】对话框

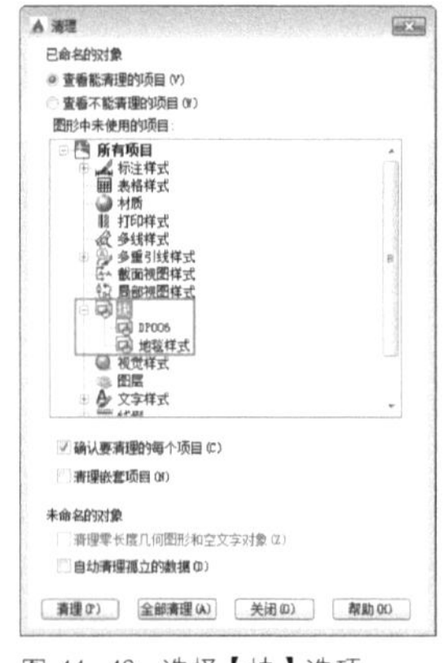

图 11-49 选择【块】选项

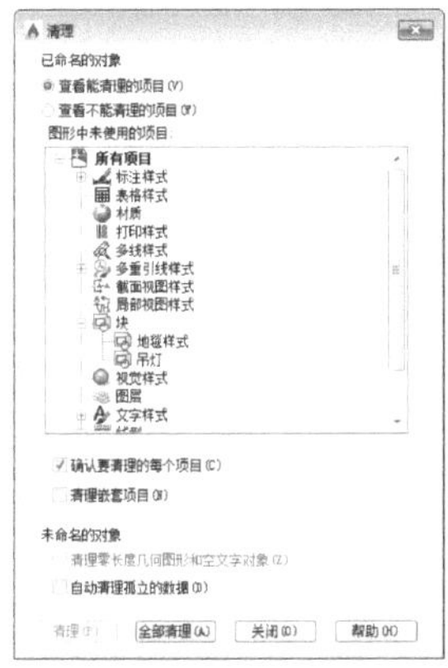

图 11-50 清理后效果

11.2.5 重新定义图块

通过对图块的重定义，可以更新所有与之关联的块实例，实现自动修改，其方法与定义块的方法基本相同。

其具体操作步骤如下。

Step 01 使用分解命令将当前图形中需要重新定义的图块分解为由单个元素组成的对象。

Step 02 对分解后的图块组成元素进行编辑。完成编辑后，再重新执行【块定义】命令，在打开的【块定义】对话框的【名称】下拉列表中选择源图块的名称。

Step 03 选择编辑后的图形并为图块指定插入基点及单位，单击【确定】按钮，在打开如图11-51所示的询问对话框中单击【重定义】按钮，完成图块的重定义。

图 11-51 【块 - 重定义块】提示框

11.3 外部参照

AutoCAD 将外部参照作为一种图块类型定义，它也可以提高绘图效率。但外部参照与图块有一些重要的区别，将图形作为图块插入时，它存储在图形中，不随原始图形的改变而更新；将图形作为外部参照时，会将该参照图形链接到当前图形，对参照图形所做的任何修改都会显示在当前图形中。一个图形可以作为外部参照同时附着插入多个图形中，同样也可以将多个图形作为外部参照附着到单个图形中。

11.3.1 了解外部参照

外部参照通常称为 XREF，用户可以将整个图形作为参照图形附着到当前图形中，而不是插入它。这样可以通过在图形中参照其他用户的图形协调用户之间的工作，查看当前图形是否与其他图形相匹配。

当前图形记录外部参照的位置和名称，以便总能很容易地参考，但并不是当前图形的一部分。和块一样，用户同样可以捕捉外部参照中的对象，从而使用它作为图形处理的参考。此外，还可以改变外部参照图层的可见性设置。

使用外部参照要注意以下几点。

◆确保显示参照图形的最新版本。打开图形时，将自动重载每个参照图形，从而反映参照图形文件的最新状态。

◆请勿在图形中使用参照图形中已存在的图层名、标注样式、文字样式和其他命名元素。

◆当工程完成并准备归档时，将附着的参照图形和当前图形永久合并（绑定）到一起。

11.3.2 附着外部参照 ★进阶★

用户可以将其他文件的图形作为参照图形附着到当前图形中，这样可以通过在图形中参照其他用户的图形来协调各用户之间的工作，查看当前图形是否与其他图形相匹配。

• 执行方式

下面介绍 4 种【附着】外部参照的方法。

◆菜单栏：执行【插入】|【DWG 参照】命令。

◆工具栏：单击【插入】工具栏中的【附着】按钮。

◆命令行：在命令行中输入“XATTACH”或“XA”命令。

◆功能区：在【插入】选项卡中，单击【参照】面板中的【附着】按钮。

• 操作步骤

执行附着命令，选择一个 DWG 文件打开后，弹出【附着外部参照】对话框，如图 11-52 所示。

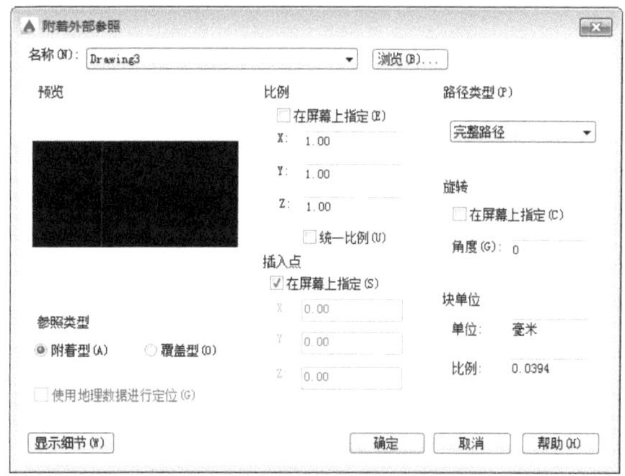

图 11-52 【附着外部参照】对话框

•选项说明

【附着外部参照】对话框各选项介绍如下。

◆【参照类型】选项组：选择【附着型】单选按钮表示显示出嵌套参照中的嵌套内容；选择【覆盖型】单选按钮表示不显示嵌套参照中的嵌套内容。

◆【路径类型】选项组：【完整路径】，使用此选项附着外部参照时，外部参照的精确位置将保存到主图形中，此选项的精确度最高，但灵活性最小，如果移动工程文件，AutoCAD 将无法融入任何使用完整路径附着的外部参照；【相对路径】，使用此选项附着外部参照时，将保存外部参照相对于主图形的位置，此选项的灵活性最大，如果移动工程文件夹，AutoCAD 仍可以融入使用相对路径附着的外部参照，只要此外部参照相对主图形的位置未发生变化；【无路径】，在不使用路径附着外部参照时，AutoCAD 首先在主图形中的文件夹中查找外部参照，当外部参照文件与主图形位于同一个文件夹中时，此选项非常有用。

•精益求精 外部参照在图形设计中的应用

1 保证各专业设计协作的连续一致性

◆外部参照可以保证各专业的设计、修改同步进行。例如，建筑专业对建筑条件做了修改，其他专业只要重新打开图或者重载当前图形，就可以看到修改的部分，从而马上按照最新建筑条件继续设计工作，从而避免了其他专业因建筑专业的修改而出现图纸对不上的问题。

2 减小文件容量

◆含有外部参照的文件只是记录了一个路径，该文件的存储容量增大不多。采用外部参照功能可以使一批引用文件附着在一个较小的图形文件上而生成一个复杂的图形文件，从而可以大大提高图形的生成速度。在设计中，如果能利用外部参照功能，可以轻松处理由多个专业配合、汇总而成的庞大的图形文件。

3 提高绘图速度

◆由于外部参照“立竿见影”的功效，各个相关专业的图纸都在随着设计内容的改变随时更新，而不需要不断复制，不断滞后，这样，不但可以提高绘图速度，而且可以大大减少修改图形所耗费的时间和精力。同时，CAD 的参照编辑功能可以让设计人员在不打开部分外部参照文件的情况下对外部参照文件进行修改，从而加快了绘图速度。

4 优化设计文件的数量

◆一个外部参照文件可以被多个文件引用，而且一个文件可以重复引用同一个外部参照文件，从而使图形文件的数量减少到最低，提高了项目组文件管理的效率。

11.3.3 拆离外部参照 ★进阶★

要从图形中完全删除外部参照，需要拆离而不是删除。例如，删除外部参照不会删除与其关联的图层定义。使用【拆离】命令，才能删除外部参照和所有关联信息。

拆离外部参照的一般步骤如下。

Step 01 打开【外部参照】选项板。

Step 02 在选项板中选择需要删除的外部参照，并在参照上右击。

Step 03 在弹出的快捷菜单中选择【拆离】，即可拆离选定的外部参照，如图 11-53所示。

图 11-53 【外部参照】选项板

11.3.4 管理外部参照 ★进阶★

在 AutoCAD 中，可以在【外部参照】选项板中对外部参照进行编辑和管理。

•执行方式

调用【外部参照】选项板的方法如下：

◆命令行：在命令行中输入“XREF”或“XR”命令。

◆功能区：在【插入】选项卡中，单击【注释】面板右下角箭头按钮↘。

◆菜单栏：执行【插入】|【外部参照】命令。

•操作步骤

【外部参照】选项板各选项功能如下。

◆按钮区域：此区域有【附着】、【刷新】、【帮助】3 个按钮，【附着】按钮可以用于添加不同格式的外部参照文件；【刷新】按钮用于刷新当前选项卡显示；【帮助】按钮可以打开系统的帮助页面，从而可以快速了解相关的知识。

◆【文件参照】列表框：此列表框中显示了当前图形中各个外部参照文件名称，单击其右上方的【列表图】或【树状图】按钮，可以设置文件列表框的显示形式。【列表图】表示以列表形式显示，如图 11-54 所示；【树状图】表示以树形显示，如图 11-55 所示。

◆【详细信息】选项区域：用于显示外部参照文件的各种信息。选择任意一个外部参照文件后，将在此处显示该外部参照文件的名称、加载状态、文件大小、参照类型、参照日期以及参照文件的存储路径等内容，如图 11-56 所示。

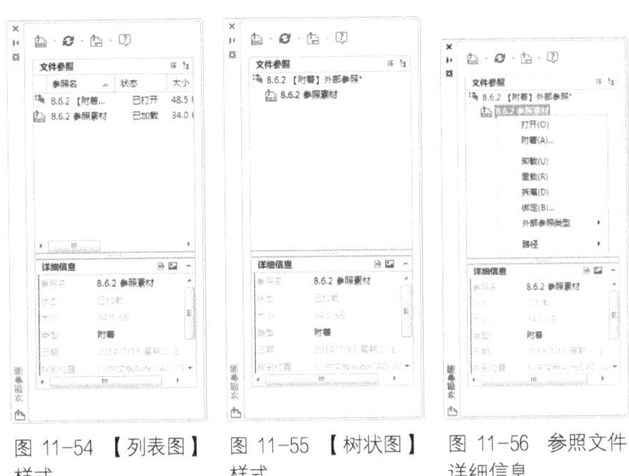

图 11-54 【列表图】样式　图 11-55 【树状图】样式　图 11-56 参照文件详细信息

•选项说明

当附着多个外部参照后，在文件参照列表框中文件上右击，将弹出快捷菜单，在菜单上选择不同的命令可以对外部参照进行相关操作。

快捷菜单中各命令的含义如下。

◆【打开】：单击该按钮可在新建窗口中打开选定的外部参照进行编辑。在【外部参照管理器】对话框关闭后，显示新建窗口。

◆【附着】：单击该按钮可打开【选择参照文件】对话框，在该对话框中可以选择需要插入当前图形中外部参照文件。

◆【卸载】：单击该按钮可从当前图形中移走不需要的外部参照文件，但移走后仍保留该文件的路径，当希望再次参照该图形时，单击对话框中的【重载】按钮即可。

◆【重载】：单击该按钮可在不退出当前图形的情况下，更新外部参照文件。

◆【拆离】：单击该按钮可从当前图形中移去不再需要的外部参照文件。

11.3.5 剪裁外部参照 ★进阶★

剪裁外部参照可以去除多余的参照部分，而无需更改原参照图形。

【剪裁】外部参照的方法如下。

◆菜单栏：执行【修改】|【剪裁】|【外部参照】命令。

◆命令行：在命令行中输入“CLIP”命令。

◆功能区：在【插入】选项卡中，单击【参照】面板中的【剪裁】按钮。

11.4 AutoCAD设计中心

AutoCAD 设计中心类似于 Windows 资源管理器，可执行对图形、块、图案填充和其他图形内容的访问等辅助操作，并在图形之间复制和粘贴其他内容，从而使设计者更好地管理外部参照、块参照和线型等图形内容。这种操作不仅可简化绘图过程，而且可通过网络资源共享来服务当前产品设计。

11.4.1 设计中心窗口 ★进阶★

在 AutoCAD 2016 中进入【设计中心】有以下 2 种常用方法。

•执行方式

◆快捷键：按【Ctrl】+【2】快捷键。

◆功能区：在【视图】选项卡中，单击【选项板】面板中的【设计中心】工具按钮。

•操作步骤

执行上述任一命令后，均可打开AutoCAD【设计中心】选项板，如图 11-57 所示。

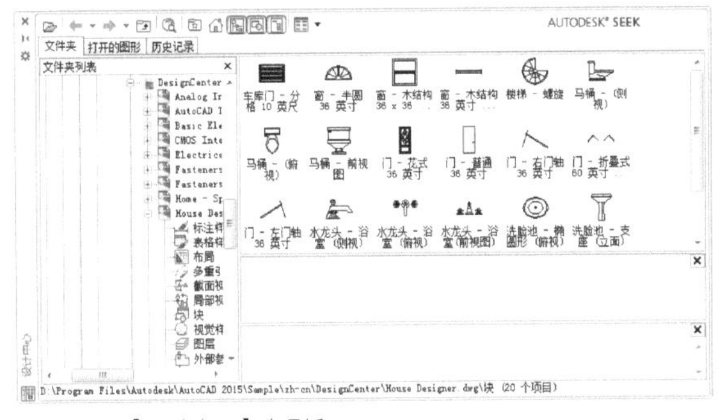

图 11-57 【设计中心】选项板

•选项说明

设计中心窗口的按钮和选项卡的含义及设置方法如下。

选项卡操作

在设计中心中，可以在 3 个选项卡之间进行切换，各选项含义如下。

◆文件夹：指定文件夹列表框中的文件路径（包括网络路径），右侧显示图形信息。

◆打开的图形：该选项卡显示当前已打开的所有图形，并在右方的列表框中包括图形中的块、图层、线型、文字样式、标注样式和打印样式。

◆ 历史记录：该选项卡中显示最近在设计中心打开的文件列表。

◎ 按钮操作

在【设计中心】选项卡中，要设置对应选项卡中树状视图与控制板中显示的内容，可以单击选项卡上方的按钮执行相应的操作，各按钮的含义如下。

◆ 加载按钮：使用该按钮通过桌面、收藏夹等路径加载图形文件。

◆ 搜索按钮：用于快速查找图形对象。

◆ 搜藏夹按钮：通过收藏夹来标记存放在本地硬盘和网页中常用的文件。

◆ 主页按钮：将设计中心返回默认文件夹。

◆ 树状图切换按钮：使用该工具打开 / 关闭树状视图窗口。

◆ 预览按钮：使用该工具打开 / 关闭选项卡右下侧窗格。

◆ 说明按钮：打开或关闭说明窗格，以确定是否显示说明窗格内容。

◆ 视图按钮：用于确定控制板显示内容的显示格式。

11.4.2 设计中心查找功能 ★进阶★

使用设计中心的【查找】功能，可在弹出的【搜索】对话框中快速查找图形、块特征、图层特征和尺寸样式等内容，将这些资源插入当前图形，可辅助当前设计。单击【设计中心】选项板中的【搜索】按钮，系统弹出【搜索】对话框，如图 11-58 所示。

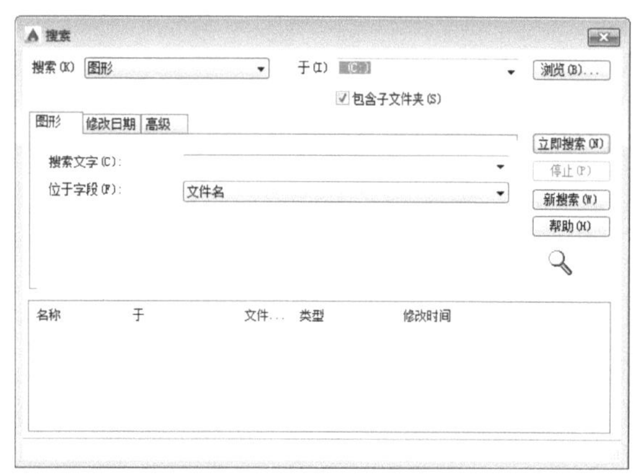

图 11-58 【搜索】对话框

在该对话框指定搜索对象所在的盘符，然后在【搜索文字】列表框中输入搜索对象名称，在【位于字段】列表框中输入搜索类型，单击【立即搜索】按钮，即可执行搜索操作。另外，还可以选择其他选项卡设置不同的搜索条件。

将图形选项卡切换到【修改日期】选项卡，可指定图形文件创建或修改的日期范围。默认情况下不指定日期，需要在此之前指定图形修改日期。

切换到【高级】选项卡可指定其他搜索参数。

11.4.3 插入设计中心图形 ★进阶★

使用 AutoCAD 设计中心最终的目的是在当前图形中调入块、引用图像和外部参照，并且在图形之间复制块、图层、线型、文字样式、标注样式以及用户定义的内容等。也就是说，根据插入内容类型的不同，对应插入设计中心图形的方法也不相同。

1 插入块

通常情况下，执行插入块操作可根据设计需要确定插入方式。

◆ 自动换算比例插入块：选择该方法插入块时，可从设计中心窗口中选择要插入的块，并拖动到绘图窗口。移到插入位置时释放鼠标，即可实现块的插入操作。

◆ 常规插入块：在【设计中心】对话框中选择要插入的块，然后用鼠标右键将该块拖动到窗口后释放鼠标，此时将弹出一个快捷菜单，选择【插入块】选项，即可弹出【插入块】对话框，可按照插入块的方法确定插入点、插入比例和旋转角度，将该块插入当前图形中。

2 复制对象

复制对象就在控制板中展开相应的块、图层、标注样式列表，然后选中某个块、图层或标注样式并将其拖入当前图形，即可获得复制对象效果。如果按住右键将其拖入当前图形，此时系统将弹出一个快捷菜单，通过此菜单可以进行相应的操作。

3 以动态块形式插入图形文件

要以动态块形式在当前图形中插入外部图形文件，只需要通过右键快捷菜单，执行【块编辑器】命令即可，此时系统将打开【块编辑器】窗口，用户可以通过该窗口将选中的图形创建为动态图块。

4 引入外部参照

从【设计中心】对话框选择外部参照，用鼠标右键将其拖动到绘图窗口后释放，在弹出的快捷菜单中选择【附加为外部参照】选项，弹出【外部参照】对话框，可以在其中确定插入点、插入比例和旋转角度。

第 12 章 图形信息查询

计算机辅助设计不可缺少的一个功能就是提供对图形对象的点坐标、距离、周长、面积等属性的几何查询。AutoCAD 2016 提供了查询图形对象的面积、距离、坐标、周长、体积等工具。

12.1 图形类信息查询

图形类信息包括图形的状态、创建时间以及图形的系统变量等 3 种，分别介绍如下。

12.1.1 查询图形的状态

在 AutoCAD2016 中，使用【STATUS】（状态）命令可以查询当前图形中对象的数目和当前空间中各种对象的类型等信息，包括图形对象（如圆弧和多段线）、非图形对象（如图层和线型）和块定义。除全局图形统计信息和设置外，还将列出系统中安装的可用内存量、可用磁盘空间量以及交换文件中的可用空间量。

•执行方式

执行【状态】查询命令有以下 2 种方法。

◆ 菜单栏：执行【工具】|【查询】|【状态】命令。

◆ 命令行：输入“STATUS”命令。

•操作步骤

执行该命令后，系统将弹出如图 12-1 所示的命令行窗口，该窗口中显示了捕捉分辨率、当前空间类型、布局、图层、颜色、线型、材质、图形界限、图形中对象的个数以及对象捕捉模式等 24 类信息。

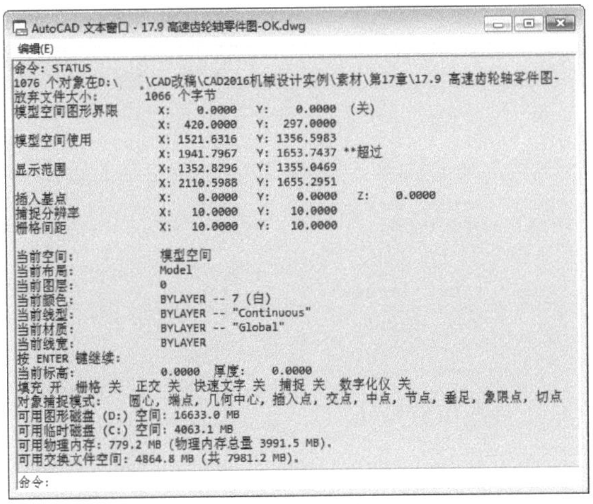

```
AutoCAD 文本窗口 - 17.9 高速齿轮轴零件图-OK.dwg
编辑(E)
命令: STATUS
1076 个对象在D:\    .\CAD改稿\CAD2016机械设计实例\素材\第17章\17.9 高速齿轮轴零件图-
放弃文件大小:       1066 个字节
模型空间图形界限      X:    0.0000   Y:    0.0000  (关)
                      X:  420.0000   Y:  297.0000
模型空间使用          X: 1521.6316   Y: 1356.5983
                      X: 1941.7967   Y: 1653.7437 **超过
显示范围              X: 1352.8296   Y: 1355.0469
                      X: 2110.5988   Y: 1655.2951
插入基点              X:    0.0000   Y:    0.0000   Z:    0.0000
捕捉分辨率            X:   10.0000   Y:   10.0000
栅格间距              X:   10.0000   Y:   10.0000

当前空间:             模型空间
当前布局:             Model
当前图层:             0
当前颜色:             BYLAYER -- 7 (白)
当前线型:             BYLAYER -- "Continuous"
当前材质:             BYLAYER -- "Global"
当前线宽:             BYLAYER
按 ENTER 键继续:
当前标高:             0.0000  厚度:    0.0000
填充 开  栅格 关  正交 关  快速文字 关  捕捉 关  数字化仪 关
对象捕捉模式:    圆心, 端点, 几何中心, 插入点, 交点, 中点, 节点, 垂足, 象限点, 切点
可用图形磁盘 (D:) 空间: 16633.0 MB
可用临时磁盘 (C:) 空间: 4063.1 MB
可用物理内存: 779.2 MB (物理内存总量 3991.5 MB).
可用交换文件空间: 4864.8 MB (共 7981.2 MB).
命令:
```

图 12-1 查询状态

•选项说明

各查询内容的含义如表 12-1 所示。

表12-1 STATUS【状态】命令的查询内容

列表项	说 明
当前图形中的对象数	包括各种图形对象、非图形对象（如图层）和块定义
模型空间图形界限	显示由【Limits】（图形界限）命令定义的栅格界限。第一行显示界限左下角的 xy 坐标，它存储在系统变量 LIMMIN 中；第二行显示界限右上角的 xy 坐标，它存储在 LIMMAX 系统变量中。y 坐标值右边的注释“关”，表示界限检查设置为 0
模型空间使用	显示图形范围（包括数据库中的所有对象），可以超出栅格界限。第一行显示该范围左下角的 *xy* 坐标；第二行显示右上角的 *xy* 坐标。如果 *y* 坐标值的右边有“超过”注释，则表明该图形的范围超出了栅格界限
显示范围	列出了当前视口中可见的图形范围部分。第一行显示左下角的 *xy* 坐标，第二行显示右上角的 *xy* 坐标
插入基点	列出图形的插入点
捕捉分辨率	设置当前视口的捕捉间距
栅格间距	指定当前视口的栅格间距（包括 *x* 和 *y* 方向）
当前空间	显示当前激活的是模型空间还是图纸空间
当前布局	显示“模型”或当前布局的名称
当前图层	显示当前图层
当前颜色	设置新对象的颜色
当前线型	设置新对象的线型
当前线宽	设置新对象的线宽

（续表）

列表项	说 明
当前材质	设置新对象的材质
当前标高	存储新对象相对于当前 UCS 的标高
厚度	设置当前的三维厚度
填充、栅格、正交、快速文字、捕捉和数字化仪	显示这些模式是开或者关
对象捕捉模式	显示正在运行的对象捕捉模式
可用图形磁盘	列出驱动器上为该程序的临时文件指定的可用磁盘空间的量
可用临时磁盘空间	列出驱动器上为临时文件指定的可用磁盘空间的量
可用物理内存	列出系统中可用安装内存
可用交换文件空间	列出交换文件中的可用空间

显然，在表 12-1 中列出的很多信息即使不用【STATUS】（状态）命令也可以得到，如当前图层、颜色、线型和线宽等，可以直接在【图层】面板或特性选项板中看到。不过，一些其他的信息，如可用磁盘空间与可用内存的统计等，则很难直接观察到。

•初学解答 【STATUS】（状态）命令的用途

【STATUS】（状态）命令最常见的用途是解决不同设计师之间但是交互问题。例如，在工作中，可以将该列表信息发送给另一个办公室中需要处理同一图形的同事，以便于同事采取相应措施展开协同工作。

12.1.2 查询系统变量

所谓系统变量，就是控制某些命令工作方式的设置。命令通常用于启动活动或打开对话框，而系统变量则用于控制命令的行为、操作的默认值或用户界面的外观。

系统变量有打开或关闭模式，如【捕捉】、【栅格】或【正交】；有设定填充图案的默认比例；存储有关当前图形或程序配置的信息。可以使用系统变量来更改设置或显示当前状态。也可以在对话框中或在功能区中修改许多系统变量设置。对于一些能人来说，还可以通过二次开发程序来控制。

•执行方式

查询系统变量有以下两种方法。

◆菜单栏：执行【工具】|【查询】|【设置变量】命令。

◆命令行：输入“SETVAR”命令。

•操作步骤

执行该命令后，命令行提示如下。

```
命令: SETVAR                  //调用【设置变量】命令
输入变量名或 [?]:              //输入要查询的变量名称
```

根据命令行的提示，输入要查询的变量名称，如 ZOOMFACTOR 等，再输入新的值，即可进行更改；也可以输入问号“？”，再输入“*”来列出所有可设置的变量。

•选项说明

罗列出来的变量通常会非常多，而且不同的图形文件会显示出不一样的变量，因此本书对其中常见的几种进行总结，如表 12-2 所示。

表12-2 SETVAR【设置变量】显示的变量内容与含义

列表项	说 明
3DCONVERSIONMODE	用于将材质和光源定义转换为当前产品版本 0：打开图形时不会发生材质或光源转换 1：材质和光源转换将自动发生 2：提示用户转换任意材质或光源
3DDWFPREC	控制三维 DWF 或三维 DWFx 发布的精度。可输入 1~6 的正整数值，值越大，精度越高
3DSELECTIONMODE	控制使用三维视觉样式时视觉上和实际上重叠的对象的选择优先级 0：使用传统三维选择优先级 1：使用视线三维选择优先级
ACADLSPASDOC	控制是将 acad.lsp 文件加载到每个图形中，还是仅加载到任务中打开的第一个图形中。 0：仅将 acad.lsp 加载到任务中打开的第一个图形中 1：将 acad.lsp 加载到每一个打开的图形中
ANGBASE	将相对于当前 UCS 的基准角设定为指定值，初始值为 0
ANGDIR	设置正角度的方向。0 为逆时针计算；1 为顺时针计算
APBOX	打开或关闭自动捕捉靶框的显示。0 为关闭；1 为开启
APERTURE	控制对象捕捉靶框大小

·精益求精 不同文件间的系统变量“找不同”

在使用 AutoCAD 绘图的时候，用户都有着自己的独特操作习惯，如鼠标缩放的快慢、命令行的显示大小、软件界面的布置、操作按钮的排列等。但在某些特殊情况下，如使用陌生环境的电脑、重装软件、误操作等都可能会变更已经习惯了的软件设置，让用户的操作水平大打折扣。这时就可以使用【设置变量】命令来进行对比调整，具体步骤如下。

Step 01 新建一个图形文件（新建文件的系统变量是默认值），或使用没有问题的图形文件。分别在两个文件中运行【SETVAR】回车，单击命令行问号再回车，系统弹出【AutoCAD文本窗口】，如图12-2所示。

```
AutoCAD 文本窗口 - 17.9 高速齿轮轴零件图-OK.dwg
编辑(E)
命令: SETVAR
输入变量名或 [?]: ?

输入要列出的变量 <*>:
3DCONVERSIONMODE  1
3DDWFPREC         2
3DSELECTIONMODE   1
ACADLSPASDOC      0
ACADPREFIX        "C:\Users\Administrator\appdata\roaming\autodesk\autocad 2016..."
ACADVER           "20.1s (LMS Tech)"                    (只读)
ACTPATH           ""
ACTRECORDERSTATE  0                                     (只读)
ACTRECPATH        "C:\Users\Administrator\appdata\roaming\autodesk\autocad 2016..."
ACTUI             6
AFLAGS            16
ANGBASE           0
ANGDIR            0
ANNOALLVISIBLE    1
ANNOAUTOSCALE     -4
ANNOTATIVEDWG     0
APBOX             0
APERTURE          8
AREA              0.0000                                (只读)
ATTDIA            1
ATTIPE            0
ATTMODE           1
ATTMULTI          1
ATTREQ            1
AUDITCTL          0
按 ENTER 键继续:
```

图 12-2 系统变量文本窗口

Step 02 框选文本窗口中的变量数据，拷贝到Excel文档中。一个位于A列，一个位于B列，比较变量中哪些不一样，这样可以大大减少查询变量的时间。

Step 03 在C列输入“=IF(A1=B1,0,1)”公式，下拉单元格算出所有行的值，这样不相同的单元格就会以数字1表示，相同的单元格会以0表示，如图12-3所示，再分析变量，查出哪些变量有问题即可。

	A	B	C
1	命令: SETVAR	命令: SETVAR	=IF(A1=B1,0,1)
2	输入变量名或 [?]: ?	输入变量名或 [?]: ?	0
3			0
4	输入要列出的变量 <*>:	输入要列出的变量 <*>:	0
5	3DCONVERSIONMODE 1	3DCONVERSIONMODE 1	0
6	3DDWFPREC 2	3DDWFPREC 2	0
7	3DSELECTIONMODE 1	3DSELECTIONMODE 1	0
8	ACADLSPASDOC 0	ACADLSPASDOC 0	0
9	ACADPREFIX "C:\Users\Administrator\appdata\roaming\autodesk\autocad 2016..." (只读)	ACADPREFIX "C:\Users\Administrator\appdata\roaming\autodesk\autocad 2016..." (只读)	0
10	ACADVER "20.1s (LMS Tech)" (只读)	ACADVER "20.1s (LMS Tech)" (只读)	0
11	ACTPATH ""	ACTPATH ""	0
12	ACTRECORDERSTATE 0 (只读)	ACTRECORDERSTATE 0 (只读)	1
13	ACTRECPATH "C:\Users\Administrator\appdata\roaming\autodesk\autocad 2016..."	ACTRECPATH "C:\Users\Administrator\appdata\roaming\autodesk\autocad 2016..."	1
14	ACTUI 6	ACTUI 6	0
15	AFLAGS 16	AFLAGS 16	0
16	ANGBASE 0	ANGBASE 0	0
17	ANGDIR 0	ANGDIR 0	0
18	ANNOALLVISIBLE 1	ANNOALLVISIBLE 1	0
19	ANNOAUTOSCALE -4	ANNOAUTOSCALE -4	0
20	ANNOTATIVEDWG 0	ANNOTATIVEDWG 0	0
21	APBOX 0	APBOX 0	0
22	APERTURE 8	APERTURE 8	0
23	AREA 0.0000 (只读)	AREA 0.0000 (只读)	0
24	ATTDIA 1	ATTDIA 1	0
25	ATTIPE 0	ATTIPE 0	0
26	ATTMODE 1	ATTMODE 1	0

图 12-3 Excel 变量数据列表

12.1.3 查询时间

【时间查询】命令用于查询图形文件的日期和时间的统计信息，如当前时间、图形的创建时间等。

·执行方式

调用【时间查询】命令有以下几种方法。

- ◆菜单栏：选择【工具】|【查询】|【时间】命令。
- ◆命令行：输入“TIME”命令。

·操作步骤

执行以上操作之后，系统弹出 AutoCAD 文本窗口，显示出时间查询结果，如图 12-4 所示。

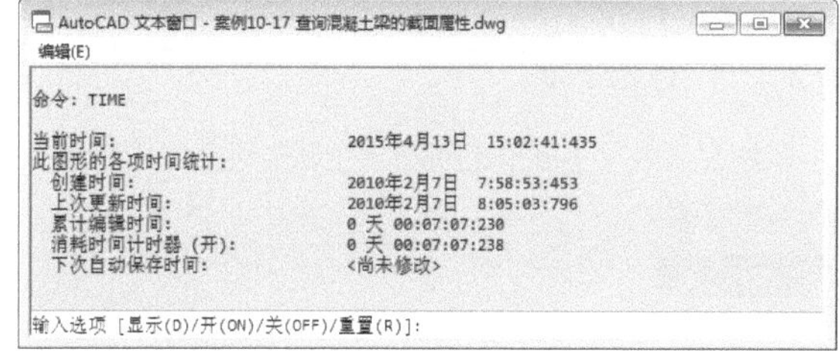

```
AutoCAD 文本窗口 - 案例10-17 查询混凝土梁的截面属性.dwg
编辑(E)

命令: TIME

当前时间:                  2015年4月13日   15:02:41:435
此图形的各项时间统计:
  创建时间:                2010年2月7日    7:58:53:453
  上次更新时间:            2010年2月7日    8:05:03:796
  累计编辑时间:            0 天 00:07:07:230
  消耗时间计时器 (开):     0 天 00:07:07:238
  下次自动保存时间:        <尚未修改>

输入选项 [显示(D)/开(ON)/关(OFF)/重置(R)]:
```

图 12-4 时间查询结果

·选项说明

时间查询中各显示内容的含义如表 12-3 所示。

表12-3 【TIME】（时间）命令的查询内容

列表项	说 明
当前时间	当前日期和时间。显示的时间精确到毫秒
创建时间	显示该图形的创建日期和时间
上次更新时间	最近一次保存该图形的日期和时间
累计编辑时间	花费在绘图上的累积时间，不包括打印时间和修改图形但没有保存修改就退出的时间
消耗时间计时器	累积花费在绘图上的时间，但可以打开、关闭或重置它
下次自动保存时间	显示何时将自动保存该图形。在【选项】对话框的【打开和保存】选项卡下可以设置自动保存图形的时间，详见本书第 3.2 节

在表 12-3 列出的信息中，可以把“累计编辑时间”选项看成是汽车的里程表，把“消耗时间计时器”看成是一个跑表，就好比一些汽车可以允许用户记录一段路的里程。

在图 12-4 文本框的末尾，可以看到“输入选项 [显示 (D)/ 开 (ON)/ 关 (OFF)/ 重置 (R)]”的提示，该提示中各子选项的含义说明如下。

◆“显示（D）”：可以使用更新的时间重新显示列表。

◆“开（ON）/ 关（OFF）”：打开或关闭“消耗时间计时器”。

◆“重置（R）”：将“消耗时间计时器”重置为 0。

12.2 对象类信息查询

对象信息包括所绘制图形的各种信息，如距离、半径、点坐标，以及在工程设计中需经常查用的面积、周长、体积等。

12.2.1 查询距离

查询【距离】命令主要用来查询指定两点间的长度值与角度值。

•执行方式

在AutoCAD 2016中调用该命令的常用方法如下。

◆功能区：单击【实用工具】面板上的【距离】工具按钮。

◆菜单栏：执行【工具】|【查询】|【距离】命令。

◆命令行：输入“DIST”或“DI”命令。

•操作步骤

执行上述任一命令后，单击鼠标左键逐步指定查询的两个点，即可在命令行中显示当前查询距离、倾斜角度等信息，如图 12-5 所示。

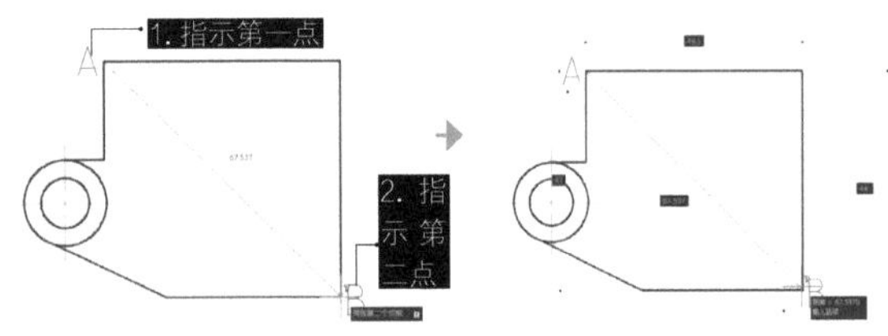

图 12-5　查询距离

12.2.2 查询半径

查询【半径】命令主要用来查询指定圆以及圆弧的半径值。

•执行方式

在 AutoCAD 2016 中调用该命令的常用方法如下。

◆功能区：单击【实用工具】面板上的【半径】工具按钮。

◆菜单栏：执行【工具】|【查询】|【半径】命令。

◆命令行：输入“MEASUREGEOM”命令。

•操作步骤

执行上述任一命令后，选择图形中的圆或圆弧，即可在命令行中显示其半径数值，如图 12-6 所示。

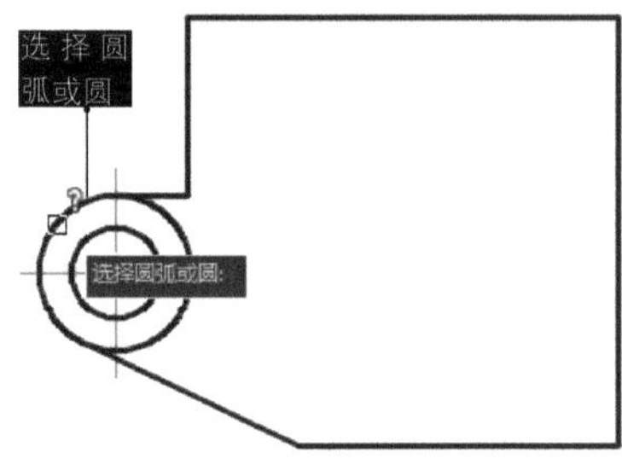

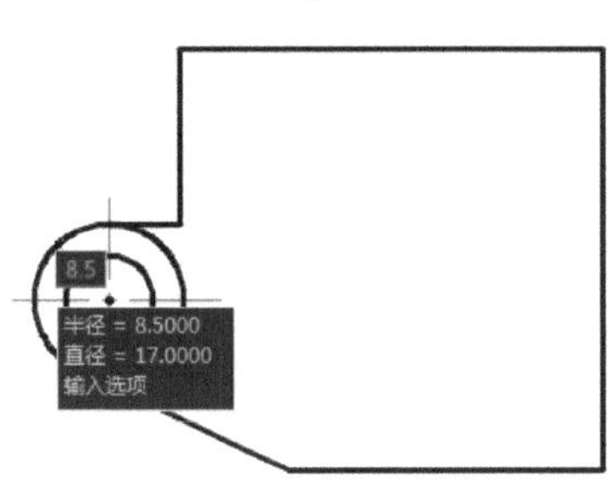

图 12-6　查询半径

12.2.3 查询角度

查询【角度】命令用于查询指定线段之间的角度大小。

•执行方式

在AutoCAD 2016中调用该命令的常用方法如下。

◆功能区：单击【实用工具】面板上的【角度】工具按钮。

◆菜单栏：执行【工具】|【查询】|【角度】命令。

◆命令行：输入“MEASUREGEOM”命令。

•操作步骤

执行上述任一命令后，单击鼠标左键逐步选择构成角度的两条线段或角度顶点，即可在命令行中显示其角度数值，如图 12-7 所示。

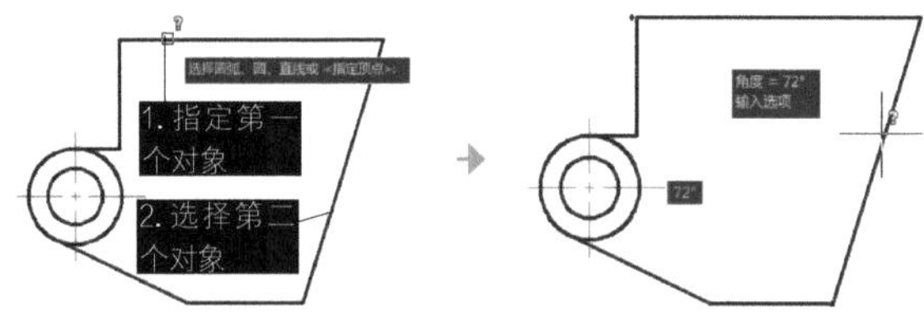

图 12-7　查询角度

12.2.4 查询面积及周长 ★重点★

查询【面积】命令用于查询对象面积和周长值，同时还可以对面积及周长进行加减运算。

•执行方式

在AutoCAD 2016中调用该命令的常用方法如下。

◆功能区：单击【实用工具】面板上的【面积】工

具按钮。

◆菜单栏：执行【工具】|【查询】|【面积】命令。

◆命令行：输入“AREA”或“AA”命令。

•操作步骤

执行上述任一命令后，命令行提示如下。

```
指定第一个角点或 [对象(O)/增加面积(A)/减少面积(S)/退出(X)] <对象(O)>:
```

在【绘图区】中选择查询的图形对象，或用鼠标划定需要查询的区域后，按【Enter】键或者空格键，绘图区显示快捷菜单，以及查询结果，如图 12-8 所示。

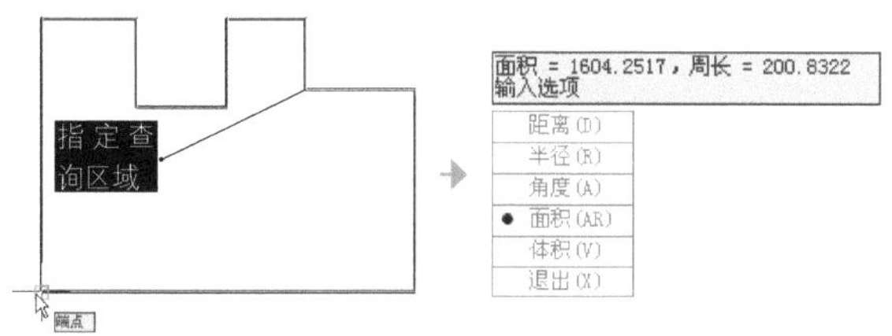

图 12-8　查询面积及周长

练习　查询住宅室内面积

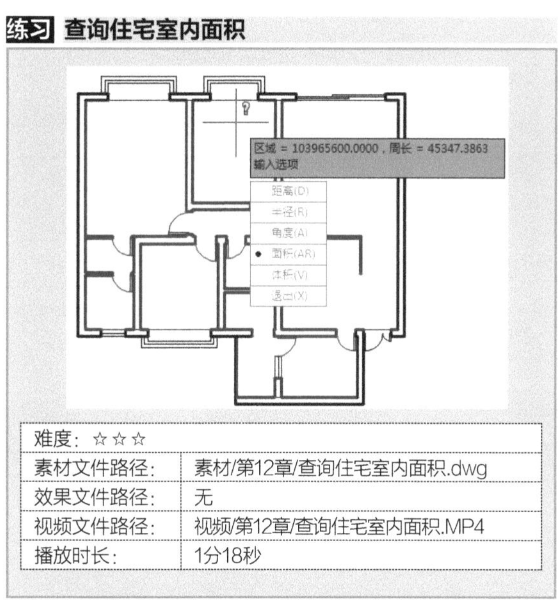

难度：☆☆☆	
素材文件路径：	素材/第12章/查询住宅室内面积.dwg
效果文件路径：	无
视频文件路径：	视频/第12章/查询住宅室内面积.MP4
播放时长：	1分18秒

使用 AutoCAD 绘制好室内平面图后，自然就可以通过查询方法来获取室内面积。对于时下的购房者来说，室内面积无疑是一个很重要的考虑因素，计算住宅使用面积，可以比较直观地反映住宅的使用状况，但在住宅买卖中一般不采用使用面积来计算价格。即室内面积减去墙体面积，也就是屋中的净使用面积。

Step 01 单击快速访问工具栏中的【打开】按钮，打开配套资源中提供的“第12章/12-1查询住宅室内面积.dwg”素材文件，如图12-9所示。

Step 02 在【默认】选项卡中，单击【实用工具】面板中的【面积】工具按钮，当系统提示“指定第一个角点或[对象(O)/增加面积(A)/减少面积(S)/退出(X)] <对象(O)>：”时，指定建筑区域的第一个角点，如图12-10所示。

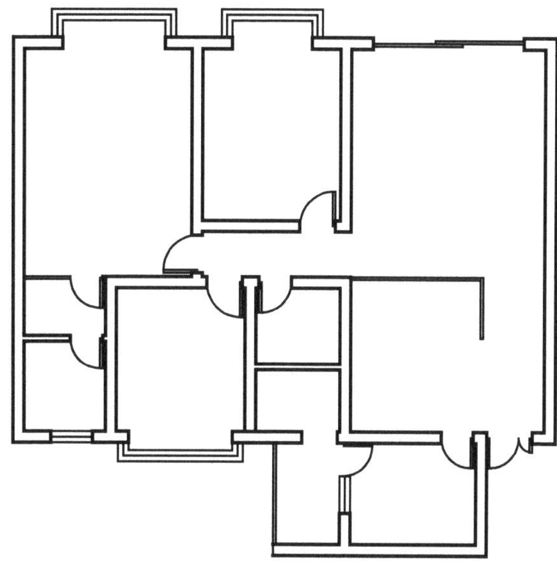

图 12-9　素材文件

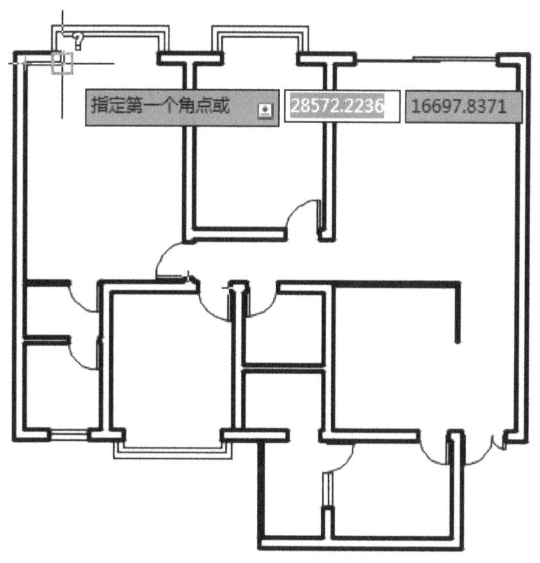

图 12-10　指定第一点

Step 03 当系统提示“指定下一个点或 [圆弧(A)/长度(L)/放弃(U)]：”时，指定建筑区域的下一个角点，如图12-11所示。命令行提示如下。

```
命令: _measuregeom                    //调用【查询面积】命令
输入选项 [距离(D)/半径(R)/角度(A)/面积(AR)/体积(V)] <距离>: _area
指定第一个角点或 [对象(O)/增加面积(A)/减少面积(S)/退出(X)] <对象(O)>:          //指定第一个角点
指定下一个点或 [圆弧(A)/长度(L)/放弃(U)]:
                                      //指定另一个角点
```

……
指定下一个点或 [圆弧(A)/长度(L)/放弃(U)/总计(T)] <总计>:
区域 = 107624600.0000，周长 = 48780.8332
//查询结果

Step 04 根据系统提示，继续指定建筑区域的其他角点，然后按下空格键进行确认，系统将显示测量出的结果，在弹出的菜单栏中选择【退出】命令，退出操作，如图12-12所示。

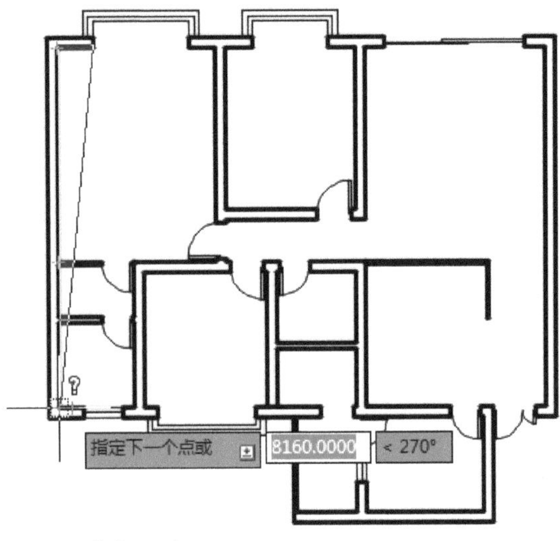

图 12-11　指定下一点

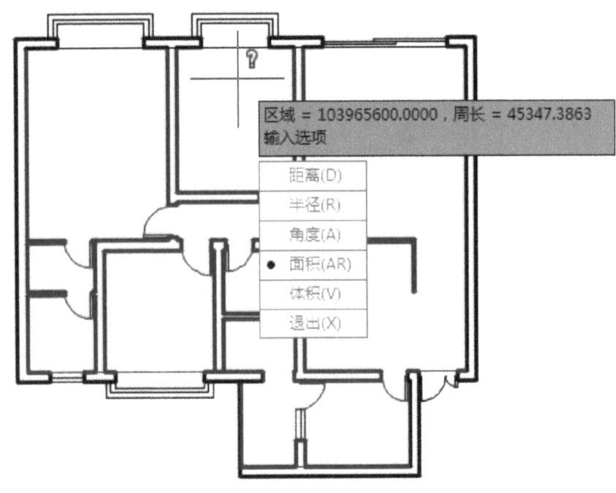

图 12-12　查询结果

设计点拨

在建筑实例中，平面图的单位为毫米。因此，这里查询得到的结果，周长的单位为毫米；面积的单位为平方毫米。而 $1mm^2 = 0.000001m^2$。

Step 05 命令行中的“区域”即为所查得的面积，而AutoCAD默认的面积单位为平方毫米mm^2，因此需转换为常用的平方米（m^2），即107624600 mm^2=107.62 m^2，该住宅粗算面积为107m^2。

Step 06 使用相同方法加入阳台面积，减去墙体面积，便得到真实的净使用面积，过程略。

12.2.5 查询点坐标

使用点坐标查询命令 ID，可以查询某点在绝对坐标系中的坐标值。

• 执行方式

在 AutoCAD 2016 中调用该命令的方法如下。

◆ 功能区：单击【实用工具】面板【点坐标】工具按钮[点坐标]。

◆ 工具栏：单击【查询】工具栏【点坐标】按钮。

◆ 菜单栏：执行【工具】|【查询】|【点坐标】命令。

◆ 命令行：输入“ID”命令。

• 操作步骤

执行命令时，只需用对象捕捉的方法确定某个点的位置，即可自动计算该点的 x、y 和 z 坐标，如图 12-13 所示。在二维绘图中，z 坐标一般为 0。

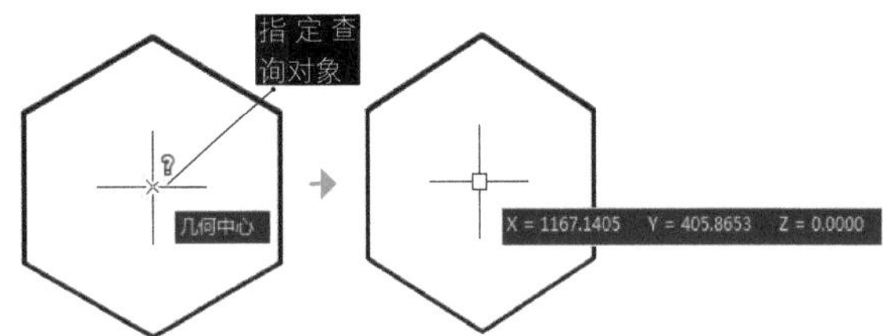

图 12-13　查询点坐标

12.2.6 列表查询

列表查询命令可以将所选对象的图层、长度、边界坐标等信息在 AutoCAD 文本窗口中列出。

• 执行方式

调用【列表】命令有以下几种方法。

◆ 菜单栏：选择【工具】|【查询】|【列表】命令。

◆ 工具栏：单击【查询】工具栏上的【列表】按钮。

◆ 命令行：在命令行输入“LIST”并按【Enter】键。

• 操作步骤

在【绘图区】中选择要查询的图形对象，按【Enter】键或者空格键，绘图区便会显示快捷菜单及查询结果，如图 12-14 所示。

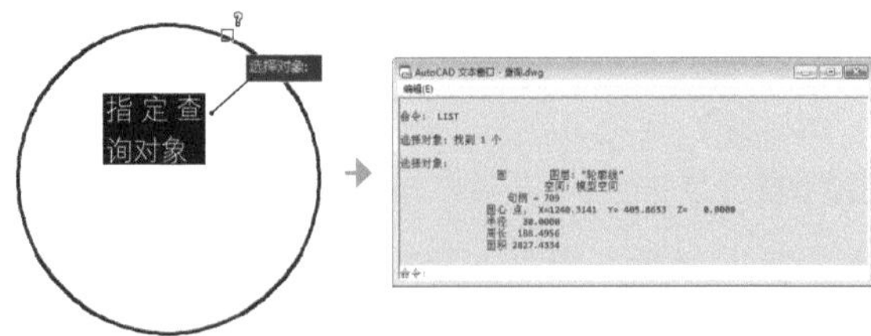

图 12-14　列表查询图形对象

第 13 章 图形打印和输出

当完成所有的设计和制图工作之后，就需要将图形文件通过绘图仪或打印输出为图样。本章主要讲述 AutoCAD 出图过程中涉及的一些问题，包括模型空间与图样空间的转换、打印样式、打印比例设置等。

13.1 模型空间与布局空间

模型空间和布局空间是 AutoCAD 的两个功能不同的工作空间，单击绘图区下面的标签页，可以在模型空间和布局空间切换，一个打开的文件中只有一个模型空间和两个默认的布局空间，用户也可创建更多的布局空间。

13.1.1 模型空间

当打开或新建一个图形文件时，系统将默认进入模型空间，如图 13-1 所示。模型空间是一个无限大的绘图区域，可以在其中创建二维或三维图形，以及进行必要的尺寸标注和文字说明。

模型空间对应的窗口称模型窗口，在模型窗口中，十字光标在整个绘图区域都处于激活状态，并且可以创建多个不重复的平铺视口，以展示图形的不同视口，在一个视口中对图形做出修改后，其他视口也会随之更新，如图 13-2 所示。

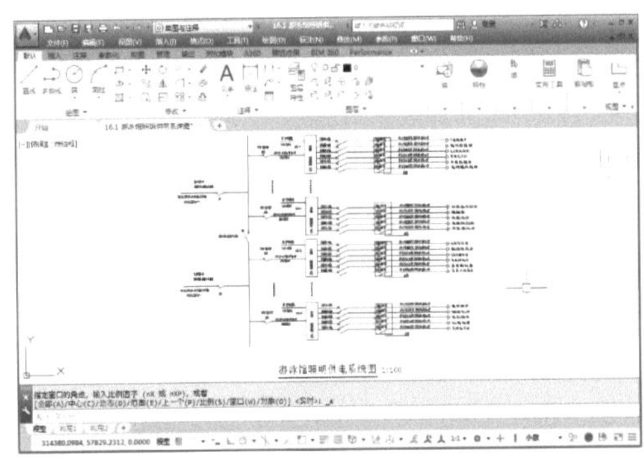

图 13-1 模型空间

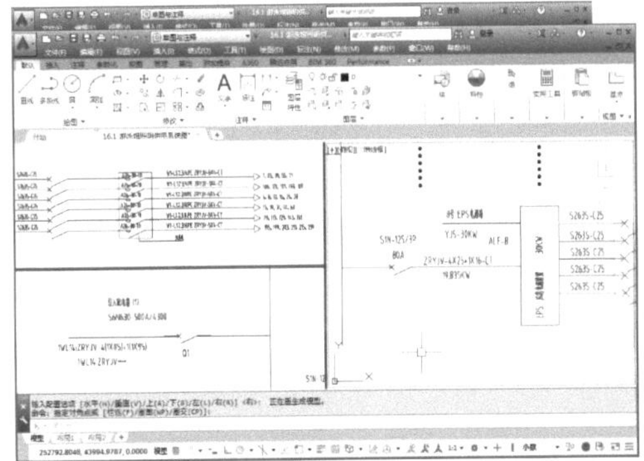

图 13-2 模型空间的视口

13.1.2 布局空间

布局空间又称为图纸空间，主要用于出图。模型建立后，需要将模型打印到纸面上形成图样。使用布局空间可以方便地设置打印设备、纸张、比例尺、图样布局，并预览实际出图的效果，如图 13-3 所示。

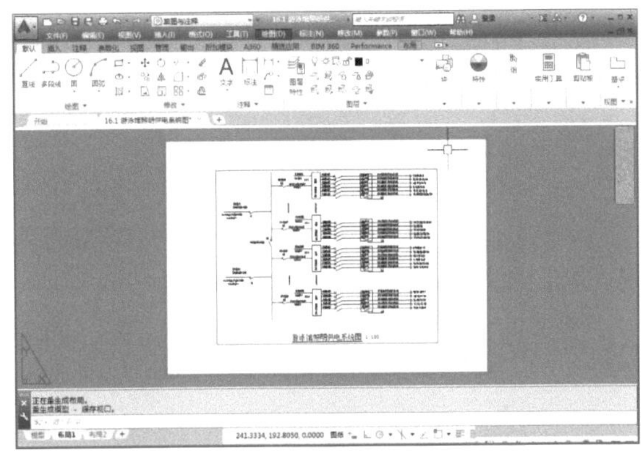

图 13-3 布局空间

布局空间对应的窗口称布局窗口，可以在同一个 AutoCAD 文档中创建多个不同的布局图，单击工作区左下角的各个布局按钮，可以从模型窗口切换到各个布局窗口，当需要将多个视图放在同一张图样上输出时，布局就可以很方便地控制图形的位置，输出比例等参数。

13.1.3 空间管理

右击绘图窗口下【模型】或【布局】选项卡，在弹出的快捷菜单中选择相应的命令，可以对布局进行删除、新建、重命名、移动、复制、页面设置等操作，如图 13-4 所示。

图 13-4 布局快捷菜单

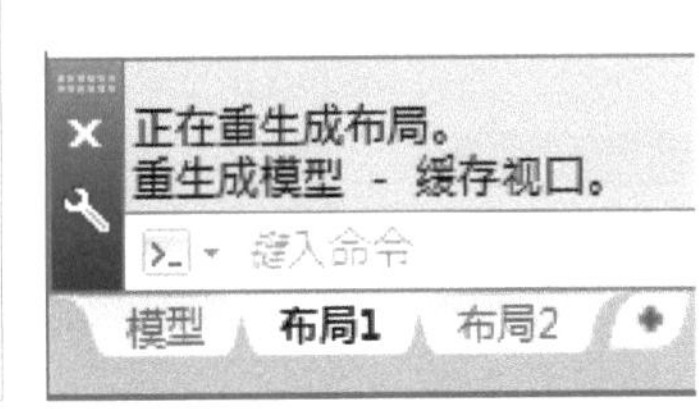

图 13-5 空间切换

1 空间的切换

在模型中绘制完图样后，若需要进行布局打印，可单击绘图区左下角的布局空间选项卡，即【布局1】和【布局2】进入布局空间，对图样打印输出的布局效果进行设置。设置完毕后，单击【模型】选项卡即可返回模型空间，如图13-5所示。

2 创建新布局

布局是一种图纸空间环境，它模拟显示图纸页面，提供直观的打印设置，主要用来控制图形的输出，布局中所显示的图形与图纸页面上打印出来的图形完全一样。

•执行方式

调用【创建布局】的方法如下。

◆菜单栏：执行【工具】|【向导】|【创建布局】命令，如图13-6所示。

◆命令行：在命令行中输入“LAYOUT”命令。

◆功能区：在【布局】选项卡中，单击【布局】面板中的【新建】按钮，如图13-7所示。

◆快捷方式：右击绘图窗口下的【模型】或【布局】选项卡，在弹出的快捷菜单中，选择【新建布局】命令。

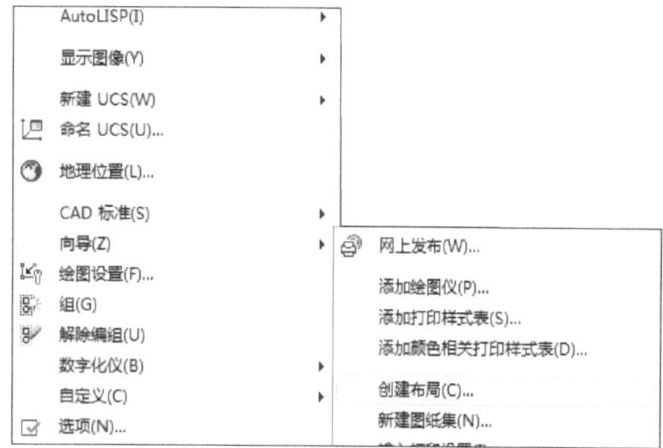

图13-6 【菜单栏】调用【创建布局】命令

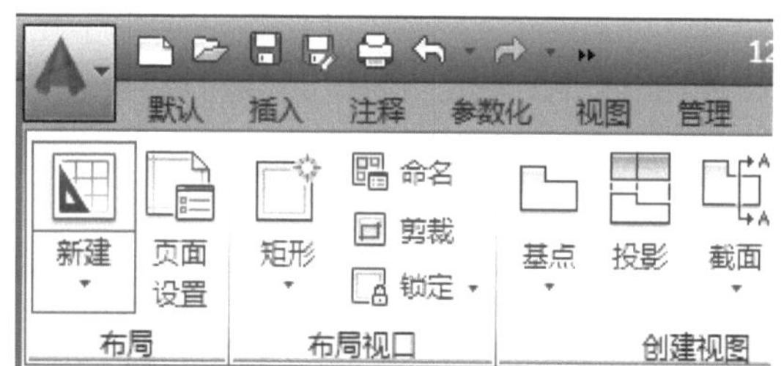

图13-7 【功能区】调用【新建布局】命令

•操作步骤

【创建布局】的操作过程与新建文件相差无几，同样可以通过功能区中的选项卡来完成。下面便通过一个具体案例来进行说明。

练习13-1 创建新布局

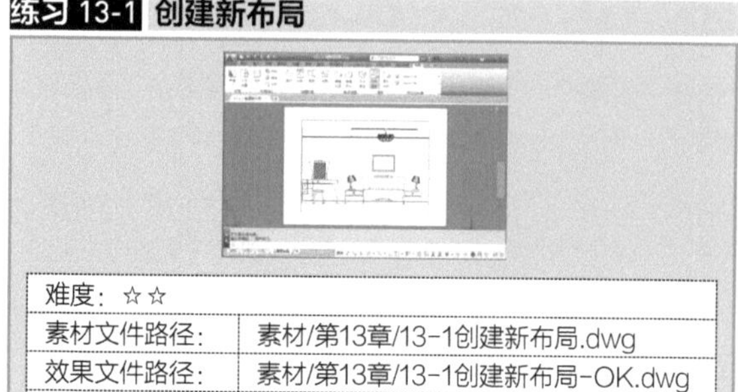

难度：	☆☆
素材文件路径：	素材/第13章/13-1创建新布局.dwg
效果文件路径：	素材/第13章/13-1创建新布局-OK.dwg
视频文件路径：	视频/第13章/13-1创建新布局.MP4
播放时长：	38秒

创建布局并重命名为合适的名称，可以起到快速浏览文件的作用，也能快速定位至需要打印的图纸，如立面图、平面图等。

Step 01 单击快速访问工具栏中的【打开】按钮，打开“第13章/13-1创建新布局.dwg”，图13-8所示是【布局1】窗口显示界面。

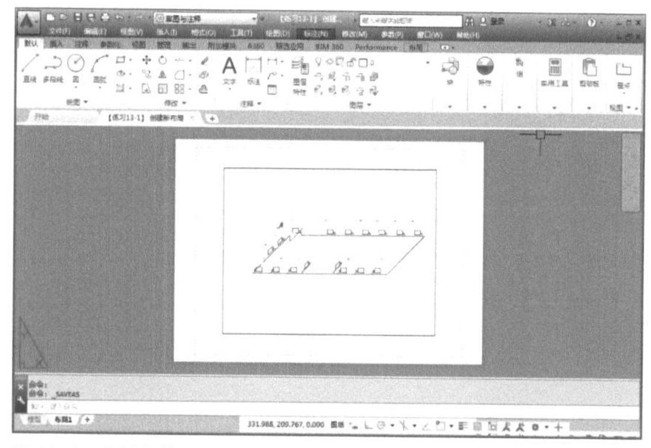

图13-8 素材文件

Step 02 在【布局】选项卡中，单击【布局】面板中的【新建】按钮，新建名为【立面图布局】的布局，命令行提示如下。

```
命令: _layout
输入布局选项 [复制(C)/删除(D)/新建(N)/样板(T)/重命名(R)/
另存为(SA)/设置(S)/?] <设置>: _new
输入新布局名 <布局3>: 采暖系统图
```

Step 03 完成布局的创建，单击【采暖系统图】选项卡，切换至系统图空间，效果如图13-9所示。

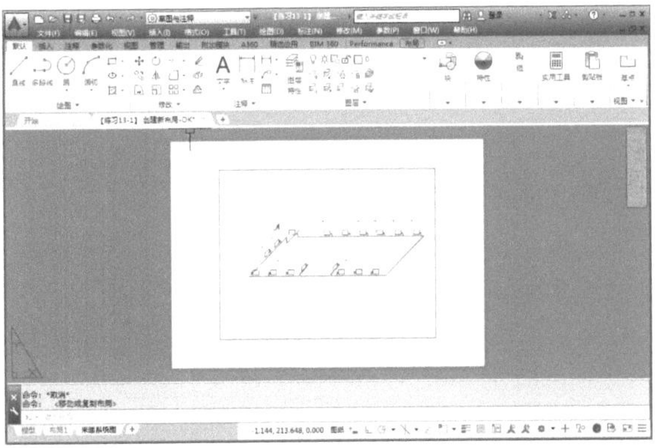

图 13-9 创建布局空间

3 插入样板布局

在 AutoCAD 中，提供了多种样板布局供用户使用。

• 执行方式

其创建方法如下。

◆菜单栏：执行【插入】|【布局】|【来自样板的布局】命令，如图 13-10 所示。

◆功能区：在【布局】选项卡中，单击【布局】面板中的【从样板】按钮，如图 13-11 所示。

◆快捷方式：右击绘图窗口左下方的布局选项卡，在弹出的快捷菜单中选择【来自样板】命令。

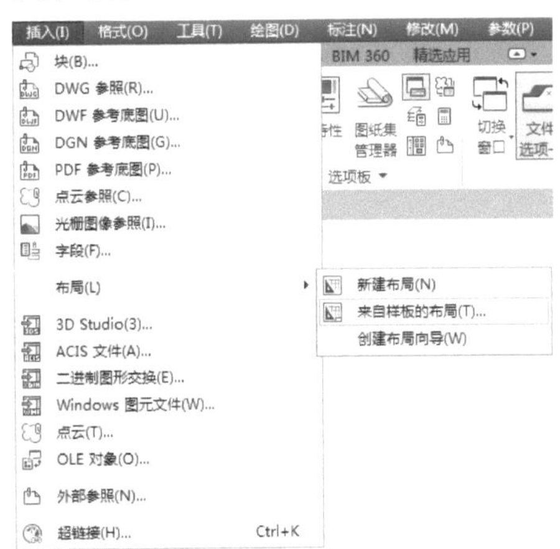

图 13-10 【菜单栏】调用【来自样板的布局】命令

图 13-11 【功能区】调用【从样板新建布局】命令

• 操作步骤

执行上述命令后，系统将弹出【从文件选择样板】对话框，可以在其中选择需要的样板创建布局。

练习 13-2 插入样板布局

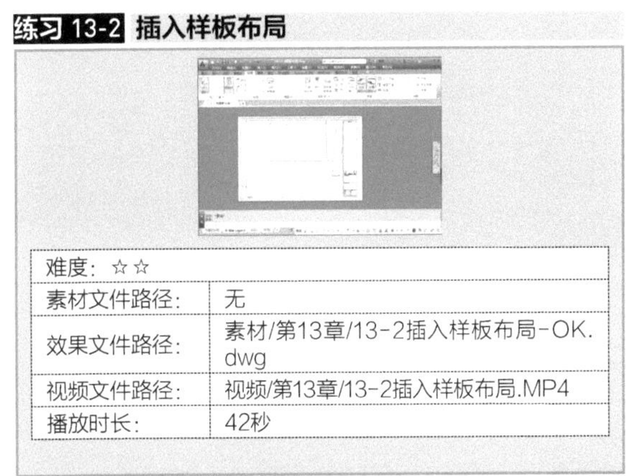

难度：☆☆	
素材文件路径：	无
效果文件路径：	素材/第13章/13-2插入样板布局-OK.dwg
视频文件路径：	视频/第13章/13-2插入样板布局.MP4
播放时长：	42秒

如果需要将图纸发送至国外的客户，可以尽量采用 AutoCAD 中自带的英制或公制模板。

Step 01 单击快速访问工具栏中的【新建】按钮，新建空白文件。

Step 02 在【布局】选项卡中，单击【布局】面板中的【从样板】按钮，系统弹出【从文件选择样板】对话框，如图13-12所示。

Step 03 选择【Tutorial-iArch】样板，单击【打开】按钮，系统弹出【插入布局】对话框，如图13-13所示，选择布局名称后单击【确定】按钮。

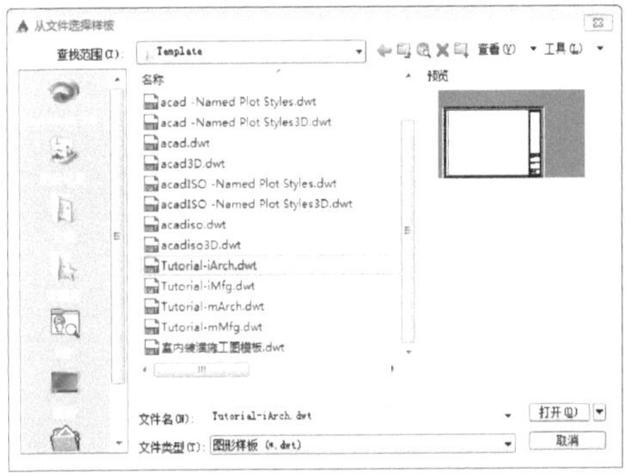

图 13-12 【从文件选择样板】对话框

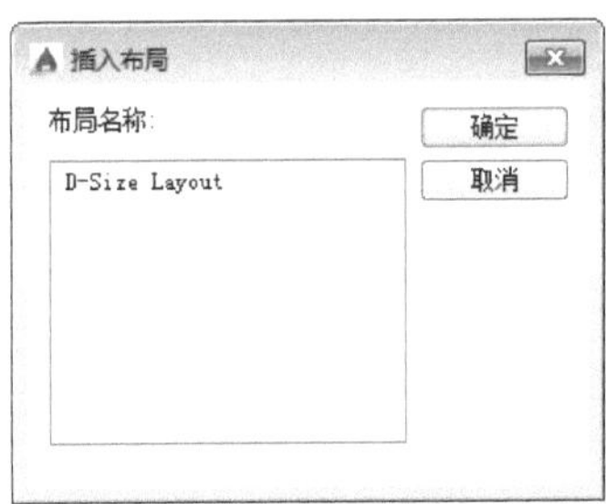

图 13-13 【插入布局】对话框

Step 04 完成样板布局的插入，切换至新创建的【D-Size Layout】布局空间，效果如图13-14所示。

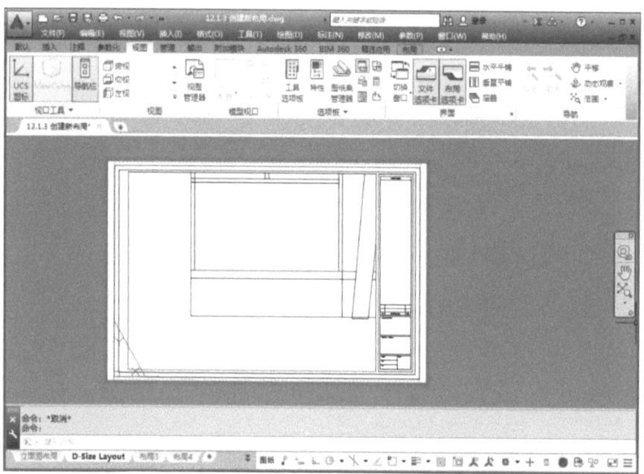

图 13-14 样板空间

4 布局的组成

布局图中通常存在 3 个边界，如图 13-15 所示，最外层的是纸张边界，是在【纸张设置】中的纸张类型和打印方向确定的。靠里面的是一个虚线线框打印边界，其作用就好像 Word 文档中的页边距一样，只有位于打印边界内部的图形才会被打印出来。位于图形四周的实线线框为视口边界，边界内部的图形就是模型空间中的模型，视口边界的大小和位置是可调的。

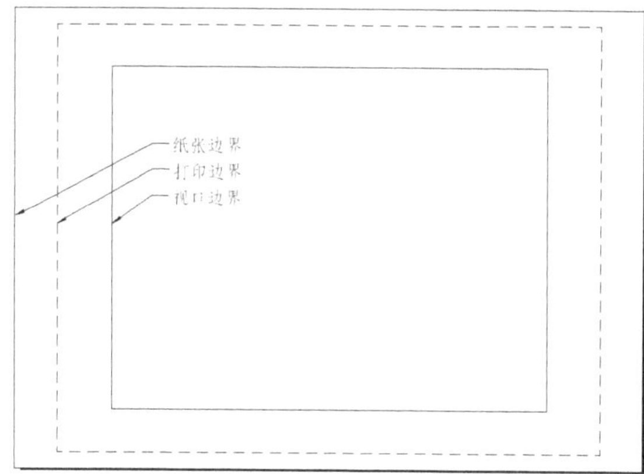

图 13-15 布局图的组成

13.2 打印样式

在图形绘制过程中，AutoCAD 可以为单个的图形对象设置颜色、线型、线宽等属性，这些样式可以在屏幕上直接显示出来。在出图时，有时用户希望打印出来的图样和绘图时图形所显示的属性有所不同，如在绘图时一般会使用各种颜色的线型，但打印时仅以黑白打印。

打印样式的作用就是在打印时修改图形外观。每种打印样式都有其样式特性，包括端点、连接、填充图案，以及抖动、灰度等打印效果。打印样式特性的定义都以打印样式表文件的形式保存在 AutoCAD 的支持文件搜索路径下。

13.2.1 打印样式的类型

AutoCAD 中有两种类型的打印样式：【颜色相关样式（CTB）】和【命名样式（STB）】。

◆颜色相关打印样式以对象的颜色为基础，共有 255 种颜色相关打印样式。在颜色相关打印样式模式下，通过调整与对象颜色对应的打印样式可以控制所有具有同种颜色的对象的打印方式。颜色相关打印样式表文件的后缀名为“.ctb”。

◆命名打印样式可以独立于对象的颜色使用，可以给对象指定任意一种打印样式，不管对象的颜色是什么。命名打印样式表文件的后缀名为“.stb”。

简而言之，“.ctb”的打印样式是根据颜色来确定线宽的，同一种颜色只能对应一种线宽；而“.stb”则是根据对象的特性或名称来指定线宽的，同一种颜色打印出来可以有两种不同的线宽，因为它们的对象可能不一样。

13.2.2 打印样式的设置

使用打印样式可以多方面控制对象的打印方式，打印样式属于对象的一种特性，它用于修改打印图形的外观。用户可以设置打印样式来代替其他对象原有的颜色、线型和线宽等特性。在同一个 AutoCAD 图形文件中，不允许同时使用两种不同的打印样式类型，但允许使用同一类型的多个打印样式。例如，若当前文档使用命名打印样式时，图层特性管理器中的【打印样式】属性项是不可用的，因为该属性只能用于设置颜色打印样式。

•执行方式

设置【打印样式】的方法如下。

◆菜单栏：执行【文件】|【打印样式管理器】命令。

◆命令行：在命令行中输入“STYLESMANAGER”命令。

•操作步骤

执行上述任一命令后，系统自动弹出如图 13-16 所示对话框。所有 CTB 和 STB 打印样式表文件都保存在这个对话框中。

双击【添加打印样式表向导】文件，可以根据对话框提示逐步创建新的打印样式表文件。将打印样式附加到相应的布局图，就可以按照打印样式的定义进行打印了。

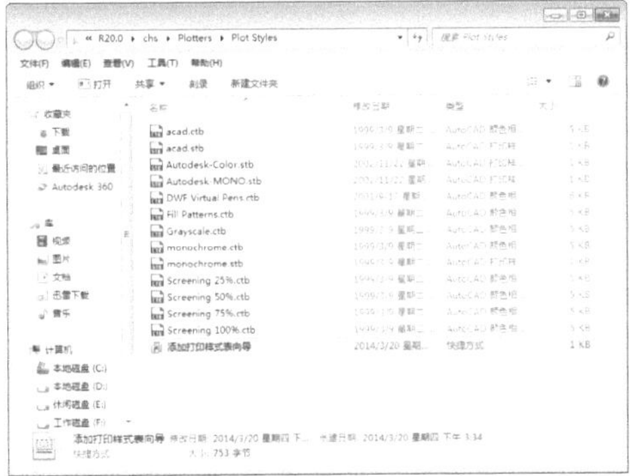

图 13-16 打印样式管理器

• 选项说明

在系统盘的 AutoCAD 存储目录下，可以打开如图 13-16 所示的【Plot Styles】文件夹，其中便存放着 AutoCAD 自带的 9 种打印样式（.ctp），各打印样式含义说明如下。

◆ acad.ctp：默认的打印样式表，所有打印设置均为初始值。

◆ DWF Virtual pens.ctb：Auto CAD 自带的彩色打印。

◆ FillPatterns.ctb：设置前 9 种颜色使用前 9 个填充图案，所有其他颜色使用对象的填充图案。

◆ Grayscale.ctb：打印时将所有颜色转换为灰度。

◆ monochrome.ctb：将所有颜色打印为黑色。

◆ screening 100%.ctb：对所有颜色使用 100% 墨水。

◆ screening 75%.ctb：对所有颜色使用 75% 墨水。

◆ screening 50%.ctb：对所有颜色使用 50% 墨水。

◆ screening 25%.ctb：对所有颜色使用 25% 墨水。

练习 13-3 添加颜色打印样式

难度：☆☆☆	
素材文件路径：	无
效果文件路径：	素材/第13章/打印线宽.ctb
视频文件路径：	视频/第13章/13-3添加颜色打印样式.MP4
播放时长：	1分58秒

使用颜色打印样式可以通过图形的颜色设置不同的打印宽度、颜色、线型等打印外观。

Step 01 单击快速访问工具栏中的【新建】按钮，新建空白文件。

Step 02 执行【文件】|【打印样式管理器】菜单命令，系统自动弹出如图13-17所示对话框，双击【添加打印样式表向导】图标，系统弹出【添加打印样式表】对话框，单击【下一步】按钮，系统转换成【添加打印样式表 开始】对话框，如图13-18所示。

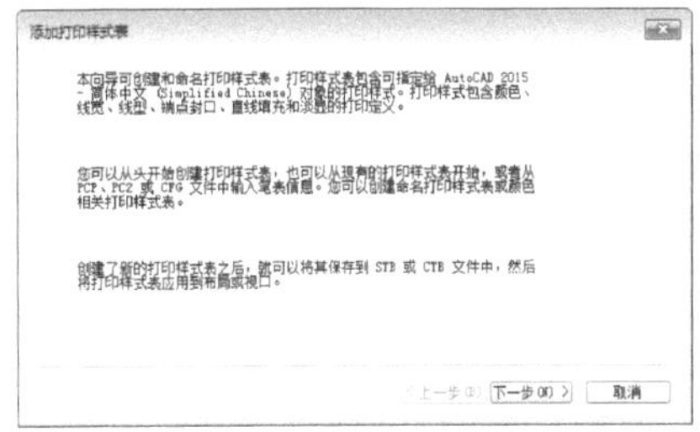

图 13-17 【添加打印样式表】对话框

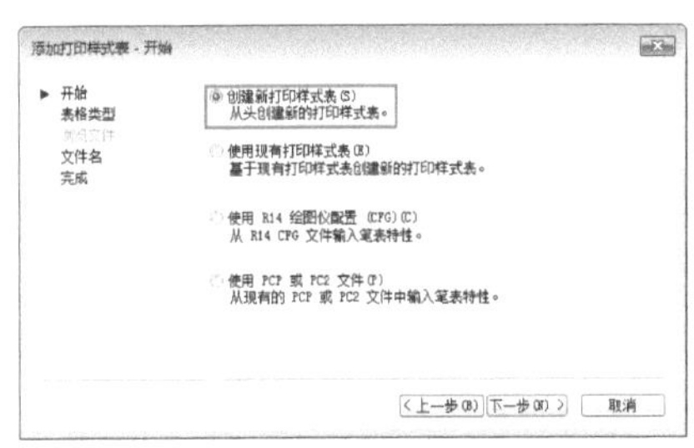

图 13-18 【添加打印样式表 - 开始】对话框

Step 03 选择【创建新打印样式表】单选按钮，单击【下一步】按钮，系统打开【添加打印样式表 选择打印样式表】对话框，如图13-19所示，选择【颜色相关打印样式表】单选按钮，单击【下一步】按钮，系统转换成【添加打印样式表-文件名】对话框，如图13-20所示，新建一个名为【以线宽打印】的颜色打印样式表文件，单击【下一步】按钮。

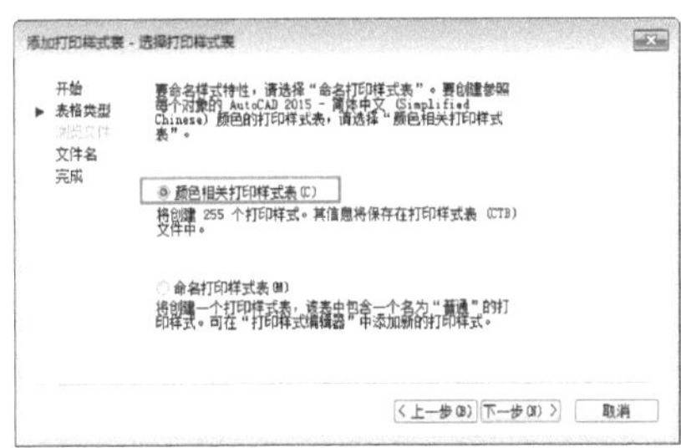

图 13-19 【添加打印样式表 - 选择打印样式】

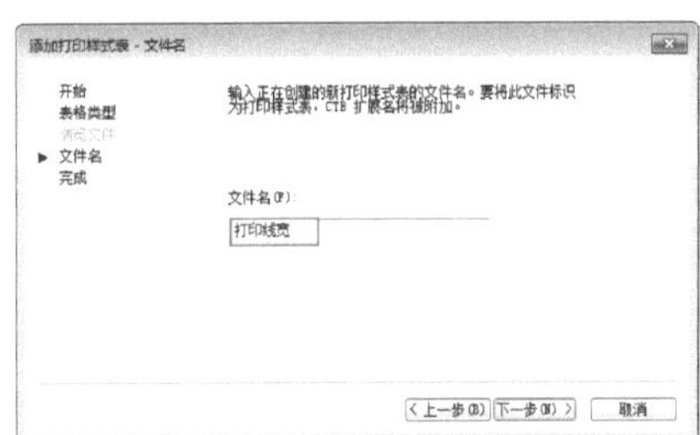

图 13-20 【添加打印样式表 - 文件名】对话框

Step 04 在【添加打印样式表 完成】对话框中单击【打印样式表编辑器】按钮，如图13-21所示，打开【打印样式表编辑器】对话框。

Step 05 在【打印样式】列表框中选择【颜色1】，单击【表格视图】选项卡中【特性】选项组的【颜色】下拉列表框，选择黑色，在【线宽】下拉列表框中选择线宽为0.3000毫米，如图13-22所示。

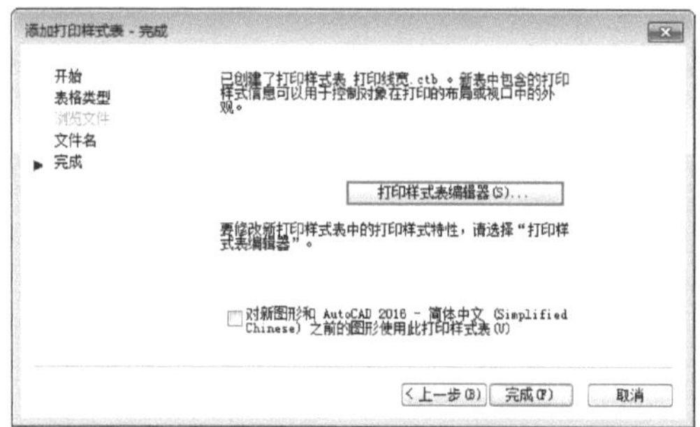

图 13-21 【添加打印样式表 - 完成】对话框

图 13-22 【打印样式表编辑器】对话框

Step 06 单击【保存并关闭】按钮，这样所有用【颜色1】的图形打印时都将以线宽0.3000毫米来出图，设置完成后，再选择【文件】|【打印样式管理器】，在打开的对话框中，出现【打印线宽】，如图13-23所示。

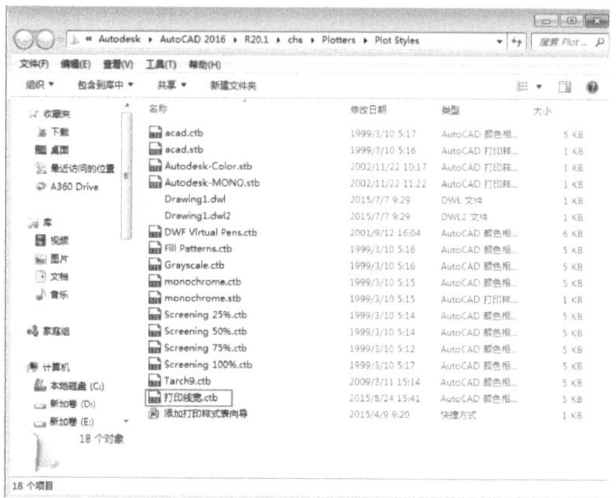

图 13-23 添加打印样式结果

练习 13-4 添加命名打印样式

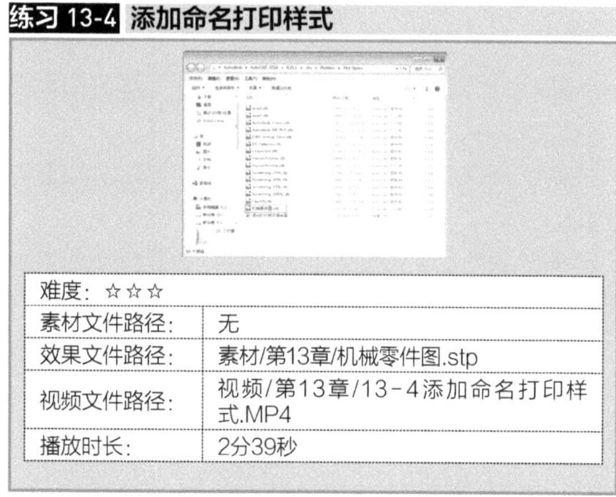

难度：☆☆☆	
素材文件路径：	无
效果文件路径：	素材/第13章/机械零件图.stp
视频文件路径：	视频/第13章/13-4添加命名打印样式.MP4
播放时长：	2分39秒

采用“.stb”打印样式类型，为不同的图层设置不同的命名打印样式。

Step 01 单击快速访问工具栏中的【新建】按钮，新建空白文件。

Step 02 执行【文件】|【打印样式管理器】菜单命令，单击系统弹出的对话框中的【添加打印样式表向导】图标，系统弹出【添加打印样式表】对话框，如图13-24所示。

Step 03 单击【下一步】按钮，打开【添加打印样式表-开始】对话框，选择【创建新打印样式表】单选按钮，如图13-25所示。

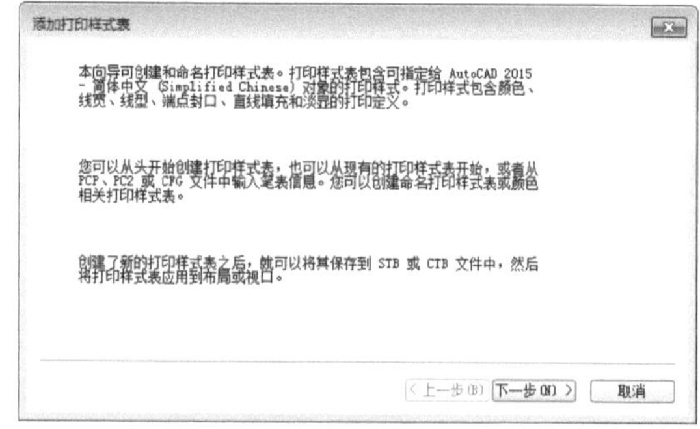

图 13-24 【添加打印样式表】对话框

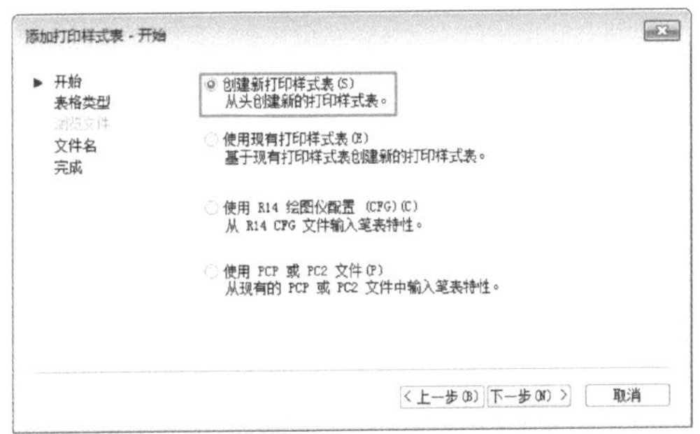

图 13-25 【添加打印样式表 - 开始】对话框

Step 04 单击【下一步】按钮，打开【添加打印样式表-选择打印样式表】对话框，单击【命名打印样式表】单选按钮，如图13-26所示。

Step 05 单击【下一步】按钮，系统打开【添加打印样式表-文件名】对话框，如图13-27所示，新建一个名为“机械零件图”的命名打印样式表文件，单击【下一步】按钮。

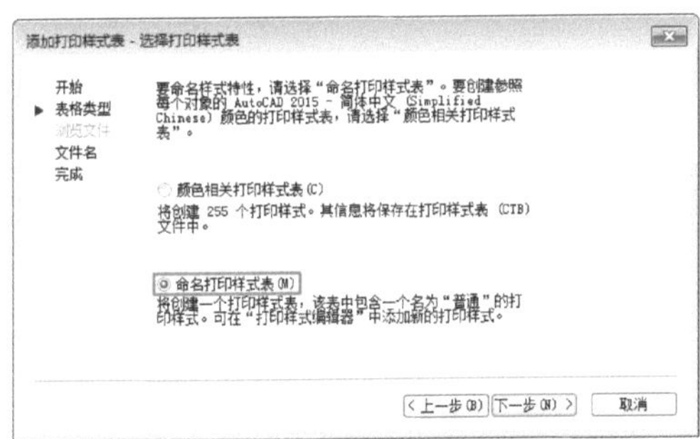

图 13-26 【添加打印样式表 - 选择打印样式】对话框

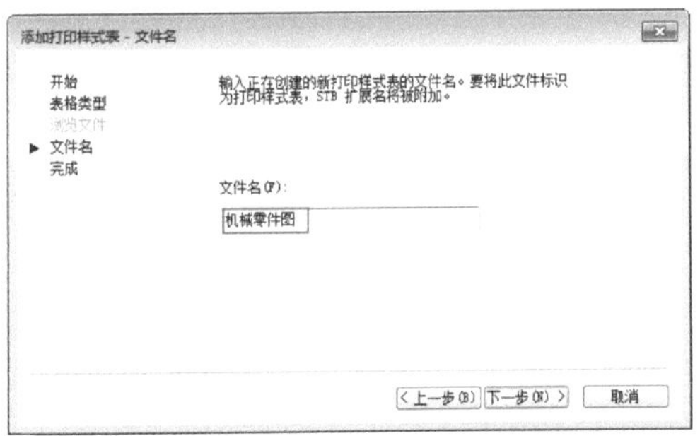

图 13-27 【添加打印样式表 - 文件名】对话框

Step 06 在【添加打印样式表 完成】对话框中单击【打印样式表编辑器】按钮，如图13-28所示。

Step 07 在打开的【打印样式表编辑器-机械零件图.stb】对话框中，在【表格视图】选项卡中，单击【添加样式】按钮，添加一个名为【粗实线】的打印样式，设置【颜色】为黑色，【线宽】为0.3毫米。用同样的方法添加一个命名打印样式为【细实线】，设置【颜色】为黑色，【线宽】为0.1毫米，【淡显】为30，如图13-29所示。设置完成后，单击【保存并关闭】按钮退出对话框。

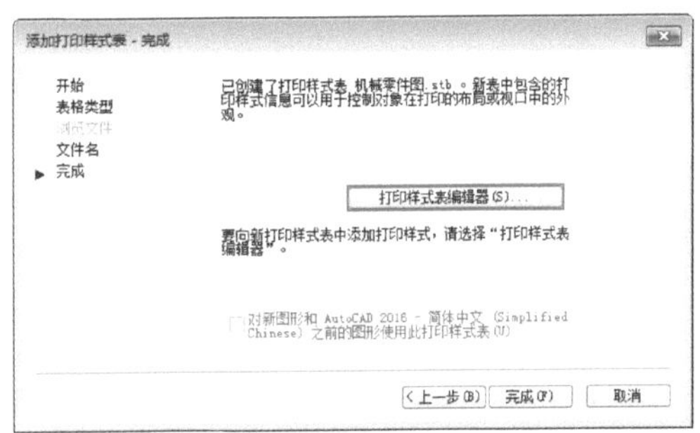

图 13-28 单击【打印样式表编辑器】按钮

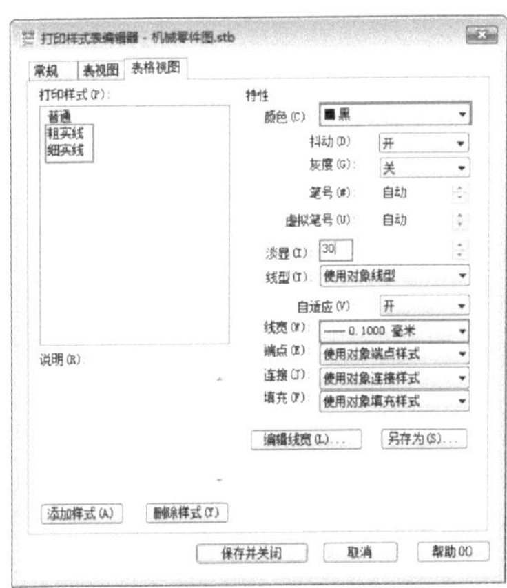

图 13-29 【打印样式表编辑器 - 机械零件图】对话框

Step 08 设置完成后，执行【文件】|【打印样式管理器】，在打开的对话框中，【机械零件图】就出现在该对话框中，如图13-30所示。

图 13-30 添加打印样式结果

13.3 布局图样

在正式出图之前，需要在布局窗口中创建好布局图，并对绘图设备、打印样式、纸张、比例尺和视口等进行设置。布局图显示的效果就是图样打印的实际效果。

13.3.1 创建布局

打开一个新的 AutoCAD 图形文件时，就已经存在了两个【布局1】和【布局2】。在布局图标签上右击，弹出快捷菜单。在弹出的快捷菜单中选择【新建布局】命令，通过该方法，可以新建更多的布局图。

•执行方式

【创建布局】命令的方法如下。

◆菜单栏：执行【插入】|【布局】|【新建布局】命令。

◆功能区：在【布局】选项卡中，单击【布局】面板中的【新建】按钮。

◆命令行：在命令行中输入"LAYOUT"命令。

◆快捷方式：在【布局】选项卡上单击鼠标右键，在弹出的快捷菜单中选择【新建布局】命令。

•操作步骤

按上述任意方法即可创建新布局。

•熟能生巧

通过向导创建布局上述介绍的方法所创建的布局，都与图形自带的【布局1】与【布局2】相同，如果要创建新的布局格式，只能通过布局向导来创建。下面通过一个例子来进行介绍。

练习 13-5 通过向导创建布局 ★进阶★

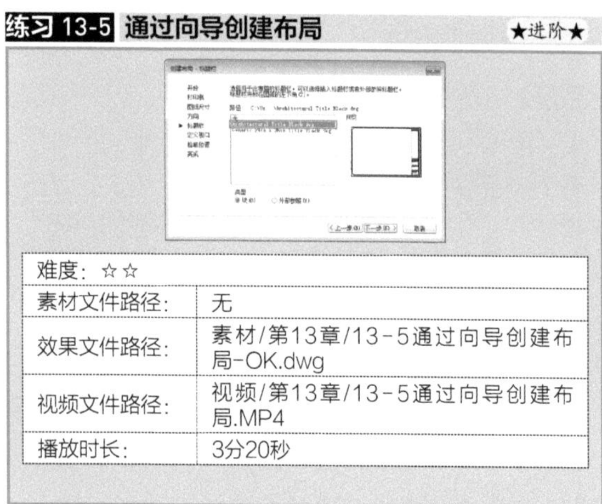

难度：☆☆	
素材文件路径：	无
效果文件路径：	素材/第13章/13-5通过向导创建布局-OK.dwg
视频文件路径：	视频/第13章/13-5通过向导创建布局.MP4
播放时长：	3分20秒

通过使用向导创建布局可以选择【打印机/绘图仪】、定义【图纸尺寸】、插入【标题栏】等，其外能够自定义视口，能够使模型在视口中显示完整。这些定义能够被创建为模板文件（.dwt），方便调用。要使用向导创建布局，可以按以下方法来激活【LAYOUTWIZARD】命令。

◆方法一：在命令行中输入"LAYOUTWIZARD"命令并回车。

◆方法二：单击【插入】菜单，在弹出的下拉菜单中选择【布局】|【创建布局向导】命令。

◆方法三：单击【工具】菜单，在弹出的下拉菜单中选择【向导】|【创建布局】命令。

Step 01 新建空白文档，然后按上述3种方法执行命令，系统弹出【创建布局-开始】对话框，在【输入新布局的名称】文本框中输入名称，如图13-31所示。

Step 02 单击对话框的【下一步】按钮，系统跳转到【创建布局-打印机】对话框，在绘图仪列表中选择合适的选项，如图13-32所示。

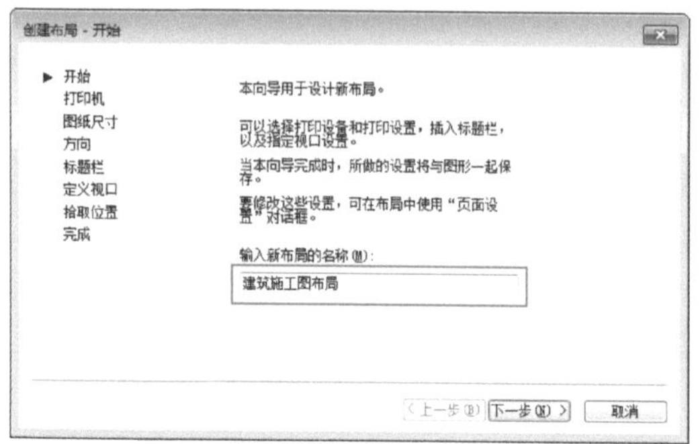

图 13-31 【创建布局－开始】对话框

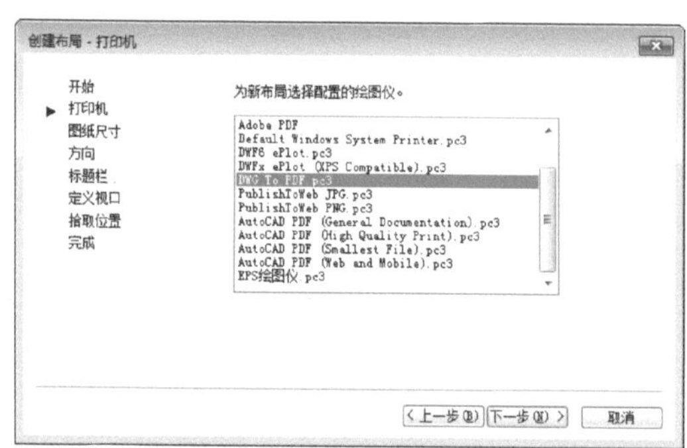

图 13-32 【创建布局－打印机】对话框

Step 03 单击对话框【下一步】按钮，系统跳转到【创建布局-图纸尺寸】对话框，在图纸尺寸下拉列表中选择合适的尺寸，尺寸根据实际图纸的大小来确定，这里选择A4图纸，如图13-33所示，并设置图形单位为【毫米】。

Step 04 单击对话框【下一步】按钮，系统跳转到【创建布局-方向】对话框，一般选择图形方向为【横向】，如图13-34所示。

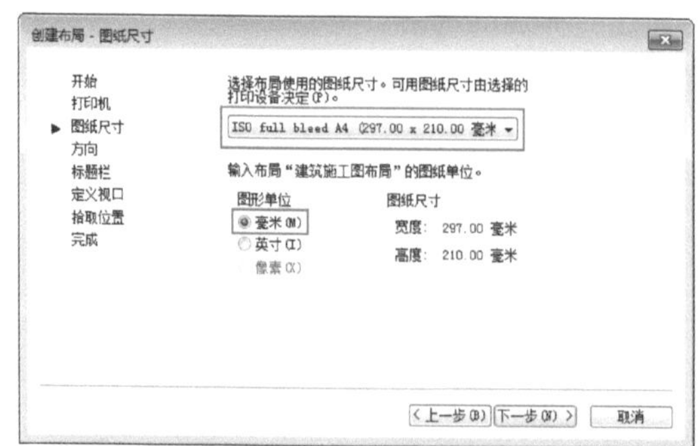

图 13-33 【创建布局－图纸尺寸】对话框

图 13-34 【创建布局 – 方向】对话框

Step 05 单击对话框【下一步】按钮，系统跳转到【创建布局-标题栏】对话框，如图 13-35所示，此处选择系统自带的国外版建筑图标题栏。

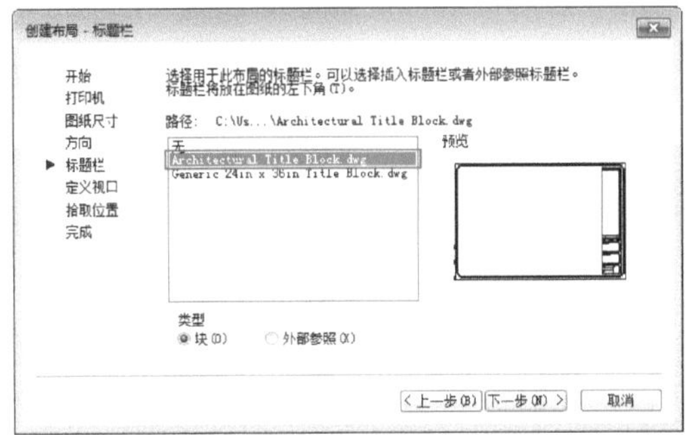

图 13-35 【创建布局 – 标题栏】对话框

> **设计点拨**
>
> *用户可以自行创建标题栏文件，然后放至路径C:\Users\Administrator\AppData\Local\Autodesk\AutoCAD 2016\R20.1\chs\Template中。也可以控制以图块或外部参照的方式创建布局。*

Step 06 单击对话框【下一步】按钮，系统跳转到【创建布局-定义视口】对话框，在【视口设置】选项框中可以设置4种不同的选项，如图13-36所示。这与【VPORTS】命令类似，在这里可以设置【阵列】视口，而在【视口】对话框中可以修改视图样式和视觉样式等。

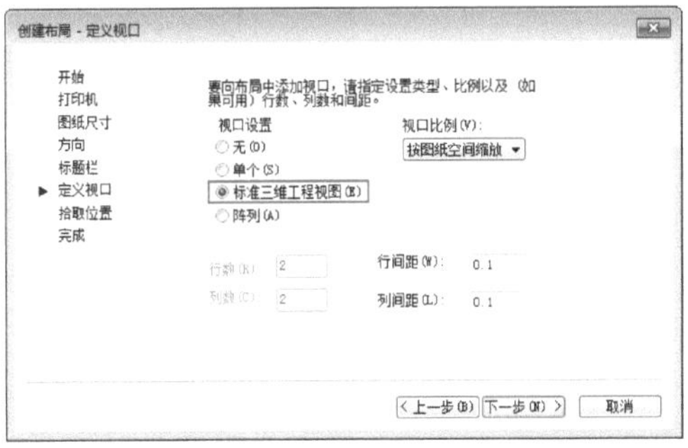

图 13-36 【创建布局 – 定义视口】对话框

Step 07 单击对话框【下一步】按钮，系统跳转到【创建布局-拾取位置】对话框，如图13-37所示。单击【选择位置】按钮，可以在图纸空间中框选矩形作为视口，如果不指定位置直接单击【下一步】按钮，系统会默认以“布满”的方式。

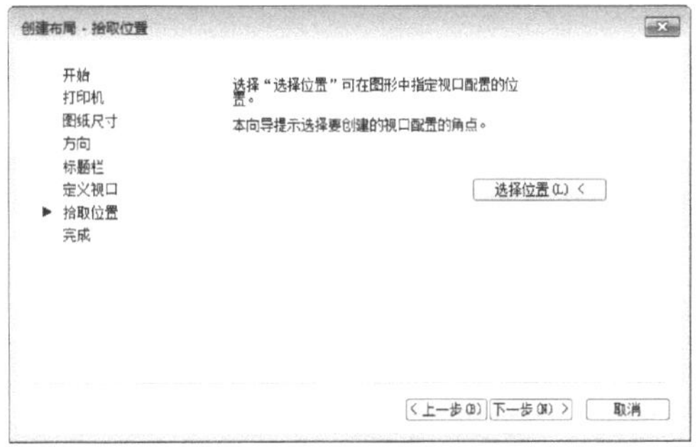

图 13-37 【创建布局 – 拾取位置】对话框

Step 08 单击对话框中【下一步】按钮，系统跳转到【创建布局-完成】对话框，再单击对话框中【完成】按钮，结束整个布局的创建。

13.3.2 调整布局 ★重点★

创建好一个新的布局图后，接下来的工作就是对布局图中的图形位置和大小进行调整和布置。

1 调整视口

视口的大小和位置是可以调整的，视口边界实际上是在图样空间中自动创建的一个矩形图形对象，单击视口边界，4 个角点上出现夹点，可以利用夹点拉伸的方法调整视口，如图 13-38 所示。

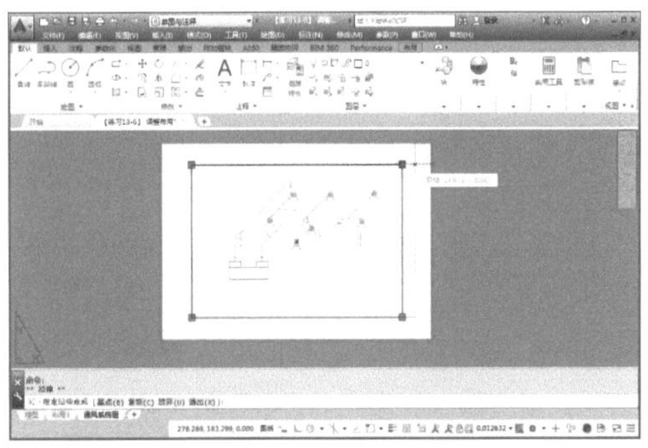

图 13-38 利用夹点调整视口

如果出图时只需要一个视口，通常可以调整视口边界到充满整个打印边界。

2 设置图形比例

设置比例尺是出图过程中最重要的一个步骤，该比例尺反映了图上距离和实际距离的换算关系。

AutoCAD 制图和传统纸面制图在设置比例尺这一步骤上有很大的不同。传统制图的比例尺一开始就已经确定，并且绘制的是经过比例换算后的图形。而在AutoCAD建模过程中，在模型空间中始终按照1：1的实际尺寸绘图。只有在出图时，才按照比例尺将模型缩小到布局图上进行出图。

如果需要观看当前布局图的比例尺，首先应在视口内部双击，使当前视口内的图形处于激活状态，然后单击工作区间右下角【图样】|【模型】切换开关，将视口切换到模式空间状态。然后打开【视口】工具栏。在该工具栏右边文本框中显示的数值，就是图样空间相对于模型空间的比例尺，同时也是出图时的最终比例。

3 在图样空间中增加图形对象

有时候需要在出图时添加一些不属于模型本身的内容，如制图说明、图例符号、图框、标题栏、会签栏等，此时可以在布局空间状态下添加这些对象，这些对象只会添加到布局图中，而不会添加到模型空间中。

练习 13-6 调整布局

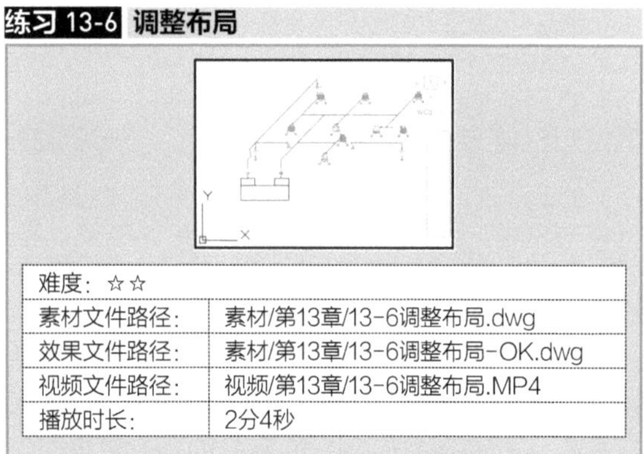

难度：☆☆	
素材文件路径：	素材/第13章/13-6调整布局.dwg
效果文件路径：	素材/第13章/13-6调整布局-OK.dwg
视频文件路径：	视频/第13章/13-6调整布局.MP4
播放时长：	2分4秒

有时绘制好了图形，但切换至布局空间时，显示的效果并不理想，这时就需要对布局进行调整，使视图符合打印的要求。

Step 01 单击快速访问工具栏中的【打开】按钮，打开“第13章/13-6调整布局.dwg”，如图13-39所示。

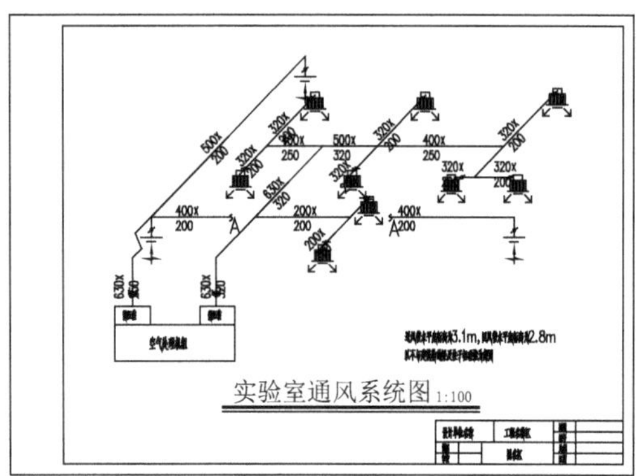

图 13-39 素材文件

Step 02 在【布局】选项卡中，单击【布局】面板中的【新建】按钮，新建名为【通风系统图】布局，命令行提示如下。

```
输入布局选项 [复制(C)/删除(D)/新建(N)/样板(T)/重命名(R)/另存为(SA)/设置(S)/?] <设置>: _new
输入新布局名 <布局3>:通风系统图
```

Step 03 创建完毕后，切换至【通风系统图】布局空间，效果如图13-40所示。

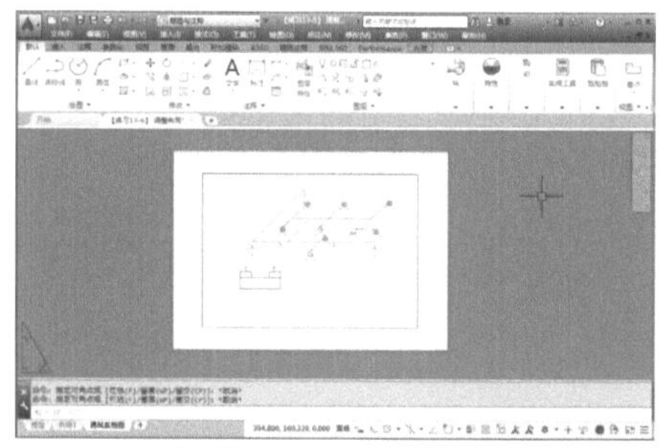

图 13-40 切换空间

Step 04 单击图样空间中的视口边界，4个角点上出现夹点，调整视口边界到充满整个打印边界，如图13-41所示。

Step 05 单击工作区右下角【图纸/模型】切换开关图纸，将视口切换到模型空间状态。

Step 06 在命令行输入“ZOOM”命令，调用【缩放】命令，使所有的图形对象充满整个视口，并调整图形到合适位置，如图13-42所示。

Step 07 完成布局的调整，此时工作区右边显示的就是当前图形的比例尺。

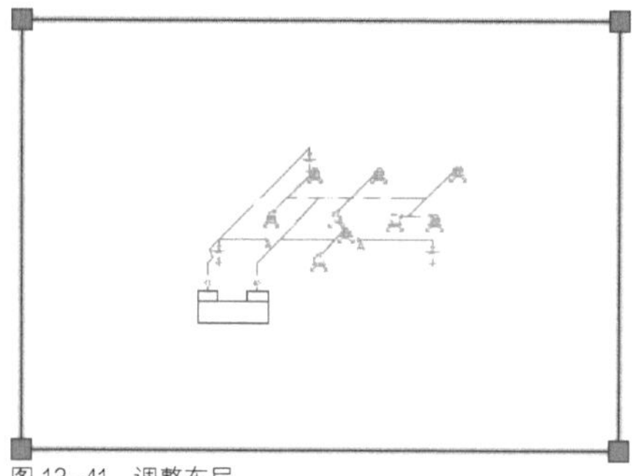

图 13-41 调整布局

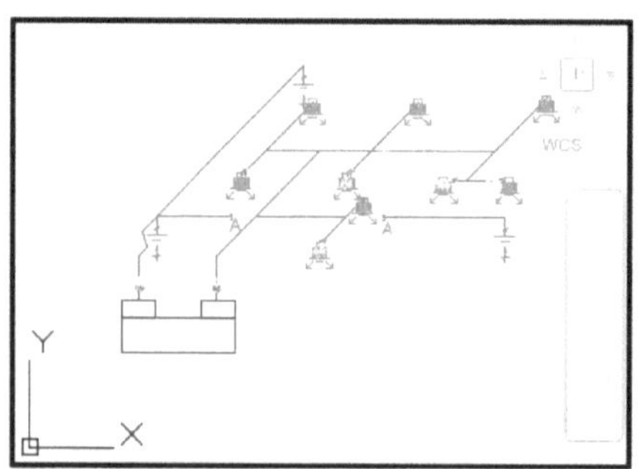

图 13-42 缩放图形

13.4 视口

视口是在布局空间中构造布局图时涉及的一个概念，布局空间相当于一张空白的纸，要在其上布置图形时，先要在纸上开一扇窗，让存在于里面的图形能够显示出来，视口的作用就相当于这扇窗。可以将视口视为布局空间的图形对象，并对其进行移动和调整，这样就可以在一个布局内进行不同视图的放置、绘制、编辑和打印。视口可以相互重叠或分离。

13.4.1 删除视口

打开布局空间时，系统就已经自动创建了一个视口，所以能够看到分布在其中的图形。

在布局中，选择视口的边界，如图 13-43 所示，按【Delete】键可删除视口，删除后，显示于该视口的图像将不可见，如图 13-44 所示。

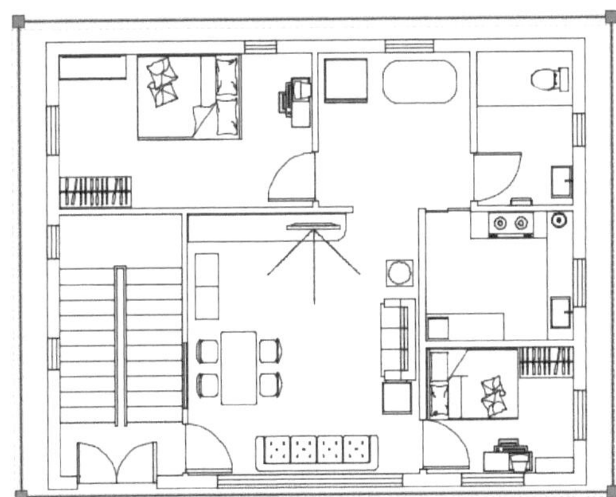

图 13-43 选中视口

图 13-44 删除视口

13.4.2 新建视口 ★进阶★

系统默认的视口往往不能满足布局的要求，尤其是在进行多视口布局时，这时需要手动创建新视口，并对其进行调整和编辑。

【新建视口】的方法如下。

◆功能区：在【输出】选项卡中，单击【布局视口】面板中各按钮，可创建相应的视口。

◆菜单栏：执行【视图】|【视口】命令。

◆命令行：输入"VPORTS"命令。

创建标准视口

执行上述命令下的【新建视口】子命令后，将打开【视口】对话框，如图 13-45 所示，在【新建视口】选项卡的【标准视口】列表中可以选择要创建的视口类型，在右边的预览窗口中可以进行预览。可以创建单个视口，也可以创建多个视口，如图 13-46 所示，还可以选择多个视口的摆放位置。

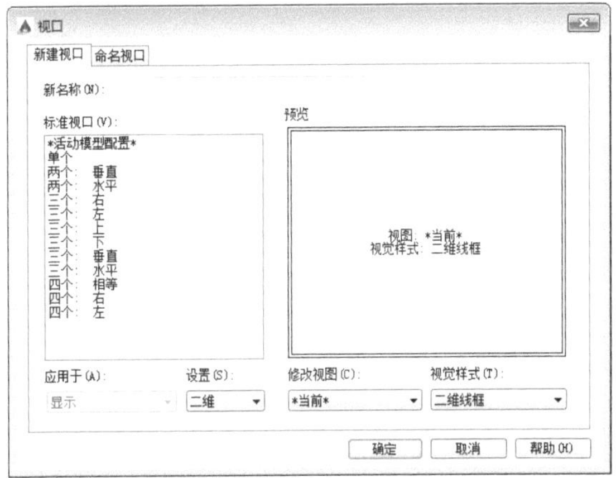

图 13-45 【视口】对话框

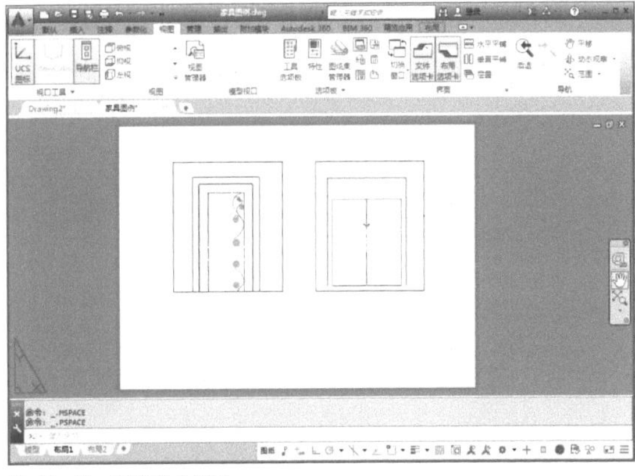

图 13-46 创建多个视口

调用多个视口的方法如下。

◆功能区：在【布局】选项卡中，单击【布局视口】中的各按钮，如图 13-47 所示。

◆菜单栏：执行【视图】|【视口】命令，如图 13-48 所示。

◆命令行：输入"VPORTS"命令。

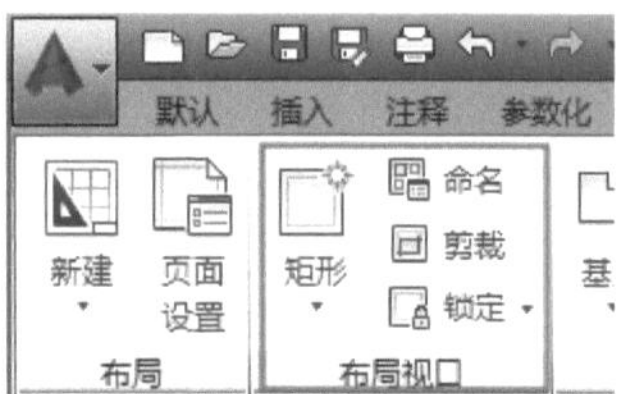

图 13-47 【功能区】调用【视口】命令

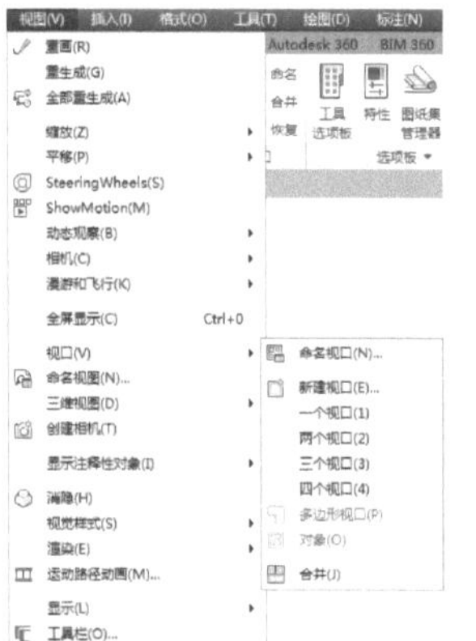

图 13-48 【菜单栏】调用【视口】命令

2 创建特殊形状的视口

执行上述命令中的【多边形视口】命令，可以创建多边形的视口，如图 13-49 所示。甚至还可以在布局图样中手动绘制特殊的封闭对象边界，如多边形、圆、样条曲线或椭圆等，然后使用【对象】命令，将其转换为视口，如图 13-50 所示。

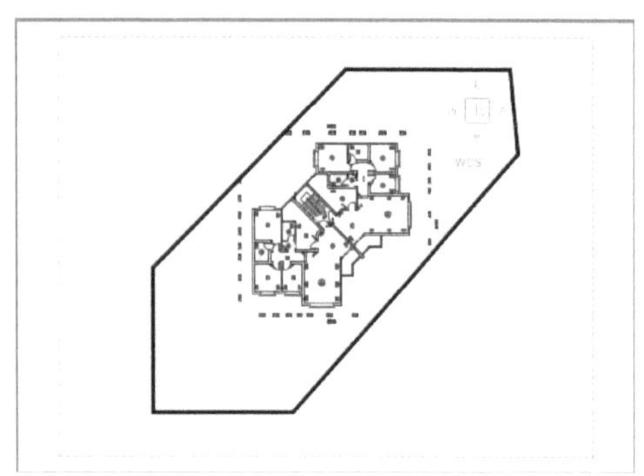

图 13-49 多边形视口

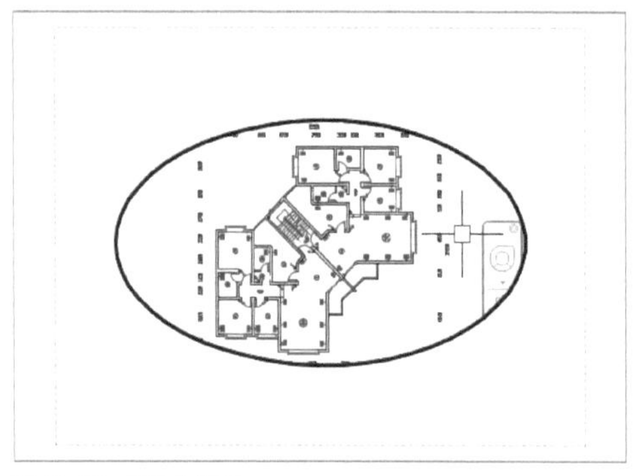

图 13-50 转换为视口

练习 13-7 创建正六边形视口

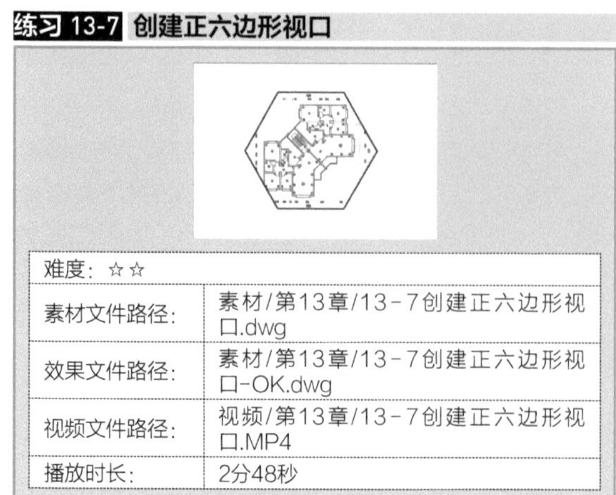

难度：☆☆	
素材文件路径：	素材/第13章/13-7创建正六边形视口.dwg
效果文件路径：	素材/第13章/13-7创建正六边形视口-OK.dwg
视频文件路径：	视频/第13章/13-7创建正六边形视口.MP4
播放时长：	2分48秒

有时为了让布局空间显示更多的内容，可以通过【视口】命令来创建多个显示窗口，也可手工绘制矩形或多边形，然后将其转换为视口。

Step 01 单击快速访问工具栏中的【打开】按钮，打开“第13章/13-7创建正六边形视口.dwg”，如图13-51所示。

Step 02 切换至【布局1】空间，选取默认的矩形浮动视口，按【Delete】键删除，此时图像将不可见，如图13-52所示。

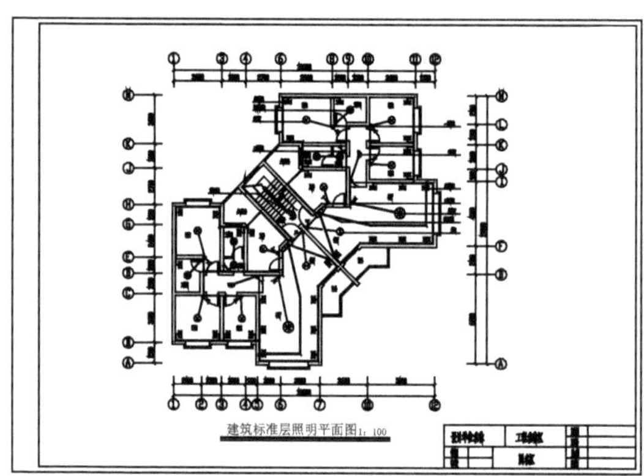

图 13-51 素材文件

图 13-52 删除视口

Step 03 在【默认】选项卡中，单击【绘图】面板中的【正多边形】按钮⬠，绘制内接于圆半径为70的正六边形，如图13-53所示。

Step 04 在【布局】选项卡中，单击【布局视口】面板中的【对象】按钮，选择正六边形，将正六边形转换为视口，效果如图13-54所示。

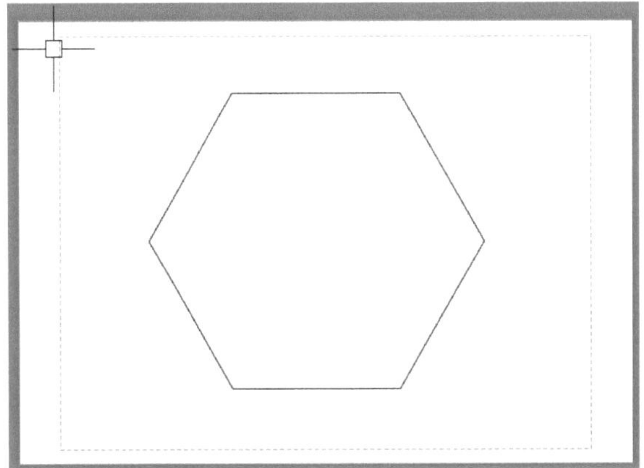

图 13-53 绘制正六边形

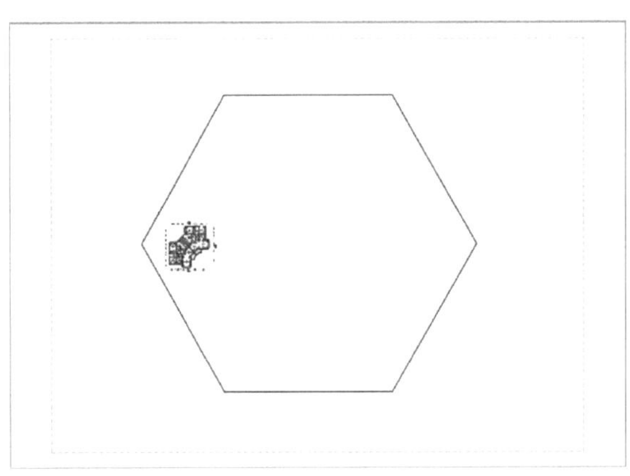

图 13-54 转换为视口

Step 05 单击工作区右下角的【模型/图纸空间】按钮图纸，切换为模型空间，对图形进行缩放，最终结果如图13-55所示。

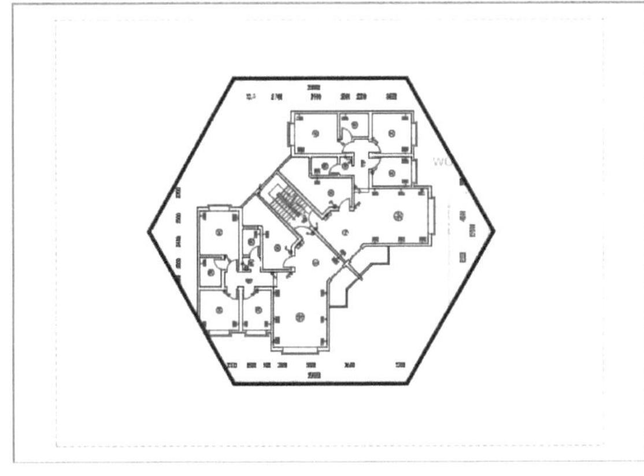

图 13-55 最终效果图

13.4.3 调整视口 ★进阶★

视口创建后，为了使其满足需要，还需要对视口的大小和位置进行调整，相对于布局空间，视口和一般的图形对象没什么区别，每个视口均被绘制在当前层上，且采用当前层的颜色和线型。因此可使用通常的图形编辑方法来编辑视口。例如，可以通过拉伸和移动夹点来调整视口的边界，如图 13-56 所示。

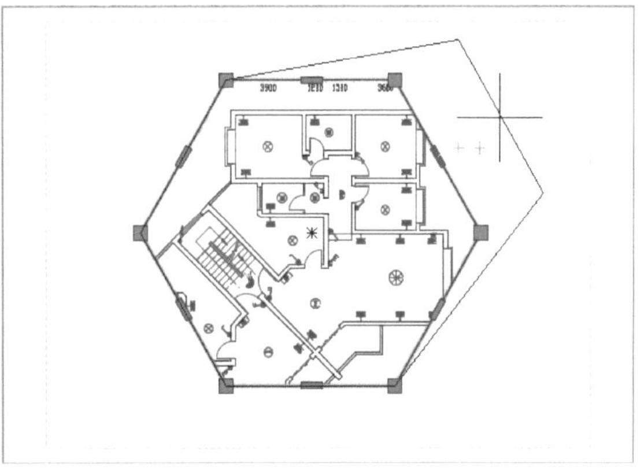

图 13-56 利用夹点调整视口

13.5 页面设置 ★重点★

页面设置是出图准备过程中的最后一个步骤，打印的图形在进行布局之前，先要对布局的页面进行设置，以确定出图的纸张大小等参数。页面设置包括打印设备、纸张、打印区域、打印方向等参数的设置。页面设置可以命名保存，可以将同一个命名页面设置应用到多个布局图中，也可以从其他图形中输入命名页设置并将应用到当前图形的布局中，这样就避免了在每次打印前都反复进行打印设置的麻烦。

• 执行方式

页面设置在【页面设置管理器】对话框中进行，调用【新建页面设置】的方法如下。

◆ 菜单栏：执行【文件】|【页面设置管理器】命令，如图 13-57 所示。

◆ 命令行：在命令行中输入"PAGESETUP"命令。

◆ 功能区：在【输出】选项卡中，单击【布局】面板或【打印】面板中的【页面设置管理器】按钮，如图 13-58 所示。

◆ 快捷方式：右击绘图窗口下的【模型】或【布局】选项卡，在弹出的快捷菜单中，选择【页面设置管理器】命令。

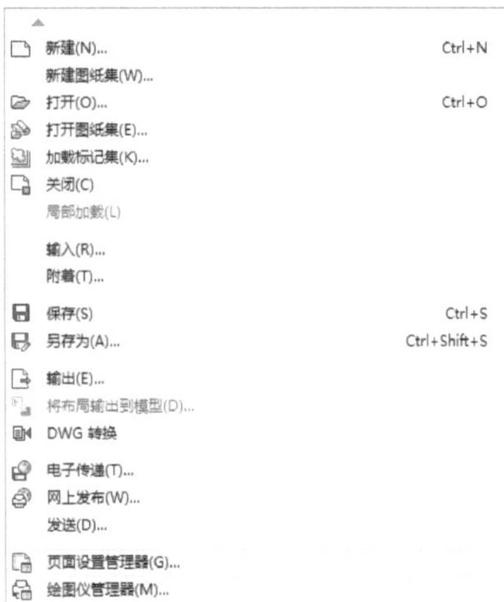

图 13-57 【菜单栏】调用【页面设置管理器】命令

图 13-58 【功能区】调用【页面设置管理器】命令

•操作步骤

执行该命令后，将打开【页面设置管理器】对话框，如图 13-59 所示，对话框中显示了已存在的所有页面设置的列表。通过右击页面设置，或单击右边的工具按钮，可以对页面设置进行新建、修改、删除、重命名和当前页面设置等操作。

单击对话框中的【新建】按钮，新建一个页面，或选中某页面设置后单击【修改】按钮，都将打开如图 13-60 所示的【页面设置】对话框。在该对话框中，可以进行打印设备、图样、打印区域、比例等选项的设置。

图 13-59 【页面设置管理器】对话框

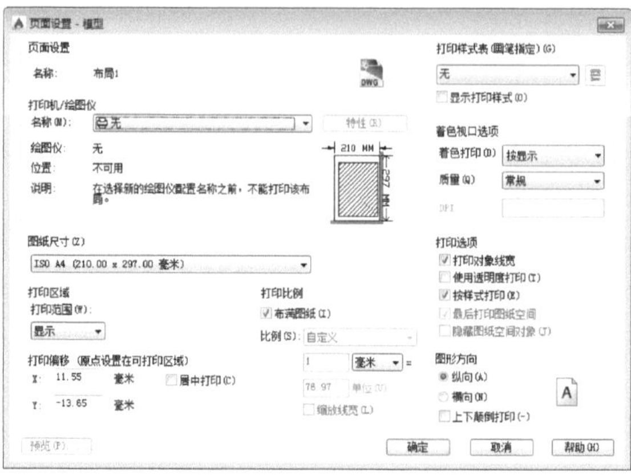

图 13-60 【页面设置】对话框

13.5.1 指定打印设备 ★进阶★

【打印机 / 绘图仪】选项组用于设置出图的绘图仪或打印机。如果打印设备已经与计算机或网络系统正确连接，并且驱动程序也已经正常安装，那么在【名称】下拉列表框中就会显示该打印设备的名称，可以选择需要打印设备。

AutoCAD 将打印介质和打印设备的相关信息储存在后缀名为 *.pc3 的打印配置文件中，这些信息包括绘图仪配置设置指定端口信息、光栅图形和矢量图形的质量、图样尺寸以及取决于绘图仪类型的自定义特性。这样使得打印配置可以用于其他 AutoCAD 文档，能够实现共享，避免了反复设置。

•执行方式

单击功能区【输出】选项卡【打印】组面板中【打印】按钮，系统弹出【打印 - 模型】对话框，如图 13-61 所示。在对话框【打印机 / 绘图仪】功能框的【名称】下拉列表中选择要设置的名称选项，单击右边的【特性】按钮 特性(R)... ，系统弹出【绘图仪配置编辑器】对话框，如图 13-62 所示。

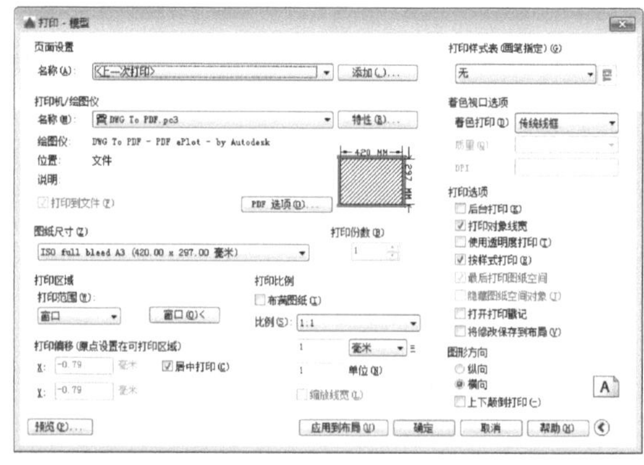

图 13-61 【打印 - 模型】对话框

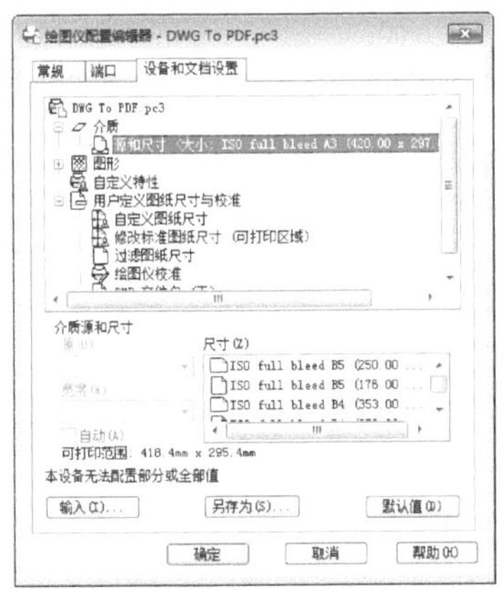

图 13-62 【绘图仪配置编辑器】对话框

•操作步骤

切换到【设备和文档设置】选项卡，选择各个节点，然后进行更改即可，各节点修改的方法见本节的“选项说明”。在这里，如果更改了设置，所做更改将出现在设置名旁边的尖括号 (< >) 中。修改过其值的节点图标上还会显示一个复选标记。

•选项说明

对话框中共有【介质】、【图形】、【自定义特性】和【用户定义图纸尺寸与校准】这 4 个主节点，除【自定义特性】节点外，其余节点皆有子菜单。下面对各个节点进行介绍。

◎【介质】节点

该节点可指定纸张来源、大小、类型和目标，在点选此选项后，在【尺寸】选项列表中指定。有效的设置取决于配置的绘图仪支持的功能。对于 Windows 系统打印机，必须使用“自定义特性”节点配置介质设置。

◎【图形】节点

为打印矢量图形、光栅图形和 TrueType 文字指定设置。根据绘图仪的性能，可修改颜色深度、分辨率和抖动。可为矢量图形选择彩色输出或单色输出。在内存有限的绘图仪上打印光栅图像时，可以通过修改打印输出质量来提高性能。如果使用支持不同内存安装总量的非系统绘图仪，则可以提供此信息以提高性能。

◎【自定义特性】节点

点选【自定义特性】选项，单击【自定义特性】按钮，系统弹出【PDF 选项】对话框，如图 13-63 所示。在此对话框中可以修改绘图仪配置的特定设备特性。每一种绘图仪的设置各不相同。如果绘图仪制造商没有为设备驱动程序提供【自定义特性】对话框，则【自定义特性】选项不可用。对于某些驱动程序，如 ePLOT，这是显示的唯一树状图选项，对于 Windows 系统打印机，多数设备特有的设置在此对话框中完成。

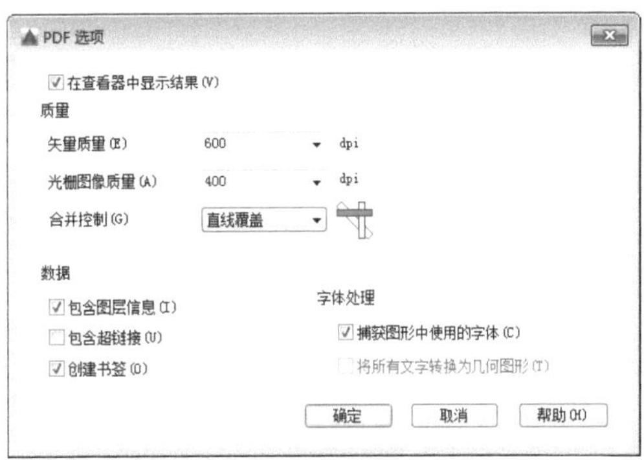

图 13-63 【PDF 特性】对话框

◎【用户定义图纸尺寸与校准】主节点

用户定义图纸尺寸与校准节点将 PMP 文件附着到 PC3 文件，校准打印机并添加、删除、修订或过滤自定义图纸尺寸，具体步骤介绍如下。

Step 01 在【绘图仪配置编辑器】对话框中点选【自定义图纸尺寸】选项，单击【添加】按钮，系统弹出【自定义图纸尺寸-开始】对话框，如图13-64所示。

Step 02 在对话框中选择【创建新图纸】单选项，或者选择现有的图纸进行自定义，单击【下一步】按钮，系统跳转到【自定义图纸尺寸-介质边界】对话框，如图13-65所示。在文本框中输入介质边界的宽度和高度值，这里可以设置非标准A0、A1、A2等规格的图框，有些图形需要加长打印便可在此设置，并确定单位名称为毫米。

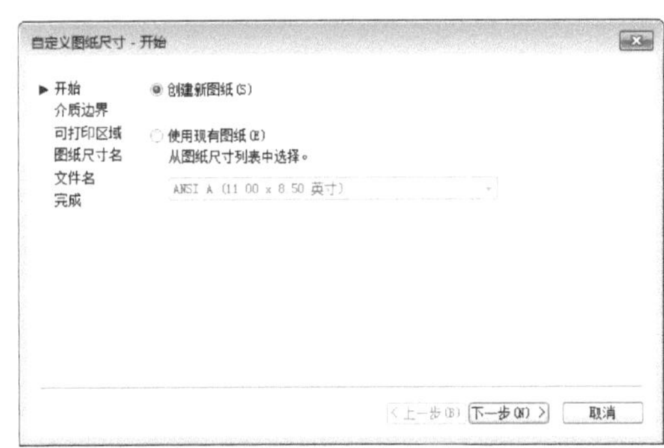

图 13-64 【自定义图纸尺寸 - 开始】对话框

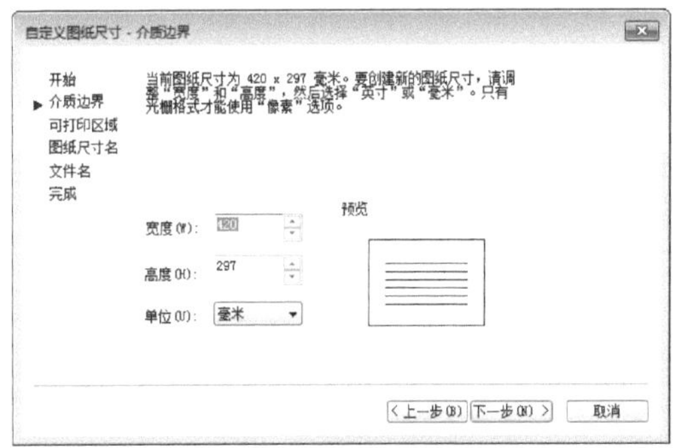

图 13-65 【自定义图纸尺寸 - 介质边界】对话框

Step 03 再单击【下一步】按钮，系统跳转到自定义图纸尺寸-可打印区域】对话框，如图13-66所示。在对话框中可以设置图纸边界与打印边界线的距离，即设置非打印区域。大多数驱动程序与图纸边界的指定距离来计算可打印区域。

Step 04 单击【下一步】按钮，系统跳转到【自定义图纸尺寸-图纸尺寸名】对话框，如图 13-67所示。在【名称】文本框中输入图纸尺寸名称。

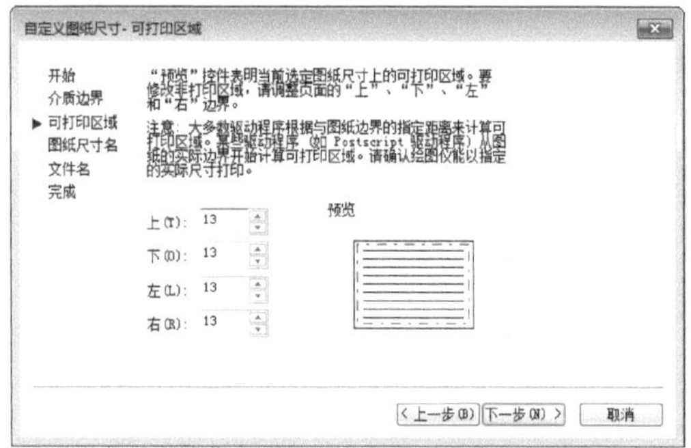

图 13-66 【自定义图纸尺寸 - 可打印区域】对话框

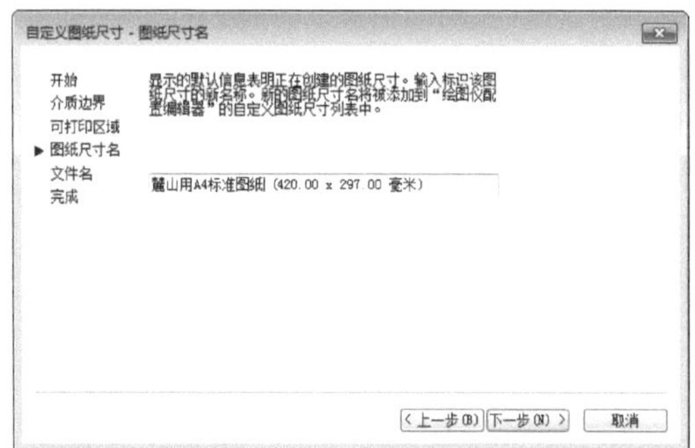

图 13-67 【自定义图纸尺寸 - 图纸尺寸名】对话框

Step 05 单击对话框【下一步】按钮，系统跳转到【自定义图纸尺寸-文件名】对话框，如图13-68所示。在【PMP文件名】文本框中输入文件名称。PMP文件可以跟随PC3文件。输入完成后单击【下一步】按钮，再单击【完成】按钮。至此完成整个自定义图纸尺寸的设置。

图 13-68 【自定义图纸尺寸 - 文件名】对话框

在配置编辑器中可修改标准图纸尺寸。通过节点可以访问"绘图仪校准"和"自定义图纸尺寸"向导，方法与自定义图纸尺寸方法类似。如果正在使用的绘图仪已校准过，则绘图仪型号参数 (PMP) 文件包含校准信息。如果 PMP 文件还未附着到正在编辑的 PC3 文件中，那么必须创建关联才能够使用 PMP 文件。如果创建当前 PC3 文件时在"添加绘图仪"向导中校准了绘图仪，则 PMP 文件已附着。使用"用户定义的图纸尺寸和校准"下面的"PMP 文件名"选项将 PMP 文件附着到或拆离正在编辑的 PC3 文件。

•熟能生巧 输出高分辨率的 JPG 图片

在第 3 章的 3.3 节中已经介绍了几种常见文件的输出，除此之外，dwg 图纸还可以通过命令将选定对象输出为不同格式的图像，例如，使用【JPGOUT】命令导出 JPEG 图像文件、使用【BMPOUT】命令导出 BMP 位图图像文件、使用【TIFOUT】命令导出 TIF 图像文件、使用【WMFOUT】命令导出 Windows 图元文件……但是导出的这些格式的图像分辨率很低，如果图形比较大，就无法满足印刷的要求，如图 13-69 所示。

图 13-69 分辨率很低的 JPG 图片

不过，学习了指定打印设备的方法后，就可以通过修改图纸尺寸的方式，来输出高分辨率的 JPG 图片。下面通过一个例子来介绍具体的操作方法。

练习 13-8 输出高分辨率的 JPG 图片 ★进阶★

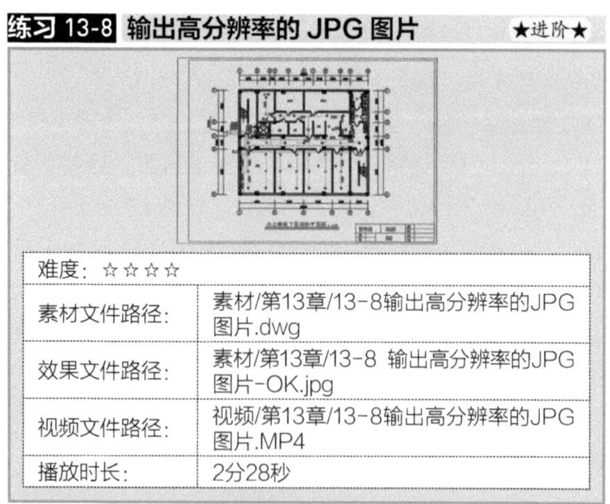

难度：☆☆☆☆	
素材文件路径：	素材/第13章/13-8输出高分辨率的JPG图片.dwg
效果文件路径：	素材/第13章/13-8 输出高分辨率的JPG图片-OK.jpg
视频文件路径：	视频/第13章/13-8输出高分辨率的JPG图片.MP4
播放时长：	2分28秒

Step 01 打开“第13章/13-8输出高分辨率的JPG图片.dwg”，其中绘制好了某公共绿地平面图，如图13-70所示。

Step 02 按【Ctrl】+【P】快捷键，弹出【打印-模型】对话框。然后在【名称】下拉列表框中选择所需的打印机，本例要输出JPG图片，便选择【PublishToWeb JPG.pc3】打印机，如图13-71所示。

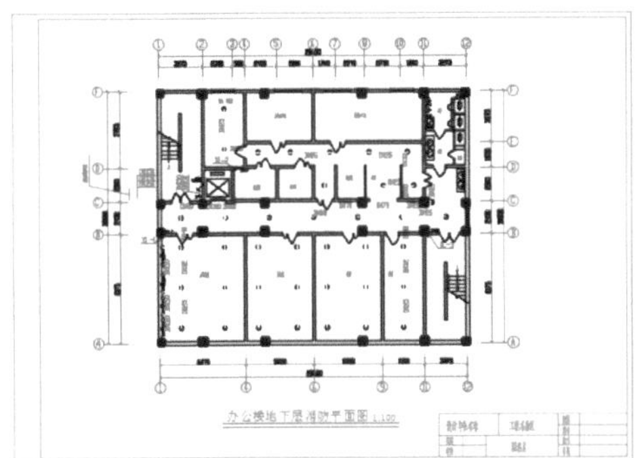

图 13-70　素材文件

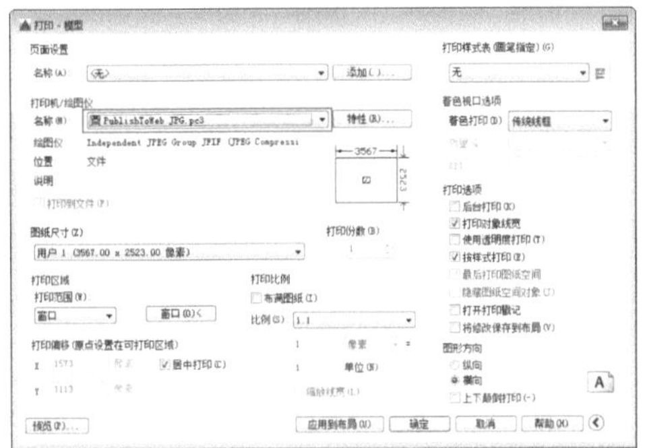

图 13-71　指定打印机

Step 03 单击【PublishToWeb JPG.pc3】右边的【特性】按钮 特性(R)... ，系统弹出【绘图仪配置编辑器】对话框，选择【用户定义图纸尺寸与校准】节点下的【自定义图纸尺寸】，然后单击右下方的【添加】按钮，如图13-72所示。

Step 04 系统弹出【自定义图纸尺寸-开始】对话框，选择【创建新图纸】单选项，然后单击【下一步】按钮，如图13-73所示。

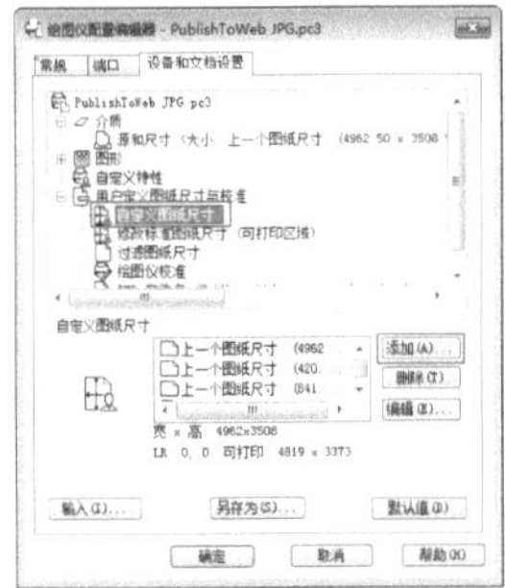

图 13-72　【绘图仪配置编辑器】对话框

图 13-73　【自定义图纸尺寸 - 开始】对话框

Step 05 调整分辨率。系统跳转到【自定义图纸尺寸-介质边界】对话框，这里会提示当前图形的分辨率，可以酌情进行调整，本例修改分辨率如图13-74所示。

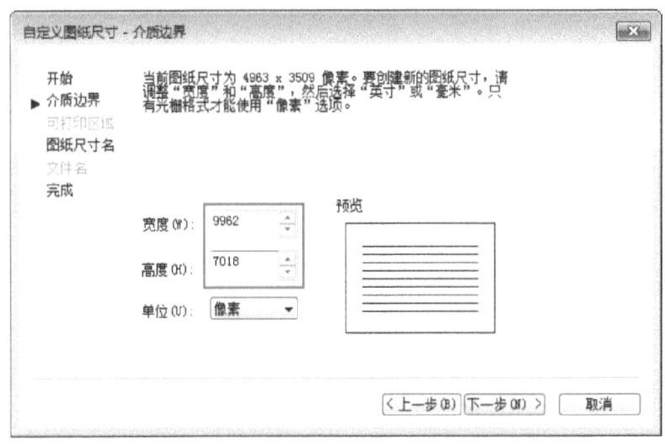

图 13-74　调整分辨率

操作技巧

设置分辨率时，要注意图形的长宽比与原图一致。如果所输入的分辨率与原图长、宽不成比例，则会失真。

Step 06 单击【下一步】按钮，系统跳转到【自定义图纸尺寸-图纸尺寸名】对话框，在【名称】文本框中输入图纸尺寸名称，如图13-75所示。

Step 07 单击【下一步】按钮，再单击【完成】按钮，完成高清分辨率的设置。返回【绘图仪配置编辑器】对话框后单击【确定】按钮，再返回【打印-模型】对话框，在【图纸尺寸】下拉列表中选择刚才创建好的【高清分辨率】，如图13-76所示。

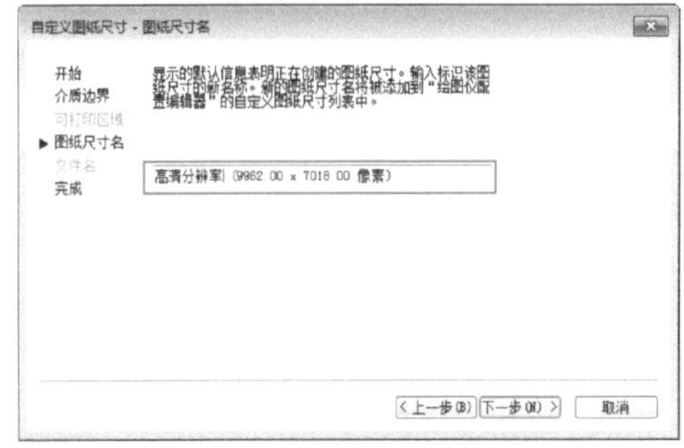

图 13-75 【自定义图纸尺寸 - 介质边界】对话框

图 13-76 选择图纸尺寸（即分辨率）

•精益求精 将 AutoCAD 图形导入 Photoshop

对于新时期的设计工作来说，不能仅靠一门软件来进行操作，无论是客户要求还是自身发展，都在逐渐向多软件互通的方向靠拢。因此使用 AutoCAD 进行设计时，就必须掌握 dwg 文件与其他主流软件（如 Word、PS、CorelDRAW）的交互。

下面通过一个例子来介绍具体的操作方法。

13.5.2 设定图纸尺寸 ★重点★

在【图纸尺寸】下拉列表框中选择打印出图时的纸张类型，控制出图比例。

工程制图的图纸有一定的规范尺寸，一般采用英制 A 系列图纸尺寸，包括 A0、A1、A2 等标准型号，以及 A0+、A1+ 等加长图纸型号。图纸加长的规定是：可以将边延长 1/4 或 1/4 的整数倍，最多可以延长至原尺寸的两倍，短边不可延长。各型号图纸的尺寸如表 13-1 所示。

表 13-1 标准图纸尺寸

图纸型号	长宽尺寸
A0	1189mm×841mm
A1	841mm×594mm
A2	594mm×420mm
A3	420mm×297mm
A4	297mm×210mm

新建图纸尺寸的步骤为：首先在打印机配置文件中新建一个或若干个自定义尺寸，然后保存为新的打印机配置 pc3 文件。这样，以后需要使用自定义尺寸时，只需要在【打印机/绘图仪】对话框中选择该配置文件即可。

13.5.3 设置打印区域 ★重点★

在使用模型空间打印时，一般在【页面设置 - 模型】对话框中设置打印范围，如图 13-77 所示。

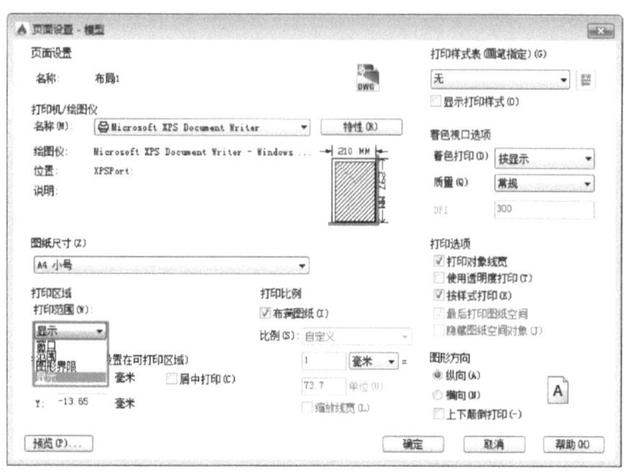
图 13-77 设置打印范围

【打印范围】下拉列表用于确定设置图形中需要打印的区域，其各选项含义如下。

◆【窗口】：用窗选的方法确定打印区域。单击该按钮后，【页面设置】对话框暂时消失，系统返回绘图区，可以用鼠标在模型窗口中的工作区间拉出一个矩形窗口，该窗口内的区域就是打印范围。使用该选项确定打印范围简单方便，但是不能精确比例尺和出图尺寸。

◆【范围】：打印模型空间中包含所有图形对象的范围。

◆【显示】：打印模型窗口当前视图状态下显示的所有图形对象，可以通过【ZOOM】命令调整视图状态，从而调整打印范围。

在使用布局空间打印图形时，单击【打印】面板中的【预览】按钮，预览当前的打印效果。图签有时会出现部分不能完全打印的状况，如图 13-78 所示，这是因为图签大小超越了图纸可打印区域的缘故。可以通过【绘图配置编辑器】对话框中的【修改标准图纸尺寸（可打印区域）】选择重新设置图纸的可打印区域来解决，如图 13-79 所示的虚线表示了图纸的可打印区域。

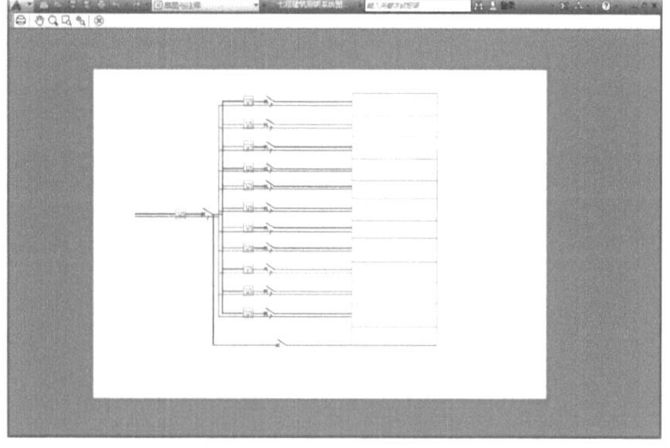
图 13-78 打印预览

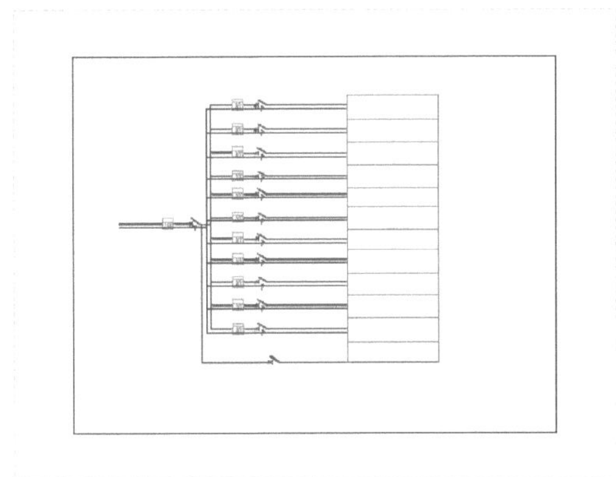

图 13-79 可打印区域

单击【打印】面板中的【绘图仪管理器】按钮，系统弹出【Plotters】对话框，如图 13-80 所示，双击所设置的打印设备。系统弹出【绘图配置编辑器】，在对话框单击选择【修改标准图纸所示（可打印区域）】选项，重新设置图纸的可打印区域，如图 13-81 所示。也可以在【打印】对话框中选择打印设备后，再单击右边的【特性】按钮，可以打开【绘图仪配置编辑器】对话框。

图 13-80 【Plotters】对话框

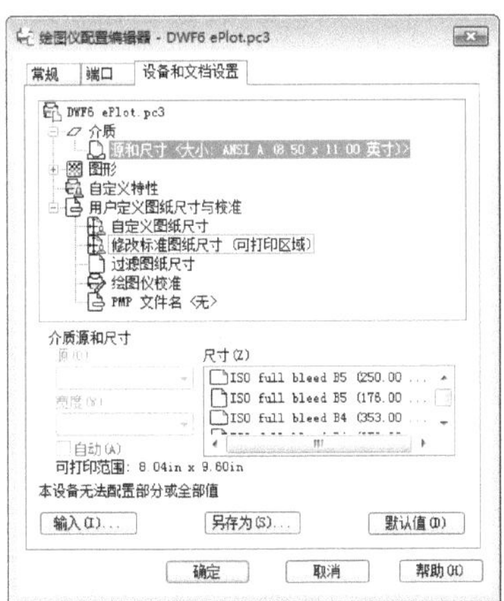

图 13-81 绘图仪配置编辑器

在【修改标准图纸尺寸】栏中选择当前使用的图纸类型（即在【页面设置】对话框中的【图纸尺寸】列表中选择图纸类型），光标所在的位置（不同打印机有不同的显示），如图 13-82 所示。

单击【修改】按钮弹出【自定义图纸尺寸】对话框，如图 13-83 所示，分别设置上、下、左、右页边距（可以使打印范围略大于图框即可），两次单击【下一步】按钮，再单击【完成】按钮，返回【绘图仪配置编辑器】对话框，单击【确定】按钮关闭对话框。

图 13-82 选择图纸类型

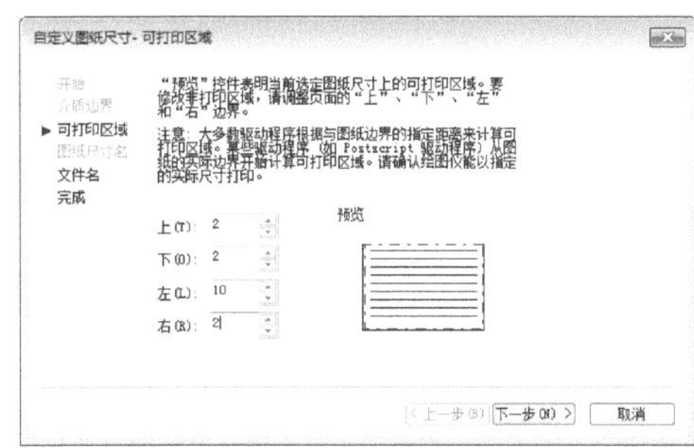

图 13-83 【自定义图纸尺寸】对话框

修改图纸可打印区域之后，此时布局如图 13-84 所示（虚线内表示可打印区域）。

在命令行中输入“LAYER”命令，调用【图层特性管理器】命令，系统弹出【图层特性管理器】对话框，将视口边框所在图层设置为不可打印，如图 13-85 所示，这样视口边框将不会被打印。

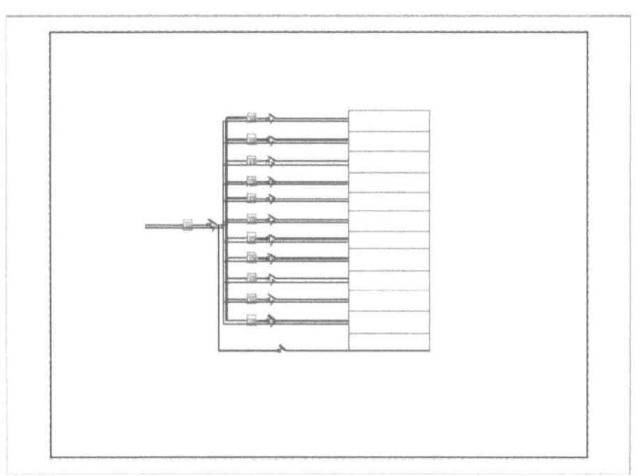

图 13-84 布局效果

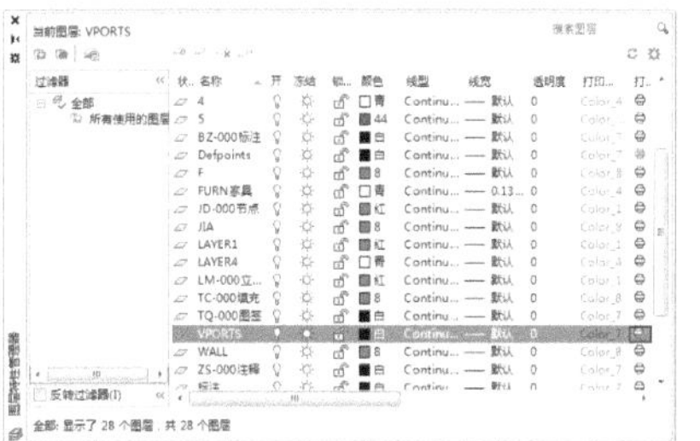

图 13-85 设置视口边框图层属性

再次预览打印效果，如图 13-86 所示，图形可以正确打印。

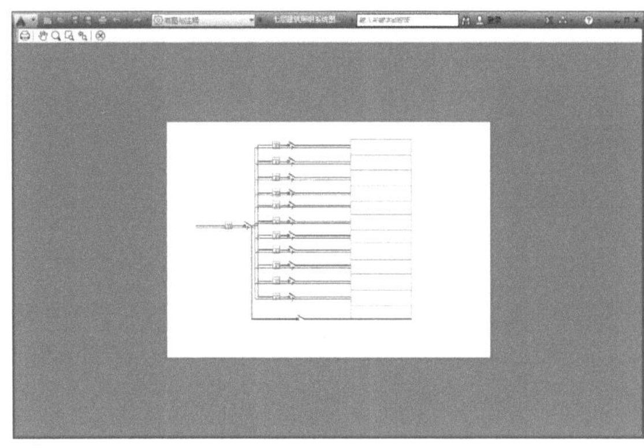

图 13-86　修改页边距后的打印效果

13.5.4 设置打印偏移

【打印偏移】选项组用于指定打印区域偏离图样左下角的 *x* 方向和 *y* 方向偏移值，一般情况下，都要求出图充满整个图样，所以设置 *x* 和 *y* 偏移值均为 0，如图 13-87 所示。

通常情况下，打印的图形和纸张的大小一致，不需要修改设置。选中【居中打印】复选框，则图形居中打印。这个【居中】是指在所选纸张大小 A1、A2 等尺寸的基础上居中，也就是 4 个方向上各留空白，而不只是卷筒纸的横向居中。

打印偏移(原点设置在可打印区域)
X:　11.55　毫米　居中打印(C)
Y:　-13.65　毫米

图 13-87　【打印偏移】设置选项

13.5.5 设置打印比例

1 打印比例

【打印比例】选项组用于设置出图比例尺。在【比例】下拉列表框中可以精确设置需要出图的比例尺。如果选择【自定义】选项，则可以在下方的文本框中设置与图形单位等价的英寸数来创建自定义比例尺。

如果对出图比例尺和打印尺寸没有要求，可以直接选中【布满图样】复选框，这样 AutoCAD 会将打印区域自动缩放到充满整个图样。

【缩放线框】复选框用于设置线宽值是否按打印比例缩放。通常要求直接按照线宽值打印，而不按打印比例缩放。

在 AutoCAD 中，有两种方法控制打印出图比例。

◆ 在打印设置或页面设置的【打印比例】区域设置比例，如图 13-88 所示。

◆ 在图纸空间中使用视口控制比例，然后按照1 : 1打印。

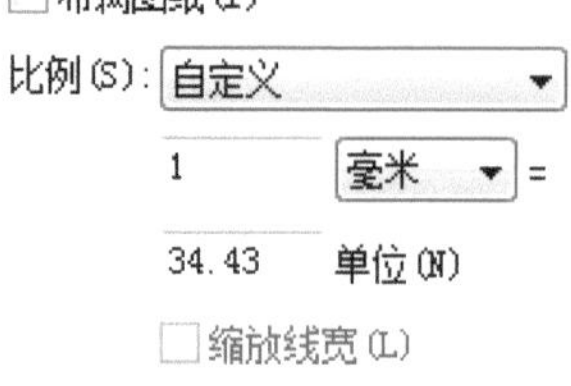

图 13-88　【打印比例】设置选项

2 图形方向

工程制图多需要使用大幅的卷筒纸打印，在使用卷筒纸打印时，打印方向包括两个方面的问题：第一，图纸阅读时所说的图纸方向，是横宽还是竖长；第二，图形与卷筒纸的方向关系，是顺着出纸方向还是垂直于出纸方向。

在 AutoCAD 中分别使用图纸尺寸和图形方向来控制最后出图的方向。在【图形方向】区域可以看到小示意图，其中白纸表示设置图纸尺寸时选择的图纸尺寸是横宽还是竖长，字母 A 表示图形在纸张上的方向。

13.5.6 指定打印样式表

【打印样式表】下拉列表框用于选择已存在的打印样式，从而非常方便地用设置好的打印样式替代图形对象原有属性，并体现到出图格式中。

13.5.7 设置打印方向

在【图形方向】选项组中选择纵向或横向打印，选中【反向打印】复选框，可以允许在图样中上下颠倒地打印图形。

13.6 打印

在完成上述的所有设置工作后，就可以开始打印出图了。

调用【打印】命令的方法如下。

◆ 功能区：在【输出】选项卡中，单击【打印】面板中的【打印】按钮。

◆ 菜单栏：执行【文件】|【打印】命令。

◆ 命令行：输入“PLOT”命令。

◆ 快捷操作：按【Ctrl】+【P】快捷键。

在 AutoCAD 中打印分为两种形式：模型打印和布局打印。

13.6.1 模型打印

在模型空间中，执行【打印】命令后，系统弹出【打印】对话框，如图 13-89 所示，该对话框与【页面设置】对话框相似，可以进行出图前的最后设置。

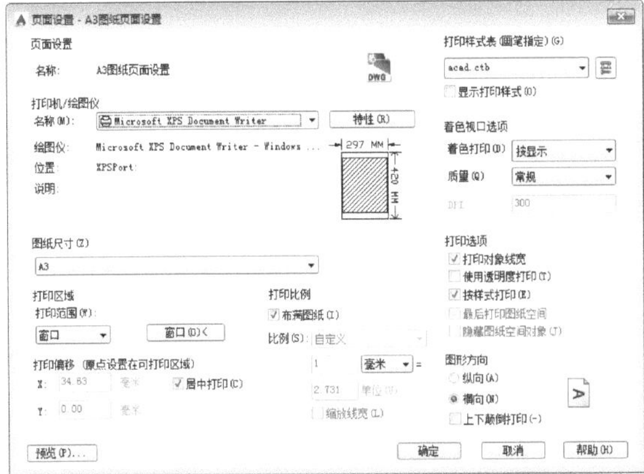

图 13-89 模型空间【打印】对话框

下面通过具体的实例来讲解模型空间打印的具体步骤。

练习 13-9 打印给排水系统图

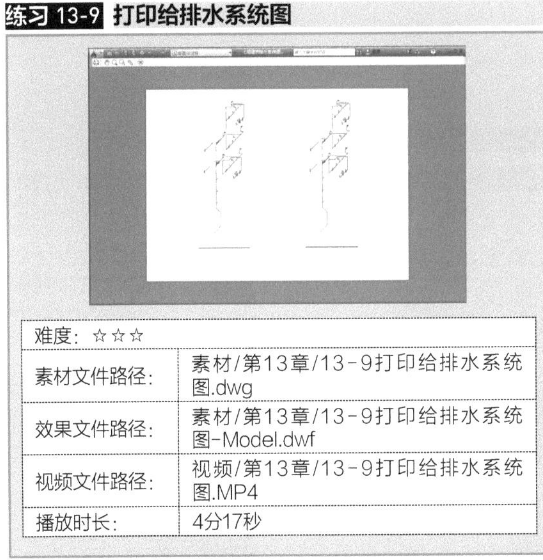

难度：☆☆☆	
素材文件路径：	素材/第13章/13-9打印给排水系统图.dwg
效果文件路径：	素材/第13章/13-9打印给排水系统图-Model.dwf
视频文件路径：	视频/第13章/13-9打印给排水系统图.MP4
播放时长：	4分17秒

本例介绍直接从模型空间进行打印的方法。先设置打印参数，然后再进行打印，是基于统一规范的考虑。读者可以用此方法调整自己常用的打印设置，也可以直接从 Step 07 开始进行快速打印。

Step 01 单击快速访问工具栏中的【打开】按钮，打开“第13章/13-9打印给排水系统图”素材文件，如图13-90所示。

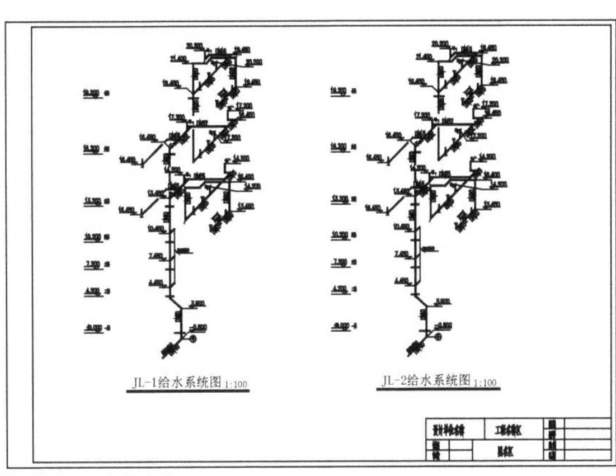

图 13-90 素材文件

Step 02 单击【应用程序】按钮，在弹出的下拉菜单中选择【打印】|【管理绘图仪】命令，系统弹出【Plotter】对话框，如图13-91所示。

图 13-91 【Plottery】文件夹

Step 03 双击对话框中的【DWF6 ePlot】图标，系统弹出【绘图仪配置编辑器–DWF6 ePlot.pc3】对话框。在对话框中单击【设备和文档设置】选项卡。单击选择对话框中的【修改标准图纸尺寸（可打印区域）】，如图13-92所示。

Step 04 在【修改标准图纸尺寸】选择框中选择尺寸为【ISOA2（594.00×420.00）】，如图13-93所示。

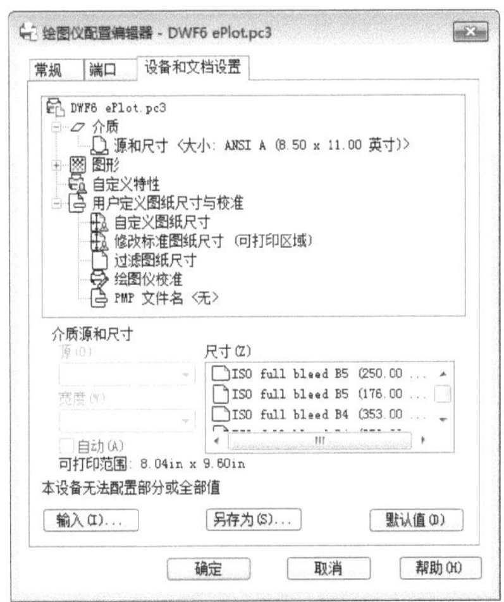

图 13-92 选择【修改标准图纸尺寸（可打印区域）】

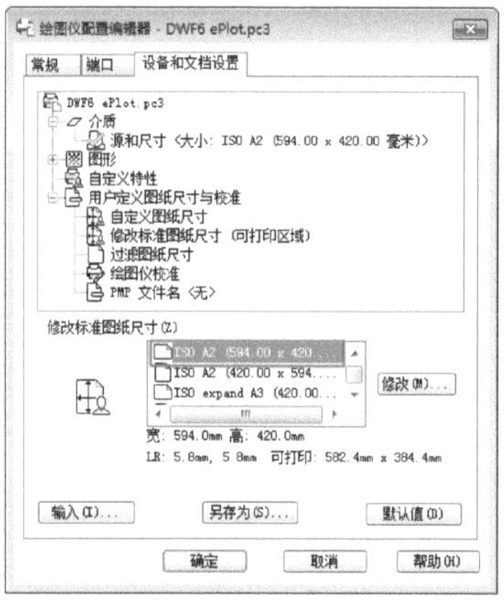

图 13-93 选择图纸尺寸

Step 05 单击【修改】按钮修改(M)...，系统弹出【自定义图纸尺寸–可打印区域】对话框，设置参数，如图13-94所示。

Step 06 单击【下一步】按钮，系统弹出【自定义尺寸–完成】对话框，如图13-95所示，在对话框中单击【完成】按钮，返回【绘图仪配置编辑器–DWF6 ePlot.pc3】对话框，单击【确定】按钮，完成参数设置。

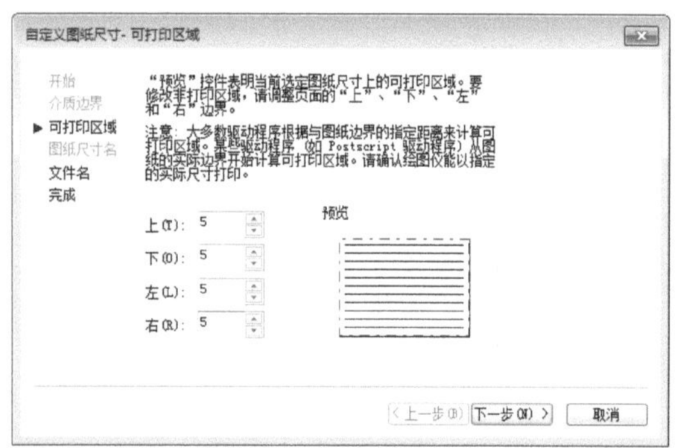

图 13-94 设置图纸打印区域

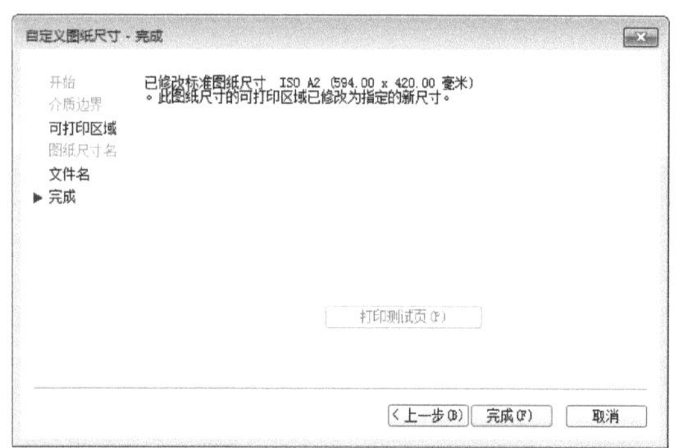

图 13-95 完成参数设置

Step 07 单击【应用程序】按钮，在其下拉菜单中选择【打印】|【页面设置】命令，系统弹出【页面设置管理器】对话框，如图13-96所示。

Step 08 当前布局为【模型】，单击【修改】按钮，系统弹出【页面设置–模型】对话框，设置参数，如图13-97所示。【打印范围】选择【窗口】，框选整个素材文件图形。

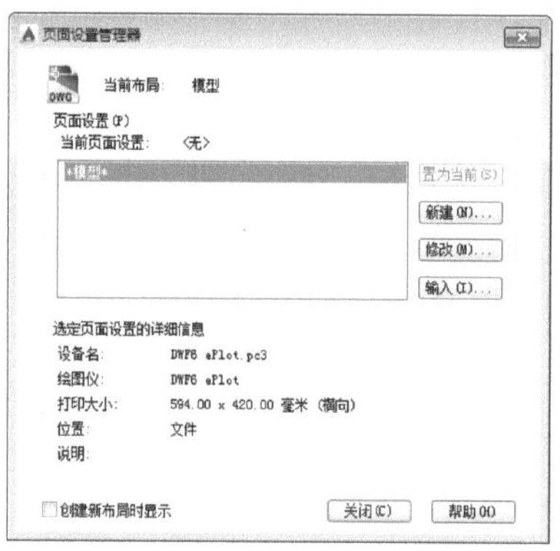

图 13-96 【页面设置管理器】对话框

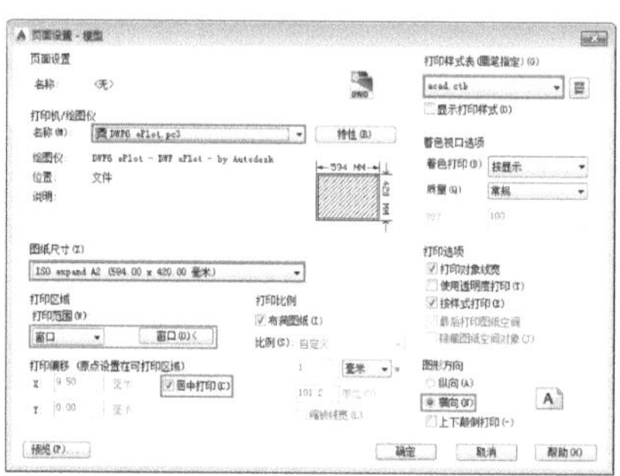

图 13-97 选择图纸尺寸

Step 09 单击【预览】按钮，效果如图13-98所示。

Step 10 如果效果满意，单击鼠标右键，在弹出的快捷菜单中选择【打印】选项，系统弹出【浏览打印文件对话框】，如图13-99所示，设置保存路径，单击【保存】按钮，保存文件，完成模型打印的操作。

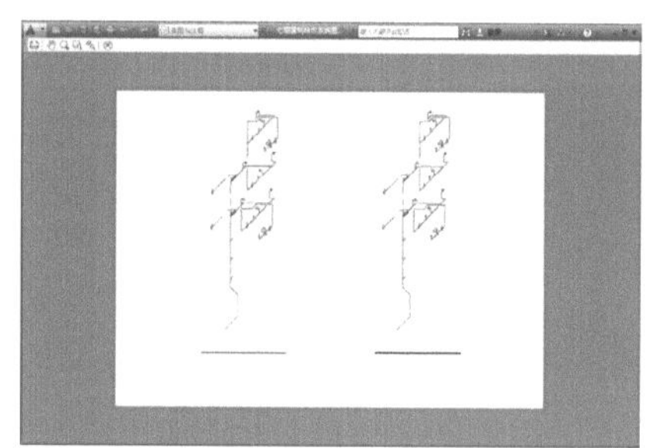

图 13-98 预览效果

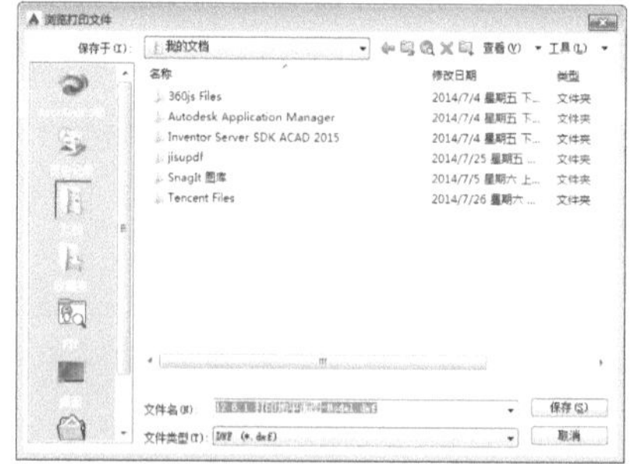

图 13-99 保存打印文件

13.6.2 布局打印 ★重点★

在布局空间中，执行【打印】命令后，系统弹出【打印】对话框，如图 13-100 所示。可以在【页面设置】选项组中的【名称】下拉列表框中直接选中已经定义好的页面设置，这样就不必反复设置对话框中的其他选项了。

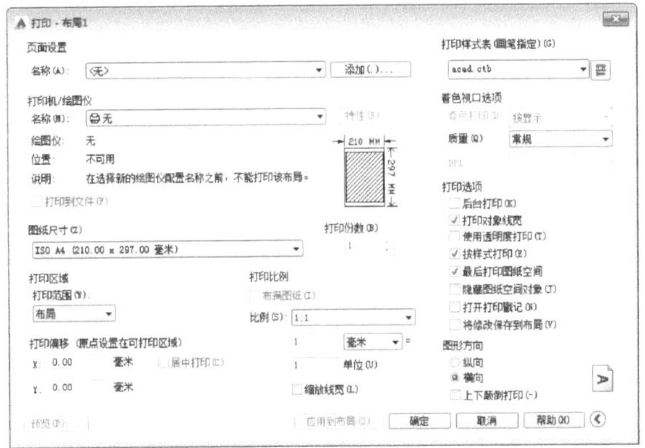

图 13-100 布局空间【打印】对话框

布局打印又分为单比例打印和多比例打印。单比例打印就是当一张图纸上多个图形的比例相同时，可以直接在模型空间内插入图框出图。而布局多比例打印可以对不同的图形指定不同的比例来进行打印输出。

通过下面的两个实例，来讲解单比例和多比例打印的过程，单比例打印过程与多比例打印过程相比，只是打印的比例相同，并且单比例打印视口可多可少。

练习 13-10 单比例打印 ★重点★

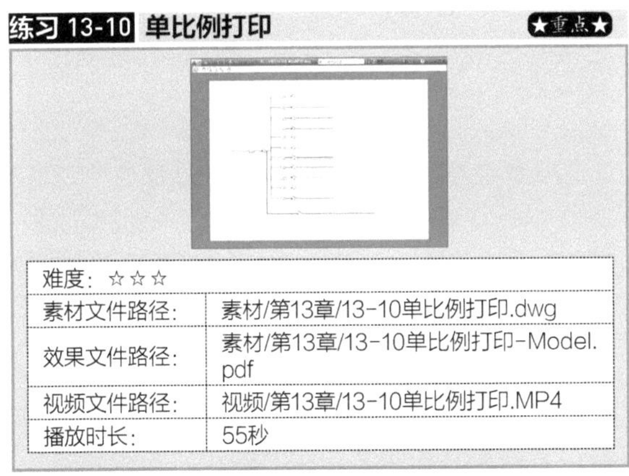

难度：	☆☆☆
素材文件路径：	素材/第13章/13-10单比例打印.dwg
效果文件路径：	素材/第13章/13-10单比例打印-Model.pdf
视频文件路径：	视频/第13章/13-10单比例打印.MP4
播放时长：	55秒

单比例打印通常用于打印简单的图形，系统图纸多为此种方法打印。通过本实战的操作，熟悉布局空间的创建、多视口的创建、视口的调整、打印比例的设置、图形的打印等。

Step 01 单击快速访问工具栏中的【打开】按钮，打开配套资源中提供的“第13章/13-10单比例打印.dwg”素材文件，如图13-101所示。

Step 02 按【Ctrl】+【P】快捷键，弹出【打印-模型】对话框。然后在【名称】下拉列表框中选择所需的打印机，本例以【DWG To PDF.pc3】打印机为例。该打印机可以打印出PDF格式的图形。

Step 03 设置图纸尺寸。在【图纸尺寸】下拉列表框中选择【ISO full bleed A3（420.00×297.00 毫米）】选项，如图13-102所示。

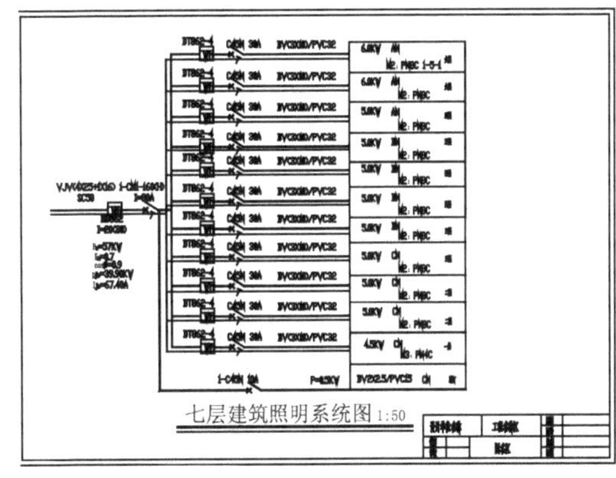

图 13-101 素材文件

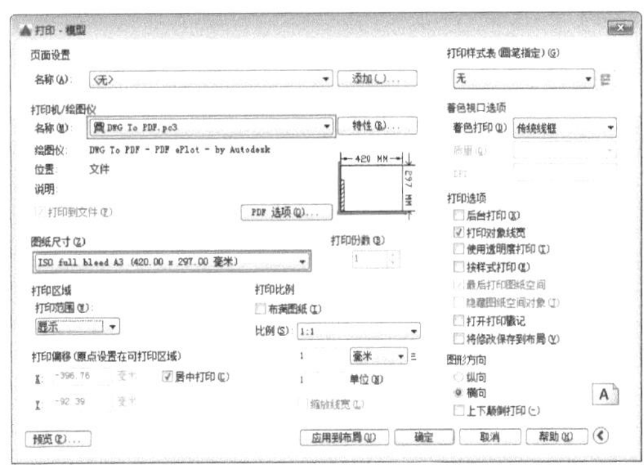

图 13-102 指定打印机

Step 04 设置打印区域。在【打印范围】下拉列表框中选择【窗口】选项，系统自动返回绘图区，然后在其中框选出要打印的区域即可，如图13-103所示。

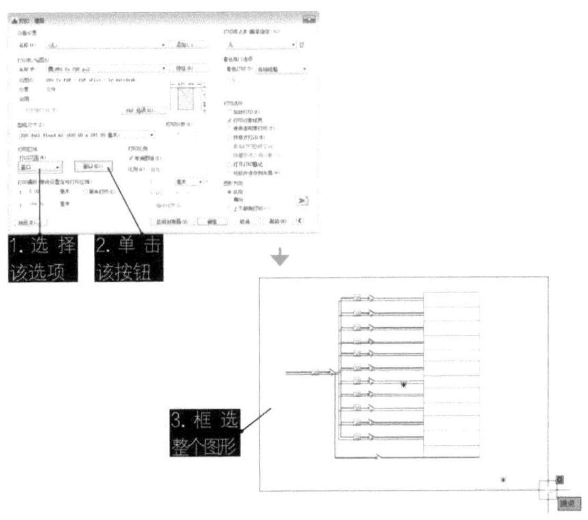

图 13-103 设置打印区域

Step 05 设置打印偏移。返回【打印-模型】对话框之后，勾选【打印偏移】选项区域中的【居中打印】选项，如图13-104所示。

Step 06 设置打印比例。取消勾选【打印比例】选项区域中的【布满图纸】选项，然后在【比例】下拉列表中选择1∶1选项，如图13-105所示。

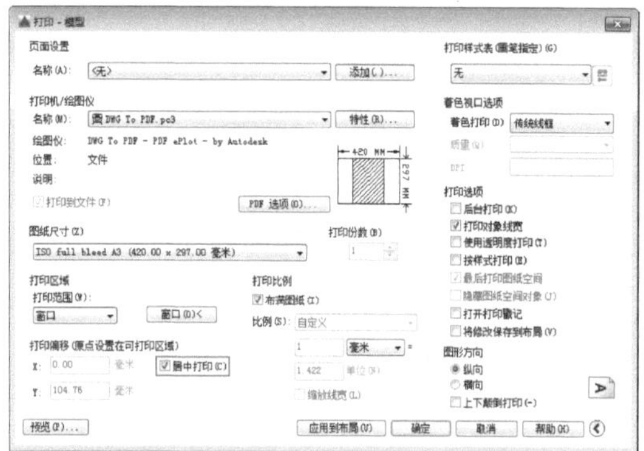

图 13-104　设置打印偏移

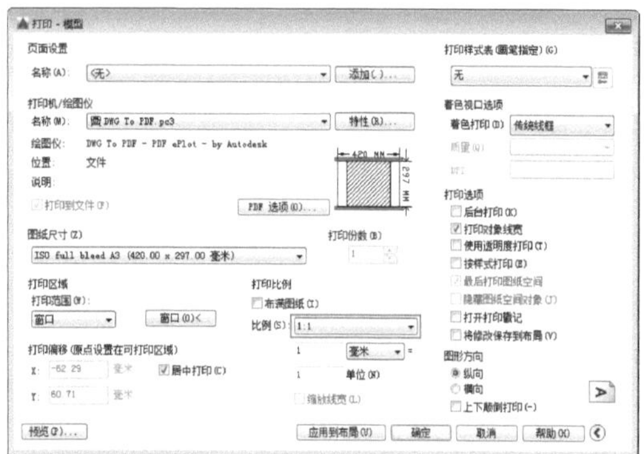

图 13-105　设置打印比例

Step 07 设置图形方向。本例图框为横向放置，因此在【图形方向】选项区域中选择打印方向为【横向】，如图13-106所示。

Step 08 打印预览。所有参数设置完成后，单击【打印-模型】对话框左下角的【预览】按钮进行打印预览，效果如图13-107所示。

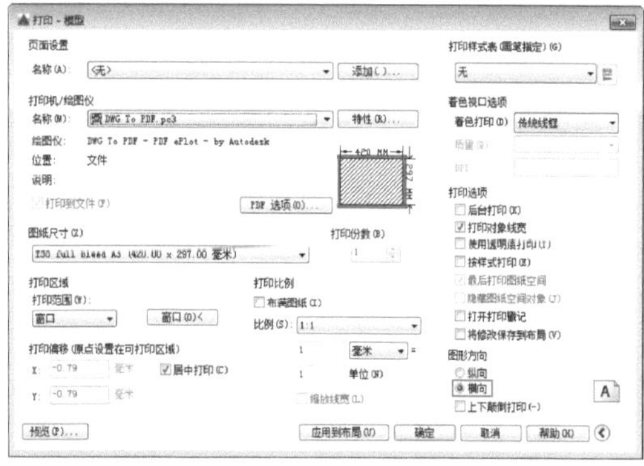

图 13-106　设置图形方向

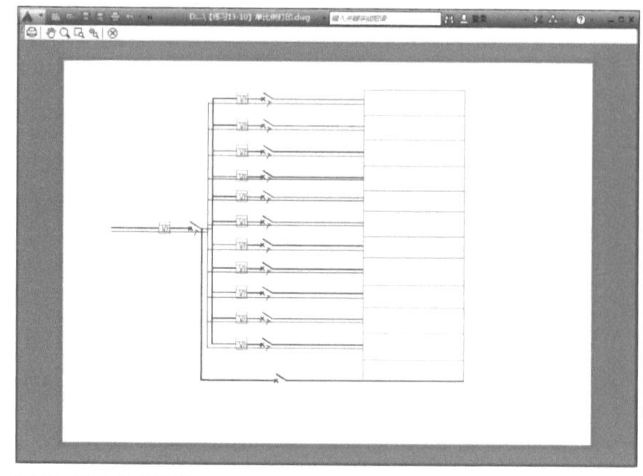

图 13-107　打印预览

Step 09 打印图形。图形显示无误后，便可以在预览窗口中单击鼠标右键，在弹出的快捷菜单中选择【打印】选项，即可输出打印。

练习 13-11　多比例打印　★进阶★

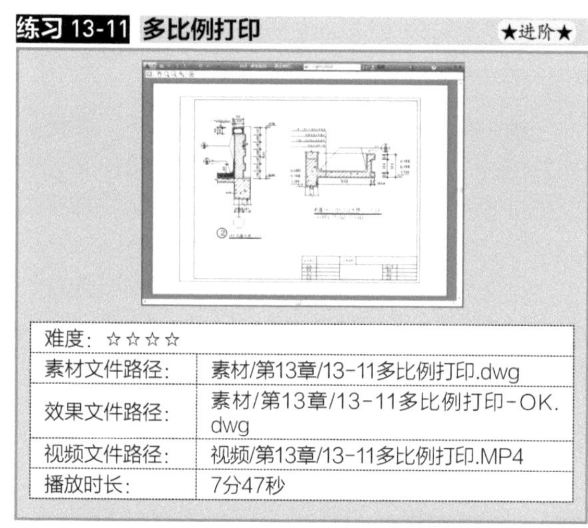

难度：☆☆☆☆	
素材文件路径：	素材/第13章/13-11多比例打印.dwg
效果文件路径：	素材/第13章/13-11多比例打印-OK.dwg
视频文件路径：	视频/第13章/13-11多比例打印.MP4
播放时长：	7分47秒

通过本实例的操作，熟悉布局空间的创建、多视口的创建、视口的调整、打印比例的设置、图形的打印等。

Step 01 单击快速访问工具栏中的【打开】按钮，打开配套资源中提供的“第13章/13-11多比例打印.dwg”素材文件，如图13-108所示。

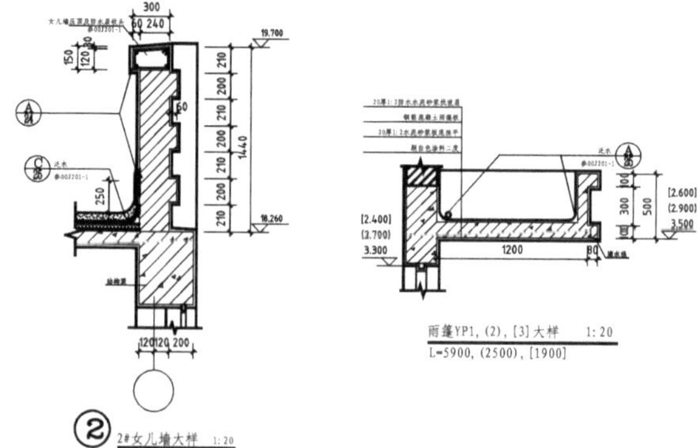

图 13-108　素材文件

Step 02 切换模型空间空间至【布局1】，如图 13-109所示。

Step 03 选中【布局1】中的视口，按【Delete】键删除，如图 13-110所示。

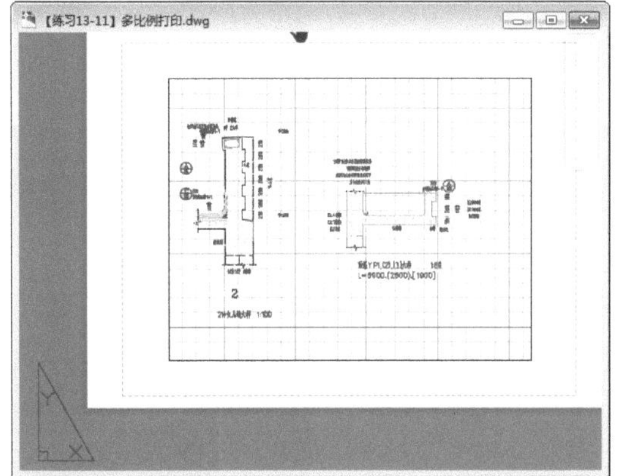

图 13-109 切换布局

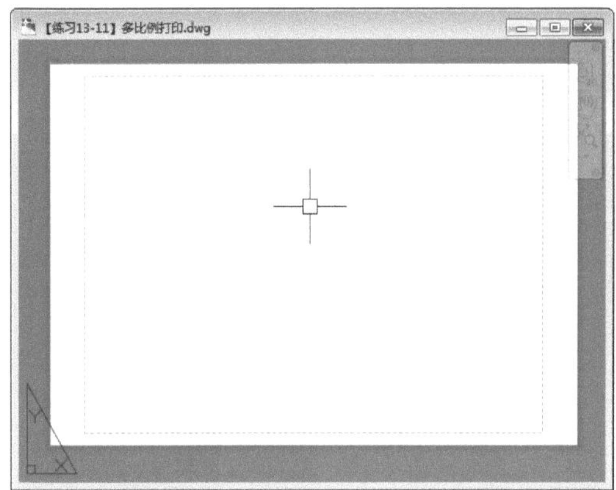

图 13-110 删除视口

Step 04 在【布局】选项卡中，单击【布局视口】面板中的【矩形】按钮，在【布局1】中创建两个视口，如图 13-111所示。

Step 05 双击进入视口，对图形进行缩放，调整至合适效果，如图 13-112所示。

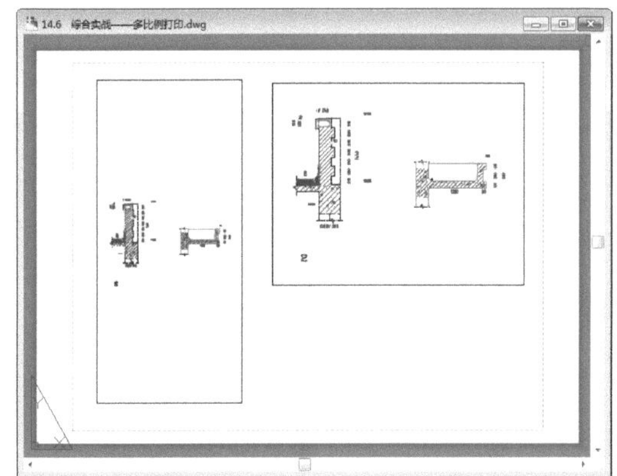

图 13-111 创建视口

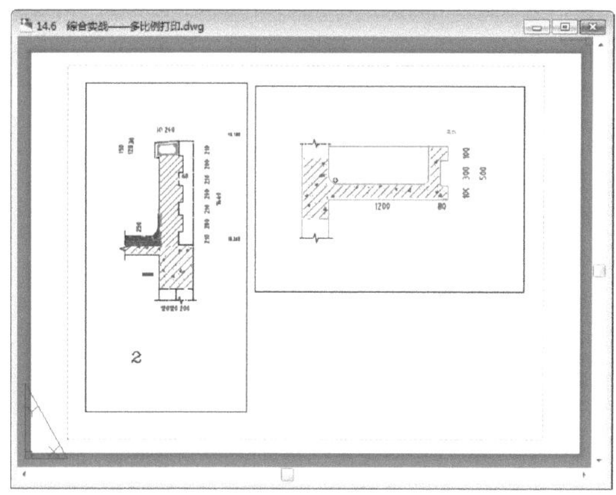

图 13-112 缩放图形

Step 06 调用【I】（插入）命令，插入A3图框，并调整图框和视口大小和位置，结果如图 13-113与图 13-114所示。

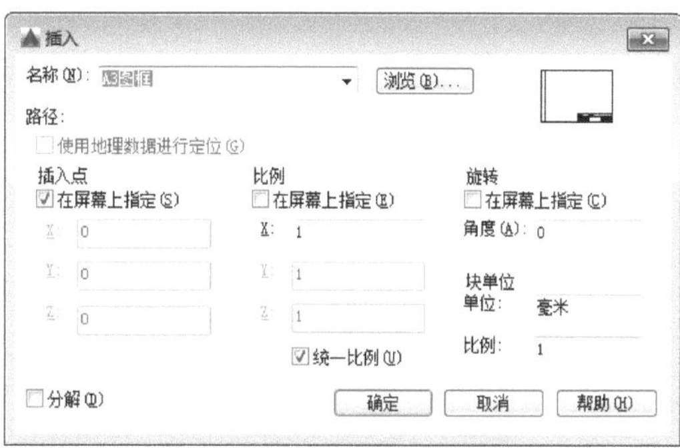

图 13-113 【插入】对话框插入 A3 图框

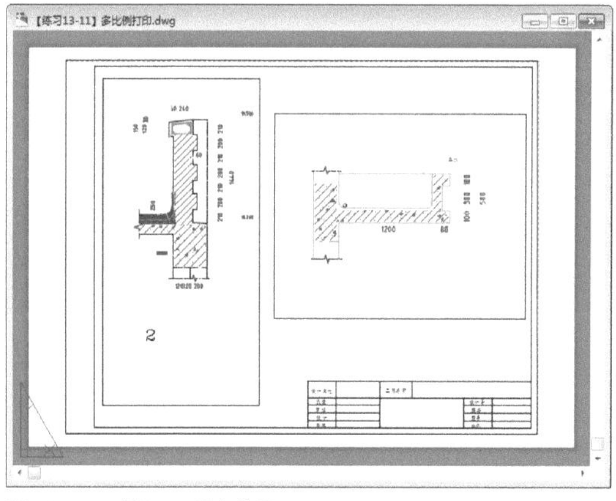

图 13-114 插入 A3 图框效果

Step 07 单击【应用程序】按钮，在弹出的下拉菜单中选择【打印】|【管理绘图仪】命令，系统弹出【Plotter】文件夹，如图 13-115所示。

Step 08 双击对话框中的【DWF6 ePlot】图标，系统弹出【绘图仪配置编辑器–DWF6 ePlot.pc3】对话框。在对话框中单击【设备和文档设置】选项卡，单击选择对话框中的【修改标准图纸尺寸（可打印区域）】，如图 13-116所示。

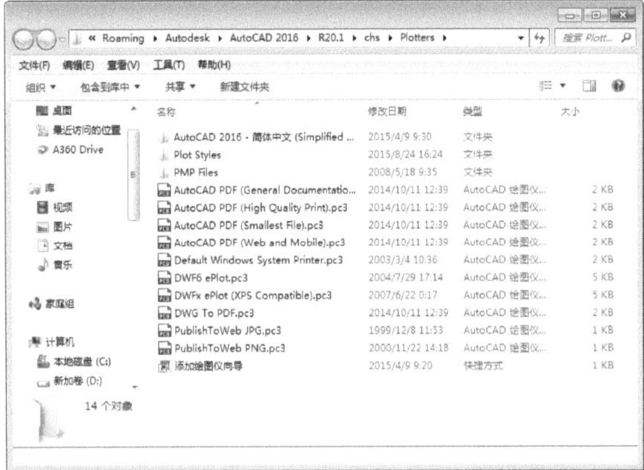

图 13-115 【Plottery】文件夹

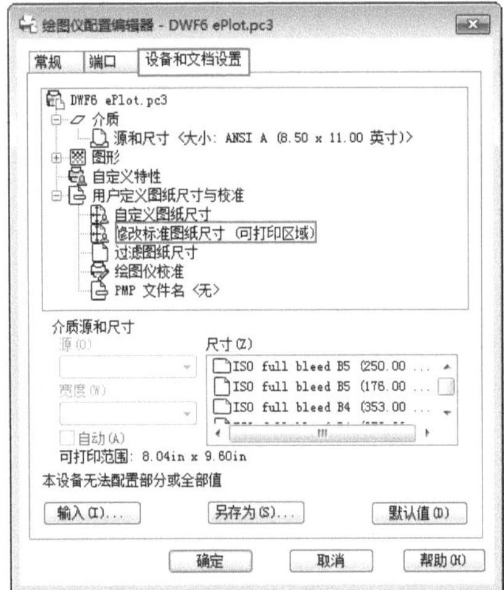

图 13-116 【绘图仪配置编辑器 - DWF6 ePlot.pc3】对话框

Step 09 在【修改标准图纸尺寸】选择框中选择尺寸为【ISOA3（420.00×297.00）】，如图 13-117所示。

Step 10 单击【修改】按钮 修改(M)...，系统弹出【自定义图纸尺寸-可打印区域】对话框，设置参数，如图 13-118所示。

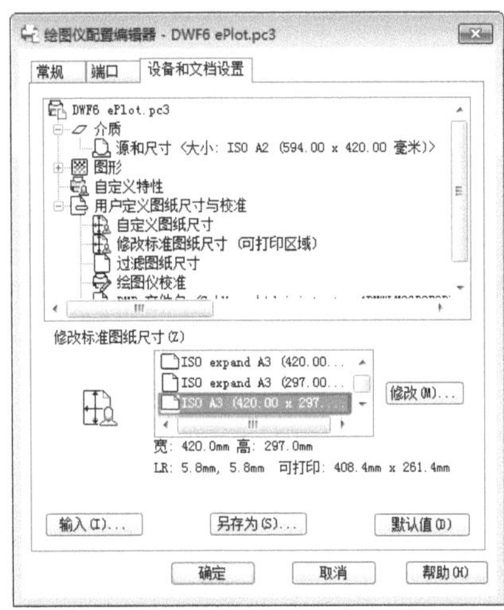

图 13-117 选择图纸尺寸

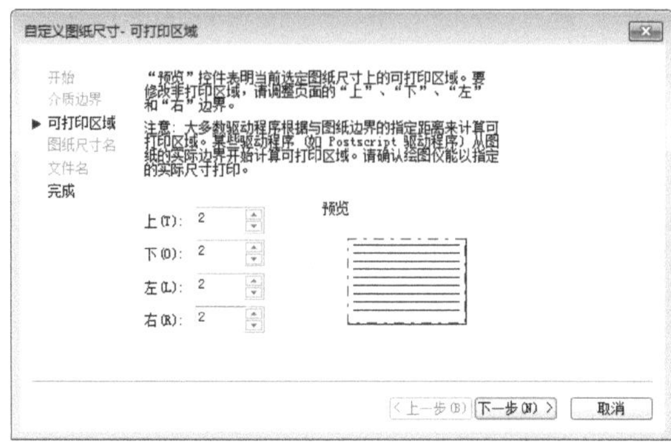

图 13-118 设置图纸打印区域

Step 11 单击【下一步】按钮，系统弹出【自定义尺寸-完成】对话框，如图 13-119所示，在对话框中单击【完成】按钮，返回【绘图仪配置编辑器-DWF6 ePlot.pc3】对话框，单击【确定】按钮，完成参数设置。

Step 12 单击【应用程序】按钮，在其下拉菜单中选择【打印】|【页面设置】命令，系统弹出【页面设置管理器】对话框，如图 13-120所示。

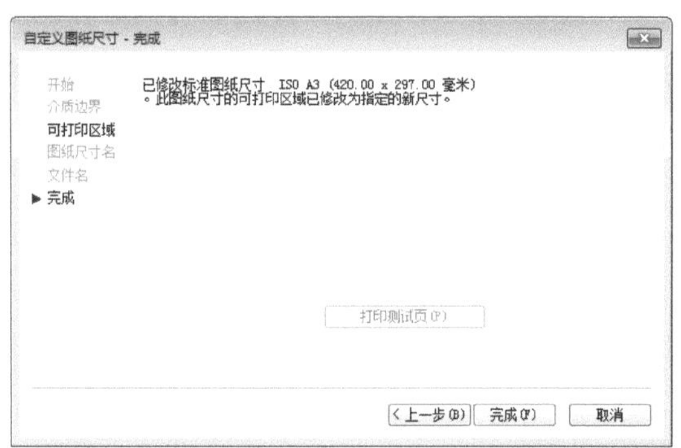

图 13-119 完成参数设置

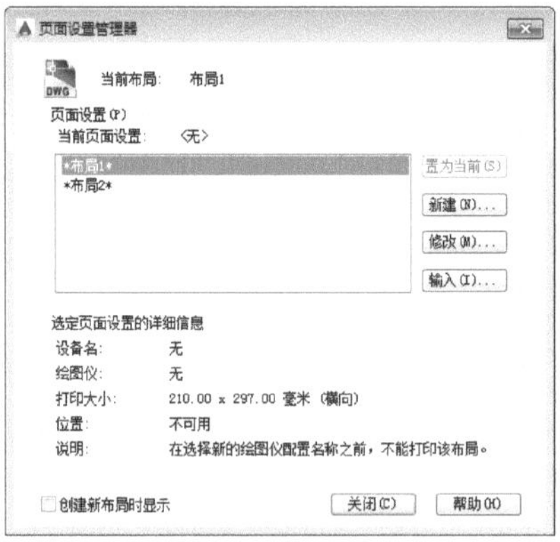

图 13-120 【页面设置管理器】对话框

Step 13 当前布局为【布局1】，单击【修改】按钮，系统弹出【页面设置-布局1】对话框，设置参数，如图 13-121所示。

Step 14 在命令行中输入LA（图层特性管理器）命令，新建【视口】图层，并设置为不打印，如图 13-122所示，再将视口边框转变成该图层。

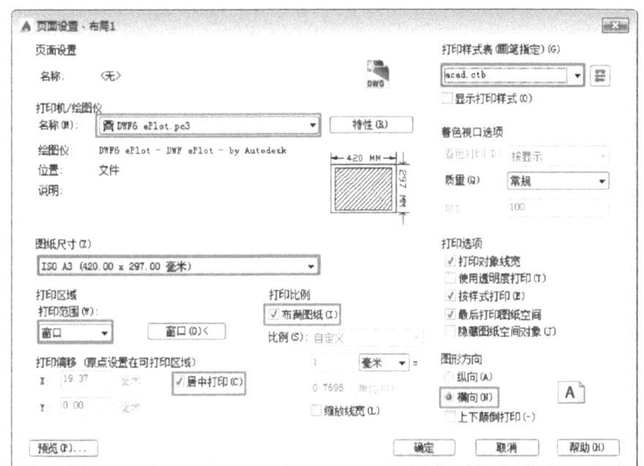

图 13-121 设置页面设置

图 13-122 新建【视口】图层

Step 15 单击快速访问工具栏中的【打印】按钮，系统弹出【打印–布局1】对话框，单击【浏览】按钮，效果如图 13-123所示。

Step 16 如果效果满意，单击鼠标右键，在弹出的快捷菜单中选择【打印】选项，系统弹出【浏览打印文件】对话框，如图 13-124所示，设置保存路径，单击【保存】按钮，打印图形，完成多视口打印的操作。

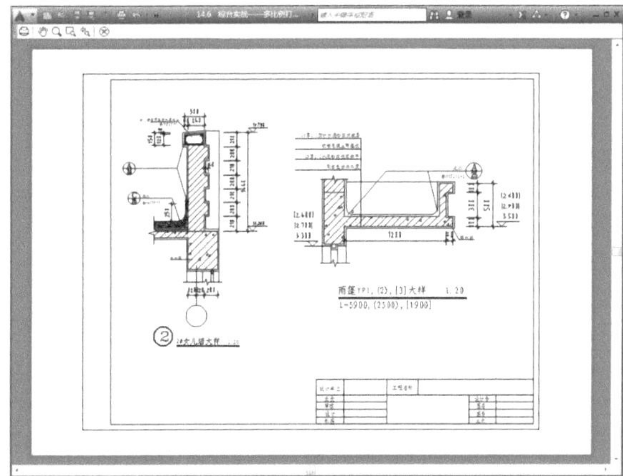

图 13-123 预览效果

图 13-124 保存打印文件

第 14 章 建筑给排水工程图基本知识

本章将结合建筑给排水工程专业知识，详细介绍建筑给排水工程施工图的基本规定及要求，包括施工图的组成与施工设计说明、工程图的分类、制图的表达与一般规定、设计文件编制深度、职业法规及规范标准和工程制图规定。

14.1 建筑给排水系统概述

建筑给排水工程是现代城市基础建设的重要组成部分，其在城市生活、生产及城市发展中的作用及意义重大。给排水工程是指城市或工业单位从水源取水到最终处理的整个工业流程，其一般包括给水工程（即水源取水工程）、净水工程（水质净化、净水输送、配水使用）、排水工程（污水净化工程、污泥处理工程、污水最终处置工程等）；整个给排水工程由主要枢纽工程及给排水管道网工程组成。

14.1.1 建筑给水系统概述

建筑给水系统是为满足建筑物和人们的生产生活和消防的需要，把符合要求的水有组织地输送到用水地点而采用的一系列设备设施的总称。

建筑内部给水系统是将城镇给水管网或自备水源给水管网的水引入室内，选用适用、经济、合理的最佳供水方式，经配水管送至室内各种卫生器具、用水嘴、生产装置和消防设备，并满足用水点对水量、水压和水质要求的冷水供应系统。

1 建筑给水系统分类

根据用户对水质、水压、水量、水温的要求，并结合外部给水系统情况进行划分，有 3 种基本给水系统：生活给水系统、生产给水系统、消防给水系统。

◎ 生活给水系统

工人们在日常生活中引用、烹饪、盥洗、沐浴、洗涤衣物、冲厕、清洗地面和其他生活用途的用水。

生活给水系统按供水水质又可分为生活引用水系统、直饮水系统和杂用水系统。生活饮用水系统包括盥洗、沐浴等用水，直饮水系统包括纯净水、矿泉水等用水，杂用水系统包括冲厕、浇灌花草等用水。生活给水系统的水质必须严格符合国家《生活饮用水卫生标准》（GB5749-2006）要求，并应具有防止水质污染的措施。

◎ 生产给水系统

供生产过程中产品工艺用水、清洗用水、冷饮用水、生产空调用水、稀释用水、除尘用水、锅炉用水等用途的用水。由于工艺过程和生产设备的不同，生产给水系统种类繁多，对各类生产用水的水质要求有较大的差异，有的低于生活饮用水标准，有的远远高于生活饮用水标准。

◎ 消防给水系统

消防给水系统分为消火栓给水系统、自动喷水灭火系统、水幕系统、水喷雾灭火系统等。消防系统的选择，应根据生活、生产、消防等各项用水对水质、水量和水压的要求，经技术经济比较后采用综合评判法确定。

◎ 组合给水系统

上述 3 种基本给水系统可根据具体情况及建筑物的用途和性质、设计规范等要求，设置独立的某种系统或组合系统。

2 建筑给水系统的组成

建筑内部给水系统由下列各部分组成。

◎ 引入管（进户管）

◆ 位置：自室外给水管网的接管点将水引入建筑内部给水管网的管段。

◆ 作用：将室外的水引入室内，是室外给水管网与室内管网之间的联络管。

◎ 建筑给水管网

◆ 干管：将引入管送来的水输送到各个立管中去的水平管段。

◆ 立管：将干管送来的水输送到各个楼层的竖直管道。

◆ 支管：将立管送来的水输送给各个配水装置或用水装置的管段。

◎ 给水附件

◆ 在给水管道上为了调节水量、水压，控制水流方向和启闭水流而在系统中设置的各种水龙头和各种阀门等管路附件和配件的总称。

◆ 配水附件：指装在卫生器具及用水点的各式水龙头，用以调节和分配水流。

◆ 控制附件：调节水量、水压，关断水流、改变水流方向。包括截止阀、闸阀、止回阀、浮球阀、过滤器等。

◎ 给水设备（升压与储水设备）

◆ 水泵：升压、调节水量。

◆ 水箱：储水、调节水量、稳定水压。

◆ 水池：储水。

◆ 气压给水设备：稳压、调节水量。

◎ 配水设备

生活、生产和消防给水系统的终端用水设施。

◆ 生活给水系统：卫生器具的给水配件。

◆ 生产给水系统：用水设备。

◆ 消防给水系统：消火栓、喷头。

◎ 计量仪表

计测水量、水压、温度和水位的仪表，包括水表、压力表，温度计和水位计等。

3 建筑给水方式

室内给水方式指建筑内部给水系统的供水方案。根据饮用水头 H_0（市政管网所能提供的水头）与建筑物所需水头 H 之间的关系，给水方式可分为以下几种情况。

◎ 直接给水

当室外给水管网的水量、水压一天内任何时候都能满足室内管网的水量、水压的要求时，应充分利用外网压力，采用直接给水方式，建筑内部管网直接在外网压力的作用下工作。

特点：系统最简单，能充分利用外网压力，但室内没有储备水量，外网一旦停水，内部立即断水。

◎ 单设水箱的给水方式

当室外管网的水压周期性变化大，一天内大部分时间，室外管网水压、水量能满足室内用水要求，只有在用水高峰期时，由于用水量过大，外网水压下降，短时间不能保证建筑物上层用水要求时，可采用单设水箱的给水方式。在室外管网中的水压足够时（一般在夜间），可以直接向室内管网和室内高位水箱送水，水箱储备水量；当室外管网的水压不足时，短时间内不能满足建筑物上层用水要求时，由水箱供水。由于高位水箱容积不宜过大，单设水箱的给水方式不适合用于日用水量较大的建筑。此中系统可以有不同的舱室。

◆ 引入管与外网管道相连接，通过立管直接送到屋顶水箱，水箱出水管与布置在水箱下面的横干管相连，水箱进水管、出水管上无逆止阀，实际上水箱已成为各用水器具用水的必经之路（相当于外网水的断流箱）。

◆ 水箱进水、出水合用一根立管，只是在水箱底部才分为两根管，一根管为进水管，另一根管为出水管。外网水压高时，外网既向水箱供水也向用户供水，外网水压不足时，由水箱补充不足的部分。系统要求：水箱出水管要设逆止阀，保证只出不进，以防止水从出水管进入水箱，冲起沉淀物。在房屋引入管上也要设逆止阀，为了防止外网压力低时，水箱里的水向户外倒流。横干管设在底部，可以充分利用外网水压，并可以简化防冻、防漏措施。

◎ 设水泵的给水方式（一般要设储水池）

当一天室内外给水管网的水压大部分时间满足不了建筑内部给水管网所需的水压，而且建筑物内部用水量较大又较均匀时，可采用单设水泵增压的供水方式。

◎ 设水泵和水箱的联合给水方式

当室外给水管网的水压经常低于或周期性低于建筑内部给树管网所需的水压时，而且建筑物内部用水又很不均匀时，可采用设置水泵和水箱联合给水方式。

◎ 水池、水泵、水箱联合给水方式

当外网水压低于或经常不能满足建筑内部给水管网所需的水压，而且不允许直接从外网抽水时，必须设置室内储水池，外网的水送入水池，水泵能及时从储水池抽水，输送到室内管网和水箱。

◎ 分区供水的给水方式

高层建筑内所需的水压比较大，而卫生器具给水配件承受的最大工作压力，不得大于 0.6MPa。故高层建筑应采用竖向分区供水方式，其主要目的是避免用水器具处产生过大的静水头，造成管道及附件漏水、损坏、低层出流大、产生噪声等。

分区供水的形式有串联分区、并联分区。建筑高度不超过 100m 的建筑的生活给水系统，宜采用垂直分区并联供水或分区减压的供水方式。建筑高度超过 100m 的建筑，宜采用垂直串联供水方式。

14.1.2 建筑排水系统概述

建筑内部排水系统的功能是将人们在日常生活和工业生产过程中使用过的、受到污染的水以及将落到屋面的雨水和雪水收集起来，及时排到室外，排水管道系统气压稳定，有害气体不进入室内，使室内环境卫生。建筑内部排水系统分为污废水排水系统（排除人类生存过程中产生的污水和废水）和屋面雨水排水系统（排除自然降水）两大类。按照污废水的来源，污废水排水系统又分为生活排水系统和工业废水排水系统。按污水与废水在排放过程中的关系，生活排水系统和工业废水排水系统又分为合流制和分流制两种体制。

1 建筑排水系统的分类

排水系统能迅速通畅地将污废水排到室外，排水管道系统气压稳定，有害气体不进入室内，使室内环境卫生。建筑排水系统分类如下。

◎ 生活排水系统

生活排水系统排出居住建筑、公共建筑及工业企业生活间的污水与废水。由于污废水处理、卫生条件或杂用水水源的需要，生活排水系统又可分为生活污水排水系统、生活废水排水系统。

◎ 工业废水排水系统

工业废水排水系统排出工业企业在工艺生产过程中产生的污水与废水，是合流制排水系统。为便于污废水的处理和综合利用，可将其分为生产污水排水系统、生产废水排水系统。

◎ 屋面雨水排除系统

屋面雨水排出系统收集排除降落到多跨工业厂房、大屋面建筑和高层建筑屋面上的雨雪水。

2 建筑排水系统的组成

建筑排水系统主要表示建筑内部的排水设备的配置和管道布置情况，由下列各部分组成。

◆ 卫生器具：收集和排出污废水的设备。包括便溺器具、盥洗器具、沐浴器具、洗涤器具、地漏。

◆ 排水管道：包括器具排水管、排水管支管、立管、干管和排出管。

◆ 提升设备：排除不能自留排至室外检查井的地下建筑物污废水。包括潜水排污泵、无堵塞潜水排污泵、潜水泵。

◆ 清通设备：疏通排水管道，保障排水通畅。包括检查口、清扫口，以及带清通盖板的弯头等。

◆ 通气管：排出排水系统有害气体，减少管道腐蚀；向排水系统补给空气，平衡系统压力，防止水封破坏。

3 污废水排水系统的类型

污废水排水系统通气的好坏直接影响着排水系统的正常使用，按系统通气方式和立管数目，建筑内部污废水排水系统又分为单立管排水系统、双立管排水系统和三立管排水系统。

◆ 单立管排水系统：指只有一根排水立管，没有专门通气立管的系统。单立管排水系统利用排水立管本身及其连接的横支管和附件进行气体交换，这种通气方式称为内通气。

◆ 双立管排水系统：也叫两管制，由一根排水立管和一根通气立管组成。双立管排水系统是利用排水立管与另一根立管之间进行气流交换，所以叫外通气。因通气立管不排水，所以，双立管排水系统的通气方式又叫干式通气。适用于污废水合流的各类多层和高层建筑。

◆ 三立管排水系统：也叫三管制，由三根立管组成，分别为生活污水立管、生活废水立管和通气立管。两根排水立管共用一根通气立管。三立管排水系统的通气方式也是干式外通气，适用于生活污水和生活废水需分别排出室外的各类多层、高层建筑。

14.2 给排水施工图分类

给排水施工图是建筑工程图的重要组成部分。按其内容和作用不同，给排水施工图分为室内给排水施工图和室外给排水施工图。

室内给排水施工图用于表达房屋内及排水管网的布置、用水设备以及附属配件的情况。

室外给排水施工图用于表达整个城市某一区的给排水管网的布置以及各种取水、储水、净水结构和水处理的情况。

其主要图纸包括：室内给排水平面图；室内给排水系统图；室外给排水平面图及有关详图。

14.3 给排水施工图的表达特点及一般规定

本节简要介绍一下给排水施工图的表达特点及一般规定。

14.3.1 表达特点

◆ 给排水施工图的平面图、详图等图样采用正投影法绘制。

◆ 给排水系统图宜按 45° 正面斜轴侧投影法绘制。管道系统图的布图方向应与平面图一致，并宜按比例绘制；当局部管道按比例不易表示清楚时，可不按比例绘制。

◆ 给排水施工图中管道附件和设备等，一般采用标准（统一）图例表示。在绘制和阅读给排水施工图前，应查阅和掌握与图纸有关的图例及其所表征的设备。

◆ 给水及排水管道一般采用单线条表示，并以粗线绘制，而建筑与结构的图样及其他有关器材设备均采用中、细实线绘制。

◆ 有关管道的连接配件中，属于规格统一的定型工业产品，其在图中均不可予画出。

◆ 给排水施工图中，常用 J 作为给水系统和给水管的代号，用 P 作为排水系统和排水管的代号。

◆ 给排水施工图中管道设备的安装应与土建施工图相互配合，尤其在留洞、预埋件、管沟等方面对土建的要求，须在图纸上予以注明。

14.3.2 一般规定

◆ 建筑给排水施工图设计文件编制深度除满足建设部制定的“深度规定”适用的要求外，尚应符合有关行业标准的规定（注：工业项目设计文件的编制应根据工程性质执行有关行业标准的规定）。

◆ 施工图设计文件，应满足设备材料采购、非标准设备制作和施工的需要。对于将项目分别发包给几个设计单位或实施设计分包的情况，设计文件相互关联出的深度应当满足各承包或分包单位设计的需要。

◆ 设计宜应因地制宜正确选用国家、行业和地方建筑标准设计；并在设计文件的图纸目录或施工图设计说明中注明应用图集的名称。

14.4 给排水施工图的表达内容

给排水施工图设计说明，是整个给排水工程设计及施工中的指导性文字说明。本节简要的介绍给排水施工图的表达内容。

14.4.1 施工设计说明

其中主要阐述的内容有：给排水系统采用何种器材、设备型号及其施工安装中的要求和注意事项；消防设备的选型、阀门位置、系统防腐、保温做法及系统试压的要求，以及其他未说明的各项施工要求；给排水施工尺寸单位的说明等。

1 给水设计

◆水源情况简述（包括自备水源及市政给水管网）。

◆用水量及耗热量估算：总用水量（最高日用水量、最大时用水量），热水设计小时耗热量，消防水量。

◆给水系统：简述系统供水方式。

◆消防系统：简述消防系统种类、供水方式。

◆热水系统：简述热源、供应范围及供应方式。

◆中水系统：简述设计依据、处理方法。

◆冷却循环水、重复用水及采取的其他节水节能措施。

◆饮用水系统：简述设计依据、处理方法等。

2 排水设计

◆排水体制，如污水、废水及雨水的排放出路。

◆估算污水，废水排水量，雨水量及重现期参数等。

◆排水系统说明及综合利用。

◆废水、污水的处理方法。

14.4.2 室内给水施工图

建筑给水工程是给水工程的一个分支，也是建筑安装工程的一个分支。其主要是研究建筑内部的给水问题，保证建筑的功能及安全。

1 给水平面图主要内容

室内给水平面图是室内给水系统平面布置图的简称，主要表达房屋内部给水设备的配置和管道的布置情况。其主要包括以下内容。

◆建筑平面图。

◆各用水设备的平面位置、类型。

◆给水管网的各干管、立管和支管的平面位置、走向、立管编号和管道安装方式（明装或暗装）。

◆管道器材设备（如阀门、消火栓、地漏等）的平面位置。

◆管道及设备安装预留洞位置、预埋件、管沟等方面对土建的要求。

2 给水平面图表示方法

◎ 建筑平面图

室内给水平面图是在建筑平面图上，根据给水设备的配置和管道的布置情况绘出的，因此建筑轮廓应与建筑平面图一致，一般指抄绘房屋的墙、柱、门窗洞、楼梯等主要构配件（不画建筑材料图例），房屋的细部、门窗代号等均可省略。

◎ 卫生器具平面图

室内卫生器具中的洗脸盆、大便器、小便器等都是工业产品，只需表示它们的类型和位置，按照规定用图例画出。

◎ 管线的平面布置

通常以单线条的粗实线表示水平管道（包括引入管和水平横管），并标注管径；以小圆圈表示立管；底层平面图中应画出给水引入管，并对其进行系统编号。一般给水管以每一引入管作为一个系统。

◎ 图例说明

为便于施工人员阅读图纸，无论是否采用标准图例，最好能附上各种管道及卫生设备的图例，并对施工要求和有关材料等用文字说明。

3 给水系统图主要内容

室内给水系统图是室内给水系统轴测图的简称，主要表达给水管道的空间布置和连接情况。其主要内容包括以下几项。

◎ 引入管

对一栋单独建筑物而言，引入管是室外给水管网与室内管网之间的联络管段，也称进户管。对于一个工厂、一个建筑群体、一个小区，引入管系指总进水管。

◎ 水表节点

水表节点是指引入管上装设的水表及其前后设置的阀门、泄水装置等总称。阀门用以关闭管网，以便维修和拆换水表；泄水装置为检修时放空管网、检测水表精度及测定进户点压力值。水表节点形式多样，选择时应按用户用水要求及所选择的水表型号等因素决定。

分户水表设在分户支管上，可只在表前设阀，以便局部关断水流。为了保证水表计量准确，在翼轮式水表与闸门间应有 8 ~ 10 倍水表直径的直线段，其他水表约为 300mm，以使水表前水流平稳。

◎ 管道系统

管道系统是指建筑内部给水水平或垂直干管、立管、支管等。

◎ 给水附件

给水附件指管路上的闸阀等格式阀类及各式配水龙头、仪表等。

◎ 升压和储水设备

在室外给水管网压力不足或建筑内部对安全供水、水压稳定有要求时，需设置各种附属设备，如水箱、水泵、气压装置、水池等升压和储水设备。

◎ 室内消防

按照建筑物的防火要求及规定需要设置消防给水时，一般应设消火栓消防设备。有特殊要求时，另专门装设自动喷水灭火或水幕灭火设备等。

4 给水系统图表示方法

◆ 给水系统图与给水平面图采用相同的比例。

◆ 按平面图上的编号分别绘制管道图。

◆ 轴向选择，通常将房屋的高度作为 z 轴，以房屋的横向作为 x 轴，房屋的纵向作为 y 轴。

◆ 系统图中水平方向的长度尺寸可直接在平面图中量取，高度方向的尺寸可根据建筑物的层高和卫生器具的安装高度确定。

◆ 在给水系统中，管道用粗实线表示。

◆ 在给水系统图中出现管道交叉时，要判别可见性，将后面的管道线断开。

◆ 给水系统中的尺寸标注。

14.4.3 室内排水施工图

建筑室内排水施工图是在建筑施工图的基础上，根据建筑给排水制图的相关规定绘制出的用于反映排水设备、管线的平面布置状况的图样，图中应标注各种管道、附件、卫生器具、用水设备和立管的平面位置，以及标注管道规格、排水管道坡度等相关数值。

1 室内排水平面图主要内容

室内排水平面主要表示房屋内部的排水设备的配置和管道的平面布置情况。其主要内容包括：建筑平面图；室内排水横管、排水立管、排出管、通气管的平面布置；卫生器具及管道器材设备的平面位置。

◆ 建筑平面图及相关排水设备在建筑平面图中的所在平面位置。

◆ 各排水设备的平面位置、规格、类型等尺寸关系。

◆ 排水管网的各干管、立管和支管的平面位置、走向，立管编号和管道安装方式（明装或暗装），管道的名称、规格、尺寸等。

◆ 管道器材设备（如阀门、消火栓、地漏等）、与排水系统相关的室内引出管。

◆ 屋顶给水平面图中应注明屋顶水箱的平面位置、水箱容量、进出水箱的各种管道的平面位置、设备支架及保温措施等内容。

◆ 管道及设备安装预留洞位置、预埋件、管沟等方面对土建的要求。

◆ 与室内排水相关的室外检查井、化粪池、排出管等平面位置。

◆ 屋面雨水排水设施及管道的平面位置、雨水排水口的平面位置、水流组织、管道安装敷设方式及阳台、雨篷、走廊等与雨水管相连的排水设施。

2 室内排水平面图表达方式

◆ 建筑平面图、卫生器具与配水设备平面图的表达方式，要求给水管网平面布置图相同。

◆ 排水管道一般用单线条粗虚线表示，以小圆圈表示排水立管。

◆ 按系统对各种管道分别予以标志和编号。

◆ 图例及说明与室内给水平面图相似。

3 室内排水系统图主要内容

室内排水系统图即室内排水系统布置图，主要表达了房屋内部排水设备的配置和管道的布置及连接的空间情况。其主要内容包括以下几点。

◎ 系统编号

在系统图中，系统的编号与给排水平面图中的编号应该是对应一致的。

◎ 管道的管径、标高、走向、坡度及连接方式等

在平面图中管长的变化无法表示，但在系统轴测图中应标注各管段的管径，管径的大小通常用公称直径来表示。在平面图中管道相关设备的标高也无法表示，在系统图中应标注相关标高，主要包括建筑标高、给排水管道的标高、卫生设备的标高、管件标高、管径变化处标高以及管道的埋深等。管道的埋深采用负标高标注。管道的坡度值及走向也应标明。

◎ 管道、设备与建筑的关系

主要是指管道穿墙、穿梁、穿地下室、穿水箱、穿基础的位置及卫生设备与管道接口的位置等。

◎ 重要管件的位置

如管道中的阀门、污水管道中的检查口等，其应在系统轴测图中标注。

◎ 与管道相关的给排水设施的空间位置

屋顶水箱、室外储水池、水泵、加压设备、室外阀门井等与排水有关的相关设施的空间位置，如室外排水检查井、管道等。

◎ 雨水排水系统图

主要反映雨水排水管道的走向、坡度、落水口、雨水斗等内容。当雨水排到地下以后，若采用有组织排

水方式，则还应反映出排出管与室外雨水井之间的空间关系。

4 室内排水系统图表达方式

◎ 室内排水系统图的图示方法

◆室内排水系统图仍选用正面斜等测，其图示方法与给水系统图基本一致。

◆排水系统图中的管道用粗线表示。

◆排水系统图只需绘制管路及存水弯，卫生器具及用水设备可不必画出。

◆排水横管上的坡度，因画图例小，可忽略，按水平管道画出。

◎ 排水系统图的尺寸标注

◆管径。

◆坡度。

◆标高。

14.4.4 室外管网平面布置图

室外管网平面布置图用于表达一个工程单位的（如小区、城市、工厂等）给排水管网的布置情况。

1 室外管网平面布置图的主要内容

◆该工程的建筑总平面图。

◆给排水管网干管位置等。

◆室外给水管网，需注明各给水管道的管径、消火栓位置等。

2 室外管网平面布置图的表达方法

◆给水管道用粗实线表示。

◆在排水管的起端、两管相交点和转折点要设置检查井（在图上用 2~3mm 的圆圈表示检查井），两检查井之间的管道应是直线。

◆用汉语拼音首字母表示管道类别。

◆简单的管网布置可直接在布置图中注上管径、坡度、流向、管底标高等。

14.5 给排水工程施工图的设计深度

本节摘录了住房和城乡建设部颁发的文件《建筑工程设计文件编制深度规定》（2009 年版）中给排水工程部分施工图设计的有关内容，供读者学习参考。

14.5.1 总则

◆建筑给排水施工图设计文件编制深度除满足建设部规定的“深度规定”使用的要求外，尚应符合有关行业标准的规定（注：工业项目设计文件的编制应根据工程性质执行有关行业标准的规定）。

◆施工设计文件，应满足设备材料采购、非标准设备制作和施工的需要。对于将项目分别发包给几个设计单位或者实施设计分包的情况，设计文件相互关联处的深度应当满足各承包或分包单位设计的需要。

◆设计宜因地制宜正确选用国家、行业和地方建筑标准设计；并在设计文件的图纸目录或施工图设计说明中注明应用图集的名称。

◆重复利用其他工程的图纸时，应详细了解原图利用的条件和内容，并作必要的核算和修改，以满足新设计项目的需要。

◆当设计合同对设计文件编制深度另有要求时，设计文件编制深度应同时满足本规定和设计合同的要求。

◆对于具体的工程项目设计，执行本“深度规定”应根据项目的内容和设计范围对“深度规定”的条款进行合理的取舍。

◆本专业的某项设计内容可由其他专业承担设计，但设计文件的深度应符合“深度规定”的要求。

◆民用建筑工程一般分为方案设计、初步设计和施工图设计 3 个阶段；对于技术要求简单的民用建筑工程，经有关主管部门同意，并且合同中有不做初步设计的约定，可在方案设计审批后直接进入施工图设计。

14.5.2 施工图设计

条文编排遵从原文件的序号，以便于读者进行查阅。

1 一般要求

◆在施工图设计阶段，给水排水专业设计文件应包括图纸目录、施工图设计说明、设计图纸、主要设备表、计算书。

◆图纸目录：先列新绘制图纸，后列选用的标准图或重复利用图。

2 设计总说明

◆设计依据简述。

◆给排水系统概况，主要的技术指标（如最高日用水量，最大时用水量，最高日排水量，最大时热水用水量、耗热量，循环冷却水量，各消防系统的设计参数及消防总用水量等），控制方法；有大型的净化处理厂（站）或复杂的工艺流程时，还应有运转和操作说明。

◆凡不能用图示表达的施工要求，均应以设计说明表述。

◆有特殊需要说明的可分别列在有关图纸上。

3 图例

◆管道图例如表 14-1 所示。

表 14-1 管道图例

管道图例	名称	管道图例	名称
J1,2,3...	各分区生活给水管	JL1,2,3...- 平面 JL1,2,3...- 系统	各分区给水立管
RJ1,2,3...	各分区生活热水管	RL1,2,3...- 平面 RL1,2,3...- 系统	各分区热水立管
RH1,2,3...	各分区生活热水回水管	RHL1,2,3...- 平面 RHL1,2,3...- 系统	各分区热水回水立管
W	生活污水管	WL- 平面 WL- 系统	污水立管
YW	压力污水管	YWL- 平面 YWL- 系统	压力污水立管
F	废水管	FL- 平面 FL- 系统	废水立管
YF	压力废水管	YFL- 平面 YFL- 系统	压力废水立管
Y	雨水管	YL- 平面 YL- 系统	雨水立管
YY	压力雨水管	HYL- 平面 HYL- 系统	虹吸雨水立管
T	通气管	TL- 平面 TL- 系统	通气立管
KN	空调凝结水管	KNL- 平面 KNL- 系统	空调凝结水立管
ZY	直饮水给水管	ZYL- 平面 ZYL- 系统	直饮水给水立管

（续表）

管道图例	名称	管道图例	名称
ZYH	直饮水回水管	ZYHL- 平面 ZYHL- 系统	直饮水回水立管
ZJ	中水管	ZJL- 平面 ZJL- 系统	中水立管
Z	蒸汽管	ZJL- 平面 ZJL- 系统	蒸汽立管
PZ	膨胀管	PZL- 平面 PZL- 系统	膨胀立管
RM	热媒供水管	给 1 2, 3......	给水引入管
RMH	热媒回水管	污 1 2, 3......	污水出户管
	局部保温管	雨 1 2, 3......	雨水出户管
	管沟	废 1 2, 3......	废水出户管
	排水明沟	热媒 1 2, 3......	热媒进户管
	排水暗沟	热媒回 1 2, 3......	热媒回水出户管

◆管道附件、管件、给水配件图例如表 14-2 所示。

表 14-2 管道附件、管件、给水配件图例

管件图例	名称	管道附件图例	名称
平面 系统	偏心异径管		金属软管
	异径管		可曲挠橡胶接头
平面 系统	吸水喇叭口	* *	固定支架

（续表）

管件图例	名称	管道附件图例	名称
	S 形存水弯		立管检查口
	P 形存水弯	平面 系统	清扫口
给水排水设备图例	**名称**		通气帽
平面 系统	立式水泵	YD- 平面 YD- 系统	雨水斗
平面 系统	卧式水泵	YYD- 平面 YYD- 系统	虹吸雨水斗
	潜水泵	平面 系统	圆形地漏
	户用水表	平面 系统	排水漏斗
	水表井		Y 形过滤器
	立式热交换器		刚性防水套管
平面 系统	开水器		柔性防水套管
	紫外线消毒器		减压孔板

◆ 阀门图例如表 14-3 所示。

表 14-3 阀门图例

阀门图例	名称	阀门图例	名称
	闸阀		电磁阀
	蝶阀		安全阀

（续表）

阀门图例	名称	阀门图例	名称
	截止阀 DN>50		压力调节阀
	截止阀 DN<50	平面 系统	浮球阀
	止回阀		液压浮球阀
	消音止回阀	平面 系统	自动排气阀
	超压泄压阀		延时自闭冲洗阀
	温度调节阀		角阀
	减压阀		管道倒流防止器
	电动阀		流量平衡阀

◆ 给水附件、管道连接图例如表 14-4 所示。

表 14-4 给水附件、管道连接图例

给水附件图例	名称	管道连接图例	名称
	消火栓		法兰连接
平面 系统	水龙头		承插连接
平面 系统	皮带水龙头		管堵
	混合水龙头		管道弯转

（续表）

给水附件图例	名称	管道连接图例	名称
	浴盆带软管喷头混合水龙头		管道丁字上接
	大便器感应式冲洗阀		管道丁字下接
	小便器感应式冲洗阀		管道交叉

◆消防设备图例如表 14-5 所示。

表 14-5 消防设备图例

消防设备图例	名称	消防设备图例	名称
XH1,2,3......	各分区消火栓给水管	XHL1,2,3... 平面　XHL1,2,3... 系统	各分区消火栓立管
ZP 1,2,3......	各分区自动喷水给水管	ZPL1,2,3... 平面　ZPL1,2,3... 系统	各分区自动喷水给水立管
YL	雨淋给水管	YLL1,2,3... 平面　YLL1,2,3... 系统	雨淋给水立管
SM	水幕给水管	SML1,2,3... 平面　SML1,2,3... 系统	水幕给水立管
SP	水炮给水管	SPL1,2,3... 平面　SPL1,2,3... 系统	水炮给水立管
SPW	水喷雾给水管	SPWL1,2,3... 平面　SPWL1,2,3... 系统	水喷雾给水立管
平面　系统	室内单口消火栓	T 平面　系统	湿式报警阀
平面　系统	室内双口消火栓	T 平面　系统	雨淋阀
平面　系统	闭式自动洒水头（下喷）	L	水流指示阀
平面　系统	闭式自动洒水头（上喷）		水力警铃
平面　系统	闭式自动洒水头（上下）		消防水泵接合器
平面　系统	侧喷闭式洒水头	XH 1, 2, 3......	消火栓给水引入管
平面　系统	开式自动洒水头	ZP 1, 2, 3......	自动喷水灭火给水引入管
平面　系统	水幕喷头		手提式灭火器
	水炮		推车式灭火器
	信号阀		室外消火栓

4 给水排水总平面图

◆绘出各建筑物的外形、名称、位置、标高、指北针（或风玫瑰图）。

◆绘出全部给排水管网及构筑物的位置（或坐标）、距离、检查井、化粪池型号及详图索引号。

◆对较复杂工程，还应将给水、排水（雨水、污废水）总平面图分开绘制，以便与施工（简单工程可以绘制在一张图上）。

◆给水管注明管径、埋设深度或敷设的标高，宜标注管道长度，并绘制节点图，注明节点结构、闸站井尺寸、编号及引用详图（一般工程给水管线可不绘节点图）。

◆ 排水管标注检查井编号和水流坡向。

5 排水管道高程表和纵断面图

◆ 排水管道绘制高程表，将排水管道的检查井编号、井距、管径、坡度、地面设计标高、管内底表高等写在表内。简单的工程，可将上述内容直接标注在平面图上，不列表。

◆ 对地形复杂的排水管道以及管道交叉较多的给排水管道，应绘制管道纵断面图，图中应表示出设计地面标高、管道标高（给水管道注管中心，排水管道往管内底）、管径、坡度、井距、井号、井深，并标出交叉管的管径、位置、标高；纵断面图比例宜为竖向 1 : 1000（或 1 : 50，1 : 200），横向 1 : 500（或与总平面图的比例一致）。

6 取水工程总平面图

绘出取水工程区域内（包括河流及岸边）的地形等高线、取水头部、吸水管线（自流管）、集水井、取水泵房、栈桥、转换闸门及相应的辅助建筑物、道路的平面位置、尺寸、坐标、管道的管径、长度、方位等，并列出建（构）筑物一览表。

7 取水工程流程示意图（或剖面图）

一般工程可与总平面图合并绘在一张图上，较大且复杂的工程应单独绘制。图中标明个各构筑物间的标高关系和水源地最高、最低、常年水位线和标高等。

8 取水头部（取水口）平，剖面及详图

◆ 绘出取水头部所在位置及相关河流、岸边的地形平面布置，图中表明河流、岸边与总体建筑物的坐标、标高、方位等。

◆ 详图应详细标注各部分尺寸、构造、管径和引用详图等。

9 取水泵房平、剖面及详图

绘出各种设备基础尺寸（包括地脚螺栓孔位置、尺寸），相应的管道、阀门、配件、仪表、配电、起吊设备的相关位置、尺寸、标高等，列出设备材料表，并标注出各设备型号和规格及管道、阀门的管径，配件的规格。

10 其他建筑物平、剖面及详图

内容应包括集水井、计量设备、转换阀门井等。

11 输水管线图

在带状地形图（或其他地形图）上绘制出管线及附属设备、闸门等的平面位置、尺寸，图中注明管径、管长、标高及坐标、方位。是否需要另绘管道纵断面图，视工程地形的复杂程度而定。

12 给水净化处理厂（站）总平面布置图及高程系统图

◆ 绘出各建（构）筑物的平面位置、道路、标高、坐标，连接各建筑物之间的各种管线、管径、闸门井、检查井、堆放药物、滤料等堆放场的平面位置、尺寸。

◆ 高程系统图应表示各构筑物之间的标高、流程关系。

13 各净化建（构）筑物的平、剖面及详图

分别绘制各净化建（构）筑物的平、剖面及详图，图中详细标出各细部尺寸、标高、构造、管径及管道穿池壁预埋管管径或加套管的尺寸、位置、结构形式和引用的详图。

14 水泵房平、剖面图

一般指利用城市给水管网供水压力不足时设计的加压泵旁房、净水处理后的二次升压泵房或地下水取水泵房。

平面图

应绘出给水排水、消防给水管道的布置，水泵基础外框、管道位置及编号，列出主要设备材料表，标出设备型号和规格、管径，以及阀件、起吊设备、计量设备等的位置、尺寸。如需设真空泵或其他引水设备时，要绘出有关的管道系统和平面位置及排水设备。

剖面图

绘出水泵基础剖面尺寸、标高，水泵轴线管道、阀门安装标高，防水套管位置及标高。简单的泵房，用系统轴测图能交代清楚时，可不绘剖面图。

15 水塔（箱）、水池配管及详图

分别绘出水塔（箱）、水池的进水、出水、泄水、溢水、透气等各种管道平面、剖面图或系统轴测图及各种循环管道的平面、剖面图。

16 循环水构筑物的平面、剖面及系统图

有循环水系统时，应绘出循环冷却水系统的构筑物（包括用水设备、冷却塔等）、循环水泵房及各种循环管道的平面、剖面及系统图（当绘制系统轴测图时，可不绘制剖面图）。

17 污水处理

如有集中的污水处理或局部污水处理时，绘出污水处理站（间）平面、高程流程图，并绘出各构筑物平、剖面及详图。

18 建筑给水排水图纸

平面图

◆ 绘出与给水排水、消防给水管道布置有关各层的

平面，内容包括主要轴线编号、房间名称、用水点位置，注明各种管道系统编号（或图例）。

◆绘出给水排水、消防给水管道平面布置、立管布置及编号。

◆当采用展开系统原理图时，应标注管道管径、标高（给水管安装高度变化处，应在变化处用符号标示清楚，并分别标出标高，排水横管应标注管道终点标高），管道密集处应在该平面图中画横断面图将管道布置定位表示清楚。

◆底层平面应注明引入道、排出管、水泵接合器等建筑物的定位尺寸、穿建筑外墙管的标高、防水套管形式等，还应绘出指北针。

◆标出各楼层建筑平面标高（如卫生设备间平面标高有不同时，应另加注）、灭火器放置地点。

◆若管道种类较多，在一张图纸上表示不清楚时，可分别绘制给排水平面图和消防给水平面图。

◆对于给排水设备及管道较多处，如泵房、水池、水箱间、热交换器站、饮水间、卫生间、水处理间、报警阀门、气体消防储瓶间等，当上述平面不能交代清楚时，应绘出局部放大平面图。

◎ 系统图

◆系统轴测图：对于给水排水系统和消防给水系统，一般宜按比例分别绘出各种管道系统轴测图。图中表明管道走向、管径、仪表及阀门、控制点标高、管道坡度（设计说明中已交代者，图中可不标注管道坡度）、各系统编号、各楼层卫生设备和工艺用水设备的连接点位置。如各层（或某几层）卫生设备及用水点接管（分支管段）情况完全相同时，在系统轴测图上可只绘一个有代表性楼层的接管图，其他各层注明同该层即可。复杂的边结点应局部放大绘制。在系统轴测图上，应注明建筑楼层标高、层数、室内外建筑平面标高差。卫生间管道应绘制轴测图。

◆展开系统原理图：对于能用展开系统原理图将设计内容表达清楚的，可绘制展开系统原理图。图中标明立管和横管的管径、立管编号、楼层标高、层数、仪表及闸门、各系统编号、各楼层卫生设备和工艺用水设备的连接，排水管标立管检查口、通风帽等距地（板）高度等。如各层（或某几层）卫生设备及用水点接管（分支管段）情况完全相同时，在展开系统原理图上可只绘一个有代表性楼层的接管图，其他各层注明同该层即可。

◆当自动喷水灭火系统在平面图中已将管道管径、标高、喷头间距和位置标注清楚时，可简化表示从水流指示器至末端试水装置（试水阀）等阀件之间的管道和喷头。

◆简单管段在平面上注明管径、坡度、走向、进出水管位置及标高，可不绘制系统图。

◎ 局部设施

当建筑物内有提升、调节或小型局部给排水处理设施时，可绘出其平面图、剖面图（或轴测图），或注明引用的详图、标准图号。

◎ 详图

特殊管件无定型产品又无标准图可利用时，应绘制详图。

◎ 主要设备材料表

主要设备、器具、仪表及管道附、配件可在首页或相关图上列表表示。

◎ 计算书（内部使用）

根据初步设计审批意见进行施工图阶段设计计算。

◆当合作设计时，应依据主设计方审批的初步设计文件，按所分工内容进行施工图设计。

14.6 职业法规及规范标准

规范或标准是工程设计的依据，贯穿于工程设计的整个过程。专业设计人员首先应熟悉专业规范的各相关条文，特别是一些强制条文。本节归纳列出一些建筑给排水工程设计中的常用规范标准，供读者参考、学习。

给排水工程设计人员必须熟悉相关法律、法规及行业标准规范，并在设计过程中严格执行相关条文，保证工程设计的合理、安全，满足相关质量要求，特别是对于一些强制性条文，更应提高警惕，严格遵守。在实际工作中应注意以下几点法律法规：我国有关基本建设、建筑、城市规划、环保、房地产方面的法律规范；工程设计人员的职业道德与行为准则。

以下列出了给排水工程设计中的常用法律法规和标准规范，读者可自行查阅。

1 法律法规

◆《中华人民共和国城市房地产管理法》

◆《建设工程质量管理条例》

◆《中华人民共和国城市规划法》

◆《中华人民共和国招标投标法》

◆《中华人民共和国环境保护法》

◆《中华人民共和国建筑法》

◆《中华人民共和国合同法》

◆《中华人民共和国污染防治法》

◆《中华人民共和国大气污染防治法》

◆《建设工程勘察设计管理条例》

2 规范标准

◆《室外给水设计规范》（GB50013-2006）

◆《工业循环冷却水处理设计规范》（GB5005 -0-

2007）

◆《人民防空地下室设计规范》（GB50038-2005）

◆《住宅设计规范》（GB50096-2011）

◆《室外排水设计规范》（GB50014-2006）

◆《给水排水构筑物施工及验收规范》（GB 50141-2008）

◆《建筑给水排水设计规范》（GB50015-2003）

◆《建筑设计防火规范》（GB50016-2014）

◆《自动喷水灭火系统设计规范》（GB50084-2001）

◆《汽车库、修车库、停车场设计防火规范》（GB 50067-2014）

◆《建筑中水设计规范》（GB50336-2002）

◆《游泳池和水上游乐池给水排水设计规程》（CECS 14-2002）

◆《泵站设计规范》（GB50265-2010）

◆《自动喷水灭火系统施工及验收规范》（GB 50261-2005）

◆《给水排水管道工程施工及验收规范》（GB 50268-2008）

3 设计手册

◆严煦世等，给水工程 . 第 4 版 . 北京：中国建筑工业出版社，1999

◆孙慧修 . 排水工程（上册）. 第 4 版 . 北京：中国建筑工业出版社，1999

◆周玉文等 . 排水管网理论与计算 . 北京：中国建筑工业出版社，2000

◆张自杰 . 排水工程（下册）. 第 4 版 . 北京：中国建筑工业出版社，2000

◆周本省 . 工业水处理技术 . 北京：化学工业出版社，1997

◆王增长 . 建筑给水排水工程 . 北京：中国建筑工业出版社，1998

◆秦钰慧等 . 饮用水卫生与处理技术 . 北京：化学工业出版社，2002

◆孙力平等 . 污水处理新工艺与设计计算实例 . 北京：中国科学出版社，2001

14.7 建筑给排水工程制图规定

建筑给排水工程的 AutoCAD 制图必须遵循相关制图标准，其中主要涉及《房屋建筑制图统一标准》（GB/T50001-2010）、《建筑给水排水制图标准》（GB/T50106-2010）等，还有一些大型建筑设计单位内部的相关标准。读者可自行查阅，获得详细的相关条文解释，也可查阅相关建筑设备工程制图方面的教材或辅助读物进行参考、学习。比例大小的合理选择关系到图样表达的清晰程度及图纸的通用性，《房屋建筑制图统一标准》（GB/T50001-2010）、《建筑给水排水制图标准》（GB/T50106-2010）对建筑制图的比例、给排水工程制图的比例作了详细的说明。

14.7.1 比例

给排水专业的图纸种类繁多，包括平面图、系统图、轴测图、剖面图、详图等。在不同的专业设计阶段，图纸要求表达的内容及深度是不同的，工程的规模大小、工程的性质等都关系到比例的合理选择。给排水工程制图中的常见比例如下。

◆区域规划图：1∶10000、1∶25000、1∶50000。

◆区域位置图：1∶2000、1∶5000。

◆厂区总平面图：1∶300、1∶500、1∶1000。

◆管道纵横平面图：横向，1∶300、1∶500、1∶1000，纵向，1∶50、1∶100、1∶200。

◆水处理厂平面图：1∶500、1∶200、1∶100。

◆水处理高程图：可无比例。

◆水处理流程图：可无比例。

◆水处理构筑物、设备间、卫生间、泵房平、剖面图：1∶100、1∶50、1∶40、1∶30。

◆建筑给排水平面图：1∶100、1∶150、1∶200。

◆建筑给排水轴测图：1∶50、1∶100、1∶150。

◆详图：1∶1、2∶1、1∶5、1∶10、1∶20、1∶50。

其中建筑给排水平面图及轴测图宜与建筑专业图纸一致，以便于识图。另外，在管道纵横面图中，根据表达需要，其在横向与纵向可采用不同的比例绘制。水处理的高程图及流程图也可不按比例绘制。建筑给排水轴测图局部绘制困难时，也可不按比例绘制。

14.7.2 线型

建筑制图中的各种建筑、设备等图样多是通过不同式样的线条来表现的，以线条的形式来传递相应的表达信息，不同的线条代表不同的含义。通过对线条的设置、调整（包括线型及线宽的设置），以及诸如图案填充等的灵活运用，可以直观判断图形对象的类别。

《房屋建筑制图统一标准》（GB/T50001-2010）、《建筑给水排水制图标准》（GB/T50106-2010）中对线条作了详细的解释。建筑给排水工程涉及建筑制图方面的线条规定，应严格执行，另外还有给排水专业在制图方面关于线条表达的一些规定，应将两者结合运用。

以下列出了线型的一些表达规则。

◆粗实线：线宽 b，新设计的各种排水及其他重力流管线。

◆粗虚线：线宽 b，新设计的各种排水及其他重力流管线不可见轮廓线。

◆中粗实线：0.75b，新设计的各种给水和其他压力流管线，原有的各种排水及其他重力流管线。

◆中粗虚线：0.75b，新设计的各种给水及其他压力流管线不可见轮廓线，原有的各种排水及其他重力流管线不可见轮廓线。

◆中实线：0.5b，给排水设备、零件的可见轮廓线，总图中新建建筑物和构筑物的可见轮廓线，原有的各种给水和其他压力流管线。

◆虚实线：0.5b，给排水设备、零件的不可见轮廓线，总图中新建建筑物和构筑物的不可见轮廓线，原有的各种给水和其他压力流管线的不可见轮廓线。

◆细实线：0.25b，建筑的可见轮廓线，总图中原有建筑物和构筑物的可见轮廓线。

◆细虚线：0.25b，建筑的不可见轮廓线，总图中原有建筑物和构筑物的不可见轮廓线。

◆单点长画线：0.25b，中心线、定位轴线。

◆折断线：0.25b，断开线。

◆波浪线：0.25b，平面图中的水面线、局部构造层次范围线、保温范围示意线。

说明：图线宽度 b 的选择，主要考虑图纸的类别、比例、表达内容与复杂程度。给排水工程图中的基础线宽，一般取 1.0mm 和 0.7mm 两种。

对于线型的选用及制图时应注意的细节，读者可参考有关制图标准及教科书，这里不再赘述。

14.7.3 图层及交换文件

国家相关标准中有关给排水部分的图层命名举例如下。

◆给排－冷热（P-DOMW）：生活冷热（Domestic hot and cold），水系统（Water systems）。

◆给排－冷热－设备（P-DOWM-EQPH）：生活冷热（Domestic hot and cold），水系统（Water systems）。

◆给排－冷热－热管（P-DOWM-HPIP）：生活热水管线（Domestic hot water piping）。

◆给排－冷热－冷管（P-DOWM-CPIP）：生活冷水管线（Domestic cold water piping）。

◆给排－排水（P-SANR）：排水（Sanitary drain-age）。

◆给排－排水－设备（P-SANR-EQPM）：排水设备（Sanitary equipment）。

◆给排－排水－管线（P-SANR-PIPE）：排水管线（Sanitary piping）。

◆给排－雨水（P-STRM）：雨水排水系统（Strom drainage system）。

◆给排－雨水－管线（P-STRM）：雨水排水管线（Strom drain piping）。

◆给排－排水－屋面（P-STRM-RFDR）：屋面排水（Roof drains）。

◆给排－消防（P-HYDR）：消防系统（Hydrant system）。

第 15 章 别墅给排水平面图设计

建筑给排水工程师现代城市基础设施的重要组成部分，其在城市的生活、生产及城市发展中的作用及意义重大。本章以某别墅楼的给排水工程设计为例，介绍了给排水平面图设计的基本思路以及绘制方法。

15.1 给排水设计说明

建筑给水系统是为了满足建筑物和人们的生产、生活和消防的需要，把负荷要求的水有组织地送到用水地点而采用的一系列设备、设施的总称；建筑排水系统主要是表示建筑内部的排水设备的配置和管道布置情况。

1 设计依据

◆《建筑给水排水设计规范》（GB50015-2003）

◆《住宅设计规范》（GB50096-1999）

◆严煦世等. 给水工程（第 4 版）. 北京：中国建筑工业出版社，1999

◆孙慧修. 排水工程（上册）. 第 4 版. 北京：中国建筑工业出版社，1999

◆张自杰. 排水工程（下册）. 第 4 版. 北京：中国建筑工业出版社，2000

◆建设单位提供的本工程设计任务书，市政给水、污水、雨水管网资料。

2 工程概况

本工程为独栋别墅，地上 2 层，建筑高度 7.8m，地下一层，高 3m。本工程给排水设计标高与建筑图一致，底层地坪为 ± 0.000，绝对标高参见结构施工图，室内外高差 0.300；标高以米计，管径以毫米计，给水管标高为管中心标高，排水管标高为管内底标高。

3 给水系统

由市政压力管网直接供水，每户水表一只，水表处供水压力 0.16MPa。

4 排水系统

◆室内生活排水为生活污、废水合流。

◆卫生间设伸顶通气排水立管，底层单独排出。

◆部分卫生间采用同层排水系统。

◆地下室卫生器具和地漏的排水由污水提升器提升排出，污水提升器做法需与专业厂家确认后方能施工。

◆下沉庭院的排水由潜污泵提升排出。

◆室内排水管道坡度：*i*=0.026。

◆室内排出管道坡度：*DN*50，*i*=0.035；*DN*75，*i*=0.025；*DN*110，*i*=0.02；*DN*110，*i*=0.01。

◆阳台排水及空调冷凝水管均为间接排水，定位见建施。

5 雨水系统

◆屋面排水采用深棕色金属落水系统，檐沟纵向坡度为 1%。

◆露台地漏，排水管采用 *DN*50PVC-U 水管及配套雨水斗。

6 热水系统

住宅每户考虑采用燃气热水器提供热水，热水管由住户自理。

7 卫生设备选用

卫生间内设箱式坐便器（冲水量 6L/ 次），台式洗手盆，单柄龙头普通浴盆，防涸磁性多通道地漏及带洗衣机插口地漏住宅卫生设备型号由甲方自定，可参照国标“99S304”。

8 管材的保温防腐

◆生活给水管采用 N F βPP-R 给水管，热熔连接。冷水管与热水器连接处应有不小于 0.40m 的金属管过渡。

◆卫生间排水管均采用普通 PVC-U 排水管，承插式粘接。

◆下沉庭院潜污泵排水管采用内外涂塑钢塑复合管。

◆排水竖管采用两个 45° 弯头与排出管及横管连接，弯头均为门弯，三通为顺水三通。

◆屋面雨水管采用室外塑料雨水管（抗紫外线），承插连接。

◆立管在底层与排水管道的连接转弯处，应在底部设可靠支座。

◆伸顶通气管应安装通气帽，伸缩节、防火阻火措施应按《建筑排水硬聚氯乙烯管道工程技术规程》（CJJ/T29-98）之规定设置。

◆检查口按设计要求安装，离地坪 1m。

◆洗衣机旁设带洗衣机插口地漏。

◆套管道穿过梁及楼板处，均应根据图上位置和标高，结合施工实际情况及时配合土建留洞或预埋套管。

◆管道穿越楼板处的空隙应用细石混凝土严密捣实，并高出地坪 20mm。给排水管道在室外地坪下穿地下室外墙采用柔性防水套管 B 型，均采用Ⅱ型密封圈密封，做法详见国标 02S404。

9 管网系统承压要求及验收

◆生活给水系统为 1.00MPa。

◆排水系统须做灌水试验或通球试验，以无渗漏及畅通为合格。

◆通水试验：所有管材应有合格证，排水管安装完后必须从上试验，以水流畅通排泄，无渗漏为合格。

◆通球试验：通水合格后再对立管作通球试验，通球球径为立各立管以通球能畅快下落至检查井为合格。

15.2 给排水设计材料及图例

在本工程中所用的到主要材料如表 15-1 所示，图例如表 15-2 所示。

表 15-1 主要设备材料

名称	型号及规格	单位	数量
水表	DN20 干式水表	只	1
潜污泵	50QW25-10-1.5型，每组两台，一用一备。Q=25t/h，H=10m，N=1.5kW	台	2
污水提升器	P=600W	台	1
中央燃气热水器	容积：285L	台	1

表 15-2 图例

图例	名称	图例	名称
○	给水立管（JL ＊）		水嘴
◎	生活排水立管（WL ＊）		角阀
⊗	雨水立管		通气帽
	冷水给水管		地漏
	污废水排水管		检查口
	雨水排水管		存水弯
	户外埋地水表井		灭火器
	球阀		

15.3 绘制别墅地下一层给排水平面图

本节主要介绍某别墅地下一层的给排水平面图的绘制流程，其绘制的给排水平面图如图 15-1 所示。

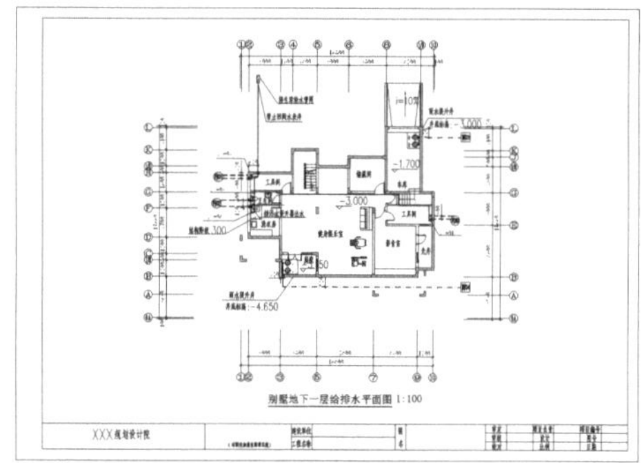

图 15-1 地下一层给排水平面图效果

15.3.1 绘图准备

绘制宿舍楼首层采暖平面图之前，首先应调用建筑平面图绘图环境，然后新建相应的图层、文字样式等。

1 新建文件

Step 01 启动 AutoCAD 2016 软件，选择【文件】|【打开】命令，将“素材\第 15 章\15.3 别墅地下一层平面图 .dwg”文件打开，如图 15-2 所示。

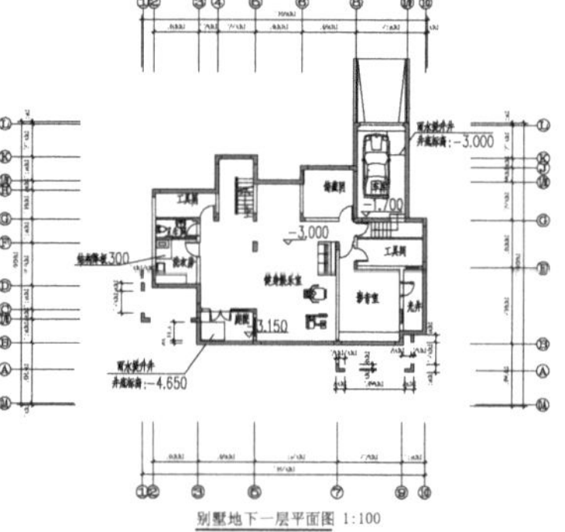

图 15-2 打开的图形

Step 02 选择【文件】|【另存为】命令，将该文件另存为“素材\第15章\15.3 别墅地下一层给排水平面图.dwg”文件，以防止原平面图文件被修改。

2 规划图层

该别墅地下一层给排水平面图主要由给水管、污水管、雨水管、给排水设备、图框、文本标注组成，因此绘制家排水平面图形时，应新建如表 15-3 所示的图层。

表 15-3 图层设置

序号	图层名	描述内容	线宽	线型	颜色	打印属性
1	给水管	生活给水管线	默认	实线(CONTINUOUS)	洋红色	打印
2	污水管	污水管线	默认	虚线(DASHED)	青色	打印
3	雨水管	雨水管线	默认	点画线(DASHDOT)	黄色	打印
4	给排水设备	潜污泵、雨水提升器等	默认	实线(CONTINUOUS)	白色	打印
5	图框	图框、图签	默认	实线(CONTINUOUS)	白色	打印
6	文本标注	图内文字、图名、比例	默认	实线(CONTINUOUS)	绿色	打印

Step 01 选择【格式】|【图层】命令，将打开【图层特性管理器】面板，根据表 15-3设置图层的名称、线宽、线型和颜色等，如图 15-3所示。

Step 02 选择【格式】|【线型】命令，打开【线型管理器】对话框，单击【显示细节】按钮，打开细节选项组，设置【全局比例因子】为1000，然后单击【确定】按钮，如图 15-4所示。

图 15-3 新建图层

图 15-4 设置线型比例

3 设置文字样式

该别墅给排水平面图上的文字有立管标注文字、管径文字、图名文字等，打印比例为 1 : 100，文字样式中的高度为打印到图纸上的文字高度与打印比例倒数的乘积。根据建筑制图标准，该平面图文字样式的规划如表 15-4 所示。

表 15-4 文字样式

文字样式名	打印到图纸上的文字高度	图形文字高度	宽度因子	字体 | 大字体
图内文字	5	500	0.7	tssdeng.shx: gbcbig.shx
图名	7	700	1	宋体

Step 01 选择【格式】|【文字样式】命令，打开【文字样式】对话框，单击【新建】按钮打开【新建文字样式】对话框，样式名定义为“图内文字”，如图 15-5所示。

Step 02 在【字体】下拉框中选择字体“gbenor.shx”，勾选【使用大字体】选择项，并在【大字体】下拉框中选择字体“gbcbig.shx”，在【高度】文本框中输入500，【宽度因子】文本框中输入“0.7”，单击【应用】按钮，从而完成该文字样式的设置，如图 15-6所示。

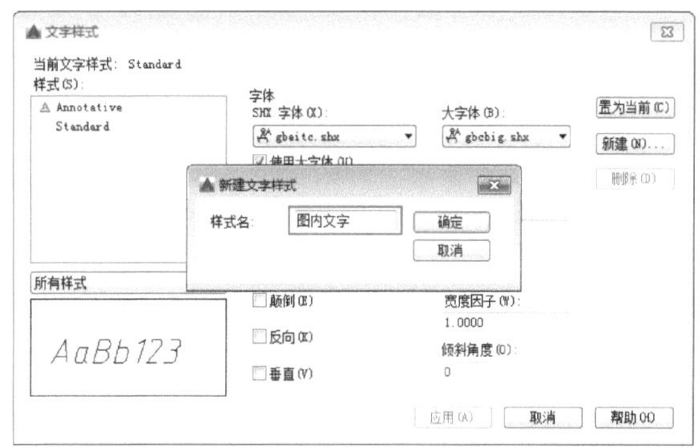

图 15-5 新建文字样式

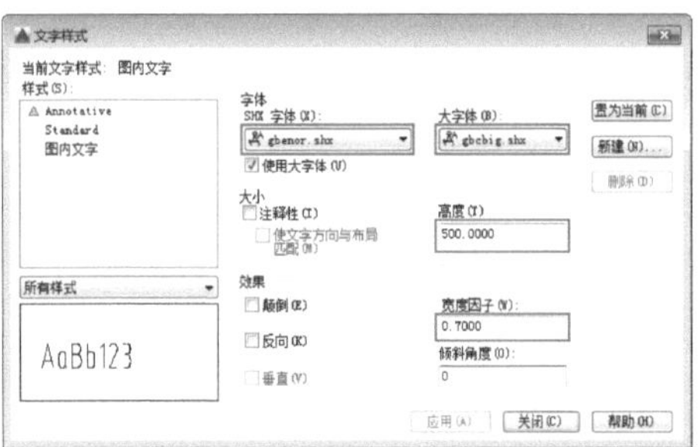

图 15-6　设置图内文字样式

Step 03 重复前面的步骤，建立“图名”文字样式，设置字体为“宋体”，高度为700，宽度因子为1，如图 15-7所示。

图 15-7　建立图名文字样式

4 设置标注样式

Step 01 选择【格式】|【标注样式】命令，打开【标注样式管理器】对话框，单击【新建】按钮打开【创建新标注样式】对话框，输入新样式名为“位置尺寸标注”，如图 15-8所示。

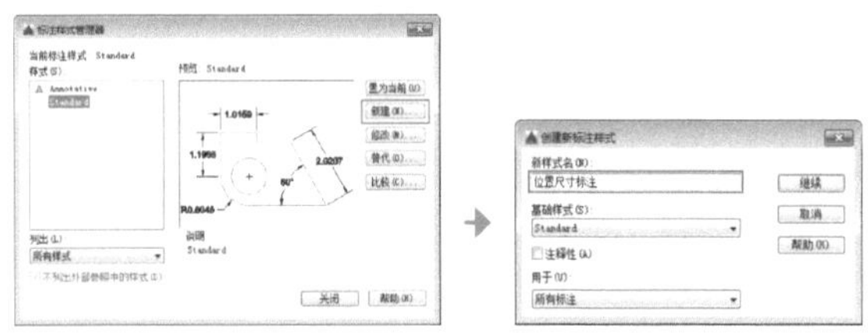

图 15-8　建立“位置尺寸标注”标注样式

Step 02 在【线】、【符号和箭头】、【文字】、【调整】选项卡中设置相应的参数，如【文字】选项卡、【调整】选项卡，如图 15-9所示。

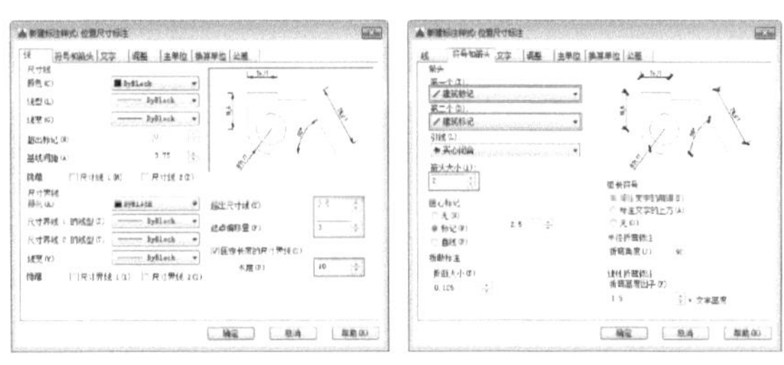

【线】选项卡　　【符号和箭头】选项卡

图 15-9　设置标注参数

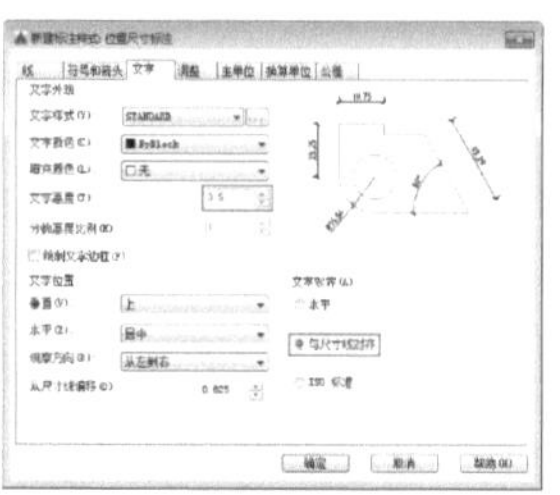

【文字】选项卡　　【调整】选项卡

图 15-9　设置标注参数（续）

15.3.2 绘制图框

在绘制给排水平面图时，应对平面图添加相应大小的图框，在本实例中应用的是 A2 图框。

Step 01 选择【格式】|【图层】命令，将【图框】图层置为当前图层。

Step 02 执行【REC】（矩形）命令，绘制一个594×420的矩形，作为A2图框外轮廓，如图 15-10所示。

Step 03 执行【X】（分解）命令，将矩形进行分解打散操作，再执行【O】（偏移）命令，将矩形做垂直边向内偏移25，其他3条边各向内偏移10；然后使用【TR】（修剪）命令，修剪多余线条，效果如图 15-11所示。

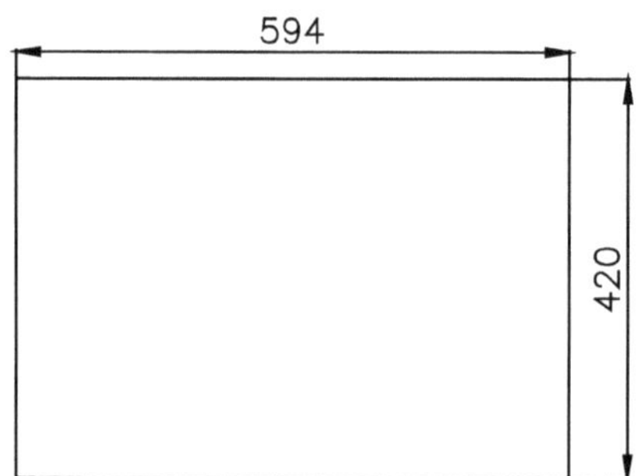

图 15-10　绘制矩形

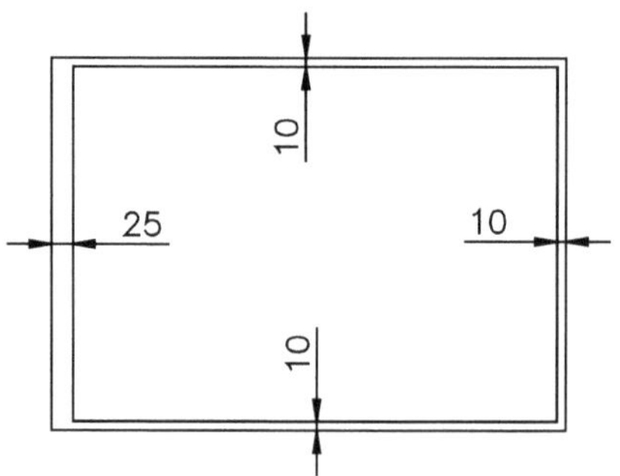

图 15-11　偏移、修剪操作

Step 04 执行【O】（偏移）命令，将矩形内侧水平线向上偏移，偏移距离为8、8、8，内侧垂直线向右偏移，偏移距离为155、82、20、80、10、77、20、25、20、25、20、25，如图 15-12所示。

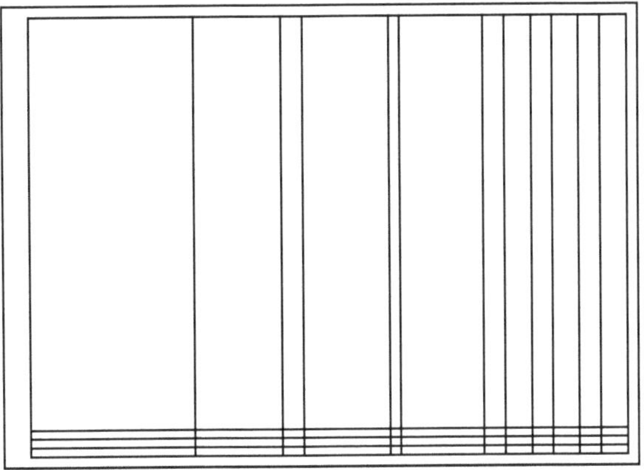
图 15-12 偏移

Step 05 执行【TR】（修剪）命令，在下侧绘制出标题栏，如图 15-13所示。

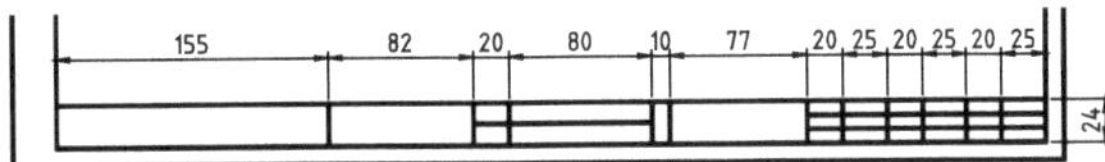

图 15-13 绘制标题栏

Step 06 执行【MT】（多行文字）命令，选择“图内文字”文字样式，设置不同的字体高度，在标题栏中输入文字，如图 15-14所示。

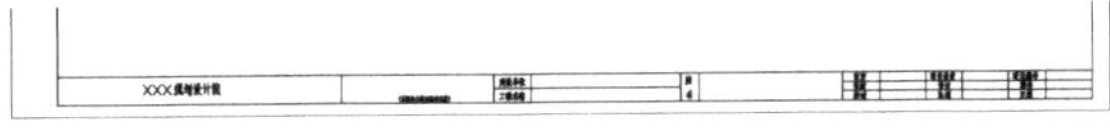
图 15-14 输入标题栏文字

Step 07 选择【绘图】|【块】|【创建】命令，弹出【块定义】对话框，将名称定义为“图框”，单击【拾取点】按钮，单击图框左上角点为基点，单击【选择对象】按钮，选择整个图框，最后单击【确定】按钮，将绘制好的图框创建为块，并将“图框”图块单独保存到计算机中，如图15-15所示。

Step 08 执行【SC】（缩放）命令，选择绘制完成的A2图框，输入比例为100，以将图框放大100倍。绘制出的图框效果如图15-16所示。

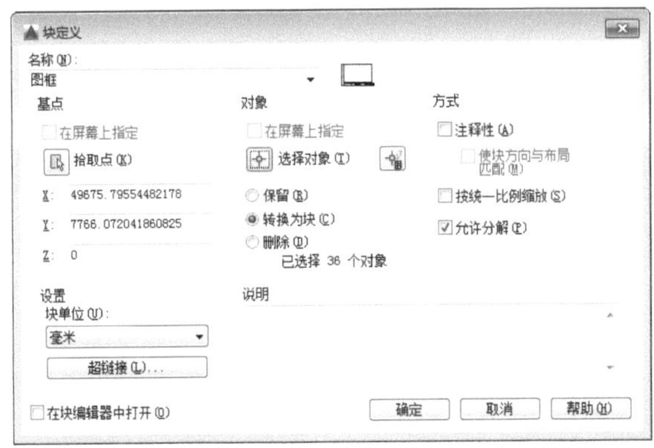

图 15-15 创建“图框”块

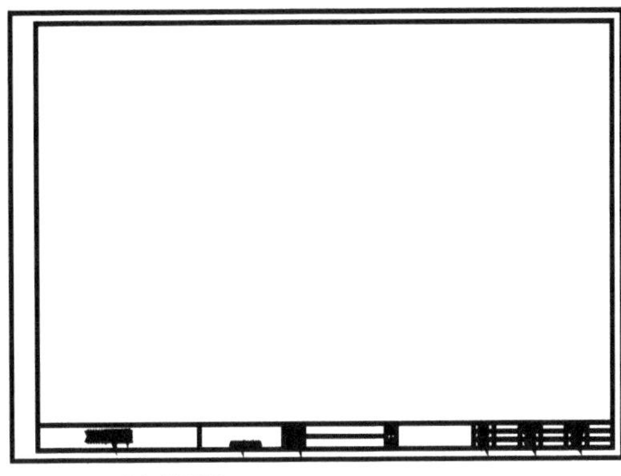
图 15-16 图框效果图

15.3.3 绘制水管

在此实例中，分别绘制了别墅的给水管、污水管、雨水管以及其他的构件。

绘制给水管

Step 01 在【图层】面板的【图层控制】下拉列表中，将【给水管】图层置为当前图层。

Step 02 执行【C】（圆）命令，绘制直径为 80 的圆作为给水立管，将给水立管分别布置在洗衣房、卫生间以及两个工具间内，如图 15-17 所示。

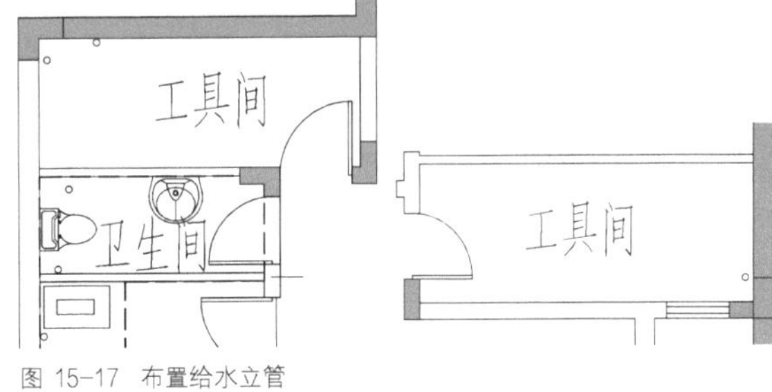

图 15-17 布置给水立管

Step 03 执行【PL】（多线段）命令，设置全局宽度为50，从室外水井处引出连接至洗衣房、卫生间以及工具间内给水立管的管线，如图 15-18所示。

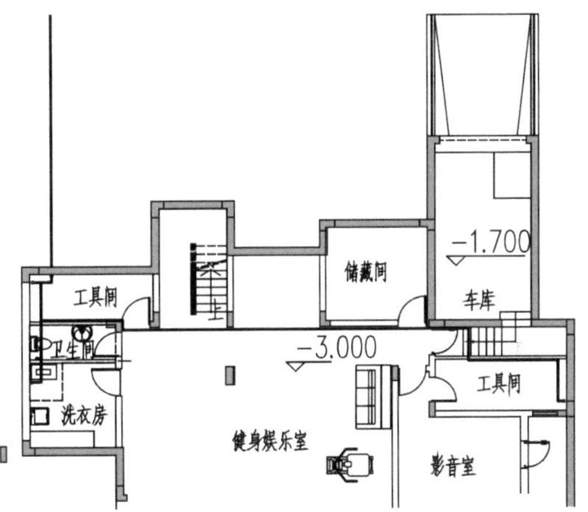

图 15-18 绘制给水管线

2 绘制污水管

Step 01 在【图层】面板的【图层控制】下拉列表中，将【污水管】图层置为当前图层。执行【C】（圆）命令，绘制直径为 900 的圆作为室外污水井。

Step 02 在【图层】面板的【图层控制】下拉列表中，将【文字标注】图层置为当前图层，并执行【MT】（多行文字）命令，选择【图内文字】文字样式，在污水井内标注名称编号，如图 15-19 所示。

Step 03 回到【污水管】图层，执行【C】（圆）命令，绘制直径为 150 的圆，再执行【O】（偏移）命令，将圆向内偏移 75，以作为污水立管，如图 15-20 所示。

图 15-19 绘制污水井

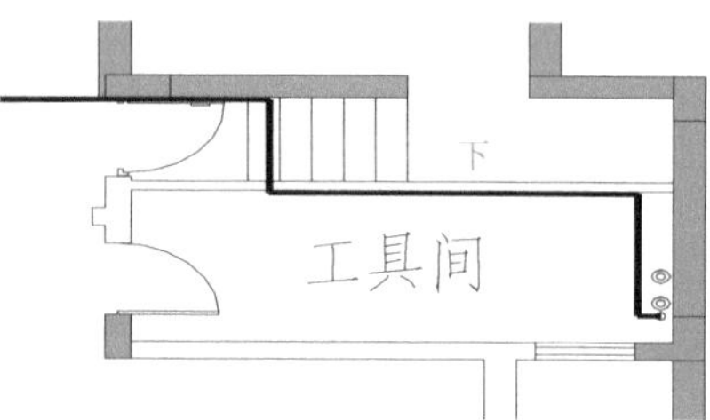

图 15-20 绘制污水立管

Step 04 执行【PL】（多线段）命令，设置全局宽度为 50，分别从室外3个污水井处引出连接至各排水点的管线，管线布置如图 15-21所示。

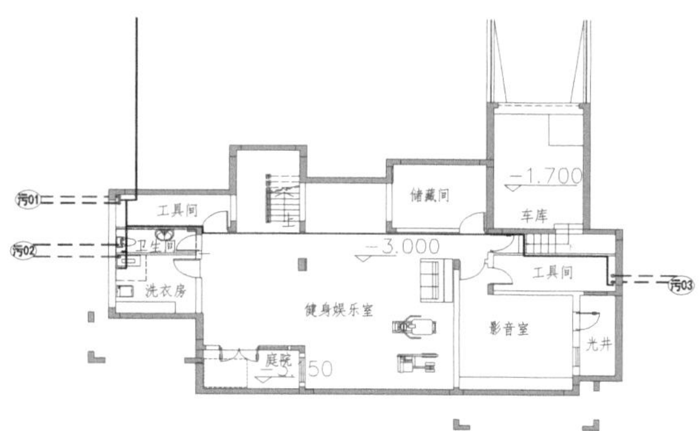

图 15-21 绘制污水管线

3 绘制雨水管

Step 01 在【图层】面板的【图层控制】下拉列表中，将【雨水管】图层置为当前图层，执行【REC】（矩形）命令，绘制 900×900 的矩形作为室外雨水井。

Step 02 在【图层】面板的【图层控制】下拉列表中，将【文本标注】图层置为当前图层，并执行【MT】（多行文字）命令，选择“图内文字”文字样式，在雨水井内标注名称编号，如图 15-22 所示。

Step 03 回到【雨水管】图层，绘制雨水立管。执行【C】（圆）命令，绘制直径为 150 的圆；再执行【L】（直线）命令，捕捉象限点绘制水平和垂直的线段；再执行【RO】（旋转）命令，选择两条线段，指定圆心为旋转基点，输入 45，以将两线段同时旋转 45°，如图 15-23 所示。

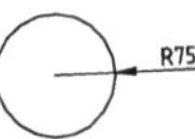

图 15-22 绘制雨水井　图 15-23 绘制雨水立管

Step 04 布置雨水立管，然后再执行【PL】（多线段）命令，设置全局宽度为50，分别从室外两个雨水井处引出连接至雨水立管的管线，管线布置如图 15-24所示。

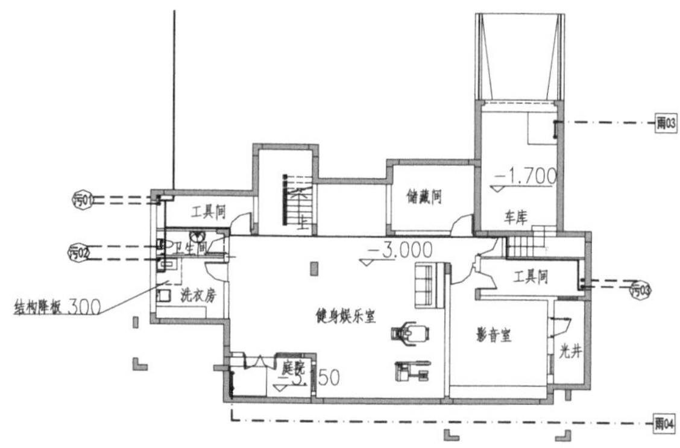

图 15-24 绘制雨水管线

15.3.4 布置给排水设施

绘制好给排水管线后，接下来应将给排水设施布置到平面图的相应位置。

1 插入给排水设施

Step 01 在【图层】面板的【图层控制】下拉列表中，将【给排水设备】图层置为当前图层。

Step 02 打开素材文件“第15章\给排水设施图例.dwg”，将如表 15-5所示的图例粘贴复制到图形当中。

表 15-5 给排水设施图例

图例	名称
	潜污泵
	球阀
	刚性防水套管
	水表井

2 布置给排水设施

Step 01 执行【M】（移动）、【CO】（复制）和【SC】

（缩放）等命令，将潜污泵放置到平面图相应的位置，结果如图 15-25 所示。

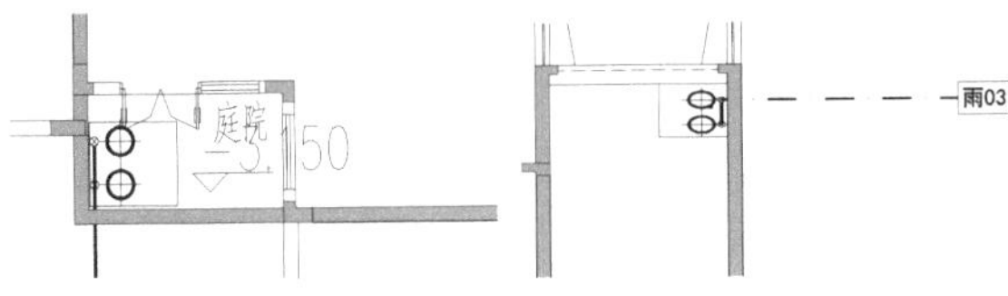

图 15-25 布置潜污泵

Step 02 执行【M】（移动）命令，将球阀图例放置到平面图相应的位置，结果如图 15-26 所示。

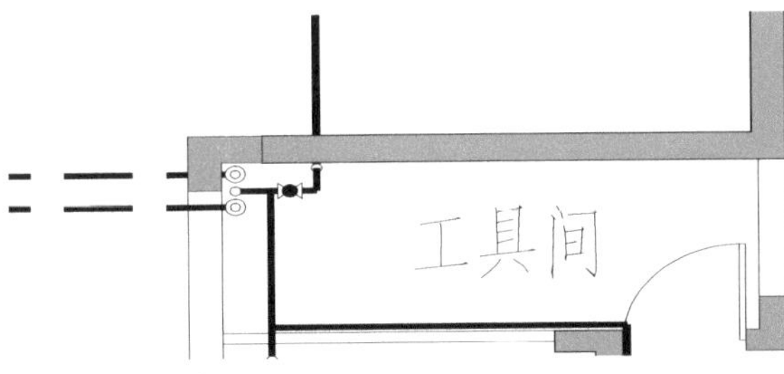

图 15-26 布置球阀

Step 03 执行【M】（移动）、（CO）【复制】、【MI】（镜像）、【RO】（旋转）和【SC】（缩放）等命令，将给排水设施布置到平面图相应的位置，结果如图 15-27 所示。

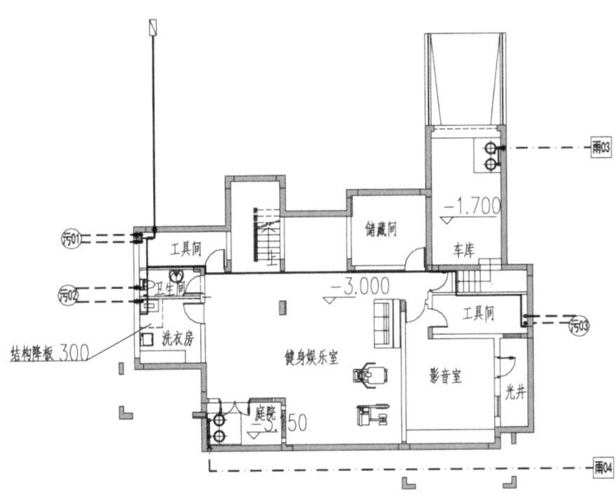

图 15-27 布置给排水设施

15.3.5 添加说明文字

在前面绘制好了别墅负一层平面图内的所有管线及构件，下面为给排水平面图内的相关内容进行文字标注，其中包括立管名称标注、管道尺寸标注、图名标注等。

Step 01 在【图层】面板的【图层控制】下拉列表中，将【文本标注】图层置为当前图层。

Step 02 执行【MT】（多行文字）命令，选择文字样式为"图内文字"，对平面图中的给水立管进行名称标注，再执行【L】（直线）命令，在文字处分别绘制指引线至给水立管，如图 15-28 所示。

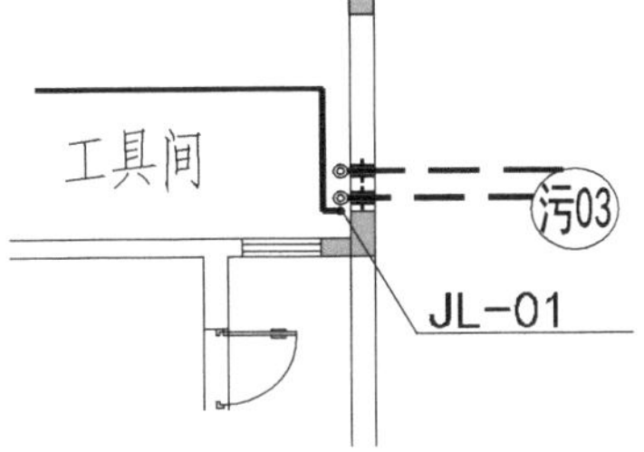

图 15-28 立管标注

Step 03 在【注释】面板的【标注样式】下拉列表中，选择【位置尺寸标注】样式为当前标注样式。执行【DLI】（线性标注）命令和【DCO】（连续标注）命令，对管线的位置进行定位尺寸的标注，如图 15-29 所示。

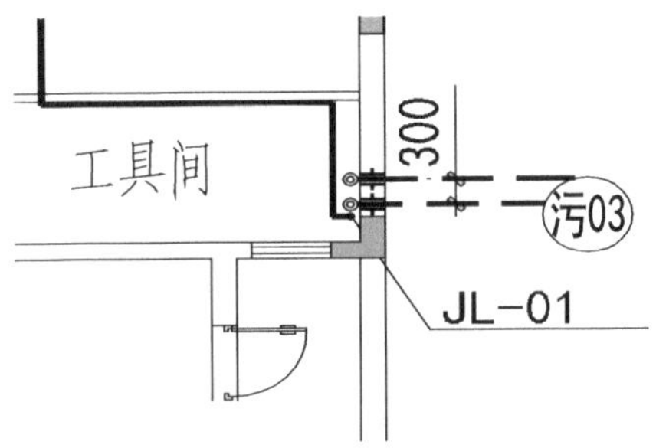

图 15-29 定位尺寸标注

Step 04 用同样的方法，对其他管道进行立管标注以及定位尺寸标注，效果如图 15-30 所示。

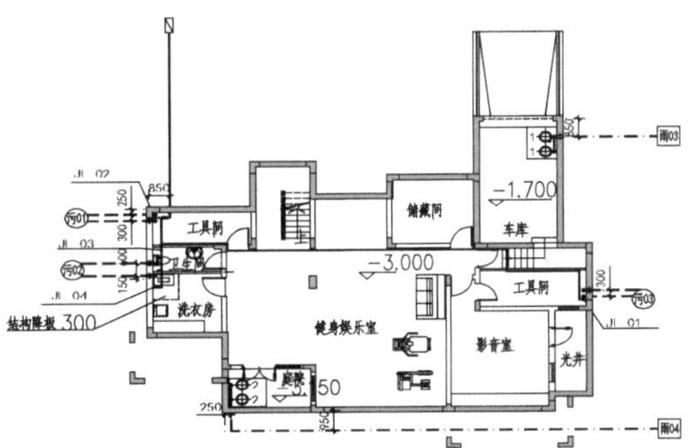

图 15-30 平面图的数字标注

Step 05 执行【MT】（多行文字）命令，对图形进行相应的文字注释，效果如图 15-31 所示。

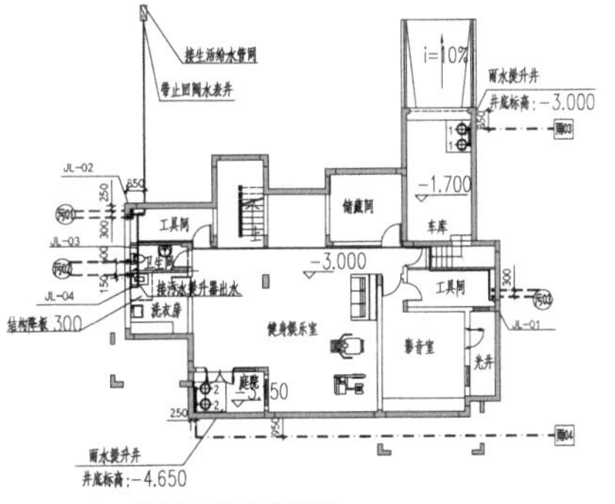

图 15-31 平面图的文字注释

Step 06 执行【MT】（多行文字）命令，选择【图名】文字样式，设置文字高度为1000，在图形下方标注图名“别墅地下一层给排水平面图”，在设置文字高度为850，标注比例“1:100”；执行【PL】（多线段）命令，设置全局宽度为100，绘制一条与图名同长的多线段，效果如图15-32所示。

别墅地下一层给排水平面图 1:100

图 15-32 图名标注

Step 07 执行【M】（移动）命令，将绘制好的图框移动以框住给排水平面图，最终完成了别墅地下一层给排水平面图的绘制。

15.4 绘制别墅一层给排水平面图

本节主要介绍某别墅一层的给排水平面图的绘制流程，其绘制方法与负一层给排水平面图的绘制方法大致相同，绘制的给排水平面图如图15-33所示。

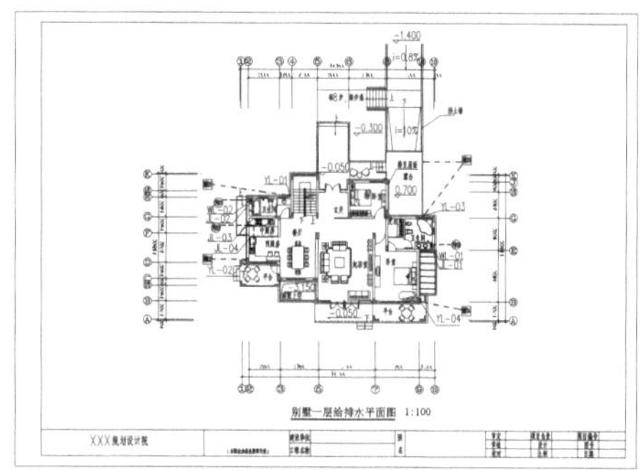

图 15-33 一层给排水平面图效果

15.4.1 绘制水管

Step 01 选择【文件】|【打开】命令，将“素材\第15章\15.4 别墅一层平面图.dwg”文件打开，如图15-34所示。再选择【文件】|【另存为】命令，将该文件另存为“素材\第15章\15.4 别墅一层给排水平面图.dwg”文件。以防止原始平面图被修改。

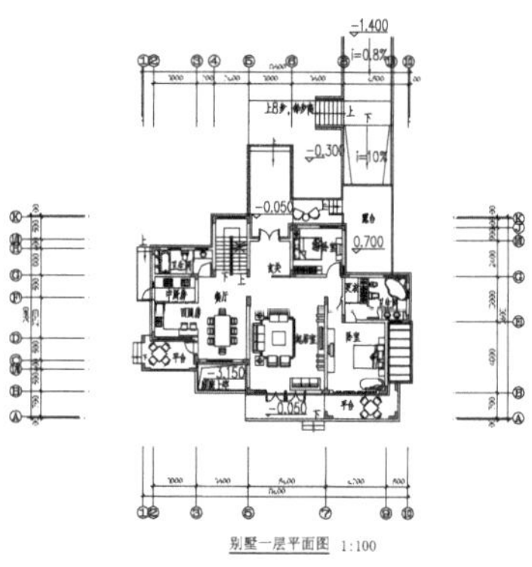

图 15-34 打开的图形

Step 02 绘制一层给排水平面图的方法与地下一层给排水平面图是类似的，在管线绘制时，应调用与其对应的图层。

Step 03 执行【C】（圆）命令，绘制直径为80的圆作为给水立管；绘制直径为150的圆，再执行【O】（偏移）命令，将圆向内偏移75，以作为污水立管。

Step 04 绘制直径为150的圆，再执行L【直线】命令，捕捉象限点绘制水平和垂直的线段，再执行【RO】（旋转）命令，选择两条线段，指定圆心为旋转基点，输入45，将两线段同时旋转45°，以作为雨水立管。如图15-35所示。

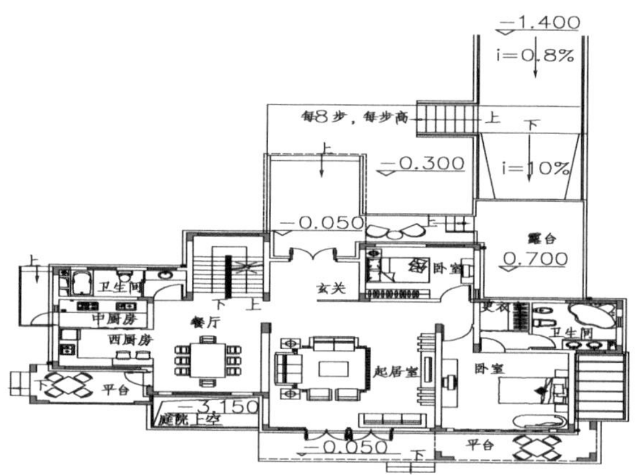

图 15-35 绘制给排水立管管线

Step 05 绘制圆形地漏。执行【C】（圆）命令，绘制一个半径为218的圆，执行【H】（图案填充）命令，选择“ANSI-31”图案，设置比例为15，如图15-36所示，对圆进行填充，效果如图15-37所示。执行【M】（移动）、【CO】（复制）等命令，将绘制好的圆形地漏到平面图相应的位置，布置结果如图15-38所示。

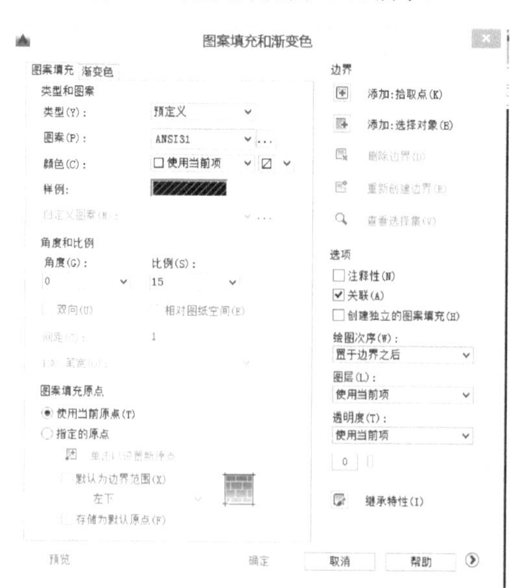

图 15-36 图案填充设置

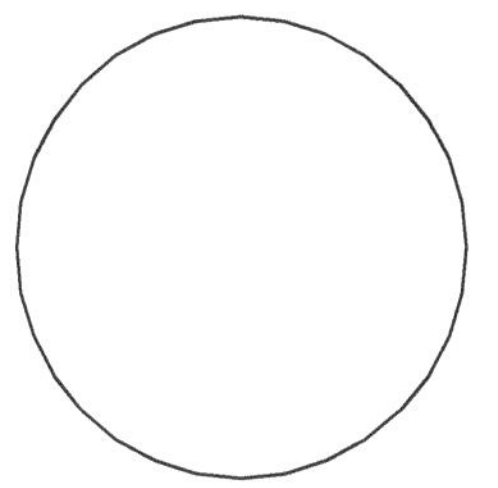

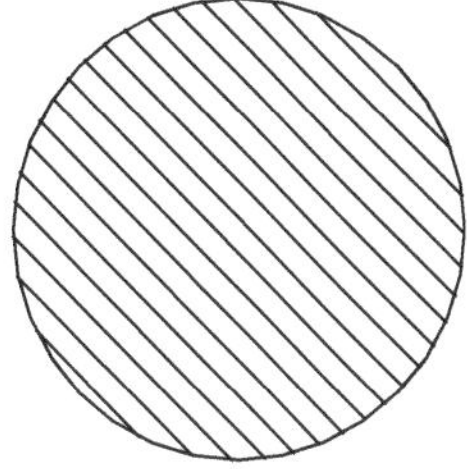

图 15-37 绘制圆形地漏

Step 06 执行【C】（圆）命令，绘制直径为 900 的圆作为室外污水井，并在污水井内标注名称编号。执行【REC】（矩形）命令，绘制 900×900 的矩形作为室外雨水井，并在雨水井内标注名称编号，如图 15-38 所示。

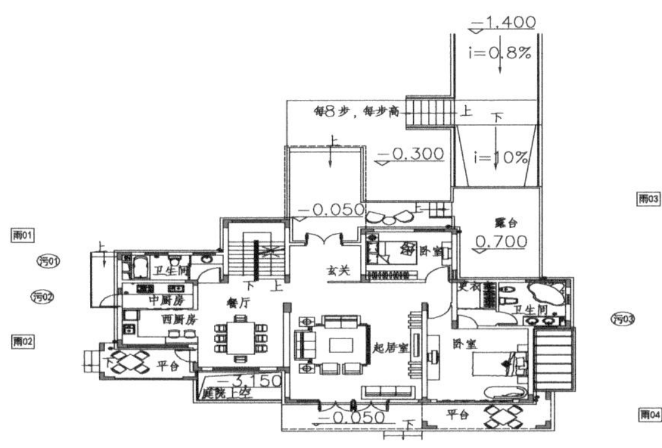

图 15-38 绘制室外水井

Step 07 执行【PL】（多线段）命令，设置全局宽度为 50，分别从污水井处引出连接至各排水点的管线，雨水井处引出连接至雨水立管的管线，如图 15-39 所示。

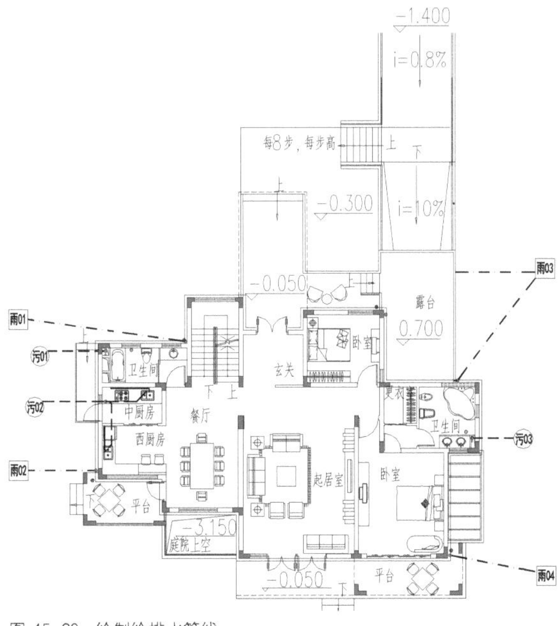

图 15-39 绘制给排水管线

15.4.2 添加文字说明

在前面绘制好了别墅一层平面图内的所有管线及构件，下面为给排水平面图内的相关内容进行文字标注。

Step 01 在【图层】面板的【图层控制】下拉列表中，将【文本标注】图层置为当前图层。

Step 02 执行【MT】（多行文字）命令，选择文字样式为"图内文字"，对平面图中的给水立管进行名称标注，再执行【L】（直线）命令，在文字处分别绘制指引线至给水立管；对图形进行相应的文字注释，效果如图 15-40 所示。

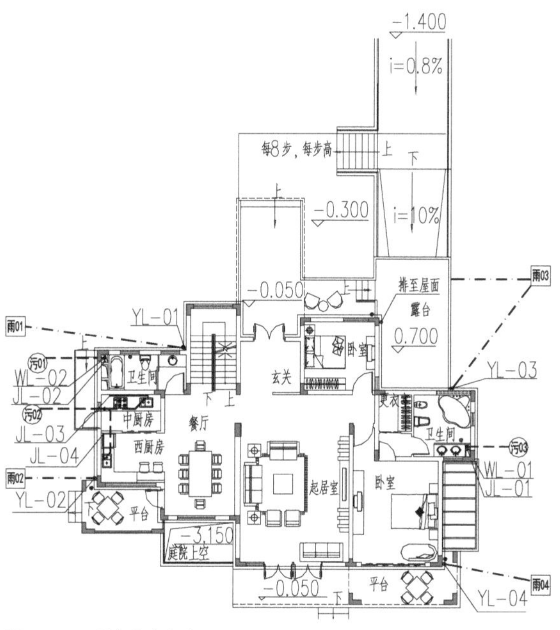

图 15-40 图内文字标注

Step 03 执行【MT】（多行文字）命令，选择【图名】文字样式，设置文字高度为 1000，在图形下方标注图名"别墅一层给排水平面图"，设置文字高度为 850，标注比例"1:100"；执行【PL】（多线段）命令，设置全局宽度为 100，绘制一条与图名同长的多线段，效果如图 15-41 所示。

别墅一层给排水平面图 1:100

图 15-41 图名标注

Step 04 执行 I【插入】命令，插入图框块，执行 SC【缩放】命令，选择绘制完成的 A2 图框，输入比例为 100，以将图框放大 100 倍，将绘制好的别墅一层给排水平面图框上图框，最终完成了别墅一层给排水平面图的绘制。

设计点拨

在进行给水排水布置图的标注说明时，应按照以下方式来操作。

◆ 文字标注及相关必要的说明：建筑给水排水工程图一般采用图形符号与文字标注符号相结合的方法，文字标注包括相关尺寸、线路的文字标注以及相关的文字特别说明等，都应按照相关标准要求做到文字表达规范、清晰明了。

管道标注：给水排水管道的管径尺寸以毫米（mm）为单位。

◆ 管道编号：当建筑物的给水引入管或排水排出管的根数大于1时，通常用汉语拼音首字母和数字对管道进行标号。对于给水立管与排水立管，即穿过一层或多层的竖向给水或排水管道，当其根数大于1时，也应采用汉语拼音首字母及阿拉伯数字对其进行编号，如“JL-2”表示2号给水立管，其中“J”表示给水，“PL-6”则表示6号排水立管，“P”表示排水。

◆ 标高：对于建筑平面图来说，在同一标准层上可以同时表示出各个层的标高，这样更加直观。

◆ 尺寸标注：建筑的尺寸标注共3道，第一道是细部标注，主要是门窗洞的标注，第二道是轴网标注，第三道是建筑长宽标注。

15.5 绘制别墅二层给排水平面图

本节主要介绍某别墅一层的给排水平面图的绘制流程，其绘制方法与负一层给排水平面图的绘制方法大致相同，绘制的给排水平面图如图 15-42 所示。

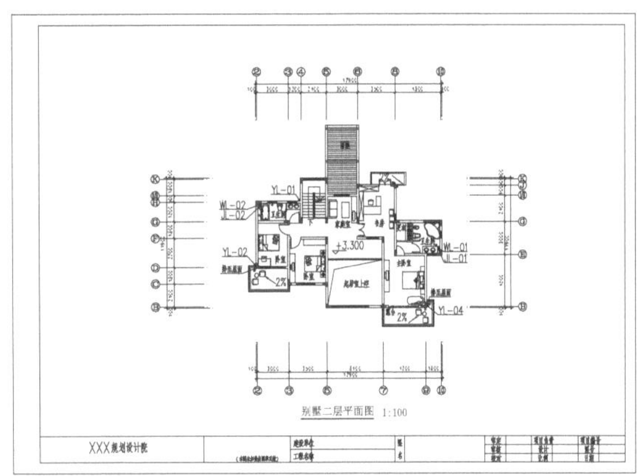

图 15-42　二层给排水平面图效果

15.5.1 绘制水管

Step 01 选择【文件】|【打开】命令，将“素材\第15章\15.5 别墅二层平面图.dwg”文件打开，如图 15-43 所示。

Step 02 再选择【文件】|【另存为】命令，将该文件另存为“素材\第15章\15.5 别墅二层给排水平面图.dwg”文件。以防止原始平面图被修改。

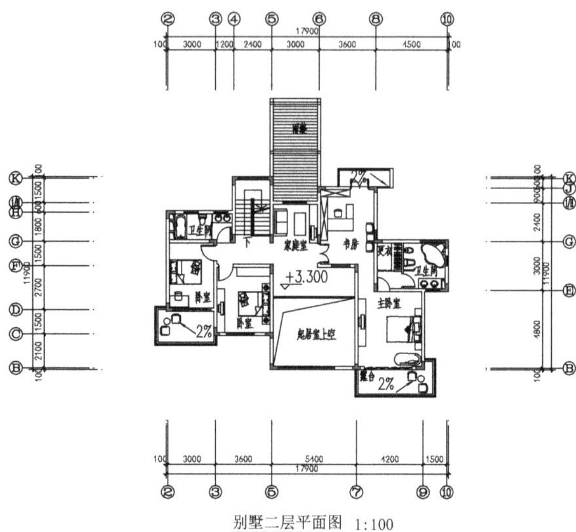

图 15-43　打开的图形

Step 03 执行【C】（圆）命令，绘制直径为 80 的圆作为给水立管；绘制直径为 150 的圆，再执行【O】（偏移）命令，将圆向内偏移 75，以作为污水立管。

Step 04 绘制直径为 150 的圆，再执行【L】（直线）命令，捕捉象限点绘制水平和垂直的线段，再执行【RO】（旋转）命令，选择两条线段，指定圆心为旋转基点，输入“45”，将两线段同时旋转 45°，以作为雨水立管。

Step 05 执行【C】（圆）命令，绘制一个半径为 218 的圆，执行【H】（图案填充）命令，选择“ANSI-31”图案，绘制圆形地漏，如图 15-44 所示。

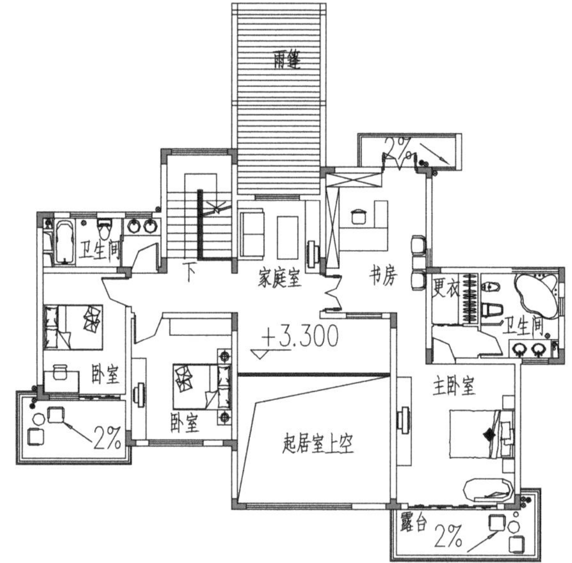

图 15-44　布置立管和地漏

Step 06 执行【PL】（多线段）命令，设置全局宽度为 50，连接各立管间的管线，如图 15-45 所示。

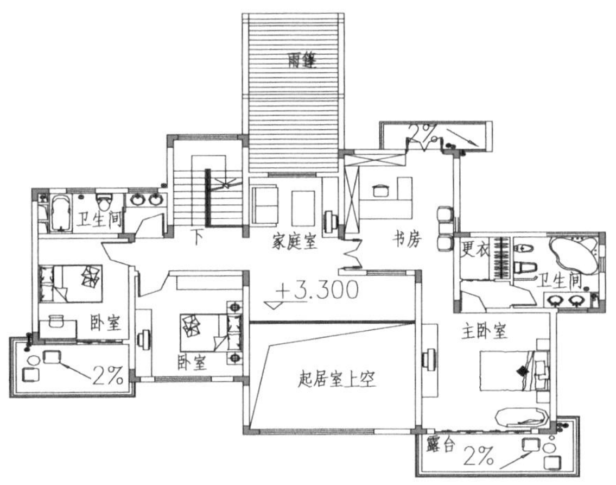

图 15-45 布置水平管线

15.5.2 添加文字说明

在前面绘制好了别墅二层平面图内的所有管线及构件，下面为给排水平面图内的相关内容进行文字标注。

Step 01 选择【格式】|【图层】命令，将【文本标注】图层置为当前图层。

Step 02 执行【MT】（多行文字）命令，选择文字样式为【图内文字】，对平面图中的给水立管进行名称标注，再调用【L】（直线）命令，在文字处分别绘制指引线至给水立管；对图形进行相应的文字注释，效果如图 15-46 所示。

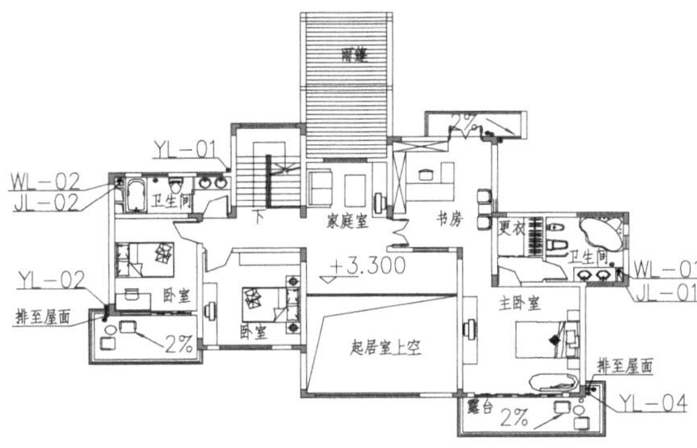

图 15-46 添加文字标注

Step 03 执行【MT】（多行文字）命令，选择【图名】文字样式，标注图名为“别墅二层给排水平面图”。

Step 04 执行【I】（插入）命令，插入图框块，最终完成了别墅二层给排水平面图的绘制。

15.6 绘制卫生间给排水平面图

本节主要介绍该别墅一层主卧卫生间排水平面图的绘制流程，其绘制的给排水平面图如图 15-47 所示。

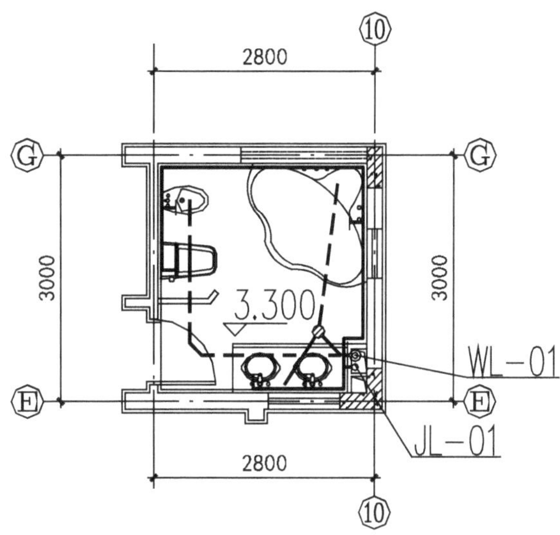

图 15-47 卫生间给排水平面图效果

15.6.1 绘制给水管

卫生间给水管的绘制应包括出水点、给水立管以及给水管的水平干管的绘制。

Step 01 选择【文件】|【打开】命令，将“素材\第 15 章\15.6 别墅卫生间平面图 .dwg”文件打开，如图 15-48 所示。

Step 02 选择【文件】|【另存为】命令，将该文件另存为“素材\第 15 章\15.6 别墅卫生间给排水平面图 .dwg”文件，以防止原始平面图被修改。

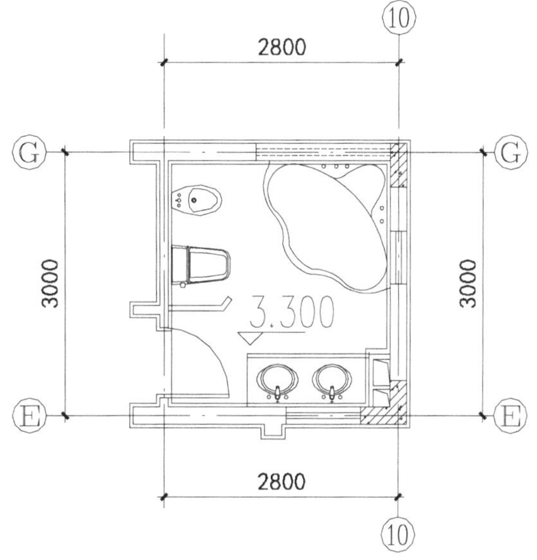

图 15-48 打开的图形

1 绘制出水点

Step 01 在【图层】面板的【图层控制】下拉列表中，将【给水管】图层置为当前图层。

Step 02 执行【PL】（多线段）命令，设置全局宽度为50，绘制一条长为130的水平多线段。

Step 03 执行【L】（直线）命令，在多线段上绘制一条垂直线段，以此作为出水点。

Step 04 执行【M】（移动）命令，将绘制好的出水点图形移动到用水设备上，如图 15-49所示。

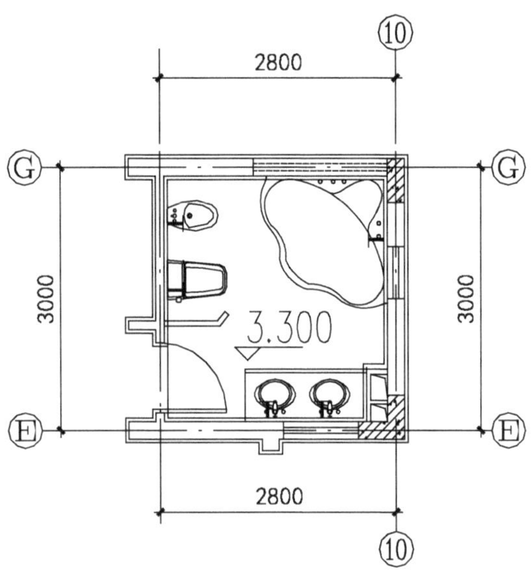

图 15-49 绘制出水点

2 绘制给水管线

Step 01 执行【C】（圆）命令，绘制直径为80的圆作为给水立管。

Step 02 执行【PL】（多线段）命令，设置全局宽度为50，连接给水立管与各出水点，绘制给水管线，如图 15-50所示。

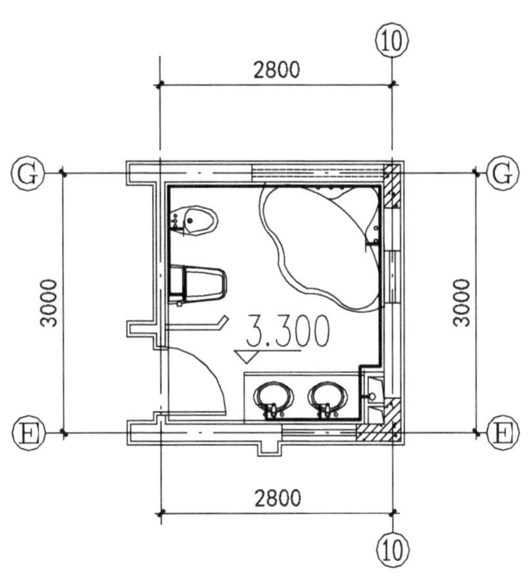

图 15-50 绘制给水管线

15.6.2 绘制排水管

Step 01 在【图层】面板的【图层控制】下拉列表中，将【污水管】图层置为当前图层。

Step 02 执行【C】（圆）命令，绘制直径为 150 的圆，再执行【O】（偏移）命令，将圆向内偏移 75，以作为污水立管；执行【C】（圆）命令，绘制一个半径为 218 的圆，执行【H】（图案填充）命令，选择“ANSI-31”图案，绘制圆形地漏，如图 15-51 所示。

Step 03 执行【PL】（多线段）命令，设置全局宽度为 50，绘制排水管线，如图 15-52 所示。

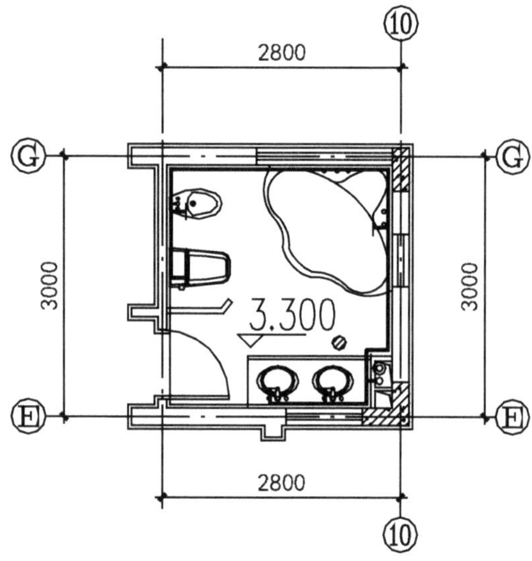

图 15-51 绘制地漏、立管

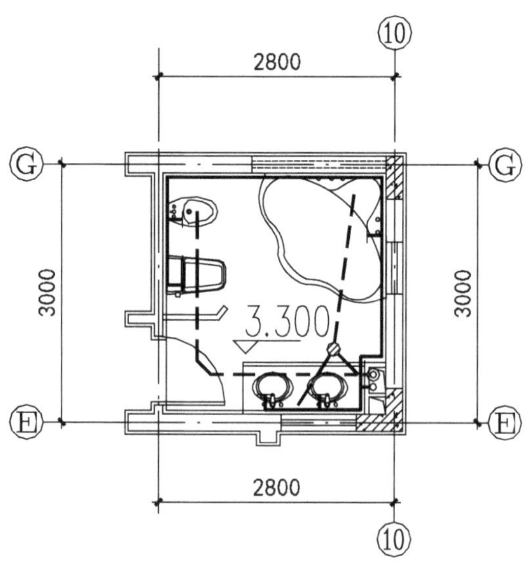

图 15-52 绘制排水管线

15.6.3 添加文字说明

在前面绘制好了别墅二层平面图内的所有管线及构件，下面为给排水平面图内的相关内容进行文字标注。

Step 01 在【图层】面板的【图层控制】下拉列表中，将【文本标注】图层置为当前图层。

Step 02 执行【MT】（多行文字）命令，分别选择文字样式为【图内文字】和【图名】对平面图中的立管和图名进行相应的标注。

第 16 章 别墅给排水系统图设计

给排水系统图是给排水工程图中一个很重要的组成部分，本章以一栋别墅给排水系统图为例，分别介绍了给水系统图、排水系统图以及雨水提升系统图的绘制流程。

16.1 绘制别墅给水系统图

本节仍以别墅为例，讲解该别墅给水系统图的绘制流程，其绘制的别墅给水系统图效果如图 16-1 所示。

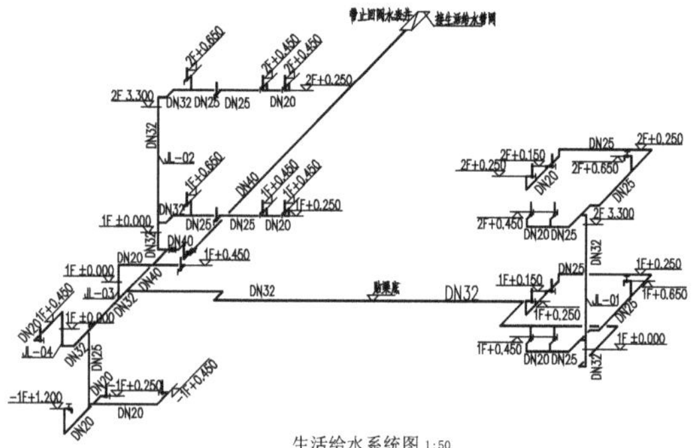

图 16-1 别墅生活给水系统图效果

16.1.1 绘图准备

在绘制该别墅给水系统图之前，首先应设置其绘图的环境，包括新建图层、文字样式等。在上一章绘制平面图时，我们已经设置好了绘图环境，系统图中只需要调用原来的绘图环境即可。

1 打开并另存文件

Step 01 选择【文件】|【打开】命令，将“素材\第15章\15.3别墅地下一层给排水平面图.dwg”文件打开。

Step 02 选择【文件】|【另存为】命令，将文件另存为“素材\第16章\16.1 别墅给水系统图.dwg”文件。以防原始平面图被修改。

2 调用绘图环境

将给排水平面图全部选中，调用【E】(删除)命令，在此基础上绘制给水系统图。图层设置如图 16-2 所示，文字样式如图 16-3 所示。

图 16-2 设置图层

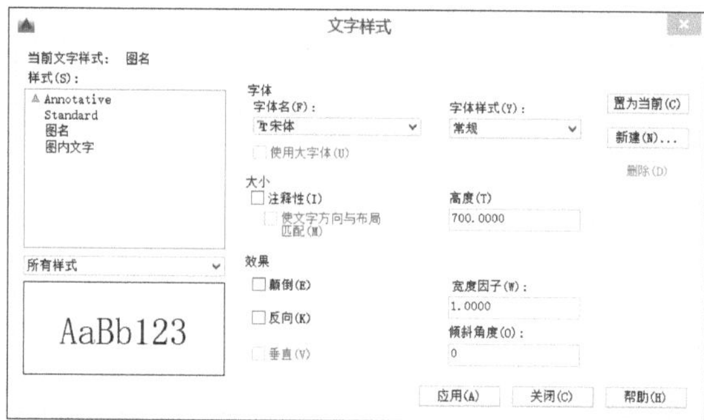

图 16-3 设置文字样式

16.1.2 绘制给水管线

根据一层给水平面图给水管线及给水设备走向图，可以先绘制出室外水井及主要管线。

1 绘制室外水表井

Step 01 在【图层】面板的【图层控制】下拉列表中，将【给排水设备】图层置为当前图层。

Step 02 在状态栏中单击【极轴追踪】按钮，以启用极轴追踪功能，然后右击该按钮，在弹出的快捷菜单中选择“45”选项，以设置45°的增量角，如图 16-4所示。

Step 03 执行【PL】（多线段）命令，绘制边长分别为625、1375的平行四边形，调用【L】（直线）命令，连接平行四边形的对角线，如图 16-5所示。

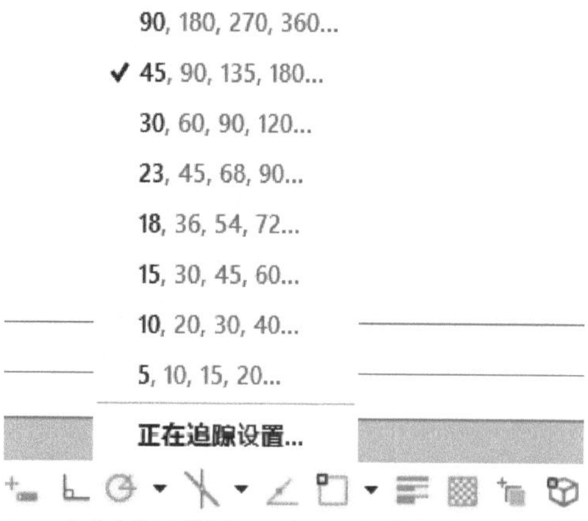

图 16-4 设置极轴追踪角

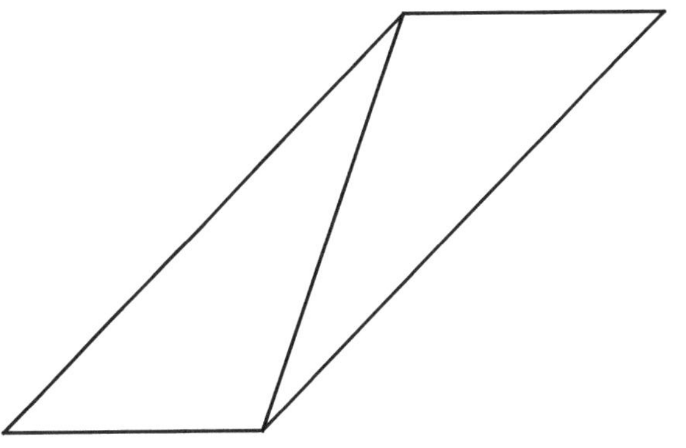

图 16-5　绘制室外水表井

2 绘制给水主管线

Step 01 在【图层】面板的【图层控制】下拉列表中，将【给水管】图层置为当前图层。

Step 02 执行【PL】（多线段）命令，设置全局宽度为50，以绘制好的水表井为起点，然后鼠标移动自动捕捉到45°的极轴追踪线，最后单击极轴上一点以确定下一点的起点，如图 16-6所示。

Step 03 鼠标光标继续竖直向上引出一段距离并单击，以确定下一点的起点，如图 16-7所示。

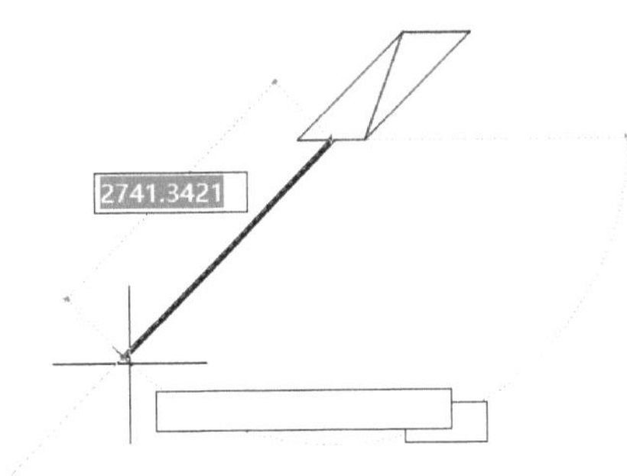

图 16-6　绘制多线段

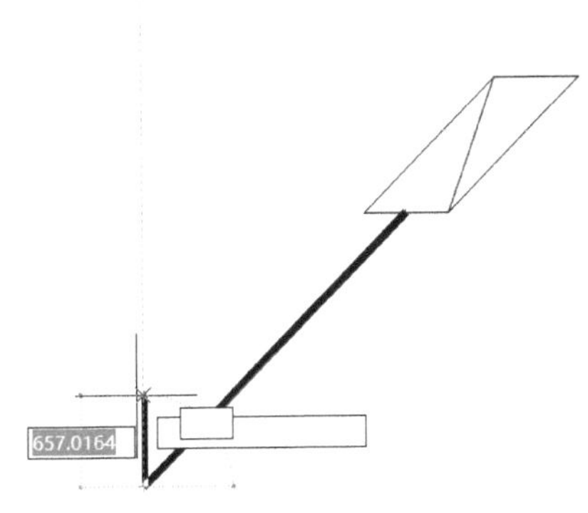

图 16-7　绘制多线段

Step 04 待一根管线绘制完成后按空格键，最后绘制出如图 16-8所示的图形。

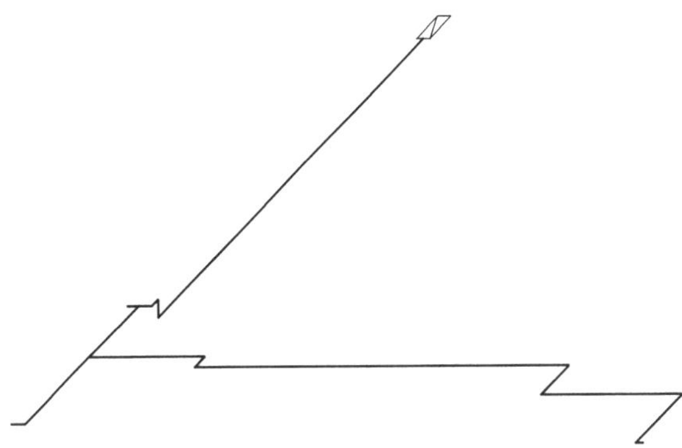

图 16-8　绘制系统图给水主管线

3 绘制别墅各层支管线

Step 01 执行【PL】（多线段）命令，设置全局宽度为50，绘制5根竖直的给水立管，如图 16-9所示。

Step 02 执行【PL】（多线段）、【CO】（复制）、【M】（移动）等命令，绘制出如图16-10所示的支管管线。

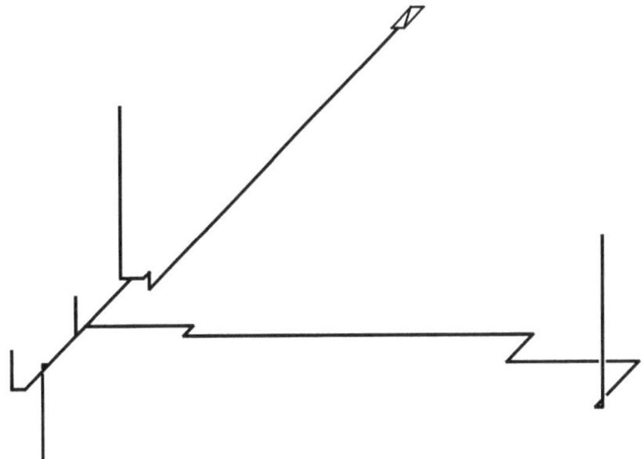

图 16-9　绘制系统图立管

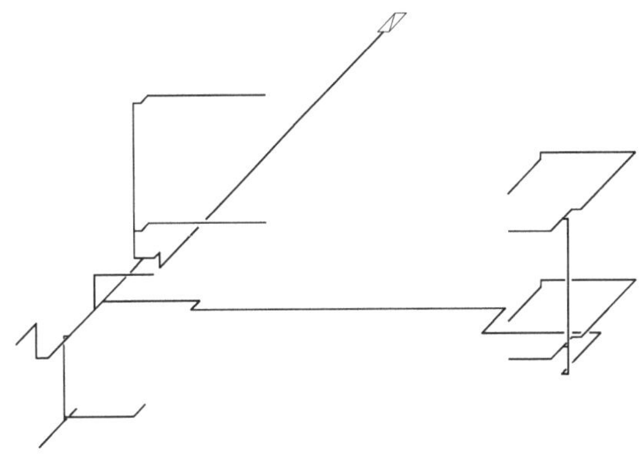

图 16-10　绘制其他系统图管线

16.1.3 布置给水设备及阀门

前面已经绘制完了给水系统图的管线，接下来布置相应的用水设备及阀门附件，包括截止阀、球阀、旋转水龙头等。

1 插入给水设备及阀门

Step 01 在【图层】面板的【图层控制】下拉列表中，将【给排水设备】图层置为当前图层。

Step 02 打开素材文件“第16章\给排水设备及阀门图例.dwg”，将如表 16-1所示的给水设备复制粘贴至图形中。

表 16-1 给水设备及阀门图例

图例	名称
	旋转水龙头
	斜球阀
	截止阀
	刚性防水套管轴测图

2 布置给排水设备及阀门

通过执行【CO】(复制)、【M】(移动)、【MI】(镜像)和【RO】(旋转)命令等，将旋转水龙头布置在系统图的相应位置，效果如图 16-11 所示。

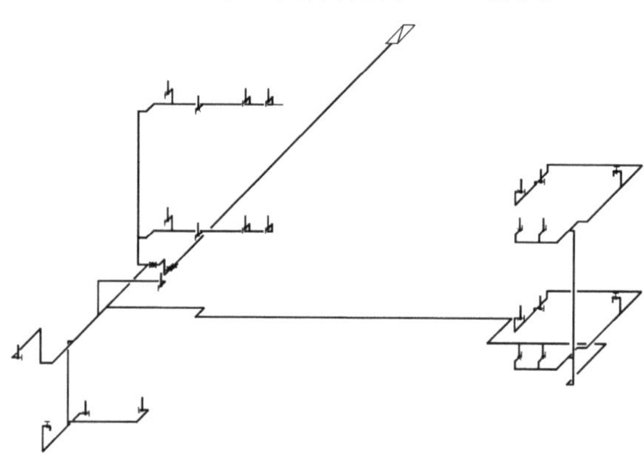

图 16-11 布置用水设备

16.1.4 给水系统图的标注

绘制完成给水系统图后，接下来应对给水系统图进行文字标注说明。

1 立管标注

Step 01 在【图层】面板的【图层控制】下拉列表中，将【文字标注】图层置为当前图层。

Step 02 执行【MT】（多行文字）命令，选择【图内文字】文字样式，在立管出标注出立管名称（JL-＊）。

Step 03 执行【L】（直线）命令，绘制文字的引出线至立管处，如图 16-12所示。

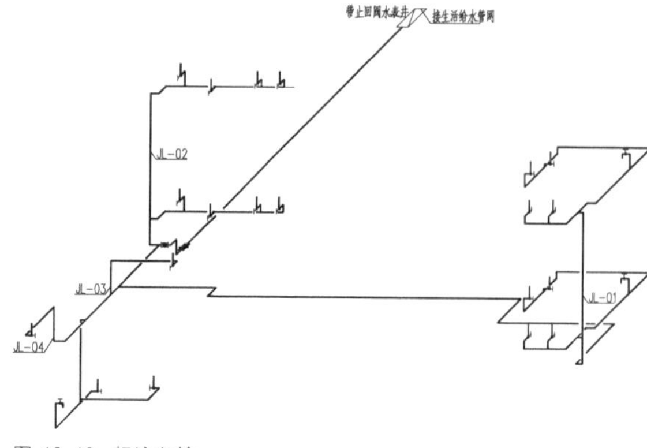

图 16-12 标注立管

2 楼层、管线标高

Step 01 绘制标高指引线，执行【L】（直线）、【PL】（多线段）命令等，绘制出如所示的标高指引线，如图 16-13所示。

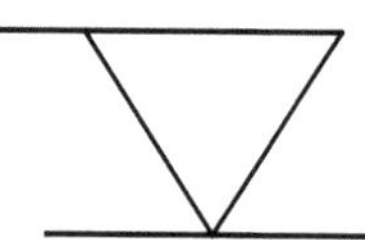

图 16-13 绘制标高引线

Step 02 选择【绘图】|【块】|【创建】命令，将绘制好的指引线全部选中，创建为块。

Step 03 执行【I】（插入）、【M】（移动）、【RO】（旋转）命令，在需要标高的位置插入指引线。

Step 04 执行【MT】（多行文字）命令，选择“图内文字”文字样式，在指引线的位置标出管线高度。

Step 05 在相应位置输入文字说明，效果如图 16-14所示。

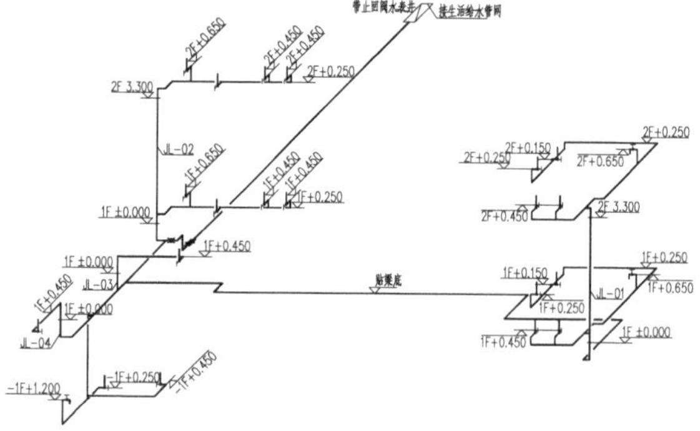

图 16-14 管线标高

3 管径标注

Step 01 执行【MT】（多行文字）命令，选择“图内文字”文字样式，标注管线的管径（DN＊＊）。

Step 02 执行【CO】（复制）命令和【RO】（旋转）命令，将管径标注复制到其他需要标注管径的管线位置，再逐一双击文字，修改为不同的管径大小标注，效果如图 16-15所示。

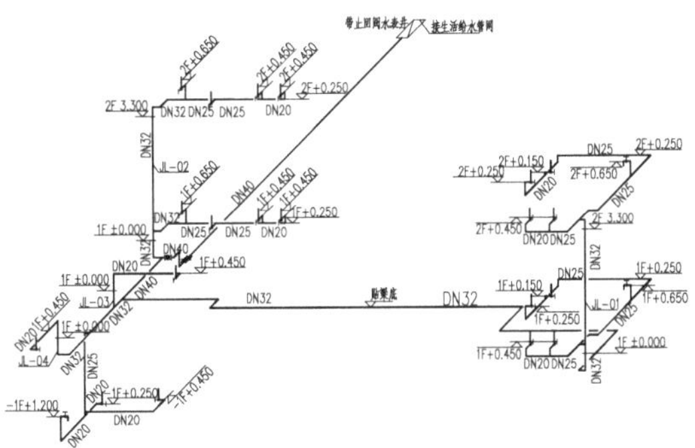

图 16-15 管径标注

> **设计点拨**
>
> 标注文字中“*DN20*”“*DN25*”表示立管的公称直径为*DN20*与*DN25*，即管道的管径大小为20mm与25mm。

4 图名标注

Step 01 执行【MT】（多行文字）命令，选择“图名”文字样式，标注图名为“生活给水系统图”，如图 16-16所示。

生活给水系统图 1:50

图 16-16 图名标注

Step 02 执行【I】（插入）命令，插入图框块，最终完成了别墅给水系统图的绘制，效果如图 16-17所示。

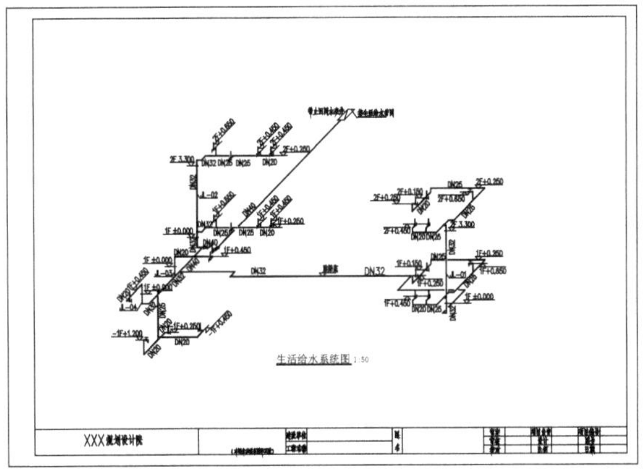

图 16-17 别墅生活给水系统图

16.2 绘制别墅生活排水系统图

本节以别墅为例，讲解了别墅排水系统图的绘制流程，最终绘制出的别墅排水系统图效果，如图 16-18 所示。

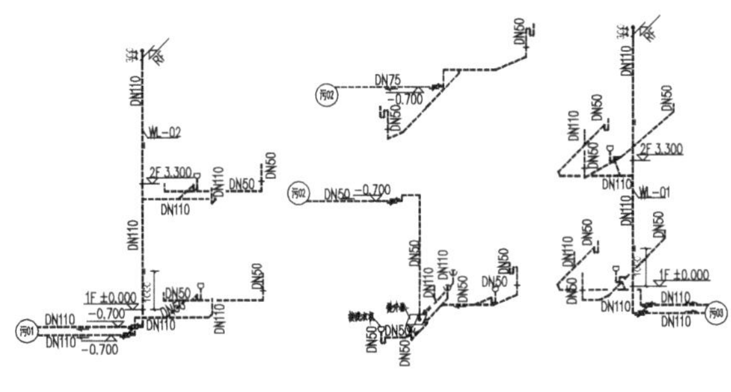

图 16-18 别墅生活排水系统图效果

16.2.1 绘制排水管线

由别墅给排水平面图可以看出有 3 个排污水井：其中污水井 1 连接至污水立管 2，污水井 3 连接的是污水立管 1，污水井 1、污水井 2 和污水井 3 并不相连，因此单独绘制 3 个污水井的管路。

1 绘制室外污水井

Step 01 在【图层】面板的【图层控制】下拉列表中，将【污水管】图层置为当前图层。

Step 02 执行【C】（圆）命令，绘制直径为900的圆作为室外污水井，选择【格式】|【图层】命令，将【文字标注】图层置为当前图层，并执行【MT】（多行文字）命令，选择“图内文字”文字样式，在污水井内标注名称编号。

2 绘制排水主管线

Step 01 选择【格式】|【图层】命令，回到【污水管】图层。

Step 02 在状态栏中单击【极轴追踪】按钮，以启用极轴追踪功能，然后右击该按钮，在弹出的快捷菜单中选择“45”选项，以设置45°的增量角。

Step 03 执行【PL】（多线段）命令，设置全局宽度为50，绘制从室外污水井引入连接至各污水立管的主要管线，如图 16-19所示。

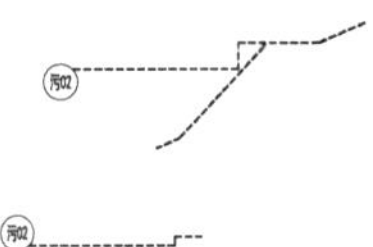

图 16-19 绘制排水系统图的主要管线

3 绘制别墅各层支管线

Step 01 执行【PL】（多线段）命令，设置全局宽度为50，绘制排水立管，如图 16-20所示。

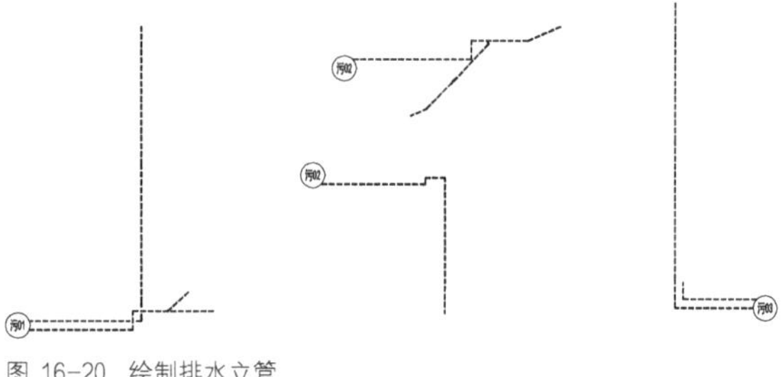

图 16-20　绘制排水立管

Step 02 执行【PL】（多线段）、【CO】（复制）、【M】（移动）等命令，绘制出如图16-21所示的支管管线。

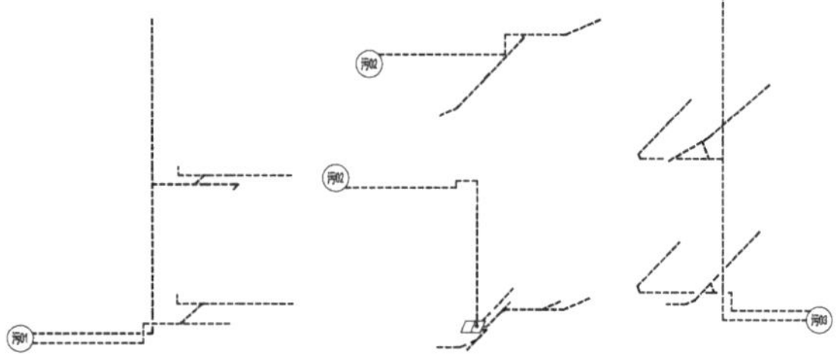

图 16-21　支管管线

16.2.2 布置排水系统图的设备

前面已经绘制完了排水系统图的管线，接下来绘制相应的排水设备及附件，其中包括存水弯、通气帽、圆形地漏、立管检查口、清扫口等图例，然后将各个图例布置到相应的位置管线上。

1 插入排水设备及附件

Step 01 在【图层】面板的【图层控制】下拉列表中，将【给排水设备】图层置为当前图层。

Step 02 打开素材文件“第16章\给排水设备及阀门图例.dwg”，将表16-2所示的图例复制粘贴至图形中。

表 16-2 排水设备及附件图例

图例	名称
	S 形、P 形存水弯
	通气帽
	立管检查口
	圆形地漏
	清扫口
	污水提升器

2 布置排水设备及附件

将绘制好的排水阀门及构件通过【CO】（复制）、【M】（移动）、【MI】（镜像）和【RO】（旋转）命令，移动到对应的位置，如图16-22所示。

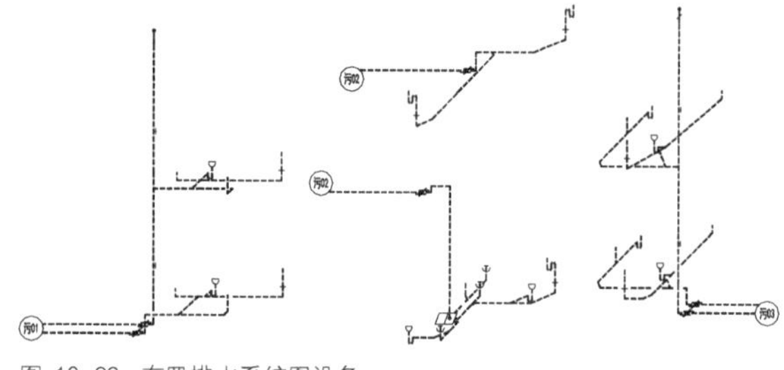

图 16-22　布置排水系统图设备

16.2.3 排水系统图的标注

绘制完成排水系统图后，接下来应对排水系统进行文字标注说明。

Step 01 执行【MT】（多行文字）和【L】（直线）命令，选择“图内文字”文字样式，标注出管名、管径、楼层标高和相应的文字标注，如图16-23所示。

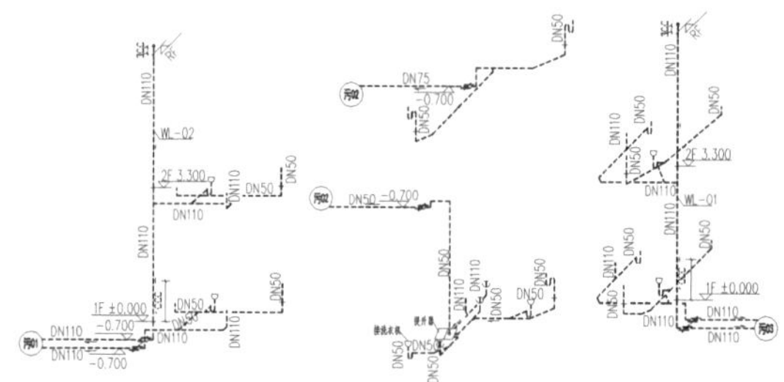

图 16-23　文字标注

Step 02 执行【MT】（多行文字）命令，选择“图名”文字样式，在图形下侧标注图名“生活排水系统图”，如图16-24所示。

生活排水系统图　1:50

图 16-24　图名标注

Step 03 执行【I】（插入）命令，插入图框块，最终完成别墅排水系统图的绘制，效果如图16-25所示。

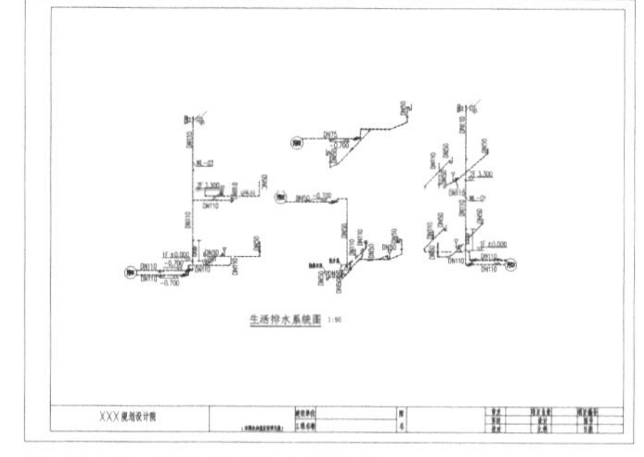

图 16-25　别墅生活排水系统图

16.3 绘制别墅雨水提升系统图

本节以别墅为例，讲解该别墅雨水提升系统图的绘制流程，其绘制的别墅雨水提升系统图效果如图 16-26 所示。

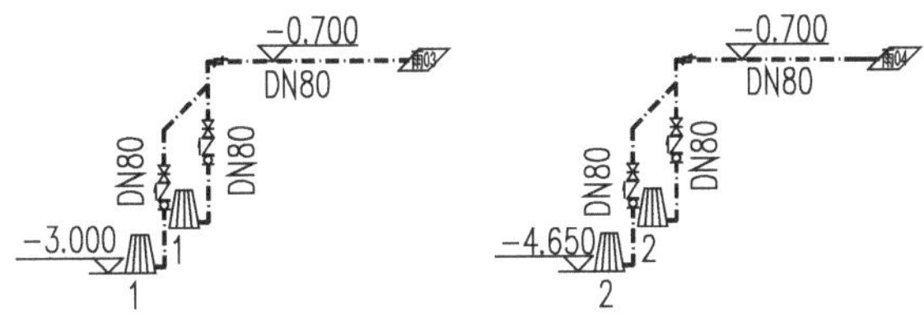

雨水提升系统图 1:100

图 16-26 别墅雨水提升系统效果图

16.3.1 绘制雨水提升系统管线

Step 01 选择【格式】|【图层】命令，将【雨水管】图层置为当前图层。

Step 02 绘制室外雨水井。执行【PL】（多线段）命令，捕捉45°极轴，绘制平行四边形。

Step 03 选择【格式】|【图层】命令，将【文字标注】图层置为当前图层，并执行【MT】（多行文字）命令，选择“图内文字”文字样式，在雨水井内标注名称编号。

Step 04 回到【雨水管】图层，执行【PL】（多线段）命令，设置全局宽度为50，分别从室外雨水井处引出雨水管的管线，管线布置如图 16-27所示。

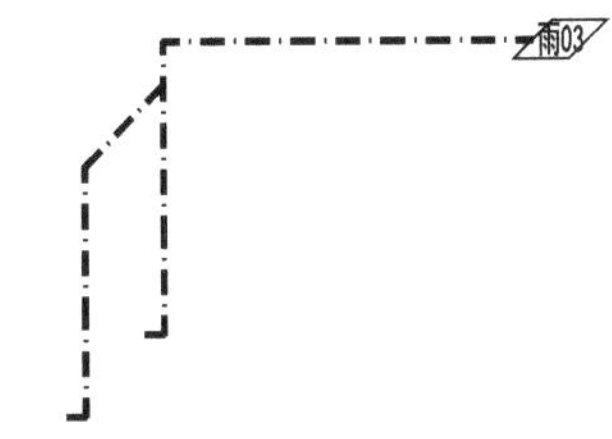

图 16-27 绘制雨水管线

16.3.2 绘制雨水提升设备及阀门构件

前面已经绘制完了雨水提升系统图的管线，接下来绘制相应的雨水提升设备及阀门附件，其中包括集水井底部的潜水排污泵、可曲挠橡胶接头、止回阀闸阀等图例，然后将各个图例布置到相应的位置管线上。

1 插入雨水提升设备及阀门构件

Step 01 选择【格式】|【图层】命令，将【给排水设备】图层置为当前图层。

Step 02 执行【I】（插入块）命令，将“第16章\给排水设备及阀门图例.dwg”文件插入图形中，其图例如表 16-3所示。

表 16-3 雨水提升设备及阀门构件图例

图例	名称
	潜污泵
	软接头
	止回阀
	截止阀

2 布置雨水提升设备及阀门构件

将绘制好的排水阀门及构件通过【CO】（复制）、【M】（移动）、【MI】（镜像）和【RO】（旋转）命令，移动到绘制的管线系统图中，如图 16-28 所示。

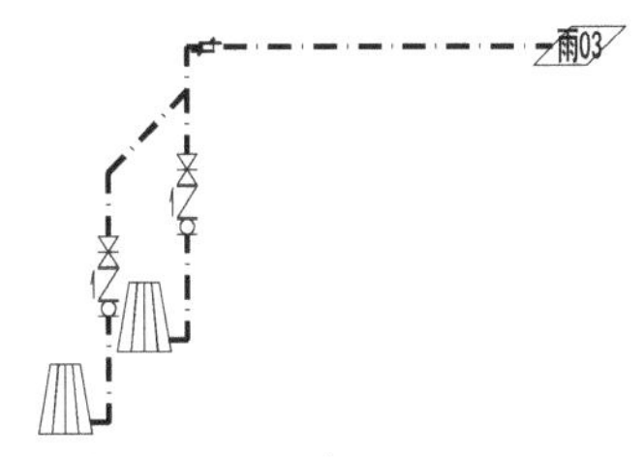

图 16-28 布置雨水系统阀门及设备

16.3.3 添加符号标注

绘制完成雨水提升系统图后，接下来应对雨水提升系统进行文字标注说明。

Step 01 选择【格式】|【图层】命令，将【文字标注】图层置为当前图层。

Step 02 执行【MT】（多行文字）和【L】（直线）命令，选择“图内文字”文字样式，标注出管名、管径、楼层标高和相应的文字标注。

Step 03 执行【CO】（复制）命令，绘制另一条管线系统图，并将相应的标注更改，如图 16-29所示。

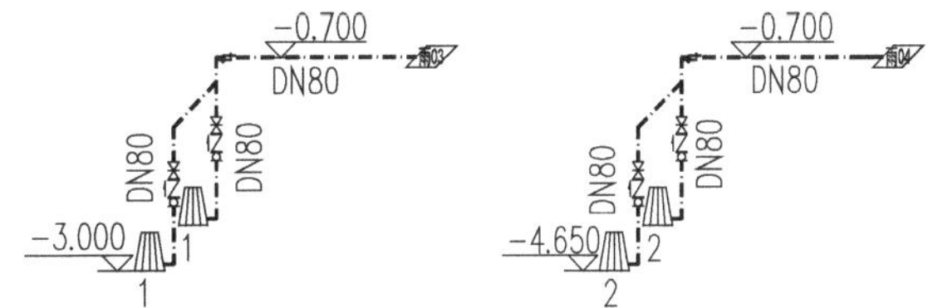

图 16-29 文字标注

Step 04 执行【MT】（多行文字）命令，选择【图名】文字样式，在图形下侧标注图名“雨水提升系统图”，如图 16-30所示。

雨水提升系统图 1:100

图 16-30 图名标注

Step 05 最终完成别墅雨水提升系统图的绘制，效果如图 16-31所示。

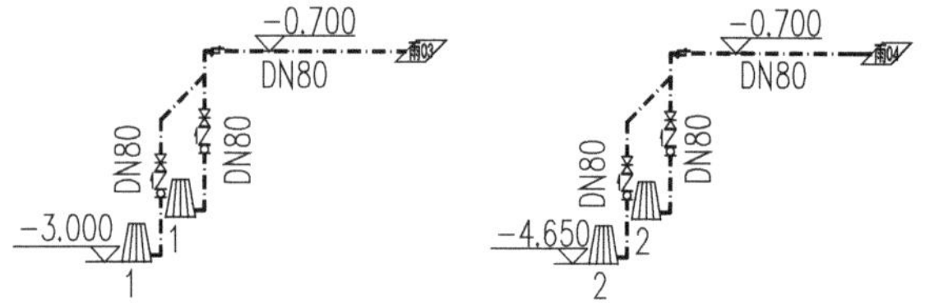

雨水提升系统图 1:100

图 16-31 别墅雨水提升系统图

第 17 章 暖通空调工程图基本知识

本章将结合建筑设备工程制图的基本知识，详细介绍建筑暖通空调专业工程制图的基本规定及要求，包括施工图的组成与施工设计说明、工程图的分类、制图的表达与一般规定、设计文件编制深度、职业法规及规范标准和工程制图规定。

17.1 施工图的组成

采暖和通风工程是一种建筑设备工程，它是为了保证人的健康和生活、工作场所的舒适，或者是为了满足生产上的需要而建设的。暖通空调工程图是表达采暖和通风工程设施的结构形状、大小、材料以及某些技术上的要求的图纸，以供施工人员按照图纸施工。

1 设计依据

◎ 工程设计依据中与本专业有关部分

◆环保、消防、卫生、人防等方面的安全条款。

◆水、电、汽、燃料等能源的供应情况（包括价格）。

◆建设单位提出的有关基本建议和使用方面的要求、建设标准。

◆其他专业提供的工程设计资料。

2 设计范围

说明本工程设计的内容，如冷冻站、热交换站设计；餐厅、展览厅、大会堂、多功能厅及办公室、会议室空调设计；地下车库及设备机房的通风设计；卫生间、垃圾间、厨房灯的通风设计；防烟楼梯间、消防电梯等房间的防排烟设计等。

3 设计资料

◎ 暖通空调设计计算参数（气象资料）

◆室内计算参数分冬季采暖计算参数，冬、夏季通风计算参数，冬、夏季空调计算参数。这些设计计算参数包括气温、湿度、风速。

◆室外实际计算参数包括冬季室外计算温度、室外计算相对湿度，夏季空调室外计算干、湿球温度，夏季空调室外计算日平均温度，夏季空调室外计算逐时温度，冬、夏季室外最多方向、频率及其平均风速，冬、夏季室外大气压力，冬季日照百分率，采暖期天数，夏季太阳辐射照度，大气透明度等。

◆这些计算参数在《采暖通风与空气调节设计规范》及有关设计手册和标准中均作了明确的规定。

◎ 负荷计算基础资料

◆建筑围护结构的构造尺寸、建筑材料及热工特性。

◆照明负荷及使用情况。

◆空调房间人员数量及活动情况。

◆设备散热量。

◆同时使用情况。

◆主要暖通空调设备产品质量、市场使用情况及产品价格。

4 空调系统设计

◆空调处理设备。对空气进行加热、冷却、加湿、干燥和过滤等处理，以保证房间内空气的设计参数稳定在一定范围内。

◆风机。包括通风机和排风机。

◆分管（道）。包括送风管和排风管。

◆风口。包括送风口和回风口。

◆系统部件。包括各种风阀（如多叶调节阀、三通调节阀、防火阀等）、消声器、消声静压箱、与风机相连接的帆布软接头等。

5 采暖系统设计

◆热源。主要是指生产和制备一定参数（温度、压力）热媒的锅炉房或热电厂。

◆供热管道。将热媒输送到各个用户或散热设备。

◆散热设备。将热量散发到室内的设备。

◆热媒。是可以用来输送热能的媒介物，常用的热媒是水、蒸汽。

6 通风设计

说明建筑物内设置的机械排风（兼排烟）系统、机械补风系统，列出通风系统编号、风量、风压、服务对象、安装地点等详表。

◎ 送风系统组成

◆新风口：是指新鲜空气入口。

◆空气处理室：空气在此进行过滤、加热、加湿等处理。

◆通风机：将处理后的空气送入风管内。

◆送风管：将通风机送来的空气送到各个房间。送风管上安装有调节阀、送风口、防火阀、检查孔等部件。

◆回风管：又称为排风管，将浊气吸入管道内送回空气处理室。管道上安装有回风口、防火阀等部件。

◆送（出）风口：将处理后的空气均匀送入房间。

◆吸（回、排）风口：将房间内浊气吸入回风管道，送回空气处理室处理。

◆管道配件（管件）：包括弯头、三通、四通、异径管、法兰盘、导流片、静压箱等。

◆管道部件：包括各种风口、阀、排气罩、风帽、检查孔、测定孔和风管支、吊、托架等。

排风系统组成

◆排风口：将浊气吸入排风管内。有吸风口、侧吸罩、吸风罩等部件。

◆排风管：是输送浊气的管道。

◆排风机：排风机是将浊气用机械能量从排风管中排出的设备。

◆风帽：是安装在排风管的顶部，防止空气倒灌及雨水灌入排风管的部件。

◆除尘器：用排风机的吸力将带灰尘及有害质粒的浊气吸入除尘器中，将尘粒集中排除，如旋风除尘器、袋式除尘器、滤尘器等。

◆其他管件和部件：同送风系统。

7 自控设计

说明本工程空调系统的自动调节，控制室温、温度的情况。

8 消声减振

说明风管消声器或消声弯头设置，说明水泵、冷冻机组、空调机、风机作减振或隔振处理的情况。

对于民用建筑允许的噪声等级标准可以参照我国的《民用建筑噪声设计规范》（GB50118-2010）和其他各类设计规范（如剧场、电影院、礼堂等的设计规范）的相关规定值；工业建筑噪声的允许值可以参照我国的《工业企业噪声控制设计规范》（GB/T5087-2013）或是其他规范的规定值。

9 防排烟设计

说明本工程加压送风系统和排烟系统的设置，列出防排烟系统的编号、风量、风压、服务对象、安装地点等详表。

17.2 施工设计说明

施工设计说明中应详细描述本工程所采用材料、设备型号、相关的施工方法与要求、相关条文的解释等。

施工设计说明的具体内容如下。

◆采暖、通风与空调工程系统，通风及空调系统一般采用钢板、玻璃钢或复合材料等。

◆风管保温材料及厚度、保温做法。

◆风管施工的质量要求。

◆风管穿越机房、楼板、防火墙、沉降缝、变形缝等的做法。

◆采暖、空调水管管材、连接方式，冲洗、防腐、保温要求。

● 说明冷冻水管道、热水管道、蒸汽管道、蒸汽凝结水管道的管材、管道的连接方式。

● 采暖、空调水管道安装完毕后，应进行分段试压和整体试压，说明空调水系统的工作压力和试验压力值。

● 说明水管道冲洗、防腐、保温要求及做法、质量要求等。

◆空调机组、新风机组、热交换器、风机盘管等设备安装要求，需在通风与空调工程施工中说明，且要与土建专业密切配合，做好预埋件及楼板孔洞的预留工作。

◆其他未说明部分可按《通风与空调工程施工质量验收规范》（GB50243-2002）、《机械设备安装工程施工及验收通用规范》（GB5023-2009）等标准规范中的相关内容，以及国家标准或行业标准进行施工。

◆说明图中所注的平面尺寸通常是以毫米计的，标高尺寸是以米计的。风管标高一般指管底标高，水管标高一般指管中心标高。

◆在标注管道标高时，为便于管道安装，地上层管道的标高可标为相对于本层地面的标高，地下层管道的标高为绝对标高。

17.3 工程图分类

暖通空调工程图包括基本图和详图，其中，基本图包括平面图、剖面图、系统图等。通过这几类图纸就可以完整、正确地表述出暖通空调工程的设计者的意图，施工人员根据这些图纸就可以进行施工安装了。

17.3.1 平面图

暖通空调的平面图主要是表达管线及设备平面布置情况的图纸，包括空调通风系统平面图、机房平面图、采暖平面图，其中表明了相关的定位尺寸、设备规格等。

1 空调通风系统平面图

◆空调通风系统平面图主要说明空调通风系统的设备、系统风道、冷热媒管道、冷凝水管道的平面布置。它的主要内容包括：风管系统、水管系统、空气处理设备、尺寸标注。

◆用双线绘制出风管，单线绘出空调冷热水、冷凝水等管道。标注风管尺寸、标高及风口尺寸（圆形风管注管径、矩形风管注宽 × 高），标注水管管径及标高；标注各种设备及风口安装的定位尺寸和编号；标注消声器、调节阀、防火阀等各种部件位置及风管、风口的气流方向。

◆当建筑装修未确定时，风管和水管可以先出单线走向示意图,注明房间送、回风量或风机盘管数量、规格。建筑装修确定后，应按规定要求绘制平面图。

2 通风、空调、制冷机房平面图

◆机房图应根据需要增大比例，绘出通风、空调、制冷设备（如冷水机组、新风机组、空调器、冷热水泵、冷却水泵、通风机、消声器、水箱等）的轮廓位置及编号，注明设备和基础距离墙或轴线的尺寸。

◆绘出连接设备的风管、水管位置及走向；注明尺寸、管径、标高。

◆标注机房内所有设备、管道附件（各种仪表、阀门、柔性短管、过滤器等）的位置。

3 采暖平面图

采暖平面图是室内采暖系统工程的最基本和最重要的图，它主要表明采暖管道和散热器的平面布置和平面位置。

◎ 首层供暖平面图表达内容

◆供热总管和回水总管的进出口，并标明管径、标高及回水干管的位置、管径坡度、固定支架位置等。

◆立管的位置及编号。

◆散热器的位置及每组散热器的片数，散热器的安装与立、支管的连接方式。

◎ 标准层供暖平面图表达内容

◆立管的位置及编号。

◆散热器的位置及每组散热器的片数，散热器的安装与立、支管的连接方式。

◎ 顶层供暖平面图表达内容

◆供热干管的位置、管径、坡度、固定支架位置等。

◆管道最高处集气罐、放风装置、膨胀水箱的位置、标高、型号等。

◆立管的位置及编号。

◆散热器的位置及每组散热器的片数，散热器的安装与立、支管的连接方式。

17.3.2 剖面图

剖面图用于采暖、通风与空调系统管道和设备在建筑物高度上的布置情况，并注有相应的尺寸，其表达内容与平面图相同。

◆风管或管道与设备连接交叉复杂的部位，应绘剖面图或局部剖面。

◆绘出风管、水管、风口、设备等与建筑梁、板、柱及地面的尺寸关系。

◆注明风管、风口、水管等的尺寸和标高，气流方向及详图索引编号。

17.3.3 系统图

系统图是把整个采暖、通风与空调系统的管道、设备及附件采用单线图或双线图，用轴测投影法形象地绘制出风管、部件及附属设备之间的相对位置空间关系，能反映系统全貌的立体图。

17.3.4 详图

详图用于表达暖通空调系统设备安装施工的局部具体构造和安装情况，并注有相应的尺寸，主要包括加工制作和安装的节点图、大样图、标准图等。

17.4 制图的表达与一般规定

暖通空调施工图中的相关表达方式可参考《暖通空调制图标准》（GB/T50114-2010）中的规定，其对制图中应用的图线、比例、管道代号、系统编号、管道标注等均作了详细的规定。

阅读施工图时，各主要图样（平面图、剖面图和系统图）应互相配合、对照查看。一般是按照通风与空调系统中空气的流向，从进口到出口依次进行，这样可弄清通风与空调系统的全貌。再通过查阅有关的设备安装详图和管件制作详图，就能掌握整个通风与空调工程的全部情况。采暖施工图的表达方法与规定和通风与空调施工图类似。

1 平面图

采暖、通风与空调平面图用于表达采暖、通风与空调系统管道和设备在建筑物内的平面布置情况，并注有相应的尺寸。

◆建筑物可见轮廓线用粗实线绘制，通风与空调系统的管道也用粗实线绘制。

◆通风空调系统的设置要用编号标出，如空调系统 K-1、新风系统 X-1、排风系统 P-1 等。

◆风管系统用双线表示，包括与空调箱相连接的送风管、回风管、新风管。

◆水管系统用单线表示，包括与空调箱相连接的冷、热媒管道及凝结水管道。

◆工艺和通风与空调设备，如风机、送风口、回风口、风机盘管等均应分别标注编号，要列入设备及主要的材料表，说明型号、规格、单位和数量。

◆机房平面图中空气处理设备应注明按标准图集或产品样本要求所采用的空调器组合段代号，空调箱内风机、加热器、表冷器、加湿器等设备的型号、数量，以及该设备的定位尺寸，如图 17-1 所示。

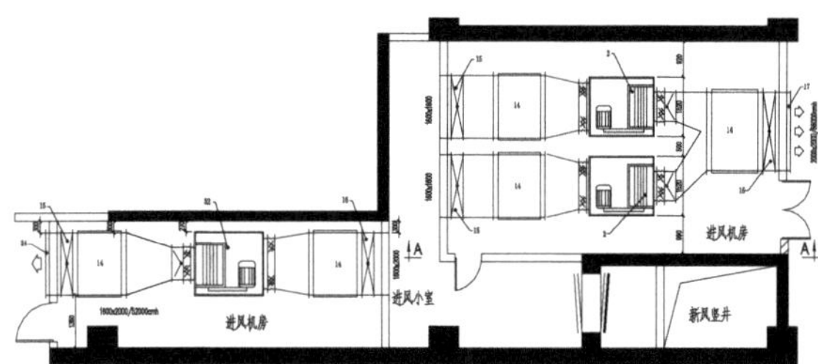

图 17-1 通风机房平面图

2 剖面图

剖面图总是与平面图相对应的，用来说明平面图上无法表明的情况。因此，与平面图相对应的空调通风施工图中的剖面图主要有空调通风系统剖面图、空调通风机房剖面图等，至于剖面和位置，在平面图上都有说明。剖面图上的内容与平面图上的内容是一致的，有所区别的是剖面图上还标注有设备、管道及配件的高度，如图 17-2 所示。

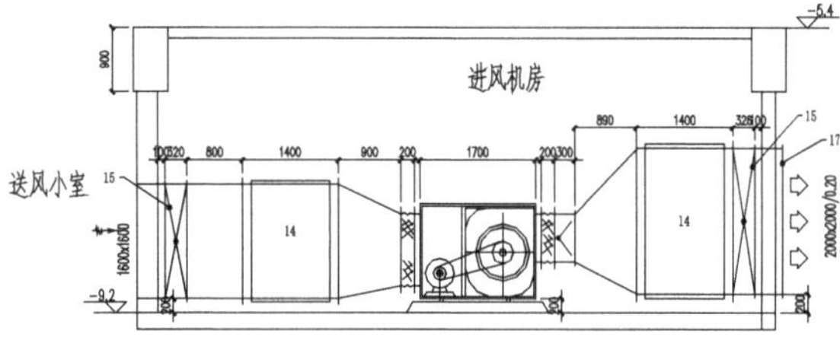

图 17-2 A-A 剖面图

3 系统图

系统图是从总体上表明所讨论的系统构成情况及各种尺寸、型号和数量等，包括该系统中的设备、配件的型号、尺寸、定位尺寸、数量，以及连接于各设备之间的管道在空间的曲折、交叉、走向和尺寸、定位尺寸等。系统图上还应注明该系统的编号，图 17-3 所示是用单线绘制的某空调水系统的系统图。系统图可以用单线绘制，也可以用双线绘制。

◆在系统图中，要标出通风与空调系统的设置编号，如空调系统 K-1、新风系统 X-1、排风系统 P-1、排烟系统 Y-2 等。

◆绘出系统主要设备的轮廓，注明编号或标出设备的型号、规格等。

◆绘出采暖、通风与空调系统管道及附件，标注通风管断面尺寸和标高，绘出风口及空气流动方向。

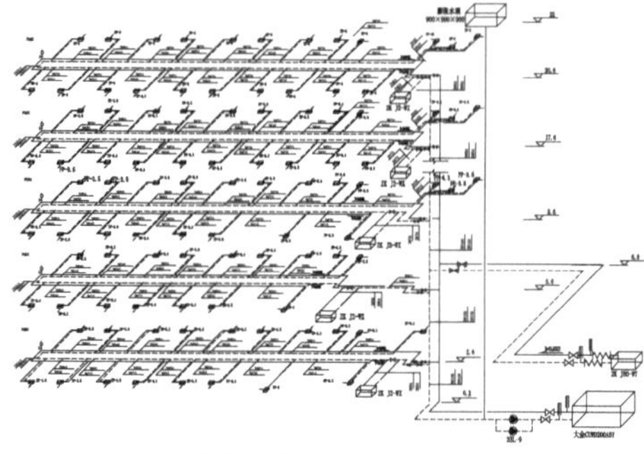
图 17-3 空调水系统轴测图

4 详图

◆空调通风工程图所需要的详图较多。总的来说，有设备、管道的安装详图，设备、管道的加工详图，设备、部件的结构详图等，图 17-4 所示的是空调分水器接管详图。

◆在采暖平面图和系统图中表示不清又无法用文字说明的地方，一般可用详图来表示，主要表明供暖平面图和系统轴测图中复杂节点的详细构造及设备安装方法。采暖施工图中的详图有散热器安装详图，集气罐的构造、管道的连接详图，补偿器、疏水器的构造详图等，图 17-5 所示是蒸汽管支架大样图。

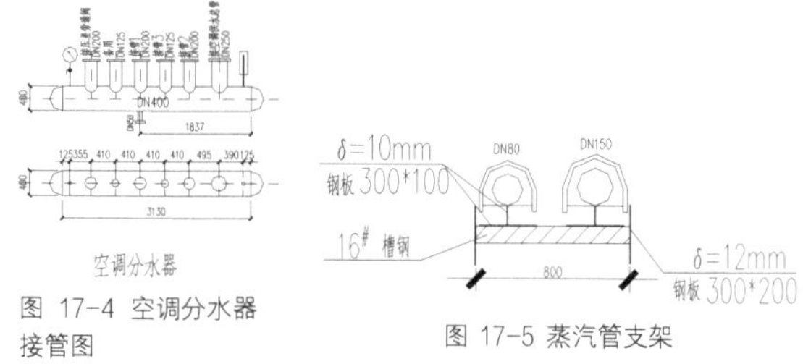

图 17-4 空调分水器接管图

图 17-5 蒸汽管支架

17.5 暖通空调工程设计文件编制深度

暖通空调工程设计包括方案设计、初步设计、施工图设计。

17.5.1 方案设计

采暖、通风与空气调节的方案设计包括以下内容。

- 设计基础资料和依据
- 设计所采用的规范和标准
- 设计说明

◆暖通空调设计方案要点。

◆空调房间室内设计参数。

◆冷、热负荷。

◆暖通空调冷、热源选择及其参数。

◆暖通空调的系统形式，简述控制方式。

◆防、排烟系统简述。

◆新技术、新工艺的采用情况，节能，环保及安全措施。

◆方案的经济、技术分析。

17.5.2 初步设计

初步设计应包括说明书、设计图纸（小型、简单工程除外）、设备表及计算书（供内部使用）。

1 说明书

设计依据

◆与本专业有关的批文和建设方要求。

◆本工程采用的主要规范和标准。

◆其他专业提供的本工程设计资料等。

设计范围

根据设计任务书和有关设计资料，说明本专业设计的内容和分工。

设计计算参数

◆室外空气计算参数。

◆室内空气设计参数。

2 初步设计要解决的问题

采暖

◆采暖热负荷。

◆叙述热源状况、热媒参数、室外管线及补水定压。

◆采暖系统形式及管道敷设方式。

◆采暖分户热计量及控制。

◆采暖设备、散热器类型、管道材料及保温材料的选择。

空调

◆空调冷、热负荷。

◆冷、热源选择，冷、热水和冷却水参数。

◆空调水系统、风系统简述。

◆主要设备的选择。

◆空调系统的防火技术措施。

◆管道材料和保温材料的选择。

◆监测与控制简述。

通风

◆需要通风的房间或部位。

◆通风系统的形式、换气次数和风量平衡。

◆通风设备的选择。

◆通风系统的防火技术措施。

防、排烟

◆防烟和排烟简述。

◆防烟设施及设备选型。

◆排烟设施及设备选型。

◆防烟、排烟系统风量及控制方式。

在设计审批阶段前，这些都是需要确定的主要问题

3 初步设计图纸

暖通空调初步设计图纸一般包括图例、系统流程图、主要平面图。

◆系统流程图应表示热力系统、制冷系统、空调水系统、必要的空调风系统、防排烟系统、送排风系统等系统的流程及控制方式。

◆采暖平面图，应绘出散热器位置、干管入口、走向及系统编号。

◆通风、空调和冷、热源机房平面图，应绘出设备位置、管道走向、风口位置、设备编号及连接设备机房的主要管道等。

4 设备表

列出主要设备的名称、型号、规格、数量等，型号、规格栏应注明主要技术数据。

5 初步设计计算书

对于采暖、通风与空调工程的热负荷、冷负荷、风量、空调冷热水量、冷却水量、管径、主要风道尺寸及主要设备的选择，应进行初步计算。

17.5.3 施工图设计

在施工图设计阶段，采暖、通风与空气调节专业设计文件应包括图纸目录、设计与施工说明、设备表、设计图纸、计算书。

1 设计说明和施工说明

设计说明

应介绍设计概况和暖通空调室内外设计参数；热源、冷源情况；热媒、冷媒参数；采暖热负荷、耗热量指标及系统总阻力；空调冷热负荷、冷热量指标、系统形式和控制方法，必要时，需说明系统的使用操作要点，如空调系统季节转换，防排烟系统的风路转换等。

施工说明

应说明设计中使用的材料和附件，系统工作压力和试压要求；施工安装要求及注意事项。采暖系统还应说明散热器型号。当本专业的设计内容分别由两个或两个以上的单位承担设计师，应明确交接配合的设计分工范围。

2 设备表

在施工图阶段，型号、规格栏应注明详细的技术数据。

3 设计图纸

首页图

首页图的内容包括图例、图纸目录（先列新绘图纸，后列选用的标注图或重复利用图）、设计主要参数说明。有时设计施工说明和设备材料表也放在首页图中。

平面图

◆绘出建筑轮廓、主要轴线号、轴线尺寸、室内外

地面标高、房间名称。底层平面图上要绘出指北针。

◆采暖平面要绘出散热器位置，注明片数或长度，应绘出散热器的位置，注明片数或长度，采暖干管及立管位置、编号；管径；管道的阀门、放弃、泄水、固定支架、补偿器、入口装置、减压装置、疏水器、管沟及检查入口位置。注明干管管径及标高。

◆二层以上的多层建筑，其建筑平面相同的，采暖平面标准层可合用一张图纸，散热器数量应分层标注。

◆通风、空调平面图中的通风与空调系统的管道，应注明风管的截面尺寸、定位尺寸，以及通风与空调系统的弯头、三通或四通、变径管。

◆绘出通风与空调系统管道上的消声弯头、调节阀门、风管导流叶片、送风口、回风口等，并列出设备及主要材料表，说明型号、规格、单位、数量。

◎ 通风、空调剖面图

◆在平面图中，如果通风管道比较复杂，在需要的部位应画出剖切线，利用剖切符号表明剖切位置及剖切方向，把复杂的剖位在剖面图上表达清楚。

◆剖面图中应标注建筑物地面和楼面的标高，通风空调设备和管道的位置、尺寸和标高，风管的截面尺寸，以及风口的大小。

◎ 通风、空调、制冷机房平面图

◆空气处理设备。注明按标准图集或产品样本要求所采用的空调器组合段代号，空调箱内风机、加热器、表冷器、加湿器等设备的型号、数量，以及该设备的定位尺寸。

◆尺寸标注包括各管道、设备、部件的尺寸大小、定位尺寸。

◆其他的还有消声设备、柔性短管、防火阀、调节阀门的位置尺寸。

◆制冷机组的型号与台数、冷冻水泵和冷却水泵的型号与台数、冷（热）媒管道的布置，以及各设备、管道和管道上的配件（如过滤器、阀门等）的尺寸大小和定位尺寸。

◎ 通风、空调、制冷机房剖面图

◆当其他图纸不能表达复杂管道相对关系及竖向位置时，应绘制剖面图。

◆剖面图应绘出对应于机房平面图的设备、设备基础、管道和附件的竖向位置、竖向尺寸和标高。标注连接设备的管道位置尺寸；注明设备和附件标号以及详图索引编号。

◎ 系统图、立管图

◆分户热计量的户内采暖系统，当平面图不能清楚时应绘制透视图，比例宜与平面图一致，按45°或30°轴侧投影绘制；多层、高层建筑的集中采暖系统，应绘制采暖立管图，并编号。上述图纸应注明管径、坡向、标高、散热器型号和数量。

◆热力、制冷、空调冷热水系统及复杂的风系统应绘制系统流程图。系统流程图应绘出设备、阀门、控制仪表、配件，标注介质流向、管径及设备编号。流程图可不按比例绘制，但管路分支应与平面图相符。

◆空调的供冷、供热分支水路采用竖向输送时，应绘制立管图，并编号，注明管径、坡向、标高及空调器的型号。

◆空调、制冷系统有监测与控制时，应有控制原理图，图中以图例绘出设备、传感器及控制元件位置；说明控制要求和必要的控制参数。

◎ 详图

◆采暖、通风、空调、制冷系统的各种设备及零部件施工安装，应注明采用的标准图、通用图的图名图号。凡无现成图纸可选，且需要交代设计意图的，均绘制详图。

◆简单的详图，可就图引出，绘局部详图；制作详图或安装复杂的详图应单独绘制。

4 设计计算书（供内部使用）

◆计算书内视工程繁简程度，按照国家有关规定、规范及本单位技术措施进行计算。

◆采用计算机计算时，计算书应注明软件名称，附上相应的简图及输入数据。

◆采暖工程计算应包括以下内容。

● 建筑围护结构耗热量计算。

● 散热器和采暖设备的选择计算。

● 采暖系统的管径及水力计算。

● 采暖系统构件或装置选择计算，如系统补水与定压装置、补偿器、疏水器等。

◆通风与防烟、排烟计算应包括以下内容。

● 通风量、局部排风量计算及排风装置的选择计算。

● 空气量平衡及热量平衡计算。

● 通风系统的设备选型计算。

● 风系统阻力计算。

● 排烟量计算。

● 防烟楼梯间及前室正压送风量计算。

● 防排烟风机、风口的选择计算。

◆空调、制冷工程计算应包括以下内容。

● 空调房间围护结构夏季、冬季的冷、热负荷计算（冷负荷按逐时计算）。

● 空调房间人体、照明、设备的散热量、散湿量及新风负荷计算。

● 空调、制冷系统的冷水机组、冷热水泵、冷却塔、水箱、水池、空调机组、消声器等设备的选型计算。

● 必要的空气流组织设计与计算。

● 风系统水力计算。

● 空调冷热水、冷却水系统的水力计算。

17.6 职业法规及规范标准

作为其专业领域的设计制图人员，应熟悉该专业的常用规范标准，其原因在于我国的工程设计均是以行业的规范或标准作为设计依据，从而保证了工程设计的质量安全，保证了工程设计有据可查并规范统一。本节推荐了许多行业书籍供读者查询学习。暖通空调工程设计人员必须熟悉相关法律、法规及行业标准规范，并在设计过程中严格执行相关条文，保证工程设计的合理、安全，满足相关质量与节能指标要求，特别是对一些强制性条文，更应提高警惕，严格遵守。

1 暖通空调的一般规范

◆《采暖通风与空气调节设计规范》（GB50019-2003）

◆《民用建筑热工设计规范》（GB50176-93）

◆《冷库设计规范》（GB50072-2001）

◆《洁净厂房设计规范》（GB50073-2001）

◆《锅炉房设计规范》（GB50041-92）

◆《设备及管道绝热工程设计规范》（GB50246-97）

◆《城镇燃气设计规范》（GB50028-93）

◆《城市热力网设计规范》（CJJ34-2002）

2 防火类

◆《建筑设计防火规范》（2001 年修订版）（GBF 16-87）

◆《高层民用建筑设计防火规范》（2001 年修订版）（GB50045-95）

◆《人民防空工程设计防火规范》（2001 年修订版）（GB50098-98）

3 环境保护、劳动卫生与安全类

◆《工业三废 排放试行标准》（GBJ4-73）

◆《工业企业设计卫生标准》（TJ36-79）

◆《工业企业噪声控制设计规范》（GBJ87-85）

◆《城市区域环境噪声标准》（GB3096-93）

◆《大气环境质量标准》（GB3095-82）

◆《商场（店）、书店卫生标准》（GB9670-88）

◆《锅炉大气污染物排放标准》（GB13271-91）

◆《低压锅炉水质标准》（GB1576-85）

◆《放射性防护规定（试行）》（TJ 8-4）

4 基础类

◆《采暖通风与空气调节制图标准》（GBJ1144-88）

◆《采暖通风与空气调节术语标准》（GB50155-92）

◆《供热术语标准》（CJJ55-93）

◆《建筑气候区划标准》（GB50178-93）

◆《建筑采暖通风空调净化设备计量单位及符号》（GB/T16732-97）

5 施工验收类

◆《采暖与卫生工程施工及验收规范》（GBJ242-82）

◆《通风及空调工程施工质量验收规范》（GB 50243-2002）

◆《洁净室施工及验收规范》（JGJ71-90）

◆《层流洁净工作台检验标准》（GB6168-85）

◆《城市供热管网施工及验收规范》（CJ128-89）

◆《制冷设备安装工程施工及验收规范》（GBJ 66-84）

6 设计手册

◆陆跃庆．实用供热空调设计手册．北京：中国建筑工业出版社，1993

◆孙一坚．简明通风设计手册．北京：中国建筑工业出版社，1998

◆电子部十院．空气调节设计手册（第 2 版）．北京：中国建筑工业出版社，1995

◆核工业第二研究设计院．给水排水设计手册（第 2 版）建筑给排水（第 2 版）．北京：中国建筑工业出版社，2001

◆工业锅炉房设计手册编写组．工业锅炉房设计手册（第 2 版）．北京：中国建筑工业出版社，2007

◆张全根．燃油燃气锅炉房设计手册．北京：机械工业出版社，1998

◆郭孝礼．冷库制冷设计手册．北京：农业出版社，1991

上述规范或标准，各指定部门根据实际情况的变化也在不断修订，在具体应用时应采用最新公布的版本。

17.7 建筑暖通空调工程制图规定

建筑暖通空调工程的 CAD 制图必须遵循相关制图标准，其中主要涉及《房屋建筑制图统一标准》（GB/T50001-2010）、《暖通空调制图标准》（GB/T 50114-2010）等，还有一些大型建筑设计单位内部的相关标准。

17.7.1 比例

《房屋建筑制图统一标准》（GB/T50001-2010）及《暖通空调制图标准》（GB/T50114-2010）对建筑

制图的比例、暖通空调工程制图的比例作了详细的说明，必须严格执行。比例大小的选择很关键，直接关系到图样表达的清晰程度及图纸的通用性。

暖通空调专业的图纸种类繁多，包括平面图、系统图、轴测图、剖面图、详图等。在不同的专业设计阶段，图纸要求表达的内容及深度是不同的，工程的规模大小、工程的性质等都关系到比例的合理选择，暖通空调工程制图中的常见比例如下。

- 总平面图——1：500、1：10000。
- 总图中管道断面图——1：50、1：100、1：200。
- 平面图与剖面图——1：20、1：50、1：100。
- 详图——2：1、1：1、1：5、1：10、1：20、1：50。

其中，建筑暖通空调平面图及轴测图宜与建筑专业图纸比例一致，以便于识图。

17.7.2 线型

建筑制图中的各种建筑、设备等图样多是通过不同式样的线条来表现的，以线条的形式来传递相应的表达信息，不同的线条代表不同的含义。通过对线条样式的设置、调整（包括线型及线宽的设置），以及诸如图案填充等的灵活运用，可以使图样表达得更清晰、明确，制图更加快捷。

《房屋建筑制图统一标准》（GB/T 50001—2010）、《暖通空调制图标准》（GB/T 50114—2010）中对线条作了详细的规定，应严格执行。

对于线型的设置，制图时应该注意的细节，读者可以参考有关制图标准及教科书，见表17-1。关键是图样的表达清晰，即图线不得与文字、数字、符号等重叠、混淆，不可避免时，应首先保证文字等信息的清晰；同一张图纸中，相同比例的图样应选用相同的线宽组。

表17-1 线型的一些表达规则

名 称	线宽	表 达 用 途
粗实线	b	采暖供水、供汽干管、立管 风管机部件轮廓线 系统图中的管线 设备、部件编号的索引标志线 非标准部件的轮廓线
粗虚线		采暖回水管、凝结水管 平、剖面图中非金属风道的内表面轮廓线

（续表）

名 称	线宽	表 达 用 途
中粗实线	0.5b	散热器及其连接支管线 采暖、通风、空气调节设备的轮廓线 风管的法兰盘线
中粗虚线		风管被遮挡部分的轮廓线
细实线	$0.35b$	平、剖面图中土建轮廓线 尺寸线、尺寸界线 材料图例线、引出线、标高符号等
细虚线		原有风管轮廓线 采暖地沟 工艺设备被遮挡部分的轮廓线
细点画线		设备中心线、轴心线 风管机部件中心线 定位轴线
细双点画线		工艺设备外轮廓线
折断线		不需要画全的断开线
波浪线		不需要画的断开界限 构造层次的断开界限

说明：图线宽度 b 的选择，主要考虑到图纸的类别、比例、表达内容与复杂程度。暖通空调工程图中的基础线宽，一般取1.00mm及0.7mm两种。

17.7.3 图层及交换文件

《房屋建筑制图统一标准》（GB/T 50001—2010）中有关暖通空调部分的图层命名距离如表17-2所示。该部分编号遵从原文件的编号，以便于读者查阅元件。

表17-2 图层名举例

中文名	英文名	解释
A3.5.1 压缩空气		
暖通—压缩	M—CMPA	压缩空气系统(Compressed air system)
暖通—压缩—管线	M—CMPA—CPIP	压缩空气管线 (Compressed air pipe)

（续表）

中文名	英文名	解释
暖通—排气	M—EXHS	排气系统（Exhaust system）
暖通—排气—设备	M—EXHS—EQPM	排气系统设备（Exhaust system equipment）
暖通—排气—屋顶	M—EXHS—RFEQ	屋顶排气设备（Rooftop exhaust equipment）

A3.5.2 暖气空调系统

中文名	英文名	解释
暖通—空调	M—HVAC	暖通空调系统（HVAC system）
暖通—空调—设备	M—HVAC—EQPM	暖通空调设备（HVAC equipment）
暖通—空调—加热	M—HVAC—HEAT	空气加热器（HVAC air heater）
暖通—空调—过滤	M—HVAC—FILT	空气过滤器（HVAC air filter）
暖通—空调—暖气	M—HVAC—RADI	暖气片（HVAC air radiator）

A3.5.3 热水供暖系统

中文名	英文名	解释
暖通—热水	M—HOTW	热水供暖系统（Hot water heating system）
暖通—热水—设备	M—HOTW—EQPM	热水供暖设备（Hot water equipment）
暖通—热水—管线	M—HOTW—PIPE	热水供暖管线（Hot water piping）
暖通—热水—立管	M—HOTW—RISE	供热立管（Hot water riser）

（续表）

中文名	英文名	解释
暖通—热水—阀门	M—HOTW—VALV	供热管阀门（Hot water valve）

A3.5.4 冷水

中文名	英文名	解释
暖通—冷水	M—CWIR	冷水系统（Chilled water systems）
暖通—冷水—设备	M—CWIR—EQPM	冷水设备（Chilled water equipment）
暖通—冷水—管线	M—CWIR—PIPE	冷水管线（Chilled water piping）
暖通—冷水—水泵	M—CWIR—PUMP	冷水泵（Chilled water pump）

A3.5.5 热水

中文名	英文名	解释
暖通—冷冻	M—REFG	冷冻系统（Refrigeration systems）
暖通—冷冻—设备	M—REFG—EQPM	冷冻设备（Refrigeration equipment）
暖通—冷冻—管线	M—REFG—PIPE	冷冻管线（Refrigeration piping）

第 18 章 住宅楼采暖系统图设计

本章以某学校学生宿舍楼的采暖工程设计为例，介绍了一层采暖平面图以及宿舍楼采暖立管系统图的绘制。采暖方法有多种形式，如散热器采暖、辐射采暖和热风采暖等，本章根据实例具体分析了散热器采暖的设计制图，其供暖平面图和立管系统图如图 18-1 和图 18-2 所示。

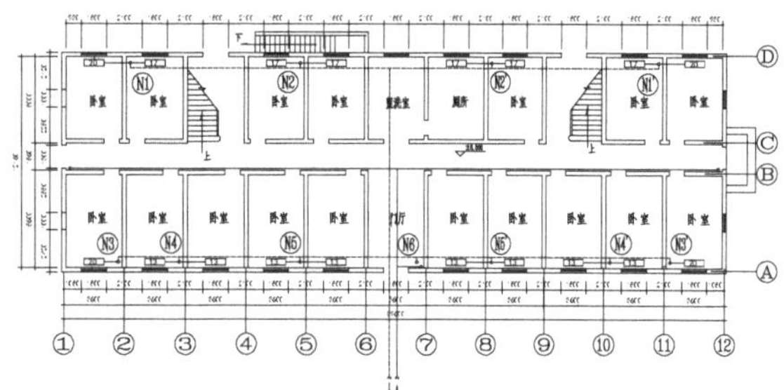

图 18-1 采暖管道一楼平面图

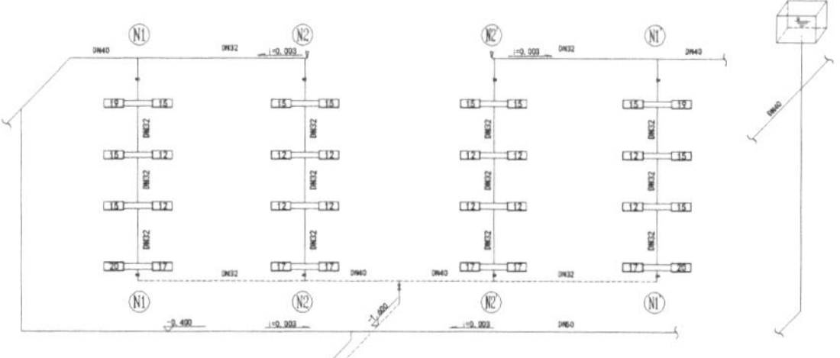

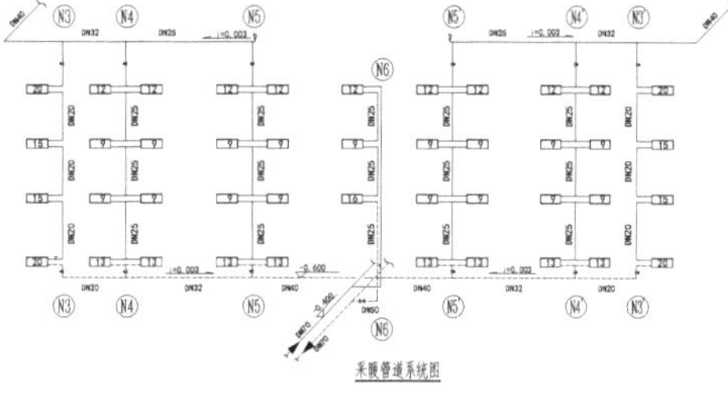

图 18-2 宿舍楼采暖管道系统图

18.1 设计说明

冬季，寒冷地区室外气温比较低，为了满足人们工作和生活条件的要求，室内应设置采暖设施，以保持室内所要求的温度。采暖期间，室内空气温度高于室外气温，室内向室外传热。为了维持室内稳定的温度，需要连续地向室内供热，补偿其热量损失，以保持其热平衡，这就是采暖设计的基本原理。

1 设计依据

◆《采暖通风与空气调节设计规范》（GB50019-2003）

◆《民用建筑热工设计规范》（GB50176-93）

◆《采暖通风与空气调节制图标准》（GB/T 50144-2001）

◆《高层民用建筑设计防火规范》（2001 年修订版）（GB50045-95）

◆《供热工程》（第 4 版）．贺平、孙刚著．北京：中国建筑工业出版社，2009

◆《采暖通风设计手册》．陆耀庆等．北京：中国建筑工业出版社，1987

2 设计概况

本章中的设计图为北京市某学生宿舍楼采暖设计，其中有大厅、盥洗室、厕所、宿舍等功能用途的房间。层高为 3.2m，共 4 层。建筑占地面积约 620m^2，建筑面积约 2480m^2。

3 设计参数

◆室外气象参数：北京市冬季采暖室外计算（干球）温度为 -9℃，最低日平均温度为 -15.9℃，冬季大气压 1020.4hPa，冬季室外最多风向平均风速 4.8m/s。

◆室内设计参数：室内设计温度为 18℃。

4 采暖系统设计步骤

计算采暖热负荷

采暖期间，当室外空气温度为采暖设计计算温度时，为了保持室内所规定的温度所需要的供热量，成为采暖热负荷。在计算采暖热负荷时，要考虑到房间的得热量和失热量的平衡，采暖房间主要热损失有以下内容。

◆通过建筑围护结构的传热量。

◆通过建筑围护结构的门、窗缝隙渗透进入房间的冷风的吸热量。

◆门开启时，侵入房间的冷风的吸热量。

另外房间也可以通过不同的形式获得热量，如照明散热量、人体散热量等。在采暖热负荷热平衡计算中，对于不稳定的得热量一般不予考虑，以保证采暖效果的可靠性。

采暖热负荷由基本传热量和附加耗热量组成。

◆基本传热量是指建筑围护结构的基本传热量，按稳定传热方法进行计算。建筑围护结构包括有：墙、门、窗、屋面和地面等。

◆附加耗热量：除了建筑围护结构的基本传热量外，采暖房间的热损失还受到许多其他因素的影响，由这些因素所引起的耗热量成为附加耗热量。包括朝向附加、风力附加、房高附加、两面外墙附加、间歇采暖附加和渗透空气热负荷等。

◎ 选择采暖系统热媒

采暖系统常用的热媒有蒸汽和热水两大类。

◆蒸汽采暖系统：蒸汽有高压蒸汽和低压蒸汽之分。对于采暖系统而言，蒸汽压力低于 70kPa 时，称为低压蒸汽，高压蒸汽采暖系统的蒸汽压力通常选用 0.2~0.4MPa。

◆热水采暖系统：也分为两类，一种是 95/70℃热水，另一类是高温水，一般供水温度为 110~130℃。

热媒的选择应考虑采暖安全、卫生条件、投资和运行经济及当地和工程的采暖条件等因素。

蒸汽采暖中，蒸汽热媒温度比较高。因此，散热器表面的温度也高，散热器的数量可减少，供热速度快，不需要消耗水泵动力。由于散热器表面温度高，室内卫生条件差些。为了安全，散热器有时要做安全防护。对于工业建筑，空间比较大、热负荷比较大，采用高压蒸汽，散热器占地面积小，便于布置，另外，也适用于间歇供热的建筑，但对于那些产生易燃烧、易爆炸粉尘的工业建筑不宜采用。低压蒸汽采暖，热媒温度比较低（约 100℃），但系统简单，投资和运行费用都比较节省。蒸汽采暖系统的回水一般热损失比较大，热效率比较低。

95/70℃的热水采暖系统中，散热器表面温度比较低，不易烫伤人，对人比较安全。同时，在散热器表面上沉积的有机灰尘，不会因为表面温度高而散发异味。热水的热容量大，房间空气温度比较稳定，舒适感好。供回水为闭式机械循环，回水热量损失小，一般广泛应用于民用建筑和公共性建筑。高温水采暖热媒温度比较高，可以节省散热器的数量，房间热稳定性比较好，但水的静压大，在流动中损失较大，需消耗很多电能。

综合以上因素考虑，本设计中住宅楼的采暖系统的热媒选择 95/70℃的热水采暖。

◎ 设计采暖系统的形式

考虑到使用要求、外部热源情况及技术经济等因素，经过全面分析比较后确定散热器采暖系统的方案。采暖系统的形式，首先应根据建筑设计的特点，考虑到管道布置方便、美观，如水平干管应尽量避免穿越房间的主要空间，对于住宅建筑，一般房间层高比较小，在上供式系统中，经常将水平供水干管布置在屋面，此时应考虑到管道的保温，并协同建筑专业做好建筑屋面防水。

根据所选用热媒介质的种类确定系统形式。在热水采暖系统中，为了防止垂直失调一般多选用单管系统，对层数较少的建筑，也可以选用双管系统。多层建筑还可以选用单、双管系统。低压蒸汽采暖系统，一般多采用双管系统。高压蒸汽采暖系统一般采用双管系统，对小型作用范围不大的系统，也可以选用单管串联系统。

对于热水采暖系统而言，它由热水锅炉、循环水泵、散热器、膨胀水箱、管道、阀门及其他附件组成。按热水循环的原动力不同，热水采暖又可分为以下两种。

◆重力循环热水采暖：仅仅靠热水与低温回水的密度差使水循环。

◆机械循环热水采暖：主要靠水泵所产生的压力使水循环。

机械循环热水采暖管道系统的布置形式如下，根据管道系统的布置形式，在采暖施工平面图和轴测图的绘制中，管道与散热器的画法如图。

◆单管上供下回采暖系统（串联式），管道与散热器的画法如表 18-1 中的图例所示。

表 18-1 单管上供下回采暖系统（串联式）

楼层	平面图	轴测图
顶层	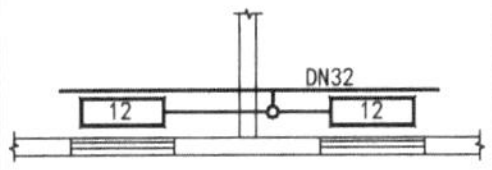 DN32 12 12	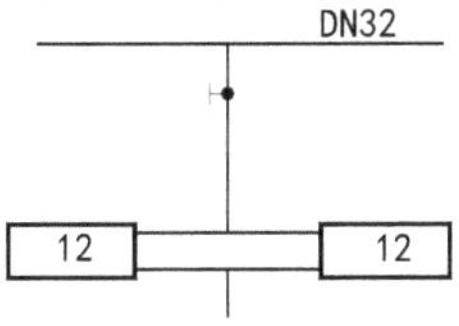 DN32 12 12
标准层	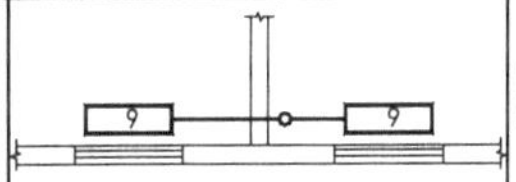 9 9	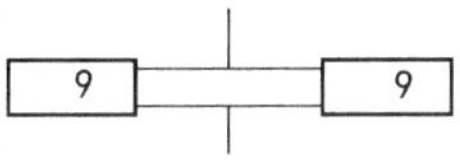 9 9
底层	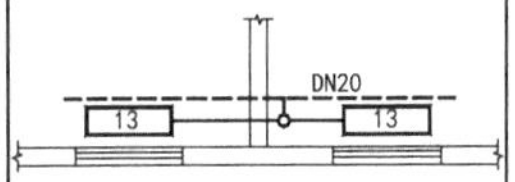 DN20 13 13	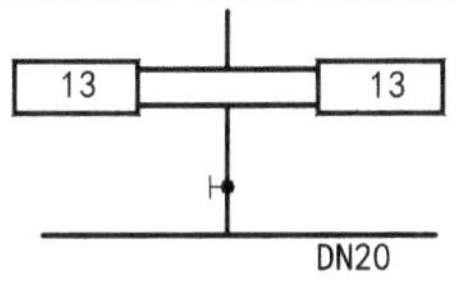 13 13 DN20

◆双管上供下回采暖系统，管道与散热器的画法如表 18-2 中的图例所示。

表 18-2 双管上供下回式采暖系统

楼层	平面图	轴测图
顶层	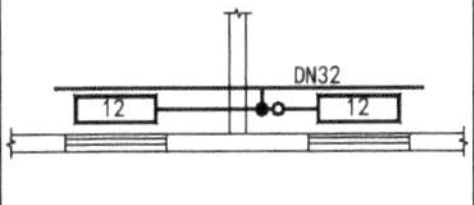 DN32 12 12	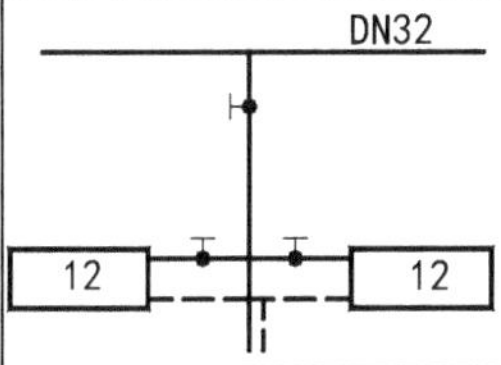 DN32 12 12
标准层	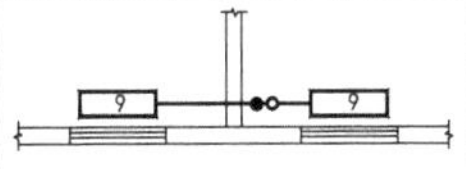 9 9	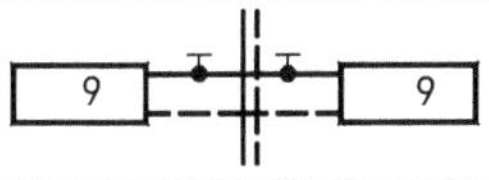 9 9
底层	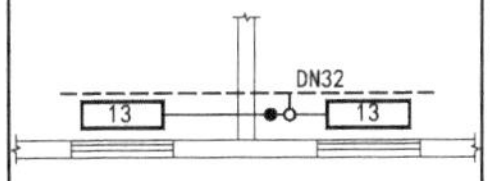 DN32 13 13	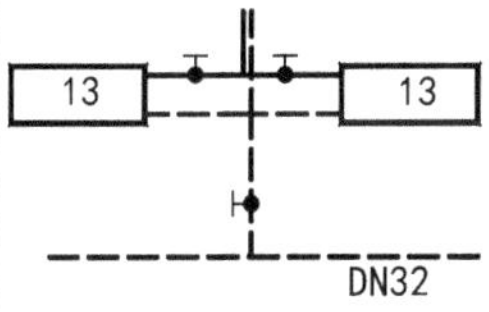 13 13 DN32

◆双管下供下回采暖系统，管道与散热器的画法如表 18-3 中的图例所示。

表 18-3 双管下供下回采暖系统

楼层	平面图	轴测图
顶层	12 12	12 12
标准层	9 9	9 9
底层	13 13 DN32 DN32	13 13 DN32 DN32

◎ 选择主要采暖设备和构件

采暖系统的主要设备有：水泵、散热器、膨胀水箱、排气阀、疏水器、安全阀等，其中水泵为通用设备。散热器为采暖系统房间供热用，按材质可分为：铸铁散热器、钢制散热器和铝制散热器等，种类繁多。

◆铸铁散热器耐腐蚀性强，价格便宜，但承压力差，传热系数比较低，外观欠美观，只能用于热水采暖系统。

◆钢制散热器，承压能力大，制作外形也比较美，传热系数略高于铸铁，但钢制散热器耐腐蚀性表较差。

◆铝制散热器，比较美观，传热系数较高，耐腐蚀性好，只是价格比较贵，宜用于高级建筑。

选择散热器是应考虑下列原则。

◆热工性能。散热器的传热系数应高，可节约金属材料，减小体积。

◆外形美观。对于民用建筑，散热器作为室内陈设的一部分，应尽可能满足室内的美观要求。

◆耐腐蚀性。散热器应耐腐蚀，尤其是蒸汽采暖系统，因而表面干、湿交替，很容易腐蚀，故应尽量延长其使用年限。

◆价格应便宜，尽量降低工程造价。

在本设计中，综合以上因素考虑，选用型号为 M132 型的铸铁散热器。

◎ 散热器的布置

◆散热器布置在外墙的窗下，如图 18-3 所示。这样少占用室内使用面积，可提高外窗下不得温度，减少对人体的冷辐射。以及组织渗入室内的空气形成下降的冷气流，房间贴近地面处的温度较高，从而可提高房间的热舒适性。

◆散热器靠内墙布置，如图 18-4 所示。其优点是某些场合下可减少管路系统的长度。其缺点是沿房间地面流动的空气温度较低，降低舒适度；占用室内使用面积，影响家具及其他设施的布置；久而久之散热器上升气流中所含微尘附着于散热器上方内墙表面，影响美观。

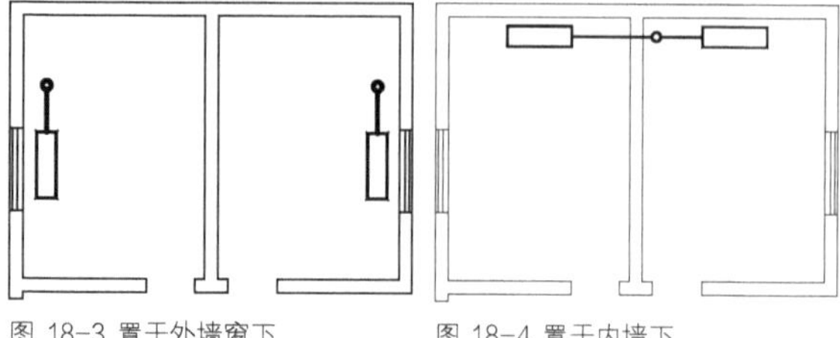

图 18-3 置于外墙窗下　　图 18-4 置于内墙下

散热器可以明装或者暗装。明装时易于清除灰尘、布置简单、有利散热。对房间装饰要求较高的民用、公用建筑或要防止烫伤或磕碰的场所可以加装饰罩暗装。大多数情况下，加罩后散热器的散热量减少。

楼梯间的散热器应尽量布置在其底层及下部各层。但不能置于两道外门之间。布置在楼梯间底层等有冻结危险处的散热器，应远离外门。

◎ 系统水力计算

具体步骤为绘制系统图，确定管道直径，水力平衡计算，选择水泵及附件。

◎ 绘制施工图

18.2 绘制一层采暖平面图

本实例为某学校学生宿舍楼，讲解了该宿舍楼一层采暖平面图的绘制流程，其绘制的一层采暖平面图效果如图 18-1 所示。

18.2.1 绘图准备

绘制如图 18-1 所示的宿舍楼首层采暖平面图之前，首先应调用建筑平面图绘图环境，然后新建相应的图层、文字样式等。

1 打开并另存文件

Step 01 启动AutoCAD 2016软件，选择【文件】|【打开】命令，将“素材\第18章\18.2 宿舍楼一层平面图.dwg”文件打开，如图 18-5所示。

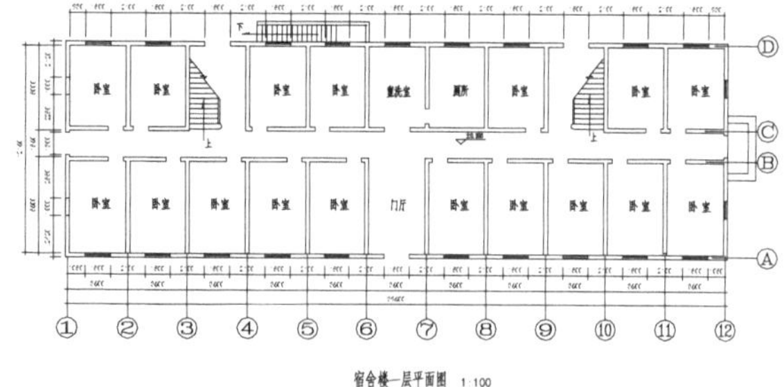

图 18-5 打开的图形

Step 02 选择【文件】|【另存为】命令，将该文件另存为“素材\第18章\18.2 宿舍楼采暖管道一层平面图.dwg”文件。以防止原平面图文件被修改。

2 规划图层

该宿舍楼首层采暖平面图主要由散热器、供水管、回水管、设备、文本标注组成，因此绘制采暖平面图形时，应新建如表 18-4 所示的图层。

表 18-4 图层设置

序号	图层名	描述内容	线宽	线型	颜色	打印属性
1	散热器	散热器	默认	实线（CONTINUOUS）	白色	打印
2	供水管	采暖供水管	默认	实线（CONTINUOUS）	红色	打印
3	回水管	采暖回水管	默认	虚线（DASHED）	绿色	打印
4	阀门设备	阀门	默认	实线（CONTINUOUS）	黄色	打印
5	文本标注	图内文字、图名、比例	默认	实线（CONTINUOUS）	洋红色	打印

Step 01 选择【格式】|【图层】命令，将打开【图层特性管理器】面板，根据表 18-4所示来设置图层的名称、线宽、线型和颜色等，如图 18-6所示。

Step 02 选择【格式】|【线型】命令，打开【线型管理器】对话框，单击【显示细节】按钮，打开细节选项组，设置【全局比例因子】为1000，然后单击【确定】按钮，如图 18-7所示。

图 18-6 新建图层

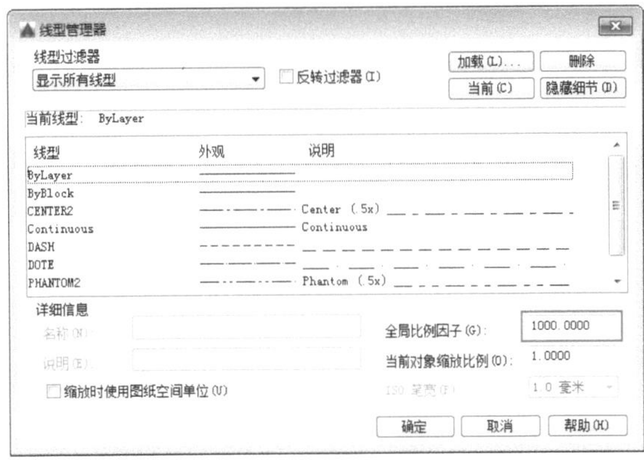

图 18-7 设置线型比例

3 设置文字样式

该宿舍楼采暖平面图上的文字有立管标注文字、管径文字、图名文字、轴线符号等，打印比例为 1：100，文字样式中的高度为打印到图纸上的文字高度与打印比例倒数的乘积。根据建筑制图标准，该平面图文字样式的规划如表 18-5 所示。

表 18-5 文字样式

文字样式名	打印到图纸上的文字高度	图形文字高度	宽度因子	字体 | 大字体
立管标注	3.5	350	0.7	Complex.shx：gbcbig.shx
图名	7	700	0.7	宋体
图纸比例数字	5	500	1	黑体
数字标注	2.5	250	1	黑体

Step 01 选择【格式】|【文字样式】命令，打开【文字样式】对话框，单击【新建】按钮打开【新建文字样式】对话框，样式名定义为“立管标注”，如图 18-8 所示。

Step 02 在【字体】下拉框中选择字体“complex.shx”，勾选【使用大字体】选择项，并在【大字体】下拉框中选择字体“gbcbig.shx”，在【高度】文本框中输入350，【宽度因子】文本框中输入0.7，单击【应用】按钮，从而完成该文字样式的设置，如图 18-9所示。

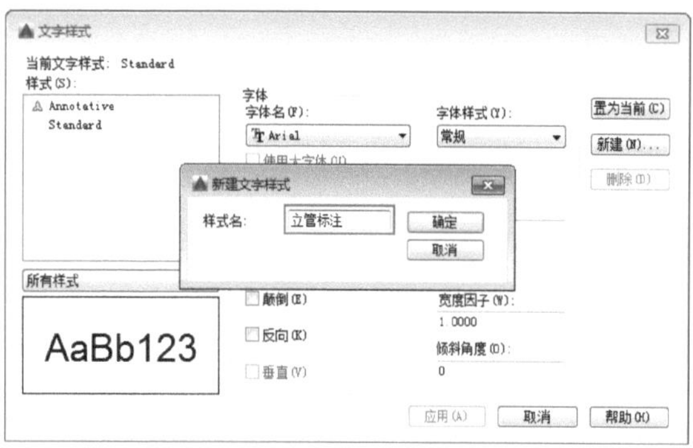

图 18-8 【新建文字样式】

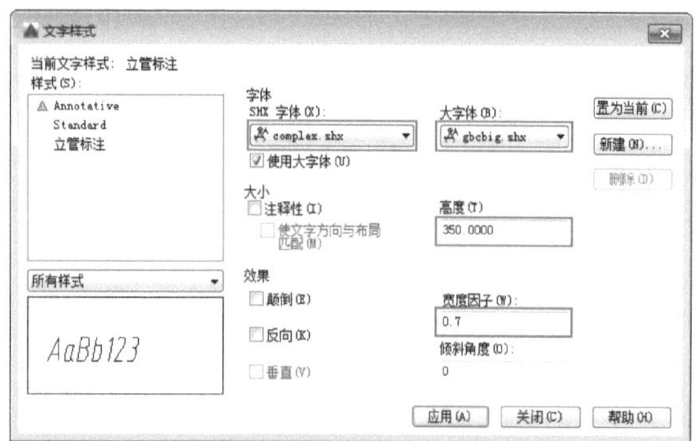

图 18-9 设置立管标注文字样式

Step 03 重复前面的步骤，建立如表 18-5所示其他各种文字样式。

18.2.2 绘制首层采暖设备

由于该建筑为学生宿舍楼，因此对美观的要求不是很高，而铸铁散热器耐腐蚀性强，价格便宜，因此根据设计需求，该实例中的采暖设备是型号为 M132 型的铸铁散热器。

1 绘制散热器

Step 01 选择【格式】|【图层】命令，将【散热器】图层置为当前图层。

Step 02 绘制散热器。执行【REC】（矩形）命令，绘制一个800×200的矩形，如图 18-10所示。

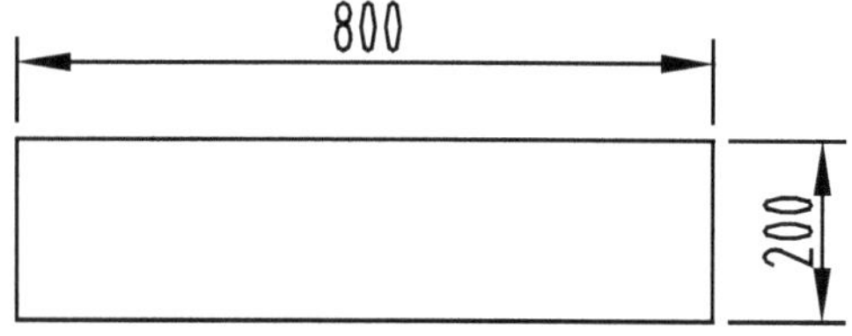

图 18-10 绘制矩形（800×200）

Step 03 双击矩形，弹出【编辑多线段】快捷菜单，选择【宽度（W）】选项，输入新宽度“35”，按空格键改变矩形的宽度，如图 18-11所示。

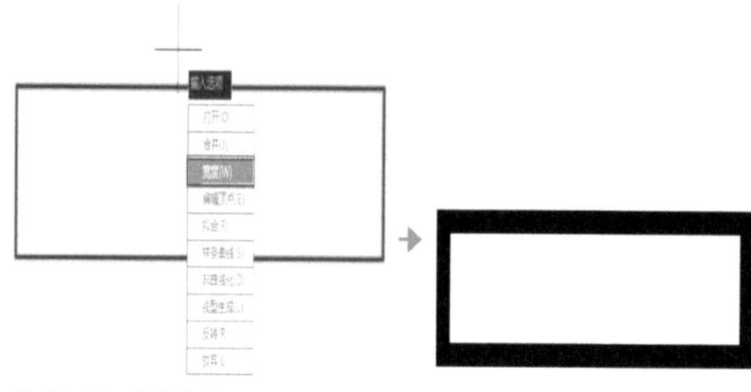

图 18-11 修改宽度

Step 04 选择【绘图】|【块】|【创建】命令，将绘制好的风机盘管创建为块。

2 布置首层采暖设备

执行【I】（插入）、【M】（移动）、【CO】（复制）和【MI】（镜像）等命令，将相应散热器放置到平面图相应的房间位置，结果如图 18-12 所示。

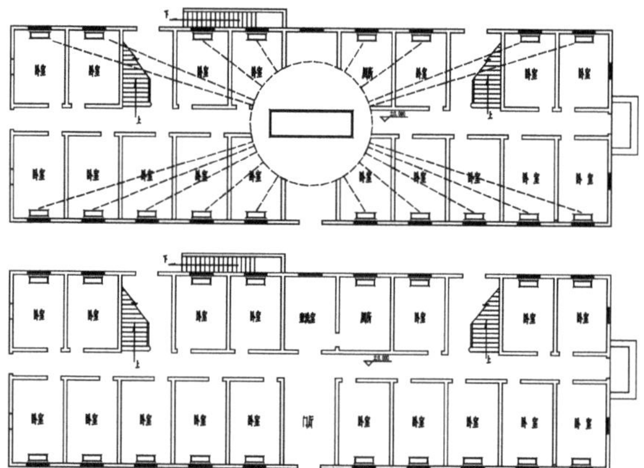

图 18-12 布置散热器

> **设计点拨**
>
> 室内采暖工程的任务是通过从室外热力管网将热媒利用室内热力管网引入建筑内部的各个房间，并通过散热装置将热能释放出来，使室内保持适宜的温度环境，满足人们生产生活的各种需要。采暖系统属于全水系统，其管网的绘制及表达方法与空调水、给水排水系统类似，尤其是风机盘管系统与采暖水系统较为相近。

18.2.3 绘制采暖平面图管线

布置好采暖设备，接下来绘制对应的采暖管线与采暖设备相连接。

1 绘制立管

Step 01 选择【格式】|【图层】命令，将【供水管】图层置为当前图层。

Step 02 绘制立管。本设计采用单管上供下回采暖系统（串联式），因此两个散热器之间只有一根立管。

Step 03 执行【C】（圆）命令，绘制一个半径为75的圆，如图18-13所示。

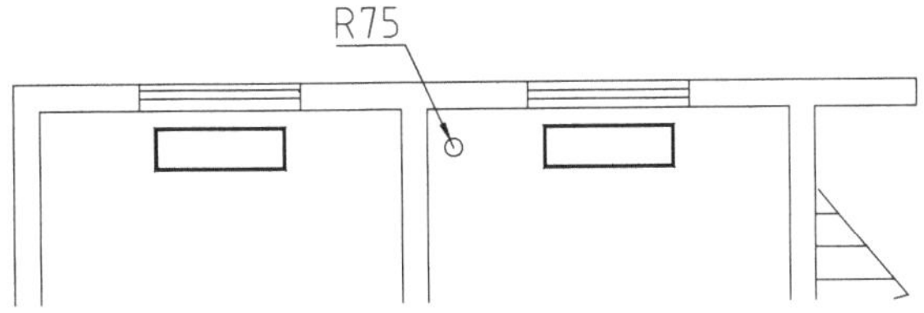

图 18-13 布置立管位置

Step 04 执行【CO】（复制）命令，将绘制好的立管复制到相应散热器附近，如图 18-14所示。

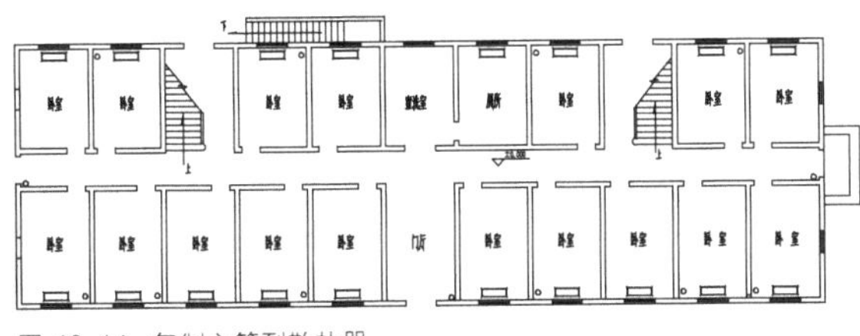

图 18-14 复制立管到散热器

2 绘制供水干管

Step 01 执行【PL】（多段线）命令，设置全局宽度为3，根据立管和散热器的位置，从采暖入口引入，依次经过布置有散热器房间的供水管线，如图 18-15所示。

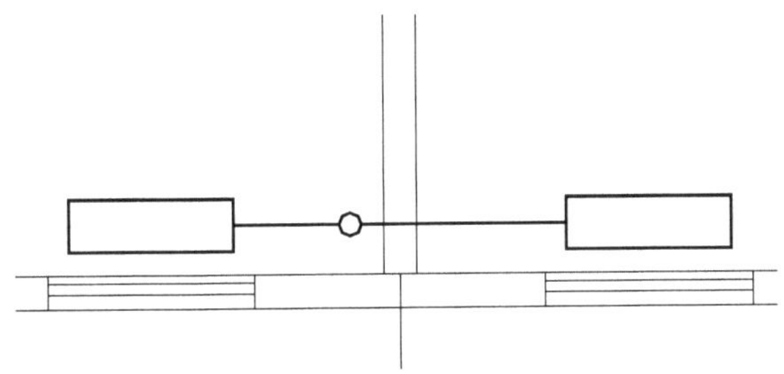

图 18-15 连接立管与散热器

Step 02 在首层平面图中，需要连接与区域热网相连接的主干管，同样执行【PL】（多线段）命令，设置全局宽度为3，绘制效果如图 18-16所示。

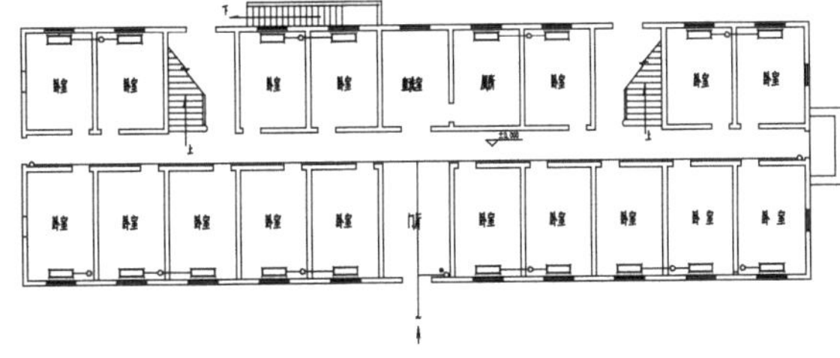

图 18-16 绘制采暖供水管线

> **设计点拨**
>
> 在绘制采暖给水管线时，应按照以下原则来进行绘制。
> 给水管线一般用粗实线表示，可采用【直线】或【多段线】命令来进行绘制，在这里为了便于观察采用具有一定宽度的【多段线】来进行绘制，如采用【直线】命令来进行管线绘制时，需要先设置当前图层的宽度。
> 绘制管线前应该注意其安装走向及方式，一般可以顺时针绘制，由立管（或入口）作为起始点。

3 绘制回水干管

Step 01 选择【格式】|【图层】命令，将【回水管】图层置为当前图层。

Step 02 再次执行【PL】（多线段）命令，设置全局宽度为3，连接立管与回水干管，最后汇集到回水主干管排出，如图 18-17所示。

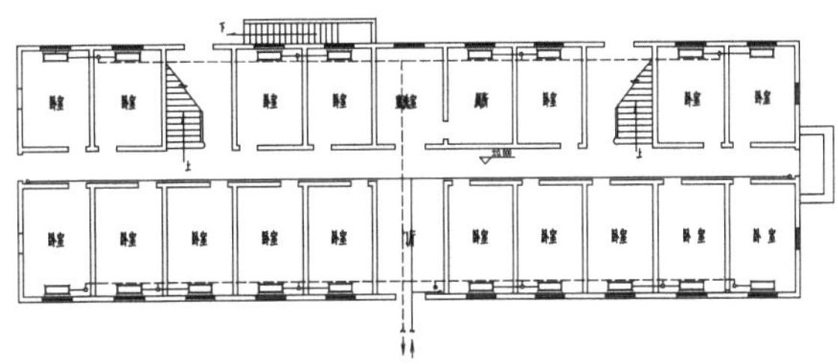

图 18-17 绘制采暖回水管线

> **设计点拨**
>
> 在绘制采暖回水管线时，应按照以下原则来进行绘制。
> 回水管线一般用粗虚线表示，可以采用【直线】或【多段线】命令来进行绘制，在这里为了便于观察，采用具有一定宽度的【多段线】来进行绘制，如采用【直线】命令来进行管线绘制时，需要先设置当前图层的宽度。
> 绘制管线前应该注意其安装走向及方式，一般可以顺时针绘制，由立管（或入口）作为起始点。

18.2.4 采暖管道平面图的标注

在绘制好宿舍楼首层平面内所有的采暖设备及采暖管线后，接着为采暖平面图内的相关内容进行文字标注，其中包括散热器标注、立管名称标注、图名标注等。

1 散热器片数标注

Step 01 选择【格式】|【图层】命令，将【文本标注】图层置为当前图层。

Step 02 执行【MT】（多行文字）命令，并将【数字标注】文字样式置为当前。

Step 03 对散热器的片数进行标注，如图 18-18所示。

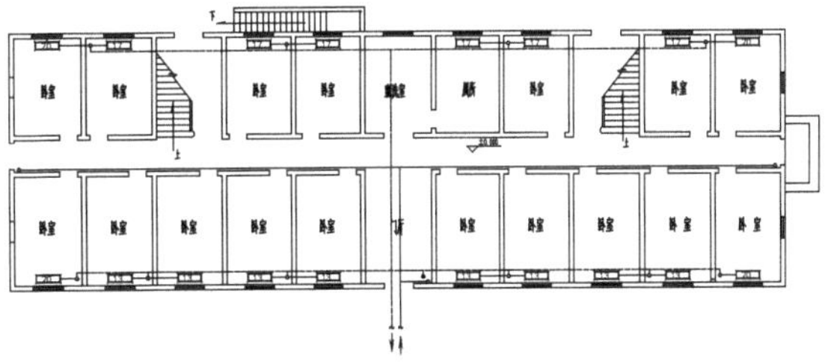

图 18-18 标注散热器片数

2 立管名称标注

Step 01 执行【C】（圆）命令，绘制一个直径为1200的圆；再执行【MT】（多行文字）命令，并将【立管标注】文字样式置为当前，设置字高为350，在圆内标注名称“N1”代表立管编号，如图 18-19所示。

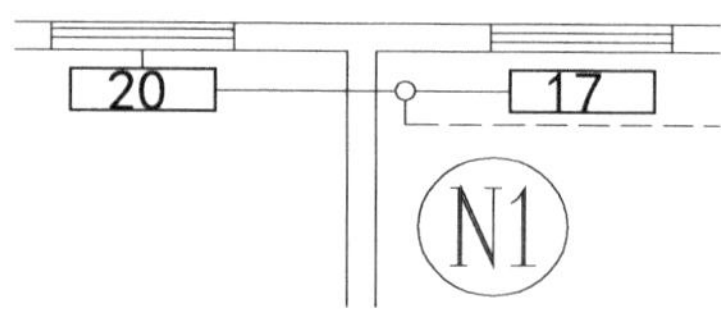

图 18-19 标注立管编号

Step 02 执行【M】（移动）和【CO】（复制）命令，将立管编号复制到相应的立管附近，再双击文字修改对应的编号顺序，整体效果如图 18-20所示。

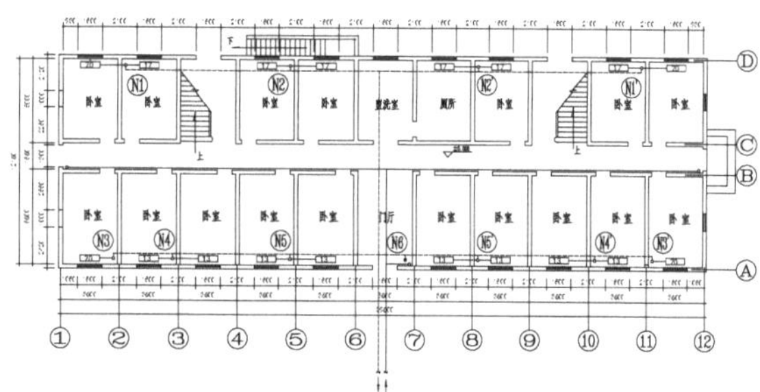

图 18-20 标注立管编号

3 图名标注

Step 01 执行【MT】（多行文字）命令，将【图名】样式置为当前，在图形的下方标注图名“采暖管道一楼平面图”。

Step 02 再次执行【MT】（多行文字）命令，选择【图名】的文字样式，在图名后写明比例“1：100”。

Step 03 执行【PL】（多段线）命令，设置全局宽度为100，绘制一条与图名同长的多线段。效果如图 18-21所示。

采暖管道一楼平面图 1:100

图 18-21 图名标注

Step 04 至此，采暖管道平面图绘制完成，最终效果如图 18-22所示。

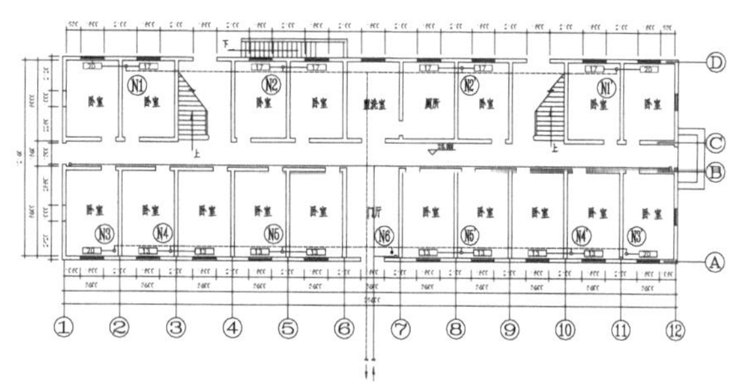

图 18-22 标注设备、立管编号、图名

> **设计点拨**
>
> 在绘制采暖平面图时，图中标注文字所表示的含义如下。
> 标注文字中的“R1”用来表示采暖入口编号，如果图中有2个、3个或多个采暖入口，则依次用“R2”、“R3”等进行标注。
> 标注文字中的“L1”表示立管编号，如果图中有2个、3个或多个立管，则依次用“L2”“L3”等进行标注。
> 标注文字中的“6A”“5A”“4A”等表示图中的散热器标号。

18.3 绘制采暖管道系统图

系统图也称系统轴测图，与平面图配合，表明了整个采暖系统的全貌。系统图包括水平方向和垂直方向的布置情况，散热器、管道及其阀门均在图上表示出来。此外，还要对立管编号、各段管径和坡度、散热器片数、干管的标高进行标注。本实例为学生宿舍楼的采暖系统图，效果如图 18-22 所示。

18.3.1 绘图准备

在绘制宿舍楼采暖管道系统图之前，首先应设置其绘图环境，包括图层、文字样式等，在绘制平面图时，我们已经设置好了绘图环境，系统图中只需要调用原来的绘图环境即可。

1 打开并另存文件

Step 01 启动AutoCAD 2016软件，选择【文件】|【打开】命令，将“素材\第18章\18.2 宿舍楼采暖管道一层采暖图.dwg”文件打开。

Step 02 选择【文件】|【另存为】命令，将该文件另存为“素材\第18章\18.3 宿舍楼采暖管道系统图.dwg”文件。以防原始的采暖图被修改。

2 调用绘图环境

将采暖平面图全部选中，执行【E】（删除）命令，再在此基础上绘制采暖系统图。图层设置如图 18-23所示，文字样式如图 18-24 所示。

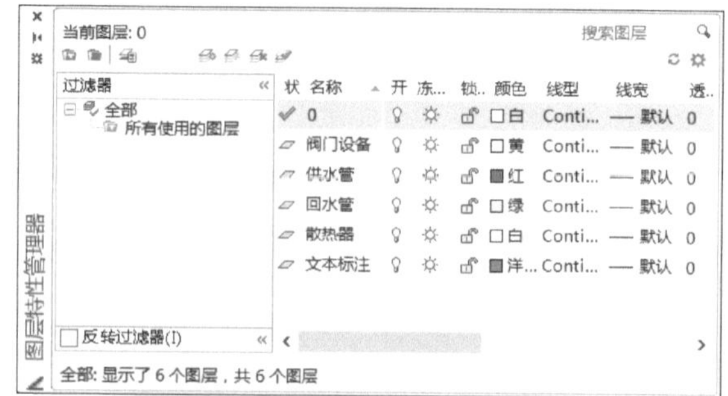

图 18-23 图层环境

图 18-24 文字样式环境

设计点拨

绘制系统图的轴测图空间顺序时，由平面图的左端立管为起点，由地下到地面至屋顶，顺时针、由左及右按立管编号依次顺序排列绘制。根据文章前面的采暖工程平面图可知，采暖系统共设有总供水干管、供水立管、散热器支管、散热器、回水立管、回水干管、机械加压的水泵等。供水管是把热水提供给散热器（暖气片），而回水管则是把散热器降温后的水送回锅炉。在绘制时，由左及右，应从第一根立管入口开始绘制。

18.3.2 绘制 N1 立管采暖系统图

该学生宿舍楼共有 11 组立管，其中 N1、N2 与 N1'、N2' 对称，N3、N4、N5 与 N3'、N4'、N5' 对称，这 11 组都是单管上供下回系统，因此每一组只有一根立管，由总的供水管将热水统一送到顶层的干管上，再将热水从立管沿纵向从上向下供给个楼层的散热器系统。因为有对称立管，因此我们可以先绘制出一组立管，然后复制成多份。

1 绘制采暖立管

Step 01 选择【格式】|【图层】命令，将【供水管】图层置为当前图层。

Step 02 执行【PL】（多线段）命令，设置全局宽度为30，在图形区域绘制一条长13000的垂直多线段作为立管，如图 18-25所示。

Step 03 按空格键重复【多线段】命令，在多线段上端向左绘制长858的水平多线段作为供水支管线；再执行【O】（偏移）命令，将水平多线段向下依次偏移2465、330、2670、330、2670、330、3200、330，如图 18-26所示。

Step 04 执行【MI】（镜像）命令，绘制如图 18-27所示的图像。

Step 05 执行【TR】（修剪）命令，修剪为如图 18-28所示的图形。

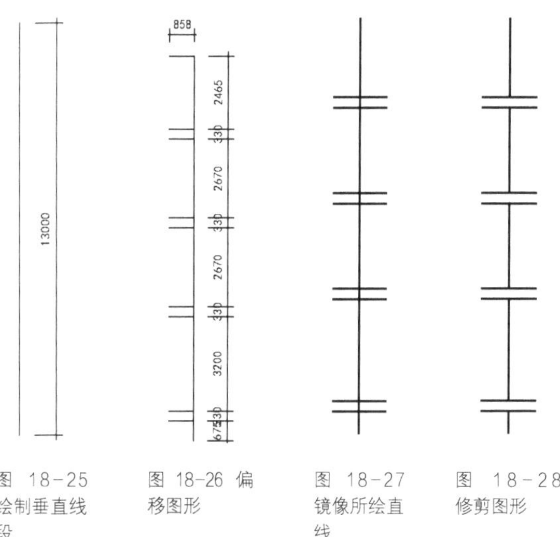

图 18-25 绘制垂直线段　图 18-26 偏移图形　图 18-27 镜像所绘直线　图 18-28 修剪图形

2 绘制采暖设备

Step 01 选择【格式】|【图层】命令，将【散热器】图层置为当前图层。

Step 02 执行【REC】（矩形）命令，设置全局宽度为15，绘制一个1200×500的矩形作为散热器，如图 18-29所示。

Step 03 执行【CO】（复制）、【MI】（镜像）等命令，将散热器布置在相应的支管上，如图 18-30所示。

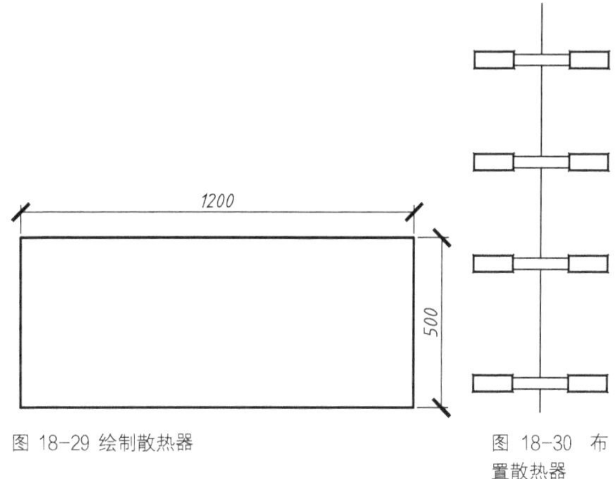

图 18-29 绘制散热器　图 18-30 布置散热器

3 绘制阀门附件

对于管径小于 50 的管道，截止阀的画法如下所示。

Step 01 选择【格式】|【图层】命令，将【阀门设备】图层置为当前图层。

Step 02 执行【C】（圆）命令，绘制一个半径为50的圆，如图 18-31所示。

Step 03 执行【H】（图案填充）命令，为圆填充“SOLTD”黑色图案，如图 18-32所示。

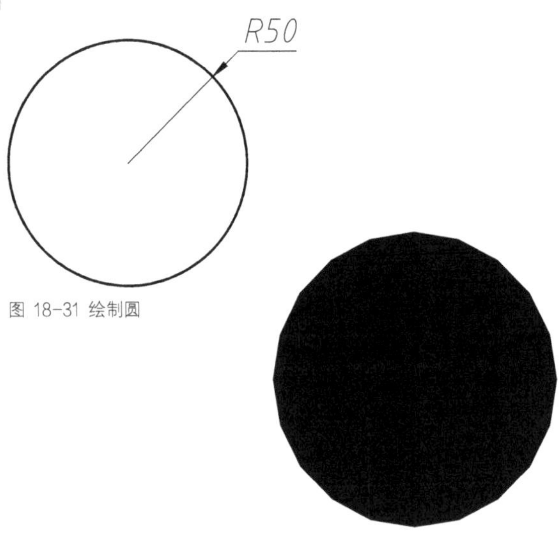

图 18-31 绘制圆

图 18-32 图案填充

Step 04 执行【L】（直线）命令，以图上象限点向上绘制长88的垂直线段；再在垂直线段上端绘制长156的水平线段，如图 18-33所示。

Step 05 执行【RO】（旋转）命令，将阀门旋转90°，如图 18-34所示。

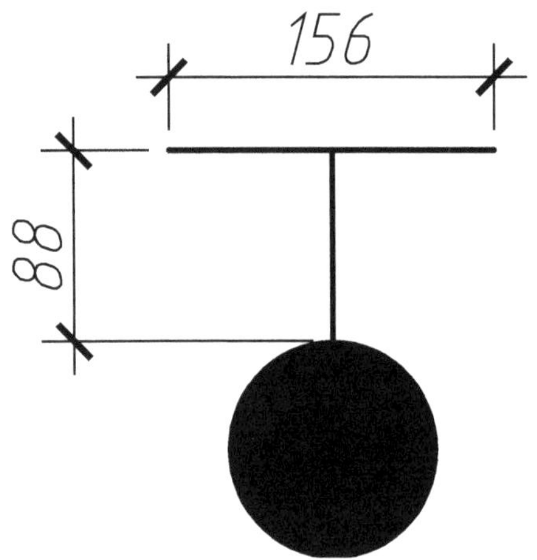

图 18-33 绘制直线

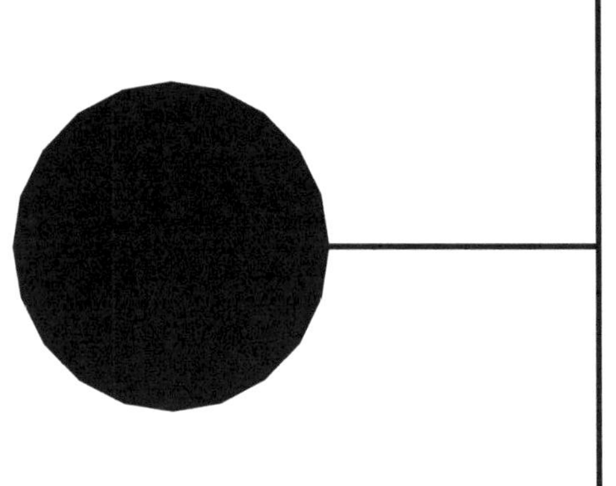

图 18-34 旋转

Step 06 选择【绘图】|【块】|【创建】命令，将绘制好的截止阀创建为块；执行【I】（插入块）、【CO】（复制）、【M】（移动）等命令，将阀门布置在如图 18-35所示的干管位置上。

4 标注散热器片数

Step 01 选择【格式】|【图层】命令，将【文本标注】图层置为当前图层。

Step 02 执行【MT】（多行文字）命令，将【数字标注】置为当前样式。

Step 03 对相应的散热器进行标注，如图 18-36所示。

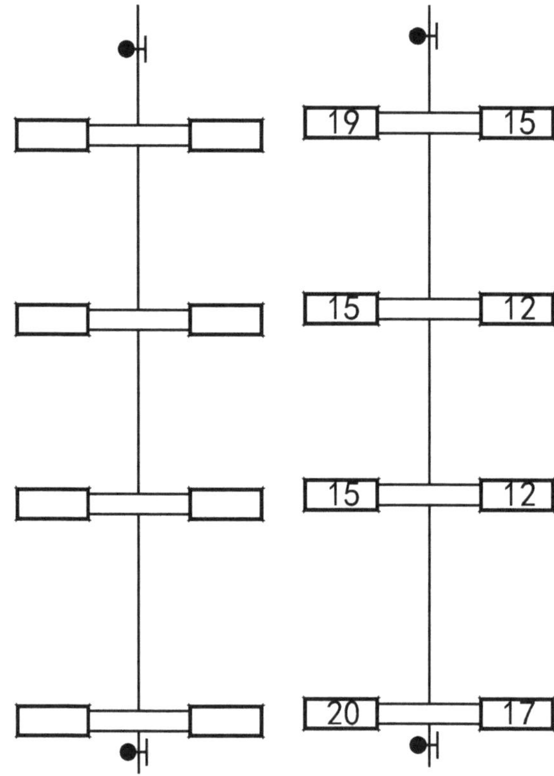

图 18-35 布置阀门

图 18-36 标注散热器片数

5 管径、立管标注

Step 01 执行【MT】（多行文字）命令，将【数字标注】置为当前样式。

Step 02 对管径进行标注，执行【RO】（旋转）、【CO】（复制）等命令，将文字旋转90°，并复制到各层相应的位置，如图 18-37所示。

Step 03 执行【C】（圆）命令，在图形的上方绘制半径为600的圆，执行【MT】（多行文字）命令，并将【立管标注】式样置为当前，在圆内输入“N1”编号，执行【CO】（复制）命令，将该编号复制到图形的下方，如图 18-38所示。

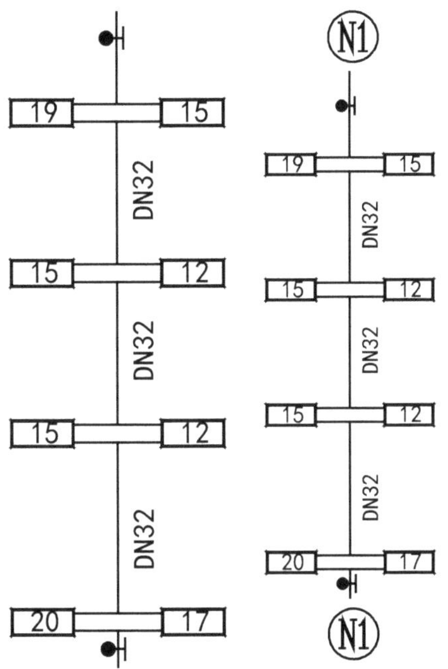

图 18-37 标注管径　　图 18-38 标注立管编号

18.3.3 绘制其他采暖立管

绘制好了 N1 立管后，可以利用 N1 采暖立管来绘制其他的立管。

1 绘制 N2、N2'、N1' 采暖立管

Step 01 执行【CO】（复制）命令，将N1采暖立管复制出1份。

Step 02 双击散热器片数标注，对相应的散热器片数进行更改，再双击立管标注，将N1改为N2，如图 18-39所示。

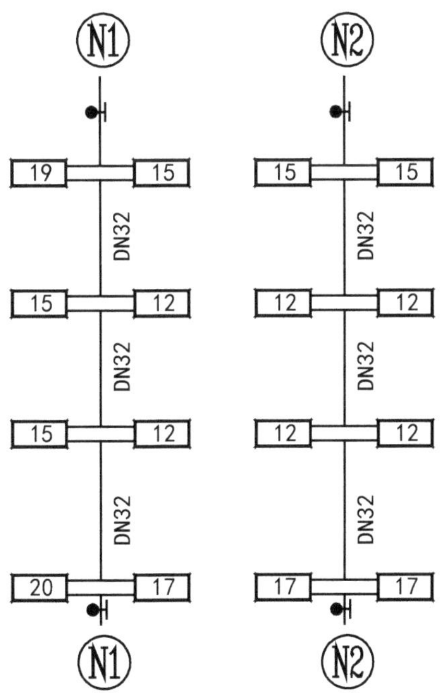

图 18-39 绘制采暖立管 N2

Step 03 在采暖立管N2右侧绘制一条直线，再执行【MI】（镜像）命令，选择整个采暖立管N1、N2，以刚刚画的直线为镜像轴，进行左右镜像。

Step 04 将相应的立管编号更改为N2'、N1'，如图 18-40所示。

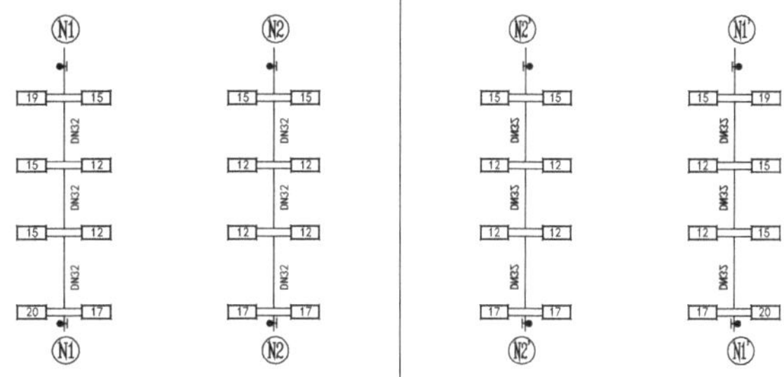

图 18-40 绘制采暖立管 N2'、N1'

2 绘制 N6 采暖立管

Step 01 执行【CO】（复制）命令，复制一份N1采暖立管。

Step 02 执行【E】（删除）命令，将采暖立管右侧的散热器以及管道删除。

Step 03 按空格键，继续执行【删除】命令，将底层的采暖设备以及二层以下的采暖管道全部删除，如图 18-41所示。

Step 04 选择【格式】|【图层】命令，将【回水管】图层置为当前图层。

Step 05 执行【PL】（多段线）命令，设置全局宽度为3，绘制一条长5505的垂直回水管线，再向左绘制长858的水平回水管线，并在相应位置插入平衡阀，再更改相应的标注，如图 18-42所示。

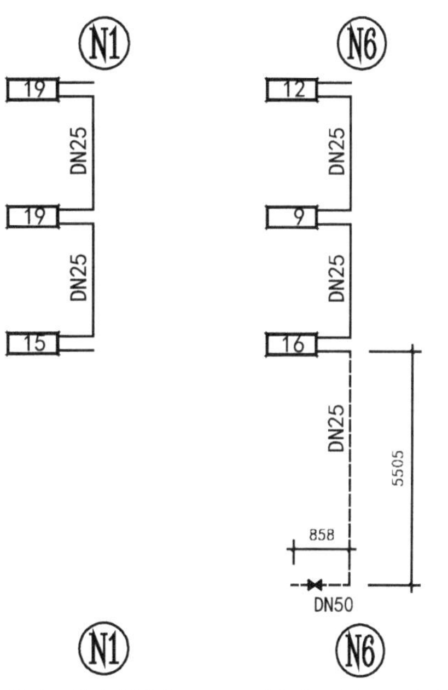

图 18-41 删除管段　　图 18-42 绘制 N6 采暖立管

3 绘制其他采暖立管

Step 01 执行【CO】（复制）命令，将N1立管复制3份，分别将立管编号改为N3、N4、N5。

Step 02 执行【E】（删除）命令，选择N3采暖立管的右侧的管道及采暖设备并删除。

Step 03 更改相应的管径标注、散热器片数标注，如图18-43所示。

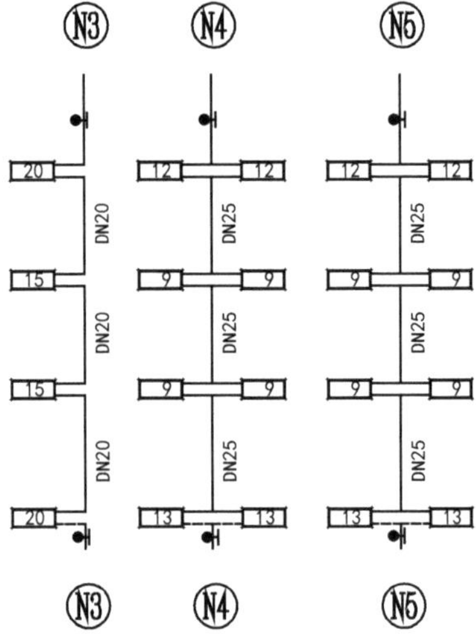

图 18-43 绘制N3、N4、N5

Step 04 在这3根立管的右侧绘制一条直线，执行MI【镜像】命令，选择N3、N4、N5采暖立管，以绘制的直线为镜像轴，进行左右镜像，再将立管编号进行更改，得到的图形如图 18-44所示。

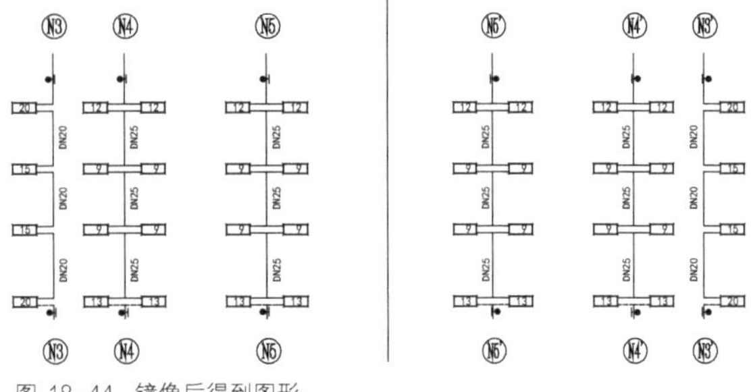

图 18-44 镜像后得到图形

至此，所有的采暖立管都绘制完毕，将其排成如图18-45 所示的效果。

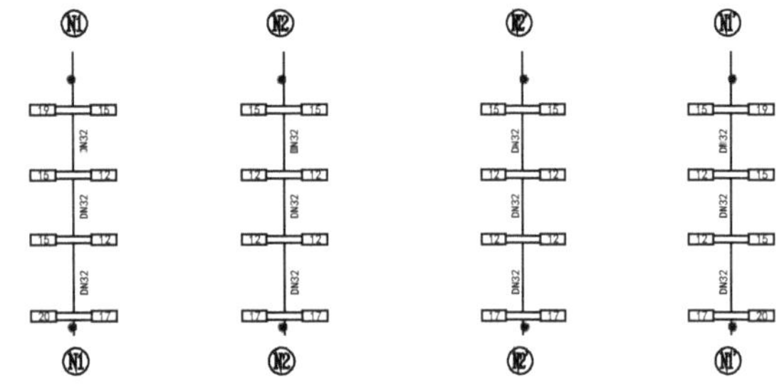

图 18-45 绘制立管

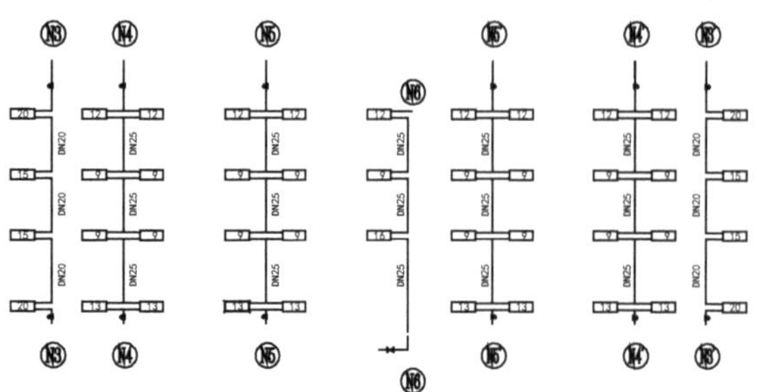

图 18-45 绘制立管（续）

18.3.4 绘制采暖系统图其他管线

绘制完所有的立管后，要绘制主管线将所有的立管连接连接起来。

1 绘制采暖供水管线

Step 01 选择【格式】|【图层】命令，将【供水管】图层置为当前图层。

Step 02 执行【PL】（多线段）命令，连接立管上端绘制横向和45° 极轴的干管，绘制主供水立管。

Step 03 执行【延伸】和【圆弧】命令，将管线进行延伸，并在45° 极轴管上绘制圆弧以表示断开效果，如图18-46所示。

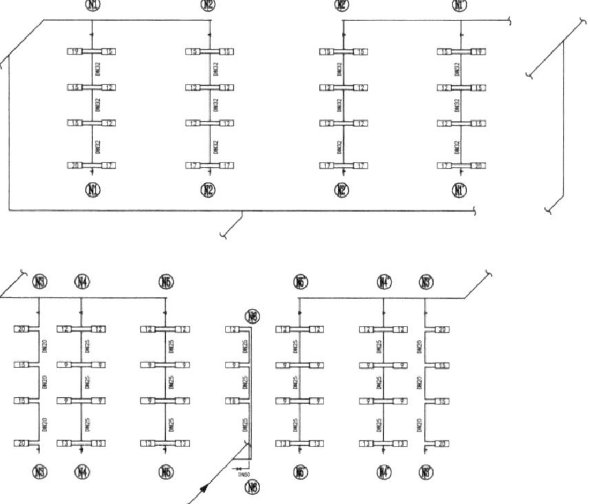

图 18-46 绘制采暖供水管

> **设计点拨**
>
> 绘制采暖系统图的给水管线时，应遵循以下原则。
>
> 给水管线一般用粗实线表示，可采用【直线】或【多段线】命令来进行绘制，在这里，为了便于观察，采用具有一定宽度的【多段线】来进行绘制。
>
> 绘制正面斜等轴测图时，其倾斜角为45°，在绘制给水管线的45° 轴测图的时候，应注意前面设置的【极轴追踪】功能的应用。
>
> 绘制管线时注意系统图中管线长度与平面图中的管线长度的对应关系，然后再进行管线的绘制。

2 绘制采暖回水管线

Step 01 选择【格式】|【图层】命令，将【回水管】图层置为当前图层。

Step 02 执行【PL】（多线段）命令，连接立管下端绘制横向和45° 极轴的干管。

Step 03 执行【延伸】和【圆弧】命令，将管线进行延伸，并在45° 极轴管上绘制圆弧以表示断开效果，如图18-47所示。

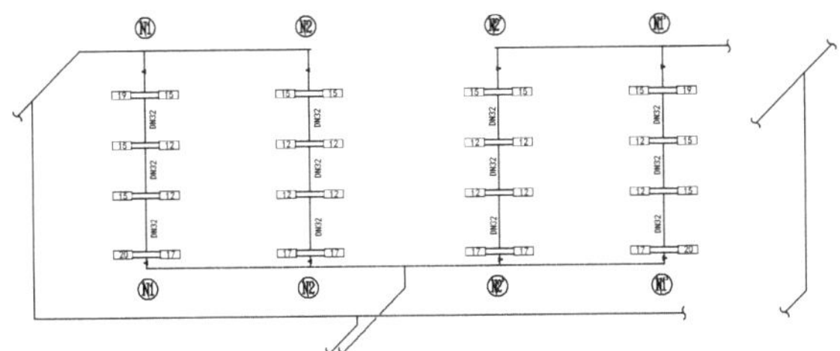

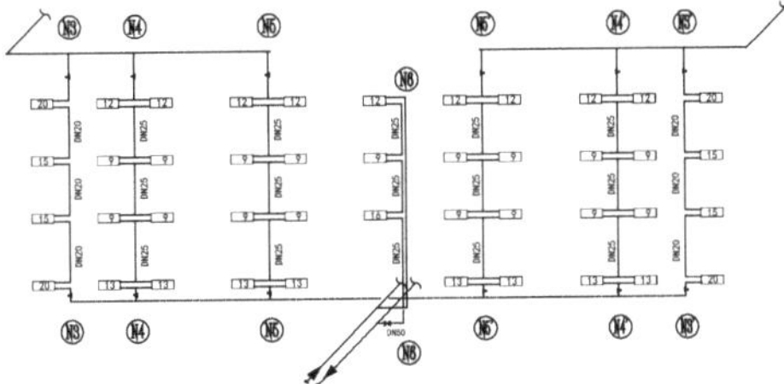

图 18-47 绘制采暖回水管

> **设计点拨**
>
> 绘制采暖系统图的给水管线时，应遵循以下原则。
>
> 回水管线一般用粗虚线表示，可采用【直线】或【多段线】命令来进行绘制，在这里，为了便于观察，采用具有一定宽度的【多段线】来进行绘制。
>
> 绘制正面斜等轴测图时，其倾斜角为45°，在绘制给水管线的45° 轴测图的时候，应注意前面设置的【极轴追踪】功能的应用。
>
> 绘制管线时注意系统图中管线长度与平面图中的管线长度的对应关系，然后再进行管线的绘制。

18.3.5 绘制采暖构件

该学生宿舍楼的系统图中包括自动排气阀、膨胀水箱、截止阀等构件。在上文中已经描述了绘制截止阀方法，这里介绍自动排气阀和膨胀水箱的绘制方法。

1 绘制自动排气阀

Step 01 选择【格式】|【图层】命令，【阀门设备】图层置为当前图层。

Step 02 执行【REC】（矩形）命令，绘制270×400的矩形，如图 18-48所示。

Step 03 执行【F】（圆角）命令，对下侧的直角进行半径为135的圆角处理，如图 18-49所示。

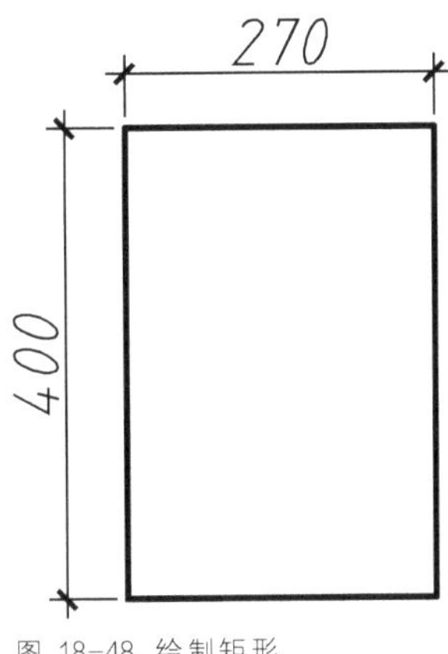

图 18-48 绘制矩形

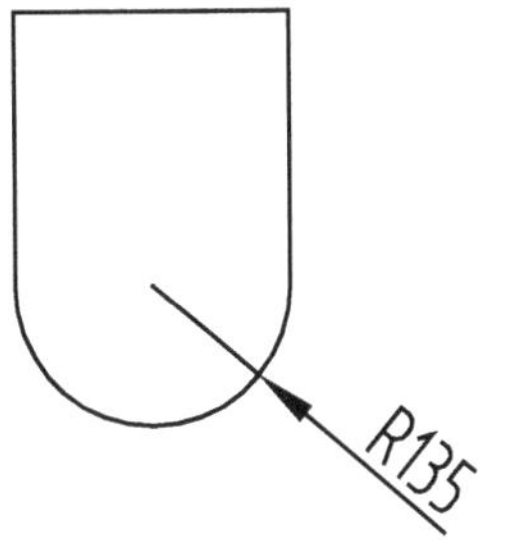

图 18-49 圆角处理

Step 04 执行【L】（直线）命令，过终点向上绘制长120和向下绘制380的垂直线段，如图 18-50所示。

Step 05 执行【C】（圆）命令，以垂直线段中点绘制一个半径为56的圆，如图 18-51所示。

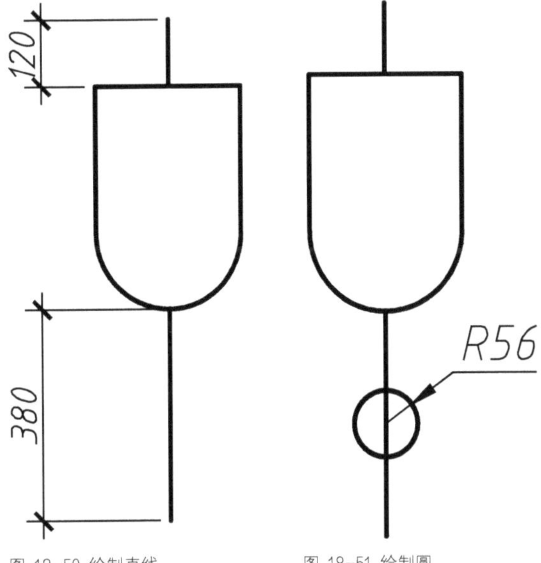

图 18-50 绘制直线　　图 18-51 绘制圆

Step 06 执行【H】（图案填充）命令，对圆填充"SOLTD"图案，如图 18-52所示。

Step 07 以圆心向右绘制长180的两条线段，如图 18-53所示。

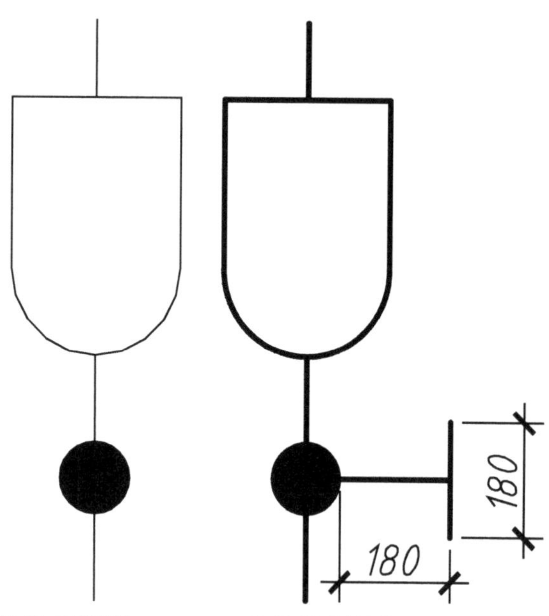

图 18-52 填充圆　　图 18-53 绘制直线

Step 08 选择【绘图】|【块】|【创建】命令，将绘制好的自动排气阀创建为块；执行【I】（插入块）、【CO】（复制）、【M】（移动）等命令，将自动排气阀门布置在立管N2、N2'、N5、N5'上，如图 18-54所示。

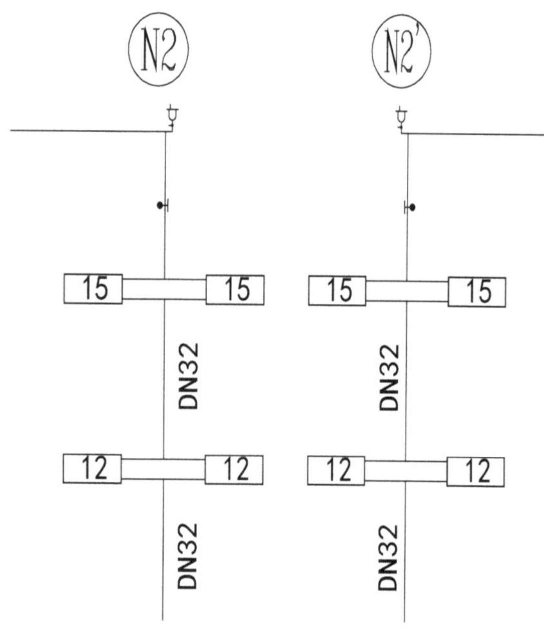

图 18-54 布置自动排气阀

Step 09 系统图布置的所有自动排气阀以及截止阀如图 18-55所示。

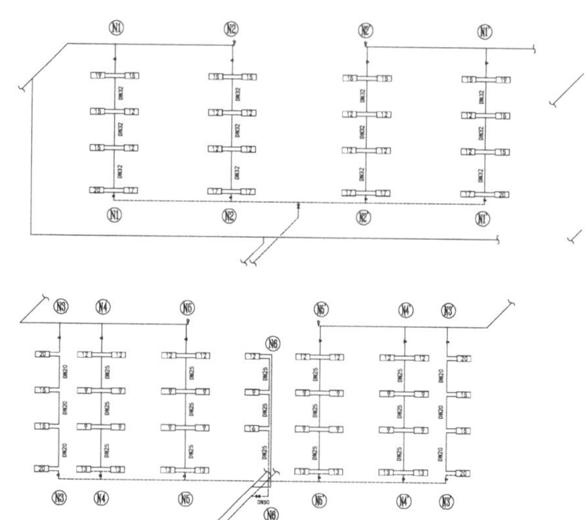

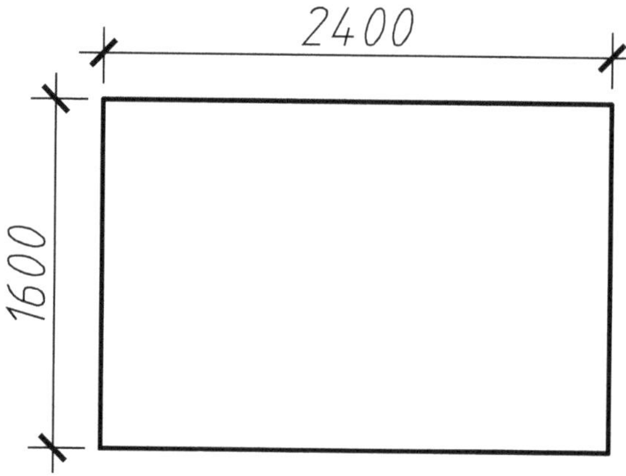

图 18-55 布置阀门设备

2 绘制膨胀水箱

Step 01 执行【REC】（矩形）命令，绘制2400×1600的矩形，如图 18-56所示。

Step 02 执行【M】（移动）命令，将绘制好的矩形先向右偏移670，再向上偏移870，如图 18-57所示。

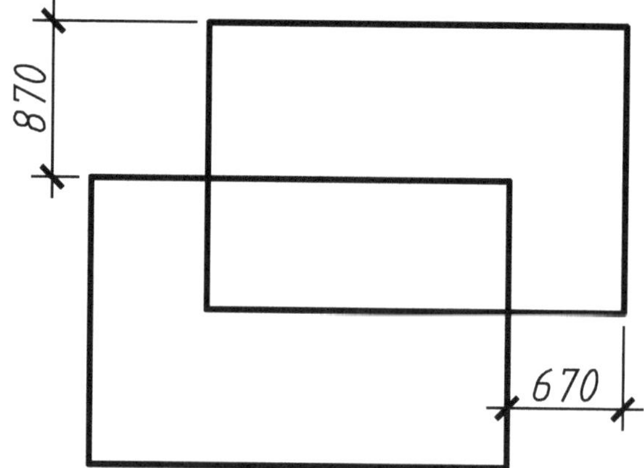

图 18-56 绘制矩形

图 18-57 偏移矩形

Step 03 执行【L】（直线）命令，分别连接两个矩形对应的顶点，如图 18-58所示。

Step 04 按空格键，继续执行【L】（直线）命令，绘制3条长为282、586、998的平行线段，再执行【PL】（多线段）命令绘制一个边长为152的等边三角形，如图 18-59所示。

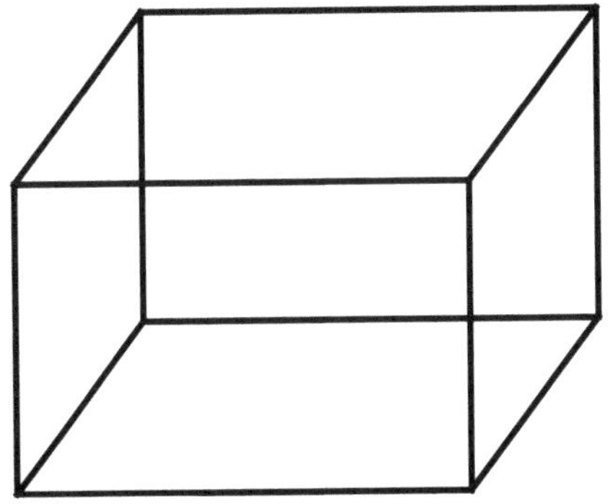

图 18-58 绘制立方体

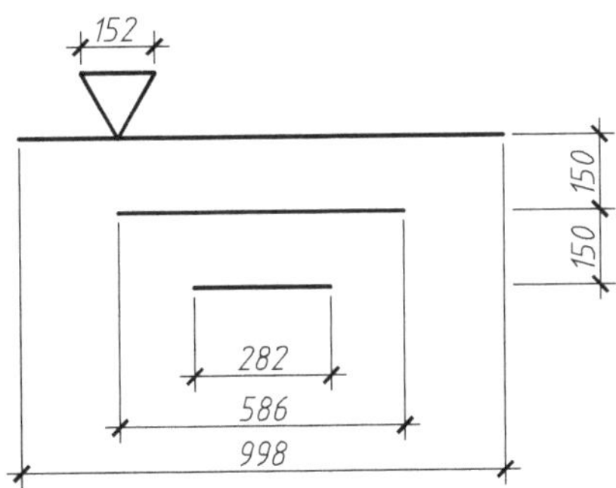

图 18-59 绘制平行线

Step 05 执行【M】（移动）命令，选择刚刚绘制好的3条线段以及三角形，将它们移到绘制好的立方体中，将其线型改为“DASH”，最终膨胀水箱的效果图如图 18-60所示。

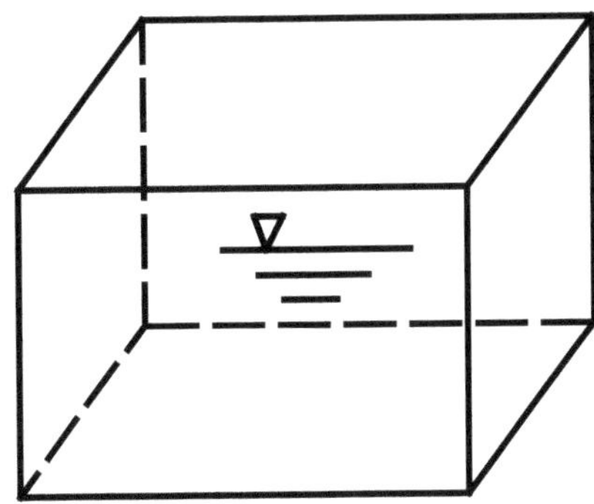

图 18-60 绘制膨胀水箱

Step 06 选择【绘图】|【块】|【创建】命令，将绘制好的膨胀水箱创建为块。

Step 07 执行【I】（插入块）、【M】（移动）等命令，将膨胀水箱插入系统图中，如图 18-61所示。

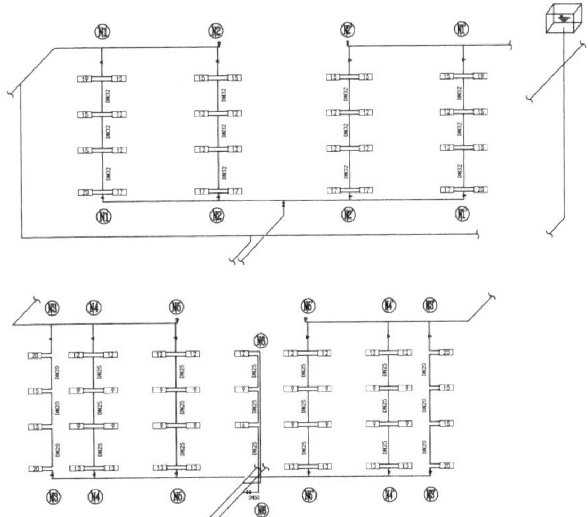

图 18-61 布置膨胀水箱

18.3.6 采暖管道系统图的标注

在绘制好宿舍楼采暖管道系统图所有的采暖设备及采暖管线后，接着为采暖系统图内的相关内容进行文字标注，包括图名标注、散热器标注、坡度标注、管径标注等，由于已经在绘制过程中完成了散热器标注，故这里只介绍其他几种标注。

1 数字标注

Step 01 选择【格式】|【图层】命令，将【文本标注】图层置为当前图层。

Step 02 执行MT【多行文字】命令，并将【数字标注】文字样式置为当前。

Step 03 在管道位置进行相应的管径标注，在系统图相应的位置进行标高、坡度标注，如图 18-62所示。

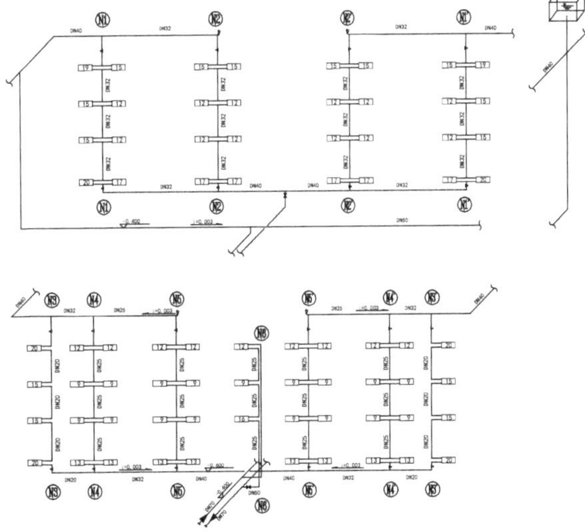

图 18-62 数字标注

2 图名标注

Step 01 执行【MT】（多行文字）命令，将【图名】样式置为当前，在图形的右侧标注图名“采暖管道系统图”。

Step 02 执行【PL】（多段线）命令，设置全局宽度为100，绘制一条与图名同长的多线段。效果如图 18-63所示。

采暖管道系统图

图 18-63 图名标注

Step 03 至此，采暖管道系统图绘制完成，最终效果如图 18-62所示。

第 19 章 办公楼空调平面图设计

本章以某医院办公公寓楼的空调工程设计为例，介绍了标准层空调水管平面图以及风管平面图的绘制。效果图如图 19-1 和图 19-2 所示。中央空调的设计不仅要满足建筑室内温、湿度的要求，同时还要兼顾空调系统不影响室内装修的美观性。

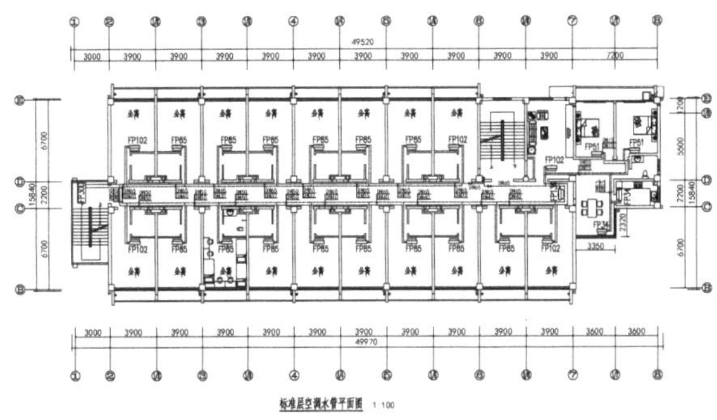

图 19-1 标准层空调水管平面图

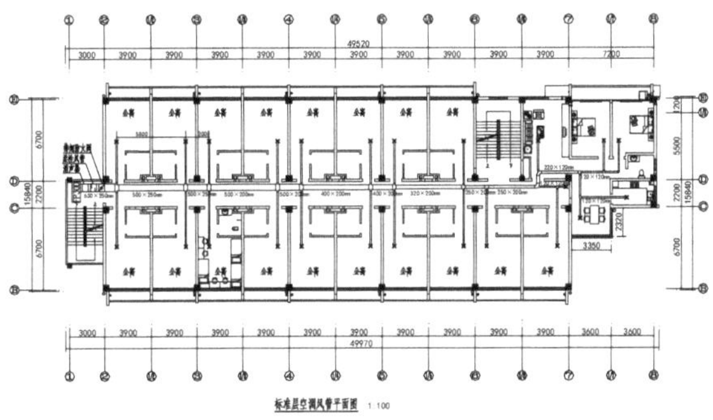

图 19-2 标准层风管平面图

19.1 设计说明

本设计的主要目标是夏季为建筑室内提供足够的冷负荷，冬季为建筑室内提供足够的热负荷，同时采取独立新风系统满足室内对新风的要求，提高室内环境的舒适度，营造一个简约、美观、舒适、健康的室内环境，以求为室内人员的娱乐和居住提供舒适、健康的空气环境。

1 设计依据

◆《采暖通风与空气调节设计规范》(GB50019-2003)

◆《采暖通风与空气调节制图标准》(GB/T 50144-2001)

◆《高层民用建筑设计防火规范》(2001 年修订版)(GB50045-95)

◆陈沛霖，岳孝芳.《空调与制冷技术手册》. 上海: 同济大学出版社，1990

◆建设单位提出的空调方面的要求。

◆其他专业提供的工程设计资料。

2 设计概况

本章中的设计图为湖南省长沙市某医院办公公寓楼中央空调系统设计。建筑共 7 层，一层楼高为 3.6m，2~7 层楼高为 2.9m。标准层有 18 间公寓房和 1 间套房，整栋楼的空调面积大约为 5000 ㎡。

3 设计参数

◆室外计算参数如表 19-1 所示。

表 19-1 室外计算参数

室外计算干球温度(℃)		室外计算湿球温度(℃)	室外计算相对湿度(%)		室外风速 v(m/s)		大气压(Pa)	
冬季空调	夏季空调	夏季	冬季	夏季	冬季	夏季	冬季	夏季
－3	35.8	27.7	77	61	2.6	2.5	101591	99458

◆室内设计参数如表 19-2 所示。根据室内设计参数表，将夏季室内的设计温度设为 27℃，相对湿度设为 55%。

表 19-2 室内设计参数

房间名称	室内温度(℃)		相对湿度(%)		新风量(m^3/h.p)	人员密度(人/㎡)
	冬	夏	冬	夏		
会议室	22	26 ~ 28	30 ~ 40	60 ~ 70	50	0.7 ~ 1.5
餐厅	22	27	30	55	20	0.5
公共部分	22	27	40	60	8.5	0.4
活动中心	22	27	30	50	30	0.2
办公室	22	27	30	45	25	0.2
厨房	22	30	—	—	全	0.2

4 空调系统设计步骤

计算空调冷负荷

空调系统的负荷计算是空调系统设计的基础，是一切空调系统设计的重心，本设计从长沙当地的气候特点出发，同时兼顾建筑的功能要求，选择合适的室内设计参数进行空调系统的负荷计算，出于考虑本建筑的功能以及为本建筑提供足够的新风，在计算本设计负荷的同时，还要进行新风负荷的设计计算。根据手册中的理论知识，采用工程设计中常用的冷负荷系数法，使用相关负荷软件（鸿业或天正）进行负荷的计算，并对计算结果进行一定的修正，计算所得单位面积冷负荷约为70~80W/m^2。

选择和确定空调方案

结合建筑结构特点，参考暖通空调相关设计手册，对于该办公公寓楼，由于其房间分散，各房间的空间较小，但数量较多总面积大，如果采用全空气系统，所有的房间对冷量的要求较大，因此需要的空调系统也相应的会很庞大，这样会占用大量的空间，从而可能影响建筑的使用性能，同时也会严重影响建筑的美观性，对于该建筑选用全空气系统是不宜的，因此应采用空气－水系统，空气－水系统利用空气系统和水系统共同为房间提供冷量承担房间的冷负荷，从而弥补了全空气系统占用建筑空间较大和影响建筑美观性能的不足。所以，办公公寓楼房间选用半集中式的风机盘管加独立新风系统，适合建筑特点，简单节能。

设备选型

根据各房间计算出的冷负荷和送风量对风机盘管进行选型，该设计中标准层的风机盘管有以下几种型号：FP34（2 台）、FP51（2 台）、FP85（14 台）、FP102（5 台）、FP136（1 台）。根据计算出来的新风量及新风负荷选择新风机组，在此设计中，标准层选用的是型号为 FP30D 的吊顶式新风机组。

设备、管路等的布置

◆风系统设计：在根据风量和规定参考风速进行风管设计计算与绘图。风机盘管系统和新风的供给方式有 3 种：① 新风与风机盘管回风相混合，但是这样减少了室内的通风量，且当风机盘管停运时，新风可能会从回风口吹出，不利于室内卫生；② 新风与风机盘管送风相混合，这样压力难以平衡，影响送入新风量的大小；③ 新风直接送入室内，风机盘管采用侧送上回的方式送风。本设计采用第③种方式。

◆水系统：按建筑特点和房间功能负荷大小，结合实际情况进行管线布置。考虑到水系统的平衡率和实际工程所受到的条件限制，此设计中水系统采用的是同程与异程的混合形式。

- 对空调系统的水管和风管进行水力计算，通过安装阀门来调整系统的不平率。
- 对于防、排烟设计，在与新风机连接的主风道上安装了排烟防火阀。

绘制图纸

根据设计方案绘制图纸，包括首页图，平面图，通风、空调剖面图，通风、空调、制冷机房平面图，通风、空调、制冷机房剖面图，系统图、立管图以及详图。

19.2 绘制公寓楼中央空调水管平面图

本实例为某医院办公公寓楼，讲解了该办公公寓楼标准层空调水管平面图的绘制流程，其绘制的标准层空调水管平面图效果如图 19-1 所示。

19.2.1 绘图准备

在绘制公寓楼标准层空调水管平面图之前，首先应设置绘图环境，从而使用户在设计公寓楼空调水管平面图时更加方便、灵活、快捷。标准层空调水管平面图是在标准层平面图的基础上来绘制的，那么我们首先应打开标准层平面图，再设置相应的绘图环境，包括打开并另存文件、新建相应的图层、文字和标注样式的设置等。

1 打开并另存文件

Step 01 启动AutoCAD 2016软件，选择【文件】|【打开】命令，将“素材\第19章\19.2 公寓楼标准层平面图.dwg”文件打开，如图 19-3所示。

Step 02 选择【文件】|【另存为】命令，将该文件另存为“素材\第19章\19.2 公寓楼标准层空调水管平面图.dwg”文件。以免原平面图被修改。

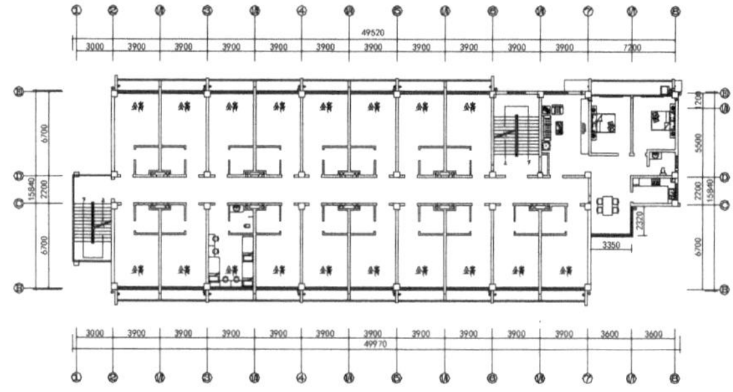

图 19-3 素材图形（标准层平面图）

2 规划图层

该公寓楼空调水管平面图主要由风机盘管、供水管、回水管、设备、文本标注组成，因此绘制空调水管平面图形时，应新建如表 19-3 所示的图层。

表 19-3 图层设置

序号	图层名	描述内容	线宽	线型	颜色	打印属性
1	风机盘管	风机盘管	默认	实线(CONTINUOUS)	红色	打印
2	供水管	冷冻水供水管	默认	实线(CONTINUOUS)	青色	打印
3	回水管	冷冻水回水管	默认	虚线(DASHED)	绿色	打印
4	设备	新风柜、阀门	默认	实线(CONTINUOUS)	黄色	打印
5	文本标注	图内文字、图名、比例	默认	实线(CONTINUOUS)	洋红色	打印

Step 01 选择【格式】|【图层】命令，将打开【图层特性管理器】面板，根据表19-3来设置图层的名称、线宽、线型和颜色等，如图 19-4所示。

Step 02 选择【格式】|【线型】命令，打开【线型管理器】对话框，单击【显示细节】按钮，打开细节选项组，设置【全局比例因子】为1000，然后单击【确定】按钮，如图 19-5所示。

图 19-4 新建图层

图 19-5 设置线型比例

3 设置文字样式

该公寓楼空调水管平面图上的文字有尺寸文字、图内文字说明、图名文字、轴线符号等，打印比例为1：100，文字样式中的高度为打印到图纸上的文字高度与打印比例倒数的乘积。根据建筑制图标准，该平面图文字样式的规划如表 19-4 所示。

表 19-4 文字样式

文字样式名	打印到图纸上的文字高度	图形文字高度	宽度因子	字体 | 大字体
设备标注文字	3.5	350	0.7	simplex.shx；hztxt.shx
图名	7	700	0.7	宋体
图纸比例数字	5	500	1	黑体
数字标注	2.5	250	1	黑体

Step 01 选择【格式】|【文字样式】命令，打开【文字样式】对话框，单击【新建】按钮打开【新建文字样式】对话框，样式名定义为“图名文字”，如图 19-6所示。

Step 02 在【字体】下拉框中选择字体“gbenor.shx”，勾选【使用大字体】选项，并在【大字体】下拉框中选择字体“gbcbig.shx”，在【高度】文本框中输入“350”，【宽度因子】文本框中输入“0.7”，单击【应用】按钮，从而完成该文字样式的设置，如图 19-7所示。

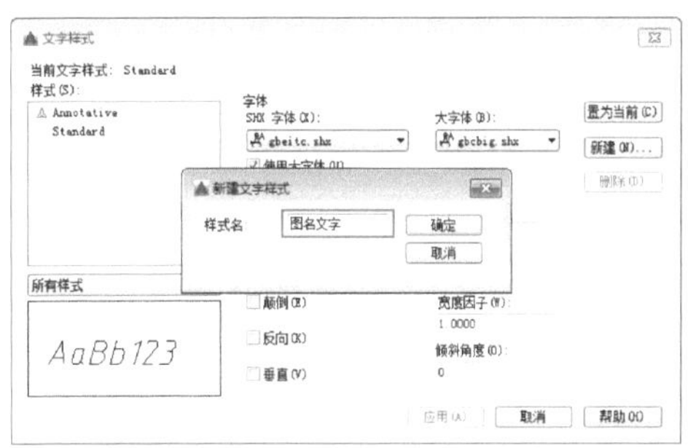

图 19-6 新建文字样式

图 19-7 设置文字样式

Step 03 重复前面的步骤，建立如表 19-4所示其他各种文字样式。

19.2.2 绘制空调构件

该图中的空调构件包括 5 种型号的风机盘管，分别为 FP34、FP51、FP85、FP102 和 FP136，一台型号为 FP30D 的吊顶式新风机组以及水管阀件。

1 绘制风机盘管

Step 01 选择【格式】|【图层】命令，将【风机盘管】图层置为当前图层。

Step 02 绘制风机盘管。执行【REC】（矩形）命令，绘制一个尺寸为900×450的矩形。

Step 03 执行【X】（分解）命令和【O】（偏移）命令，先将矩形分解掉，再将下水平线边向上偏移、左边的边界线向右偏移，效果如图 19-8所示。

Step 04 执行【TR】（修剪）命令，修剪为图 19-9所示的图形。

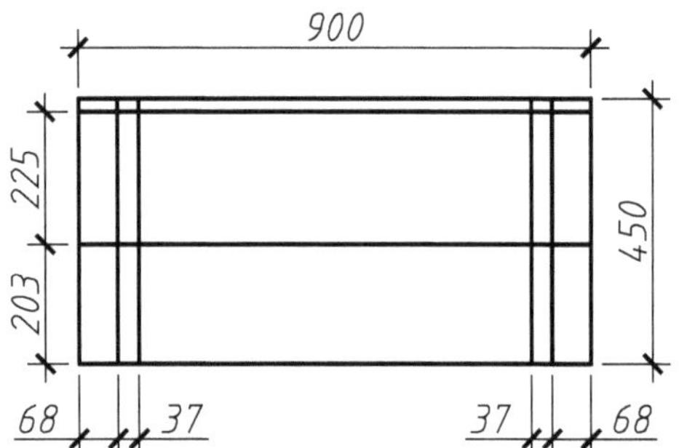

图 19-8 绘制矩形并偏移

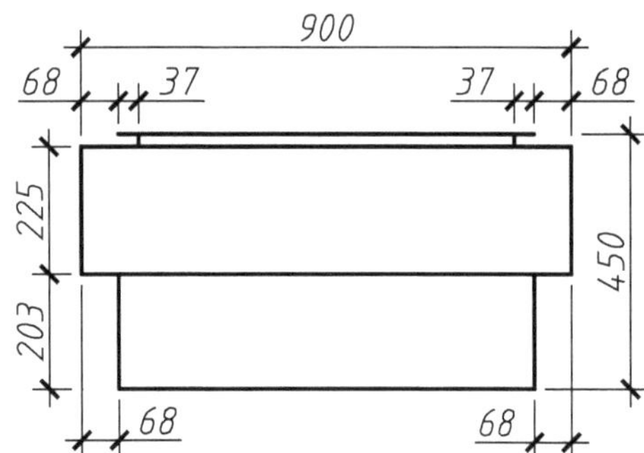

图 19-9 修剪图形

Step 05 布置风机盘管。选择【绘图】|【块】|【创建】命令，将绘制好的风机盘管创建为块；执行【I】（插入块）、【M】（移动）、【CO】（复制）、【RO】（旋转）和【MI】（镜像）等命令，将相应风机盘管放置到平面图相应的房间位置，结果如图 19-10所示。

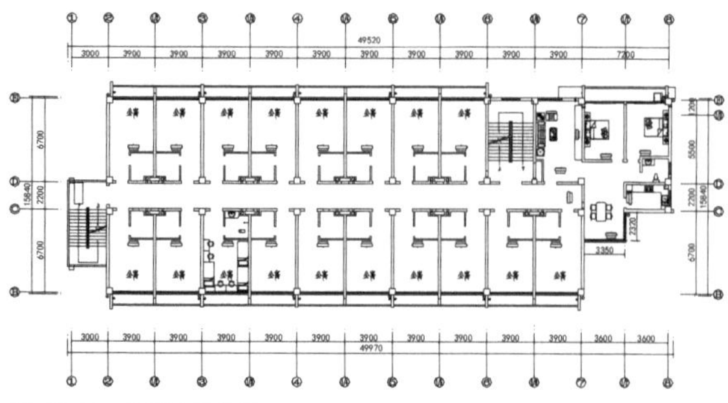

图 19-10 布置风机盘管

2 绘制新风柜

Step 01 选择【格式】|【图层】命令，将【设备】图层置为当前图层。

Step 02 绘制新风柜。

Step 03 执行【REC】（矩形）命令，绘制一个尺寸为1500×700的矩形。

Step 04 插入新风柜。执行【M】（移动）命令，将新风柜移动至相应位置，如图 19-10所示。

3 绘制阀门附件

> **提示**
>
> 截止阀安装在供水管线上，而平衡阀则安装在回水管线上。

Step 01 绘制截止阀。执行【REC】（矩形）命令，绘制一个尺寸为250×145的矩形；执行【L】（直线）命令，连接矩形的对角点绘制斜线；执行【TR】（修剪）命令，修剪多余线条，结果如图 19-11所示。

Step 02 绘制平衡阀，绘制结果如图 19-12所示，最后分别创建块。

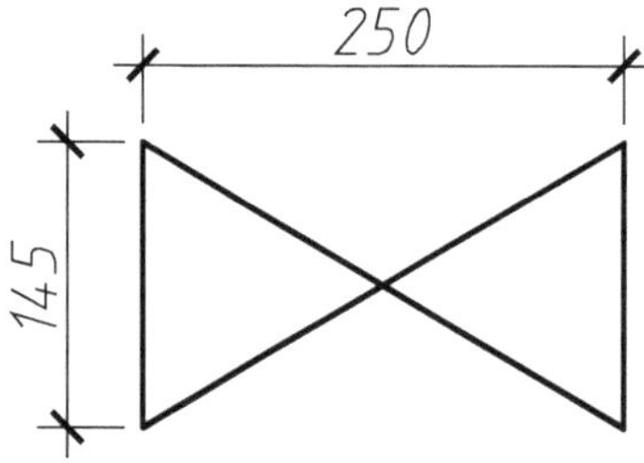

图 19-11 截止阀

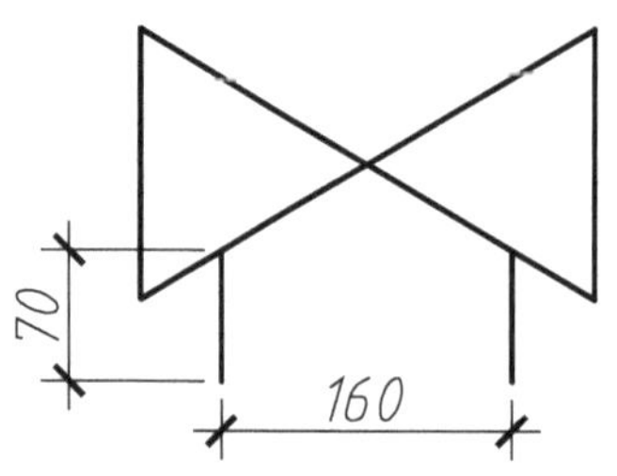

图 19-12 平衡阀

19.2.3 绘制空调水管

绘制好了空调设备，接下来绘制供回水管将设备进行连接。

1 绘制供水管

Step 01 选择【格式】|【图层】命令，将【供水管】图层置为当前图层。

Step 02 绘制供水立管。执行【C】（圆）命令，在相应位置绘制直径为500的圆作为供水立管。

Step 03 绘制供水干管。执行【PL】（多段线）命令，设置全局宽度为3，由供水立管引出连接至各个空调设备的供水管线，插入截止阀，如图 19-13所示。

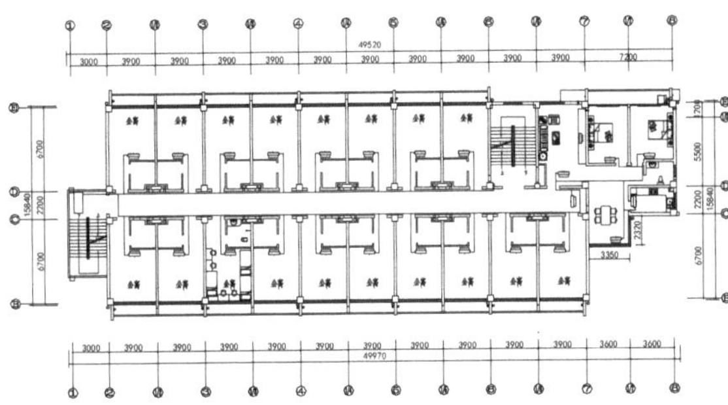

图 19-13 绘制供水管线

2 绘制回水管

Step 01 选择【格式】|【图层】命令，将【回水管】图层置为当前图层。

Step 02 绘制供水立管。执行【C】（圆）命令，在相应位置绘制直径为500的圆作为回水立管。

Step 03 绘制回水干管。执行【PL】（多段线）命令，设置全局宽度为3，由供水立管引出连接至各个空调设备的回水管线，插入平衡阀，如图 19-14所示。

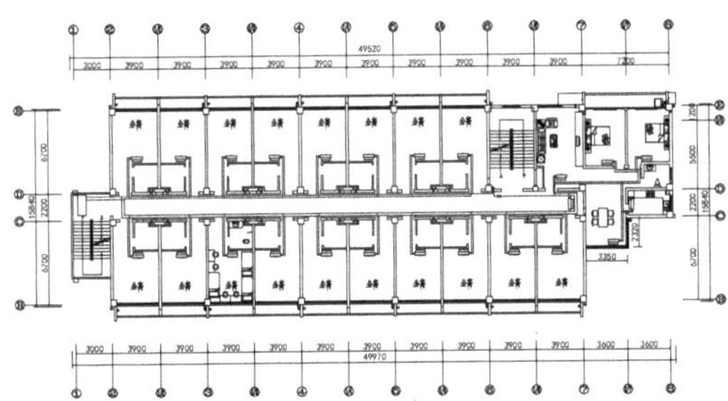

图 19-14 绘制回水管线

Step 04 供回水管和阀门的具体位置如图 19-15所示。

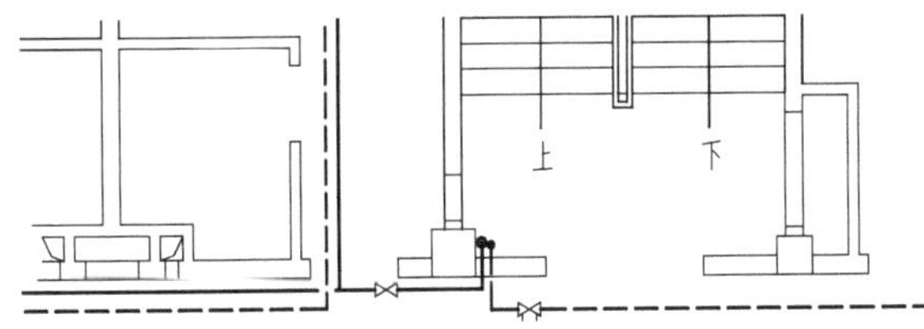

图 19-15 供回水管和阀门的位置

19.2.4 空调水管平面图的标注

选择【格式】|【图层】命令，将【文本标注】图层置为当前图层。

1 空调设备标注

Step 01 执行【MT】（多行文字）命令，并将【设备标注文字】文字样式置为当前。

Step 02 对风机盘管进行文字标注，如图 19-16所示。

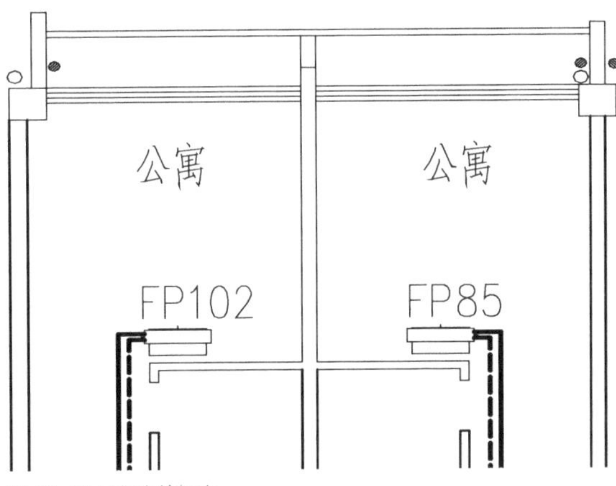

图 19-16 风机盘管标注

2 管径标注

Step 01 执行【MT】（多行文字）命令，并将【数字标注】文字样式置为当前。

Step 02 在相应位置进行相应的管径标注，标注的样式如图 19-17所示。

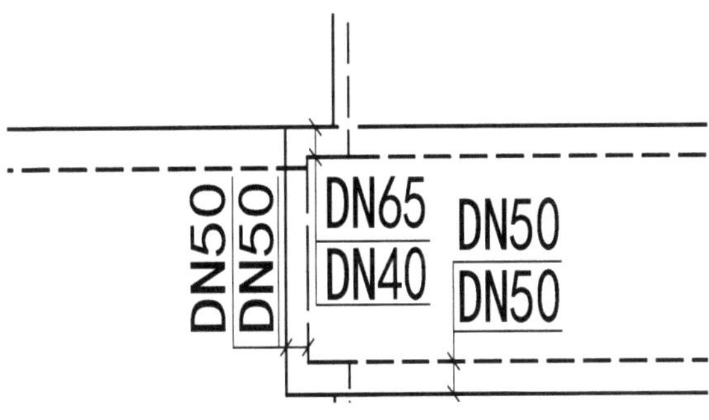

图 19-17 管径标注

3 图名标注

Step 01 执行【MT】（多行文字）命令，并将【图名】文字样式置为当前。

Step 02 添加图名及比例，并执行【PL】（多段线）命令，添加图名下划线。最终效果如图 19-1所示。至此，空调水管平面图绘制完成。

19.3 绘制公寓楼中央空调风管平面图

本实例采用的是风机盘管加独立新风系统的送风方式，因此对于每个房间都有独立的新风口，通过设计计算，这里选用200mm×200mm的方形散流器。

标准层空调风管平面图是在前面空调水管平面图的基础上来绘制的，那么我们直接调用标准层水管平面图绘图环境，稍作修改，再来布置风管就行了。绘制的风管平面图效果如图19-2所示。

19.3.1 绘图准备

有了标准层水管平面图的基础，首先调用标准层平面图绘图环境，然后将供回水管线和风机盘管删掉，再来布置风管。

1 打开并另存文件

Step 01 启动AutoCAD 2016软件，选择【文件】|【打开】命令，将“素材\第19章\19.2 公寓楼标准层空调水管平面图.dwg”文件打开。

Step 02 选择【文件】|【另存为】命令，将该文件另存为“素材\第19章\19.3 公寓楼标准层空调风管平面图.dwg”文件。以免原平面图被修改。

2 规划图层

Step 01 删除风管平面图中不需要的图形。选择【工具】|【快速选择】命令，将供水管、回水管、管径标注文字以及风机盘管全部选中，执行【E】（删除）命令将其删除掉，如图19-18所示。

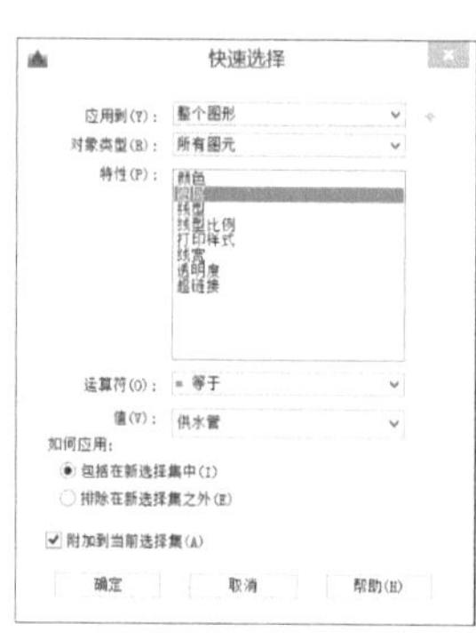

图 19-18 快速选择

Step 02 建立新图层。该办公公寓楼空调风管平面图主要由散流器、风管、设备、文本标注组成，因此只需新建如表19-5所示的图层。

表 19-5 图层设置

图层名	描述内容	线宽	线型	颜色	打印属性
散流器	方形散流器	默认	实线(CONTINUOUS)	红色	打印
风管	新风管道	默认	实线(CONTINUOUS)	绿色	打印
设备	新风柜、阀门	默认	实线(CONTINUOUS)	黄色	打印
文本标注	图内文字、图名、比例	默认	实线(CONTINUOUS)	洋红色	打印

Step 03 修改图名。双击原图名，修改为“标准层空调风管平面图”，修改后平面图效果如图19-19所示。

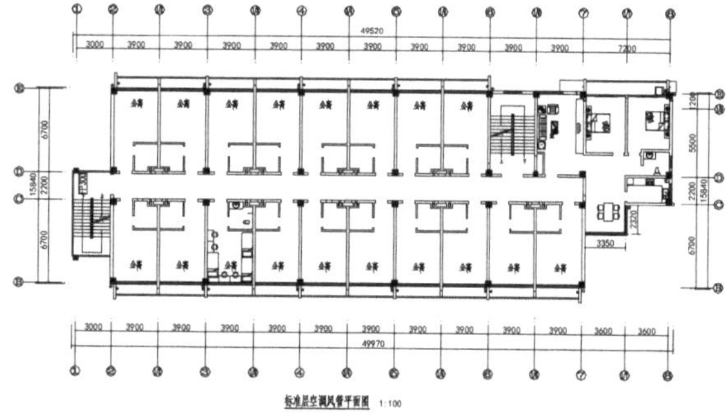

图 19-19 修改后的平面图

19.3.2 绘制空调设备

在绘制风管之前，首先绘制应好散流器以及风管的连接构件。

1 绘制散流器

Step 01 选择【格式】|【图层】命令，将【散流器】图层置为当前图层。

Step 02 绘制散流器。

Step 03 执行【REC】（矩形）命令，绘制一个尺寸为200×200的矩形。执行【O】（偏移）命令，将矩形向外依次偏移100、100，如图19-20所示。执行【L】（直线）命令，捕捉对角点绘制斜线；捕捉角点和垂足点绘制延长线，如图19-21所示。

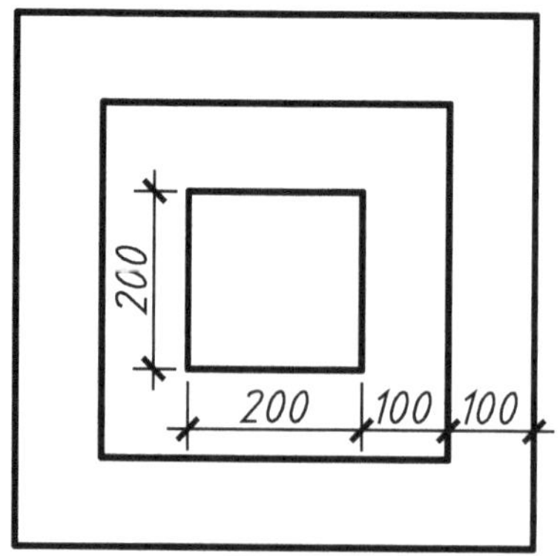

图 19-20 绘制矩形并偏移

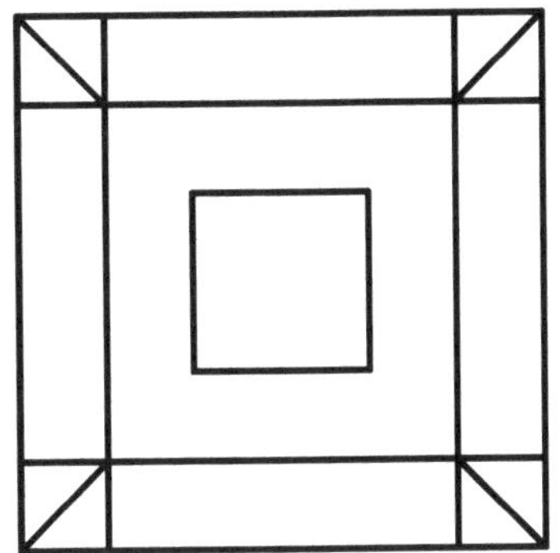

图 19-21 绘制斜线和延长线

Step 04 执行【O】（偏移）命令，继续将外矩形向内偏移77，如图 19-22所示。执行【TR】（修剪）命令和【E】（删除）命令，绘制效果如图 19-23的图形。

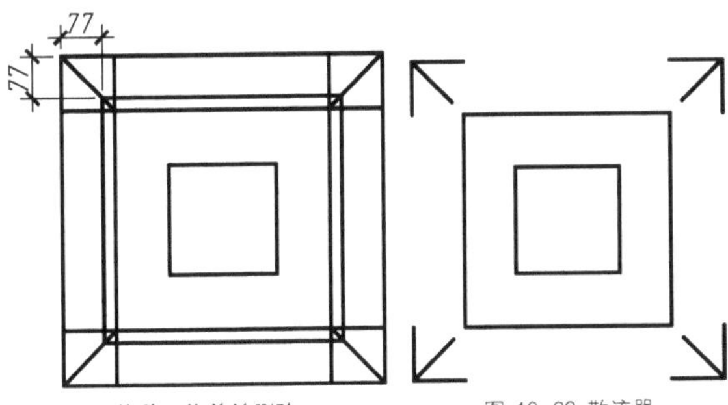

图 19-22 偏移、修剪并删除　　图 19-23 散流器

Step 05 布置方形散流器。将绘制好的散流器创建为块，执行【I】（插入块）、【M】（移动）、【CO】（复制）和【MI】（镜像）等命令，将相应散流器放置到平面图相应的房间位置，结果如图 19-24所示。

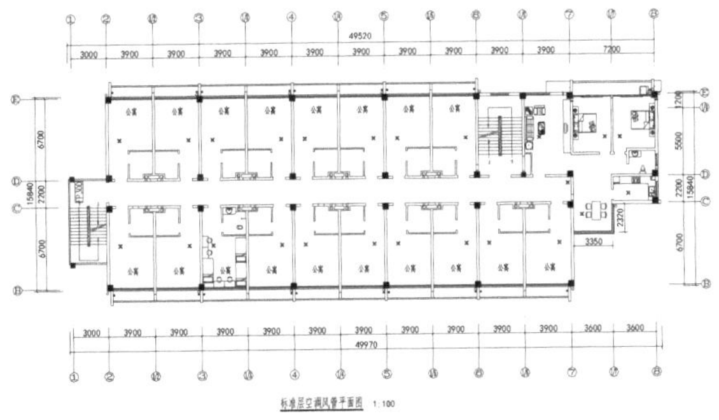

图 19-24 布置散流器

2 绘制连接构件

在水管平面图中绘制了新风柜的机身，而在风管平面图中需要详细表示出新风机组与风管的连接方式。因此要绘制一段柔性风管、消声器以及蝶阀来连接新风机组和风管。

Step 01 选择【格式】|【图层】命令，将【设备】图层置为当前图层。

Step 02 绘制如图 19-25、图 19-26所示的柔性风管、消声器。

Step 03 绘制蝶阀。执行【REC】（矩形）命令，绘制一个尺寸为630×500的矩形。执行【L】（直线）命令，连接矩形对焦点。执行【C】（圆）命令，以斜线中点为圆心绘制一个半径为100的圆。执行【TR】（修剪）命令，修剪圆内线段。执行【H】（图案填充）命令，对圆填充纯色“SOLTD”图案。绘制的图形如图 19-27所示。

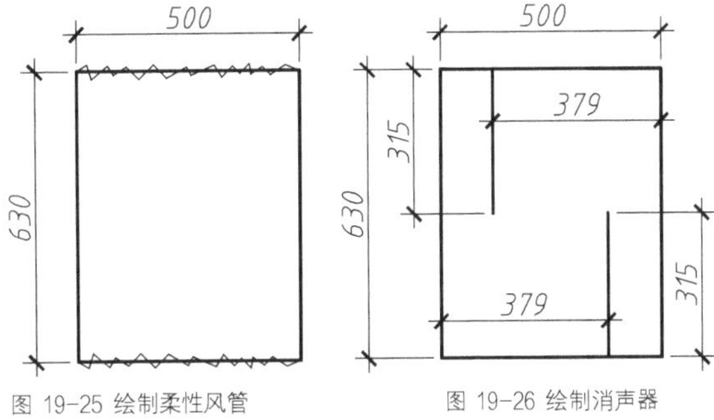

图 19-25 绘制柔性风管　　图 19-26 绘制消声器

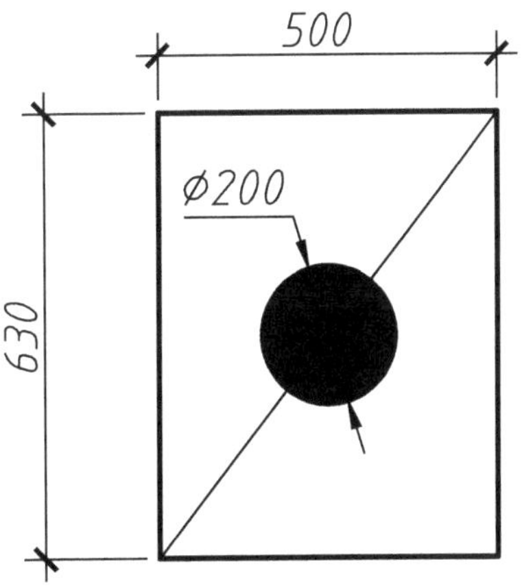

图 19-27 绘制蝶阀

Step 04 创建块。将绘制好的构件分别创建为块，并分别命名为“柔性风管”“消声器”“蝶阀”。

19.3.3 绘制空调风管

绘制好空调设备，接下来绘制送风管道，将新风机组和风口进行连接。选择【格式】|【图层】命令，将【风管】图层置为当前图层。

1 绘制主风道和分支风道

Step 01 绘制主风道。执行【L】（直线）和【O】（偏移）命令，在中间走廊“新风柜”处绘制630、500、400、350、250和120的主风道，如图 19-28所示。

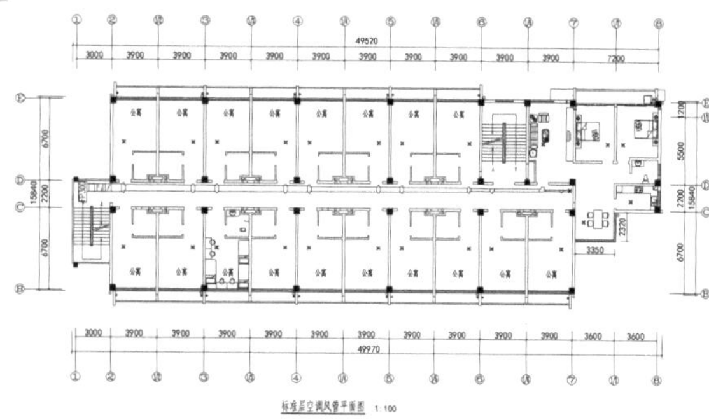

图 19-28　绘制主风道

Step 02 绘制分支风管。执行【L】（直线）和【O】（偏移）命令，由走廊主风道绘制处连接各个散流器且宽度为120的分支风管。如图 19-29所示。

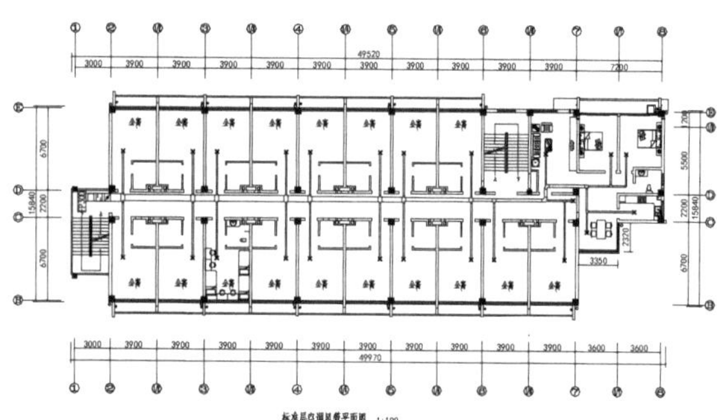

图 19-29　绘制空调风管

2 绘制风管连接构件

Step 01 绘制三通、四通以及弯管。执行【PL】（多段线）、【O】（偏移）和【A】（圆弧）等命令绘制连接管道。

Step 02 绘制结果如图 19-29所示。

19.3.4 空调风管平面图的标注

选择【格式】|【图层】命令，将【文本标注】图层置为当前图层。

1 风管构件标注。

Step 01 执行【MT】（多行文字）命令，并将【图内文字】文字样式置为当前。

Step 02 对散流器、柔性风管、消声器以及蝶阀进行文字标注，如图 19-30所示。

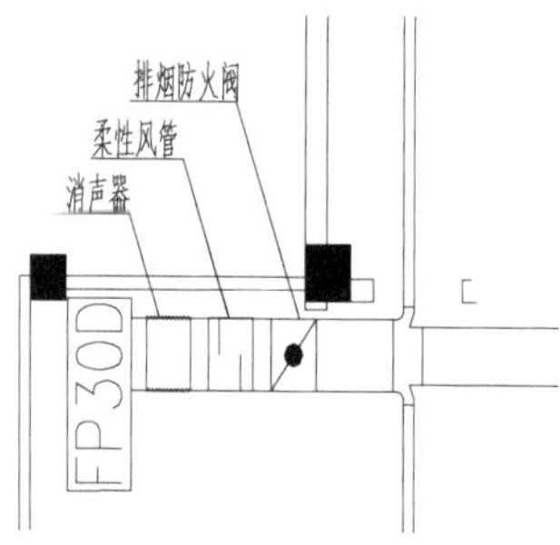

图 19-30 风管构件标注

2 管径标注。

Step 01 执行【MT】（多行文字）命令，并将【管径文字】文字样式置为当前。

Step 02 在管道位置进行相应的管径标注，如图 19-31所示。

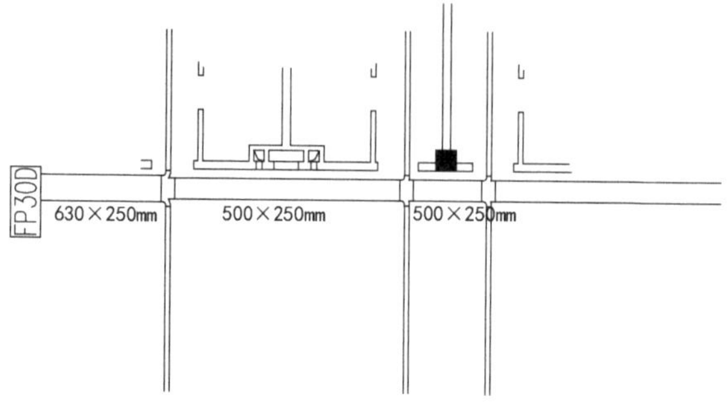

图 19-31 管径标注

> **设计点拨**
>
> 在绘制空调回风管线时，可参照以下方法来进行。
>
> 空调风管可以使用【直线】或【多段线】命令来进行绘制，在这里，为了便于观察及快速识读，使用了具有一定宽度的【多段线】来进行绘制，当然用户也可以使用【直线】命令来进行绘制，使用【直线】命令进行绘制时，需要先设置好当前图层的线宽。
>
> 在进行风管绘制时，可将“空调回风管”及“空调送风管”置为不同的图层，并将图层设置为不同的颜色及线宽，这样有利于快速观察不同风管所代表的不同含义。

3 尺寸标注

Step 01 选择【格式】|【标注样式】命令，打开“标注样式管理器”对话框，如图 19-32所示。

Step 02 单击【新建】按钮，创建如图 19-33所示的标注样式。

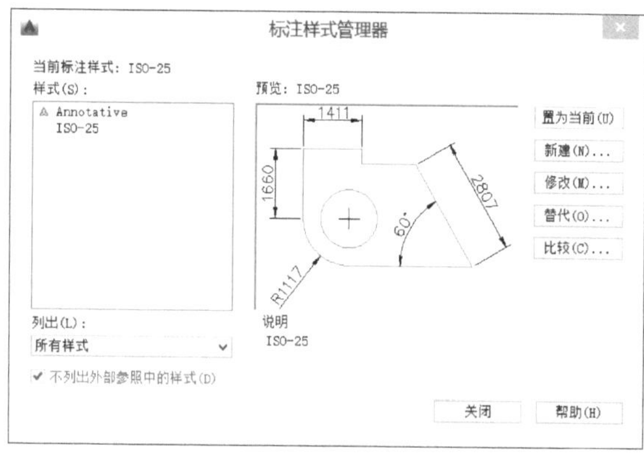

图 19-32 打开【标注样式管理器】对话框

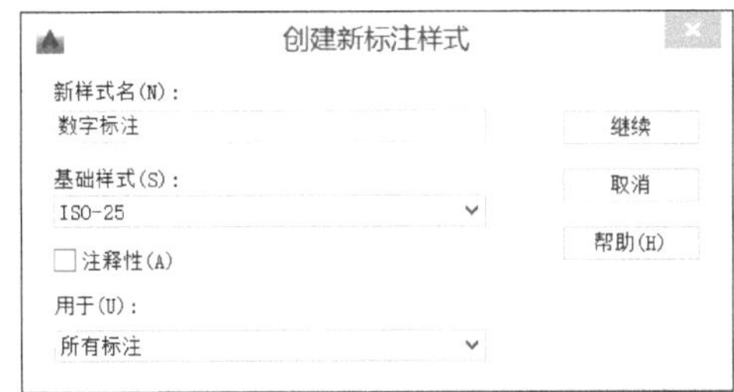

图 19-33 创建新标准样式

Step 03 单击【继续】按钮，在弹出的对话框中选择【文字】选项卡，将文字样式设置为“数字标注”样式，其余属性默认，如图 19-34所示。

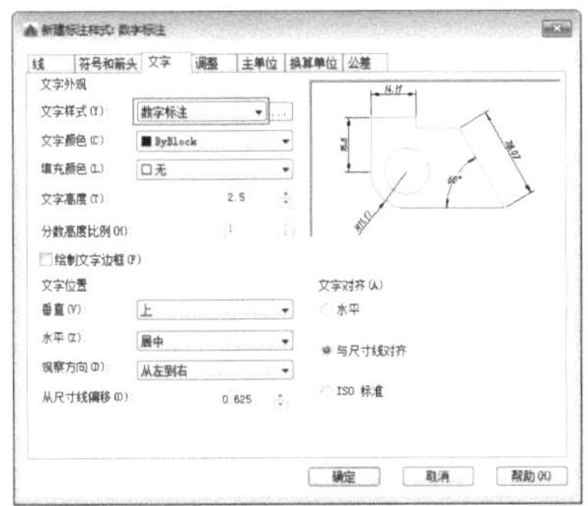

图 19-34 设置文字参数

Step 04 单击【符号和箭头】选项卡，设置如图 19-35所示的参数；同样，单击【线】选项卡，设置参数，如图19-36所示 。

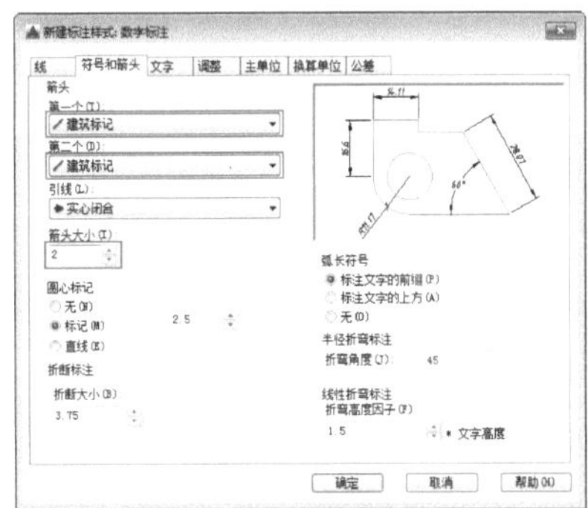

图 19-35 设置【符号和箭头】参数

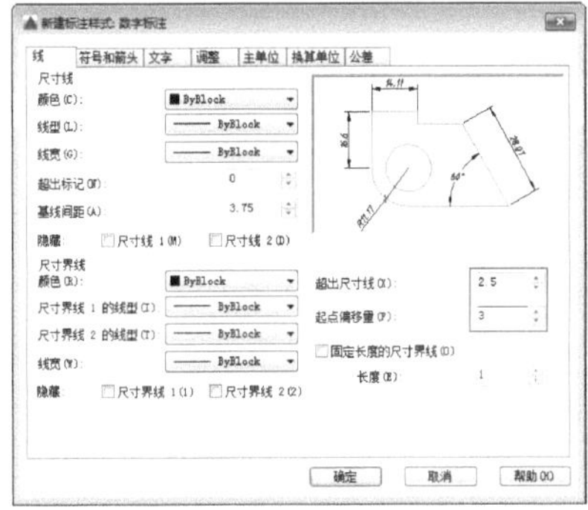

图 19-36 设置【线】参数

Step 05 将风管的位置进行标注，最终的图形如图 19-2所示。

设计点拨

在进行风管标注时，其标注的含义与标注原则如下。

风管截面尺寸指风管的截面宽度与高度的尺寸，例如，风管截面400×200表示风管的截面宽度为400mm，高度为200mm。

对风管截面尺寸进行标注时，标注的文字应与对应风管的水平方向保持一致，这样便于快速观察标注风管的截面尺寸。

第 20 章 建筑电气工程基础

本章将结合建筑电气工程专业知识，详细介绍建筑电气工程施工图的基本规定及要求，建筑电气工程基础概述、电气工程施工图的设计深度、职业法规及规范标准、电气照明平面图基础、电气照明系统图基础等。

20.1 建筑电气工程基础概述

电气设备需要在图纸中表现出来，主要包括两方面内容：第一，供电、配电线路的规格与敷设方式；第二，各类电气设备与配件的选型、规格与安装方式。

为满足一定的生产、生活需求，现代工业与民用建筑中都需要安装多种不同功能的电气设备，如照明灯具、电源插座、电视、电话消防控制装置、各种工业与民用的动力装置、控制设备、智能系统、娱乐电气设施及避雷装置等。对于这些电气工程或设施，都要经过专业人员专门设计表达在图纸上，这些相关图纸就称为电气施工图（或者电气安装图）。在建筑施工图中，它与给排水施工图、采暖通风施工图一起，统一称为设备施工图。其中电气施工图按“电施”编号。

各导线、各种电气设备及配件等在图纸中多数并不是采用其投影制图，而是用国际或国内统一规定的图例、符号及文字表示，具体参见相关标准规程的图例说明，也可于图纸中予以详细说明，并将其标绘在按比例绘制的建筑结构的各种投影图（系统图除外）中，这也是电气施工图的一个特点。

20.1.1 建筑电气工程施工图纸分类

建筑电气工程图是应用非常广泛的电气图，用它来说明建筑中电气工程的构成和功能。描述电气装置的工作原理，提供安装技术数据和使用维护依据。根据一个建筑电气工程的规模大小、功能不同，其图纸的数量、类别也是有所差异的。常用的建筑电气工程图大致分为以下几类（注意每套图纸的各类型图纸的排放顺序，一套完整、优秀的施工图应方便施工人员的阅读识图，其必须遵循一定的顺序）。

1 目录

图纸目录应表达有关序号、图纸名称、图纸编号、图纸张数、篇幅、设计单位等。

2 设计说明

设计说明（施工说明）主要阐述电气工程的设计基本概况，如设计的依据、工程的要求和施工原则、建筑功能特点、电气安装标准、安装办法、工程等级、工艺要求及有关设计的补充说明等。

3 图例

图例是指各种电气装置为便于表达简化而成的图形符号。通常只列出本套图纸中涉及的一些图形符号，一些常见的标准通用图例可省略，相关图形符号参见《电气图用图形符号》（GB4728-2000）有关解释。

4 设备材料明细表

设备材料明细表应列出该项电气工程所需要的各种设备和材料的名称、型号、规格和数量，可作为进一步设计概算和施工预算时的参考。但是表中的数量一般只作为概算估计量，不作为设备和材料的供货依据。

5 电气总平面图

电气总平面图是在建筑总平面图上表示电源及电力负荷分布的图纸，如图 20-1 所示，主要表示各建筑物的名称或用途、电力负荷的装机容量、电气线路的走向及变配电装置的位置、容量和电源进户的方向等。通过电气总平面图可以了解该项工程的概况，掌握电气负荷的分布及电源装置等。一般大型工程都有电气总平面图，中小型工程则有动力平面图或照明平面图。

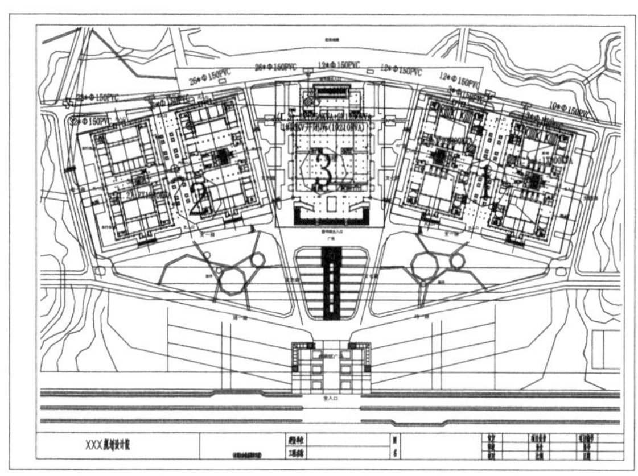

图 20-1 电气总平面图

6 电气系统图

电气系统图是用单线图表现该项电气工程的供电方式及途径、电力输送、分配及控制关系和设备运转等情况的图纸。主要表示各个回路的名称、用途、容量以及主要电气设备、开关元件及导线电缆的规格型号等。从电气系统图中应可看出该电气工程的概况，系统的回路个数及主要用电设备的容量、控制方式等。电气系统图中又包括变配电系统图、动力系统图、照明系统图、弱电系统图等子项。图 20-2 表示的是某工程的低压配电系统图。

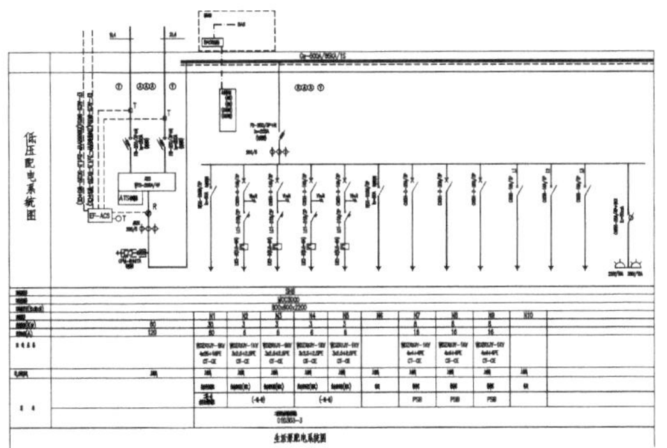

图 20-2 配电系统图

7 电气平面图

电气平面图是表达电气设备、相关装置及各种管线线路平面布置位置关系的图纸，是进行电气安装施工的依据。电气平面图以建筑总平面图为依据，在建筑图上绘出电气设备、相关装置及各种线路的安装位置、敷设办法等。常用的电气平面图有：变配电所平面图、动力平面图、照明平面图、防雷平面图、接地平面图、弱点平面图。图 20-3 所示是某楼房的屋顶防雷平面图。

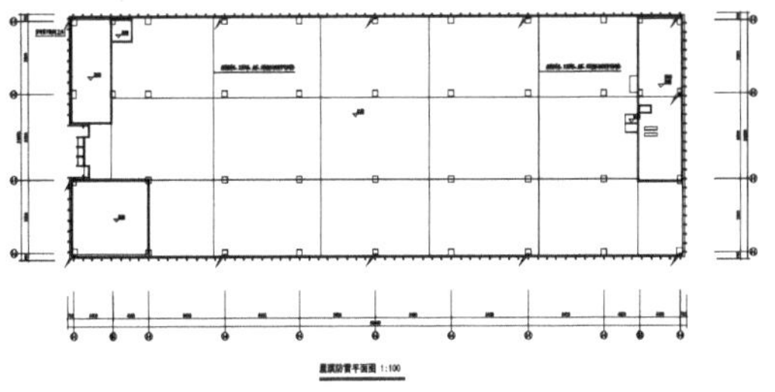

图 20-3 防雷平面图

8 设备平面布置图

设置平面布置图是表达各种电气设备或器件的平面与空间位置、安装方式及其相互关系的图纸，通常由平面图、立体图、剖面图及各种构件详图等组成。设备平面布置图是按三视图原理绘制的，类似于建筑结构制图办法。图 20-4 所示是某配电机房的弱电平面布置图。

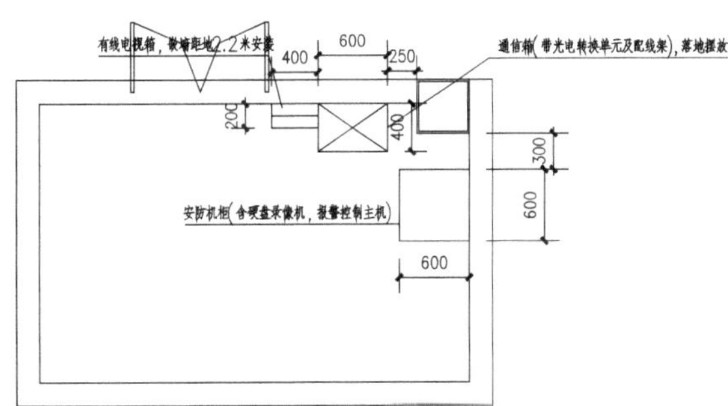

图 20-4 配电机房弱电布置图

9 安装接线图

安装接线图又称安装配线图，是用来表达电气设备、电气元件和线路的安装位置、配线方法、接线方法、配线场所等特征的图纸。

10 电气原理图

电气原理图是用以表达某一电气设备或系统的工作原理的图纸，如图 20-5 所示。主要表示电气设备及元件的启动、保护、信号、联锁、自动控制及测量等。它是按照各个部分的动作原理采用展开法来绘制的，通过分析电气原理图可以清晰地看出整个系统的动作顺序。电气原理图可以用来指导电气设备和器件的安装、接线、调试、使用与维修。

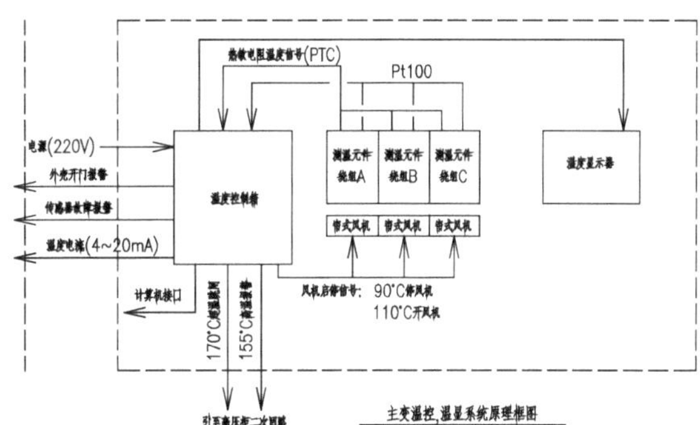

图 20-5 电气原理图

11 大样图

大样图一般用来表示某一具体部位或某一设备元件的结构或具体安装方法，如图 20-6 所示。通过大样图可以了解该项工程的复杂程度。一般非标的控制柜、箱，检测元件和架空线路的安装等都要用到大样图，大样图通常均采用标准通用图集，其中剖面图也是大样图的一种。

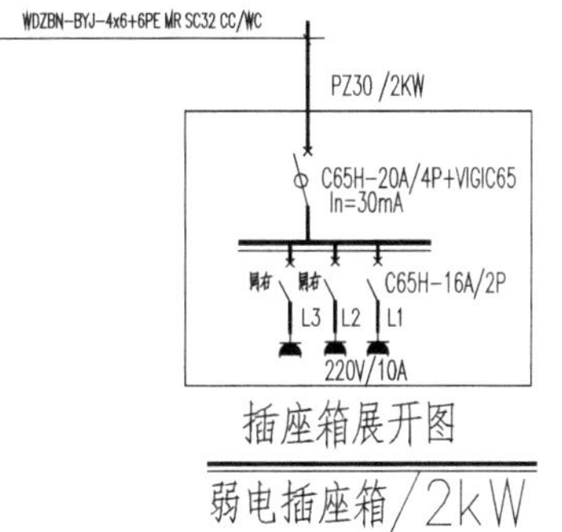

图 20-6 插座箱展开图

工程人员识图时一般应按照如下顺序进行：标题栏及图纸说明 总说明 系统图 （电路图与接线图） 平面图 详图 设备材料明细表。

20.1.2 建筑电气工程项目的分类

在建筑电气工程中，包含多项具体的工程项目，它们协同配合，共同实现整个建筑的电气功能，进而满足不同的生产、生活及安全等方面的需求。

◆ 内线工程：包括室内动力、照明电气线路及其他线路。

◆ 外线工程：包括室外电源供电线路、室外通信线路等，涉及强电和弱电，如电力线路和电缆线路。

◆ 变配电工程：包括由变压器、高低压配电柜、母线、电缆、继电保护与电气计量等设备组成的变配电所。

◆ 室内配线工程：包括主要有线管配线、桥架线槽配线、瓷瓶配线，瓷夹配线、钢索配线等。

◆ 电力工程：包括各种风机、水泵、电梯、机床、起重机以及其他工业与民用、人防等动力设备（电动机）和控制器、动力配电箱。

◆ 照明工程：包括照明电器、开关按钮、插座和照明配电箱等相关设备。

◆ 接地工程：包括各种电气设施的工作接地、保护接地系统。

◆ 防雷工程：包括建筑物、电气装置和其他构建物、设备的防雷设施，一般需经有关气象部门防雷中心检测。

◆ 发电工程：包括各种发电动力装置，如风力发电装置、柴油发电机设备。

◆ 弱电工程：包括智能网络系统、通信系统（广播、电话、闭路电视系统）、消防报警系统、安保检测系统等。

20.1.3 建筑电气工程图的基本规定

工业与民用建筑都需要用到图纸表达，建筑设计部门根据要求绘制图纸，之后交由施工单位按图纸施工，可见图纸是建筑过程中交流和沟通的载体。因此，所有图纸的设计和绘制必须遵从共同的格式和标准要求。这些标准包括建筑电气工程本身、机械制图等方面的规定。

◆ 有关建筑电气制图的相关标注和规定，请参考《房屋建筑制图统一标准》（GB/T50001-2010）及《电气工程 CAD 制图规则》（GB/T18135-2008）等。

◆ 电气制图中所涉及的符号文字以及代号等，可参见《电气简图用图形符号》（GB4728）、《电气设备用图形符号》（GB/T5465.2-2008）。

除了上述的标准以外，还应参考我国相关行业的具体标准和国际通用的 IEC 标准。这些都是建筑电气工程制图所必需的。读者可查阅相关资料详细了解。

20.1.4 建筑电气工程图的特点

系统图、位置图（平面图）、接线图、设备材料表、端子接线图、电路图（控制原理图）等都可以表达建筑电气工程图的大部分内容。与机械图、建筑图不同的是，掌握了建筑电气工程图的相关特点，就能为电气工程图的识别提供更多方便。建筑电气工程图主要有如下特点。

◆ 建筑电气工程图通常采用统一的符号，并通过文字说明。所以，在绘制工程图前，应先熟悉图中所用到符号、文字和项目代号的意义和用法，以及它们相互间的联系。

◆ 闭合回路包括电源、用电设备、导线和开关控制设备，电路都是由闭合回路组成的。因此要读懂图纸，必须了解各种设备的工作原理、主要性能用途和工作程序。

◆ 电路中的电气设备和元件等都是通过导线连接构成一个整体。识图时可将各有关图纸联系起来并交叉查阅（及联系系统图和电路图），以达到事半功倍的效果。

◆ 建筑电气工程施工通常是与土建工程和其他设备安装工程（给排水管道、工艺管道、通信线路、消防系统及机械设备等设备安装工程）施工配合进行，因此，将建筑电气工程图与土建工程图、管道工程图参照来阅读，对于加速各施工流程，提高施工效率具有重要的作用。

◆ 识读电气工程图也是编制工程预算和施工方案的一项基本能力，通过识图，可以正确指导施工和设备的维修与管理。同时在识图时，还应参照相关规范、标准和规定，才能真正读懂图纸。

20.2 电气工程施工图的设计深度

该部分为摘录建设部颁发的关于《建筑工程设计文件编制深度规定》（2013 年版）的文件中电气工程部分施工图设计的有关内容，供读者学习参考。

20.2.1 总则

民用建筑工程一般分为方案设计、初步设计和施工图设计 3 个阶段；对于技术要求简单的民用建筑工程，经有关主管部门同意，并且合同中有不做初步设计的约定，可在方案设计审批后直接进入施工图设计。

各阶段设计文件编制深度应按以下原则进行。

◆ 方案设计文件，应满足编制初步设计文件的需要。注意：对于投标方案，设计文件深度应符合标书要求；若标书没明确要求，设计文件深度可参照此规定的有关条款。

◆ 初步设计文件，应满足编制施工图设计文件的需要。

◆ 施工图设计文件，应满足设备材料采购、非标准设备制作和施工的需要。对于将项目分别发包给几个设计单位或实施设计分包的情况，设计文件相互关联处的深度应当满足各承包或分包单位设计的需要。

20.2.2 方案设计

◆设计范围：本工程拟设置的电气系统。

◆变配电系统：确定负荷级别：1、2、3级负荷的主要内容；负荷估算；电源：根据负荷性质和负荷量，要求外供电源的回路数、容量、电压等级；变、配电所：位置、数量、容量。

◆应急电源系统：确定备用电源和应急电源形式。

◆照明、防雷、接地、智能建筑设计的相关系统内容。

20.2.3 初步设计

建筑电气专业设计文件应包括设计说明书、设计图纸、主要电气设备表、计算书（供内部使用及存档）。

1 设计说明书

设计依据

◆建筑概况：应说明建筑类别、性质、面积、层数、高度等。

◆相关专业提供给本专业的工程设计资料。

◆设计方提供的有关职能部门（如供电部门、消防部门、通信部门、公安部门等）认定的工程设计资料，建设方设计要求。

◆本工程采用的主要标准及法规。

设计范围

◆根据设计任务书和有关设计资料说明本专业的设计工作内容和分工。

◆本工程拟设置的电气系统。

变、配电系统

◆确定负荷等级和各类负荷容量。

◆确定供电电源及电压等级，电源由何处引来，电源数量及回路数、专用线或非专用线。电缆埋地或架空、近远期发展情况。

◆备用电源和应急电源容量确定原则及性能要求，有自备发电机时，说明启动方式与市电网关系。

◆高、低压供电系统接线形式及运行方式：正常工作电源与备用电源之间的关系；母线联络开关运行和切换方式；变压器之间低压侧联络方式；重要负荷的供电方式。

◆变、配电站的位置、数量、容量（包括设备安装容量，计算有功、无功、视在容量，变压器台数，容量）及形式（户内、户外和混合）；设备技术条件和选型要求。

◆继电保护装置的设置。

◆电能计量装置：采用高压或低压；专用柜或非专用柜（满足供电部门要求和建设方内部核算要求）；监测仪表的配置情况。

◆功率因数补偿方式：说明功率因数是否达到供用电规则的要求，应补偿容量和采取的补偿方式和补偿前后的结果。

◆操作电源和信号：说明高压设备操作电源和运作信号装置配置情况。

◆工程供电：高、低压进出线路的型号及敷设方式。

照明系统

◆照明种类及照度标准。

◆光源及灯具的选择、照明灯具的安装及控制方式。

◆室外照明的种类（如路灯、庭院灯、草坪灯、地灯、泛光照明、水下照明等）、电压等级光源选择及其控制方法等。

◆照明线路的选择及敷设方式（包括室外照明线路的选择和接地方式）。

火灾自动报警系统

◆按建筑性质确定保护等级及系统组成。

◆消防控制室位置的确定和要求。

◆火灾探测器、警报控制器、手动报警按钮、控制台（柜）等设备的选择。

◆火灾报警与消防联动控制要求，控制逻辑关系及控制显示要求。

◆火灾应急广播及消防通信概述。

◆消防主电源、备用电源供给方式，接地及接地电阻要求。

◆线路选型及敷设方式。

◆当有智能化系统集成要求时，应说明火灾自动报警系统与其他子系统的接口方式及联动关系。

◆应急电源的照明形式，灯具配置，线路选择及敷设方式，控制方式等。

通信系统

◆对工程中不同性质的电话用户和专线，分别统计其数量。

◆电话站总配线设备及其容量的选择和确定。

◆电话站交、直流供电方案。

◆电话站站址的确定及对土建的要求。

◆通信线路容量的确定及线路网络组成和敷设。

◆对市话中继线路的设计分工，线路敷设和引入位置的确定。

◆室内配线及敷设要求。

◆防电磁脉冲接地、工作接地方式及接地电阻要求。

有线电视系统

◆系统规模、网络组成、用户输出口电平值的确定。

◆节目源选择。

◆机房位置、前端设备配置。

◆用户分配网络、导体选择及敷设方式、用户终端数量的确定。

综合布线系统

◆根据工程项目的性质、功能、环境条件和近、远期用户要求确定综合布线的类型及配置标准。

◆系统组成及设备选型。

◆总配线架、楼层配线架及信息终端的配置。

◆导体选择及敷设方式。

◆建筑设备监控系统及系统集成。包括：系统组成、监控点数及其功能要求、设备选型等。

◎ 建筑物防雷

◆确定防雷类别。

◆防直接雷击、防侧击雷、防雷机电磁脉冲、防高电位侵入的措施。

◆当利用建（构）筑物混凝土内钢筋做接闪器、引下线、接地装置时，应说明采取的措施和要求。

◎ 接地及安全

◆本工程各系统要求接地的种类及接地电阻要求。

◆总等电位、局部等电位的设置要求。

◆接地装置要求，当接地装置需做处理时应说明采取的措施、方法等。

◆安全接地及特殊接地的措施。

2 设计图纸

◎ 电气总平面图（仅有单体设计时，可无此项内容）

◆标示建（构）筑物名称、容量，高、低压线路及其他系统线路走向，回路编号，导线及电缆型号规格，架空线杆位，路灯、庭院灯的杆位（路灯、庭院灯可不绘线路），重复接地点等。

◆变、配电站位置、编号和变压器容量。

◆比例、指北针。

◎ 变、配电系统

◆高、低压供电系统图：注明开关柜编号、型号、回路编号、一次回路设备型号、设备容量、计算电流、补偿容量、导体型号规格、用户名称、二次回路方案编号。

◆平面布置图：包括高、低压开关柜，变压器，母干线，发电机，控制屏，直流电源及信号屏等设备平面布置和主要尺寸，图纸应有比例。

◆标示房间层高、地沟位置、标高（相对标高）。

◎ 配电系统（一般只绘制内部作业图，不对外出图）

包括主要干线平面布置图、竖向干线系统图（包括配电及照明干线、变配电站的配出回路及回路编号）。

◎ 照明系统

对于特殊建筑，如大型体育场馆、大型影剧院等，有条件的应绘制照明平面图。该平面图包括灯位（含应急照明灯）、灯具规格，配电箱（或控制箱）位，无需连线。

◎ 热工检测及自动调节系统

◆专项设计的自控系统需绘制热工检测及自动调节原理系统图。

◆控制室设备平面布置图。

◎ 火灾自动报警系统

◆火灾自动报警系统图。

◆消防控制室设备设置平面图。

◎ 通信系统

◆电话系统图

◆站房设备布置图。

◎ 防雷系统、接地系统

一般不出图纸，特殊工程只出顶视平面图、接地平面图。

◎ 接地系统

◆各系统所属系统图。

◆各控制室设备平面布置图（若在系统图中说明清楚时，可不出此图）

3 主要电气设备表

注明设备名称、型号、规格、单位、数量。

4 计算书（供内部使用及存档）

◆用电设备负荷计算。

◆变压器选型计算。

◆电缆选型计算。

◆系统短路电流计算。

◆防雷类别计算及避雷针保护范围计算。

◆各系统计算结果尚应标示在设计说明或相应图纸中。

◆因条件不具备不能进行计算的内容，应在初步设计中说明，并应在施工图设计时补算。

20.2.4 施工图设计

在施工图设计阶段，建筑电气专业设计文件应包括图纸目录、施工设计说明、设计图纸、主要设备表、计算书（共内部使用及存档）。

1 图纸目录

先列新绘制图纸，后列重复使用的图。

2 施工设计说明

◆工程设计概况：应将经审批定案后的初步（或方案）设计说明书中的主要指标录入。

◆注明各系统的施工要求和注意事项（包括布线、设备安装等）。

◆注明设备订货要求（亦可附在相应图纸上）。

◆注明防雷及接地保护等其他系统有关内容（亦可附在相应图纸上）。

◆注明本工程选用标准图图集编号、页号。

3 设计图纸

施工设计说明

施工设计说明、补充图例符号、主要设备表可组成首页，当内容较多时，可分设专页。

电气总平面图

仅有单体设计时，可无此项内容。

◆标注建（构）筑物名称或编号、层数或标高、道路、地形、等高线和用户的安装容量。

◆标示变、配电站位置、编号；变压器台数、容量；发电机台数、容量；室外配电箱的编号、型号；室外照明灯具的规格、型号、容量。

◆架空线路应标注：线路规格及走向、回路编号、杆位编号、档数、档距，杆高、拉线、重复接地、避雷器等（附标准图集选择表）。

◆电缆线路应标注：线路走向、回路编号、电缆型号及规格、敷设方式（附标准图集选择表）、人（手）孔位置。

◆标注比例、指北针。

◆图中未表达清楚的内容可附图作统一说明。

变、配电站

◆高、低压配电系统图（一次线路图）：图中应标明母线的型号、规格；变压器、发电机的型号、规格；标明开关、断路器、互感器、继电器、电工仪表（包括计量仪表）等的型号、规格、整定值。图下方表格标注：开关柜编号、开关柜型号、回路编号、设备容量、计算电流、导体型号及规格、敷设方法、用户名称、二次原理图方案号（当选用分格式开关柜时，可增加小室高度或模数等相应栏目）。

◆平、剖面图：按比例绘制变压器、发电机、开关柜、控制柜、直流及信号柜、补偿柜、支架、地沟、接地装置等平、剖面布置、安装尺寸等，当选用标准图时，应标注标准图编号、页次；标注进出线回路编号、敷设安装方法，图纸应标注比例。

◆继电保护及信号原理图：继电保护及信号二次原理方案，应选用标准图或通用图，当需要对所选用标准图或通用图进行修改时，只需绘制修改部分并说明修改要求；控制柜、直流电源及信号柜、操作电源均应选用企业标准产品，在图中标注相关产品型号、规格和要求。

◆竖向配电系统图：以建（构）筑物为单位，自电源点至终端配电箱止，按设备所处相应楼层绘制，应包括变、配电站变压器台数、容量，发电机台数、容量，各处终端配电箱编号，自电源点引出回路编号（与系统图一致），接地干线规格。

◆相应图纸说明：图中表达不清楚的内容，可随图作相应说明。

配电、照明

◆配电箱（或控制箱）系统图，应标注配电箱编号、型号，进线回路编号；标注各开关（或熔断器）型号、规格、整定值；配电回路编号、导线型号规格（对于单相负荷，应标明相别），对有控制要求的回路应提供控制原理图；对重要负荷供电回路宜标明用户名称。上述配电箱（或控制箱）系统内容必须在平面图上标注完整，可不单独出配电箱（或控制箱）系统图。

◆配电平面图应包括建筑门窗、墙体、轴线、主要尺寸、工艺设备编号及容量；布置配电箱、控制箱，应注明编号、型号及规格；绘制线路始、终位置（包括控制线路），标注回路规模、编号、敷设方式，图纸应有比例。

◆照明平面图，应包括建筑门窗、墙体、轴线、主要尺寸、标注房间名称、绘制配电箱、灯具、开关、插座、线路等平面布置，标明配电箱编号，干线、分支线回路编号，相别，型号，规格，敷设方式等；凡需二次装修的部位，其照明平面图随二次装修设计，但配电或照明平面上应相应标注预留的照明配电箱，并标注预留容量；图纸应标注比例。

◆图中表达不清楚的，可随图作相应说明。

热工检测及自动调节系统

◆普通工程宜选定型产品，仅列出工艺要求。

◆专项设计的自控系统需绘制：热工检测及自动调节系统原理图、自动调节方框图、仪表盘及台面布置图、端子排接线图、仪表盘配电系统图、锅炉房仪表平面图、主要设备材料表、设计说明。

建筑设备监控系统及系统集成

◆监控系统方框图、绘制 DDC 站止。

◆随图说明相关建筑设备监控（测）要求、点数、位置。

◆配合承包方了解建筑情况及要求，审查承包方提供的深化设计图纸。

防雷、接地及安全

◆绘制建筑物顶层平面，应有主要轴线号、尺寸、标高、标注避雷针、避雷带、引下线位置。注明材料型号规格、所涉及的标准图编号、页次，图纸应标注比例。

◆绘制接地平面图（可与防雷顶层平面重合），绘制接地线、接地极、测试点、断接卡等的平面位置，标明材料型号、规格、相对尺寸等涉及的标准图编号、页次（当利用自然接地装置时，可不出此图），图纸应标注比例。

◆当利用建筑物（或构筑物）钢筋混凝土内的钢筋作为防雷接闪器、引下线、接地装置时，应标注连接点、接地电阻测试点、预埋件位置及敷设方式，注明所涉及的标准图编号、页次。

◆随图说明包括：防雷类别和采取的防雷措施（包括防侧击雷、防击电磁脉冲、防高电位引入）；接地极材料要求、敷设要求、接地电阻值要求；当利用桩基、基础内钢筋做接地极时，应采取的措施。

◆除防雷接地外的其他电气系统的工作或安全接地的要求（如电源接地形式，直流接地，局部等电位、总等电位接地等）：如果采用共用接地装置，应在接地平面图中叙述清楚，交代不清楚的应绘制相应图纸（如局部等电位平面图等）。

◎ 火灾自动报警系统

◆符合火灾自动报警及消防联动控制系统图、施工设计说明、报警及联动控制要求。

◆各层平面图，应包括设备及器件布点、连线、线路型号、规格及敷设要求。

◎ 其他系统

◆绘制各系统的系统框图。

◆说明各设备定位安装、线路型号规格及敷设要求。

◆配合系统承包方了解相应系统的情况及要求，审查系统承包方提供的深化设计图纸。

4 主要设备表

注明主要设备名称、型号、规格、单位、数量。

5 计算书（供内部使用及存档）

施工图设计阶段的计算书，只补充初步设计阶段时应进行计算而未进行计算的部分，修改因初步设计文件审查变更后需重新进行计算的部分。

20.3 职业法规及规范标准

规范和标准是工程设计的依据，贯穿于工程设计的整个过程。一个合格的专业设计人员应熟悉专业规范的各相关条文，严格遵照执行。本节总结了一些建筑电气工程设计中的常用规范标准，供读者学习参考。

电气工程人员在设计过程中严格遵循相关条文，保证工程设计的合理、安全，同时在实际工作中应注意以下几点。

◆掌握我国电气工程设计中法律、法规强制执行的概念。

◆了解电气工程设计中强制执行法律、法规文件的名称。

◆了解我国电气工程设计相关法律、法规的归口管理、编制、颁布、等级、分类、版本的基本概念。

◆了解我国电气工程中工程管理、工程经济、环境保护、监理、咨询、招标、施工、验收、试运行、达标投产、交付运行等环节执行相关法律法规的基本要求。

◆了解IEC、IEEE、ISO的基本概念和在我国电气工程勘察设计中的使用条件及与我国各种法律、法规的关系。

1 职业法规

下面列出了电气工程设计中的常用法律、法规和标准规范目录，读者可自行查阅。其中涉及建设法规、高压供配电、低压配电、建筑物电气装置、智能建筑与自动化等相关法规及各类规范标准。

◆《综合布线系统工程设计规范》（GB/T50311-2007）

◆《智能建筑设计标准》（GB/T50314-2006）

◆《供配电系统设计规范》（GB50052-2009）

◆《10kv及以下变电所设计规范》（GB50053-1994）

◆《低压配电设计规范》（GB50054-1995）

◆《通用用电设备配电设计规范》（GB50055-2011）

◆《电力设备抗震设计规范》（GB50260-1996）

◆《电气设备安全设计导则》（GB/T25295-2010）

◆《电子信息系统机房设计规范》（GB50174-2008）

◆《人民防空地下室设计规范》（GB50038-2005）

◆《建筑照明设计标准》（GB50034-2004）

◆《有线电视系统工程技术规范》（GB50200-1994）

◆《电气简图用图形符号》（GB/T4728-2000）

◆《电气设备用图形符号》（GB/T5465.2-2008）

◆《电气技术用文件的编制》（GB/T6988.1-2008）

◆《文物系统博物馆安全防范工程设计规范》（GB/T16571-2012）

◆《建筑照明设计标准》（GB50034-2004）

2 图纸格式与幅面尺寸标准

◆图纸的格式。一张图纸的完整图面是由边框线、图框线、标题栏、会签栏组成。

◆幅面尺寸。由边框线所围成的图面，称为图纸的幅面。幅面尺寸共分5类：A0~A4，其尺寸见表20-1。A0~A2号图纸一般不可以加长，A3、A4号图纸可根据需求加长。

表20-1 基本幅面尺寸

幅面代号	单位	A0	A1	A2	A3	A4
宽×长（B×L）	mm	841×1189	594×841	420×594	297×420	210×297
边宽（C）	mm	10			5	
装订侧边宽	mm	25				

3 标题栏绘制标准

◆用以确定图纸的名称、图号、张次、更改和有关人员签署等内容的栏目。标题栏又名图标，它的方位一般在图纸的下方或右下方。标题栏中的文字方向为看图方向，即图中的说明、符号均应以标题栏的文字方向为准，这样有助于读图。

◆标题栏的格式，目前我国尚没有统一规定，各设计部门标题栏格式都不一样。通常采用的标题栏格式有：设计单位、工程名称、项目名称、图名、图别、图号等。

4 图线标准

绘制电气图所用各种线条统称为图线，常见的图线见表 20-2。

表 20-2 图线的形式及应用

图线名称	图线	线宽	用于绘制的图形
粗实线	▬▬▬▬	b	电气线路、一次线路
细实线	————	0.5b	二次线路、一般线路
虚线	— —— —	0.5b	屏蔽线、机械连线
单点画线	—·——·—	0.25b	控制线、信号线、围框线
双点画线	—··——··—	0.25b	辅助围框线、36V 以下线路

5 比例标准

◆图形与实际物体线型尺寸的比值称为比例。大部分电气工程图不是按比例绘制的，某些位置图则按比例绘制或部分按比例绘制。

◆所采用的比例一般有1：10、1：20、1：50、1：100、1：200、1：500。例如，图纸比例为1：200，表示量得图上某段线路长为20cm，则实际路线长度为20×200=4000cm。

20.4 电气照明平面图基础

本节将简要介绍电气照明平面图的一些基本理论知识，图 20-7 为某别墅楼标准层的照明平面示意图。

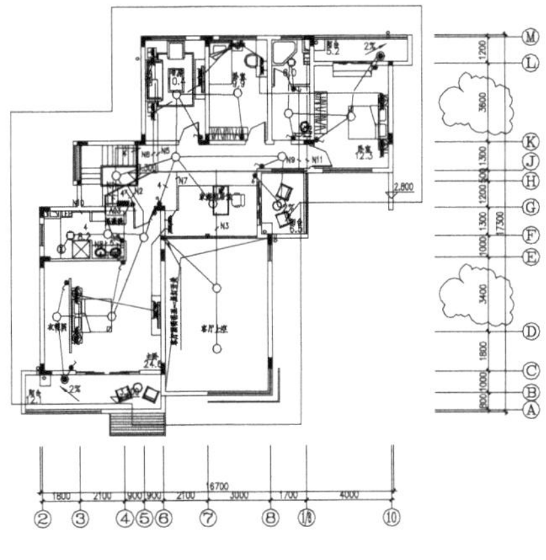

图 20-7 电气照明平面图

20.4.1 电气照明平面图概述

电气照明平面图是表示照明设备、装置与线路平面布置的图纸，是进行照明电气安装的主要依据。

1 电气照明平面图表示的主要内容

电气照明平面图一般包含以下内容。

◆照明配电箱的型号、数量、安装位置、安装标高、配电箱的电气系统。

◆照明线路的配线方式、敷设位置、线路的走向、导线的型号、规格及根数，导线的连接方法。

◆灯具的类型、功率、安装位置、安装方式及安装标高。

◆开关的类型、安装位置、离地高度、控制方式。

◆插座及其他电器的类型、容量、安装位置、安装高度等。

2 图形符号及文字符号的应用

电气照明施工平面图是简图，它采用图形符号和文字符号来描述图中的各项内容。电气照明线路及其相关的电气设备的图形符号及标注的文字符号所表示的意义，将在后面作相关介绍。

3 照明路线及设备位置的确定方法

照明线路及其设备一般采用图像符号和标注文字相结合的方式来表示，在电气照明施工平面图中不表示线路及设备本身的尺寸、形状，但必须确定其敷设和安装的位置。其平面位置是根据建筑平面图的定位轴线和某些构筑物的平面位置来确定照明线路和设备布置的位置，而垂直位置，即安装高度，一般采用标高、文字符号等方式来表示。

4 电气照明平面图的绘制步骤

电气照明平面图绘制步骤如下。

Step 01 画房屋平面（外墙、门窗、房间、楼梯等）。

Step 02 电气工程CAD制图中，对于新建结构往往会由建筑专业提供建筑施工图，对于改建改造建筑，则需重新绘制其建筑施工图。

Step 03 画配电箱、开关及电气设备。

Step 04 画各种灯具、插座、吊扇等。

Step 05 画进户线及各电气设备、开关、灯具间的连接线。

Step 06 对线路、设备等附加文字标注。

Step 07 附加必要的文字说明。

20.4.2 常用照明路线分析

照明控制接线图包括原理接线图和安装接线图。原理接线图比较清楚地表明了开关、灯具的连接与控制关系，但不具体表示照明设备与线路的实际位置。在照明平面图上表示的照明设备连接关系图是安装接线图。

在一个建筑物内，有许多灯具和插座，一般有两种连接方法：一种是直接接线法，灯具、插座、开关直接从电源干线上引接，导线中间允许有接头，如瓷夹配线、瓷柱配线等；另一种是共头接线法，导线的连接只能在开关盒、灯头盒、接线盒引线，导线中间不允许有接头。

1 开关与灯具的控制关系

◆一个开关控制一盏灯：是最简单的照明平面布置，这种一个开关控制一盏灯的配线方式，可采用共头接线法或直接接线法，如图 20-8 所示的接线图，图中所采用的导线根数是与实际接线的导线根数是一致的。

图 20-8　一个开关控制一盏灯

◆多个开关控制多盏灯：如图 20-9 所示，图中有一个照明配电箱、3 盏灯、一个单控双联开关和一个单控单联开关，它采用线管配线、共头接线法。

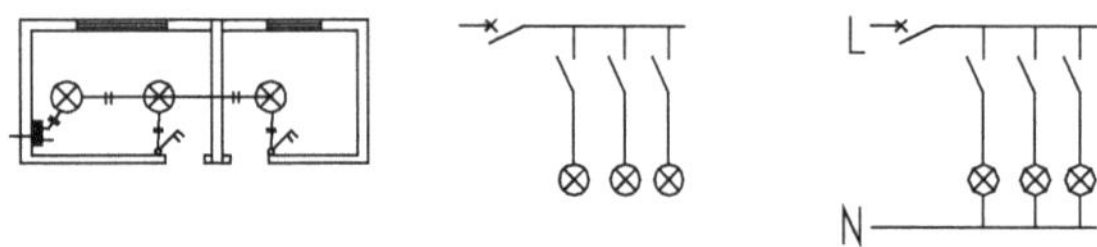

图 20-9　多个开关控制多盏灯

◆两个开关控制一盏灯：如图 20-10 所示，图中两个双控开关在两处控制一盏灯，这种控制模式通常用于楼梯灯——楼上、楼下分别控制，走廊灯——走廊两端进行控制。

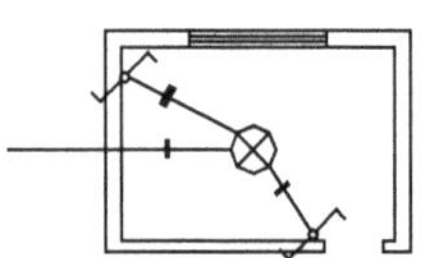
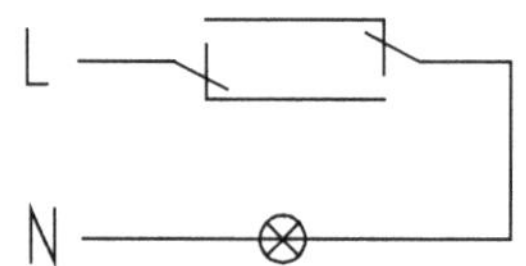

图 20-10　两个开关控制一盏灯

2 插座的接线

◆单相两极暗插座：图 20-11 所示为单相两极暗插座的平面图及接线示意图，由该图可以看出，左插孔接零线 N，右插孔则接相线 L。

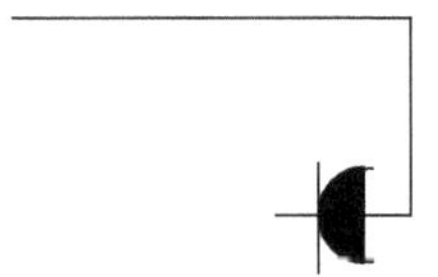
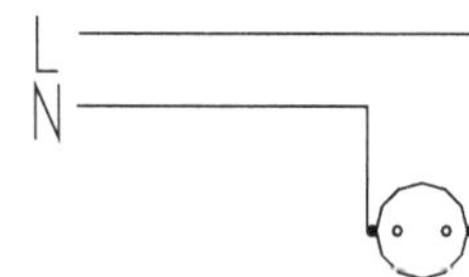

图 20-11　单相两级暗插座

◆单相三极暗插座：图 20-12 所示为单相三极暗插座的平面图及接线示意图，由该接线图可以看出，上插孔接保护地线 PE，左插孔接零线 N，右插孔则接相线 L。

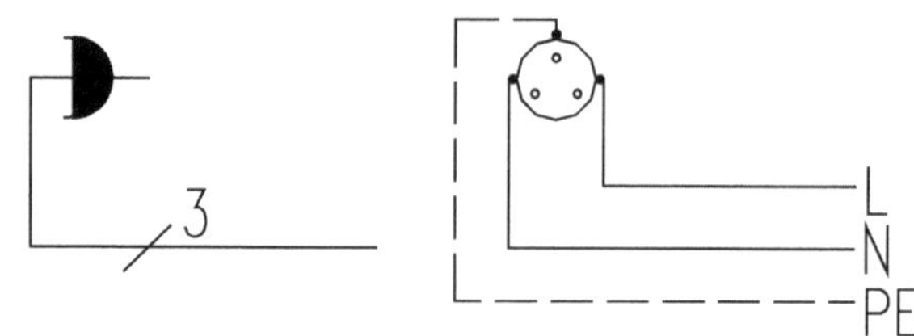

图 20-12　单相三级暗插座

◆三相四级暗插座：图 20-13 所示为三相四极暗插座的平面图及接线示意图，从接线图中可以看出，上插接零线 N，其余接 3 根相线（L1、L2、L3），保护接地线 PE 接电气设备的外壳及控制器。

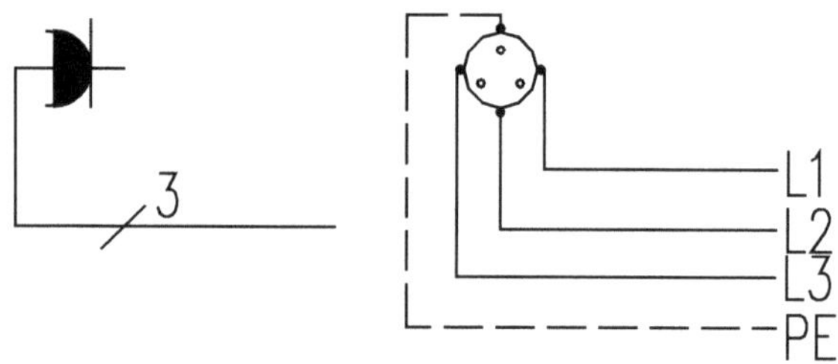

图 20-13　三相四级暗插座

20.4.3 文字标注及相关必要的说明

建筑电气施工图的表达，一般采用图形符号与文字标注符号相结合的方法。其中，文字标注包括相关尺寸、线路的文字标注、用电设备的文字标注、开关与熔断器的文字标注、照明变压器的文字标注、照明灯具的文字标注，以及相关的文字特别说明等。所有的文字标注均应按相关标准要求，做到文字表达规范、清晰明了。

这里简要介绍导线、电缆、配电箱、照明灯具、开关等电气设备的文字标注表示方法，电气专业书籍中也有叙述，本节主要是将其与 AutoCAD 制图相结合统一介绍。

1 绝缘导线与电缆的表示

绝缘导线

低压供电线路及电气设备的连接线，多采用绝缘导线。按绝缘材料不同，绝缘导线有橡皮绝缘导线与塑料绝缘导线等之分；按线芯材料划分，绝缘导线包括铜芯绝缘导线和铝芯绝缘导线，其中还有单芯和多芯的区别。导线的标准截面面积有 0.2 ㎡、0.3 ㎡、0.4 ㎡、0.5 ㎡等。

电缆

电缆按用途分有电力电缆、通用（专用）电缆、通信电缆、控制电缆、信号电缆等。按绝缘材料可分为纸绝缘电缆、橡皮绝缘电缆、塑料绝缘电缆等。电缆的结构主要包括 3 个部分，即线芯、绝缘层和保护层。保护层又分为内保护层和外保护层。电缆的型号表达了电缆的结构、特点和用途。

例如，VV—1000—3×50+2×25 表示聚氯乙烯绝缘，聚氯乙烯护套电力电缆，额定电压为 1000V，3 根 $50mm^2$ 铜芯线及 2 根 $25mm^2$ 铜芯线；YJV22—3×75+1×35 表示交联聚乙烯绝缘，聚氯乙烯护套内钢带铠装，3 根 $75mm^2$ 铜芯线及 1 根 $35mm^2$ 铜芯线。

2 线路文字标注

动力及照明线路在平面图上均用图线表示，而且只要走向相同，无论导线根数有多少，都可画一条图线（单线法），同时在图线上打上短斜或标以数字，用以说明导线的根数。另外，还在图线旁标注必要的文字符号，用以说明线路的用途、导线型号、规格、根数、线路敷设方式及部位等。这种标注方式习惯上称为直接标注。

其标注的基本格式为：

a-*b*（*c*×*d*）*e*-*f*。

其中，*a* 表示线路编号或线路用途的符号；*b* 表示导线型号；*c* 表示导线根数；*d* 表示导线截面，单位为 mm^2；*e* 表示保护管直径，单位为 mm；f 表示线路敷设方式和敷设部位。

国家相关标准中未对线路用途符号及线路敷设方式和敷设部位用文字符号作统一规定，但一般习惯使用原来以汉语拼音字母标注的方法，对专业人士推荐以相关专业英语字母表征其相关说明。

3 动力、照明配电设备的文字标注

动力和照明配电设备应采用《电气简图用图形符号》（GB4728-2000）所规定的图形符号绘制，并应在图形符号旁加注文字标注。

用电设备的文字标注

用电设备应按国家标准规定的图形符号表示，并在图形符号旁用文字标注说明其性能和特点，如编号、规格、安装高度等。其标注格式为：

$$\frac{a}{b} \text{或} \frac{a\ b}{c\ d}$$

其中，*a* 表示设备的编号；*b* 表示额定功率，单位为 kW；*c* 表示线路首端熔断片或自动开关释放器的电流，单位为 A；*d* 表示安装标高，单位为 m。

开关及熔断器的文字标注

开关及熔断器的表示，也为图形符号加文字标注。

其文字标注格式一般为：

$$a\frac{b-c/i}{d(e\times f)-g} \text{或} a\frac{b}{c/i} \text{或} a\text{–}b\text{–}c/i$$

当需要标注引入线时，其标注格式为：

$$a\frac{b-c/i}{d(e\times f)-g}$$

其中，*a* 表示设备编号；*b* 表示设备型号；*c* 表示额定电流，单位为 A；*d* 表示导线型号；*e* 表示导线根数；*f* 表示导线截面，单位为 mm^2；*g* 表示导线敷设方式及敷设部位；*i* 表示整定电流，单位为 A。

4 照明灯具的文字标注

照明灯具种类多样，图形符号也各有不同。

其文字标注方式一般为：

a-b（c×d）-f。

当灯具安装方式为吸顶安装时，则标注因为：

$$a\text{–}b\frac{c\times d\times L}{e}f$$

其中，*a* 表示灯具的数量；*b* 表示灯具的型号、编号或代号；*c* 表示每盏灯具的灯泡总数；*d* 表示每个灯泡的容量，单位为 W；*e* 表示灯泡安装高度，单位为 m；*f* 表示灯具安装方式；*L* 表示光源的种类，白炽灯或荧光灯等。

常用的光源种类有白炽灯（IN）、荧光灯（FL）、汞灯（Hg）、钠灯（Na）、碘灯（I）、氙灯（Xe）、氖灯（Ne）等。

5 照明变压器的文字标注

照明变压器也使用图形符号附加文字标注的方式来表示，其文字标注的格式一般为：

$$a/b-c$$

其中，*a* 表示一次电压，单位为 V；*b* 表示二次电压，单位为 V；*c* 表示额定容量，单位为 VA。

20.5 电气照明系统图基础

《电气制图》（GB6988-86）对系统图的定义如下：用符号或带注释的框图，概略地表示系统或分系统的基本组成、相互关系及其主要特征的一种简图。系统的组成有大有小，以某工厂为例，有总降压变电所系统图、车间动力系统图以及一台电动机的控制系统图和照明灯具的控制系统图等。

动力照明工程设计是现代建筑电气工程最基本的内容，所以动力、照明工程图亦为电气工程图最基本的图纸。动力、照明工程图的主要内容包括：系统图、平面图、配电箱安装接线图等（注意图纸的编排顺序）。

动力、照明系统图是用图形符号、文字符号绘制的，用于概略表示该建筑内动力、照明系统或分系统的基本组成、相互关系及主要特征的一种简图。它具有电气系

统图的基本特点，能集中反应动力及照明的安装容量、计算容量、计算电流、配电方式、导线或电缆的型号、规格、数量、敷设方式及穿管管径、开关及熔断器的规格型号等。它和变电所的接线图属同一类型图纸，均为系统图，只是动力、照明系统图比变电所主接线图表示得更为详细、清晰。图 20-14 所示是某住宅楼照明配电系统图。

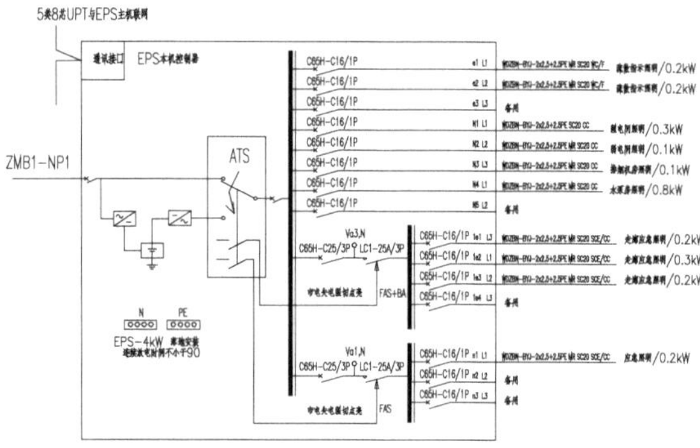

图 20-14 照明配电系统图

20.5.1 照明系统图概述

室内电气照明系统图的主要内容：建筑物内的配电系统的组成和连接示意图。主要表示电源的引进设置总配电箱、干线分布、分配电箱、各相线分配、计量表和控制开关等。

1 系统图的特点

《电气制图》（GB6988-86）对系统图的定义，准确描述了系统图或框图的基本特点。

◆ 系统图或框图描述的对象是系统或分系统。

◆ 它所描述的内容是系统或分系统的基本组成和主要特征，而不是全部组成和全部特征。

◆ 它对内容的描述是概略的，而不是详细的。

◆ 用于表示系统或分系统基本组成的是图形符号和带注释的框。

2 系统图或框图的功能意义

对于图样主要用带注释的框绘制的系统图，习惯上一般称为框图。实际上，从表达内容上看，系统图与框图没有原则上的差异。

系统图和框图在电气图中整套电气施工图纸的编排是首位的，其在整套图纸中占据的位置是重要的，阅读电气施工图也首先应从系统图起始。原因就在于系统图往往是某一系统、某一装置、某一设备成套设计图纸中的第一张图纸。因为它是从总体上描述了电气系统或分系统的，它是系统或分系统设计的汇总，是依据系统或分系统功能依次分解的层次绘制的。有了系统图或框图，就为下一步编制更为详细的电气图或编制其他技术文件提供了基本依据。根据系统图就可以从整体上确定该项电气工程的规模，进而可为设计其他电气图、编制其他技术文件，以及进行有关的电气计算、选择导线及开关等设备、拟订配电装置的布置和安装位置等提供主要依据，并为电气工程的工程概预算、施工方案文件的编制提供基本依据。

另外，电气系统图还是电气工程施工操作、技术培训及技术维修不可缺少的图纸，因为只有首先通过阅读系统图，对系统或分系统的总体情况有所了解、认识后，才能在有所依据的前提下，进行电气操作或维修等，如一个系统或分系统发生故障时，维修人员可借助系统图初步确定故障产生部位，进而阅读电路图和接线图，确定故障的具体位置。

在绘制成套的电气图纸时，用系统图来描述的对象，可对这类对象作适当划分，然后分别绘制详细的电气图，使得图样表达更为清晰简练、准确，同时可以缩小图纸幅面，以利保管、复制及缩微。

3 系统图或框图的绘制办法

首先，系统图及框图的绘制必须遵守《电制图气》GB6988、电气工程 CAD 制图等电气方面标准有关规定，也可以参考其他国标或地方标准，应当尽量简化图纸、方便施工，详细而又不琐碎地表示设计者的设计目的，图纸中各部分应主次分明，表达清晰、准确。

◎ 图形符号的使用

前述章节已介绍了许多电气工程制图中涉及的图形符号，另外，读者也可参考电气工程相关技术规范标准进行深入学习。绘制系统图或框图应采用《电气图用图形符号》（GB4728-2000）标准中规定的图形符号（包括方框符号），由于系统图或框图描述的对象层次较高，因此多数情况下都有采用带注释的框。框内的注释可以是文字或相关符号，也可以是文字加符号；而框的形式可以是实线框，也可以是点画线。有时也会用到一些表示元器件的图形符号，这些符号只是用来表示某一部分的功能，并非与实际的元器件一一对应。

◎ 层次划分

对于较复杂的电气工程系统图，可根据技术深度及系统图原理，进行适当的层次划分，由表及里地绘制电气工程图，为了更好地描述对象（如系统、成套装置、分系统、设备）的基本组成及其相互之间的关系和各部分的主要特征，往往需要在系统图或框图上反映出对象的层次。通常，对于一个比较复杂的对象，往往可以用逐级分解的方法来划分层次，按不同的层次单独绘制系统图或者框图。较高层次的系统图主要反映对象的概况，较低层次的系统图可将对象表达得较为详细。

◎ 项目代号标注

有关项目代号的知识，前述章节也有所涉及，读者也可查阅相关资料，多加补充了解。系统图或框图中表示系统基本组成的各个框，原则上均应标注项目代号，因为系统图、框图、电路图、连线图是前后呼应的，标注项目代号为图纸的相互查找提供了方便。通常在较高层次的系统图上标注高层代号，在较低层次的系统图上一般只标注种类代号。标注项目代号可以使图上的项目与实物之间建立起一一对应关系，并反映出项目的层次关系和从属关系。若不需要标注时，也可不标注。由于系统图或框图不具体表示项目的实际连接和安装位置，所以一般标注端子代号和位置代号。

◎ 布局

系统图和框图通常习惯采用功能布局法，必要时还可以加注位置信息。框图的布局合理，可使材料、能量和控制信息流向表达得很清楚。

◎ 连接线

在系统图和框图上，采用连接线来反映各部分之间的功能关系。连接线的线形有细实线和粗实线之分。一般电路连接线采用与图中图形符号相同的细实线，必要时可将表示电源电路和主信号电路的连接线用粗实线表示。反映非电过程流向的连接线也采用比较明显的粗实线。

连接线一般绘到线框为止，当框内采用符号作注释时，应穿越框线进入框内，此时被穿越的框线应采用点画线。在连接上可以标注各种必要的注释，如信号名称、电平、频率、波形等。在输入与输出的连接线上，必要时可标注功能及去向。连接线上一般是用来开口箭头表示电流号流向，实心箭头表示非电过程和信息的流向。

4 室内电气照明系统图的主要内容

室内电气照明系统图描述的主要内容为：其建筑物内配电系统的组成和连接示意图。主要表示对象为电源的引进设置总配电箱、干线分布、分配电箱、各相线分配、计量表和控制开关等。

5 照明和动力系统图常识

配电系统图的设计应根据具体的工程规模、负荷性质、用电容量来确定。低压配电系统一般采用380V/220V中性点直接接地系统，照明和动力回路宜分开设置。单相用电设备应均匀地分配到三相线路中，由单相负荷不平衡引起的中性线电流，对Y/Y0接线的三相变压器，中性线电流不得超过低压绕组额定电流的25%。其任 相电流在满载时都不得超过额定电流值。

20.5.2 常用动力配电系统

这里介绍3种类型的配电系统，分别为放射式、树干式、链式配电系统。

1 放射式配电系统

图20-15所示为放射式配电系统，该类型配电系统可靠性较高，配电线路故障互不影响，配电设备集中，检修比较方便。缺点是系统灵活性较差，线路投资较大。一般适用于容量大、负荷集中、重要的用电设备或集中控制设备。

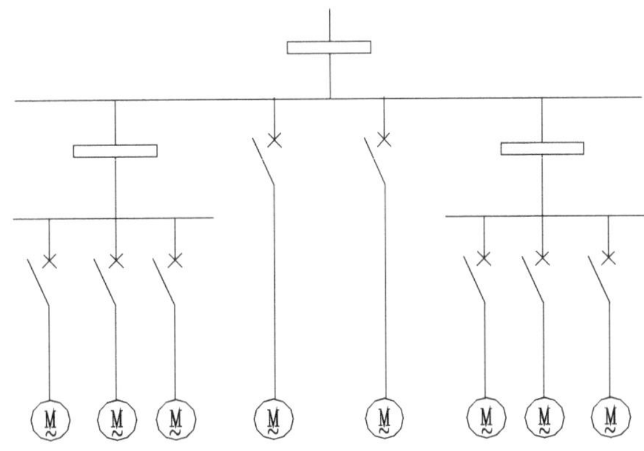

图 20-15 放射式配电系统

2 树干式配电系统

图20-16所示为树干式配电系统。该类型配电系统线路投资较少，系统灵活。缺点是配电干线发生故障时影响范围大。一般适用于用电设备布置较均匀、容量不大又没有特殊要求的配电系统。

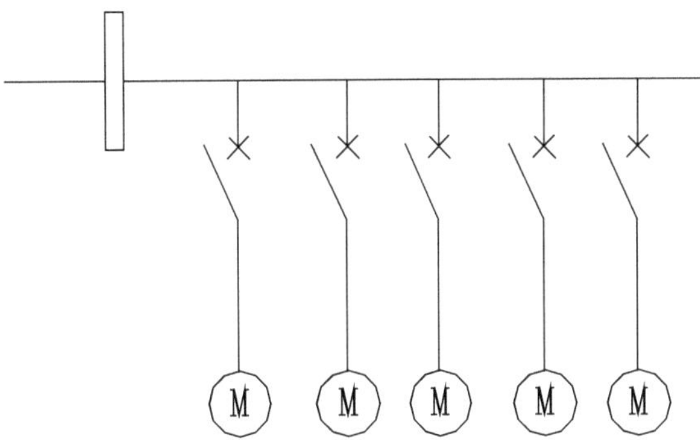

图 20-16 树干式配电系统

3 链式配电系统

图20-17所示为链式配电系统。该类型配电系统的特点与树干式相似，适用于与配电屏距离较远，而彼此相距较近的小容量用电设备，连接的设备一般不超过3台或4台，容量不大于10kW，其中一台不超过5kW。

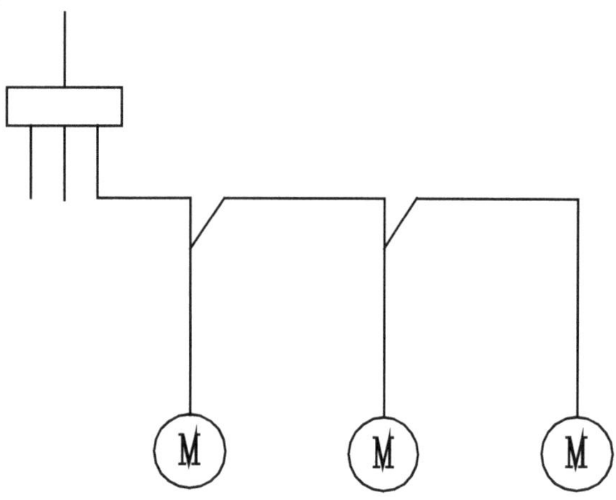

图 20-17 链式配电系统

动力系统图一般采用单线图绘制，但有时也用多线图绘制。

20.5.3 照明配电系统图

照明配电系统常用的三相四线制、三相五线制和单相两线制，一般都采用单线图绘制，根据照明类别的不同，可分为以下几种类型。

1 单电源照明配电系统

如图 20-18 所示，照明线路与电力线路在母线上分开供电，事故照明线路与正常照明线路分开。

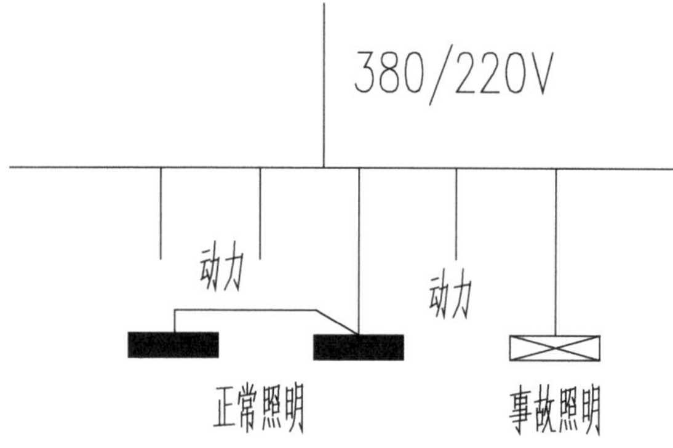

图 20-18 单电源照明配电系统

2 双电源照明配电系统

如图 20-19 所示，该系统中两段供电干线间设联络开关，当一路电源发生故障停电时，通过联络开关接到另一段干线上，事故照明由两段干线交叉供电。

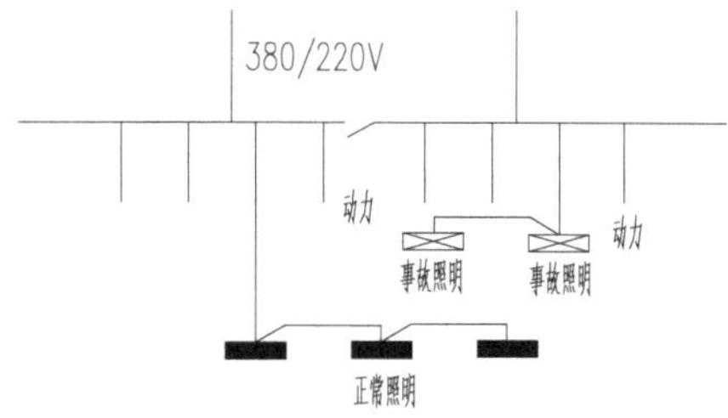

图 20-19 双电源照明配电系统

3 多高层建筑照明配电系统

如图 20-20 所示，在多高层建筑物内，一般可采用干线式供电，每层均设控制箱，总配电箱设在底层（设备层）。

照明配电系统的设计应根据照明类别，结合供电方式统一考虑，一般照明分支线采用单相供电，照明干线采用三相五线制，并尽量保证配电系统的三相平稳定。

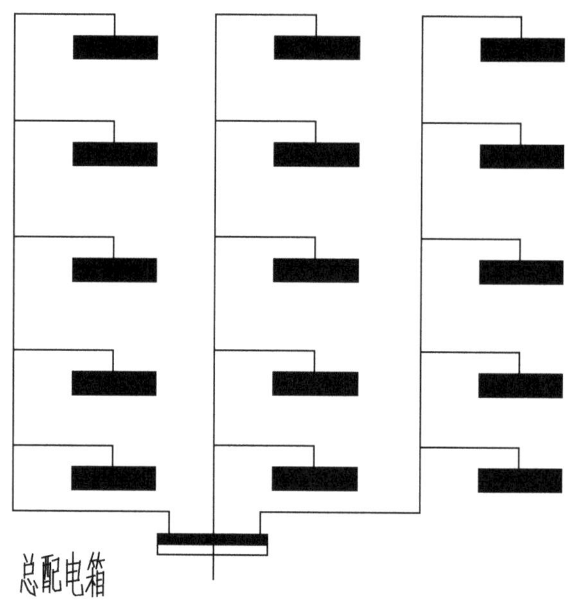

图 20-20 多高层建筑照明配电系统

第 21 章　建筑电气平面图设计

本章首先讲解了某综合楼标准层建筑平面图的绘制方法，包括平面图中轴线、墙体、柱子、门窗、楼梯、尺寸与文字标准等的相关绘制方法，然后讲解了该层电气设备的布置、连接线路的绘制、照明平面图的标注、插座平面图的绘制以及标注等。

21.1 电气平面图设计说明

电气平面图是表示电气设备、装置与线路平面布置的图纸，是进行电气安装的主要依据。电气平面图以建筑总平面图为依据，在建筑平面图上绘出电气设备、装置与线路的安装位置、敷设方法等。常用的电气平面图有：变配电平面图、动力平面图、照明平面图、防雷平面图、接地平面图、各种弱电系统平面图等。

1 设计依据

◆ 相关专业提供的工程设计资料。

◆ 建设单位提供的设计任务书及设计要求。

◆《建筑设计防火规范》（GB50016-2006）

◆《低压配电设计规范》（GB50054-1995）

◆《民用建筑电气设计规范》（JGJ16-2008）

◆《建筑物防雷设计规范》（GB50052-1994）

◆《有线电视系统工程技术规范》(GB50052-1994)

◆《供配电系统设计规范》（GB50052-1995）

◆《建筑照明设计标准》（GB50034-2004）

◆《电力工程电缆设计规范》（GB50217-1994）

◆《综合布线系统工程设计规范》（GB50311-2007）

2 设计概况

本工程为社区居委会办公楼，6 层框架结构，建筑面积 2255 ㎡。

3 总则

◆ 本设计采用三相四线制（380/220V）电源，从小区 3# 箱变穿钢管埋地引入总配电箱（ALO 箱，一层），总箱后采用 TN-S 系统。

◆ 本设计所有配电箱均安装，安装高度均为底边距地 1.8m，图中除注明插座安装高度外（空调插座根据甲方要求安装柜机或壁挂机不同确定），其余均为 0.3m，翘板开关安装高度为距地 1.3m。

◆ 图中除表明管线外，其余均采用 BV-500-2.5mm² 导线穿管暗设，不同回路的零线不得共用。楼梯间及疏散走道设应急照明和疏散指示灯。

◆ 该工程按三类防雷建筑设计，屋面设置避雷带，支持卡间距 1m，高 0.1m，引下线直接利用框架柱内 2 根主筋（$\phi \geqslant 16$）焊接引下，采用弱电、电力、防雷共用接地装置的混合接地方式配电箱与接地装置进行连接，接地带埋深大于 1m，接地电阻 $R \leqslant 1\Omega$，如达不到要求，需增设人工接地（或加降阻剂），接地极为建筑物基础底梁上的上下两层钢筋中的主筋通长焊接形成的环形基础接地网。

◆ 电话通信。该工程通信前端中断线与区域通信网络对绞后埋地引入一层分线箱。分线箱均暗设，底边距地 1.8m。过路盒底边距地 0.4m，用户插座距地 0.3m，均暗装。

◆ 闭路电视。该工程 CATV 信号源就近从室有线电视网络埋地引来，前端箱设在 4 层暗装，底边距地 1.8m，过路盒暗装底边距地 0.4m，该工程在 3 层设一台 CATV 集线器，输入电平不得小于 75dB 集线器箱暗装，底边距地板 1.8m，用户插座输出电平为（64±4）dB；用户插座距地 0.4m，均暗装。

◆ 综合布线系统。本系统为 5 类综合布线系统，支持计算机传输数据系统。每间办公室设一个信息点，信息点为单孔插座。每组信息点附近的 ~220 电源插座安装位置距信息插座不小 15cm，否则需做屏蔽处理。信息插座教室内距地 1.4m，其他信息插座距地 0.3m，均暗装。

◆ 所有进出该建筑的金属物及金属管、线外壁均应与接地装置连接在一起，并做防腐处理。该工程采用总等电位联结。

◆ 施工单位必须按照工程设计图纸和施工技术标准施工，不得擅自修改工程设计。

◆ 所有产品均需采用国家正规合格产品，请厂家根据设备尺寸加工制作，如有不清楚之处，请及时与设计人员联系共同协商解决。

◆ 施工时请与土建配合，具体安装做法见《建筑电气安装工程图集》，未说明之处，请按有关施工、验收规范执行。

21.2 绘制综合楼标准层电气照明平面图

综合楼电气照明平面图清晰地表达了建筑物内该层平面电气照明线路和灯具的布置信息。首先绘制建筑平面图，然后绘制各个电气符号，最后添加注释文字及尺寸标注，完成绘制。最后绘制出的标准层照明平面图效果如图 21-1 所示。

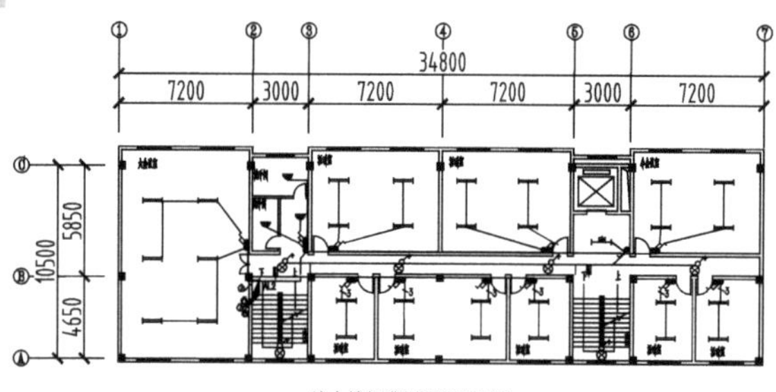

图 21-1 标准层照明图效果

21.2.1 设置绘图环境

在绘制如图 21-1 所示的综合楼标准层平面图前，应根据要求设置绘图环境，包括设置图形单位与界限、图层规划、文字和尺寸标注样式。

1 新建文件

Step 01 启动AutoCAD 2016软件，单击快速访问工具栏中的【新建】按钮，新建图形文件。

Step 02 执行【格式】|【图形界限】命令，依照如下提示，设定图形界限的左下角为（0,0），右上角为（59400,42000）。

```
重新设置模型空间界限:
指定左下角点或 [开(ON)/关(OFF)] <0.0,0.0>:↙        //按【Enter】键确定
指定右上角点 <420.0,297.0>: 59400,42000↙      //指定界限回车确定
```

Step 03 在命令行中输入“Z”，执行【视图缩放】命令，再输入“A”执行全局缩放，将界限区域全部显示在图形窗口内。

2 规划图层

Step 01 执行【LA】（图层特性管理）命令，建立如图21-2所示的图层，并设置图层颜色、线型和线宽等。

Step 02 执行【格式】|【线型】命令，打开【线型管理器】对话框，单击【显示细节】按钮，打开细节选项组，输入【全局比例因子】为100，然后单击【确定】按钮，如图 21-3所示。

图 21-2 新建图层设置颜色、线型

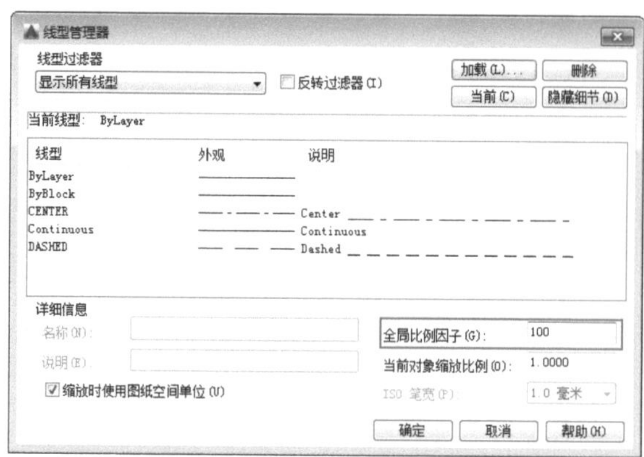

图 21-3 设置线型比例为 100

3 设置文字、标注样式

Step 01 执行【ST】（文字样式）命令，打开【文字样式】对话框，新建“尺寸文字”“图名”“图内说明”和“轴号文字”4个文字样式，并设置对应的字体、高度及宽度因子等，如图 21-4所示。

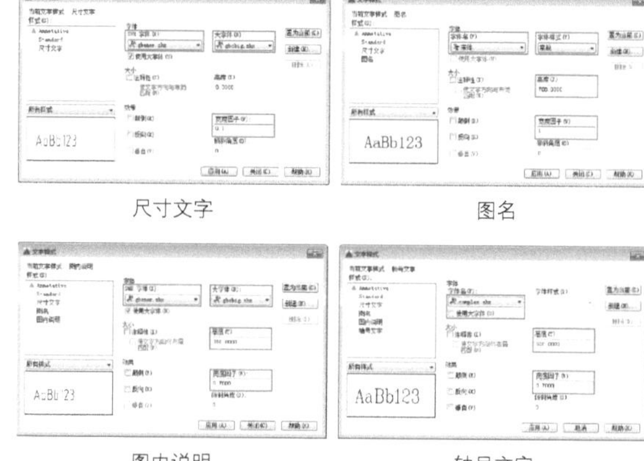

图 21-4 设置文字样式

Step 02 执行【D】（标注样式）命令，打开【标注样式管理器】对话框，单击【新建】按钮，打开【创建新标注样式】对话框，定义新建样式名为“建筑平面图”，然后单击【继续】按钮，如图 21-5所示。

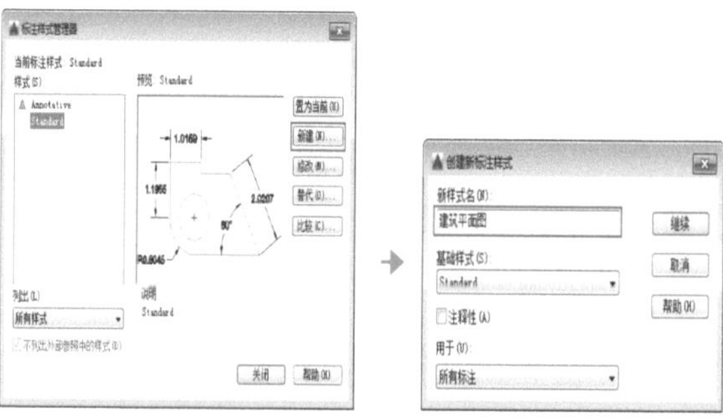

图 21-5 创建新样式名为“建筑平面图”

Step 03 进入【新建标注样式：建筑平面图】对话框，在【线】、【符号和箭头】、【文字】、【调整】选项

卡中设置相应的参数，如图 21-6所示。

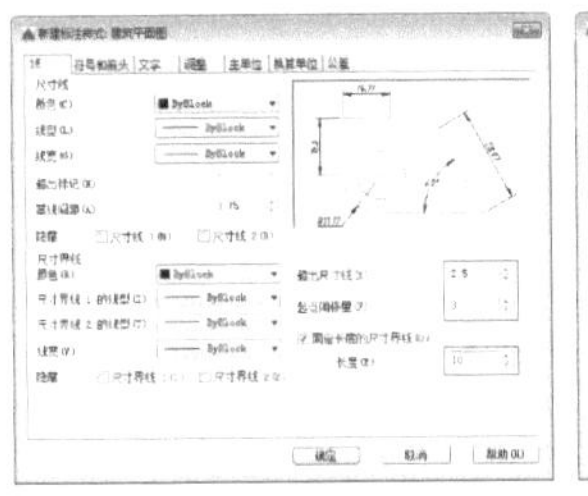

【线】选项卡

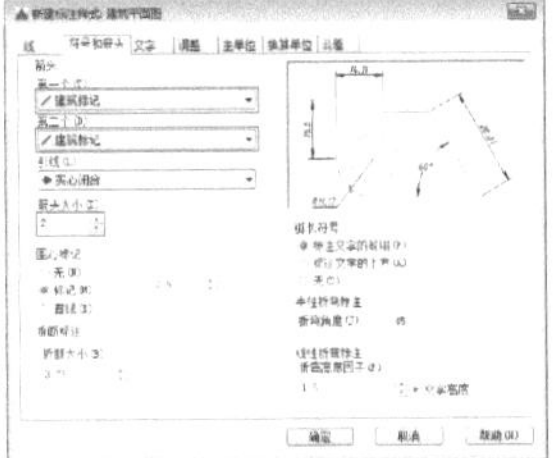

【符号和箭头】选项卡

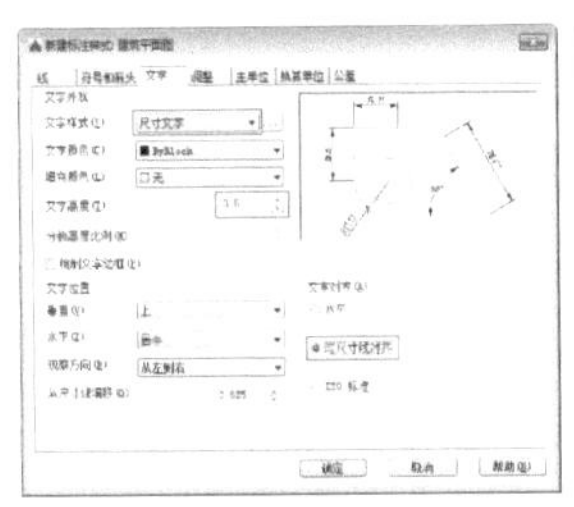

【文字】选项卡

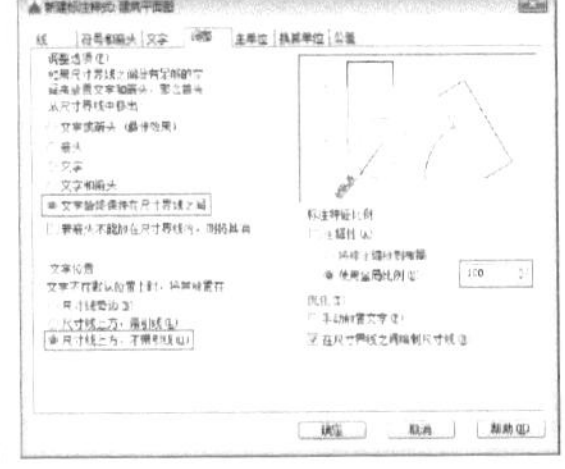

【调整】选项卡

图 21-6 创建标注样式

21.2.2 绘制建筑平面图

本节主要讲解建筑平面图的绘制方法，包括绘制轴线、墙体和柱子、门窗、楼梯、尺寸与文字标注等。

1 绘制平面图轴线

Step 01 在【图层】面板的【图层控制】下拉列表中，将【轴线】图层置为当前图层。

Step 02 执行【XL】（构造线）命令，在图形区域绘制互相垂直的构造线；再执行【O】（偏移）命令，将垂直构造线依次向右偏移7200、3000、7200、7200、3000、7200；将水平构造线向上依次偏移600、4650、1200、4650、800，如图 21-7所示。

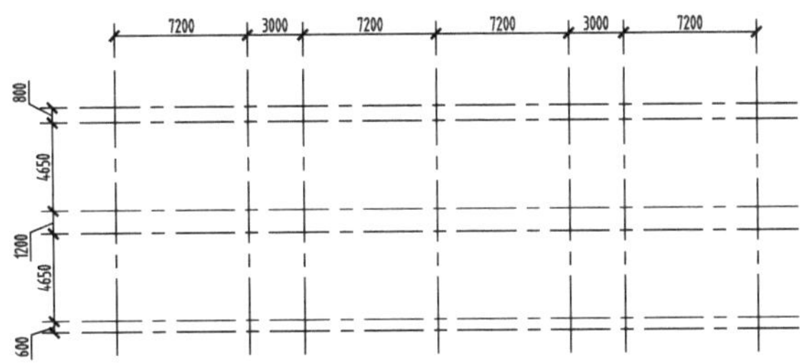

图 21-7 绘制轴线

Step 03 执行【TR】（修剪）命令，修剪相应位置段的构造线。

Step 04 同样再执行【O】（偏移）命令和【TR】（修剪）命令，按照所示图 21-8将相应的轴线进行偏移且修剪掉多余的线条。

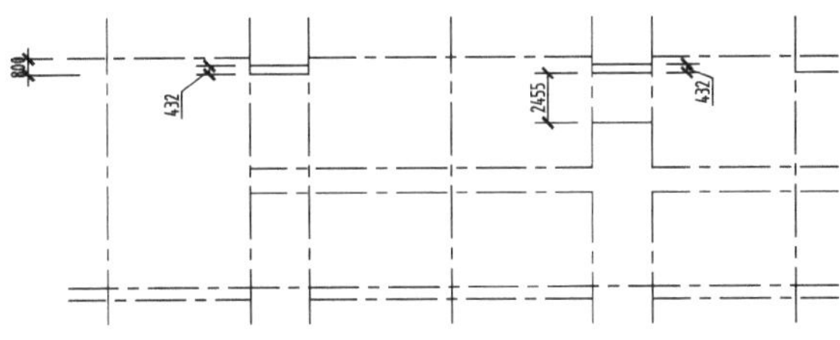

图 21-8 偏移和修剪轴线

2 绘制墙体和柱子

Step 01 执行【格式】|【图层】命令，将【墙体】图层置为当前图层。

Step 02 执行【格式】|【多线样式】命令，打开【多线样式】对话框，单击【新建】按钮，弹出【创建新的多线样式】对话框，在名称栏输入多线名称“Q180”，再单击【继续】按钮，如图 21-9所示。

Step 03 弹出【新建多线样式：Q180】对话框，勾选【封口】|【直线】栏中的【起点】和【端点】复选框，然后设置图元的偏移量分别为90和-90，再单击【确定】按钮，如图 21-10所示。

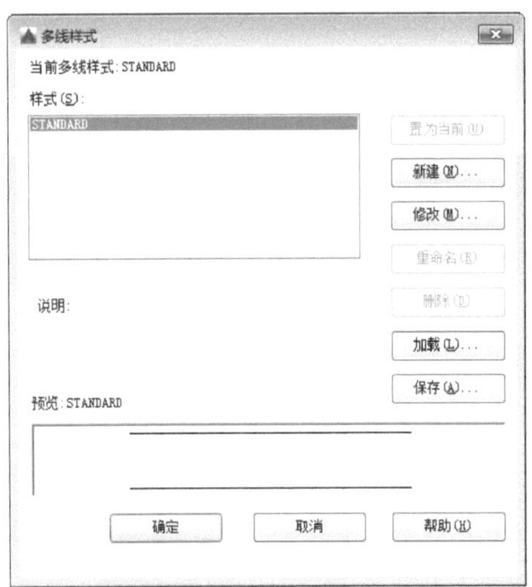

图 21-9 新建多线样式

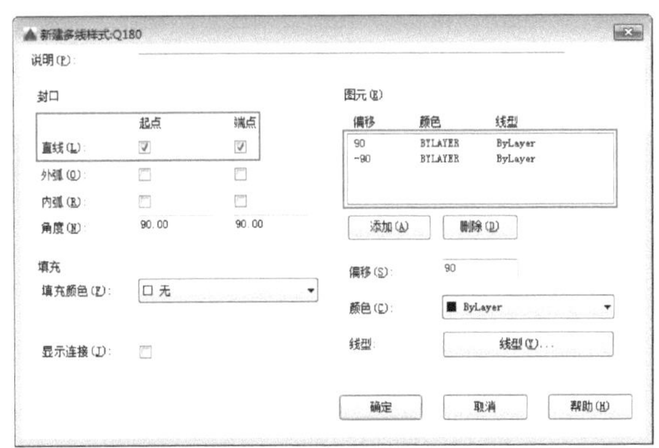

图 21-10 设置多线样式

Step 04 根据同样的方法，再创建“Q120”多线样式，

并设置图元偏移量60和-60，如图 21-11所示。

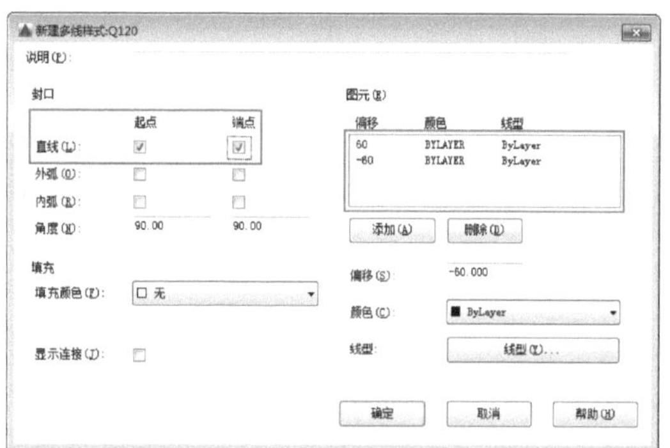

图 21-11 新建多线样式

Step 05 执行【ML】（多线）命令，根据命令提示选择【ST】（样式）选项，输入样式名“Q180”，再设置对正方式为【T】（上），设置比例为1，捕捉轴线外相交轮廓绘制一段墙体，如图 21-12所示。

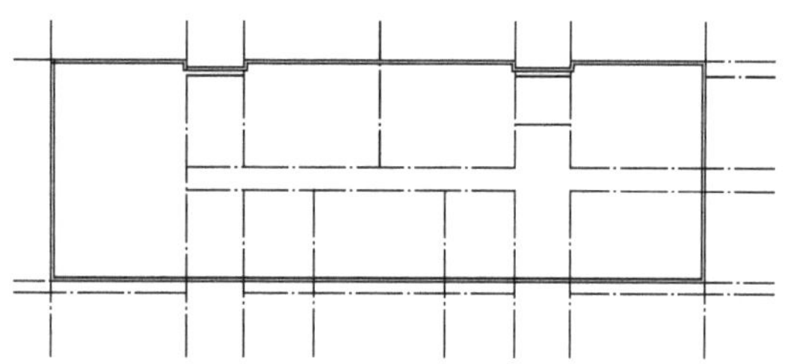

图 21-12 绘制外轮廓墙体

Step 06 按空格键重复命令，系统自动继承以上多段线参数设置，根据命令提示修改对正方式为【Z】（无），在上侧短轴线处绘制一段垂直的墙体，如图 21-13所示。

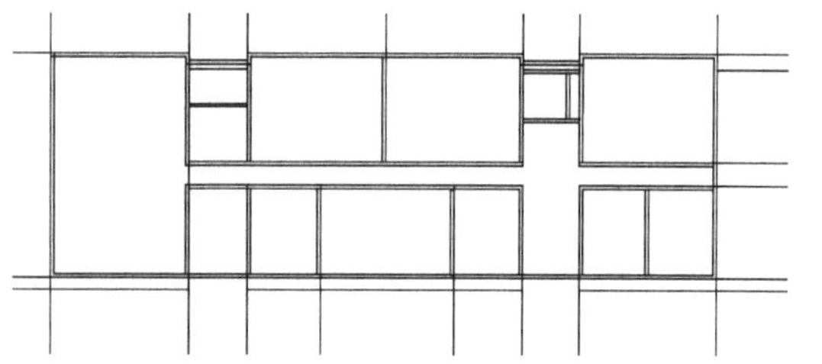

图 21-13 绘制180 内墙

Step 07 执行【ML】（多线）命令，根据命令提示选择【ST】（样式）选项，输入样式名“Q120”，设置对正方式为“无”，设置比例为1，绘制洗手间内的隔墙，如图 21-14所示。

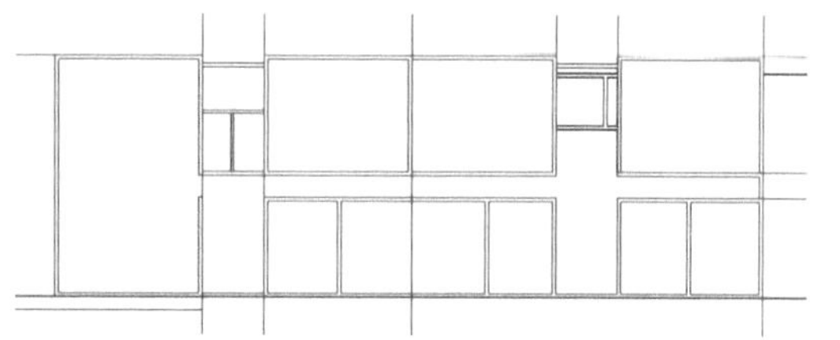

图 21-14 绘制120 墙体

Step 08 用鼠标双击任意一条多线，则弹出【多线编辑工具】对话框，单击【T形打开】按钮，然后根据命令提示选择第一条多线，再选择第二条多线，将两条多线进行T形打开，如图 21-15所示。

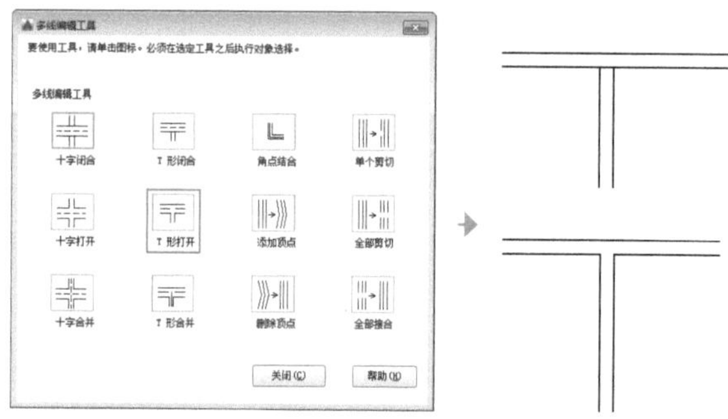

图 21-15 T 形打开墙体

Step 09 同样双击多线，再次弹出【多线编辑工具】对话框，根据同样的方法，将相应的墙体进行编辑，将【轴线】图层关闭，最终绘制的效果如图 21-16所示。

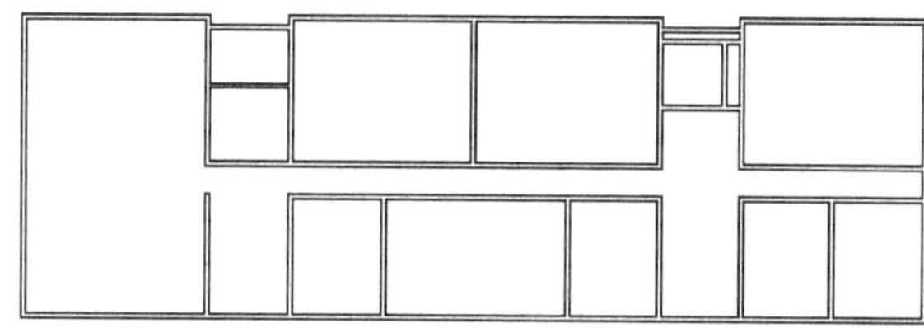

图 21-16 编辑后的墙体效果

Step 10 在【图层】面板的【图层控制】下拉列表中，将【柱子】图层置为当前图层。

Step 11 执行【L】（直线）、【REC】（矩形）命令，在相应位置绘制300×300的矩形作为柱子轮廓；再执行【H】（图案填充）命令，对柱子填充纯色【SOLTD】图案，效果如图 21-17所示。

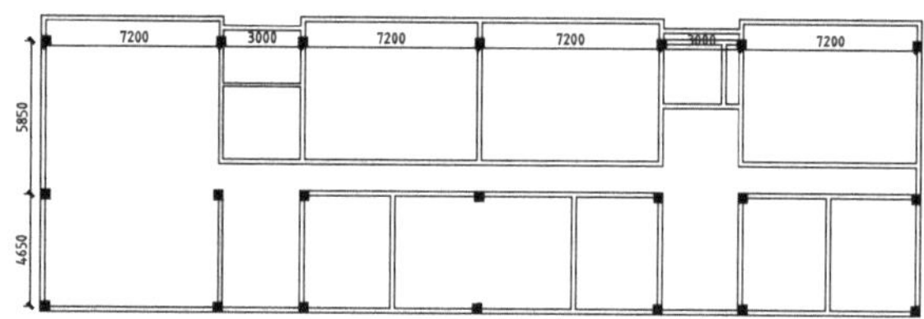

图 21-17 绘制柱子

3 绘制平面图门窗

Step 01 在绘制门窗前，首先偏移轴线，修剪掉多余的墙体，从而形成门、窗洞口，再来绘制对应的门和窗对象。

Step 02 在【图层控制】下拉列表中，将“轴线”图层开启，然后按图21-18所示尺寸对最左侧的轴线进行偏移。

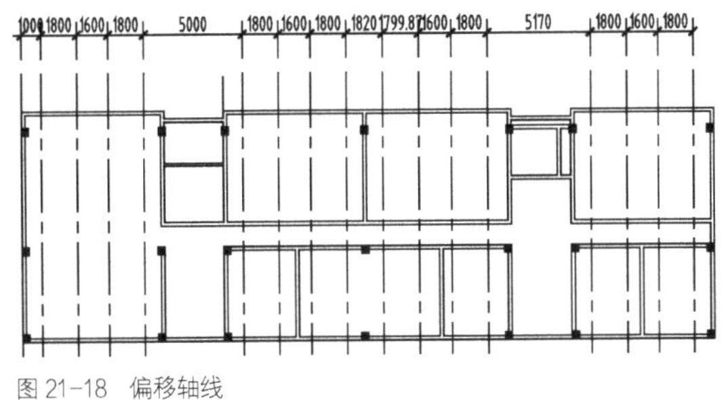
图 21-18 偏移轴线

Step 03 再在【图层控制】下拉列表中将轴线显示出来；执行【TR】（修剪）命令，按照图 21-19所示尺寸修剪出门窗洞口。

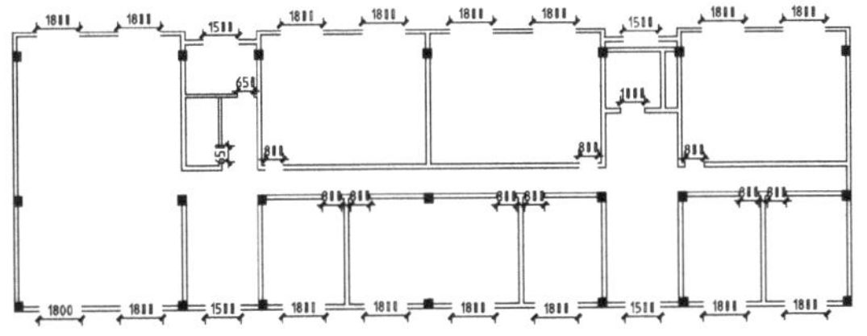
图 21-19 开启门窗洞口

Step 04 执行【格式】|【图层】命令，隐藏【轴线】图层，将【门窗】图层置为当前图层。

Step 05 执行【L】（直线）命令和【O】（偏移）命令，在相应的洞口绘制窗，如图 21-20所示。

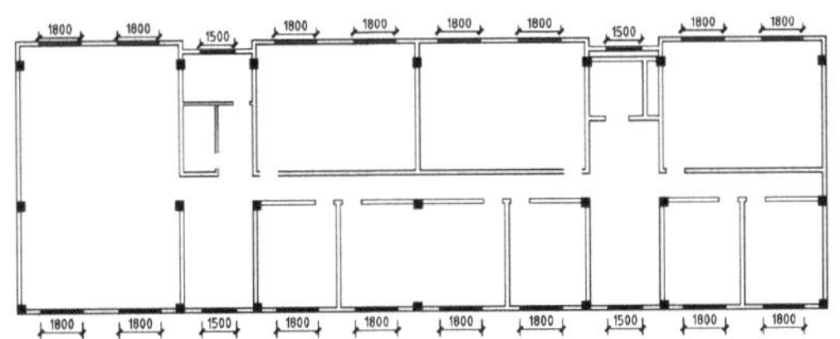
图 21-20 绘制窗

Step 06 绘制单开门。执行【C】（圆）命令，在图形空白区绘制半径为800的圆；执行【L】（直线）命令，过圆心和象限点绘制半径线；再执行【TR】（修剪）命令和【E】（删除）命令，修剪删除多余圆弧与线条，最终单开门效果如图 21-21所示。

Step 07 执行【B】（创建块）命令，将绘制的800单开门保存为内部图块，如图 21-22所示。

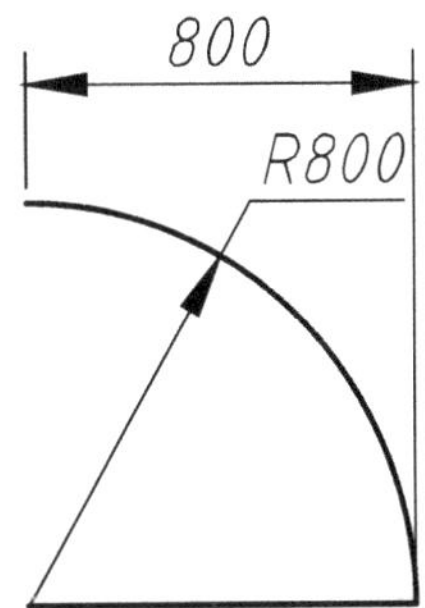

图 21-21 绘制 800 门

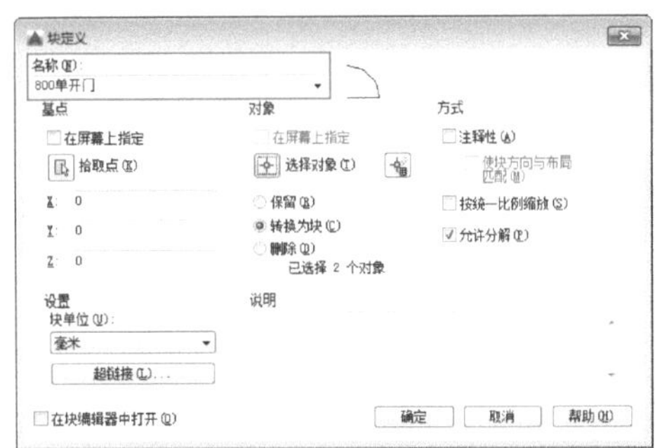
图 21-22 保存门图块

Step 08 执行【M】（移动）、【CO】（复制）和【MI】（镜像）等命令将800单开门放置到尺寸为800的门洞口处。

Step 09 执行【CO】（复制）命令，将800单开门复制出一份；通过执行【SC】（缩放）命令，输入缩放比例因子为“650/ 800”，将800单开门缩小为650单开门；然后执行【MI】（镜像）命令，将650单开门镜像得到尺寸为1300的双开门；并放置到左侧门洞形成大会议室的门。

Step 10 执行【CO】（复制）命令，将650单开门放置到尺寸为650的门洞处，执行【REC】（矩形）命令，绘制电梯门，效果如图 21-23所示。

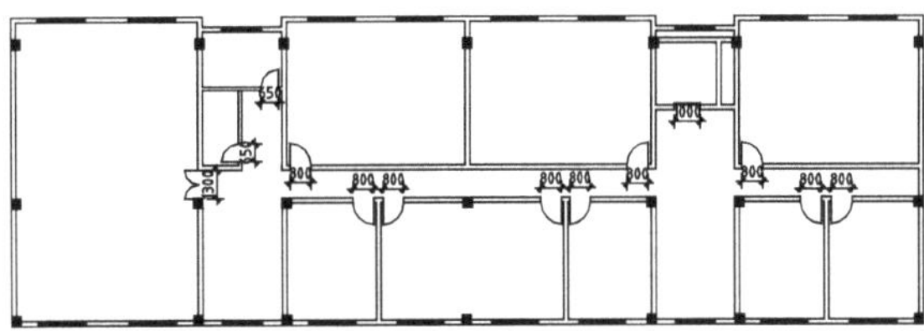
图 21-23 插入门图块

4 绘制平面图楼梯

Step 01 在【图层】面板的【图层控制】下拉列表中，将【楼梯】图层置为当前图层。

Step 02 执行【REC】（矩形）命令，按照图 21-24所示的位置绘制200×2500的矩形；执行【O】（偏移）命令，将矩形向内偏移65，绘出楼梯扶手轮廓。

Step 03 执行【L】（直线）和【O】（偏移）命令，绘制出踏步和折断线，执行【L】（直线）和【PL】（多段线）命令，绘制出楼梯的上下箭头，如图 21-25所示。

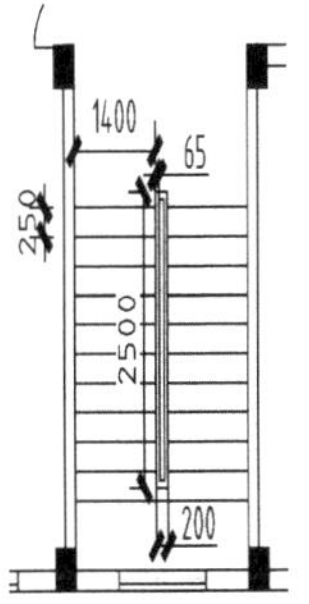

图 21-24 绘制扶手和踏步

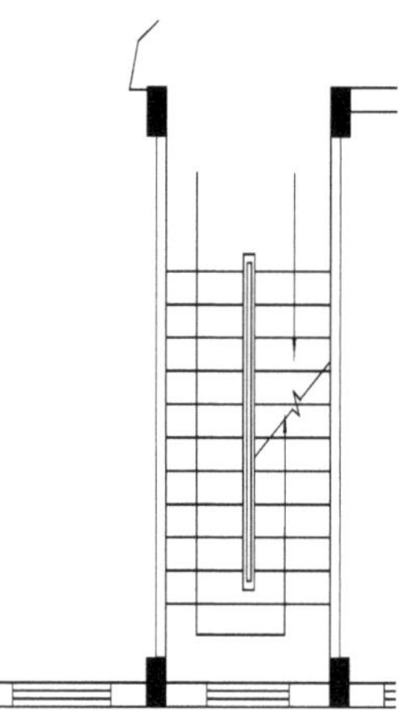
图 21-25 绘制折断线和箭头

Step 04 执行【CO】（复制）和【M】（移动）命令，将另一个楼梯间绘制出同样的楼梯，如图 21-26所示。

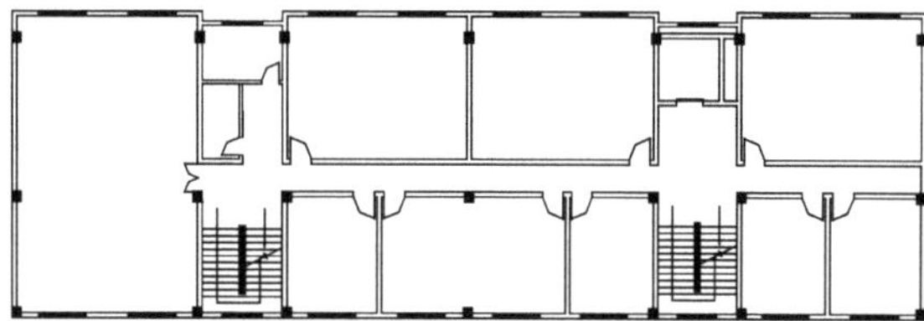
图 21-26 复制楼梯

5 绘制电梯间及风道

Step 01 在【图层】面板的【图层控制】下拉列表中，将【墙体】图层置为当前图层。

Step 02 执行【REC】（矩形）命令，绘制1850×1550的矩形，执行【L】（直线）命令，连接矩形的对角线。

Step 03 执行【REC】（矩形）命令，绘制一个小矩形；执行【L】（直线）命令，绘制风道，尺寸可任意。绘制出的效果如图 21-27所示。

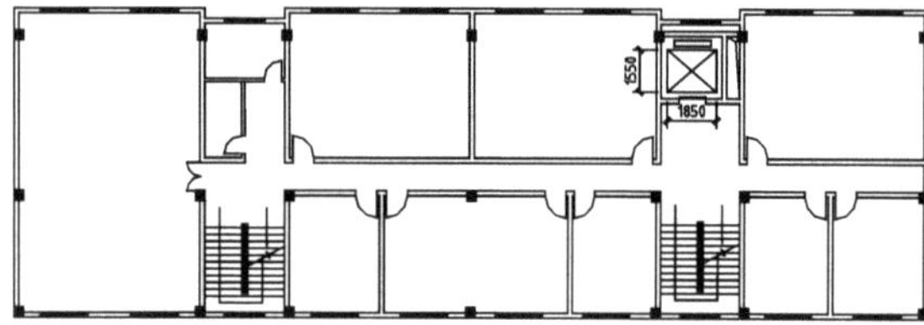

图 21-27 绘制电梯

6 添加文字说明和尺寸标注

Step 01 在【图层】面板的【图层控制】下拉列表中，将【文字标注】图层置为当前图层。

Step 02 执行【MT】（多行文字）命令，选择【图内文字】为当前样式，设置文字高度为500，对图形进行图内文字说明，如图 21-28所示。

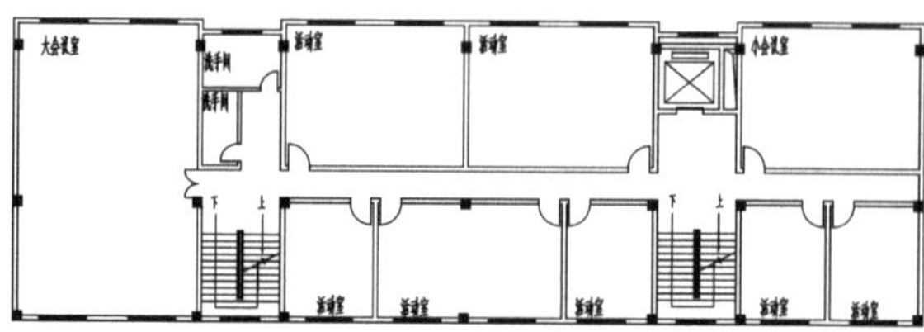
图 21-28 图内文字说明

Step 03 在【图层】面板的【图层控制】下拉列表中，将【尺寸标注】图层置为当前图层，将【轴线】图层显示。

Step 04 在【标注样式控制】下拉列表中，选择【建筑平面图】样式为当前标注样式；执行【DLI】（线性标注）命令和【DCO】（连续标注）命令，对建筑进行尺寸标注，效果如图 21-29所示。

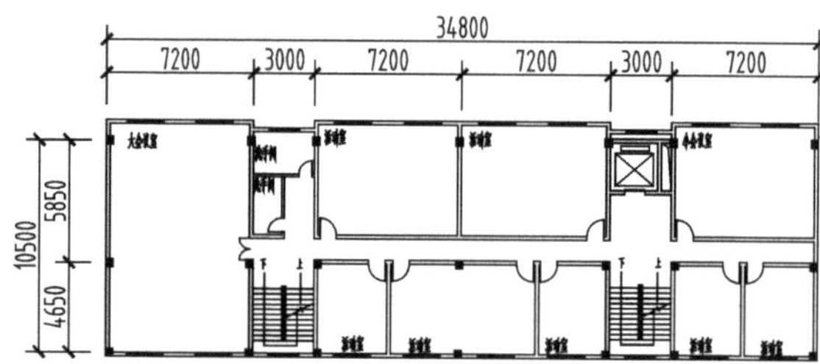

图 21-29 尺寸标注效果

7 添加定位轴号和图名标注

Step 01 在【图层】面板的【图层控制】下拉列表中，将【轴号】图层置为当前图层。

Step 02 执行【C】（圆）命令，在图形的空白区域绘制一个直径为800的圆。

Step 03 执行【格式】|【块】命令，打开【属性定义】对话框，在【标记】文本框中输入“A”、【默认】文本框中也输入“A”，然后单击【确定】按钮，返回绘图区后，单击**Step 02**绘制的圆心，作为块属性的插入点，如图 21-30所示。

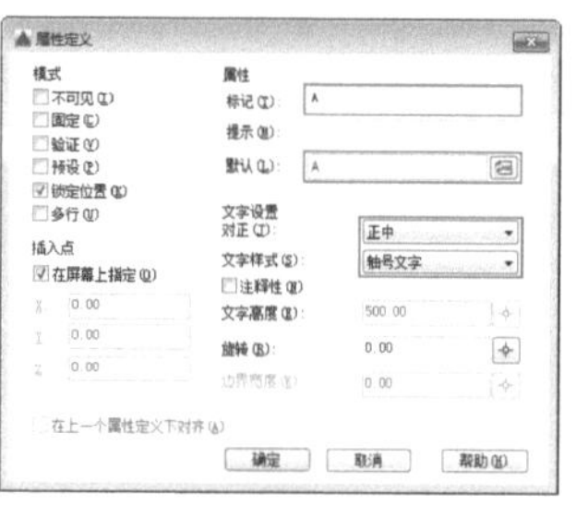

图 21-30 定义属性块

Step 04 执行【B】（创建块）命令，打开【块定义】对话框，将圆和属性块对象保存为内部图块，如图 21-31所示。

Step 05 单击【确定】按钮，即可打开【编辑属性】对话框，提示用户“请输入轴编号”，默认编号为A，单击“确定”按钮确定编号A，如图 21-32所示。

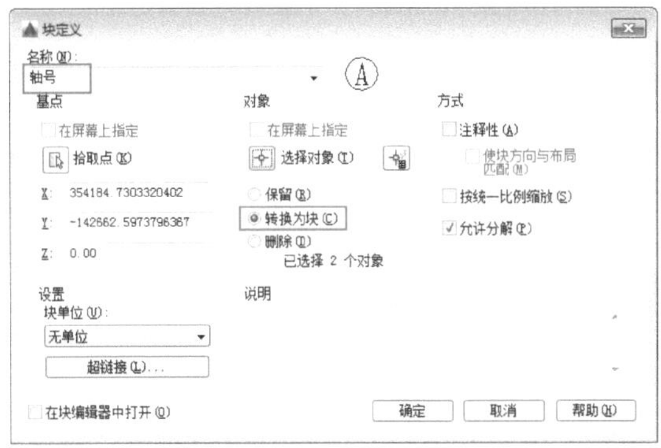

图 21-31 保存“轴号”图块

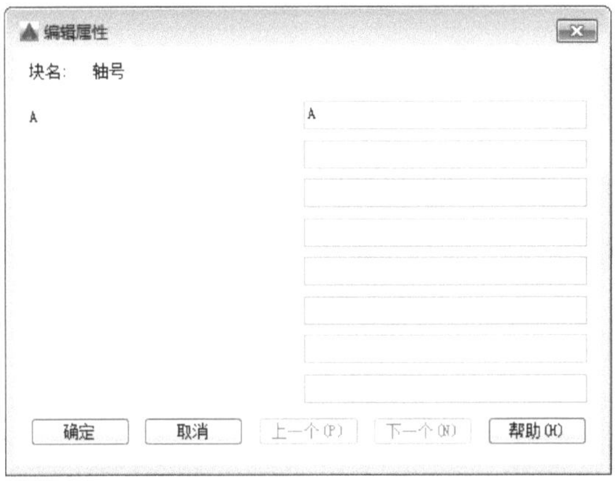

图 21-32 定义编号

Step 06 执行【L】（直线）命令，在第二道轴线标注的尺寸界线上绘制引出线；执行【CO】（复制）命令，将创建的轴号图块复制到引出线末端位置。

Step 07 双击要修改的中间轴号，则打开【增强属性编辑器】对话框，将【值】文本框中的“A”修改为“B”，即可修改相应轴号，如图 21-33所示。

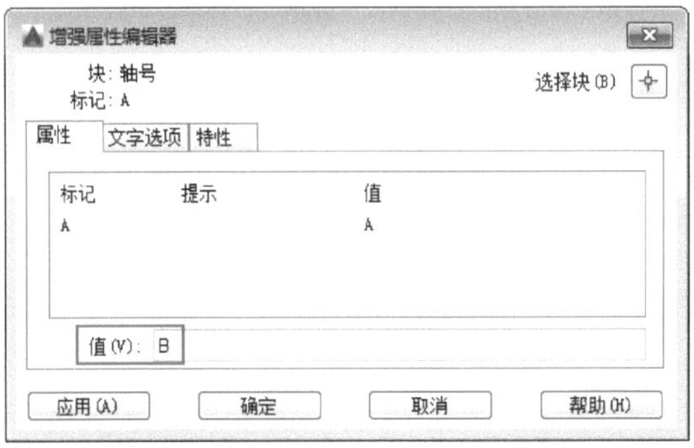

图 21-33 修改轴编号

Step 08 根据同样的方法，修改对应的轴编号，最终效果如图 21-34所示。

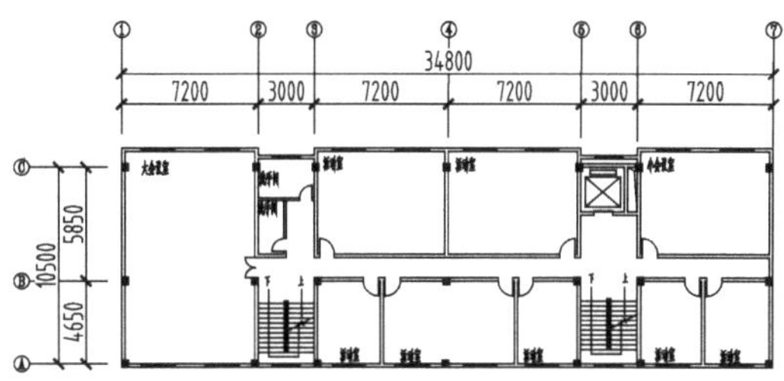

图 21-34 轴编号完成效果

Step 09 执行【MT】（多行文字）命令，选择【图名】文字样式，输入文字“综合楼标准层平面图”，设置字高为700；再在文字后输入比例值“1 : 100”，设置字高为600，如图 21-35所示。

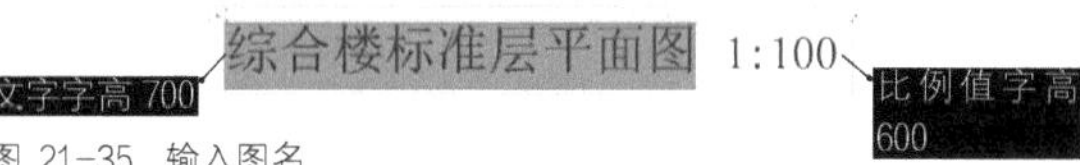

图 21-35 输入图名

Step 10 执行【PL】（多线段）命令，在图名下侧绘制一条宽度为100，与文字等长的水平线段，如图 21-36所示。

综合楼标准层平面图 1:100

图 21-36 图名标注

Step 11 执行【文件】|【保存】命令，将该文件保存为“素材\第21章\综合楼标准层平面图.dwg”文件。至此，该综合楼标准层平面图绘制完成，效果如图 21-37所示。

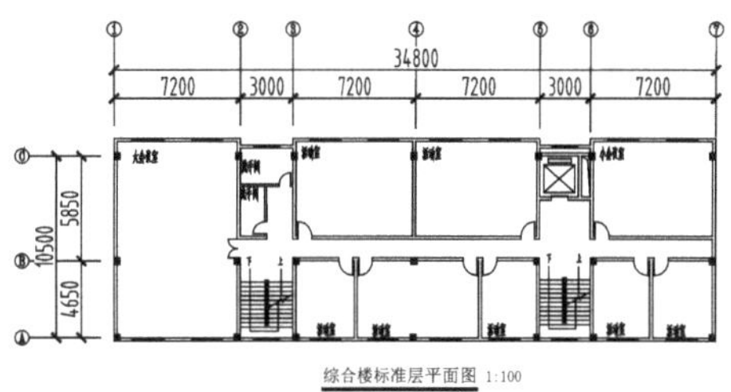

图 21-37 标准层建筑平面图效果

21.2.3 插入各元器件符号

标准层照明平面图是在标准层平面图的基础上绘制的，因此首先应调用标准层平面图文件。

1 调用平面图

Step 01 打开“素材\第21章\综合楼标准层平面图.dwg”文件，也可以直接延续上步骤继续操作。

Step 02 操作前可执行【文件】|【另存为】命令，将该文件另存为“素材\第21章\综合楼标准层照明平面图.dwg”，以免破坏原有的平面图文件。

Step 03 双击图名，将文字修改为“综合楼标准层照明平面图”，同时延伸下方的多段线，效果如图 21-38所示。

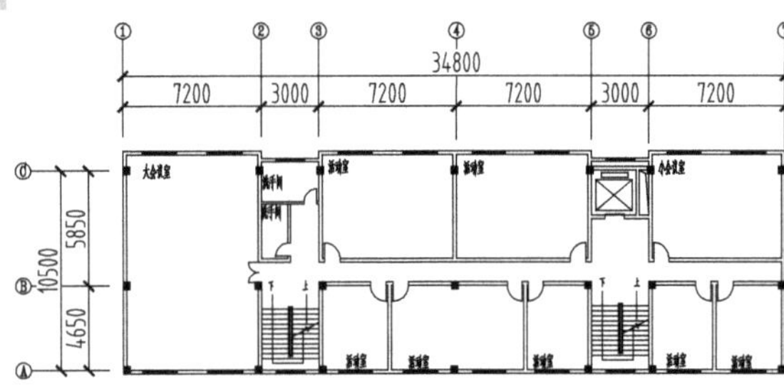

图 21-38 修改图名

Step 04 执行【LA】（图层特性管理）命令，新建如图 21-39所示的图层，并设置对应的特性。

图 21-39 新建图层设置特性

2 布置用电设备

Step 01 在【图层】面板的【图层控制】下拉列表中，将【电气设备】图层置为当前图层。

Step 02 打开素材文件“第21章\电气设备图例.dwg”，其中的各图形文件如表 21-1所示。将图例中的图形文件全部复制粘贴到照明平面图中。

表 21-1 电气设备图例

图例	名称	图例	名称
	配电箱		翘板开关
	声光控延时开关		荧光灯
EN	单管应急照明荧光灯		应急照明吸顶灯
	家庭灯具		单向疏散指示灯
	单相二三眼插座	TV	电视插座

Step 03 执行【M】（移动）、【CO】（复制）、【RO】（旋转）和【MI】（镜像）等命令，将配电箱、翘板开关和单向疏散指示灯放置到平面图相应的位置，结果如图 21-40所示。

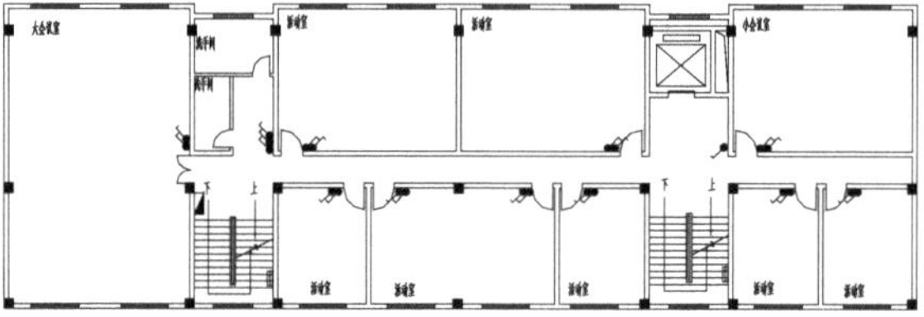

图 21-40 插入开关

Step 04 执行【L】（直线）、【MI】（镜像）等命令，绘制如图 21-41所示的辅助线，长度可任意。

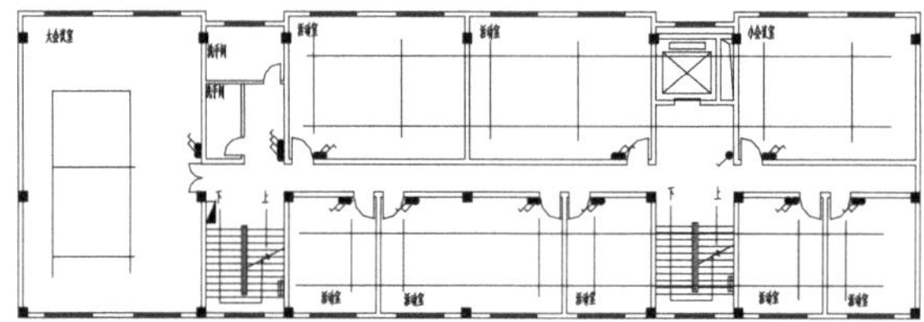

图 21-41 绘制辅助线

Step 05 执行【M】（移动）、【CO】（复制）等命令，将其他电气元件插入相应位置，如图 21-42所示。

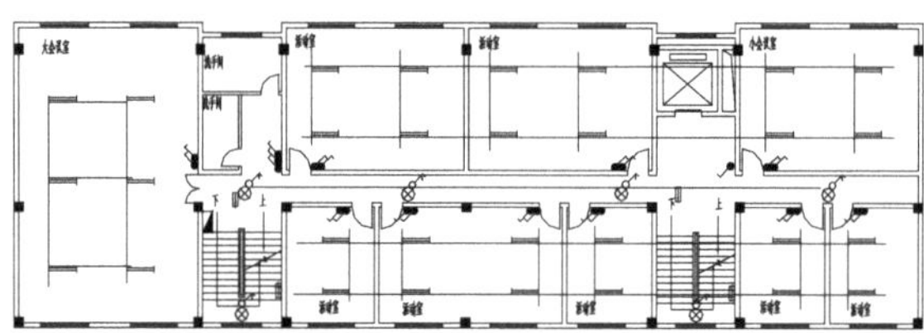

图 21-42 插入其他元件

> **设计点拨**
>
> 灯具的选择应根据具体房间的功能而定，并宜采用直接照明和开启式灯具，本书将业内的布置经验总结如下。
> 起居室(厅)、餐厅等公共活动场所的照明应在屋顶至少预留一个电源出线口。
> 卧室、书房、卫生间、厨房的照明宜在屋顶预留一个电源出线口，灯位宜居中。
> 卫生间等潮湿场所，宜采用防潮易清洁的灯具;装有淋浴或浴盆卫生间的照明回路，宜装设剩余电流动作保护器。
> 起居室、通道和卫生间照明开关，宜选用夜间有光显示的面板。
> 有自然光的门厅、公共走道、楼梯间等的照明，宜采用光控开关。
> 住宅建筑公共照明宜采用定时开关、声光控制等节电开关和照明智能控制系统。

Step 06 执行【E】（删除）命令，将辅助线删除掉，最终布置好的电气图形效果如图 21-43所示。

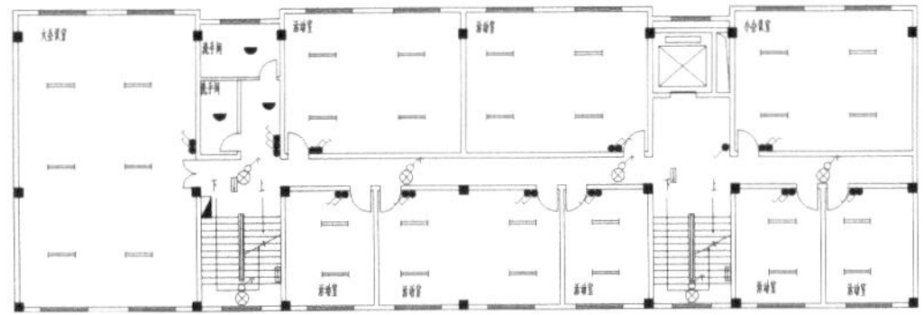

图 21-43 布置电气设备效果

设计点拨

用户在绘制灯具开关线路图时，应按照以下原则来进行绘制。线路的绘制可以使用【直线】或【多段线】命令，在这里，为了便于观察及快速识读，采用具有一定宽度的多段线来进行绘制，如采用【直线】命令绘制时，可设置当前图层的线型宽度（线宽）来达到相同的效果。

线路的连接应遵循电气元器件的控制原理，如一个开关控制一只灯的线路连接方式与一个开关控制两只灯的线路连接方式是不同的，读者应在学习电气专业课时掌握电气制图的相关电气知识与理论。

21.2.4 绘制连接线路

布置好电气元件之后，接下来绘制照明连接线路，将布置的各个电气元件连接起来。

Step 01 在【图层】面板的【图层控制】下拉列表中，将【连接线路】图层置为当前图层。

Step 02 执行【PL】（多线段）命令，绘制由配电箱引出连接至各个房间电气设备的连接线路，如图 21-44 所示。

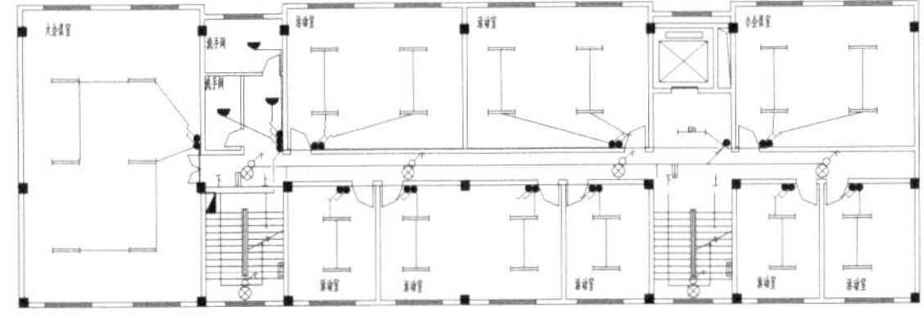

图 21-44 绘制电气设备的连接线路

设计点拨

连线时使用多段线将各顶灯一一连接即可，但注意电线不要横穿卫生间，因为卫生间水汽太大，水会顺着瓷砖缝隙渗透的，影响电线的寿命，且有安全隐患。

21.2.5 添加注释文字与尺寸标注

Step 01 在【图层】面板的【图层控制】下拉列表中，将【文字标注】图层置为当前图层。

Step 02 执行【L】（直线）命令，在图中需要标注的位置绘引出线。

Step 03 执行【MT】（多行文字）命令，选择【图内文字】样式，设置字高为350，在引出线位置进行相应的文字标注说明，效果如图 21-45所示。

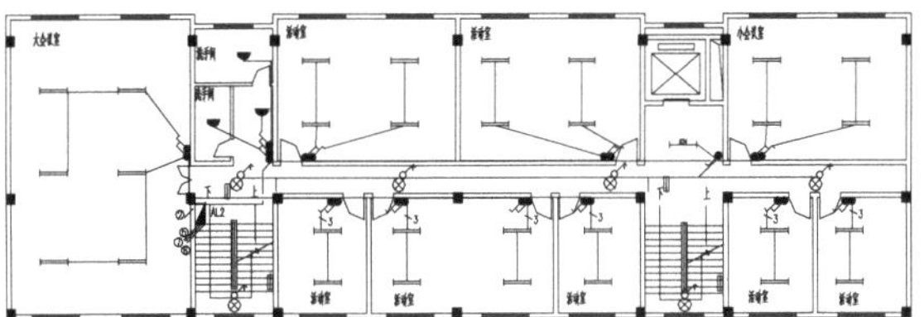

图 21-45 图内文字说明

Step 04 执行【文件】|【另存为】命令，将该文件另存为“素材\第21章\21.2 综合楼标准层照明平面图.dwg”文件。至此，该综合楼标准层照明平面图绘制完成，绘制效果如图 21-1所示。

21.3 绘制综合楼标准层插座平面图

本节主要介绍某综合楼标准层插座平面图的绘制流程，其绘制方法与照明平面图的绘制方法大致相同，绘制的插座平面图如图 21-46 所示。

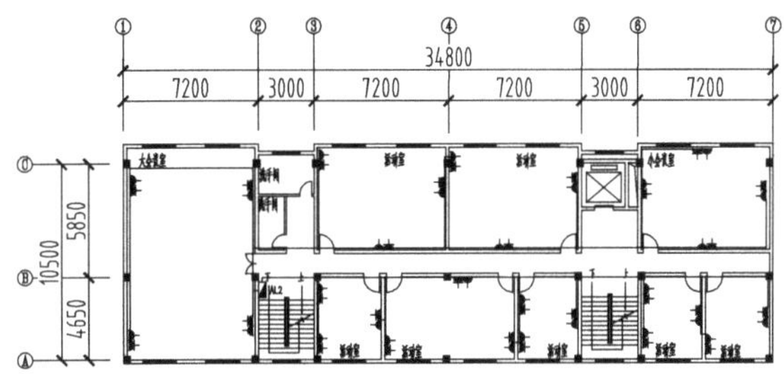

图 21-46 标准层插座平面图效果

21.3.1 插入插座元件

标准层插座平面图是在标准层照明平面图的基础上来绘制的，因此首先应调用标准层照明平面图绘图环境。

1 调用绘图环境

Step 01 执行【文件】|【打开】命令，将“素材\第21章\21.2 综合楼标准层照明平面图.dwg”文件打开。

Step 02 执行【E】（删除）命令，删除图中不需要的设备及线路；双击图名，将其更改为“综合楼标准层插座平面图”，其效果如图 21-47所示。

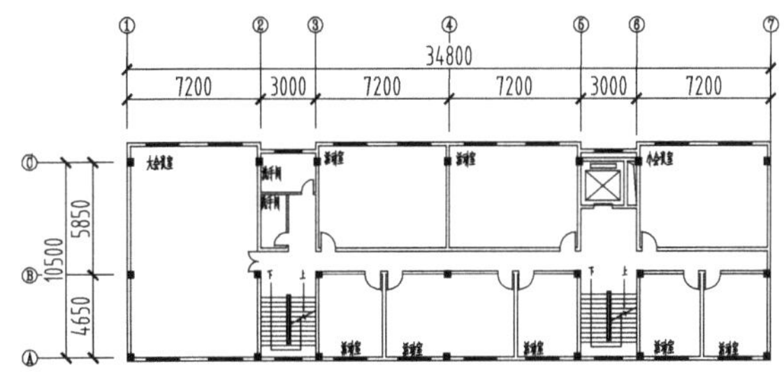

图 21-47 删除线路并更改图名

2 布置插座

Step 01 执行【格式】|【图层】命令，将【电气设备】图层置为当前图层。

Step 02 插入单相二三眼插座。打开素材文件“第21章\电气设备图例.dwg”，并将文件中的单相二三眼插座图形复制粘贴到文件中。

Step 03 执行【CO】（复制）、【RO】（旋转）、【M】（移动）和【MI】（镜像）等命令，将绘制好的插座块布置在如图 21-48所示的位置。

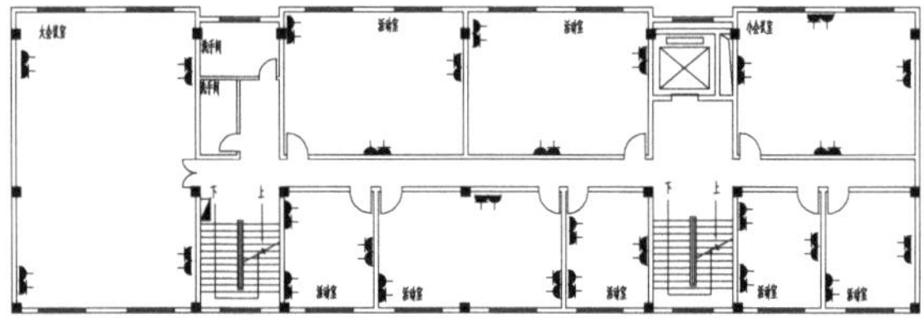

图 21-48 布置插座

21.3.2 绘制连接线路

布置好插座元件后，接下来绘制连接线路，将布置的各个插座连接起来。

Step 01 执行【格式】|【图层】命令，将【连接线路】图层置为当前图层。

Step 02 执行【PL】（多线段）命令，绘制由配电箱引出连接至各个房间电气设备的连接线路。

Step 03 执行【文件】|【另存为】命令，将该文件另存为为“素材\第21章\21.3 综合楼标准层插座平面图.dwg”文件，最终绘制的标准层插座平面图如图 21-46所示。

21.4 绘制综合楼标准层弱电平面图

本节主要介绍某综合楼标准层弱电平面图的绘制流程，其绘制方法与照明平面图的绘制方法大致相同，绘制的弱电平面图如图 21-49 所示。

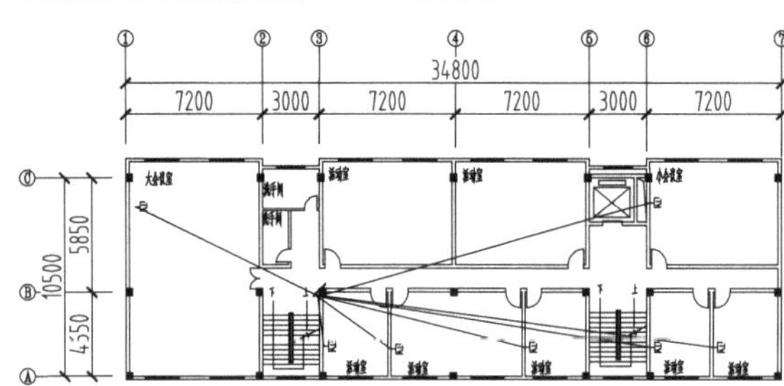

图 21-49 标准层弱电平面图

21.4.1 布置电视插座

标准层弱电平面图是在标准层照明平面图的基础上来绘制的，因此首先应调用标准层照明平面图绘图环境。

1 调用绘图环境

Step 01 按【Ctrl】+【O】快捷键，打开“第21章\21.2 综合楼标准层照明平面图.dwg”素材文件。

Step 02 执行【E】（删除）命令，删除图中不需要的设备及线路；双击图名，将其更改为“综合楼标准层弱电平面图”，其效果如图 21-50所示。

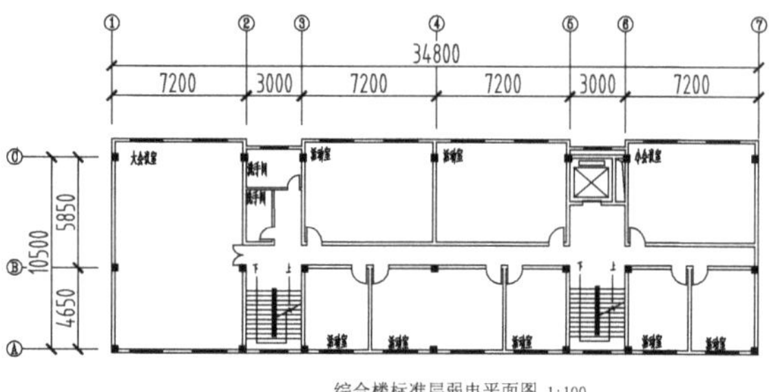

图 21-50 删除并更改图名

2 插入弱电设备

Step 01 执行【格式】|【图层】命令，将【电气设备】图层置为当前图层。

Step 02 打开素材文件“第21章\电气设备图例.dwg”，将图例中的电视插座图形粘贴复制至文件中。

Step 03 执行【CO】（复制）、【RO】（旋转）、【M】（移动）和【MI】（镜像）等命令，将绘制好的电视插座布置在如图 21-51所示的位置。

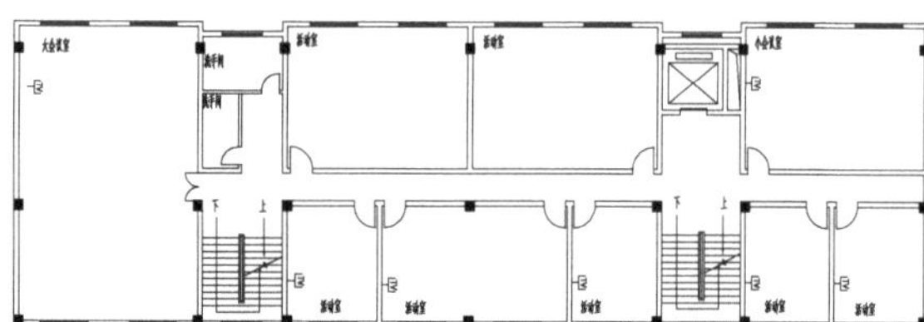

图 21-51 布置电视插座

21.4.2 绘制连接线路

Step 01 选择【格式】|【图层】命令，将【连接线路】图层置为当前图层。

Step 02 执行【L】（直线）、【C】（圆）和【H】（图案填充）命令，绘制强电井中的线路。

Step 03 执行【PL】（多线段）命令，绘制弱电线路，连接各电视插座。

Step 04 选中绘制好的弱电线路，选择【格式】|【线型】命令，弹出【线型管理器】对话框，选择“DASH”线型并调节全局比例因子为1000，如图 21-52所示。

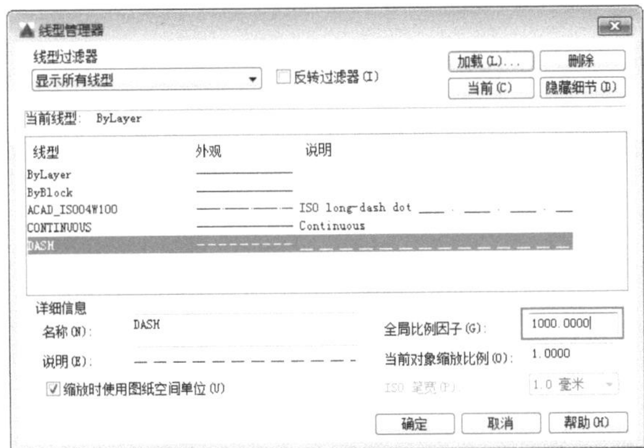

图 21-52 设置线型比例选择 DASH 线型

Step 05 执行【文件】|【另存为】命令，将该文件另存为“素材\第21章\21.4 综合楼标准层弱电平面图.dwg”文件，最终绘制好的弱电平面图效果如图 21-49 所示。

第 22 章 建筑电气系统图设计

本章讲解某游泳馆照明供电系统图和某教学综合楼有线电视系统图的绘制流程，包括总进户线的绘制、各层支干线的绘制以及电视系统图的标注等。

22.1 绘制游泳馆照明供电系统图

电气系统图是用单线图变现电气工程的供电方式、电能输送、分配控制关系和设备情况的图纸。主要表示各个回路的名称、用途、容量以及主要电气设备、开关元件及导线电缆的规格型号等。从电气系统图可看出工程的概况，系统的回路个数及主要用电设备的容量、控制方式等。在本节中绘制出的游泳馆照明供电系统图效果如图 22-1 所示。

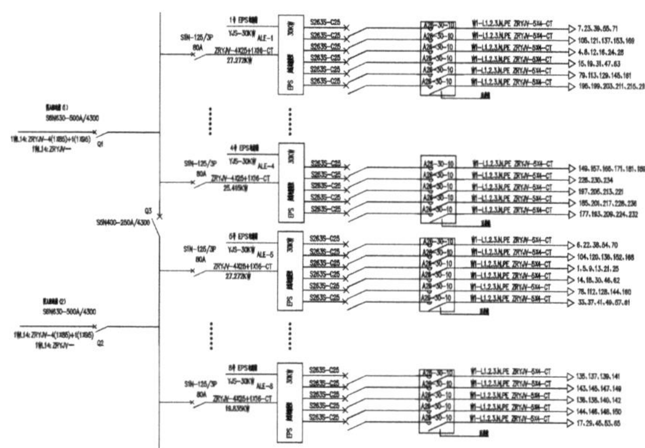

图 22-1 照明供电系统图效果

22.1.1 设置绘图环境

在绘制照明供电系统图前，应根据要求设置绘图环境，包括规划图层和设置文字样式。

1 规划图层

Step 01 启动AutoCAD 2016软件，单快速访问工具栏中的【新建】按钮，新建图形文件。

Step 02 执行【LA】（图层特性管理）命令，新建如图22-2所示的图层。

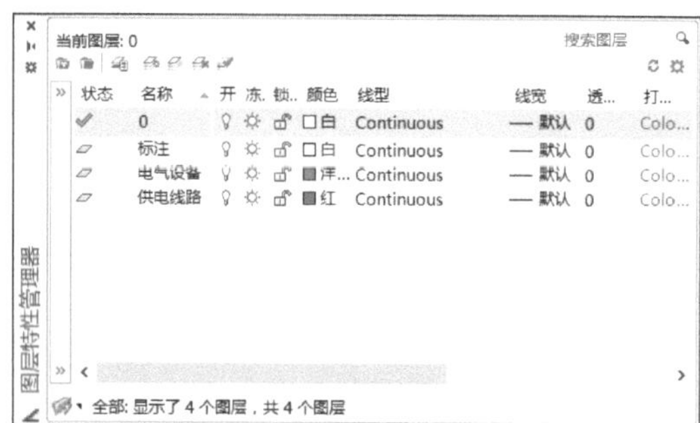

状态	名称	开	冻..	锁..	颜色	线型	线宽	透...	打...
✓	0				白	Continuous	— 默认	0	Colo...
	标注				白	Continuous	— 默认	0	Colo...
	电气设备				洋...	Continuous	— 默认	0	Colo...
	供电线路				红	Continuous	— 默认	0	Colo...

图 22-2 新建图层

2 设置文字样式

执行【ST】（文字样式）命令，打开【文字样式】对话框，新建“图内文字”和“图名”文字样式，并设置对应的字体、字高和宽度因子，如图 22-3 所示。

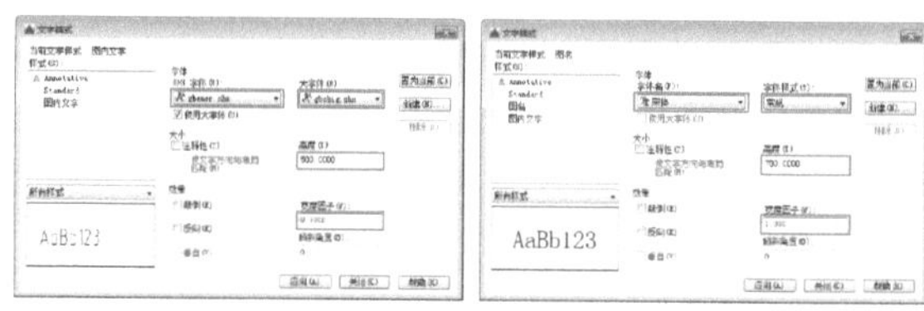

图 22-3 新建图内文字和图名文字样式

22.1.2 绘制总进户线

在前面绘制好了绘图环境，接下来绘制照明系统图总进户线。

1 绘制总线路

Step 01 在【图层】面板的【图层控制】下拉列表中，将【供电线路】图层置为当前图层。

Step 02 执行【PL】（多线段）命令，设置宽度为30，在绘图区绘制尺寸如图 22-4所示的多线段。

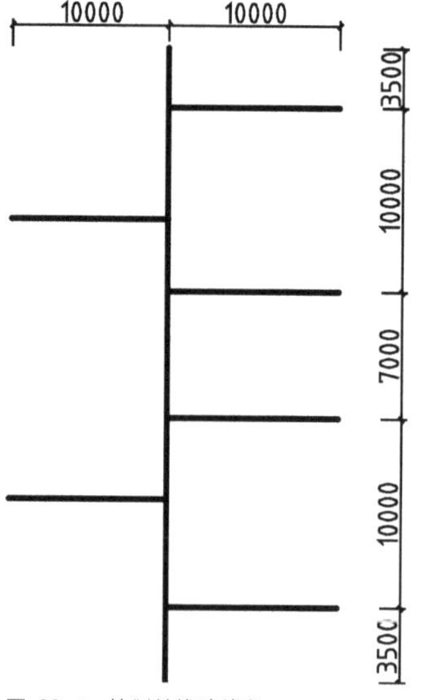

图 22-4 绘制总线路线段

2 插入断路器

Step 01 切换至【电气设备】图层，绘制断路器。

Step 02 打开素材文件“第22章\电气设备图例.dwg”，

并将文件中的断路器图例复制粘贴至文件中，如图 22-5所示。

图 22-5 断路器图例

Step 03 通过执行【SC】（缩放）、【I】（插入）、【CO】（复制）、【M】（移动）和【TR】（修剪）等命令，将断路器缩放成适当大小，放置到多线段上，并修剪元件内部的多线段，效果如图 22-6所示。

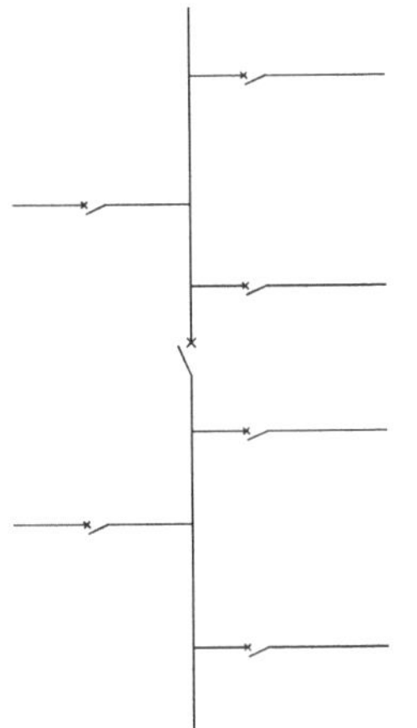
图 22-6 安装断路器

3 添加注释文字

Step 01 在【图层】面板的【图层控制】下拉列表中，将【标注】图层置为当前图层。

Step 02 执行【MT】（多行文字）命令，选择“图内说明”文字样式，在总进户线上标注出相关电气文字说明，如图 22-7所示。

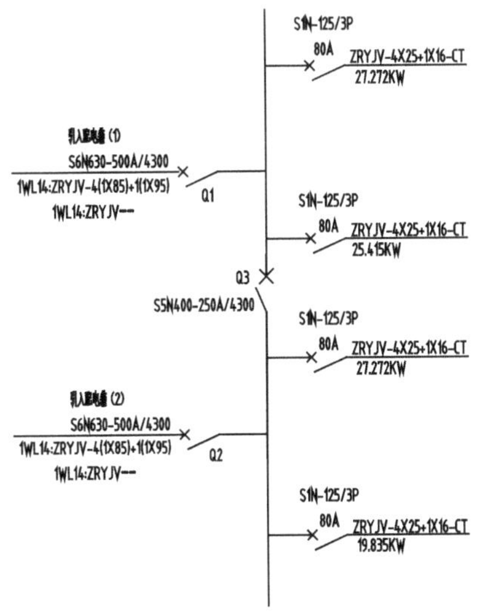

图 22-7 总进户线文字说明

22.1.3 绘制各层支干线

前面讲解了照明系统图总进户线的绘制，接下来讲解绘制各层线路支干线的方法。

1 绘制应急电源装置

Step 01 在【图层】面板的【图层控制】下拉列表中，将【供电线路】图层置为当前图层。

Step 02 执行【REC】（矩形）命令，设置线宽为30，在进线户右侧绘制出应急电源装置。

Step 03 执行【格式】|【图层】命令，将【标注】图层置为当前图层，对应急电源装置添加文字说明，如图 22-8所示。

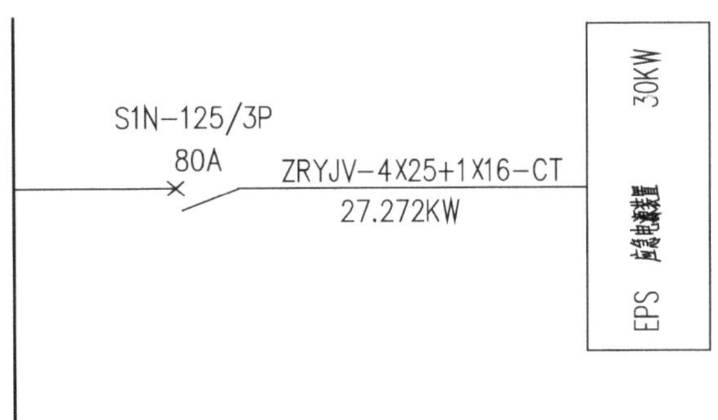

图 22-8 绘制应急电源装置

2 绘制支干线

Step 01 将【供电线路】图层设置为当前图层。

Step 02 执行【PL】（多线段）命令，在应急电源装置左侧绘制接电源箱的线路，右侧绘制出供电分支线路，如图 22-9所示。

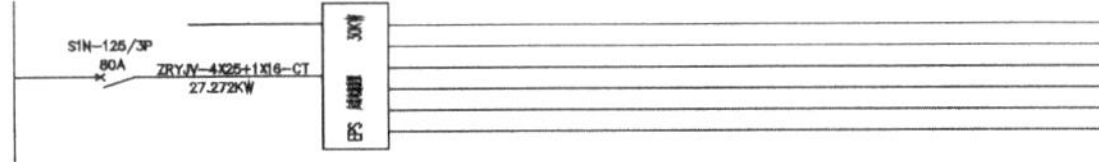
图 22-9 绘制支干线

3 插入接触器、控制箱和放大器

Step 01 打开素材文件“第22章\电气设备图例.dwg”，将文件中的接触器和放大器图例插入图中，如图 22-10、图 22-11所示。

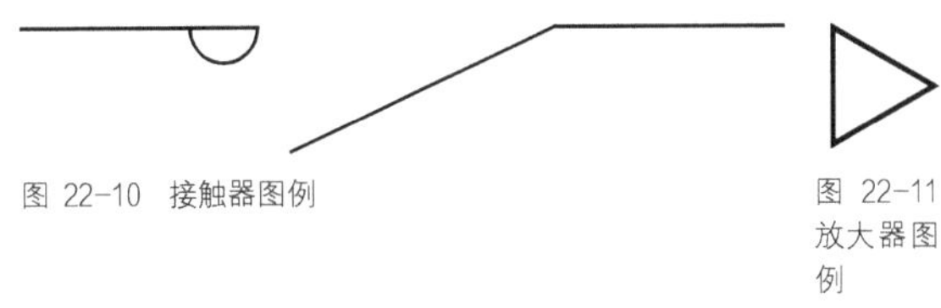
图 22-10 接触器图例

图 22-11 放大器图例

Step 02 执行【CO】（复制）、【M】（移动）和【TR】（修剪）等命令，将元件放置到支干线上，并修剪元件内部的多线段。

Step 03 执行【REC】（矩形）命令，绘制控制箱，将接触器框在控制箱内，最终绘制出的效果如图 22-12所示。

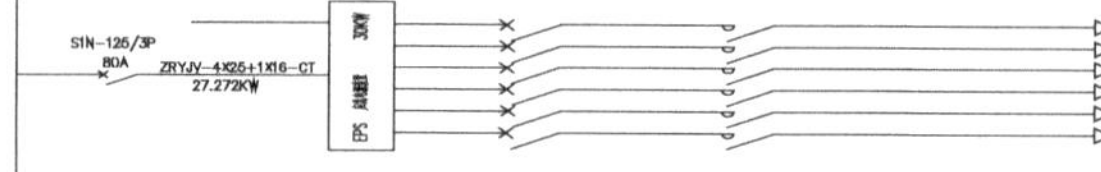

图 22-12　安装电气设备

4 添加注释文字

Step 01 在【图层】面板的【图层控制】下拉列表中，将【标注】图层置为当前图层。

Step 02 执行【MT】（多行文字）命令，选择【图内说明】文字样式，在支干管线路上方输入相关的电气文字说明，如图 22-13所示。

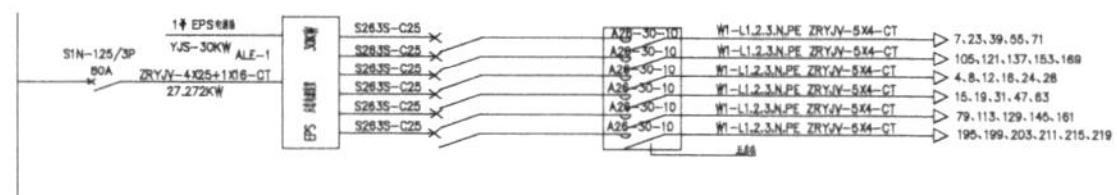

图 22-13　添加文字说明

Step 03 执行【CO】（复制）命令，将每一层的支干管绘制完全。

Step 04 执行【MT】（多行文字）命令，选择【图名】文字样式，在图形下册标注出图名，效果如图 22-14所示。

Step 05 在快速访问工具栏上单击【保存】按钮，将其保存为“素材\第22章\22.1 游泳馆照明供电系统图.dwg”文件。

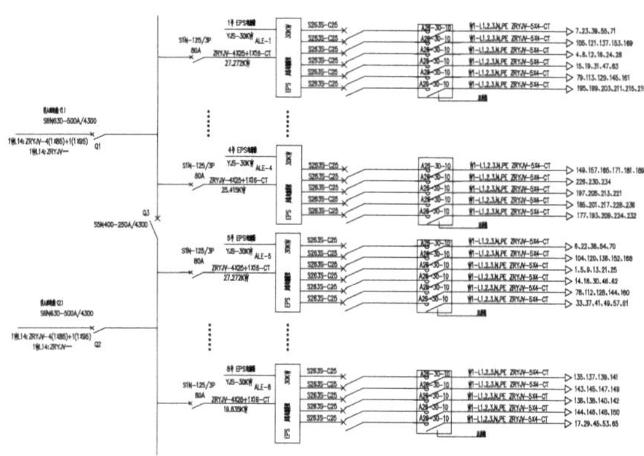

图 22-14　游泳馆照明供电系统图效果

> **设计点拨**
>
> 图中标注文字所表示的含义如下。
>
> 配电箱标注：“DT862-4”表示配电箱的型号。
>
> 断路器标注：“C45N”表示断路器的型号，“30A”表示额定电路为30A。
>
> 线路标注：“BV”表示铜芯聚氯乙烯绝缘线，“3×10”表示根数为3根、截面积为$10mm^2$的BV线，“PVC32”表示采用直径为32mm的阻燃硬塑料管穿线。

22.2 绘制有线电视系统图

本节以某教学楼为例，介绍该教学楼有线电视系统图的绘制流程，其绘制的教学楼有线电视系统图如图 22-15 所示。

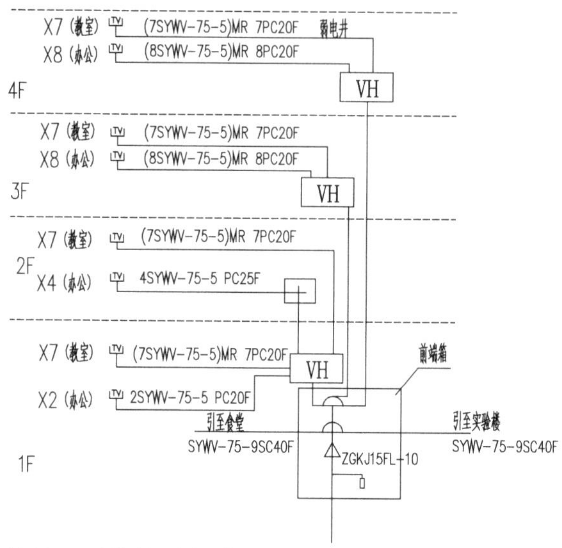

图 22-15　有线电视系统图效果

22.2.1 设置绘图环境

在绘制有线电视系统图前，应根据要求设置绘图环境，包括规划图层和设置文字样式。

1 规划图层

Step 01 启动AutoCAD 2016软件，单击快速访问工具栏中的【新建】按钮，新建图形文件。

Step 02 执行【LA】（图层特性管理）命令，新建如图 22-16所示的图层。

Step 03 打开【格式】|【线型】命令，弹出【线型管理器】对话框，设置全局比例因子值为100，如图 22-17所示。

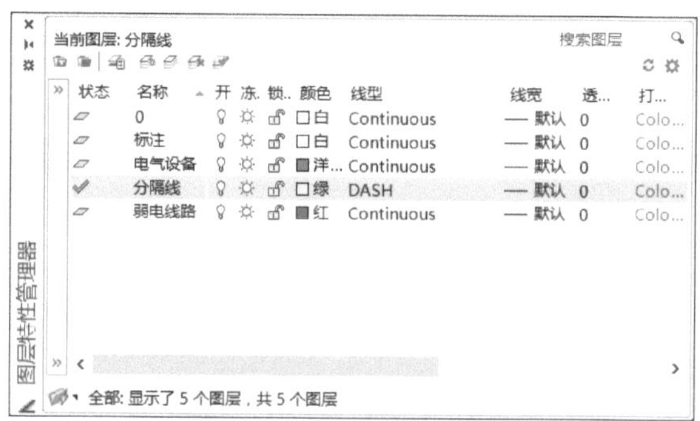

图 22-16　设置图层

图 22-17 设置全局比例

2 设置文字样式

文字样式的设置与照明供电系统图的设置方式相同，如图 22-18 所示。

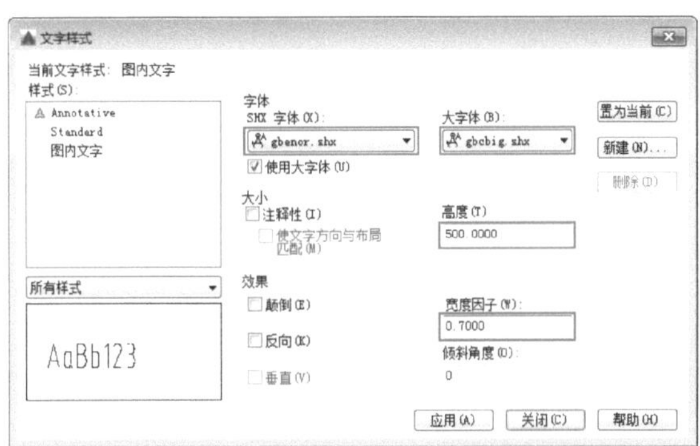

图内文字

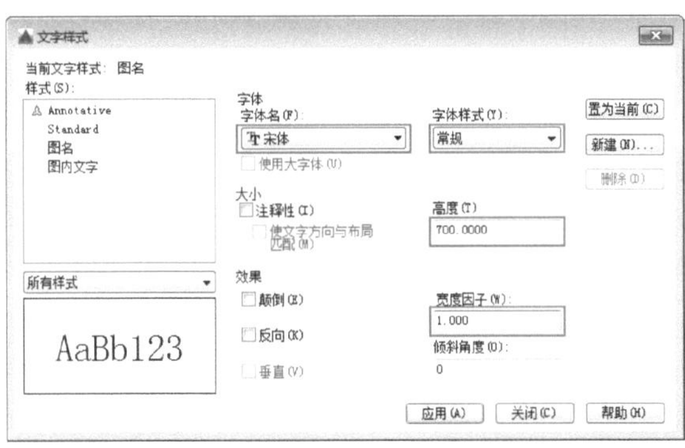

图名

图 22-18 设置文字样式

22.2.2 绘制电视系统图主线路

在前面绘制好了绘图环境，接下来绘制有线电视系统图的主路线。

1 绘制分隔线

Step 01 在【图层】面板的【图层控制】下拉列表中，将【分隔线】图层置为当前图层。

Step 02 执行【L】（直线）命令，在图形区域内绘制一条长为11000的分隔线。

Step 03 执行【O】（偏移）命令，将其以2500的距离向下偏移出3条，如图 22-19所示。

2 绘制主线路

Step 01 在【图层】面板的【图层控制】下拉列表中，将【弱电线路】图层置为当前图层。

Step 02 执行【PL】（多线段）命令，过屋面分隔线绘制主线缆，如图 22-20所示。

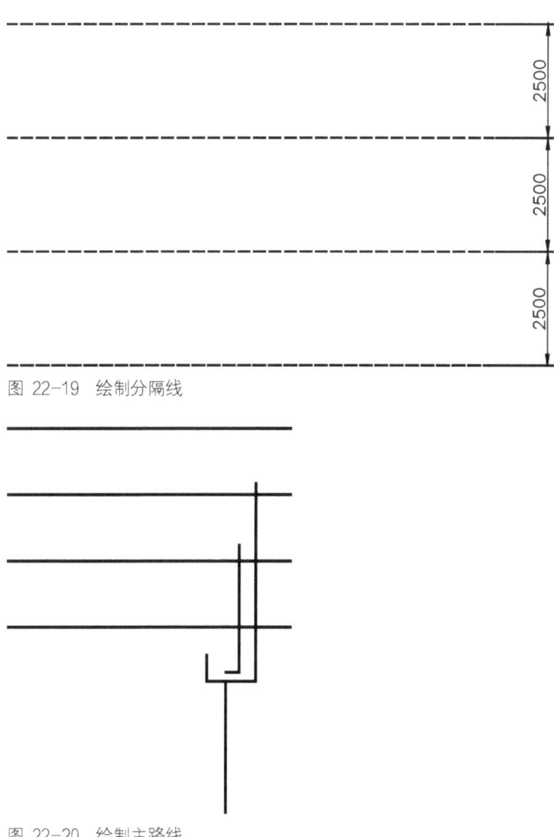

图 22-19 绘制分隔线

图 22-20 绘制主路线

3 插入电气设备

Step 01 执行【格式】|【图层】命令，将【电气设备】图层置为当前图层。

Step 02 打开素材文件“第22章\电气设备图例.dwg”，将文件中如图 22-21~图 22-24所示的分配器和其他设备图例插入图形中。

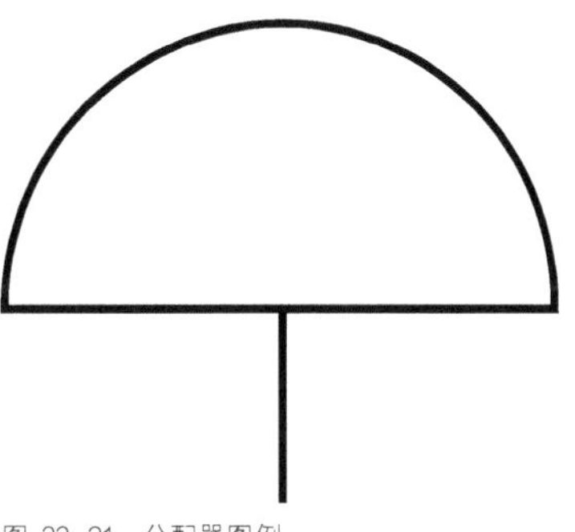

图 22-21 分配器图例

图 22-22 干线分配放大器图例

图 22-23 集线器箱图例

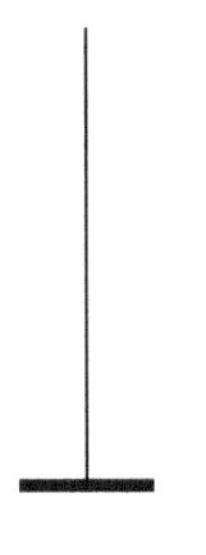

图 22-24 接地图例

Step 03 执行【CO】（复制）、【M】（移动）和【TR】（修剪）等命令，将元件放置到主线上，如图22-25所示。

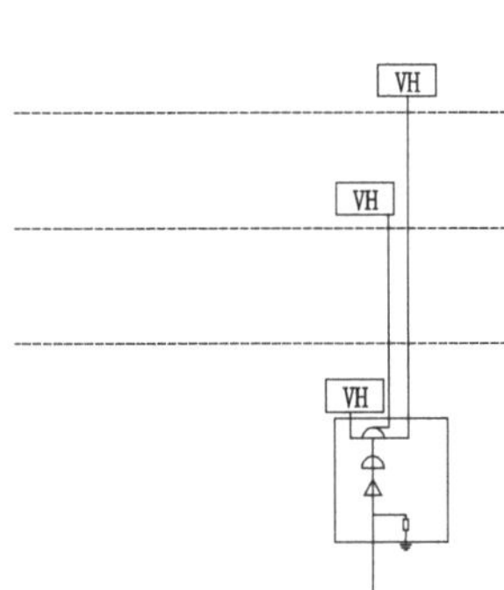

图 22-25 安装主线电气设备

22.2.3 绘制电视系统图分支线路

Step 01 在【图层】面板的【图层控制】下拉列表中将【弱电线路】图层置为当前图层。

Step 02 执行【PL】（多线段）命令，在上端的"集线器箱"处分别引出各层的分支线路。

Step 03 通过【I】（插入）命令，将"电视插座"插入各层分支线上，绘制效果如图 22-26所示。

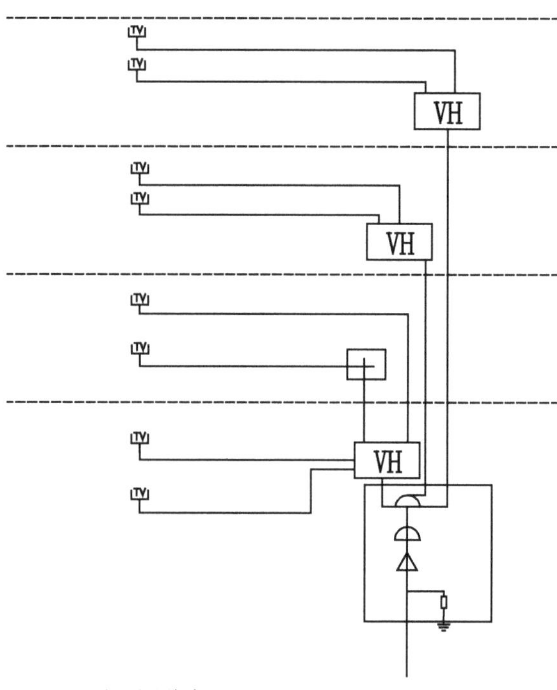

图 22-26 绘制分支线路

22.2.4 电视系统图的标注

Step 01 在【图层】面板的【图层控制】下拉列表中将【标注】图层置为当前图层。

Step 02 执行【MT】（多行文字）命令，选择【图内说明】文字样式，在支干管线路上方输入相关的电气文字说明。

Step 03 执行【MT】（多行文字）命令，选择【图名】文字样式，在图形下册标注出图名，效果如图22-27所示。

Step 04 在快速访问工具栏上单击【保存】按钮，将其保存为"素材\第22章\22.2 教学楼有线电视系统图.dwg"文件。

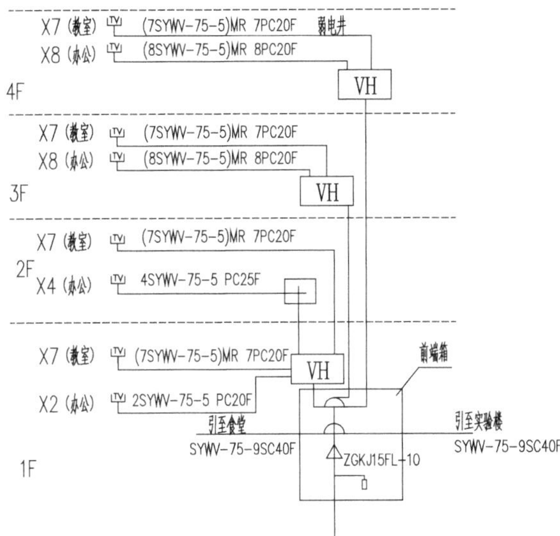

有线电视系统图 1:100

图 22-27 有线电视系统图效果

附录A——AutoCAD常见问题索引

文件管理类

1 样板文件要怎样建立并应用?

见第 3 章 3.4 节，以及**练习 3-7**。

2 如何减小文件大小?

将图形转换为图块，并清除多余的样式（如图层、标注、文字的样式），可以有效减小文件大小。见第 11 章 11.1.1 节与 11.1.2 节，**练习 11-1**与**练习 11-2**，以及第 10 章的 10.3.9 小节。

3 DXF 是什么文件格式?

一种参考文件，可由 AutoCAD 生成并供其他软件打开，详见第 3 章 3.1.1 节。

4 DWL 是什么文件格式?

一种保护文件，在使用 AutoCAD 绘图时会在当前文件夹生成的半隐藏文件，详见第 3 章 3.1.1 节。

5 图形如何局部打开或局部加载?

见第 3 章 3.1.3 节，以及**练习 3-1**。

6 什么是 AutoCAD 的自动保存功能?

见第 3 章 3.2.1 节。

7 自动保存的备份文件如何应用?

见第 3 章 3.2.2 节，以及**练习 3-4**。

8 如何使图形只能看而不能修改?

可将图形输出为 DWF 或者 PDF，见第 3 章的**练习 3-5**与**练习 3-6**。也可以通过常规文件设置为“只读”的方式来完成。

9 怎样直接保存为低版本图形格式?

见第 5 章 5.2.9 节。

10 如何核查和修复图形文件?

见第 3 章 3.2.3 节。

11 如何让 AutoCAD 只能打开一个文件?

见第 5 章的 5.2.4 节。

12 误保存覆盖了原图时如何恢复数据?

可以使用【撤销】工具或 .bak 文件来恢复。

13 打开旧图遇到异常错误而中断退出怎么办?

见第 3 章的 3.2.3 节。

14 打开 dwg 文件时，系统弹出对话框提示【图形文件无效】?

图形可能被损坏，也可能是由更高版本的 AutoCAD 创建。可参考本书第 3 章的 3.1.4 节与 3.2.4 节处理。

15 怎样添加自定义快捷键?

见第 2 章 2.3.4 节与**练习 2-4**。

16 如何恢复 AutoCAD 的经典工作空间界面，如 AutoCAD 2005 或 AutoCAD 2008 ?

经典工作空间是通过工具条来执行命令的，因此可将工作界面调整为显示工具条的形式，详见本书第 2 章的 2.5.5 节与**练习 2-6**。

绘图编辑类

17 什么是对象捕捉?

对象捕捉是 AutoCAD 中为捕捉对象特征点而设计的辅助绘图功能，使用十分方便，详见第 4 章的 4.3 节。

18 对象捕捉有什么方法与技巧?

见第 4 章的**练习 4-7**和**练习 4-11**。

19 选择无效时怎么办?

可通过其他选择方法进行选取，详见第 4 章的 4.5 节。

20 怎样按指定条件选择对象?

可通过快速选择的方法进行针对选择，详见第 4 章的 4.5.8 节以及 4.6 节。

21 在 AutoCAD 中 Shift 键有什么使用技巧?

可以用于辅助对象捕捉或加载快捷菜单，见第 4 章的 4.4 节以及第 7 章的 7.5 节。

22 在 AutoCAD 中 Tab 键有什么使用技巧?

可以用于切换对象捕捉点，见第 4 章 4.3.2 节的操作技巧。

23 AutoCAD 中的夹点要如何编辑与使用?

见第 7 章的 7.6.2~7.6.7 节。

24 为什么拖动图形时不显示对象?

见第 6 章 6.3.1 节的初学解答。

25 多段线有什么操作技巧?

见第 6 章的 6.4.2 与 6.4.3 节，以及**练习 6-15**和**练习 6-16**。

26 如何使变得粗糙的图形恢复平滑?

见第 5 章的 5.2.7、5.2.13 节。

27 复制图形粘贴后总是离得很远怎么办?

可重新指定复制基点，见第 7 章的 7.3.1 节。或使用带基点复制（Ctrl+Shift+C）命令。

28 如何测量带弧线的多线段长度?

可以使用 LIST 或其他测量命令，见第 12 章的 12.2 节。

29 如何用 Break 命令在一点处打断对象?

见第 7 章的 7.5.7 节与初学解答。

30 直线（Line）命令有哪些操作技巧?

见第 6 章 6.2.1 节中的熟能生巧。

31 如何快速绘制直线?

见第 6 章 6.2.1 节中的初学解答。

32 偏移（Offset）命令有哪些操作技巧?

见第 7 章 7.3.2 节的选项说明。

33 镜像（Mirror）命令有哪些操作技巧?

见第 7 章 7.3.3 节的选项说明与初学解答。

34 修剪（Trim）命令有哪些操作技巧?

见第 7 章 7.1.1 节的熟能生巧。

35 设计中心（Design Center）有哪些操作技巧?

见第 11 章的 11.4.2 与 11.4.3 节。

36 OOPS 命令与 UNDO 命令有什么区别?

见第 7 章 7.1.3 节的初学解答。

37 AutoCAD 中外部参照有什么用?

见第 11 章 11.3.2 节的精益求精。

38 为什么有些图形无法分解?

见第 7 章 7.5.6 节的精益求精。

39 在 AutoCAD 中如何统计图块数量?

见第 11 章 11.1.1 节的熟能生巧，以及**练习 11-2**。

40 内部图块与外部图块的区别?

见第 11 章的 11.1.1 与 11.1.2 节。

41 如何让图块的特性与被插入图层一样?

见第 11 章的 11.1.5 节。

42 图案填充（HATCH）时找不到范围怎么解决?

见第 6 章 6.9.1 节的初学解答。

43 填充时未提示错误且填充不了?

见第 6 章 6.9.1 节的熟能生巧。

44 如何创建无边界的图案填充?

见第 6 章 6.9.1 节的精益求精与**练习 6-23**。

45 怎样使用 MTP 修饰符?

见第 4 章的 4.4.4 节，与**练习 4-11**。

46 怎样使用 FROM 修饰符?

见第 4 章的 4.4.3 节，与**练习 4-10**。

47 如何查询某个图元的长度?

使用查询命令来完成，见第 12 章的 12.2.1 节。

48 如何查询二维图形的面积?

使用查询命令来完成，见第 12 章的 12.2.4 节，与**练习 12-1**。

图形标注类

49 字体无法正确显示?

文字样式问题，见第 9 章的 9.1.1 节，与**练习 9-1**。

50 为什么修改了文字样式，但文字没发生改变?

见第 9 章 9.1.1 节的初学解答。

51 在 AutoCAD 中怎么创建弧形文字?

可以通过 Arctext 命令来创建，详见第 9 章 9.1.4 小节的熟能生巧，以及**练习 9-5**。

52 怎样查找和替换文字?

见第 9 章 9.1.6 节和**练习 9-7**。

53 控制镜像文字以镜像方式显示文字?

见第 7 章 7.3.3 节的初学解答。

54 如何快速调出特殊符号?

见第 9 章 9.1.5 节的第 2 部分。

55 如何快速标注零件序号?

可先创建一个多重引线，然后使用【阵列】、【复制】等命令创建大量副本。

56 如何快速对齐多重引线?

见第 8 章 8.4.2 节，以及**练习 8-11**。

57 图形单位从英寸转换为毫米?

见第 8 章 8.2.2 节的第 6 部分。

58 如何编辑标注?

双击标注文字即可进行编辑，也可查阅第 8 章的 8.4 节。

59 如何修改尺寸标注的关联性?

见第 8 章的 8.4.4 节。

60 复制图形时标注出现异常?

把图形连同标注从一张图复制到另一张图，标注尺寸线移位，标注文字数值变化，这是标注关联性的问题，见第 8 章 8.4.4 节。

系统设置类

61 如何检查系统变量?

见第 12 章的 12.1.2 节的精益求精。

62 绘图时没有虚线框显示怎么办?

见第 6 章 6.3.1 节的初学解答。

63 为什么鼠标中键不能用作平移了?

将系统变量MBUTTONPAN的值重新指定为1即可。

64 如何控制坐标格式?

直角坐标与极轴坐标见第 4 章的 4.1.2 与 4.1.3 节；十字光标的动态输入框坐标见第 4 章的 4.2.1 节。

65 如何命令别名与快捷键?

见第 2 章的 2.3.4 节。

66 如何往功能区中添加命令按钮？

见第 2 章的 2.3.4 节，以及练习 2-4。

67 如何灵活使用动态输入功能？

见第 4 章 4.2.1 节。

68 为什么选择的对象不显示夹点？

可能是限制了夹点的显示数量，见第 5 章的 5.2.19 节。

69 如何设置经典工作空间？

见第 2 章的 2.5.5 节，以及练习 2-6。

70 如何设置自定义的个性工作空间？

见第 2 章的 2.5.4 节，以及练习 2-5。

71 如何将当前的 AutoCAD 设置保存为可移植的配置文件？

见第 5 章的 5.3 节，以及练习 5-3。

72 怎样在标题栏中显示出文件的完整保存路径？

见第 2 章的 2.2.5 节，以及练习 2-1。

73 怎样调整 AutoCAD 的界面颜色？

见第 5 章的 5.2.2 与 5.2.5 节。

74 模型和布局选项卡不见了怎么办？

见第 5 章 5.2.6 节中的第 1 部分。

75 如何将图形全部显示在绘图区窗口？

单击状态栏中的【全屏显示】按钮即可，见第 2 章 2.2.11 节中的第 5 部分。

视图与打印类

76 为什么找不到视口边界？

视口边界与矩形、直线一样，都是图形对象，如果没有显示的话可以考虑是对应图层被关闭或冻结，开启方式见第 10 章的 10.3.1 与 10.3.2 节，以及练习 10-3、练习 10-4。

77 如何在布局中创建非矩形视口？

见第 13 章 13.4.2 节，以及练习 13-7。

78 如何删除顽固图层？

见第 10 章的 10.3.8 与 10.3.9 节。

79 AutoCAD 的图层到底有什么用处？

图层可以用来更好地控制图形，见第 10 章的 10.1.1 节。

80 设置图层时有哪些注意事项？

设置图层时要理解它的分类原则，见第 10 章的 10.1.2 节。

81 Bylayer（随层）与 Byblock（随块）的区别？

见第 10 章 10.4.1 节的初学解答。

82 如何快速控制图层状态？

可在【图层特性管理器】中进行统一控制，见第 10 章的 10.2.1 节。

83 如何使用向导创建布局？

见第 13 章的 13.3.1 节的熟能生巧，以及练习 13-5。

84 如何输出高清的 JPG 图片？

见第 13 章 13.5.2 节的熟能生巧，以及练习 13-8。

85 如何将 AutoCAD 文件导入 Photoshop？

见第 13 章 13.5.2 节的精益求精。

86 如何批处理打印图纸？

批处理打印图纸的方法与 DWF 文件的发布方法一致，只需更换打印设备即可输出其他格式的文件。可以参考第 3 章的 3.3.1 节，与练习 3-5。

87 如何使文本打印时显示为空心？

将 TEXTFILL 变量设置为 1。

88 有些图形能显示却打印不出来？

图层作为图形有效管理的工具，对每个图层有是否打印的设置。而且系统自行创建的图层，如 Defpoints 图层就不能被打印也无法更改。详见第 10 章的 10.2 节。

程序与应用类

89 如何处理复杂表格？

可通过 Excel 导入 AutoCAD 的方法来处理复杂的表格，详见第 9 章 9.2.2 节的精益求精，以及练习 9-9。

90 外部参照在图形设计中有什么用？

外部参照可作为能实时更新的参考图形。见第 11 章 11.3.2 节的精益求精。

91 如何使重新加载外部参照后图层特性改变？

将 VISRETAIN 的值重置为 1。

92 图纸导入显示不正常？

可能是参照图形的保存路径发生了变更，详见第 11 章 11.3.4 节。

93 怎样让图像边框不打印？

可将边框对象移动至 Defpoints 层，或设置所属图层为不打印样式，见第 10 章的 10.2 节。

94 附加工具 Express Tools 和 AutoLISP 实例安装

在安装 AutoCAD 2016 软件时勾选即可。

95 AutoCAD 图形导入 Word 的方法

直接粘贴、复制即可，但要注意将 AutoCAD 中的背景设置为白色。也可以使用 BetterWMF 小软件来处理。

96 AutoCAD 图形导入 CorelDRAW 的方法

见第 13 章 13.5.1 节的精益求精。

附录B——AutoCAD行业知识索引

给排水类

1 绘图图纸幅面有什么要求?

图纸幅面与其他行业要求一致，均为标准的A4~A0号图纸，详细尺寸与加长情况见第14章14.3.2节。

2 给排水布置图的标注有何说明要求?

在进行给排水布置图的标注说明时，应按照特定的方式进行操作，详见第15章图15-43下的设计点拨。

3 图框有何使用技巧?

图框的大小与绘图比例有关，如果制图比例为1：100，则该比例为缩小比例，需要将图框相对放大100倍，然后的图样才可以按照1：1的原尺寸进行绘制。

4 给排水平面图立管的标注有何含义?

标注文字中的DN100即表示立管的公称直径为DN100，即立管的管径大小为100mm。

5 排水系统图中管径的标注有何含义?

标注文字中的DN75、DN100表示立管的公称直径为DN75或DN100，即管径的大小为75mm或100mm。

消防施工类

6 消防给水管线的绘制有什么要求?

在绘制消防给水管线时，应遵循以下的基本要求。

① 给水管线一般用粗实线表示，可采用“直线”或“多段线”命令来进行绘制，在这里为了便于观察，采用具有一定宽度的“多段线”进行绘制，如采用“直线”命令来进行管线绘制时，需要先设置当前图层的线宽。

② 绘制管线前应该注意其安装走向及方式，一般可顺时针绘制，由立管（或入口）作为起始点，然后将各消防设备连接起来。

7 消防管径的标注有何含义?

管径大小指管道的公称直径大小，例如，标注文字中的DN150表示该管道的公称直径为150mm。

8 消防系统图的绘制步骤有哪些?

室内消防系统图与给水排水系统图一样，都为轴测图，即采用正面斜等轴测图投影法绘制，能够反映管道系统三维空间关系的立体图样，可以以管路系统作为表达对象，也可以以管线系统的某一部分作为表达对象，如厨房的给水、消防给水等。绘制消防系统图的基础是各层消防系统平面图，通过系统图可以了解系统从下到上全方位的关系。

①建筑室内消防系统图的绘制一般应遵循以下步骤。

② 绘制竖向立管及水平管道。

③ 绘制各楼层的标高线。

④ 绘制各支管及附属用水设备。

⑤ 对管线、设备等进行尺寸（管径、标高、坡度等）。附加必要的文字说明。

暖通施工类

9 室内采暖工程的任务有哪些?

详见第18章图18-13下的设计点拨。

10 采暖给水管道的绘制有什么原则?

详见第18章图18-17下的设计点拨。

11 采暖回水管道的绘制有什么原则?

详见第18章图18-18下的设计点拨。

12 采暖平面图的文字标注所表示的含义是什么?

详见第18章图18-23下的设计点拨。

13 采暖系统图的轴测试图绘制顺序是什么?

详见第18章图18-26下的设计点拨。

14 采暖系统图给水管线的绘制原则是什么?

详见第18章图18-48下的设计点拨。

15 采暖系统图回水管线的绘制原则是什么?

详见第18章图18-49下的设计点拨。

16 怎样让图纸仅显示墙体或仅显示轴线、标注?

可通过局部打开的方式来完成，见第3章3.1.3节，以及**练习 3-1**；当然也可以通过关闭其他的图层来进行控制，见第10章的10.3.1节。

17 如果下载的图纸尺寸都不准确，要怎样快速、精准地调整门、窗等图元的位置?

可以通过【拉伸】操作配合【自】功能来完成，见第4章4.4.3节，和**练习 4-10**。

空调施工类

18 空调平面图的绘制要求是什么?

建筑室内空调系统平面图是在建筑平面图的基础上，根据建筑空调工程的表达内容及建筑空调制图的表达方法，绘制出的用于反映空调设备、风管、风口、管线等的安装平面布置状况的图样，图中映标注各种风管、管道、附件、设备等在建筑中的平面位置以及标注风管、管道规格型号等相关数值。

19 空调回风管线的绘制方法

在绘制空调回风管线时，可参照以下方法来进行绘制。

① 空调风管可以使用【直线】或【多段线】命令来进行绘制，在这里为了便于观察及快速识读，使用了具有一定宽度的【多段线】来进行绘制，当然读者也可以使用【直线】命令来进行绘制，使用【直线】命令进行绘制时，需要先设置好当前图层的线宽。

② 在进行风管绘制时，可将“空调回风管”及“空调送风管”置为不同的图层，并将图层设置为不同的颜色及线宽，这样有利于快速观察不同风管所代表的不同含义。

20 风管标注的含义?

详见第 19 章图 19-40 下的设计点拨。

21 散流器的标注含义?

在对散流器进行文字标注时，其含义如下。

1.320×200 表示该散流器的接管尺寸为 320mm×200mm。

2.5 个表示该散流器布置的个数。

3.1000m^3/h 表示该散流器的送风风量为 1000 立方米每小时。

22 空调系统图的绘制要求是什么?

空调系统图是根据空调系统的平面图和竖向标高，将空调系统的全部管道、设备和部件用投影的方法绘制的 45° 轴测图，以表明空调管道、设备、附件在空间的连接及走向、交错、高低等空间关系，而不是平面定位关系。轴测图中应标明空调系统的编号、设备部件的编号、风管的截面尺寸、设备名称及规格型号、风管的标高及材料明细表。空调工程系统图根据介质种类可分为水系统及通风系统。

23 空调系统通风管的绘制要求是什么?

在进行风管绘制时，可利用前面设置的【极轴追踪】功能来进行 45° 轴测图的绘制。

风管可采用双线或单线绘制。若采用双线法时，则应根据其平面图中的截面尺寸绘制，这样能形象反映出风管的空间尺度，立体感强，但制图复杂。若采用单线法时，则较简洁，可用粗线表示风管，依其平面图的走向及标高表示出其空间布置及走向，但单线法是无法表示风管的截面尺寸的，截面尺寸需要额外进行标注，在采用单线法绘制风管的时候，可用以风管的中心线来表示风管。

24 风管的标注要求是什么

在对风管标注时，其标注的含义及标注原则如下。

① 风管截面尺寸指风管的截面宽度与高度的尺寸，例如，风管截面 400×200 表示风管的截面宽度为 400mm，高度为 200mm。

② 对风管截面尺寸进行标注时，标注的文字应与对应风管的水平方向保持一致，这样便于快速观察标注风管的截面尺寸。

电气设计类

25 绘制灯具开关线路图的原则有哪些?

详见第 21 章图 21-43 下的设计点拨。

26 电气照明系统图标注的含义是什么?

详见第 22 章图 22-14 下的设计点拨。

27 “需要系统”参数的含义是什么?

“需要系统”指同时系数和负荷系数的乘积。“同时系数”考虑了电气设备同时使用的程度，“负荷系数”考虑了设备带负荷的程度，需要系数是小于 1 的数值，用 K_x 来表示，它的确定与电力系统、设备数目及设备效率有关。

28 避雷带的安装及规格有哪些?

避雷带是沿着建筑物的屋脊、檐帽、屋角及女儿墙等突出部位和易受雷击部位暗敷的带状金属线。一般采用截面积为 48mm^2，厚度不小于 4mm 的镀锌或直径不小于 8mm 的镀锌圆钢制成。

29 避雷针的安装要求是什么?

避雷针是敷设在建筑物顶部或独立装设在地面上的针状金属杆。避雷针在地面上的保护半径约为避雷针高度的 1.5 倍，其保护范围一般可根据滚球法来确定，此法是根据反复的实验及长期的雷害经验总结而成的，有一定的局限性。

30 引下线的装置

引下线是引线两边连接闪器与接地装置的金属导体。引下线的作用是把接闪器上的雷电流连接到接地装置并引入大地，引下线有明敷设和暗敷设两种。引下线明敷设指用镀锌圆钢制作，沿建筑物墙面敷设；引下线暗敷设是利用建筑物结构混凝土柱内的钢筋，或在柱内敷设铜导体做防雷引下线。

31 电气设计有哪些标准?

见第 21 章的 21.1 节。

32 怎样快速为电路图添加节点?

可以使用【圆环】命令来快速创建，详见第 6 章 6.3.5 节。

33 怎样快速的在电路图中添加元器件?

可以使用【打断】与【复制】命令来完成，见第 7 章 7.5.7 节的初学解答，以及**练习 7-14**。

34 怎样快速的在电路图中删去元器件?

可以使用【打断】与【合并】命令来完成，见第 7 章的 7.5.8 节，以及**练习 7-15**。

35 开关的种类与绘制方法有哪些?

种类见第 21 章的表 21-1，绘制方法见下文步骤。

36 室内各房间灯具及布线的要点有哪些?

见第 21 章中图 21-42 下的设计点拨。

37 照明系统的设计要点是什么?

见第 21 章中 21.2.4 节下的设计点拨。

38 室内连线的设计要点是什么?

见第 21 章中 21.2.4 节下的设计点拨。

其他类

39 怎样在出差时用手机看图?

目前有部分手机 APP 可以实现看图功能，但无法显示图层或进行编辑修改。因此推荐 Autodesk 官方推出的应用 Autocad 360，见第 2 章 2.2.6 节及**练习 2-2**。

40 怎样用 AutoCAD 翻译国外图纸?

AutoCAD 2016 中可以使用应用程序来实现各种独特的功能，其中之一就是翻译。详见第 2 章 2.2.7 节的【附加模块】部分，以及**练习 3-3**。

41 发给客户图纸，对方却打不开?

可能是对方所使用的 AutoCAD 版本过低，可使用第 3 章 3.1.4 节中**练习 3-2**的方法转存为低版本，然后再发送一次。

也可能是本公司设定了保密程序，图纸仅限于内部浏览，这样的话即便通过转存客户也无法打开。这时可使用第 3 章 3.3.1 和 3.3.2 节所介绍的方法，将图纸输出为 DWF 或 PDF 文件，然后再发送。方法请见**练习 3-5**、**练习 3-6**。

42 非设计专业的人员，怎样便捷查看 AutoCAD 图纸?

可使用【CAD 迷你看图】、DWG Viewer 等小软件来打开 AutoCAD 图纸，也可让设计人员将图纸转换为 PDF 文件。

43 怎样加速 AutoCAD 设计图的评审过程?

可将 DWG 图纸转换为 DWF 文件来进行评审，详见第 3 章 3.3.1 节及其**练习 3-5**。

44 在打印图纸时，怎样添加公司或个人的水印（戳记）?

可在打印时选择添加戳记，见第 5 章的 5.2.12 节，以及**练习 5-2**。

45 所有类型的设计图中，如何快速地让中心线从轮廓图形中伸出来一点?

见第 7 章 7.2.5 节的**练习 7-6**。

46 如果图纸中标注线网交错，如何进行调整，使得图面清晰?

可以通过【标注打断】命令来完成，详见第 8 章 8.4.1 节。

47 如何快速在电气、建筑等图例中添加注释文字?

可以通过【单行文字】来完成，详见第 9 章 9.1.2 节的**练习 8-3**。

附录C——AutoCAD命令索引

CAD常用快捷键命令

L	直线	A	圆弧
C	圆	T	多行文字
XL	射线	B	块定义
E	删除	I	块插入
H	填充	W	定义块文件
TR	修剪	CO	复制
EX	延伸	MI	镜像
PO	点	O	偏移
S	拉伸	F	倒圆角
U	返回	D	标注样式
DDI	直径标注	DLI	线性标注
DAN	角度标注	DRA	半径标注
OP	系统选项设置	OS	对像捕捉设置
M	MOVE（移动）	SC	比例缩放
P	PAN（平移）	Z	局部放大
Z+E	显示全图	Z+A	显示全屏
MA	属性匹配	AL	对齐
Ctrl+1	修改特性	Ctrl+S	保存文件
Ctrl+Z	放弃	Ctrl+C Ctrl+V	复制 粘贴
F3	对象捕捉开关	F8	正交开关

1 绘图命令

PO, *POINT（点）

L, *LINE（直线）

XL, *XLINE（射线）

PL, *PLINE（多段线）

ML, *MLINE（多线）

SPL, *SPLINE（样条曲线）

POL, *POLYGON（正多边形）

REC, *RECTANGLE（矩形）

C, *CIRCLE(圆)

A, *ARC(圆弧)

DO, *DONUT（圆环）

EL, *ELLIPSE（椭圆）

REG, *REGION（面域）

MT, *MTEXT（多行文本）

T, *MTEXT（多行文本）

B, *BLOCK（块定义）

I, *INSERT（插入块）

W, *WBLOCK（定义块文件）

DIV, *DIVIDE（等分）

ME,*MEASURE(定距等分）

H, *BHATCH（填充）

2 修改命令

CO, *COPY（复制）

MI, *MIRROR（镜像）

AR, *ARRAY（阵列）

O, *OFFSET（偏移）

RO, *ROTATE（旋转）

M, *MOVE（移动）

E, DEL 键 *ERASE（删除）

X, *EXPLODE（分解）

TR, *TRIM（修剪）

EX, *EXTEND（延伸）

S, *STRETCH（拉伸）

LEN, *LENGTHEN（直线拉长）

SC, *SCALE（比例缩放）

BR, *BREAK（打断）

CHA, *CHAMFER(倒角）

F, *FILLET（倒圆角）

PE, *PEDIT（多段线编辑）

ED, *DDEDIT（修改文本）

3 视窗缩放

P, *PAN（平移）

Z ＋空格＋空格 , * 实时缩放

Z, * 局部放大

Z+P, * 返回上一视图

Z ＋ E, 显示全图

Z+W, 显示窗选部分

4 尺寸标注

DLI, *DIMLINEAR（直线标注）

DAL, *DIMALIGNED（对齐标注）

DRA, *DIMRADIUS（半径标注）

DDI, *DIMDIAMETER（直径标注）

DAN, *DIMANGULAR（角度标注）

D CE, *DIMCENTER（中心标注）

DOR, *DIMORDINATE（点标注）

LE, *QLEADER（快速引出标注）

DBA, *DIMBASELINE（基线标注）

DCO, *DIMCONTINUE（连续标注）

D, *DIMSTYLE（标注样式）

DED, *DIMEDIT（编辑标注）

DOV, *DIMOVERRIDE(替换标注系统变量）

DAR,(弧度标注，CAD2006)

DJO，（折弯标注，CAD2006）

5 对象特性

ADC, *ADCENTER（设计中心“Ctrl ＋ 2”）

CH, MO *PROPERTIES(修改特性“Ctrl ＋ 1”）

MA, *MATCHPROP（属性匹配）

ST, *STYLE（文字样式）

COL, *COLOR（设置颜色）

LA, *LAYER（图层操作）

LT, *LINETYPE（线形）

LTS, *LTSCALE（线形比例）

LW, *LWEIGHT （线宽）

UN, *UNITS（图形单位）

ATT, *ATTDEF（属性定义）

ATE, *ATTEDIT（编辑属性）

BO, *BOUNDARY（边界创建，包括创建闭合多段线和面域）

AL, *ALIGN（对齐）

EXIT, *QUIT（退出）

EXP, *EXPORT（输出其他格式文件）

IMP, *IMPORT（输入文件）

OP,PR *OPTIONS（自定义 CAD 设置）

PRINT, *PLOT（打印）

PU, *PURGE（清除垃圾）

RE, *REDRAW（重新生成）

REN, *RENAME（重命名）

SN, *SNAP（捕捉栅格）

DS, *DSETTINGS（设置极轴追踪）

OS, *OSNAP（设置捕捉模式）

PRE, *PREVIEW（打印预览）

TO, *TOOLBAR（工具栏）

V, *VIEW（命名视图）

AA, *AREA（面积）

DI, *DIST（距离）

LI, *LIST（显示图形数据信息）

6 常用 Ctrl 快捷键

Ctrl + 1 *PROPERTIES(修改特性）

Ctrl + 2 *ADCENTER（设计中心）

Ctrl + O *OPEN（打开文件）

Ctrl + N、M *NEW（新建文件）

Ctrl + P *PRINT（打印文件）

Ctrl + S *SAVE（保存文件）

Ctrl + Z *UNDO（放弃）

Ctrl + X *CUTCLIP（剪切）

Ctrl + C *COPYCLIP（复制）

Ctrl + V *PASTECLIP（粘贴）

Ctrl + B *SNAP（栅格捕捉）

Ctrl + F *OSNAP（对象捕捉）

Ctrl + G *GRID（栅格）

Ctrl + L *ORTHO（正交）

Ctrl + W *（对象追踪）

Ctrl + U *（极轴）

7 常用功能键

F1 *HELP（帮助）

F2 *（文本窗口）

F3 *OSNAP（对象捕捉）

F7 *GRIP（栅格）

F8 正交

www.ingramcontent.com/pod-product-compliance
Ingram Content Group UK Ltd.
Pitfield, Milton Keynes, MK11 3LW, UK
UKHW060106300726
14090UKWH00003B/386

* 9 7 8 7 1 1 5 4 4 2 1 2 3 *